JN424134

제 3 판

헌법학원론

정 연 주

법 영 사

박성주에게

제3판 서 문

제2판의 출간 후 상당한 법령의 제·개정이 이루어졌다. 특히 공직선거법, 지방자치법, 법원조직법, 국회법 등 헌법과 직결되는 법률들에 있어서 큰 폭의 변화가 있었다. 또한 군사법원법의 경우 군사법원의 조직과 구성 및 관할 등과 관련하여 대대적인 개정이 이루어졌다. 한편 헌법재판소 및 대법원에서 적지 않은 중요한 판례가 나왔다. 제3판은 지금까지의 이러한 변화를 반영하였다. 아울러 일부 내용적 보완과 교정이 이루어졌다.

헌법은 인간의 존엄과 가치 및 행복의 실현을 궁극적 목적으로 한다. 그리고 이는 민주주의원리, 법치주의원리, 사회국가원리 및 문화국가원리를 바탕으로 실현된다. 즉 국민이 국가의 진정한 주인으로서 자리매김하고, 경제적·사회적·문화적 불평등을 해소하며, 궁극적으로 모든 국민의 존엄과 자유 및 행복을 실현시키는 것이 헌법의 목표이다. 그런데 이러한 목표는 평등과 정의의 실현 없이는 결코 달성될 수 없다. 이것이 바로 헌법정신이다. 결국 행복추구란 인간의 존엄과 삶의 가치를 높이는 행위로서 이는 자유와 평등 및 정의의 실현에 다름 아니다. 이러한 헌법의 목적과 핵심적 원리 및 가치들을 계몽하고 헌법의 체계와 내용을 규명하기 위하여 출간된 것이 바로 이 책이다. 아무쪼록 이 책을 통해 헌법의 구체적 규정과 이론뿐 아니라 진정한 헌법정신과 자유·평등·정의를 향한 끝없는 열정이 독자들에게 제대로 전달되길 간절히 바란다.

2023년 2월 수진원에서

정연주

제2판 서 문

지난 한 해는 그 어느 때 보다도 힘든 시기였다. 이는 단지 코로나19 때문만은 아닐 것이다. 우리가 느끼는 작금의 고통과 시련은 우리 사회에 만연한 부정과 불의 및 불평등에서 기인한다고도 볼 수 있다. 특히 검찰·사법·언론·교육 등 근본적 개혁이 이루어져야 하는 분야에서 벌어지는 국민을 호도하는 소모적 논쟁과 집요한 저항 및 그로 인한 개혁부진이 주요한 원인이라고 할 수 있다. 이는 헌법의 핵심적 가치인 자유·평등·정의가 제대로 구현되지 않고 있는다는 것을 의미한다. 정말로 안타까운 현상이 아닐 수 없다. 또한 이러한 현상은 앞으로도 지속될 것이다.

그런데 그동안의 우리 역사가 소수의 부도덕한 기득권세력이 대다수 국민을 탐욕적으로 지배한 역사로 점철되었다는 점을 상기한다면 이러한 현상이 새롭거나 놀라운 일은 결코 아닐 것이다. 1919년 기미 삼일운동으로 건립된 우리 대한민국의 역사에 있어서 삼일운동의 정신이 제대로 구현된 적이 있었던가? 친일청산을 비롯한 과거청산과 정의가 제대로 이루어진 적이 있었던가? 대한민국의 진정한 주인은 일반 국민이라고 확신할 수 있는가? 도대체 대한민국의 지도층과 권력층의 뇌리에는 정의와 공공선이라는 개념이 있기는 한 걸까? 과연 우리 헌법의 기본원리인 민주주의, 법치주의, 사회국가원리가 제대로 구현되고 있다고 확신할 수 있는가?

그러나 결국은 수많은 시행착오와 퇴행을 겪은 후 역사는 진보하고 정의는 실현될 것이다. 왜냐하면 그동안의 역사적 진보와 사회개혁은 반헌법적인 소수의 지배세력이 아닌 바로 정의를 실현하기 위하여 자신을 기꺼이 희생한 수많은 양심세력을 비롯한 깨어있는 국민들에 의하여 이루어진 것이기 때문이다. 바로 그것이 그들에 대한 한없는 부채의식을 가지게 되는 이유이자, 다른 한편 우리의 뿌리와 우리 자신에 대한 정체성과 자긍심을 갖게 되는 이유이다. 불의한 과거를 청산하지 않는다는 것은 그러한 불의의 반복을 용인하는 것이고, 과거를 잊은 민족에게 미래는 없다는 평범한 진리를 가슴깊이 되새겨야 할 때다.

이러한 문제의식과 시대정신은 초판에 이어 이번 제2판을 관통하고 있다. 이번 제2판에서는 그러한 시대정신과 학자로서의 책무를 유념하면서 일부 내용적 보완이 이루어졌다. 아울러 그동안 이루어진 법령의 제개정과 판례의 보완도 이루어졌다. 2021년 1월 말까지의 법령과 판례 및 참고문헌이 반영되었다.

아무쪼록 이 책이 독자들이 우리 헌법의 내용과 체계를 이해하고, 헌법정신을 성찰하는데 조금이라도 도움이 되길 바란다.

2021년 2월 수진원에서

정연주

서 문

이 책은 법학을 전공하는 학생들을 위한 교과서로 집필되었다. 주지하는 바와 같이 헌법은 크게 두 영역으로 이루어져 있는데, 기본권과 통치기구이다. 헌법과 국가의 존재 목적은 바로 국민의 기본권의 보장과 실현이고, 이러한 기본권은 국가의 통치기구를 통해 실현된다는 점에서 이 두 부분은 목적과 수단의 관계에 있다고 할 수 있다. 이 책은 바로 이러한 두 영역을 헌법규정과 이론 및 판례 등을 통해 체계적으로 기술한 것이다. 이를 위해 먼저 헌법총론 부분에서 헌법 전반에 걸치는 일반이론을 기술한 다음, 우리 헌법을 중심으로 기본권과 통치기구에 대하여 기술하고 있다. 논의의 순서는 먼저 우리 헌법의 내용과 특성을 살펴본 후 그 문제점과 개선방안을 고찰하는 방법으로 전개하고 있다. 이를 위해 몇몇 법치선진국의 제도를 그들의 입법과 판례 및 문헌 등을 통해 참고하고 있다.

앞서도 언급한 바와 같이 이 책은 법학도의 교과서로 기술된 것이지만 내용의 중요성과 시사성 및 논의의 필요성에 따라 쟁점별로 설명의 분량이 달라질 수밖에 없었다는 점을 밝힌다. 그러나 전체적으로는 기본적이고 개론적인 이론을 토대로 가급적 쉽게, 그리고 간단히 기술하고자 했다. 아울러 참고문헌을 위한 각주와 다양한 학설의 소개도 최소화했다. 법학전문대학원이나 법학과에 재학중인 법학전공학생들 뿐 아니라 그 밖의 헌법을 공부하는 모든 학생들이 쉽고 편리하게 헌법의 개괄적 내용을 이해하고 체계화할 수 있도록 하는 것이 이 책의 목적이기 때문이다. 그러나 헌법에 있어서 판례의 중요성은 아무리 강조해도 지나치지 않기 때문에 중요한 판례들은 가능한 범위내에서 빠짐없이 소개하고자 했다. 다만 지면을 줄이기 위하여 대부분의 경우 판례의 요약부분을 각주로 처리했다. 소개된 판례에 대하여는 독자들이 반드시 숙지하길 바란다. 참고로 2019년 12월 27일 선고한 헌법재판소 판례까지 반영했다. 법률의 경우에는 2019년 12월 27일 국회를 통과한 법률까지 반영했다.

아무쪼록 독자들이 이 책을 통해 헌법의 전반적인 체계와 내용을 이해하고, 헌법의 핵심적 가치인 자유·평등·정의에 대한 열정과 사명감을 체화할 수만 있다면 이 책의 목적은 달성되는 것이다.

이 자리를 빌어 그동안 수익성이 없을 저자의 학술적 저서인 「헌법연구(1)」과 「헌법연구(2)」, 그리고 헌법재판제도에 관한 「헌법소송론」의 출판에 이어 본서를 기꺼이 출판해준 법영사 고호균 대표님과 실무책임자 정정희 선생님에게 깊은 감사의 말씀을 드린다.

끝으로 유학시절부터 지금까지 저자가 학자와 교수로서의 소명의식과 자존심을 지킬 수 있도록 헌신적으로 도와준 사랑하는 가족들에게 고마움을 표한다.

2020년 2월 수진원에서

정연주

차 례

제 1 편 헌법총론

제 1 장 헌법서설

제 2 장 우리 헌법의 역사와 체계 및 기본원리

제 2 편 기본권론

제 1 장 기본권 총론

제 3 장 통치기구의 조직원리

제 4 장 정부형태

부 록

제 1 편

헌법총론

제1장 헌법서설

제1절 개설

Ⅰ. 헌법의 의의

헌법이란 국가의 조직과 작용에 관한 근본규범 또는 기본권 실현을 위한 국가의 최고규범이라고 할 수 있고, 다른 한편 헌법은 기본권적 가치를 바탕으로 국가사회의 통합을 실현시키고 촉진시키기 위한 정치적 규범이라고 정의내릴 수 있다. 결국 헌법은 국민의 기본권의 보장과 실현, 그리고 이를 위한 국가기관의 조직과 작용 및 권력통제에 관한 정치적 근본규범이라고 할 수 있다.

Ⅱ. 헌법과 기본권

헌법의 핵심적 내용이자 궁극적 목적은 인간의 존엄과 가치 및 행복추구, 그리고 이를 구체화시키는 각종의 기본권을 실현하는 것이고, 헌법에 의하여 창설된 국가의 존립목적 역시 국민의 기본권 실현이다. 따라서 국가의 모든 통치기구의 구성과 그 작용은 이러한 국민의 기본권을 실현한다는 전제하에서만 정당화되어질 수 있다. 다시 말해 통치기구와 통치작용은 자기 목적적인 것이 아니라 바로 이러한 인간의 존엄과 가치 및 행복, 그리고 기본권의 실현을 위한 수단에 불과한 것이며, 이에 따라 우리 헌법의 가장 핵심적인 규정인 제10조 역시 "모든 국민은 인간으로서의 존엄과 가치를 가지며, 행복을 추구할 권리를 가진다. 국가는 개인이 가지는 불가침의 기본적 인권을 확인하고 이를 보장할 의무를 진다."라고 규정하고 있는 것이다. 따라서 국민은 국가의 주인이고, 모든 통치기구와 그 통치기구의 구성원인 공직자는 주인인 국민을 위해 존재하는 수단에 불과한 것이며, 이에 따라 헌법 제7조 제1항도 "공무원은 국민전체에 대한 봉사자이며, 국민에 대하여 책임을 진다."라고 규정하고 있는 것이다.

이러한 헌법의 근본이념은 Immanuel Kant의 이른바 정언명령(Kategorische Imperativ)의 정신과 그 맥을 같이 한다고 볼 수 있다. 최고의 도덕철학자인 Kant의 정언명령의 핵심은 "너 자신과 다른 모든 사람의 인격을 결코 단순히 수단으로만 대하지 말고, 언제나 동시에 목적으로 대하도록 행위하라"는 것인데, 이는 모든 사람은 절대적 가치를 지닌 인격체로서 그 자체가 목적이기 때문에 결코 어떤 특정한 목적이나 다른 사람을 위한 수단으로 취급되어서는 안된다고 하는 것이다. 따라서 이 Kant 철학에는 모든 인간은 존엄하고 평등하다는 사상이 깔려 있다. 이러한 Kant의 사상은 오늘날 우리 헌법이 지향하는 인간의 존엄과 가치 및 행복추구, 그리고 실질적 자유·평등·정의의 실현을 목표로 하는 민주국가·법치국가·사회국가의 초석이 되는 기본이념을 제시해 준다는 점에서 Kant의 위대함을 아무리 강조해도 지나치지 않을 것이다.

Ⅲ. 헌법의 기능

헌법의 이러한 의의와 목적 때문에 헌법은 다른 일반 법률에서는 볼 수 없는 여러 가지 다양한 기능을 가진다.

1. 국가의 구성

헌법은 먼저 비조직사회를 정치적 일원체로 조직시켜 하나의 국가를 구성하는 기능을 가진다. 즉 헌법을 통해 비로소 비조직적인 역사적·문화적 사회공동체가 법적·정치적 공동체인 국가로 조직되는 것이다. 사회의 질서와 평화의 유지 및 사회통합, 그리고 자유·평등·정의 및 기본권적 가치는 국가라는 정치적 공동체를 통해서만 실현가능한데, 이들 가치의 실현은 바로 헌법의 이념과 목적이라는 점에서 헌법의 국가구성 기능은 헌법의 이념과 목적으로부터 당연히 도출되는 기능이라고 하겠다.

2. 기본권보장과 사회통합

헌법은 기본권을 보장하고 그 바탕위에서 국가사회의 통합을 실현하는 것을 이념으로 하고 있다. 따라서 헌법의 중요한 또 하나의 기능은 바로 국민의 기본권보장과 국가사회의 통합이다.

그런데 여기서 말하는 통합이란 기본권적 가치의 바탕위에서 공존의 생활질서를 확립하는 것을 말한다. 즉 동일하고 획일적인 이념이나 사상을 추구하거나 또는 그러한 동일한 이념과 가치관의 바탕위에서의 사회질서 확립을 의미하는 것이 아니라, 사회구성원 모두가 서로의 이념과 사상 및 가치관의 차이를 지극히 당연하고 자연스러운 현상으로 받아들이고, 서로를 대등한 존재로서 존중하면서 평화적인 공존의 생활질서를 추구하는 것을 의미한다. 동일한 이념과 가치관의 추구와 동질의 사회질서를 추구하는 것은 가능하지도 않고 바람직한 것도 아니다. 헌법이 지향하는 사회적 통합이라는 기능은 결코 이러한 획일적·동질적 통합을 의미하는 것이 아니다. 그것은 전체주의사회에서의 통합이지 결코 민주주의사회에의 통합은 아니다. 결국 사회구성원 각자가 다양한 사상과 이념을 추구하되 개개인 모두가 대등하고 자주적이고 독립적인 인격체로서의 존엄과 가치를 추구하고, 서로의 다름과 다양성을 인정하며, 그 바탕에 사회적 관용이 자리하고 있는, 따라서 이러한 다양성과 관용의 바탕위에서 기본권적 가치를 추구하는 공존의 평화적인 사회질서의 확립이 우리가 추구하는 사회적 통합의 진정한 의미라고 하겠다.

결국 헌법의 궁극적 목적이자 기능은 바로 이러한 국민의 기본권보장과 실질적 자유·평등·정의의 실현이고, 그 전제하에서만 비로소 진정한 사회공동체의 통합은 가능하다고 하겠다.

3. 통치기구의 조직과 작용 및 권력통제

헌법은 국가의 통치기구의 조직과 작용 및 권력통제의 기능을 가진다. 헌법의 목적인 기본권의 실현과 사회통합을 위해서는 그를 실현할 국가의 조직과 작용이 필수적이다. 즉 헌법의 이념과 목적을 실현하기 위한 수단으로서 국가의 다양한 통치조직과 권한행사가 필수적으로 요구되는데, 이러한 통치기구의 조직과 권한 및 작용은 헌법에 규정되고 헌법을 통해 구체적으로 실현되는 것이다.

또한 통치권력은 남용·악용되어 국민의 기본권을 침해하고 정치적 평화를 깨뜨릴 위험성이 상존하는데, 이를 억제하기 위해서는 통치권력 상호간의 견제와 균형이 필수적이다. 따라서 통치기구 상호간의 권력통제 역시 헌법에 규정되고 헌법을 통해 실현되는 것이다. 헌법의 이러한 권력통제기능은 오늘날 고전적 권력분립의 원칙에 입각한 입법권·행정권·사법권 상호간의 견제와 균형장치를 비롯해 정당을 통한 권력분립, 헌법재판소에 의한 입법·행정·사법작용에 대한 통제, 지방자치제를 통한 권력분립 등 다양한 제도적 장치를 통해 입체적으로 실현되고 있다.

Ⅳ. 헌법의 특성

헌법의 이러한 이념과 기능으로 말미암아 헌법은 다른 일반법률과 구별되는 몇 가지 특성을 지니고 있다.

1. 최고규범성

헌법은 국가의 최고규범이다. 헌법은 국가를 구성하고 작용케 하는 근본규범이기 때문에 헌법이 그 헌법에 의하여 구성된 국가내에서 다른 모든 법규범에 우선하는 최고규범성을 가지는 것은 당연하다. 따라서 국가의 법체계는 헌법을 정점으로 하는 통일적 법질서를 유지한다. 따라서 한 국가의 모든 법규범은 헌법에 위반되어서는 안된다. 헌법에 위반되는 법규범이 규범통제 등의 사법적 절차를 통해 무효화되는 것, 헌법의 개정을 다른 모든 법규범의 개정보다 어렵게 하는 것 등은 모두 이러한 헌법의 최고규범성을 징표하는 것이라고 하겠다.

이러한 최고규범성에 따라 헌법은 다른 모든 법규범의 제정과 정당화의 근거이자 해석기준이 된다. 아울러 헌법은 국가내의 모든 권력주체를 구속하는 힘을 가지기 때문에 입법·행정·사법작용 등의 모든 공권력행사가 헌법에 기속된다. 즉 입법은 헌법에 근거하고 헌법의 기준에 따라 이루어지며, 행정은 헌법과 법률을 집행하는 것이고, 사법은 행정의 헌법과 법률에의 합치성을 심사·통제하는 것이다.

2. 조직 및 수권규범성

앞서 언급한 바와 같이 헌법은 국가의 통치기구를 조직하고 작용케 하는 기능을 가진다. 따라서 헌법은 국가를 구성하고 각각의 국가기관을 조직하며, 이들 국가기관에게 각각의 권한을 부여하여 그 권한을 행사하도록 하는 조직 및 수권규범으로서의 특성을 가진다. 이는 다른 일반 법규범에서는 찾기 힘든 헌법의 특성이라고 하겠다.

3. 권력통제규범성

헌법은 이처럼 각 국가기관을 조직하고 이들에게 권한을 부여하여 작용케 하지만, 다른 한편에서는 국가권력의 자의와 남용 및 권력 상호간의 월권과 불균형을 방지하기 위하여 각 권력 상호간의 견제와 균형을 이루도록 하는 권력제한 내지 권력통제적 특성을 가진다. 이처럼 헌법을 통해 권력이 통제될 때에만 비로소 정치적 평화와 국민의 기본권보장이 가능해 질 수 있다. 이러한 권력통제규범성 역시 다른 법규범에서는 찾기 힘든 헌법의 특성이라고 하겠다.

4. 정치성

헌법 그 자체가 정치적 투쟁과 타협의 산물이라는 점에서 헌법은 필연적으로 정치성을 가질 수밖에 없다. 따라서 헌법은 다른 어느 법규범보다 정치성과 이념성을 강하게 띠게 된다. 헌법의 핵심적 내용인 기본권규정 뿐 아니라 특히 통치기구의 조직과 작용에 관한 사항들이 모두 정치적 투쟁과 타협의 산물로서 그 자체가 정치적 규범이라고 할 수 있다. 이러한 정치성도 다른 일반 법규범에서 찾아보기 어려운 헌법의 특성이다. 이처럼 정치적 사항을 그 규율대상으로 하는 헌법은 다양한 정치적 세력과 현실을 정치적 투쟁과 타협을 통해 최대한 규범화시키면서 동시에 미래의 정치발전과 정치적 통합의 실현을 촉진시키기 위하여 필연적으로 추상성과 개방성을 강하게 띠게 된다.

5. 역사성

헌법은 그 제정 당시의 정치적 투쟁과 타협의 산물로서 사회공동체의 바탕을 이루는 역사적·문화적 상황과 이념 및 정서를 반영할 수밖에 없다. 따라서 헌법은 필연적으로 역사성을 띤다. 그런데 이러한 역사성은 과거회고적인 역사성 뿐 아니라 미래지향적인 역사성도 포용해야 한다. 왜냐하면 헌법이 지속적인 규범력을 가지기 위해서는 헌법은 과거와 현재의 역사는 물론 미래의 역사적 발전도 반영할 수 있어야 하기 때문이다. 따라서 헌법은 필연적으로 개방성을 띠게 된다.

Ⅴ. 헌법의 분류

헌법은 다양한 기준에 따라 그 유형을 분류할 수 있다.

1. 존재형식에 따른 분류

(1) 성문헌법

성문헌법은 성문법원의 형식으로 존재하는 헌법이다. 즉 문자의 형식으로 기록화·법전화되어 있는 헌법을 말한다. 헌법이 성문헌법의 법형식으로 존재한다고 해서 모든 헌법사항(실질적 의미의 헌법)이 반드시 헌법전(형식적 의미의 헌법)에 규정되어야 하는 것을 의미하는 것은 아니고, 일부 헌법사항이 다른 법률(예컨대 정부조직법, 국회법, 공직선거법 등)에 규정되어 있는 것이 오히려 일반적이다.

성문헌법의 장점은 헌법을 성문화함으로써 헌법내용의 존재가 객관적으로 명백해지고, 앞서 언급한 헌법의 다양한 기능이 강화될 수 있다는 것이다. 성문헌법을 가지는 경우에도 헌법적 관행에 의해서 생길 수 있는 불문의 헌법관습법이 존재할 수 있는데, 이때 헌법관습법은 성문헌법의 규범적 테두리 안에서 성문헌법의 흠결을 보완하는 보충적 효력만을 갖는 것이 원칙이다.

(2) 불문헌법

1) 의의

불문헌법은 관습헌법이라고도 하는데, 이는 헌법이 성문헌법의 경우처럼 헌법전의 형식으로 존재하는 것이 아니고, 장기간 반복된 헌법적 관행이 관습헌법 내지 불문헌법의 형식으로 존재하는 것이다. 그런데 불문헌법국가에 있어서 모든 헌법적 사항이 불문헌법의 형식으로만 존재하는 것은 아니다. 영국과 같은 불문헌법국가의 경우 성문화된 헌법전이 존재하지는 않지만 다양한 헌법사항을 규율하는 법률들이 존재하는 것이 일반적이다. 불문헌법은 헌법전의 형식으로 성문화되어 있지 않고 헌법의 최고규범성이 인정되지 않기 때문에 법률에 대한 위헌심사제도나 특별한 헌법개정절차가 존재하지 않는다. 따라서 헌법개정은 일반법률과 동일한 절차에 의하여 이루어지기 때문에 불문헌법은 연성헌법이다.

2) 관습헌법에 관한 헌법재판소 판례[1)]

가. 내용

헌법재판소는 신행정수도의건설을위한특별조치법 위헌확인 사건에서 수도가 서울이라는 사실이 관습헌법에 해당하고 이를 변경하기 위해서는 반드시 성문헌법 개정절차를 밟아야 하는데, 이 특별조치법이 그러한 절차를 밟지 않아 위헌이라고 결정했다. 결정요지는 다음과 같다.

[법정의견]

『1. 우리나라는 성문헌법을 가진 나라로서 기본적으로 우리 헌법전이 헌법의 법원이 된다. 그러나 성문헌법이라고 하여도 그 속에 모든 헌법사항을 빠짐없이 완전히 규율하는 것은 불가능하고 또한 헌법은 국가의 기본법으로서 간결성과 함축성을 추구하기 때문에 형식적 헌법전에는 기재되지 아니한 사항이라도 이를 불문헌법 내지 관습헌법으로 인정할 소지가 있다.

2. 관습헌법이 성립하기 위하여서는 관습이 성립하는 사항이 단지 법률로 정할 사항이 아니라 반드시 헌법에 의하여 규율되어 법률에 대하여 효력상 우위

---

1) 헌재 2004. 10. 21. 2004헌마554 등, 판례집 16-2하, 1.

를 가져야 할 만큼 헌법적으로 중요한 기본적 사항이 되어야 한다.

3. 관습헌법이 성립하기 위하여서는 첫째, 기본적 헌법사항에 관하여 어떠한 관행이 존재하고, 둘째, 그 관행은 국민이 그 존재를 인식하고 사라지지 않을 관행이라고 인정할 만큼 충분한 기간 동안 반복 내지 계속되어야 하며(반복·계속성), 셋째, 관행은 지속성을 가져야 하는 것으로서 그 중간에 반대되는 관행이 이루어져서는 아니 되고(항상성), 넷째, 관행은 여러 가지 해석이 가능할 정도로 모호한 것이 아닌 명확한 내용을 가진 것이어야 하며(명료성), 다섯째, 이러한 관행이 헌법관습으로서 국민들의 승인 내지 확신 또는 폭넓은 컨센서스를 얻어 국민이 강제력을 가진다고 믿고 있어야 한다(국민적 합의).

4. 헌법기관의 소재지, 특히 국가를 대표하는 대통령과 민주주의적 통치원리에 핵심적 역할을 하는 의회의 소재지를 정하는 문제는 국가의 정체성을 표현하는 실질적 헌법사항의 하나이다. 수도를 설정하거나 이전하는 것은 국회와 대통령 등 최고 헌법기관들의 위치를 설정하여 국가조직의 근간을 장소적으로 배치하는 것으로서, 국가생활에 관한 국민의 근본적 결단임과 동시에 국가를 구성하는 기반이 되는 핵심적 헌법사항에 속한다.

5. 서울이 우리나라의 수도인 것은 조선시대 이래 600여 년 간 우리나라의 국가생활에 관한 당연한 규범적 사실이 되어 왔으므로 우리나라의 국가생활에 있어서 전통적으로 형성되어있는 계속적 관행이라고 평가할 수 있고(계속성), 이러한 관행은 변함없이 오랜 기간 실효적으로 지속되어 중간에 깨어진 일이 없으며(항상성), 서울이 수도라는 사실은 우리나라의 국민이라면 개인적 견해 차이를 보일 수 없는 명확한 내용을 가진 것이며(명료성), 나아가 이러한 관행은 오랜 세월간 굳어져 와서 국민들의 승인과 폭넓은 컨센서스를 이미 얻어(국민적 합의) 국민이 실효성과 강제력을 가진다고 믿고 있는 국가생활의 기본사항이라고 할 것이다. 따라서 서울이 수도라는 점은 관습헌법으로 성립된 불문헌법에 해당한다.

6. 관습헌법도 헌법의 일부로서 성문헌법의 경우와 동일한 효력을 가지기 때문에 그 법규범은 최소한 헌법 제130조에 의거한 헌법개정의 방법에 의하여만 개정될 수 있다. 따라서 재적의원 3분의 2 이상의 찬성에 의한 국회의 의결을 얻은 다음(헌법 제130조 제1항) 국민투표에 붙여 국회의원 선거권자 과반수의 투표와 투표자 과반수의 찬성을 얻어야 한다(헌법 제130조 제3항).

7. 따라서 헌법개정의 절차를 거치지 아니한 채 수도를 충청권의 일부지역으

로 이전하는 것을 내용으로 한 이 사건 법률을 제정하는 것은 헌법개정사항을 헌법보다 하위의 일반 법률에 의하여 개정하는 것이 된다. 한편 헌법 제130조에 의하면 헌법의 개정은 반드시 국민투표를 거쳐야만 하므로 국민은 헌법개정에 관하여 찬반투표를 통하여 그 의견을 표명할 권리를 가진다. 그런데 이 사건 법률은 헌법개정사항인 수도의 이전을 헌법개정의 절차를 밟지 아니하고 단지 단순법률의 형태로 실현시킨 것으로서 결국 헌법 제130조에 따라 헌법개정에 있어서 국민이 가지는 참정권적 기본권인 국민투표권의 행사를 배제한 것이므로 동 권리를 침해하여 헌법에 위반된다.』

[재판관 전효숙의 반대의견]

『1. 헌법은, 국가권력의 통제와 합리화를 통하여 국민의 자유와 권리를 최대한 실현하려는 것이 그 목적이며, 수도의 소재지가 어디냐는 그 목적을 위한 '도구'에 불과하다. 그러므로 헌법상 수도의 위치가 반드시 헌법제정권자나 헌법개정권자가 직접 결정해야 할 사항이라 할 수 없다.

2. 서울이 수도라는 사실이 오랫동안 우리 민족에게 자명하게 인식되어 온 관행에 속한다 하더라도, 우리 국민이 그것을 강제력 있는 법규범으로 확신하고 있었다고 인정하기 어렵다.

3. 관습헌법이란 실질적 의미의 헌법사항이 관습으로 규율되고 있다는 것을 뜻할 뿐이며, 관습헌법이라고 해서 성문헌법과 똑같은 효력이 인정된다고 볼 근거가 없다. 또한 헌법의 개정은 '형식적 의미'의 헌법, 즉 성문헌법과 관련된 개념이므로, 관습헌법의 변경은 헌법의 개정에 속하지 않으며 법률의 제정, 개정을 통하여 다루어질 수 있다.

4. 따라서 이 사건 법률이 헌법 제130조 제2항의 국민투표권을 침해할 가능성은 없다. 결국 청구인들의 국민투표권 침해 주장은 권리의 침해가능성 자체가 인정되지 않으므로 부적법하다. 청구인들의 다른 기본권 침해 주장 역시 기본권 침해의 자기관련성, 직접성 혹은 현재성 요건을 갖추지 못하였다.』

나. 평석

먼저 헌법재판소는 수도가 서울이라는 사실이 관습헌법에 해당한다고 하면서 '관습헌법'이라는 용어를 사용하고 있는데, 이는 적절치 않다. 그 대신 헌법관습법 내지 헌법적 관습법이라는 용어가 적절하다고 하겠다. 왜냐하면 관습헌법은 불문헌법국가에서 존재하는 것으로 성문헌법의 대칭개념인 불문헌법과 동의어 내지 유사한 의미로 사용되고 있기 때문에, 성문헌법국가에서는 성문헌법의 흠결을 보충하는 헌법관습법이라는 용어가 타당하다.

우선 수도가 서울이라는 사실이 관습법에 해당한다고 볼 수 없다. 왜냐하면 수도가 서울이라는 사실에 대한 대다수 국민의 법적 확신이 존재한다고 보기 어렵기 때문이다. 즉 수도이전을 공약으로 제시한 대통령후보가 국민 다수의 지지를 받아 당선되었다는 사실, 그리고 국민을 대표하는 대의기관인 국회가 여야 합의의 압도적인 다수의 지지로 수도이전을 위한 이 사건 특별조치법을 통과시켰다는 사실에서 이미 그러한 법적 확신은 깨진 것으로 볼 수밖에 없다. 설사 수도가 서울이라는 사실이 관습법에 해당한다고 하더라도 그것이 헌법차원의 관습법, 즉 관습헌법 내지 헌법관습법에 해당하는지도 의문이다. 왜냐하면 수도가 서울이라는 사실 내지 어느 도시가 수도이어야 한다는 사실이 통치구조와 기본권에 관한 본질적이고 기본적인 사항이어서 반드시 헌법에 규정되어야 하는, 따라서 헌법사항에 해당한다고 보기는 어렵기 때문이다. 또한 헌법관습법이 성문헌법하에서도 인정될 수는 있지만 이는 성문헌법의 흠결을 보완하기 위한 것이므로 당연히 성문헌법에 대하여 보충적일 수밖에 없다. 따라서 관습헌법 내지 헌법관습법이 성문헌법과 동일한 효력을 가진다고 판시한 다수의견은 잘못이다. 한편 수도가 서울이라는 사실이 설사 헌법적 차원의 관습헌법이라고 할지라도 이를 개정하기 위하여 헌법개정절차를 밟아야 한다는 다수의견 역시 잘못이다. 왜냐하면 헌법개정절차는 성문헌법전의 조항에 대한 개정을 전제로 하고 있는 것이지 불문의 관습헌법의 개정을 위한 것이 아니기 때문이다. 불문헌법의 개정은 성문헌법의 개정절차와는 무관하다. 따라서 헌법제정권력이나 헌법개정권력에 의하여 성립된 명시적인 성문의 헌법규범이 아닌, 보충적인 헌법관습법의 개정에 대하여 헌법 제130조의 헌법개정절차조항이 적용된다고 판시한 다수의견은 대단히 잘못된 것이다.[1)]

---

1) 관습헌법에 관한 헌재결정의 문제점에 대하여 자세한 것은 정연주, 신행정수도의건설을위한특별조치법 위헌결정에 대한 헌법적 검토, 공법학연구 제7권 제1호, 한국비교공법학회, 2006. 2, 267쪽 이하 참조.

2. 개정방법에 의한 분류

(1) 경성헌법

경성헌법은 일반 법률보다 까다로운 절차와 방법으로 개정될 수 있는 헌법을 말한다. 최고규범성을 가진 헌법은 일반 법률에 우선하는 효력을 갖기 때문에 그 개정도 일반 법률보다 절차상 어렵게 되어 있는 것이다. 오늘날 성문헌법은 대부분 경성헌법이라고 할 수 있다.

(2) 연성헌법

연성헌법은 경성헌법과는 달리 일반 법률과 동일한 절차와 방법으로 개정될 수 있는 헌법을 말한다. 연성헌법에는 형식상 최고규범성이 인정되지 않기 때문에 일반 법률에 우선하는 효력을 갖지 않는다. 따라서 연성헌법의 경우에는 앞서 언급한 헌법의 다양한 기능이 충분히 발휘되기가 어렵다. 불문헌법이 이에 해당한다고 볼 수 있다.

3. 제정주체에 의한 분류

헌법은 그 제정주체에 따라 흠정헌법(군주제정헌법), 군민협약헌법, 민정헌법(국민제정헌법) 등으로 구별할 수 있다. 흠정헌법은 군주주권사상의 바탕위에서 군주가 제정한 헌법을 말하고, 군민협약헌법은 군주와 국민대표의 합의에 의하여 제정된 헌법을 말하며, 민정헌법은 국민주권주의가 확립된 오늘날 국민이 주체가 되어 제정한 헌법을 말한다.

4. 헌법의 효력에 의한 분류

K. Loewenstein은 헌법을 헌법규범과 헌법현실의 관계를 기준으로 어느 정도 헌법이 규범적 효력을 나타내는지에 따라 다음과 같이 분류했다.

(1) 규범적 헌법

헌법이 완전한 규범적 효력을 나타내서 헌법규범과 헌법현실이 일치하는 경우의 헌법을 말한다.

(2) 명목적 헌법

헌법이 규범적 효력을 나타내지 못하고 헌법규범과 헌법현실이 일치되지는 않지만 언젠가는 그 간극이 좁혀질 가능성이 있는 경우의 헌법을 의미한다.

(3) 장식적 헌법

헌법이 권력장악자의 자기정당화의 수단으로만 존재하는 경우의 헌법을 말한다.

5. 우리 헌법의 유형

우리 헌법은 성문·경성·민정헌법의 유형에 속한다. 즉 성문헌법전의 존재형식을 가지고, 최고규범성의 바탕위에서 헌법개정이 일반 법률보다 절차 및 방법상 어렵게 되어 있는 경성헌법이며, 국민주권주의에 따라 헌법제정의 주체가 국민인 민정헌법의 유형에 속한다. 아울러 헌법이 현실적으로 규범력을 가진다는 점에서 규범적 헌법이라고 할 수 있을 것이다.

제2절 헌법의 제정과 개정 및 변천

Ⅰ. 헌법의 제정

1. 헌법제정의 의의

헌법의 제정은 국가라는 정치적 공동체의 법적인 기본질서를 마련하는 법창조행위이다.

2. 헌법제정의 주체

국민주권주의가 확립된 오늘날 헌법제정의 주체는 국민이고, 헌법제정권력은 국민으로부터 나온다.

3. 헌법제정절차

오늘날 헌법의 제정절차에는 대체로 다음의 3가지 방법을 들 수 있다. 첫째, 제헌의회가 마련한 헌법안을 제헌의회의 의결만으로 확정하는 방법(우리나라의 제헌헌법), 둘째, 제헌의회는 단순히 헌법기초의 기능만을 갖고, 제헌의회가 마련한 헌법안을 국민투표로 확정하는 방법, 셋째, 제헌의회의 의결과 국민투표를 결부시키는 방법 등이 그것이다.

4. 헌법제정권력의 한계

그런데 이러한 헌법제정권력과 그에 의하여 제정된 헌법의 정당성은 헌법제정의 주체가 국민이라는 이유만으로 자동적으로 인정되는 것은 아니고, 헌법이 기본권적 가치 등 사회공동체가 지향하는 근본가치를 추구하고, 헌법이 제정된 시대의 일반적 정치이념과 사상, 역사와 문화, 국민정서 등에 부합되기 때문에 인정된다고 볼 수 있다. 또한 그럴 때에만 헌법이 규범력을 가지게 될 것이다. 따라서 헌법제정권력과 헌법은 이러한 제정 당시의 사회공동체의 기본권적 가치, 정치적 이념과 사상 및 역사와 문화 등과 부합될 때에만 비로소 정당성을 인정받기 때문에 헌법제정권력에도 일정한 한계가 있게 된다. 따라서 헌법은 그와 같은 일정한 한계내에서만 정당성을 부여받을 수 있다고 볼 수 있다.[1)]

(1) 기본권원리적 한계

우선 헌법은 기본권의 보장과 실현을 궁극적인 목적으로 하고 있기 때문에 헌법은 당연히 국민의 자유와 권리를 최대한 보장해야 한다는 기본권 원리에 의한 제약을 받게 된다. 즉 헌법의 목적과 기능이 바로 국민의 기본권의 보장과

---

1) 허영, 한국헌법론, 2019, 44쪽 이하; 권영성, 헌법학원론, 2010, 46쪽 이하 참조.

실현에 있기 때문에 기본권의 보장과 실현을 내용으로 하지 않거나 이에 역행하는 내용의 헌법이 그 정당성을 부여받을 수 없는 것은 당연하다고 하겠다. 따라서 이는 헌법의 목적과 기능에서 도출되는 헌법제정권력의 당위적 한계라고 하겠다.

(2) 이념적 한계

앞서 언급한 바와 같이 헌법은 그 제정 당시의 정치적 투쟁과 타협의 산물로서 사회공동체의 바탕을 이루는 정치적·역사적·문화적 이념과 국민 정서를 반영할 수밖에 없다. 따라서 헌법은 필연적으로 정치성과 역사성을 가진다. 또한 헌법은 이러한 정치적 이념과 시대사상을 반영할 때에만 지속적인 규범력을 가지고 정당화될 수 있는 것이다. 따라서 헌법제정권력에는 이러한 이념적 한계가 있을 수밖에 없다고 하겠다.

(3) 법원리적 한계

헌법제정행위도 기본적인 법질서를 마련하는 법창조행위이기 때문에 법적 이성, 정의, 법적 안정성, 사회질서와 평화의 유지와 같은 법원리적 제한을 받게 된다.

(4) 국제법적 한계

헌법제정권력은 국제법상의 제약을 받을 수도 있는데, 일본의 헌법제정이 미국의 영향을 받은 것처럼 패전국의 헌법제정행위가 승전국의 영향을 받는 것, 해방된 식민지의 제헌행위가 지금까지의 보호국에 의해서 제약되는 것 등이 그것이다.

Ⅱ. 헌법의 개정

1. 헌법개정의 의의

헌법의 개정이란 헌법이 규정한 일정한 절차에 따라 헌법전의 조문이나 문구를 명시적으로 수정·삭제·증보하는 행위를 말한다. 따라서 헌법의 개정은 성문헌법인 형식적 의미의 헌법전을 대상으로 한다. 헌법의 개정은 헌법규정과 헌법현실의 간극이 커 살아있는 헌법으로서의 규범력이 약화될 때 이를 극복하기 위한 것으로 헌법의 현실적·지속적 규범력을 유지·강화하기 위한 것이라고 하겠다.

2. 헌법개정의 형식

헌법개정의 형식에는 기존의 조항을 그대로 둔 채 개정조항을 추가하는 증보형식(amendment)과 기존의 조항을 수정·삭제하거나 새로운 조항을 삽입하는 수정형식(revision)이 있다. 전자에 속하는 예로는 미국연방헌법의 경우가 대표적이고, 대부분의 국가의 헌법은 후자의 형식을 취하고 있다.

3. 헌법개정의 방법과 절차

헌법개정을 일반 법률의 개정절차보다 까다롭게 정함으로써 헌법의 최고규범성과 안정성을 존중하는 것이 현대국가의 일반적 경향이다. 따라서 오늘날 대부분의 성문헌법은 경성헌법이다. 그러나 다른 한편 헌법의 최고규범성과 안정성을 존중하기 위해서 헌법의 개정절차를 지나치게 어렵게 할 경우 헌법의 또 다른 특성인 미래지향적인 역사성과 개방성이 도외시되고 헌법의 현실적 규범력이 약화될 수 있다. 따라서 헌법개정의 방법과 절차는 헌법의 지속적인 규범력이 유지되도록 함과 동시에 헌법의 최고규범성과 안정성도 유지되도록 적절한 방법이 마련되어야 한다. 예컨대 미국연방헌법은 그 개정방법과 절차가 너무 어렵고 까다로워 개정 자체가 매우 어렵다. 그 결과 헌법이 시대의 변화를 따라가지 못한다는 비판이 제기되고 있다.

헌법개정의 방법으로는 대체로 다음의 세 가지를 들 수 있다.

(1) 의회에 의한 방법

헌법개정을 일반 의회의 의결만으로 가능하게 하되 그 개정절차를 일반 법률보다 어렵게 하는 방법으로서 유럽국가 등 대다수의 국가가 채택하고 있다. 이는 헌법의 최고규범성과 더불어 미래지향적 역사성 및 개방성을 조화시킨 것으로 평가될 수 있다.

(2) 국민투표에 의한 방법

헌법개정을 국민투표를 통해 확정하는 방법이다. 이 경우에도 첫째, 개헌안을 일단 의회에서 심의·의결한 후 국민투표로 확정하는 방법(우리의 경우 이에 해당한다), 둘째, 의회의 의결 없이 직접 국민투표에 회부하는 방법의 두 가지가 있다.

(3) 헌법개정의회의 소집에 의한 방법

헌법개정안을 심의·의결하기 위하여 특별히 헌법개정의회 내지 헌법의회를 소집하는 방법이다.

4. 헌법개정의 한계

헌법이 정하는 일정한 개정절차에 따라 헌법을 개정하는 경우에 개헌의 대상이 될 수 없는 일정한 헌법규정이나 원칙을 인정할 것인가의 논의가 헌법개정 내지 헌법개정권력의 한계 문제인데, 오늘날 일반적으로 이러한 헌법개정의 한계를 인정하고 있다. 대체로 다음과 같은 한계가 거론된다.[1)]

(1) 실정법적 한계

실정법적 한계란 헌법이 명시적으로 일정한 규정을 개정의 대상에서 제외하고 있는 경우를 말한다. 예컨대 독일 기본법 제79조 제3항이 직접 헌법개정의 대상에서 제외되는 사항을 규정하고 있는 경우가 그 것이다.

그런데 헌법개정의 한계는 헌법개정의 한계대상을 정한 실정법상의 규정 내지 헌법규정의 유무에 따라 좌우되는 문제라기보다는 근본적으로 헌법이론상의 문제라는 점에서 실정법적 한계를 헌법개정의 한계를 정하는 절대적인 기준으로 보기는 어려울 것이다. 왜냐하면 만일 실정법상 헌법개정의 대상에서 제외되어 있는 규정을 개정하고자 한다면 먼저 그 해당 대상의 개정을 금지하고 있는 조항(예컨대 독일 기본법 제79조 제3항)을 개정한 후 그 헌법개정이 금지되어 있는

---

1) 김철수, 헌법개설, 2008, 15쪽; 권영성, 전게서, 54쪽 이하; 허영, 전게서, 55쪽 이하; 성낙인, 헌법학, 2016, 55쪽 이하 참조.

대상을 개정하면 되기 때문이다.

(2) 헌법이론적 한계

앞서 언급한 바와 같이 헌법개정의 한계는 근본적으로 헌법의 본질에서 나오는 헌법이론상의 문제라고 할 수 있다. 헌법개정이 헌법의 현실적 규범력을 유지·강화시켜 헌법을 살아있는 규범으로 유지시키기 위한 불가피한 수단이라 할지라도 여기에는 헌법의 본질과 이념 및 목적에서 나오는 일정한 한계가 있을 수밖에 없다. 다시 말해 헌법이 국가공동체의 근본적인 가치를 실현시키는 목적과 기능을 가지기 때문에 헌법개정을 통해 이러한 근본적인 가치가 침해되어서는 안되고, 따라서 이러한 근본적인 가치를 존중하고 보존하는 범위내에서만 헌법개정이 허용된다고 할 것이다.

이러한 근본적인 가치가 어떤 내용이냐 하는 것은 헌법개정 당시의 역사적 상황, 정치적 이념과 국민의 보편적 정서 등을 고려해서 판단해야 할 것이지만, 어떤 경우든 헌법의 이념과 목적인 기본권적 가치와 자유·평등·정의의 핵심적 가치는 헌법개정의 내재적 한계에 속한다고 할 것이다. 이러한 헌법의 내재적 한계를 나열하면 첫째, 기본권의 보장이라는 기본권적 한계, 둘째, 사회질서와 사회평화 및 사회통합의 유지라는 헌법의 기능적 한계, 셋째, 법원리적 한계(예컨대 정의, 법적 안정성, 법적 이성 등에서 오는 한계) 등을 들 수 있을 것이다.[1)]

5. 우리 헌법상의 헌법개정절차

헌법 제128조-제130조에 따르면 헌법개정은 ① 국회재적의원 과반수 또는 대통령의 발의로 제안되고, ② 국회에서 국회의 재적의원 3분의 2 이상의 찬성을 얻어 의결된 후, ③ 국민투표에 붙여 국회의원선거권자 과반수의 투표와 투표자 과반수의 찬성을 얻어 확정된다.

---

1) 헌법개정의 한계에 대하여는 정연주, 헌법 제29조 제2항에 대한 헌법소원, 헌법학연구 제5권 2호, 1999. 10, 472쪽 이하 참조.

Ⅲ. 헌법의 변천

헌법의 변천이란 어느 일정한 헌법의 규범이 외형상으로는 바뀌지 아니한 채 시대나 역사의 발전 내지 변화에 따라 헌법제정 당시와는 다른 내용의 규범으로 기능하게 되는 것을 의미한다. 따라서 명시적으로 헌법조항을 바꾸는 헌법개정과는 구별된다. 이는 헌법규범과 헌법현실 사이에 간극이 발생되어 해당 헌법규범이 본래 제정 당시의 의미와 내용으로는 현실적인 규범력을 가지지 못하는 경우에 있어서, 그 해당 헌법규범이 경성헌법에서 오는 개정의 까다로움으로 인하여 개정이 되지 않은 채 변화된 시대상황 내지 현실에 맞게 제정 당시와는 다른 의미와 내용으로 기능하는 현상이라고 하겠다.

제 3 절 헌법의 해석

Ⅰ. 의의와 특성

헌법해석은 헌법적 분쟁을 해결하기 위하여 특정 헌법규범의 의미와 내용을 확정하는 법인식작용을 말한다. 이는 일반적으로 형식적 의미의 성문헌법, 즉 헌법전을 대상으로 하는 것으로 공권력의 행사과정이나 헌법재판 등에서 다투어지는 헌법규범의 내용을 명확히 함으로써 구체적인 헌법적 분쟁을 해결하려는 헌법인식작용이다.

그런데 가치적·이념적·정치적 성격을 가지는 헌법은 그 해석방법에 있어서 기술적 성격을 가지는 일반 법률과는 다른 여러 가지 특성을 가진다.

Ⅱ. 헌법해석의 방법

1. 고전적 해석방법

이는 민법 등 일반 법률을 대상으로 하는 일반적이고 전통적인 해석방법으로 사비니(Savigny)에 의하여 정립된 4단계 해석방법을 말한다. 이에 따르면 법해석은 법조문을 절대적인 바탕으로 해야 하고 법조문의 뜻이 분명치 않은 경우에는 문법적, 논리적, 역사적, 체계적 해석방법을 차례로 동원해야 한다고 한다.

(1) 문법적 해석방법

법규범의 객관적 문의 내지 문자적 의미를 밝히는 해석방법이다. 즉 법조문의 어학적 · 문법적 방법을 통해 헌법규범의 의미와 내용을 확정하는 해석방법이다. 문리적 해석방법이라고도 한다. 가장 기본적이고 일차적인 해석방법이라고 할 수 있다.

(2) 논리적 해석방법

일반 논리와 조리에 입각해서 법규범의 의미를 밝히는 해석방법이다.

(3) 역사적 해석방법

법규범의 역사적 발전, 즉 법규범의 성립당시의 배경, 시대적 변화와 발전과정 등을 중심으로 하는 해석방법을 말하다.

(4) 체계적 해석방법

이는 하나의 법조문을 다른 법조문과의 체계적 관련성 내지 통일적 체계에 입각해서 해석하는 방법을 말한다.

2. 보완적 해석방법

헌법도 법규범인 이상 이러한 고전적 해석방법이 적용됨은 물론이다. 그러나 다른 한편 이러한 고전적 해석방법은 본래 민법 등의 사법 내지 일반 법률을 그 대상으로 해서 정립된 이론으로서, 사법과는 규범구조와 성격이 다른 헌법 해석의 경우에 이러한 고전적 해석방법만으로는 충분하다고 보기 어렵다. 따라서 다양한 보완적 해석방법이 요구된다. 비교법적, 법제정자의 주관적, 목적론적, 현실기준적 해석방법 등이 그것이다.

(1) 비교법적 해석방법

유사한 법조문이나 제도를 가지고 있는 다른 나라의 법제도를 비교·검토함으로써 해당 법조문의 의미를 밝히는 해석방법이다.

(2) 법제정자의 주관적 해석방법

입법자의 입법취지나 동기 등을 참작하여 그 해당 법조문의 의미를 찾아내는 해석방법이다.

(3) 목적론적 해석방법

그 법제도가 추구하는 특정한 목적을 중심으로 해당 법조문의 의미를 찾아내는 해석방법이다.

(4) 현실기준적 해석방법

법조문의 문구나 개념에 얽매이지 않고 그 해당 법조문이 해석되는 시대의 상황과 현실이 그 해석의 바탕이나 기준이 되는 해석방법이다.

3. 결어

헌법의 해석에는 어떤 획일적인 기준이나 방법이 있는 것은 아니고 그때그때의 구체적 사안에 따라 다양한 해석방법을 동원해야 할 것이다. 이는 일반 법률과는 다른 헌법의 특성상, 즉 헌법의 이념성·정치성·가치성·역사성·유동성·추상성·개방성 등에서 오는 필연적인 현상이라고 할 수 있다. 따라서 일반적·원칙적으로 고전적 해석방법이 동원되고, 그때그때의 구체적 사안에 따라 보완적으로 그 밖의 다양한 해석방법들이 추가적으로 동원될 수밖에 없을 것이다.

Ⅲ. 헌법해석의 원칙

위에서 소개한 다양한 해석방법을 통해 헌법규범을 해석하되, 어떠한 방법이 동원되든 간에 헌법을 해석하는데 있어서 항상 염두에 두고 해석과정에 반영시켜야 하는 일정한 원리가 있다. 이를 헌법해석의 원칙 내지 기준이라고 한다. 학설과 판례를 통해서 일반적으로 확립된 헌법해석의 원칙은 대략 다음과 같다.[1)]

1. 헌법의 통일성실현

헌법은 각기 상이한 개별조항들의 아무런 의미 없는 단순한 집합체가 아니고, 형식과 내용에 있어서 상호 유기적인, 그 자체 하나의 통일적인 가치체계이다. 즉 헌법은 전문과 각 개별조항이 서로 밀접한 관련을 맺으면서 하나의 통일된 가치 체계를 이루고 있다. 따라서 헌법은 국가 내지 공권력 그 자체의 존재와 기능을 정당화시켜주는 일정한 가치를 지향하는 하나의 체계적으로 조직화된 규범집합체인 것이다. 이를 헌법의 통일성이라고 하는데, 이에 따라 일정한 헌법조문을 해석하는 경우에 그 해당 조문만을 해석과 고려의 대상을 할 것이 아니라 그 조문을 헌법 전체의 통일적·체계적 측면에서 고찰해야 한다.

그런데 이는 헌법이 조문 상호간에 갈등과 대립 및 모순이 전혀 없는 완전한 통일성을 가진 것을 전제하는 것이 아니고, 헌법에 내재할 수도 있는 규범 상호간, 헌법원리 상호간의 모순을 최소화하여 헌법의 통일성을 유지시켜야 한다는 것을 의미한다.

이러한 헌법의 통일성을 실현시키기 위한 두 가지 원칙이 판례와 학설을 통해 확립되어 있다.

(1) 법익형량의 원칙

이는 헌법해석과정에서 헌법상 서로 모순·대립되는 내용의 규범 또는 원칙이 존재할 경우에 두 규범 내지 원칙이 추구하는 가치 또는 법익을 상호 형량

---

1) 허영, 전게서, 72쪽 이하 참조.

하여 보다 큰 가치 또는 법익을 보호하고 있는 규범 내지 원칙에 우선적 효력을 부여한다는 원칙을 말한다. 이는 헌법이 핵심적 가치를 내용으로 하는 헌법핵을 정점으로 하는 일종의 계층적 피라밋 구조를 이루고 있다는 것을 바탕으로 하고 있다. 즉 헌법은 근본적 가치질서의 구체적 실현형태로서의 일정한 기본원칙과 근본규범을 지니고 있으며, 헌법내의 기타의 규정들은 이러한 헌법의 기본원칙과 근본규범으로부터 유래된 것으로서, 이러한 기본원칙과 근본규범을 구체화시키고 보충하는 일종의 부수적인 역할을 하는 것이라고 볼 수 있다. 따라서 헌법의 이러한 가치체계적 통일성으로부터 헌법의 모든 규정은 이러한 헌법의 기본원칙과 근본규범에 합치될 것이 요구된다. 결국 헌법은 이처럼 내용과 기능 및 효력이 각기 상이한 다양한 규정들로 이루어져 있기 때문에 동일 헌법 내에서라도 효력상 우선순위의 차이가 있는 규범들로 구성된 단계구조를 이루고 있다고 할 수 있다. 따라서 만일 헌법해석과정에서 헌법상의 부수적 규정 내지 원칙이 상위의 핵심적인 규정 내지 원칙과 모순·대립된다면 법익형량상 당연히 상위의 규정 내지 원칙에 우선적 효력이 부여되어 문제를 해결하여야 하는 것이다.[1)]

(2) 규범조화의 원칙

규범조화의 원칙은 헌법해석과정에서 문제되는 헌법규정 또는 원칙이 상호 모순·대립될 경우 이들 모순·대립되는 규정 또는 원칙을 최대한으로 조화시켜 통합적인 효력을 나타낼 수 있도록 해야 한다는 헌법해석의 원칙을 말한다. 법익형량의 원칙은 상반되는 헌법규범이나 원칙을 상호 비교형량하여 한쪽의 규범이나 원칙을 우선시키는 것인데 반해, 규범조화의 원칙은 상호 모순·대립되는 규범이나 원칙을 서로 조화시켜 양자 모두 효력을 나타낼 수 있도록 헌법을

---

1) 헌재 1995. 12. 28. 95헌바3, 판례집 7-2, 841:
헌법은 전문과 각 개별조항이 서로 밀접한 관련을 맺으면서 하나의 통일된 가치 체계를 이루고 있는 것으로서, 헌법의 제규정 가운데는 헌법의 근본가치를 보다 추상적으로 선언한 것도 있고, 이를 보다 구체적으로 표현한 것도 있으므로 이념적·논리적으로는 규범상호간의 우열을 인정할 수 있는 것이 사실이다. 그러나 이때 인정되는 규범상호간의 우열은 추상적 가치규범의 구체화에 따른 것으로 헌법의 통일적 해석에 있어서는 유용할 것이지만, 그것이 헌법의 어느 특정규정이 다른 규정의 효력을 전면적으로 부인할 수 있을 정도의 개별적 헌법규정 상호간에 효력상의 차등을 의미하는 것이라고는 볼 수 없다.

해석하는 것이다. 따라서 이를 규범조화적 해석의 원리라고 한다.[1]

(3) 결어

헌법의 통일성의 관점에 비추어 볼 때 법익형량의 원칙보다 규범조화의 원칙을 우선시켜야 할 것이다. 즉 헌법의 통일성을 실현하기 위하여 규범조화의 원칙 내지 규범조화적 해석방법을 먼저 시도하고, 이것이 어려울 때 2차적인 차선책으로 법익형량의 방법이 동원되어야 한다는 것이다. 이는 헌법의 사회통합기능에 비추어 당연한 것이라 하겠다. 왜냐하면 사회공동체의 통합은 구성원 상호간의 존중과 관용을 전제로 한 공존의 생활질서를 바탕으로 하는 것이고, 이는 승자독식을 초래할 수 있는 법익형량의 원칙 보다는 기본권적 가치를 비롯한 다양한 가치와 원칙의 통합적 조화에 의하여 용이하게 실현될 수 있을 것이기 때문이다.

2. 헌법의 기능실현

헌법은 국가를 구성하고, 국가기관을 조직·작용케 하며, 국가권력을 통제함으로써 국민의 기본권을 보장·실현하고, 사회와 국민 모두의 통합을 실현·촉진시키는 기능을 가지는데, 헌법규범이나 헌법의 제 원칙을 해석하는 과정에 있어서 이러한 헌법의 기능이 효과적으로 실현될 수 있도록 해석해야 한다는 원칙이다.

3. 법원리의 실현

사회질서와 평화의 유지, 국민의 법적 생활의 안정성 및 정의의 실현은 법일반의 목적이자 원리이다. 따라서 법을 해석하는데 있어서 이러한 일반 법원리가 효과적으로 실현될 수 있도록 해석해야 한다. 그런데 이러한 사회질서와 평

1) 헌재 1991. 9. 16. 89헌마165, 판례집 3, 518, 529:
두 기본권이 서로 충돌하는 경우에는 헌법의 통일성를 유지하기 위하여 상충하는 기본권 모두가 최대한으로 그 기능과 효력을 나타낼 수 있도록 하는 조화로운 방법이 모색되어야 할 것이고, 결국은 이 법에 규정한 정정보도청구제도가 과잉금지의 원칙에 따라 그 목적이 정당한 것인가 그러한 목적을 달성하기 위하여 마련된 수단 또한 언론의 자유를 제한하는 정도가 인격권과의 사이에 적정한 비례를 유지하는 것인가의 여부가 문제된다 할 것이다.

화의 유지, 국민의 법적 생활의 안정성 및 정의의 실현은 바로 헌법의 목적이자 기능이기도 하다. 따라서 이러한 법원리가 헌법해석에 있어서도 실현될 수 있도록 헌법해석이 이루어져야 할 것이다.

Ⅳ. 합헌적 법률해석

1. 의의

합헌적 법률해석이란 위헌적 요소가 있는 법률이라도 그것이 헌법에 합치되도록 해석될 여지가 있어 합헌적인 법률로 존속할 가능성이 있는 한 당해 법률을 위헌이라고 결정해서는 안되며, 따라서 위헌의 소지를 제거하고 가능한 한 법률을 합헌적으로 해석해서 그 법률의 효력을 존속시키고자 하는 법률 해석의 원칙이다. 즉 일정한 법률에 합헌적 요소와 위헌적 요소가 동시에 존재하여 그 법률이 합헌적으로 해석될 여지와 위헌적으로 해석될 여지가 공존하는 경우, 그 위헌적 요소를 제거하면 당해 법률이 본질에 있어서 합헌적으로 해석될 여지가 있다면 그 법률을 위헌적 요소가 제거되는 전제하에서 합헌으로 해석하여 그 법률의 효력을 지속시키는 원리이다. 법률의 헌법합치적 해석이라고도 한다. 따라서 합헌적 법률해석은 헌법해석의 문제를 수반하지만 일차적으로 법률해석의 문제라고 할 수 있다.

2. 합헌적 법률해석의 이론적 근거

합헌적 법률해석은 대체로 다음과 같은 이유에서 헌법이론상 요구되어진다.

(1) 법질서의 통일성

헌법의 최고규범성은 헌법을 정점으로 하는 법질서의 통일성을 요구하게 된다. 이러한 법질서의 통일성을 유지하기 위해서는 헌법의 구체화로서의 법률이 다의적 내용으로 이루어져 있어 그의 합헌적 해석과 위헌적 해석이 동시에 가능한 경우에는 당연히 합헌적 해석이 선택되어 당해 법률이 헌법에 근거하여 효력을 지속시키는 것으로 해석해야 한다.

또한 하위법은 헌법에 내포된 기본권을 비롯한 핵심적 가치를 구체화하고 실현시키는 헌법의 구체화이기 때문에 모든 법규범은 마땅히 헌법의 테두리내에서 일정한 체계적인 통일성을 유지하는 것이다.

따라서 이러한 법질서의 통일성을 유지하기 위하여 헌법의 구체화로서의 법률은 헌법에 합치되는 것으로 해석될 것이 요구되는 것이다.[1)]

(2) 권력분립의 원칙

입법작용은 입법부의 전속권한이라고 할 수 있는데, 이러한 입법부의 전속권한의 행사인 입법작용의 결과로서의 법률을 다른 국가기관이 함부로 위헌이라고 하는 것은 권력분립의 원칙에 반한다는 것이다. 따라서 이러한 권력분립의 원칙을 실현하고 입법부의 전속권한을 존중한다는 차원에서 문제되는 법률을 되도록 합헌적으로 해석해서 입법부가 제정한 법률의 효력을 지속시킬 것이 요구된다.[2)]

(3) 민주적 정당성의 원리

입법작용은 민주적 정당성을 부여받은 대의기관인 의회에 의해서 이루어지는 것인데, 이처럼 민주적 정당성을 지닌 의회가 제정한 법률을 민주적 정당성을 부여받지 못했거나 민주적 정당성이 상대적으로 취약하고 국민의 대의기관

---

1) 헌재 1989. 7. 21. 89헌마38, 판례집 1, 131, 145:
일반적으로 어떤 법률에 대한 여러 갈래의 해석이 가능할 때에는 원칙적으로 헌법에 합치되는 해석, 즉 합헌해석을 하여야 한다. 왜냐하면 국가의 법질서는 헌법을 최고법규로 하여 그 가치질서에 의하여 지배되는 통일체를 형성하는 것이며 그러한 통일체내에서 상위규범은 하위규범의 효력근거가 되는 동시에 해석근거가 되는 것이므로, 헌법은 법률에 대하여 형식적인 효력의 근거가 될 뿐만 아니라 내용적인 합치를 요구하고 있기 때문이다.

2) 헌재 1990. 6. 25. 90헌가11, 판례집 2, 165, 170-171:
합헌해석 또는 합헌한정해석이라 함은 법률의 규정을 넓게 해석하면 위헌의 의심이 생길 경우에, 이를 좁게 한정하여 해석하는 것이 당해 규정의 입법목적에 부합하여 합리적 해석이 되고 그와 같이 해석하여야 비로소 헌법에 합치하게 될 때 행하는 헌법재판의 한 가지 형태인 바, 이것은 헌법재판소가 위헌심사권을 행사할 때 해석여하에 따라서는 위헌이 될 부분을 포함하고 있는 광범위한 규정의 의미를 한정하여, 위헌이 될 가능성을 제거하는 해석기술이기도 하다. 이와 같은 합헌해석은 헌법을 최고법규로 하는 통일적인 법질서의 형성을 위하여서 필요할 뿐 아니라, 입법부가 제정한 법률을 위헌이라고 하여 전면 폐기하기보다는 그 효력을 되도록 유지하는 것이 권력분립의 정신에 합치하고 민주주의적 입법기능을 최대한 존중하는 것이어서 헌법재판의 당연한 요청이기도 하다.

도 아닌 헌법재판기관에서 쉽사리 위헌·무효화시키는 것은 민주주의원리와 조화되기 어렵다고 보는 것이다. 따라서 국민의 대표기관인 의회가 제정한 법률을 가능한 한 합헌적으로 해석해서 그 효력을 지속시킬 것을 민주주의원리 내지 민주적 정당성의 원리가 요구하고 있는 것이다.

(4) 법률의 추정적 효력

법률의 추정적 효력이란 헌법이 정한 절차에 따라 제정·공포된 법률은 일단 합헌인 것으로 효력을 갖는다고 추정하는 것이다. 이는 국민생활의 법적 안정성과 신뢰보호를 그 이론적 바탕으로 하고 있다. 따라서 일정한 법률이 다의적으로 해석되어 위헌적으로 해석될 수도 있고 합헌적으로 해석될 수도 있는 경우, 가능하면 합헌적으로 해석하여 법률의 추정적 효력을 유지하고, 이를 통해 국민의 법적 안정성과 신뢰보호를 구현해야 하는 것이다. 만일 어떤 법률에 위헌적인 요소가 조금이라도 존재한다고 해서 그 법률을 무조건 위헌·무효화시킨다면, 이로써 법률의 추정적 효력은 깨지고 국민생활의 법적 안정성과 신뢰보호는 유지될 수 없기 때문이다.[1)]

3. 합헌적 법률해석의 한계

그러나 이러한 합헌적 법률해석이 무제한으로 인정되는 것은 아니다. 왜냐하면 일정한 한계를 넘어서는 무리한 합헌적 법률해석은 오히려 입법권을 침해하고 법질서의 통일성을 해치는 결과를 초래하기 때문이다. 따라서 합헌적 법률해석에도 다음과 같은 일정한 한계가 있다.

(1) 문의적 한계

합헌적 법률해석은 문의적 한계 내에서만 이루어질 수 있다. 즉 당해 법률조항의 자구가 간직하고 있는 가능한 의미를 넘어서까지 법률조항을 합헌적으로 해석할 수는 없다. 따라서 합헌적 법률해석은 해당 법률조항의 의미가 완전히 다른 의미로 변질되지 아니하는 범위 내에서만 가능하다 할 것이다.

---

1) 허영, 전게서, 77쪽.

(2) 법목적적 한계

합헌적 법률해석은 법목적적 한계 내에서만 이루어져야 한다. 즉 법률제정자가 해당 법률의 제정에 의해서 추구하고자 하는 명백한 입법의 목적을 왜곡시키는 정도의 합헌적 법률해석은 허용될 수 없다. 따라서 일정한 법률의 합헌적 해석에 의해서 해당 법률의 목적이나 내용을 전혀 다른 목적이나 내용으로 해석하는 것은 법률 해석의 문제가 아니라 입법의 문제이며, 이는 법률해석기관의 권한을 넘어서는 명백한 입법권의 침해라고 할 수 있다.[1]

(3) 헌법수용적 한계

합헌적 법률해석은 헌법의 수용적 한계 내에서 이루어져야 한다. 즉 일정한 법률조항에 대한 합헌적 해석을 위하여 그 해석기준인 헌법규정의 내용을 지나치게 확대해석함으로써 그 헌법규정이 가지는 내용적 한계를 넘어서는 헌법규정에 대한 해석이 이루어져서는 안된다는 것이다. 물론 일정한 법률조항을 해석하는 경우 불가피하게 당해 법률의 해석기준인 헌법규정에 대한 해석이 수반되지만, 이는 어디까지나 헌법의 통일성을 유지하는 헌법의 수용적 한계 내에서의 해석이고, 따라서 이러한 한계를 넘어서는 헌법해석은 헌법의 통일성을 해치는 것이며, 이는 결국 법률의 '합헌적' 해석이 아니라 헌법의 '합법률적' 해석으로서 주객이 전도된 것이기 때문이다.[2]

---

1) 헌재 1989. 7. 14. 88헌가5 등, 판례집 1, 69, 86:
법률의 합헌적 해석은 헌법의 최고규범성에서 나오는 법질서의 통일성에 바탕을 두고, 법률이 헌법에 조화하여 해석될 수 있는 경우에는 위헌으로 판단하여서는 아니된다는 것을 뜻하는 것으로서 권력분립과 입법권을 존중하는 정신에 그 뿌리를 두고 있다. 따라서 법률 또는 법률의 위 조항은 원칙적으로 가능한 범위안에서 합헌적으로 해석함이 마땅하나 그 해석은 법의 문구와 목적에 따른 한계가 있다. 즉 법률의 조항의 문구가 간직하고 있는 말의 뜻을 넘어서 말의 뜻이 완전히 다른 의미로 변질되지 아니하는 범위내이어야 한다는 문의적 한계와 입법권자가 그 법률의 제정으로써 추구하고자 하는 입법자의 명백한 의지와 입법의 목적을 헛되게 하는 내용으로 해석할 수 없다는 법목적에 따른 한계가 바로 그것이다. 왜냐하면 그러한 범위를 벗어난 합헌적 해석은 그것이 바로 실질적 의미에서의 입법작용을 뜻하게 되어 결과적으로 입법권자의 입법권을 침해하는 것이 되기 때문이다.

2) 허영, 전게서, 79쪽.

4. 합헌적 법률해석의 유형

합헌적 법률해석은 다음의 결정주문에서 보듯이 몇 가지 유형으로 구체화되고 있다.

(1) 한정합헌결정유형

1) **헌재** 1990. 4. 2. 89**헌가**113, **판례집** 2, 49, 52

국가보안법 제7조 제1항 및 제5항(1980.12.31. 법률 제3318호)은 각 그 소정 행위가 국가의 존립·안전을 위태롭게 하거나 자유민주적 기본질서에 위해를 줄 경우에 적용된다고 할 것이므로 이러한 해석하에 헌법에 위반되지 아니한다.

2) **헌재** 1992. 1. 28. 89**헌가**8, **판례집** 4, 4, 8

1. 1991.5.31. 개정 전의 국가보안법(1980.12.31. 법률 제3318호) 제7조 제5항·제1항은 각 그 소정행위가 국가의 존립·안전을 위태롭게 하거나 자유민주적 기본질서에 위해를 줄 경우에 적용된다고 할 것이므로 이러한 해석하에 헌법에 위반되지 아니한다.

2. 1989.3.29. 전문개정 전의 집회및시위에관한법률(1980.12.18. 법률 제3278호) 제3조 제1항 제4호, 제14조 제1항은 각 그 소정행위가 공공의 안녕과 질서에 직접적인 위협을 가할 것이 명백한 경우에 적용된다고 할 것이므로 이러한 해석하에 헌법에 위반되지 아니한다.

(2) 한정위헌결정유형

1) **헌재** 1992. 10. 1. 92**헌가**6 등, **판례집** 4, 585, 589

지방재정법(전면개정 1988.4.6. 법률 제4006호) 제74조 제2항은 같은 법 제72조 제2항에 정한 '잡종재산'에 대하여도 이를 적용하는 것이 헌법에 위반된다.

2) **헌재** 1992. 3. 13. 92**헌마**37 등, **판례집** 4, 137, 140

국회의원선거법(1988.3.17. 법률 제4003호, 개정 1991.12.31. 법률 제4462호) 제55조의3(정당연설회)의 규정 중 '정당연설회에 당해 지역구후보자를 연설원으로 포함시킨 부분'과 같은 법 제56조(소형인쇄물의 배부 등)의 규정 중 '정당이 후보자를 추천한 지역구마다 2종의 소형인쇄물을 따로 더 배부할 수 있도록 한 부분'은, 당해 지역구에서 정당이 그와 같은 정당연설회를 개최하거나 소형인쇄물을 제작 배부하는 경우에는, 무소속후보자에게도 각 그에 준하는 선거운동의 기회를 균등하게 허용하지 아니하는 한 헌법에 위반된다.

(3) 한정합헌결정과 한정위헌결정의 관계

위에서 언급한 바와 같이 한정합헌결정과 한정위헌결정은 모두 합헌적 법률해석의 법리를 근거로 하고 있다. 따라서 한정합헌결정과 한정위헌결정은 본질적으로 동일한 법리에 근거한 부분위헌결정으로서 해당 법조항이 가지고 있는 위헌으로 해석되는 부분의 양적·질적 크기와 정도에 따라 좌우될 수 있는 상호표리의 관계에 있는 결정유형이라고 하겠다.

헌법재판소도 양자는 서로 표리의 관계에 있는 것이어서 실제적으로는 차이가 있는 것이 아니고, 본질적으로는 다 같은 부분위헌결정이라는 입장이다.[1)]

결국 한정합헌결정이 당해 사건과 관련되는 범위내에서 합헌적인 해석의 내용을 밝히는 유형이라면 한정위헌결정은 당해 사건에서의 해당 법률의 적용과 관련해서 위헌으로 해석되기 때문에 적용에서 배제되어야 하는 내용을 밝히는 유형이라고 하겠다.

---

1) 헌재 1997. 12. 24. 96헌마172 등, 판례집 9-2, 842, 860-861:
헌법재판소는 법률의 위헌여부가 심판의 대상이 되었을 경우, 재판의 전제가 된 사건과의 관계에서 법률의 문언, 의미, 목적 등을 살펴 한편으로 보면 합헌으로, 다른 한편으로 보면 위헌으로 판단될 수 있는 등 다의적인 해석가능성이 있을 때 일반적인 해석작용이 용인되는 범위내에서 종국적으로 어느 쪽이 가장 헌법에 합치되는가를 가려, 한정축소적 해석을 통하여 합헌적인 일정한 범위내의 의미내용을 확정하여 이것이 그 법률의 본래적인 의미이며 그 의미 범위내에 있어서는 합헌이라고 결정할 수도 있고, 또 하나의 방법으로는 위와 같은 합헌적인 한정축소 해석의 타당영역밖에 있는 경우에까지 법률의 적용범위를 넓히는 것은 위헌이라는 취지로 법률의 문언자체는 그대로 둔 채 위헌의 범위를 정하여 한정위헌의 결정을 선고할 수도 있다. 위 두 가지 방법은 서로 표리관계에 있는 것이어서 실제적으로는 차이가 있는 것이 아니다. 합헌적인 한정축소해석은 위헌적인 해석 가능성과 그에 따른 법적용을 소극적으로 배제한 것이고, 적용범위의 축소에 의한 한정적 위헌선언은 위헌적인 법적용 영역과 그에 상응하는 해석 가능성을 적극적으로 배제한다는 뜻에서 차이가 있을 뿐, 본질적으로는 다 같은 부분위헌결정이다.

5. 우리 헌법재판의 실제에 있어서의 합헌적 법률해석의 문제점

(1) 악용 · 남용의 문제점

합헌적 법률해석이 정치적 문제 등 헌법 외적인 요인으로 인해 판단 회피의 수단으로 악용·남용될 수 있다.

(2) 한계일탈의 문제점

합헌적 법률해석이 위에서 언급한 합헌적 법률해석의 한계를 일탈하는 경우가 있다. 이는 오히려 입법권의 침해를 야기하고, 법률의 규범적 효력과 법적 안정성을 약화시키며, 법질서의 통일성을 해칠 수 있다.

(3) 제도적 · 현실적 문제점

헌법재판소와 대법원과의 관할 및 위상관계에 있어서 문제가 제기될 소지가 있는 점, 헌법재판소의 한정합헌·한정위헌결정 등 변형결정유형에 대한 법적 근거가 없는 점, 헌법재판의 결정의 강제력 수단이 확보되지 않은 점, 재판작용에 대한 헌법소원이 원칙적으로 인정되지 않은 점 등으로 인해 한정위헌결정 등 헌법재판소의 변형결정을 국회 및 대법원이 존중하지 않는 경우가 많다.[1)]

---

1) 대판 1996. 4. 9. 95누11405:
헌법재판소의 결정이 그 주문에서 당해 법률이나 법률조항의 전부 또는 일부에 대하여 위헌결정을 선고함으로써 그 효력을 상실시켜 법률이나 법률조항이 폐지되는 것과 같은 결과를 가져온 것이 아니라 그에 대하여 특정의 해석기준을 제시하면서 그러한 해석에 한하여 위헌임을 선언하는, 이른바 한정위헌 결정의 경우에는 헌법재판소의 결정에 불구하고 법률이나 법률조항은 그 문언이 전혀 달라지지 않은 채 그냥 존속하고 있는 것이므로 이와 같이 법률이나 법률조항의 문언이 변경되지 아니한 이상 이러한 한정위헌 결정은 법률 또는 법률조항의 의미, 내용과 그 적용범위를 정하는 법률해석이라고 이해하지 않을 수 없다. 그런데 구체적 사건에 있어서 당해 법률 또는 법률조항의 의미·내용과 적용범위가 어떠한 것인지를 정하는 권한 곧 법령의 해석·적용 권한은 바로 사법권의 본질적 내용을 이루는 것으로서, 전적으로 대법원을 최고법원으로 하는 법원에 전속한다. 이러한 법리는 우리 헌법에 규정된 국가권력분립구조의 기본원리와 대법원을 최고법원으로 규정한 헌법의 정신으로부터 당연히 도출되는 이치로서, 만일 법원의 이러한 권한이 훼손된다면 이는 헌법 제101조는 물론이요, 어떤 국가기관으로부터도 간섭받지 않고 오직 헌법과 법률에 의하여 그 양심에 따라 독립하여 심판하도록 사법권 독립을 보장한 헌법 제103조에도 위반되는 결과를 초래한다. 그러므로 한정위헌 결정에 표현되어 있는 헌법재판소의 법률해석에 관한 견해는 법률의 의미·내용과 그

6. 상기의 문제점의 해결방안

(1) 합헌적 법률해석이 본래의 취지와 이론적 근거를 바탕으로 그 한계내에서 매우 제한적으로 이루어져야 한다.

(2) 헌법재판소법에 합헌적 법률해석의 방법으로서의 한정합헌이나 한정위헌결정 등 변형결정유형의 법적 근거를 마련할 것을 고려해야 할 것이다.

(3) 법원의 재판작용에 대한 헌법소원을 인정하여 합헌적 법률해석의 방법으로서의 변형결정의 기속력을 법원에 대하여도 관철시켜야 할 것이다.

(4) 헌법재판의 모든 결정내용에 대한 강제수단을 명문으로 규정하는 것을 고려해야 할 것이다.

(5) 대법원과의 관계정립을 포함한 헌법재판소의 위상확립과 다른 국가기관 및 국민의 헌법재판소 결정의 내용에 대한 존중과 복종의식이 확립되어야 할 것이다.

제 4 절 헌법의 보호

Ⅰ. 의의

헌법의 보호란 헌법의 가치질서, 즉 헌법의 핵심적 내용인 기본권적 가치, 근본이념, 기본원리 등을 지킴으로써 헌법의 규범력과 실효성 및 기능을 지키고 유지하는 것을 말한다. 헌법의 보호는 헌법의 최고규범성에 의해 당연히 요구된다고 하겠다. 왜냐하면 헌법은 기본권과 국가의 조직·작용에 관한 근본규범으로서 다른 모든 법규범에 우선하는 효력을 가지고, 따라서 이러한 헌법의 최고규범성은 당연히 헌법이 모든 법질서와 국가권력 또는 사회질서를 규율하고 기속할 것을 전제로 하며, 이는 헌법이 담고 있는 내용과 가치, 즉 기본권적 가치질서·근본이념·기본원리 등이 모든 법질서와 국가권력 및 사회질서를 규율하고

적용범위에 관한 헌법재판소의 견해를 일응 표명한 데 불과하여 이와 같이 법원에 전속되어 있는 법령의 해석·적용 권한에 대하여 어떠한 영향을 미치거나 기속력도 가질 수 없다.

기속할 것을 전제하기 때문이다. 따라서 만일 이러한 헌법의 기본적 가치질서와 내용을 침해하는 그 어떠한 대내외적 행위가 존재한다면 헌법은 당연히 이러한 침해행위를 방어하고 헌법의 기본적 가치질서를 보호할 것을 요구하는 것이다.

헌법의 보호는 성문 및 불문헌법에 의해서 정해진 일정한 기본권적 가치질서와 국가형태·정치형태 등을 그 보호의 대상으로 한다. 따라서 헌법보호의 범위는 형식적 의미의 헌법 뿐 아니라 불문헌법 및 실질적 의미의 헌법을 모두 포함하는 것으로 보아야 할 것이다.

Ⅱ. 헌법의 수호자

헌법의 보호대상인 기본권적 가치질서·근본이념·기본원리 등을 누가 최종적으로 수호할 것인가 하는 헌법의 수호자에 관한 논쟁이 과거 독일의 바이마르공화국 시절에 제기된 바 있다. 이 문제를 주로 C. Schmitt와 H. Kelsen이 다루었는데, C. Schmitt는 헌법의 수호자는 선출된 중립적 권력인 공화국대통령이어야 한다고 주장했다. 이에 반해 H. Kelsen은 헌법의 규범력을 담보하는 사법기관이 헌법의 수호자라고 주장한 바 있다. 오늘날은 독일의 경우 헌법재판소를 헌법의 수호자로 보는 경향이 강하다고 볼 수 있다. 왜냐하면 헌법재판소는 입법권·행정권·사법권을 총체적으로 통제하면서 헌법과 기본권을 보호하는 기능을 수행하고 있기 때문이다.

그런데 우리의 경우에서 보듯이 헌법재판소도 다른 국가기관이 헌법재판소의 판단과 결정을 존중할 때에 비로소 그 기능을 발휘할 수 있고, 아울러 일반국민 모두의 헌법에의 의지가 확고할 때에만 헌법의 규범력과 실효성이 확보될 수 있다는 점에서 대통령과 헌법재판소를 비롯한 모든 국가기관과 국민이 다 같이 헌법의 수호자라고 할 수 있을 것이다.

Ⅲ. 헌법보호의 수단

헌법보호의 수단은 헌법침해의 형태에 따라 다음과 같이 분류할 수 있다.[1)]

1) 허영, 전게서, 85쪽 이하; 성낙인, 전게서, 69쪽 이하 참조.

1. 국가권력으로부터의 보호

국가권력에 의한 헌법적 가치질서의 침해는 가장 보편적인 헌법침해라고 할 수 있다.

(1) 일반 국가권력으로부터의 헌법보호

1) 헌법재판제도

입법 · 행정 · 사법권의 위헌적 행사를 통해 헌법적 가치질서가 침해되는 것을 예방 · 시정하는 가장 강력한 수단은 헌법재판제도이다.

가. 규범(법률)통제제도 : 의회입법권에 대한 통제(헌법 제107조 제1항, 헌법재판소법 제41조)

나. 헌법소원심판제도 : 입법권 · 행정권 · 사법권에 대한 통제(헌법 제111조 제1항 제5호, 헌법재판소법 제68조 제1항)

다. 권한쟁의심판제도 : 국가기관 상호간의 위헌적 권력행사통제(헌법 제111조 제1항 제4호, 헌법재판소법 제61조)

라. 탄핵심판제도 : 공위공직자의 위헌적 권력행사에 대한 통제(헌법 제111조 제1항 제2호, 헌법재판소법 제48조)

2) 일반재판제도

가. 행정쟁송제도 : 행정소송 · 행정심판을 통한 행정권에 대한 통제

나. 하위규범통제제도 : 명령 · 규칙 등 하위규범에 대한 통제(헌법 제107조 제2항)

3) 국가배상제도 : 공무원의 불법행위에 대한 통제(헌법 제29조)

4) 권력분립제도

국가권력 상호간의 견제와 균형을 내용으로 하는 권력분립제도는 통치기구의 조직원리이자 권력의 집중이나 권력의 자의와 남용으로부터 초래되는 헌법침해를 예방하기 위한 헌법보호수단이다.

5) 국회의 국정감사 · 조사제도 : 행정권 등의 위헌적 권력남용에 대한 통제(헌법 제61조 제1항)

6) 국회의 대통령의 긴급재정·경제명령 및 긴급명령 등에 대한 승인제도: 위헌적 긴급재정·경제명령 및 긴급명령에 대한 통제(헌법 제76조 제3항)

7) 국회의 계엄해제요구제도: 위헌적 계엄에 대한 통제(헌법 제77조 제5항)

8) 국회의 국무총리·국무위원 해임건의제도: 국무위원 등의 위헌적 권력행사에 대한 통제(헌법 제63조 제1항)

(2) 헌법개정권력으로부터의 헌법보호

헌법상의 가치질서는 헌법개정의 형식으로도 침해될 수 있는데, 헌법개정절차를 일반 법률의 개정절차보다 엄격하게 규정하거나(다수 여당의 횡포방지), 헌법개정의 한계를 정하는 것은 헌법개정권력에 대한 헌법보호의 한 수단이라고 할 수 있다.

또한 헌법개정조항을 헌법재판에 의한 통제대상으로 삼는 것도 고려될 수 있다.

(3) 저항권

1) 의의

저항권이란 국가권력에 의하여 헌법의 기본적 가치에 대한 중대한 침해가 행하여지고 그 침해가 헌법의 존재 자체를 부인하는 것으로서 다른 합법적인 구제수단으로는 헌법보호의 목적을 달성할 수 없을 때에 국민이 자기의 권리·자유를 지키기 위하여 실력으로 저항하는 권리이다.[1] 따라서 저항권은 일종의 초실정법적인 최후의 헌법보호수단이라고 할 수 있다. 그러므로 저항권은 헌법보호수단으로서의 성격과 기본권으로서의 성격, 즉 위헌적 국가권력행사를 통해 침해된 기본권을 구제하기 위한 최후의 절차적 기본권으로서의 성격을 가진다고 볼 수 있다.

2) 저항권의 인정 여부

가. 부정설

저항권은 그 실정법적 근거가 없고 자연법에만 근거하고 있으며, 따라서 재

---

1) 헌재 1997. 9. 25. 97헌가4, 판례집 9-2, 332, 338.

판규범으로 원용될 수도 없기 때문에 인정될 수 없다는 입장이다. 또한 저항권의 명확한 요건을 설정할 수도 없기 때문에 저항권행사의 정당성 여부를 판단할 수도 없어 결국 저항권을 인정한다는 것은 그 자체 무질서를 초래하는 것이므로 인정될 수 없다고 본다.[1)]

나. 긍정설

저항권은 그 개념 필연적으로 초실정법적 제도일 수밖에 없는데, 이러한 초실정법적 제도의 특성상 저항권행사에 대한 제도화된 권위적 심판기관이 존재할 수 없는 것은 당연하다는 입장이다. 따라서 저항권은 실정법적 헌법보호제도가 실효를 거둘 수 없을 때 최후의 보충적 수단으로서 인정될 수 있다고 한다.[2)]

참고로 독일의 경우 기본법 제20조 제4항에서 헌법질서를 파괴하고자 하는 모든 세력에 대한 - 다른 구제수단이 존재하지 않을 경우의 - 저항권을 규정하고 있다.

다. 결어

전통적 의미의 저항권, 즉 위헌적 국가권력에 대한 무력에 의한 저항은 사회평화와 법적 안정성을 추구하는 오늘날의 헌법질서에서는 원칙적으로 인정되기가 어렵다고 할 것이다. 왜냐하면 이는 결과적으로 헌정질서를 유린하고 힘의 원리가 지배하는 국가 이전의 혼돈 상태를 야기할 수 있기 때문이다.

---

1) 대판 1980. 5. 20. 80도306:
저항권이 실정법에 근거를 두지 못하고 오직 자연법에만 근거하고 있는 한 법관은 이를 재판규범으로 원용할 수 없다고 할 것인바, 헌법 및 법률에 저항권에 관하여 아무런 규정 없는 우리나라의 현 단계에서는 저항권이론을 재판의 근거규범으로 채용, 적용할 수 없다.

2) ① 대판 1980. 5. 20. 80도306:
[소수의견]
형식적으로 보면 합법적으로 성립된 실정법이지만 실질적으로는 국민의 인권을 유린하고 민주적 기본질서를 문란케 하는 내용의, 실정법상의 의무이행이나 이에 대한 복종을 거부하는 등을 내용으로 하는 저항권은 헌법에 명문화되어 있지 않았더라도 일종의 자연법상의 권리로서 이를 인정하는 것이 타당하다 할 것이고 이러한 저항권이 인정된다면 재판규범으로서의 기능을 배제할 근거가 없다고 할 것이다.
② 헌재 1997. 9. 25. 97헌가4, 판례집 9-2, 332, 338:
저항권은 국가권력에 의하여 헌법의 기본원리에 대한 중대한 침해가 행하여지고 그 침해가 헌법의 존재 자체를 부인하는 것으로서 다른 합법적인 구제수단으로는 목적을 달성할 수 없을 때에 국민이 자기의 권리·자유를 지키기 위하여 실력으로 저항하는 권리이다.

다만 너무나 객관적으로 명백한 국가권력에 의한 헌법질서의 침해로 인하여 국민의 기본권이 본질적으로 침해되고, 헌법상의 기본적 가치질서와 사회평화가 완전히 무너지는 상태에서 무력에 의한 저항권행사 이외의 어떠한 헌법보호수단도 존재하지 아니하는 경우에는, 그 헌정질서와 헌법상의 가치질서를 회복하고, 국민의 기본권을 구제한다는 지극히 소극적이고 방어적인 목적을 위한 필요한 최소한도의 실력에 의한 저항권행사는 정당화될 수 있을 것이다. 또한 저항권은 그 특성상 초실정법적 제도일 수밖에 없기 때문에 저항권행사의 인정 여부가 실정법상의 명문규정 유무에 따라 좌우될 문제도 아니라고 하겠다.

우리의 경우 '대한국민은 3·1운동으로 건립된 대한민국임시정부의 법통과 불의에 항거한 4·19민주이념을 계승하고'라는 헌법전문의 문구가 직간접적으로 저항권을 긍정한 헌법적 근거라고 할 수 있을 것이다. 왜냐하면 3·1운동과 4·19혁명이 바로 전형적인 저항권의 행사인데, 그 저항권 행사의 법통을 이어받고 그 정신을 계승한다는 것 자체가 저항권을 긍정하고 그 바탕 위에서 헌법이 제정되고 개정되었다는 것을 천명한 것이기 때문이다. 따라서 3·1운동이라는 저항권의 바탕 위에서 대한민국이 건립되고, 그 법통과 4·19 혁명이라는 저항권 행사의 민주이념을 계승한 우리 대한민국의 헌법은 당연히 저항권을 긍정한다는 것이 논리필연적이다. 그리고 그 후 1980년 5·18 민주화 운동이나 1987년 6월 민주 항쟁도 일종의 저항권 행사라고 할 수 있고, 그 연장선에서 제9차 헌법개정이 이루어졌다고 할 수 있을 것이다.

3) 저항권의 성립요건

저항권의 성립요건(정당화 요건)으로서는 일반적으로 다음과 같은 것을 들 수 있다.

가. 헌법적 가치질서에 대한 중대하고 본질적인 침해가 있을 것

저항권의 행사는 현재의 위헌적 헌법침해에 대한 실력에 의한 저항이기 때문에 그 속성상 또 다른 헌정질서 위반 상태를 야기시킬 수 있다. 따라서 저항권행사는 개개의 헌법조항에 대한 단순한 위반 등 경미한 통상적인 헌법위반에 대하여는 인정될 수 없고 - 그러한 헌법침해에 대하여는 일반적인 보호수단을 통해 해결될 수 있을 것이다 - 기본권 전체에 대한 본질적 침해나 민주적 기본

질서 등 헌법적 가치질서 전반에 대한 본질적이고 중대한 침해에 대해서만 인정될 수 있을 것이다.

나. 헌법침해행위의 위헌성이 객관적으로 명백할 것

저항권행사는 국가권력 등에 의한 헌법침해행위의 위헌성이 객관적으로 명백한 경우에만 인정될 수 있을 것이다. 만일 그렇지 않다면 저항권행사의 남용이 초래되어 오히려 사회평화와 질서의 혼란만을 야기할 것이다. 아울러 위헌성이 객관적으로 명백하지 아니한 헌법침해행위에 대한 저항권은 국민적 공감대를 얻지 못할 것이기 때문에 정당화될 수 없고, 성공가능성도 없을 것이다.

다. 저항권의 보충성

저항권은 헌법침해행위에 대한 헌법과 법률에 제도화된 통상적인 헌법보호수단 내지 권리구제수단이 가능하지 아니할 경우 보충적 수단으로서만 행사되어야 할 것이다.

라. 저항권의 최후수단성

저항권은 헌법침해행위로 인해 헌법적 가치질서가 완전히 무너지기 직전에만 인정될 수 있고, 헌법적 가치질서가 침해되는 초기에는 인정될 수 없다고 할 것이다. 왜냐하면 헌법적 가치질서가 무너지는 초기에는 다른 통상적인 구제수단이 우선적으로 고려되어야 할 것이며, 또한 초기단계부터 저항권을 인정한다면 저항권의 남용이 초래될 수 있기 때문이다.

2. 국가권력 이외의 개인이나 단체 등으로부터의 보호

헌법침해는 특정한 단체나 개인 등에 의해서도 이루어질 수 있다. 이러한 헌법침해에 대한 보호수단으로서 대표적인 제도는 위헌정당해산제도와 기본권 실효제도를 들 수 있다. 이 두 제도는 이른바 방어적 민주주의 내지 투쟁적 민주주의를 그 이념적 바탕으로 하고 있다. 이는 민주주의 자체를 말살하려는 침해를 방어하고 투쟁하는 것을 내용으로 하는 민주주의, 즉 가치 무관계적(중립적) 민주주의가 아니라 가치 관계적 민주주의로서 민주주의가 지니고 있는 가치질서를 부정하고 파괴하려는 그 어떠한 시도와 행위에 대하여도 대항하려는 민주주의를 말한다. 다시 말해 민주주의의 이름으로 민주주의를 말살하고, 자유의 이름으로 자유 자체를 말살하려는 침해를 방어하기 위한 민주주의제도를 말한다.

(1) 위헌정당해산제도

위헌정당해산제도는 민주적 기본질서 등 헌법상의 가치질서를 파괴하거나 침해할 목적으로 조직되고 활동하는 정당을 헌법재판절차에 따라 해산시킴으로써 정당에 의한 헌법침해를 방지하기 위한 헌법보호수단이다(헌법 제8조 제4항, 독일 기본법 제21조 제2항).

그러나 정당은 복수정당제가 확립된 오늘날의 정당민주주의적 헌법질서에서는 필수불가결한 요소이고, 따라서 정당의 설립과 활동은 헌법의 특별한 보호를 받기 때문에 위헌정당해산결정에는 신중을 기해야 할 것이고, 이 제도가 정부나 여당에 의한 야당탄압수단으로 악용되지 아니하도록 그 요건을 엄격히 해석해야 할 것이다.[1)]

(2) 기본권 실효제도

기본권 실효제도는 특정인 또는 특정세력이 민주적 기본질서 등 헌법상의 가치질서를 제거하고 파괴하기 위한 그릇된 목적으로 기본권을 행사하는 경우, 헌법재판절차에 따라 그 해당 특정인 또는 특정단체의 일정한 기본권을 박탈함으로써 헌법질서에 대한 침해를 방지하기 위한 제도이다(독일 기본법 제18조 참조).

1) 위헌정당해산제도 및 헌재의 통합진보당해산결정의 문제점에 대하여 자세한 것은 정연주, 통합진보당 해산결정에 대한 검토, 입법과 정책 7권 1호, 국회입법조사처, 2015. 6, 219 이하 참조.

제2장 우리 헌법의 역사와 체계 및 기본원리

제1절 우리 헌법의 제정과 개정

Ⅰ. 제1공화국헌법

1. 헌법의 제정

(1) 헌법제정의 역사적 배경

현행 헌법전문의 '3·1운동으로 건립된 대한민국임시정부의 법통'이라는 표현에서도 알 수 있듯이 대한민국의 뿌리는 상해 임시정부라고 할 수 있는데, 임시정부는 1919년 4월 11일 민주공화제에 바탕을 둔 10개조의 대한민국임시헌장을 제정하고, 동년 9월 11일에는 임시헌장을 기본삼아 전문과 58개조의 본문으로 구성된 대한민국임시헌법을 제정한 바 있다.

1945년 8월 15일 대한민국의 독립 후 1948년 제1공화국헌법(제헌헌법)이 제정될 때까지는 정치적 격변기였다고 할 수 있다. 그러나 그러한 혼돈 속에서도 헌법을 제정하고 정부를 수립하고자 하는 나름의 정치적·사회적 토대는 마련되었다고 볼 수 있다. 제헌 당시의 상황을 회고해 보면 첫째, 민주주의와 자유주의 및 민족의 동질성을 바탕으로 한 정치적 일원체를 건설하려는 사회의 공감대가 형성되었고, 둘째, 이러한 공감대를 바탕으로 독립 후의 사회공동체를 정치적 일원체로 조직하기 위한 독립운동가를 비롯한 정치적 중심세력이 형성되었으며, 셋째, 이러한 공감대를 바탕으로 대한민국이라는 민주독립국가를 재건하고 사회공동체의 통합을 실현·촉진시키고자 하는 다수의 참여의식이 조성되었기 때문에 이러한 당시의 상황들에 비추어 헌법제정과 정부수립을 위한 여건이 조성되었다고 볼 수 있다.

(2) 헌법의 제정

이러한 시대적 상황속에서 1948년 5월 10일 남한지역에서만 헌법제정을 위한 제헌의원이 선출되었고, 이 결과 선출된 제헌의원들(198명)이 1948년 5월 31일 제헌국회를 구성하여 헌법제정 작업에 착수했다. 헌법초안을 만들기 위해서 구성된 헌법기초위원회는 유진오 원안과 권승렬 참고안을 중심으로 토의를 진행했는데, 두 안은 통치구조면에서 양원제 국회의 의원내각제 정부형태와 위헌법률의 사법심사제를 공통으로 하고 있었다.

그러나 헌법기초위원회의 토의과정에서 단원제 국회의 대통령제와 위헌법률심사를 위한 헌법위원회 설치를 강력히 주장하고 나선 이승만 국회의장과 그 동조세력들의 견해가 받아들여져 단원제 국회와 대통령제에 의원내각제적 요소인 국무원 및 국무총리제가 가미된 절충안이 만들어져 6월 23일 국회본회의에 상정되어 7월 12일에 헌법안이 국회를 통과했고, 이어 1948년 7월 17일 대통령제와 단원제 국회를 골자로 하는 대한민국헌법(제1공화국헌법)이 공포·시행되기에 이르렀다.

2. 헌법의 내용과 개정

(1) 헌법의 내용

제1공화국헌법(제헌헌법)은 전문과 10개 장, 103개 조문으로 이루어져 있었으며, 그 체계는 제1장 총강, 제2장 국민의 권리와 의무, 제3장 국회, 제4장 정부, 제5장 법원, 제6장 경제, 제7장 재정, 제8장 지방자치, 제9장 헌법개정, 제10장 부칙으로 구성되었다.

제헌헌법을 내용적으로 살펴보면, ① 제2장에서 국민의 권리·의무에 관하여 규정하고 있다. ② 국회는 임기 4년의 국회의원으로 구성된 단원제로 했다. ③ 정부를 대통령, 국무원, 행정각부로 구성하면서 정부형태는 대통령제를 채택하고, 대통령과 부통령은 임기 4년으로 국회에서 선출되며, 1차 중임할 수 있도록 했다. ④ 국무총리를 두고, 대통령·국무총리·국무위원으로 조직되는 국무원이 대통령의 권한에 속하는 중요국책을 의결하도록 했다. ⑤ 행정각부장관은 국무위원 중에서 대통령이 임명하도록 했다. ⑥ 법원을 최고법원인 대법원과 하급법원으로 조직하고, 대법원장은 국회의 승인을 얻어 대통령이 임명하며, 법관의 임기는 10년으로 하되 법률의 정하는 바에 의하여 연임할 수 있도록 했다. ⑦ 위헌법률심판을 위해 헌법위원회를 설치했다. ⑧ 대통령 등 고위공직자의 탄핵심판을 위해서 탄핵재판소를 따로 설치했다. ⑨ 지방자치에 관한 규정을 두었다. ⑩ 경제에 관한 별도의 장을 두고, 통제경제 내지 계획경제적 성격이 강한 경제조항들을 규정하고 있다. ⑪ 헌법개정의 제안은 대통령 또는 국회의 재적의원 3분지 1이상의 찬성으로써 하고, 헌법개정의 의결은 국회에서 재적의원 3분지 2이상의 찬성으로 하도록 했다.

(2) 헌법의 개정

1) 제1차 헌법개정(1952년 7월 7일의 발췌개헌)

가. 개헌경위

제1차 개헌은 1952년 7월 4일의 이른바 '발췌개헌'의 형태로 이루어졌지만, 그에 앞서 이미 두 차례에 걸쳐 개헌안이 제출된 바 있다. 제1차 개헌안은 의원내각제의 채택을 골자로 하는 것으로서 1950년 1월 28일에 한민당 의원들에 의하여 제출되었지만 국회에서 부결되었다. 그 후 1950년 5월 30일에 실시된 제2대 국회의원 총선거에서 야당이 압도적인 다수의석을 차지하자 국회의 간접선거에 의해서는 재선이 불가능함을 깨달은 이승만 대통령은 장기집권을 위한 포석으로 정·부통령 선거방법을 국민의 직접선거로 바꾸고 국회를 양원제로 하는 내용의 개헌안을 1951년 11월에 국회에 제출했으나 부결되었다.

이후 야당도 의원내각제 채택을 내용으로 하는 개헌안을 또 다시 국회에 제출했고, 이에 정부·여당도 다시 정·부통령직선제 개헌안을 국회에 제출했다. 결국 비상계엄령이 선포된 가운데 국회의원의 자유토론이 완전 봉쇄된 상황에서 여당개헌안과 야당개헌안이 절충된 이른바 발췌개헌안이 1952년 7월 4일 기립투표로 통과되었다.

나. 개헌의 내용과 평가

발췌개헌의 내용은 헌법의 21개 조항을 수정·삭제·증보하는 것이었는데, 그 골자는 ① 대통령과 부통령의 직선제, ② 양원제 국회, ③ 국회의 국무원 불신임제, ④ 국무위원 임명에 있어서 국무총리의 제청권 등이었다.

이 발췌개헌은 ① 일사부재의의 원칙에 위배되고, ② 헌법개정안에 대한 공고절차가 생략되었으며, ③ 국회의원들의 토론의 자유가 박탈당했고, ④ 의결이 강제되는 등 절차상 중대한 하자가 있는 위헌적인 것이었다.

2) 제2차 헌법개정(1954년 11월 27일의 사사오입개헌)

가. 개헌경위

이승만 정부는 1954년 1월 23일 경제질서를 개편하기 위한 개헌안을 국회에 제출했다가 동년 3월 9일 이를 철회했다. 그 후 동년 5월에 실시된 민의원선거에서 압승한 여당인 자유당 정부는 동년 8월 6일 이승만 대통령의 3선을 가능케 하는 내용의 개헌안을 제출했는데, 동년 11월 27일의 국회표결 결과는 의결정족수에 한 표가 부족한 부결이었다. 그러나 일단 부결선언된 개헌안에 대하여 이른바 '사사오입'의 수학적 원리가 적용되어 부결선언을 취소하고 국회통과를 선포하였다.

나. 개헌의 내용과 평가

동 개헌은 30개 조항에 걸친 수정·삭제·증보로 이루어졌는데, 그 골자는 ① 초대 대통령에 한해서 3선 제한을 철폐하고 무제한 입후보를 허용했고, ② 주권의 제한 또는 영토의 변경의 경우에는 국민투표에 붙이도록 했으며, ③ 헌법개정의 한계조항을 신설했고, ④ 국무총리제를 폐지하고 국무위원에 대한 개별적 불신임권을 채택했으며, ⑤ 대통령 궐위 시 부통령이 지위를 승계하도록 했고, ⑥ 군법회의의 헌법상 근거를 명시했으며, ⑦ 자유시장 경제체제를 도입하는 것 등이었다.

그러나 제2차 헌법개정은 의결정족수 미달로 의결절차상 하자가 있으며, 초대 대통령에 한해 중임제한을 철폐해서 결과적으로 평등원칙에 위반되는 등 내용상의 하자도 있는 위헌이었다고 볼 수밖에 없다.

Ⅱ. 제2공화국헌법

1. 제3차 개헌(1960년 6월 15일의 의원내각제 개헌)

(1) 경위

1960년 3월 15일에 실시된 정·부통령 부정선거는 4·19 혁명으로 발전하여 이승만 독재정권은 무너지고, 동년 5월 2일 허정을 내각수반으로 하는 과도정부가 구성되었으며, 국회에는 헌법개정을 위한 헌법개정기초위원회가 구성되었다. 동 위원회가 기초한 개헌안은 동년 6월 15일 국회를 통과하고 공포되었는데(제3차 개헌), 이것이 제2공화국헌법이다.

(2) 제2공화국헌법의 내용

제3차 개헌은 광범위한 개정을 내용으로 한 전면개정으로 헌법개혁에 해당된다고 볼 수 있다. 헌법은 전문과 본문 12개 장 98개 조문으로 이루어져 있다. 그 내용의 골자는, ① 의원내각제를 채택하고, 민의원과 참의원으로 구성된 양원제 국회를 구성했고, ② 국민의 기본권을 효과적으로 보장하기 위하여 자유권에 대한 개별적 법률유보조항을 삭제하는 대신 일반적 법률유보조항만을 두고, 언론·출판·집회·결사 등의 자유에 대해서는 사전허가나 검열제를 금지했으며, 법률에 의하여 기본권을 제한하는 경우에도 자유와 권리의 본질적 내용은 훼손하지 못하게 하였고, ③ 사법권의 독립을 강화하기 위하여 대법원장과 대법관의 선거제를 채택했으며, ④ 탄핵재판소와 헌법위원회를 폐지하는 대신 광범위한 권한을 가지는 헌법재판소를 설치했고, ⑤ 정당에 대한 국가의 보호를 규정하고, ⑥ 중앙선거관리위원회를 헌법기관으로 설치했으며, ⑦ 공무원의 정치적 중립성과 신분보장을 규정했고, ⑧ 지방자치단체의 장 선거제를 규정한 것 등이다.

2. 제4차 개헌(1960년 11월 29일의 부정선거처벌개헌)

이 개헌안은 형벌불소급원칙에 대한 예외로서 3·15부정선거의 주모자와 기타 관련자들을 처벌할 헌법적 근거를 마련하는 것이었다. 이 개헌으로 부정선거관련자처벌법, 반민주행위자공민권제한법, 부정축재특별처리법, 특별재판소 및 특별검찰부조직법 등 일련의 소급특별법이 제정되었으나 5·16 군사쿠데타로 완결을 보지 못한 채 군사독재가 시작되었다.

Ⅲ. 제3공화국헌법

1. 제5차 개헌(1962년 12월 26일의 군정하의 전면개헌)

(1) 경위

앞서 언급한 바와 같이 제2공화국 헌법은 단명으로 끝나고 말았다. 당시 박정희 장군 등 군 일부세력에 의한 1961년의 5·16 군사쿠데타로 군사혁명위원회가 조직되어 3권을 장악한 후 대한민국 전역에 비상계엄이 선포되었다. 군사혁명위원회는 국가재건최고회의로 명칭이 변경된 후 동년 5월 20일 혁명내각을 조직하였다. 동년 6월 6일 국가재건최고회의는 4장 24개조 및 부칙으로 구성된 국가재건비상조치법을 공포했다.

군정실시 1년만에 민정이양을 위한 헌법개정작업에 착수하여 1962년 7월 11일 국가재건최고회의의 특별위원회로서 헌법심의위원회가 발족되었다. 이 위원회가 작성한 헌법안이 공고절차와 최고회의의 의결을 거쳐 1962년 12월 17일 국민투표로써 확정되고 12월 26일 공포되었다. 그러나 이 헌법은 그 부칙에 따라 이 헌법에 의한 국회가 처음으로 집회한 날로부터 시행하게 되어 있었기 때문에 공포 1년후인 1963년 12월 17일부터 효력을 발생하였다. 그때까지는 국가재건비상조치법이 계속해서 헌법적 효력을 가졌다.

(2) 내용

제3공화국헌법은 전문과 5개 장 및 121개 조문으로 구성되어 있다. 그 내용의 골자는, ① 인간의 존엄과 가치의 존중에 관한 조항이 신설된 반면, 질서유지 또는 공공복리를 이유로 기본권제한의 가능성이 커졌고, ② 국회를 임기 4년의 국회의원으로 구성된 단원제로 하였으며, ③ 헌법재판소를 폐지하고 위헌법률심사권을 법원에 부여하였고, ④ 법관의 임명을 선거제가 아닌 법관추천회의의 제청에 따르게 했으며, ⑤ 헌법개정의 경우 국회의 의결을 거친 후 국민투표로써 확정시키도록 했고, ⑥ 정당국가조항을 강화해서 국회의원이 임기 중 당적을 이탈하거나 변경하는 경우에 의원직을 상실하도록 했다.

2. 제6차 개헌(1969년의 10월 21일의 3선개헌)

(1) 경위

1969년 8월 7일 여당인 공화당이 대통령의 3선 연임을 가능케 하는 내용의 헌법개정안을 제출했고, 동년 9월 14일 동 개헌안은 국회3별관에서 여당의원들로만 심야에 처리되었다. 동 개헌안은 동년 10월 17일 국민투표에 붙여져 확정되고, 10월 21일에 공포되었다.

(2) 내용

개헌의 내용은 ① 대통령의 연속재임을 3기로 연장시켰고, ② 대통령에 대한 탄핵소추의 의결정족수를 가중시켰으며, ③ 국회의원 정수를 '150인 이상 200인 이하'에서 '150인 이상 250인 이하'로 증원시킨 것 등이다.

Ⅳ. 제4공화국헌법

1. 제7차 개헌(1972년 12월 27일의 유신헌법)의 경위

3선에 성공한 박정희 대통령은 1972년 10월 17일 전국에 비상계엄을 선포하고 10·17비상조치를 단행한다. 그 조치의 내용은 국회를 해산하고 정당의 활동을 정지시키는 등 헌정을 중단하고 국회 대신 비상국무회의가 그 기능을 담당하며, 비상국무회의가 주체가 되어서 새로운 헌법을 마련한다는 것을 골자로 한다. 이에 따라 동년 10월 27일 개헌안이 공고되고, 11월 21일 국민투표에 부의되어 확정되고, 12월 27일 공포 · 시행되었다.

2. 유신헌법의 내용과 평가

제4공화국헌법, 즉 유신헌법의 내용은 한마디로 기본권의 약화와 독재강화로 요약될 수 있다.

내용의 골자는, ① 국민의 기본권을 제한하는 사유로서 질서유지와 공공복리 이외에 국가안전보장을 추가하였고, '자유와 권리의 본질적 내용을 침해할 수 없다'는 문구를 삭제하여 기본권의 본질적 내용까지도 침해할 수 있도록 하였다. 또한 신체의 자유 등 자유권적 기본권이 약화되고, 노동3권의 주체와 범위가 제한되는 등 기본권의 보장이 전반적으로 약화되었다. ② 대통령 직선제가 폐지되고, 6년 임기의 대의원으로 구성된 통일주체국민회의를 설치하여 대통령을 선출하도록 했으며, 국회의원 정수의 3분의 1에 해당하는 수의 국회의원도 선출하도록 했다. ③ 대통령의 임기는 6년으로 하고, 중임제한규정을 없애 영구집권의 길을 열어 놓았으며, 국회의 사후승인이 필요 없고 사법심사의 대상도 되지 않는, 그리고 국민의 기본권을 잠정적으로 정지하는 긴급조치권과 국회해산권, 국회의원 정수의 3분의 1의 추천권 등 3권을 초월하는 막강한 권한이 대통령에게 부여되었다. ④ 국정감사권을 폐지하는 등 국회의 권한을 대폭 약화시켰다. ⑤ 대통령의 법관임명권과 보직권 및 법관에 대한 징계·파면제, 그리고 법원의 권한에 대한 긴급조치제를 통해 사법권의 독립을 침해하였다. ⑥ 헌법위원회를 설치하여 헌법재판권을 담당하게 했다. ⑦ 헌법의 개정은 대통령 또는 국회재적의원 과반수의 발의로 제안되도록 하되, 대통령이 제안한 헌법개정안은 국민투표로 확정되고, 국회의원이 제안한 헌법개정안은 국회의 의결을 거쳐 통일주체국민회의의 의결로 확정되도록 2원적 방법을 채택했다.

한마디로 유신헌법은 체계정당성과 권력분립의 원칙 및 통치기구의 조직원리를 근본적으로 위반한, 그 유래를 찾아보기 어려운 파국적 헌법이라고 평가할 수 있다. 또한 그 통치구조는 모든 권력을 독차지 한 제왕적 대통령제 정부형태를 기반으로 한다고 할 수 있으며, 이에 따라 박정희 대통령은 사실상의 절대군주로 3권위에 군림했다고 평가할 수 있을 것이다.[1)]

---

1) 긴급조치의 위헌성을 비롯한 유신헌법의 문제점에 대하여 자세한 것은 정연주, 긴급조치에 대한 심사 관할권과 유신헌법 제53조의 위헌성, 헌법학연구 제20권 제3호, 2014. 9, 241쪽

V. 제5공화국헌법

1. 제8차 개헌(1980년 10월 27일의 국보위 개헌)의 경위

이른바 '10·26사태'로 유신독재가 종말을 고하고, 민주화에 대한 강한 열망이 표출되는 가운데, 온 국민은 새로운 민주 · 법치국가의 도래를 기대하고 확신하고 있었다. 그러나 1979년 12월 12일에 일어난 이른바 '12·12사태'라고 하는 군부쿠데타를 통해 전면에 등장한 신군부세력은 1980년 5월 17일 비상계엄을 전국으로 확대하면서 국정을 장악했다. 이 5·17조치로 모든 정치활동이 금지되었으며, 국가보위비상대책위원회가 구성되고 신군부의 Leader인 전두환 장군이 그 상임위원장이 된 후 8월 27일 통일주체국민회의에서 제11대 대통령으로 선출되었다.

한편 5·17조치로 인하여 국회활동이 정지된 가운데 개헌작업을 담당한 헌법개정심의위원회가 헌법개정안을 의결하였다. 그 후 이 헌법개정안은 10월 22일 국민투표에 회부되어 확정되고, 1980년 10월 27일 공포되고 시행되었다.

2. 제5공화국헌법의 내용과 평가

전문, 10개 장, 131개 조문, 부칙 10조로 구성된 제5공화국헌법의 내용은 다음과 같다.

(1) 국민의 기본권을 다소 강화했는데, ① 기본권을 제한하는 경우에도 그 본질적인 내용을 침해할 수 없도록 했고, ② 행복추구권, 형사피고인의 무죄추정의 원칙, 사생활의 비밀과 자유보호, 적정임금제, 환경권, 연좌제금지규정 등이 신설되었으며, ③ 구속적부심사제가 부활되고, 긴급구속의 요건이 더욱 강화되었으며, 자백의 증거능력을 크게 제한했다.

(2) 통치구조면에서는, ① 대통령의 간선제를 그대로 유지하면서 통일주체국민회의를 없애고 대통령선거인단을 두었으며, ② 대통령이 갖던 국회의원 1/3의

이하 참조.

추천권을 삭제했고, ③ 대통령이 갖는 국회해산권과 비상조치권을 제한함으로써 그 악용 내지 남용의 소지를 줄였고, ④ 대통령의 임기를 7년 단임으로 정했으며, ⑤ 국회의 국정조사권을 신설했고, ⑥ 사법권 독립을 위하여 대법원장에게 법관임명권을 주었고, 징계처분에 의한 법관파면제를 폐지했다.

(3) 경제조항에서도 자유시장경제질서의 틀을 유지하면서 독과점금지, 중소기업보호육성, 소비자보호 등을 새로 규정했다.

(4) 헌법개정방법은 국회의결과 국민투표로 확정하는 일원적 방법을 채택했다.

전체적으로 유신헌법의 기본권 제한적이고 권력남용적 독소조항이 일부 사라지거나 순화된 진일보한 내용이지만, 헌법개정 자체가 국민의 의사를 반영했다기 보다는 신군부세력에 의하여 주도되었고, 이 헌법에 의해 선출된 전두환 대통령 정권의 민주적 정당성의 취약성으로 인해 그 출발부터가 문제가 있었다고 하겠다. 아울러 그 구체적 내용면에서도 ① 대통령선출의 간선제, ② 대통령의 국회해산제도, ③ 명목뿐인 헌법위원회제도 등 심각한 문제점을 여전히 내포하고 있었다.

Ⅵ. 현행 헌법

1. 제9차 개헌(1987. 10. 29)의 경위

제9차 헌법개정은 전두환 정권에 대한 국민의 저항과 민주화의 요구, 특히 대통령직선제를 통한 자유로운 정부선택권과 기본권보장의 확대·강화 등을 골자로 하는 국민의 개헌요구는 1987년의 6월 항쟁으로 이어지고, 이어 민정당의 노태우 후보가 '6·29민주화선언'의 형태로 이를 수용함으로써 이루어졌다고 볼 수 있다. 이러한 국민적 여망을 헌법개정안에 최대한 수용하기 위하여 여야대표들로 구성된 8인정치회담이 개최되고, 이 회담에서 마련된 단일 개헌안이 국회개헌특별위원회에서 채택되어 국회에 발의되고, 10월 12일에 의결되었다. 이어 10월 27일 헌법개정안이 국민투표로 확정되고, 29일 공포되어 1988년 2월 25일부터 시행되었다.

2. 제9차 개헌의 내용과 평가

(1) 내용

현행 헌법은 전문과 본문 10개 장 130개 조문 및 부칙 6조로 이루어져 있다. 제9차 개헌의 내용을 간단히 살펴보면 다음과 같다.

1) 먼저 헌법전문에서 대한국민이 3·1운동으로 건립된 대한민국임시정부의 법통과 불의에 항거한 4·19민주이념을 계승한다는 점을 명시하고 있고, 총강에서 국군의 정치적 중립성 준수의무를 천명하고 있다.

2) 기본권과 관련해서는 ① 신체의 자유와 관련하여 적법절차조항을 신설하고, 체포 또는 구속 시 그 이유와 변호인의 조력을 받을 권리가 있음을 고지하도록 했으며, 체포 또는 구속을 당한 자의 가족 등에게 그 이유와 일시 · 장소를 통지하도록 했다. ② 언론 · 출판 · 집회 · 결사에 대한 허가와 검열을 다시 금지시켰다. ③ 재산권의 수용 · 사용 · 제한에 대한 정당보상제도를 도입했다. ④ 형사피해자의 재판절차진술권을 신설했다. ⑤ 형사보상청구권을 형사피의자에게 확대했다. ⑥ 범죄피해자의 국가구조청구권을 신설했다. ⑦ 근로자를 위한 최저임금제를 규정했다. ⑧ 근로자의 단체행동권을 강화했다. ⑨ 여자와 노인과 청소년 및 신체장애자 등 사회적 약자를 배려하는 사회적 기본권의 내용을 강화했다. ⑩ 모성의 보호에 관한 규정을 신설했다.

3) 통치구조와 관련해서는 ① 대통령 직선제를 도입하고 그 임기를 5년 단임으로 했으며, 대통령의 비상조치권과 국회해산권을 폐지하고, 대통령의 긴급재정 · 경제명령과 긴급명령 등 국가긴급권의 요건을 강화했다. ② 국회의 국정감사권을 부활하고, 국회의 국무총리 · 국무위원에 대한 해임의결권을 해임건의권으로 변경했다. ③ 대법원판사를 다시 대법관으로 명칭을 변경했다. ④ 헌법재판소를 부활시켜 다양한 헌법재판을 관할하도록 하여 헌법재판제도를 강화했다.

(2) 평가

전체적으로 현행 헌법은 대통령간선제를 직선제로 바꾸는 것을 골자로 하면서, 기본권관련규정을 보다 강화하고, 헌법재판제도를 강화하는 등 과거의 헌법보다는 진일보한 민주적 헌법이라고 일응 평가할 수 있을 것이다.

Ⅶ. 결어

지금까지 살펴본 바와 같이 우리의 헌법개정사는 우리의 굴곡진 현대사를 그대로 보여주고 있다. 즉 우리의 헌법개정사는 기본권 유린과 반민주 및 독재로 점철된 헌정사라고 할 수 있다. 헌법개정이 시대의 흐름을 반영해서 헌법의 규범력을 높이고, 국민의 기본권을 강화하며, 사회통합을 더욱 촉진시키고, 평등과 정의를 실현시키기 위한 목적에서 이루어진 것이 아니라 그 반대의 목적을 위해 이루어진 것이라고 해도 과언이 아니다. 한마디로 개선이 아니라 개악의 연속이라고 할 것이다. 결과적으로 헌법과 국가가 국민의 기본권 보장과 사회통합 및 자유 · 평등 · 정의를 실현한 것이 아니라 그 정반대의 역할을 수행해온 것이다. 참으로 통탄스럽지 않을 수 없다. 그나마 제2공화국헌법과 현행 헌법이 개선된 내용의 개정으로 이루어진 것은 불행 중 다행이라고 할 수 있고, 나름의 위안으로 삼고 싶다. 이는 1960년의 4·19혁명과 1987년 6월의 민주화운동이라는 국민들의 저항권 행사의 결과이다. 즉 수많은 사람들의 민주화의 열망과 노력과 희생을 통해 이루어진 값진 성과라는 점에서 그 분들에 대한 한없는 부채의식을 느끼지 않을 수 없다. 자유와 평등과 정의는 결코 쉽게 얻을 수 없고, 피와 땀을 통해서만 쟁취할 수 있다는 평범한 진리를 새삼 깨닫게 된다. 아울러 진정한 헌법국가를 달성하는 것은 훌륭한 제도 뿐 아니라 우리 국민 모두의 헌법에의 의지 및 자유 · 평등 · 정의에 대한 확고한 사명감을 뼛속 깊숙이 체화시키고 용기 있게 실천할 때에만 가능하다는 점을 명심해야 할 것이다.

제2절 대한민국의 국가형태와 구성요소

Ⅰ. 대한민국의 국가형태

국가형태라 함은 정치적 일원체이자 공법상의 법인인 국가의 구성형식을 말한다. 우리나라의 국가형태와 관련하여 헌법 제1조는 "① 대한민국은 민주공화국이다. ② 대한민국의 주권은 국민에게 있고, 모든 권력은 국민으로부터 나온다."라고 규정하고 있다. 따라서 우리나라의 국호는 대한민국이고, 국가형태는 민주공화국이다. 이는 먼저 대한민국은 공화국으로서 입헌군주제를 포함한 모든 군주제를 배격하고, 아울러 국가의 주권이 국민에게 있는 국민주권주의를 채택함으로써 모든 국가권력의 창설과 행사의 최후적 정당성이 국민으로부터 도출되는 원리인 민주주의에 기반하고 있는 국가형태를 취하고 있다는 것을 의미한다.

Ⅱ. 대한민국의 구성요소

한 국가는 국민이라는 인적 요소와 영토 등의 공간적 요소 및 주권과 통치권이라고 하는 권력적 요소로 구성되어 있다.

1. 국민

대한민국의 인적인 구성요소는 바로 국민이다. 헌법 제2조 제1항은 "대한민국의 국민이 되는 요건은 법률로 정한다."라고 규정함으로써 국적법정주의를 채택하고 있다. 이에 따라 국적의 취득과 상실에 관해서 국적법이 정하고 있는데, 이에 따르면 혈통주의(속인주의)를 원칙으로 하고 있다.

(1) 국적의 취득

1) 선천적 취득

국적의 선천적 취득은 출생에 의해서 자동적으로 국적을 취득하는 것을 말한다. 이에는 두 가지 유형이 있는데, 부모의 국적에 따라 출생자의 국적이 정해지는 혈통주의(속인주의)와 출생지에 따라 국적이 정해지는 출생지주의(속지주의)가 그것이다. 우리나라는 혈통주의를 원칙으로 하고 출생지주의를 예외적으로 인정하고 있다. 즉 부모가 모두 분명하지 아니한 경우나 국적이 없는 경우에 대한민국에서 출생한 자는 대한민국 국적을 취득하고, 대한민국에서 발견된 기아는 대한민국에서 출생한 것으로 추정된다(국적법 제2조).

2) 후천적 취득

국적의 후천적 취득은 인지·귀화·수반취득·국적회복 등 출생 이외의 사실에 의해서 국적을 취득하는 것을 말한다. 국적법 제3조 이하에서 자세히 규정하고 있다.

(2) 국적의 상실과 회복

국적은 상실될 수 있는데, 국적법에 따르면 대한민국의 국민으로서 자진하여 외국 국적을 취득한 자는 그 외국 국적을 취득한 때에 대한민국 국적을 상실한다(제15조 제1항). 그리고 대한민국 국민이 외국인과의 혼인으로 그 배우자의 국적을 취득하게 된 때, 외국인에게 입양되어 그 양부 또는 양모의 국적을 취득하게 된 때, 외국인인 부 또는 모에게 인지되어 그 부 또는 모의 국적을 취득하게 된 때, 외국 국적을 취득하여 대한민국 국적을 상실하게 된 자의 배우자나 미성년의 자로서 그 외국의 법률에 따라 함께 그 외국 국적을 취득하게 된 때 등에는 그 외국 국적을 취득한 때부터 6개월 내에 법무부장관에게 대한민국 국적을 보유할 의사가 있다는 뜻을 신고하지 아니하면 그 외국 국적을 취득한 때로 소급하여 대한민국 국적을 상실한다(제15조 제2항). 또한 국적법은 국적이 상실되는 그 밖의 경우에 대하여도 규정하고 있다.

한편 대한민국의 국민이었던 외국인은 법무부장관의 국적회복허가를 받아 대한민국 국적을 취득할 수 있다(동법 제9조 제1항).

(3) 재외국민

우리 헌법 제2조 제2항은 "국가는 법률이 정하는 바에 의하여 재외국민을 보호할 의무를 진다."라고 규정하고 있다. 따라서 국가는 재외국민, 즉 대한민국 국적을 가지고 있으면서 외국에 영주하거나 장기간 외국에 체류하는 사람을 보호할 의무를 진다.[1] 이는 재외국민도 우리나라의 인적 구성요소인 국민이기 때문에 당연한 것이다.[2]

(4) 북한주민

북한주민이 북한을 이탈하여 대한민국에 입국할 경우 그 법적 지위가 문제된다. 이는 헌법상의 영토조항과 관련된 문제이다. 후술하는 바와 같이 우리 헌법 제3조는 우리나라의 영토를 '한반도와 그 부속도서'로 하고 있다. 이 헌법상의 영토조항에 따라 북한지역은 대한민국의 영토에 속하기 때문에 논리적으로 북한주민이 대한민국에 입국할 경우 대한민국의 국적을 취득·유지한다고 보아야 할 것이다. 대법원판례도 이러한 입장이다.[3]

---

1) 헌재 1993. 12. 23. 89헌마189, 판례집 5-2, 622, 646:
헌법 제2조 제2항에는 "국가는 법률이 정하는 바에 의하여 재외국민을 보호할 의무를 진다."고 규정하였다. 그러나 헌법 제2조 제2항에서 규정한 재외국민을 보호할 국가의 의무에 의하여 재외국민이 거류국에 있는 동안 받는 보호는 조약 기타 일반적으로 승인된 국제법규와 당해 거류국의 법령에 의하여 누릴 수 있는 모든 분야에서의 정당한 대우를 받도록 거류국과의 관계에서 국가가 하는 외교적 보호와 국외거주 국민에 대하여 정치적인 고려에서 특별히 법률로써 정하여 베푸는 법률·문화·교육 기타 제반영역에서의 지원을 뜻하는 것이다.

2) 헌재 2014. 7. 24. 2009헌마256 등, 판례집 26-2상, 173, 175:
헌법 제72조의 중요정책 국민투표와 헌법 제130조의 헌법개정안 국민투표는 대의기관인 국회와 대통령의 의사결정에 대한 국민의 승인절차에 해당한다. 대의기관의 선출주체가 곧 대의기관의 의사결정에 대한 승인주체가 되는 것은 당연한 논리적 귀결이다. 재외선거인은 대의기관을 선출할 권리가 있는 국민으로서 대의기관의 의사결정에 대해 승인할 권리가 있으므로, 국민투표권자에는 재외선거인이 포함된다고 보아야 한다. 또한, 국민투표는 선거와 달리 국민이 직접 국가의 정치에 참여하는 절차이므로, 국민투표권은 대한민국 국민의 자격이 있는 사람에게 반드시 인정되어야 하는 권리이다. 이처럼 국민의 본질적 지위에서 도출되는 국민투표권을 추상적 위험 내지 선거기술상의 사유로 배제하는 것은 헌법이 부여한 참정권을 사실상 박탈한 것과 다름없다. 따라서 국민투표법조항은 재외선거인의 국민투표권을 침해한다.

3) 대판 1996. 11. 12. 96누1221:
조선인을 부친으로 하여 출생한 자는 남조선과도정부법률 제11호 국적에관한임시조례의 규참고로 「북한이탈주민의 보호 및 정착지원에 관한 법률」 제2조 제1호에 따르면 '북한이탈주민'이란 군사분계선 이북지역(북한)에 주소, 직계가족, 배우자, 직장 등을 두고 있는 사람으로서 북한을 벗어난 후 외국 국적을 취득하지 아니한 사람을 말한다.

2. 영역

(1) 영토 · 영해 · 영공

영역이란 국가의 영토고권이 배타적으로 행사되는 공간을 말한다. 영역은 영토와 영해 및 영공으로 이루어져 있다. 우리 헌법 제3조는 우리나라의 영토를 '한반도와 그 부속도서'로 하고 있다. 따라서 우리 영토는 한반도와 그 부속도서이다. 육지의 표면 뿐 아니라 그 지하에 까지 영토고권이 미친다. 영해는 「영해 및 접속수역법」에 따라 영토에 접한 12해리까지의 수역을 원칙으로 한다(제1조). 또한 영공은 영토와 영해의 상공을 의미한다.

(2) 영토의 변경

우리 헌법은 영토의 변경에 대하여 아무런 규정을 마련하고 있지 않지만 이론상으로는 자연적 원인이나 국제조약 등에 의하여 영토가 변경될 수 있다고 하겠다. 그런데 국제조약에 의한 영토변경은 헌법 제3조의 개정을 전제로 한다고 보아야 할 것이다.

(3) 북한영역문제

북한영역은 헌법 제3조의 영토조항에 따라 대한민국의 영역이지만 사실상 우리의 국가권력이 미치지 못하고 있다. 이에 따라 헌법 제3조와 헌법 현실 사이에 불일치가 발생하고, 제3조와 평화적 통일조항인 제4조와의 모순이 발생된

정에 따라 조선국적을 취득하였다가 제헌헌법의 공포와 동시에 대한민국 국적을 취득하였다 할 것이고, 설사 그가 북한법의 규정에 따라 북한국적을 취득하여 중국 주재 북한대사관으로부터 북한의 해외공민증을 발급받은 자라 하더라도 북한지역 역시 대한민국의 영토에 속하는 한반도의 일부를 이루는 것이어서 대한민국의 주권이 미칠 뿐이고, 대한민국의 주권과 부딪치는 어떠한 국가단체나 주권을 법리상 인정할 수 없는 점에 비추어 볼 때, 그러한 사정은 그가 대한민국 국적을 취득하고 이를 유지함에 있어 아무런 영향을 끼칠 수 없다.

다. 왜냐하면 헌법 제3조에 따라 북한영역도 대한민국의 영역이고 우리의 국가권력이 미쳐야 하는데, 사실상 조선민주주의인민공화국이 국가권력을 행사하고 있고, 이는 헌법 제3조의 관점에서 보면 위헌적인 불법점령이라고 보아야 하며, 따라서 북한은 미수복지역으로서 이에 대한 무력행사에 의한 회복이 있을 뿐이며, 헌법 제4조에 따른 통일, 그것도 평화적 통일에 의한 방법은 헌법 제3조와 상호 모순된다고 볼 수 있기 때문이다.

결론적으로 북한지역에 실제로 대한민국의 통치권이 미치지 못하고 있다는 점, 그리고 1972년의 7·4남북공동성명, 1991년의 남북한유엔동시가입, 1992년의 남북기본합의서의 발효, 2000년의 6·15남북공동선언, 2018년의 4·27판문점선언 등 남북한간의 냉전해소와 평화정착 및 평화통일을 위한 일련의 시도와 노력들을 감안할 때, 또한 사실상 북한의 국가성과 실체를 인정하고 있는 대다수 우리 국민들의 정서를 고려할 때 헌법 제3조의 영토조항이 명실상부한 규범력과 강제력을 가진다고 보기는 어려울 것이다.

따라서 헌법 제3조를 북한지역과의 평화적 통일을 통하여 한반도 전체를 대한민국 영토로 하고자 하는 우리 국민의 열망과 헌법의 이념을 선언한 규정이라고 헌법 제4조와 규범조화적으로 해석하는 입장이 나름의 해결책이라고 할 것이다.[1)]

1) ① 헌재 1990. 4. 2. 89헌가113, 판례집 2, 49, 61:
헌법이 지향하는 통일은 평화적 통일이기 때문에 마치 냉전시대처럼 빙탄불상용의 적대관계에서 접촉·대화를 무조건 피하는 것으로 일관할 수는 없는 것이고 자유민주적 기본질서에 입각한 통일을 위하여 때로는 북한을 정치적 실체로 인정함도 불가피하게 된다. 북한집단과 접촉·대화 및 타협하는 과정에서 자유민주적 기본질서에 위해를 주지 않는 범위내에서 때로는 그들의 주장을 일부 수용하여야 할 경우도 나타날 수 있다. 순수한 동포애의 발휘로서 서로 도와주는 일, 체제문제와 관계없이 협력하는 일은 단일민족으로서의 공감대형성이며, 이는 헌법 전문의 평화적 통일의 사명에 입각하여 민족의 단결을 공고히 하는 소위인 것으로서 헌법정신에 합치되는 것일 수도 있다.
② 헌재 1993. 7. 29. 92헌바48, 판례집 5-2, 65, 75:
북한은 조국의 평화적 통일을 위한 대화와 협력의 동반자임과 동시에 대남적화노선을 고수하면서 우리 자유민주체제의 전복을 획책하고 있는 반국가단체라는 성격도 함께 갖고 있음이 엄연한 현실인 점에 비추어, 헌법 제4조가 천명하는 자유민주적 기본질서에 입각한 평화적 통일정책을 수립하고 이를 추진하는 한편 국가의 안전을 위태롭게 하는 반국가활동을 규제하기 위한 법적 장치로서, 전자를 위하여는 남북교류협력에관한법률 등의 시행으로써 이에 대처하고 후자를 위하여는 국가보안법의 시행으로써 이에 대처하고 있는 것이다.

3. 권력

대한민국의 구성요소의 하나는 바로 권력적 요소이다. 권력적 요소라 함은 일반적으로 주권과 통치권을 의미한다. 주권은 국가의사를 최후적으로 결정하는 최고의 권력을 말하며, 대내적으로 최고이고, 대외적으로 독립된 권력을 의미한다. 통치권은 국가의사를 구체적으로 실현하는 국가권력을 의미한다. 이러한 통치권은 일반적으로 입법권 · 행정권 · 사법권으로 분류된다.

앞서도 언급한 바와 같이 대한민국은 민주공화국이다. 따라서 주권의 담당자는 국민이며, 통치권은 주권으로부터 유래되고 주권에 의해서 조직되고 주권에 의해서 정당화되어지며, 통치권의 담당자와 행사자는 일반 국가기관이다. 따라서 국가기관에 의해서 행사되는 통치권은 그 창설과 행사의 최후적 정당성이 주권의 담당자인 국민에게 귀착되는 것이다.

제 3 절 우리 헌법의 체계

Ⅰ. 헌법의 기본체계

현행 헌법은 전문과 본문 10개장 130개조 및 부칙 6개조로 이루어져 있는데, 제1장 총강, 제2장 국민의 권리와 의무, 제3장 국회, 제4장 정부, 제5장 법원, 제6장 헌법재판소, 제7장 선거관리, 제8장 지방자치, 제9장 경제, 제10장 헌법개정으로 이루어졌다.

Ⅱ. 헌법전문의 의의

헌법전문은 헌법의 본문 앞에 위치한 문장으로서 헌법전의 일부를 구성하고 있는 헌법서문을 말한다. 오늘날의 성문헌법은 대부분 전문을 두어 건국의 이념과 배경, 헌법제정의 유래, 헌법개정의 과정, 헌법의 근본이념, 헌법의 기본원리 등을 밝히고 있다.

이러한 헌법전문은 헌법해석의 기준이 되고, 헌법의 적용·개정의 지침으로 기능하며, 아울러 헌법소송에서의 재판규범이 될 수 있다고 보는 것이 학설과 판례의 입장이다. 따라서 헌법의 본문은 전문의 구체화이고, 전문도 일반 규정과 마찬가지로 규범적 효력을 가진다고 보아야 할 것이다.[1)]

Ⅲ. 헌법전문의 내용

우리 헌법전문의 핵심적 내용으로서 대한민국의 건국유래와 헌법의 제정과 개정 과정, 헌법의 근본이념과 기본질서 등을 들 수 있다. 이러한 우리 헌법의 근본이념으로서는 국민주권의 이념, 정의사회의 이념, 문화민족의 이념, 조국의 평화적통일의 이념, 국제평화주의 등을 들 수 있다.

---

1) ① 헌재 1989. 9. 8. 88헌가6, 판례집 1, 199, 205:
우리 헌법의 전문과 본문의 전체에 담겨있는 최고 이념은 국민주권주의와 자유민주주에 입각한 입헌민주헌법의 본질적 기본원리에 기초하고 있다. 기타 헌법상의 제 원칙도 여기에서 연유되는 것이므로 이는 헌법전을 비롯한 모든 법령해석의 기준이 되고, 입법형성권 행사의 한계와 정책결정의 방향을 제시하며, 나아가 모든 국가기관과 국민이 존중하고 지켜가야 하는 최고의 가치규범이다.
② 헌재 1989. 1. 25. 88헌가7, 판례집 1, 1, 2:
헌법은 그 전문에 "정치, 경제, 사회, 문화의 모든 영역에 있어서 각인의 기회를 균등히 하고"라고 규정하고, 제11조 제1항에 "모든 국민은 법앞에 평등하다"고 규정하여 기회균등 또는 평등의 원칙을 선언하고 있는바, 평등의 원칙은 국민의 기본권 보장에 관한 우리 헌법의 최고원리로서 국가가 입법을 하거나 법을 해석 및 집행함에 있어 따라야할 기준인 동시에, 국가에 대하여 합리적 이유 없이 불평등한 대우를 하지 말 것과, 평등한 대우를 요구할 수 있는 모든 국민의 권리로서, 국민의 기본권중의 기본권인 것이다.
③ 헌재 1990. 4. 2. 89헌가113, 판례집 2, 49, 60:
제7조 제1항의 찬양·고무죄를 문언 그대로 해석한다면 헌법전문의 "평화적 통일의 사명에 입각하여 정의·인도와 동포애로써 민족의 단결을 공고히 하고"의 부분과 헌법 제4조의 평화적 통일지향의 규정에 양립하기 어려운 문제점이 생길 수도 있다.

제 4 절 우리 헌법의 기본원리

앞서 언급한 헌법상의 근본이념은 다음과 같은 기본원리를 통해서 실현되어진다. 즉 헌법상의 기본원리는 기본권의 보장과 실현을 추구하고, 그에 대한 이념적 바탕을 제공하는 헌법상의 근본이념의 실현원리라고 할 수 있다. 민주주의원리, 법치주의원리, 사회국가원리, 문화국가원리, 국제평화주의가 그것이다.

Ⅰ. 민주주의원리

1. 국민주권주의

우리 헌법상의 근본이념의 하나는 헌법전문과 제1조에도 나타나 있듯이 국민주권주의이다. 헌법전문에서 헌법제정의 주체를 '국민'으로 밝혔고, 헌법 제1조 제1항이 "대한민국은 민주공화국이다."라고 규정하고 있으며, 동조 제2항에서 "대한민국의 주권은 국민에게 있고, 모든 권력은 국민으로부터 나온다."라고 규정함으로써 이를 명백히 하고 있다.

국민주권주의란 국가권력의 정당성은 국민에게 있고, 국가권력의 행사를 국민의 의사에 귀착시키는 이념이라고 할 수 있다. 즉 모든 국가권력의 창설과 행사의 최후적 정당성을 국민에게 귀착시키는 원리이다.

2. 국민주권주의의 실현원리로서의 민주주의원리

이러한 국민주권주의를 실현하는 원리가 바로 민주주의원리이고, 따라서 민주주의원리는 가장 핵심적이고 보편적인 헌법상의 기본원리이다. 헌법 제1조 제1항도 "대한민국은 민주공화국이다."라고 규정함으로써 이를 분명히 하고 있다. 결국 헌법상의 기본원리로서의 민주주의원리도 국가권력의 창설과 행사의 최후적 정당성을 국민의 의사에 귀착시키는 통치원리인데, 이러한 민주주의원리의 실질적 내용은 자유 · 평등 · 정의 등의 가치이며, 이는 기본권적 가치질서에 다름 아닌 것이다. 우리 헌법은 민주주의원리를 구체화시키고, 이를 통한 국민의 기본권보장을 실현시키기 위하여 여러 가지 제도적 장치를 마련하고 있다.

(1) 대의제도

우리 헌법은 대의제도를 통한 간접민주주의를 민주주의원리 실현의 원칙적 방법으로 채택하고 있다. 즉 국민이 직접 국가의 의사를 결정하고 집행하는 대신 대의기관을 구성해서 그 대의기관으로 하여금 국가의 정책을 결정하고 집행하도록 하는 것이다. 따라서 국민에 의하여 구성된 대의기관의 독자적인 판단과 책임하에서 정책결정과 집행이 이루어지고, 그 결과에 대하여 국민에게 정치적 책임을 지며, 국민으로부터 그 정당성과 신임을 부여받는 간접민주주의를 바탕으로 하는 대의제도가 민주주의 실현의 기본방식이라고 하겠다. 이에 따라 헌법은 국민에 의하여 선출된 국회의원으로 구성된 국회(제41조 제1항)와 역시 국민에 의하여 직접 선출된 대통령(제67조 제1항)을 중추적인 대의기관으로 설치하고 이들 대의기관에 의하여 각각 입법권과 행정권이 행사되며, 이들 국가권력행사의 정당성을 주권자인 국민으로부터 도출하고, 국민이 권력행사를 감시 · 비판 · 통제하는 통치질서를 채택하고 있는 것이다.

(2) 선거제도

앞서 언급한 바와 같이 헌법은 민주주의원리의 기본적 실현수단으로 대의제도를 채택하고 있다. 그런데 대의제도는 국민을 위한 정책결정과 집행을 담당할 대의기관의 구성을 전제로 하고, 대의기관의 구성은 필연적으로 선거를 통해 이루어진다. 왜냐하면 민주주의원리는 대의기관의 구성에 국민의 의사가 반영될 것을 요구하며, 이는 국민에 의한 선거를 통해 달성될 수밖에 없기 때문이다. 이에 따라 헌법은 다양한 선거제도를 마련하고 있는데, 가장 중추적인 대의기관으로서 입법권을 담당하는 국회를 구성하기 위한 국회의원의 선거(제41조)와 행정권을 담당하는 대통령의 선거(제67조) 및 지방자치의 선거에 관한 규정(제118조 제2항)이 그것이다. 아울러 이러한 선거제도를 뒷받침하기 위하여 선거권(제24조)과 공무담임권(제25조)을 국민의 기본권으로 보장하고 있다.

(3) 국민투표제도

우리 헌법은 앞서 언급한 바와 같이 민주주의원리를 실현하는 기본적 방법으로서 간접민주주의를 바탕으로 한 대의제도를 채택하고 있으면서도, 예외적으로 직접민주주의의 실현수단인 국민투표제도를 채택하고 있다. 헌법 제72조가 "대통령은 필요하다고 인정할 때에는 외교·국방·통일 기타 국가안위에 관한 중요정책을 국민투표에 붙일 수 있다."라고 규정하고 있고, 헌법 제130조 제2항이 "헌법개정안은 국회가 의결한 후 30일 이내에 국민투표에 붙여 국회의원선거권자 과반수의 투표와 투표자 과반수의 찬성을 얻어야 한다."라고 규정하고 있는 것이 그것이다. 이러한 국가의 중요정책에 대한 대통령의 국민투표부의권과 헌법개정안에 대한 국민투표는 국민의 의사를 직접 국정에 반영하도록 함으로써 민주주의원리를 실현하는 수단의 하나이자 동시에 대의제도를 보완하는 기능을 가진다고 볼 수 있다. 왜냐하면 대의제도의 성패는 대의기관의 통치권행사에 대한 국민에 의한 통제와 국민으로부터의 민주적 정당성확보에 있는데, 이러한 국민에 의한 통제와 민주적 정당성 부여는 때로는 국민투표 등의 직접민주주의제도에 의하여 더욱 효율적으로 강화될 수 있기 때문이다.

(4) 복수정당제도

우리 헌법은 민주주의원리의 실현을 위한 수단의 하나로 복수정당제를 채택하고 있다. 현대의 다원적 민주국가에서 복수정당제는 다양한 정치세력과 국민의 의사를 수렴하여 국정에 반영하고, 사회의 통합을 촉진시키기 위한 필수불가결한 요소이므로 민주주의, 특히 다원적 민주주의실현을 위한 기본장치라고 할 수 있다. 왜냐하면 정당은 국민의 이익을 위하여 책임 있는 정치적 주장이나 정책을 추진하고 국가와 국민사이의 교량적 역할을 함으로써 국민의 다양한 정치적 의사형성에 참여하는 기능을 가지기 때문이다. 또한 오늘날 민주주의의 핵심적 실현수단인 선거는 바로 정당의 주도하에 이루어진다. 따라서 복수정당제도가 헌법상 보장되지 않는 국가는 민주국가라고 할 수 없다. 이에 따라 헌법 제8조가 정당에 대한 특별한 국가의 보호와 복수정당제를 보장하면서, 아울러 정당설립과 활동의 자유를 국민의 기본권으로 보장하고 있는 것이다.[1)]

그러나 다른 한편 헌법 제8조 제4항이 위헌정당해산제도를 마련함으로써 민주주의 자체를 위협하는 위헌정당에 대하여는 헌법재판소로 하여금 해산결정을 내리게 함으로써 민주주의실현을 위한 정당제도가 민주주의를 파괴하는 역할을 하지 않도록 제도적 장치를 마련하고 있다. 이러한 위헌정당해산제도는 투쟁적·방어적 민주주의의 관점에서 당연히 인정될 수 있는 제도로서 이 역시 민주주의실현을 위한 수단의 하나라고 할 수 있다.[1)]

(5) 지방자치제도

우리 헌법은 국가차원에서 뿐 아니라 지방차원에서의 민주주의실현을 위하여 지방자치제도를 채택하고 있다. 풀뿌리 민주주의, 근거리 민주주의, 민주적 지방행정의 실천을 위한 지방자치제도는 오늘날 다원적 민주주의의 실현을 위한 필수적 요소이다. 왜냐하면 각 지방에서는 국가차원에서와는 다른 정치세력과 정치견해가 형성될 수 있고, 국가차원에서와는 다른 정치집단이 정치적인 영향력을 행사할 수 있기 때문에 서로 상이한 다양한 정치적 견해를 지방자치제도를 통해 반영할 수 있다는 점에서 현대사회가 요구하는 정치적 다원주의 내지 다원적 민주주의를 실현시키는 기능을 가지기 때문이다. 또한 그렇기 때문에 지방자치제도는 국가와 지방자치단체 상호간, 그리고 지방자치단체 상호간의 수

---

1) 헌재 1996. 8. 29. 96헌마99, 판례집 8-2, 199, 207:
우리 헌법은 정당제민주주의를 채택하여 정당설립의 자유와 국가의 보호를 규정함으로써 (제8조 제1항, 제3항) 정당활동의 자유를 포함한 정당의 자유를 광범위하게 보장하고 있으며 이에 따라서 정당법도 정당활동의 자유를 보장하고 있다(제30조). 정당은 정치적결사로서 국민의 정치적 의사를 적극적으로 형성하고 각계각층의 이익을 대변하며, 정부를 비판하고 정책적 대안을 제시할 뿐만 아니라, 국민 일반이 정치나 국가작용에 영향력을 행사하는 매개체의 역할을 수행하는 등 현대의 대의제민주주의에 없어서는 안될 중요한 공적기능을 수행하고 있다.

1) 헌재 2014. 12. 19. 2013헌다1, 판례집 26-2하, 1, 20-21:
모든 정당의 존립과 활동은 최대한 보장되며, 설령 어떤 정당이 민주적 기본질서를 부정하고 이를 적극적으로 공격하는 것으로 보인다 하더라도 국민의 정치적 의사형성에 참여하는 정당으로서 존재하는 한 우리 헌법에 의해 최대한 두텁게 보호되므로, 단순히 행정부의 통상적인 처분에 의해서는 해산될 수 없고, 오직 헌법재판소가 그 정당의 위헌성을 확인하고 해산의 필요성을 인정한 경우에만 정당정치의 영역에서 배제된다는 것이다. 따라서 정당해산심판제도는 정당 존립의 특권, 특히 그 중에서도 정부의 비판자로서 야당의 존립과 활동을 특별히 보장하고자 하는 헌법제정자의 규범적 의지의 산물로 이해되어야 한다. 그러나 한편 이 제도로 인해서, 정당 활동의 자유가 인정된다 하더라도 민주적 기본질서를 침해해서는 안 된다는 헌법적 한계 역시 설정된다 할 것이다.

직적·수평적인 다원적 권력분립을 위한 제도적 장치로서의 기능도 가진다. 이에 따라 우리 헌법(제117조, 제118조)도 지방자치제도를 보장하고 있는데, 지방자치의 제도적 보장의 본질적 내용은 자치단체의 보장, 자치기능의 보장 및 자치사무의 보장이라고 하겠다.[1] 또한 지방자치단체가 자신의 기능수행을 위하여 가지고 있는 자치고권에는 자치조직권, 자치입법권, 자치행정권, 자치재정권 등이 있다.

(6) 언론·출판·집회·결사의 자유

헌법 제21조는 언론·출판·집회·결사의 자유를 기본권으로 보장하고 있다. 언론·출판·집회·결사의 자유는 정신·문화·사회생활에서의 개성신장을 촉진시키는 기본권이자 동시에 국민의사의 국정에의 반영 등 민주주의의 실현을 위해서 필수적으로 요구되는 정치적 기본권의 일종이다. 즉 언론·출판·집회·결사는 다양한 방법과 형식의 의사표현을 통해 국가정책의 결정 및 집행과정에 국민의 의사를 반영하고 국정을 심판하는 등 민주주의의 실현수단이다. 따라서 오늘날 언론·출판·집회·결사의 자유는 정치형성적 기본권이자 동시에 일종의 사실상의 직접민주제적 요소로 기능하고 있다. 또한 대의제도가 제대로 기능하지 못할 때, 특히 가장 대표적인 대의기관인 국회 내지 국회의원이 국가이익을 우선하여 양심에 따라 직무를 행하지 않고, 정파적 이해와 특정 지역 및 특정 세력의 이익만을 위한 대의활동을 하고, 국가와 국민 전체의 공익적·미래지향적 이익을 제대로 대표하지 못할 때 국민의 언론·출판·집회·결사의 자유가 이를 시정하고 보완하는 역할을 할 수 있다. 즉 언론·출판·집회·결사의 자유의 행사를 통해 국민의 직접적 의사가 국정에 반영되고 이를 통해 국정을 감시·비판·통제함으로써 대의제도의 일탈을 억제하고 보완하는 기능을 하는 것이다. 우리 헌법은 이처럼 민주주의의 실현과 국민의사의 국정에의 반영을 뒷받침하기 위하여 언론·출판·집회·결사의 자유를 보장하고 있다고 하겠다.

---

1) 헌재 1994. 12. 29. 94헌마201, 판례집 6-2, 510, 522:
헌법 제117조는 지방자치단체의 자치를 제도적으로 보장하고 있다. 그 보장의 본질적 내용은 자치단체의 보장, 자치기능의 보장 및 자치사무의 보장이다.

Ⅱ. 법치주의원리

1. 의의

법치주의원리 내지 법치국가원리(Rechtsstaatsprinzip)는 국가권력을 법에 기속시킴으로써, 국가권력의 자의와 남용을 막고, 국민의 자유와 권리를 보장하고자 하는 원리이다. 따라서 법치주의원리는 국민주권이념의 실현원리로서 결국 국민의 기본권보장과 실현을 궁극적 목적으로 하고 있다. 따라서 법치주의원리의 실질적 내용도 민주주의원리처럼 자유·평등·정의를 국민의 모든 생활영역에서 실현시킴으로써 인간의 존엄과 가치를 그 핵으로 하는 기본권을 모든 국민에게 보장하는 것이며, 이러한 기본권의 보장과 실현을 통해 자유·평등·정의에 입각한 통치질서를 마련하는 것이다.

2. 법치주의원리의 실현수단

(1) 법치행정의 원리

1) 의의

앞서 언급한 바와 같이 법치주의원리는 국가권력을 법에 기속시킴으로써 국가권력의 자의와 남용을 막고, 국민의 자유와 권리를 보장하고자 하는 원리이다. 따라서 법치주의원리의 핵심은 효과적인 권력통제이고, 이를 위하여 국가권력의 근거와 행사를 법률에 기속시킬 것을 요구하고 있다. 이러한 국가작용 중 국민의 권리와 자유에 가장 직접적이고 폭넓은 관련성을 가지는 것은 행정작용이라고 할 수 있는데, 법치주의원리는 바로 이러한 행정작용의 법률에의 기속, 즉 법치행정의 원리를 보장하고 있는 것이다.

2) 형식적 의미의 법치행정과 실질적 의미의 법치행정

가. 형식적 의미의 법치행정은 행정의 합법률성만을 의미하는 것이다. 즉 행정의 법률에의 형식적인 합치성만을 요구하고 그 법률의 내용과 목적은 도외시

하는 것이다. 따라서 이러한 형식적 법치행정국가에서는 행정작용의 기본권 기속성을 보장할 수가 없다. 왜냐하면 형식적 법치행정국가에서는 법률의 내용이 반드시 기본권 보장에 기속된다고 볼 수는 없기 때문이다. 그러므로 법치행정의 원리는 이 경우 합법적인 기본권 억압과 합법적인 독재제의 출현을 정당화시키기 위한 도구로 전락될 수도 있다.

나. 실질적 의미의 법치행정은 행정의 합법률성을 당연한 전제로 하고, 더 나아가 법률의 내용과 목적의 기본권 기속성을 요구한다. 따라서 이 경우에 비로소 행정작용을 통한 기본권의 보장과 실현이라는 본래의 법치국가원리가 실현될 수 있다. 오늘날 법치행정의 원리는 당연히 실질적 법치행정의 원리를 의미한다.[1] 결국 실질적 의미의 법치행정원리는 오늘날 헌법에의 기본권보장, 법률의 헌법에의 기속, 행정의 법률에의 기속, 위헌법률심사제도, 행정쟁송제도를 그 기본적 요소로 하고 있고, 이는 영미법상의 법의 지배의 원리(Rule of Law)와 일치한다고 볼 수 있다.

3) 법치행정원리의 내용

가. 법률의 법규창조력

법률만이 법규, 즉 국민의 자유와 권리에 변동을 초래하는 대외적 구속력을 가지는 규율을 창조할 수 있다. 따라서 법률을 제외한 어떠한 국가권력도 법규를 창조할 수 없고, 국민의 자유와 권리는 오로지 의회의 법률에 의해서만 형성·제한될 수 있다는 원리이다. 의회가 제정한 법률이 국민의 자유와 권리를 형성·제한할 수 있는 근거는 의회는 국민으로부터 직접 선출된 민주적 정당성을 가진 대의기관이고 자유위임의 원칙에 따라 국민으로부터 입법권을 부여받았기 때문이다.

다만 우리의 경우 헌법 제76조에 근거한 대통령의 긴급재정·경제명령과 긴

---

1) 헌재 1992. 4. 28. 90헌바24, 판례집 4, 225, 230:
우리 헌법은 국가권력의 남용으로부터 국민의 기본권을 보호하려는 법치국가의 실현을 기본이념으로 하고 있고 그 법치국가의 개념에는 헌법이나 법률에 의하여 명시된 죄형법정주의와 소급효의 금지 및 이에 유래하는 유추해석금지의 원칙 등이 적용되는 일반적인 형식적 법치국가의 이념뿐만 아니라 법정형벌은 행위의 무거움과 행위자의 부책에 상응하는 정당한 비례성이 지켜져야 하며, 적법절차를 무시한 가혹한 형벌을 배제하여야 한다는 자의금지 및 과잉금지의 원칙이 도출되는 실질적 법치국가의 실현이라는 이념도 포함되는 것이다.

급명령은 법률의 효력을 가지는 법률대위명령으로서 국회가 제정한 법률이 아니면서 법규를 창조하는 예외에 속한다고 할 것이다. 한편 헌법 제75조 및 제95조에 근거한 위임명령은 새로운 법규사항을 정할 수 있으므로 외형상 법률의 법규창조력에 대한 예외에 속하는 것처럼 보이지만, 이들은 어디까지나 법률에서 구체적 범위를 정한 사항에 대해서만 법규사항을 정하는 것이므로 전체적으로 법률의 법규창조력을 준수하고 있다고 볼 수 있다.

나. 법률우위의 원칙

이는 행정권의 법률에의 종속성을 의미한다. 따라서 일정한 행정사항에 대하여 근거법률이 존재하면 반드시 그 법률을 적용시켜야 하고 그 법률에 위배되어서는 안된다는 원리를 말한다. 이 원칙은 모든 행정작용에 대하여 적용된다.

다. 법률유보의 원칙

이는 행정권에 대한 법률의 수권, 즉 행정권행사에 대한 법률상의 근거를 요구하는 원리를 말한다. 그런데 이 원칙은 모든 행정작용에 대하여 적용되는 것은 아니다. 즉 이 원칙이 적용되어 법률의 근거가 있어야만 행정작용을 할 수 있는 경우가 있지만, 이 원칙이 적용되지 않아 법률의 근거가 없이도 행정작용을 할 수 있는 경우도 있다. 그런데 이 원칙의 적용 여부에 대한 일관된 기준이 없다. 다시 말해 이 법률유보의 원칙의 적용대상, 즉 어떤 행정작용이 법률의 근거를 요하고, 어떤 행정작용은 법률의 근거가 없어도 이루어질 수 있는 지에 대한 명확한 기준이 확립되지 않았고, 다만 이에 대한 다양한 학설이 존재할 뿐이다.

(가) 침해유보설

행정작용 중에서 침해작용 내지 부담적 행정작용에 대해서만 법률의 근거가 요구된다는 입장이다.

(나) 신침해유보설

일반권력관계에서 뿐 아니라 특별권력관계의 경우에도 침해작용 내지 부담적 행정작용에 대하여 법률의 근거가 요구된다는 입장이다.

(다) 전부유보설

모든 행정작용에 대하여 법률의 근거가 요구된다는 입장이다.

(라) 사회(급부)유보설

행정작용 중 침해작용은 물론이고, 더 나아가 사회보장행정을 중심으로 하는 급부행정작용에 대하여도 법률의 근거가 요구된다는 입장이다.

(마) 중요사항(본질사항)유보설

기본권의 행사와 제한에 관한 중요하고 본질적인 사항에 대하여는 반드시 법률의 근거가 요구된다는 입장이다.

(바) 결어(단계설=확장된 침해유보설+본질사항유보설)

위 학설들은 각각 나름대로의 특성과 장점을 지니고 있지만 다른 한편 모든 경우에 적용될 수 있는 획일적 기준을 제시하고 있다고 보기는 어렵다. 따라서 어느 한 가지 학설 내지 기준으로 문제를 해결할 수는 없고, 결국 구체적 사안에 따라 입체적·단계적으로 해결할 수밖에 없다고 본다. 따라서 법률유보의 원칙 충족 여부를 2단계로 나누어 제1단계에서는 도대체 일정한 행정작용의 법적 근거가 존재해야 하는지의 여부를 검토하고, 제2단계에서는 근거법률이 존재한다는 전제하에서 그 법률의 규정밀도 여부, 즉 어느 정도의 내용까지 법률에 규정하고 나머지는 하위규범에 위임해도 되는지를 검토해야 할 것으로 생각된다.

제1단계에서는 이른바 확장된 침해유보설이 적용된다. 이 설은 해당 행정작용이 침해작용에 해당하는지의 여부를 판단하는데 있어서 그 행정작용의 직접적인 상대방만을 기준으로 하는 전통적인 침해유보설과는 달리 그 행정작용의 상대방 뿐 아니라 기타의 이해관계인(이해관계 있는 제3자)도 대상으로 삼아 판단하는 입장으로, 해당 행정작용이 직접적인 상대방에 대하여 침해의 효과를 야기하는 경우 뿐 아니라 기타의 이해관계인(이해관계 있는 제3자)에게 간접적으로 침해의 효과를 야기하는 경우에는 침해작용에 해당된다고 보아 그러한 행정작용에 대하여도 법률의 근거가 요구된다고 하는 것이다. 즉 침해의 대상이 확장된다는 면에서 '확장된 침해유보설'이라고 명명하기로 한다. 결국 이처럼 일정한 행정작용이 행정의 직접 상대방에게 또는 간접적으로 이해관계 있는 제3자에게 침해의 효과를 야기하는 경우에는 그 행정작용에 대하여는 법률적 근거가 요구되는 것이다.[1)]

---

1) 대판 1992. 6. 23. 선고 92추17 참조:

그 다음 제2단계에서는 일단 존재하는 근거법률의 규정 정도(밀도)를 판단하게 되고, 이 경우 본질사항유보설이 적용된다고 볼 수 있다. 즉 일정한 행정작용이 확장된 침해유보설에 따라 법률적 근거가 요구되는 경우에 해당되어 실제로 법률이 존재하더라도, 이 경우에 단순히 근거법률이 존재한다는 이유만으로 법률유보의 원칙이 충족되는 것은 아니고, 그 근거법률의 내용과 밀도 등이 충실해야 비로소 법률유보의 원칙이 충족되는 것이다. 따라서 근거법률이 해당 기본권의 형성이나 행사 또는 제한에 관한 본질적이고 중요한 사항을 반드시 규정하고 있어야 한다.[1)]

지방자치법 제15조에 의하면, 지방자치단체는 법령의 범위 안에서 그 사무에 관하여 조례를 제정할 수 있되 주민의 권리제한 또는 의무의 부과에 관한 사항이나, 벌칙을 정할 때에는 법률의 위임이 있어야 한다고 규정하고 있으므로 지방자치단체는 그 내용이 주민의 권리의 제한 또는 의무의 부과에 관한 사항이거나 벌칙에 관한 사항이 아닌 한 법률의 위임이 없더라도 조례를 제정할 수 있다 할 것인데, 이 사건 정보공개조례안은 앞에서 본 바와 같이 행정에 대한 주민의 알 권리의 실현을 그 근본내용으로 하면서도 이로 인한 개인의 권익침해 가능성을 배제하고 있으므로 이를 들어 주민의 권리를 제한하거나 의무를 부과하는 조례라고는 단정할 수 없고 따라서 그 제정에 있어서 반드시 법률의 개별적 위임이 따로 필요한 것은 아니라 할 것이다.

1) 헌재 1991. 7. 8. 91헌가4, 판례집 3, 336, 340-341:
죄형법정주의는 자유주의, 권력분립, 법치주의 및 국민주권의 원리에 입각한 것으로서 무엇이 범죄이며 그에 대한 형벌이 어떠한 것인가는 반드시 국민의 대표로 구성된 입법부가 제정한 법률로써 정하여야 한다는 원칙이고, 죄형법정주의를 천명한 헌법 제12조 제1항 후단이나 제13조 제1항 전단에서 말하는 '법률'도 입법부에서 제정한 형식적 의미의 법률을 의미하는 것임은 물론이다. 그런데 아무리 권력분립이나 법치주의가 민주정치의 원리라 하더라도 현대국가의 사회적 기능증대와 사회현상의 복잡화에 따라 국민의 권리·의무에 관한 사항이라 하여 모두 입법부에서 제정한 법률만으로 다 정할 수는 없는 것이기 때문에 예외적으로 행정부에서 제정한 명령에 위임하는 것을 허용하지 않을 수 없다.
그러나 법률의 위임은 반드시 구체적이고 개별적으로 한정된 사항에 대하여 행해져야 한다. 그렇지 아니하고 일반적이고 포괄적인 위임을 한다면 이는 사실상 입법권을 백지위임하는 것이나 다름없어 의회입법의 원칙이나 법치주의를 부인하는 것이 되고 행정권의 부당한 자의와 기본권 행사에 대한 무제한적 침해를 초래할 위험이 있기 때문이다. 우리 헌법 제75조도 "대통령은 법률에서 구체적으로 범위를 정하여 위임받은 사항 … 에 관하여 대통령령을 발할 수 있다."라고 규정하여 위임입법의 근거와 아울러 그 범위와 한계를 제시하고 있는데 '법률에서 구체적으로 범위를 정하여 위임받은 사항'이라 함은 법률에 이미 대통령령으로 규정될 내용 및 범위의 기본사항이 구체적으로 규정되어 있어서 누구라도 당해 법률로부터 대통령령에 규정될 내용의 대강을 예측할 수 있어야 함을 의미한다. 그리고 위임입법에 관한 헌법 제75조는 처벌법규에도 적용되는 것이지만 법률에 의한 처벌법규의 위임은, 헌법이 특히 인권을 최대한으로 보장하기 위하여 죄형법정주의와 적법절차를 규정하고, 법률(형식적 의미의)에 의한 처벌을 특별히 강조하고 있는 기본권보장 우위사상에 비추어 바람직스럽 결국 제1단계와 제2단계를 입체적으로 검토하여 각각의 단계에서 각각의 학설에 따른 기준을 모두 충족해야 비로소 법률유보의 원칙이 충족되었다고 할 수 있을 것이다.[1)]

(2) 권력분립제도

법치주의원리는 국가권력의 자의와 남용의 방지를 그 수단으로 하고 있다. 이를 위하여 국가권력을 각각의 국가기관에 분장시키고 이들 국가권력 상호간에 견제와 균형을 이루도록 상호 통제하는 것을 요구한다. 우리 헌법도 전통적인 3권분립의 원칙에 따라 국가권력을 입법권·행정권·사법권으로 나누고, 이들을 각각 국회·정부·법원에 분장시킴으로써 국가권력 상호간의 견제와 균형 및 통제가 이루어지도록 하고 있다. 그러나 다른 한편 오늘날의 수직적·수평적 다원화된 권력분립의 요청에 따라 지방자치제를 통한 중앙과 지방자치단체간 또는 지방자치단체 상호간의 수직적·수평적 권력분립, 복수정당제를 통한 여와 야 상호간의 권력분립, 헌법재판제도를 통한 광범위한 권력통제 등 다양한 통제장치를 마련하고 있다.

(3) 권리구제제도

법치주의원리는 국가권력작용의 헌법과 법률에의 기속을 요구하지만, 만일 국가권력작용이 위헌·위법하게 이루어져 국민의 권리를 침해했을 경우 이러한 침해된 권리를 구제할 것을 아울러 요구한다. 국가배상제도(헌법 제29조), 헌법소원심판제도(헌법 제111조 제1항 제5호), 행정소송·심판제도 등이 그것이다.

지 못한 일이므로, 그 요건과 범위가 보다 엄격하게 제한적으로 적용되어야 한다. 따라서 처벌법규의 위임은 특히 긴급한 필요가 있거나 미리 법률로써 자세히 정할 수 없는 부득이한 사정이 있는 경우에 한정되어야 하고 이러한 경우일지라도 법률에서 범죄의 구성요건은 처벌대상인 행위가 어떠한 것일 것이라고 이를 예측할 수 있을 정도로 구체적으로 정하고 형벌의 종류 및 그 상한과 폭을 명백히 규정하여야 한다.

1) 법률유보의 원칙에 대하여 자세한 것은 정연주, 조례제정권의 헌법적 한계와 통제, 공법학의 현대적 지평, 심천 계희열박사 화갑기념논문집, 1995, 153쪽 이하 참조.

3. 법치주의원리의 파생원리

(1) 비례의 원칙

법치주의원리는 국가권력을 통제하고 기본권을 보장하려는 원리이므로 합헌·합법적인 국가권력행사에 의해 국민의 기본권을 제한하더라도 논리필연적으로 필요한 최소한의 제한만을 허용한다. 과잉금지의 원칙이라고도 한다.[1)] 따라서 법치주의원리는 공권력행사의 목적과 수단 사이의 비례성을 요구한다. 이러한 비례의 원칙의 근거를 헌법 제37조 제2항에서 찾을 수 있다. 이 조항은 "국민의 모든 자유와 권리는 국가안전보장·질서유지 또는 공공복리를 위하여 필요한 경우에 한하여 법률로써 제한할 수 있으며, 제한하는 경우에도 자유와 권리의 본질적인 내용을 침해할 수 없다."라고 규정하고 있는데, 여기서 '필요한 경우에 한하여'라는 문구가 그 근거이다. 즉 기본권을 공익상 제한하더라도 반드시 '필요한 경우에 한하여', 다시 말해 '필요한 최소한의 정도'만 제한할 수 있다는 것이다. 비례의 원칙은 구체적으로 다음의 네 가지 내용으로 이루어졌다.

1) 목적의 정당성

공권력작용을 통해 달성하고자 하는 목적이 정당해야 한다.

---

1) 헌재 1992. 4. 28. 90헌바24, 판례집 4, 225, 230:
우리 헌법은 국가권력의 남용으로부터 국민의 기본권을 보호하려는 법치국가의 실현을 기본이념으로 하고 있고 그 법치국가의 개념에는 헌법이나 법률에 의하여 명시된 죄형법정주의와 소급효의 금지 및 이에 유래하는 유추해석금지의 원칙 등이 적용되는 일반적인 형식적 법치국가의 이념뿐만 아니라 법정형벌은 행위의 무거움과 행위자의 부책에 상응하는 정당한 비례성이 지켜져야 하며, 적법절차를 무시한 가혹한 형벌을 배제하여야 한다는 자의금지 및 과잉금지의 원칙이 도출되는 실질적 법치국가의 실현이라는 이념도 포함되는 것이다. 이는 국회의 입법재량 내지 입법정책적 고려에 있어서도 국민의 자유와 권리의 제한은 필요한 최소한에 그쳐야 하며, 기본권의 본질적인 내용을 침해하는 입법은 할 수 없는 것을 뜻한다. 형벌을 가중하는 특별법의 제정에 있어서도 형벌위협으로부터 인간의 존엄과 가치를 존중하고 보호하여야 한다는 헌법 제10조의 요구와 그에 따른 입법상의 한계가 있는 것이며 나아가 입법자가 법관들에게 구체적 양형을 선고함에 있어서 그 책임에 알맞는 형벌을 선고할 수 있도록 형벌개별화의 원칙이 적용될 수 있는 폭넓은 범위의 법정형을 설정하여 실질적 법치국가의 원리를 구현하여야 하는 헌법적 제약이 불가피하다고 할 것이다.

2) 수단의 적합성

선택된 공권력의 수단이 목적 달성을 위해 적합해야 한다.

3) 침해의 최소성

목적달성을 위한 공권력의 수단과 방법 중 국민의 기본권을 최소한으로 제한하는 수단과 방법이 선택되어야 한다.

4) 법익의 균형성

공권력수단을 통해 제한되는 국민의 기본권보다 달성되는 공익이 우월해야 한다.

따라서 모든 국가작용은 이러한 네 가지의 요구를 내용으로 하는 비례의 원칙을 충족시켜야 하고, 그럴 때 비로소 법치주의원리가 충족된 것이라고 할 수 있다.[1)]

---

1) ① 헌재 1990. 9. 3. 89헌가95, 판례집 2, 245, 260:
과잉금지의 원칙이라는 것은 국가가 국민의 기본권을 제한하는 내용의 입법활동을 함에 있어서, 준수하여야 할 기본원칙 내지 입법활동의 한계를 의미하는 것으로서 국민의 기본권을 제한하려는 입법의 목적이 헌법 및 법률의 체제상 그 정당성이 인정되어야 하고(목적의 정당성), 그 목적의 달성을 위하여 그 방법이 효과적이고 적절하여야 하며(방법의 적절성), 입법권자가 선택한 기본권 제한의 조치가 입법목적달성을 위하여 설사 적절하다 할지라도 보다 완화된 형태나 방법을 모색함으로써 기본권의 제한은 필요한 최소한도에 그치도록 하여야 하며(피해의 최소성), 그 입법에 의하여 보호하려는 공익과 침해되는 사익을 비교형량할 때 보호되는 공익이 더 커야 한다(법익의 균형성)는 헌법상의 원칙이다. 위와 같은 요건이 충족될 때 국가의 입법작용에 비로소 정당성이 인정되고 그에 따라 국민의 수인의무가 생겨나는 것으로서, 이러한 요구는 오늘날 법치국가의 원리에서 당연히 추출되는 확고한 원칙으로서 부동의 위치를 점하고 있으며, 헌법 제37조 제2항에서도 이러한 취지의 규정을 두고 있는 것이다.
② 헌재 2019. 4. 11. 2017헌바127, 판례집 31-1, 404, 405-406:
[제한되는 기본권]
자기낙태죄 조항은 모자보건법이 정한 예외를 제외하고는 임신기간 전체를 통틀어 모든 낙태를 전면적·일률적으로 금지하고, 이를 위반할 경우 형벌을 부과함으로써 임신의 유지·출산을 강제하고 있으므로, 임신한 여성의 자기결정권을 제한한다.
[입법목적의 정당성 및 수단의 적합성]
자기낙태죄 조항은 태아의 생명을 보호하기 위한 것으로서 그 입법목적이 정당하고, 낙태를 방지하기 위하여 임신한 여성의 낙태를 형사처벌하는 것은 이러한 입법목적을 달성하는데 적합한 수단이다.

(2) 신뢰보호의 원칙

일정한 국가권력행사는 국민의 신뢰를 헛되이 하지 않도록, 즉 신뢰를 보호한다는 전제하에서 이루어져야 한다. 법치국가원리는 국민의 기득권보장과 법적 안정성 확보를 위하여 당연히 이러한 신뢰보호의 원칙을 요구하는 것이다. 왜냐하면 신뢰보호의 원칙에 위반되는 국가작용은 그 자체 이미 자의적이고 부당한 권력행사라고 할 수 있고, 또한 신뢰보호의 원칙이 무시되면 국민의 예측가능성과 법적 안정성이 파괴되고 국민의 기득권이 침해되며, 결국 국민의 기본권보장이 위태롭게 되기 때문이다.[1)]

[침해의 최소성 및 법익의 균형성]
임신·출산·육아는 여성의 삶에 근본적이고 결정적인 영향을 미칠 수 있는 중요한 문제이므로, 임신한 여성이 임신을 유지 또는 종결할 것인지 여부를 결정하는 것은 스스로 선택한 인생관·사회관을 바탕으로 자신이 처한 신체적·심리적·사회적·경제적 상황에 대한 깊은 고민을 한 결과를 반영하는 전인적결정이다.
현 시점에서 최선의 의료기술과 의료 인력이 뒷받침될 경우 태아는 임신 22주 내외부터 독자적인 생존이 가능하다고 한다. 한편 자기결정권이 보장되려면 임신한 여성이 임신 유지와 출산 여부에 관하여 전인적 결정을 하고 그 결정을 실행함에 있어서 충분한 시간이 확보되어야 한다. 이러한 점들을 고려하면, 태아가 모체를 떠난 상태에서 독자적으로 생존할 수 있는 시점인 임신 22주 내외에 도달하기 전이면서 동시에 임신 유지와 출산 여부에 관한 자기결정권을 행사하기에 충분한 시간이 보장되는 시기(이하 착상 시부터 이 시기까지를 '결정가능기간'이라 한다)까지의 낙태에 대해서는 국가가 생명보호의 수단 및 정도를 달리 정할 수 있다고 봄이 타당하다.
자기낙태죄 조항은 모자보건법에서 정한 사유에 해당하지 않는다면 결정가능기간 중에 다양하고 광범위한 사회적·경제적 사유를 이유로 낙태갈등 상황을 겪고 있는 경우까지도 예외 없이 전면적·일률적으로 임신의 유지 및 출산을 강제하고, 이를 위반한 경우 형사처벌하고 있다. 따라서 자기낙태죄 조항은 입법목적을 달성하기 위하여 필요한 최소한의 정도를 넘어 임신한 여성의 자기결정권을 제한하고 있어 침해의 최소성을 갖추지 못하였고, 태아의 생명 보호라는 공익에 대하여만 일방적이고 절대적인 우위를 부여함으로써 법익균형성의 원칙도 위반하였으므로, 과잉금지원칙을 위반하여 임신한 여성의 자기결정권을 침해한다.
자기낙태죄 조항과 동일한 목표를 실현하기 위하여 임신한 여성의 촉탁 또는 승낙을 받아 낙태하게 한 의사를 처벌하는 의사낙태죄 조항도 같은 이유에서 위헌이라고 보아야 한다.

1) 헌재 1995. 10. 26. 94헌바12, 판례집 7-2, 447, 461:
법치주의는 정의의 실현과 아울러 법적안정성 내지 신뢰보호를 목표로 삼지 않으면 안된다. 국민이 행위시의 법률을 신뢰하고 자신의 행동을 결정하였다면 그러한 신뢰가 보호가치가 있는 한 입법자가 이를 함부로 박탈할 수 없는 것은 당연하다. 법의 본질은 요구 내지 금지규범으로서 수범자의 행위를 향도하고 지시하는데 있다고 할 것인데, 수범자가 실정법(물론 위헌·무효이거나 내용이 불분명하거나, 반공익적이라거나, 조만간 개정될 것이 결국 침해되는 개인의 신뢰이익과 신뢰의 침해를 통해 달성하고자 하는 공익 사이의 이익형량을 통해 신뢰보호의 원칙 위반 여부와 위헌 여부를 결정해야 할 것이다.[1)]

(3) 법률불소급의 원칙

법률불소급의 원칙은 국민의 자유와 권리에 영향을 미치는 법률이 소급적으로 적용되어서는 안된다는 원칙인데, 이 역시 앞서 언급한 신뢰보호의 원칙과 동일한 논거에서 법치국가원리로부터 도출되는 원칙이라고 할 수 있다. 즉 상대방인 국민의 예측가능성과 법적 안정성 및 신뢰를 보호하기 위하여 요구되며, 이로써 상대방의 기득권이 보호되고, 결국 국민의 기본권을 보장하기 위한 보루로서의 역할을 하는 것이다.

그런데 소급입법이 무조건 금지되는 것은 아니고 소급입법으로 침해되는 신뢰이익과 소급입법으로 달성되는 공익을 형량하여 후자가 월등히 크다면 예외적으로 소급입법이 허용될 수도 있다.

헌법재판소도 "소급입법은 새로운 입법으로 이미 종료된 사실관계 또는 법률관계에 작용케 하는 진정소급입법과 현재 진행중인 사실관계 또는 법률관계에

예상되는 법률이 아닐 것이 전제된다)을 믿고 구체적 행위로 나아간 것이 보호되지 않는다면 법의 본질 내지 법치주의의 목표가 심각히 훼손되는 결과가 되고 국민들에게는 법의 불신을 초래하게 된다. 따라서 입법자로서의 국가 역시 그 자신이 유효하게 정립한 법규범에 원칙적으로 구속되는 것이라고 할 것이다.

1) 헌재 2009. 5. 28. 2005헌바20 등, 판례집 21-1하, 446, 458:
신뢰보호의 원칙은 헌법상 법치국가 원리로부터 파생되는 것으로, 법률이 개정되는 경우에는 기존 법질서와의 사이에 어느 정도의 이해관계의 상충은 불가피하다고 할 것인바, 이 경우 기존의 법질서에 대한 당사자의 신뢰가 합리적이고 정당한 반면, 법률의 제정이나 개정으로 야기되는 당사자의 손해가 극심하여 새로운 입법으로 달성코자 하는 공익적 목적이 그러한 당사자의 신뢰가 파괴되는 것을 정당화할 수 없는 경우, 그러한 새 입법은 허용될 수 없다는 것이다.
이러한 신뢰보호원칙의 위반 여부는 한편으로는 침해되는 이익의 보호가치, 침해의 정도, 신뢰의 손상 정도, 신뢰 침해의 방법 등과 또 다른 한편으로는 새로운 입법을 통하여 실현하고자 하는 공익적 목적 등을 종합적으로 형량하여야 한다.
따라서 신뢰보호원칙의 위반 여부를 판단함에 있어서는, 첫째, 보호가치 있는 신뢰이익이 존재하는가, 둘째, 과거에 발생한 생활관계를 현재의 법으로 규율함으로써 달성되는 공익이 무엇인가, 셋째, 개인의 신뢰이익과 공익상의 이익을 비교 형량하여 어떠한 법익이 우위를 차지하는가를 살펴보아야 할 것이다.

작용케 하는 부진정소급입법으로 나눌 수 있는바, 부진정소급입법은 원칙적으로 허용되지만 소급효를 요구하는 공익상의 사유와 신뢰보호의 요청 사이의 교량과정에서 신뢰보호의 관점이 입법자의 형성권에 제한을 가하게 되는데 반하여, 기존의 법에 의하여 형성되어 이미 굳어진 개인의 법적 지위를 사후입법을 통하여 박탈하는 것 등을 내용으로 하는 진정소급입법은 개인의 신뢰보호와 법적 안정성을 내용으로 하는 법치국가원리에 의하여 특단의 사정이 없는 한 헌법적으로 허용되지 아니하는 것이 원칙이고, 다만 일반적으로 국민이 소급입법을 예상할 수 있었거나 법적 상태가 불확실하고 혼란스러워 보호할 만한 신뢰이익이 적은 경우와 소급입법에 의한 당사자의 손실이 없거나 아주 경미한 경우 그리고 신뢰보호의 요청에 우선하는 심히 중대한 공익상의 사유가 소급입법을 정당화하는 경우 등에는 예외적으로 진정소급입법이 허용된다."고 판시하고 있다.[1)]

그런데 다른 한편 헌법 제13조 제2항은 "모든 국민은 소급입법에 의하여 참정권의 제한을 받거나 재산권을 박탈당하지 아니한다."라고 규정함으로써 소급입법에 의한 재산권과 참정권의 박탈을 직접 금지하고 있다. 여기서 재산권과 참정권의 박탈을 내용으로 하는 소급입법은 어떠한 경우에도 절대적으로 금지되는가 하는 문제가 제기된다. 이 경우에도 불가피하고 긴절한 정당화사유가 존재한다면 예외적으로 허용될 수 있다고 하겠다. 즉 헌법상 다른 규정이나 원리에 근거해서 인정되는 보다 더 큰 헌법상·공익상의 가치가 존재한다면 이 양자를 상호 형량하여 규범조화의 원칙이나 법익형량의 원칙에 따라 문제를 해결하여 예외적으로 헌법 제13조 제2항의 소급입법금지의 원칙이 양보할 수 있는 것이다.

이와 관련하여 헌법재판소도 "친일재산을 그 취득·증여 등 원인행위시에 국가의 소유로 하도록 규정한 「친일반민족행위자 재산의 국가귀속에 관한 특별법」 제3조 제1항 본문(2005. 12. 29. 법률 제7769호로 제정된 것)이 진정소급입법에 해당하지만, 진정소급입법이라 할지라도 예외적으로 국민이 소급입법을 예상할 수 있었던 경우와 같이 소급입법이 정당화되는 경우에는 허용될 수 있다. 친일재산의 취득 경위에 내포된 민족배반적 성격, 대한민국임시정부의 법통 계승을 선언한 헌법 전문 등에 비추어 친일반민족행위자측으로서는 친일재산의 소급적

1) 헌재 1999. 7. 22. 97헌바76 등, 판례집 11-2, 175, 193-194. 유사판례 헌재 2013. 8. 29. 2010헌바354 등, 공보 제203호, 1121, 1130; 헌재 2014. 7. 24. 2012헌바105.

박탈을 충분히 예상할 수 있었고, 친일재산 환수 문제는 그 시대적 배경에 비추어 역사적으로 매우 이례적인 공동체적 과업(과거사 청산의 정당성, 사회정의의 실현 및 진정한 사회통합의 가치 등에 비추어 볼 때, 이 사건 조항이 추구하는 정의의 구현, 민족정기의 복원, 3·1운동의 헌법이념이라는 공익적 중대성)이므로, 이러한 소급입법의 합헌성을 인정한다고 하더라도 이를 계기로 진정소급입법이 빈번하게 발생할 것이라는 우려는 충분히 불식될 수 있다. 따라서 이 사건 귀속조항은 진정소급입법에 해당하나 헌법 제13조 제2항에 반하지 않는다."라고 하여 비록 헌법 제13조 제2항에서 금지한 재산권에 대한 진정소급입법에 의한 박탈이라고 할지라도 소급입법을 통해 상실되는 재산권 등의 이익에 비하여 불가피하고 긴절한 그리고 압도적인 헌법상의 이익과 가치가 존재한다면 예외적으로 정당화될 수 있다고 판시하고 있다.[1)]

---

1) 헌재 2011. 3. 31. 2008헌바141 등, 판례집 23-1상, 276, 304-308:
친일재산이 비록 친일행위의 대가로 취득된 재산이라고 하더라도 이는 그 당시의 재산법 관련법제에 의하여 확정적으로 취득된 재산이라 할 것이다. 따라서 현 시점에서 친일재산을 국가로 귀속시키는 행위는 진정소급입법으로서의 성격을 갖는다. 제헌 헌법은 친일재산의 환수가 헌법적으로 논란이 될 수 있다는 문제의식에 기반하여 소급입법을 통해 친일재산을 환수할 수 있는 헌법적 근거인 부칙 제101조를 마련해 두었다. 그러나 현행 헌법에는 위 부칙조항과 같은 내용의 조문이 존재하지 않는다. 오히려 "모든 국민은 소급입법에 의하여 … 재산권을 박탈당하지 아니한다."는 규정을 두고 있다(헌법 제13조 제2항). 그렇다면, 이 사건 귀속조항이 갖는 진정소급입법으로서의 성격이 헌법 제13조 제2항에 위배되는 것은 아닌지 문제된다. …
현행 헌법 전문은 '유구한 역사와 전통에 빛나는 우리 대한국민은 3·1운동으로 건립된 대한민국임시정부의 법통을 계승'할 것을 규정하고 있는데, 여기서 '3·1운동'의 정신은 우리나라 헌법의 연혁적·이념적 기초로서 헌법이나 법률해석에서의 해석기준으로 작용하는 것이다. '대한민국이 3·1운동으로 건립된 대한민국임시정부의 법통을 계승'한다고 선언한 헌법 전문의 의미는, 오늘날의 대한민국이 일제에 항거한 독립운동가의 공헌과 희생을 바탕으로 이룩된 것이라는 점 및 나아가 현행 헌법은 일본제국주의의 식민통치를 배격하고 우리 민족의 자주독립을 추구한 대한민국임시정부의 정신을 헌법의 근간으로 하고 있다는 점을 뜻한다고 볼 수 있다. 그렇다면 일제강점기에 우리 민족을 부정한 친일반민족행위자들의 친일행위에 대하여 그 진상을 규명하고 그러한 친일행위의 대가로 취득한 재산을 공적으로 회수하는 등 일본제국주의의 식민지로서 겪었던 잘못된 과거사를 청산함으로써 민족의 정기를 바로세우고 사회정의를 실현하며 진정한 사회통합을 추구해야 하는 것은 헌법적으로 부여된 임무라고 보아야 한다. …
일제 과거사 청산으로서의 친일재산 환수 문제는 그 시대적 배경에 비추어 역사적으로 매우 특수하고 이례적인 공동체적 과업이라 할 것이므로, 설령 이러한 소급입법의 합헌성을 인정한다고 하더라도 이를 계기로 진정소급입법이 빈번하게 발생해 그로 인한 폐해가 만연될 것이라는 일부의 우려는 충분히 불식될 수 있다.

(4) 죄형법정주의

법치국가원리는 국가권력행사 중 가장 국민의 자유와 권리의 침해가능성과 자의와 남용의 가능성이 큰 형벌권행사를 법률에 기속시켜 국가권력의 자의와 남용으로부터 국민의 기본권을 보장하고 국민의 예측가능성과 법적 안정성을 추구하고자 한다. 따라서 형벌권행사에 앞서서 사전에 죄와 형, 즉 범죄의 대상과 처벌의 내용을 법률에 명확히 규정할 것, 즉 죄형법정주의를 요구하는 것이다.[1]

Ⅲ. 사회국가원리

1. 의의

우리 헌법은 헌법의 근본이념의 하나인 - 헌법전문의 바탕을 이루고 있는 - 정의사회구현을 위한 실현원리로서 사회국가원리를 기본원리로 채택하고 있다. '사회국가'란 대체로 "모든 국민의 생활을 위한 기본적 수요가 충족되고 인간다운 생활이 보장되며, 개인의 창의와 능력이 최대한 발휘되어 자유·평등·정의가 실현되는 국가"라고 정의될 수 있을 것이다. 따라서 사회국가의 실질적 내용은 개인의 개성과 능력을 바탕으로 한 자유·평등·정의 등의 가치이고, 이는 바로 우리 헌법이 지향하는 인간의 존엄과 가치를 바탕으로 한 기본권의 보장과 실현에 다름 아닌 것이다.

이러한 사회국가의 건설 내지 사회국가원리의 실현을 위하여 우리 헌법은 여러 가지 수단과 제도적 장치를 마련하고 있다. 예컨대 사회보장과 사회복지의

따라서 이 사건 귀속조항은 진정소급입법에 해당하지만 소급입법을 예상할 수 있었던 예외적인 사안이고 진정소급입법을 통해 침해되는 법적 신뢰는 심각하다고 볼 수 없는 데 반해 이를 통해 달성되는 공익적 중대성은 압도적이라고 할 수 있으므로 진정소급입법이 허용되는 경우에 해당한다. 그러므로 이 사건 귀속조항이 진정소급입법이라는 이유만으로 위헌이라 할 수 없다.

1) 헌재 1995. 9. 28. 93헌바50, 판례집 7-2, 297, 307:
우리 헌법 제12조 제1항 후문과 제13조 제1항 전단에서 규정하고 있는 죄형법정주의는 범죄의 구성요건과 그에 대한 형벌의 내용을 국민의 대표로 구성된 입법부가 성문의 법률로 정하도록 함으로써 국가형벌권의 자의적인 행사로부터 개인의 자유와 권리를 보장하려는 법치국가형법의 기본원칙으로서, 형벌법규의 '보장적 기능'을 수행하는 것이다.

증진의무를 국가에게 지운다든지, 이를 위한 각종의 사회적 기본권을 보장하고 있는 것이라든지, 재산권에 대한 사회적 기속을 강조한 것이라든지, 자유방임적 자본주의가 아닌 수정자본주의를 바탕으로 한 사회적 시장경제질서를 마련한 것이라든지, 각종의 경제질서·경제현상에 대한 국가의 규제·조정·간섭제도를 마련한 것 등이 그것이다.

2. 사회국가조항의 법적 성격

헌법상의 사회국가조항, 즉 사회국가원리를 실현하기 위한 각종의 제도나 사회적 기본권에 관한 조항의 규범적 성격에 관하여 이를 부정하는 입장과 긍정하는 입장이 있다.

(1) 부정설

사회국가원리 실현을 위한 조항은 단순한 정치적 선언에 불과하기 때문에 이들은 규범적 효력을 가지지 아니한다는 입장이다.

(2) 긍정설

사회국가조항은 당연히 규범적 효력과 기속력을 가진다는 입장이다.

(3) 결어

사회국가조항은 당연히 규범적 효력을 가진다고 보아야 할 것이다. 따라서 사회국가조항은 모든 국가권력과 국가기관을 기속하고, 사회국가실현에 대한 국가의 권한과 의무를 발생시키며, 모든 헌법 및 일반 법규범의 해석기준 내지 지침이 되어야 할 것이다.

다만 사회적 기본권 및 각종의 사회국가실현을 위한 제도의 실현은 대체로 국가예산의 문제를 수반하고, 성격상 입법자에게 광범위한 재량의 여지가 부여되어 있기 때문에 일반적인 자유권적 기본권의 경우와는 달리 헌법상의 사회국가조항을 구체화시킨 법률을 통해서 비로소 구체적인 권리가 발생된다고 보아야 할 것이고, 따라서 입법자가 사회적 기본권의 구체적 내용과 기준 및 방법과 절차를 정해야 한다. 결국 자유권적 기본권과 사회적 기본권은 그 구체적 실현방법상의 차이가 있게 된다.

3. 사회국가원리의 내용

사회국가원리의 내용은 자유 · 평등 · 정의의 실현, 즉 자유 · 평등 · 정의를 바탕으로 한 국민의 기본권의 보장과 실현이라고 할 수 있다. 그런데 여기서의 자유 · 평등은 형식적이 아닌 실질적인 자유 · 평등이라고 할 수 있다.[1] 과거의 전통적인 법치주의와 자유방임적 자본주의 경제질서하에서는 국가로부터의 형식적 자유와 평등을 획득 · 보장받았을지는 모르나, 다양한 경제적 · 사회적 · 문화적 불평등으로 인해 이러한 형식적 · 명목적 자유와 평등은 무의미한 것이 되었고, 사회평화와 안정 및 정의사회는 실현될 수 없게 되었으며, 결국 진정한 실질적인 기본권의 보장과 실현은 달성될 수 없게 되었다.

따라서 헌법의 이념인 인간의 존엄과 가치를 바탕으로 한 기본권적 가치를 바탕으로 사회공동체의 통합을 실현하고 촉진시키기 위해서는 그 실천적 방법으로 실질적 자유와 평등의 확립을 통한 정의사회구현이 필수적인 전제라고 할 수 있는데, 이를 위하여 국가의 간섭과 규제 및 조정과 지원이 필요하게 되었고, 이를 내용으로 하는 헌법상의 기본원리가 바로 사회국가원리인 것이다.

4. 사회국가원리의 한계

사회국가원리는 입법자의 정책적 재량에 의해서 구체화되고 실현되는데, 이러한 입법자 및 국가의 실현방법에도 일정한 한계가 있다. 사회국가원리는 자유 · 평등 · 정의를 바탕으로 한 기본권의 실질적 보장을 그 목적으로 한다. 따라

1) 헌재 1998. 5. 28. 96헌가4 등, 판례집 10-1, 522, 533-534:
헌법 제119조는 제1항에서 대한민국의 경제질서는 개인과 기업의 경제상의 자유와 창의를 존중함을 기본으로 한다고 규정하여 사유재산제도, 사적 자치의 원칙, 과실책임의 원칙을 기초로 하는 자유시장 경제질서를 기본으로 하고 있음을 선언하면서, 한편 그 제2항에서 국가는 … 경제주체간의 조화를 통한 경제의 민주화를 위하여 경제에 관한 규제와 조정을 할 수 있다고 규정하고, 헌법 제34조는 모든 국민은 인간다운 생활을 할 권리를 가진다(제1항), 신체장애자 및 질병 · 노령 기타의 사유로 생활능력이 없는 국민은 법률이 정하는 바에 의하여 국가의 보호를 받는다(제5항)고 규정하여 사회국가원리를 수용하고 있다. 결국 우리 헌법은 자유시장 경제질서를 기본으로 하면서 사회국가원리를 수용하여 실질적인 자유와 평등을 아울러 달성하려는 것을 근본이념으로 하고 있는 것이다.

서 사회국가원리의 실현도 이러한 목적달성을 위한 한계내에서 이루어져야 한다. 따라서 실질적 자유와 평등을 지나치게 강조한 나머지 결과적으로 자유와 평등의 본질적 내용이 침해되고 형해화되어 진다면 이는 주객이 전도된 것으로 진정한 정의사회구현은 불가능해지기 때문이다. 예컨대 국가에 의한 지나친 경제규제, 국민생활영역에 대한 지나친 간섭, 재산권에 대한 과도한 규제 등은 자유와 평등의 본질적 내용을 침해할 우려가 있다.

결국 우리 헌법이 지향하는 정의사회는 존엄과 가치를 지닌 자립적이고 주체적인 인간상을 바탕으로 해서 국민 각자가 자신의 개성과 창의와 능력을 바탕으로 자기책임하에 생활할 수 있도록 국가가 뒷받침하고 배려하는 사회이다. 따라서 사회국가건설을 위해 국민의 자유와 평등을 제한하고 규제할 수 있지만 이는 자유와 평등의 본질적 내용이 침해되지 아니하는 범위내에서만 가능하다. 왜냐하면 사회국가원리는 바로 자유와 평등의 보장을 통한 정의사회의 구현에 그 목적이 있기 때문이다. 그러므로 실질적인 자유·평등을 실현하기 위한 한도내에서의 자유·평등에 대한 필요한 규제와 제한만이 허용된다고 할 것이다.

5. 사회국가원리의 실현을 위한 제도

우리 헌법은 사회국가원리의 실현을 위해 다양한 사회적 기본권을 보장하고, 사회적 시장경제질서를 채택하고 있다.

(1) 사회적 기본권의 보장

1) 사회적 기본권에 관한 헌법규정

우리 헌법은 사회국가원리의 실현을 위한 제도적 방법으로서 다양한 사회적 기본권에 관한 규정을 마련하고 있다. 이들 기본권은 국민의 생존을 위한 필수불가결한 기본권이라는 점에서 생존권적 기본권 또는 생활권적 기본권이라고도 한다.

가. 기본적 규정

인간의 존엄과 가치 및 행복추구권에 관한 규정(제10조), 평등권(제11조), 교육의 기회균등권(제31조), 근로의 권리(제32조), 노동3권(제33조), 인간다운 생활을 할 권리(제34조), 환경권(제35조), 보건에 관한 권리(제36조 제3항) 등이 그것이다.

나. 기타의 보완적 규정

우리 헌법은 사회국가원리를 실현하기 위한 그 밖의 다양한 규정들을 마련하고 있다. 이들은 전통적인 사회적 기본권들을 보완하고 뒷받침하는 제도로서의 기능을 가진다고 하겠다. 재산권의 사회적 기속(제23조), 근로자의 고용증진과 적정임금보장을 위한 국가의 사명과 최저임금제도, 여자의 복지와 권익 및 기회균등의 보장, 연소근로자보호(제32조), 생활무능력자에 대한 국가적 보호(제34조), 시장지배와 경제력 남용을 방지함을 통한 경제민주화 추구(제119조 제2항), 농지의 소작제도금지(제121조), 농수산물의 가격안정을 통한 농·어민의 이익보호와 자활능력계발 및 중소기업의 보호·육성(제123조), 소비자보호(제124조) 등이 그것이다.

2) 사회적 기본권의 특성

다른 여타의 기본권과 마찬가지로 사회적 기본권도 주관적 권리(대국가적 권리)로서의 성격과 객관적 가치질서로서의 성격을 가진다. 다만 앞서 언급한 바와 같이 일반적인 자유권적 기본권과는 달리 사회적 기본권은 그 실현을 위해서 대체로 국가의 재정과 예산을 수반하게 되고, 또한 그 구체적 실현방법과 기준 및 범위와 절차 등이 입법자의 광범위한 입법재량에 맡겨져 있기 때문에 일반적으로는 헌법규정 자체로부터 직접 구체적 권리가 도출되는 것은 아니고, 그 헌법규정에 근거한 법률규정으로부터 비로소 구체적인 청구권이 발생되고 이때에 비로소 행정부와 사법부를 기속한다고 보아야 할 것이다. 예컨대 실업수당이나 대학교육을 위한 학자금을 노동관계법이나 교육관계법 등의 구체적인 근거 없이 추상적인 헌법상의 사회국가원리나 사회적 기본권조항을 직접 원용하여 국가에 대하여 요구할 수 없고, 법원을 통해 강제하거나 구제를 요구할 수는 없는 것이다.

한편 사회적 기본권은 객관적 가치질서로서의 성격이 특히 강하기 때문에 이러한 사회적 기본권의 실현의무는 모든 국가기관을 기속하고 국가권력작용의 지침이 되는 동시에, 사회생활에 있어서도, 즉 사인 상호간에서도 하나의 중요한 가치질서이자 행동원리로서 작용하게 된다. 예컨대 일반 사기업에서도 이러한 사회적 기본권의 내용과 정신을 구현해야 하고, 노동관계법·경제관계법 등에 이러한 정신을 구체화시키는 각종의 규정을 마련해야 하는 것이다.

(2) 사회적 시장경제질서

우리 헌법은 사회국가실현을 위하여 경제영역에서 수정자본주의원리를 바탕으로 한 사회적 시장경제질서를 택하고 있다.[1]

1) 수정자본주의

수정자본주의는 한편에서는 자유방임적인 전통적 자본주의원리에 따라 시장과 경제질서의 자유와 창의를 존중함을 바탕으로 하면서도, 다른 한편에서는 필요한 경우에 국가가 시장과 경제질서를 규제하고 간섭하는 경제원리를 말한다.

2) 사회적 시장경제질서

가. 의의

우리 헌법은 사회국가실현을 위하여 경제정의와 경제민주화의 실현이 필수적인 요소라고 보고, 경제영역에서의 수정자본주의원리를 바탕으로 한 사회적 시장경제질서를 채택하고 있다. 사회적 시장경제질서는 사유재산제도와 경제상의 자유와 창의 및 자유경쟁을 바탕으로 하면서도, 다른 한편 재산권에 대한 사회적 기속과 규제 및 경제질서에 대한 국가의 조정과 간섭을 가미하는 경제질서라고 할 수 있다.

그러나 여기서 주의할 점은 이러한 경제질서에 대한 규제와 간섭은 자기 목적적인 것이 아니고 어디까지나 사유재산제도의 보장과 경제상의 자유와 자유경쟁적 경제질서의 확립을 위한 수단이라는 점이다. 즉 각자의 능력과 창의를 바탕으로 하는 자유경제질서가 제 기능을 발휘하지 못하고 궤도를 이탈했을 경우에 이를 회복시켜서 경제질서를 원궤도에 올려놓기 위한 불가피한 수단으로서 제한적이고 보충적으로 경제질서에 대한 국가의 규제와 조정이 이루어져야 한다는 것이다. 다시 말해 경제자유를 위한 경제규제이지 경제자유 대신의 경제규제가 아니라는 것이다.

---

1) 헌재 1996. 4. 25. 92헌바47, 판례집 8-1, 370, 380:
우리나라 헌법상의 경제질서는 사유재산제를 바탕으로 하고 자유경쟁을 존중하는 자유시장경제질서를 기본으로 하면서도 이에 수반되는 갖가지 모순을 제거하고 사회복지·사회정의를 실현하기 위하여 국가적 규제와 조정을 용인하는 사회적 시장경제질서로서의 성격을 띠고 있다.

나. 구체적 내용

(가) 사유재산권의 제한

우리 헌법은 사유재산제도와 개개의 사유재산권을 보장하면서도 재산권의 행사가 공공복리에 적합하도록 요구하는 재산권의 사회적 기속하에서 재산권의 내용과 한계가 법률로써 정해지도록 하고 있다(제23조 제1항, 제2항). 따라서 재산권의 내용과 행사가 무제한적인 것이 아니고, 공익실현 등 사회정의실현이라는 이념하에서 이루어질 것을 요구하고 있는 것이다. 토지의 공개념, 재산권에 대한 공용침해, 각종의 토지규제제도, 도시계획, 개발제한구역제도, 토지거래허가제 등이 그것이다.

그러나 주의할 것은 이러한 재산권에 대한 제한과 규제에도 일정한 한계가 있다는 것이다. 왜냐하면 재산권의 본질적 내용까지 침해하고 재산권의 사적유용성까지 파괴하면서 재산권을 규제할 수는 없기 때문이다. 사유재산권의 규제는 사유재산권에 대한 제한 그 자체에 목적이 있는 것이 아니라, 보다 실질적인 경제상의 자유와 평등 및 이를 통한 정의사회구현에 그 목적이 있고, 이러한 정의사회는 사유재산권의 본질적 내용이 보장되는 전제하에서만 가능하기 때문이다.

(나) 각종의 경제조항

우리 헌법은 제9장에서 경제에 관한 장을 별도로 마련하고 있다. 제9장의 규정들은 경제상의 자율성의 토대위에서 국가에 의한 규제와 조정을 가미하는 것을 내용으로 한 것이다. 가장 기본적인 조항으로서 "① 대한민국의 경제질서는 개인과 기업의 경제상의 자유와 창의를 존중함을 기본으로 한다. ② 국가는 균형 있는 국민경제의 성장 및 안정과 적정한 소득의 분배를 유지하고, 시장의 지배와 경제력의 남용을 방지하며, 경제주체간의 조화를 통한 경제의 민주화를 위하여 경제에 관한 규제와 조정을 할 수 있다."라고 규정하고 있는 제119조를 비롯하여, 국토개발상 필요한 국토와 자원에 대한 제한(제120조), 농지소작제금지(제121조), 대외무역의 규제조정(제125조), 사영기업의 예외적인 국·공유화(제126조), 농·어촌종합개발계획수립의무(제123조), 지역균형발전육성계획(제123조 제2항), 중소기업육성(제123조), 농·어민 수급균형·가격안정(제123조) 등이 그것이다.

Ⅳ. 문화국가원리

1. 의의

우리 헌법은 전문에서 "유구한 역사와 전통에 빛나는 우리 대한국민은 … 정의·인도와 동포애로써 민족의 단결을 공고히 하고 …"라고 규정하고 있고, "문화의 … 영역에 있어서 각인의 기회를 균등히" 할 것을 선언하고 있을 뿐 아니라, 제9조에서 "국가는 전통문화의 계승·발전과 민족문화의 창달에 노력하여야 한다."라고 규정하고 있다. 이러한 다양한 규정들에 비추어 볼 때 우리 헌법은 전통문화의 계승·발전과 민족문화의 창달을 헌법상의 근본이념의 하나로 채택하고 있다고 볼 수 있다. 이러한 문화에 관한 근본이념을 실현하기 위한 원리가 바로 문화국가원리이다.

2. 문화국가원리의 내용

문화란 자연 상태에서 벗어나 삶을 풍요롭고 편리하고 아름답게 만들어 가고자 사회구성원에 의해 습득·공유·전달되는 행동양식, 또는 생활양식의 과정 및 그 과정에서 이룩해 낸 총체적인 물질적·정신적 소산을 말한다. 즉 문화란 문화예술, 생활양식, 공동체적 삶의 방식, 가치체계, 전통 및 신념 등을 포함하는 사회나 사회구성원의 고유한 정신적·물질적·지적·감성적 특성의 총체라고 할 수 있다(문화기본법 제3조).

문화국가원리란 이러한 문화를 지향하고 문화국가의 건설을 국가의 권한이자 의무이며 모든 헌법상의 제도와 헌법규정의 해석의 지침으로 채택하는 원리를 말하는 것으로, 헌법상의 기본원리의 하나라고 하겠다. 이러한 문화국가원리는 구체적으로 국가의 문화정책에 의하여 실현되는데, 이러한 문화정책과 국가와의 관계는 연혁적으로 크게 3가지 형태가 있다고 하겠다.

첫째, 초기자유주의사상이 지배하던 시대에는 국가의 문화불간섭정책이 지배적이었고, 둘째, 국가절대주의사상이 지배하던 시대에는 국가의 적극적인 문화간섭정책이 지배적이었는데, 셋째, 오늘날에는 국가가 모든 문화현상에 대하여 철저하게 부동성의 원칙을 지켜서 어떤 문화현상도 이를 우대하거나 선호하지 않는, 즉 국가는 객관적이고 불편부당한 입장에서 모든 문화현상으로부터 일정한 거리를 유지해야 한다는 사상이 지배적이라고 할 수 있다.[1)]

이처럼 문화국가원리는 국가의 문화국가실현에 관한 과제 또는 책임을 통하여 실현되기 때문에 국가의 문화정책과 밀접 불가분의 관계를 맺고 있다. 위에서 언급한 바와 같이 과거 국가절대주의사상의 국가관이 지배하던 시대에는 국가의 적극적인 문화간섭정책이 당연한 것으로 여겨졌지만, 오늘날에 와서는 국가가 어떤 문화현상에 대하여도 이를 선호하거나, 우대하는 경향을 보이지 않는 불편부당의 원칙이 가장 바람직한 정책으로 평가받고 있다. 따라서 오늘날 개별성·고유성·다양성·창조성을 특징으로 하는 문화는 당연히 사회의 자율영역에 맡겨져야 할 것이고, 문화에 대한 국가의 개입과 간섭은 이러한 문화의 개별성·고유성·다양성·창조성 및 자율성을 지키기 위한 수단으로서 불가피할 경우에만 허용된다고 하겠다.[2)] 결국 문화국가에서의 문화정책은 그 초점이 문화 그 자체에 있는 것이 아니라 문화가 생겨날 수 있는 문화풍토를 조성하는 데 두어야 한다. 이처럼 문화국가원리는 문화의 개방성, 자율성, 다원성을 특징으로 하기 때문에 국가의 문화육성의 대상에는 원칙적으로 모든 사람에게 문화창조의 기회를 부여한다는 의미에서 모든 문화가 포함된다. 따라서 엘리트문화 뿐만 아니라 서민문화, 대중문화도 그 가치를 인정하고 정책적인 배려의 대상으로 하여야 한다.[3)]

3. 문화국가원리의 실현을 위한 법적 제도

헌법은 문화국가원리의 실현을 위한 다양한 수단을 마련하고 있다. 먼저 국

1) 허영, 전게서, 184쪽.
2) 헌재 2020. 12. 23. 2017헌마416:
문화예술계 블랙리스트의 작성 등과 해당 문화예술인을 지원사업에서 배제하도록 한 일련의 지시 행위는 특정한 정치적 견해를 표현한 청구인들을, 그러한 정치적 견해를 표현하지 않은 다른 신청자들과 구분하여 정부 지원사업에서 배제하여 차별적으로 취급한 것이다. 헌법상 문화국가원리에 따라, 정부는 문화의 다양성·자율성·창조성이 조화롭게 실현될 수 있도록 중립성을 지키면서 문화를 육성하여야 함에도, 청구인들의 정치적 견해를 기준으로 이들을 문화예술계 지원사업에서 배제되도록 한 것은 자의적인 차별행위로서 청구인들의 평등권을 침해한다.
3) 헌재 2004. 5. 27. 2003헌가1 등, 판례집 16-1, 670, 679.

가에게 전통문화의 계승·발전과 민족문화의 창달을 위해서 노력할 의무를 지웠고(제9조), 대통령에게 이러한 민족문화의 창달에 노력하여야 할 의무를 부과하였다(제69조). 또한 헌법은 문화국가를 실현하기 위하여 보장되어야 할 기본권으로 양심의 자유(제19조), 종교의 자유(제20조), 언론·출판의 자유(제21조), 학문과 예술의 자유(제22조) 등을 규정하고 있는바, 이들 기본권은 견해와 사상의 다양성을 그 본질로 하는 문화국가원리의 불가결의 전제조건이라고 할 것이다. 아울러 문화국가원리의 실현을 용이하게 하고, 모든 국민의 문화현상과 문화창조에의 참여를 촉진시키기 위하여 의무교육제도와 평생교육제도 및 교육의 다양성 확보를 위한 교육의 자주성·전문성·정치적 중립성·대학의 자율성을 보장하고 있다(제31조).

한편 이러한 문화국가원리를 실현하기 위한 구체적 내용을 담고 있는 법률로서 문화기본법이 2013년에 제정되어 시행되고 있다. 이 법은 문화에 관한 국민의 권리와 국가 및 지방자치단체의 책임을 정하고 문화정책의 방향과 그 추진에 필요한 기본적인 사항을 규정하고 있다. 이 법은 문화가 민주국가의 발전과 국민 개개인의 삶의 질 향상을 위하여 가장 중요한 영역 중의 하나임을 인식하고, 문화의 가치가 교육, 환경, 인권, 복지, 정치, 경제, 여가 등 우리 사회 영역 전반에 확산될 수 있도록 국가와 지방자치단체가 그 역할을 다하며, 개인이 문화 표현과 활동에서 차별받지 아니하도록 하고, 문화의 다양성, 자율성과 창조성의 원리가 조화롭게 실현되도록 하는 것을 기본이념으로 하고 있다(법 제2조).

V. 국제평화주의

1. 의의

우리 헌법은 국제평화를 추구하고 있다. 먼저 헌법전문에서 '조국의 평화적 통일의 사명'에 입각하여 정의·인도와 동포애로써 민족의 단결을 공고히 할 것을 천명하고, '밖으로는 항구적인 세계평화와 인류공영에 이바지'할 것을 분명히 하고 있다. 이에 따라 헌법 제4조는 "대한민국은 통일을 지향하며, 자유민주적 기본질서에 입각한 평화적 통일 정책을 수립하고 이를 추진한다."고 규정하여 평화적 통일 정책의 수립의무를 국가에게 지우고, 헌법 제5조 제1항은 "대한민국은 국제평화의 유지에 노력하고 침략적 전쟁을 부인한다."고 규정하여 국제평화유지에 대한 확고한 의지와 국제평화를 해치는 침략적 전쟁의 금지를 분명히 하고 있으며, 헌법 제6조는 "① 헌법에 의하여 체결·공포된 조약과 일반적으로 승인된 국제법규는 국내법과 같은 효력을 가진다. ② 외국인은 국제법과 조약이 정하는 바에 의하여 그 지위가 보장된다."라고 규정하여 국제평화를 실현하기 위한 전제조건인 국제법존중주의를 천명함으로써 이러한 국제평화주의를 뒷받침하고 있다.

2. 국제평화주의의 실현방법

우리 헌법이 이처럼 국제평화의 추구를 근본이념으로 하고 있기 때문에 국제평화주의는 우리 헌법상의 기본원리라고 할 수 있고, 따라서 국제평화주의는 우리 헌법과 국가의 행동원리이자 모든 법규범의 지침과 해석원리라고 할 수 있다. 이러한 국제평화주의를 실현하는 구체적 방법으로 우리 헌법은 다음과 같은 원칙을 정하고 있다.

(1) 평화적 통일의 지향

우리 헌법은 평화적인 방법에 의해서 조국의 통일을 실현하겠다는 의지를 하나의 기본원칙으로 삼고 있다. 먼저 헌법 전문에서 조국의 평화적 통일의 사명을 천명하고 있으며, 제4조에서 국가의 지향목표로서의 통일과 그 방법으로서의 자유민주적 기본질서에 입각한 평화적 통일 정책의 수립과 추진을 밝히고 있다. 여기서 자유민주적 기본질서에 바탕을 둔 통일이란 우리 헌법의 기본원리인 민주주의원리, 법치주의원리, 사회국가원리, 문화국가원리가 실현되고, 자유·평등·정의가 실현되는 헌법질서에 바탕을 둔 통일을 의미한다고 할 수 있다. 아울러 헌법은 대통령에게 조국의 평화적 통일을 위해서 노력할 의무를 지우고 있다(제66조 제3항, 제69조).

이러한 헌법상의 평화적 통일의 원칙에 따라 대통령을 비롯한 모든 헌법기관은 조국의 평화적 통일을 실현하기 위하여 노력해야 할 헌법적 의무를 지고 있는 것이다.

(2) 침략적 전쟁의 부인

우리 헌법 제5조 제1항은 "대한민국은 국제평화의 유지에 노력하고, 침략적 전쟁을 부인한다."라고 규정함으로서 헌법적 차원에서 무력에 의한 침략적 전쟁을 금지하고 있다. 그런데 이는 침략전쟁을 부인하는 것이지 자위수단으로서의 자위전쟁까지 부인하는 것은 아니기 때문에 군대의 존재 자체를 금지하는 것이 아님은 물론이다. 이에 따라 헌법 제5조 제2항은 "국군은 국가의 안전보장과 국토방위의 신성한 의무를 수행함을 사명으로 하며, 그 정치적 중립성은 준수된다."라고 규정하고 있고, 기타 국군의 존재를 전제로 다양한 관련 규정이 헌법과 법률에 마련되어 있다.

(3) 국제법의 존중

우리 헌법은 국제평화주의의 원칙에 따라 국제법의 존중을 천명하고 있다. "헌법에 의하여 체결·공포된 조약과 일반적으로 승인된 국제법규는 국내법과 같은 효력을 가진다."라고 규정한 헌법 제6조 제1항이 그것이다. 즉 일정한 요건하에 국제법을 국내법으로 수용하는 것이다. 국제법은 일반적으로 조약과 국제법규의 두 가지로 나누어질 수 있다.

1) 조약의 국내법적 효력

조약이란 국가간의 일정한 권리·의무에 관한 문서에 의한 합의로서 우리나라가 체약당사국인 합의를 말한다. 협약, 협정, 규약 등으로 표현되기도 한다.[1)]

조약이 국내법적 효력을 갖기 위해서는 조약이 헌법에 의하여 체결·공포되어야 하고, 중요한 사항에 대하여는 국회의 동의를 거쳐야 한다. 조약의 체결·비준권은 국가를 대표하는 대통령이 행사하고(헌법 제73조), 사전에 국무회의의 심의를 거쳐야 한다(헌법 제89조 제3호). 그러나 일정한 중요한 사항에 관한 조약을 체결·비준하는 데는 반드시 국회의 동의를 얻어야 한다(헌법 제60조 제1항). 여기서 국회의 동의의 기능은 조약이 국내법의 효력을 가지도록 하는 민주적

---

1) 헌재 2001. 3. 21. 99헌마139 등, 판례집 13-1, 676, 706:
조약이란 명시적으로 '조약'이라는 명칭을 붙인 것에 한하지 않고, 명칭여하에 관계없이 국제법주체간에 국제법률관계를 설정하기 위하여 체결한 명시적인 합의라고 할 수 있다.

정당성의 부여와 대통령의 권한행사에 대한 통제라고 할 수 있다.

한편 국회의 동의는 대통령의 비준행위를 정당화시켜주고 조약이 국내법상으로 효력을 발생시키기 위한 전제조건이긴 하지만 국제법상의 효력을 발생시키기 위한 전제조건은 아니다. 따라서 국회의 동의를 거치지 아니한 조약은 헌법 제6조 제1항의 요건을 충족시키지 못했기 때문에 국내법적인 효력을 발생시키지는 못하지만 국제법상의 효력은 발생될 수 있다.

조약이 국내법의 효력을 가진다는 것은 일반적으로 법률의 효력을 가진다는 의미이다. 다만 국회의 동의를 받을 필요가 없는 조약은 국내법상으로 대통령령의 효력을 갖는 것도 있을 수 있다.

한편 조약이 국내법적 효력을 갖기 위해서는 조약체결의 절차가 합헌적이어야 할 뿐 아니라 조약의 내용이 헌법에 합치되어야 한다. 따라서 국회의 동의를 얻어 체결·공포된 조약이라도 그 내용이 헌법에 위배되는 경우에는 위헌인 국내법률의 경우와 마찬가지로 그 국내법적 효력을 가질 수 없다. 따라서 조약의 내용이 헌법에 위반된다면 일반 국내법률과 마찬가지로 헌법재판소의 위헌심사의 대상이 된다고 하겠다.[1)]

2) 국제법규의 국내법적 효력

일반적으로 승인된 국제법규는 국내법과 같은 효력을 가진다. '일반적으로 승인된 국제법규'란 세계 대다수 국가에 의하여 승인된 국제법규를 말한다. 국제법규에는 성문의 국제법규와 불문의 국제관습법 등이 모두 포함된다. 일반적으로 승인된 국제법규는 국회의 동의 등의 특별한 수용절차를 따로 거치지 않고 직접 국내법으로 편입된다. 여기서 국내법의 효력을 가진다고 할 때 일반적으로 법률과 동일한 효력을 갖는다고 보지만, 법률보다 하위규범의 효력을 갖는 경우도 있을 수 있다.

한편 헌법상 일반적으로 승인된 국제법규도 국내법의 효력을 가지게 되므로

---

1) 헌재 2001. 3. 21. 99헌마139 등, 판례집 13-1, 676, 692:
헌법재판소는 "… 이 사건 협정은 우리나라 정부가 일본 정부와의 사이에서 어업에 관해 체결·공포한 조약(조약 제1477호) 으로서 헌법 제6조 제1항에 의하여 국내법과 같은 효력을 가지므로, 그 체결행위는 고권적 행위로서 '공권력의 행사'에 해당한다."라고 판시함으로써 조약 등 국제법도 국내법처럼 헌법소원이나 위헌법률심판의 대상이 됨을 분명히 하고 있다. 같은 견해의 판례, 헌재 1999. 4. 29. 97헌가14, 판례집 11-1, 273, 282-283.

그의 위헌 여부가 문제된다면 헌법재판소의 위헌심사의 대상이 된다고 하겠다.

(4) 외국인의 법적 지위의 보장

헌법은 국제평화주의의 실현을 위한 방법의 일환으로 외국인의 법적 지위를 보장하고 있다. 헌법규정 제6조 제2항이 "외국인은 국제법과 조약이 정하는 바에 의하여 그 지위가 보장된다."라고 규정하여 이를 명백히 하고 있다. 일반적으로 각국 헌법은 외국인에 대하여 상호주의원칙에 따라 그 법적 지위를 보장하고 있으므로 국제법과 조약이 정하는 바에 의한 외국인의 법적 지위 보장은 상호주의원칙에 따른 지위 보장이라고 하겠다.

여기서 외국인에게 우리 헌법상의 기본권을 보장해 줄 것인가가 문제되는데, 외국인에게도 우리 국민의 통합을 해치지 않는 범위내에서, 그리고 기본권의 개개의 성격을 고려하여 기본권을 원칙적으로 보장해 줄 수 있다고 할 것이다.

제 2 편

기본권론

제1장 기본권 총론

제1절 의의

I. 기본권의 본질

기본권은 헌법이 보장하는 국민의 기본적 권리와 자유이다. 이는 인간으로서 당연히 가지는 천부적 인권과 자유에 그 이념적 뿌리를 둔 것으로 국가라는 사회공동체의 공감대로서의 기본적 가치이다. 즉 헌법의 핵심인 사회공동체의 공감대적 가치가 기본권의 형식으로 구체화된다고 볼 수 있다. 따라서 기본권은 국가의 존재목적으로서 국가권력을 창설하고 국가권력행사에 정당성을 부여하는 것이다. 다시 말해 다양한 정치세력과 견해의 투쟁과 타협의 산물로서의 공통적 가치질서가 기본권이고, 이러한 공감대적 가치질서를 바탕으로 창설된 국가, 그리고 이러한 국가를 창설하고 공감대적 가치질서를 구체적으로 규정하고 있는 헌법의 궁극적 이념과 목적이 바로 기본권의 실현인 것이다.

그러므로 오늘날 기본권은 이러한 기본권의 정치성과 국가형성적 기능, 그리고 국가권력의 정당화 기능을 배제한, 즉 선재하는 국가로부터 은혜적으로 베풀어지고 실정법의 규정에 의하여 비로소 인정되는 실정권이 아니다. 결국 기본권은 사회공동체의 통합을 위한 불가결한 전제조건으로서의 공감대적 가치질서이고, 이 공감대적 가치가 기본권의 형식으로 헌법에 구체화되고 규정되는 것이다.

Ⅱ. 기본권의 핵심으로서의 인간의 존엄과 가치

이러한 헌법의 공감대적 가치질서로서의 기본권은 '인간의 존엄과 가치'를 그 핵으로 하고 있다. 우리 헌법 제10조도 "모든 국민은 인간으로서의 존엄과 가치를 가지며, 행복을 추구할 권리를 가진다."라고 규정함으로써 이를 명백히 하고 있다. 따라서 헌법의 가장 기본적인 가치의 핵은 '인간의 존엄과 가치'이며, 다른 일반 기본권 규정들은 바로 '인간의 존엄과 가치'를 구체화시키고 실현시키기 위한 규정들이라고 할 수 있다.

아울러 우리 헌법에 규정되어 있는 각종의 통치기구와 통치권력에 관한 내용도 결국 이러한 '인간의 존엄과 가치'를 그 핵심적 내용으로 하는 기본권적 가치를 실현시키기 위한 수단으로서의 제도적 장치들에 불과하다.

따라서 우리 헌법은 '인간의 존엄과 가치'를 최고 정점으로 하고, 이를 구체화시키는 각종의 기본권규정과 이들 구체적 기본권을 실현시키기 위한 수단으로서의 통치기구와 통치질서에 관한 규정들의 피라밋 구조로 이루어져 있다고 할 수 있다.

제2절 기본권의 주체

Ⅰ. 자연인

기본권의 주체는 일차적으로 자연인이다. 기본권이 인간의 존엄과 가치를 실현하기 위한 공감대적 가치질서라는 점에서 인간인 자연인은 당연히 기본권의 주체가 된다.

1. 국민

(1) 의의

자연인인 국민이 기본권의 주체라는 데에는 의문이 없다. 헌법과 헌법에 의하여 창설된 국가라는 법인격의 존립목적이 그 구성원의 기본권 보장이기 때문에 국가의 일차적 구성원인 국민이 기본권의 주체가 되는 것은 당연하다. 여기서 국민이란 대한민국의 국적을 가진 사람을 의미하는 법적인 개념이다.

(2) 기본권 능력과 기본권 행사능력

기본권을 향유할 수 있는 능력을 기본권능력이라고 하고, 기본권능력을 가진 기본권주체가 기본권을 구체적으로 행사할 수 있는 능력을 기본권의 행사능력이라고 한다. 따라서 양자가 반드시 일치하는 것은 아니다. 즉 모든 국민은 기본권의 향유자 내지 기본권의 주체로서 기본권능력을 가지지만, 기본권능력을 가진 기본권주체가 모두 기본권의 행사능력을 가지는 것은 아니다. 따라서 일정한 공익적 이유에서 기본권주체에게 기본권의 행사능력이 제한 내지 배제되는 경우가 있다. 예컨대 연령을 기준으로 한 국회의원 선거권이나 피선거권 등의 공무담임권의 행사능력에 대한 제한이 그것이다.

2. 외국인

자연인 중 국내거주 외국인에게도 기본권주체성을 인정할 수 있는가가 학설상 논란이 있다. 통설은 헌법적 가치질서와 조화되고, 사회공동체의 공감대적 가치와 이념 및 국민들의 정서 등과 조화되는 범위내에서 원칙적으로 외국인도 기본권의 주체가 될 수 있다고 본다. 왜냐하면 외국인도 인권의 주체로서 인간으로서의 존엄과 가치를 가지기 때문이라고 하겠다.[1]) 아울러 헌법의 중요한 기

---

1) ① 헌재 2001. 11. 29. 99헌마494, 판례집 13-2, 714, 723-724:
우리 재판소는, 헌법재판소법 제68조 제1항 소정의 헌법소원은 기본권을 침해받은 자만이 청구할 수 있고, 여기서 기본권을 침해받은 자만이 헌법소원을 청구할 수 있다는 것은 곧 기본권의 주체라야만 헌법소원을 청구할 수 있고 기본권의 주체가 아닌 자는 헌법소원을 청구할 수 없다고 한 다음, '국민' 또는 국민과 유사한 지위에 있는 '외국인'은 기본권의

능 중의 하나인 사회통합을 촉진시킨다는 관점에서 외국인에 대하여 일정한 범위내에서 기본권의 주체성을 인정하는 것은 필요하고 바람직하다고 할 것이다. 반면 이러한 전제가 충족되기 어려운 경우에는 외국인에게 기본권의 주체성을 인정하기 어려울 것이다. 예컨대 참정권 등의 경우에는 이러한 기준에서 볼 때 문제가 있을 수 있기 때문에 외국인의 기본권능력이 제한 또는 배제될 수 있다.

Ⅱ. 법인

1. 법인 등의 기본권주체성

주지하는 바와 같이 기본권의 주체는 자연인이 되는 것이 일반적이지만 기본권의 성질이 허락하는 한 법인은 물론, 이에 준하는 권리능력 없는 사단도 기본권의 주체가 될 수 있다.[1] 다시 말해 법인의 경우 자연인에게 전속적인 기본

주체가 될 수 있다 판시하여 원칙적으로 외국인의 기본권 주체성을 인정하였다. 청구인들이 침해되었다고 주장하는 인간의 존엄과 가치, 행복추구권은 대체로 '인간의 권리'로서 외국인도 주체가 될 수 있다고 보아야 하고, 평등권도 인간의 권리로서 참정권 등에 대한 성질상의 제한 및 상호주의에 따른 제한이 있을 수 있을 뿐이다. 이 사건에서 청구인들이 주장하는 바는 대한민국 국민과의 관계가 아닌, 외국국적의 동포들 사이에 재외동포법의 수혜대상에서 차별하는 것이 평등권 침해라는 것으로서 성질상 위와 같은 제한을 받는 것이 아니고 상호주의가 문제되는 것도 아니므로, 청구인들에게 기본권주체성을 인정함에 아무런 문제가 없다.

② 헌재 2011. 9. 29. 2007헌마1083 등, 판례집 23-2상, 623, 639:
직업의 자유 중 이 사건에서 문제되는 직장 선택의 자유는 인간의 존엄과 가치 및 행복추구권과도 밀접한 관련을 가지는 만큼 단순히 국민의 권리가 아닌 인간의 권리로 보아야 할 것이므로 권리의 성질상 참정권, 사회권적 기본권, 입국의 자유 등과 같이 외국인의 기본권 주체성을 전면적으로 부정할 수는 없고, 외국인도 제한적으로라도 직장 선택의 자유를 향유할 수 있다고 보아야 한다.

1) 헌재 1991. 6. 3. 90헌마56, 판례집 3, 289, 295-296:
우리 헌법은 법인의 기본권향유능력을 인정하는 명문의 규정을 두고 있지 않지만, 본래 자연인에게 적용되는 기본권규정이라도 언론·출판의 자유, 재산권의 보장 등과 같이 성질상 법인이 누릴 수 있는 기본권을 당연히 법인에게도 적용하여야 한 것으로 본다. 따라서 법인도 사단법인·재단법인 또는 영리법인·비영리법인을 가리지 아니하고 위 한계내에서는 헌법상 보장된 기본권이 침해되었음을 이유로 헌법소원심판을 청구할 수 있다.
또한 법인아닌 사단·재단이라고 하더라도 대표자의 정함이 있고 독립된 사회적 조직체로서 활동하는 때에는 성질상 법인이 누릴 수 있는 기본권을 침해당하게 되면 그의 이름으로 헌법소원심판을 청구할 수 있다(민사소송법 제48조 참조).

권을 제외한, 즉 성질상 법인이 향유할 수 있는 종류의 기본권에 한하여 그 주체가 될 수 있는 것이다. 예컨대 기업체에게 일정한 재산권과 직업의 자유를 인정하고, 대학에게 학문의 자유를 인정하며, 방송국에게 보도의 자유를 인정하는 것 등이 그것이다. 따라서 행복추구권, 생명권, 신체의 자유, 양심의 자유 등 자연인 전속적 성격의 기본권은 성질상 법인에게 인정될 수 없다고 하겠다.[1)]

이처럼 법인에게 그 구성원과는 별개로 독자적인 기본권주체성을 인정하는 논거는 대체로 다음과 같이 요약될 수 있을 것이다.

첫째, 법인의 구성원의 기본권보호와 개성신장 및 그의 극대화 내지 촉진을 위하여, 그리고 그 구성원의 사회공동체에의 참여와 기여가능성 확대를 위하여 필요하기 때문이다.

둘째, 법인의 해당 과제수행의 효율성과 그 기능의 극대화 및 그를 통한 일반인 내지 사회공동체에 대한 기여를 위하여 필요하기 때문이다.

셋째, 결사의 자유를 효율적으로 보호하기 위하여 필요하기 때문이다. 즉 자연인 개개인의 기본권을 극대화시키고 사회의 통합을 촉진시키기 위해 현대사회에서는 결사가 필수적이며, 특히 결사활동의 자유를 보장해야 하는데, 그를 위해 결사의 구성원뿐 아니라 결사 그 자체, 즉 법인 등의 기본권주체성을 인정할 필요가 있기 때문이다.

넷째, 기본권의 양면성, 특히 기본권의 객관적 가치질서로서의 성격으로부터 기본권이 가지는 상대성, 즉 권리이자 동시에 책임 내지 의무라고 하는 기본권의 이중적 성격이 도출될 수 있고, 따라서 기본권주체는 객관적 가치질서를 실현하기 위한 권리와 동시에 의무와 책임을 가지며, 이는 자연인 뿐 아니라 법인의 경우에도 적용되어야 객관적 가치질서의 실현과 사회의 통합이 촉진될 수 있다. 따라서 법인의 경우도 자연인의 경우처럼 권리와 더불어 일정한 의무와 책임을 져야하고, 이를 위해서는 법인의 경우도 일정한 범위내에서 기본권의 주체가 되어야 할 것이기 때문이다. 그럴 경우에만 비로소 사회의 통합과 객관적 가치질서로서의 기본권의 실현이 촉진될 수 있는 것이다.

---

1) 헌재 2006. 12. 28. 2004헌바67, 판례집 18-2, 565, 574-575:
법인격이 있는 사법상의 사단이나 재단은 성질상 기본권주체가 될 수 있는 범위에서 청구인 능력을 가진다. 그런데 헌법 제10조의 인간으로서의 존엄과 가치, 행복을 추구할 권리는 그 성질상 자연인에게 인정되는 기본권이라고 할 것이어서, 법인인 청구인들에게는 적용되지 않는다고 할 것이다. 같은 견해의 판례: 헌재 2010. 7. 29. 2009헌바40, 판례집 22-2상, 337, 343.

2. 공법인 등의 기본권주체성

기본권주체성이 인정되는 법인은 원칙적으로 사법인에 한정될 것이다. 즉 공법인이나 공법상의 영조물 또는 국가기관의 일부 등은 그 자체 공적 과제를 수행하는 공권력의 담당자이고 기본권의 객체 내지 수범자이기 때문에 원칙적으로는 기본권주체가 될 수 없다고 하겠다.

그러나 예외적으로 공법인 등이 수행하는 공적 과제가 자연인의 기본권보호영역에 관계되고, 그러한 공적 과제수행을 위하여 그 공법인에 대한 해당 기본권의 보장과 공법인의 국가로부터의 독립성이 필수적으로 요구되는 경우에는 공법인 등의 기본권주체성을 인정할 수 있을 것이다. 그 대표적인 예로서 학문의 자유와 관련된 공법상의 영조물로서의 국공립대학이나 공법상의 법인격을 가진 대학과 방송 및 보도의 자유와 관련된 국공영방송국을 들 수 있다. 특히 국립대학은 비록 공법상의 조직 내지 공법상의 영조물이라 할지라도 그가 수행하는 공적 과제가 학문과 교육의 실현에 있고, 그 과제의 효율적 수행을 위해 학문의 자유와 대학의 자율성 등의 기본권 보장이 필수적이며, 대학의 국가로부터의 독립성이 요구되어지기 때문에 그 한도내에서 대학은 학문의 자유와 자율성이라고 하는 기본권의 주체가 될 수 있는 것이다.

헌법재판소도 1994학년도 신입생선발입시안에 대한 헌법소원 사건에서 "헌법 제31조 제4항은 '교육의 자주성 · 전문성 · 정치적 중립성 및 대학의 자율성은 법률이 정하는 바에 의하여 보장된다.'라고 규정하여 교육의 자주성 · 대학의 자율성을 보장하고 있는데 이는 대학에 대한 공권력 등 외부세력의 간섭을 배제하고 대학구성원 자신이 대학을 자주적으로 운영할 수 있도록 함으로써 대학인으로 하여금 연구와 교육을 자유롭게 하여 진리탐구와 지도적 인격의 도야라는 대학의 기능을 충분히 발휘할 수 있도록 하기 위한 것이며, 교육의 자주성이나 대학의 자율성은 헌법 제22조 제1항이 보장하고 있는 학문의 자유의 확실한 보장수단으로 꼭 필요한 것으로서 이는 대학에게 부여된 헌법상의 기본권이다. 따라서 국립대학인 서울대학교는 다른 국가기관 내지 행정기관과는 달리 공권력의 행사자의 지위와 함께 기본권의 주체라는 점도 중요하게 다루어져야 한다."라고 함으로써 과거 - 현재처럼 독립된 공법인이 아닌 - 공법상의 영조물이었던 서울대학교가 공권력행사의 주체인 동시에 학문의 자유와 대학의 자율권이라고 하는 기본권의 주체가 된다고 판시했다.[1] 또한 헌법재판소는 강원대학교 법학전문대학원 2015학년 모집정지처분 등 취소사건에서도 같은 내용의 판시를 하고 있다.[2] 국립대학도 헌법상 학문의 자유 및 대학의 자율권으로 보호되는 영역에서는 독립된 기본권의 주체가 되므로, 국가를 상대로 할 경우에는 예외적으로 청구인능력이 인정될 수 있고, 따라서 국가공권력 행사가 국립대학의 대학의 자율권을 침해하는 경우에는 해당 기본권이 형해화되는 것을 막기 위하여 헌법소원심판의 청구인능력이 인정되는 것이다.

아울러 같은 논리에서 공법인인 한국방송공사 등 국·공영방송사도 보도의 자유라고 하는 기본권의 주체로서 국가를 상대로 할 경우에는 역시 헌법소원 청구인능력을 가진다고 하겠다.

한편 헌법재판소는 축협중앙회는 회원의 임의탈퇴나 임의해산이 불가능한 점 등 공법인적 특성을 많이 가지고 있지만, 그 존립목적 및 설립형식에서의 자주적 성격에 비추어 사법인성도 겸유한 특수한 법인으로서 기본권의 주체가 되고, 따라서 헌법소원 청구능력을 가진다고 판시했다.[3]

제3절 기본권의 성격과 효력

Ⅰ. 기본권의 성격

기본권은 위에서 언급한 그 본질과 기능 때문에 이중적 성격, 즉 주관적 권리로서의 성격과 객관적 가치질서로서의 성격을 가진다. 이를 기본권의 양면성이라고도 한다.

---

1) 헌재 1992. 10. 1. 92헌마68 등, 판례집 4, 659, 670. 공법인 등의 기본권주체성과 위 헌재결정의 문제점에 대하여 자세한 것은 정연주, 서울대 입시요강사건, 헌법실무연구 제2권, 헌법실무연구회편, 2001. 12, 411쪽 이하 참조.

2) 헌재 2015. 12. 23. 2014헌마1149, 판례집 27-2하, 710, 715-716.

3) 헌재 2000. 6. 1. 99헌마553, 판례집 12-1, 686, 709.

1. 주관적 권리

주관적 권리로서의 성격은 대국가적 권리를 말한다. 즉 국가에 의한 부당한 간섭이나 침해를 배제하거나, 국가에 대하여 일정한 급부를 요구하거나, 국가의 의사형성에 참여하는 등의 권리를 말한다. 주관적 공권이라고도 한다. 이는 국가와 국가권력의 창설과 행사의 정당성이 기본권으로부터 도출된다는 기본권의 본질과 기능의 측면에서 당연히 인정되는 권리라고 하겠다.

2. 객관적 가치질서

객관적 가치질서로서의 성격이란 기본권이 국가·사회의 기본질서로서 모든 국가기관 뿐 아니라 모든 국민들과 단체들에 의하여 존중되고 관철되어지며, 따라서 모든 국가기관과 국민을 기속하고 사회생활의 기준과 지침으로서 기능한다는 것을 말한다. 이는 사회공동체의 공감대적 가치질서로서의 기본권의 본질로부터 당연히 도출되는 성격이라고 할 수 있다. 따라서 기본권의 주체라 할지라도 임의로 기본권을 포기할 수 없는 것은 바로 이러한 객관적 가치질서로서의 성격으로부터 나온다고 볼 수 있다.

Ⅱ. 기본권의 효력

1. 기본권의 대국가적 효력

앞서 언급한 바와 같이 기본권의 주관적 권리로서의 성격으로부터 대국가적 효력이 도출된다. 따라서 기본권은 일차적으로 대국가적 효력을 가진다. 이는 전통적인 효력으로서의 국가로부터의 소극적인 방어권(국가에 의한 부당한 간섭이나 침해를 배제하는 효력)과 적극적으로 국가에 대하여 일정한 작위나 급부 등을 청구하거나 국가의 의사형성에의 참여를 요구하는 권리를 의미한다. 이는 위에서도 언급한 바와 같이 국가권력의 창설과 행사의 정당성이 기본권으로부터 도출된다는 기본권의 본질과 기능의 측면에서 당연히 인정되는 효력이다. 이에 따라 헌법 제10조 후단은 "국가는 개인이 가지는 불가침의 기본적 인권을 확인하고 이를 보장할 의무를 진다."라고 규정하여 이를 확인하고 있다.

2. 기본권의 사인간 효력

(1) 의의

앞서 언급한 바와 같이 기본권은 사회공동체의 공감대적 가치질서이므로 국가기관 뿐 아니라 사회전체에서도 기본권적 가치질서가 유지되고 관철될 것이 요구된다. 그런데 이러한 기본권은 국가권력에 의해서 뿐 아니라 사회일반 - 예컨대 사인이나 사적 단체 등 - 에 의해서도 침해될 수 있다. 따라서 기본권은 대국가적 관계에서 뿐 아니라 사인간에도 효력이 미칠 것이 요구된다. 이러한 기본권의 대사인간 효력은 기본권의 양면성, 특히 객관적 가치질서로서의 성격으로부터 도출된다.

그런데 대사인간 효력이 문제되는 기본권은 모든 기본권이 아니고, 사인 상호간에 영향을 미칠 수 있는 기본권만이 문제된다. 예컨대 참정권이나 사법절차상의 권리, 형사보상청구권, 손실보상청구권, 국가배상청구권 등은 대국가적 관계에서만 문제가 되므로 사인간의 기본권효력의 문제가 제기되지 아니한다. 따라서 사인간에 적용될 수 있는 기본권 - 예컨대 평등권, 직업의 자유, 언론·출판의 자유, 예술의 자유, 노동3권 등 - 만이 문제가 되는데, 여기서 이러한 기본권이 어떻게 사인간에 효력을 미치는 가에 관하여 학설이 다양하다.

(2) 사인간에 기본권효력이 미치는 방법

기본권의 사인간 효력과 관련하여 그 효력이 미치는 방법에 관하여 대체로 다음과 같은 학설이 판례 등을 통해 확립되었다.

1) 국가행위설(state action doctrine)

이는 기본권이 사인간에 효력을 미치되 한쪽 당사자인 사인의 행위를 국가의 행위와 동일시하거나 국가행위 내지 국가작용인 것으로 의제하는 것을 전제로 하는 이론이다. 국가작용설 또는 국가행위의제설이라고도 한다.

이 설은 미국 연방대법원의 판례로 확립된 이론으로 기본권의 효력은 원칙적으로 국가권력에게만 미치고 사인에게는 미칠 수 없다는 것을 전제로 한다. 따라서 사인간의 기본권효력을 인정하기 위해서는 한쪽 당사자인 사인의 행위를 국가행위인 것으로 의제할 수밖에 없다는 것이다. 예컨대 사설식당에서 유색인종의 출입을 금지할 경우 그 한쪽 당사자로서의 유색인종인 사인이 자신의 침해된 평등권을 다른 쪽 당사자로서의 또 다른 사인인 식당의 주인이나 경영자에게 관철시키기 위하여 그 주인의 행위를 국가행위로 의제하는 것이다. 즉 그 해당 식당은 국가나 지방자치단체의 허가를 받았기 때문에 그 식당의 영업행위에는 국가의 허가라고 하는 국가작용이 전제되어 있으므로 그 식당의 유색인종 출입을 제한하는 행위를 포함한 영업행위는 국가행위로 의제되는 것이다.

2) 직접효력설

이는 기본권이 해당 기본권의 헌법상 근거규정을 통해 직접, 즉 사법상의 규정이나 원리를 매개하지 아니하고 사인간에 그 효력을 미친다고 보는 이론이다. 즉 사법상의 사인간 법률관계에 기본권이 직접 효력을 관철한다는 것으로, 예컨대 사인 상호간의 사법상의 계약이라도 그것이 기본권을 무시하고 체결된 경우 그 자체 위헌 무효가 된다고 보는 것이다.

그러나 이 설이 모든 기본권이 예외 없이 직접 사인간에 효력을 미친다고 주장하는 것은 아니다. 즉 해당 기본권이 사인간의 법률관계에 직접 적용된다는 명문의 헌법규정이 있거나, 기본권의 성질상 사인 상호간에 직접 적용될 수 있는 경우에 한해서 기본권의 직접 효력을 인정한다는 것이다.

이처럼 헌법상의 기본권이 사인간에 직접 효력을 미치는 대표적인 예로서 독일 기본법 제9조 제3항 제2문을 들 수 있다. 이 조항은 "단결권 등을 제한하거나 배제하는 노사간의 협약은 무효이다."라고 규정함으로써 단결권의 대사인간 효력을 헌법이 직접 인정하고 있다.

3) 간접효력설

사인간의 기본권효력의 문제는 문자 그대로 사인간의 법률관계를 전제로 하는데, 사인간의 사적인 법률관계는 원칙적으로 사법의 규율대상이므로, 기본권은 원칙적으로 사법규정 또는 사법원리라는 매개물을 통해 간접적으로 효력을 미친다는 이론이다. 즉 헌법에서 해당 기본권의 직접적인 사인간 효력을 명시하고 있는 경우를 제외한다면 기본권은 원칙적으로 사인간의 법률관계를 규율하는 일반 사법규정 또는 원리를 통해서 간접적으로만 효력을 미친다는 것이다.[1)]

이 설에 따르면 기본권의 양면성, 특히 객관적 가치질서의 성격으로부터 기본권이 모든 사회생활 영역에 침투하는 일종의 방사효과(Ausstrahlungswirkung)가 발생되고, 이러한 방사효과에 의하여 기본권이 사인간에도 효력을 미치는데, 사인간의 법률관계는 원칙적으로 사법상의 법률관계이므로 이를 규율하는 사법규정 또는 사법상의 일반원칙을 매개해서 효력을 미친다고 보는 것이다. 그러한 사법규정 또는 원리로서는 일반적으로 신의성실의 원칙, 권리남용금지의 원칙, 공서양속의 원칙, 공정성의 원칙, 불법행위금지의 원칙 등을 들 수 있다.

---

1) ① 대판 2010. 4. 22. 2008다38288:
헌법상의 기본권은 제1차적으로 개인의 자유로운 영역을 공권력의 침해로부터 보호하기 위한 방어적 권리이지만 다른 한편으로 헌법의 기본적인 결단인 객관적인 가치질서를 구체화한 것으로서, 사법을 포함한 모든 법영역에 그 영향을 미치는 것이므로 사인간의 사적인 법률관계도 헌법상의 기본권 규정에 적합하게 규율되어야 한다. 다만 기본권규정은 그 성질상 사법관계에 직접 적용될 수 있는 예외적인 것을 제외하고는 사법상의 일반원칙을 규정한 민법 제2조, 제103조, 제750조, 제751조 등의 내용을 형성하고 그 해석기준이 되어 간접적으로 사법관계에 효력을 미치게 된다. 종교의 자유라는 기본권의 침해와 관련한 불법행위의 성립 여부도 위와 같은 일반규정을 통하여 사법상으로 보호되는 종교에 관한 인격적 법익침해 등의 형태로 구체화되어 논하여져야 한다.
② 대판 2011. 1. 27. 2009다19864:
헌법상의 기본권은 제1차적으로 개인의 자유로운 영역을 공권력의 침해로부터 보호하기 위한 방어적 권리이지만 다른 한편으로 헌법의 기본적인 결단인 객관적인 가치질서를 구체화한 것으로서, 사법을 포함한 모든 법 영역에 그 영향을 미치는 것이므로 사인간의 사적인 법률관계도 헌법상의 기본권 규정에 적합하게 규율되어야 한다. 다만 기본권 규정은 그 성질상 사법관계에 직접 적용될 수 있는 예외적인 것을 제외하고는 사법상의 일반원칙을 규정한 민법 제2조, 제103조, 제750조, 제751조 등의 내용을 형성하고 그 해석 기준이 되어 간접적으로 사법관계에 효력을 미치게 된다. 헌법 제11조는 "모든 국민은 법 앞에 평등하다. 누구든지 성별·종교 또는 사회적 신분에 의하여 정치적·경제적·사회적·문화적 생활의 모든 영역에 있어서 차별을 받지 아니한다."라고 규정하여 평등의 원칙을 선언함과 동시에 모든 국민에게 평등권을 보장하고 있다. 따라서 사적 단체를 포함하여 사회공동체 내에서 개인이 성별에 따른 불합리한 차별을 받지 아니하고 자신의 희망과 소양에 따라 다양한 사회적·경제적 활동을 영위하는 것은 그 인격권 실현의 본질적 부분에 해당하므로 평등권이라는 기본권의 침해도 민법 제750조의 일반규정을 통하여 사법상 보호되는 인격적 법익침해의 형태로 구체화되어 논하여질 수 있고, 그 위법성 인정을 위하여 반드시 사인간의 평등권 보호에 관한 별개의 입법이 있어야만 하는 것은 아니다.

4) 결어

가. 사인간의 기본권 충돌과 이익형량

앞서 언급한 바와 같이 기본권의 객관적 가치질서로서의 기능에 비추어 기본권이 사인 상호간에도 그 효력을 미치게 됨은 당연하지만, 헌법에서 - 헌법제정권자 내지 헌법개정권자 스스로의 직접적인 가치결정을 통해 - 해당 기본권이 직접 사인 상호간에도 효력이 미치게 됨을 명시하고 있지 않는 한 헌법상의 기본권은 일반 사법규정의 제정 또는 그 해석과 적용을 통해서 간접적으로만 그 효력을 미친다고 보아야 할 것이다. 왜냐하면 기본권의 대사인적 효력과 관련하여 고찰해 볼 때 한쪽 당사자의 기본권의 효력이 다른 당사자에게 미친다고 하는 것은 일방의 기본권 효력의 관철을 통해 타방의 기본권 내지 이익을 침해 내지 제한한다는 것을 의미하고, 이처럼 한쪽의 기본권이 다른 한쪽의 기본권 내지 이익에 우선하는 효과를 인정하는 것은 결국 양 당사자의 기본권 내지 이익 상호간의 비교형량의 결과에서 비롯된 것이며, 이러한 이익형량은 직접 헌법규정 그 자체를 통해서는 - 독일 기본법 제9조 제3항에서처럼 예외적으로 헌법 스스로가 이익형량을 한 경우를 제외한다면 - 불가능하고, 그 해당 사법규정의 제정 - 입법자에 의하여 - 또는 그 해당 규정의 해석과 적용 - 법관에 의하여 - 을 통해서만 가능한 것이기 때문이다.

일반적으로 기본권의 대사인적 효력을 논함에 있어서 사인간에 기본권이 적용되는 결과 침해 · 제한되는 타인의 기본권 내지 이익에 대해서는 별로 문제시하고 있지 않고, 이는 기본권의 충돌 내지 상충관계의 문제로서 별도로 다루어지고 있다. 그러나 사인간의 기본권 효력의 문제는 사실상 타인의 기본권 내지 이익에 대한 침해 내지 제한의 문제를 필연적으로 수반하게 된다. 만일 사인간 기본권 적용의 결과 타방 당사자가 도대체 자신의 그 어떤 기본권 내지 이익도 침해받지 않는다면 - 그런 경우를 쉽게 상상할 수는 없겠지만 - 사인간에 기본권 효력을 인정하는 문제는 현실적으로 그리고 이론상 아무 어려움이 없을 것이고, 이 경우 굳이 사법규정을 통해서 기본권이 간접적으로 적용 · 관철될 필요 없이 직접 헌법규정으로부터 - 기본권의 객관적 가치질서로서의 내용과 관련하여 - 사인간에 기본권이 적용될 것이기 때문에 도대체 기본권의 대사인적 효력의 문제, 특히 그 과정과 절차에 관한 이론구성의 문제는 발생하지 않을 것이다.

따라서 사인간의 기본권효력의 문제는 결국 사인 상호간의 기본권 내지 이익의 충돌을 전제로 해서 발생하는 것이다.[1] 아울러 이러한 기본권의 대사인적 효력은 동시에 그 자체로서 역시 헌법적 보호의 대상이 되는 사적 자치(Privatautonomie)의 원칙에 대한 하나의 중대한 제한을 의미하기 때문에, 일정한 기본권이 사인간에 적용된다고 하는 것은 그 상황에서 사적 자치가 그 해당 기본권의 적용과 관철을 위하여 양보할 수밖에 없다고 하는 일종의 구체적 이익형량의 결과인 것이다.

이처럼 기본권의 대사인적 효력은 구체적 상황에서의 사인의 기본권 상호간의 이익형량의 결과이며, 이러한 이익형량은 입법자에 의한 해당 사법규정의 제정을 통해서 또는 법관에 의한 그 해당 규정의 해석과 적용을 통해서 이루어지기 때문에 사인간의 기본권은 직접 헌법규정 그 자체로부터 - 독일 기본법 제9조 제3항에서처럼 헌법이 이를 명시하고 있는 경우, 즉 헌법 스스로가 이익형량을 한 경우를 제외하고는 - 가 아니고 원칙적으로 이러한 사법규정을 매개하여 간접적으로만 효력을 미치는 것이라고 할 수 있다. 기본권의 주체가 아닌 국가에 대한 관계에 있어서는 기본권이 직접적으로 효력을 미치면서, 쌍방 기본권의 향유자인 사인 상호간에는 기본권이 간접적으로만 효력을 미치게 되는 이유가 여기에 있는 것이다.

나. 이익형량과 공익

그런데 이러한 이익형량의 과정에서 입법자나 법관이 고려해야 할 중요한 사항은 양 당사자의 기본권 내지 이익 뿐 아니라 사인 상호간 적용되는 기본권의 관철을 통해 직접·간접 결과적으로 실현되는 사회적 정의나 형평 등의 공익이라고 할 수 있다. 사실 이익형량의 결과 한쪽의 기본권이 우월한 것으로 인정되어 사법규정을 매개하여 사인간에도 효력을 미치게 되는 것은 단순히 그 해당 기본권의 실현을 이유로 해서만 정당화되어지는 것은 아니고, 그 기본권의

---

1) 예컨대 근로자에게 단결권을 인정하면서 이를 배제 또는 제한하는 노사계약은 무효라고 하여 근로자의 단결권의 대사인적 효력을 인정할 경우 타방 당사자인 사용자측의 계약의 자유 내지는 일반적 행동의 자유, 그리고 상황에 따라서는 직업의 자유나 재산권의 제한 내지 침해를 수반하게 되며, 개인이나 보도기관의 언론·출판의 자유나 보도의 자유를 대사인간에도 인정할 경우 타방 당사자의 행복추구권이나 사생활의 비밀보장 또는 명예권 등이 침해될 수 있을 것이다. 따라서 사인간의 기본권효력의 문제는 결국 사인의 기본권 상호간의 이익형량의 문제로 귀결되는 것이다.

적용을 통해 직·간접적으로 실현되는 사회적 정의나 형평의 원칙 등의 사회적 공익을 함께 고려했을 때에 비로소 정당화되어질 수 있는 것이다. 왜냐하면 사인 상호간의 기본권과 기본권, 사익과 사익은 원칙적으로 대등한 효력과 가치를 가진 것이며, 한쪽의 이익이 다른 한쪽의 이익보다 사회적·경제적으로 더욱 중요한 것으로 높게 평가된다 하더라도 어디까지나 사익에 불과하고, 헌법상 동일한 효력과 가치를 인정받게 되는 결과 원칙적으로 사인 상호간에 있어서의 순수한 사익만의 비교형량은 불가능하기 때문이다.

물론 기본권 상호간에도 제한적이긴 하지만 그 효력과 가치의 우열이 일반적으로 인정되고 있고, 따라서 예컨대 인간의 존엄과 가치 또는 생명권 등의 기본권이 다른 여타 기본권보다 우선하는 것도 사실이다. 그러나 인간의 존엄과 가치라고 하는 것도 사실 다른 여타 기본권의 핵심개념일 뿐이고 여타 개별적 기본권은 이러한 인간의 존엄과 가치라고 하는 기본권의 구체화라고 하는 점을 상기할 때, 이러한 기본권 상호간의 기능적·가치적 관련성으로 인하여 기본권 상호간의 우열을 가린다는 것은 쉬운 일이 아니며 상황에 따라서는 불가능하다고까지 할 수 있다. 그렇기 때문에 이러한 사인간의 기본권 또는 이익의 충돌과 조화의 문제는 원칙적으로 사적 자치의 영역에 속하는 문제인 것이다. 따라서 사법규정을 통해 인위적으로 그 우열을 가려서 한쪽의 기본권이 다른 한쪽 당사자에게 효력을 미치게 되는 것은 단순히 사인 상호간의 기본권 내지 사익만의 이익형량으로는 불가능하고, 그 적용되는 해당 기본권과 그 기본권 효력의 관철을 통해 결과적으로 실현되는 사회적 정의나 형평의 원칙 등의 공익에 대한 총체적 이익형량의 결과 비로소 가능한 것이며, 이 공익에 의해 매개된 기본권이 비로소 타방 당사자의 기본권 내지 이익에 우선하게 되는 것이다.

기본권의 간접적인 대사인적 효력과 관련하여 기본권 적용의 매개물로서의 사법상의 일반원칙으로서 - 해당 사법규정의 해석과 적용 시 법관이 고려해야 할 사항으로 - 일반적으로 언급되고 있는 신의성실의 원칙(민법 제2조 제1항), 권리남용금지의 원칙(민법 제2조 제2항), 선량한 풍속과 사회질서(민법 제103조), 공정의 원칙(민법 제104조) 등의 가치개념들도 앞서 언급한 사회적 정의와 형평의 원칙 등의 공익에 속하는 개념들이며, 우리 헌법 제37조 제2항에서 말하는 '국가안전보장·질서유지·공공복리'[1)]라고 하는 개념도 여기서 언급한 넓은 의미의 공익에 다름 아닌 것이다.

예컨대 독일 기본법 제9조 제3항에 따라 한쪽 당사자인 근로자의 단결권이 타방 당사자인 사용자와의 관계에서 직접 그 효력이 미치게 됨으로써 사용자측의 계약의 자유 내지 일반적 행동의 자유, 그리고 상황에 따라서는 사용자의 영업의 자유, 재산권 등의 기본권이 제한을 받게 되는데 이는 단순히 특정 근로자의 단결권을 보장하고자 하는 데에만 그 제도적 목적이 있는 것이 아니라 사회적·경제적 약자인 근로자의 단결권의 효력이 사회적·경제적 강자인 사용자와의 관계에서 직접 관철되도록 함으로써 근로자의 사회적·경제적 지위 향상과 평등 및 정의를 고양시키고, 그를 통해 진정한 사회·경제질서의 유지와 공익을 실현시키고자 하는 데에 그 제도적 의의가 있으며, 이러한 사회·경제적 평등과 정의 및 공익의 실현을 이유로 해서 비로소 근로자의 단결권의 대사인적 효력이 정당화되어질 수 있는 것이다.

다. 사인간 기본권효력과 비례의 원칙

사인간 기본권효력의 경우에도 법치국가원리의 파생원리인 비례의 원칙이 준수되어야 한다. 일반적으로 비례의 원칙은 국가작용(입법작용이나 행정작용)에 의한 개인의 기본권 제한 시에 준수되어져야 하는 원칙으로서 언급되고 있지만, 한쪽 사인에 의한 다른 쪽 사인에 대한 기본권의 침해 내지 제한의 경우 그 제한이 사적 자치에 의해 이루어지는 것이 아니고 결국 사법규정의 제정 또는 그 해석과 적용과정에서 입법자나 법관이라고 하는 국가기관(입법작용 및 사법작용)에 의하여 강행적으로 이루어지는 것이기 때문에 사인간의 기본권적용의 경우에도 비례의 원칙이 준수되어야 하는 것이다.

따라서 사인간에 기본권이 효력을 미치는 과정에서 고찰해 볼 때 첫째, 그 해당 기본권효력의 관철은 직·간접적으로 실현되는 사회적 정의나 형평 등의

---

1) 헌법 제37조 제2항에 따르면 국민의 기본권을 법률로써 제한할 경우 반드시 국가안전보장·질서유지·공공복리를 위해서만 그 제한이 가능하며, 이는 일반적으로 기본권의 향유자가 아닌 국가의 공권력작용(예컨대 국가보안법이나 집회및시위에관한법률 등의 공법규정의 제정 및 작용)에 의한 국민의 기본권제한의 경우에 문제가 되고 있다(대국가적 방어권 내지 주관적 공권으로서의 기본권). 그러나 사법규정(예컨대 노동법의 노사관계에 관한 규정)을 통한 사인에 의한 사인에 대한 기본권제한의 경우를 여기서 제외시킬 필요는 없으며, 따라서 사법규정을 매개해서 일방 당사자의 기본권의 실현을 위하여 타방 당사자의 기본권을 제한하는 경우에도 결국은 국가안전보·질서유지·공공복리라고 하는 넓은 의미의 공익이 그 해당 기본권의 사인간 적용의 결과 직접·간접적으로 실현된다고 하는데서 비로소 사인간의 기본권효력이 정당화되어질 수 있다고 보아야 할 것이다.

공익의 달성을 위한 것이어야 하고(목적의 정당성), 둘째, 타방 당사자의 기본권 내지 이익의 침해의 내용과 방법이 공익실현에 적합하여야 하고(적합성의 원칙), 셋째, 타방 당사자의 기본권 내지 이익에 대한 침해 내지 제한의 정도가 해당 기본권의 관철 및 그를 통한 사회적 공익의 실현을 위한 최소한도의 것이어야 하며(최소침해의 원칙), 넷째, 관철되어지는 기본권 및 그를 통해 직·간접적으로 실현되는 사회적 공익의 총체가 침해·제한되는 타방 당사자의 기본권 내지 이익의 총체보다 이익형량의 결과 우월해야 한다(법익균형의 원칙).

라. 결론(간접효력설)

이상 살펴본 바와 같이 사인간의 기본권효력은 헌법이 기본권의 직접적인 사인간 효력을 명시하고 있는 경우 - 헌법이 스스로 이익형량을 한 경우 - 를 제외한다면 원칙적으로 해당 사법규정이나 원리를 통해서 간접적으로 미치는 것이며, 이러한 입법자 또는 법관에 의한 사인간의 기본권 또는 이익의 비교형량 과정에서는 그 적용되는 기본권의 관철을 통해서 결과적으로 실현되는 사회적 정의나 형평 등의 공익이 고려되어야 하고, 이것이 결국 사인간의 - 공익에 의하여 매개된 - 기본권의 효력을 정당화시키는 사유가 되는 것이다.

또한 우리 법체계가 공법과 사법으로 구별되고 있는데, 만일 헌법상의 기본권이 사인간에 원칙적으로 직접 효력을 미친다면 이는 공·사법의 2원적 체계를 무너트리는 것이 될 것이다. 따라서 이러한 법체계에 따라 헌법이라는 공법상의 기본권이 사인간의 법률관계라는 사법상의 법률관계에 적용되기 위해서는 사법의 규정이나 원리를 매개해야 하는 것이다.[1)]

---

1) 기본권의 사인간 효력에 대하여 자세한 것은 정연주, 기본권의 대사인적 효력, 고시계, 1991. 7, 73쪽 이하 참조.

제 4 절 기본권의 경합과 충돌

Ⅰ. 기본권의 경합관계

1. 의의

기본권의 경합관계는 하나의 기본권주체가 국가에 대하여 복수의 기본권의 적용을 주장하는 경우를 말한다. 즉 일정한 국가권력에 의하여 어느 한 기본권주체의 여러 기본권이 동시에 침해되었거나, 하나의 기본권주체가 국가권력에 대하여 동시에 여러 기본권의 효력을 주장하는 경우에 그 복수의 기본권 중 어느 기본권의 효력을 얼마만큼 인정할 것인가가 문제된다. 이 경우 기본권 상호간에 경합관계 내지 경쟁관계가 성립되었다고 하는데, 이는 기본권의 대국가적 효력에서 문제된다. 왜냐하면 이는 원칙적으로 기본권주체와 국가권력간의 문제이기 때문이다.

2. 해결방법

기본권의 경합은 복수의 기본권 중 어느 기본권을 우선적으로 보호할 것인가 하는 문제이다. 이러한 문제를 해결하기 위하여 대체로 다음과 같은 학설이 존재한다.

(1) 최약효력설

경쟁관계의 경우 기본권의 효력은 가장 제한의 가능성과 정도가 큰, 즉 가장 약한 기본권의 효력만큼 인정된다는 입장이다.

(2) 최강효력설

경쟁관계의 경우 기본권의 효력은 가장 제한의 가능성과 정도가 작은, 즉 가장 강한 기본권의 효력만큼 인정된다는 입장이다.

(3) 결어

이러한 경합관계에 대하여 위의 학설을 비롯하여 여러 학설이 존재할 수 있으나 어느 한 학설에 의하여 일률적으로 해결할 수는 없다. 왜냐하면 경합관계의 사안과 내용 및 기본권의 종류와 성격이 모두 다르며, 기본권의 효력의 강·약 역시 객관적으로 구별하기 어렵기 때문이다. 따라서 경쟁관계가 문제되는 특정사안과 관련하여 그 사안과 가장 직접적인 관계가 있는 기본권을 중심으로 기본권주체의 의도와 국가권력의 의도 등을 감안하여 - 최강효력설을 참고해서 (왜냐하면 최강효력설이 기본권자에게 가장 유리하고 효율적인 공권력통제의 정신에 부합되기 때문에) - 해결하여야 할 것이다.[1)]

---

1) 헌재 1998. 4. 30. 95헌가16, 판례집 10-1, 327, 336-337:
이 사건 법률조항은 등록된 출판사가 음란 또는 저속한 간행물을 출판하여 공중도덕이나 사회윤리를 침해하였다고 인정되는 경우 등록청이 그 출판사의 등록을 취소할 수 있도록 하고 있다. 우선 이러한 등록취소제가 제청신청인의 어떠한 기본권을 제한하고 있는지 살펴보기로 한다.
이 사건 법률조항은 공중도덕이나 사회윤리를 보호하기 위해서 등록한 모든 출판사에 대하여 음란 또는 저속한 간행물의 출판을 금지시키고(1차 규제) 이를 위반한 경우에 당해 출판사의 등록을 취소하는(2차 규제) 수단을 채택하고 있다. 여기서 1차 규제내용인 '음란 또는 저속한 출판의 금지'는 일정한 내용의 표현을 금지시키는 것이어서 헌법 제21조 제1항의 언론·출판의 자유를 제약하는 것으로 볼 수 있다. 한편, 등록이 취소되면 당해 출판사는 음란·저속한 간행물뿐만 아니라 합헌일 수도 있는 모든 간행물을 동일한 출판사의 이름으로는 출판할 수 없게 된다. 따라서 등록취소라는 2차 규제는 당해 출판사의 합헌적인 표현에 대한 언론·출판의 자유를 제약할 뿐만 아니라 당해 출판사에 대해 재등록에 소요되는 일정기간 동안 출판업을 못하게 함으로써 직업선택의 자유를 제약하고, 또 그 출판사의 상호를 사용할 수 없게 함으로써 상호권이라는 재산권을 제약한다고 하겠다.
그러므로 이 사건 법률조항은 언론·출판의 자유, 직업선택의 자유 및 재산권을 경합적으로 제약하고 있다. 이처럼 하나의 규제로 인해 여러 기본권이 동시에 제약을 받는 기본권경합의 경우에는 기본권침해를 주장하는 제청신청인과 제청법원의 의도 및 기본권을 제한하는 입법자의 객관적 동기 등을 참작하여 사안과 가장 밀접한 관계에 있고 또 침해의 정도가 큰 주된 기본권을 중심으로 해서 그 제한의 한계를 따져 보아야 할 것이다. 이 사건에서는 제청신청인과 제청법원이 언론·출판의 자유의 침해를 주장하고 있고, 입법의 일차적 의도도 출판내용을 규율하고자 하는 데 있으며, 규제수단도 언론·출판의 자유를 더 제약하는 것으로 보이므로 언론·출판의 자유를 중심으로 해서 이 사건 법률조항이 그 헌법적 한계를 지키고 있는지를 판단하기로 한다.

Ⅱ. 기본권의 충돌관계

1. 의의

서로 상이한 복수의 기본권주체 상호간에 서로 대립하는 이익 내지 권리가 충돌하는 법적 분쟁이 발생해 각 기본권주체가 각자의 기본권을 주장할 경우, 이를 기본권의 충돌관계 또는 상충관계라고 한다. 이 경우 당사자인 기본권주체는 국가권력을 상대로 각자의 기본권의 효력을 주장하게 되고, 국가는 양 당사자의 기본권의 내용과 효력을 비교형량하여 합리적인 해결책을 찾게 된다. 그런데 이러한 국가의 해결책을 수용할 수 없는 경우 기본권주체는 상대방 기본권주체가 아니라 국가를 상대로 기본권 구제수단을 강구하게 된다. 따라서 기본권의 충돌관계의 문제는 1차적으로는 기본권주체 상호간 내지 사인간의 문제이지만, 2차적으로는 대국가적 문제라고 할 수 있다.

2. 해결방법

(1) 이익형량의 방법

기본권의 충돌관계를 해결하는 전통적인 방법은 기본권의 우열을 가리는 이익형량이다. 이는 상하의 위계질서가 있는 기본권끼리 충돌하는 경우를 전제로 상위기본권우선의 원칙에 따라 하위기본권이 제한될 수 있다는 것을 의미한다. 따라서 국가는 구체적 상황의 바탕위에서 상충하는 기본권의 성질·내용·효력 등을 총체적으로 비교형량하여 기본권 상호간의 우열을 가려야 할 것이다. 일반적으로 인간의 존엄과 가치라고 하는 기본권의 핵에 가까운 기본권일수록 상위의 기본권이라고 하겠다. 예컨대 생명권이나 건강권 또는 양심의 자유나 종교의 자유 등이 재산권보다 우선한다고 보는 것이 그것이다.[1)]

---

1) 예컨대 허영, 전게서, 286쪽.
헌재 2004. 8. 26. 2003헌마457, 판례집 16-2상, 355, 361:
흡연자들의 흡연권이 인정되듯이, 비흡연자들에게도 흡연을 하지 아니할 권리 내지 흡연으로부터 자유로울 권리가 인정된다(이하 이를 '혐연권'이라고 한다). 혐연권은 흡연권과 마

그러나 다른 한편 모든 기본권을 이처럼 상하관계로 서열화시키는 것은 불가능하다. 왜냐하면 모든 기본권은 결국 인간의 존엄과 가치라고 하는 기본권의 핵을 구체화시킨 것으로서, 한편에서는 원칙적으로 모든 기본권은 우열을 가릴 수 없을 만큼 각각 나름대로의 중요성을 가지고 있고, 다른 한편 기본권주체의 주관에 따라 그 서열이 달리 평가될 수 있기 때문이다. 아울러 기본권 각각의 특성과 의미 및 효력이 다르고, 또한 그것들의 구체적 상황에서의 효력이 다르기 때문에 이른바 상위기본권우선의 원칙이나 인격적 가치 및 자유우선의 원칙 등 어느 한 기준에 의하여 일률적으로 우열을 가리기 어렵다. 그러므로 구체적 상황과 기본권의 성질 등을 총체적으로 비교형량하여 정할 수밖에 없을 것이다.

(2) 규범조화적 해결방법

규범조화적 해결방법은 이익형량의 방법과는 달리 상충하는 기본권 중 어느 한쪽만을 우선시키는 것이 아니고, 헌법의 통일성를 유지하기 위하여 각자의 기본권을 최대한 존중하여 각각의 기본권이 가능한 한 제 기능과 효력을 발휘할 수 있도록 기본권 상호간의 조화의 방법을 모색하는 것을 말한다.

이에는 상충하는 양 기본권에 모두 제약을 가함으로써 양 기본권 모두의 효력을 인정하되 그 제약을 최소화시키는 방법(과잉금지의 방법)과 상충하는 기본권을 제한하지 않는 일종의 대안을 제시하여 충돌관계를 해결하는 방법(대안적 해결방법) 등이 거론된다.[1)]

찬가지로 헌법 제17조, 헌법 제10조에서 그 헌법적 근거를 찾을 수 있다. 나아가 흡연이 흡연자는 물론 간접흡연에 노출되는 비흡연자들의 건강과 생명도 위협한다는 면에서 혐연권은 헌법이 보장하는 건강권과 생명권에 기하여서도 인정된다. 흡연자가 비흡연자에게 아무런 영향을 미치지 않는 방법으로 흡연을 하는 경우에는 기본권의 충돌이 일어나지 않는다. 그러나 흡연자와 비흡연자가 함께 생활하는 공간에서의 흡연행위는 필연적으로 흡연자의 기본권과 비흡연자의 기본권이 충돌하는 상황이 초래된다. 그런데 흡연권은 위와 같이 사생활의 자유를 실질적 핵으로 하는 것이고 혐연권은 사생활의 자유뿐만 아니라 생명권에까지 연결되는 것이므로 혐연권이 흡연권보다 상위의 기본권이라 할 수 있다. 이처럼 상하의 위계질서가 있는 기본권끼리 충돌하는 경우에는 상위기본권우선의 원칙에 따라 하위기본권이 제한될 수 있으므로, 결국 흡연권은 혐연권을 침해하지 않는 한에서 인정되어야 한다.

1) 권영성, 전게서, 342쪽 이하; 허영, 전게서, 288쪽.
헌재 1991. 9. 16. 89헌마165, 판례집 3, 518, 528-535:
이 법 제16조에 정한 정정보도청구권이 정기간행물에 대하여 보도내용의 옳고 그름을 가리지 아니하고 피해자의 정정보도문을 무료로 게재할 의무를 부과하는 것이라는 점에서 보면

(3) 결어

참고로 헌법재판소도 기본권이 충돌하는 경우 그 해법으로 대체로 위에서 언급한 바와 같이 기본권의 서열이론, 법익형량의 원리, 실제적 조화의 원리(규범조화적 해석) 등을 제시하고 있다. 이에 따라 헌법재판소는 기본권 충돌의 문제에 관하여 충돌하는 기본권의 성격과 태양에 따라 그때그때마다 적절한 해결방법을 선택, 종합하여 이를 해결하여 왔다.

결국 기본권충돌의 구체적 상황과 관련 기본권의 성격 및 효력 등이 다양하기 때문에 구체적 사안과 관련 기본권의 성격 등을 총체적으로 고려하여 이익형량과 규범조화적 해결의 방법 등을 동원하여 다각적으로 해결할 수밖에 없을 것이다. 다만 다원적 민주주의의 실현과 사회통합이라는 헌법의 이념과 기능을

이는 현실적으로 정기간행물의 편집 내지 편서의 자유를 제한하는 것이 됨은 물론 간접적으로 보도기관의 보도활동을 위축시키고 나아가 경영을 압박함으로써 보도의 자유에 대한 장애가 될 수도 있다.

그러나 위에서 본 바와 같이 반론권은 보도기관이 사실에 대한 보도과정에서 타인의 인격권 및 사생활의 비밀과 자유에 대한 중대한 침해가 될 직접적 위험을 초래하게 되는 경우 이러한 법익을 보호하기 위한 적극적 요청에 의하여 마련된 제도인 것이지 언론의 자유를 제한하기 위한 소극적 필요에서 마련된 것은 아니기 때문에 이에 따른 보도기관이 누리는 언론의 자유에 대한 제약의 문제는 결국 피해자의 반론권과 서로 충돌하는 관계에 있는 것으로 보아야 할 것이다.

이와 같이 두 기본권이 서로 충돌하는 경우에는 헌법의 통일성를 유지하기 위하여 상충하는 기본권 모두가 최대한으로 그 기능과 효력을 나타낼 수 있도록 하는 조화로운 방법이 모색되어야 할 것이고, 결국은 이 법에 규정한 정정보도청구제도가 과잉금지의 원칙에 따라 그 목적이 정당한 것인가 그러한 목적을 달성하기 위하여 마련된 수단 또한 언론의 자유를 제한하는 정도가 인격권과의 사이에 적정한 비례를 유지하는 것인가의 여부가 문제된다 할 것이다.

…반론권은 신속한 권리구제의 필요성에서 보도가 행해진 시간과 근접하여 그 사실 주장을 반박할 기회를 주는 점을 특색으로 하는 것이므로 반론의 제도와 언론의 자유의 관계는 단순히 제도의 평면적 비교나 판단보다 기본권간의 조화라는 전체적인 관점에서 평가되어야 한다.

현행 정정보도청구권제도는 그 명칭에 불구하고 피해자의 반론게재청구권으로 해석되고 이는 언론의 자유와는 비록 서로 충돌되는 면이 없지 아니하나 전체적으로는 상충되는 기본권 사이에 합리적인 조화를 이루고 있는 것으로 판단된다. 따라서 이 사건 심판대상인 정기간행물의등록등에관한법률 제16조 제3항, 제19조 제3항은 결코 평등의 원칙에 반하지 아니하고, 언론의 자유의 본질적 내용을 침해하거나 언론기관의 재판청구권을 부당히 침해하는 것으로도 볼 수 없어 헌법에 위반되지 아니한다.

감안할 때 가능하면 규범조화적 해결의 방법을 먼저 동원하고, 이 방법이 해결책으로 적절치 못할 때 차선책으로 이익형량의 방법을 동원해야 할 것으로 생각된다.[1)]

---

1) ① 대판 1995. 9. 15. 95다23378(규범조화적 해결방법):
침해가 사회통념상 일반적으로 수인할 정도를 넘어서는지 여부는 피해의 성질 및 정도, 피해이익의 공공성과 사회적 가치, 가해행위의 태양, 가해행위의 공공성과 사회적 가치, 방지조치 또는 손해회피의 가능성, 공법적 규제 및 인·허가 관계, 지역성, 토지이용의 선후관계 등 모든 사정을 종합적으로 고려하여 판단하여야 할 것이다.
원심(부산고법 1995. 5. 18. 선고 95카합5 판결)은, 이 사건 토지 주변의 지역성, 피신청인이 이 사건 아파트를 건축하게 된 경위, 이 사건 아파트 건축공사를 시작할 당시와 현재의 주위 상황, 이 사건 아파트의 완성으로 인하여 예상되는 위 부산대학교에 대한 교육환경 침해의 태양과 정도, 이 사건 아파트 건축공사가 금지됨에 따라 피신청인이 입게 될 손해의 정도 등에 관하여 그 판시와 같은 사실을 확정한 다음, 이 사건 아파트가 24층까지 완공됨으로 인하여 위 부산대학교가 받게 될 교육환경 등의 침해는 사회통념상 수인한도를 초과한다고 판단하고, 나아가 공사금지의 범위를 최소화하면서도 신청인이 입게 되는 침해를 상당히 감소시킬 수 있는 조화점을 찾아 임시로 이 사건 아파트 건축공사 중 18층을 초과하는 부분에 대한 공사를 금지시켰는바, 기록에 의하여 살펴보면 원심의 위와 같은 조처는 수긍이 가고, 거기에 소론과 같이 이익교량에 관한 법리를 오해하고 정의와 형평에 어긋나는 판단을 한 위법이 있다 할 수 없다.
② 서울중앙지법 2007. 10. 5. 선고 2005가단305176 판결(이익형량의 방법):
사인간의 기본권이 서로 충돌하는 경우에는 기본권 상호간의 상하관계나 인격적 가치 및 자유우선의 원칙 등을 적용한 구체적인 이익형량의 방법이나 비례의 원칙 위배 여부 또는 대안적 해결방법의 존재 여부 등을 고려한 이른바 규범조화적 해석을 통하여 사인의 다른 사인에 대한 기본권 침해행위가 합리적인 이유 없이 사회적인 허용한도를 벗어났는지 여부를 검토하여, 이를 벗어난 경우에는 사법상으로도 공서양속(민법 제103조) 위반 등의 위법한 행위가 된다.
종교의 자유는 무엇보다도 종교를 믿고 안 믿을 자유, 신앙고백을 강요당하지 않을 자유, 신앙·불신앙으로 인하여 불이익을 받지 않을 자유 등을 포함하는 신앙의 자유를 본질적 요소로 하는데, 종교교육의 자유가 학교라는 교육기관의 형태를 취할 때에는 그 학교에서 수학하는 학생들의 기본권인 이러한 신앙의 자유 등과 충돌할 가능성이 많고, 특히 현재의 주요 대도시의 경우와 같이 고등학교 평준화 정책에 의하여 본인이 신앙하는 종교와는 무관하게 학교가 강제로 배정되는 제도 아래에서는 더욱 그러한바, 이러한 경우 원칙적으로 학생들의 신앙의 자유는 학교를 설립한 종교단체의 선교나 신앙실행의 자유보다 더 본질적이며 인격적 가치를 지닌 상위의 기본권에 해당하므로 이러한 학생들의 기본권이 보다 더 존중되지 않으면 안 된다.

제5절 기본권의 한계와 제한

Ⅰ. 기본권의 한계

기본권의 한계는 기본권이 본래 지니고 있는 본질적 한계를 말한다. 이를 기본권의 내재적 한계라고도 한다. 따라서 모든 기본권은 이러한 내재적 한계내에서만 인정되고 보장되는 것이다. 왜냐하면 기본권은 무제한적인 자연권이 아니라 바로 사회공동체의 가치적 공감대이기 때문에, 이러한 공감대적 가치이자 객관적 가치질서로서의 기본권의 본질과 기능상 당연히 일정한 내재적 한계를 가지는 것이기 때문이다. 즉 기본권은 타인의 기본권을 침해하지 아니하고, 공감대적 가치를 침해하지 아니하며, 사회공동체의 통합을 해치지 아니하고, 헌법의 가치 및 통일성과 조화를 이루는 한계내에서만 보장된다고 보아야 할 것인데, 이것이 기본권의 본질에서 오는 내재적 한계라고 할 수 있다.

그런데 이러한 기본권의 내재적 한계이론은 독일에서처럼 헌법이 법률에 의해서도 제한할 수 없는 이른바 절대적 기본권을 규정하고 있는 경우 그 해당 기본권의 한계를 정당화시키기 위한 논리로서 의미가 있다고 하겠다. 그러나 우리 헌법의 경우처럼 모든 기본권이 법률에 의해 제한이 가능하도록 규정되어 있는 경우(헌법 제37조 제2항)에는 별도로 기본권의 내재적 한계를 논할 실익이 적다고 하겠다.

Ⅱ. 기본권의 제한

기본권의 제한이란 헌법이나 법률에 근거해서 기본권의 효력이나 적용범위를 축소하거나 한정하는 것을 말한다. 이에는 직접 헌법규정에 의한 제한과 법률에 의한 제한의 두 가지 형식이 있다.

1. 헌법적 제한

(1) 의의

이는 당해 헌법규정이 기본권을 보장하면서 개별적인 기본권에 대한 제한을 당해 헌법조항에 특별히 명시하는 경우이다. 헌법제정권자 내지 헌법개정권자에 의한 직접적 제한으로서 기본권제한의 헌법유보라고도 한다.

(2) 헌법유보의 유형

1) 일반적 헌법유보

이는 헌법이 직접 모든 기본권 전반에 제한을 가하는 형식을 말한다. 우리 헌법에서는 그 예를 찾을 수 없다.

2) 개별적 헌법유보

이는 헌법규정이 특정 기본권을 보장하면서 그 기본권에 대한 제한을 당해 헌법조항에 특별히 명시하는 경우를 말한다. 이에 대한 우리 헌법상의 예로서 대체로 다음과 같은 조항을 들 수 있다.

가. 제21조 제4항

언론·출판의 자유를 보장하면서, 언론·출판의 자유가 타인의 명예나 권리 또는 공중도덕이나 사회윤리를 침해하지 못하도록 그 한계를 직접 명시함으로써 헌법에서 직접 언론·출판의 자유의 제한에 대한 구체적 기준과 조건을 규정하고 있다.

나. 제23조 제3항

재산권을 보장하면서 재산권에 대한 수용·사용·제한(공용침해)을 명시함으로써 헌법에서 직접 재산권에 대한 침해 내지 제한의 구체적 기준과 요건을 규정하고 있다.

다. 제29조 제2항

국가배상청구권을 보장하면서 군인·군무원 등에 대하여 청구권을 배제하였다. 헌법에서 직접 국가배상청구권의 제한에 대하여 구체적으로 정하고 있다.

라. 제33조 제2항

노동3권을 보장하면서 공무원에게는 제한의 가능성을 명시하고 있다. 헌법에서 직접 노동3권의 제한 내지 박탈의 구체적 요건과 기준을 규정하고 있다.

마. 제33조 제3항

방위산업체근로자의 단체행동권을 직접 제한할 수 있도록 규정하고 있다.

(3) 특성과 기능

1) 특성

기본권의 헌법적 제한은 후술할 법률적 제한과는 달리 헌법제정자 또는 헌법개정자가 헌법을 통해 직접 제한하는 것으로서, 헌법에 이미 제한되는 개별적 기본권과 그 제한의 목적 · 방법 · 요건 등이 구체적으로 정해지며, 이를 다시 구체화시키고 실현시키는 입법자의 법률은 사실상 헌법제정자 내지 헌법개정자가 정한 한계내에서 이러한 제한을 확인하고 선언하는 것일 뿐이다. 따라서 헌법상 제한의 근거는 있지만 그 제한의 구체적 실현방법 등이 입법자에 의하여 비로소 구체화되고 입법자에게 광범위한 재량이 부여되는 법률적 제한과는 다르다.

2) 기능

가. 입법자로부터의 방어적 기능

이는 헌법제정자 내지 헌법개정자가 직접 그 제한의 범위와 요건 등을 정함으로써 입법자의 입법재량의 남용을 방지하는 기능을 가진다. 특히 중요하다고 평가되고 국가권력(특히 입법자)에 의하여 침해될 가능성이 높은 기본권(예컨대 재산권, 노동3권, 언론 · 출판의 자유 등)에 대하여 그 제한의 구체적 요건과 기준 및 범위 등을 직접 헌법에서 정함으로써 입법자에 의한 구체화과정에서의 자의와 남용을 방지하는 기능을 갖는 것이다.

나. 기본권 남용에 대한 경고적 기능

이는 헌법제정자 내지 헌법개정자가 직접 기본권의 내용과 보장범위 및 제한 등을 정함으로써 문제되는 기본권의 남용 내지 악용을 사전에 방지하는 기본권 남용에 대한 경고적 기능을 가진다. 특히 남용될 가능성이 높은 그리고 기본권주체 상호간의 충돌가능성이 높은 기본권(예컨대 재산권, 노동3권, 언론·출판의 자유 등)에 대하여 헌법제정자 내지 헌법개정자가 직접 해당 기본권의 행사범위와 제한요건 등을 정함으로써 그 기본권이 사회공동체의 통합을 저해할 수 있는 남용가능성을 억제하는 것이다.[1)]

2. 법률적 제한

(1) 의의

이는 헌법이 직접 기본권을 제한하는 것이 아니라 그 제한을 법률에 위임하여 입법자가 제정한 법률에 의하여 기본권이 제한되는 형식이다. 이는 기본권 제한의 일반적 형식으로서 기본권 제한의 법률유보라고도 한다.

(2) 법률유보의 유형

1) 개별적 법률유보

기본권을 보장하고 있는 각 개별적 헌법조항에 기본권 제한의 법률유보의 근거를 마련하는 것이다. 이는 기본권제한에 관하여 직접 관련 기본권을 보장하

---

1) 허영, 전게서, 298쪽.
헌재 1992. 2. 25. 89헌가104, 판례집 4, 64, 93-94:
표현의 자유나 국민의 '알 권리'는 매우 비중이 큰 귀중한 국민의 기본권이긴 하지만 그렇다고 해서 어떠한 경우에도 제한할 수 없는 기본권이라고 할 수는 없으며 다른 법익을 침해하지 않는 범위내에서 존중되어야 할 것이기 때문에 알 권리라 할지라도 다른 기본권이나 국가·사회적 법익과 상충 또는 마찰을 일으키는 경우, 즉 타인의 명예나 권리(개인적 법익), 공중도덕이나 사회윤리(사회적 법익), 국가의 안전보장이나 치안질서(국가적 법익)를 침해하는 경우에는 보호될 수 없는 것이며 이는 헌법의 명문규정(제21조 제4항, 제37조 제2항)상 의문의 여지가 없는 것이다.
다만, '알 권리'(내지 표현의 자유)라고 하는 국민의 기본권이 법률로써 제한 가능하다고 하더라도 그 본질적인 내용을 침해할 수 없음은 물론, 과잉금지의 원칙에도 위배되어서는 아니되는데(제37조 제2항), 과잉금지의 원칙이라 함은 국가작용의 한계를 명시한 것으로서 목적의 정당성·방법의 적정성·피해의 최소성·법익의 균형성을 의미하며 그 어느 하나에라도 저촉이 되면 위헌이 된다는 헌법상의 원칙(헌법재판소 1989.12.22. 선고, 88헌가13 결정 참조)이며, 이 사건의 경우에 있어서는 피해의 최소성과 법익의 균형성이 문제될 수 있는 소지가 있는 것이다.

고 있는 헌법조항에서 규정하고 있다는 점에서는 기본권제한의 헌법유보의 경우와 유사하나, 기본권제한의 헌법유보의 경우와는 달리 당해 헌법조항에서 기본권제한의 구체적 범위와 요건 등을 규정하지 아니하고 단순히 제한을 위한 추상적·개괄적 근거만을 마련한 것이고, 제한의 구체적 요건과 범위는 법률에서 비로소 규정된다는 점에서 다르다.

예컨대 독일 기본법 제8조가 집회의 자유를 보장하면서 법률로써 제한할 수 있음을 규정한 경우를 들 수 있는데, 이 경우 집회의 자유에 대한 구체적 제한은 법률로써 비로소 이루어진다.

2) 일반적 법률유보

이는 특정의 기본권을 정하지 아니하고 모든 기본권 전반에 대하여 법률로써 제한할 수 있음을 헌법에 포괄적으로 규정하는 형식이다. 우리 헌법 제37조 제2항이 "국민의 모든 자유와 권리는 국가안전보장·질서유지 또는 공공복리를 위하여 필요한 경우에 한하여 법률로써 제한할 수 있으며, 제한하는 경우에도 자유와 권리의 본질적인 내용을 침해할 수 없다."라고 규정하고 있는 것이 대표적인 예로서, 기본권제한의 가장 일반적인 유형이라고 할 수 있다.

3. 기본권제한의 일반원칙

앞서 언급한 바와 같이 우리 헌법 제37조 제2항이 "국민의 모든 자유와 권리는 국가안전보장·질서유지 또는 공공복리를 위하여 필요한 경우에 한하여 법률로써 제한할 수 있으며, 제한하는 경우에도 자유와 권리의 본질적인 내용을 침해할 수 없다."라고 규정하고 있는데, 이 규정은 기본권제한을 위한 근거규정이자 동시에 기본권제한의 한계에 관한 규정이다. 따라서 헌법적 위임에 의한 법률을 통해 기본권을 제한하는 경우에도 그 제한은 다음과 같은 원칙에 따라 이루어져야 한다.

(1) 목적상의 원칙

기본권을 제한하더라도 정당한 목적을 위해서만 가능하다. 헌법 제37조 제2항이 "국민의 모든 자유와 권리는 '국가안전보장·질서유지 또는 공공복리를 위하여' …"라고 규정하고 있는 것이 그것이다. 즉 공감대적 가치를 실현하고 사회적 통합을 촉진하기 위한 공익상의 목적(국가안전보장,[1] 질서유지, 공공복리)하에서만 정당화될 수 있다.[2]

(2) 형식상의 원칙

기본권제한은 반드시 법률로써만 가능하다. 헌법 제37조 제2항이 "국민의 모든 자유와 권리는… '법률로써' 제한할 수 있으며, …"라고 규정하고 있는 것이 그것이다. 여기서의 법률은 국회가 제정한 형식적 의미의 법률을 말한다.[3] 이는

---

1) 헌재 1992. 2. 25. 89헌가104, 판례집 4, 64, 89-90:
헌법 제37조 제2항은 "국민의 모든 자유와 권리는 국가안전보장·질서유지 또는 공공복리를 위하여 필요한 경우에 한하여 법률로써 제한할 수 있으며, 제한하는 경우에도 자유와 권리의 본질적인 내용을 침해할 수 없다."고 하는 이른바 일반적 법률유보조항을 두고 있는바, 국가의 안전보장은 헌법상 중요한 국가적 법익의 하나로서 위의 규정외에도 헌법 제5조 제2항, 제39조 제1항, 제66조 제2항, 제69조 등이 국가의 안전보장과 관련이 있는 것이다. 헌법 제37조 제2항에서 기본권 제한의 근거로 제시하고 있는 국가의 안전보장의 개념은 국가의 존립·헌법의 기본질서의 유지 등을 포함하는 개념으로서 결국 국가의 독립, 영토의 보전, 헌법과 법률의 기능, 헌법에 의하여 설치된 국가기관의 유지 등의 의미로 이해될 수 있을 것이다.

2) 헌재 1997. 7. 16. 95헌가6 등, 판례집 9-2, 1, 17-18:
이 사건 법률조항은 동성동본인 혈족사이의 혼인을 그 촌수의 원근에 관계없이 일률적으로 모두 금지하고 민법은 이를 위반한 혼인을 취소할 수 있도록 하였을 뿐만 아니라 아예 그 혼인신고 자체를 수리하지 못하도록 하고 있어, 동성동본인 혈족은 서로가 아무리 진지하게 사랑하고 있다고 하더라도 또 촌수를 계산할 수 없을 만큼 먼 혈족이라 하더라도 혼인을 할 수 없고 따라서 혼인에 있어 상대방을 결정할 수 있는 자유를 제한하고 있는 동시에, 그 제한의 범위를 동성동본인 혈족, 즉 남계혈족에만 한정함으로써 성별에 의한 차별을 하고 있다.
그렇다면 이 사건 법률조항은 이미 위에서 본 바와 같이 금혼규정으로서의 사회적 타당성 내지 합리성을 상실하고 있음과 아울러 '인간으로서의 존엄과 가치 및 행복추구권'을 규정한 헌법이념 및 규정과 '개인의 존엄과 양성의 평등'에 기초한 혼인과 가족생활의 성립·유지라는 헌법규정에 정면으로 배치된다 할 것이고, 또 그 금혼의 범위를 동성동본인 혈족, 즉 남계혈족에만 한정하여 성별에 의한 차별을 하고 있는데 이를 시인할만한 합리적인 이유를 찾아볼 수 없으므로 헌법상의 평등의 원칙에도 위반되는 것이다.
결국 이 사건 법률조항은 헌법 제10조, 제11조 제1항, 제36조 제1항에 위반될 뿐만 아니라 그 입법목적이 이제는 혼인에 관한 국민의 자유와 권리를 제한할 '사회질서'나 '공공복리'에 해당될 수 없다는 점에서 헌법 제37조 제2항에도 위반된다 할 것이다.

3) 헌재 2000. 12. 14. 2000헌마659, 판례집 12-2, 437, 445:
헌법 제37조 제2항은 국민의 자유와 권리를 제한하는 근거와 그 제한의 한계를 설정하여 국민의 자유와 권리의 제한은 '법률'로써만 할 수 있다고 규정하고 있는바, 이는 기본권의

법치주의원리(특히 법률유보의 원칙)상 당연한 것으로 행정권에 의한 자의적인 기본권제한을 방지하기 위한 것이다.

여기서 법률은 원칙적으로 일반적이고 추상적이어야 하는데, 즉 수범자의 일반성과 규율대상의 일반성을 요구한다. 이는 입법자에 의한 자의적인 - 특정한 대상에 대한 제한 목적만을 가진 - 기본권 제한을 막고 형평성을 관철하기 위한 것이다. 다만 예외적으로 특정한 사안만을 대상으로 하는 이른바 처분적 법률이나 개별적 법률이 존재할 수 있는데, 이는 이러한 법률형식에 의한 기본권 제한만이 본래의 기본권 제한의 목적, 즉 공익목적을 달성할 수 있는 경우에만 예외적으로 허용될 수 있다고 할 것이다.[1)]

(3) 방법상의 원칙

기본권을 제한하는 경우 기본권을 제한하는 수단과 제한을 통해 달성되는 공익 사이에 비례의 원칙(과잉금지의 원칙)이 준수되어야 한다. 헌법 제37조 제2항이 "국민의 모든 자유와 권리는 … '필요한 경우에 한하여' … 제한할 수 있으며, …"라고 규정하고 있는 것이 그것이다. 즉 목적의 정당성, 방법의 적합성, 침해의 최소성, 법익의 균형성이 지켜져야 한다.[2)3)]

제한이 원칙적으로 국회에서 제정한 형식적 의미의 법률에 의해서만 가능하다는 것을 의미하고, 직접 법률에 의하지 아니하는 예외적인 경우라 하더라도 엄격히 법률에 근거하여야 한다는 것을 또한 의미한다.

1) 헌재 1996. 2. 16. 96헌가2 등, 판례집 8-1, 51, 69:
개별사건법률금지의 원칙은 "법률은 일반적으로 적용되어야지 어떤 개별사건에만 적용되어서는 아니된다"는 법원칙으로서 헌법상의 평등원칙에 근거하고 있는 것으로 풀이되고, 그 기본정신은 입법자에 대하여 기본권을 침해하는 법률은 일반적 성격을 가져야 한다는 형식을 요구함으로써 평등원칙위반의 위험성을 입법과정에서 미리 제거하려는데 있다 할 것이다.
개별사건법률은 개별사건에만 적용되는 것이므로 원칙적으로 평등원칙에 위배되는 자의적인 규정이라는 강한 의심을 불러일으킨다. 그러나 개별사건법률금지의 원칙이 법률제정에 있어서 입법자가 평등원칙을 준수할 것을 요구하는 것이기 때문에, 특정규범이 개별사건법률에 해당한다 하여 곧바로 위헌을 뜻하는 것은 아니다. 비록 특정법률 또는 법률조항이 단지 하나의 사건만을 규율하려고 한다 하더라도 이러한 차별적 규율이 합리적인 이유로 정당화될 수 있는 경우에는 합헌적일 수 있다. 따라서 개별사건법률의 위헌 여부는, 그 형식만으로 가려지는 것이 아니라, 나아가 평등의 원칙이 추구하는 실질적 내용이 정당한지 아닌지를 따져야 비로소 가려진다.

2) 헌재 1989. 12. 22. 88헌가13, 판례집 1, 357, 374:
헌법의 기본정신(헌법 제37조 제2항)에 비추어 볼 때 기본권의 본질적인 내용의 침해가 설사 없다고 하더라도 과잉금지의 원칙에 위반되면 역시 위헌임을 면하지 못한다고 할 것이다. 과잉금지의 원칙은 국가작용의 한계를 명시하는 것인데 목적의 정당성, 방법의 적정성, 피해의 최소성, 법익의 균형성(보호하려는 공익이 침해되는 사익보다 더 커야 한다는 것으로서 그래야만 수인의 기대가능성이 있다는 것)을 의미하는 것으로서 그 어느 하나에라도 저촉되면 위헌이 된다는 헌법상의 원칙이다.

3) ① 헌재 2000. 4. 27. 98헌가16 등, 판례집 12-1, 427, 428-430:
과외교습을 금지하는 학원의설립·운영에관한법률 제3조에 의하여 제기되는 헌법적 문제는 교육의 영역에서의 자녀의 인격발현권·부모의 교육권과 국가의 교육책임의 경계설정에 관한 문제이고, 이로써 국가가 사적인 교육영역에서 자녀의 인격발현권·부모의 자녀교육권을 어느 정도로 제한할 수 있는가에 관한 것이다. 학교교육에 관한 한, 국가는 교육제도의 형성에 관한 폭넓은 권한을 가지고 있지만, 과외교습과 같은 사적으로 이루어지는 교육을 제한하는 경우에는 특히 자녀인격의 자유로운 발현권과 부모의 교육권을 존중해야 한다는 것에 국가에 의한 규율의 한계가 있으므로, 법치국가적 요청인 비례의 원칙을 준수하여야 한다.
사교육의 영역에 관한 한, 우리 사회가 불행하게도 이미 자정능력이나 자기조절능력을 현저히 상실했고, 이로 말미암아 국가가 부득이 개입하지 않을 수 없는 실정이므로, 위와 같이 사회가 자율성을 상실한 예외적인 상황에서는 고액과외교습을 방지하여 사교육에서의 과열경쟁으로 인한 학부모의 경제적 부담을 덜어주고 나아가 국민이 되도록 균등한 정도의 사교육을 받도록 하려는 법 제3조의 입법목적은 입법자가 '잠정적으로' 추구할 수 있는 정당한 공익이라고 하겠다.
수단의 적합성의 관점에서 보더라도 법 제3조가 학원·교습소·대학(원)생에 의한 과외교습을 허용하면서 그밖에 고액과외교습의 가능성이 있는 개인적인 과외교습을 광범위하게 금지하는 규제수단을 택하였고, 이러한 수단이 위 입법목적의 달성에 어느정도 기여한다는 점은 의문의 여지가 없다. 따라서 수단으로서의 적합성도 인정된다 하겠다.
법 제3조는 원칙적으로 허용되고 기본권적으로 보장되는 행위에 대하여 원칙적으로 금지하고 예외적으로 허용하는 방식의 '원칙과 예외'가 전도된 규율형식을 취한데다가, 그 내용상으로도 규제의 편의성만을 강조하여 입법목적달성의 측면에서 보더라도 금지범위에 포함시킬 불가피성이 없는 행위의 유형을 광범위하게 포함시키고 있다는 점에서, 입법자가 선택한 규제수단은 입법목적의 달성을 위한 최소한의 불가피한 수단이라고 볼 수 없다.
법 제3조와 같은 형태의 사교육에 대한 규율은, 사적인 교육의 영역에서 부모와 자녀의 기본권에 대한 중대한 침해라는 개인적인 차원을 넘어서 국가를 문화적으로 빈곤하게 만들며, 국가간의 경쟁에서 살아남기 힘든 오늘날의 무한경쟁시대에서 문화의 빈곤은 궁극적으로는 사회적·경제적인 후진성으로 이어질 수 밖에 없다. 따라서 법 제3조가 실현하려는 입법목적의 실현효과에 대하여 의문의 여지가 있고, 반면에 법 제3조에 의하여 발생하는 기본권제한의 효과 및 문화국가실현에 대한 불리한 효과가 현저하므로, 법 제3조는 제한을 통하여 얻는 공익적 성과와 제한이 초래하는 효과가 합리적인 비례관계를 현저하게 일탈하여 법익의 균형성을 갖추지 못하고 있다.
② 헌재 2009. 3. 26. 2007헌가22, 판례집 21-1상, 337, 338:
이 사건 구법 조항 및 이 사건 신법 조항(이하 이를 합쳐 '이 사건 심판대상조항'이라 한다)은 의무위반자에 대하여 부과할 과태료의 액수를 감액의 여지없이 일률적으로 '제공받은 금액 또는 음식물·물품 가액의 50배에 상당하는 금액'으로 정하고 있는데, 이 사건 심판대상조항이 적용되는 '기부행위금지규정에 위반하여 물품·음식물·서적·관광 기타 교통편의를 제공받은 행위'의 경우에는 그 위반의 동기 및 태양, 기부행위가 이루어진 경위와

(4) 내용상의 원칙

기본권을 제한하더라도 기본권의 본질적 내용은 침해할 수 없다. 헌법 제37조 제2항이 "… 제한하는 경우에도 자유와 권리의 '본질적인 내용'을 침해할 수 없다."라고 규정하고 있는 것이 그것이다. 기본권의 본질적 내용은 만약 이를 제한하는 경우에는 기본권 그 자체가 무의미하여지는 경우에 해당되는 그 본질적인 요소를 말하는 것으로서, 이는 개별 기본권마다 다를 수 있을 것이다.[1] 그러나 어떤 경우든 인간의 존엄과 가치는 기본권의 본질적 내용이므로 어떠한 공익상의 목적을 위해서라도 인간의 존엄과 가치를 침해할 수는 없다.[2]

방식, 기부행위자와 위반자와의 관계, 사후의 정황 등에 따라 위법성 정도에 큰 차이가 있을 수밖에 없음에도 이와 같은 구체적, 개별적 사정을 고려하지 않고 오로지 기부받은 물품 등의 가액만을 기준으로 하여 일률적으로 정해진 액수의 과태료를 부과한다는 것은 구체적 위반행위의 책임 정도에 상응한 제재가 되기 어렵다. …
또한 이러한 획일적인 기준에 따른 과태료의 액수는 제공받은 금액 또는 음식물·물품 가액의 '50배'에 상당하는 금액으로서 제공받은 물품 등의 가액 차이에 따른 과태료 액수의 차이도 적지 아니한데다가 그와 같은 50배의 과태료가 일반 유권자들에게 소액의 경미한 제재로 받아들여질 수도 없는 것이다. 특히 이 사건 심판대상조항이 규정한 과태료 제재의 과중성은 형벌조항인 공직선거법 제257조 제2항에서 규정한 벌금형의 법정형의 상한이 500만 원인데 비하여, 이보다 경미한 사안, 예컨대 100만 원의 물품을 제공받은 경우 이사건 심판대상조항에 따라 일률적으로 5000만 원의 과태료를 부담하게 된다는 점에서 분명해진다.
나아가 소액의 위법한 기부행위를 근절함으로써 선거의 공정성을 확보한다는 입법목적의 달성은, 반드시 과태료의 액수가 '50배'에 상당하는 금액이 되어야만 가능한 것이 아니고, 과태료의 액수를 '50배 이하'로 정하는 등 보다 완화된 형식의 입법수단을 통하여도 얼마든지 가능한 것이다.

1) 헌재 1995. 4. 20. 92헌바29, 판례집 7-1, 499, 509.

2) ① 헌재 1994. 7. 29. 93헌가4 등, 판례집 6-2, 15, 17:
구 대통령선거법 제36조 제1항 본문은 원칙적으로 전 국민에 대하여 선거운동을 금지한 다음 후보자의 가족, 정당이나 후보자에 의하여 선임되어 선거관리위원회에 신고된 극소수의 선거관계인들만이 선거운동을 할 수 있도록 하고 있으므로 이는 선거의 공정성 확보라는 목적에 비추어 보더라도 필요한 정도를 넘어 국민의 정치적 표현의 자유를 지나치게 제한하고 있는 것이고, 그로 인하여 선거의 공정성이 확보된다는 보장도 없으므로, 위 법 제36조 제1항 본문 및 벌칙조항인 제162조 제1항 제1호 중 제36조 제1항 본문 부분은 입법형성권의 한계를 넘어 국민의 선거운동의 자유를 지나치게 제한함으로써 국민의 참정권과 정치적 표현의 자유의 본질적 내용을 침해하는 것이어서, 헌법 제21조 제1항, 제24조에 위배되고 헌법상의 국민주권주의 원칙과 자유선거의 원칙에도 위반되는 요소가 많다.
② 헌재 1995. 9. 28. 92헌가11 등, 판례집 7-2, 264, 278-279:
특허법 제186조 제1항은 특허청의 항고심판절차에 의한 항고심결 또는 보정각하결정에 대하여 불복이 있는 경우에도 법관에 의한 사실확정 및 법률적용의 기회를 주지 아니하고 단

Ⅲ. 기본권형성적 법률유보

1. 의의

기본권형성적 법률유보는 기본권의 보장 내용과 범위가 법률을 통해 정해지는 것을 말한다. 즉 이미 보장된 기본권이 법률에 의해서 제한되는 것이 아니라, 기본권의 구체적 내용이 법률에 의해서 비로소 형성되고 범위가 정해지고 보장되는 것을 말한다. 이는 모든 기본권이 국가권력, 특히 입법작용에 의하여 구체화되고 실현된다는 측면에서 볼 때 당연한 것이다.

지 그 심결이나 결정이 법령에 위반된 것을 이유로 하는 경우에 한하여 곧바로 법률심인 대법원에 상고할 수 있도록 하고 있는바, 특허청의 심판절차에 의한 심결이나 보정각하결정은 특허청의 행정공무원에 의한 것으로서 이를 헌법과 법률이 정한 법관에 의한 재판이라고 볼 수 없다.

그렇다면 결국 특허법 제186조 제1항은 법관에 의한 사실확정 및 법률적용의 기회를 박탈한 것으로서 헌법상 국민에게 보장된 "법관에 의한"재판을 받을 권리의 본질적 내용을 침해하는 위헌규정이라 아니할 수 없다.

③ 헌재 1996. 4. 25. 92헌바47, 판례집 8-1, 370, 371:

입법목적을 달성하기 위한 수단의 선택 문제는 기본적으로 입법재량에 속하는 것이기는 하지만 적어도 현저하게 불합리하고 불공정한 수단의 선택은 피하여야 할 것인바, 복수조합의 설립을 금지한 구 축산업협동조합법(1994.12.22. 법률 제4821호로 개정되기 전의 것) 제99조 제2항은 입법목적을 달성하기 위하여 결사의 자유 등 기본권의 본질적 내용을 해하는 수단을 선택함으로써 입법재량의 한계를 일탈하였으므로 헌법에 위반된다.

④ 헌재 1996. 11. 28. 95헌바1, 판례집 8-2, 537, 538-539:

생명권 역시 헌법 제37조 제2항에 의한 일반적 법률유보의 대상이 될 수밖에 없는 것이나, 생명권에 대한 제한은 곧 생명권의 완전한 박탈을 의미한다 할 것이므로, 사형이 비례의 원칙에 따라서 최소한 동등한 가치가 있는 다른 생명 또는 그에 못지아니한 공공의 이익을 보호하기 위한 불가피성이 충족되는 예외적인 경우에만 적용되는 한, 그것이 비록 생명을 빼앗는 형벌이라 하더라도 헌법 제37조 제2항 단서에 위반되는 것으로 볼 수는 없다.

[재판관 조승형의 반대의견]

사형제도는 생명권의 본질적 내용을 침해하는 생명권의 제한이므로 헌법 제37조 제2항 단서에 위반된다. 가사 헌법 제37조 제2항 단서상의 생명권의 본질적 내용이 침해된 것으로 볼 수 없다고 가정하더라도, 형벌의 목적은 응보·범죄의 일반예방·범죄인의 개선에 있음에도 불구하고 형벌로서의 사형은 이와 같은 목적달성에 필요한 정도를 넘어 생명권을 제한하는 것으로 목적의 정당성, 그 수단으로서의 적정성·피해의 최소성 등 제원칙에 반한다.

2. 우리 헌법상의 기본권형성적 법률유보

우리 헌법상의 예로서는 ① 제23조 제1항: "모든 국민의 재산권은 보장된다. 그 내용과 한계는 법률로 정한다."고 규정함으로써 재산권의 내용을 법률로써 형성하도록 했고, ② 제23조 제3항: "공공필요에 의한 재산권의 수용·사용 또는 제한 및 그에 대한 보상은 법률로써 하되, 정당한 보상을 지급하여야 한다."라고 규정함으로써 손실보상청구권이 법률로써 정해지도록 했으며, ③ 제24조: "모든 국민은 법률이 정하는 바에 의하여 선거권을 가진다."라고 규정하여 선거권이 법률로 비로소 구체화되고, ④ 제25조: "모든 국민은 법률이 정하는 바에 의하여 공무담임권을 가진다."라고 하여 법률로 공무담임권이 형성되며, ⑤ 제26조 제1항: "모든 국민은 법률이 정하는 바에 의하여 국가기관에 문서로 청원할 권리를 가진다."고 하여 청원권을 법률로 형성하고 있고, ⑥ 제29조 제1항: "공무원의 직무상 불법행위로 손해를 받은 국민은 법률이 정하는 바에 의하여 국가 또는 공공단체에 정당한 배상을 청구할 수 있다. …"라고 하여 국가배상청구권의 내용을 법률에 위임했으며, ⑦ 제31조 제4항: "교육의 자주성·전문성·정치적 중립성 및 대학의 자율성은 법률이 정하는 바에 의하여 보장된다."라고 하여 교육권 등에 관한 사항이 법률로 형성되도록 했고, ⑧ 제35조 제2항: "환경권의 내용과 행사에 관하여는 법률로 정한다."라고 하여 환경권을 법률로 형성하도록 한 것 등을 들 수 있다.

제 6 절 기본권의 보호

Ⅰ. 의의

기본권에 대한 침해는 국가권력에 의해서 또는 사인에 의해서 이루어질 수 있고, 따라서 이에 대한 구제 내지 보호도 국가기관에 의해서 이루어질 수도 있고 사인이나 사적 단체 등에 의해서 이루어질 수도 있다. 그러나 기본권침해의 주된 주체는 역시 국가권력이라고 할 수 있고, 이러한 침해에 대한 구제 내지 보호 역시 궁극적으로는 국가기관에 의해서 가장 효과적으로 이루어질 수 있다. 또한 헌법 제10조가 "모든 국민은 인간으로서의 존엄과 가치를 가지며, 행복을 추구할 권리를 가진다. 국가는 개인이 가지는 불가침의 기본적 인권을 확인하고 이를 보장할 의무를 진다."라고 규정하여 기본권보호의 1차적 의무가 국가에게 있음을 분명히 하고 있다.

Ⅱ. 국가권력에 의한 기본권침해와 그 구제수단

국가권력에 의한 기본권의 침해와 그에 대한 구제수단으로서는 대체로 다음과 같은 것들을 거론할 수 있다.

1. 입법권에 의한 침해와 구제수단

(1) 위헌법률심판제도

제107조 제1항은 "법률이 헌법에 위반되는 여부가 재판의 전제가 된 경우에는 법원은 헌법재판소에 제청하여 그 심판에 의하여 재판한다."라고 규정하여 이른바 구체적 규범통제를 규정하고 있다. 이는 국회에서 제정한 위헌적 법률이 국민의 기본권을 침해하는 경우에 그 법률에 대하여 헌법재판소가 위헌·무효를 선언함으로써 입법권을 통제함과 동시에 법률을 통해 침해된 기본권을 구제해 줌으로써 기본권보호의 기능을 가지는 것이다.

(2) 헌법소원심판제도

헌법 제111조 제1항 제1호는 '법률이 정하는 헌법소원에 관한 심판'을 규정하고 있고, 이러한 헌법의 위임에 따라 헌법재판소법 제68조 제1항은 "공권력의 행사 또는 불행사로 인하여 헌법상 보장된 기본권을 침해받은 자는 법원의 재판을 제외하고는 헌법재판소에 헌법소원심판을 청구할 수 있다."라고 규정하여 원칙적으로 모든 위헌적인 공권력작용에 대하여 헌법소원심판을 청구할 수 있다. 따라서 공권력행사의 일종인 위헌적인 입법작용(법률)에 의하여 기본권을 침해할 경우 그 침해된 기본권을 헌법소원심판제도를 통해 구제받고 보호받을 수 있다.

(3) 대통령의 거부권

헌법 제53조 제2항은 “법률안에 이의가 있을 때에는 대통령은 제1항의 기간 내에 이의서를 붙여 국회로 환부하고, 그 재의를 요구할 수 있다. 국회의 폐회 중에도 또한 같다.”라고 규정하여 국회가 의결한 법률안이 국민의 기본권을 침해하여 위헌이라는 등의 이유로 법률안을 국회로 환부하여 법률안의 공포를 거부할 수 있다. 따라서 이러한 대통령의 법률안거부권은 입법권에 대한 통제기능과 더불어 기본권의 보호기능을 가진다.

2. 행정권에 의한 침해와 구제수단

(1) 행정심판 · 소송제도

일반적으로는 헌법 제107조 제2항에 따른 명령 · 규칙 또는 처분에 대한 사법심사권(행정소송제도)과 동조 제3항에 의한 행정심판제도를 통해 행정처분 등 행정작용에 의해 위헌 · 위법하게 기본권이 침해된 경우 이를 구제해줌으로써 이들 행정쟁송제도는 행정권에 의한 기본권침해를 구제해주는 기능을 가진다.

(2) 국가배상제도

헌법 제29조 제1항은 “공무원의 직무상 불법행위로 손해를 받은 국민은 법률이 정하는 바에 의하여 국가 또는 공공단체에 정당한 배상을 청구할 수 있다.”라고 국가배상제도를 규정하고 있는데, 이는 공무원의 불법행위라는 행정권에 의한 기본권침해를 국가배상을 통해 구제해주는 기본권보호의 기능을 가진다.

(3) 명령 · 규칙에 대한 위헌 · 위법심사제도

헌법 제107조 제2항은 “명령 · 규칙 또는 처분이 헌법이나 법률에 위반되는 여부가 재판의 전제가 된 경우에는 대법원은 이를 최종적으로 심사할 권한을 가진다.”라고 규정하여 행정권이 제정한 명령 · 규칙 등의 행정입법이 위헌 · 위법하게 국민의 기본권을 침해할 경우 이 행정입법에 대한 사법적 통제를 통해 침해된 기본권을 구제해주는 기본권보호기능을 가진다.

(4) 헌법소원심판제도

헌법 제111조 제1항 제1호와 헌법재판소법 제68조 제1항에 따라 원칙적으로 모든 위헌적인 공권력작용에 대하여 헌법소원심판을 청구할 수 있다. 따라서 공권력행사의 일종인 행정작용에 의하여 침해된 기본권을 헌법소원심판제도를 통해 구제받고 보호받을 수 있다. 다만 현행법상 다른 법률의 구제절차를 거친 다음에 헌법소원을 제기할 수 있다는 보충성의 원칙(헌법재판소법 제68조 제1항 단서)에 따른 제약이 있다.

(5) 탄핵심판제도

헌법 제65조와 제111조 제1항 제2호는 대통령 등 고위공직자에 의한 헌법과 법률 위반의 경우 국회에 의한 탄핵소추와 헌법재판소에 의한 탄핵심판에 대하여 규정하고 있다. 이 탄핵심판제도는 행정권에 대한 통제의 기능과 법치주의수호의 기능을 가지기 때문에 이들 고위공직자에 의한 직무집행행위를 통제함으로써 결과적으로 기본권을 보호하는 기능을 가지는 것이다.

(6) 사법절차상의 기본권

헌법 제12조 제2항에 따른 고문을 받지 아니할 권리 및 형사상 불리한 진술거부권, 동조 제3항에 따른 영장제도, 동조 제4항에 따른 변호인의 조력을 받을 권리, 동조 제5항에 따른 체포·구속시 이유와 변호인의 조력을 받을 권리를 고지받을 권리, 동조 제6항에 따른 체포·구속적부심사청구권 등의 사법절차상의 기본권은 행정권에 의한 기본권침해에 대하여 기본권을 구제해주고 보호하는 기능을 가진다.

3. 사법권에 의한 침해와 구제수단

(1) 헌법소원심판제도

헌법 제111조 제1항 제1호와 헌법재판소법 제68조 제1항에 따라 원칙적으로 모든 위헌적인 공권력작용에 대하여 헌법소원심판을 청구할 수 있다. 따라서 이론적으로는 공권력행사의 일종인 법원의 사법작용 내지 재판작용에 의하여 침해된 기본권을 헌법소원심판제도를 통해 구제받고 보호받을 수 있다. 그러나 우리의 경우 법원의 재판을 헌법소원의 대상에서 제외하고 있는 헌법재판소법 제68조 제1항에 의해 원칙적으로 재판작용은 헌법소원의 대상이 되지 아니한다.

다만 법원이 헌법재판소가 위헌으로 결정하여 그 효력을 전부 또는 일부 상실하거나 위헌으로 확인된 법률을 적용함으로써 국민의 기본권을 침해한 경우에는 헌법소원의 대상이 될 수 있다는 것이 헌법재판소의 입장이다.[1] 따라서 이 경우에는 예외적으로 사법작용에 대하여 침해된 기본권을 헌법소원심판을 통해 구제받고 보호받을 수 있다고 하겠다.

(2) 형사보상청구제도

헌법 제28조는 "형사피의자 또는 형사피고인으로서 구금되었던 자가 법률이 정하는 불기소처분을 받거나 무죄판결을 받은 때에는 법률이 정하는 바에 의하여 국가에 정당한 보상을 청구할 수 있다."라고 형사보상청구권을 규정하고 있다. 이는 국가의 부당한 형사사법작용으로 인해서 받은 물질적·정신적 피해에 대한 정당한 보상을 국가에 청구할 수 있는 권리로서 국가의 형사사법작용에 의해서 신체의 자유가 부당하게 침해된 경우에 이를 사후에 구제해 주기 위한 청구권적 기본권이다. 따라서 형사보상청구제도는 결과적으로 사법권에 의한 기본권침해를 구제해주고 기본권을 보호하는 기능을 가진다.

(3) 대통령의 사면·감형·복권권

헌법 제79조는 대통령이 사면, 감형, 복권을 명할 수 있는 권한을 규정하고 있다. 대통령의 사면·감형·복권권은 사법적 오류를 시정하거나 지나치게 가혹한 형벌이나 제재 등을 완화시켜주는 수단으로서 사회적 정의의 실현과 국민통합의 일환으로 이루어지는 제도라고 할 수 있다. 따라서 대통령의 사면·감형·복권권은 법원이 행한 사법작용의 효력을 제한하는 기능을 한다. 따라서 대통령의 사면·감형·복권권은 사법권에 의한 부당한 기본권침해로부터 기본권을 구

---

1) 헌재 1997. 12. 24. 96헌마172 등, 판례집 9-2, 842.

제해주고 보호하는 기능을 가진다.

(4) 심급제도

법원에서 사실판단과 법률판단을 잘못함으로 인해서 발생하는 기본권침해를 사법절차를 통해 구제하기 위하여 재판의 심급제도를 마련하고 있다. 헌법이 법원의 조직을 대법원과 각급법원으로 계층화하고, 군사법원의 상고심을 대법원으로 하고 있으며, 비상계엄하의 단심군사재판은 예외적인 것이고, 명령 · 규칙에 대한 심사는 최종적으로 대법원이 관할하도록 한 것 등은 사법절차가 심급제도를 바탕으로 하고 있다는 것을 나타낸다. 따라서 이러한 심급제도는 사법권에 의한 기본권침해를 구제해주고 기본권을 보호하는 기능을 가진다.

(5) 법관탄핵제도

헌법 제65조에 따른 탄핵소추 및 탄핵심판의 대상에는 법관도 포함된다. 따라서 탄핵심판제도에 따라 법관이 사법작용이라는 직무집행과정에서 헌법이나 법률을 위반할 경우 탄핵됨으로써 사법작용에 의한 기본권침해를 구제해주는 사법권으로부터의 기본권보호의 기능을 가진다.

4. 헌법재판권으로부터의 보호

(1) 탄핵심판제도

헌법 제65조에 따른 탄핵소추 및 탄핵심판의 대상에는 헌법재판소 재판관도 포함된다. 따라서 헌법재판관이 헌법재판 등 직무집행과정에서 헌법이나 법률을 위반하여 기본권을 침해하는 경우에는 탄핵될 수 있다. 따라서 이러한 탄핵심판제도는 부당한 헌법재판권의 행사로부터 기본권을 보호하는 기능을 가진다.

제2장 기본권 각론

제1절 인간의 존엄과 가치 및 행복추구권

Ⅰ. 인간의 존엄과 가치

1. 의의

기본권은 사회공동체의 공감대적 가치질서이고, 이러한 기본권적 가치질서의 핵은 바로 인간의 존엄과 가치라고 할 수 있다. 우리 헌법 제10조도 이에 따라 "모든 국민은 인간으로서의 존엄과 가치를 가지며, 행복을 추구할 권리를 가진다. 국가는 개인이 가지는 불가침의 기본적 인권을 확인하고 이를 보장할 의무를 진다."라고 규정함으로써 기본권보장의 핵심적인 가치지표가 인간의 존엄과 가치임을 명백히 하고, 동시에 인간으로서의 존엄과 가치를 핵으로 하는 기본권을 보장할 의무를 국가에게 부과하고 있다.

2. 인간의 존엄과 가치의 의미

'인간의 존엄과 가치'는 매우 불명확하고 추상적인 개념이기 때문에 이를 한마디로 정의를 내릴 수는 없으나, 대체로 '인간으로서의 자주적 인격과 그 인격의 내용을 이루는 윤리적·도덕적 가치'라고 할 수 있을 것이다. 이는 양도할 수 없고 포기할 수 없으며 침해될 수 없는 초국가적 개념으로서 자연법사상에 그 뿌리를 두고 있다고 할 수 있다. 결국 헌법 제10조에서 "모든 국민은 인간으로서의 존엄과 가치를 가진다."라고 하는 것은 모든 국민에게 인간으로서의 자주적 인격과 윤리적·도덕적 가치가 인정되고 보장된다고 하는 것을 의미하는 것이다.

3. 인간의 존엄과 가치의 법적 성격

앞서 언급한 바와 같이 인간의 존엄과 가치는 사회공동체의 공감대적 가치질서의 핵이기 때문에 사회공동체의 통합을 위해서는 이러한 인간의 존엄과 가치가 존중되고 보호되어야 하는 것은 너무나 당연한 것이다. 따라서 인간의 존엄과 가치는 우리 헌법질서에서 절대적이고 양보할 수 없는 최고의 핵심적 가치이자 헌법원리이고, 다른 여타의 기본권들은 이를 실현하기 위한 구체적 수단이라고 할 수 있다.

그러므로 헌법 제10조 후단에서 기본권보장의 의무를 국가에게 부여하고 있듯이 이러한 인간의 존엄과 가치를 실현하고 보장할 의무가 국가와 사회에게 부과되어 있고, 따라서 이는 국가작용과 사회질서의 가치기준으로서 모든 국가작용과 사회질서를 구속한다고 볼 수 있다. 그러므로 인간의 존엄과 가치는 국가작용의 궁극적 목적이자 가치판단의 기준으로서 기능한다. 따라서 헌법 제10조는 헌법개정의 한계에 속하며, 인간의 존엄과 가치는 기본권의 본질적 내용이기 때문에 기본권제한입법의 한계에 속하는 등 모든 국가작용이 이에 기속되고, 사인 상호간에도 이를 존중하고 보호해야 하는 것이다.[1)]

4. 인간의 존엄과 가치의 특성

그러나 이것이 곧 인간의 존엄과 가치가 다른 일반 기본권과 마찬가지로 하나의 독자적인 개별적 기본권으로서의 지위를 가진다는 것을 의미하는 것은 아니다. 왜냐하면 인간의 존엄과 가치는 일반 개별적 기본권의 가치적 핵이자 출발점이며 동시에 기본권의 본질적 내용에 속하는 것이지, 그 자체가 구체화된 독자적 기본권성을 갖는 것은 아니기 때문이다. 따라서 일정한 개별적 기본권의

---

1) 헌재 2016. 12. 29. 2013헌마142, 공보 제243호, 194, 196:
헌법 제10조에서 규정한 인간의 존엄과 가치는 헌법이념의 핵심으로, 국가는 헌법에 규정된 개별적 기본권을 비롯하여 헌법에 열거되지 아니한 자유와 권리까지도 이를 보장하여야 하며, 이를 통하여 개별 국민이 가지는 인간으로서의 존엄과 가치를 존중하고 확보하여야 한다는 헌법의 기본원리를 선언한 것이다.

본질적 내용이 침해된 경우에는 인간의 존엄과 가치가 침해되었다고 볼 수 있지만, 단순히 인간의 존엄과 가치가 침해되었다는 이유만으로 - 어떠한 특정한 개별적 기본권에 대한 침해의 주장 없이 - 이에 대한 구제를 국가에 요구할 수는 없으며, 따라서 이를 이유로 헌법소원 등을 제기할 수는 없다고 보아야 할 것이다. 만일 그렇지 않다면 남소를 방지할 수 없으며, 헌법소원 등 모든 권리구제소송이 민중소송화 될 우려가 있을 것이다. 왜냐하면 모든 국가권력작용은 이러한 추상적이고 자의적 해석이 가능한 포괄적 성격을 지닌 인간의 존엄과 가치를 침해한 것이라고 주장될 수 있기 때문이다.[1]

5. 인간의 존엄과 가치의 기능

(1) 헌법에 열거되지 아니한 기본권과 인간의 존엄과 가치

인간의 존엄과 가치는 기본권의 핵이고 사회공동체의 통합을 실현시키기 위한 대전제이자 출발점이기 때문에, 모든 기본권은 인간의 존엄과 가치의 구체화

1) 이에 반해 헌법재판소는 인간의 존엄과 가치가 구체적으로 침해될 수 있고, 따라서 헌법소원 등을 통해 원용되고 구제될 수 있는 독자적 기본권인 것처럼 판시하는 경우가 있다.
예컨대 헌재 2016. 12. 29. 2013헌마142, 판례집 28-2하, 652, 661-662:
수형자가 인간 생존의 기본조건이 박탈된 교정시설에 수용되어 인간의 존엄과 가치를 침해당하였는지 여부를 판단함에 있어서는 1인당 수용면적뿐만 아니라 수형자 수와 수용거실 현황 등 수용시설 전반의 운영 실태와 수용기간, 국가 예산의 문제 등 제반 사정을 종합적으로 고려할 필요가 있다. 그러나 교정시설의 1인당 수용면적이 수형자의 인간으로서의 기본 욕구에 따른 생활조차 어렵게 할 만큼 지나치게 협소하다면, 이는 그 자체로 국가형벌권 행사의 한계를 넘어 수형자의 인간의 존엄과 가치를 침해하는 것이다.
이 사건의 경우, 성인 남성인 청구인이 이 사건 방실에 수용된 기간 동안 1인당 실제 개인사용가능면적은, 2일 16시간 동안에는 1.06㎡, 6일 5시간 동안에는 1.27㎡였다. 이러한 1인당 수용면적은 우리나라 성인 남성의 평균 신장인 사람이 팔다리를 마음껏 뻗기 어렵고, 모로 누워 '칼잠'을 자야 할 정도로 매우 협소한 것이다. 그렇다면 청구인이 이 사건 방실에 수용된 기간, 접견 및 운동으로 이 사건 방실 밖에서 보낸 시간 등 제반 사정을 참작하여 보더라도, 청구인은 이 사건 방실에서 신체적·정신적 건강이 악화되거나 인격체로서의 기본 활동에 필요한 조건을 박탈당하는 등 극심한 고통을 경험하였을 가능성이 크다. 따라서 청구인이 인간으로서 최소한의 품위를 유지할 수 없을 정도로 과밀한 공간에서 이루어진 이 사건 수용행위는 청구인의 인간으로서의 존엄과 가치를 침해한다.
[주문]
피청구인이 청구인을 2012. 12. 8. 16:00경부터 2012. 12. 18. 13:00경까지 ○○구치소 13동 하층 14실에 수용한 행위는 청구인의 인간의 존엄과 가치를 침해한 것으로 위헌임을 확인한다.

이자 그 실현수단이라고 할 수 있다. 따라서 헌법조항에 명시적으로 열거된 개별적 기본권 뿐 아니라 헌법에 열거되지 아니한 자유와 권리도 사회공동체의 통합을 실현시키기 위하여 불가피하게 요구되고 인간의 존엄과 가치의 불가결의 구성요소를 이룬다면, 즉 인간의 존엄과 가치의 실현을 위하여 불가피하게 요구된다면 당연히 헌법상 존중되고 보호되어야 하는 것이다. 다시 말해 그러한 자유와 권리도 국가와 사회에서 존중되고 관철되어야 하기 때문에 인간의 존엄과 가치를 실현시키기 위한 수단으로서의 국가작용과 사회질서를 기속하게 되며, 국가작용에 의해 침해되었을 경우 구제의 대상이 되는 것이다. 이를 우리 헌법 제37조 제1항도 "국민의 자유와 권리는 헌법에 열거되지 아니한 이유로 경시되지 아니한다."라고 규정함으로써 이를 확인하고 있다.[1)]

---

1) ① 헌재 2002. 1. 31. 2001헌바43, 판례집 14-1, 49, 57:
헌법 제37조 제1항은 "국민의 자유와 권리는 헌법에 열거되지 아니한 이유로 경시되지 아니한다."고 규정하고 있다. 이는 헌법에 명시적으로 규정되지 아니한 자유와 권리라도 헌법 제10조에서 규정한 인간의 존엄과 가치를 위하여 필요한 것일 때에는 이를 모두 보장함을 천명하는 것이다.
이러한 기본권으로서 일반적 행동자유권과 명예권 등을 들 수 있다. 그리하여 이 사건에서와 같이 만약 행위자가 자신의 법위반 여부에 관하여 사실인정 혹은 법률적용의 면에서 공정거래위원회와는 판단을 달리하고 있음에도 불구하고 불합리하게 법률에 의하여 이를 공표할 것을 강제당한다면 이는 행위자가 자신의 행복추구를 위하여 내키지 아니하는 일을 하지 아니할 일반적 행동자유권과 인격발현 혹은 사회적 신용유지를 위하여 보호되어야 할 명예권에 대한 제한에 해당한다고 할 것이다.
② 헌재 2010. 10. 28. 2007헌가23, 판례집 22-2상, 761, 767-768:
헌법 제10조로부터 도출되는 일반적 인격권에는 개인의 명예에 관한 권리도 포함되는바, 이 사건 법률조항에 근거하여 반민규명위원회의 조사대상자 선정 및 친일반민족행위결정이 이루어지면(이에 관하여 작성된 조사보고서 및 편찬된 사료는 일반에 공개된다), 조사대상자의 사회적 평가가 침해되어 헌법 제10조에서 유래하는 일반적 인격권이 제한받는다고 할 수 있다.
다만 이 사건 결정의 조사대상자를 비롯하여 대부분의 조사대상자는 이미 사망하였을 것이 분명하나, 조사대상자가 사자의 경우에도 인격적 가치에 대한 중대한 왜곡으로부터 보호되어야 하고, 사자에 대한 사회적 명예와 평가의 훼손은 사자와의 관계를 통하여 스스로의 인격상을 형성하고 명예를 지켜온 그들의 후손의 인격권, 즉 유족의 명예 또는 유족의 사자에 대한 경애추모의 정을 침해한다고 할 것이다.
따라서 이 사건 법률조항은 조사대상자의 사회적 평가와 아울러 그 유족의 헌법상 보장된 인격권을 제한하는 것이라고 할 것이다.
③ 헌재 2019. 4. 11. 2017헌바127, 판례집 31-1, 404, 416-417:
헌법 제10조 제1문은 "모든 국민은 인간으로서의 존엄과 가치를 가지며, 행복을 추구할 권리를 가진다."라고 규정하고 있는데, 이 조항이 보호하는 인간의 존엄성으로부터 개인의 일

(2) 기본권의 본질적 내용과 인간의 존엄과 가치

인간의 존엄과 가치는 개별적 기본권의 이념적 기초이자 가치의 핵이기 때문에, 모든 구체적 기본권의 본질적 내용을 이룬다. 즉 기본권의 본질적 내용이 바로 인간의 존엄과 가치이고, 따라서 인간의 존엄과 가치를 침해하는 기본권 제한은 헌법 제10조에 위배되는 것으로서 어떠한 경우에도 허용될 수 없는 것이다. 이를 헌법 제37조 제2항이 “국민의 모든 자유와 권리는 국가안전보장·질서유지 또는 공공복리를 위하여 필요한 경우에 한하여 법률로써 제한할 수 있으며, 제한하는 경우에도 ‘자유와 권리의 본질적인 내용’을 침해할 수 없다.”라고 규정함으로써 확인하고 있다.

Ⅱ. 행복추구권

1. 의의

행복추구권이라는 말 자체가 추상적이고 상대적이며 다의적이기 때문에 시간과 장소에 따라 매우 다양한 의미를 가지게 되고, 따라서 한마디로 정의를 내리기가 매우 어렵지만, 대체로 “인간의 존엄과 가치의 이상적 실현을 추구하는 삶의 권리”라고 할 수 있을 것이다. 이러한 정의는 행복추구권이 인간의 존엄과 가치와 함께 규정되어 있다는 헌법체계적 측면에서, 그리고 행복추구권이 바로 인간의 존엄과 가치를 정신적·물질적 충족을 통해 실현시키기 위한 권리라는 측면에서 가능하다고 본다.

반적 인격권이 보장된다. 일반적 인격권은 인간의 존엄성과 밀접한 연관관계를 보이는 자유로운 인격발현의 기본조건을 포괄적으로 보호하는데, 개인의 자기결정권은 일반적 인격권에서 파생된다. 모든 국민은 그의 존엄한 인격권을 바탕으로 하여 자율적으로 자신의 생활영역을 형성해 나갈 수 있는 권리를 가진다. 자기결정권은 인간의 존엄성을 실현하기 위한 수단으로서 인간이 자신의 생활영역에서 인격의 발현과 삶의 방식에 관한 근본적인 결정을 자율적으로 내릴 수 있는 권리다. 자기결정권의 근거이자 동시에 목적인 인간의 존엄성은 국가에 인간의 존엄성을 존중하고 보호해야 할 의무를 부과한다. 인간은 그 자체로서 궁극적 목적이자 최고의 가치로서 대우받아야 하며, 어떠한 경우에도 인간이 다른 가치나 목적, 법익을 위한 수단으로 취급되어서는 안 된다.

2. 법적 성격

행복추구권은 자연법사상에 뿌리를 두고 있는 인간의 존엄과 가치를 실현시키기 위한 권리라는 점에서 역시 자연법사상에 그 근원을 두고 있는 추상적 · 포괄적 · 보충적 권리라고 할 수 있다.

(1) 행복추구권의 기본권성

행복추구권은 그것이 기본권보장의 체계상 헌법 제10조의 인간의 존엄과 가치와 더불어 규정되어 있고, 인간의 존엄과 가치와 불가분의 관계에 있으며, 포괄적이고 추상적인 내용으로 이루어졌다는 점에서 기본권적 가치의 핵 내지 기본권 실현의 일반원리적 성격을 가지고 있기도 하지만, 다른 한편 행복추구권은 인간의 존엄과 가치를 실현하기 위한 수단적 · 과정적 권리로서의 성격을 가지기 때문에 그 자체로서 하나의 기본권으로서의 성격과 지위를 가진다고 볼 수 있다.

따라서 다른 일반 기본권이 가지고 있는 양면성, 즉 주관적 권리로서의 성격과 객관적 가치질서로서의 성격을 가진다고 볼 수 있다. 그러므로 행복추구권은 모든 국가권력과 사회질서를 기속하며, 국가권력과 사회 전반은 - 사인 상호간에도 - 행복추구권을 존중하고 실현하여야 한다.

따라서 국가권력행사에 의하여 특정 개인의 행복추구권이 침해되었음을 이유로 헌법소원 등의 사법적 구제절차를 제기할 수 있을 것이다.[1)]

---

1) ① 헌재 1989. 10. 27. 89헌마56, 판례집 1, 309, 310:
범죄혐의가 없음이 명백한 사안인데도 이에 대하여 검찰관이 자의적이고 타협적으로 기소유예처분을 했다면 이는 헌법 제11조 제1항의 평등권, 헌법 제10조의 행복추구권을 침해한 것이다.
[주문]
육군 보병 제2사단 보통군사법원 검찰부 1988년 형제 52호사건에 있어서 검찰관이 1988. 9. 30. 청구인에 대하여 한 기소유예처분은 청구인의 평등권과 행복추구권을 침해한 것이므로 이를 취소한다.
② 헌재 1996. 12. 26. 96헌가18, 판례집 8-2, 680, 691:
이 사건 법률조항이 규정한 구입명령제도는 소주판매업자에게 자도소주의 구입의무를 부과함으로써, 어떤 소주제조업자로부터 얼마만큼의 소주를 구입하는가를 결정하는 직업활동의 방법에 관한 자유를 제한하는 것이므로 소주판매업자의 '직업행사의 자유'를 제한하는 규

(2) 추상적 · 포괄적 · 보충적 권리로서의 성격

그러나 행복추구권은 어떤 특정한 내용만을 대상으로 하는 구체적 · 개별적 기본권은 아니다. 행복추구권은 인간의 존엄과 가치를 실현하기 위한 수단적 권리로서의 성격을 가지기 때문에 그 자체 필연적으로 추상성과 포괄성을 띠지 않을 수 없다.[1)] 따라서 다른 개별적 · 구체적 기본권은 행복추구권의 구성요소이자 전제조건이라고 할 수 있다. 왜냐하면 이러한 개별적 · 구체적 기본권이 보

정이다. 또한 구입명령제도는 비록 직접적으로는 소주판매업자에게만 구입의무를 부과하고 있으나 실질적으로는 구입명령제도가 능력경쟁을 통한 시장의 점유를 억제함으로써 소주제조업자의 '기업의 자유' 및 '경쟁의 자유'를 제한하고, 소비자가 자신의 의사에 따라 자유롭게 상품을 선택하는 것을 제약함으로써 소비자의 행복추구권에서 파생되는 '자기결정권'도 제한하고 있다.

③ 헌재 1998. 5. 28. 96헌가5, 판례집 10-1, 541, 549:
법 제3조는 기부금품의 모집행위를 하기 위하여 행정자치부장관 등의 허가를 얻도록 규정함으로써 국민이 기부금품을 모집할 수 있는 자유를 제한하고 있다. 우리 헌법 제10조 전문은 "모든 국민은 인간으로서의 존엄과 가치를 지니며, 행복을 추구할 권리를 가진다" 고 규정하여 행복추구권을 보장하고 있고, 행복추구권은 그의 구체적인 표현으로서 일반적인 행동자유권과 개성의 자유로운 발현권을 포함하기 때문에, 기부금품의 모집행위는 행복추구권에 의하여 보호된다. 계약의 자유도 헌법상의 행복추구권에 포함된 일반적인 행동자유권으로부터 파생하므로, 계약의 자유 또한 행복추구권에 의하여 보호된다.

④ 헌재 1998. 7. 16. 96헌마246, 판례집 10-2, 283, 309:
청구인들은 전공의수련과정을 사실상 마치고도 치과전문의자격시험의 실시를 위한 제도가 미비한 탓에 치과전문의자격을 획득할 수 없었고 이로 인하여 형벌의 위험을 감수하지 않고는 전문과목을 표시할 수 없게 되었으므로(의료법 제55조 제2항, 제69조 참조), 행복추구권을 침해받고 있고, 이 점에서 전공의수련과정을 거치지 않은 일반 치과의사나 전문의시험이 실시되는 다른 의료분야의 전문의에 비하여 불합리한 차별을 받고 있다고 할 수 있다.

⑤ 헌재 2009. 9. 24. 2007헌마872, 판례집 21-2상, 738, 744:
이 사건 분묘는 구 법 제17조가 적용되지 아니하여 그 설치기간에 제한이 없으나 이를 이장하여 새로 설치하는 분묘는 새로운 분묘로 취급되어 이 사건 부칙 조항에 의해 구 법 제17조의 설치기간 제한을 받게 되는바, 이로써 청구인은 부모의 분묘를 가꾸고 봉제사를 하고자 하는 권리를 제한당한다고 할 수 있다. 청구인은 이러한 권리가 헌법 제34조의 사회보장권이라고 하나 이는 헌법 제10조의 행복추구권의 한 내용으로 봄이 타당하다.

1) 헌재 1995. 7. 21. 93헌가14, 판례집 7-2, 1, 32:
헌법 제10조의 행복추구권은 국민이 행복을 추구하기 위하여 필요한 급부를 국가에게 적극적으로 요구할 수 있는 것을 내용으로 하는 것이 아니라, 국민이 행복을 추구하기 위한 활동을 국가권력의 간섭 없이 자유롭게 할 수 있다는 포괄적인 의미의 자유권으로서의 성격을 가지므로 국민에 대한 일정한 보상금의 수급기준을 정하고 있는 이 사건 규정이 행복추구권을 침해한다고 할 수 없다.

장되고 실현될 때 비로소 행복추구권이 제 기능을 발휘하고 실현될 수 있기 때문이다.

아울러 그렇기 때문에 행복추구권은 다른 개별적 기본권에 대한 보충적 권리로서의 성격을 지닌다. 즉 행복추구권은 그 추상성과 모든 구체적 · 개별적 기본권을 포용하는 포괄성 때문에 그 자체 1차적으로 기본권주체에 의해서 원용될 수는 없고, 일정한 개별적 · 구체적 기본권의 원용과 주장이 가능하지 아니할 경우에 2차적 · 보충적으로 원용되어야 하는 것이다. 이는 행복추구권의 지나친 원용과 개별적 · 구체적 기본권의 공동화를 방지하기 위해서도 그러하다.[1)]

따라서 일정한 국가공권력 작용에 의하여 기본권이 침해되었다고 주장하는 국민은 먼저 특정한 개별적 · 구체적 기본권의 침해를 주장하여야 하고, 이것이 가능하지 아니할 경우 보충적으로 행복추구권의 침해와 이에 대한 구제를 국가기관에 요구해야 할 것이다.

3. 다른 기본권과의 관계

앞서 언급한 바와 같이 인간의 존엄과 가치는 기본권의 뿌리이자 핵이고 각 개별적 기본권은 인간의 존엄과 가치의 구체화이자 수단이기 때문에, 인간의 존엄과 가치를 실현하기 위한 수단적 권리로서의 행복추구권은 당연히 모든 기본권을 포용하는 포괄적 권리의 성격을 가진다. 따라서 헌법에 명시적으로 열거된 기본권뿐만 아니라 헌법에 열거되지 아니한 자유와 권리라 할지라도 그것이 인간의 존엄과 가치를 실현하기 위한 불가피한 수단이라면 당연히 행복추구권의 일부를 구성한다고 보아야 할 것이다.

따라서 헌법에 열거된 기본권 뿐 아니라 - 헌법 제37조 제1항에서도 규정되

---

1) ① 헌재 2000. 12. 14. 99헌마112 등, 판례집 12-2, 399, 408:
행복추구권은 다른 기본권에 대한 보충적 기본권으로서의 성격을 지니므로, 공무담임권이라는 우선적으로 적용되는 기본권이 존재하여(청구인들이 주장하는 불행이란 결국 교원직 상실에서 연유하는 것에 불과하다)그 침해여부를 판단하는 이상, 행복추구권 침해 여부를 독자적으로 판단할 필요가 없다.
② 헌재 2006. 3. 30. 2005헌마598, 판례집 18-1상, 439, 446:
청구인들은 이 사건 법률규정이 청구인들의 행복추구권을 침해한다고 주장하나, 헌법 제10조 전문의 행복추구권은 다른 개별적 기본권이 적용되지 않는 경우에 한하여 보충적으로 적용되는 기본권이라 할 것이므로, 이 사건에서 행복추구권에 앞서 적용되는 공무담임권의 침해 여부에 대해 판단하는 이상 따로 행복추구권 침해 여부를 판단할 필요는 없다.

어 있듯이 - 헌법에 열거되지 아니한 자유와 권리도 인간의 존엄과 가치에 포함되듯이 인간의 존엄과 가치의 실현을 위하여 불가피하다면 행복추구권의 구성요소이자 전제조건이라고 할 수 있으며, 결국 이러한 자유와 권리가 침해당했을 경우에는 헌법 제10조의 행복추구권의 침해를 이유로 일정한 권리구제절차를 밟을 수 있을 것이다.[1)]

제 2 절 평등권

Ⅰ. 의의

우리 헌법은 모든 국민에게 평등권을 보장하고 있다. 즉 헌법 제11조 제1항은 "모든 국민은 법앞에 평등하다. 누구든지 성별·종교 또는 사회적 신분에 의하여 정치적·경제적·사회적·문화적 생활의 모든 영역에 있어서 차별을 받지 아니한다."라고 규정함으로써 국민의 모든 생활영역에서의 기회균등과 차별을 받지 아니할 권리를 보장하고 있으며, 기타 여러 헌법조항에서 각 구체적·개별적 사항과 영역에서의 기회균등과 차별금지를 보장하고 있다.

평등권은 이처럼 일종의 기본권으로서의 성격을 가지지만, 다른 한편 기본권 실현의 방법과 원리로서의 성격도 가진다. 즉 모든 기본권은 모든 국민에게 있어서 원칙적으로 평등하게 실현되어야 한다는 점에서 평등권은 기본권실현의 방법과 기준이라고 할 수 있다. 왜냐하면 평등권이 실현되지 아니한다면 모든 여타의 기본권보장은 실효성을 거둘 수 없고, 정의를 바탕으로 한 사회공동체의 통합은 불가능해질 것이기 때문이다.

따라서 평등권은 모든 생활영역에 균등하게 참여할 기회를 요구할 수 있고

1) 헌재 1998. 10. 15. 98헌마168, 판례집 10-2, 586, 596:
결혼식 등의 당사자가 자신을 축하하러 온 하객들에게 주류와 음식물을 접대하는 행위는 인류의 오래된 보편적인 사회생활의 한 모습으로서 개인의 일반적인 행동의 자유 영역에 속하는 행위라 할 것이다. 그렇다면 이는 헌법 제37조 제1항에 의하여 경시되지 아니하는 기본권이며 헌법 제10조가 정하고 있는 행복추구권에 포함되는 일반적 행동자유권으로서 보호되어야 할 기본권이라 할 것이다.

차별받지 아니할 일종의 기본권으로서의 성격을 가지는 한편, 여타의 기본권실현과 사회공동체의 통합을 실현시키는데 있어서의 방법과 기준으로서의 기능, 즉 헌법의 일반원칙 내지 기준인 '평등의 원칙'으로서의 성격도 가진다고 하겠다.[1]

Ⅱ. 평등권의 내용

기본권실현과 사회공동체 통합의 방법과 기준으로서의 평등권은 국민에게 정치 · 경제 · 사회 · 문화적 생활의 모든 영역에서의 균등한 기회를 보장해주고, 공권력행사의 자의를 금지하는 것을 그 내용으로 하고 있다. 왜냐하면 평등권을 통해서 국민에게 모든 생활영역에서의 기회균등을 보장해주고, 모든 기본권실현의 균등한 기회를 보장해 줌으로써만 기본권의 실효성과 정의의 실현 및 사회통합효과를 증대시킬 수 있으며, 이러한 기회균등을 보장해주기 위해서는 이에 반하는 어떠한 자의적인 공권력행사를 금지시켜야하기 때문이다. 결국 평등권은 국민에 대한 기회균등의 보장과 공권력행사의 자의금지를 내용으로 하고 있다.

그런데 이러한 평등권은 오늘날 산술적 · 절대적 평등(형식적 평등)을 의미하는 것이 아니라, 배분적 정의에 입각한 상대적 평등(실질적 평등)을 의미한다. 이는 모든 공권력행사에 있어서 '같은 것은 같게', '같지 않은 것은 같지 않게' 처리될 것을 그 내용으로 하고 있다. 다만 '같은 것'과 '같지 아니한 것'을 구별하는 판단기준을 정하는 것이 어려운 문제인데, 오늘날 대체로 '합리적 차별사유'의 존재를 그 기준으로 하고 있다. 이는 일정한 사안에 있어서 합리적 차별사유가 존재하면 그 사안을 차별해서 처리할 수 있고, 그렇지 아니한 경우에는 반드시 동일하게 처리해야 하는 것을 말한다.[2]

---

1) 헌재 1989. 1. 25. 88헌가7, 판례집 1, 1, 2:
헌법은 그 전문에 "정치, 경제, 사회, 문화의 모든 영역에 있어서 각인의 기회를 균등히 하고"라고 규정하고, 제11조 제1항에 "모든 국민은 법앞에 평등하다"고 규정하여 기회균등 또는 평등의 원칙을 선언하고 있는바, 평등의 원칙은 국민의 기본권 보장에 관한 우리 헌법의 최고원리로서 국가가 입법을 하거나 법을 해석 및 집행함에 있어 따라야 할 기준인 동시에, 국가에 대하여 합리적 이유 없이 불평등한 대우를 하지 말 것과, 평등한 대우를 요구할 수 있는 모든 국민의 권리로서, 국민의 기본권중의 기본권인 것이다.

2) ① 헌재 1994. 2. 24. 92헌바43, 판례집 6-1, 72, 75:
헌법 제11조 제1항의 평등의 원칙은 일체의 차별적 대우를 부정하는 절대적 평등을 의미하그런데 구체적인 경우에 합리적 차별사유가 존재하느냐의 여부는 또 하나의 가치판단을 필요로 하기 때문에 이의 존재 여부의 판단 역시 용이한 것이 아니다. 결국 이러한 판단은 사회의 가치적 공감대, 시대상황, 정치이념, 국민정서, 정의감정 및 구체적 사안과 관련되는 공익과 사익의 총체적 비교형량을 통해서 판단할 수밖에 없을 것이다.

Ⅲ. 평등위반 여부의 심사기준

일반적으로 평등원칙 위반 내지 평등권 침해의 여부를 심사함에 있어서 그 기준 내지 척도로서 두 가지가 거론된다. 완화된 심사척도와 엄격한 심사척도가 그것이다.

1. 완화된 심사척도

이는 사안의 차별적 취급에 있어서 합리적 차별사유가 존재하는지, 즉 일정한 차별이 자의적이지 않은지를 기준으로 평등원칙위반 내지 평등권침해 여부를 심사하는 것이다. 따라서 이를 합리성심사 또는 자의금지심사라고도 한다.[1]

는 것이 아니라 입법과 법의 적용에 있어서 합리적 근거 없는 차별을 하여서는 아니된다는 상대적 평등을 뜻하고 따라서 합리적 근거 있는 차별 내지 불평등은 평등의 원칙에 반하는 것이 아니다. 그리고 합리적 근거 있는 차별인가의 여부는 그 차별이 인간의 존엄성 존중이라는 헌법원리에 반하지 아니하면서 정당한 입법목적을 달성하기 위하여 필요하고도 적정한 것인가를 기준으로 판단되어야 한다.

② 헌재 2005. 12. 22. 2003헌가8, 판례집 17-2, 577, 612:
평등의 원칙은 본질적으로 같은 것은 같게, 본질적으로 다른 것은 다르게 취급할 것을 요구한다. 그렇지만 이러한 평등은 일체의 차별적 대우를 부정하는 절대적 평등을 의미하는 것이 아니라 입법과 법의 적용에 있어서 합리적인 근거가 없는 차별을 배제하는 상대적 평등을 뜻하고 따라서 합리적 근거가 있는 차별은 평등의 원칙에 반하는 것이 아니다.

1) ① 헌재 1989. 1. 25. 88헌가7, 판례집 1, 1, 2-3:
평등의 원칙은 헌법 제23조에 의하여 보장된 '모든 국민의 재산권'과 헌법 제27조 제3항에 의하여 보장된 '모든 국민의 신속한 재판을 받을 권리'의 실현에도 당연히 적용되어야 할 것이므로 재산권 등 사권의 구제절차인 민사소송에서도 당사자가 누구인가에 따라 차별대우가 있어서는 아니되는 것이며, 국가가 민사소송의 당사자가 되었다고 해서 합리적 이유 없이 우대받아서는 아니되는 것이다. 왜냐하면 비록 국가라 할지라도 권력적 작용이 아닌, 민사소송의 대상이 되는 국고작용으로 인한 법률관계에 있어서는 사인과 동등하게 다루어

이는 후술하는 엄격심사척도와는 달리 단순히 합리적 차별사유의 존재 유무만을 가지고 평등위반 여부를 심사하므로 완화된 심사라고 하고, 엄격심사척도에 비하여 차별주체인 입법자 내지 공권력주체에게 비교적 폭넓은 입법형성권이나 재량권이 부여되며, 결과적으로 합헌으로 정당화되기가 비교적 용이하다.[1)]

일반적으로 자의금지원칙에 관한 심사요건은 ① 본질적으로 동일한 것을 다르게 취급하고 있는지에 관련된 차별취급의 존재 여부와, ② 이러한 차별취급이 존재한다면 이를 자의적인 것으로 볼 수 있는지 여부라고 할 수 있다. 한편, ①의 요건에 관련하여 두 개의 비교집단이 본질적으로 동일한가의 판단은 일반적으로 관련 헌법규정과 당해 법규정의 의미와 목적에 달려 있고, ②의 요건에 관련하여 차별취급의 자의성은 합리적인 이유가 결여된 것을 의미하므로, 차별대

져야 하기 때문이다. 나아가서 소송촉진등에관한특례법 제6조 제1항을 보건데, 가집행의 선고는 불필요한 상소권의 남용을 억제하고 신속한 권리실행을 하게 함으로써 국민의 재산권과 신속한 재판을 받을 권리를 보장하기 위한 제도인데, 위 특례법의 규정에 따르면, 법원은 국가가 원고가 되어 얻은 승소판결에는 상당한 이유가 없는 한 반드시 가집행의 선고를 하여야하나, 반면에 국민이 국가를 상대로 한 소송에서 얻어낸 승소판결에는 아무리 확신 있는 판결이라고 할지라도 가집행의 선고를 할 수 없게 되어있어 결국 재산권과 신속한 재판을 받을 권리의 보장에 있어 소송당사자를 차별하여 국가를 우대하고 있는 것이 명백하고 이처럼 민사소송의 당사자를 차별하여 국가를 우대할만한 합리적 이유도 찾기 어렵다.

② 헌재 1990. 10. 8. 89헌마89, 판례집 2, 332:

국·공립사범대학 등 출신자를 교육공무원인 국·공립학교 교사로 우선하여 채용하도록 규정한 교육공무원법 제11조 제1항은 사립사범대학졸업자와 일반대학의 교직과정이수자가 교육공무원으로 채용될 수 있는 기회를 제한 또는 박탈하게 되어 결국 교육공무원이 되고자 하는 자를 그 출신학교의 설립주체나 학과에 따라 차별하는 결과가 되는 바, 이러한 차별은 이를 정당화할 합리적인 근거가 없으므로 헌법상 평등의 원칙에 어긋난다.

1) 헌재 2008. 10. 30. 2006헌바35, 판례집 20-2상, 793, 801-802:

평등위반 여부를 심사함에 있어 엄격한 심사척도에 의할 것인지 완화된 심사척도에 의할 것인지는 입법자에게 인정되는 입법형성권의 정도에 따라 달라진다.

자의심사의 경우에는 차별을 정당화하는 합리적인 이유가 있는지만 심사하기 때문에 그에 해당하는 비교대상 간의 사실상의 차이나 입법목적(차별목적)의 발견, 확인에 그치는 반면에, 비례심사의 경우에는 단순히 합리적인 이유의 존부 문제가 아니라 차별을 정당화하는 이유와 차별 간의 상관관계에 대한 심사, 즉 비교대상 간의 사실상 차이의 성질과 비중 또는 입법목적(차별목적)의 비중과 차별의 정도에 적정한 균형관계가 이루어져 있는가를 심사한다.

이 사건 법률조항은 1951. 1. 부터 4. 사이에 결사대 소속으로 특수작전을 수행한 자들에 대하여 군복무를 인정하고 일정한 보상을 해주기 위한 일종의 시혜적 조치를 정하고 있는 것이고, 입법자는 보상의 내용이나 범위를 정함에 있어 넓은 입법형성의 자유를 가진다. 따라서 이 사건 법률조항이 평등권을 침해하고 있는지 여부는 자의성 심사에 의하여 판단하면 족하다고 할 것이다.

우를 정당화하는 객관적이고 합리적인 이유가 존재한다면 차별대우는 자의적인 것이 아니게 된다.[1]

평등위반 여부의 심사기준은 후술하는 엄격심사기준에 의한 경우를 제외하고는 대부분 완화된 심사척도에 따른다.[2]

2. 엄격한 심사척도

엄격한 심사척도는 비례성심사척도를 말한다. 즉 차별목적과 차별수단 사이에 비례의 원칙에 따른 심사기준을 의미한다. 다시 말해 엄격한 심사를 한다는 것은 완화된 심사척도 내지 자의금지원칙에 따른 심사, 즉 합리적 이유의 유무를 심사하는 것에 그치지 아니하고 비례성원칙에 따른 심사, 즉 차별취급의 목적과 수단간에 엄격한 비례관계가 성립하는지를 기준으로 한 심사를 행함을 의미한다.

---

1) 헌재 2003. 1. 30. 2001헌바64, 판례집 15-1, 48, 59; 헌재 2008. 10. 30. 2006헌바35, 판례집 20-2상, 793, 801.

2) 헌재 2005. 12. 22. 2003헌가8, 판례집 17-2, 577, 612-613:
헌법재판소는 평등위반 여부를 심사하는 기준으로서, 헌법에서 특별히 평등을 요구하고 있는 경우와 차별적 취급으로 인하여 관련 기본권에 대한 중대한 제한을 초래하게 되는 경우에는 엄격한 심사척도가 적용되어야 하고, 그렇지 않은 경우에는 완화된 심사척도에 의한다는 원칙을 적용하고 있는데, 이 사건 법률조항은 헌법에서 특별히 평등을 요구하는 부분에 대한 것이 아니라 공익을 위하여 상대적으로 넓은 규제가 가능하다고 인정되는 재산권의 행사를 일부 제한하는 것이므로 완화된 심사기준에 따라 평등원칙의 위배 여부를 가려야 할 것이다. 따라서 이 사건 법률조항의 평등원칙 위반 여부에 관하여는 그 차별에 관하여 현저한 불합리성이 있는지 여부, 즉 입법자의 자의성이 있는지 여부만을 심사하면 족하다. 일반적으로 자의금지원칙에 관한 심사요건은 본질적으로 동일한 것을 다르게 취급하고 있는지(또는 본질적으로 다른 것을 동일하게 취급하고 있는지)에 관련된 차별취급의 존재 여부와 이러한 차별취급에 이를 정당화하는 객관적이고 합리적인 이유가 결여하여 이를 자의적인 것으로 볼 수 있는지 여부라고 할 수 있다.
위에서 살펴본 바와 같이, 이 사건 법률조항은 '국세징수의 예에 의하여 징수할 수 있는 청구권'을 일률적으로 재단채권으로 규정함으로써 본질적으로 동일한 것을 다르게 취급하고(파산선고 후의 이자 또는 채무불이행에 의한 손해배상과 실질적으로 동일한 성격을 갖는 청구권을 어떤 경우는 후순위파산채권으로, 어떤 경우는 재단채권으로 규정) 또 다른 한편으로는 본질적으로 다른 것을 동일하게 취급하여(우선권이 있는 채권과 없는 채권 또는 다른 순위의 우선권이 있는 채권을 동일한 우선순위를 갖게 함) 차별취급이 존재하고 있으며, 파산법의 기본목적과 공익적·정책적 필요성의 측면 등에 비추어 볼 때 그러한 차별적인 취급을 정당화할 합리적인 이유를 찾기 어렵다. 따라서 이 사건 법률조항은 자의적으로 차별취급을 한 것으로서 평등원칙에 위반된다.

이에 따라 해당 차별수단(취급)이 정당한 목적을 추구하고(목적의 정당성), 그 차별수단(취급)이 해당 목적달성을 위하여 합리적이고 적합한 수단이어야 하며(수단의 적합성), 차별수단(취급)이 목적달성을 위하여 불가피하거나, 차별수단(취급)으로 인한 불평등의 효과 및 관련 기본권의 침해가 최소한도에 그쳐야 하며(차별효과의 최소침해성), 달성되는 목적과 차별로 인한 불이익 사이에 균형을 이루어야 한다(법익의 균형성).[1)]

우리 헌법재판소는 이러한 엄격심사척도가 적용되는 경우로 두 가지를 제시했다. ① 헌법에서 특별히 평등을 요구하고 있는 경우와, ② 차별적 취급으로 인하여 관련 기본권에 대한 중대한 제한을 초래하게 되는 경우이다. 전자의 경우 헌법이 스스로 차별의 근거로 삼아서는 안되는 기준을 제시하거나 차별을 특히 금지하고 있는 영역을 제시하고 있다면 그러한 기준을 근거로 한 차별이나 그러한 영역에서의 차별에 대하여 엄격하게 심사하는 것이 정당화되고, 후자의 경우 차별적 취급으로 인하여 관련 기본권에 대한 중대한 제한을 초래하게 된다면 입법형성권은 축소되어 보다 엄격한 심사척도가 적용되는 것이다.

예컨대 헌법재판소는 제대군인가산점제도가 위 두 경우에 모두 해당한다고 보아 엄격한 심사척도를 적용하였다. 왜냐하면 헌법 제32조 제4항은 "여자의 근로는 특별한 보호를 받으며, 고용·임금 및 근로조건에 있어서 부당한 차별을 받지 아니한다"고 규정하여 '근로' 내지 '고용'의 영역에 있어서 특별히 '남녀평등'을 요구하고 있는데, 가산점제도는 바로 이 영역에서 남성과 여성을 달리 취급하는 제도이기 때문이고, 또한 가산점제도는 헌법 제25조에 의하여 보장된 공무담임권이라는 기본권의 행사에 중대한 제약을 초래하는 것이기도 하기 때문이다(가산점제도가 민간기업에 실시될 경우 헌법 제15조가 보장하는 직업선택의 자유가 문제될 것이다).[2)]

이에 따라 헌법재판소는 제대군인가산점제도에 대하여 엄격심사척도에 따른 비례성심사를 하였다. 그 결과 헌법재판소는 구 제대군인지원에관한법률 제8조 제1항 등에 대하여 평등권침해를 이유로 위헌결정을 내렸다. 그 결정요지는 다음과 같다.[3)]

---

1) 헌재 2006. 3. 30. 2005헌마598, 판례집 18-1상, 439, 447-449 참조.

2) 헌재 1999. 12. 23. 98헌마363, 판례집 11-2, 770, 787.

3) 헌재 1999. 12. 23. 98헌마363, 판례집 11-2, 770, 771-772.

『평등위반 여부를 심사함에 있어 엄격한 심사척도에 의할 것인지, 완화된 심사척도에 의할 것인지는 입법자에게 인정되는 입법형성권의 정도에 따라 달라지게 될 것이나, 헌법에서 특별히 평등을 요구하고 있는 경우와 차별적 취급으로 인하여 관련 기본권에 대한 중대한 제한을 초래하게 된다면 입법형성권은 축소되어 보다 엄격한 심사척도가 적용되어야 할 것인바, 가산점제도는 헌법 제32조 제4항이 특별히 남녀평등을 요구하고 있는 '근로' 내지 '고용'의 영역에서 남성과 여성을 달리 취급하는 제도이고, 또한 헌법 제25조에 의하여 보장된 공무담임권이라는 기본권의 행사에 중대한 제약을 초래하는 것이기 때문에 엄격한 심사척도가 적용된다.

제대군인에 대하여 여러 가지 사회정책적 지원을 강구하는 것이 필요하다 할지라도, 그것이 사회공동체의 다른 집단에게 동등하게 보장되어야 할 균등한 기회 자체를 박탈하는 것이어서는 아니되는데, 구 제대군인지원에관한법률 제8조 제1항 등에 따른 가산점제도는 아무런 재정적 뒷받침 없이 제대군인을 지원하려 한 나머지 결과적으로 여성과 장애인 등 이른바 사회적 약자들의 희생을 초래하고 있으며, 각종 국제협약, 실질적 평등 및 사회적 법치국가를 표방하고 있는 우리 헌법과 이를 구체화하고 있는 전체 법체계 등에 비추어 우리 법체계 내에 확고히 정립된 기본질서라고 할 '여성과 장애인에 대한 차별금지와 보호'에도 저촉되므로 정책수단으로서의 적합성과 합리성을 상실한 것이다. 가산점제도는 수많은 여성들의 공직진출에의 희망에 걸림돌이 되고 있으며, 공무원채용시험의 경쟁률이 매우 치열하고 합격선도 평균 80점을 훨씬 상회하고 있으며 그 결과 불과 영점 몇 점 차이로 당락이 좌우되고 있는 현실에서 각 과목별 득점에 각 과목별 만점의 5퍼센트 또는 3퍼센트를 가산함으로써 합격여부에 결정적 영향을 미쳐 가산점을 받지 못하는 사람들을 6급 이하의 공무원 채용에 있어서 실질적으로 거의 배제하는 것과 마찬가지의 결과를 초래하고 있고, 제대군인에 대한 이러한 혜택을 몇 번이고 아무런 제한 없이 부여함으로써 한 사람의 제대군인을 위하여 몇 사람의 비제대군인의 기회가 박탈당할 수 있게 하는 등 차별취급을 통하여 달성하려는 입법목적의 비중에 비하여 차별로 인한 불평등의 효과가 극심하므로 가산점제도는 차별취급의 비례성을 상실하고 있다. 그렇다면 가산점제도는 제대군인에 비하여, 여성 및 제대군인이 아닌 남성을 부당한 방법으로 지나치게 차별하는 것으로서 헌법 제11조에 위배되며, 이로 인하여 청구인들의 평등권이 침해된다.』1)

---

1) [그 밖의 엄격한 심사척도를 적용한 판례들]
① 헌재 2000. 8. 31. 97헌가12, 판례집 12-2, 167, 168:
부계혈통주의 원칙을 채택한 구 국적법(1948. 12. 20. 법률 제16호로 제정되고, 1997. 12. 13. 법률 제5431호로 전문개정되기 전의 것) 제2조 제1항 제1호는 출생한 당시의 자녀의 국적을 부의 국적에만 맞추고 모의 국적은 단지 보충적인 의미만을 부여하는 차별을 하고 있다. 이렇게 한국인 부와 외국인 모 사이의 자녀와 한국인 모와 외국인 부 사이의 자녀를 차별취급하는 것은, 모가 한국인인 자녀와 그 모에게 불리한 영향을 끼치므로 헌법 제11조 제1항의 남녀평등원칙에 어긋난다.
한국인과 외국인 간의 혼인에서 배우자의 한쪽이 한국인 부인 경우와 한국인 모인 경우 사이에 성별에 따른 특별한 차이가 있는 것도 아니고, 양쪽 모두 그 자녀는 한국의 법질서와 문화에 적응하고 공동체에서 흠 없이 생활해 나갈 수 있는 동등한 능력과 자질을 갖추었는데도 불구하고 전체 가족의 국적을 가부에만 연결시키고 있는 구법조항은 헌법 제36조 제1항이 규정한 "가족생활에 있어서의 양성의 평등원칙"에 위배된다.
모가 한국인인 자녀들은 외국인이므로 원칙적으로 대한민국의 공무원이 될 수 없고, 거주·이전의 자유, 직업선택의 자유, 재산권, 선거권 및 피선거권, 국가배상청구권 및 사회적 기본권 등을 누릴 수 없거나 제한적으로밖에 향유하지 못하게 된다. 그러므로 구법조항은 자녀의 입장에서 볼 때에도 한국인 모의 자녀를 한국인 부의 자녀에 비교하여 현저하게 차별취급을 하고 있으므로 헌법상의 평등원칙에 위배된다.
결국 구법조항은 부계혈통주의를 채택함으로써 헌법 제11조 제1항의 평등원칙과 헌법 제36조 제1항의 가족생활에 있어서의 양성의 평등원칙에 위배되는 조항이고, 그와 같은 차별로 인하여 그 자녀의 기본권에 중대한 제한을 초래한 것이므로 헌법에 위반되는 규정이었다.
② 헌재 2006. 3. 30. 2005헌마598, 판례집 18-1상, 439, 447-450:
국립사범대학졸업자중교원미임용자임용등에관한특별법(2005. 5. 31. 법률 제7535호로 전문개정된 것) 제5조 등은 교육공무원의 임용을 원하는 미임용등록자에게는 중등교원 임용시험에 있어서 특별정원을 마련해 주고, 사범대학 재학생 내지 현직 교원이 아닌 사범대학 졸업자에 불과함에도 교원자격증 표시과목을 변경할 수 있는 부전공과정을 별도로 마련해 주는 혜택을 줌과 동시에 교육공무원 임용에서 경쟁관계에 있는 그 밖의 다른 응시자격자들에게는 그러한 혜택을 주지 아니한 결과로, 미임용등록자가 아닌 다른 응시자격자들의 교육공무원 임용의 기회를 상대적으로 제한하는 불이익을 줌으로써 두 집단을 차별하고 있다. 이는 미임용등록자가 아닌 그 밖의 응시자격자들에게는 공무담임권에 대한 중대한 제한을 초래하게 되는 관계에 있기 때문에, 이러한 경우 비례의 원칙에 따른 심사를 하여 평등권 침해 여부를 판단하여야 한다.
국립사범대학 졸업자의 교원우선임용 조항에 대한 우리 재판소의 위헌결정(89헌마89) 이전에 국립사범대학을 졸업하고 시·도교육위원회별로 작성된 교사임용후보자명부에 등재되어 임용이 예정되어 있었으나, 위 위헌결정에 따라 교원으로 임용되지 아니한 자에 대하여 중등교원 임용시험에 있어서 별도의 특별정원을 마련하고, 교원자격증의 표시과목을 변경할 수 있도록 하는 국립사범대학졸업자중교원미임용자임용등에관한특별법 제5조 등이 미임용자들의 신뢰를 보호해 주고자하는 목적은 정당하고, 상대적으로 용이한 중등교원 임용의 기회를 제공하는 것은 위와 같은 입법목적의 달성을 위한 유효한 수단이다. 한편, 입법자는 위 제도의 차별효과를 최소화하기 위해, 일반정원이 축소되지 아니하도록 보호조치를 취하

였으며, 미임용자들의 신뢰이익을 보호할 필요성이 다른 일반 응시자들의 불이익보다 크다고 본 입법자의 판단이 헌법적으로 부당한 것이라 하기 어려워, 미임용자들에 대한 특례규정이 중등교사임용시험을 준비하는 지위에 있어 교육공무원직을 두고 경쟁관계에 있는 자의 평등권, 공무담임권을 침해하였다고 볼 수 없다.

③ 헌재 2008. 11. 27. 2006헌마352, 판례집 20-2하, 367, 385-386:

이 사건 규정은 한국방송광고공사나 이로부터 출자를 받은 민영 방송광고 판매대행 사업자가 아니면 지상파 방송사업자에 방송광고 판매대행을 전혀 할 수 없도록 하여 일반 민영 방송광고 판매대행 사업자의 직업수행의 자유에 중대한 제한을 초래하고 있다. 따라서 이 사건 평등권 위반 여부 심사에 있어서는 엄격한 비례심사가 적용되어야 할 것이다.

이 사건 규정의 입법목적 달성은 지상파 방송광고 판매대행사에 공적 부분의 출자가 있었는지 등의 여부를 불문하고 실질적인 경쟁관계를 형성하면서 방송의 공공성이나 다양성 등을 제고하기 위한 실질적인 제도를 구축하고 있는지 여부에 달려 있다고 할 것인데, 이 사건 규정은 단지 지상파 방송광고 판매대행사를 한국방송광고공사와 이로부터 출자를 받은 회사로 한정하고 있는바, 이는 차별목적과 수단 사이에 비례성을 상실한 것으로서 청구인의 평등권을 침해하는 것이라 할 것이다.

④ 헌재 2009. 2. 26. 2005헌마764 등, 판례집 21-1상, 156, 158:

교통사고처리특례법 제3조 제2항 단서조항에 해당하지 않는 교통사고로 중상해를 입은 피해자와 단서조항에 해당하는 교통사고의 중상해 피해자 및 사망사고의 피해자 사이의 차별문제는 교통사고 운전자의 기소 여부에 따라 피해자의 헌법상 보장된 재판절차진술권이 행사될 수 있는지 여부가 결정되어 이는 기본권 행사에 있어서 중대한 제한을 구성하기 때문에 엄격한 심사기준에 의하여 판단한다.

교통사고처리특례법 제3조 제2항 단서조항에 해당하지 않는 교통사고로 인하여 중상해를 입은 피해자는, 자신에게 발생한 교통사고의 유형이 단서조항에 해당하지 않는다는 우연한 사정에 의하여 형사재판에서의 진술권을 전혀 행사하지 못하게 되는바, 이는 역시 우연하게도 단서조항에 해당하는 교통사고를 당한 중상해 피해자가 재판절차진술권을 행사하게 되는 것과 비교할 때 합리적인 이유 없이 차별취급을 당하는 것이다.

또한 교통사고로 인하여 중상해를 입은 결과, 식물인간이 되거나 평생 심각한 불구 또는 난치의 질병을 안고 살아가야 하는 피해자의 경우, 그 결과의 불법성이 사망사고 보다 결코 작다고 단정할 수 없으므로, 교통사고로 인하여 피해자가 사망한 경우와 달리 중상해를 입은 경우 가해 운전자를 기소하지 않음으로써 그 피해자의 재판절차진술권을 제한하는 것 또한 합리적인 이유가 없는 차별취급이라고 할 것이다.

따라서 이 사건 법률조항으로 인하여 단서조항에 해당하지 아니하는 교통사고로 중상해를 입은 피해자를 단서조항에 해당하는 교통사고의 중상해 피해자 및 사망사고의 피해자와 재판절차진술권의 행사에 있어서 달리 취급한 것은, 단서조항에 해당하지 아니하는 교통사고로 중상해를 입은 피해자들의 평등권을 침해하는 것이라 할 것이다.

⑤ 헌재 2019. 4. 11. 2018헌마221, 공보 제271호, 558, 559:

이 사건 중복지원금지 조항은 고등학교 진학 기회에 있어서의 평등이 문제된다. 비록 고등학교 교육이 의무교육은 아니지만 매우 보편화된 일반교육임을 고려할 때 고등학교 진학 기회의 제한은 당사자에게 미치는 제한의 효과가 커 엄격히 심사하여야 하므로 차별 목적과 차별 정도가 비례원칙을 준수하는지 살펴야 한다. 자사고를 지원하는 학생과 일반고를 지원하는 학생은 모두 전기학교에 지원하지 않았거나, 전기학교에 불합격한 학생들로서 고

Ⅳ. 평등권의 입법권 기속성

기본권은 모든 국가권력, 즉 입법권·행정권·사법권 모두를 기속한다. 평등권 역시 행정권은 물론 입법권을 기속한다. 따라서 입법작용이 평등권에 기속되지 아니하고 평등권을 침해했을 경우에는 입법권에 의해 제정된 법률은 위헌법률로서 통제의 대상이 될 것이다.

이처럼 평등권도 모든 국가권력을 기속하고 따라서 당연히 입법권도 평등권에 기속되기 때문에 오늘날 평등권을 상징하는 '법 앞의 평등'이나 헌법 제11조 제1항의 "모든 국민은 법 앞에 평등하다."라는 표현도 과거와는 달리 단순히 법의 집행과 적용만의 평등을 의미하는 것이 아니라 법의 내용 자체의 평등도 요구하고 있다.[1)]

등학교에 진학하기 위해서는 후기 입학전형 1번의 기회만 남아있다는 점에서 같다. 시·도별로 차이는 있을 수 있으나 대체로 평준화지역 후기학교의 입학전형은 중학교 학교생활기록부를 기준으로 매긴 순위가 평준화지역 후기학교의 총 정원 내에 들면 평준화지역 후기학교 배정이 보장된다. 반면 자사고에 지원하였다가 불합격한 평준화지역 소재 학생들은 이 사건 중복지원금지 조항으로 인하여 원칙적으로 평준화지역 일반고에 지원할 기회가 없고, 지역별 해당 교육감의 재량에 따라 배정·추가배정 여부가 달라진다. 이에 따라 일부 지역의 경우 평준화지역 자사고 불합격자들에 대하여 일반고 배정절차를 마련하지 아니하여 자신의 학교군에서 일반고에 진학할 수 없고, 통학이 힘든 먼 거리의 비평준화지역의 학교에 진학하거나 학교의 장이 입학전형을 실시하는 고등학교에 정원미달이 발생할 경우 추가선발에 지원하여야 하고 그조차 곤란한 경우 고등학교 재수를 하여야 하는 등 고등학교 진학 자체가 불투명하게 되기도 한다. 고등학교 교육의 의미, 현재 우리나라의 고등학교 진학률에 비추어 자사고에 지원하였었다는 이유로 이러한 불이익을 주는 것이 적절한 조치인지 의문이 아닐 수 없다. 자사고와 평준화지역 후기학교의 입학전형 실시권자가 달라 자사고 불합격자에 대한 평준화지역 후기학교 배정에 어려움이 있다면 이를 해결할 다른 제도를 마련하였어야 함에도, 이 사건 중복지원금지 조항은 중복지원금지 원칙만을 규정하고 자사고 불합격자에 대하여 아무런 고등학교 진학 대책을 마련하지 않았다. 결국 이 사건 중복지원금지 조항은 고등학교 진학 기회에 있어서 자사고 지원자들에 대한 차별을 정당화할 수 있을 정도로 차별 목적과 차별 정도 간에 비례성을 갖춘 것이라고 볼 수 없다.

1) 헌재 1992. 4. 28. 90헌바24, 판례집 4, 225, 231-232:
우리 헌법이 선언하고 있는 '인간의 존엄성'과 '법앞에 평등'(헌법 제10조, 제11조 제1항)이란 행정부나 사법부에 의한 법적용상의 평등을 뜻하는 것 외에도 입법권자에게 정의와 형평의 원칙에 합당하게 합헌적으로 법률을 제정하도록 하는 것을 명령하는 이른바 법내용상의 평등을 의미하고 있기 때문에 아무리 특정한 분야의 특별한 목적을 위하여 제정되는 특가법이라 하더라도 입법권자의 법제정상의 형성의 자유는 무한정으로 허용될 수는 없는 것

다만 앞서 언급한 바와 같이 평등권의 내용은 산술적·획일적·절대적 평등이 아니라 상대적 평등을 의미하므로 입법자는 구체적 사안에 있어서 합리적 차별사유가 존재할 경우에는 차별할 수 있고, 때로는 차별해야 하는 의무를 지게 된다. 따라서 입법자에게는 원칙적으로 '같이 취급할 사항'과 '차별적으로 취급할 사항'을 결정할 '형성의 자유'가 허용된다.

예컨대 헌법재판소는 교육법 제8조의2에 관한 위헌심판사건에서 "제8조의 규정에 의한 3년의 중등교육에 대한 의무교육은 대통령령이 정하는 바에 의하여 순차적으로 실시한다."는 교육법(1984. 8. 2. 개정 법률 제3739호) 제8조의2에 대하여 합헌결정을 내렸는데, 평등권 내지 평등원칙의 실현방법이나 시기, 대상 등에 대한 비교적 폭넓은 입법형성권을 입법자에게 부여하면서 다음과 같이 판시하고 있다.

『교육법 제8조의2가 규정하는 중학교 의무교육의 순차적 실시 원칙에 따라서 전국 동시 실시의 단계에 이를 때까지는 중학교 의무교육이 실시되는 지역과 실시되지 아니하는 지역 사이에 차별이 생기게 되고, 이 때문에 교육을 받을 권리에 대한 평등의 원칙에 반하는 결과에 이르게 되는 것이 아닌가 하는 의문이 생기게 된다. 헌법 제11조 제1항이 규정하는 평등의 원칙은 일체의 차별적 대우를 부정하는 절대적 평등을 의미하는 것이 아니라 법의 적용이나 입법에 있어서 불합리한 조건에 의한 차별을 하여서는 안된다는 상대적·실질적 평등을 뜻하는 것이므로 합리적 근거 없이 차별하는 경우에 한하여 평등의 원칙에 반할 뿐인 것이다.

다만 국가가 국민에게 혜택을 부여할 때에는 국민의 권리를 제한할 때보다 더 넓은 형성의 자유를 가지는 것은 일반적으로 인정되고 있지만 의무교육제도가 국민에게 혜택을 부여한다는 사실만으로 입법자에게 아무런 제한 없이 형성의 자유가 인정되는 것은 아니다. 그러나 앞서 본 바와 같이 우리나라의 의무교육제도는 해방 이후 국민학교 6학년의 초등교육만을 대상으로 하다가 1984년에

이며 나아가 그 입법내용이 정의와 형평에 반하거나 자의적으로 이루어진 경우에는 평등권 등의 기본권을 본질적으로 침해한 입법권행사로서 위헌성을 면하기 어렵다고 할 것이다. 그러므로 헌법이 명하는 과잉입법금지의 원칙과 평등의 원칙에 반하는 가혹한 형벌규정을 설정하는 특정범죄가중처벌법이나 그 법조항들이 만약 헌법상 입법부에 부여된 입법권의 범위를 넘어서 자의적으로 제정된 것이라고 한다면 그 효력이 부인될 수밖에 없는 것이다.

이르러서야 비로소 중학교 3년의 중등교육에까지 확대되었으나 그 구체적 실시 방법에 관하여는 교육법 제8조의 2에서 순차적으로 확대실시하도록 규정하였을 뿐이다. 이와 같이 중학교 의무교육을 일거에 전면실시하는 대신 단계적으로 확대실시하도록 한 것은 주로 전면실시에 따르는 국가의 재정적 부담을 고려한 것이고 여기에 평등의 원칙에 대한 예외를 인정할 수 있는 합리적인 근거를 찾을 수 있는 것이다.

헌법상 평등의 원칙은 국가가 언제 어디에서 어떤 계층을 대상으로 하여 기본권에 관한 사항이나 제도의 개선을 시작할 것인지를 선택하는 것을 방해하지는 않는다. 말하자면 국가는 합리적인 기준에 따라 능력이 허용하는 범위 내에서 법적 가치의 상향적 구현을 위한 제도의 단계적 개선을 추진할 수 있는 길을 선택할 수 있어야 한다. 그것이 허용되지 않는다면 모든 사항과 계층을 대상으로 하여 동시에 제도의 개선을 추지하는 예외적인 경우를 제외하고는 어떠한 제도의 개선도 평등의 원칙 때문에 그 시행이 불가능하다는 결과에 이르게 되어 불합리할 뿐 아니라 평등의 원칙이 실현하고자 하는 가치와도 어긋나기 때문이다. 따라서 국가가 종전의 상황을 개선함에 있어서 그 개선의 효과가 일부의 사람에게만 미치고 동일한 상황 하에 있는 다른 사람에게는 미치지 않아 그들 사이에 일견 차별이 생기게 된다고 하더라도 그것만으로는 평등의 원칙을 위반한 것이라고는 할 수 없다. 이러한 사정은 특히 이 사건과 같이 제도의 개선에 과다한 재원이 소요되는 경우에 분명하다.

이러한 측면에서 교육법 제8조의2를 본다면 입법자는 장차 중학교 3년의 중등교육에 있어서도 전면적으로 의무교육을 실시할 것을 명백히 규정하고, 다만 현재로서는 국가의 재정형편상 위와 같은 전면실시가 사실상 불가능하다고 판단하여 잠정적인 조치로서 중학교 교육에 대한 의무교육을 단계적으로 순차 확대실시하도록 한 것뿐이다. 헌법이 초등교육 이외의 의무교육의 범위를 법률로 정하도록 한 것은 이를 법률에 의하여 단계적으로 확대하여 나가려는 데 그 기본 취지가 있는 것이며, 그러한 단계적 확대실시의 과정에서 지역적인 차별이나 피교육자에 따른 차별이 비록 생겨난다고 하더라도 이는 전면적인 실시에 따르는 막대한 재정적인 부담을 감안할 때에 불가피한 조치로서 헌법상 용인될 수 있는 것이라 할 것이다. 나아가 현재 도서·벽지·접적지역과 특수학교에 한하여 의무교육을 실시하고 있는 것은 그러한 경우에는 지리적 여건이나 피교육자의 특성상 교육을 받을 기회가 상대적으로 불리하다는 점을 고려한 것으로 이는 오히려 실질적 평등의 원칙에 부합된다고 할 수 있다. 따라서 교육법 제8조의 2는 헌법 제11조 제1항에 정한 평등의 원칙에 위반되지 아니한다.』[1)]

그러나 다른 한편 이러한 입법형성의 자유는 무제한적인 것이 아니고, 입법자가 일정한 사안을 차별적으로 취급할 경우에는 반드시 합리적 차별사유가 존재하여야 하고, 이러한 합리적 차별사유의 존재 여부에 대한 판단에 있어서 모든 관련사항을 고려한 그리고 자의성이 배제된 판단이 전제되어야 한다. 따라서 이러한 판단이 자의적으로 이루어지고 합리성과 객관성을 결여했을 경우에는 합리적 차별사유가 존재한다고 볼 수 없고, 입법자는 자신의 형성의 자유의 한계를 일탈한 것이며, 결국 이를 내용으로 하는 법률은 평등권을 침해한 것으로 위헌이라고 하겠다.

V. 외국인과 평등권

기본권은 원칙적으로 외국인에게도 인정될 수 있으며, 따라서 기본권의 한 종류로서의 평등권도 원칙적으로 외국인에게 인정되어야 할 것이다. 즉 평등권은 국가사회의 통합을 해치지 아니하는 범위내에서 외국인에게도 인정되는 것이다.

이는 평등권이 기회균등과 자의금지를 그 내용으로 하고 있으며, 기본권실현과 사회통합의 방법과 기준으로서의 기능을 가지기 때문에 국내거주 외국인도 사회통합을 해치지 아니하는 한도내에서 원칙적으로 평등권의 주체가 될 수 있다고 보아야 하기 때문이다. 더욱이 오늘날의 현대적인 국제화시대의 현실과 자유로운 해외여행 및 국제교류와 문호개방추세 등을 감안한다면 우리나라의 지위향상과 우리 국민의 외국에서의 권익신장을 위해서 평등권의 외국인에게의 인정은 더욱 권장되어야 할 것이다.

다만 평등권은 절대적 평등이 아닌 상대적 평등을 의미하기 때문에 모든 외국인을 언제나 우리 국민과 동일하게 대우해주어야 하는 것은 아니고, 합리적인

---

1) 헌재 1991. 2. 11. 90헌가27, 판례집 3, 11, 24-26.

차별사유가 존재하는 한, 예컨대 사회통합을 해칠 수 있거나 공익상의 이유로 인하여 평등권을 제한 내지 배제해야 한다면 외국인의 평등권 주체성은 인정될 수 없을 것이다.

Ⅵ. 헌법상 평등권에 관한 규정

현행 헌법은 평등권에 관하여 모든 생활영역에 대하여 보장하는 일반적 규정형식과 특정한 생활영역이나 대상에 대해서만 보장하는 개별적 규정형식의 두 가지 형식으로 규정하고 있다.

1. 일반적 평등권

(1) 일반적 기회균등

헌법전문에서 "… 정치 · 경제 · 사회 · 문화의 모든 영역에 있어서 각인의 기회를 균등히 하고, …"라고 선언함으로써 국민의 모든 생활영역에서의 기회균등을 보장하고 있다.

(2) 법 앞의 평등과 일반적 차별금지

헌법 제11조 제1항은 "모든 국민은 법 앞에 평등하다. 누구든지 성별 · 종교 또는 사회적 신분에 의하여 정치적 · 경제적 · 사회적 · 문화적 생활의 모든 영역에 있어서 차별을 받지 아니한다."라고 규정함으로써 법의 내용과 법의 적용 및 집행의 평등을 보장하고 있으며, 모든 생활영역에 있어서의 차별금지를 명시하고 있다.

2. 개별적 평등권

(1) 사회적 특수계급제도의 부인

헌법 제11조 제2항은 "사회적 특수계급의 제도는 인정되지 아니하며, 어떠한 형태로도 이를 창설할 수 없다."라고 규정함으로써 사회적 평등의 이념에 반하고 사회의 통합을 저해할 수 있는 귀족제도나 노예제도 또는 반상제도가 허용될 수 없음을 명시하고 있다.

(2) 영전일대의 원칙

헌법 제11조 제3항은 "훈장 등의 영전은 이를 받은 자에게만 효력이 있고, 어떠한 특권도 이에 따르지 아니한다."고 규정하여 이른바 영전일대의 원칙을 채택하고 있고, 어떠한 특권도 인정될 수 없음을 분명히 하고 있다.

(3) 교육의 기회균등

헌법 제31조 제1항은 "모든 국민은 능력에 따라 균등하게 교육을 받을 권리를 가진다."라고 규정함으로써 균등한 교육을 받을 권리를 보장하고 있고, 이를 뒷받침해주기 위해 적어도 초등교육과 법률이 정하는 교육을 의무·무상교육으로 함으로써 모든 국민에게 균등한 최소한의 기본교육을 받을 수 있도록 했다.

(4) 근로조건에 있어서 차별금지

헌법 제32조 제4항은 "여자의 근로는 특별한 보호를 받으며, 고용·임금 및 근로조건에 있어서 부당한 차별을 받지 아니한다."라고 규정함으로써 근로관계에 있어서의 남녀평등을 보장하고 있다.

(5) 혼인과 가족생활에서의 양성평등

헌법 제36조 제1항은 "혼인과 가족생활은 개인의 존엄과 양성이 평등을 기초로 성립되고 유지되어야 하며, 국가는 이를 보장한다."라고 규정함으로써 혼인과 가족생활에서의 양성평등을 강조하고 이를 보장하고 있다.

(6) 참정권의 평등

헌법은 모든 국민에게 선거권(제24조), 공무담임권(제25조), 국민투표권(제72조, 제130조 제2항) 등의 참정권을 부여하면서 이들 참정권이 평등권 내지 평등원칙 따라 실현될 수 있도록 평등선거의 원칙을 채택하고 있다.

이에 따라 헌법 제41조 제1항은 "국회는 국민의 보통·'평등'·직접·비밀선거에 의하여 선출된 국회의원으로 구성한다."라고 규정하고, 제67조 제1항은 "대통령은 국민의 보통·'평등'·직접·비밀선거에 의하여 선출한다."라고 규정하고 있으며, 제116조 제1항은 "선거운동은 각급 선거관리위원회의 관리하에 법률이 정하는 범위안에서 하되, '균등한 기회'가 보장되어야 한다."라고 규정함으로써 국회의원선거, 대통령선거, 국민투표 및 각종 선거운동에 있어서의 선거권과 국민투표권의 평등 및 선거운동과 피선거권행사의 기회균등을 보장하고 있다.

(7) 경제질서 등에서의 균형

헌법은 개인과 기업의 경제상의 자유와 창의를 존중하는 자유경제질서를 추구하면서도 경제질서에 있어서의 실질적 평등과 균형을 이루도록 함으로써 경제적·사회적 정의의 실현을 추구하고 있다. 이에 따라 헌법 제119조 제2항은 "국가는 균형 있는 국민경제의 성장 및 안정과 적정한 소득의 분배를 유지하고, 시장의 지배와 경제력의 남용을 방지하며, 경제주체간의 조화를 통한 경제의 민주화를 위하여 경제에 관한 규제와 조정을 할 수 있다."라고 규정하고 있고, 제120조 제2항은 "국토와 자원은 국가의 보호를 받으며, 국가는 그 균형 있는 개발과 이용을 위하여 필요한 계획을 수립한다."라고 규정하고 있으며, 제122조는 "국가는 국민 모두의 생산 및 생활의 기반이 되는 국토의 효율적이고 균형 있는 이용·개발과 보전을 위하여 법률이 정하는 바에 의하여 그에 관한 필요한 제한과 의무를 과할 수 있다."고 규정하고, 제123조 제2항은 "국가는 지역간의 균형 있는 발전을 위하여 지역경제를 육성할 의무를 진다."고 규정함으로써 경제질서 및 국토와 자원의 개발과 이용에 있어서의 균형을 강조하고 있다.

Ⅶ. 평등권의 제한

1. 헌법적 제한

이는 헌법제정자 내지 헌법개정자 스스로가 내린 헌법정책적 결정으로서 합리적 차별사유의 존재를 이유로 평등권을 제한한 것이다.

(1) 정당의 특권

현대 민주국가에서 정당이 수행하는 고유한 정치적 기능을 보장하기 위하여 정당이 일반결사에 비하여 국가의 특별한 보호를 받고 그 운영에 필요한 자금을 보조받으며(제8조 제3항), 헌법재판소의 심판에 의하여 해산되는 경우를 제외하고는 해산당하지 아니한다(동조 제4항).

(2) 군인 · 군무원 등의 국가배상청구권제한

제29조 제2항은 "군인 · 군무원 · 경찰공무원 기타 법률이 정하는 자가 전투 · 훈련 등 직무집행과 관련하여 받은 손해에 대하여는 법률이 정하는 보상 외에 국가 또는 공공단체에 공무원의 직무상 불법행위로 인한 배상은 청구할 수 없다."고 규정함으로써 군인 등 특수한 신분관계에 있는 자의 국가배상청구권을 제한하고 있다. 이는 이들이 받는 보상과 국가배상이 중복되어 이중배상이 되기 때문에 이를 해소하기 위하여 국가배상을 배제하려는 취지에서 유래된 것이라고 하겠다.

그러나 국가보상과 국가배상은 그 취지와 근거 및 성질이 전혀 다른 것으로서 이중배상의 관계에 있지 아니하므로 국가배상을 제한하는 것은 합리적 차별사유 없이 차별한 것으로서 평등권을 위헌적으로 침해한 것이라고 하겠다(대판 1971. 6. 22. 70다1010 참조).[1]

(3) 국가유공자 등의 우선적 근로기회보장

제32조 제6항은 "국가유공자 · 상이군경 및 전몰군경의 유가족은 법률이 정하는 바에 의하여 우선적으로 근로의 기회를 부여받는다."라고 규정함으로써 국가유공자 등의 생계를 지원하고 애국애족의 정신을 함양하고 있다.

(4) 공무원과 방위산업체근로자의 노동3권 제한

제33조 제2항은 "공무원인 근로자는 법률이 정하는 자에 한하여 단결권 · 단

---

1) 이에 대하여 자세한 것은 정연주, 현행 국가배상제도에 대한 헌법적 검토, 법학논총 38권 1집, 전남대학교 법학연구소, 2018. 2, 169쪽 이하 참조.

체교섭권 및 단체행동권을 가진다."라고 규정하고 있고, 제3항은 "법률이 정하는 주요방위산업체에 종사하는 근로자의 단체행동권은 법률이 정하는 바에 의하여 이를 제한하거나 인정하지 아니할 수 있다."라고 규정함으로써 특수한 신분관계나 국방상의 이유에서 노동3권의 전부 또는 일부를 완전히 배제할 수 있도록 했다.

그러나 이는 아무리 합리적 차별사유가 존재한다 하더라도 다른 한편에서는 기본권의 본질적 내용을 침해함과 동시에 비례의 원칙에도 위반될 소지가 있어서 헌법상 문제가 있다고 하겠다.

(5) 대통령의 특권

제84조는 "대통령은 내란 또는 외환의 죄를 범한 경우를 제외하고는 재직중 형사상의 소추를 받지 아니한다."고 규정하고, 제85조는 "전직대통령의 신분과 예우에 관하여는 법률로 정한다."고 규정함으로써 대통령에게 형사상의 특권과 퇴직후의 일정한 신분보장과 예우를 보장하고 있다. 이는 대통령의 권위와 원활한 직무수행 및 예우를 보장하기 위한 것이라고 볼 수 있지만 다른 한편 정의와 형평의 관점에서 입법정책적으로 문제가 있다고 하겠다.

(6) 국회의원의 불체포특권과 면책특권

제44조는 "① 국회의원은 현행범인인 경우를 제외하고는 회기중 국회의 동의없이 체포 또는 구금되지 아니한다. ② 국회의원이 회기전에 체포 또는 구금된 때에는 현행범인이 아닌 한 국회의 요구가 있으면 회기중 석방된다."라고 규정하고, 제45조는 "국회의원은 국회에서 직무상 행한 발언과 표결에 관하여 국회외에서 책임을 지지 아니한다."라고 규정함으로써 국회의원의 권위와 원활한 직무수행을 보장하고 있다.

그러나 다른 한편 이러한 국회의원의 특권이 의정활동의 원활한 수행을 위하여 사용되는 것이 아니라 정략적으로 남용·악용될 가능성이 있기 때문에 이러한 특권행사의 요건에 대한 보완이 필요하다고 하겠다.

(7) 군사법원에 의한 재판

제27조 제2항과 제110조는 일반법원에 대한 특별법원으로서 군사법원을 설

치하여 일정한 사안에 대하여 관할권을 갖도록 했다. 이 또한 군인이라는 특수한 신분관계와 특별한 행정목적달성이라는 특성을 고려하여 군사법원을 설치·관할토록 한 것인데, 그 구체적 구성이나 절차 및 재판관의 자격 등에서 문제가 제기되고 있다.

2. 법률적 제한

이는 헌법 제37조 제2항에 근거하여 평등권을 국가안전보장·질서유지·공공복리를 위하여 법률로써 제한하는 경우를 말한다. 이러한 제한은 모두 공익상 합리적 차별사유에 기인하는 것이라고 하겠다.

Ⅷ. 평등권침해에 대한 구제의 특수성

1. 신뢰이익이나 공익에 대한 총체적 고려와 변형결정

평등권을 침해당한 국민은 당연히 헌법과 법률이 정한 구제절차에 따라 평등권을 구제받을 수 있다.

그러나 다른 기본권의 경우와는 달리 평등권의 경우에는 평등권이 침해된 피해자와 더불어 기존의 기득권을 향유하고 있는 수혜자가 동시에 존재하는 경우가 있을 수 있다. 여기서 평등권을 침해한 행정작용이나 법률을 위헌·위법을 이유로 무효화 또는 취소시킬 경우 피해자의 평등권은 구제받을 수 있지만, 법률의 무효화나 행정작용의 취소로 인해 기존의 수혜자인 상대방 등 이해관계 있는 제3자의 기득권이 침해당할 수 있는 것이다. 이는 주로 법률이나 행정작용이 수익적 내용을 지니고 있을 때 문제가 될 수 있다.

다른 한편 평등권을 침해한 법률에 대한 단순 위헌결정이 공익을 현저히 침해하거나 법적 공백상태를 초래하는 등 더 큰 법적 혼란과 위헌상태를 야기할 수도 있다.

법치국가원리에 따라 일정한 공권력작용이 위헌·위법하게 기본권을 침해했을 경우에는 당연히 그 공권력작용을 무효화 또는 취소시켜서 권리를 구제해야 하겠지만, 이를 통해 상대방 등 제3자의 기득권이 침해당한다면 이는 결국 법적 안정성과 예측가능성을 해치고 신뢰보호의 원칙에도 위반되는 것으로 그 역시 법치국가원리에 반하는 것이다. 따라서 수혜자의 기득권을 해치면서 까지도 위헌적인 공권력작용을 무효화 또는 취소시킬 수밖에 없는 긴절한 공익상의 이유가 있는 경우를 제외하고는 수혜자의 기득권도 보호하면서 피해자 내지 청구인의 평등권을 구제하는 방법이 고려되어야 할 것이다. 아울러 이러한 논리는 평등권을 침해한 법률에 대한 단순 위헌결정이 공익을 현저히 침해하거나 법적 공백상태를 초래하는 등 더 큰 법적 혼란과 위헌상태를 야기할 경우에도 적용될 수 있다.

이에 대한 예로서 평등권을 침해한 공권력작용이 행정작용인 경우에는 그 위헌·위법한 행정작용을 취소시키지 아니하고 평등권침해를 주장하는 자의 평등권구제를 위해 그에게도 수혜자와 동일한 혜택을 부여하는 방법이 고려될 수 있을 것이고(의무이행심판이나 부작위위법확인소송이 구체적인 구제방법이 될 것이다), 법률인 경우에는 단순위헌결정보다는 헌법불합치결정이나 한정위헌결정 등의 변형결정을 하여 기득권 내지 신뢰이익이나 공익도 보호하고 피해자의 평등권도 구제하는 방법이 고려될 수 있을 것이다.[1)]

---

1) 예컨대 헌법재판소는 국회의원선거법 제33조, 제34조의 위헌심판사건(헌재 1989. 9. 8. 88헌가6, 판례집 1, 199)에서 정당추천 후보자와 무소속 후보자의 기탁금에 1,000만원과 2,000만원의 차등을 둔 것은 정당인과 비정당인을 불합리하게 차별하는 것으로 헌법 제41조의 선거원칙에 반하고 헌법 제11조의 평등보호규정에 위배된다고 판시하면서 주문에서 "1. 국회의원선거법(1988년 3월 17일 법률 제4003호 전문개정) 제33조 및 제34조는 헌법에 합치되지 아니한다. 2. 위 법률 조항은 1991년 5월말을 시한으로 입법자가 개정할 때까지 그 효력을 지속한다."라고 헌법불합치결정을 내렸다(유사판례 헌재 1991. 3. 11. 91헌마21, 판례집 3, 91).
한편 국회의원선거법 제55조의3 등에 대한 헌법소원사건(헌재 1992. 3. 13. 92헌마37 등, 판례집 4, 137)에서는 정당추천후보자에게 별도로 정당연설회를 할 수 있도록 한 국회의원선거법 제55조의3 규정은 무소속후보자에 비교하여 월등하게 유리한 위치에서 선거운동을 하게 한 불평등한 규정이므로 헌법전문, 헌법 제11조 제1항의 법앞의 평등, 제25조의 공무담임권, 제41조 제1항의 평등선거의 원칙, 제116조 제1항의 선거운동기회균등의 보장원칙에 위반된다고 할 것이나 무소속후보자에게도 정당연설회에 준하는 개인연설회를 허용하는 경우에는 위헌성의 소지가 제거될 수 있으므로 제7항은 당해 지역구에서 정당추천후보자를 연설원으로 포함시킨 정당연설회를 개최하는 경우에는 무소속후보자에게도 정당추천후보자에 준하는 선거운동의 기회를 균등하게 허용하지 아니하는 한 헌법에 위반된다고 판시하고, 정당추천후보자에게 무소속후보자에 비하여 소형인쇄물을 2종 더 제작·배부할 수 있도록 한 국회의원선거법 제56조의 규정은 불평등한 것으로서 위헌적인 규정이지만 무소속후보자에게 소형인쇄물을 추가로 배부할 수 있도록 허용하는 경우에는 위헌성의 소지가 제

2. 단순위헌결정으로 신뢰이익이 침해된 사례

이러한 측면에서 헌법재판소가 평등권침해를 인정하면서 이러한 평등권침해에 대한 구제의 특수성에 대한 고려 없이 해당 법조항에 대하여 단순위헌결정을 내림으로써 기존의 기득권 내지 신뢰이익과 법적 안정성을 침해한 결정으로서 교육공무원법 제11조 제1항에 대한 헌법소원사건을 들 수 있다.[1] 이 사건 헌법소원심판의 대상은 교사채용에 있어서의 특혜를 규정한 교육공무원법 제11조 제1항(1981.11.23. 법률 제3458호 전문개정)인데, 그 법률조항의 내용은 "교사의 신규채용에 있어서는 국립 또는 공립의 교육대학, 사범대학 기타 교원양성기관의 졸업자 또는 수료자를 우선하여 채용하여야 한다."는 것이다.

이 사건에서 사립사범대 재학생이거나 졸업생들인 청구인들은 사범대학은 설립주체에 따라 국립·공립 또는 사립으로 나누어질 뿐 교육내용이나 목적, 시설기준, 졸업자의 자격 등에 있어서는 아무런 차이가 없는데도 위 법률의 조항은 교육공무원으로의 신규채용에 있어 국립 또는 공립 사범대학 기타 교원양성기관의 졸업자 또는 수료자를 우선하여 채용하도록 규정하고 있는데, 이는 교육공무원의 채용에 있어 사립 사범대학 졸업자를 합리적 이유 없이 차별하는 것으로서 평등의 원칙을 규정한 헌법 제11조 제1항에 위반된다고 주장하면서 위 법률조항의 위헌여부에 대한 이 사건 헌법소원심판을 청구한 것이다.

이 사건에서 헌법재판소는 국·공립사범대학 등 출신자를 교육공무원인 국·공립학교 교사로 우선하여 채용하도록 규정한 교육공무원법 제11조 제1항은 사립사범대학졸업자와 일반대학의 교직과정이수자가 교육공무원으로 채용될 수

거될 수 있으므로 위 규정 역시 당해 지역구에서 정당이 소형인쇄물 2종을 추가 배부하는 경우에는 무소속후보자에게도 그에 준하는 종류의 소형인쇄물을 제작·배부할 수 있도록 선거운동의 기회를 균등하게 허용하지 아니하는 한 헌법에 위반된다고 판시하면서 "국회의원선거법(1988.3.17. 법률 제4003호, 개정 1991.12.31. 법률 제4462호) 제55조의3(정당연설회)의 규정 중 '정당연설회에 당해 지역구후보자를 연설원으로 포함시킨 부분'과 같은 법 제56조(소형인쇄물의 배부 등)의 규정 중 '정당이 후보자를 추천한 지역구마다 2종의 소형인쇄물을 따로 더 배부할 수 있도록 한 부분'은, 당해 지역구에서 정당이 그와 같은 정당연설회를 개최하거나 소형인쇄물을 제작 배부하는 경우에는, 무소속후보자에게도 각 그에 준하는 선거운동의 기회를 균등하게 허용하지 아니하는 한 헌법에 위반된다."는 한정위헌결정을 내렸다.

1) 헌재 1990. 10. 8. 89헌마89, 판례집 2, 332.

있는 기회를 제한 또는 박탈하게 되어 결국 교육공무원이 되고자 하는 자를 그 출신학교의 설립주체나 학과에 따라 차별하는 결과가 되는 바, 이러한 차별은 이를 정당화할 합리적인 근거가 없으므로 헌법상 평등의 원칙에 어긋난다고 판시하면서 "교육공무원법(1981. 11. 23. 법률 제3458호 전문개정) 제11조 제1항은 헌법에 위반된다."는 주문의 단순위헌결정을 내렸다.[1)]

그런데 이 결정은 위 법조항을 신뢰하고 국립사범대 등에 입학하고 재학중이거나 졸업하여 미임용된 상태의 우선채용 대상자들의 우선 임용되리라는 신뢰를 깨뜨린 것이다. 왜냐하면 위헌으로 결정된 법률을 제정한 것은 입법자이고, 따라서 그 귀책사유는 입법자에게 귀속되는 것이지, 아무런 과실이나 책임 없이 위 법조항을 신뢰하고 국립대학에 입학한 재학생들이나 졸업생들에게 귀속되는 것은 아니기 때문이다. 즉 그들은 아무런 과실이나 잘못 없이 국가의 법률을 신뢰하고(법률의 추정적 효력) 사립대학에 입학할 수 있었음에도 불구하고 우선 임용을 신뢰하여 국립대학을 택한 것이기 때문이다.

따라서 이들의 신뢰이익도 보호하면서 평등권이 침해당한 청구인들의 평등권도 구제해주는 규범조화적인 변형결정을 내렸어야 했다.

한편 이러한 헌법재판소의 단순위원결정으로 야기된 부작용을 해소하고자 그 후 국립사범대학졸업자중교원미임용자임용등에관한특별법이 2005. 5. 31. 법률 제7535호로 전문 개정되어 공포·시행되었다. 이 법률은 1990. 10. 7. 이전에 국립의 사범대학(한국교원대학교·공업교육대학 및 국립대학에 설치된 교육과를 포함한다)을 졸업하고 시·도교육위원회별로 작성된 교사임용후보자명부에 등재되어 임용이 예정되어 있었으나, 1990. 10. 8. 법률 제3458호 교육공무원법 제11조 제1항에 대한 위 헌법재판소의 위헌결정(89헌마89)에 따라 교원으로 임용되지 아니한 자 중 제3조 제1항에 의한 미임용등록자에 대하여 중등교원 임용시험에 있어서 별도의 특별정원을 마련하고, 미임용등록자에게 교원자격증의 표시과목을 변경할 수 있도록 하는 규정을 두고 있다.

그런데 이에 대하여 사범대학교에 재학중이거나 졸업한 자들로 구성된 청구인들이 이 사건 법률이 미임용등록자를 위하여 국·공립학교 중등교원 채용에 관한 특별정원 및 부전공과정을 개설하여 혜택을 주는 것은 한정된 교원직을

---

1) 헌재 1990. 10. 8. 89헌마89, 판례집 2, 332, 333.

두고 경쟁관계에 있는 청구인들의 평등권, 공무담임권 및 직업선택의 자유, 학생들의 양질의 교육을 받을 권리, 학부모의 자녀교육권, 납세자의 권리, 인간의 존엄과 가치 및 행복추구권을 침해하여 위헌이라고 주장하면서 2005. 6. 20. 위 법률 전체의 위헌확인을 구하는 헌법소원심판을 청구하였다.

이에 헌법재판소는 "이 사건 법률규정의 목적은 미임용자들의 신뢰를 보호하는 것이다. 이와 같은 목적이 헌법적으로 정당한가 하는 문제가 있을 수 있다. 살피건대, 미임용자들은 위헌결정이 있기 이전의 구 교육공무원법 제11조 제1항이 유효한 것으로 믿고 국·공립사범대학을 졸업하면 교육공무원인 중등교원으로 무시험 우선 채용될 수 있을 것을 신뢰하여 우수한 대학입학고사 성적에도 불구하고 다른 대학에의 진학 기회를 포기하고 중등교원이 되기 위하여 국·공립 사범대학에의 진학을 선택하고 학업을 수행하여 졸업한 후 시·도 교육위원회별로 작성한 교사임용후보자명부에 등재되어 임용이 예정되어 있었던 자들이다. 이러한 미임용자들의 결정과 행위는 국가의 입법행위에 의하여 일정한 방향으로 유인된 신뢰의 행사라고 평가될 수 있으므로, 이들은 구 교육공무원법 제11조 제1항의 존속에 대한 주관적 신뢰이익을 갖는다 할 것이다. 비록 우리 재판소의 결정에 의하여 구 교육공무원법 제11조 제1항이 위헌으로 선언되었으나, 우리 헌법재판소법 제47조 제2항은 장래효의 원칙을 규정함으로써 위헌법률이 당연히 무효인 것이 아니라 위헌결정으로 장래 효력을 상실하도록 되어 있어 헌법재판소에 의한 위헌확인 시까지는 유효한 신뢰의 근거로 작용할 수 있다."[1]라고 판시함으로써 과거의 결정(89헌마89)으로 인해 침해된 미임용자들의 신뢰보호의 이익과 이를 구제하고자 제정된 법조항의 합헌성을 인정한 바 있다.

결국 이 사례는 평등권침해에 대한 사법적 구제의 경우 그 구제의 특수성, 특히 위헌결정 시 제3자 등 이해관계자의 신뢰이익이나 기득권 내지 법적 안정성, 법적 공백이나 공익 등을 총체적으로 고려해야 한다는 교훈을 우리에게 보여주고 있다.

---

1) 헌재 2006. 3. 30. 2005헌마598, 판례집 18-1상, 439, 447-448.

제3절 자유권적 기본권

자유권적 기본권은 국민이 국가권력으로부터 자신의 자유를 침해받지 아니할 소극적 권리를 의미한다. 이는 일종의 대국가적 권리로서 국가의 부작위를 요청할 수 있는 권리 내지 방해배제청구권이다. 그 점에서 같은 대국가적 권리이지만 국가에 대하여 작위나 급부를 요구하는 적극적 권리, 예컨대 사회적 기본권 내지 생존권적 기본권 또는 청구권적 기본권과 구별된다. 자유권적 기본권은 가장 전통적이고 광범위한 기본권이다. 신체에 관한 권리, 사생활보호를 위한 권리, 정신 · 문화적 기본권, 경제적 기본권, 정치적 기본권 등이 그것이다.

제1항 신체에 관한 권리

헌법은 기본권의 보장과 행사의 필수적 전제이자 출발점으로서 모든 국민의 신체에 관한 권리를 보장하고 있다. 생명에 관한 권리(생명권)와 신체를 훼손당하지 않을 권리 및 신체활동의 임의성에 관한 권리(신체의 자유)가 그것이다. 아울러 헌법은 이러한 신체에 관한 권리를 실효성 있게 보장하기 위하여 신체의 자유의 실체적 보장과 절차적 보장에 관한 다양한 원칙을 규정하고 있다.

Ⅰ. 생명권

1. 생명권의 의의와 헌법적 근거

독일 기본법(제2조 제2항)과는 달리 우리 헌법에는 생명권에 관한 명문규정은 없지만, 생명권은 우리 헌법에서도 당연히 보장되는 기본권이다.[1)] 왜냐하면 생

1) ① 헌재 1996. 11. 28. 95헌바1, 판례집 8-2, 537, 545:

명권이 보장되지 않는 신체의 자유는 존재할 수 없을 뿐만 아니라, 생명권은 인간의 존엄과 가치의 실현을 위한, 그리고 다른 모든 기본권 실현의 가장 기초적인 전제조건이기 때문이다. 따라서 생명권은 신체의 자유 및 인간의 존엄과 가치로부터 당연히 도출되는 기본권이라고 할 수 있고, 결국 생명권의 헌법적 근거는 바로 신체의 자유를 보장한 제12조 제1항과 인간의 존엄과 가치를 보장한 제10조라고 할 수 있다.

2. 생명권의 제한 및 그 한계

이처럼 생명권은 신체의 자유의 전제일 뿐 아니라 인간의 존엄과 가치를 실현하기 위한 필수적 조건이기 때문에 인간생명은 어떠한 경우에도 국가목적이나 공익실현을 위한 도구일 수가 없다. 따라서 공권력작용에 의한 생명권침해는 적어도 다른 생명을 보호하기 위하여 불가피한 경우에만 고려될 수 있고, 아울러 비례의 원칙이 준수되어야 할 것이다.

따라서 일반적으로 생명에 대한 현재의 급박하고 불법적인 침해 위협으로부터 벗어나기 위한 정당방위로서 그 침해자의 생명에 제한을 가하여야 하는 경우, 모체의 생명이 상실될 우려가 있어 태아의 생명권을 제한하여야 하는 경우, 국민 전체의 생명에 대하여 위협이 되는 현재의 급박한 외적의 침입에 대한 방어를 위하여 부득이하게 국가가 전쟁을 수행하는 경우, 정당한 이유 없이 타인의 생명을 부정하거나 그에 못지아니한 중대한 공공이익을 침해하는 극악한 범죄의 발생을 예방하기 위하여 범죄자에 대한 극형의 부과가 불가피한 경우 등 매우 예외적인 상황 하에서 국가는 생명에 대한 법적인 평가를 통해 특정 개인의 생명권을 제한할 수 있다고 보고 있다.[1)]

생명에 대한 권리는 비록 헌법에 명문의 규정이 없다 하더라도 인간의 생존본능과 존재목적에 바탕을 둔 선험적이고 자연법적인 권리로서 헌법에 규정된 모든 기본권의 전제로서 기능하는 기본권 중의 기본권이라 할 것이다.

② 헌재 2008. 7. 31. 2004헌바81, 판례집 20-2상, 91, 92:

인간의 생명은 고귀하고, 이 세상에서 무엇과도 바꿀 수 없는 존엄한 인간 존재의 근원이다. 이러한 생명에 대한 권리, 즉 생명권은 비록 헌법에 명문의 규정이 없다 하더라도 인간의 생존본능과 존재목적에 바탕을 둔 선험적이고 자연법적인 권리로서 헌법에 규정된 모든 기본권의 전제로서 기능하는 기본권 중의 기본권이다.

1) 헌재 2010. 2. 25. 2008헌가23, 판례집 22-1상, 36, 57.

예컨대 인질범의 경우 범인을 살해하지 아니하고는 인질을 구출하는 것이 불가능하여 결국 인질이 살해될 위험에 처해있을 경우에만 인질범의 살해가 정당화되어질 수 있으며, 만일 그렇지 아니한 경우에도 인질범을 살해한다면 이는 비례의 원칙을 위반한 위헌적인 생명권침해라고 할 수 있다.

3. 사형제도에 관한 헌법재판소의 견해

한편 형벌에 있어서의 사형제도가 사람의 생명권을 박탈하는 것이기 때문에 기본권의 본질적 내용을 침해하는 것으로 위헌인가에 대한 견해가 대립하고 있다. 이에 대하여 헌법재판소는 지금까지 합헌결정을 내렸지만, 이에 대하여는 생명권의 본질적 내용을 침해한다는 등의 이유로 위헌이라는 반대의견이 있다.

즉 사형제도는 당해 범법행위가 극악무도하고 다른 형벌로서는 도저히 형사목적을 달성할 수 없는 극히 예외적인 경우에 비례의 원칙을 준수한다는 전제하에서는 합헌이라는 것이 다수의견의 입장이다. 그 결정요지는 다음과 같다.[1)]

(1) 다수의견

『극악한 범죄 중 극히 일부에 대하여서라도 헌법질서내에서 사형이 허용될 수 있다고 한다면 사형제도 자체를 위헌이라고 할 수는 없고, 사형제도 자체의 합헌성을 전제로 사형이 허용되는 범죄유형을 어느 범위까지 인정할 것인지가 문제될 뿐이며, 이는 개별 형벌조항의 위헌성 여부의 판단을 통하여 해결할 문제이다.

헌법 제110조 제4항은 법률에 의하여 사형이 형벌로서 규정되고 그 형벌조항의 적용으로 사형이 선고될 수 있음을 전제로 하여, 사형을 선고한 경우에는 비상계엄하의 군사재판이라도 단심으로 할 수 없고 사법절차를 통한 불복이 보장되어야 한다는 취지의 규정으로, 우리 헌법은 문언의 해석상 사형제도를 간접적으로나마 인정하고 있다.

헌법은 절대적 기본권을 명문으로 인정하고 있지 아니하며, 헌법 제37조 제2항에서는 국민의 모든 자유와 권리는 국가안전보장·질서유지 또는 공공복리를 위하여 필요한 경우에 한하여 법률로써 제한할 수 있도록 규정하고 있어, 비록

1) 헌재 2010. 2. 25. 2008헌가23, 판례집 22-1상, 36, 37-39.

생명이 이념적으로 절대적 가치를 지닌 것이라 하더라도 생명에 대한 법적 평가가 예외적으로 허용될 수 있다고 할 것이므로, 생명권 역시 헌법 제37조 제2항에 의한 일반적 법률유보의 대상이 될 수밖에 없다. 나아가 생명권의 경우, 다른 일반적인 기본권 제한의 구조와는 달리, 생명의 일부 박탈이라는 것을 상정할 수 없기 때문에 생명권에 대한 제한은 필연적으로 생명권의 완전한 박탈을 의미하게 되는바, 위와 같이 생명권의 제한이 정당화될 수 있는 예외적인 경우에는 생명권의 박탈이 초래된다 하더라도 곧바로 기본권의 본질적인 내용을 침해하는 것이라 볼 수는 없다.

사형은 일반국민에 대한 심리적 위하를 통하여 범죄의 발생을 예방하며 극악한 범죄에 대한 정당한 응보를 통하여 정의를 실현하고, 당해 범죄인의 재범가능성을 영구히 차단함으로써 사회를 방어하려는 것으로 그 입법목적은 정당하고, 가장 무거운 형벌인 사형은 입법목적의 달성을 위한 적합한 수단이다.

사형은 무기징역형이나 가석방이 불가능한 종신형보다도 범죄자에 대한 법익침해의 정도가 큰 형벌로서, 인간의 생존본능과 죽음에 대한 근원적인 공포까지 고려하면, 무기징역형 등 자유형보다 더 큰 위하력을 발휘함으로써 가장 강력한 범죄억지력을 가지고 있다고 보아야 하고, 극악한 범죄의 경우에는 무기징역형 등 자유형의 선고만으로는 범죄자의 책임에 미치지 못하게 될 뿐만 아니라 피해자들의 가족 및 일반국민의 정의관념에도 부합하지 못하며, 입법목적의 달성에 있어서 사형과 동일한 효과를 나타내면서도 사형보다 범죄자에 대한 법익침해 정도가 작은 다른 형벌이 명백히 존재한다고 보기 어려우므로 사형제도가 침해최소성원칙에 어긋난다고 할 수 없다. 한편 오판가능성은 사법제도의 숙명적 한계이지 사형이라는 형벌제도 자체의 문제로 볼 수 없으며 심급제도, 재심제도 등의 제도적 장치 및 그에 대한 개선을 통하여 해결할 문제이지, 오판가능성을 이유로 사형이라는 형벌의 부과 자체가 위헌이라고 할 수는 없다.

사형제도에 의하여 달성되는 범죄예방을 통한 무고한 일반국민의 생명 보호 등 중대한 공익의 보호와 정의의 실현 및 사회방위라는 공익은 사형제도로 발생하는 극악한 범죄를 저지른 자의 생명권이라는 사익보다 결코 작다고 볼 수 없을 뿐만 아니라, 다수의 인명을 잔혹하게 살해하는 등의 극악한 범죄에 대하여 한정적으로 부과되는 사형이 그 범죄의 잔혹함에 비하여 과도한 형벌이라고 볼 수 없으므로, 사형제도는 법익균형성원칙에 위배되지 아니한다.

사형제도는 우리 헌법이 적어도 간접적으로나마 인정하고 있는 형벌의 한 종류일 뿐만 아니라, 사형제도가 생명권 제한에 있어서 헌법 제37조 제2항에 의한 헌법적 한계를 일탈하였다고 볼 수 없는 이상, 범죄자의 생명권 박탈을 내용으로 한다는 이유만으로 곧바로 인간의 존엄과 가치를 규정한 헌법 제10조에 위배된다고 할 수 없으며, 사형제도는 형벌의 경고기능을 무시하고 극악한 범죄를 저지른 자에 대하여 그 중한 불법 정도와 책임에 상응하는 형벌을 부과하는 것으로서 범죄자가 스스로 선택한 잔악무도한 범죄행위의 결과인바, 범죄자를 오로지 사회방위라는 공익 추구를 위한 객체로만 취급함으로써 범죄자의 인간으로서의 존엄과 가치를 침해한 것으로 볼 수 없다. 한편 사형을 선고하거나 집행하는 법관 및 교도관 등이 인간적 자책감을 가질 수 있다는 이유만으로 사형제도가 법관 및 교도관 등의 인간으로서의 존엄과 가치를 침해하는 위헌적인 형벌제도라고 할 수는 없다.』

이러한 다수의견에 대하여는 사형제도가 생명권 등의 본질적 내용을 침해하고 비례의 원칙을 위반한다는 등의 이유로 위헌이라는 반대의견이 있다.[1)]

(2) 반대의견

『[재판관 김희옥의 위헌의견]

헌법 제110조 제4항 단서의 규정은 그 도입 배경이나 규정의 맥락을 고려할 때, 법률상 존재하는 사형의 선고를 억제하여 최소한의 인권을 존중하기 위하여 규정된 것이므로 간접적으로도 헌법상 사형제도를 인정하는 근거 규정이라고 보기 어렵다. 사형제도는 인간의 존엄과 가치를 천명하고 생명권을 보장하는 우리 헌법 체계에서는 입법목적 달성을 위한 적합한 수단으로 인정할 수 없고, 사형제도를 통하여 확보하고자 하는 형벌로서의 기능을 대체할 만한 가석방 없는 무기자유형 등의 수단을 고려할 수 있으므로 피해의 최소성 원칙에도 어긋나며, 사형 당시에는 사형을 통해 보호하려는 타인의 생명권이나 중대한 법익은 이미 그 침해가 종료되어 범죄인의 생명이나 신체를 박탈해야 할 긴급성이나 불가피성이 없고 사형을 통해 달성하려는 공익에 비하여 사형으로 인하여 침해되는 사익의 비중이 훨씬 크므로 법익의 균형성도 인정되지 아니한다. 또한 사형제도

1) 헌재 2010. 2. 25. 2008헌가23, 판례집 22-1상, 36, 41-44.

는 이미 중대 범죄가 종료되어 상당 기간이 지난 후 체포되어 수감 중인, 한 인간의 생명을 일정한 절차에 따라 빼앗는 것을 전제로 하므로, 생명에 대한 법적 평가가 필요한 예외적인 경우라고 볼 수 없어 생명권의 본질적 내용을 침해하고, 신체의 자유의 본질적 내용까지도 침해한다.

사형제도는 범죄인을 사회전체의 이익 또는 다른 범죄의 예방을 위한 수단 또는 복수의 대상으로만 취급하고 한 인간으로서 자기의 책임 하에 반성과 개선을 할 최소한의 도덕적 자유조차 남겨주지 아니하는 제도이므로 헌법 제10조가 선언하는 인간의 존엄과 가치에 위배되며, 법관이나 교도관 등 직무상 사형제도의 운영에 관여하여야 하는 사람들로 하여금 인간의 생명을 계획적으로 빼앗는 과정에 참여하게 함으로써 그들을 인간으로서의 양심과 무관하게 국가목적을 위한 수단으로 전락시키고 있다는 점에서 그들의 인간으로서의 존엄과 가치 또한 침해한다.

[재판관 김종대의 위헌의견]

헌법 제37조 제2항 후단은 그 내용이 본질적인 부분과 그렇지 않은 부분의 중층적 구조로 구성된 기본권의 제한에 관한 규정이고, 성질상 본질적인 부분과 그렇지 않은 부분이 구별되지 않는 생명권과 같은 경우에는 그 적용이 없으므로, 생명권에 대해서도 헌법 제37조 제2항 전단에 따라 그 제한이 가능하고 그 제한의 정당화 여부는 비례의 원칙에 따른 심사를 통해 판단하여야 한다.

형벌로서 사형을 부과할 당시에는 국가의 존립이나 피해자의 생명이 범인의 생명과 충돌하는 상황은 이미 존재하지 않으며, 국가가 범인을 교도소에 계속해서 수용하고 있는 한 개인과 사회를 보호하는 목적은 범인을 사형시켰을 때와 똑같이 달성될 수 있다. 사형제도는 범죄억제라는 형사정책적 목적을 위해 사람의 생명을 빼앗는 것으로 그 자체로 인간으로서의 존엄과 가치에 반하고, 사형제도를 통해 일반예방의 목적이 달성되는지도 불확실하다. 다만 지금의 무기징역형은 개인의 생명과 사회의 안전의 방어라는 점에서 사형의 효력을 대체할 수 없으므로, 가석방이나 사면 등의 가능성을 제한하는 최고의 자유형이 도입되는 것을 조건으로 사형제도는 폐지되어야 한다.

[재판관 목영준의 위헌의견]

생명권은 개념적으로나 실질적으로나 본질적인 부분을 그렇지 않은 부분과 구분하여 상정할 수 없어 헌법상 제한이 불가능한 절대적 기본권이라고 할 수 밖에 없고, 생명의 박탈은 곧 신체의 박탈도 되므로 사형제도는 생명권과 신체의 자유의 본질적 내용을 침해하는 것이다.

사형제도는 사회로부터 범죄인을 영원히 배제한다는 점 이외에는 형벌의 목적에 기여하는 바가 결코 명백하다고 볼 수 없고, 우리나라는 국제인권단체로부터 사실상의 사형폐지국으로 분류되고 있어 사형제도가 실효성을 상실하여 더 이상 입법목적 달성을 위한 적절한 수단이라고 할 수 없으며, 절대적 종신형제 또는 유기징역제도의 개선 등 사형제도를 대체할 만한 수단을 고려할 수 있음에도, 생명권을 박탈하는 것은 피해의 최소성 원칙에도 어긋나고, 사형을 통해 침해되는 사익은 범죄인에게는 절대적이고 근원적인 기본권인 반면, 이를 통해 달성하고자 하는 공익은 다른 형벌에 의하여 상당 수준 달성될 수 있어 공익과 사익 간에 법익의 균형성이 갖추어졌다고 볼 수 없다.

사형은 악성이 극대화된 흥분된 상태의 범죄인에 대하여 집행되는 것이 아니라 이성이 일부라도 회복된 안정된 상태의 범죄인에 대하여 생명을 박탈하는 것이므로 인간의 존엄과 가치에 위배되며, 직무상 사형제도의 운영에 관여하여야 하는 사람들로 하여금 그들의 양심과 무관하게 인간의 생명을 계획적으로 박탈하는 과정에 참여하게 함으로써, 그들의 인간으로서 가지는 존엄과 가치 또한 침해한다.

사형제도가 헌법에 위반되어 폐지되어야 한다고 하더라도 이를 대신하여 흉악범을 사회로부터 영구히 격리하는 실질적 방안이 강구되어야 하는바, 가석방이 불가능한 절대적 종신형제도를 도입하고, 엄중한 유기징역형을 선고할 수 있도록 경합범합산 규정을 수정하고 유기징역형의 상한을 대폭 상향조정해야 하므로, 형벌의 종류로서 사형을 열거하고 있는 형법 제41조 제1호를 위헌으로 선언함과 동시에, 무기징역형, 경합범 가중규정, 유기징역형 상한 및 가석방에 관한 현행 법규정들이 헌법에 합치되지 않음을 선언하여야 한다.』

4. 결어

사형제도는 반대의견도 지적하는 바와 같이 국가공권력에 의한 의도적인 생명권의 박탈로서 생명권과 신체의 자유의 본질적 내용을 침해한다고 보지 않을 수 없다. 또한 사형을 집행할 때에는 사형을 통해 보호하려는 타인의 생명권이나 중대한 법익은 이미 그 침해가 종료되는 등 사형제도는 사형을 통해 달성코자 하는 공익과 비교할 때 적합성이나 최소침해성 또는 법익의 균형성을 충족시킨다고 보기도 어렵다는 점에서 비례의 원칙을 위반하고, 동시에 인간의 존엄과 가치를 침해한다고 볼 수밖에 없다. 아울러 헌법 제110조 제4항 단서의 규정은 그 도입 배경이나 규정의 맥락을 고려할 때, 법률상 존재하는 사형의 선고를 억제하여 최소한의 인권을 존중하기 위하여 규정된 것으로 보아야 할 것이고, 따라서 헌법상 사형제도를 인정하는 근거 규정이라고 보기 어렵다.

결국 생명권에 대한 침해 내지 제한은 다른 생명을 구하기 위하여 불가피할 경우에, 그리고 그러한 생명권침해의 원인 내지 귀책사유가 당해 생명권주체에게 귀착될 경우에, 아울러 비례의 원칙이 준수될 경우에만 정당화될 수 있을 것이고, 더 나아가 그 침해방법과 절차면에서 인간의 존엄성이 존중되어야 할 것이다.

한편 모든 인간은 헌법상 생명권의 주체가 되며, 형성 중의 생명인 태아에게도 생명에 대한 권리가 인정되어야 한다. 따라서 태아도 헌법상 생명권의 주체가 되며, 국가는 헌법 제10조에 따라 태아의 생명을 보호할 의무가 있다.[1] 그러

---

1) ① 헌재 2012. 8. 23. 2010헌바402, 판례집 24-2상, 471, 472:
인간의 생명은 고귀하고, 이 세상에서 무엇과도 바꿀 수 없는 존엄한 인간 존재의 근원이며, 이러한 생명에 대한 권리는 기본권 중의 기본권이다. 태아가 비록 그 생명의 유지를 위하여 모에게 의존해야 하지만, 그 자체로 모와 별개의 생명체이고 특별한 사정이 없는 한 인간으로 성장할 가능성이 크므로 태아에게도 생명권이 인정되어야 하며, 태아가 독자적 생존능력을 갖추었는지 여부를 그에 대한 낙태 허용의 판단 기준으로 삼을 수는 없다. 한편, 낙태를 처벌하지 않거나 형벌보다 가벼운 제재를 가하게 된다면 현재보다도 훨씬 더 낙태가 만연하게 되어 자기낙태죄 조항의 입법목적을 달성할 수 없게 될 것이고, 성교육과 피임법의 보편적 상용, 임부에 대한 지원 등은 불법적인 낙태를 방지할 효과적인 수단이 되기에는 부족하다. 나아가 입법자는 일정한 우생학적 또는 유전학적 정신장애나 신체질환이 있는 경우와 같은 예외적인 경우에는 임신 24주 이내의 낙태를 허용하여(모자보건법 제14조, 동법 시행령 제15조), 불가피한 사정이 있는 경우에는 태아의 생명권을 제한할 수 있

도록 하고 있다. 나아가 자기낙태죄 조항으로 제한되는 사익인 임부의 자기결정권이 위 조항을 통하여 달성하려는 태아의 생명권 보호라는 공익에 비하여 결코 중하다고 볼 수 없다. 따라서 자기낙태죄 조항이 임신 초기의 낙태나 사회적·경제적 사유에 의한 낙태를 허용하고 있지 아니한 것이 임부의 자기결정권에 대한 과도한 제한이라고 보기 어려우므로, 자기낙태죄 조항은 헌법에 위반되지 아니한다.

② 헌재 2019. 4. 11. 2017헌바127, 판례집 31-1, 404, 405-406:

자기낙태죄 조항은 모자보건법이 정한 예외를 제외하고는 임신기간 전체를 통틀어 모든 낙태를 전면적·일률적으로 금지하고, 이를 위반할 경우 형벌을 부과함으로써 임신의 유지·출산을 강제하고 있으므로, 임신한 여성의 자기결정권을 제한한다. 자기낙태죄 조항은 태아의 생명을 보호하기 위한 것으로서, 정당한 입법목적을 달성하기 위한 적합한 수단이다. 임신·출산·육아는 여성의 삶에 근본적이고 결정적인 영향을 미칠 수 있는 중요한 문제이므로, 임신한 여성이 임신을 유지 또는 종결할 것인지 여부를 결정하는 것은 스스로 선택한 인생관·사회관을 바탕으로 자신이 처한 신체적·심리적·사회적·경제적 상황에 대한 깊은 고민을 한 결과를 반영하는 전인적 결정이다.

현 시점에서 최선의 의료기술과 의료 인력이 뒷받침될 경우 태아는 임신 22주 내외부터 독자적인 생존이 가능하다고 한다. 한편 자기결정권이 보장되려면 임신한 여성이 임신 유지와 출산 여부에 관하여 전인적 결정을 하고 그 결정을 실행함에 있어서 충분한 시간이 확보되어야 한다. 이러한 점들을 고려하면, 태아가 모체를 떠난 상태에서 독자적으로 생존할 수 있는 시점인 임신 22주 내외에 도달하기 전이면서 동시에 임신 유지와 출산 여부에 관한 자기결정권을 행사하기에 충분한 시간이 보장되는 시기(이하 착상 시부터 이 시기까지를 '결정가능기간'이라 한다)까지의 낙태에 대해서는 국가가 생명보호의 수단 및 정도를 달리 정할 수 있다고 봄이 타당하다.

낙태갈등 상황에서 형벌의 위하가 임신종결 여부 결정에 미치는 영향이 제한적이라는 사정과 실제로 형사처벌되는 사례도 매우 드물다는 현실에 비추어 보면, 자기낙태죄 조항이 낙태갈등 상황에서 태아의 생명 보호를 실효적으로 하지 못하고 있다고 볼 수 있다. 낙태갈등 상황에 처한 여성은 형벌의 위하로 말미암아 임신의 유지 여부와 관련하여 필요한 사회적 소통을 하지 못하고, 정신적 지지와 충분한 정보를 제공받지 못한 상태에서 안전하지 않은 방법으로 낙태를 실행하게 된다. 모자보건법상의 정당화사유에는 다양하고 광범위한 사회적·경제적 사유에 의한 낙태갈등 상황이 전혀 포섭되지 않는다. 예컨대, 학업이나 직장생활 등 사회활동에 지장이 있을 것에 대한 우려, 소득이 충분하지 않거나 불안정한 경우, 자녀가 이미 있어서 더 이상의 자녀를 감당할 여력이 되지 않는 경우, 상대 남성과 교제를 지속할 생각이 없거나 결혼 계획이 없는 경우, 혼인이 사실상 파탄에 이른 상태에서 배우자의 아이를 임신했음을 알게 된 경우, 결혼하지 않은 미성년자가 원치 않은 임신을 한 경우 등이 이에 해당할 수 있다.

자기낙태죄 조항은 모자보건법에서 정한 사유에 해당하지 않는다면 결정가능기간 중에 다양하고 광범위한 사회적·경제적 사유를 이유로 낙태갈등 상황을 겪고 있는 경우까지도 예외 없이 전면적·일률적으로 임신의 유지 및 출산을 강제하고, 이를 위반한 경우 형사처벌하고 있다. 따라서 자기낙태죄 조항은 입법목적을 달성하기 위하여 필요한 최소한의 정도를 넘어 임신한 여성의 자기결정권을 제한하고 있어 침해의 최소성을 갖추지 못하였고, 태아의 생명 보호라는 공익에 대하여만 일방적이고 절대적인 우위를 부여함으로써 법익균형성의 원칙도 위반하였으므로, 과잉금지원칙을 위반하여 임신한 여성의 자기결정권을 침

나 초기배아의 경우에는 기본권 주체성을 인정하기 어렵다는 것이 헌법재판소의 입장이다.1)

Ⅱ. 신체의 자유

1. 의의

이러한 생명권의 보장을 당연한 전제로 해서 헌법 제12조 제1항 전문은 "모든 국민은 신체의 자유를 가진다."라고 규정함으로써 '신체를 훼손당하지 않을 권리'와 '신체활동의 임의성에 관한 권리'를 내용으로 하는 '신체의 자유'를 보장하고 있다. '신체를 훼손당하지 않을 권리'란 신체의 외형적·생리적 완전성을 본인의 의사에 반해서 외부로부터의 물리적인 힘이나 정신적인 위협에 의하여 침해당하지 아니할 권리를 말하고, '신체활동의 임의성에 관한 권리'는 자신의 의지에 따라 임의적이고 자율적으로 신체활동을 할 수 있는 자유를 의미한다.2)

해한다.
자기낙태죄 조항과 동일한 목표를 실현하기 위하여 임신한 여성의 촉탁 또는 승낙을 받아 낙태하게 한 의사를 처벌하는 의사낙태죄 조항도 같은 이유에서 위헌이라고 보아야 한다.

1) 헌재 2010. 5. 27. 2005헌마346, 판례집 22-1하, 275, 276:
출생 전 형성 중의 생명에 대해서 헌법적 보호의 필요성이 크고 일정한 경우 그 기본권 주체성이 긍정된다고 하더라도, 어느 시점부터 기본권 주체성이 인정되는지, 또 어떤 기본권에 대해 기본권 주체성이 인정되는지는 생명의 근원에 대한 생물학적 인식을 비롯한 자연과학·기술 발전의 성과와 그에 터 잡은 헌법의 해석으로부터 도출되는 규범적 요청을 고려하여 판단하여야 할 것이다.
초기배아는 수정이 된 배아라는 점에서 형성 중인 생명의 첫걸음을 떼었다고 볼 여지가 있기는 하나 아직 모체에 착상되거나 원시선이 나타나지 않은 이상 현재의 자연과학적 인식 수준에서 독립된 인간과 배아 간의 개체적 연속성을 확정하기 어렵다고 봄이 일반적이라는 점, 배아의 경우 현재의 과학기술 수준에서 모태 속에서 수용될 때 비로소 독립적인 인간으로의 성장가능성을 기대할 수 있다는 점, 수정 후 착상 전의 배아가 인간으로 인식된다거나 그와 같이 취급하여야 할 필요성이 있다는 사회적 승인이 존재한다고 보기 어려운 점 등을 종합적으로 고려할 때, 기본권 주체성을 인정하기 어렵다.

2) 헌재 1992. 12. 24. 92헌가8, 판례집 4, 853, 874:
헌법 제12조 제1항 전문에서 "모든 국민은 신체의 자유를 가진다."라고 규정하여 신체의 자유를 보장하고 있는 것은, 신체의 안정성이 외부로부터의 물리적인 힘이나 정신적인 위험으로부터 침해당하지 아니할 자유와 신체활동을 임의적이고 자율적으로 할 수 있는 자유를 말하는 것이다.

이러한 신체의 자유는 모든 기본권 실현의 전제가 되는 것이다.[1)]

---

1) ① 헌재 2003. 12. 18. 2001헌마163, 판례집 15-2하, 562, 563-564:
수용시설의 안전과 질서유지를 책임지는 교도소의 소장으로서 청구인의 도주 및 자살, 자해 등을 막기 위하여 수갑 등의 계구를 사용한 목적이 정당하고 이 사건 계구사용행위가 이를 위한 적합한 수단이라 볼 수 있다. 그러나 청구인은 1년이 넘는 기간 동안 일주일에 1회 내지 많으면 수회, 각 약 30분 내지 2시간 동안 탄원서나 소송서류의 작성, 목욕, 세탁 등을 위해 일시적으로 해제된 것을 제외하고는 항상 이중금속수갑과 가죽수갑을 착용하여 두 팔이 몸에 고정된 상태에서 생활하였고 이와 같은 상태에서 식사, 용변, 취침을 함으로써 일상생활을 정상적으로 수행할 수 없었으므로 그로 인하여 신체적, 정신적으로 건강에 해를 입었을 가능성이 높고 인간으로서 최소한의 품위유지조차 어려운 생활을 장기간 강요당했다. 또한 적어도 기본적인 생리현상을 해결할 수 있도록 일시적으로 계구를 해제하거나 그 사용을 완화하는 조치가 불가능하였다고 볼 수도 없고, 청구인에게 도주의 경력이나 정신적 불안과 갈등으로 인하여 자살, 자해의 위험이 있었다 하더라도 그러한 전력과 성향이 1년 이상의 교도소 수용기간동안 상시적으로 양팔을 몸통에 완전히 고정시켜둘 정도의 계구사용을 정당화 할 만큼 분명하고 구체적인 사유가 된다고 할 수 없다. 따라서 이 사건 계구사용행위는 기본권제한의 한계를 넘어 필요 이상으로 장기간, 그리고 과도하게 청구인의 신체거동의 자유를 제한하고 최소한의 인간적인 생활을 불가능하도록 하여 청구인의 신체의 자유를 침해하고, 나아가 인간의 존엄성을 침해한 것으로 판단된다.
② 헌재 2004. 12. 16. 2002헌마478, 판례집 16-2하, 548, 549:
실외운동은 구금되어 있는 수형자의 신체적·정신적 건강 유지를 위한 최소한의 기본적 요청이라고 할 수 있는데, 금치 처분을 받은 수형자는 일반 독거 수용자에 비하여 접견, 서신수발, 전화통화, 집필, 작업, 신문·도서열람, 라디오청취, 텔레비전 시청 등이 금지되어(행형법시행령 제145조 제2항 본문) 외부세계와의 교통이 단절된 상태에 있게 되며, 환기가 잘 안 되는 1평 남짓한 징벌실에 최장 2개월 동안 수용된다는 점을 고려할 때, 금치 수형자에 대하여 일체의 운동을 금지하는 것은 수형자의 신체적 건강뿐만 아니라 정신적 건강을 해칠 위험성이 현저히 높다. 따라서 금치 처분을 받은 수형자에 대한 절대적인 운동의 금지는 징벌의 목적을 고려하더라도 그 수단과 방법에 있어서 필요한 최소한도의 범위를 벗어난 것으로서, 수형자의 헌법 제10조의 인간의 존엄과 가치 및 신체의 안전성이 훼손당하지 아니할 자유를 포함하는 제12조의 신체의 자유를 침해하는 정도에 이르렀다고 판단된다.
③ 헌재 2015. 12. 23. 2013헌가9, 판례집 27-2하, 391(392):
성폭력범죄를 저지른 성도착증 환자로서 재범의 위험성이 인정되는 19세 이상의 사람에 대해 법원이 15년의 범위에서 치료명령을 선고할 수 있도록 한 '성폭력범죄자의 성충동 약물치료에 관한 법률' 및 '성폭력범죄자의 성충동 약물치료에 관한 법률'의 관련 규정들은 성폭력범죄를 저지른 성도착증 환자의 동종 재범을 방지하기 위한 것으로서 그 입법목적이 정당하고, 성충동 약물치료는 성도착증 환자의 성적 환상이 충동 또는 실행으로 옮겨지는 과정의 핵심에 있는 남성호르몬의 생성 및 작용을 억제하는 것으로서 수단의 적절성이 인정된다. 또한 성충동 약물치료는 전문의의 감정을 거쳐 성도착증 환자로 인정되는 사람을 대상으로 청구되고, 한정된 기간 동안 의사의 진단과 처방에 의하여 이루어지며, 부작용 검사 및 치료가 함께 이루어지고, 치료가 불필요한 경우의 가해제제도가 있으며, 치료 중단시 남성호르몬의 생성과 작용의 회복이 가능하다는 점을 고려할 때, 심판대상조항들은 원칙적으로 침해의 최소성 및 법익균형성이 충족된다. 다만 장기형이 선고되는 경우 치료명령의

2. 신체의 자유의 실체적 보장

우리 헌법은 이러한 신체의 자유를 보다 효율적으로 보장하기 위하여 신체의 자유의 실체적 보장에 관한 다양한 원칙을 규정하고 있다.

(1) 죄형법정주의

1) 의의

죄형법정주의는 "법률 없으면 범죄 없고, 법률 없으면 형벌 없다(nullum crimen sine lege, nulla poena sine lege)."라는 근대형법의 기본원칙으로서, 행위 시의 법률에 의하여 범죄를 구성하지 아니하는 행위로 처벌받지 아니한다는 원칙을 말한다.

선고시점과 집행시점 사이에 상당한 시간적 간극이 있어 집행시점에서 발생할 수 있는 불필요한 치료와 관련한 부분에 대해서는 침해의 최소성과 법익균형성을 인정하기 어렵다. 따라서 이 사건 청구조항은 과잉금지원칙에 위배되지 아니하나, 이 사건 명령조항은 집행시점에서 불필요한 치료를 막을 수 있는 절차가 마련되어 있지 않은 점으로 인하여 과잉금지원칙에 위배되어 치료명령 피청구인의 신체의 자유 등 기본권을 침해한다.

④ 헌재 2016. 9. 29. 2014헌가9, 판례집 28-2상, 276, 277:
보호의무자 2인의 동의와 정신건강의학과 전문의 1인의 진단으로 정신질환자에 대한 보호입원이 가능하도록 한 정신보건법(2011. 8. 4. 법률 제11005호로 개정된 것) 제24조 제1항 및 제2항은 입원치료 · 요양을 받을 정도의 정신질환이 어떤 것인지에 대해서는 구체적인 기준을 제시하지 않고 있는 점, 보호의무자 2인의 동의를 보호입원의 요건으로 하면서 보호의무자와 정신질환자 사이의 이해충돌을 적절히 예방하지 못하고 있는 점, 입원의 필요성이 인정되는지 여부에 대한 판단권한을 정신과전문의 1인에게 전적으로 부여함으로써 그의 자의적 판단 또는 권한의 남용 가능성을 배제하지 못하고 있는 점, 보호의무자 2인이 정신과전문의와 공모하거나, 그로부터 방조 · 용인을 받는 경우 보호입원 제도가 남용될 위험성은 더욱 커지는 점, 보호입원 제도로 말미암아 사설 응급이송단에 의한 정신질환자의 불법적 이송, 감금 또는 폭행과 같은 문제도 빈번하게 발생하고 있는 점, 보호입원 기간도 최초부터 6개월이라는 장기로 정해져 있고, 이 또한 계속적인 연장이 가능하여 보호입원이 치료의 목적보다는 격리의 목적으로 이용될 우려도 큰 점, 보호입원 절차에서 정신질환자의 권리를 보호할 수 있는 절차들을 마련하고 있지 않은 점, 기초정신보건심의회의 심사나 인신보호법상 구제청구만으로는 위법 · 부당한 보호입원에 대한 충분한 보호가 이루어지고 있다고 보기 어려운 점 등을 종합하면 침해의 최소성 원칙에 위배되고, 정신질환자의 신체의 자유 침해를 최소화할 수 있는 적절한 방안을 마련하지 아니함으로써 지나치게 기본권을 제한하고 있어 법익의 균형성 요건도 충족하지 못해 과잉금지원칙을 위반하여 신체의 자유를 침해한다.

2) 헌법적 근거와 내용

가. 헌법적 근거

헌법 제12조 제1항 제2문의 "누구든지 법률에 의하지 아니하고는 체포 … 을 받지 아니하며, 법률과 … 의하지 아니하고는 처벌 … 을 받지 아니한다."는 규정과, 제13조 제1항의 "모든 국민은 행위 시의 법률에 의하여 범죄를 구성하지 아니하는 행위로 소추되지 아니하며 …"라는 규정이 이러한 죄형법정주의의 헌법적 근거라고 할 수 있다.

나. 내용

죄형법정주의는 범죄의 구성요건으로서의 죄(죄의 종류 등)와 형(형벌의 종류와 상한선 등)이 반드시 의회가 제정한 형식적 의미의 법률에 규정되어 있어야 한다는 원칙으로서 법치주의원리의 파생원리이기도 하다. 왜냐하면 국가의 공권력작용 중 가장 크게 국민의 자유와 권리를 침해 · 제한하고 가장 남용의 가능성이 큰 것이 바로 형벌권행사인데, 이러한 국가 형벌권행사를 법률에 기속시킴으로써 국가형벌권의 자의적 행사를 방지하고 국민의 자유와 권리를 보장하고자 하는 원리가 바로 죄형법정주의이고, 이것이 바로 법치주의원리의 이념이기 때문이다.[1)]

그런데 여기서의 '법률'은 죄형법정주의의 근거원리인 실질적 법치주의원리의 이념상 그 내용이 인권, 즉 기본권에 기속되는 정당한 법률이어야 함은 당연하다 하겠다. 따라서 법률규정의 명확성, 규제내용의 적합성과 합리성, 범죄와 형벌의 균형[2)], 부당한 차별의 금지 등 기본권보장을 위한 각종의 헌법상 · 조리

---

1) 헌재 1995. 9. 28. 93헌바50, 판례집 7-2, 297, 307:
우리 헌법 제12조 제1항 후문과 제13조 제1항 전단에서 규정하고 있는 죄형법정주의는 범죄의 구성요건과 그에 대한 형벌의 내용을 국민의 대표로 구성된 입법부가 성문의 법률로 정하도록 함으로써 국가형벌권의 자의적인 행사로부터 개인의 자유와 권리를 보장하려는 법치국가형법의 기본원칙으로서, 형벌법규의 '보장적 기능'을 수행하는 것이다. 따라서 형사처벌의 대상이 되는 범죄의 구성요건은 형식적 의미의 법률로 명확하게 규정되어야 하며(명확성의 원칙), 만약 범죄의 구성요건에 관한 규정이 지나치게 추상적이거나 모호하여 그 내용과 적용범위가 과도하게 광범위하거나 불명확한 경우에는 국가형벌권의 자의적인 행사가 가능하게 되어 개인의 자유와 권리를 보장할 수 없으므로 죄형법정주의의 원칙에 위배된다.

2) 헌재 1992. 4. 28. 90헌바24, 판례집 4, 225:
특정범죄가중처벌등에관한법률 제5조의3 제2항 제1호에서 과실로 사람을 치상하게 한 자가

상의 원리(평등의 원칙, 신뢰보호의 원칙, 비례의 원칙 등)를 준수해야 할 것이다.

한편 앞서 언급한 바와 같이 죄형법정주의는 범죄의 구성요건으로서의 죄와 형이 반드시 의회의 형식적 의미의 법률에 규정되어 있어야 한다는 원칙이므로 설사 법률의 시행을 위하여 필요한 사항을 하위규범에 위임하는 경우라도 죄와 형 등 처벌에 관한 본질적인 사항은 반드시 법률에 규정해야 하고 벌칙규정의 일반적 · 포괄적 위임은 금지된다. 따라서 처벌법규를 행정입법 등 하위규범에 위임하는 것은 부득이 한 경우 가능하지만 처벌법규의 위임은 특히 긴급한 필요가 있거나 미리 법률로써 자세히 정할 수 없는 부득이한 사정이 있는 경우에 한정되어야 하고 이 경우에도 법률에서 범죄의 구성요건은 처벌대상인 행위가 어떠한 것일 것이라고 이를 예측할 수 있을 정도로 구체적으로 정하고 형벌의 종류 및 그 상한과 폭을 명백히 규정하여야 한다.[1])

구호행위를 하지 아니하고 도주하거나 고의로 유기함으로써 치사의 결과에 이르게 한 경우에 살인죄와 비교하여 그 법정형을 더 무겁게 한 것은 형벌체계상의 정당성과 균형을 상실한 것으로서 헌법 제10조의 인간으로서의 존엄과 가치를 보장한 국가의 의무와 헌법 제11조의 평등의 원칙 및 헌법 제37조 제2항의 과잉입법금지의 원칙에 반한다.

1) 헌재 1991. 7. 8. 91헌가4, 판례집 3, 336, 340-341:
죄형법정주의는 자유주의, 권력분립, 법치주의 및 국민주권의 원리에 입각한 것으로서 무엇이 범죄이며 그에 대한 형벌이 어떠한 것인가는 반드시 국민의 대표로 구성된 입법부가 제정한 법률로써 정하여야 한다는 원칙이고, 죄형법정주의를 천명한 헌법 제12조 제1항 후단이나 제13조 제1항 전단에서 말하는 '법률'도 입법부에서 제정한 형식적 의미의 법률을 의미하는 것임은 물론이다. 그런데 아무리 권력분립이나 법치주의가 민주정치의 원리라 하더라도 현대국가의 사회적 기능증대와 사회현상의 복잡화에 따라 국민의 권리 · 의무에 관한 사항이라 하여 모두 입법부에서 제정한 법률만으로 다 정할 수는 없는 것이기 때문에 예외적으로 행정부에서 제정한 명령에 위임하는 것을 허용하지 않을 수 없다.
그러나 법률의 위임은 반드시 구체적이고 개별적으로 한정된 사항에 대하여 행해져야 한다. 그렇지 아니하고 일반적이고 포괄적인 위임을 한다면 이는 사실상 입법권을 백지위임하는 것이나 다름없어 의회입법의 원칙이나 법치주의를 부인하는 것이 되고 행정권의 부당한 자의와 기본권 행사에 대한 무제한적 침해를 초래할 위험이 있기 때문이다. 우리 헌법 제75조도 "대통령은 법률에서 구체적으로 범위를 정하여 위임받은 사항 … 에 관하여 대통령령을 발할 수 있다."라고 규정하여 위임입법의 근거와 아울러 그 범위와 한계를 제시하고 있는데 '법률에서 구체적으로 범위를 정하여 위임받은 사항'이라 함은 법률에 이미 대통령령으로 규정될 내용 및 범위의 기본사항이 구체적으로 규정되어 있어서 누구라도 당해 법률로부터 대통령령에 규정될 내용의 대강을 예측할 수 있어야 함을 의미한다. 그리고 위임입법에 관한 헌법 제75조는 처벌법규에도 적용되는 것이지만 법률에 의한 처벌법규의 위임은, 헌법이 특히 인권을 최대한으로 보장하기 위하여 죄형법정주의와 적법절차를 규정하고, 법률(형식적 의미의)에 의한 처벌을 특별히 강조하고 있는 기본권보장 우위사상에 비추어 바람직스럽지 못한 일이므로, 그 요건과 범위가 보다 엄격하게 제한적으로 적용되어야

3) 죄형법정주의의 파생원칙

죄형법정주의는 그의 실효성을 담보하기 위하여 몇 가지 파생원칙을 아울러 요구하고 있다. 첫째, 관습형법금지의 원칙, 둘째, 형벌불소급의 원칙, 셋째, 명확성의 원칙, 넷째, 유추해석금지의 원칙, 다섯째, 절대적 부정기형의 금지 등이 그것이다.

가. 관습형법금지의 원칙

앞서 언급한 바와 같이 죄형법정주의는 범죄와 형벌에 관한 사항을 반드시 의회가 제정한 성문의 법률로 정해야 한다는 것을 의미한다. 따라서 관습법에 의하여 범죄의 구성요건이나 형벌을 정하거나 추가하는 것은 허용될 수 없다. 왜냐하면 관습형법은 죄와 형을 의회가 제정한 형식적 의미의 법률로 정해야 한다는 죄형법정주의에 위반될 뿐 아니라 기본권의 형성과 제한에 관한 기본적이고 본질적인 사항은 반드시 법률에 규정되어 있어야 한다는 법률유보의 원칙에도 위반되고, 또한 국민의 예측가능성과 법적 안정성을 해치기 때문이다.

나. 형벌불소급의 원칙

형벌불소급의 원칙이란 사후입법으로 과거 발생한 행위에 대하여 소급하여 처벌하는 것을 금지하는 것을 말한다. 이는 국민의 예측가능성과 법적 안정성을 보호하고, 국가의 자의적인 법집행을 억제하기 위한 것이다.[1] 이에 따라 헌법 제13조 제1항도 "모든 국민은 행위 시의 법률에 의하여 범죄를 구성하지 아니하는 행위로 소추되지 아니하며 …"라고 규정하여 이를 분명히 하고 있다.

한편 공소시효의 소급연장은 형벌불소급의 원칙에 위배되는 것이 아니라는

한다. 따라서 처벌법규의 위임은 특히 긴급한 필요가 있거나 미리 법률로써 자세히 정할 수 없는 부득이한 사정이 있는 경우에 한정되어야 하고 이러한 경우일지라도 법률에서 범죄의 구성요건은 처벌대상인 행위가 어떠한 것일 것이라고 이를 예측할 수 있을 정도로 구체적으로 정하고 형벌의 종류 및 그 상한과 폭을 명백히 규정하여야 한다.

1) 헌재 1993. 5. 13. 92헌마80, 판례집 5-1, 365, 382-383:
법률이 없으면 범죄도 없고 형벌도 없다는 말로 표현되는 죄형법정주의는 어떠한 행위가 처벌될 수 있는 행위인가를 국민이 사전에 예측할 수 있도록 성문법의 형태로 형벌법규가 제정되어야 함을 의미하고 그럼으로써 국가의 형벌권의 자의적인 발동으로부터 개인의 자유와 권리를 보장하려는 제도로서 우리헌법은 제12조 제1항 후단에서 이를 명시하고 있으며 이는 형벌 불소급의 원칙(헌법 제13조 제1항 전단)과 함께 형사법에 관한 헌법의 2대원칙이라 할 수 있는 것이다.

것이 헌법재판소의 입장이다. 즉 형벌불소급의 원칙은 '행위의 가벌성', 즉 형사소추가 '언제부터 어떠한 조건하에서' 가능한가의 문제에 관한 것이고, '얼마동안' 가능한가의 문제에 관한 것은 아니므로, 과거에 이미 행한 범죄에 대하여 공소시효를 정지하여 소급적용하는 법률이라 하더라도 그 사유만으로 헌법 제12조 제1항 및 제13조 제1항에 규정한 죄형법정주의의 파생원칙인 형벌불소급의 원칙에 언제나 위배되는 것으로 단정할 수는 없다는 것이 헌법재판소의 견해이다.[1)]

---

1) 헌재 1996. 2. 16. 96헌가2 등, 판례집 8-1, 51, 82-84:

1979년 12월 12일과 1980년 5월 18일을 전후하여 발생한 헌정질서파괴범죄의공소시효등에관한특별법 제2조의 헌정질서파괴범죄행위에 대하여 국가의 소추권행사에 장애사유가 존재한 기간은 공소시효의 진행이 정지된 것으로 보는 5·18민주화운동등에관한특별법(1995년 12월 21일 법률 제5029호) 제2조에 의한 공소시효의 정지 곧 결과적으로 그 기간을 연장하는 것이 헌법 제12조 제1항 후단과 제13조 제1항 전단의 죄형법정주의에 위반되는지를 살펴보기로 한다.

헌법 제12조 제1항 후단은 "… 법률과 적법한 절차에 의하지 아니하고는 처벌·보안처분 또는 강제노역을 받지 아니한다"라고 규정하고, 제13조 제1항 전단은 "모든 국민은 행위시의 법률에 의하여 범죄를 구성하지 않는 행위로 소추되지 아니하며 …"라고 하여 죄형법정주의와 형벌불소급의 원칙을 규정하고 있다. 헌법 제12조 제1항과 제13조 제1항의 근본 뜻은 형벌법규는 허용된 행위와 금지된 행위의 경계를 명확히 설정하여 어떠한 행위가 금지되어 있고, 그에 위반한 경우 어떠한 형벌이 정해져 있는가를 미리 개인에 알려 자신의 행위를 그에 맞출 수 있도록 하자는데 있다. 이로써 위 헌법조항은 실체적 형사법 영역에서의 어떠한 소급효력도 금지하고 있고, '범죄를 구성하지 않는 행위'라고 표현함으로써 절대적 소급효금지의 대상은 '범죄구성요건'과 관련되는 것임을 밝히고 있다.

헌법이 위 조항에서 비록 범죄구성요건만을 언급하고 있으나, 책임 없는 형벌을 금하고 행위의 불법과 행위자의 책임은 형벌과 적정한 비례관계를 유지하여야 한다는 적법절차의 원칙과 법치주의원칙에서 파생되는 책임원칙에 따라 범죄구성요건과 형벌은 불가분의 내적인 연관관계에 있기 때문에, 결국 죄형법정주의는 이 두 가지 요소로 구성되는 '가벌성'을 그 내용으로 하고 있는 것이다. 즉 가벌성의 조건을 사후적으로 변경할 것을 요구하는 공익의 요청도 개인의 신뢰보호와 법적안정성에 우선할 수 없다는 것을 명백히 규정함으로써, 위 헌법조항은 소급적인 범죄구성요건의 제정과 소급적인 형벌의 가중을 엄격히 금하고 있다. 그러므로 우리 헌법이 규정한 형벌불소급의 원칙은 형사소추가 '언제부터 어떠한 조건하에서' 가능한가의 문제에 관한 것이고, '얼마동안' 가능한가의 문제에 관한 것은 아니다. 다시 말하면 헌법의 규정은 '행위의 가벌성'에 관한 것이기 때문에 소추가능성에만 연관될 뿐, 가벌성에는 영향을 미치지 않는 공소시효에 관한 규정은 원칙적으로 그 효력범위에 포함되지 않는다. 행위의 가벌성은 행위에 대한 소추가능성의 전제조건이지만 소추가능성은 가벌성의 조건이 아니므로 공소시효의 정지규정을 과거에 이미 행한 범죄에 대하여 적용하도록 하는 법률이라 하더라도 그 사유만으로 헌법 제12조 제1항 및 제13조 제1항에 규정한 죄형법정주의의 파생원칙인 형벌불소급의 원칙에 언제나 위배되는 것으로 단정할 수는 없다.

같은 견해의 판례: 헌재 2021. 6. 24. 2018헌바457, 판례집 33-1, 678(687).

다. 명확성의 원칙

명확성의 원칙이란 형벌법규의 내용이 명확하고 구체적이며 일의적으로 규정되어야 한다는 원칙을 말한다. 이 원칙도 국민의 예측가능성과 법적 안정성을 보호하고, 국가의 자의적인 법집행을 억제하기 위한 것이다.[1)]

라. 유추해석금지의 원칙

유추해석이라 함은 법률에 규정이 없는 사항에 관하여 그것과 유사한 내용의 법률규정을 적용하는 것을 말한다. 만일 유추해석이 허용된다면 국가의 자의적인 법집행이 가능해지고, 국민의 예측가능성과 법적 안정성이 침해되어 신체의 자유 등 국민의 자유와 권리가 보장될 수 없기 때문에 죄형법정주의는 유추해석을 금지하는 것이다.[2)]

마. 절대적 부정기형의 금지

절대적 부정기형이란 기간을 정하지 아니하고 형을 선고한 후 행형의 경과

---

1) 헌재 1989. 12. 22. 88헌가13, 판례집 1, 357, 383:
무릇 죄형법정주의는 범죄와 형벌이 법률로 정하여져야 함을 의미하는 것으로 이러한 죄형법정주의에서 파생되는 명확성의 원칙은 누구나 법률이 처벌하고자 하는 행위가 무엇이며 그에 대한 형벌이 어떠한 것인지를 예견할 수 있고 그에 따라 자신의 행위를 결정지울 수 있도록 구성요건이 명확할 것을 의미하는 것이다. 여기서 구성요건이 명확하여야 한다는 것은 그 법률을 적용하는 단계에서 가치판단을 전혀 배제한 무색투명한 서술적 개념으로 규정되어져야 한다는 것을 의미하는 것은 아니고 입법자의 입법의도가 건전한 일반상식을 가진 자에 의하여 일의적으로 파악될 수 있는 정도의 것을 의미하는 것이라고 할 것이다. 따라서 다소 광범위하고 어느 정도의 범위에서는 법관의 보충적인 해석을 필요로 하는 개념을 사용하여 규정하였다고 하더라도 그 적용단계에서 다의적으로 해석될 우려가 없는 이상 그 점만으로 헌법이 요구하는 명확성의 요구에 배치된다고는 보기 어렵다 할 것이다. 그렇지 않으면 처벌법규의 구성요건이 지나치게 구체적이고 복잡하게 정형화되어 다양하게 변화하는 생활관계를 제대로 규율할 수 없게 될 것이기 때문이다.

2) 헌재 1993. 9. 27. 92헌마284, 판례집 5-2, 340:
공소시효제도의 실질은 국가형벌권의 소멸이라는 점에서 형의 시효와 마찬가지로 실체법적 성격을 갖고 있는 것이어서, 그 예외로서 시효가 정지되는 경우는 특별히 법률로서 명문의 규정을 둔 경우에 한하여야 하고 법률에 명문으로 규정되어 있지 아니한 경우 다른 제도인 형사소송법상의 재정신청에 관한 규정을 유추적용하여 공소시효의 정지를 인정하는 것은 피의자의 법적 지위의 안정을 법률상 근거 없이 침해하는 것이 되며, 나아가서는 헌법상의 적법절차주의, 죄형법정주의에 반하여 기소되고 처벌받는 결과도 생길 수 있을뿐더러, 이는 당 재판소가 사실상 입법행위를 하는 결과가 되므로 헌법소원사건이 심판에 회부된 경우라고 하더라도 심판대상인 피의사실에 대한 공소시효는 정지되지 아니한다.

에 따라 사후에 기간을 정하는 것을 말한다. 절대적 부정기형도 국민의 예측가능성과 법적 안정성을 침해하고, 국가의 자의적인 법집행을 가능케 하기 때문에 죄형법정주의는 이를 당연히 금지하는 것이다.

(2) 이중처벌금지의 원칙

1) 의의

헌법 제13조 제1항은 "… 동일한 범죄에 대하여 거듭 처벌받지 아니한다."라고 규정함으로써 이중처벌금지의 원칙을 선언하고 있다. 이 원칙은 한번 판결이 확정되면 동일한 사건에 대해서는 다시 심판할 수 없다는 '일사부재리의 원칙'이 국가형벌권의 기속원리로 헌법상 규정된 것으로서, 동일한 범죄행위에 대하여 국가가 형벌권을 거듭 행사할 수 없도록 함으로써 국민의 기본권, 특히 신체의 자유를 보장하기 위한 것이라고 할 수 있다. 일사부재리의 원칙은 법치주의 원리의 주요내용인 법적 안정성과 신뢰보호의 원칙에 바탕을 둔 것으로 이중처벌금지의 원칙 역시 신체의 자유를 법적 안정성과 신뢰보호의 바탕위에서 두텁게 보호하고자 하는 기능을 가진다고 하겠다.

2) 내용

이 원칙에 따라 일단 확정판결이 있으면 '면소의 선고'를 해야 하고(형사소송법 제326조 제1호), 유죄의 확정판결에 대한 재심은 그 선고받은 자의 이익을 위해서만 가능하도록 되어 있다(형사소송법 제420조).

한편 형벌권과 징계권 등 국가가 행하는 여타의 제재나 불이익처분은 그 처벌의 목적과 내용 및 그 권력의 기초를 달리하므로 양자 사이에 이중처벌의 문제가 발생되는 것은 아니라고 할 것이다. 이와 관련하여 헌법재판소는 이중처벌금지의 원칙에서 말하는 '처벌'은 원칙적으로 범죄에 대한 국가의 형벌권 실행으로서의 과벌을 의미하는 것이고, 국가가 행하는 일체의 제재나 불이익처분을 모두 그 처벌에 포함시킬 수는 없다고 판시하고 있다.[1)]

---

1) 헌재 1994. 6. 30. 92헌바38, 판례집 6-1, 619, 627:
헌법 제13조 제1항은 "모든 국민은 … 동일한 범죄에 대하여 거듭 처벌받지 아니한다"고 하여 이른바 '이중처벌금지의 원칙'을 규정하고 있는바, 이 원칙은 한번 판결이 확정되면 동일한 사건에 대해서는 다시 심판할 수 없다는 '일사부재리의 원칙'이 국가형벌권의 기속원

이러한 맥락에서 헌법재판소는 형벌과 보호감호를 서로 병과하여 선고하는 것,[1] 형의 집행종료후 별도로 보안관찰처분을 명하는 것,[2] 공무원 또는 공무원이었던 자의 범죄행위에 대하여 형벌을 과하는 외에 다시 급여를 제한하는 것,[3] 청소년의 성을 사는 행위로 처벌을 받은 자의 신상을 공개하는 것,[4] 공정

리로 헌법상 선언된 것으로서, 동일한 범죄행위에 대하여 국가가 형벌권을 거듭 행사할 수 없도록 함으로써 국민의 기본권 특히 신체의 자유를 보장하기 위한 것이라고 할 수 있다. 이러한 점에서 헌법 제13조 제1항에서 말하는 '처벌'은 원칙으로 범죄에 대한 국가의 형벌권 실행으로서의 과벌을 의미하는 것이고, 국가가 행하는 일체의 제재나 불이익처분을 모두 그 '처벌'에 포함시킬 수는 없다 할 것이다.

1) 헌재 1991. 4. 1. 89헌마17 등, 판례집 3, 124, 130:
보호감호와 형벌을 다 같이 신체의 자유를 박탈하는 수용처분이라는 점에서 서로 유사한 점이 있기는 하지만, 보호감호처분은 재범의 위험성이 있고 특수한 교육·개선 및 치료가 필요하다고 인정되는 자에 대하여 사회복귀를 촉진하고 사회를 보호하기 위하여 헌법 제12조 제1항을 근거로 한 보안처분으로서 그 본질과 추가하는 목적 및 기능에 있어 형벌과는 다른 독자적 의의를 가진 사회보호적인 처분이므로 형벌과 보호감호를 서로 병과하여 선고한다고 해서 그것이 헌법 제13조 제1항 후단 소정의 거듭처벌금지의 원칙에 해당되지 아니한다는 것이 당 재판소의 견해이다.

2) 헌재 1997. 11. 27. 92헌바28, 판례집 9-2, 548, 565-566:
보안처분은 그 본질, 추구하는 목적 및 기능에 있어 형벌과는 다른 독자적 의의를 가진 사회보호적인 처분이므로 형벌과 보안처분은 서로 병과하여 선고한다고 해서 그것이 헌법 제13조 제1항 후단 소정의 거듭처벌금지의 원칙에 해당되지 아니한다는 것이 우리 재판소의 확립된 견해이고, 이 법상의 보안관찰처분 역시 그 본질이 위에서 살펴본 바와 같이 헌법 제12조 제1항에 근거한 보안처분인 이상, 위 조항들이 형의 집행종료후 별도로 이 법상의 보안관찰처분을 명할 수 있다고 규정하였다고 하여 헌법 제13조 제1항이 규정한 일사부재리의 원칙에 위반하였다고 할 수 없다.

3) 헌재 2002. 7. 18. 2000헌바57, 판례집 14-2, 1, 18-19:
공무원 또는 공무원이었던 자에 대하여 재직중의 사유로 금고이상의 형벌에 의한 급여의 제한을 규정한 공무원연금법 제64조 제3항이 공무원 또는 공무원이었던 자의 범죄행위에 대하여 형벌을 과하는 외에 다시 급여를 제한함으로써 헌법정신에 반하여 이중적으로 처벌하는 것이라고 주장하는바, 이 사건 법률조항이 일정한 범죄를 범한 공무원에 대하여 형벌이나 공무원법상의 징계 외에 추가적인 경제적 불이익을 부과하는 것이기는 하나, 헌법 제13조 제1항 후단에 규정된 일사부재리 또는 이중처벌금지의 원칙에 있어서 처벌이라고 함은 원칙적으로 범죄에 대한 국가의 형벌권 실행으로서의 과벌을 의미하는 것이고 국가가 행하는 일체의 제재나 불이익처분이 모두 그에 포함된다고는 할 수 없으므로 이 사건 법률조항에 의하여 급여를 제한한다고 하더라도 그것이 헌법이 금하고 있는 이중적인 처벌에 해당하는 것은 아니라고 할 것이다.

4) 헌재 2003. 6. 26. 2002헌가14, 판례집 15-1, 624, 625:
헌법 제13조 제1항에서 말하는 '처벌'은 원칙적으로 범죄에 대한 국가의 형벌권 실행으로서의 과벌을 의미하는 것이고, 국가가 행하는 일체의 제재나 불이익처분을 모두 그 '처벌'에 포함시킬 수는 없다. 청소년의성보호에관한법률 제20조 제1항은 "청소년의 성을 사는

거래법상 형사처벌과 아울러 과징금을 병과하는 것[1] 등은 이중처벌금지의 원칙을 위배하는 것이 아니라고 판시했다.

(3) 연좌제의 금지

헌법 제13조 제3항은 “자기의 행위가 아닌 친족의 행위로 인하여 불이익한 처우를 받지 아니한다.”고 규정함으로써 연좌제를 금지하고 있다. 이는 근대법의 기본원칙인 자기책임의 원리에 바탕을 둔 것으로서, 이에 따라 친족 등 타인의 행위로 인하여 불이익을 받지 않는다.[2] 여기서의 ‘친족’에는 논리필연적으로 민

행위 등의 범죄방지를 위한 계도”가 신상공개제도의 주된 목적임을 명시하고 있는바, 이 제도가 당사자에게 일종의 수치심과 불명예를 줄 수 있다고 하여도, 이는 어디까지나 신상공개제도가 추구하는 입법목적에 부수적인 것이지 주된 것은 아니다. 또한 공개되는 신상과 범죄사실은 이미 공개재판에서 확정된 유죄판결의 일부로서, 개인의 신상 내지 사생활에 관한 새로운 내용이 아니고, 공익목적을 위하여 이를 공개하는 과정에서 부수적으로 수치심 등이 발생된다고 하여 이것을 기존의 형벌 외에 또 다른 형벌로서 수치형이나 명예형에 해당한다고 볼 수는 없다. 그렇다면 신상공개제도는 헌법 제13조의 이중처벌금지 원칙에 위배되지 않는다.

1) 헌재 2003. 7. 24. 2001헌가25, 판례집 15-2상, 1:
행정권에는 행정목적 실현을 위하여 행정법규 위반자에 대한 제재의 권한도 포함되어 있으므로, ‘제재를 통한 억지’는 행정규제의 본원적 기능이라 볼 수 있는 것이고, 따라서 어떤 행정제재의 기능이 오로지 제재(및 이에 결부된 억지)에 있다고 하여 이를 헌법 제13조 제1항에서 말하는 국가형벌권의 행사로서의 ‘처벌’에 해당한다고 할 수 없는바, 구 독점규제및공정거래에관한법률 제24조의2에 의한 부당내부거래에 대한 과징금은 그 취지와 기능, 부과의 주체와 절차 등을 종합할 때 부당내부거래 억지라는 행정목적을 실현하기 위하여 그 위반행위에 대하여 제재를 가하는 행정상의 제재금으로서의 기본적 성격에 부당이득환수적 요소도 부가되어 있는 것이라 할 것이고, 이를 두고 헌법 제13조 제1항에서 금지하는 국가형벌권 행사로서의 ‘처벌’에 해당한다고는 할 수 없으므로, 공정거래법에서 형사처벌과 아울러 과징금의 병과를 예정하고 있더라도 이중처벌금지원칙에 위반된다고 볼 수 없다.

2) ① 헌재 1996. 1. 25. 95헌가5, 판례집 8-1, 1, 21:
반국가행위자의처벌에관한특별조치법 제8조는 제2조 제2항에서 “이 법에서 반국가행위자의 재산이라 함은 행위자가 실질적으로 소유하고 있는 동산·부동산·유가증권 기타 일체의 재산적 가치 있는 물건 또는 권리를 말한다”고 규정하고 있고, 10조에서 몰수판결의 효력은 몰수대상물의 명의자 또는 점유자에 대하여도 효력이 있다고 규정한 점과 종합하여 보면, 친족의 재산까지도 반국가행위자의 재산이라고 검사가 적시하기만 하면 특조법 제7조 제7항에 의하여 증거조사 없이 수형이 선고되게 되어 있으므로, 헌법 제13조 제3항에서 금지한 연좌형이 될 소지도 크다. 따라서 특조법 제8조는 헌법 제13조 제3항에도 위반된다.
② 헌재 2004. 6. 24. 2002헌가27, 판례집 16-1, 706:
제조자가 제조한 담배는 그 제조자가 도매업자 또는 소매인에게 이를 판매하고, 소매인이 아니고는 담배를 소비자에게 판매할 수 없도록 되어 있어(담배사업법 제12조) 제조자는 면

법상의 친족 뿐 아니라 기타의 모든 사람을 포함한다. 또한 '불이익한 처우'에는 형법상의 불이익은 물론 행정법상의 제재를 비롯한 모든 불이익을 포함한다.

한편 타인의 행위라도 그 행위의 귀책사유가 자기에게 있거나, 타인의 행위와 본인 간에 실질적인 관련성을 인정할 수 있는 경우에는 그 타인의 행위를 자기의 행위로 볼 수 있어 연좌제금지의 원칙이 적용되지 아니한다고 할 것이다. 예컨대 선거사무장·선거사무소의 회계책임자 또는 후보자의 직계존비속 및 배우자의 선거범죄로 인해 후보자의 당선을 무효로 하는 것이 그것이다(공직선거법 제265조). 이 경우 배우자 등은 후보자와 일상을 공유하는 자로서 선거에서는 후보자의 분신과도 같은 역할을 하게 되는바, 후보자와 불가분의 선거운명공동체를 형성하여 활동하게 마련인 배우자 등의 실질적 지위와 역할을 근거로 후보자에게 연대책임을 부여한 것이다.[1] 또한 하급자의 행위에 대한 지휘책임을 물어 상급자를 인사조치하는 경우도 그러하다. 이 경우 상급자인 감독관청이 지는 감독태만의 책임은 타인의 행위에 의한 불이익이 아니고 바로 자기행위에 대한 책임이기 때문이다.[2]

세담배를 공급받은 자가 이를 용도 외로 사용하는지 여부에 관하여 이를 관리하거나 감독할 수 있는 법적 권리나 의무가 없음에도 불구하고, 공급받은 면세담배를 용도 외로 처분한 데에 대한 책임이 누구에게 있는지에 대한 고려 없이 징세절차의 편의만을 위해 무조건 원래의 납세의무자였던 제조자에게 담배소비세와 가산세를 부과하는 것은 자신의 통제권 내지 결정권이 미치지 않는 데 대하여 까지 책임을 지게 하는 것이다. 제조자는 법령이 정한 일정한 자격을 갖춘 상대방에게 특수용담배임을 표시하여 특수용담배공급계약에 따라 담배를 제공함으로써 일응의 책임을 다 한 것으로 볼 것이고, 그 이후의 단계에서 이루어진 용도 외의 처분에 관하여 제조자에게 귀책사유가 있다는 등의 특별한 사정이 없는 한 그 책임을 제조자에게 묻는 것은 자기책임의 원리에 반한다.

1) 헌재 2005. 12. 22. 2005헌마19, 판례집 17-2, 785:
모든 국민은 자기의 행위가 아닌 친족의 행위로 인하여 불이익한 처우를 받지 아니한다." 고 규정하고 있는 헌법 제13조 제3항은 '친족의 행위와 본인 간에 실질적으로 의미 있는 아무런 관련성을 인정할 수 없음에도 불구하고 오로지 친족이라는 사유 그 자체만으로' 불이익한 처우를 가하는 경우에만 적용된다. 배우자는 후보자와 일상을 공유하는 자로서 선거에서는 후보자의 분신과도 같은 역할을 하게 되는바, 공직선거및선거부정방지법 제265조는 배우자가 죄를 저질렀다는 이유만으로 후보자에게 불이익을 주는 것이 아니라, 후보자와 불가분의 선거운명공동체를 형성하여 활동하게 마련인 배우자의 실질적 지위와 역할을 근거로 후보자에게 연대책임을 부여한 것이므로 헌법 제13조 제3항에서 금지하고 있는 연좌제에 해당하지 아니한다.

2) 헌재 2011. 10. 25. 2010헌바307, 판례집 23-2상, 884, 885:
법인은 기관을 통하여 행위하므로 법인이 대표자를 선임한 이상 그의 행위로 인한 법률효과는 법인에게 귀속되어야 하고 법인 대표자의 범죄행위에 대하여는 법인 자신이 자신의

(4) 무죄추정의 원칙

헌법 제27조 제4항은 "형사피고인은 유죄의 판결이 확정될 때까지는 무죄로 추정된다."라고 규정하여 유죄확정시까지의 무죄추정의 원칙을 선언하고 있다. 무죄추정의 원칙은 만일 유죄의 확정판결이 있기도 전에 유죄로 취급되어 부당한 처우를 받는다면 신체의 자유와 더불어 인간의 존엄성과 법치주의의 이념이 훼손되기 때문에 기본권보호를 위하여 당연히 인정되는 헌법상의 원칙이라고 하겠다.[1] 그리고 이에는 형사피고인 뿐 아니라 형사피의자도 당연히 포함된다고 하겠다. 공소가 제기된 형사피고인에게 무죄추정의 원칙이 적용되는 이상, 아직 공소제기조차 되지 아니한 형사피의자에게 무죄추정의 원칙이 적용되는 것은 너무도 당연한 일이기 때문이다.[2] 여기서의 '유죄의 판결'에는 실형의 판

행위에 대한 책임을 부담하여야 하는바, 법인 대표자의 법규위반행위에 대한 법인의 책임은 법인 자신의 법규위반행위로 평가될 수 있는 행위에 대한 법인의 직접책임으로서, 대표자의 고의에 의한 위반행위에 대하여는 법인 자신의 고의에 의한 책임을, 대표자의 과실에 의한 위반행위에 대하여는 법인 자신의 과실에 의한 책임을 부담하는 것이다. 따라서 구 관광진흥법 제80조항 중 대표자 관련 부분은 대표자의 책임을 요건으로 하여 법인을 처벌하므로 책임주의원칙에 반하지 아니한다.

1) 헌재 1999. 5. 27. 97헌마137 등, 판례집 11-1, 653, 664-665:
미결수용자가 수사 또는 재판을 받기 위하여 시설 밖으로 나오면 일반인의 눈에 띄게 되어 재소자용 의류 때문에 모욕감이나 수치심을 느끼게 된다. 미결수용자는 수사단계부터 고지·변해·방어의 권리가 보장되어야 하고 재판단계에서는 당사자로서의 지위를 가지므로, 유죄가 확정되지 아니한 미결수용자에게 재소자용 의류를 입게 하는 것은 심리적인 위축으로 위와 같은 권리를 제대로 행사할 수 없게 하여 실체적 진실의 발견을 저해할 우려가 있다. 우리의 교정 현실이 인적·물적 설비에서 상대적으로 부족하다고 할지라도, 미결수용자의 도주 방지는 계구의 사용이나 계호 인력을 늘리는 등의 수단에 의할 것이지 기본권 보호의 필요성이 현저한 수사 또는 재판에서 사복을 입지 못하게 하는 것은 어떠한 이유를 내세우더라도 그 제한은 정당화될 수 없으므로 헌법 제37조 제2항의 기본권 제한에서의 비례원칙에 위반된다고 할 것이다.
그러므로 미결수용자에게 재소자용 의류를 입게 하는 것은 무죄추정의 원칙에 반하고 인간으로서의 존엄과 가치에서 유래하는 인격권과 행복추구권, 공정한 재판을 받을 권리를 침해하는 것이다.

2) 헌재 1992. 1. 28. 91헌마111, 판례집 4, 51, 58:
헌법 제27조 제4항은 "형사피고인은 유죄의 판결이 확정될 때까지 무죄로 추정된다."라고 하여 이른바 무죄추정의 원칙을 선언하였는데 공소가 제기된 형사피고인에게 무죄추정의 원칙이 적용되는 이상, 아직 공소제기조차 되지 아니한 형사피의자에게 무죄추정의 원칙이 적용되는 것은 너무도 당연한 일이며 이 무죄추정의 원칙은 언제나 불리한 처지에 놓여 인권이 유린되기 쉬운 피의자, 피고인의 지위를 옹호하여 형사절차에서 그들의 불이익을 필

결, 선고유예 및 집행유예의 판결, 형의 면제 등이 포함된다.

무죄추정의 원칙에 따라 유죄를 전제로 한 어떠한 불리한 처우를 할 수 없다.[1)] 또한 무죄추정의 원칙은 불구속수사·불구속재판의 원칙을 요구한다고 할 것이다.[2)] 아울러 무죄추정의 원칙에 따라 형사재판에 있어서 유죄의 입증책임

요한 최소한에 그치게 하자는 것으로서 인간의 존엄성 존중을 궁극의 목표로 하고 있는 헌법이념에서 나온 것이다. 이 무죄추정의 원칙으로 인하여 불구속수사, 불구속재판을 원칙으로 하고 예외적으로 피의자 또는 피고인이 도망할 우려가 있으나 증거를 인멸할 우려가 있는 때에 한하여 구속수사 또는 구속재판이 인정될 따름이다.

1) 헌재 1990. 11. 19. 90헌가48, 판례집 2, 393, 402-403:
변호사법 제15조에서 변호사에 대해 형사사건으로 공소가 제기되었다는 사실만으로 업무정지명령을 발하게 한 것은 아직 유무죄가 가려지지 아니한 범죄의 혐의사실뿐 확증 없는 상태에서 유죄로 추정하는 것이 되며 이를 전제로 한 불이익한 처분이라 할 것이다. 공소의 제기가 있는 피고인이라도 유죄의 확정판결이 있기까지는 원칙적으로 죄가 없는 자에 준하여 취급하여야 하고, 불이익을 입혀서는 안된다고 할 것으로 가사 그 불이익을 입힌다 하여도 필요한 최소한도에 그치도록 비례의 원칙이 존중되어야 하는 것이 헌법 제27조 제4항의 무죄추정의 원칙이며, 여기의 불이익에는 형사절차상의 처분뿐만 아니라 그 밖의 기본권제한과 같은 처분도 포함된다고 할 것이다.

2) ① 헌재 1992. 4. 14. 90헌마82, 판례집 4, 194, 207-208:
형사소송법상의 구속기간은 오랜 수사경험에 비추어 그 정도의 기간이면 공소제기 여부의 판단에 지장이 없을 것으로 보아 책정된 것이라고 말할 수 있으며, 이 구속기간은 헌법상의 무죄추정의 원칙에서 파생되는 불구속수사원칙에 대한 예외로서 설정된 기간이다. 그러므로 이 구속기간을 더 연장하는 것은 예외에 대하여 또 다시 특례를 설정하여 주는 것이 되고 이처럼 기본권제한에 관한 사항에 대하여 그 예외의 범위를 확장하는 데에는 국가안전보장과 질서유지라는 공익과 국민의 기본권보장이라는 상충되는 긴장관계의 비례성 형량에 있어서 더욱 엄격한 기준이 요구되며 따라서 그 예외의 확장은 극히 최소한에 그쳐야 할 것이다.
② 헌재 2009. 6. 25. 2007헌바25, 판례집 21-1하, 784, 785:
형법 제57조 제1항은 해당 법관으로 하여금 미결구금일수를 형기에 산입하되, 그 산입범위는 재량에 의하여 결정하도록 하고 있는바, 이처럼 미결구금일수 산입범위의 결정을 법관의 자유재량에 맡기는 이유는 피고인이 고의로 부당하게 재판을 지연시키는 것을 막아 형사재판의 효율성을 높이고, 피고인의 남상소를 방지하여 상소심 법원의 업무부담을 줄이는데 있다. 그러나 미결구금을 허용하는 것 자체가 헌법상 무죄추정의 원칙에서 파생되는 불구속수사의 원칙에 대한 예외인데, 형법 제57조 제1항 중 '또는 일부 부분'은 그 미결구금일수 중 일부만을 본형에 산입할 수 있도록 규정하여 그 예외에 대하여 사실상 다시 특례를 설정함으로써, 기본권 중에서도 가장 본질적인 신체의 자유에 대한 침해를 가중하고 있다.
또한 형법 제57조 제1항 중 '또는 일부' 부분이 상소제기 후 미결구금일수의 일부가 산입되지 않을 수 있도록 하여 피고인의 상소의사를 위축시킴으로써 남상소를 방지하려 하는 것은 입법목적 달성을 위한 적절한 수단이라고 할 수 없고, 남상소를 방지한다는 명목으로 오히려 구속 피고인의 재판청구권이나 상소권의 적정한 행사를 저해한다. 더욱이 구속 피고인이 고의로 재판을 지연하거나 부당한 소송행위를 하였다고 하더라도 이를 이유로 미결구금

은 검사에게 있고, 따라서 만일 범죄혐의에 관한 입증이 없으면 "의심스러운 때에는 피고인의 이익으로"라는 원칙에 따라 무죄를 선고해야 한다.

무죄추정의 원칙에 따라 유죄의 확정판결이 있을 때까지는 국가의 수사권·기소권·재판권·행형권 등의 행사에 일정한 제한이 따른다. 예컨대 수사기관이 그 직무집행과정에서 지득한 피의사실을 공판청구전에 공표하는 것,[1] 무죄의 입증책임을 피고인(피의자)에게 부과하는 것, 유죄의 확정판결이 있기 전에 피고인(피의자)에게 불리한 처분 내지 처우를 하는 것,[2] 미결수에 대한 행형을 기결

기간 중 일부를 형기에 산입하지 않는 것은 처벌되지 않는 소송상의 태도에 대하여 형벌적 요소를 도입하여 제재를 가하는 것으로서 적법절차의 원칙 및 무죄추정의 원칙에 반한다.

③ 헌재 2009. 12. 29. 2008헌가13 등, 판례집 21-2하, 710, 711:

헌법상 무죄추정의 원칙에 따라, 유죄판결이 확정되기 전의 피의자 또는 피고인은 아직 죄 있는 자가 아니므로 그들을 죄 있는 자에 준하여 취급함으로써 법률적·사실적 측면에서 유형·무형의 불이익을 주어서는 아니되고, 특히 미결구금은 신체의 자유를 침해받는 피의자 또는 피고인의 입장에서 보면 실질적으로 자유형의 집행과 다를 바 없으므로 인권보호 및 공평의 원칙상 형기에 전부 산입되어야 한다. 따라서 상소제기 후 상소취하 시까지의 구금 역시 미결구금에 해당하는 이상 그 구금일수도 형기에 전부 산입되어야 한다. 그런데 형사소송법 제482조 제1항(2007. 6. 1. 법률 제8496호로 개정된 것) 및 제482조 제2항은 구속 피고인의 상소제기 후 상소취하 시까지의 구금일수를 본형 형기 산입에서 제외함으로써 기본권 중에서도 가장 본질적 자유인 신체의 자유를 침해하고 있다.

또한 구속 피고인이 상소하였다가 상소기각판결을 선고받는 경우에는 형법 제57조 제1항에 대한 헌재 2009. 6. 25. 2007헌바25 결정에 의하여 그 미결구금일수 전부를 산입 받을 수 있게 된 반면, 구속 피고인이 상소하였다가 상소를 취하한 때에는 이 사건 법률조항들이 상소제기 후 상소취하 시까지의 구금기간을 통산하도록 규정하고 있지 아니함으로써 그 구금기간을 본형에 산입 받지 못하는바, 이로 인하여 상소를 취하한 구속 피고인은 상소기각판결을 선고받은 구속 피고인에 비하여 현저히 불리한 차별을 받는 결과가 된다. 결국 상소제기 후 상소취하 시까지의 미결구금을 형기에 산입하지 아니하는 것은 헌법상 무죄추정의 원칙 및 적법절차의 원칙, 평등원칙 등을 위배하여 합리성과 정당성 없이 신체의 자유를 지나치게 제한하는 것이고, 따라서 '상소제기 후 미결구금일수의 산입'에 관하여 규정하고 있는 이 사건 법률조항들이 상소제기 후 상소취하 시까지의 미결구금일수를 본형에 산입하도록 규정하지 아니한 것은 헌법에 위반된다.

1) 형법 제126조(피의사실공표)는 "검찰, 경찰 기타 범죄수사에 관한 직무를 행하는 자 또는 이를 감독하거나 보조하는 자가 그 직무를 행함에 당하여 지득한 피의사실을 공판청구전에 공표한 때에는 3년 이하의 징역 또는 5년 이하의 자격정지에 처한다."라고 규정하고 있다.

2) ① 헌재 1998. 5. 28. 96헌가12, 판례집 10-1, 560, 568-569:

헌법재판소는 형사사건으로 기소된 사립학교 교원에 대하여 당해 교원의 임면권자로 하여금 필요적으로 직위해제처분을 하도록 규정하고 있는 사립학교법 제58조의2 제1항 단서에 대한 위헌여부심판제청사건(헌재 1994. 7. 29. 93헌가3등, 판례집 6-2, 1)에서, 기소된 사안의 위법성의 정도, 증거의 확실성여부 및 예상되는 판결의 내용 등을 고려하지 아니하고 형사

사건으로 공소가 제기된 경우 일률적으로 판결의 확정시까지 직위해제처분을 하도록 한 것은 헌법 제37조 제2항의 비례의 원칙에 어긋나서 헌법 제15조의 직업선택의 자유를 침해하는 것이며 또한 무죄추정의 원칙을 규정한 헌법 제27조 제4항에도 위반된다고 선언하였다. 형사사건으로 기소된 경우에 행하는 직위해제처분에 있어서 국립대학 교원 등의 공무원을 사립학교교원과 달리 취급해야 할 아무런 합리적인 이유가 없다. 이 사건 규정은 공무원이 형사기소된 경우에는 당연히 직위해제되어야만 한다는 점에서 그의 내용이 위 결정의 심판대상 조항인 사립학교법 제58조의2 제1항 단서의 규정과 본질적으로 동일하고, 위 결정선고 이후 이를 달리 판단해야 할 특별한 사정변경이 있다고 할 수도 없으므로, 위 사립학교법조항에 대한 헌법재판소결정의 판시이유는 이 사건에서도 그대로 타당하다고 하겠다.

② 헌재 2002. 1. 31. 2001헌바43, 판례집 14-1, 49, 60:

독점규제및공정거래에관한법률(1999. 2. 5. 법률 제5813호로 개정된 것) 제27조의 법위반사실 공표명령은 행정처분의 하나로서 형사절차내에서 행하여진 처분은 아니다. 그러나 공정거래위원회의 고발조치 등으로 장차 형사절차내에서 진술을 해야할 행위자에게 사전에 이와 같은 법위반사실의 공표를 하게 하는 것은 형사절차내에서 법위반사실을 부인하고자 하는 행위자의 입장을 모순에 빠뜨려 소송수행을 심리적으로 위축시키거나, 법원으로 하여금 공정거래위원회 조사결과의 신뢰성 여부에 대한 불합리한 예단을 촉발할 소지가 있고 이는 장차 진행될 형사절차에도 영향을 미칠 수 있다. 결국 법위반사실의 공표명령은 공소제기조차 되지 아니하고 단지 고발만 이루어진 수사의 초기단계에서 아직 법원의 유무죄에 대한 판단이 가려지지 아니하였는데도 관련 행위자를 유죄로 추정하는 불이익한 처분이라고 아니할 수 없다.

③ 헌재 2010. 9. 2. 2010헌마418, 판례집 22-2상, 526, 542-543:

무죄추정의 원칙상 금지되는 '불이익'이란 '범죄사실의 인정 또는 유죄를 전제로 그에 대하여 법률적 · 사실적 측면에서 유형 · 무형의 차별취급을 가하는 유죄인정의 효과로서의 불이익'을 뜻하고, 이는 비단 형사절차 내에서의 불이익뿐만 아니라 기타 일반 법생활 영역에서의 기본권 제한과 같은 경우에도 적용된다.

지방자치단체의 장이 금고 이상의 형을 선고받고 그 형이 확정되지 아니한 경우 부단체장이 그 권한을 대행하도록 규정한 지방자치법(2007. 5. 11. 법률 제8423호로 전부 개정된 것) 제111조 제1항 제3호는 '금고 이상의 형이 선고되었다.'는 사실 자체에 주민의 신뢰와 직무전념성을 해칠 우려가 있다는 이유로 부정적 의미를 부여한 후 그 유죄판결의 존재를 유일한 전제로 하여 형이 확정되지도 않은 상태에서 해당 자치단체장에 대하여 직무정지라는 불이익한 처분을 부과하고 있다. 즉, 유죄의 확정판결이 있기 전이라도 '금고 이상의 형을 선고'받았다면 유죄의 확정판결이 내려질 개연성이 높다는 전제에서 당해 피고인을 죄가 있는 자에 준하여 불이익을 입히고 있는 것이다.

특히 이 사건 법률조항은 오직 '금고 이상의 형을 선고받은 때로부터 금고 이상의 형이 확정될 때까지'에만 적용되는 규정이므로, 형사피고인이라 하여도 유죄의 확정판결이 있기까지는 원칙적으로 죄가 없는 자에 준하여 취급하여야 한다는 무죄추정의 원칙에 반하는 규정이라고 아니할 수 없다.

자치단체장에 대한 '직무정지'는 확정적인 결과를 가져오는 처분이 아니라 잠정적이고 가처분적인 성격을 가진 것이기는 하나, 임기가 정하여져 있는 선거직 공무원에 대한 것이고, 그 종기가 불확실하므로 그 침해의 정도가 가볍다고 단정할 수 없다. 즉, 금고 이상의 형을 선고받은 자치단체장은 그 판결이 확정될 때까지 직무가 정지되는바(물론 상급심에서 그

수와 동일하게 하는 것 등은 허용될 수 없다고 할 것이다.

3. 신체의 자유의 절차적 보장

한편 우리 헌법은 신체의 자유를 보다 효율적으로 보장하기 위하여 신체의 자유의 절차적 보장에 관한 다양한 원칙과 권리를 규정하고 있다.

(1) 적법절차의 원리

1) 의의

일반적으로 적법절차(due process of law)원리는 공권력작용에 의한 국민의 기본권침해 내지 제한은 반드시 정당한 법률에 의거해서 정당한 절차를 밟아서 이루어져야 한다는 원리로서 영미법계에서는 기본권에 대한 절차적 보장을 위한 가장 중요한 기본원리로 기능하고 있다.

헌법 제12조 제1항 제2문이 "누구든지 법률에 의하지 아니하고는 체포·구속·압수·수색 또는 심문을 받지 아니하며, 법률과 적법한 절차에 의하지 아니하고는 처벌·보안처분 또는 강제노역을 받지 아니한다."라고 규정하고 있고, 동조 제3항 본문은 "체포·구속·압수 또는 수색을 할 때에는 적법한 절차에 따라 검사의 신청에 의하여 법관이 발부한 영장을 제시하여야 한다."라고 규정함으로써 적법절차의 원리를 신체의 자유의 절차적 보장을 위한 원리로 채택하고 있다.

2) 적법절차원리의 연혁

연혁적으로 적법절차원리는 영국의 오랜 사법사를 통하여 확립된 자연적 정의의 법리, 즉 "첫째, 누구든지 자기 자신의 재판관이 될 수 없다. 둘째, 누구든지 변명의 기회를 부여받지 아니하고는 비난당하지 아니한다."는 원리에 그 연

미만의 형을 선고받거나 무죄판결을 받으면 직무정지상태가 해소된다), 피고인의 뜻대로 형사재판절차의 종기를 조절할 수 없을 뿐 아니라 확정시기를 쉽게 예측할 수도 없으므로 [선거범죄에 관한 재판에 대하여는 3심 재판까지 최대한 1년을 넘지 않도록 법정하고 있으나(공직선거법 제270조 참조), 일반 형사범죄의 경우는 그러한 재판기간의 제한이 없다], 경우에 따라서는 임기 중 상당기간 동안 직무가 정지될 수도 있다.

따라서 선거에 의하여 선출된 자치단체장의 직무를 '금고 이상의 형을 선고받은 사실'만으로 정지시키는 것은 '유죄인정의 효과로서의 불이익'에 해당되어 무죄추정의 원칙에 반한다고 할 것이다.

원을 두고 있다고 하겠다. 1215년의 대헌장이 1225년에 개정되면서 제29장에 '국법에 따라(by the law of the land)'라는 표현이 들어갔는데, 일반적으로 이 표현에서 적법절차의 개념이 유래한다고 보고 있다. 이 '국법에 따라'라는 표현이 그 후 1355년 에드워드 3세(Edward Ⅲ)치하의 제정법에 '정당한 법의 절차에 따라(due process of law)'라는 표현으로 계수되고, 이것이 다시 1628년의 권리청원(Petition of Right) 제4조에서 확인되고 있다.

3) 적법절차원리의 입법례

이처럼 영국에서 유래된 적법절차의 관념은 그 후 미국의 연방헌법과 각 주헌법에 수용되었다. 즉 1791년의 미국연방헌법 수정 제5조 제3문은 "누구든지 '적정한 법의 절차'에 의하지 아니하고는 그의 생명·자유 또는 재산을 박탈당하지 아니한다."라고 규정하고 있고, 이러한 - 연방차원에서 적용되는 - 적법절차의 원리가 주차원에서도 동일하게 적용되도록 1868년의 미국연방헌법 수정 제14조 제1항이 규정하고 있다.

제2차 세계대전 이후 제정된 1947년의 일본헌법 제31조도 미국의 영향을 받아 "누구든지 법률이 정하는 절차에 의하지 아니하고는 그 생명 또는 자유를 박탈당하거나 그 밖의 형벌이 과하여지지 아니한다."라고 규정하였고, 우리의 경우에도 제헌헌법 제9조에서 "모든 국민은 신체의 자유를 가진다. 법률에 의하지 아니하고는 체포, 구금, 수색, 심문, 처벌과 강제노역을 받지 아니한다."라고 규정하였다.

4) 적법절차원리의 내용

이처럼 영국에서 유래되고 미국에서 확립된 적법절차원리는 주로 미국연방대법원의 판례를 통해서 그 내용과 적용실태 및 기능이 구체화되고 발전되었는데, 그러한 적법절차원리의 구체적 내용은 대체로 다음과 같이 정리될 수 있다.

첫째, 형사사법절차에서 뿐 아니라 행정절차 등 국민의 권리 및 의무와 관련된 국가의 모든 공권력행사과정에 적법절차원리가 적용되어야 한다.

둘째, 적법절차에는 공정한 고지와 청문절차가 포함되어야 한다.

셋째, 적법절차원리는 절차적인 형식적 적정성만을 요구하는 것이 아니고, 적용되는 법률이 합헌적인 정당한 내용의 법이어야 한다는 실질적 적정성도 요구한다.

5) 우리 헌법규정에서의 적법절차원리

미국에서 판례법적으로 확립·발전된 이러한 적법절차원리의 내용은 우리 헌법상의 적법절차원리를 해석하는데 있어서 중요한 기준을 제공하고 있다. 그에 따르면 헌법 제12조 제1항은 "… 누구든지 법률에 의하지 아니하고는 체포·구속·압수·수색 또는 심문을 받지 아니하며, 법률과 적법한 절차에 의하지 아니하고는 처벌·보안처분 또는 강제노역을 받지 아니한다.", 동조 제3항은 "체포·구속·압수 또는 수색을 할 때에는 적법한 절차에 따라 검사의 신청에 의하여 법관이 발부한 영장을 제시하여야 한다. …"라고 규정하고 있는데, 이 규정을 "누구든지 실체적 내용상 합리적이고 정당한 법률의 근거에 의하지 아니하거나 적법한 절차에 의하지 아니하고는 체포·구속·압수·수색 또는 심문을 받지 아니하고, 처벌(형사처벌과 행정벌을 비롯한 모든 종류의 처벌)·보안처분 또는 강제노역 등을 받지 아니한다. 체포·구속 등의 모든 신체의 자유 제한이나 압수·수색에는 반드시 적법한 절차에 따라 검사의 신청에 의하여 법관이 발부한 영장을 제시하여야 한다. 이러한 적법절차원리는 형사사법절차에서 뿐 아니라 입법작용이나 행정작용 등 모든 공권력행사절차에 준용되어야 한다."라고 이해하여야 할 것이다.[1)]

이러한 적법절차원리를 위반한 법률이나 행정작용 등의 공권력작용은 국민의 청문권 등의 절차적 기본권을 침해한 위헌·위법한 공권력행사이므로 위헌법률심판이나 행정소송 또는 헌법소원심판을 통해 무효화 또는 취소될 수 있을 것이다.[2)]

---

1) 헌재 1992. 12. 24. 92헌가8, 판례집 4, 853, 876-877:
우리 현행 헌법에서는 제12조 제1항의 처벌, 보안처분, 강제노역 등 및 제12조 제3항의 영장주의와 관련하여 각각 적법절차의 원칙을 규정하고 있지만 이는 그 대상을 한정적으로 열거하고 있는 것이 아니라 그 적용대상을 예시한 것에 불과하다고 해석하는 것이 우리의 통설적 견해이다. 다만 현행 헌법상 규정된 적법절차의 원칙을 어떻게 해석할 것인가에 대하여 표현의 차이는 있지만 대체적으로 적법절차의 원칙이 독자적인 헌법원리의 하나로 수용되고 있으며 이는 형식적인 절차뿐만 아니라 실체적 법률내용이 합리성과 정당성을 갖춘 것이어야 한다는 실질적 의미로 확대 해석하고 있으며, 우리 헌법재판소의 판례에서도 이 적법절차의 원칙은 법률의 위헌여부에 관한 심사기준으로서 그 적용대상을 형사소송절차에 국한하지 않고 모든 국가작용 특히 입법작용 전반에 대하여 문제된 법률의 실체적 내용이 합리성과 정당성을 갖추고 있는지 여부를 판단하는 기준으로 적용되고 있음을 보여주고 있다.

2) ① 헌재 1990. 11. 19. 90헌가48, 판례집 2, 393, 398-400:

변호사법 제15조는 "법무부장관은 형사사건으로 공소가 제기된 변호사에 대하여 그 판결이 확정될 때까지 업무정지를 명할 수 있다. 다만, 약식명령이 청구된 경우에는 그러하지 아니하다."라고 규정하고 있다. … 법무부장관의 일방적인 명령에 의하여 변호사의 업무가 정지되게 된다는 것이다. 형사사건으로 기소된 경우에 이를 이유로 징계절차에 붙여져 그 업무를 정지시키는 것이 아니다. 따라서 징계절차에 있어서와 같이 당해 변호사가 자기에게 유리한 사실을 진술하거나 필요한 증거를 제출할 수 있는 청문의 기회가 보장되지 아니하며, 이러한 의미에서 적법절차가 존중되지 않는다.

② 헌재 1996. 1. 25. 95헌가5, 판례집 8-1, 1:

궐석재판을 규정한 반국가행위자의 처벌에 관한 특별조치법 제7조 제5항은 검사의 청구에 의하여 법원으로 하여금 처음부터 의무적으로 궐석재판을 행하도록 하고 있으며, 재판의 연기도 전혀 허용하지 않고 있어, 중형에 해당하는 사건에 대하여 피고인의 방어권이 일절 행사될 수 없는 상태에서 재판이 진행되도록 규정한 것이므로 그 입법목적의 달성에 필요한 최소한의 범위를 넘어서 피고인의 공정한 재판을 받을 권리를 과도하게 침해한 것이다. 또한 중형에 해당되는 사건에 대하여 피고인에게 출석 기회조차 주지 아니하여 답변과 입증 및 반증 등 공격·방어의 기회를 부여하지 않고, 피고인에게 불출석에 대한 개인적 책임을 전혀 물을 수 없는 경우까지 궐석재판을 행할 수 있다는 것은 절차의 내용이 심히 적정하지 못하여 적법절차의 원칙에도 반한다.

③ 헌재 1997. 3. 27. 96헌가11, 판례집 9-1, 245, 246:

음주운전 방지와 그 규제는 절실한 공익상의 요청이며 이를 위해서는 음주측정이 필수적으로 요청되는바, 어떤 유형의 음주측정을 어떻게 관철시킬 것인가는 각 나라의 음주문화, 필요한 의료시설·법집행장치의 구비정도, 측정방법의 편의성 및 정확성, 국민의 정서 등 여러 가지 요소들을 고려하여 합리적으로 결정하여야 할 것이다. 도로교통법 제41조 제2항은 위 여러 요소들을 고려한 것으로서 추구하는 목적의 중대성(음주운전 규제의 절실성), 음주측정의 불가피성(주취운전에 대한 증거확보의 유일한 방법), 국민에게 부과되는 부담의 정도(경미한 부담, 간편한 실시), 음주측정의 정확성문제에 대한 제도적 보완(혈액채취 등의 방법에 의한 재측정 보장), 처벌의 요건과 처벌의 정도(측정불응죄의 행위주체를 엄격히 제한) 등에 비추어 합리성과 정당성을 갖추고 있으므로 헌법 제12조 제1항의 적법절차원칙에 위배된다고 할 수 없다.

④ 헌재 2001. 4. 26. 98헌바79 등, 판례집 13-1, 799, 800-801:

보안관찰처분을 다투는 행정소송에서는 다른 행정소송사건에서와는 달리 집행정지를 전혀 할 수 없도록 한 보안관찰법 제24조 단서의 심판대상조항의 입법목적은 충분한 심리가 이루어지지 않는 신청절차에서 부적절하게 보안관찰처분의 집행이 정지되지 않도록 하려는 것이지만, 이러한 목적은 집행정지 내지 가처분을 원천적, 일률적으로 봉쇄하는 방법으로만 달성된다고 하기 어렵다.

이러한 입법수단의 선택은 행정적인 편의나 효율성에 치중한 것으로 볼 수 있는 반면, 그로 인해 피보안관찰자로서는 사생활의 자유나 표현의 자유와 같은 중요한 기본권에 대한 상당범위의 제한을 수반할 수 있는 보안관찰처분의 적법여부에 대한 법원의 판단을 받을 수 있는 기회를 실질적으로 제한받고, 경우에 따라서는 박탈당하기도 한다. 이 법률조항은 피보안관찰자로 하여금 상당범위의 자유제한을 감내하도록 요구하는 보안관찰처분의 적법여부를 다투는 소송절차의 내용을 형성함에 있어서 피보안관찰자의 기본권보장이 합리적 이유 없이 축소되도록 하였다는 점에서 그 내용이 합리성과 정당성을 갖춘 것이라고 볼 수

(2) 영장주의

1) 의의와 내용

헌법 제12조 제3항은 "체포 · 구속 · 압수 또는 수색을 할 때에는 적법한 절차에 따라 검사의 신청에 의하여 법관이 발부한 영장을 제시하여야 한다. 다만,

---

없으므로 적법절차원칙에 위배된다.

⑤ 헌재 2004. 9. 23. 2002헌가17 등, 판례집 16-2상, 379, 380:
범죄의 피의자로 입건된 사람들에게 경찰공무원이나 검사의 신문을 받으면서 자신의 신원을 밝히지 않고 지문채취에 불응하는 경우 형사처벌을 통하여 지문채취를 강제하는 구 경범죄처벌법 제1조 제42호는 피의자의 신원확인을 원활하게 하고 수사활동에 지장이 없도록 하기 위한 것으로, 수사상 피의자의 신원확인은 피의자를 특정하고 범죄경력을 조회함으로써 타인의 인적 사항 도용과 범죄 및 전과사실의 은폐 등을 차단하고 형사사법제도를 적정하게 운영하기 위해 필수적이라는 점에서 그 목적은 정당하고, 지문채취는 신원확인을 위한 경제적이고 간편하면서도 확실성이 높은 적절한 방법이다. 또한 이 사건 법률조항은 형벌에 의한 불이익을 부과함으로써 심리적 · 간접적으로 지문채취를 강제하고 그것도 보충적으로만 적용하도록 하고 있어 피의자에 대한 피해를 최소화하기 위한 고려를 하고 있으며, 지문채취 그 자체가 피의자에게 주는 피해는 그리 크지 않은 반면 일단 채취된 지문은 피의자의 신원을 확인하는 효과적인 수단이 될 뿐 아니라 수사절차에서 범인을 검거하는 데에 중요한 역할을 한다. 한편, 이 사건 법률조항에 규정되어 있는 법정형은 형법상의 제재로서는 최소한에 해당되므로 지나치게 가혹하여 범죄에 대한 형벌 본래의 목적과 기능을 달성함에 필요한 정도를 일탈하였다고 볼 수도 없다. 따라서 헌법상의 적법절차원칙에 위배되지 않는다.

⑥ 한편 헌법재판소는 수사기관 등에 의한 통신자료 취득행위와 관련하여 그 근거조항인 전기통신사업법 제83조 제3항 중 '검사 또는 수사관서의 장(군 수사기관의 장을 포함한다), 정보수사기관의 장의 수사, 형의 집행 또는 국가안전보장에 대한 위해 방지를 위한 정보수집을 위한 통신자료 제공요청'에 관한 부분에 대하여는 사후통지절차를 마련하지 않은 것이 적법절차원칙에 위배된다는 이유로 2023. 12. 31.을 시한으로 입법자가 개정할 때까지 계속 적용을 명하는 헌법불합치 결정을 선고하였다.
헌재는 "이 사건 법률조항에 의한 통신자료 제공요청이 있는 경우 통신자료의 정보주체인 이용자에게는 통신자료 제공요청이 있었다는 점이 사전에 고지되지 아니하며, 전기통신사업자가 수사기관 등에게 통신자료를 제공한 경우에도 이러한 사실이 이용자에게 별도로 통지되지 않는다. 그런데 당사자에 대한 통지는 당사자가 기본권 제한 사실을 확인하고 그 정당성 여부를 다툴 수 있는 전제조건이 된다는 점에서 매우 중요하다. 효율적인 수사와 정보수집의 신속성, 밀행성 등의 필요성을 고려하여 사전에 정보주체인 이용자에게 그 내역을 통지하도록 하는 것이 적절하지 않다면 수사기관 등이 통신자료를 취득한 이후에 수사 등 정보수집의 목적에 방해가 되지 않는 범위 내에서 통신자료의 취득사실을 이용자에게 통지하는 것이 얼마든지 가능하다. 그럼에도 이 사건 법률조항은 통신자료 취득에 대한 사후통지절차를 두지 않아 적법절차원칙에 위배된다."고 판시한 것이다. 헌재 2022. 7. 21. 2016헌마388 등, 공보 310, 1037, 1038.

현행범인인 경우와 장기 3년 이상의 형에 해당하는 죄를 범하고 도피 또는 증거인멸의 염려가 있을 때에는 사후에 영장을 청구할 수 있다."라고 규정하고 있고, 헌법 제16조는 "주거에 대한 압수나 수색을 할 때에는 검사의 신청에 의하여 법관이 발부한 영장을 제시하여야 한다."라고 규정함으로써 체포·구속·압수·수색과 주거에 대한 압수·수색에는 반드시 법관이 발부한 영장을 사전에 제시하게 하는 영장주의를 규정하고 있다. 이는 인적·물적 독립을 보장받는 제3자인 법관을 영장발부권을 통해 수사과정에 처음부터 참여시킴으로써 국민의 자유가 부당하게 침해되지 않도록 하기 위한 것이다.[1)]

국가공권력의 자의와 남용으로부터 국민의 신체의 자유를 효과적으로 보호하기 위하여는 형사사법절차 뿐 아니라 행정절차 등 신체에 관한 권리를 제한하는 모든 공권력행사절차에서 사전영장주의가 적용되어야 할 것이다. 왜냐하면 사전영장주의의 적용 여부와 관련하여 중요한 것은 국가공권력의 종류와 성격이 아니라 국민의 신체의 자유에 대한 보호의 필요성이기 때문이다.[2)]

---

1) ① 헌재 2012. 6. 27. 2011헌가36, 판례집 24-1하, 703:
법원이 피고인의 구속 또는 그 유지 여부의 필요성에 관하여 한 재판의 효력이 검사나 다른 기관의 이견이나 불복이 있다 하여 좌우되거나 제한받는다면 이는 영장주의에 위반된다고 할 것인바, 구속집행정지결정에 대한 검사의 즉시항고를 인정하는 형사소송법 제101조 제3항은 검사의 불복을 그 피고인에 대한 구속집행을 정지할 필요가 있다는 법원의 판단보다 우선시킬 뿐만 아니라, 사실상 법원의 구속집행정지결정을 무의미하게 할 수 있는 권한을 검사에게 부여한 것이라는 점에서 헌법 제12조 제3항의 영장주의원칙에 위배된다.
② 헌재 2012. 12. 27. 2011헌가5, 판례집 24-2하, 316, 317:
우리 헌법제정권자가 제헌 헌법(제9조) 이래 현행 헌법(제12조 제3항)에 이르기까지 채택하여 온 영장주의의 본질은 신체의 자유를 침해하는 강제처분을 함에 있어서는 인적·물적 독립을 보장받는 제3자인 법관이 구체적 판단을 거쳐 발부한 영장에 의하여야만 한다는 데에 있으므로, 우선 형식적으로 영장주의에 위배되는 법률은 곧바로 헌법에 위반되고, 나아가 형식적으로는 영장주의를 준수하였더라도 실질적인 측면에서 입법자가 합리적인 선택범위를 일탈하는 등 그 입법형성권을 남용하였다면 그러한 법률은 자의금지원칙에 위배되어 헌법에 위반된다고 보아야 한다.
구 인신구속 등에 관한 임시특례법 제2조 제1항은 수사기관이 법관에 의하여 발부된 영장 없이 일부 범죄 혐의자에 대하여 구속 등 강제처분을 할 수 있도록 규정하고 있을 뿐만 아니라, 그와 같이 영장 없이 이루어진 강제처분에 대하여 일정한 기간 내에 법관에 의한 사후영장을 발부받도록 하는 규정도 마련하지 아니함으로써, 수사기관이 법관에 의한 구체적 판단을 전혀 거치지 않고서도 임의로 불특정한 기간 동안 피의자에 대한 구속 등 강제처분을 할 수 있도록 하고 있는바, 이는 이 사건 법률조항의 입법목적과 그에 따른 입법자의 정책적 선택이 자의적이었는지 여부를 따질 필요도 없이 형식적으로 영장주의의 본질을 침해한다고 하지 않을 수 없다.

한편 사전영장주의에 대하여 규정한 헌법 제12조 제3항과 제16조의 취지를 보다 효율적으로 관철시키기 위하여는 체포·구속·압수·수색과 주거에 대한 압수·수색에 대하여 법관이 발부한 영장의 제시를 요구할 수 있는 영장제시요구권이 인정되어야 할 것이다.

2) 영장주의의 예외

그런데 이러한 영장주의를 엄격히 적용할 경우 공적 목적을 달성할 수 없는 예외적인 상황이 발생할 수 있다. 이와 관련하여 헌법 제12조 제3항 단서는 "현행범인인 경우와 장기 3년 이상의 형에 해당하는 죄를 범하고 도피 또는 증거인멸의 염려가 있을 때에는 사후에 영장을 청구할 수 있다."라고 하여 사전영장주의의 예외를 인정하고 있다. 또한 헌법 제77조 제3항은 "비상계엄이 선포된 때에는 법률이 정하는 바에 의하여 영장제도, 언론·출판·집회·결사의 자유,

---

2) ① 헌재 2008. 1. 10. 2007헌마1468, 판례집 20-1상, 1, 36:
참고인에 대한 동행명령제도는, 참고인의 신체의 자유를 사실상 억압하여 일정 장소로 인치하는 것과 실질적으로 같으므로 헌법 제12조 제3항이 정한 영장주의원칙이 적용되어야 할 것이다. 그럼에도 불구하고 법관이 아닌 특별검사가 동행명령장을 발부하도록 하고 정당한 사유 없이 이를 거부한 경우 벌금형에 처하도록 함으로써, 실질적으로는 참고인의 신체의 자유를 침해하여 지정된 장소에 인치하는 것과 마찬가지의 결과가 나타나도록 규정한 이 사건 동행명령조항은 영장주의원칙을 규정한 헌법 제12조 제3항에 위반되거나 적어도 위 헌법상 원칙을 잠탈하는 것으로서 위헌이라 할 것이다.
② 헌재 2020. 9. 24. 2017헌바157 등, 공보 제288호, 1234:
[재판관 이석태, 재판관 김기영, 재판관 문형배, 재판관 이미선의 법정의견에 보충의견]
헌법상 신체의 자유는 헌법 제12조 제1항의 문언과 자연권적 속성에 비추어 볼 때 형사절차에 한정하여 보호되는 기본권이 아니다. 헌법 제12조 제3항의 영장주의가 수사기관에 의한 체포·구속을 전제하여 규정된 것은 형사절차의 경우 법관에 의한 사전적 통제의 필요성이 강하게 요청되기 때문이지, 형사절차 이외의 국가권력작용에 대해 영장주의를 배제하는 것이 아니고, 오히려 그 본질은 인신구속과 같이 중대한 기본권 침해를 야기할 때는 법관이 구체적 판단을 거쳐 발부한 영장에 의하여야 한다는 것이다. 따라서 형사절차가 아니라 하더라도 실질적으로 수사기관에 의한 인신구속과 동일한 효과를 발생시키는 인신구금은 영장주의의 본질상 그 적용대상이 되어야 한다. 구 군인사법 제57조 제2항 중 '영창'에 관한 부분에 의한 영창처분은 그 내용과 집행의 실질, 효과에 비추어 볼 때, 그 본질이 사실상 형사절차에서 이루어지는 인신구금과 같이 기본권에 중대한 침해를 가져오는 것으로 헌법 제12조 제1항, 제3항의 영장주의 원칙이 적용된다. 그런데 심판대상조항에 의한 영창처분은 그 과정 어디에도 중립성과 독립성이 보장되는 제3자인 법관이 관여하도록 규정되어 있지 않은 채 인신구금이 이루어질 수 있도록 하고 있어 헌법 제12조 제1항, 제3항의 영장주의의 본질을 침해하고 있다. 따라서 심판대상조항은 헌법 제12조 제1항, 제3항의 영장주의에 위배된다.

정부나 법원의 권한에 관하여 특별한 조치를 할 수 있다."라고 규정하여 비상계엄하에서는 영장제도에 대한 예외적인 특별 조치를 할 수 있도록 하고 있다.

따라서 헌법상 사전영장주의의 예외가 인정되는 경우는, 첫째, 현행범인인 경우와 긴급구속을 요하는 장기 3년 이상의 형에 해당하는 죄를 범하고 도피 또는 증거인멸의 염려가 있는 때, 둘째, 대통령이 비상계엄을 선포한 경우라고 할 수 있다. 따라서 입법자는 사전영장주의에 대한 예외를 인정하는 입법을 헌법의 근거 없이 임의로 할 수 없고, 헌법이 명문으로 인정하는 위에서 적시한 예외의 경우에 한정해야 할 것이다.

이에 따라 형사소송법 제200조의3(긴급체포) 제1항은 "검사 또는 사법경찰관은 피의자가 사형·무기 또는 장기 3년 이상의 징역이나 금고에 해당하는 죄를 범하였다고 의심할 만한 상당한 이유가 있고, 다음 각 호의 어느 하나에 해당하는 사유가 있는 경우에 긴급을 요하여 지방법원판사의 체포영장을 받을 수 없는 때에는 그 사유를 알리고 영장 없이 피의자를 체포할 수 있다. 이 경우 긴급을 요한다 함은 피의자를 우연히 발견한 경우 등과 같이 체포영장을 받을 시간적 여유가 없는 때를 말한다. 1. 피의자가 증거를 인멸할 염려가 있는 때, 2. 피의자가 도망하거나 도망할 우려가 있는 때"라고 규정하고 있고, 동법 제200조의4(긴급체포와 영장청구기간)는 "① 검사 또는 사법경찰관이 제200조의3의 규정에 의하여 피의자를 체포한 경우 피의자를 구속하고자 할 때에는 지체 없이 검사는 관할지방법원판사에게 구속영장을 청구하여야 하고, 사법경찰관은 검사에게 신청하여 검사의 청구로 관할지방법원판사에게 구속영장을 청구하여야 한다. 이 경우 구속영장은 피의자를 체포한 때부터 48시간 이내에 청구하여야 하며, 제200조의3 제3항에 따른 긴급체포서를 첨부하여야 한다. ② 제1항의 규정에 의하여 구속영장을 청구하지 아니하거나 발부받지 못한 때에는 피의자를 즉시 석방하여야 한다."라고 규정하여 헌법에서 규정한 경우에 한하여 사전영장주의의 예외를 인정하고 있고, 이 경우에도 반드시 사후영장청구를 의무화 하고 있다.[1]

---

1) 대판 1993. 11. 23. 93다35155:
원고가 그 의사에 반하여 국가안전기획부(이하 안기부라고 한다) 소속 수사관들에 의하여 영장 없이 체포, 연행되어 긴급구속을 당함에 있어 그 범죄사실의 요지와 구속의 이유, 변호인의 조력을 받을 권리에 대한 고지를 받지 못하였다고 인정하고 이를 불법체포, 구금이라고 판단하고 있는바, 기록을 살펴보면 원심의 이와 같은 사실인정과 판단은 정당한 것으로 수긍할 수 있고 거기에 논지가 지적하는 바와 같은 채증법칙을 어긴 위법이 있다고 할

(3) 고문을 받지 아니할 권리와 불리한 진술거부권

헌법 제12조 제2항은 "모든 국민은 고문을 받지 아니하며, 형사상 자기에게 불리한 진술을 강요당하지 아니한다."라고 규정함으로써 형사피의자나 형사피고인에 대한 일체의 정신적·육체적 폭력행사를 금지하고 있고, 이를 실효성 있게 뒷받침해주기 위하여 후술하는 바와 같이 고문 등에 의한 임의성 없는 자백의 증거능력을 제한하고 있다.

한편 형사상 자기에게 불리한 진술거부권 내지 묵비권에 의하여 형사피고인과 형사피의자 등은 수사절차나 공판절차에서 유죄 여부나 양형의 기초가 되는 사실에 대하여 자기에게 불리한 증언이나 진술을 거부할 수 있다. 이를 실효성 있게 뒷받침하기 위하여 형사소송법 제244조의3 제1항은 검사 또는 사법경찰관으로 하여금 피의자를 신문하기 전에 ① 일체의 진술을 하지 아니하거나 개개의 질문에 대하여 진술을 하지 아니할 수 있다는 것, ② 진술을 하지 아니하더라도 불이익을 받지 아니한다는 것, ③ 진술을 거부할 권리를 포기하고 행한 진술은 법정에서 유죄의 증거로 사용될 수 있다는 것, ④ 신문을 받을 때에는 변호인을 참여하게 하는 등 변호인의 조력을 받을 수 있다는 것을 알려주도록 규정하고 있다. 따라서 수사기관이 피의자를 신문함에 있어서 피의자에게 미리 진술거부권을 고지하지 않은 때에는 그 피의자의 진술은 위법하게 수립된 증거로서 진술의 임의성이 인정되는 경우라도 증거능력이 부인되어야 할 것이다.[1)]

수 없고, 이 사건에서 안기부 수사관들은 원고를 긴급구속한 것이 아니라 임의동행한 것이라는 주장은 받아들일 수 없다.

사실관계가 원심이 인정한 바와 같다면, 안기부 수사관들이 원고를 연행한 1991.7.8. 04:40 경부터 48시간 내에 사후 구속영장을 발부받지 아니하고 같은 해 7.10. 01:35경 통상의 구속영장을 발부받아 집행한 이 사건에서, 원고를 불법체포 구금한 것에 해당한다고 판단한 원심의 조처도 수긍할 수 있고, 더욱이 이 사건에서는 안기부 수사관이 원고를 계속 구속할 필요가 있는 것으로 인정하였음에도 불구하고 법관의 사후 영장을 발부받지 아니한 것은 잘못이고, 이와 같은 경우 통상의 구속영장을 발부받아 집행하였다고 하여 이 사건의 불법체포나 그 동안의 구금이 적법하게 된다고 할 수 없으며, 원심의 판단에 소론이 지적하는 바와 같은 긴급구속에 대한 법리오해의 위법이 있다 할 수 없다.

1) 대판 1992. 6. 23. 92도682:

형사소송법 제200조 제2항은 검사 또는 사법경찰관이 출석한 피의자의 진술을 들을 때에는 미리 피의자에 대하여 진술을 거부할 수 있음을 알려야 한다고 규정하고 있는바, 이러한 피의자의 진술거부권은 헌법이 보장하는 형사상 자기에 불리한 진술을 강요당하지 않는 자

(4) 변호인의 조력을 받을 권리

헌법 제12조 제4항은 "누구든지 체포 또는 구속을 당한 때에는 즉시 변호인의 조력을 받을 권리를 가진다. 다만, 형사피고인이 스스로 변호인을 구할 수 없을 때에는 법률이 정하는 바에 의하여 국가가 변호인을 붙인다."라고 규정함으로써 '변호인의 조력을 받을 권리'를 사법절차상의 기본권으로 인정하고 있다. 이는 이른바 '무기대등의 원칙'을 형사사법절차에서 실현시킴으로써 국가권력으로부터 국민의 기본권을 보호하기 위한 것이다. 따라서 누구든지 체포·구속을 당한 때에는 즉시 변호인을 선임할 수 있고, 변호인과 자유로이 접견·교통할 수 있으며, 변호인은 소송기록을 자유로이 열람·복사할 수 있는 것이다.[1)]

기부죄거부의 권리에 터잡은 것이므로 수사기관이 피의자를 신문함에 있어서 피의자에게 미리 진술거부권을 고지하지 않은 때에는 그 피의자의 진술은 위법하게 수립된 증거로서 진술의 임의성이 인정되는 경우라도 증거능력이 부인되어야 한다.

1) ① 헌재 1992. 1. 28. 91헌마111, 판례집 4, 51, 52:
헌법 제12조 제4항이 보장하고 있는 신체구속을 당한 사람의 변호인의 조력을 받을 권리는 무죄추정을 받고 있는 피의자·피고인에 대하여 신체구속의 상황에서 생기는 여러가지 폐해를 제거하고 구속이 그 목적의 한도를 초과하여 이용되거나 작용하지 않게끔 보장하기 위한 것으로 여기의 '변호인의 조력'은 '변호인의 충분한 조력'을 의미한다.
변호인의 조력을 받을 권리의 필수적 내용은 신체구속을 당한 사람과 변호인과의 접견교통권이며 이러한 접견교통권의 충분한 보장은 구속된 자와 변호인의 대화내용에 대하여 비밀이 완전히 보장되고 어떠한 제한·영향·압력 또는 부당한 간섭 없이 자유롭게 대화할 수 있는 접견을 통하여서만 가능하고 이러한 자유로운 접견은 구속된 자와 변호인의 접견에 교도관이나 수사관 등 관계공무원의 참여가 없어야 가능하다.
변호인과의 자유로운 접견은 신체구속을 당한 사람에게 보장된 변호인의 조력을 받을 권리의 가장 중요한 내용이어서 국가안전보장, 질서유지, 공공복리 등 어떠한 명분으로도 제한될 수 있는 성질의 것이 아니다.
② 헌재 1997. 11. 27. 94헌마60, 판례집 9-2, 675, 701-702:
피청구인 서울지방검찰청 검사는 청구인의 변호인 김선수가 1994. 3. 22. 국가보안법위반죄로 구속기소된 청구인의 변론준비를 위하여 피청구인에게 피청구인이 보관중인 수사기록(서울지방검찰청 1994년 형제19005호) 일체에 대한 열람·등사신청을 하였으나 같은 달 26. 피청구인은 아무런 거부사유를 밝히지 아니한 채 이를 거부하고, 이 사건 헌법소원에 대하여도 형사소송법이 당사자주의 소송구조를 취하고 있으며 소송서류비공개를 원칙으로 하고 있다는 이유로 피청구인의 위 거부행위가 정당하다고 주장하고 있다.
그러나 당사자주의나 소송서류비공개의 원칙이 변호인의 열람·등사신청을 전면적으로 거부할 정당한 사유가 되지 못함은 앞에서 본 바와 같으며, 이 사건에 있어서 국가기밀의 누설이나 증거인멸, 증인협박, 사생활침해 등의 폐해를 초래할 염려 등 열람·등사를 거부할 만한 정당한 사유를 밝히지도 아니하였고, 그 후 피청구인은 공판정에서 이 사건 수사기록

변호인의 조력을 받을 권리는 체포·구속을 당한 자라면 누구에게나 인정될 수 있는 기본권이기 때문에 형사절차에 있어서 뿐 아니라 행정절차 등 그 밖의 경우에도 인정된다고 보아야 할 것이다. 왜냐하면 체포·구속을 당한 사람은 자연권적 속성을 가지는 신체의 자유가 심각하게 제한된 상황에 처하고, 구속에 따른 육체적·정신적 제약이 커서 스스로의 힘만으로는 자신의 자유와 권리를 제대로 방어하기 어려울 뿐만 아니라, 구속의 당부를 다투려면 법적 절차를 거쳐야 하므로, 사법절차의 성격에 관계없이 그에게는 법률전문가인 변호인의 조력이 즉시 제공되어야 하기 때문이다.[1] 따라서 신체의 자유와 관련되는 사법절차가 아닌 경우에는 헌법 제12조 제4항의 변호인의 조력을 받을 권리가 인정될 수 없다. 이와 관련하여 헌법재판소는 가사소송에서 당사자가 변호사를 대리인으로 선임하여 소송절차 중 그 변호사의 조력을 받는 것은 헌법 제27조 제1항의 재판청구권의 영역에서 문제될 수는 있지만, 헌법 제12조 제4항의 변호인의 조력을 받을 권리의 보호영역에는 포함된다고 볼 수 없다고 판시했다. 변호인의 조력을 받을 권리는 헌법상 신체의 자유에 관한 내용으로 규정되어 있고, 형사절차에서 국가권력의 수사나 공소에 대항하여 피의자나 피고인의 방어권 및 대등한 당사자의 지위를 보장하는 데에 의의가 있다는 이유에서이다.[2]

일체를 증거로 제출하고 있다.

따라서 정당한 사유를 밝히지 아니한 채 이 사건 수사기록의 열람·등사를 거부한 피청구인의 행위는 청구인의 신속·공정한 재판을 받을 권리와 변호인의 조력을 받을 권리를 침해하는 것으로 헌법에 위반된다 할 것이다.

1) 헌재 2018. 5. 31. 2014헌마346, 판례집 30-1하, 166:

헌법 제12조 제4항 본문의 문언 및 헌법 제12조의 조문 체계, 변호인 조력권의 속성, 헌법이 신체의 자유를 보장하는 취지를 종합하여 보면 헌법 제12조 제4항 본문에 규정된 '구속'은 사법절차에서 이루어진 구속뿐 아니라, 행정절차에서 이루어진 구속까지 포함하는 개념이다. 따라서 헌법 제12조 제4항 본문에 규정된 변호인의 조력을 받을 권리는 행정절차에서 구속을 당한 사람에게도 즉시 보장된다.

2) 헌재 2012. 10. 25. 2011헌마598, 판례집 24-2하, 76, 81-82:

헌법 제12조 제4항은 "누구든지 체포 또는 구속을 당한 때에는 즉시 변호인의 조력을 받을 권리를 가진다. 다만, 형사피고인이 스스로 변호인을 구할 수 없을 때에는 법률이 정하는 바에 의하여 국가가 변호인을 붙인다."라고 규정하고 있다. 이와 같이 변호인의 조력을 받을 권리는 헌법상 신체의 자유에 관한 내용으로 규정되어 있고, 형사절차에서 국가권력의 수사나 공소에 대항하여 피의자나 피고인의 방어권 및 대등한 당사자의 지위를 보장하는 데에 의의가 있다.

따라서 가사소송에서 당사자가 변호사를 대리인으로 선임하여 소송절차 중 그 변호사의 조력을 받는 것은 헌법 제27조 제1항의 재판청구권의 영역에서 문제될 수 있음은 별론으로 헌법 제12조 제4항은 이러한 변호인의 조력을 받을 권리를 신체구속을 당한 사람에 대하여 인정하고 있지만, 그 이외에도 불구속 피의자·피고인 모두에게 포괄적으로 인정하는 것으로 보아야 할 것이다.1)

한편 이러한 변호인의 조력을 받을 권리 중 접견·교통권이 체포 또는 구속을 당한 피의자·피고인 등에게만 인정되는 것인지, 아니면 변호인 내지 변호인

하고 헌법 제12조 제4항의 변호인의 조력을 받을 권리의 보호영역에 포함된다고 보기 어려우므로, 이 사건 법률조항인 가사소송법 제7조 등으로 인하여 청구인의 변호인의 조력을 받을 권리가 침해될 여지는 없다 할 것이다.

1) ① 헌재 2004. 9. 23. 2000헌마138, 판례집 16-2상, 543, 544:
우리 헌법은 변호인의 조력을 받을 권리가 불구속 피의자·피고인 모두에게 포괄적으로 인정되는지 여부에 관하여 명시적으로 규율하고 있지는 않지만, 불구속 피의자의 경우에도 변호인의 조력을 받을 권리는 우리 헌법에 나타난 법치국가원리, 적법절차원칙에서 인정되는 당연한 내용이고, 헌법 제12조 제4항도 이를 전제로 특히 신체구속을 당한 사람에 대하여 변호인의 조력을 받을 권리의 중요성을 강조하기 위하여 별도로 명시하고 있다. 피의자·피고인의 구속 여부를 불문하고 조언과 상담을 통하여 이루어지는 변호인의 조력자로서의 역할은 변호인선임권과 마찬가지로 변호인의 조력을 받을 권리의 내용 중 가장 핵심적인 것이고, 변호인과 상담하고 조언을 구할 권리는 변호인의 조력을 받을 권리의 내용 중 구체적인 입법형성이 필요한 다른 절차적 권리의 필수적인 전제요건으로서 변호인의 조력을 받을 권리 그 자체에서 막바로 도출되는 것이다.
불구속 피의자나 피고인의 경우 형사소송법상 특별한 명문의 규정이 없더라도 스스로 선임한 변호인의 조력을 받기 위하여 변호인을 옆에 두고 조언과 상담을 구하는 것은 수사절차의 개시에서부터 재판절차의 종료에 이르기까지 언제나 가능하다. 따라서 불구속 피의자가 피의자신문 시 변호인을 대동하여 신문과정에서 조언과 상담을 구하는 것은 신문과정에서 필요할 때마다 퇴거하여 변호인으로부터 조언과 상담을 구하는 번거로움을 피하기 위한 것으로서 불구속 피의자가 피의자신문장소를 이탈하여 변호인의 조언과 상담을 구하는 것과 본질적으로 아무런 차이가 없다. 형사소송법 제243조는 피의자신문 시 의무적으로 참여하여야 하는 자를 규정하고 있을 뿐 적극적으로 위 조항에서 규정한 자 이외의 자의 참여나 입회를 배제하고 있는 것은 아니다. 따라서 불구속 피의자가 피의자신문 시 변호인의 조언과 상담을 원한다면, 위법한 조력의 우려가 있어 이를 제한하는 다른 규정이 있고 그가 이에 해당한다고 하지 않는 한 수사기관은 피의자의 위 요구를 거절할 수 없다.
② 대결 1996. 6. 3. 96모18:
헌법 제12 제4항은 "누구든지 체포 또는 구속을 당한 때에는 즉시 변호인의 조력을 받을 권리를 가진다"고 규정하고 있으며, 형사소송법 제30조 제1항은 피고인 또는 피의자는 변호인을 선임할 수 있다고 규정하여 변호인의 조력을 받을 권리를 불구속 피고인 또는 피의자에게까지 확대하고 있는바 이와 같은 변호인의 조력을 받을 권리를 실질적으로 보장하기 위하여는 변호인과의 접견교통권의 인정이 당연한 전제가 된다고 할 것이므로, 임의동행의 형식으로 수사기관에 연행된 피의자에게도 변호인 또는 변호인이 되려는 자와의 접견교통권은 당연히 인정된다고 보아야 할 것이고, 임의동행의 형식으로 연행된 피내사자의 경우에도 마찬가지라 할 것이다.

이 되려는 자에게도 인정되는 것인지가 문제된다. 이와 관련하여 과거 헌법재판소는 헌법상의 변호인과의 접견교통권은 체포 또는 구속당한 피의자·피고인 자신에만 한정되는 신체적 자유에 관한 기본권이지 변호인의 구속피의자·피고인 등의 접견교통권까지 헌법상 인정되는 것은 아니라는 입장을 취했다.[1] 그런데 이후 헌법재판소는 입장을 변경해 변호인 내지 변호인이 되려는 자의 접견교통권은 피의자 등을 조력하기 위한 핵심적인 부분으로서, 피의자 등이 가지는 헌법상의 기본권인 변호인이 되려는 자와의 접견교통권과 표리의 관계에 있고, 따라서 피의자 등이 가지는 변호인이 되려는 자의 조력을 받을 권리가 실질적으로 확보되기 위해서는 변호인이 되려는 자의 접견교통권 역시 헌법상 기본권으로서 보장되어야 한다고 판시했다.[2]

---

1) 헌재 1991. 7. 8. 89헌마181, 판례집 3, 356, 367-368:
헌법 제12조 제4항 본문에 의하면 누구든지 체포 또는 구속을 당한 때에는 즉시 변호인의 조력을 받을 권리를 가진다고 규정하였는바, 이와 같은 헌법상의 변호인의 조력을 받을 권리를 실질적으로 보장하기 위한 것이 구속피의자·피고인의 변호인과의 접견교통권이며 따라서 이는 변호인의 조력을 받을 권리의 가장 중요한 내용이 된다고 할 것이다. 그러나 이러한 헌법상의 변호인과의 접견교통권은 위 헌법 조항의 문언에 비추어 체포 또는 구속당한 피의자·피고인 자신에만 한정되는 신체적 자유에 관한 기본권이지, 그 규정으로부터 변호인의 구속피의자·피고인의 접견교통권까지 파생된다고 할 수는 없을 것이다. 따라서 변호인 자신의 구속피의자·피고인과의 접견교통권은 헌법상의 권리라고는 말할 수 없으며, 헌법상 보장되는 피의자·피고인의 접견교통권과는 별개의 것으로 단지 형사소송법 제34조에 의하여 비로소 보장되는 권리임에 그친다고 할 것이다.
[재판관 조규광, 재판관 변정수의 반대의견]
헌법 제12조 제4항 본문은 "누구든지 체포 또는 구속을 당한 때에는 즉시 변호인의 조력을 받을 권리를 가진다."고 규정하고 있는 바 이 규정에 내포된 변호인의 접견교통권은 신체구속을 당한 피고인이나 피의자 등의 인권보장과 방어준비를 위한 필수불가결한 권리로서 다수의견이 밝힌 바와 같이 이미 해명 확립된 법치국가의 형사사법절차에 있어서의 원칙이며 그 고차원적인 기본권 성격은 구태여 설명할 필요도 없을 것이다. 그리고 이 접견교통권이란 구속된 피고인이나 피의자와 변호인과의 사이에 있어서의 필요적·상호적인 공동관계에서 비로소 실현될 수 있는 것으로서 위 헌법상의 권리가 피고인이나 피의자의 한쪽에만 있고, 그 대항적인 지위에 있는 변호인에게는 허용되지 않는다고 하는 것은 논리상 모순이라고 아니할 수 없다. 따라서 변호인 자신의 구속된 피고인·피의자와의 접견교통권 역시 피구속자의 변호인 접견교통권과 상호적이고 보완적으로 작용하여 피구속자의 인권보장과 방어준비를 위하여 위 헌법 제12조 제4항 본문에서 당연히 우러나오는 헌법상의 권리라고 할 것이며, 형사소송법 제34조가 규정하고 있는 변호인의 접견교통권은 바로 위 헌법상의 기본권 성격을 해당 일반 법률에서 구체적으로 명문화한 것이라고 할 것이다. 헌재 1991. 7. 8. 89헌마181, 판례집 3, 356, 371-372.

2) 헌재 2019. 2. 28. 2015헌마1204, 공보 제269호, 289, 294-295:

형사피고인이 경제상의 이유 등으로 스스로 변호인을 선임할 수 없는 때에는 국가가 변호인을 선임해주는 국선변호인제도를 채택하고 있다.[1]

(5) 체포 · 구속의 이유와 변호인의 조력을 받을 권리를 고지받을 권리

헌법 제12조 제5항은 "누구든지 체포 또는 구속의 이유와 변호인의 조력을 받을 권리가 있음을 고지받지 아니하고는 체포 또는 구속당하지 아니한다. 체포 또는 구속을 당한 자의 가족 등 법률이 정하는 자에게는 그 이유와 일시·장소가 지체 없이 통지되어야 한다."라고 규정함으로써 체포·구속의 이유 및 변호인의 조력을 받을 권리에 대한 고지와 가족 등에 대한 통지를 형사절차상의 권리로 제도화하고 있다(이른바 미란다원칙). 이는 체포·구속의 이유와 변호인의 조력을 받을 권리가 있음을 고지받을 권리가 체포·구속을 당하는 자의 신체의 자유의 보호, 본인과 가족의 생활대책, 효율적인 방어권행사 등을 위하여 절실히

헌법 제12조 제4항 본문은 체포 또는 구속을 당한 때에 '즉시' 변호인의 조력을 받을 권리를 가진다고 규정함으로써 변호인이 선임되기 이전에도 피의자 등에게 변호인의 조력을 받을 권리가 있음을 분명히 하고 있다. 이와 같이 아직 변호인을 선임하지 않은 피의자 등의 변호인 조력을 받을 권리는 변호인 선임을 통하여 구체화되는데, 피의자 등의 변호인선임권은 변호인의 조력을 받을 권리의 출발점이자 가장 기초적인 구성부분으로서 법률로써도 제한할 수 없는 권리이다. 따라서 변호인 선임을 위하여 피의자 등이 가지는 '변호인이 되려는 자'와의 접견교통권 역시 헌법상 기본권으로 보호되어야 한다.

피의자 등이 변호인을 선임하기 위해서는 피의자 등과 '변호인이 되려는 자' 사이에 신뢰관계가 형성되어야 하고, 이를 위해서는 '변호인이 되려는 자'와의 접견교통을 통하여 충분한 상담이 이루어져야 한다. 이와 같이 '변호인이 되려는 자'의 접견교통권은 피의자 등이 변호인을 선임하여 그로부터 조력을 받을 권리를 공고히 하기 위한 것으로서, 그것이 보장되지 않으면 피의자 등이 변호인 선임을 통하여 변호인으로부터 충분한 조력을 받는다는 것이 유명무실하게 될 수밖에 없다. 따라서 '변호인이 되려는 자'의 접견교통권은 피의자 등을 조력하기 위한 핵심적인 부분으로서, 피의자 등이 가지는 헌법상의 기본권인 '변호인이 되려는 자'와의 접견교통권과 표리의 관계에 있다고 할 것이다.

따라서 '변호인이 되려는 자'의 접견교통권은 피의자 등을 조력하기 위한 핵심적인 권리로서, 피의자 등이 가지는 '변호인이 되려는 자'의 조력을 받을 권리가 실질적으로 확보되기 위하여 이 역시 헌법상 기본권으로서 보장되어야 한다.

1) 국선변호인 제도에 관하여 형사소송법 제33조 제1항은 피고인이 구속된 때, 피고인이 미성년자인 때, 피고인이 70세 이상인 때, 피고인이 농아자인 때, 피고인이 심신장애의 의심이 있는 때, 피고인이 사형, 무기 또는 단기 3년 이상의 징역이나 금고에 해당하는 사건으로 기소된 때에 변호인이 없는 경우에는 법원이 직권으로 변호인을 선정하도록 규정하고 있다. 또한 동조 제2항은 법원이 피고인이 빈곤 그 밖의 사유로 변호인을 선임할 수 없는 경우에 피고인의 청구가 있는 때에는 변호인을 선정하도록 규정하고 있다.

요구되기 때문에 형사절차적 권리로 인정되는 것이다.

이에 따라 형사소송법 제72조는 "피고인에 대하여 범죄사실의 요지, 구속의 이유와 변호인을 선임할 수 있음을 말하고 변명할 기회를 준 후가 아니면 구속할 수 없다."라고 규정하고 있다. 또한 동법 제87조에 따라 피고인을 구속한 때에는 변호인이 있는 경우에는 변호인에게, 변호인이 없는 경우에는 피고인 또는 피의자의 법정대리인, 배우자, 직계친족과 형제자매 중 피고인이 지정한 자에게 피고사건명, 구속일시 · 장소, 범죄사실의 요지, 구속의 이유와 변호인을 선임할 수 있는 취지를 알려야 하고, 이러한 통지는 지체 없이 서면으로 하여야 한다.[1)]

(6) 체포 · 구속적부심사청구권

헌법 제12조 제6항은 "누구든지 체포 또는 구속을 당한 때에는 적부의 심사를 법원에 청구할 권리를 가진다."라고 규정함으로써 체포 · 구속적부심사청구권을 체포 · 구속을 당한 자에게 인정하고 있다. 이는 연혁적으로 1679년의 영국의

---

1) 대판 1994. 3. 11. 93도958:
피의자를 구속영장 없이 현행범으로 체포하든지 긴급구속하기 위하여는(헌법 제12조 제3항 단서, 형사소송법 제212조, 제206조), 체포 또는 긴급구속 당시에 헌법 및 형사소송법에 규정된 바와 같이 피의자에 대하여 범죄사실의 요지, 체포 또는 구속의 이유와 변호인을 선임할 수 있음을 말하고 변명할 기회를 준 후가 아니면 체포 또는 긴급구속할 수 없다고 할 것인데(헌법 제12조 제5항, 형사소송법 제213조의2, 제209조, 제72조), 기록에 의하면 피고인이 피해자 경장 1을 구타하여 상해를 가한 범행으로 경찰서에 연행될 당시 이러한 절차가 준수되었다고 볼 아무런 자료가 없으므로 피고인을 적법하게 현행범으로 체포하거나 긴급구속한 것이라고 볼 수는 없고, 나아가 경찰관직무집행법 제4조 제1항, 제4항에 의하면 경찰관은 수상한 거동 기타 주위의 사정을 합리적으로 판단하여 술취한 상태로 인하여 자기 또는 타인의 생명, 신체와 재산에 위해를 미칠 우려가 있는 자에 해당함이 명백하며 응급의 구호를 요한다고 믿을만한 상당한 이유가 있는 자를 발견한 때에는 24시간을 초과하지 아니하는 범위 내에서 동인을 경찰관서에 보호하는 등 적절한 조치를 취할 수 있으나, 이 경우에도 경찰관이 이러한 조치를 한 때에는 지체 없이 이를 피구호자의 가족, 친지 기타의 연고자에게 그 사실을 통지하도록 되어 있는바, 기록에 의하면 피고인이 이 사건 보호실에 유치될 당시 피고인이 위와 같은 응급의 구호를 요한다고 믿을만한 상당한 이유가 있었다든지, 피고인이 이 사건 보호실에 유치된 후 경찰관이 지체 없이 그 사실을 피고인의 가족 등에게 통지하였다고 볼 아무런 자료가 없으므로 피고인을 적법하게 보호조치한 것도 아니라 할 것이다. 따라서 경찰관이 피고인을 이 사건 보호실에 유치한 것은 적법한 공무로 볼 수 없고, 피고인이 보호실의 유치에 항의하면서 나오려는 것을 피해자 순경 2 등이 제지할 적법한 권한도 없다 할 것이므로 원심이 이와 같은 취지에서 피고인에 대한 공무집행방해죄에 대하여 무죄를 선고한 것은 정당하고, 거기에 소론과 같은 법리오해의 위법이 있다고 할 수 없다.

인신보호법(Habeas Corpus Act)에서 유래한다고 볼 수 있다.

영장주의를 감안할 때 체포·구속적부심사청구권은 사전 발부된 영장에 대한 일종의 사후심사의 의미를 가지는 것으로 형사피의자 또는 피고인의 기본권을 이중적으로 두텁게 보호하고자 하는 형사절차적 권리라고 하겠다. 따라서 체포·구속적부의 심사는 체포·구속 당시 그 영장발부의 적절성 여부와 현재상태에서의 체포·구속 지속의 필요성 여부에 대한 심사를 의미하는 것으로, 신체의 자유의 두터운 보장, 무죄추정의 원칙, 불구속수사의 원칙 등을 감안하여 가능한 한 형사피의자 또는 피고인에게 유리한 방향으로 결정이 이루어지도록 해야 할 것이다.

또한 형사소송법 제214조의3 제1항은 체포·구속적부심사결정에 의하여 석방된 피의자가 도망하거나 죄증을 인멸하는 경우를 제외하고는 동일한 범죄사실에 관하여 재차 체포 또는 구속하지 못하도록 규정함으로써 체포·구속적부심사청구권의 취지를 살리고 있다.

한편 앞서 언급한 바와 같이 체포·구속적부심사청구권은 체포·구속을 위한 사전영장발부에 대한 사후심사의 기능을 가지는 것이기 때문에 사전영장을 발부한 법관은 사후체포·구속적부심사절차에는 참여하지 못하도록 해야 할 것이다. 이에 따라 형사소송법 제214조의2 제12항은 체포영장 또는 구속영장을 발부한 법관 외에는 심문·조사·결정을 할 판사가 없는 경우를 제외하고는 체포영장 또는 구속영장을 발부한 법관은 체포·구속적부심사절차의 심문·조사·결정에 관여하지 못하도록 규정하고 있다.

(7) 자백의 증거능력제한

헌법 제12조 제7항은 "피고인의 자백이 고문·폭행·협박·구속의 부당한 장기화 또는 기망 기타의 방법에 의하여 자의로 진술된 것이 아니라고 인정될 때 또는 정식재판에 있어서 피고인의 자백이 그에게 불리한 유일한 증거일 때에는 이를 유죄의 증거로 삼거나 이를 이유로 처벌할 수 없다."고 규정함으로써 자백의 증거능력을 제한하고 있다. 이처럼 자백의 증거능력을 제한하는 것은 고문·폭행·협박·구속의 부당한 장기화 또는 기망 기타의 방법에 의한 임의성 없는 자백과 보강증거가 없는 자백을 유죄의 증거로 삼거나 이를 이유로 처벌할 수 없도록 함으로써 유죄의 자백을 받아내기 위한 신체의 자유에 대한 부당한 침해를 막기 위함이다. 이는 '자백은 증거의 왕'이라는 사상에 바탕을 두고 수사기관이 무리하게 자백을 받아내기 위하여 국민의 기본권을 유린해왔던 과거의 잘못된 관행으로부터의 단절을 의미한다.

이에 따라 임의성 없는 자백은 처음부터 그 증거능력이 부인되고, 임의성 있는 자백은 보강증거에 의하여 뒷받침될 때에만 그 증명력이 인정되어 유죄의 증거로 삼을 수 있다. 형사소송법 제309조가 "피고인의 자백이 고문, 폭행, 협박, 신체구속의 부당한 장기화 또는 기망 기타의 방법으로 임의로 진술한 것이 아니라고 의심할 만한 이유가 있는 때에는 이를 유죄의 증거로 하지 못한다."라고 규정하고 있고, 동법 제310조가 "피고인의 자백이 그 피고인에게 불이익한 유일의 증거인 때에는 이를 유죄의 증거로 하지 못한다."라고 규정하여 이를 뒷받침하고 있다.

한편 자백의 증거능력제한의 취지를 살리기 위해서는 '불법의 과실은 불법'이라는 이른바 독수독과의 원칙에 따라 불법적으로 이루어진 자백과 더불어 그 불법적 자백을 통해서 얻어진 다른 증거의 증거능력까지를 부인해야 할 것이다. 이에 따라 현행 형사소송법 제307조 제2항은 "범죄사실의 인정은 합리적인 의심이 없는 정도의 증명에 이르러야 한다."고 규정하여 증거재판주의를 강화하고 있고, 동법 제308조의2는 "적법한 절차에 따르지 아니하고 수집한 증거는 증거로 할 수 없다."고 규정하여 이러한 독수독과의 원칙의 정신을 구현하고 있다.

제 2 항 사생활보호를 위한 기본권

우리 헌법은 모든 국민의 사생활의 자유를 보호하고, 이를 통해 인간으로서의 존엄과 가치를 지키고 행복을 추구하며 생을 영위해 나갈 수 있도록 하기 위하여 모든 국민에게 거주·이전의 자유(제14조), 주거의 자유(제16조), 사생활의 비밀과 자유(제17조), 통신의 비밀(제18조)을 보장하고 있다.

Ⅰ. 거주 · 이전의 자유

1. 의의

헌법은 국민의 자유로운 사적 생활과 이동성을 보호해 주기 위하여 거주·이전의 자유를 보장하고 있다. 즉 헌법 제14조는 "모든 국민은 거주·이전의 자유를 가진다."라고 규정하여 모든 국민이 자신이 원하는 곳에서 자유롭게 생활해 나감으로써 개성을 신장시키고 사생활을 자유롭게 영위할 수 있도록 하기 위하여 거주·이전의 자유를 보장하고 있다. 거주·이전의 자유는 국가권력 등 누구의 간섭도 받지 않고 자유롭게 주소나 거소를 정하거나 그 곳으로부터 자유롭게 이전할 수 있는 자유, 즉 체류지와 거주지를 자유롭게 정할 수 있는 자유를 말한다. 체류지는 잠정적으로 머무르는 장소를 말하고, 거주지는 정주의 의사를 가지는 생활의 중심지를 말한다.

2. 거주 · 이전의 자유의 기능

첫째, 거주·이전의 자유는 국민에게 자유로운 사생활의 형성을 보장해주는 기능을 가진다.

둘째, 거주·이전의 자유는 자유로운 경제활동을 보장해주는 기능을 가진다.

셋째, 거주·이전의 자유는 모든 국민의 모든 사생활영역에서의 개성신장을 촉진함으로써 헌법상 보장된 다른 기본권들의 실현을 용이하게 해주는 기능을 가진다.

3. 거주 · 이전의 자유의 주체

거주·이전의 자유의 주체는 대한민국 국민과 국내법인이다. 외국인의 경우에는 출입국관리법 등에서 오는 일정한 제한을 받는다.

4. 거주 · 이전의 자유의 내용

앞서 언급한 바와 같이 거주·이전의 자유는 국가권력의 간섭 없이 자유롭게 체류지와 거주지를 정할 수 있는 것을 그 내용으로 하는데, 이는 국내에서 체류지와 거주지를 자유롭게 정할 수 있는 국내 거주·이전의 자유, 체류지와 거주지를 국외로 정할 수 있는 국외 거주·이전의 자유, 그리고 대한민국의 국적을 이탈할 수 있는 국적이탈의 자유를 내용으로 한다.[1]

(1) 국내 거주 · 이전의 자유

국내 거주·이전의 자유는 대한민국 영역내에서 체류지와 거주지를 자유롭게 정하고 변경할 수 있는 자유를 말한다.

헌법 제3조의 영토조항에 따르면 북한지역도 대한민국의 영역이지만, 현실적으로 대한민국의 주권과 통치권이 미치지 아니하므로 국내 거주·이전의 자유에는 북한지역으로의 거주·이전의 자유가 포함된다고 볼 수는 없다고 하겠다.

(2) 국외 거주 · 이전의 자유

국외 거주·이전의 자유는 대한민국의 주권과 통치권이 미치지 않는 곳으로 출국하고, 여행하고, 외국에서 체류 또는 거주하고, 귀국(입국)할 수 있는 자유를 말한다. 이에는 외국으로의 이주나 외국에서의 영주의 자유도 포함된다.

한편 입국의 자유는 대한민국의 영역내로 들어오는 것을 의미하지만, 앞서 언급한 바와 같이 헌법 제3조의 영토조항에 따라 대한민국의 영토에 속하면서

---

1) 헌재 2004. 10. 28. 2003헌가18, 판례집 16-2하, 86, 95-96:
거주·이전의 자유는 국가의 간섭 없이 자유롭게 거주와 체류지를 정할 수 있는 자유로서 정치·경제·사회·문화 등 모든 생활영역에서 개성신장을 촉진함으로써 헌법상 보장되고 있는 다른 기본권들의 실효성을 증대시켜주는 기능을 한다. 구체적으로는 국내에서 체류지와 거주지를 자유롭게 정할 수 있는 자유영역 뿐 아니라 나아가 국외에서 체류지와 거주지를 자유롭게 정할 수 있는 '해외여행 및 해외 이주의 자유'를 포함하고 덧붙여 대한민국의 국적을 이탈할 수 있는 '국적변경의 자유' 등도 그 내용에 포섭된다고 보아야 한다. 따라서 해외여행 및 해외이주의 자유는 필연적으로 외국에서 체류 또는 거주하기 위해서 대한민국을 떠날 수 있는 '출국의 자유'와 외국체류 또는 거주를 중단하고 다시 대한민국으로 돌아올 수 있는 '입국의 자유'를 포함한다.

도 대한민국의 주권과 통치권이 미치지 않는 북한지역에서 대한민국의 영역으로 들어오는 것도 여기에 포함시켜야 할 것이다.[1)]

한편 여기서의 출국은 자발적인 의사에 의한 것이므로 출국의 자유는 출국을 강요당하지 아니할 자유도 포함한다.

(3) 국적이탈의 자유

국적이탈 내지 국적변경의 자유는 대한민국의 국적을 가진 사람이 대한민국 국적을 포기하고 외국국적을 취득할 수 있는 자유를 말한다. 세계인권선언도 국적변경의 자유를 규정하고 있고, 헌법재판소 판례도 같은 입장이다.[2)] 그러나 국적이탈의 자유가 대한민국 국적을 이탈하여 무국적자가 되는 자유까지 포함되는 것은 아니라고 보는 것이 일반적인 입장이다.

5. 거주 · 이전의 자유의 제한과 그 한계

거주 · 이전의 자유도 국가안전보장 · 질서유지 · 공공복리를 위하여 제한될 수 있다(헌법 제37조 제2항). 물론 이 경우 비례의 원칙이나 기본권의 본질적 내용침해금지의 원칙 등 기본권제한을 위해 준수해야 할 원칙들을 충족시켜야 할 것이다. 예컨대 국가의 형벌권 실현을 위한 출국의 자유제한은 비례의 원칙을 준수하는 한 허용된다.[3)] 또한 병역의 의무 이행을 확보하기 위하여 병역의무자의

---

1) 같은 견해, 권영성, 전게서, 470쪽; 허영, 전게서, 504쪽.

2) 헌재 2004. 10. 28. 2003헌가18, 판례집 16-2하, 86, 95-96; 헌재 2006. 11. 30. 2005헌마739, 판례집 18-2, 528, 537.

3) ① 헌재 2004. 10. 28. 2003헌가18, 판례집 16-2하, 86, 96:
출입국관리법 제4조 제1항 제4호는 일정금액 이상의 추징금을 납부하지 아니한 자에게 법무부장관이 출국을 금지할 수 있도록 함으로써 헌법 제14조상의 거주 · 이전의 자유 중 출국의 자유를 제한하고 있다. 그러나 이 법조항은 추징금을 미납한 국민이 출국을 이용하여 재산을 해외로 도피하는 방법으로 강제집행을 곤란하게 하는 것을 방지함으로써 추징금에 관한 국가의 형벌권을 실현하고자 하는 것에 그 목적이 있으므로 그 정당성은 인정된다고 할 것이다.
② 헌재 2015. 9. 24. 2012헌바302, 판례집 27-2상, 514, 516:
형사재판에 계속 중인 사람의 해외도피를 막아 국가 형벌권을 확보함으로써 실체적 진실발견과 사법정의를 실현하고자 하는 출입국관리법 제4조 제1항 제1호는 그 입법목적이 정당하고, 형사재판에 계속 중인 사람의 출국을 일정 기간 동안 금지할 수 있도록 하는 것은 이러한 입법목적을 달성하는 데 기여할 수 있으므로 수단의 적정성도 인정된다. 법무부장

출국을 제한하는 것은 거주·이전의 자유의 침해가 아니라고 할 것이다.[1] 같은 맥락에서 병역면탈이나 탈세의 목적으로 국적을 이탈하는 것을 제한하는 것은 국적이탈의 자유를 침해하는 것은 아니다.[2] 아울러 국민의 안전 등 공익적 이

관은 출국금지 여부를 결정함에 있어 출국금지의 기본원칙, 출국금지 대상자의 범죄사실, 연령 및 가족관계, 해외도피 가능성 등 피고인의 구체적 사정을 반드시 고려하여야 하며, 실무에서도 심판대상조항에 따른 출국금지는 매우 제한적으로 운용되고 있다. 그 밖에 출국금지 해제제도, 사후통지제도, 이의신청, 행정소송 등 형사재판에 계속 중인 사람의 기본권 제한을 최소화하기 위한 여러 방안이 마련되어 있으므로 침해의 최소성 원칙에 위배되지 아니한다. 심판대상조항으로 인하여 형사재판에 계속 중인 사람이 입게 되는 불이익은 일정 기간 출국이 금지되는 것인 반면, 심판대상조항을 통하여 얻는 공익은 국가 형벌권을 확보함으로써 실체적 진실발견과 사법정의를 실현하고자 하는 것으로서 중대하므로 법익의 균형성도 충족된다. 따라서 심판대상조항은 과잉금지원칙에 위배되어 출국의 자유를 침해하지 아니한다.

1) 대결 1990. 6. 22. 90마310:
병역법이 이와 같이 병역의무자에 대한 국외여행허가 및 귀국보증제도와 그 위반자 및 귀국보증인에 대한 처벌제도를 규정한 근본취지는, 법률이 정하는 바에 의하여 국방의 의무를 진 모든 국민으로 하여금 헌법과 병역법이 정하는 바에 의하여 병역의무를 성실히 수행하도록 하기 위하여(헌법 제39조 및 병역법 제3조 참조) 병역의무자의 국외여행에 대하여 일정한 기간의 제한을 두고, 그 제한된 기간 내에 귀국하지 아니하는 자와 그의 귀국을 보증한 자를 함께 처벌함으로써 병역의무자가 허가된 기간 내에 귀국할 것을 보장하려는데 있는 것이다.

2) 헌재 2006. 11. 30. 2005헌마739, 판례집 18-2, 528, 529:
국적법 제12조 제1항 단서 및 그에 관한 제14조 제1항 단서는 이중국적자라 하더라도 대한민국 국민인 이상 병역의무를 이행하여야 한다는 것을 원칙적인 전제로 하여, 이중국적자로서 구체적인 병역의무 발생(제1국민역 편입) 시부터 일정기간(3월) 내에 한국 국적을 이탈함으로써 한국의 병역의무를 면하는 것은 허용하되, 위 기간 내에 국적이탈을 하지 않은 이중국적자는 병역문제를 해소하지 않는 한 한국 국적을 이탈하지 못하게 함으로써 국적선택제도를 통하여 병역의무를 면탈하지 못하게 하려는 데에 그 입법취지가 있다.
현행 법제상 한국 국적의 이탈로 인한 불이익·불편이 병역면탈 의도의 국적이탈을 저지할 만큼 심각하지 않아서 위 조항들과 같은 규제가 없다면 국적선택제도를 이용한 병역 면탈이 보다 용이하게 되어, 첫째, 병역자원의 일정한 손실을 초래하고, 둘째, 이중국적자가 생활의 근거를 한국에 두면서 한국인으로서 누릴 각종 혜택을 누리다가 정작 국민으로서 의무를 다해야 할 때에는 한국 국적을 버리는 기회주의적 행태가 허용되는 결과가 되어 병역부담평등의 원칙이 심각하게 훼손된다.
위 조항들에 의하더라도 국적선택의 자유가 완전히 박탈되는 것이 아니라 부분적인 제한을 받을 뿐이다. 18세가 되어 제1국민역에 편입된 때부터 3월이 지나기 전이라면 자유롭게 국적을 이탈할 수 있고, 그 이후부터 입영의무 등이 해소되는 시점(36세)까지만 국적이탈이 금지되므로 일정한 시기적인 제약을 받을 뿐이며, 제1국민역에 편입된 때부터 3월이 지났더라도 병역의무를 이행하거나 면제받는 등으로 병역문제를 해소한 때에는 역시 자유롭게 국적을 이탈할 수 있다.

유에서 일부 국가 또는 지역에서의 불가피한 여권의 사용제한 조치도 외국으로의 이주나 해외여행의 자유를 포함하는 거주·이전의 자유의 위헌적 침해로 볼 수 없다.[1)]

또한 국민 건강의 유지·향상이라는 공공의 복리를 위하여 한약업사의 허가 및 영업행위에 대하여 지역적으로 제한을 가하는 것[2)], 과열된 입시경쟁으로 말미암아 발생하는 부작용을 방지하기 위한 거주지 중심의 학군제로 인한 거주·이전의 자유의 제한[3)], 선거일 현재 계속하여 90일 이상 당해 지방자치단체의

주된 생활의 근거를 외국에 두고 있는 이중국적자들의 경우 적극적으로 국적이탈을 함으로써 병역의무를 조기에 해소할 수도 있고, 관련 병역법 규정에 따라 소극적인 방법으로 병역의 문제를 자연스럽게 해결할 수도 있어서, 이들에 대하여 국적선택제한조항의 적용을 명시적으로 배제하는 규정을 두지 않았다 하더라도 그 점만으로 이들의 국적이탈의 자유를 침해하는 것이라 할 수 없다.

1) 헌재 2008. 6. 26. 2007헌마1366, 판례집 20-1하, 472, 481-482:
우리 헌법 제14조 제1항은 "모든 국민은 거주·이전의 자유를 가진다."고 규정하고 있고, 이러한 거주·이전의 자유에는 국내에서의 거주·이전의 자유뿐 아니라 국외 이주의 자유, 해외여행의 자유 및 귀국의 자유가 포함되는바, 아프가니스탄 등 일정한 국가로의 이주, 해외여행 등을 제한하는 이 사건 고시로 인하여 청구인들의 거주·이전의 자유가 일부 제한된 점은 인정된다. 그러나 이 사건 고시는 국가의 국민에 대한 기본권 보장의무(헌법 제10조) 및 재외국민 보호의무(헌법 제2조 제2항)를 이행하며 국민의 생명·신체 및 재산을 보호하기 위한 것으로서 그 목적의 정당성이 인정되고, 천재지변·내란·폭동·테러 등 해외 위난상황이 발생한 지역에 대하여 여권의 사용제한 등의 조치를 함으로써 해당 지역으로 출국하는 것을 사전에 방지하는 것은 위와 같은 목적을 달성하기 위한 적절한 수단이라고 할 수 있다. 또한 이 사건 고시는 대상지역을 당시 전쟁이 계속중이던 이라크와 소말리아, 그리고 실제로 한국인에 대한 테러 가능성이 높았던 아프가니스탄 등 3곳으로 한정하고, 여권의 사용제한 등 기간도 1년으로 하여 그다지 장기간으로 정하고 있지 않을 뿐 아니라, 부득이한 경우 예외적으로 외교통상부장관의 허가를 받아 여권의 사용 및 방문·체류가 가능하도록 함으로써 국민의 거주·이전의 자유에 대한 제한을 최소화하고 있다. 그 밖에 청구인들이 이 사건 고시로 인하여 일정한 기간 동안 특정 국가로 자유로이 출국할 수 없게 됨에 따른 사익의 제한보다는 해외 위난상황이 발생한 지역에서의 국민의 생명·신체 및 재산의 보호라는 공익이 훨씬 더 크다고 할 것이므로 법익의 균형성도 갖추었다고 할 것이다. 결국 이 사건 고시가 과잉금지원칙에 위배하여 청구인들의 거주·이전의 자유를 침해하였다고 볼 수 없다.

2) 헌재 1991. 9. 16. 89헌마231, 판례집 3, 542, 551:
한약업사의 허가 및 영업행위에 대하여 지역적으로 제한을 가한 내용의 약사법 제37조 제2항은 오로지 국민 건강의 유지·향상이라는 공공의 복리를 위하여 마련된 것이고, 그 제한의 정도 또한 목적을 달성하기 위하여 적정한 것이라 할 것이므로 헌법 제11조의 평등의 원칙에 위배된다거나 헌법 제14조의 거주·이전의 자유 및 헌법 제15조의 직업선택의 자유 등 기본권을 침해하는 것으로 볼 수 없어 헌법에 위반되지 아니한다.

관할구역 안에 주민등록이 되어 있을 것을 입후보의 요건으로 하는 선거법 조항으로 인한 체류지와 거주지의 자유로운 결정과 선택의 제약[1]), 수도권에 인구

---

3) 헌재 1995. 2. 23. 91헌마204, 판례집 7-1, 267, 279-280:
교육법시행령 제112조의6 제2항은 제1항에 의하여 입학할 수 있는 고등학교의 선택기준이 되는 거주지를 민법 제909조의 규정에 의한 친권자 또는 제928조의 규정에 의한 후견인의 일상생활의 근거지로 규정하고 있으므로, 거주지 중심의 학군제는 결국 학부모 등의 거주지를 중심으로 한 것으로 이해할 수 있다. 한편 중학교 입학과 관련하여서는 입학할 수 있는 중학교의 선택기준이 되는 거주지의 내용에 관하여 규정하고 있지 않지만 중학생의 발육정도 등에 비추어 볼 때 그 거주지는 시행령 제112조의6 제2항과 동일하게 이해할 수 있을 것이다. 그러므로 이 사건 규정이 적용되는 학교에 자녀를 입학시키고자 하는 학부모는 생활상 발생할 수 있는 여러 가지 불이익을 감수하면서라도 당해 학교 소재지로 거주지를 이전하여야 한다.
그러나 학부모는 원하는 경우 언제든지 자유로이 거주지를 이전할 수 있으므로 그와 같은 생활상의 불이익만으로는 이 사건 규정이 거주이전의 자유를 제한한다고는 할 수 없고, 설혹 이 사건 규정이 거주이전의 자유를 다소 제한한다고 하더라도 과열된 입시경쟁으로 말미암아 발생하는 부작용을 방지한다고 하는 입법목적을 달성하기 위한 방안의 하나이고, 도시와 농어촌에 있는 중·고등학교의 교육여건의 차이가 심하지 않으며, 획일적인 제도의 운용에 따른 문제점을 해소하기 위한 여러 가지 보완책이 위 시행령에 상당히 마련되어 있어서 그 입법목적 및 입법수단이 정당하므로 그 제한의 정도는 기본권의 본질적인 내용을 침해하였다거나 이를 과도하게 제한한 경우에 해당하지 않으므로 헌법 제14조 및 헌법 제37조 제2항에 위반되지 아니한다고 할 것이어서, 이 사건 규정이 청구인의 거주이전의 자유를 침해하는 것이라고는 할 수 없다.

1) 헌재 1996. 6. 26. 96헌마200, 판례집 8-1, 550, 562-563:
거주·이전의 자유가 국민에게 그가 선택할 직업 내지 그가 취임할 공직을 그가 선택하는 임의의 장소에서 자유롭게 행사할 수 있는 권리까지 보장하는 것은 아니다. 물론 직업에 관한 규정이나 공직취임의 자격에 관한 제한규정이 그 직업 또는 공직을 선택하거나 행사하려는 자의 거주·이전을 간접적으로 어렵게 하거나 불가능하게 하거나 원하지 않는 지역으로 이주할 것을 강요하게 될 수는 있다. 그러나 그와 같은 조치가 특정한 직업 내지 공직의 선택 또는 행사에 있어서의 필요와 관련되어 있는 것인 한, 그러한 조치에 의하여 헌법 제15조의 직업의 자유 내지 헌법 제25조의 공무담임권이 제한될 수는 있어도 헌법 제14조의 거주·이전의 자유가 제한되었다고 볼 수 없다. 그러므로 선거일 현재 계속하여 90일 이상 당해 지방자치단체의 관할구역 안에 주민등록이 되어 있을 것을 입후보의 요건으로 하는 공직선거및선거부정방지법 제16조 제3항으로 인하여 청구인이 그 체류지와 거주지의 자유로운 결정과 선택에 사실상 제약을 받는다고 하더라도 청구인의 공무담임권에 대한 위와 같은 제한이 있는 것은 별론으로 하고 거주·이전의 자유가 침해되었다고 할 수는 없을 것이다.
설사 청구인의 주장대로 이 사건 법률조항이 청구인의 거주·이전의 자유를 제한한다고 하더라도 그러한 제한은 이 사건 법률조항이 추구하는 헌법적으로 정당한 목적의 달성을 위하여 필요한 최소한의 범위에 머무르고 있으므로 이 사건 법률조항이 청구인의 헌법상 보장된 기본권인 거주·이전의 자유를 침해하여 위헌이 되는 것은 아니라고 할 것이다.

및 경제 · 산업시설이 밀집되어 발생하는 문제를 해결하고 국토의 균형 있는 발전을 도모하기 위하여 법인이 과밀억제권역 내에 본점의 사업용 부동산으로 건축물을 신축 · 증축하여 이를 취득하는 경우 취득세를 중과세하는 것[1) 등도 합헌적인 거주 · 이전의 자유에 대한 제한이라고 하겠다.

더 나아가 특별권력관계에서의 행정목적달성을 위한 군인 · 군무원 · 재소자 등의 거주지의 제한, 보건상의 필요에 의한 환자의 강제수용이나 전염병감염지역의 여행제한, 형사피고인의 주거제한(형사소송법 제101조 제1항), 군작전상 필요에 의한 군사작전지역내에서의 거주 · 이전의 자유의 제한 등도 비례의 원칙 등 기본권제한을 위해 준수해야 할 원칙들을 충족시키는 한 거주 · 이전의 자유에 대한 위헌적인 침해라고 볼 수 없을 것이다.

Ⅱ. 주거의 자유

1. 의의

헌법은 국민의 자유로운 사생활공간을 보호해 주기 위하여 주거의 자유를 보장하고 있다. 제16조의 "모든 국민은 주거의 자유를 침해받지 아니한다. 주거에 대한 압수나 수색을 할 때에는 검사의 신청에 의하여 법관이 발부한 영장을 제시하여야 한다."라고 한 규정이 그것이다. 이는 자신만의 생활공간이 공권력이나 타인에 의하여 침해받지 아니하도록 하여 개인의 사생활과 프라이버시를 보호하고, 주거에 대한 압수나 수색 등 형사사법절차상 불가피한 주거의 자유에 대한 제한도 반드시 검사의 신청에 의하여 법관이 발부한 영장을 제시하도록 하여 개인의 사생활을 보다 두텁게 보호하기 위한 것이다. 주거의 자유가 보장

---

1) 헌재 2014. 7. 24. 2012헌바408, 판례집 26-2상, 88:
구 지방세법 제112조 제3항은 수도권에 인구 및 경제 · 산업시설이 밀집되어 발생하는 문제를 해결하고 국토의 균형 있는 발전을 도모하기 위하여 법인이 과밀억제권역 내에 본점의 사업용 부동산으로 건축물을 신축 · 증축하여 이를 취득하는 경우 취득세를 중과세하는 조항으로서, 구법과 달리 인구유입과 경제력 집중의 효과가 뚜렷한 건물의 신축, 증축 그리고 부속토지의 취득만을 그 적용대상으로 한정하여 부당하게 중과세할 소지를 제거하였다. 최근 대법원 판결도 구체적인 사건에서 인구유입이나 경제력집중 효과에 관한 판단을 전적으로 배제한 것으로는 보기 어렵다. 따라서 이 사건 법률조항은 거주 · 이전의 자유와 영업의 자유를 침해하지 아니한다.

되지 않는다면 개인의 사생활영역이 침해되어 후술할 사생활의 비밀과 자유는 물론 통신의 자유나 거주·이전의 자유도 제 기능을 발휘할 수 없고, 근본적으로 인간의 존엄성과 행복추구권도 침해될 수밖에 없을 것이다.

2. 주거의 개념

여기서의 주거란 개인이 거주하기 위하여 점유하고 있는 일체의 시설이나 공간을 말한다. 사생활을 두텁게 보호하기 위하여는 주거의 범위를 넓게 볼 필요가 있다. 따라서 일반 주택은 물론이고 회사, 공장, 학교, 호텔, 사무실 등도 체류의 목적으로 점유하고자 한다면 당연히 주거에 포함된다고 할 것이다.

3. 주거의 자유의 주체

주거의 자유의 주체는 먼저 대한민국 국민이다. 또한 주거의 자유가 보편적 인권의 성격을 가진다는 점에서 외국인도 주거의 자유의 주체가 된다고 하겠다. 그러나 주거의 자유는 개인의 사생활영역의 보호를 통해 인간의 존엄과 행복추구를 실현하는 자연인 전속적인 기본권의 성격을 가진다는 점에서 법인이나 단체는 그 주체가 될 수 없다고 하겠다.

한편 이러한 주거의 자유의 성격과 취지를 고려할 때 일정한 사생활공간을 주거의 의사를 가지고 정당하게 점유하고 있거나 점유하고자하는 자는 모두 주거의 자유의 주체가 된다고 하겠다. 따라서 반드시 그 해당 주거를 소유하고 있어야 하는 것은 아니다. 학교나 공장 등 복합시설물에서의 주거의 자유의 주체는 원칙적으로 당해 생활공간의 장 내지 관리자라고 하겠다. 또한 호텔객실의 경우에는 그 관리자나 소유주가 아니라 투숙객이 주거의 자유의 주체가 될 것이다.

4. 주거의 자유의 내용

주거의 자유는 주거의 불가침을 의미한다. 따라서 거주자의 명시적·묵시적 동의가 없거나 의사에 반하여, 또는 정당한 권한 없이 개인의 사생활공간에 들어가는 것은 주거의 자유의 침해가 된다.

주거의 자유에 대한 침해는 주로 공권력에 의해 이루어지기 때문에 부당한 공권력에 의한 침해로부터 거주자를 보호할 필요성이 크다. 앞서 언급한 바와 같이 헌법에서 주거에 대한 압수나 수색을 할 때에는 검사의 신청에 의하여 법관이 발부한 영장제시를 요구하는 것도 이러한 공권력에 의한 주거의 자유에 대한 부당한 침해를 예방하기 위한 것이다. 이처럼 영장주의는 부당한 공권력에 의한 침해로부터 개인의 사생활공간을 보호하기 위한 것이기 때문에, 최대한 공권력을 통제하고 개인의 사생활영역의 자유를 극대화하기 위하여 가능한 한 폭넓게 적용되어야 할 것이다. 따라서 형사절차에서 뿐 아니라 행정절차의 경우에도 - 위생검사나 소방 등 순수한 행적목적을 위한 경우이거나 사전영장주의가 적용되기 어려운 긴급을 요하는 경우를 제외한다면 - 원칙적으로 영장주의가 적용되어야 할 것이다. 다만 피의자를 긴급체포하거나 현행범인을 체포하는 경우에는 영장 없이 주거에 대한 압수나 수색을 할 수 있다(형사소송법 제216조 제1항).

또한 주거의 자유는 사인에 의해서도 침해될 수 있는데, 사인에 의한 불법적인 주거침해의 경우에는 형법상 주거침입의 죄(제319조 이하)가 성립된다고 하겠다.

한편 개인의 주거내에 도청기를 설치하여 대화내용을 도청하거나 녹음하는 행위 또는 카메라를 설치하여 불법촬영하는 행위 등도 주거의 자유에 대한 침해가 된다고 할 것이다. 왜냐하면 그로 인해 개인의 사생활의 비밀과 자유 뿐 아니라 사생활공간이 외부로부터 불법적으로 침해당했다고 볼 수 있고, 따라서 주거의 자유에 대한 침해에 해당하기 때문이다.

5. 주거의 자유의 제한과 그 한계

주거의 자유도 국가안전보장 · 질서유지 · 공공복리를 위하여 법률로써 제한할 수 있다(헌법 제37조 제2항). 이처럼 공익적 이유로 주거의 자유를 제한하는 법률로는 경찰관직무집행법, 소방기본법, 국세징수법, 형사소송법, 마약법, 관세법, 조세범처벌절차법 등이 있다.

그런데 공익적 이유로 법률에 의하여 주거의 자유를 제한하는 경우에도 비례의 원칙이나 기본권의 본질적 내용침해금지의 원칙 등 기본권제한입법의 한계원칙을 준수해야 함은 물론이다.

Ⅲ. 사생활의 비밀과 자유

1. 의의

헌법은 개인의 사생활을 내용적으로 보호하기 위하여 사생활의 비밀과 자유를 보장하고 있다. 헌법 제17조가 "모든 국민은 사생활의 비밀과 자유를 침해받지 아니한다."라고 규정하고 있는 것이 그것이다. 인간은 누구나 자신의 사생활의 영역과 내용이 자신의 의사에 반해서 침해되기를 바라지 않는다. 이처럼 사생활에 관한 나만의 은밀한 영역이 부당하게 외부에 공개되지 않도록 하는 자유가 바로 사생활의 비밀과 자유라고 할 수 있다.

이러한 개인의 인격과 자주성의 기초가 되는 사생활의 비밀과 자유는 인간의 존엄성과 행복추구의 전제조건이자 불가분의 구성요소를 이룬다고 할 수 있다. 따라서 우리 헌법 제17조에 해당하는 조항을 가지고 있지 아니한 독일의 학설과 판례는 이를 인간의 존엄성을 핵으로 하는 기본법 제2조 제1항의 인격권 내지 개성신장의 자유의 한 내용으로 보고 있다. 이와는 달리 우리의 경우 인간의 존엄과 행복추구권에 관한 규정 외에 별도로 사생활의 비밀과 자유에 관한 규정을 헌법 제17조에 따로 마련하고 있다.

2. 사생활의 비밀과 자유의 주체

사생활의 비밀과 자유는 인간의 존엄성과 행복추구의 전제조건으로서의 보편적 인권의 성격을 가지기 때문에 대한민국 국민 뿐 아니라 외국인도 그 주체가 된다. 그러나 법인은 그 주체가 될 수 없다고 하겠다. 왜냐하면 사생활의 비밀과 자유는 개인의 인격과 자주성을 바탕으로 해서 사생활영역에서의 개성신장을 실현하는 자연인 전속적인 기본권의 성격을 가지기 때문이다.

3. 사생활의 비밀과 자유의 내용

사생활의 비밀과 자유는 자신의 사생활의 구체적 내용을 자신의 뜻에 따라

형성하고, 자신의 사생활에 관한 정보를 스스로 형성하고 관리하며 통제할 수 있는 자유, 즉 사생활의 비밀과 자유에 대한 불가침을 내용으로 한다. 이처럼 사생활의 비밀과 자유는 개인의 사생활을 내용적으로 보호하는 것으로, 사생활의 '자유'는 사생활의 구체적 내용을 국가 등 누구의 간섭도 받지 않고 스스로 형성할 수 있는 자유를 말하고, 사생활의 '비밀'은 이렇게 형성된 사생활의 구체적 내용이 자신의 의사에 반해서 외부로부터 침해받지 않고 은밀한 자신만의 영역으로 간직할 수 있는 자유를 말하다.

특히 현대의 정보화 사회에서 증대하는 개인정보가 가지는 중요성 및 그 보호의 필요성에 비추어 개인이 자신의 사생활에 관한 정보를 스스로 형성·관리·통제할 수 있는 자유 및 이러한 자유의 불가침성은 아무리 강조해도 지나치지 않을 것이다. 이처럼 개인정보를 스스로 형성·관리·통제할 수 있는 자유, 즉 개인정보를 스스로 설계·형성하고, 형성된 정보에 대한 조사, 수집, 보관, 공개, 처리, 이용 등 정보의 관리·통제를 스스로 결정할 수 있는 권리를 개인정보자기결정권이라고 한다. 따라서 개인정보자기결정권은 개인정보가 국가 등에 의하여 침해받지 아니할 것을 요구하는 소극적 권리로서의 성격과[1] 개인정보를 적

---

1) ① 헌재 2020. 12. 23. 2017헌마416:

청구인의 정치적 견해에 관한 정보를 수집·보유·이용한 행위는 청구인이 과거 야당 후보를 지지하거나 세월호 참사에 대한 정부의 대응을 비판한 의사표시에 관한 정보를 대상으로 한다. 이러한 정치적 견해는 개인의 인격주체성을 특징짓는 개인정보에 해당하고, 그것이 지지 선언 등의 형식으로 공개적으로 이루어진 것이라고 하더라도 여전히 개인정보자기결정권의 보호 범위 내에 속한다.

정치적 표현의 자유는 민주적 의사형성의 본질적 요소이다. 정치적 표현의 자유를 최대한도로 보장하기 위해서는 정치적 견해를 표현한 내용에 관한 정보도 두텁게 보호되어야 한다. 국가가 개인의 정치적 견해에 관한 정보를 수집·보유·이용하는 등의 행위는 개인정보자기결정권에 대한 중대한 제한이 되므로 이를 위해서는 법령상의 명확한 근거가 필요하다. 그런데 정부가 문화예술 지원사업에서 배제할 목적으로 문화예술인들의 정치적 견해에 관한 정보를 처리할 수 있도록 수권하는 법령상 근거가 존재하지 않으므로 이 사건 정보수집 등 행위는 법률유보원칙에 위반된다.

나아가, 이 사건 정보수집 등 행위는 청구인들의 정치적 견해를 확인하여 야당 후보자를 지지한 이력이 있거나 현 정부에 대한 비판적 의사를 표현한 자에 대한 문화예술 지원을 차단하는 위헌적인 지시를 실행하기 위한 것으로, 그 목적의 정당성도 인정할 여지가 없어 헌법상 허용될 수 없는 공권력 행사이다.

② 헌재 2022. 7. 21. 2016헌마388 등, 공보 310, 1037:

개인정보자기결정권은 자신에 관한 정보가 언제 누구에게 어느 범위까지 알려지고 또 이용되도록 할 것인지를 그 정보주체가 스스로 결정할 수 있는 권리로서, 헌법 제10조 제1문에

극적으로 관리·통제하고 국가에 그 보호를 요구할 수 있는 적극적 권리로서의 성격을 가진다.[1)]

서 도출되는 일반적 인격권 및 헌법 제17조의 사생활의 비밀과 자유에 의하여 보장된다. 개인정보를 대상으로 한 조사·수집·보관·처리·이용 등의 행위는 모두 원칙적으로 개인정보자기결정권에 대한 제한에 해당한다. 전기통신사업자가 수사기관 등의 통신자료 제공요청에 따라 수사기관 등에 제공하는 이용자의 성명, 주민등록번호, 주소, 전화번호, 아이디, 가입일 또는 해지일은 청구인들의 동일성을 식별할 수 있게 해주는 개인정보에 해당하므로, 수사기관 등이 전기통신사업자에게 이용자의 성명 등 통신자료의 열람이나 제출을 요청할 수 있도록 한 이 사건 법률조항인 전기통신사업법 제83조 제3항 중 '검사 또는 수사관서의 장(군 수사기관의 장을 포함한다), 정보수사기관의 장의 수사, 형의 집행 또는 국가안전보장에 대한 위해 방지를 위한 정보수집을 위한 통신자료 제공요청'에 관한 부분은 개인정보자기결정권을 제한한다.

그런데 이 사건 법률조항에 의한 통신자료 제공요청이 있는 경우 통신자료의 정보주체인 이용자에게는 통신자료 제공요청이 있었다는 점이 사전에 고지되지 아니하며, 전기통신사업자가 수사기관 등에게 통신자료를 제공한 경우에도 이러한 사실이 이용자에게 별도로 통지되지 않는다. 그런데 당사자에 대한 통지는 당사자가 기본권 제한 사실을 확인하고 그 정당성 여부를 다툴 수 있는 전제조건이 된다는 점에서 매우 중요하다. 효율적인 수사와 정보수집의 신속성, 밀행성 등의 필요성을 고려하여 사전에 정보주체인 이용자에게 그 내역을 통지하도록 하는 것이 적절하지 않다면 수사기관 등이 통신자료를 취득한 이후에 수사 등 정보수집의 목적에 방해가 되지 않는 범위 내에서 통신자료의 취득사실을 이용자에게 통지하는 것이 얼마든지 가능하다. 그럼에도 이 사건 법률조항은 통신자료 취득에 대한 사후통지절차를 두지 않아 적법절차원칙에 위배되어 개인정보자기결정권을 침해한다.

1) ① 헌재 2015. 12. 23. 2013헌바68 등, 판례집 27-2하, 480, 481:
주민등록번호는 표준식별번호로 기능함으로써 개인정보를 통합하는 연결자로 사용되고 있어, 불법 유출 또는 오·남용될 경우 개인의 사생활뿐만 아니라 생명·신체·재산까지 침해될 소지가 크므로 이를 관리하는 국가는 이러한 사례가 발생하지 않도록 철저히 관리하여야 하고, 이러한 문제가 발생한 경우 그로 인한 피해가 최소화되도록 제도를 정비하고 보완하여야 할 의무가 있다. 그럼에도 불구하고 주민등록번호 유출 또는 오·남용으로 인하여 발생할 수 있는 피해 등에 대한 아무런 고려 없이 주민등록번호 변경을 일체 허용하지 않는 것은 그 자체로 개인정보자기결정권에 대한 과도한 침해가 될 수 있다.
비록 국가가 개인정보보호법 등으로 정보보호를 위한 조치를 취하고 있더라도, 여전히 주민등록번호를 처리하거나 수집·이용할 수 있는 경우가 적지 아니하며, 이미 유출되어 발생된 피해에 대해서는 뚜렷한 해결책을 제시해 주지 못하므로, 국민의 개인정보를 충분히 보호하고 있다고 보기 어렵다. 한편, 개별적인 주민등록번호 변경을 허용하더라도 변경 전 주민등록번호와의 연계 시스템을 구축하여 활용한다면 개인식별기능 및 본인 동일성 증명기능에 혼란이 발생할 가능성이 없고, 일정한 요건 하에 객관성과 공정성을 갖춘 기관의 심사를 거쳐 변경할 수 있도록 한다면 주민등록번호 변경절차를 악용하려는 시도를 차단할 수 있으며, 사회적으로 큰 혼란을 불러일으키지도 않을 것이다. 따라서 주민등록번호 변경에 관한 규정을 두고 있지 않은 주민등록법(2007. 5. 11. 법률 제8422호로 전부개정된 것) 제7조는 과잉금지원칙에 위배되어 개인정보자기결정권을 침해한다.
② 헌재 2016. 6. 30. 2015헌마924, 판례집 28-1하, 697, 698:

이처럼 개인정보자기결정권은 개인의 사생활의 비밀과 자유의 핵심적 내용에 속하기 때문에 개인정보자기결정권의 헌법적 근거는 헌법 제17조라고 할 수 있는데, 헌법재판소는 개인정보자기결정권을 헌법 제17조의 사생활의 비밀과 자유, 헌법 제10조 제1문의 인간의 존엄과 가치 및 행복추구권, 헌법의 자유민주적 기본질서 규정들을 이념적 기초로 하는 독자적 기본권으로서 헌법에 명시되지 아니한 기본권이라고 보고 있다.[1)]

4. 사생활의 비밀과 자유의 제한과 그 한계

사생활의 비밀과 자유도 국가안전보장 · 질서유지 · 공공복리를 위하여 필요한 경우 법률로써 제한할 수 있다. 이 경우 헌법 제37조 제2항에서 정한 비례의 원칙과 기본권의 본질적 내용침해금지의 원칙 등 기본권제한의 한계원칙을 준수해야 함은 물론이다. 따라서 사생활의 비밀과 자유에 대하여는 보다 더 큰 공익의 실현을 위하여 적합한 방법으로, 개인의 사생활의 본질적이고 핵심적인 부분

가족관계등록법상 각종 증명서에 기재된 개인정보가 유출되거나 오남용될 경우 정보의 주체에게 가해지는 타격은 크므로 증명서 교부청구권자의 범위는 가능한 한 축소하여야 하는데, 형제자매는 언제나 이해관계를 같이 하는 것은 아니므로 형제자매가 본인에 대한 개인정보를 오남용 또는 유출할 가능성은 얼마든지 있다. 그런데 '가족관계의 등록 등에 관한 법률'(2007. 5. 17. 법률 제8435호로 제정된 것, 이하 '가족관계등록법'이라 한다) 제14조 제1항 본문 중 '형제자매' 부분은 증명서 발급에 있어 형제자매에게 정보주체인 본인과 거의 같은 지위를 부여하고 있으므로, 이는 증명서 교부청구권자의 범위를 필요한 최소한도로 한정한 것이라고 볼 수 없다. 본인은 인터넷을 이용하거나 위임을 통해 각종 증명서를 발급받을 수 있으며, 가족관계등록법 제14조 제1항 단서 각 호에서 일정한 경우에는 제3자도 각종 증명서의 교부를 청구할 수 있으므로 형제자매는 이를 통해 각종 증명서를 발급받을 수 있다. 따라서 이 사건 법률조항은 침해의 최소성에 위배된다. 또한, 이 사건 법률조항을 통해 달성하려는 공익에 비해 초래되는 기본권 제한의 정도가 중대하므로 법익의 균형성도 인정하기 어려워, 이 사건 법률조항은 청구인의 개인정보자기결정권을 침해한다.

1) 헌재 2005. 5. 26. 99헌마513 등, 판례집 17-1, 668, 683:
개인정보자기결정권의 헌법상 근거로는 헌법 제17조의 사생활의 비밀과 자유, 헌법 제10조 제1문의 인간의 존엄과 가치 및 행복추구권에 근거를 둔 일반적 인격권 또는 위 조문들과 동시에 우리 헌법의 자유민주적 기본질서 규정 또는 국민주권원리와 민주주의원리 등을 고려할 수 있으나, 개인정보자기결정권으로 보호하려는 내용을 위 각 기본권들 및 헌법원리들 중 일부에 완전히 포섭시키는 것은 불가능하다고 할 것이므로, 그 헌법적 근거를 굳이 어느 한 두개에 국한시키는 것은 바람직하지 않은 것으로 보이고, 오히려 개인정보자기결정권은 이들을 이념적 기초로 하는 독자적 기본권으로서 헌법에 명시되지 아니한 기본권이라고 보아야 할 것이다.

을 침해하지 않는 한도내에서 꼭 필요한 최소한의 제한만 허용된다고 하겠다.1)

---

1) ① 헌재 2005. 5. 26. 99헌마513 등, 판례집 17-1, 668, 670:
지문날인제도가 범죄자 등 특정인만이 아닌 17세 이상 모든 국민의 열 손가락 지문정보를 수집하여 보관하도록 한 것은 신원확인기능의 효율적인 수행을 도모하고, 신원확인의 정확성 내지 완벽성을 제고하기 위한 것으로서, 그 목적의 정당성이 인정되고, 또한 이 사건 지문날인제도가 위와 같은 목적을 달성하기 위한 효과적이고 적절한 방법의 하나가 될 수 있다.
범죄자 등 특정인의 지문정보만 보관해서는 17세 이상 모든 국민의 지문정보를 보관하는 경우와 같은 수준의 신원확인기능을 도저히 수행할 수 없는 점, 개인별로 한 손가락만의 지문정보를 수집하는 경우 그 손가락 자체 또는 지문의 손상 등으로 인하여 신원확인이 불가능하게 되는 경우가 발생할 수 있고, 그 정확성 면에 있어서도 열 손가락 모두의 지문을 대조하는 것과 비교하기 어려운 점, 다른 여러 신원확인수단 중에서 정확성·간편성·효율성 등의 종합적인 측면에서 현재까지 지문정보와 비견할만한 것은 찾아보기 어려운 점 등을 고려해 볼 때, 이 사건 지문날인제도는 피해 최소성의 원칙에 어긋나지 않는다.
지문날인제도로 인하여 정보주체가 현실적으로 입게 되는 불이익에 비하여 경찰청장이 보관·전산화하고 있는 지문정보를 범죄수사활동, 대형사건사고나 변사자가 발생한 경우의 신원확인, 타인의 인적사항 도용 방지 등 각종 신원확인의 목적을 위하여 이용함으로써 달성할 수 있게 되는 공익이 더 크다고 보아야 할 것이므로, 이 사건 지문날인제도는 법익의 균형성의 원칙에 위배되지 아니한다.
지문날인제도가 과잉금지의 원칙에 위배하여 청구인들의 개인정보자기결정권을 침해하였다고 볼 수 없다.
② 헌재 2007. 5. 31. 2005헌마1139, 판례집 19-1, 711, 712:
사람의 육체적·정신적 상태나 건강에 대한 정보, 성생활에 대한 정보와 같은 것은 인간의 존엄성이나 인격의 내적 핵심을 이루는 요소이다. 따라서 외부세계의 어떤 이해관계에 따라 그에 대한 정보를 수집하고 공표하는 것이 쉽게 허용되어서는 개인의 내밀한 인격과 자기정체성이 유지될 수 없다. '공직자등의 병역사항 신고 및 공개에 관한 법률' 제8조 제1항 본문 가운데 '4급 이상의 공무원 본인의 질병명에 관한 부분'(이하 '이 사건 법률조항'이라 한다)에 의하여 그 공개가 강제되는 질병명은 내밀한 사적 영역에 근접하는 민감한 개인정보로서, 특별한 사정이 없는 한 타인의 지득, 외부에 대한 공개로부터 차단되어 개인의 내밀한 영역 내에 유보되어야 하는 정보이다. 이러한 성격의 개인정보를 공개함으로써 사생활의 비밀과 자유를 제한하는 국가적 조치는 엄격한 기준과 방법에 따라 섬세하게 행하여지지 않으면 아니된다.
병무행정에 관한 부정과 비리가 근절되지 않고 있으며, 그 척결 및 병역부담평등에 대한 사회적 요구가 대단히 강한 우리 사회에서, '부정한 병역면탈의 방지'와 '병역의무의 자진이행에 기여'라는 입법목적을 달성하기 위해서는 병역사항을 신고하게 하고 적정한 방법으로 이를 공개하는 것이 필요하다고 할 수 있다. 한편, 질병은 병역처분에 있어 고려되는 본질적 요소이므로 병역공개제도의 실현을 위해 질병명에 대한 신고와 그 적정한 공개 자체는 필요하다 할 수 있다.
그런데 이 사건 법률조항은 사생활 보호의 헌법적 요청을 거의 고려하지 않은 채 인격 또는 사생활의 핵심에 관련되는 질병명과 그렇지 않은 것을 가리지 않고 무차별적으로 공개토록 하고 있으며, 일정한 질병에 대한 비공개요구권도 인정하고 있지 않다. 그리하여 그 공개 시 인격이나 사생활의 심각한 침해를 초래할 수 있는 질병이나 심신장애내용까지도

예외 없이 공개함으로써 신고의무자인 공무원의 사생활의 비밀을 심각하게 침해하고 있다. 우리 현실에 비추어 질병명 공개와 같은 처방을 통한 병역풍토의 쇄신이 필요하다 하더라도 특별한 책임과 희생을 추궁할 수 있는 소수 사회지도층에 국한하여야 할 것이다. 4급 공무원이면 주로 과장급 또는 계장급 공무원에 해당하여 주요 정책이나 기획의 직접적·최종적 결정권을 가진다고는 할 수 없고, 사회의 일반적 관념에 비추어 보면 평범한 직업인의 하나에 불과한 경우도 많을 것이다. 이런 점에서 이들의 병역정보가 설사 공적 관심의 대상이 된다 할지라도 그 정도는 비교적 약하다고 하지 않을 수 없고, 그렇다면 공무원 개인을 위한 정보 보호의 요청을 쉽사리 낮추어서는 아니되며 그 정보가 질병명과 같이 인격 또는 사생활의 핵심에 관련되는 것일 때는 더욱 그러하다.

결론적으로, 이 사건 법률조항이 공적 관심의 정도가 약한 4급 이상의 공무원들까지 대상으로 삼아 모든 질병명을 아무런 예외 없이 공개토록 한 것은 입법목적 실현에 치중한 나머지 사생활 보호의 헌법적 요청을 현저히 무시한 것이고, 이로 인하여 청구인들을 비롯한 해당 공무원들의 헌법 제17조가 보장하는 기본권인 사생활의 비밀과 자유를 침해하는 것이다.

③ 헌재 2008. 10. 30. 2006헌마1401 등, 판례집 20-2상, 1115, 1116-1167:

근로소득자인 청구인들의 진료정보가 본인들의 동의 없이 국세청 등으로 제출·전송·보관되는 것은 위 청구인들의 개인정보자기결정권을 제한하는 것이지만, 소득세법 제165조 제1항 중 조세특례제한법을 제외한 부분과, 소득세법 제165조 제4항, 소득세법 시행령 제216조의3 제1항 제3호 본문, 제2항은 의료비 특별공제를 받고자 하는 근로소득자의 연말정산을 위한 소득공제증빙자료 제출의 불편을 해소하는 동시에 이에 따른 근로자와 사업자의 시간적·경제적 비용을 절감하고 부당한 소득공제를 방지하려는데 그 목적이 있고, 위 목적을 달성하기 위하여, 연말정산에 필요한 항목 등을 제출대상으로 삼고 있으므로, 그 방법의 적절성 또한 인정된다. 또 소득공제증빙서류를 발급받는 자는 본인의 의료비내역과 관련된 자료의 제출을 자료집중기관이 국세청장에게 소득공제증빙서류를 제출하기 전까지 거부할 수 있도록 하고, 근로소득자 내지 부양가족 본인만이 자료를 조회하고 출력할 수 있도록 하는 등 이 사건 자료제출제도가 개인의 자기정보결정권에 대한 제한이 최소화되도록 제반 장치를 갖추어 개인의 자기정보결정권이 필요최소한 범위 내에서 제한되도록 피해최소성의 원칙을 충족하고 있으며, 이 사건 법령조항에 의하여 얻게 되는 공익이 이로 인하여 제한되는 개인정보자기결정권인 사익보다 커서 법익의 균형성을 갖추었다고 할 것이므로 이 사건 법령조항이 헌법상 과잉금지 원칙에 위배하여 청구인들의 개인정보자기결정권을 침해하였다고 볼 수 없다.

④ 헌재 2013. 10. 24. 2011헌바106 등, 판례집 25-2하, 156:

아동·청소년 대상 성폭력 범죄를 저지른 사람에 대하여 신상정보를 공개하도록 한 구 '아동·청소년의 성보호에 관한 법률'(2010. 4. 15. 법률 제10260호로 개정되고, 2012. 12. 18. 법률 제11572호로 개정되기 전의 것) 제38조 제1항 본문 제1호는 아동·청소년의 성을 보호하고 사회방위를 도모하기 위한 것으로서 목적의 정당성 및 수단의 적합성이 인정된다. 한편, 심판대상조항에 따른 신상정보 공개제도는, 그 공개대상이나 공개기간이 제한적이고, 법관이 '특별한 사정' 등을 고려하여 공개 여부를 판단하도록 되어 있으며, 공개로 인한 피해를 최소화하는 장치도 마련되어 있으므로 침해의 최소성이 인정되고, 이를 통하여 달성하고자 하는 '아동·청소년의 성보호'라는 목적이 침해되는 사익에 비하여 매우 중요한 공익에 해당하므로 법익의 균형성도 인정된다. 따라서 심판대상조항은 과잉금지원칙을 위반

한편 공직자 등의 경우 그들의 사생활이 이미 공적인 관심 사안에 속하고 그들의 사생활 내용의 공개가 국민의 알권리를 충족을 위해 필요한 경우가 있기 때문에 경우에 따라서는 그들의 사생활의 비밀과 자유에 대한 제한이 정당화될 수 있을 것이다.[1)]

하여 청구인들의 인격권, 개인정보 자기결정권을 침해한다고 볼 수 없다.
⑤ 헌재 2016. 3. 31. 2015헌마688, 판례집 28-1상, 540, 541:
성범죄자의 재범을 억제하고 재범 발생 시 수사의 효율성을 제고하기 위하여, 일정한 성범죄를 저지른 자로부터 신상정보를 제출받아 보존·관리하는 것은 정당한 목적을 위한 적합한 수단이다. 그러나 모든 성범죄자가 신상정보 등록대상이 되어서는 안되고, 신상정보 등록제도의 입법목적에 필요한 범위 내로 제한되어야 한다. 통신매체이용음란죄의 구성요건에 해당하는 행위 태양은 행위자의 범의·범행 동기·행위 상대방·행위 횟수 및 방법 등에 따라 매우 다양한 유형이 존재하고, 개별 행위유형에 따라 재범의 위험성 및 신상정보 등록 필요성은 현저히 다르다. 그런데 성폭력범죄의 처벌 등에 관한 특례법 제42조 제1항은 통신매체이용음란죄로 유죄판결이 확정된 사람은 누구나 법관의 판단 등 별도의 절차 없이 필요적으로 신상정보 등록대상자가 되도록 하고 있고, 등록된 이후에는 그 결과를 다툴 방법도 없다. 그렇다면 심판대상조항은 통신매체이용음란죄의 죄질 및 재범의 위험성에 따라 등록대상을 축소하거나, 유죄판결 확정과 별도로 신상정보 등록 여부에 관하여 법관의 판단을 받도록 하는 절차를 두는 등 기본권 침해를 줄일 수 있는 다른 수단을 채택하지 않았다는 점에서 침해의 최소성 원칙에 위배된다. 또한, 심판대상조항으로 인하여 비교적 불법성이 경미한 통신매체이용음란죄를 저지르고 재범의 위험성이 인정되지 않는 이들에 대하여는 달성되는 공익과 침해되는 사익 사이에 불균형이 발생할 수 있다는 점에서 법익의 균형성도 인정하기 어렵다.

1) ① 헌재 1999. 6. 24. 97헌마265, 판례집 11-1, 768:
신문보도의 명예훼손적 표현의 피해자가 공적 인물인지 아니면 사인인지, 그 표현이 공적인 관심 사안에 관한 것인지 순수한 사적인 영역에 속하는 사안인지의 여부에 따라 헌법적 심사기준에는 차이가 있어야 한다. 객관적으로 국민이 알아야 할 공공성·사회성을 갖춘 사실은 민주제의 토대인 여론형성이나 공개토론에 기여하므로 형사제재로 인하여 이러한 사안의 게재를 주저하게 만들어서는 안된다. 신속한 보도를 생명으로 하는 신문의 속성상 허위를 진실한 것으로 믿고서 한 명예훼손적 표현에 정당성을 인정할 수 있거나, 중요한 내용이 아닌 사소한 부분에 대한 허위보도는 모두 형사제재의 위협으로부터 자유로워야 한다.
② 헌재 2008. 4. 24. 2006헌마402 등, 판례집 20-1상, 674:
후보자의 실효된 형까지 포함한 금고 이상의 형의 범죄경력을 공개함으로써 국민의 알권리를 충족하고 공정하고 정당한 선거권 행사를 보장하고자 하는 공직선거법 제49조 제4항 제5호의 입법목적은 정당하며, 이러한 입법목적을 달성하기 위하여는 선거권자가 후보자의 모든 범죄경력을 인지한 후 그 공직적합성을 판단하는 것이 효과적이다. 또한 금고 이상의 범죄경력에 실효된 형을 포함시키는 이유는 선거권자가 공직후보자의 자질과 적격성을 판단할 수 있도록 하기 위한 점, 전과기록은 통상 공개재판에서 이루어진 국가의 사법작용의 결과라는 점, 전과기록의 범위와 공개시기 등이 한정되어 있는 점 등을 종합하면, 이 사건 법률조항은 피해최소성의 원칙에 반한다고 볼 수 없고, 공익적 목적을 위하여 공직선거 후보자의 사생활의 비밀과 자유를 한정적으로 제한하는 것이어서 법익균형성의 원칙도 충족한

아울러 호구조사나 여론조사 등 통계목적을 위한 행정조사의 경우에는 이를 통해 사생활의 비밀과 자유가 제한된다 하더라도 공익적 이유에서 정당화된다고 하겠다.

한편 언론기관에 의한 개인의 사생활에 대한 보도의 경우처럼 사생활의 비밀과 자유에 대한 제한이 사인 상호간의 기본권의 충돌형식(예컨대 사생활의 비밀과 자유 그리고 보도의 자유 상호간의 충돌)으로 이루어지는 경우에는 이익형량이나 규범조화적 해석의 방법을 통해 관련 사안을 총체적으로 고려하여 해결해야 할 것이다.[1)]

Ⅳ. 통신의 자유

1. 의의

헌법은 국민의 사생활의 내용을 보호하기 위한 수단의 하나로 통신의 자유를 보장하고 있다. 헌법 제18조가 "모든 국민은 통신의 비밀을 침해받지 아니한다."라고 규정하고 있는 것이 그것이다. 통신의 자유는 통신의 비밀 내지 통신의 내용의 불가침을 말한다. 즉 이는 통신의 내용이나 통신의 당사자 등이 본인의 의사에 반하여 공개되지 아니할 자유를 의미한다.

따라서 통신의 자유는 사생활의 내용 내지 비밀과 자유를 보호함과 동시에 자유로운 의사소통을 촉진시켜 언론 · 출판 · 집회 · 결사의 자유를 촉진시키는 기

다. 따라서 이 사건 법률조항은 청구인들의 사생활의 비밀과 자유를 침해한다고 볼 수 없다.

1) 헌재 1999. 6. 24. 97헌마265, 판례집 11-1, 768, 777:
언론매체의 명예훼손적 표현에 위에서 본 실정법을 해석 · 적용할 때에는 언론의 자유와 명예 보호라는 상반되는 헌법상의 두 권리의 조정 과정에 다음과 같은 사정을 고려하여야 한다. 즉, 당해 표현으로 인한 피해자가 공적 인물인지 아니면 사인인지, 그 표현이 공적인 관심 사안에 관한 것인지 순수한 사적인 영역에 속하는 사안인지, 피해자가 당해 명예훼손적 표현의 위험을 자초한 것인지, 그 표현이 객관적으로 국민이 알아야 할 공공성 · 사회성을 갖춘 사실(알권리)로서 여론형성이나 공개토론에 기여하는 것인지 등을 종합하여 구체적인 표현 내용과 방식에 따라 상반되는 두 권리를 유형적으로 형량한 비례관계를 따져 언론의 자유에 대한 한계 설정을 할 필요가 있는 것이다. 공적 인물과 사인, 공적인 관심 사안과 사적인 영역에 속하는 사안 간에는 심사기준에 차이를 두어야 하고, 더욱이 이 사건과 같은 공적 인물이 그의 공적 활동과 관련된 명예훼손적 표현은 그 제한이 더 완화되어야 하는 등 개별사례에서의 이익형량에 따라 그 결론도 달라지게 된다.

능도 가진다고 하겠다.

통신의 수단으로는 통신의 기능을 가진 모든 수단이 포함된다. 편지, 전화, 전자우편, 전신, 팩스 등이 이에 해당된다.

2. 통신의 자유의 주체

내국인과 외국인, 법인, 법인격 없는 단체 등이 통신의 자유의 주체가 된다.

3. 통신의 자유의 내용

통신의 자유는 통신의 내용, 시간, 형태, 방법, 통신의 당사자 등 통신에 관한 모든 정보가 본인의 의사에 반해서 국가기관이나 사인에 의하여 공개되지 아니할 자유를 말한다. 따라서 통신의 자유는 통신에 관한 정보가 본인의 의사에 반해서 타인에 의해 지득·열람되는 것, 지득한 정보를 타인에게 제공하거나 누설하는 것, 지득한 정보를 국가기관 등이 활용하는 것 등을 금지하는 것을 내용으로 한다.[1)]

그렇기 때문에 통신의 자유를 효과적으로 뒷받침하기 위하여는 국가기관이 개인의 통신의 자유를 불법적으로 침해하여 취득한 내용은 재판의 증거로 사용할 수 없도록 해야 할 것이다. 이에 따라 통신비밀보호법 제4조도 "불법검열에 의하여 취득한 우편물이나 그 내용 및 불법감청에 의하여 지득 또는 채록된 전기통신의 내용은 재판 또는 징계절차에서 증거로 사용할 수 없다."고 규정하고 있는데, 이는 통신의 자유를 보다 두텁게 보호하기 위하여 그리고 독수독과의

---

1) 대판 2011. 3. 17. 2006도8839:
통신비밀보호법은 같은 법 및 형사소송법 또는 군사법원법의 규정에 의하지 아니한 우편물의 검열 또는 전기통신의 감청, 공개되지 아니한 타인 간의 대화의 녹음 또는 청취행위 등 통신비밀에 속하는 내용을 수집하는 행위(이하 이러한 행위들을 '불법 감청·녹음 등'이라고 한다)를 금지하고 이를 위반한 행위를 처벌하는 한편(제3조 제1항, 제16조 제1항 제1호), 불법 감청·녹음 등에 의하여 수집된 통신 또는 대화의 내용을 공개하거나 누설하는 행위를 동일한 형으로 처벌하도록 규정하고 있다(제16조 제1항 제2호). 이와 같이 통신비밀보호법이 통신비밀의 공개·누설행위를 불법 감청·녹음 등의 행위와 똑같이 처벌대상으로 하고 법정형도 동일하게 규정하고 있는 것은, 통신비밀의 침해로 수집된 정보의 내용에 관계없이 정보 자체의 사용을 금지함으로써 당초 존재하지 아니하였어야 할 불법의 결과를 용인하지 않겠다는 취지이고, 이는 불법의 결과를 이용하여 이익을 얻는 것을 금지함과 아울러 그러한 행위의 유인마저 없애겠다는 정책적 고려에 기인한 것이다.

원칙상 당연히 요구되는 것이라고 하겠다.

이러한 통신의 자유는 국가공권력에 의해서만 침해되는 것이 아니라 사인에 의해서도 침해될 수 있다. 사인에 의한 통신의 자유 침해는 형법 제316조의 비밀침해죄에 해당하고, 통신비밀보호법 제16조에 의한 형사처벌의 대상이 되며, 민법상 불법행위책임의 원인도 될 수 있다.

한편 통신의 자유는 합법적이고 정당한 통신만을 그 보호의 대상으로 하는 것이기 때문에, 헌법질서를 파괴하거나 범죄를 모의하거나 타인의 권리행사를 방해하는 등 위법한 목적으로 통신수단을 이용하는 경우에까지 통신의 자유가 보장되는 것은 아니라고 하겠다.

4. 통신의 자유의 제한과 그 한계

통신의 자유도 국가안전보장 · 질서유지 · 공공복리를 위하여 법률로써 제한할 수 있다. 이처럼 공익적 이유에서 통신의 자유에 대한 제한을 규정한 법률에는 국가의 존립 · 안전이나 자유민주적 기본질서를 위태롭게 한다는 정을 알면서 반국가단체의 구성원 또는 그 지령을 받은 자와 회합 · 통신 기타의 방법으로 연락을 한 자를 처벌하는 국가보안법(제8조), 대한민국헌법 또는 대한민국헌법에 따라 설치된 국가기관을 폭력으로 파괴할 것을 주장하는 통신을 한 자를 처벌하는 전파법(제80조), 수용자가 주고받는 서신의 내용에 대한 검열을 규정한 「형의 집행 및 수용자의 처우에 관한 법률」(제43조 제4항),[1] 피고인에 관련

1) 헌재 1998. 8. 27. 96헌마398, 판례집 10-2, 416, 428-429:
수형자의 교화 · 갱생을 위하여 서신수발의 자유를 허용하는 것이 필요하다고 하더라도, 구금시설은 다수의 수형자를 집단으로 관리하는 시설로서 규율과 질서 유지가 필요하므로 수형자의 서신수발의 자유에는 내재적 한계가 있다고 하지 않을 수 없다. 즉, 구금의 목적을 달성하기 위하여는 우선 수형자의 신체적 구속을 확보하여야 하고 교도소내의 수용질서 및 규율을 유지하여야 할 뿐만 아니라, 수형자의 교화 · 개선에 해로운 물질이나 서신의 수발을 허용하여서는 아니된다. 수형자는 수사 및 재판과정에서 관련된 고소 · 고발인, 경찰 · 검찰 및 법원의 공무원, 피해자, 증인, 감정인 등에 대하여 원망과 분노를 가질 수 있으므로, 만일 수형자로 하여금 이들에게 서신을 제한 없이 발송할 수 있게 한다면 출소후의 보복 협박, 교도소내에 있는 동안 뒷바라지 강요 등 교도소 밖에 있는 일반 국민들에게 해악을 끼치고 사회불안요소가 되는 등 많은 부작용이 생길 수 있다. 또 서신교환의 방법으로 마약이나 범죄에 이용될 물건이 반입될 수도 있고, 외부 범죄세력과 연결하여 탈주를 기도하거나 수형자끼리 연락하여 범죄행위를 준비하는 등 수용질서를 어지럽힐 우려가 많다. 더욱이 그러한 부작용과 그로 인한 사회불안의 정도는 미결수용자의 경우보다

된 우편물의 검열과 제출명령 및 압수를 규정하고 있는 형사소송법(제91조, 제107조) 등이 있다.

물론 이 경우 반드시 법치주의원리에서 오는 일정한 한계, 즉 헌법 제37조 제2항에서 정한 비례의 원칙과 기본권의 본질적 내용침해금지의 원칙 등 기본권제한의 한계원칙을 준수해야 한다.[1] 헌법재판소는 전기통신사업법 제32조의4 제2항 등 위헌확인사건(헌재 2019. 9. 26. 2017헌마1209)에서 휴대전화 통신계약 체결(이동통신서비스 가입)시 가입자 본인의 개인정보를 제공하여야만 가입할 수 있는, 전기통신사업법 조항들에 따른 이른바 이동통신 가입 본인확인제가 가입자들의 통신의 자유를 비례의 원칙을 위반하여 침해하는 것은 아니라고 결정했다.

훨씬 더 심각할 것임은 분명하다. 따라서 수형자의 도주를 예방하고 교도소내의 기율과 질서를 유지하여 구금의 목적을 달성하기 위하여는 수형자의 서신에 대한 검열은 불가피하다고 할 것이다.

그런데 수형자가 수발하는 서신에 대한 검열이 허용된다고 하더라도 통신의 비밀을 보호하려는 헌법정신에 따라 그 검열은 합리적인 방법으로 운용되어야 하고 검열에 의한 서신수발의 불허는 엄격한 기준에 의하여야 하며 또 교도관 등이 지득한 서신내용의 비밀이 엄수되어야 할 것임은 미결수용자의 경우와 다름이 없다. 그리하여 행형법 제18조 제2항에서 "수용자의 서신수발은 교화 또는 처우상 특히 부적당한 사유가 없는 한 이를 허가하여야 한다"고 규정하여 수형자의 서신수발의 자유를 원칙적으로 보장하고, 구금의 목적상 수용자의 서신수발은 교도관의 검열을 요하도록 하되(같은 조 제3항), 서신의 검열이나 발송 및 교부를 신속하게 하도록 규정하고 있으며(같은 조 제4항), 나아가 교도관집무규칙 제78조와 재소자계호근무준칙 제284조 등은 서신검열의 기준 및 검열자의 비밀준수의무 등을 규정하고 있다. 그러므로 이러한 현행법령과 제도하에서 수형자가 수발하는 서신에 대한 검열로 인하여 수형자의 통신의 비밀이 일부 제한되는 것은 국가안전보장·질서유지 또는 공공복리라는 정당한 목적을 위하여 부득이 할 뿐만 아니라 유효적절한 방법에 의한 최소한의 제한이며 통신의 자유의 본질적 내용을 침해하는 것이 아니므로 헌법에 위반된다고 할 수 없다.

1) 헌재 2012. 2. 23. 2009헌마333, 판례집 24-1상, 280, 281:
'형의 집행 및 수용자의 처우에 관한 법률 시행령'(2008. 10. 29. 대통령령 21095호로 개정된 것) 제65조 제1항은 교정시설의 안전과 질서유지, 수용자의 교화 및 사회복귀를 원활하게 하기 위해 수용자가 밖으로 내보내는 서신을 봉함하지 않은 상태로 제출하도록 한 것이나, 이와 같은 목적은 교도관이 수용자의 면전에서 서신에 금지물품이 들어있는지를 확인하고 수용자로 하여금 서신을 봉함하게 하는 방법, 봉함된 상태로 제출된 서신을 X-ray 검색기 등으로 확인한 후 의심이 있는 경우에만 개봉하여 확인하는 방법, 서신에 대한 검열이 허용되는 경우에만 무봉함 상태로 제출하도록 하는 방법 등으로도 얼마든지 달성할 수 있다고 할 것인바, 위 시행령 조항이 수용자가 보내려는 모든 서신에 대해 무봉함 상태의 제출을 강제함으로써 수용자의 발송 서신 모두를 사실상 검열 가능한 상태에 놓이도록 하는 것은 기본권 제한의 최소 침해성 요건을 위반하여 수용자인 청구인의 통신비밀의 자유를 침해하는 것이다.

즉 심판대상조항이 휴대전화를 통한 문자 · 전화 · 모바일 인터넷 등 통신기능을 사용하고자 하는 자에게 반드시 사전에 본인확인 절차를 거치는 데 동의해야만 이를 사용할 수 있도록 함으로써 익명으로 통신하고자 하는 청구인들의 통신의 자유를 제한하고는 있지만, 주민등록번호의 수집사유가 엄격히 제한되고 있는 현행 개인정보 보호법제 하에서 통신내역이라는 정보는 통신당사자의 신원정보와 달리 통신의 비밀에 의하여 보호되며 이를 취득하기 위해서는 통신사실확인자료 취득이라는 통신비밀보호법상의 별도의 절차를 거칠 것이 요구되기 때문에, 잠재적인 명의도용피해의 예방이나 범행도구에 악용되는 차명휴대전화(대포폰) 생성방지를 통한 통신망 질서유지라는 공익을 달성하기 위하여 이동통신서비스 가입 시에 일회적으로 주민등록번호를 수집하는 것은 과잉금지원칙을 위반하지 않는다고 판단한 것이다.1)

한편 범죄수사를 위하여 불가피한 경우에 통신의 자유를 제한하는 통신제한조치를 하려면 반드시 법원의 허가를 받아야 하며(통신비밀보호법 제5조, 제6조), 국가안보를 위한 정보수사기관의 통신제한조치의 경우에도 통신의 당사자가 내국인의 경우에는 고등법원수석부장판사의 허가를 받아야 하고, 외국의 기관 · 단체와 외국인 등의 경우에는 서면으로 대통령의 승인을 얻어야 하는데(동법 제7조), 통신비밀보호법에 따른 통신제한조치의 경우에도 비례의 원칙이 지켜져야 한다.2)

---

1) 헌재 2019. 9. 26. 2017헌마1209, 공보 제276호, 1110.

2) 헌재 2010. 12. 28. 2009헌가30, 판례집 22-2하, 545, 546:
통신제한조치기간의 연장을 허가함에 있어 총연장기간 또는 총연장횟수의 제한을 두고 그 최소한의 연장기간동안 범죄혐의를 입증하지 못하는 경우 통신제한조치를 중단하게 한다고 하여도, 여전히 통신제한조치를 해야 할 필요가 있으면 법원에 새로운 통신제한조치의 허가를 청구할 수 있으므로 이로써 수사목적을 달성하는데 충분하다. 또한 법원이 실제 통신제한조치의 기간연장절차의 남용을 통제하는데 한계가 있는 이상 통신제한조치 기간연장에 사법적 통제절차가 있다는 사정만으로는 그 남용으로 인하여 개인의 통신의 비밀이 과도하게 제한되는 것을 막을 수 없다. 그럼에도 통신제한조치기간을 연장함에 있어 법운용자의 남용을 막을 수 있는 최소한의 한계를 설정하지 않은 통신비밀보호법(2001. 12. 29 법률 제6546호로 개정된 것) 제6조 제7항 단서 중 전기통신에 관한 '통신제한조치기간의 연장'에 관한 부분은 침해의 최소성원칙에 위반한다. 나아가 통신제한조치가 내려진 피의자나 피내사자는 자신이 감청을 당하고 있다는 사실을 모르는 기본권제한의 특성상 방어권을 행사하기 어려운 상태에 있으므로 통신제한조치기간의 연장을 허가함에 있어 총연장기간 또는 총연장횟수의 제한이 없을 경우 수사와 전혀 관계없는 개인의 내밀한 사생활의 비밀이 침해당할 우려도 심히 크기 때문에 기본권 제한의 법익균형성 요건도 갖추지 못하였다.

제3항 정신 · 문화적 기본권

우리 헌법은 인간의 존엄과 가치 및 행복추구권의 실현을 위하여 인간의 내면적 바탕을 이루는 일련의 정신 · 문화 및 사회생활영역에서의 자유를 보장하고 있다. 양심의 자유(제19조), 종교의 자유(제20조), 언론 · 출판의 자유와 집회 · 결사의 자유(제21조), 학문과 예술의 자유(제22조)가 그것이다.

Ⅰ. 양심의 자유

1. 의의

헌법 제19조는 "모든 국민은 양심의 자유를 가진다."라고 규정하여 양심의 자유를 보장하고 있다. 양심이란 구체적인 상황에서 어떻게 행동하는 것이 옳은 것인가를 말해주는 인간의 내면적인 윤리적 · 도덕적 마음가짐이라고 할 수 있다. 즉 헌법이 보호하려는 양심은 어떤 일의 옳고 그름을 판단함에 있어서 그렇게 행동하지 아니하고는 자신의 인격적인 존재가치가 허물어지고 말 것이라는 강력하고 진지한 마음의 소리이다. 따라서 양심은 구체적인 상황에서 선과 악의 범주에 관한 진지한 윤리적 결정이며 막연하고 추상적인 개념으로서의 양심이 아니다.[1)]

양심이란 세계관 · 인생관 · 주의 · 신조 등은 물론 이에 이르지 아니하여도 보

---

1) 헌재 1997. 3. 27. 96헌가11, 판례집 9-1, 245, 263-264:
양심이란 인간의 윤리적 · 도덕적 내심영역의 문제이고, 헌법이 보호하려는 양심은 어떤 일의 옳고 그름을 판단함에 있어서 그렇게 행동하지 아니하고는 자신의 인격적인 존재가치가 허물어지고 말 것이라는 강력하고 진지한 마음의 소리이지, 막연하고 추상적인 개념으로서의 양심이 아니다. 음주측정에 응해야 할 것인지, 거부해야 할 것인지 그 상황에서 고민에 빠질 수는 있겠으나 그러한 고민은 선과 악의 범주에 관한 진지한 윤리적 결정을 위한 고민이라 할 수 없으므로 그 고민 끝에 어쩔 수 없이 음주측정에 응하였다 하여 내면적으로 구축된 인간양심이 왜곡 · 굴절된다고 할 수도 없다. 따라서 음주측정요구와 그 거부는 양심의 자유의 보호영역에 포괄되지 아니하므로 이 사건 법률조항을 두고 헌법 제19조에서 보장하는 양심의 자유를 침해하는 것이라고 할 수 없다.

다 널리 개인의 인격형성에 관계되는 내심에 있어서의 가치적 · 윤리적 판단도 포함된다.[1)] 그러나 단순한 사실관계의 확인과 같이 가치적 · 윤리적 판단의 개입 여지가 없거나 다소의 가치관련성을 가진다 해도 개인의 인격형성과는 무관한 사사로운 사유나 의견 등은 양심의 자유의 보호대상이 아니다.[2)]

이처럼 양심의 자유는 자주적 인격체의 가장 내면적인 윤리성과 도덕성을 보호한다는 점에서 양심의 자유는 헌법의 핵이자 모든 기본권의 궁극적 목표라고 할 수 있는 인간의 존엄성과 행복추구권을 실현하기 위한 불가피한 전제조건이자 동시에 종교의 자유나 학문의 자유 등 다른 여타의 정신 · 문화적 기본권의 전제조건이라고 하겠다.

한편 양심의 자유는 위에서 언급한 바와 같이 인간의 내면적인 윤리적 · 도덕적 마음가짐 내지 선과 악의 범주에 관한 윤리적 결정을 보호한다. 따라서 양

1) 헌재 1991. 4. 1. 89헌마160, 판례집 3, 149, 153-154:
양심이란 세계관 · 인생관 · 주의 · 신조 등은 물론, 이에 이르지 아니하여도 보다 널리 개인의 인격형성에 관계되는 내심에 있어서의 가치적 · 윤리적 판단도 포함된다고 볼 것이다. 그러므로 양심의 자유에는 널리 사물의 시시비비나 선악과 같은 윤리적 판단에 국가가 개입해서는 안되는 내심적 자유는 물론, 이와 같은 윤리적 판단을 국가권력에 의하여 외부에 표명하도록 강제받지 않는 자유 즉 윤리적 판단사항에 관한 침묵의 자유까지 포괄한다고 할 것이다. 이와 같이 해석하는 것이 다른 나라의 헌법과 달리 양심의 자유를 신앙의 자유와도 구별하고 사상의 자유에 포함시키지 않은 채 별개의 조항으로 독립시킨 우리헌법의 취지에 부합할 것이며, 이는 개인의 내심의 자유, 가치판단에는 간섭하지 않겠다는 원리의 명확한 확인인 동시에 민주주의의 정신적 기초가 되고 인간의 내심의 영역에 국가권력의 불가침으로 인류의 진보와 발전에 불가결한 것이 되어 왔던 정신활동의 자유를 보다 완전히 보장하려는 취의라고 할 것이다.

2) 헌재 2002. 1. 31. 2001헌바43, 판례집 14-1, 49:
헌법 제19조에서 보호하는 양심은 옳고 그른 것에 대한 판단을 추구하는 가치적 · 도덕적 마음가짐으로, 개인의 소신에 따른 다양성이 보장되어야 하고 그 형성과 변경에 외부적 개입과 억압에 의한 강요가 있어서는 아니되는 인간의 윤리적 내심영역이다. 따라서 단순한 사실관계의 확인과 같이 가치적 · 윤리적 판단이 개입될 여지가 없는 경우는 물론, 법률해석에 관하여 여러 견해가 갈리는 경우처럼 다소의 가치관련성을 가진다고 하더라도 개인의 인격형성과는 관계가 없는 사사로운 사유나 의견 등은 그 보호대상이 아니다. 이 사건의 경우와 같이 경제규제법적 성격을 가진 공정거래법에 위반하였는지 여부에 있어서도 각 개인의 소신에 따라 어느 정도의 가치판단이 개입될 수 있는 소지가 있고 그 한도에서 다소의 윤리적 도덕적 관련성을 가질 수도 있겠으나, 이러한 법률판단의 문제는 개인의 인격형성과는 무관하며, 대화와 토론을 통하여 가장 합리적인 것으로 그 내용이 동화되거나 수렴될 수 있는 포용성을 가지는 분야에 속한다고 할 것이므로 헌법 제19조에 의하여 보장되는 양심의 영역에 포함되지 아니한다.

심은 인간의 윤리적·도덕적 영역에 속한다는 점에서, 절대자인 신과 내세에 대한 형이상학적 사유와 확신으로서의 신앙을 보호하기 위한 종교의 자유와는 구별된다.

2. 양심의 자유의 주체

양심은 인간의 내면적인 윤리적·도덕적 마음가짐이고, 양심의 자유는 이러한 양심에 따른 선과 악의 범주에 관한 윤리적 결정을 보호하는 것이다. 따라서 양심의 자유는 자연인 전속적인 성질을 가지는 기본권으로서 양심의 자유의 주체는 자연인이고, 법인은 성질상 양심의 주체가 될 수 없다고 하겠다. 따라서 법인에게 양심의 자유가 문제되는 경우라면 실제로는 그 대표자의 양심의 자유가 문제될 것이다.[1)]

3. 양심의 자유의 내용

양심의 자유는 양심의 형성 및 결정의 자유를 내용으로 하는 내심적 자유와, 양심적 결정을 외부로 표현하고 실현할 수 있는 양심실현의 자유로 이루어졌다고 할 수 있다.[2)]

(1) 양심형성 및 결정의 자유

양심형성 및 결정의 자유는 구체적인 사항에 관하여 어떠한 외부적인 간섭

1) 헌재 1991. 4. 1. 89헌마160, 판례집 3, 149, 154:
사죄광고의 강제는 … 우리 헌법이 보호하고자 하는 정신적 기본권의 하나인 양심의 자유의 제약(법인의 경우라면 그 대표자에게 양심표명의 강제를 요구하는 결과가 된다.)이라고 보지 않을 수 없다.

2) 헌재 1998. 7. 16. 96헌바35, 판례집 10-2, 159, 166:
헌법 제19조가 보호하고 있는 양심의 자유는 양심형성의 자유와 양심적 결정의 자유를 포함하는 내심적 자유(forum internum)뿐만 아니라, 양심적 결정을 외부로 표현하고 실현할 수 있는 양심실현의 자유(forum externum)를 포함한다고 할 수 있다. 내심적 자유, 즉 양심형성의 자유와 양심적 결정의 자유는 내심에 머무르는 한 절대적 자유라고 할 수 있지만, 양심실현의 자유는 타인의 기본권이나 다른 헌법적 질서와 저촉되는 경우 헌법 제37조 제2항에 따라 국가안전보장·질서유지 또는 공공복리를 위하여 법률에 의하여 제한될 수 있는 상대적 자유라고 할 수 있다. 그리고 양심실현은 적극적인 작위의 방법으로도 실현될 수 있지만 소극적으로 부작위에 의해서도 그 실현이 가능하다 할 것이다.

이나 압력을 받지 아니하고 오로지 자신만의 내면적인 윤리적·도덕적 결정을 내릴 수 있는 자유이다. 양심형성 및 결정의 자유는 내심에 머무르는 한 제한될 수 없는 절대적 자유라고 할 수 있다. 양심형성 및 결정의 자유가 제 기능을 발휘하기 위해서는 자유로운 토론문화와 언론·출판·집회·결사의 자유의 충분한 보장, 소수보호, 자신과 다른 사상이나 가치관에 대한 관용과 배려, 다양성에 대한 존중 등을 내용으로 하는 다원적 민주주의가 정착되어야 한다.

(2) 양심실현의 자유

양심실현이 자유는 양심적 결정을 외부로 표현하고 실현할 수 있는 자유로서 양심표명의 자유와 양심실현의 자유로 이루어졌다.

1) 양심표명의 자유

양심표명의 자유란 양심적 결정을 외부로 표명하거나 표명하도록 강요받지 아니할 자유를 말한다. 전자를 적극적 양심표명의 자유, 후자를 소극적 양심표명의 자유라 한다. 후자는 양심적 결정의 내용을 언어나 행동으로 표명하도록 강요받지 아니할 자유를 말하는 것으로서, 양심을 '언어'로 표명하도록 강요받지 아니할 자유를 '침묵의 자유'라고 하고,[1] 양심을 행동에 의해 표명하도록 강요받지 아니할 자유를 '양심추지의 금지'라고 한다.

2) 양심실현의 자유

양심실현의 자유는 양심적 결정의 내용을 그 외부로의 표명을 넘어서 행동으로 실현시킬 수 있는 자유를 말한다. 이에는 부작위에 의한 양심실현의 자유(소극적 양심실현의 자유)와 작위에 의한 양심실현의 자유(적극적 양심실현의 자유)로 나눌 수 있다. 전자는 사죄광고의 거부[2]나 후술할 양심적 병역거부의 예에서

---

1) 헌재 1991. 4. 1. 89헌마160, 판례집 3, 149, 153:
양심의 자유에는 널리 사물의 시시비비나 선악과 같은 윤리적 판단에 국가가 개입해서는 안 되는 내심적 자유는 물론, 이와 같은 윤리적 판단을 국가권력에 의하여 외부에 표명하도록 강제받지 않는 자유 즉 윤리적 판단사항에 관한 침묵의 자유까지 포괄한다고 할 것이다.

2) 헌재 1991. 4. 1. 89헌마160, 판례집 3, 149, 154:
사죄광고제도란 타인의 명예를 훼손하여 비행을 저질렀다고 믿지 않는 자에게 본심에 반하여 깊이 '사과한다.' 하면서 죄악을 자인하는 의미의 사죄의 의사표시를 강요하는 것이므로, 국가가 재판이라는 권력작용을 통해 자기의 신념에 반하여 자기의 행위가 비행이며 죄

보듯이 '양심에 반하는 행동을 강요받지 아니할 자유'를 말한다.

4. 양심의 자유의 한계 및 제한

(1) 양심의 자유의 내재적 한계 및 제한

양심의 자유는 무한대로 인정되는 것이 아니고 일정한 내재적 한계내에서만 인정된다. 즉 헌법상 보장되는 양심의 자유가 헌법적 가치를 침해하면서까지 보장될 수는 없다는 것이다. 따라서 양심상의 이유로 법질서를 파괴하고 사회질서를 유린하고 살인행위나 방화를 하는 것이 허용될 수 없는 것은 당연하다. 또한 양심의 자유의 실현이 헌법상의 민주적 기본질서를 침해할 수 없는 것도 당연하다고 하겠다.

앞서 언급한 바와 같이 양심형성 및 결정의 자유는 내심에 머무르는 한 제한될 수 없는 절대적 자유라고 할 수 있다. 그러나 양심실현의 자유는 헌법 제37조 제2항에 따라 국가안전보장·질서유지·공공복리를 위해서 법률로써 제한될 수 있다고 하겠다. 물론 제한하는 경우에도 법치국가원리에서 오는 기본권제한의 한계, 즉 비례의 원칙과 기본권의 본질적 내용침해금지의 원칙 등 기본권제한입법의 한계조항의 원리를 준수해야 하는 한편, 헌법의 통일성에 입각한 규범조화적 해석의 원리를 준수해야 할 것이다.[1)]

가 된다는 윤리적 판단을 형성강요하여 외부에 표시하기를 명하는 한편 의사·감정과 맞지 않는 사과라는 도의적 의사까지 광포시키는 것이다. 따라서 사죄광고의 강제는 양심도 아닌 것이 양심인 것처럼 표현할 것의 강제로 인간양심의 왜곡·굴절이고 겉과 속이 다른 이중인격형성의 강요인 것으로서 침묵의 자유의 파생인 양심에 반하는 행위의 강제금지에 저촉되는 것이며 따라서 우리 헌법이 보호하고자 하는 정신적 기본권의 하나인 양심의 자유의 제약이라고 보지 않을 수 없다.

1) ① 헌재 1991. 4. 1. 89헌마160, 판례집 3, 149:
민법 제764조("타인의 명예를 훼손한 자에 대하여는 법원은 피해자의 청구에 의하여 손해배상에 갈음하거나 손해배상과 함께 명예회복에 적당한 처분을 명할 수 있다.")가 사죄광고를 포함하는 취지라면 그에 의한 기본권제한에 있어서 그 선택된 수단이 목적에 적합하지 않을 뿐만 아니라 그 정도 또한 과잉하여 비례의 원칙이 정한 한계를 벗어난 것으로 헌법 제37조 제2항에 의하여 정당화될 수 없는 것으로서 헌법 제19조에 위반되는 동시에 헌법상 보장되는 인격권의 침해에 이르게 된다.
② 헌재 1998. 7. 16. 96헌바35, 판례집 10-2, 159, 166-167:
구 국가보안법(1980. 12. 31. 법률 제3318호로 전문개정되고 1991. 5. 31. 법률 제4373호로 개정되기 전의 것) 제10조가 규정한 불고지죄는 국가의 존립과 안전에 저해가 되는 타인의

(2) 양심범의 문제

자신의 양심에 따라 법규범에 반하는 행동을 하지 않을 수 없는 이른바 양심범의 경우 법과 양심 중 어느 것을 우선시켜야 하는가의 문제가 오래전부터 논의되어 왔다. 이 경우 원칙적으로 법을 우선시켜야 할 것이다. 왜냐하면 앞서 언급한 바와 같이 양심의 자유가 법질서를 파괴하고 타인의 권리를 침해하면서까지 인정되는 것은 아니기 때문이다. 즉 법질서를 유린하고 타인의 권리를 침해하는 양심까지 헌법이 보호하는 것은 아니다. 따라서 양심범에게도 원칙적으로 법이 적용·집행된다고 할 것이다.

그러나 이러한 원칙을 지나치게 엄격히 적용시킨다면 양심의 자유를 헌법상 보장한 취지와 양심의 자유의 실효성이 상실될 수도 있을 것이다. 왜냐하면 이 경우 상황에 따라서는 양심의 자유의 내용이 법질서에 어긋나지 않게 행동하는 자유정도로 축소될 수밖에 없기 때문이다. 또한 이는 인간의 존엄성과 행복추구권의 필연적인 전제조건이자 모든 기본권의 초석이라고 할 수 있는 양심의 자유의 특성을 간과하는 결과를 초래할 수도 있을 것이다. 그러므로 양심범의 경우 상황에 따라서는 법규범을 그대로 적용·집행할 수 없을 것이다.

즉 양심의 자유와 형벌권의 갈등 시 형벌권을 행사하는 것이 인간의 존엄성을 침해하는 결과가 되는 경우에는 국가의 법질서가 후퇴하는 것이 바람직하다고 볼 수도 있다. 또한 양심범의 경우 그에 대한 형벌을 부과하는데 있어서 책

범행에 관한 객관적 사실을 고지할 의무를 부과할 뿐이고 개인의 세계관·인생관·주의·신조 등이나 내심에 있어서의 윤리적 판단을 그 고지의 대상으로 하는 것은 아니므로 양심의 자유 특히 침묵의 자유를 직접적으로 침해하는 것이라고 볼 수 없을 뿐만 아니라 국가의 존립·안전에 저해가 되는 죄를 범한 자라는 사실을 알고서도 그것이 본인의 양심이나 사상에 비추어 범죄가 되지 아니한다거나 이를 수사기관 또는 정보기관에 고지하는 것이 양심이나 사상에 어긋난다는 등의 이유로 고지하지 아니하는 것은 결국 부작위에 의한 양심실현 즉 내심의 의사를 외부에 표현하거나 실현하는 행위가 되는 것이고 이는 이미 순수한 내심의 영역을 벗어난 것이므로 이에 대하여는 필요한 경우 법률에 의한 제한이 가능하다 할 것이다. 그리고 여러 가지 국내외 정세의 변화에도 불구하고 남·북한의 정치·군사적 대결이나 긴장관계가 여전히 존재하고 있는 우리의 현실, 불고지죄가 보호하고자 하는 국가의 존립·안전이라는 법익의 중요성, 범인의 친족에 대한 형사처벌에 있어서의 특례설정 등 제반사정에 비추어 볼 때 이 사건 심판대상 법률조항이 양심의 자유를 제한하고 있다 하더라도 그것이 헌법 제37조 제2항이 정한 과잉금지의 원칙이나 기본권의 본질적 내용에 대한 침해금지의 원칙에 위반된 것이라고 볼 수 없다. 그러므로 이 사건 심판대상 법률조항은 양심의 자유를 침해한 것이라고 할 수 없다.

임성과 양형의 판단과정에 양심상의 이유가 고려될 수 있을 것이다.

따라서 양심범의 경우 양심의 자유를 보장한 헌법의 취지, 인간의 존엄성, 양심의 자유의 특성 및 행위자의 의도 등을 감안하여야 하고 법을 집행·적용하는 과정에서 비례의 원칙과 헌법의 통일성에 입각한 규범조화적 해석의 원리가 준수되어야 할 것이다.

5. 이른바 양심적 병역거부의 문제

(1) 양심적 병역거부에 대한 헌법재판소의 결정

1) 헌재 2004. 8. 26. 2002헌가1

가. 다수의견

(가) 양심의 자유는 단지 국가에 대하여 가능하면 개인의 양심을 고려하고 보호할 것을 요구하는 권리일 뿐, 양심상의 이유로 법적 의무의 이행을 거부하거나 법적 의무를 대신하는 대체의무의 제공을 요구할 수 있는 권리가 아니다. 따라서 양심의 자유로부터 대체복무를 요구할 권리도 도출되지 않는다. 우리 헌법은 병역의무와 관련하여 양심의 자유의 일방적인 우위를 인정하는 어떠한 규범적 표현도 하고 있지 않다.

(나) 양심의 자유의 경우 비례의 원칙을 통하여 양심의 자유를 공익과 교량하고 공익을 실현하기 위하여 양심을 상대화하는 것은 양심의 자유의 본질과 부합될 수 없다. 양심상의 결정이 법익교량과정에서 공익에 부합하는 상태로 축소되거나 그 내용에 있어서 왜곡·굴절된다면, 이는 이미 '양심'이 아니다. 따라서 '양심의 자유'와 '공익' 중 양자택일 즉, 양심에 반하는 작위나 부작위를 법질서에 의하여 '강요받는가 아니면 강요받지 않는가'의 문제가 있을 뿐이다.

(다) 한국의 안보상황, 징병의 형평성에 대한 사회적 요구, 대체복무제를 채택하는 데 수반될 수 있는 여러 가지 제약적 요소 등을 감안할 때, 대체복무제를 도입하더라도 국가안보라는 중대한 헌법적 법익에 손상이 없으리라고 단정할 수 없는 것이 현재의 상황이라 할 것인바, 대체복무제를 도입하기 위해서는 남북한 사이에 평화공존관계가 정착되어야 하고, 군복무여건의 개선 등을 통하여 병역기피의 요인이 제거되어야 하며, 나아가 우리 사회에 양심적 병역거부자

에 대한 이해와 관용이 자리잡음으로써 그들에게 대체복무를 허용하더라도 병역의무의 이행에 있어서 부담의 평등이 실현되며 사회통합이 저해되지 않는다는 사회공동체 구성원의 공감대가 형성되어야 하는데, 이러한 선행조건들이 충족되지 않은 현 단계에서 대체복무제를 도입하기는 어렵다고 본 입법자의 판단이 현저히 불합리하다거나 명백히 잘못되었다고 볼 수 없다.

나. 재판관 김경일, 재판관 전효숙의 반대의견

(가) 양심적 병역거부자들의 병역거부를 군복무의 고역을 피하기 위한 것이거나 국가공동체에 대한 기본의무는 이행하지 않으면서 무임승차 식으로 보호만 바라는 것으로 볼 수 없다. 그들은 공동체의 일원으로서 납세 등 각종의무를 성실히 수행해야함을 부정하지 않고, 집총병역의무는 도저히 이행할 수 없으나 그 대신 다른 봉사방법을 마련해달라고 간청하고 있다. 그럼에도 불구하고 병역기피의 형사처벌로 인하여 이들이 감수하여야 하는 불이익은 심대하다.

(나) 우리 군의 전체 병력수에 비추어 양심적 병역거부자들이 현역집총병역에 종사하는지 여부가 국방력에 미치는 영향은 전투력의 감소를 논할 정도라고 볼 수 없고, 이들이 반세기 동안 형사처벌 및 유·무형의 막대한 불이익을 겪으면서도 꾸준히 입영이나 집총을 거부하여 온 점에 의하면 형사처벌이 이들 또는 잠재적인 양심적 병역거부자들의 의무이행을 확보하기 위해 필요한 수단이라고 보기는 어렵다.

(다) 국방의 의무는 단지 병역법에 의하여 군복무에 임하는 등의 직접적인 집총병력형성의무에 한정되는 것이 아니므로 양심적 병역거부자들에게 현역복무의 기간과 부담 등을 고려하여 이와 유사하거나 보다 높은 정도의 의무를 부과한다면 국방의무이행의 형평성회복이 가능하다. 또한 많은 다른 나라들의 경험에서 보듯이 엄격한 사전심사절차와 사후관리를 통하여 진정한 양심적 병역거부자와 그렇지 않은 자를 가려내는 것이 가능하며, 현역복무와 이를 대체하는 복무의 등가성을 확보하여 현역복무를 회피할 요인을 제거한다면 병역기피 문제도 효과적으로 해결할 수 있다.

2) 헌재 2011. 8. 30. 2008헌가22 등

가. 다수의견

(가) 병역법 제88조 제1항은 국민의 의무인 국방의 의무의 이행을 관철하고

강제함으로써 징병제를 근간으로 하는 병역제도 하에서 병역자원의 확보와 병역부담의 형평을 기하고 궁극적으로 국가의 안전보장이라는 헌법적 법익을 실현하고자 하는 것으로 그 입법목적이 정당하고, 입영을 기피하는 현역 입영대상자에 대하여 형벌을 부과함으로써 현역복무의무의 이행을 강제하고 있으므로, 이 같은 입법목적을 달성하기 위한 적절한 수단이다.

또한 병역의무와 관련하여 대체복무제를 도입할 것인지의 문제는 결국 '대체복무제를 허용하더라도 국가안보라는 중대한 공익의 달성에 아무런 지장이 없는지 여부'에 대한 판단의 문제로 귀결되는바, 종전 헌법재판소의 결정에서 제시한 선행조건들이 아직도 충족되지 않고 있는 점 등을 고려할 때 대체복무제를 허용하더라도 국가안보와 병역의무의 형평성이라는 중대한 공익의 달성에 아무런 지장이 없다는 판단을 쉽사리 내릴 수 없으므로, 양심적 병역거부자에 대하여 대체복무제를 도입하지 않은 채 형사처벌 규정만을 두고 있다고 하더라도 이 사건 법률조항이 최소침해의 원칙에 반한다고 할 수 없다.

양심적 병역거부자는 이 사건 법률조항에 따라 3년 이하의 징역이라는 형사처벌을 받는 불이익을 입게 되나 이 사건 법률조항이 추구하는 공익은 국가의 존립과 모든 자유의 전제조건인 '국가안보' 및 '병역의무의 공평한 부담'이라는 대단히 중요한 공익이라는 점 등을 고려해 볼 때 병역법 제88조 제1항이 법익균형성을 상실하였다고 볼 수는 없다.

(나) 병역법 제88조 제1항은 병역거부가 양심에 근거한 것이든 아니든, 그 양심이 종교적 양심이든, 비종교적 양심이든 가리지 않고 일률적으로 규제하는 것일 뿐, 양심이나 종교를 사유로 차별을 가하는 것도 아니므로 평등원칙에 위반되지 아니한다.

(다) 우리나라가 1990. 4. 10. 가입한 시민적·정치적권리에관한국제규약(International Covenant on Civil and Political Rights)에 따라 바로 양심적 병역거부권이 인정되거나 양심적 병역거부에 관한 법적인 구속력이 발생한다고 보기 곤란하고, 양심적 병역거부권을 명문으로 인정한 국제인권조약은 아직까지 존재하지 않으며, 유럽 등의 일부국가에서 양심적 병역거부권이 보장된다고 하더라도 전세계적으로 양심적 병역거부권의 보장에 관한 국제관습법이 형성되었다고 할 수 없어 양심적 병역거부가 일반적으로 승인된 국제법규로서 우리나라에 수용될 수는 없으므로, 병역법 제88조 제1항에 의하여 양심적 병역거부자를 형사처

벌한다고 하더라도 국제법 존중의 원칙을 선언하고 있는 헌법 제6조 제1항에 위반된다고 할 수 없다.

나. 재판관 이강국, 재판관 송두환의 한정위헌의견

양심의 자유와 국방의 의무라는 헌법적 가치가 상호 충돌하고 있는 병역법 제88조 제1항의 문제는 규범조화적 해석의 원칙에 의하여 해결해야 한다. 따라서 병역법 제88조 제1항의 '정당한 사유'는 진지하고 절박한 양심을 결정한 사람들의 양심의 자유와 국방의 의무라는 헌법적 가치가 비례적으로 가장 잘 조화되고 실현될 수 있는 조화점을 찾도록 해석하여야 한다. 하지만 헌법재판소와 대법원 판례는 병역법 제88조 제1항의 '정당한 사유'에는 종교적 양심상의 결정에 의하여 병역을 거부한 행위는 포함되지 아니한다고 해석하고 있는데, 그 결과 절대적이고 진지한 양심의 결정에 따라 병역의무를 거부한 청구인들에게 국가의 가장 강력한 제재수단인 형벌이 부과되고 있다. 이는 인간으로서의 존엄과 가치를 심각하게 침해하는 것이고, 나아가 형벌부과의 주요근거인 행위와 책임과의 균형적인 비례관계를 과도하게 일탈한 과잉조치이다.

양심적 병역거부자들에 대한 대체복무제를 운영하고 있는 많은 나라들의 경험을 살펴보면, 대체복무제가 도입될 경우 사이비 양심적 병역거부자가 급증할 것이라고 하는 우려가 정확한 것이 아니라는 점을 알 수 있다. 엄격한 사전심사와 사후관리를 통하여 진정한 양심적 병역거부자와 그렇지 못한 자를 가려낼 수 있도록 대체복무제도를 설계하고 운영한다면 이들의 양심의 자유 뿐 아니라 국가안보, 자유민주주의의 확립과 발전에도 도움이 될 것이다.

따라서 병역법 제88조 제1항 중 '정당한 사유'에, 양심에 따른 병역거부를 포함하지 않는 것으로 해석하는 한 헌법에 위반된다.

3) 헌재 2018. 6. 28. 2011헌바379 등

가. 다수의견

(가) 양심적 병역거부자의 수는 병역자원의 감소를 논할 정도가 아니고, 이들을 처벌한다고 하더라도 교도소에 수감할 수 있을 뿐 병역자원으로 활용할 수는 없으므로, 대체복무제를 도입하더라도 우리나라의 국방력에 의미 있는 수준의 영향을 미친다고 보기는 어렵다. 국가가 관리하는 객관적이고 공정한 사전

심사절차와 엄격한 사후관리절차를 갖추고, 현역복무와 대체복무 사이에 복무의 난이도나 기간과 관련하여 형평성을 확보해 현역복무를 회피할 요인을 제거한다면, 심사의 곤란성과 양심을 빙자한 병역기피자의 증가 문제를 해결할 수 있으므로, 대체복무제를 도입하면서도 병역의무의 형평을 유지하는 것은 충분히 가능하다. 따라서 대체복무제라는 대안이 있음에도 불구하고 군사훈련을 수반하는 병역의무만을 규정한 병역종류조항은 침해의 최소성 원칙에 어긋난다.

병역종류조항에 대체복무제를 도입한다고 하더라도 '국가안보' 및 '병역의무의 공평한 부담'이라는 공익은 충분히 달성할 수 있다고 판단된다. 반면 병역종류조항이 대체복무제를 규정하지 아니함으로 인하여 양심적 병역거부자들은 최소 1년 6월 이상의 징역형과 그에 따른 막대한 유·무형의 불이익을 감수하여야 한다. 양심적 병역거부자들에게 공익 관련 업무에 종사하도록 한다면, 이들을 처벌하여 교도소에 수용하고 있는 것보다는 넓은 의미의 안보와 공익실현에 더 유익한 효과를 거둘 수 있을 것이다. 따라서 병역종류조항은 법익의 균형성 요건을 충족하지 못하였다. 그렇다면 양심적 병역거부자에 대한 대체복무제를 규정하지 아니한 병역종류조항은 과잉금지원칙에 위배하여 양심적 병역거부자의 양심의 자유를 침해한다.

(나) 병역종류조항에 대체복무제가 규정되지 아니한 상황에서 현재의 대법원 판례에 따라 양심적 병역거부자를 처벌한다면, 이는 과잉금지원칙을 위반하여 양심적 병역거부자의 양심의 자유를 침해하는 것이다. 따라서 지금처럼 병역종류조항에 대체복무제가 규정되지 아니한 상황에서는 양심적 병역거부를 처벌하는 것은 헌법에 위반되므로, 양심적 병역거부는 처벌조항의 '정당한 사유'에 해당한다고 보아야 한다. 결국 양심적 병역거부자에 대한 처벌은 대체복무제를 규정하지 아니한 병역종류조항의 입법상 불비와 양심적 병역거부는 처벌조항의 '정당한 사유'에 해당하지 않는다는 법원의 해석이 결합되어 발생한 문제일 뿐, 처벌조항 자체에서 비롯된 문제가 아니다. 이는 병역종류조항에 대한 헌법불합치 결정과 그에 따른 입법부의 개선입법 및 법원의 후속 조치를 통하여 해결될 수 있는 문제이다.

나. 재판관 이진성, 재판관 김이수, 재판관 이선애, 재판관 유남석의 일부 위헌의견

병역종류조항은 처벌조항의 의미를 해석하는 근거가 되고, 처벌조항은 병역

종류조항의 내용을 전제로 하므로, 병역종류조항의 위헌 여부는 처벌조항의 위헌 여부와 불가분적 관계에 있다. 따라서 병역종류조항에 대하여 헌법불합치 결정을 하는 이상, 처벌조항 중 양심적 병역 거부자를 처벌하는 부분에 대하여도 위헌 결정을 하는 것이 자연스럽다.

처벌조항은 양심적 병역거부자에 대한 처벌의 예외를 인정하지 않고 일률적으로 형벌을 부과하고 있으나, 대체복무제의 도입은 병역자원을 확보하고 병역부담의 형평을 기하고자 하는 입법목적을 처벌조항과 같은 정도로 충분히 달성할 수 있다고 판단되므로, 처벌조항은 침해의 최소성 원칙에 어긋난다.

'국가안보' 및 '병역의무의 공평한 부담'이라는 공익은 중요하나, 양심적 병역거부자에 한정하여 볼 때 형사처벌이 특별예방효과나 일반예방효과를 가지지 못하는 것으로 보이므로, 처벌조항이 위 공익 달성에 기여하는 정도는 그다지 크다고 하기 어렵다. 반면 형사처벌로 인한 불이익은 매우 크므로, 처벌조항은 법익의 균형성 요건을 충족하지 못한다.

따라서 처벌조항은 과잉금지원칙에 위배하여 양심적 병역거부자의 양심의 자유를 침해하므로, 처벌조항 중 '양심적 병역거부자를 처벌하는 부분'은 헌법에 위반된다.

(2) 판례에 대한 평가 및 사견[1]

주지하는 바와 같이 병역법 제88조 제1항은 정당한 사유 없이 입영을 기피할 경우 형사처벌을 하도록 규정하고 있고, 대법원 판례[2]에 따라 양심적 병역거부는 정당한 사유에 해당하지 아니하여 결국 이 조항에 의해 병역법상 양심적 병역거부는 인정되지 않아 오랫동안 양심적 병역거부자들은 예외 없이 형사처벌을 받아 왔다.

그러나 양심의 자유의 보장을 도외시한 채 일방적으로 국방의 의무를 우선시켜 양심적 병역거부자들을 예외 없이 형사처벌하는 것은 헌법상 정당화될 수 없다. 이는 병역법 제88조 제1항이 헌법에 위반된다는 것을 의미한다. 즉 헌법

1) 양심적 병역거부의 헌법적 문제 및 헌법재판소 판례에 대하여 자세한 논의는 정연주, 헌재의 양심적 병역거부 결정에 대한 비판적 검토, 헌법재판연구 5권 1집, 헌법재판소연구원, 2018. 6, 3쪽 이하 참조.

2) 대판 2004. 7. 15. 2004도2965.

상의 규범조화적 해석의 원칙, 비례의 원칙, 평등의 원칙, 헌법 제10조의 국가의 기본권보장의무, 국제법존중의 원칙 등 다양한 헌법규정과 원칙에 위반된다는 것이다. 따라서 진정한 양심적 병역거부자와 그렇지 아니한 자를 가려낼 수 있는 사전심사 및 사후관리제도를 마련하고, 양심적 병역거부자들에게 병역면제의 혜택을 준다는 인식을 불식시킬 수 있을 수준의 대체복무의 내용과 종류를 마련하며, 현역복무와 대체복무 사이의 형평성과 등가성을 확보한다는 전제하에서 대체복무의 도입은 입법자의 헌법상 의무이다. 결국 그러한 대체복무를 통한 양심의 자유와 국방의 의무와의 조화를 도모하는 해결책을 마련하지 아니하여 결과적으로 양심적 병역거부자들에게 징역형의 형사처벌만을 부과할 수밖에 없도록 규정하고 있는 병역법 제88조 제1항은 헌법에 위반된다.

위에서 소개한 바와 같이 헌법재판소는 2002헌가1 사건과 2008헌가22 사건에서 양심적 병역거부자들에 대한 처벌근거규정인 병역법 제88조 제1항이 헌법에 위반되지 않는다고 결정한 바 있다. 대단히 잘못된 결정들이라고 생각한다.

그러던 중 2011헌바379 사건에서 병역의 종류를 현역, 예비역, 보충역, 병역준비역, 전시근로역의 다섯 가지로 한정하여 규정하고 양심적 병역거부자에 대한 대체복무제를 규정하지 아니한 병역법 제5조 제1항의 병역종류조항이 과잉금지원칙을 위반하여 양심적 병역거부자의 양심의 자유를 침해한다는 헌법불합치결정을 내렸다. 2011헌바379 사건에서 헌법재판소가 양심적 병역거부를 허용하고 대체복무제의 도입을 촉구하는 결정을 내린 것은 앞서 언급한 이유로 헌법상 대단히 환영할만한 일이라 하겠다.

그러나 다른 한편 2011헌바379 사건에서 병역법상 처벌조항인 제88조 제1항 본문 제1호와 제2호는 과잉금지원칙을 위반하여 양심적 병역거부자의 양심의 자유를 침해하지 않는다고 결정했다. 이러한 결정에 동의하기 어렵다. 이 사건의 핵심은 처벌조항인 병역법 제88조 제1항의 위헌 여부이다. 즉 2011헌바379 사건은 본래 양심적 병역거부자를 입영기피를 이유로 처벌하기 때문에 발생된 것이고, 이에 대한 병역의무이행의 대안으로서의 대체복무도입은 후발적인 문제인 것이다. 따라서 양심적 병역거부자를 처벌하는 근거조항인 병역법 제88조 제1항 본문 제1호 및 제2호에 대하여 한정위헌결정을 내렸어야 했다. 이 점에서 병역종류조항은 처벌조항의 의미를 해석하는 근거가 되고, 처벌조항은 병역종류조항의 내용을 전제로 하므로, 병역종류조항의 위헌 여부는 처벌조항의 위헌 여부와 불가분적 관계에 있기 때문에 처벌조항 중 양심적 병역거부자를 처벌하는 부분에 대하여도 위헌 결정을 하는 것이 자연스러운 결론이라고 주장하면서, 처벌조항은 과잉금지원칙에 위배하여 양심적 병역거부자의 양심의 자유를 침해한다고 주장한 일부위헌의견이 타당하다고 하겠다.

Ⅱ. 종교의 자유

1. 의의

헌법 제20조는 "① 모든 국민은 종교의 자유를 가진다. ② 국교는 인정되지 아니하며, 종교와 정치는 분리된다."라고 규정하여 개인의 정신적·문화적 생활영역을 보호하기 위한 기본권의 하나로 종교의 자유를 보장하고 있고, 이를 뒷받침하기 위하여 국교부인과 정교분리의 원칙도 천명하고 있다. 종교의 자유는 절대자인 신과 내세에 대한 형이상학적 사유와 확신으로서의 신앙을 보호하기 위한 기본권이다.

2. 종교의 자유의 내용

(1) 신앙의 자유

신앙의 자유는 신앙을 가지거나, 가지지 아니할 자유를 말하며, 신앙선택, 신앙포기, 개종, 무신론의 자유 등을 포함한다. 신앙형성의 자유라고도 한다.

(2) 신앙실현의 자유

신앙실현의 자유는 종교행사나 활동을 통해서 적극적으로 신앙을 실천하거나 소극적으로 자신의 신앙에 반하는 행위를 강요당하지 아니할 자유를 말한다. 이에는 각종 종교의식의 자유, 선교(포교)의 자유, 종교교육의 자유, 신앙고백의 자유, 종교적 집회·결사의 자유 등이 포함된다.

종교의 자유 중에서 내면적인 자유에 해당하는 신앙형성의 자유는 그 성질상 타인의 기본권을 침해할 가능성이 거의 없어 타인과의 관계에서 별다른 문제를 야기시키지는 않지만, 적극적인 신앙실현의 자유는 신앙을 외부로 실천하는 것이기 때문에 타인의 신앙형성의 자유나 소극적 신앙실현의 자유 등의 기본권을 침해하는 등 문제를 야기할 수 있다. 예컨대 종립학교나 가정에서 이루어지는 종교교육의 경우에 발생하는 종교적 갈등이 그것이다. 여기서 종교교육을 실시하는 것이 신앙고백, 신앙침묵, 무신론의 자유나 소극적인 신앙실행의 자유를 침해할 가능성이 있다. 이처럼 서로 다른 주체간의 종교의 자유가 상호 충돌하는 경우에는 기본권충돌을 해결하기 위한 일반원리, 즉 규범조화적인 해결방법이나 법익형량의 방법 등을 통해 해결하되, 먼저 전자의 방법을 통한 해결을 시도하고, 그것이 불가능할 경우 후자의 방법을 통해 해결하도록 해야 할 것이다.[1)]

---

1) 대판 2010. 4. 22. 2008다38288:
고등학교 평준화정책에 따른 학교 강제배정제도가 위헌이 아니라고 하더라도 여전히 종립학교(종교단체가 설립한 사립학교)가 가지는 종교교육의 자유 및 운영의 자유와 학생들이 가지는 소극적 종교행위의 자유 및 소극적 신앙고백의 자유 사이에 충돌이 생기게 되는데, 이와 같이 하나의 법률관계를 둘러싸고 두 기본권이 충돌하는 경우에는 구체적인 사안에서의 사정을 종합적으로 고려한 이익형량과 함께 양 기본권 사이의 실제적인 조화를 꾀하는 해석 등을 통하여 이를 해결하여야 하고, 그 결과에 따라 정해지는 양 기본권 행사의 한계 등을 감안하여 그 행위의 최종적인 위법성 여부를 판단하여야 한다.
고등학교 평준화정책 및 교육 내지 사립학교의 공공성, 학교법인의 종교의 자유 및 운영의 자유가 학생들의 기본권이나 다른 헌법적 가치 앞에서 가지는 한계를 고려하고, 종립학교에서의 종교교육은 필요하고 또한 순기능을 가진다는 것을 간과하여서는 아니 되나 한편으로 종교교육으로 인하여 학생들이 입을 수 있는 피해는 그 정도가 가볍지 아니하며 그 구제수단이 별달리 없음에 반하여 학교법인은 제한된 범위 내에서 종교의 자유 및 운영의 자유를 실현할 가능성이 있다는 점을 감안하면, 비록 종립학교의 학교법인이 국·공립학교의 경우와는 달리 종교교육을 할 자유와 운영의 자유를 가진다고 하더라도, 그 종립학교가 공교육체계에 편입되어 있는 이상 원칙적으로 학생의 종교의 자유, 교육을 받을 권리를 고려한 대책을 마련하는 등의 조치를 취하는 속에서 그러한 자유를 누린다고 해석하여야 한다.
종립학교가 고등학교 평준화정책에 따라 학생 자신의 신앙과 무관하게 입학하게 된 학생들을 상대로 종교적 중립성이 유지된 보편적인 교양으로서의 종교교육의 범위를 넘어서서 학교의 설립이념이 된 특정의 종교교리를 전파하는 종파교육 형태의 종교교육을 실시하는 경우에는 그 종교교육의 구체적인 내용과 정도, 종교교육이 일시적인 것인지 아니면 계속적인 것인지 여부, 학생들에게 그러한 종교교육에 관하여 사전에 충분한 설명을 하고 동의를 구하였는지 여부, 종교교육에 대한 학생들의 태도나 학생들이 불이익이 있을 것을 염려하지 아니하고 자유롭게 대체과목을 선택하거나 종교교육에 참여를 거부할 수 있었는지 여부 등의 구체적인 사정을 종합적으로 고려하여 사회공동체의 건전한 상식과 법감정에 비추어 볼 때 용인될 수 있는 한계를 초과한 종교교육이라고 보이는 경우에는 위법성을 인정할 수 있다.

한편 종교적 집회 · 결사의 자유는 일반적 집회 · 결사의 자유(헌법 제21조)의 특별법에 해당하기 때문에 종교적 집회 · 결사의 자유가 일반적 집회 · 결사의 자유보다 우선하고, 더 두텁게 보호된다고 하겠다.

3. 종교의 자유의 한계와 제한

종교의 자유가 개인의 신앙과 내면세계를 보호함으로써 정신 · 문화생활영역에서의 개성신장과 인간의 존엄과 행복을 실현시키는 기능을 가지기 때문에 최대한 보장되어야 하겠지만, 이에도 일정한 내재적 한계가 있다. 즉 종교의 자유도 다른 기본권과 마찬가지로 헌법질서와 타인의 기본권을 침해하지 않는 범위 내에서만 인정될 수 있는 내재적 한계의 제약을 받는다. 예컨대 일부다처제를 허용하는 종교실현의 자유가 허용될 수 없음은 물론이다.

한편 종교의 자유는 국가안전보장 · 질서유지 · 공공복리의 실현을 위해 불가피하게 제한을 받을 수 있다(헌법 제37조 제2항). 그런데 종교의 자유 중에서 내면적인 자유에 해당하는 신앙형성의 자유는 법률에 의한 규제나 제한이 불가능하거나 적절치 못하지만, 신앙실현의 자유는 신앙을 외부로 실천하는 것이기 때문에 공익적 이유에서 불가피할 경우 법률에 의한 제한을 받을 수 있는 것이다. 이 경우에도 비례의 원칙이나 기본권의 본질적 내용침해금지의 원칙 등 법치국가원리에서 오는 일정한 한계가 준수되어야 함은 물론이다.[1)]

종립학교가 고등학교 평준화정책에 따라 강제배정된 학생들을 상대로 특정 종교의 교리를 전파하는 종파적인 종교행사와 종교과목 수업을 실시하면서 참가 거부가 사실상 불가능한 분위기를 조성하고 대체과목을 개설하지 않는 등 신앙을 갖지 않거나 학교와 다른 신앙을 가진 학생의 기본권을 고려하지 않은 것은, 우리 사회의 건전한 상식과 법감정에 비추어 용인될 수 있는 한계를 벗어나 학생의 종교에 관한 인격적 법익을 침해하는 위법한 행위이고, 그로 인하여 인격적 법익을 침해받는 학생이 있을 것임이 충분히 예견가능하고 그 침해가 회피가능하므로 과실 역시 인정된다.

1) ① 헌재 2001. 9. 27. 2000헌마159, 판례집 13-2, 353, 354-355:
매년 반복하여 시행되는 사법시험의 시행일을 일요일로 정하는 것이 청구인의 일요일에 예배행사에 참석할 종교적 행위의 자유를 제한하는 것으로 볼 수 있는지가 문제이나, 종교적 행위의 자유는 신앙의 자유와는 달리 절대적 자유가 아니라 질서유지, 공공복리 등을 위하여 제한할 수 있는 것으로서 사법시험 제1차시험과 같은 대규모 응시생들이 응시하는 시험의 경우 그 시험장소는 중 · 고등학교 건물을 임차하는 것 이외에 특별한 방법이 없고 또한 시험관리를 위한 2,000여 명의 공무원이 동원되어야 하며 일요일 아닌 평일에 시험이 있을 경우 직장인 또는 학생 신분인 사람들은 결근, 결석을 하여야 하고 그밖에 시험당일의 원

4. 국교부인과 정교분리의 원칙

헌법 제20조 제2항은 "국교는 인정되지 아니하며, 종교와 정치는 분리된다." 라고 규정하여 국교부인과 정교분리의 원칙을 분명히 하고 있다. 왜냐하면 만일 정교분리의 원칙이 철저히 지켜지지 않는다면 종교의 정치적 중립이 훼손되고, 종교가 정치화·세속화되어 종교의 자유를 통해 지키고자 하는 신앙은 타락하여 모든 것을 잃을 것이기 때문이다. 이에 따라 국가에 의한 종교간섭, 특정종교에 대한 우대나 차별은 금지되고, 종교의 정치에의 관여 내지 직접 참여도 철저히 금지되어야 할 것이다.[1)]

활한 시험관리에도 상당한 지장이 있는 사정이 있는바, 이러한 사정을 참작한다면 피청구인이 사법시험 제1차 시험 시행일을 일요일로 정하여 공고한 것은 국가공무원법 제35조에 의하여 다수 국민의 편의를 위한 것이므로 이로 인하여 청구인의 종교의 자유가 어느 정도 제한된다 하더라도 이는 공공복리를 위한 부득이한 제한으로 보아야 할 것이고 그 정도를 보더라도 비례의 원칙에 벗어난 것으로 볼 수 없고 청구인의 종교의 자유의 본질적 내용을 침해한 것으로 볼 수도 없다.

② 헌재 2011. 12. 29. 2009헌마527, 판례집 23-2하, 840, 841:
'형의 집행 및 수용자의 처우에 관한 법률' 제45조는 종교행사 등에의 참석 대상을 '수용자'로 규정하고 있어 수형자와 미결수용자를 구분하고 있지도 아니하고, 무죄추정의 원칙이 적용되는 미결수용자들에 대한 기본권 제한은 징역형 등의 선고를 받아 그 형이 확정된 수형자의 경우보다는 더 완화되어야 할 것임에도, 피청구인이 수용자 중 미결수용자에 대하여만 일률적으로 종교행사 등에의 참석을 불허한 것은 미결수용자의 종교의 자유를 나머지 수용자의 종교의 자유보다 더욱 엄격하게 제한한 것이다. 나아가 공범 등이 없는 경우 내지 공범 등이 있는 경우라도 공범이나 동일사건 관련자를 분리하여 종교행사 등에의 참석을 허용하는 등의 방법으로 미결수용자의 기본권을 덜 침해하는 수단이 존재함에도 불구하고 이를 전혀 고려하지 아니하였으므로 이 사건 종교행사 등 참석불허 처우는 침해의 최소성 요건을 충족하였다고 보기 어렵다. 그리고 이 사건 종교행사 등 참석불허 처우로 얻어질 공익의 정도가 무죄추정의 원칙이 적용되는 미결수용자들이 종교행사 등에 참석을 하지 못함으로써 입게 되는 종교의 자유의 제한이라는 불이익에 비하여 결코 크다고 단정하기 어려우므로 법익의 균형성 요건 또한 충족하였다고 할 수 없다. 따라서 이 사건 종교행사 등 참석불허 처우는 과잉금지원칙을 위반하여 청구인의 종교의 자유를 침해하였다.

1) 헌재 2000. 3. 30. 99헌바14, 판례집 12-1, 325, 341-342:
학교나 학원설립에 인가나 등록주의를 취했다고 하여 감독청의 지도·감독하에서만 성직자와 종교지도자를 양성하라고 하는 것이 되거나, 정부가 성직자양성을 직접 관장하는 것이 된다고 할 수 없고, 또 특정 종교를 우대하는 것도 아니므로 이는 더 나아가 살펴볼 필요 없이 헌법 제20조 제2항이 정한 국교금지 내지 정교분리의 원칙을 위반한 것이라 할 수 없다.

Ⅲ. 언론·출판의 자유

1. 의의와 기능

헌법 제21조 제1항은 "모든 국민은 언론·출판의 자유와 집회·결사의 자유를 가진다."라고 규정함으로써 언론·출판의 자유를 보장하고 있다. 언론·출판의 자유는 집회·결사의 자유와 더불어 정신·문화·사회생활영역에서 개성신장을 돕고, 더 나아가 정치생활영역에서의 개성신장과 자신의 의사의 국정에의 반영 등 민주주의의 실현을 위해서도 필수적으로 요구되는 기본권이다.

따라서 언론·출판의 자유는 다음과 같은 기능을 지닌다. 첫째, 정신·문화생활영역에서의 인격형성과 개성신장의 수단이다. 둘째, 정치·사회생활영역에서의 다양한 의사형성과 개성신장의 수단이다.[1] 셋째, 다양한 방법과 형식의 의사표현을 통해 국가 정책의 결정 및 집행과정에 자신의 의사를 반영하고 국정을 심판하는 등 민주주의의 실현수단이다. 결국 언론·출판의 자유는 정신·문화적 개성신장과 정치·사회적 의사형성 및 자유민주주의의 존립과 발전에 필수불가결한 기본권이며, 이를 최대한도로 보장하는 것은 다원적 민주주의 실현을 위한 초석이라고 하겠다.[2]

2. 법적 성격

언론·출판의 자유는 다른 여타의 기본권처럼 양면성을 가지는데, 특히 객관

---

1) 헌재 1999. 6. 24. 97헌마265, 판례집 11-1, 768, 775:
언론의 자유는 개인이 언론 활동을 통하여 자기의 인격을 형성하는 개인적 가치인 자기실현의 수단임과 동시에 사회 구성원으로서 평등한 배려와 존중을 기본원리로 공생·공존관계를 유지하고 정치적 의사결정에 참여하는 사회적 가치인 자기통치를 실현하는 수단이다. 개인의 언론 활동이 타인의 명예를 훼손하는 경우, 행위자와 피해자라는 개인 대 개인 간의 사적 관계에서는 언론의 자유보다 명예 보호라는 인격권이 우선하나, 당해 표현이 공공적·사회적·객관적인 의미를 가진 정보에 해당되는 것은 그 평가를 달리 하여야 한다. 왜냐하면 국민이 알아야 할 정보(알권리)는 개인의 인격형성과 자기실현은 물론 정치적 의사형성과정에 참여하는 자기통치를 실현하는 공적 성격도 아울러 갖고 있기 때문이다.

2) 헌재 1992. 6. 26. 90헌가23, 판례집 4, 300, 306.

적 가치질서의 성격이 강한 기본권이라고 할 수 있다. 먼저 언론·출판의 자유는 주관적 권리로서 국가권력에 대한 방어권으로서의 성격을 가진다. 즉 언론·출판의 자유가 국가권력 등 그 누구의 간섭이나 방해를 받지 않고 자유롭게 자신의 의사를 형성하고, 의사형성에 필요한 다양한 정보를 수집하고, 형성된 의사를 자유롭게 표현할 수 있는 주관적 권리로서의 성격을 가진다.

그러나 다른 한편 언론·출판의 자유는 이처럼 소극적인 방어권으로서의 주관적 권리로서의 성격 뿐 아니라, 다양한 의사표현 등 언론·출판의 자유의 행사를 통해 사회의 여론형성과 정치적 의사형성 과정에 참여하고, 이렇게 형성된 여론과 정치적 의사를 국정에 반영시킴으로써 민주주의를 실현시키는 기능을 가지기 때문에, 언론·출판의 자유는 국가와 사회의 모든 구성원이 존중하고 관철시켜야 하는 객관적 가지질서로서의 성격도 가지는 것이다. 따라서 언론·출판의 자유는 대국가적 관계에서 관철될 뿐 아니라 사회전반 내지 사인간에도 관철되는 기본권이라고 하겠다. 예컨대 언론·출판의 자유의 한 내용으로서의 보도의 자유는 사인으로서의 언론기관이 또 다른 사인으로서의 취재대상의 사생활을 보도할 수 있는 자유를 포함하는데, 이 경우 보도의 자유는 사인간에도 효력을 미치는 것이다.

3. 언론 · 출판의 자유의 주체

헌법은 언론·출판의 자유의 주체를 국민으로 규정하고 있으나, 언론·출판의 자유는 인간의 권리로서 국민 뿐 아니라 외국인도 그 주체가 되고, 법인도 주체가 될 수 있다.

4. 언론 · 출판의 자유의 내용

언론·출판의 자유는 의사표현의 자유, 정보의 자유, Access권, 언론기관의 자유를 그 내용으로 한다.

(1) 의사표현의 자유

1) 의의와 내용

의사표현의 자유라 함은 자신의 의견이나 사상을 국가권력 등 누구의 간섭이나 방해를 받지 아니하고 불특정다수인에게 자유롭게 표명하고 전달할 수 있는 권리를 말한다. 의사의 표명이나 전달의 수단과 형식에는 제한이 없다. 따라서 언어, 문자, 사진, 문양, 상징물, 인터넷, 플래카드, 음반, 광고, 비디오물, 출판물 등 표현수단으로서의 모든 매개체를 포함한다.[1)]

2) 의사의 개념

한편 표현의 자유의 보호대상이 되는 '의사'의 개념이 문제될 수 있다. 이에 대하여 크게 두 가지 입장이 있다. 첫째, 의사의 개념을 협의로 이해해서 일정한 평가적 의견 내지 가치판단 등 논리적 사고의 결과로서의 의사만으로 이해하는 입장과, 둘째, 의사의 개념을 광의로 이해해서 통계숫자 등 단순한 사실도 의사의 개념에 포함시키는 입장이 그것이다.

생각건대 의사표현의 자유가 지니는 정신·문화·사회생활영역에서의 개성신장의 수단이라는 특성과 의사표현의 자유가 국가권력에 의한 정치적 탄압에 대항하여 형성·발전되어 왔다는 역사적 배경, 그리고 언론·출판의 자유가 자신의 정치적 의견을 표명함으로써 국정을 비판하고, 여론과 정치적 의사형성 과정에 적극적으로 참여하는 민주주의의 실현기능을 가지는 정치적 기본권의 성격도 가진다는 점을 감안할 때, 표현의 자유의 대상이 되는 의사의 개념을 일정한 평가적 의견 내지 가치판단만으로 협의로 이해하는 입장이 타당하다고 본다.[2)] 따라서 단순한 사실의 전달은 보도의 자유나 헌법 제10조의 행복추구권에서 도출되는 일반적 행동의 자유의 보호대상이 될 수 있다고 하겠다.

(2) 정보의 자유(알 권리)

1) 의의

정보의 자유는 자신의 의사형성을 위하여 필요한 정보를 수집하고, 처리할

---

1) 헌재 1996. 10. 31. 94헌가6, 판례집 8-2, 395, 401-402:
의사표현의 자유는 언론·출판의 자유에 속하고, 여기서 의사표현의 매개체는 어떠한 형태이건 그 제한이 없다고 할 것이다. 따라서 이 사건에서 문제되고 있는 음반은 학문적 연구결과를 발표하는 수단이 되기도 하고, 예술표현의 수단이 되기도 하므로 그 제작 및 판매배포는 학문·예술의 자유를 규정하고 있는 헌법 제22조 제1항에 의하여 보장을 받음과 동시에 헌법 제21조 제1항에 의하여도 받는다.

2) 같은 견해 허영, 전게서, 610쪽.

수 있는 자유를 말한다. 알 권리라고도 한다. 즉 알 권리는 국민이 일반적으로 정보에 접근하고 수집·처리함에 있어서 국가권력의 방해를 받지 않음을 보장하고 의사형성이나 여론형성에 필요한 정보를 적극적으로 수집하고 수집에 대한 방해의 배제를 청구할 수 있는 권리이다.[1] 따라서 이는 국가권력 등 외부의 간섭 없이 일반적으로 접근이 가능한 정보원에 접근할 수 있는 자유로서의 소극적 권리와 필요한 정보를 적극적으로 수집할 수 있도록 이를 국가에 요구할 수 있는 적극적 권리를 포함한다. 의사표현의 자유가 제 기능을 발휘하기 위해서는 의사형성을 위한 다양한 정보가 필요하기 때문에 이러한 정보의 자유의 보장은 의사표현의 자유의 보장을 위한 전제수단이기도 하다.[2]

2) 정보의 자유와 정보공개

앞서 언급한 바와 같이 정보의 자유는 일반적으로 정보에 접근하고 수집·처리함에 있어서 국가권력의 방해를 받지 아니한다는 것을 내용으로 하는 소극적 권리로서 뿐 아니라, 의사형성이나 여론형성에 필요한 정보를 적극적으로 수집하고 수집을 방해하는 행위에 대한 방해배제를 청구할 수 있는 적극적 권리를 포함하기 때문에 국가에 대하여 국민이 원하는 일정한 정보의 공개를 요구하는 이른바 정보공개청구권이 정보의 자유의 중요한 내용을 이룬다.[3] 이처럼

1) 헌재 1991. 5. 13. 90헌마133, 판례집 3, 234, 246.

2) 헌재 1995. 7. 21. 92헌마177 등, 판례집 7-2, 112, 125:
민주정치체제는 사상 또는 의견의 자유로운 형성 및 그 전달을 바탕으로 하는 건전한 여론 없이는 정상적인 기능이 발휘될 수 없으므로 언론·출판의 자유는 민주주의의 기초를 이루는 핵심적인 정신적 자유권이라 할 것이며, 정보를 수집하고 처리할 수 있는 권리를 말하는 알 권리는 언론·출판의 자유의 한 내용으로 마땅히 보장되어야 하는 것이다.

3) 헌재 1991. 5. 13. 90헌마133, 판례집 3, 234, 245-246:
헌법 제21조는 언론·출판의 자유, 즉 표현의 자유를 규정하고 있는데 이 자유는 전통적으로 사상 또는 의견의 자유로운 표명(발표의 자유)과 그것을 전파할 자유(전달의 자유)를 의미하는 것으로서 사상 또는 의견의 자유로운 표명은 자유로운 의사의 형성을 전제로 한다. 자유로운 의사의 형성은 정보에의 접근이 충분히 보장됨으로써 비로소 가능한 것이며, 그러한 의미에서 정보에의 접근·수집·처리의 자유, 즉 '알 권리'는 표현의 자유와 표리일체의 관계에 있으며 자유권적 성질과 청구권적 성질을 공유하는 것이다. 자유권적 성질은 일반적으로 정보에 접근하고 수집·처리함에 있어서 국가권력의 방해를 받지 아니한다는 것을 말하며, 청구권적 성질은 의사형성이나 여론 형성에 필요한 정보를 적극적으로 수집하고 수집을 방해하는 방해제거를 청구할 수 있다는 것을 의미하는 바 이는 정보수집권 또는 정보공개청구권으로 나타난다. 나아가 현대 사회가 고도의 정보화사회로 이행해감에 따라 '알 권리'는 한편으로 생활권적 성질까지도 획득해 나가고 있다. 이러한 '알 권리'는 표현

정보의 자유가 소극적 방어권으로서의 자유권적 성격과 적극적 권리로서의 청구권적 성격을 갖기 때문에, 정보의 자유의 구체적 실현방법에 차이가 있다.

가. 자유권적 성격의 정보의 자유(소극적 방어권)

이는 구체적인 법률의 근거가 없더라도 직접 헌법규정, 즉 제21조를 근거로 원용·실현 시킬 수 있다.

나. 청구권적 성격의 정보의 자유(적극적 청구권)

적극적으로 국가권력에 대하여 일정한 정보의 공개 내지 제공을 요구하는 적극적 권리는 그의 실현을 위해 법률의 근거를 요하는 지의 여부가 사안에 따라 달라진다.

(가) 근거법률이 없이도 헌법규정을 직접 원용할 수 있는 경우

일정한 정보제공이 타인의 사생활을 침해하는 등의 타인의 기본권을 침해하지 아니하고, 국가안보 등의 공익을 침해할 염려가 없는 경우에는 구체적인 법률의 근거가 없다 하더라도 직접 헌법 제21조에 근거해서 정보공개를 요구할 수 있다고 할 것이다.[1)]

의 자유에 당연히 포함되는 것으로 보아야 하며 인권에 관한 세계선언 제19조도 '알 권리'를 명시적으로 보장하고 있다.

1) ① 헌재 1989. 9. 4. 88헌마22, 판례집 1, 176, 177:
부동산 소유권의 회복을 위한 입증자료로 사용하고자 청구인이 문서의 열람·복사 신청을 하였으나 행정청이 이에 불응하였다 하더라도 그 불응한 행위로 인하여 청구인의 재산권이 침해당하였다고는 보기 어려우나, 청구인의 정당한 이해관계가 있는 정부보유의 정보의 개시에 대하여 행정청이 아무런 검토 없이 불응한 부작위는 헌법 제21조에 규정된 표현의 자유와 자유민주주의적 기본질서를 천명하고 있는 헌법 전문, 제1조, 제4조의 해석상 국민의 정부에 대한 일반적 정보 공개를 구할 권리(청구권적 기본권)로서 인정되는 '알' 권리를 침해한 것이고 위 열람·복사 민원의 처리는 법률의 제정이 없더라도 불가능한 것이 아니다.
② 헌재 1991. 5. 13. 90헌마133, 판례집 3, 234, 246-247:
헌법상 입법의 공개(제50조 제1항), 재판의 공개(제109조)와는 달리 행정의 공개에 대하여서는 명문규정을 두고 있지 않지만 '알 권리'의 생성기반을 살펴볼 때 이 권리의 핵심은 정부가 보유하고 있는 정보에 대한 국민의 '알 권리', 즉 국민의 정부에 대한 일반적 정보공개를 구할 권리(청구권적 기본권)라고 할 것이며, 이러한 '알 권리'의 실현은 법률의 제정이 뒤따라 이를 구체화시키는 것이 충실하고도 바람직하지만, 그러한 법률이 제정되어 있지 않다고 하더라도 불가능한 것은 아니고 헌법 제21조에 의해 직접 보장될 수 있다.
이러한 '알 권리'의 보장의 범위와 한계는 헌법 제21조 제4항, 제37조 제2항에 의해 제한이 가능하고 장차는 법률에 의하여 그 구체적인 내용이 규정되겠지만, '알 권리'에 대한 제한의 정도는 청구인에게 이해관계가 있고 타인의 기본권을 침해하지 않으면서 동시에 공익실

(나) 구체적 법률에 근거해서만 원용할 수 있는 경우

상기의 경우가 아닌 경우, 즉 일정한 정보의 내용이나 그 공개가 타인의 기본권을 침해할 우려가 있거나, 공익을 침해할 우려가 있는 경우에는 반드시 그 정보의 공개를 허용하는 법률에 근거해서만 정보공개청구권이 성립될 수 있을 것이다. 왜냐하면 이 경우에는 입법자가 구체적인 사안과 관련되는 여러 가지 이익 등을 고려해서, 그리고 정보공개를 통해 달성되는 이익인 개인의 정보의 자유와 정보공개를 통해 침해되는 타인의 기본권 및 공익과의 비교형량을 해서 법률로 정해야하기 때문이다.[1)]

현에 장애가 되지 않는다면 가급적 널리 인정하여야 할 것이고 적어도 직접의 이해관계가 있는 자에 대하여는 특단의 사정이 없는 한 의무적으로 공개하여야 한다고 할 것이다.

1) ① 헌재 1992. 2. 25. 89헌가104, 판례집 4, 64, 93-94:
표현의 자유나 국민의 '알 권리'는 매우 비중이 큰 귀중한 국민의 기본권이긴 하지만 그렇다고 해서 어떠한 경우에도 제한할 수 없는 기본권이라고 할 수는 없으며 다른 법익을 침해하지 않는 범위내에서 존중되어야 할 것이기 때문에 '알 권리'라 할지라도 다른 기본권이나 국가·사회적 법익과 상충 또는 마찰을 일으키는 경우, 즉 타인의 명예나 권리(개인적 법익), 공중도덕이나 사회윤리(사회적 법익), 국가의 안전보장이나 치안질서(국가적 법익)를 침해하는 경우에는 보호될 수 없는 것이며 이는 헌법의 명문규정(제21조 제4항, 제37조 제2항)상 의문의 여지가 없는 것이다.
다만 '알 권리'(내지 표현의 자유)라고 하는 국민의 기본권이 법률로써 제한 가능하다고 하더라도 그 본질적인 내용을 침해할 수 없음은 물론, 과잉금지의 원칙에도 위배되어서는 아니되는데(제37조 제2항), 과잉금지의 원칙이라 함은 국가작용의 한계를 명시한 것으로서 목적의 정당성·방법의 적정성·피해의 최소성·법익의 균형성을 의미하며 그 어느 하나에라도 저촉이 되면 위헌이 된다는 헌법상의 원칙이며, 이 사건의 경우에 있어서는 피해의 최소성과 법익의 균형성이 문제될 수 있는 소지가 있는 것이다.
② 헌재 2004. 12. 16. 2002헌마579, 판례집 16-2하, 568, 576:
알 권리는 국민이 일반적으로 정보에 접근하고 수집·처리함에 있어서 국가권력의 방해를 받지 않음을 보장하고 의사형성이나 여론 형성에 필요한 정보를 적극적으로 수집하고 수집에 대한 방해의 제거를 청구할 수 있는 권리로서, 원칙적으로 국가에게 이해관계인의 공개청구 이전에 적극적으로 정보를 공개할 것을 요구하는 것까지 알 권리로 보장되는 것은 아니다. 따라서 일반적으로 국민의 권리의무에 영향을 미치거나 국민의 이해관계와 밀접한 관련이 있는 정책결정 등에 관하여 적극적으로 그 내용을 알 수 있도록 공개할 국가의 의무는 기본권인 알 권리에 의하여 바로 인정될 수는 없고 이에 대한 구체적인 입법이 있는 경우에야 비로소 가능하다.

(3) 액세스(Access)권

1) 액세스권의 의의

액세스권은 국민이 자신의 사상이나 의견을 표명하기 위하여 언론매체에 접근해서 그것을 이용할 수 있는 언론매체접근이용권을 말한다. 오늘날 언론기관은 정보의 수집, 보도의 신속성과 파급력, 그리고 국민의 여론형성과 알 권리의 충족에 있어서 개인과는 도저히 비교할 수 없는 영향력을 행사하고 있고, 또한 언론기관 내지 보도매체는 집중화되고 독과점화 되었다. 이런 상황에서 국민이 언론매체에 접근하고 이용할 수 있는 권리는 언론·출판의 자유의 실현을 위하여, 그리고 개인의 존엄성보장과 개성신장을 위하여 절실히 요구되는 수단이라고 하겠다.

2) 액세스권의 헌법적 근거

따라서 액세스권의 헌법적 근거는 첫째, 액세스권이 그 자체 개인의 사상이나 의견을 표명하기 위하여 요구되는 언론매체접근이용권으로서 언론·출판의 자유의 한 내용으로 보호되는 권리이기 때문에 그 주된 헌법적 근거는 헌법 제21조 제1항이고, 둘째, 액세스권은 인간의 존엄과 가치에서 도출되는 인격권을 보호하기 위한 수단이기도 하기 때문에 헌법 제10조도 그 보완적 근거가 된다고 하겠다.

3) 액세스권의 내용과 법적 성격

이러한 액세스권은 대체로 다음의 두 가지 내용으로 이루어져 있다. 첫째, 언론매체를 일반 국민이 단순히 자신의 사상이나 의견을 표명하고 전달하기 위하여 언론매체에 접근하여 이용할 수 있는 일반적 권리(광의의 액세스권), 둘째, 언론매체의 보도를 통해 명예훼손이나 모욕, 비난, 공격 등을 당한 국민이 자신과 관련된 보도에 대한 정정과 반론 및 해명을 요구할 수 있는 권리(협의의 액세스권)가 그것이다. 전자는 광고주와 언론기관의 관계에서 볼 수 있듯이 모든 국민에게 효율적인 의견표명 내지 전달의 기회와 민주적 여론형성과정에 참여할 수 있는 기회를 부여하는 기능을 가지는 반면, 후자는 이해관계자의 정정보도청구의 예에서 보듯이 의견표명 및 전달의 자유의 실현과 더불어 인간의 존엄성에서 도출되는 인격권 내지 명예권의 보호기능을 가진다.

협의의 액세스권의 구체적 행사방법으로는 대체로 「언론중재 및 피해구제 등에 관한 법률」이 규정하고 있는 정정보도청구권, 반론보도청구권, 추후보도청구권을 들 수 있다. 정정보도청구권은 사실적 주장에 관한 언론보도 등이 진실하지 아니함으로 인하여 피해를 입은 자가 해당 언론보도 등이 있음을 안 날부터 3개월 이내에 언론사, 인터넷뉴스서비스사업자 및 인터넷 멀티미디어 방송사업자에게 그 언론보도 등의 내용에 관한 정정보도를 청구할 수 있는 권리이다. 이 정정보도청구에는 언론사 등의 고의·과실이나 위법성을 필요로 하지 아니한다(동법 제14조). 반론보도청구권은 사실적 주장에 관한 언론보도 등으로 인하여 피해를 입은 자가 그 보도 내용에 관한 반론보도를 언론사 등에 청구할 수 있는 권리이다. 반론보도청구에는 언론사 등의 고의·과실이나 위법성을 필요로 하지 아니하며, 보도 내용의 진실 여부와 상관없이 그 청구를 할 수 있다(동법 제16조). 추후보도청구권은 언론 등에 의하여 범죄혐의가 있거나 형사상의 조치를 받았다고 보도 또는 공표된 자가 그에 대한 형사절차가 무죄판결 또는 이와 동등한 형태로 종결되었을 때에 그 사실을 안 날부터 3개월 이내에 언론사 등에 이 사실에 관한 추후보도의 게재를 청구할 수 있는 권리이다. 이 경우 청구인의 명예나 권리 회복에 필요한 설명 또는 해명이 포함되어야 한다(동법 제17조).

이처럼 액세스권은 국민과 국가 상호간의 문제가 아니라 국민과 언론기관 상호간의 문제 내지 사인 상호간의 문제라는 특성을 가지고, 따라서 이는 국민이 국가가 아닌 언론기관 내지 사인에 대하여 가지는 권리라고 할 수 있다. 그러므로 이러한 권리는 언론·출판의 자유의 주관적 권리로서의 성격보다는 객관적 가치질서로서의 성격 및 대사인적 효력으로부터 도출된다고 볼 수 있다.

4) 액세스권의 한계

이러한 액세스권이 무한대로 인정되는 것은 물론 아니다. 앞서 언급한 바와 같이 액세스권의 경우는 국민과 국가 상호간의 문제가 아니라 국민과 언론매체 상호간 내지 사인 상호간의 문제이고, 따라서 개인도 언론·출판의 자유의 주체이지만 언론기관도 언론·출판의 자유 내지 보도의 자유의 주체이며, 결국 개인의 액세스권도 중요하지만 언론매체의 취재·편집의 자유나 보도의 자유도 중요하기 때문이다.[1] 그러므로 국민과 언론매체 상호간의 관계는 일종의 기본권의 상충관계라고 볼 수 있는데, 이는 결국 양자의 이익을 총체적으로 형량하여 규범조화적으로 해결해야 할 문제라고 하겠다. 일반적으로 광의의 액세스권에서와는 달리 협의의 액세스권의 행사의 경우에는 인격권 내지 명예권 회복을 위한 정정보도청구권, 반론보도청구권 또는 추후보도청구권 등의 권리가 언론기관의 취재·편집의 자유나 보도의 자유보다 우선된다고 보아야 할 것이다.[1] 왜냐하면

---

1) 헌재 2015. 4. 30. 2012헌마890, 판례집 27-1하, 57, 64-65:
'언론중재 및 피해구제 등에 관한 법률'(2011. 4. 14. 법률 제10587호로 개정된 것, 이하 '언론중재법'이라 한다) 제32조 제1항은 피해자 아닌 자의 시정권고 신청권을 인정하지 않고 언론중재위원회의 직권에 의한 시정권고만을 규정하고 있는바, 이는 언론사 등의 언론의 자유를 보장하면서도 공정한 언론 형성 및 언론의 공적책임을 실현시키기 위한 것이다.
언론보도의 상대방이나 피해자가 아닌 사람에게 언론중재위원회에 시정권고를 신청할 수 있게 하여 심의절차의 개시를 요구할 수 있도록 하면 공정한 언론보도나 언론의 공적책임을 폭넓게 실현하는 데 기여하는 측면이 있다. 하지만 언론보도의 상대방이나 피해자가 아닌 사람은 언론사 등의 보도로 인하여 받는 불이익이 크지 않은 반면, 언론보도의 상대방이나 피해자가 아닌 사람에게까지 신청권을 확대하는 것은 사실상 누구나 언론의 보도에 대하여 시정권고의 심의를 요구할 수 있게 하므로, 언론사 등의 언론의 자유를 위축시킬 위험이 있다. 이에 따라 심판대상조항은 언론활동의 자유와 언론의 공적 책임과의 조화를 위하여 피해자 아닌 자의 시정권고 신청권을 삭제한 것이다. 그런데 시정권고 신청권이 인정되지 않더라도 피해자 아닌 사람이 언론사 등에 공정한 언론보도를 위한 시정요구나 참여의 기회를 봉쇄당하는 것은 아니며, 청원법에 따른 일반적인 청원권을 행사하여 언론중재위원회에 시정권고를 위한 청원을 하거나(청원법 제3조, 제4조), 언론중재법상의 고충처리인제도 또는 방송법상의 시청자권익보호위원회에 의견이나 청원을 제기하는 등의 방법으로 언론의 보도 내용에 대한 시정요구나 의견을 제시할 수도 있다(언론중재법 제6조, 방송법 제35조). 그뿐만 아니라 언론중재법에서는 언론보도의 상대방이나 피해자가 되는 경우에는 권고적 효력에 불과한 시정권고가 아닌 해당 언론사 등을 상대로 직접 정정보도, 반론보도, 추후보도의 청구를 할 수 있는 법적 구제절차도 마련하고 있으므로(언론중재법 제14조 내지 제17조의2), 심판대상조항이 피해자 아닌 자의 시정권고 신청권을 규정하지 않았다고 하여 침해의 최소성원칙에 위배된다고 볼 수 없다. 또한, 피해자 아닌 사람에게 시정권고 신청의 기회를 부여하지 않아 표현의 자유가 제한되는 사익보다 이를 통하여 언론의 자유를 보호하고자 하는 공익이 크므로, 법익의 균형성도 갖추었다고 볼 것이다.

1) 헌재 1991. 9. 16. 89헌마165, 판례집 3, 518, 525-527:
정정보도청구권은 정기간행물이나 방송에 공표된 사실적 주장에 의하여 피해를 받은 사람(이하 피해자라고 한다)이 발행인이나 편집인 또는 방송국의 장이나 편성책임자에 대하여 그 피해자의 사실적 진술과 이를 명백히 전달하는데 필요한 설명을 게재 또는 방송하여 줄 것을 요구할 수 있는 권리이다.
이와 같이 반론권으로서의 정정보도 청구권이 인정되는 취지로는 다음의 두 가지를 들 수 있다.
첫째, 언론기관이 특정인의 일반적 인격권을 침해한 경우 피해를 받은 개인에게도 신속·적절하고 대등한 방어수단이 주어져야 함이 마땅하며, 특히 공격내용과 동일한 효과를 갖게끔 보도된 매체 자체를 통하여 방어 주장의 기회를 보장하는 반론권제도가 적절하고 형

광의의 액세스권의 경우에는 일반 국민의 액세스권과 비교하여 언론기관의 취재·편집의 자유나 보도의 자유가 대등하거나 우선한다고 볼 수 있으나, 협의의 액세스권의 경우에는 정정보도청구권 등을 주장하는 이해관계자의 권리가 언론·출판의 자유 이외에 헌법 제10조의 인간의 존엄성에서 도출하는 인격권에 근거함과 동시에, 그러한 인격권 침해의 원인을 언론기관이 제공한 것이기 때문이다.

(4) 언론기관의 자유

1) 언론기관설립의 자유

가. 의의

언론기관설립의 자유는 보도매체인 언론기관 내지 언론사를 국가 등 외부의 간섭 없이 자유롭게 설립할 수 있는 자유를 말한다. 이러한 언론기관에는 현행 법상 TV·라디오 등의 방송사, 신문사, 뉴스통신사업자, 인터넷뉴스서비스사업자, 인터넷 멀티미디어 방송사업자 등 다양한 언론매체가 속한다. 주지하는 바와 같이 오늘날 언론기관은 정보의 수집과 편집, 보도의 신속성과 파급력, 그리고 국민의 여론형성과 알권리의 충족에 있어서 개인과는 도저히 비교할 수 없는 엄청난 영향력을 행사하고 있다. 이러한 언론기관의 정보제공과 여론형성 및 민주주의실현의 강력한 기능을 감안할 때 국민의 언론·출판의 자유의 실현을

평의 원칙에도 잘 부합할 수 있다는 점이다.

둘째, 독자로서는 언론기관이 시간적 제약아래 일방적으로 수집·공급하는 정보에만 의존하기 보다는 상대방의 반대주장까지 들어야 비로소 올바른 판단을 내릴 수 있기 때문에 이 제도는 진실발견과 올바른 여론형성을 위하여 중요한 기여를 할 수 있게 된다는 점이다.

우리 헌법 제10조는 "모든 국민은 인간으로서의 존엄과 가치를 가지며, 행복을 추구할 권리를 가진다."라고 규정하고 있고 제17조는 "모든 국민은 사생활의 비밀과 자유를 침해받지 아니한다."고 규정하고 있으며 한편 제21조의 제1항은 "모든 국민은 언론·출판의 자유를 가진다."라고 규정하고, 제4항은 "언론·출판이 타인의 명예나 권리 또는 공중도덕이나 사회윤리를 침해하여서는 아니된다."고 규정함으로써 언론·출판의 자유를 보장하는 동시에 언론·출판의 자유가 민주사회에서 비록 중요한 기능을 수행한다고 하더라도 그것이 인간의 존엄성에서 유래하는 개인의 일반적 인격권 등의 희생을 강요할 수는 없음을 분명히 밝히고 있다.

헌법의 위 조항들을 종합해 볼 때 언론기관에 의하여 일반적인 인격권이나 사생활의 비밀과 자유를 침해받은 피해자에게 인간의 존엄과 가치 및 사생활의 비밀과 자유권을 보호하기 위하여 신속하고도 적절한 방어의 수단이 주어져야 함이 형평의 원리에 부합한다고 할 것이다.

위해서 언론기관의 존재는 필수불가결하다고 보지 않을 수 없다. 특히 위에서 언급한 의사표현의 자유, 정보의 자유, 액세스권의 효율적 실현을 위해서 언론기관의 역할의 중요성은 아무리 강조해도 지나치지 않을 것이다. 따라서 언론·출판의 자유의 내용에는 당연히 언론기관설립의 자유도 포함된다고 하겠다.

나. 언론기관시설법정주의

한편 헌법 제21조 제3항은 "통신·방송의 시설기준과 신문의 기능을 보장하기 위하여 필요한 사항은 법률로 정한다."라고 이른바 언론기관의 시설기준법정주의를 규정하고 있다. 이에 따라 일정한 시설기준을 충족한 언론기관만이 설립될 수 있다. 이러한 언론기관의 시설기준법정주의는 그 자체 언론기관설립의 자유에 대한 제한으로 볼 수 있으나, 공익적 이유에서 정당화될 수 있다고 하겠다. 즉 이는 언론기관의 무분별한 설립을 억제하여 자격미달의 언론사에 의한 여론이나 정보의 왜곡, 언론시장의 혼탁화 등을 막고 건전한 언론·출판의 자유의 실현에 기여하기 위한 것이라 하겠다.

이에 따라 신문 등의 발행과 기준 및 운영에 관한 「신문 등의 진흥에 관한 법률」, 방송사의 허가와 기준 및 운영 등에 관한 방송법, 뉴스통신사업의 등록과 기준 등에 관한 「뉴스통신 진흥에 관한 법률」 등이 제정·시행되고 있는데, 이들 법률에서는 언론기관의 설립과 기준 및 운영과 관련한 등록제, 허가제, 언론사업자의 자격요건, 시설기준, 소유제한 등에 관한 다양한 기준이 마련되어 있고, 그밖에 언론사의 자유와 독립 및 그 기능을 보장하고 사회적 책임을 강화하며 언론기관이 언론의 자유의 신장과 민주적인 여론형성에 기여하도록 하기 위한 다양한 규정들도 마련되어 있다.

그러나 다른 한편 이러한 언론기관시설법정주의에 의한 언론기관설립의 자유에 대한 제한은 필요한 최소한도에 그쳐야 한다. 이는 헌법 제37조 제2항에 따른 비례의 원칙상 당연하다고 하겠다. 왜냐하면 언론기관의 설립과 운영은 원칙적으로 사적 영역과 자유경쟁에 맡기되, 국가권력에 의한 간섭과 규제는 지나친 언론기관의 집중화와 독과점을 억제하거나 함량미달의 언론사의 설립을 제한하는 등 언론의 자유와 기능을 유지하기 위한 최소한도에 머물 때 자유로운 여론형성 및 언론의 자유의 극대화를 도모할 수 있기 때문이다.[1)]

1) 헌재 1998. 4. 30. 95헌가16, 판례집 10-1, 327, 339-340:

2) 언론기관활동의 자유(보도의 자유)

언론기관활동의 자유는 언론기관이 자유롭게 언론사 본연의 기능을 행사할 수 있는 자유를 말한다. 이에는 대외적 자유와 대내적 자유가 있다.

가. 대외적 자유

언론기관의 대외적 자유는 언론기관이 국가권력 등 외부의 간섭 없이 자유롭게 활동할 수 있는 자유이다. 신문과 방송의 자유가 그 대표적인 예라고 할 수 있다.

구체적으로는 각종 언론사의 보도의 자유가 핵심적인 내용이다. 보도의 자유는 정치·경제·사회·문화·시사 등에 관한 사실·정보·의견·논평 및 여론 등을 자유롭게 전달할 수 있는 자유를 말한다. 광고도 보도의 자유에 의한 보호를 받는다고 보아야 할 것이다.[1] 보도의 자유에는 취재의 자유가 당연히 포함된다. 취재의 자유의 보장 없이 보도의 자유 등 언론기관활동의 자유가 제 기능을 발휘할 수 없기 때문이다. 물론 취재의 자유에는 취재원묵비권이 포함된다고 보아

법치국가의 기본권이론에 따를 때 원칙적으로 국민의 기본권은 최대한 보장되어야 하고, 국가의 제한은 최소한으로 억제되어야 한다. 특히 언론·출판의 자유영역에 있어서는 국가의 개입이 더욱 제한적으로 이루어져야 할 몇 가지 특수상황이 존재한다. 첫째, 위에서 살핀 언론·출판의 자유가 지니는 헌법적 가치들은 입헌민주체제에서 반드시 확보되어야 할 중요한 가치라는 점이다. 둘째, 언론·출판은 인격의 발현으로서 사상과 견해를 외부에 표출하는 것인데, 어떤 사상이나 견해가 옳고 가치 있는 것인지를 판단하는 절대적인 잣대가 자유민주체제에서는 존재할 수 없다는 사실이다. 만약 국가 또는 사회의 다수가 그러한 절대적인 잣대를 가지고 사상과 견해를 재단하려 한다면, 그것이야말로 자유민주헌법이 가장 경원시하고 경계해야 할 것이 아닐 수 없다. 셋째, 언론·출판에 대한 규제는 통상 그 언론·출판으로 말미암은 해악을 시정하고 방지하기 위한 것이고 이러한 국가의 노력은 정당하고 필요한 것이기는 하나, 국가의 개입에 앞서 그 해악을 해소시킬 수 있는 1차적 메커니즘, 즉 사상의 경쟁메커니즘이 시민사회 내부에 존재한다는 사실이다. 그리하여 만일 시민사회 내부에서 서로 대립되는 다양한 사상과 의견들의 경쟁을 통하여 유해한 언론·출판의 해악이 자체적으로 해소될 수 있다면 국가의 개입은 최소한도에 그쳐야 할 것이다. 입헌민주국가에서 언론·출판의 자유를 거론할 때 견해의 다양성과 공개토론이 강조되는 소이가 여기에 있는 것이다.

1) 헌재 1998. 2. 27. 96헌바2, 판례집 10-1, 118, 124:
우리 헌법은 제21조 제1항에서 "모든 국민은 언론·출판의 자유 … 를 가진다"라고 규정하여 현대 자유민주주의의 존립과 발전에 필수불가결한 기본권으로 언론·출판의 자유를 강력하게 보장하고 있는바, 광고물도 사상·지식·정보 등을 불특정다수인에게 전파하는 것으로서 언론·출판의 자유에 의한 보호를 받는 대상이 됨은 물론이다.

야 할 것이다. 왜냐하면 취재원묵비권이 인정되지 않는다면 취재원이 봉쇄되는 결과를 가져와 취재의 자유의 실효성을 확보할 수 없고, 결국 정보의 자유 및 보도의 자유가 제한될 수 있기 때문이다.[1)]

한편 보도의 자유에는 기획·편집·편성의 자유도 포함된다. 또한 보도의 자유와 관련하여 신문의 경우에는 발행, 제작, 보급, 배포의 자유 등이 포함되고, 방송의 경우에는 방송·방영의 자유가 핵심내용이라고 하겠다. 따라서 국가가 언론기관의 보도의 내용과 방법 및 시기 등을 통제·간섭하면 안된다. 헌법 제21조 제2항에 따라 언론보도에 대한 사전검열이 금지되고 있는 것도 이 때문이라 하겠다. 그러나 사후검열은 물론 가능하다.[2)]

나. 대내적 자유

언론기관의 대내적 자유는 언론기관 내부에서의 보도를 위한 편집·편성의 자유를 말한다. 즉 편집·편성과 보도의 내용에 있어서 언론사의 사주나 경영자로부터의 자유를 말한다. 이는 편집과 보도내용의 독립성과 공정성 및 객관성의 확보를 위해 절실히 요구되는 것이라 하겠다. 이를 위해 언론사 내부구조의 민주화와 경영권과 편집권의 분리가 요구된다. 앞서 언급한 언론기관의 대외적 자유가 언론·출판의 자유 내지 보도의 자유의 대국가적 권리로서의 성격으로부터 도출되는 것이라고 한다면, 이러한 대내적 자유는 객관적 가치질서로서의 성격으로부터 도출되는 권리라고 하겠다.

이에 따라 「신문 등의 진흥에 관한 법률」 제4조는 신문편집의 자유와 독립을 위해 "① 신문 및 인터넷신문의 편집의 자유와 독립은 보장된다. ② 신문사업자 및 인터넷신문사업자는 편집인의 자율적인 편집을 보장하여야 한다."라고

---

1) 유사 견해 허영, 전게서, 616쪽; 성낙인, 전게서, 1173쪽.

2) 헌재 1992. 6. 26. 90헌바26, 판례집 4, 362, 370-371:
헌법 제21조 제2항은 "언론·출판에 대한 허가나 검열과 집회·결사에 대한 허가는 인정되지 아니한다."라고 규정함으로써 언론·출판에 대한 검열을 금지하고 있다. 언론·출판에 대한 이 검열금지는 사전검열금지만을 의미한다는 것이 세계의 자유민주주의국가에 있어서 일반적인 경향이다. 언론·출판에 대한 검열금지라 함은 헌법 제21조 제1항이 보장하고 있는 언론·출판의 자유에 따라 모든 국민은 자유로이 자신의 의사를 표현할 수 있는데 이러한 의사표현이 외부에 공개되기 이전에 국가기관이 그 내용을 심사하여 특정한 의사표현의 공개를 허가하거나 금지시키는 이른바 사전검열의 금지를 말한다. 이에 반하여 헌법상 보호되지 않는 의사표현에 대하여 그 공개 후에 국가기관이 간섭하는 것을 금지하고 있는 것은 아니다.

규정하고 있고, 방송법 제4조도 방송편성의 자유와 독립을 위해 "① 방송편성의 자유와 독립은 보장된다. ② 누구든지 방송편성에 관하여 이 법 또는 다른 법률에 의하지 아니하고는 어떠한 규제나 간섭도 할 수 없다. ③ 방송사업자는 방송편성책임자를 선임하고, 그 성명을 방송시간 내에 매일 1회 이상 공표하여야 하며, 방송편성책임자의 자율적인 방송편성을 보장하여야 한다. ④ 종합편성 또는 보도에 관한 전문편성을 행하는 방송사업자는 방송프로그램제작의 자율성을 보장하기 위하여 취재 및 제작 종사자의 의견을 들어 방송편성규약을 제정하고 이를 공표하여야 한다."라고 규정하고 있다.

3) 자유언론제도의 보장

앞서 언급한 바와 같이 언론기관은 정보의 수집과 편집, 보도의 신속성과 파급력, 그리고 국민의 여론형성과 알 권리의 충족에 있어서의 엄청난 영향력을 행사하고 있고, 이로써 민주주의를 강력하게 실현하는 기능을 가지기 때문에 보도의 자유를 비롯한 언론기관활동의 자유는 강한 객관적 가치질서로서의 성격을 가진다. 따라서 보도의 내용의 다양성과 공정성 및 객관성을 담보하기 위한 자유언론제도의 보장은 언론기관의 자유의 전제조건이라고 할 수 있다. 그러므로 언론기관의 집중화 내지 독과점현상, 그리고 편집 및 보도내용 등에 대한 국가 등 언론기관의 외부 또는 언론사 사주나 경영자 등 언론기관의 내부에 의한 간섭은 자유언론제도의 보장을 침해하는 것이다. 따라서 언론기관의 자주성과 독립성을 보장하고, 언론기관의 독과점을 억제하며, 언론기관의 수적·종류별 다양성을 보장하고, 언론기관의 내부조직도 민주화·다원화되어야 할 것이다.

5. 언론·출판의 자유의 헌법적 한계

헌법 제21조 제4항은 "언론·출판은 타인의 명예나 권리 또는 공중도덕이나 사회윤리를 침해하여서는 아니된다. 언론·출판이 타인의 명예나 권리를 침해한 때에는 피해자는 이에 대한 피해의 배상을 청구할 수 있다."라고 규정함으로써 언론·출판의 자유가 타인의 권리나 공익 등을 침해할 수 없다고 언론·출판의 자유의 헌법적 한계를 명시하고 있다. 이에 따라 아무리 언론·출판의 자유가 가지는 중요성과 기능을 감안한다 하더라도 타인의 명예와 권리, 공중도덕과 사회윤리를 침해하지 아니하는 한도 내에서만 자유와 권리가 인정될 수 있는 것이다. 또한 언론·출판의 자유가 가지는 여론형성과 사회통합 및 민주주의의 실현기능을 고려할 때 헌법이 지향하는 민주적 기본질서를 파괴하여 오히려 민주주의실현을 저해하는 언론·출판의 자유 역시 인정될 수 없다고 할 것이다.

언론·출판의 자유의 행사 결과 이러한 헌법적 한계의 일탈이 발생될 경우 침해된 타인의 명예나 권리 및 공익 등과 더불어 언론·출판의 자유가 가지는 다양한 헌법상의 기능 및 헌법적 가치들이 서로 충돌하게 되는데, 이 경우 양자의 법익과 헌법상의 가치들이 충분히 존중될 수 있도록 먼저 규범조화적 해결을 해야 할 것이고, 그것이 적절한 해결책이 될 수 없을 경우 법익형량의 방법을 통해 해결해야 할 것이다.[1)]

한편 언론·출판의 자유가 타인의 명예나 권리, 공중도덕이나 사회윤리를 침해한 경우 그 위반자에게는 다양한 법적인 책임을 부과할 수 있다. 예컨대 헌법 제21조 제4항이 "피해의 배상을 청구할 수 있다"고 규정하고 있듯이 민법상의 불법행위로 인한 손해배상책임(제750조, 제751조)이 가장 대표적으로 고려될 수 있고, 아울러 형법상의 명예훼손책임(제307조-제309조)이나 음란문서에 관한 책임(제243조, 제244조), 음란한 내용의 신문이나 정기간행물을 발행하여 공중도덕이나 사회윤리를 현저하게 침해한 경우 「신문 등의 진흥에 관한 법률」 제22조 제2항과 「잡지 등 정기간행물의 진흥에 관한 법률」 제24조 제2항에 따른 발행정지·등록취소 등의 책임, 기타 국가의 존립·안전이나 자유민주적 기본질서를 위태롭게 한 경우 국가보안법상의 책임(제7조) 등이 고려될 수 있다.

---

1) 헌재 1991. 9. 16. 89헌마165, 판례집 3, 518, 529:
반론권은 보도기관이 사실에 대한 보도과정에서 타인의 인격권 및 사생활의 비밀과 사유에 대한 중대한 침해가 될 직접적 위험을 초래하게 되는 경우 이러한 법익을 보호하기 위한 적극적 요청에 의하여 마련된 제도인 것이지 언론의 자유를 제한하기 위한 소극적 필요에서 마련된 것은 아니기 때문에 이에 따른 보도기관이 누리는 언론의 자유에 대한 제약의 문제는 결국 피해자의 반론권과 서로 충돌하는 관계에 있는 것으로 보아야 할 것이다.
이와 같이 두 기본권이 서로 충돌하는 경우에는 헌법의 통일성을 유지하기 위하여 상충하는 기본권 모두가 최대한으로 그 기능과 효력을 나타낼 수 있도록 하는 조화로운 방법이 모색되어야 할 것이고, 결국은 이 법에 규정한 정정보도청구제도가 과잉금지의 원칙에 따라 그 목적이 정당한 것인가 그러한 목적을 달성하기 위하여 마련된 수단 또한 언론의 자유를 제한하는 정도가 인격권과의 사이에 적정한 비례를 유지하는 것인가의 여부가 문제된다 할 것이다.

6. 언론 · 출판의 자유에 대한 제한과 그 한계

위에서 언급한 언론·출판의 자유에 대한 헌법적 한계와는 별도로 언론·출판의 자유에 대한 헌법 제37조 제2항에 따른 공익적 이유에서의 법률적 제한이 가능함은 물론이다. 그러나 이러한 제한은 언론·출판의 자유가 가지는 기능과 특성을 감안하여 매우 신중하고 제한적으로 이루어져야 할 것이며, 비례의 원칙과 기본권의 본질적 내용침해금지의 원칙이 준수되어야 함은 물론이다. 따라서 첫째, 긴절한 공익적 이유에서만, 즉 국가안전보장·질서유지·공공복리에 대한 명백하고 현존하는 위험이 발생할 경우에만,[1] 둘째 법적 안정성과 예측가능성의 확보를 위해 내용이 명확한 국회의 법률에 의해서만,[2] 셋째 비례의 원칙에 따라 불가피한 최소한의 제한만이 허용되어야 할 것이고, 넷째, 어떠한 경우에

1) 헌재 1990. 4. 2. 89헌가113, 판례집 2, 49, 62-63:
국가보안법 제7조 제1항 소정의 찬양·고무·동조 그리고 이롭게 하는 행위 모두가 곧바로 국가의 존립·안전을 위태롭게 하거나 또는 자유민주적 기본질서에 위해를 줄 위험이 있는 것이 아니므로 그 행위일체를 어의대로 해석하여 모두 처벌한다면 합헌적인 행위까지도 처벌하게 되어 위헌이 되게 된다는 것은 앞서 본 바이다. 그렇다면 그 가운데서 국가의 존립·안전이나 자유민주적 기본질서에 무해한 행위는 처벌에서 배제하고, 이에 실질적 해악을 미칠 명백한 위험성이 있는 경우로 처벌을 축소제한하는 것이 헌법 전문·제4조·제8조 제4항·제37조 제2항에 합치되는 해석일 것이다. 이러한 제한해석은 표현의 자유의 우월적 지위에 비추어 당연한 요청이라 하겠다. 여기에 해당되는가의 여부는 제7조 제1항 소정의 행위와 위험과의 근접정도도 기준이 되겠지만 특히 해악이 크냐 작으냐의 정도에 따라 결정함이 합당할 것이다.

2) 헌재 1998. 4. 30. 95헌가16, 판례집 10-1, 327, 341-342:
법치국가원리의 한 표현인 명확성의 원칙은 기본적으로 모든 기본권제한입법에 대하여 요구된다. 규범의 의미내용으로부터 무엇이 금지되는 행위이고 무엇이 허용되는 행위인지를 수범자가 알 수 없다면 법적 안정성과 예측가능성은 확보될 수 없게 될 것이고, 또한 법집행 당국에 의한 자의적 집행을 가능하게 할 것이기 때문이다. 표현의 자유를 규제하는 입법에 있어서 이러한 명확성의 원칙은 특별히 중요한 의미를 지닌다. 민주사회에서 표현의 자유가 수행하는 역할과 기능에 비추어 볼 때, 불명확한 규범에 의한 표현의 자유의 규제는 헌법상 보호받는 표현에 대한 위축적 효과를 수반하기 때문이다. 즉, 무엇이 금지되는 표현인지가 불명확한 경우에는, 자신이 행하고자 하는 표현이 규제의 대상이 아니라는 확신이 없는 기본권주체는-형벌 등의 불이익을 감수하고서라도 자신의 의견을 전달하고자 하는 강한 신념을 가진 경우를 제외하고-대체로 규제를 받을 것을 우려해서 표현행위를 스스로 억제하게 될 가능성이 높은 것이다. 그렇기 때문에 표현의 자유를 규제하는 법률은 그 규제로 인해 보호되는 다른 표현에 대하여 위축적 효과가 미치지 않도록 규제되는 표현의 개념을 세밀하고 명확하게 규정할 것이 헌법적으로 요구된다.

도 언론·출판의 자유의 본질적 내용은 침해되어서는 안된다.[1]

또한 헌법 제21조 제2항이 규정하고 있듯이 언론·출판에 대한 허가나 사전 검열은 허용되지 아니한다.[2] 따라서 아무리 긴절한 공익적 이유가 있고 국가안전보장·질서유지·공공복리가 명백하고 현존하는 위험에 직면하고 있다 하더라

---

1) 헌재 2020. 12. 23. 2017헌마416:
정부는 국가적으로 지향하여야 할 목표 등을 정하여 이를 달성하기 위한 정책을 수립·시행하는 과정에서 해당 정책에 부합하는 특정 사업을 지원할 수 있다. 그러나 문화예술계 블랙리스트의 작성과 해당 문화예술인을 지원사업에서 배제하도록 한 일련의 지시 행위는 특정한 정치적 견해를 표현한 자에 대하여 문화예술 지원 공모사업에서의 공정한 심사 기회를 박탈하여 사후적으로 제재를 가한 것이다. 이는 정부가 합법적으로 특정 사업을 지원하는 경우와 명백히 구분되는 것으로 개인 및 단체의 정치적 표현의 자유에 대한 제한조치로 이해하여야 한다. 집권세력의 정책 등에 대하여 정치적인 반대의사를 표시하는 것은 헌법이 보장하는 정치적 자유의 가장 핵심적인 부분이며, 화자의 특정 견해, 이념, 관점에 근거한 제한은 표현의 자유에 대한 제한 중에서도 가장 심각하고 해로운 제한이다. 그런데 이 사건 지원배제 지시는 법적 근거가 없으며, 그 목적 또한 정부에 대한 비판적 견해를 가진 청구인들을 제재하기 위한 것으로 헌법의 근본원리인 국민주권주의와 자유민주적 기본질서에 반하므로, 청구인들의 표현의 자유를 침해한다.

2) 헌재 2001. 8. 30. 2000헌가9, 판례집 13-2, 134, 135:
헌법 제21조 제2항의 검열은 그 명칭이나 형식과 관계없이 실질적으로 행정권이 주체가 되어 사상이나 의견 등이 발표되기 이전에 예방적 조치로서 그 내용을 심사, 선별하여 발표를 사전에 억제하는, 즉 허가받지 아니한 것의 발표를 금지하는 제도를 뜻하고, 이러한 사전검열은 법률로써도 불가능한 것으로서 절대적으로 금지된다. 언론·출판에 대하여 사전검열이 허용될 경우에는 국민의 예술활동의 독창성과 창의성을 침해하여 정신생활에 미치는 위험이 크고 행정기관이 집권자에게 불리한 내용의 표현을 사전에 억제함으로써 이른바 관제의견이나 지배자에게 무해한 여론만이 허용되는 결과를 초래할 염려가 있기 때문에 헌법이 절대적으로 금지하는 것이다.
일반적으로 허가를 받기 위한 표현물의 제출의무, 행정권이 주체가 된 사전심사절차, 허가를 받지 아니한 의사표현의 금지 및 심사절차를 관철할 수 있는 강제수단 등의 요건을 갖춘 경우에만 헌법에 의하여 금지되는 검열에 해당된다. 영상물등급위원회는, 그 위원을 대통령이 위촉하고, 그 구성방법 및 절차에 관하여 필요한 사항을 대통령령으로 정하도록 하고 있으며, 국가예산으로 그 운영에 필요한 경비의 보조를 받을 수 있도록 하고 있는 점 등에 비추어 행정권이 심의기관의 구성에 지속적인 영향을 미칠 수 있고 행정권이 주체가 되어 검열절차를 형성하고 있어 검열기관에 해당한다.
영화진흥법 제21조 제4항이 규정하고 있는 영상물등급위원회에 의한 등급분류보류제도는, 영상물등급위원회가 영화의 상영에 앞서 영화를 제출받아 그 심의 및 상영등급분류를 하되, 등급분류를 받지 아니한 영화는 상영이 금지되고 만약 등급분류를 받지 않은 채 영화를 상영한 경우 과태료, 상영금지명령에 이어 형벌까지 부과할 수 있도록 하며, 등급분류보류의 횟수제한이 없어 실질적으로 영상물등급위원회의 허가를 받지 않는 한 영화를 통한 의사표현이 무한정 금지될 수 있으므로 검열에 해당한다.

도 언론·출판에 대한 허가제나 사전검열제 및 이와 동일 내지 유사한 효과를 가져 오는 제도는 도입될 수 없다고 하겠다.[1] 왜냐하면 평상시의 언론·출판에 대한 허가나 사전검열은 영구적이고 본질적으로 언론·출판의 자유를 침해하는 것이며, 그 침해의 결과 남아 있는 자유만 가지고서는 본래의 언론·출판의 기능이 발휘될 수 없기 때문에 이는 바로 언론·출판의 자유의 본질적 내용에 대한 침해라고 볼 수 있기 때문이다.[2]

---

1) 헌재 2008. 6. 26. 2005헌마506, 판례집 20-1하, 397:
한국광고자율심의기구는 행정기관적 성격을 가진 방송위원회로부터 위탁을 받아 이 사건 텔레비전 방송광고 사전심의를 담당하고 있는바, 한국광고자율심의기구는 민간이 주도가 되어 설립된 기구이기는 하나, 그 구성에 행정권이 개입하고 있고, 행정법상 공무수탁사인으로서 그 위탁받은 업무에 관하여 국가의 지휘·감독을 받고 있으며, 방송위원회는 텔레비전 방송광고의 심의 기준이 되는 방송광고 심의규정을 제정, 개정할 권한을 가지고 있고, 자율심의기구의 운영비나 사무실 유지비, 인건비 등을 지급하고 있다. 그렇다면 한국광고자율심의기구가 행하는 방송광고 사전심의는 방송위원회가 위탁이라는 방법에 의해 그 업무의 범위를 확장한 것에 지나지 않는다고 할 것이므로 한국광고자율심의기구가 행하는 이 사건 텔레비전 방송광고 사전심의는 행정기관에 의한 사전검열로서 헌법이 금지하는 사전검열에 해당한다.

2) 헌재 1992. 6. 26. 90헌가23, 판례집 4, 300, 313-314:
구 정기간행물의등록등에관한법률 제7조 제1항 제9호 및 제6조 제3항 제1호 및 제2호에서 대통령령이 정하는 해당시설을 갖추어야 한다는 것은 본법의 시행령 제6조 제3호에서 법 제6조 제3항 제1호 및 제2호에 해당하는 경우에는 그 소유임을 증명하는 서류를 등록하여야 한다는 등의 요구를 규정하도록 백지위임한 것이 아니고 정기간행물을 발행하는데 필요한 적절한 시설에 대하여 대통령령으로 규정하도록 한 것이므로 반드시 자기의 소유권을 가지는 시설을 갖추도록 그 법률원인까지 한정하여 제한하는 내용의 법규로는 볼 수 없는 것인데 행정부는 본법을 잘못 이해하고 확대 해석하여 당해 해당시설은 자기소유이어야 하는 것으로 한정하고 등록요건을 엄격하게 제한하고 있는 것은 위헌성이 있는 법률해석을 하고 있는 것이라고 볼 수 있다. 이 사건 법률에서 요구하는 부수인쇄시설을 갖추는 데에는 소유권이 아닌 임대차계약 등 기타 용익관계에 의한 여러가지 법률원인에 의하여서도 설치할 수 있고 더구나 리스산업이 발달한 현대사회에서는 그 시설이 자기소유이어야 한다는 요건을 갖추지 아니하여도 대량의 간행물의 발행이 충분히 가능한 것인 데에도 불구하고 우리의 일반적 법률상식과 사회적으로 통용되는 법률관계를 무시하는 법 제9호 소정의 해당시설에 대한 자기소유권을 취득하여야 하는 것으로 본법을 해석하고 반드시 소유의 증명을 갖추어 제출하도록 요구하는 것은 본법에서 대통령령에 위임한 입법취지와 위임범위를 잘못 이해하고 본법의 등록사항을 지나치게 엄격한 요건으로 제한해석하는 것으로서 이 사건 법률을 자의적으로 해석하여 시행하고 있는 것이라고 아니할 수 없다. 더구나 이 사건 본건 심판대상인 등록요건은 본 법률 제22조에서 이를 위반한 자에게 1년 이하의 징역 또는 500만원 이하의 벌금에 처한다는 벌칙규정을 두고 있어서 본법을 자의적으로 확대 해석하는 것은 결국 형벌의 구성요건에 해당하는 처벌요건을 임의로 설정하는 것이 되어 헌법상 보장된 죄형법정주의의 기본원리에 반하는 결과를 가져왔을 뿐 아니라 언론의 자유를 한편 헌법 제77조 제3항은 "비상계엄이 선포된 때에는 법률이 정하는 바에 의하여 영장제도, 언론·출판·집회·결사의 자유, 정부나 법원의 권한에 관하여 특별한 조치를 할 수 있다."라고 규정하여 비상계엄이 선포된 때에는 언론·출판의 자유에 관하여 특별한 조치를 할 수 있도록 허용하고 있다. 일반적으로 언론·출판의 자유에 관한 특별한 조치란 언론·출판의 자유에 대한 허가나 사전검열제 등을 의미하는 것으로 보고 있다. 이러한 사전허가나 검열은 평시라면 언론·출판의 자유의 본질적 내용을 침해하는 위헌적인 조치이지만, 비상계엄이라는 특별하고 예외적인 상황하에서 불가피하게 허용되는 수단이라는 점에서 내용상 일응 정당화될 수 있을 것이다. 아울러 이는 헌법상 규정된 사전허가나 검열의 금지에 대한 예외에 해당하는 것으로 그 예외의 근거를 하위 법률이 아닌 헌법에서 직접 규정한 것이기 때문에 체계정당성에 부합된다고 하겠다. 즉 헌법에서 정한 내용에 대한 예외를 역시 같은 헌법 그 자체에서 규정한 것으로 형식적인 법체계 차원에서 정당화될 수 있는 것이다.

Ⅳ. 집회 · 결사의 자유

헌법 제21조 제1항은 집회·결사의 자유를 보장하고 있다. 집회·결사의 자유는 국가 등 외부의 간섭 없이 다수인이 공동의 목적을 가지고 모임을 가지거나 단체를 결성할 수 있는 자유를 말한다. 이는 공동으로 의사를 형성하고, 공동의 이익을 추구하며, 정신·문화생활영역에서의 개성신장 뿐 아니라 더 나아가 정치·사회생활영역에서의 개성을 신장시킴으로써 사회의 여론형성과 민주주의의 실현에 기여하는 매우 중요한 정신·문화적 기본권이다. 또한 집회·결사의 자유는 언론·출판의 자유와는 달리 다수인의 집단행동을 통해 의사전달과

제한하기 위한 수단으로 처벌요건을 자의적으로 설정하는 것이 되어 헌법상 금지된 허가제로 남용될 여지를 가지게 되는 것이라고 볼 우려도 있다. 더구나 본법에서 말하는 부수인쇄시설이란 그 보도기능의 원활한 수행과 편집·제작활동에 필요한 최소한도의 물적 시설을 갖추어야 한다는 본래의 의미와는 달리 실질적인 법률원인을 제한설정함으로써 그에 위반한 자에게 형벌을 임의로 과할 수 있는 결과가 되어 결국 그로 인하여 언론의 자유를 본질적으로 침해하는 위험을 가져올 수 있다고 못 볼 바 아닌 것이므로 이 사건 심판대상법률의 해석을 지나치게 확대하여 엄격한 등록요건을 구비하도록 요구할 수 있다고 하면 이는 헌법에 위반되는 것으로 보지 않을 수 없다.

여론형성이 이루어지기 때문에 의사전달과 여론형성의 효과와 영향력이 보다 직접적이고 강력하다고 하겠다. 따라서 언론·출판의 자유보다 더 많은 국가적 통제를 받는다.

1. 집회의 자유

(1) 집회의 자유의 의의와 기능

집회의 자유는 다수인이 공동의 목적을 가지고 외부의 간섭 없이 자유롭게 일시적인 회합을 가질 수 있는 자유를 말한다.

이처럼 집회의 자유는 공동의 목적을 가진 집단적인 의사표현을 가능케 함으로써 첫째, 정치·사회·문화생활영역에서의 개성신장을 돕고, 효율적인 여론형성을 촉진한다. 둘째, 다양한 의사를 국정에 반영하고, 정치적 의사형성에 참여할 수 있는 기회를 제공함으로써 다원적 민주주의를 실현시킨다. 셋째, 대의제도가 제 기능을 하지 못할 때 이를 보완하는 일종의 직접민주주의의 실현수단으로도 기능한다. 넷째, 사회·정치현상에 대한 불만과 비판을 공개적으로 표출케 함으로써 정치적 불만이 있는 자를 사회에 통합시켜 정치적·사회적 안정에 기여하는 기능을 한다. 다섯째, 소수집단에게 효율적인 의사표현의 수단으로 작용함으로써 소수보호의 기능을 가지고, 이로써 관용과 다양한 견해가 공존하는 다원적인 열린 사회를 촉진하는 기능을 가진다.[1)]

---

1) ① 헌재 1992. 1. 28. 89헌가8, 판례집 4, 4, 20:
대의민주주의 체제에 있어서 집회의 자유는 불만과 비판 등을 공개적으로 표출케 함으로써 오히려 정치적 안정에 기여하는 긍정적 기능을 수행하며, 이와 같은 자유의 향유는 민주정치의 바탕이 되는 건전한 여론표현과 여론 형성의 수단인 동시에 대의기능이 약화되었을 때에 소수의견의 국정반영의 창구로서의 의미를 지님을 간과해서는 안 될 것이다. 그러한 의미에서 사회불안만 우려해서 무조건 집회·시위를 '타부'시 할 것이 아니라 비폭력적이고 질서파괴의 것이 아니면 민주주의의 신장을 위해 위축시켜서는 안될 기본권으로 보호하여야 할 것이다.
② 헌재 2003. 10. 30. 2000헌바67 등, 판례집 15-2하, 41, 53:
집회의 자유는 집단적 의견표명의 자유로서 민주국가에서 정치의사형성에 참여할 수 있는 기회를 제공한다. 직접민주주의를 배제하고 대의민주제를 선택한 우리 헌법에서, 일반 국민은 선거권의 행사, 정당이나 사회단체에 참여하여 활동하는 것 외에는 단지 집회의 자유를 행사하여 시위의 형태로써 공동으로 정치의사형성에 영향력을 행사하는 가능성 밖에 없다. 또한, 집회의 자유는 사회·정치현상에 대한 불만과 비판을 공개적으로 표출케 함으로써

(2) 집회의 자유의 법적 성격

집회의 자유는 먼저 집회에 대한 국가권력의 간섭이나 방해를 배제할 수 있는 주관적 권리로서의 성격을 가진다. 또한 집회의 자유는 민주주의의 실현을 위해 사회 구성원 전체가 존중하고 관철해야 하는 객관적 가치질서로서의 성격을 가진다. 따라서 집회의 자유는 대국가적 관계에서 뿐 아니라 사인간에도 효력을 미친다.

(3) 집회의 자유의 주체

집회의 자유의 주체는 원칙적으로 국민이지만 집회가 가지는 보편적 인권으로서의 성격에 비추어 외국인도 원칙적으로 그 주체가 될 수 있다고 하겠다. 법인도 제한된 범위내에서 주체가 될 수 있다.

(4) 집회의 자유의 내용

집회의 자유는 다수인이 공동의 목적을 가지고 국가 등 외부의 간섭 없이 일시적인 회합을 가질 수 있는 자유를 말한다. 이는 집회를 개최하고, 집회를 진행하며, 집회에 참여할 수 있는 적극적인 자유와 집회에 참가할 것을 강요당하지 아니할 소극적인 자유를 그 내용으로 한다. 구체적으로는 집회의 준비, 조직, 지휘, 참가, 집회장소·시간의 선택, 집회의 대상, 목적, 참가의 형태와 정도, 복장 등을 자유로이 결정할 수 자유 등이 이에 해당한다.[1] 집회는 일시적인 모

정치적 불만이 있는 자를 사회에 통합하고 정치적 안정에 기여하는 기능을 한다. 특히 집회의 자유는 집권세력에 대한 정치적 반대의사를 공동으로 표명하는 효과적인 수단으로서 현대사회에서 언론매체에 접근할 수 없는 소수집단에게 그들의 권익과 주장을 옹호하기 위한 적절한 수단을 제공한다는 점에서, 소수의견을 국정에 반영하는 창구로서 그 중요성을 더해 가고 있다. 이러한 의미에서 집회의 자유는 소수의 보호를 위한 중요한 기본권인 것이다. 소수가 공동체의 정치적 의사형성과정에 영향을 미칠 수 있는 가능성이 보장될 때, 다수결에 의한 공동체의 의사결정은 보다 정당성을 가지며 다수에 의하여 압도당한 소수에 의하여 수용될 수 있는 것이다. 헌법이 집회의 자유를 보장한 것은 관용과 다양한 견해가 공존하는 다원적인 '열린 사회'에 대한 헌법적 결단인 것이다.

1) 헌재 2003. 10. 30. 2000헌바67 등, 판례집 15-2하, 41, 53-54:
집회의 자유는 집회의 시간, 장소, 방법과 목적을 스스로 결정할 권리를 보장한다. 집회의 자유에 의하여 구체적으로 보호되는 주요행위는 집회의 준비 및 조직, 지휘, 참가, 집회장소·시간의 선택이다. 그러나 집회를 방해할 의도로 집회에 참가하는 것은 보호되지 않는

임을 뜻하기 때문에 계속적인 조직인 결사와 다르다.

(5) 집회의 종류와 성립요건

1) 집회의 종류

집회의 종류에는 집회의 장소, 공개여부, 이동여부, 시간과 관련하여 다음과 같이 구별할 수 있다. 옥내에서 행해지는 옥내집회와 옥외에서 행해지는 옥외집회, 공개적인 공개집회와 공개되지 않는 비공개집회, 일정한 장소에서만 이루어지는 장소고정적 집회와 장소를 이동하면서 이루어지는 장소이동적 집회(시위), 일몰전에 이루어지는 주간집회와 일몰후에 이루어지는 야간집회 등이 그것이다.

2) 집회의 성립요건

가. 집회의 인적 요건

집회란 특정 또는 불특정 다수인이 특정한 목적 아래 일시적으로 일정한 장소에 모이는 것으로 그 모이는 장소나 사람의 다과에 제한이 있을 수 없기 때문에 원칙적으로 집회가 성립되기 위한 최소 인원수에 대한 기준은 없다.[1)]

나. 집회의 목적적 요건

집회는 다수인이 '공동의 목적'을 가지고 모임을 가지는 것이다. 따라서 집회가 성립되기 위해서는 공동의 목적이 존재해야 하는데, 여기서 공동의 목적은 일반적으로 '다수인 상호간의 내적인 유대 관계'로 족하다고 보는 것이 헌법재판소의 입장이다.[2)]

다. 주최자는 집회의 대상, 목적, 장소 및 시간에 관하여, 참가자는 참가의 형태와 정도, 복장을 자유로이 결정할 수 있다.… 집회의 자유는 일차적으로 국가공권력의 침해에 대한 방어를 가능하게 하는 기본권으로서, 개인이 집회에 참가하는 것을 방해하거나 또는 집회에 참가할 것을 강요하는 국가행위를 금지하는 기본권이다. 따라서 집회의 자유는 집회에 참가하지 못하게 하는 국가의 강제를 금지할 뿐 아니라, 예컨대 집회장소로의 여행을 방해하거나, 집회장소로부터 귀가하는 것을 방해하거나, 집회참가자에 대한 검문의 방법으로 시간을 지연시킴으로써 집회장소에 접근하는 것을 방해하거나, 국가가 개인의 집회참가행위를 감시하고 그에 관한 정보를 수집함으로써 집회에 참가하고자 하는 자로 하여금 불이익을 두려워하여 미리 집회참가를 포기하도록 집회참가의사를 약화시키는 것 등 집회의 자유행사에 영향을 미치는 모든 조치를 금지한다.

1) 대판 1983. 11. 22. 83도2528.

2) 헌재 2009. 5. 28. 2007헌바22, 판례집 21-1하, 578, 588.

다. 집회의 형식적 요건

집회의 자유의 보호대상은 당연히 '평화적' 또는 '비폭력적' 집회이다.[1] 따라서 집회는 평화적이고 비폭력적이어야 한다는 형식적 요건을 충족하여야 한다.

(6) 집회의 자유에 대한 제한과 그 한계

집회의 자유도 헌법 제37조 제2항에 따라 국가안전보장, 질서유지, 공공복리를 위하여 법률로써 제한할 수 있다. 예컨대 집회의 형식과 내용이 공공의 안녕질서나 평화에 미치는 영향력이 클 경우 집회의 자유에 대한 광범위한 제한이 이루어질 수 있으며, 옥외집회와 시위 및 야간집회가 이에 해당한다. 이에 따라 「집회 및 시위에 관한 법률」은 옥외집회 및 시위에 대해서 사전신고의무(제6조)를 규정하고 있을 뿐 아니라, 야간집회 및 시위와 교통소통에 방해되는 집회 및 시위 등을 원칙적으로 금지하고(제10조와 제12조), 집회·시위현장에 경찰관이 출입할 수 있게(제19조) 하는 등 많은 제한을 가하고 있다.

한편 집회의 자유를 헌법 제37조 제2항에 따라 제한할 경우 비례의 원칙과 기본권의 본질적 내용침해금지의 원칙, 명백하고 현존하는 위험의 법리, 법률의 명확성의 원칙 등이 엄격히 준수되어야 할 것이다. 특히 집회에 허가제를 도입하는 것은 집회의 자유의 본질적 내용을 침해하는 것이므로 절대로 허용될 수 없다. 헌법 제21조 제2항이 집회의 허가제를 금지하고 있는 것도 이 때문이다.

따라서 사전신고제를 허가제처럼 운영하거나, 불명확한 법률개념들을 지나치게 확대 해석·적용하거나, 과잉적으로 집회의 자유를 제한하는 것은 집회의 자

일반적으로 집회는, 일정한 장소를 전제로 하여 특정 목적을 가진 다수인이 일시적으로 회합하는 것을 말하는 것으로 일컬어지고 있고, 그 공동의 목적은 '내적인 유대 관계'로 족하다고 할 것이다.

1) 헌재 2003. 10. 30. 2000헌바67 등, 판례집 15-2하, 41, 42:
집회의 자유에 의하여 보호되는 것은 단지 '평화적' 또는 '비폭력적' 집회이다. 집회의 자유는 민주국가에서 정신적 대립과 논의의 수단으로서, 평화적 수단을 이용한 의견의 표명은 헌법적으로 보호되지만, 폭력을 사용한 의견의 강요는 헌법적으로 보호되지 않는다. 헌법은 집회의 자유를 국민의 기본권으로 보장함으로써, 평화적 집회 그 자체는 공공의 안녕질서에 대한 위험이나 침해로서 평가되어서는 아니 되며, 개인이 집회의 자유를 집단적으로 행사함으로써 불가피하게 발생하는 일반대중에 대한 불편함이나 법익에 대한 위험은 보호법익과 조화를 이루는 범위 내에서 국가와 제3자에 의하여 수인되어야 한다는 것을 헌법 스스로 규정하고 있는 것이다.

유에 대한 위헌적 침해라 하겠다.

이와 관련하여 헌법재판소는 야간 옥외 집회·시위를 원칙적으로 금지한 「집회 및 시위에 관한 법률」 제10조 등에 대하여 사전신고제가 사실상 사전허가제에 해당한다는 등의 이유로 헌법불합치결정을 내린바 있다.1) 또한 헌법재판소는 「집회 및 시위에 관한 법률」 제10조 본문 중 '시위'에 관한 부분 및 제23조 제3호 중 '제10조 본문' 가운데 '시위'에 관한 부분은 각 '해가 진 후부터 같은 날 24시까지의 시위'에 적용하는 한 과잉금지원칙에 위배하여 집회의 자유를 침해하기 때문에 헌법에 위반된다고 결정했다.2) 이에 따라 야간 옥외집회의

---

1) 헌재 2009. 9. 24. 2008헌가25, 판례집 21-2상, 427, 428:
헌법 제21조 제2항은, 집회에 대한 허가제는 집회에 대한 검열제와 마찬가지이므로 이를 절대적으로 금지하겠다는 헌법개정권력자인 국민들의 헌법가치적 합의이며 헌법적 결단이다. 또한 위 조항은 헌법 자체에서 직접 집회의 자유에 대한 제한의 한계를 명시한 것이므로 기본권 제한에 관한 일반적 법률유보조항인 헌법 제37조 제2항에 앞서서, 우선적이고 제1차적인 위헌심사기준이 되어야 한다. 헌법 제21조 제2항에서 금지하고 있는 '허가'는 행정권이 주체가 되어 집회 이전에 예방적 조치로서 집회의 내용·시간·장소 등을 사전심사하여 일반적인 집회금지를 특정한 경우에 해제함으로써 집회를 할 수 있게 하는 제도, 즉 허가를 받지 아니한 집회를 금지하는 제도를 의미한다. 「집회 및 시위에 관한 법률」 제10조 본문은 야간옥외집회를 일반적으로 금지하고, 그 단서는 행정권인 관할경찰서장이 집회의 성격 등을 포함하여 야간옥외집회의 허용 여부를 사전에 심사하여 결정한다는 것이므로, 결국 야간옥외집회에 관한 일반적 금지를 규정한 집시법 제10조 본문과 관할 경찰서장에 의한 예외적 허용을 규정한 단서는 그 전체로서 야간옥외집회에 대한 허가를 규정한 것이라고 보지 않을 수 없고, 이는 헌법 제21조 제2항에 정면으로 위반된다. 따라서 집시법 제10조 중 '옥외집회' 부분은 헌법 제21조 제2항에 의하여 금지되는 허가제를 규정한 것으로서 헌법에 위반되고, 이에 위반한 경우에 적용되는 처벌조항인 집시법 제23조 제1호 중 '제10조 본문의 옥외집회' 부분도 헌법에 위반된다.

2) 헌재 2014. 3. 27. 2010헌가2 등, 판례집 26-1상, 324, 325:
시위는 공공의 안녕질서, 법적 평화 및 타인의 평온에 미치는 영향이 크고, 야간이라는 특수한 시간적 상황은 시민들의 평온이 강하게 요청되는 시간대로, 야간의 시위는 주간의 시위보다 질서를 유지시키기가 어렵다. 야간의 시위 금지는 이러한 특징과 차별성을 고려하여 사회의 안녕질서를 유지하고 시민들의 주거 및 사생활의 평온을 보호하기 위한 것으로서 정당한 목적 달성을 위한 적합한 수단이 된다. 그런데 집시법 제10조 본문에 의하면, 낮 시간이 짧은 동절기의 평일의 경우, 직장인이나 학생은 사실상 시위를 주최하거나 참가할 수 없게 되는 등 집회의 자유가 실질적으로 박탈되는 결과가 초래될 수 있다. 나아가 도시화·산업화가 진행된 현대 사회에서 전통적 의미의 야간, 즉 '해가 뜨기 전이나 해가 진 후'라는 광범위하고 가변적인 시간대는 위와 같은 '야간'이 특징이나 차별성이 명백하다고 보기 어려움에도 일률적으로 야간 시위를 금지하는 것은 목적달성을 위해 필요한 정도를 넘는 지나친 제한으로서 침해의 최소성 원칙 및 법익균형성 원칙에 반한다. 따라서 심판대상조항들은 과잉금지원칙에 위배하여 집회의 자유를 침해한다.

허가제는 금지되고, 야간 옥외시위도 24시까지는 할 수 있게 되었다.

한편 헌법 제77조 제3항에 따라 비상계엄이 선포된 경우에는 집회에 대한 특별한 조치로서 허가제가 도입될 수 있다고 본다. 이러한 허가제는 평시라면 집회의 자유의 본질적 내용을 침해하는 위헌적인 조치이지만, 비상계엄이라는 특별하고 예외적인 상황 하에서 불가피하게 허용되는 수단이라는 점에서 내용적으로 일응 정당화될 수 있는 것이다. 또한 이는 헌법상 규정된 허가제금지에 대하여 바로 그 헌법 자체에서 그 예외를 규정한 것이기 때문에 법체계 형식상으로도 정당화될 수 있다고 하겠다.

2. 결사의 자유

(1) 결사의 자유의 의의와 기능

결사의 자유라 함은 다수인이 자유롭게 단체를 결성할 수 있는 자유이다.[1] 즉 결사의 자유는 다수의 자연인 또는 법인이 상당한 기간 동안 공동의 목적을 위하여 국가의 개입이나 간섭 없이 자유의사에 기하여 결합하고 조직화된 의사형성이 가능한 단체를 결성할 수 있는 자유를 말한다.

이러한 결사의 자유는 첫째, 정신 · 문화 · 사회생활영역에서의 개성신장을 돕고, 정치생활영역에서의 개성신장의 수단으로도 기능한다. 둘째, 개인이 단체결성을 통해 효율적으로 자신의 정치적 의사를 국정에 반영하고, 여론형성에 참여할 수 있도록 촉진하는 민주주의의 실현기능을 가진다. 셋째, 정치적 · 사회적 · 문화적 소수가 단체결성을 통해 보다 효율적으로 여론형성과 정치적 의사형성에 참여하도록 뒷받침해주는 소수보호기능을 가진다.

(2) 결사의 자유의 법적 성격

결사의 자유는 국가 등 외부의 간섭이나 개입 없이 자유롭게 단체를 결성할 수 있는 자유라는 점에서 이는 먼저 국민의 국가로부터의 자유, 즉 대국가적인 주관적 권리로서의 성격을 가진다. 또한 결사의 자유는 국가 뿐 아니라 사회공

---

1) 헌재 1996. 4. 25. 92헌바47, 판례집 8-1, 370:
결사의 자유에서 말하는 결사란 자유의사에 기하여 결합하고 조직화된 의사형성이 가능한 단체를 말한다.

동체 구성원 모두가 존중하고 관철시켜야 하는 객관적 가치질서로서의 성격도 가진다. 따라서 결사조직 상호간, 결사조직내의 구성원 상호간 등 사인 상호간에도 결사의 자유의 효력이 미친다.

(3) 결사의 자유의 주체

결사의 자유의 주체에는 국민 뿐 아니라 외국인, 그리고 법인도 해당된다.[1] 그러나 공적책무의 수행을 목적으로 하는 공법상의 법인은 이에 해당하지 아니한다.[2]

한편 결사의 자유의 주체와 관련하여 여기서 말하는 결사는 일반적인 사적 결사를 말하는 것으로 헌법상 각 개별적 기본권조항에 의하여 특별한 보호를 받는 특수결사, 예컨대 정당설립의 자유에 의해 결성된 정당(헌법 제8조), 종교의 자유에 의하여 결성된 종교단체(헌법 제20조 제1항), 학문과 예술의 자유에 의하여 결성된 학술단체 · 예술단체(헌법 제22조 제1항), 노동3권에 의하여 결성된 노동조합(헌법 제33조 제1항) 등의 특수결사는 결사의 자유에 의해서 보호되기 이전에 특별법우선의 원칙에 따라 각각 그들 개별적 기본권에 의한 특별한 보호를 받는다.[3] 따라서 결사의 자유의 보호를 받는 결사에는 이들 특수결사를 제외한

---

1) 헌재 2000. 6. 1. 99헌마553, 판례집 12-1, 686:
법인 등 결사체도 그 조직과 의사형성에 있어서, 그리고 업무수행에 있어서 자기결정권을 가지고 있어 결사의 자유의 주체가 된다고 봄이 상당하므로, 축협중앙회는 그 회원조합들과 별도로 결사의 자유의 주체가 된다.

2) 헌재 2000. 11. 30. 99헌마190, 판례집 12-2, 325, 326:
결사의 자유에서의 결사란 자연인 또는 법인이 공동목적을 위하여 자유의사에 기하여 결합한 단체를 말하는 것으로 공적책무의 수행을 목적으로 하는 공법상의 결사는 이에 포함되지 아니한다. 따라서 농지개량조합을 공법인으로 보는 이상, 이는 결사의 자유가 뜻하는 헌법상 보호법익의 대상이 되는 단체로 볼 수 없어 조합이 해산됨으로써 조합원이 그 지위를 상실하였다고 하더라도 조합원의 '결사의 자유'가 침해되었다고 할 수 없다.

3) 헌재 1994. 2. 24. 92헌바43, 판례집 6-1, 72, 77:
헌법 제21조 제1항이 보장하고 있는 결사의 자유에 의하여 보호되는 '결사'개념에는 법이 특별한 공공목적에 의하여 구성원의 자격을 정하고 있는 특수단체의 조직활동까지 그에 해당하는 것으로 볼 수 없다. 주택건설촉진법상의 주택조합은 주택이 없는 국민의 주거생활의 안정을 도모하고 모든 국민의 주거수준의 향상을 기한다는(동법 제1조) 공공목적을 위하여 법이 구성원의 자격을 제한적으로 정해 놓은 특수조합이어서 이는 헌법상의 결사의 자유가 뜻하는 헌법상 보호법익의 대상이 되는 단체가 아니며 또한 위 법률조항이 위 법률소정의 주택조합 중 지역조합과 직장조합의 조합원 자격을 무주택자로 한정하였다고 해서 그로 인하여 유주택자가 위 법률과 관계없는 주택조합의 조합원이 되는 것까지 제한받는

나머지 일반적인 결사가 해당된다.

(4) 결사의 자유의 내용

결사의 자유는 결사의 결성과 존립에 대한 국가의 간섭으로부터의 자유를 내용으로 하는 것으로 구체적으로는 결사결성의 자유, 결사존속의 자유, 결사활동의 자유, 결사가입·잔류의 자유, 결사해체의 자유 등 적극적 결사의 자유와 결사를 자유롭게 탈퇴하고, 결사의 조직을 강요당하지 않으며, 결사에의 가입을 강제당하지 않을 소극적 결사의 자유를 그 내용으로 한다.[1)]

(5) 결사의 자유의 한계와 제한

1) 결사의 자유의 한계

결사의 자유의 보장이 기본권과 민주주의의 효율적 실현 등 헌법적 가치의 실현에 그 목적이 있는 만큼 결사의 자유의 행사에는 이러한 헌법적 목적과 기능에서 오는 일정한 헌법적 한계가 있을 수밖에 없다. 헌법적 가치의 실현을 목적으로 하는 결사의 자유가 헌법적 가치를 파괴할 목적으로 행사되어져서는 안 되기 때문이다. 예컨대 국가의 존립을 위태롭게 하거나, 민주적 기본질서에 위배되거나, 범죄목적의 활동을 하거나, 기타 타인의 기본권을 침해하는 결사 내지 결사활동은 헌법의 보호대상이 될 수 없을 것이다.

2) 결사의 자유의 제한과 그 한계

결사의 자유도 공익상 헌법 제37조 제2항에 따라 법률에 의한 제한을 받을 수 있다. 물론 이 경우 비례의 원칙, 명확성의 원칙과 명백하고 현존하는 위험의 법리, 기본권의 본질적 내용침해금지의 원칙이 준수되어야 한다. 따라서 결사의 자유의 과잉적인 제한, 불명확한 법률규정의 유추적용에 따른 제한은 위헌이다.

한편 결사의 자유 중 결사의 조직을 강요당하지 않으며, 결사에의 가입을 강제당하지 않을 소극적 결사의 자유와 관련하여 일정한 공적인 과제의 수행을 위하여 사적인 단체의 설립과 그 단체에의 가입을 법률로 강제하는 것이 허용

것도 아니다. 그러므로 주택건설촉진법 제3조 제9호는 유주택자의 결사의 자유를 침해하는 것이 아니다.

1) 헌재 2008. 10. 30. 2006헌가15, 판례집 20-2상, 684, 688.

될 수 있느냐가 문제될 수 있다. 예컨대 변호사법에 의한 변호사협회, 변리사법에 따른 변리사회, 의료법에 의한 의사회, 약사법에 의한 약사회 등의 강제적 결성과 회원으로의 강제가입이 그것이다. 여기서 이러한 강제를 통해 소극적 결사의 자유의 침해와 더불어 일반적 행동의 자유, 행복추구권, 직업의 자유 등이 침해당할 수 있다. 이러한 결사의 자유에 대한 제한은 대체로 그 단체 구성원의 해당 직업의 공익성과 전문성 및 윤리성에서 요구되는 공익적 이유 때문에 불가피할 경우 정당화되는 것으로 본다.

한편 단체설립에 허가제를 도입하는 조치, 복수 단체의 설립 자체를 금지하는 조치[1] 등은 결사의 자유의 본질적 내용을 침해하는 것으로 위헌이다. 헌법 제21조 제2항이 결사의 허가제를 금지하고 있는 것도 이 때문이다.

다만 헌법 제77조 제3항에 따른 국가비상계엄하에서의 결사의 자유에 특별한 조치로서 거론되는 사전허가제는 비상계엄이라는 특별하고 예외적인 상황하에서 불가피하게 허용되는 수단이라는 점에서 내용적으로 정당화되는 것으로 본다. 또한 이는 헌법상 규정된 허가제금지에 대하여 바로 그 헌법 자체에서 그 예외를 규정한 것이기 때문에 법체계 형식상으로도 정당화될 수 있다.

Ⅴ. 학문과 예술의 자유

헌법 제22조는 "① 모든 국민은 학문과 예술의 자유를 가진다. ② 저작자·발명가·과학기술자와 예술가의 권리는 법률로써 보호한다."라고 규정하여 모든 국민의 학문과 예술의 자유를 보장하고 있고, 저작자·발명가·과학기술자와 예술가를 보호하고 있다.

학문과 예술의 자유는 개인의 정신·문화적 기본권의 일종으로 헌법상의 문화국가원리를 실현하기 위한 수단이다.

---

1) 헌재 1996. 4. 25. 92헌바47, 판례집 8-1, 370, 371:
복수조합의 설립을 금지한 구 축산업협동조합법(1994.12.22. 법률 제4821호로 개정되기 전의 것) 제99조 제2항은 입법목적을 달성하기 위하여 결사의 자유 등 기본권의 본질적 내용을 해하는 수단을 선택함으로써 입법재량의 한계를 일탈하였으므로 헌법에 위반된다.

1. 학문의 자유

(1) 의의

학문의 자유란 인간의 진리탐구의 자유를 의미한다. 진리탐구란 사물의 본질, 인간의 본성이나 삶의 목적, 자연과 사회의 법칙이나 이치를 찾아내려는 인간의 지적 활동이나 노력을 말한다. 이처럼 학문은 진리탐구를 위한 인간의 모든 활동을 의미하기 때문에 진리탐구의 전 과정과 결과가 모두 학문의 자유의 대상이 된다. 따라서 학문의 자유는 단순한 학문연구의 결과인 지식의 전달을 보호영역으로 하는 초·중등학교에서의 수업의 자유와는 구별된다.[1)]

자연인 뿐 아니라 대학이나 연구기관, 학회 등의 법인, 단체 등 모두가 학문의 자유의 주체가 될 수 있다.

(2) 학문의 자유의 내용

1) 연구의 자유

연구의 자유는 아무런 간섭 없이 진리를 탐구하고 연구할 수 있는 자유를 말한다. 따라서 연구의 대상, 방법, 내용, 시기, 장소 등을 국가권력 등 외부의 간섭 없이 임의로 정할 수 있는 자유를 내용으로 한다. 이러한 학문의 자유의 특성상 학문연구의 자유에 대한 공익적 제한은 자제되어야 할 것이다.[2)] 따라서

---

1) 헌재 1992. 11. 12. 89헌마88, 판례집 4, 739, 756:
학문의 자유라 함은 진리를 탐구하는 자유를 의미하는데, 그것은 단순히 진리탐구의 자유에 그치지 않고 탐구한 결과에 대한 발표의 자유 내지 가르치는 자유(편의상 대학의 교수의 자유와 구분하여 수업의 자유로 한다) 등을 포함하는 것이라 할 수 있다. 다만 진리탐구의 자유와 결과발표 내지 수업의 자유는 같은 차원에서 거론하기가 어려우며, 전자는 신앙의 자유·양심의 자유처럼 절대적인 자유라고 할 수 있으나, 후자는 표현의 자유와도 밀접한 관련이 있는 것으로서 경우에 따라 헌법 제21조 제4항은 물론 제37조 제2항에 따른 제약이 있을 수 있는 것이다. 물론 수업의 자유는 두텁게 보호되어야 합당하겠지만 그것은 대학에서의 교수의 자유와 완전히 동일할 수는 없을 것이며 대학에서는 교수의 자유가 더욱 보장되어야하는 반면, 초·중·고교에서의 수업의 자유는 후술하는 바와 같이 제약이 있을 수 있다고 봐야 할 것이다.

2) 대판 1982. 5. 25. 82도716:
학문의 연구는 기존의 사상 및 가치에 대하여 의문을 제기하고 비판을 가함으로써 이를 개선하거나 새로운 것을 창출하려는 노력이므로 그 연구의 자료가 사회에서 현재 받아들여지

학문연구의 자유에 대한 제한은 1차적으로 학문영역 내에서의 자체적인 자기(자율)통제에 맡기는 것이 바람직하고, 공권력에 의한 제한은 이러한 자율적 통제가 불가능하거나 실효성이 없을 때에만 최후로 고려되어야 할 것이다.

2) 연구결과발표의 자유

연구결과발표의 자유는 연구결과를 교수 내지 강의 이외의 형태로 외부에 발표할 수 있는 자유를 말한다. 연구발표의 내용이나 방법을 국가 등 누구의 간섭도 받지 않고 자유롭게 정하는 것을 내용으로 한다. 논문이나 저서의 발표, 학술강연이나 세미나 등이 그것이다.

3) 강학의 자유

강학의 자유는 학문연구에 의해서 얻어진 결과를 전달하는 학술활동의 일종으로, 강의의 자유 또는 교수의 자유라고도 한다. 강학의 자유는 강의의 내용이나 방법 등이 공권력 등 외부의 어떠한 간섭 없이 자유롭게 이루어질 것을 요구한다. 이처럼 강학의 자유는 그 자체 학문의 자유의 한 내용으로 이를 통해 교수와 수강자 사이에 자주적이고 비판적인 진리탐구가 이루어지는 것이며, 따라서 교수활동은 단순한 지식의 전달인 교육과는 구별된다. 따라서 앞서 언급한 바와 같이 초·중등학교 교사에게 교육의 자유 내지 수업의 자유가 인정되는 것 외에 학문의 자유 내지 교수의 자유가 인정될 수는 없다.[1)]

고 있는 기존의 사상 및 가치체계와 상반되거나 저촉된다고 하여도 용인되어야 할 것이고, 한편 구 반공법 제4조 제2항의 죄는 목적범으로 위와 같은 경우에 있어서의 그 불법목적의 인정은 엄격한 증명을 요하는 바이니, 대학생이 학문연구를 위하여 시내 일반서점과 대학도서관에서 구입 또는 대출받아 보관한 연구자료가 반국가단체 또는 국외공산계열의 사상과 가치체계에 관한 것이라는 사실만으로써는 그 불법목적을 인정할 수 없는 것이다.

1) ① 헌재 1992. 11. 12. 89헌마88, 판례집 4, 739, 756-757:
학문의 자유라 함은 진리를 탐구하는 자유를 의미하는데, 그것은 단순히 진리탐구의 자유에 그치지 않고 탐구한 결과에 대한 발표의 자유 내지 가르치는 자유(편의상 대학의 교수의 자유와 구분하여 수업의 자유로 한다) 등을 포함하는 것이라 할 수 있다. 다만 진리탐구의 자유와 결과발표 내지 수업의 자유는 같은 차원에서 거론하기가 어려우며, 전자는 신앙의 자유·양심의 자유처럼 절대적인 자유라고 할 수 있으나, 후자는 표현의 자유와도 밀접한 관련이 있는 것으로서 경우에 따라 헌법 제21조 제4항은 물론 제37조 제2항에 따른 제약이 있을 수 있는 것이다. 물론 수업의 자유는 두텁게 보호되어야 합당하겠지만 그것은 대학에서의 교수의 자유와 완전히 동일할 수는 없을 것이며 대학에서는 교수의 자유가 더욱 보장되어야하는 반면, 초·중·고교에서의 수업의 자유는 후술하는 바와 같이 제약이 있

4) 학문적 집회 · 결사의 자유

학문적 집회 · 결사의 자유는 학문연구나 발표를 목적으로 모임을 갖거나 단체를 결성할 수 있는 자유를 말한다. 각종 학회나 강연회의 조직 또는 개최가 이에 속한다.

한편 학문적 집회 · 결사의 자유는 일반적 집회 · 결사의 자유(헌법 제21조)의 특별법적 성격을 가지기 때문에 학문적 집회 · 결사의 자유가 일반적 집회 · 결사의 자유보다 우선하고 더 두텁게 보장된다고 하겠다.

5) 대학의 자유

가. 의의

대학의 자유는 대표적인 학문연구기관인 대학이 연구와 교육 및 그 운영 등을 국가 등 외부의 간섭 없이 자율적으로 결정할 수 있는 자유를 말한다. 따라서 대학의 자유는 대학의 자치를 의미한다고 볼 수 있다. 이러한 대학의 자유는 학문, 즉 연구와 교수활동 등 진리탐구행위를 실효성 있게 뒷받침해주기 위한 필수적 전제조건이기 때문에, 학문의 자유의 주체인 대학에게 학문연구와 학술활동의 자유를 보장해주는 것이며, 따라서 대학의 자치는 학문의 자유의 한 내

을 수 있다고 봐야 할 것이다.… 수업의 자유는 무제한 보호되기는 어려우며 초 · 중 · 교등학교의 교사는 자신이 연구한 결과에 대하여 스스로 확신을 갖고 있다고 하더라도 그것을 학회에서 보고하거나 학술지에 기고하거나 스스로 저술하여 책자를 발행하는 것은 별론 수업의 자유를 내세워 함부로 학생들에게 여과 없이 전파할 수는 없다고 할 것이고, 나아가 헌법과 법률이 지향하고 있는 자유민주적 기본질서를 침해할 수 없음은 물론 사회상규나 윤리도덕을 일탈할 수 없으며, 따라서 가치편향적이거나 반도덕적인 내용의 교육은 할 수 없는 것이라고 할 것이다.

② 헌재 2019. 11. 28. 2018헌마222:

초 · 중등학교의 교원은 법령이 정하는 바에 따라 학생을 교육하는 자인 반면(초 · 중등교육법 제20조 제4항), 대학의 교원, 즉 교수 · 부교수 · 조교수 등은 학생을 교육 · 지도하고 학문을 연구하되, 학문 연구만을 전담할 수도 있는 자로서(고등교육법 제15조 제2항) 학문의 자유의 주체가 된다. 대학교수는 학생을 교육하기는 하나 그 주된 직무는 연구기능이고, 학문의 자유의 주체로서 정치적으로도 자유로우므로, 공통적이고 보편적인 지식의 전달을 주된 업무로 하며 정치적 중립성과 함께 직무전념의무를 요구받는 초 · 중등학교 교원과 차이가 있다. 또한 학생의 연령 및 교육 정도 등을 고려했을 때 교원이 학생에게 미치는 영향력에도 차이가 있다. 그렇다면 초 · 중등학교의 교원과는 달리 대학교원에게는 그 직을 보유한 채 공직선거 등에 입후보할 수 있도록 하더라도, 양자 간 직무의 내용, 근무태양, 학생들에게 미치는 영향력 등이 다른 점을 고려할 때 이를 불합리한 차별로 볼 수 없다.

용이자 그 보장수단이다. 그러므로 학문의 자유의 한 내용으로서의 대학의 자유 내지 자치의 헌법상의 근거규정은 학문의 자유를 보장한 헌법 제22조이며, "교육의 자주성·전문성·정치적 중립성 및 대학의 자율성은 법률이 정하는 바에 의하여 보장된다."라고 '대학의 자율성'을 규정한 헌법 제31조 제4항은 대학의 자치를 강조하고 확인하는 보완적 규정이라고 하겠다.[1)]

나. 대학의 자유의 내용

앞서 언급한 바와 같이 대학의 자유는 대학이 연구와 교육 및 그 운영 등을 아무런 외부의 간섭 없이 자율적으로 결정할 수 있는 자유를 말한다. 즉 대학의 자유 내지 자치는 국가나 이사회 등 외부의 간섭 없이 연구와 강학의 내용과 방법, 교육의 내용, 방법, 대상, 교과과정의 편성, 학생의 선발, 학생의 전형 등 학사관리의 전반적인 것, 대학시설의 관리·운영 등 대학운영에 관련된 모든 분야에서 자주적으로 결정할 수 있는 자유를 말한다. 이러한 대학의 자유의 주체에는 법인 내지 영조물로서의 대학 뿐 아니라, 개별적 교수, 교수회 또는 대학 전구성원 등이 해당될 수 있다.[2)] 결국 대학의 자유 내지 자치는 대학의 자율성

---

1) 같은 견해 허영, 전게서, 464쪽; 성낙인, 전게서, 1141쪽.
헌재 1992. 10. 1. 92헌마68 등, 판례집 4, 659, 670:
헌법 제31조 제4항은 "교육의 자주성·전문성·정치적 중립성 및 대학의 자율성은 법률이 정하는 바에 의하여 보장된다."라고 규정하여 교육의 자주성·대학의 자율성을 보장하고 있는데 이는 대학에 대한 공권력 등 외부세력의 간섭을 배제하고 대학구성원 자신이 대학을 자주적으로 운영할 수 있도록 함으로써 대학인으로 하여금 연구와 교육을 자유롭게 하여 진리탐구와 지도적 인격의 도야라는 대학의 기능을 충분히 발휘할 수 있도록 하기 위한 것이며, 교육의 자주성이나 대학의 자율성은 헌법 제22조 제1항이 보장하고 있는 학문의 자유의 확실한 보장수단으로 꼭 필요한 것으로서 이는 대학에게 부여된 헌법상의 기본권이다. 따라서 국립대학인 서울대학교는 다른 국가기관 내지 행정기관과는 달리 공권력의 행사자의 지위와 함께 기본권의 주체라는 점도 중요하게 다루어져야 한다. 여기서 대학의 자율은 대학시설의 관리·운영만이 아니라 학사관리 등 전반적인 것이라야 하므로 연구와 교육의 내용, 그 방법과 그 대상, 교과과정의 편성, 학생의 선발, 학생의 전형도 자율의 범위에 속해야 하고 따라서 입학시험제도도 자주적으로 마련될 수 있어야 한다.

2) 헌재 2006. 4. 27. 2005헌마1047 등, 판례집 18-1상, 601, 602:
대학의 자치의 주체를 기본적으로 대학으로 본다고 하더라도 교수나 교수회의 주체성이 부정된다고 볼 수는 없고, 가령 학문의 자유를 침해하는 대학의 장에 대한 관계에서는 교수나 교수회가 주체가 될 수 있고, 또한 국가에 의한 침해에 있어서는 대학 자체 외에도 대학 전구성원이 자율성을 갖는 경우도 있을 것이므로 문제되는 경우에 따라서 대학, 교수, 교수회 모두가 단독, 혹은 중첩적으로 주체가 될 수 있다고 보아야 할 것이다.
전통적으로 대학자치는 학문활동을 수행하는 교수들로 구성된 교수회가 누려오는 것이었

을 내용으로 하는 것으로 국가권력이나 이사회 또는 대학의 장으로부터의 자유를 의미한다고 하겠다.[1]

고, 현행법상 국립대학의 장 임명권은 대통령에게 있으나, 1990년대 이후 국립대학에서 총장 후보자에 대한 직접선거방식이 도입된 이래 거의 대부분 대학 구성원들이 추천하는 후보자 중에서 대학의 장을 임명하여 옴으로써 대통령이 대학총장을 임명함에 있어 대학교원들의 의사를 존중하여 온 점을 고려하면, 청구인들에게 대학총장 후보자 선출에 참여할 권리가 있고 이 권리는 대학의 자치의 본질적인 내용에 포함된다고 할 것이므로 결국 헌법상의 기본권으로 인정할 수 있다.

1) ① 헌재 2013. 5. 30. 2009헌마514, 판례집 25-1, 337, 338:
교육부장관의 학교법인 이화학당에게 한 법학전문대학원 설치인가 중 여성만을 입학자격요건으로 하는 입학전형계획을 인정한 부분은 학교법인 이화학당이 법학전문대학원 설치인가를 받기 위해 제출한 입학전형계획을 그대로 인정함으로써 남성인 청구인의 직업선택의 자유를 제한하고 있다. 그러나 한편으로 학교법인 이화학당은 헌법 제31조 제4항의 대학의 자율성의 주체인바, 학교법인 이화학당의 법학전문대학원 입학전형계획은 학교법인 이화학당이 학생의 선발 및 입학 전형에 관하여 대학의 자율성을 행사한 것이고, 이 사건 인가처분은 이러한 대학의 자율성 행사를 보장하는 것이다. 따라서 이 사건 인가처분에 의하여 청구인의 직업선택의 자유와 사립대학의 자율성이라는 두 기본권이 충돌하게 된다.
교육부장관이 이화여자대학교에 법학전문대학원 설치인가를 한 것은 대학의 교육역량에 대한 객관적인 평가에 따른 것이지 여성 우대를 목적으로 한 것이 아니며, 설치인가를 하면서 이화여자대학교의 이 사건 모집요강 내용을 그대로 인정한 것은 여자대학으로서의 전통을 유지하려는 이화여자대학교의 대학의 자율성을 보장하고자 한 것이므로, 이 사건 인가처분은 그 목적의 정당성과 수단의 적합성이 인정된다.
학생의 선발, 입학의 전형도 사립대학의 자율성의 범위에 속한다는 점, 여성 고등교육기관이라는 이화여자대학교의 정체성에 비추어 여자대학교라는 정책의 유지 여부는 대학 자율성의 본질적인 부분에 속한다는 점, 이 사건 인가처분으로 인하여 남성인 청구인이 받는 불이익이 크지 않다는 점 등을 고려하면, 이 사건 인가처분은 청구인의 직업선택의 자유와 대학의 자율성이라는 두 기본권을 합리적으로 조화시킨 것이며 양 기본권의 제한에 있어 적정한 비례관계를 유지한 것이라고 할 것이다. 따라서 이 사건 인가처분이 청구인의 직업선택의 자유를 침해한다고 할 수 없다.
② 헌재 2013. 11. 28. 2007헌마1189 등, 판례집 25-2하, 398, 399-400:
개방이사제에 관한 사립학교법 제14조 제3항, 제4항은 사립학교운영의 투명성과 공정성을 제고하고, 학교구성원에게 학교운영에 참여할 기회를 부여하기 위한 것으로서, 개방이사가 이사 정수에서 차지하는 비중, 대학평의원회와 학교운영위원회가 추천하는 개방이사추천위원회 위원의 비율, 학교법인 운영의 투명성 확보를 위한 사전적·예방적 조치의 필요성 등을 고려할 때 학교법인의 사학의 자유를 침해한다고 볼 수 없다.
개방감사제에 관한 사립학교법 제21조 제5항은, 학교법인에 대한 감사의 신뢰성을 확보하고 그 책무성을 강화함으로써 사립학교운영의 투명성과 공공성을 높이기 위한 것으로, 개방감사가 1인으로 제한되고, 감사의 존재목적이 학교법인 및 학교운영의 적정성을 감독하는 데 있는 점 등을 고려하면 학교법인의 사학의 자유를 침해한다고 볼 수 없다.
임시이사의 임기에 관한 사립학교법 제25조 제3항은, 비록 임시이사 체제의 존속기한을 명시하고 있지는 않으나, 임시이사는 그 선임사유가 해소될 때까지 재임하는 것이고, 임시이

한편 대학의 구성원으로서 학생 내지 학생회의 대학자치에의 참여 범위가 문제될 수 있다. 그런데 앞서 언급한 바와 같이 이러한 대학의 자유 내지 자치는 학문의 자유의 한 내용이자 그 보장수단이라는 점에서 학문의 자유의 주체가 아닌 학생 내지 학생회의 대학자치에의 참여권에는 일정한 한계가 있을 수 밖에 없다.[1)]

사 체제가 부당히 장기화되는 것을 방지하기 위한 법적 수단들이 마련되어 있으므로 학교법인과 종전이사 등의 사학의 자유를 침해한다고 볼 수 없다.

임시이사가 선임된 학교법인의 정상화를 위한 이사 선임에 관하여 사학분쟁조정위원회의 심의를 거치도록 한 사립학교법 제25조의3 제1항은, 사학분쟁조정위원회가 그 인적 구성과 기능에 있어 공정성 및 전문성을 갖추고 있다는 점, 학교법인의 정체성은 설립자로부터 이어지는 이사의 인적 연속성보다는 설립 목적이 화체된 정관을 통하여 유지·계승된다는 점, 사학분쟁조정위원회는 정상화 심의과정에서 종전이사 등의 의견을 청취할 수 있다는 점 등을 고려할 때 학교법인과 종전이사 등의 사학의 자유를 침해한다고 볼 수 없다.

대학평의원회에 관한 사립학교법 제26조의2 제1항은, 대학평의원회가 대학자치의 범위에 속하는 사항들 중 중요사항에 한하여 심의 또는 자문하는 데 불과해 이사회의 결정권한을 제약하지 않는 점, 학교법인에 정관을 통한 자율적 형성의 여지가 부여되어 있는 점 등을 고려하면, 학교법인의 사학의 자유를 침해한다고 볼 수 없다.

③ 헌재 2015. 12. 23. 2014헌마1149, 판례집 27-2하, 710, 711:

교육부장관이 강원대학교법학전문대학원의 2015학년도 및 2016학년도 신입생 각 1명의 모집을 정지하도록 한 행위모집정지는 강원대학교 법학전문대학원의 신입생 정원 중 2.5%의 모집을 정지하는 것으로 청구인에게 큰 불이익인 점, 강원대학교 법학전문대학원 설치인가 신청서의 내용을 종합하면 장학금지급률을 최저 20% 보장하되 그 당시 장학금확보율이 100.6%에 달한다는 내용으로 해석되는 점, 피청구인의 법학전문대학원 설치인가 심사기준에 따르면 장학금지급률 20% 이상이면 해당 항목의 만점에 해당하는 점, 청구인은 법학전문대학원 개원 이래 초기 3년간 다른 24개 대학들에 비하여 최고수준의 장학금을 지급하였고 이후에도 피청구인의 설치인가 심사기준에서 요구하는 장학금지급률 및 청구인이 제출한 설치인가 신청서상의 최저 장학금지급률을 상회하는 장학금을 지급해 온 점, 법학전문대학원법 제39조는 시정명령 불이행으로 인하여 '정상적인 학사운영이 곤란'한 경우에 한하여 학생모집을 정지할 수 있도록 정하고 있음에도 불구하고 이 사건 모집정지 당시 강원대학교 법학전문대학원의 장학금지급률로 인하여 강원대학교 법학전문대학원의 정상적인 학사운영이 곤란한 정도에 이르렀다고 인정하기 어려운 점 등을 종합하면, 이 사건 모집정지는 과잉금지원칙에 반하여 청구인의 대학의 자율권을 침해한다.

1) 헌재 1997. 3. 27. 94헌마277, 판례집 9-1, 404, 409-410:
신입생모집에 관하여 의견을 개진하고 건의하며 결정에 대하여 비판하는 범위내에서 재학생들의 대학자치에의 참여권을 비록 인정한다 하더라도, 건의·비판을 통한 참여가능성 자체가 봉쇄되지 않은 이상 재학생의 건의내용과 다른 결정이 내려졌다 하여 바로 그들의 참여권에 대한 침해가 있다고 볼 수도 없다.

(3) 학문의 자유의 한계와 제한

학문의 자유는 진리탐구의 자유를 내용으로 하는 정신적 기본권으로서 외부의 간섭 및 통제에 친숙하지 아니한 특성을 가지기 때문에 가급적 최대한 보장되어야 하겠지만, 이에도 일정한 내재적 한계, 즉 헌법질서와 타인의 기본권을 침해하지 않는 범위 내에서만 인정될 수 있다는 제약이 있다.

또한 일정한 내재적 한계를 일탈하지 않았다 하더라도 학문의 자유는 국가안전보장 · 질서유지 · 공공복리의 실현을 위해 불가피할 경우 법률에 의한 제한을 받을 수 있다(헌법 제37조 제2항). 물론 이 경우에도 비례의 원칙이나 기본권의 본질적 내용침해금지의 원칙 등 법치국가원리에서 오는 일정한 한계가 준수되어야 함은 물론이다.

그러나 공익적 이유에서 공권력에 의한 제한의 필요성이 있다 하더라도 앞서 언급한 바와 같이 학문의 자유의 특성상 학문연구의 자유에 대한 공익적 제한은 자제되어야 할 것이다. 따라서 학문연구의 자유에 대한 제한은 학문영역내에서의 자체적인 자율적 통제가 불가능하거나 실효성이 없을 때에만 최후로 고려되어야 할 것이다.

2. 예술의 자유

(1) 의의

헌법 제22조 제1항은 모든 국민의 예술의 자유를 보장하고 있다. 이러한 예술의 자유는 개인의 정신 · 문화적 기본권의 일종으로 인간의 문화영역에서의 개성신장과 헌법상의 문화국가원리를 실현하기 위한 수단이다. 예술은 인간의 주관적인 미적 체험의 창조적 · 개성적 표현형태라고 할 수 있다. 예술의 자유는 이러한 예술활동에 관한 기본권이다.

(2) 예술의 개념과 특성

그런데 이러한 예술은 그 본질과 특성상 필연적으로 추상적이고 주관적일 수밖에 없다. 따라서 과연 예술이 무엇인지 그 정의를 내리고, 예술을 판단할 객관적이고 구체적인 기준을 설정하기란 매우 어렵다고 하겠다. 그러나 그렇다고 예술의 정의와 범위 및 그 판단기준에 대한 정립시도를 포기할 수도 없다. 왜냐하면 헌법상 예술의 자유를 보장하기 위해서는 무엇이 헌법상 보호의 대상이 되는 예술인지를 규명하지 않을 수 없기 때문이다.

결국 예술은 인간의 주관적인 미적 체험을 객관화될 수 있는 창조적·개성적인 방법으로 외부로 표현한 형태라고 정의내릴 수 있을 것이다. 아울러 국가가 예술의 범위 및 그 기준을 설정하고 헌법상 보호되는 예술인지의 여부를 판단하고 결정하는 과제를 담당할 수밖에 없다고 하겠다. 즉 법집행자와 최종적으로는 사법부가 이를 판단할 수밖에 없을 것이다.

한편 앞서 언급한 바와 같이 예술은 인간의 주관적인 미적 체험을 객관화될 수 있는 창조적·개성적인 방법으로 외부로 표현한 형태이기 때문에 예술의 목적은 표현 그 자체라고 할 수 있다.

(3) 예술의 자유의 주체

자연인과 법인 또는 단체가 예술의 자유의 주체가 될 수 있다. 따라서 교향악단, 극장, 미술관, 박물관, 예술학교 등의 법인이나 단체는 그 자체 또는 그 구성원이 예술의 자유를 행사할 수 있다고 하겠다.[1)]

(4) 예술의 자유의 내용

예술의 자유의 내용으로서는 일반적으로 예술창작의 자유, 예술표현의 자유, 예술적 집회·결사의 자유를 들 수 있다.[2)]

---

1) 같은 견해, 성낙인, 전게서, 1148쪽.

2) 헌재 1993. 5. 13. 91헌바17, 판례집 5-1, 275, 283:
예술의 자유의 내용으로서는 일반적으로 예술창작의 자유, 예술표현의 자유, 예술적 집회 및 결사의 자유 등을 들고 있다. 예술창작의 자유는 예술창작활동을 할 수 있는 자유로서 창작소재, 창작형태 및 창작과정 등에 대한 임의로운 결정권을 포함한 모든 예술창작활동의 자유를 그 내용으로 한다. 따라서 음반 및 비디오물로써 예술창작활동을 하는 자유도 이 예술의 자유에 포함된다. 예술표현의 자유는 창작한 예술품을 일반대중에게 전시·공연·보급할 수 있는 자유이다. 예술품보급의 자유와 관련해서 예술품보급을 목적으로 하는 예술출판자 등도 이러한 의미에서의 예술의 자유의 보호를 받는다고 하겠다. 따라서 비디오물을 포함하는 음반제작자도 이러한 의미에서의 예술표현의 자유를 향유한다고 할 것이다.

1) 예술창작의 자유

예술창작의 자유는 외부의 간섭 없이 예술작품을 창작할 수 있는 자유로서 예술창작의 모든 내용과 과정, 즉 창작소재, 창작방법, 창작형태 등에 관한 자유로운 결정권을 포함한다. 그러나 앞서 언급한 바와 같이 예술의 목적은 표현 그 자체에 있기 때문에 표현목적이 아닌 다른 목적을 위한 창작이나 활동, 예컨대 영리를 목적으로 하는 상업적 광고물 등의 경우는 예술창작의 자유의 보호대상이 될 수 없다고 할 것이다.

2) 예술표현의 자유

예술표현의 자유는 창작결과로서의 예술작품을 외부에 표현하고 전파하는 자유로서 예술작품의 전시, 공연, 연주, 보급 등의 자유가 이에 해당한다.[1] 그런데 앞서 언급한 바와 같이 예술의 목적은 표현 그 자체에 있기 때문에 예술표현의 자유는 창작결과로서의 예술작품을 예술표현 그 자체를 위하여 보호하는 것이지 영리추구나 직업활동을 위한 수단으로 보호하는 것은 아니다. 따라서 후자의 경우에는 재산권이나 직업의 자유의 보호대상이 될 것이다.

---

1) 헌재 1993. 5. 13. 91헌바17, 판례집 5-1, 275, 288-289:
구 음반법 제3조 제1항은 음반을 제작하는데 필요한 적정한 시설을 갖추도록 규정한 것이지 그 시설이 반드시 자기소유이어야 하는 것으로 한정하여 규정한 바 없는데도 불구하고, 행정부는 아무런 법률상의 근거 없이 구 음반법시행령 제1조에서 구 음반법 제3조 제1항에서 규정하고 있는 소정의 시설이 자기 소유임을 증명하는 서류를 제출하도록 등록요건을 정함으로써, 구 음반법 제3조 제1항의 시설이 위와 같이 막대한 비용이 드는 자기소유인 시설이어야 하는 것으로 자의적인 법률해석을 하고 있다.
위 법률 소정의 시설은 반드시 자기소유가 아니라 할지라도 임대차계약 등 기타 용익관계에 의한 여러가지 법률원인에 의해서도 설치할 수 있다. 더구나 리스산업이 발달한 현대사회에서는 그 시설이 자기소유이어야 한다는 요건을 갖추지 않아도 대량으로 음반 및 비디오물의 제작이 가능하다. 그럼에도 불구하고 우리의 일반적 법률상식과 사회적으로 통용되는 법률관계를 무시하고 위 법률소정의 해당시설에 대한 자기소유권을 취득하여 등록하여야 하는 것으로 위 구 음반법 제3조를 해석하고 위 법시행령 제1조의 규정을 근거로 하여 위에서 본 바와 같이 막대한 비용이 드는 구 음반법 제3조 제1항 소정시설이 자기소유임을 증명하는 서류를 반드시 갖추어 제출하여 등록하도록 요구하는 것은 동 법률조항을 자의적으로 해석하여 시행하고 있는 것이라고 할 것이다. 이는 헌법상 금지된 허가제의 수단으로 자칫 남용될 수도 있으므로 언론·출판의 자유를 침해할 수 있게 되는 것이며 음반 및 비디오물을 통한 예술의 자유도 침해할 수 있게 되고 평등권을 침해할 수 있게 된다고 할 수 있다.

3) 예술적 집회 · 결사의 자유

예술적 집회 · 결사의 자유는 예술창작이나 예술표현 등 예술활동을 위하여 집회를 개최하고 단체를 결성할 수 있는 자유를 말한다.

예술적 집회 · 결사의 자유는 일반적 집회 · 결사의 자유(헌법 제21조)의 특별법적 성격을 가지기 때문에 예술적 집회 · 결사의 자유가 일반적 집회 · 결사의 자유보다 우선하고 더 두텁게 보장된다고 하겠다.

(5) 예술의 자유의 한계와 제한

예술의 자유는 지극히 주관적인 미적 체험의 창조적 · 개성적 표현형태를 보호하는 기본권으로서 정신 · 문화생활영역에서의 개성신장과 문화국가원리실현의 기능을 가진다. 예술의 자유의 이러한 특성과 기능에 비추어 이에 대한 한계설정 또는 외부의 간섭과 통제 및 제한은 가급적 억제되어야 하겠지만, 이에도 일정한 내재적 한계, 즉 자유민주적 기본질서를 비롯한 핵심적인 헌법질서와 타인의 기본권을 침해하지 않는 범위 내에서만 인정될 수 있다는 제약이 따른다.[1)]

또한 일정한 내재적 한계를 일탈하지 않았다 하더라도 예술의 자유는 국가안전보장 · 질서유지 · 공공복리의 실현을 위해 불가피할 경우 법률에 의한 제한을 받을 수 있다(헌법 제37조 제2항). 물론 이 경우에도 비례의 원칙이나 기본권의 본질적 내용침해금지의 원칙 등 법치국가원리에서 오는 일정한 한계가 준수되어야 함은 물론이다.[2)]

---

1) 대판 1990. 12. 11. 90도2328.
반국가단체인 북한공산집단의 활동에 동조하고 이를 이롭게 할 목적으로 계급투쟁론적 입장에서 폭력혁명을 강조하는 한편 계급혁명의 합법칙성을 찬양하는 내용을 담은 작품인 '꽃파는 처녀' 상, 하를 제작한 행위는 국가보안법 제7조 제5항에 정한 이적표현물제작죄에 해당한다.

2) 헌재 1993. 5. 13. 91헌바17, 판례집 5-1, 275, 283-284:
예술표현의 자유는 무제한한 기본권은 아니다. 예술표현의 자유는 타인의 권리와 명예 또는 공중도덕이나 사회윤리를 침해하여서는 아니된다. 그리고 국가안전보장, 질서유지 또는 공공복리를 위하여 필요한 경우에는 헌법 제37조 제2항에 의하여 법률로써 제한할 수 있으나, 이러한 필요에서 하는 법률에 의한 제한도 그 목적이 헌법 및 법률의 체계상 그 정당성이 인정되어야 하고(목적의 정당성), 그 목적달성을 위하여 그 방법이 효과적이고 적절하여야 하며(방법의 적절성), 그로 인한 피해가 최소한도에 그쳐야 하며(피해의 최소성), 보호하려는 공익과 침해하는 사익을 비교형량할 때 보호되는 공익이 더 커야 한다는(법익의 균형성) 과잉금지의 원칙에 반하지 않는 한도 내에서 할 수 있는 것이다.

3. 저작자 · 발명가 · 과학기술자와 예술가의 권리보호

헌법 제22조 제2항은 "저작자 · 발명가 · 과학기술자와 예술가의 권리는 법률로써 보호한다."라고 규정하고 있다. 이는 학문과 예술의 자유가 제 기능을 발휘할 수 있도록 촉진시키고, 학문과 예술의 자유의 주체의 법적 지위를 보장하며, 이들 주체의 학문과 예술활동의 결과물을 법적으로 보호하기 위한 것이다. 저작자 · 발명가 · 과학기술자와 예술가의 지적재산권을 보호하는 것이 핵심 내용이라고 하겠다. 이에 따라 저작권, 특허권, 의장권, 실용신안권, 상표권, 예술공연권 등의 지적재산권을 보호하기 위하여 다양한 관련법이 제정 · 시행되고 있다.

제 4 항 경제적 기본권

우리 헌법은 자본주의와 사유재산제도를 내용으로 한 자유시장경제질서의 바탕위에서 모든 국민의 경제활동을 보호하고 촉진시키기 위한 다양한 기본권을 보장하고 있다. 직업의 자유(제15조), 재산권보장(제23조) 규정이 그것이다. 그 외에 헌법상 명문의 규정은 없지만 소비자의 권리도 개인의 경제활동을 보호하기 위한 경제적 기본권의 하나로 인정될 수 있을 것이다.

여기서는 먼저 우리 헌법의 근간을 이루고 경제적 기본권실현의 토대가 되는 헌법상의 경제질서에 관한 소개를 한 후, 위에서 소개한 이들 경제적 기본권에 대하여 언급하고자 한다.

Ⅰ. 우리 헌법상의 경제질서

1. 경제질서에 관한 헌법규정

현행 헌법은 제9장에서 경제에 관한 장을 별도로 마련하고 9개의 조항을 규정하고 있다. 그 중 가장 기본적인 조항은 제119조로서 "① 대한민국의 경제질서는 개인과 기업의 경제상의 자유와 창의를 존중함을 기본으로 한다. ② 국가는 균형있는 국민경제의 성장 및 안정과 적정한 소득의 분배를 유지하고, 시장의 지배와 경제력의 남용을 방지하며, 경제주체간의 조화를 통한 경제의 민주화를 위하여 경제에 관한 규제와 조정을 할 수 있다."라고 규정하고 있다. 제1항은 '경제상의 자유와 창의', 즉 경제활동의 자유와 자유경쟁을 바탕으로 하는 자유시장경제체제를 헌법상 경제질서의 바탕으로 삼고 있음을 선언한 것이고, 제2항은 이러한 자유시장경제체제의 기초위에 시장경제체제에 대한 규제와 조정이라는 국가개입을 가미할 수 있음을 천명한 것이라고 하겠다. 이는 우리 헌법이 경제적 자유주의의 수정원리로서 사회적 시장경제체제를 채택한 것이라고 할 수 있다. 헌법상의 경제의 장에 규정된 나머지 조항, 즉 제120조에서 제127조까지의 8개 조항은 대체로 이러한 국가의 개입, 즉 다양한 공익실현을 위한 경제에 관한 규제와 조정을 내용으로 하는 국가의 간섭을 정당화시키는 근거조항들이라고 할 수 있다.

이처럼 헌법에 경제에 관한 장을 별도로 마련한 대표적인 헌법이 바로 과거 독일의 바이마르공화국 헌법이라고 하겠다. 바이마르공화국 헌법은, 한편에서는 경제활동의 자유와 사적 자치를 바탕으로 한 고전적 자본주의 내지 자유방임주의의 폐단을 극복하면서, 다른 한편에서는 사회주의세력의 확산을 억제하고자 경제의 자유에 국가의 간섭을 가미하는 일종의 혼합적 경제체제의 효시로 여겨진다.

결국 우리 헌법의 경제원칙은 사유재산제를 그 바탕으로 하여 시장사업자들의 자유로운 경제활동과 경쟁을 촉진하고 보호하는 자본주의 자유시장경제에 기초하면서, 다른 한편 자본주의 자유시장경제가 본질적으로 내포하고 있거나 적절히 다룰 수 없는 사회·경제적인 문제가 발생하는 경우 국가가 이를 규제하고 조정할 수 있도록 하는 것이다. 이에 대한 헌법상의 근거규정인 제119조 제2항은 국가의 경제규제 및 조정의 목적으로 첫째, 균형 있는 국민경제의 성장 및 안정과 적정한 소득분배의 유지, 둘째, 시장의 지배와 경제력남용의 방지, 그리고 셋째, 경제주체간의 조화를 통한 경제민주화의 실현을 제시하고 있다.

2. 사회적 시장경제질서

앞서 소개한 바와 같이 헌법 제119조를 비롯한 제9장의 경제에 관한 조항들,

후술할 재산권에 관한 조항인 제23조 및 기타의 경제관련 기본권조항들을 종합적으로 검토해 보면 헌법상의 경제질서를 사유재산제도와 경제활동의 자유 및 자유경쟁을 기초로 하는 자유시장경제질서를 근간으로 하면서 실질적 자유와 평등 및 정의를 실현하기 위한 경제에 관한 규제와 조정, 즉 국가개입을 수반하는 경제질서라고 보지 않을 수 없고, 이러한 경제질서가 바로 사회적 시장경제질서인 것이다. 즉 자유시장경제질서에 사회적·공익적 견지에서의 제한과 규제를 가미한 경제질서가 사회적 시장경제질서이고, 이는 바로 사유재산제도와 자본주의를 바탕으로 하면서도 그 폐해의 극복을 목적으로 하는 수정자본주의를 바탕으로 한다고 할 수 있다. 우리 헌법재판소도 같은 입장을 취하고 있다.[1)]

우리 헌법은 이러한 사회적 시장경제질서의 바탕위에서 후술하는 다양한 경제관련 기본권을 보장하고 있다.

---

1) ① 헌재 1996. 4. 25. 92헌바47, 판례집 제8권 1집, 370, 380-381:
우리나라 헌법상의 경제질서는 사유재산제를 바탕으로 하고 자유경쟁을 존중하는 자유시장경제질서를 기본으로 하면서도 이에 수반되는 갖가지 모순을 제거하고 사회복지·사회정의를 실현하기 위하여 국가적 규제와 조정을 용인하는 사회적 시장경제질서로서의 성격을 띠고 있다. 즉 절대적 개인주의·자유주의를 근간으로 하는 자본주의사회에 있어서는 계약자유의 미명 아래 '있는 자, 가진 자'의 착취에 의하여 경제적인 지배종속관계가 성립하고 경쟁이 왜곡되게 되어 결국에는 빈부의 격차가 현격해지고, 사회계층간의 분화와 대립갈등이 첨예화하는 사태에 이르게 됨에 따라 이를 대폭 수정하여 실질적인 자유와 공정을 확보함으로써 인간의 존엄과 가치를 보장하도록 하였는바….
② 헌재 2001. 2. 22. 99헌마365, 판례집 제13권 1집, 301, 315-316:
우리 헌법 제119조는 제1항에서 대한민국의 경제질서는 개인과 기업의 경제상의 자유와 창의를 존중함을 기본으로 한다고 규정하여 사유재산제도, 사적 자치의 원칙, 과실책임의 원칙을 기초로 하는 자유시장 경제질서를 기본으로 하고 있음을 선언하면서, 한편 그 제2항에서 국가는 균형 있는 국민경제의 성장 및 안정과 적정한 소득의 분배를 유지하고, 시장의 지배와 경제력의 남용을 방지하며, 경제주체간의 조화를 통한 경제의 민주화를 위하여 경제에 관한 규제와 조정을 할 수 있다고 규정하고, 또한 헌법 제34조 제1항은 모든 국민은 인간다운 생활을 할 권리를 가진다, 제5항은 신체장애자 및 질병·노령 기타의 사유로 생활능력이 없는 국민은 법률이 정하는 바에 의하여 국가의 보호를 받는다고 규정하여 사회국가원리를 수용하고 있어, 결국 우리 헌법은 자유시장 경제질서를 기본으로 하면서 사회국가원리를 수용하여 실질적인 자유와 평등을 아울러 달성하려는 것을 근본이념으로 하고 있다. 즉 우리 헌법의 경제질서는 사유재산제를 바탕으로 하고 자유경쟁을 존중하는 자유시장 경제질서를 기본으로 하면서도 이에 수반되는 갖가지 모순을 제거하고 사회복지·사회정의를 실현하기 위하여 국가적 규제와 조정을 용인하는 사회적 시장경제질서로서의 성격을 띠고 있다.

Ⅱ. 직업의 자유

1. 의의

먼저 우리 헌법은 이러한 경제적 기본권의 하나로서 직업의 자유를 보장하고 있다. 헌법 제15조는 "모든 국민은 직업선택의 자유를 가진다."라고 규정하여 모든 국민에게 직업의 자유를 보장하고 있다. 직업의 자유는 개인의 생활의 기본적 수요를 충족시키는 수단이자 경제생활영역에서의 개성신장의 수단이다. 여기서 '직업'이란 생활을 위한 기본적 수요를 충족시키기 위한 포괄적이고 계속적이고 합법적인 소득활동이다. 따라서 직업의 개념적 요소로서는 이러한 생활수단성, 계속성, 합법성을 들 수 있다.

첫째, 직업은 생활을 위한 기본적 수요를 충족시키는 수단이어야 한다. 따라서 단순한 취미활동은 그 결과 일정한 소득이 발생된다고 해도 직업에 해당된다고 보기 어렵다. 둘째, 헌법상 보장되는 직업이라고 하기 위해서는 종신적일 필요는 없지만, 어느 정도 그 활동의 계속성이 요구된다. 셋째, 헌법상 보장되는 직업에 해당하기 위해서는 그 직업활동의 내용이 합법적이어야 한다. 매춘이나 마약거래 등 불법적인 활동은 비록 그것이 일정한 소득을 발생시킨다 하더라도 헌법상 보호되는 직업활동이라고 볼 수는 없기 때문이다. 물론 이러한 합법성의 여부는 시대와 장소에 따라 달라질 수 있다고 하겠다.

2. 직업의 자유의 법적 성격

직업의 자유는 국가권력 등 외부의 간섭 없이 자신의 소득활동 등 직업과 관련된 포괄적인 경제활동을 영위할 수 있는 주관적 권리로서 자유권적 기본권의 성격을 가지면서 동시에 앞서 언급한 사회적 시장경제질서의 구성요소이자 이를 실현하기 위한 수단이라는 점에서 객관적 가치질서로서의 성격도 가진다고 하겠다.[1)]

---

1) 헌재 1995. 7. 21. 94헌마125, 판례집 7-2, 155, 162:
헌법 제15조에 의한 직업선택의 자유라 함은 자신이 원하는 직업 내지 직종을 자유롭게 선

3. 직업의 자유의 주체

직업의 자유는 국민의 권리이기 이전에 인간의 존엄과 가치 및 행복추구권과 밀접히 관련되어 있는 인간의 권리라고 보아야 할 것이므로 국민 뿐 아니라 외국인에게도 원칙적으로 인정된다고 볼 것이다. 따라서 자연인, 법인, 내국인, 외국인 모두 직업의 자유의 주체가 될 수 있다.[1)]

택하는 직업의 선택의 자유뿐만 아니라 그가 선택한 직업을 자기가 결정한 방식으로 자유롭게 수행할 수 있는 직업의 수행의 자유를 포함한다고 할 것인바, 이 자유는 각자의 생활의 기본적 수요를 충족시키는 방편이 되고 개성신장의 바탕이 된다는 점에서 주관적 공권의 성격을 가지면서도 국민 개개인이 선택한 직업의 수행에 의하여 국가의 사회질서와 경제질서가 형성된다는 점에서 사회적 시장경제질서라고 하는 객관적 법질서의 구성요소이기도 하다.

1) ① 헌재 1996. 3. 28. 94헌바42, 판례집 8-1, 199, 206-207:
법인도 성질상 법인이 누릴 수 있는 기본권의 주체가 되고, 위 조항에 규정되어 있는 법인의 설립이나 지점 등의 설치, 활동거점의 이전(이하 '설립 등'이라 한다) 등은 법인이 그 존립이나 통상적인 활동을 위하여 필연적으로 요구되는 기본적인 행위유형들이라고 할 것이므로 이를 제한하는 것은 결국 헌법상 법인에게 보장된 직업수행의 자유와 거주·이전의 자유를 제한하는 것인가의 문제로 귀결된다. 살피건대 위 조항은 대도시내에서의 법인의 설립 등 행위를 직접적으로 제한하는 내용의 규정이라고 볼 수 없고, 다만 법인이 대도시내에서 설립 등의 목적을 위하여 취득하는 부동산등기에 대하여 통상보다 높은 세율의 등록세를 부과함으로써 대도시내에서의 법인의 설립등 행위가 억제될 것을 기대하는 범위내에서 사실상 법인의 그러한 행위의 자유가 간접적으로 제한되는 측면이 있을 뿐이다.
따라서 어떠한 법인이라고 위 조항이 정하는 중과세의 부담을 감수하기만 한다면 자유롭게 대도시내에서 설립 등 행위를 할 수 있고 또한 그에 필요한 부동산등기도 할 수 있는 것이므로, 위 조항이 법인의 대도시내 부동산등기에 대하여 통상세율의 5배를 규정하고 있다 하더라도 그것이 대도시내에서 업무용 부동산을 취득할 정도의 재정능력을 갖춘 법인의 담세능력을 일반적으로 또는 절대적으로 초과하는 것이어서 그 때문에 법인이 대도시내에서 향유하여야 할 직업수행의 자유나 거주·이전의 자유가 형해화할 정도에 이르러 그 본질적인 내용이 침해되었다고 볼 수 없다.
② 헌재 2011. 9. 29. 2007헌마1083 등, 판례집 23-2상, 623,639:
직업의 자유 중 이 사건에서 문제되는 직장 선택의 자유는 인간의 존엄과 가치 및 행복추구권과도 밀접한 관련을 가지는 만큼 단순히 국민의 권리가 아닌 인간의 권리로 보아야 할 것이므로 권리의 성질상 참정권, 사회권적 기본권, 입국의 자유 등과 같이 외국인의 기본권주체성을 전면적으로 부정할 수는 없고, 외국인도 제한적으로라도 직장 선택의 자유를 향유할 수 있다고 보아야 한다.

4. 직업의 자유의 내용

앞서 언급한 바와 같이 헌법 제15조에 의하여 보장되는 직업이란 생활을 위한 기본적 수요를 충족시키기 위한 포괄적인 경제적 소득활동이다. 그런데 헌법 제15조는 직업의 자유를 보장하면서 직업'선택'의 자유라는 표현을 쓰고 있다. 그러나 이러한 직업선택의 자유는 국민에게 단순히 직업의 '선택'에 관한 자유만을 보장하는 것이 아니라, 직업'행사'의 자유를 포함한 직업활동과 관련되는 종합적이고 포괄적인 기본권으로서의 직업의 자유를 보장한 것으로 보아야 할 것이다.[1)]

따라서 헌법 제15조 보장하는 직업(선택)의 자유는 직업에 관한 포괄적인 권리로서, 이에는 직업선택(직업결정)의 자유, 직업행사(직업수행)의 자유, 전직의 자유 등이 포함된다. 구체적으로는 일상적인 소득활동은 물론이고 영업의 자유, 기업의 설립과 경영의 자유를 의미하는 기업의 자유[2)] 등이 포함된다. 경쟁의 자유는 다른 기업과의 경쟁에서 국가의 간섭이나 방해를 받지 않고 기업활동을 할 수 있는 자유를 의미하는 것으로 기본권의 주체가 직업의 자유를 실제로 행사하는 데에서 나오는 결과이므로 당연히 직업의 자유에 의하여 보장된다.[3)]

한편 계약의 자유도 직업의 자유에 포함되는지가 문제될 수 있다. 계약의 자유는 법률행위의 영역에 있어서 계약을 체결할 것인가의 여부, 체결한다면 어떠한 내용의, 어떠한 상대방과의 관계에서, 어떠한 방식으로 계약을 체결하느냐 하는 것을 당사자 자신이 자기의사로 결정하는 자유 뿐 아니라 원치 않으면 계약을 체결하지 않을 자유, 즉 원치 않는 계약의 체결을 법이나 국가에 의하여 강제 받지 않을 자유를 포함한다.[4)] 헌법재판소는 계약의 자유를 헌법 제10조의 행복추구권에 포함된 일반적인 행동자유권의 한 내용으로 보면서,[5)] 동시에 헌

---

1) 헌재 1993. 5. 13. 92헌마80, 판례집 5-1, 365, 374:
직업이란 생활의 기본적 수요를 충족시키기 위한 계속적인 소득활동을 의미하며 그러한 내용의 활동인 한 그 종류나 성질을 불문하는데 헌법재판소는 직업선택의 자유를 비교적 폭넓게 인정하고 있으며 그에 관련하여 여러개의 판례를 남기고 있는 것이다. 직업선택의 자유에는 직업결정의 자유, 직업종사(직업수행)의 자유, 전직의 자유 등이 포함되지만….

2) 헌재 1998. 10. 29. 97헌마345, 판례집 제10권 2집, 621, 629.

3) 헌재 1996. 12. 26. 96헌가18, 판례집 8-2, 680, 691.

4) 헌재 1991. 6. 3. 89헌마204, 판례집 제3권, 268, 275.

법 제119조 제1항의 개인의 경제상의 자유의 일종으로도 보고 있다.[1] 물론 계약의 자유가 직업활동이 아닌 일반 사생활의 일환으로 행사될 경우에는 헌법재판소의 견해대로 행복추구권에 포함된 일반적인 행동자유권에서 파생된다고 볼 수 있겠으나, 계약이 직업활동 내지 영업활동의 일환으로 이루어지는 경우에는 계약의 자유는 헌법 제15조의 직업의 자유에 포함될 수 있다고 하겠다.

5. 직업의 자유의 제한과 그 한계

직업의 자유도 국가안전보장 · 질서유지 · 공공복리를 위하여 법률로써 제한될 수 있다. 예컨대 공정거래를 위한 기업활동에 대한 규제, 또는 중소기업보호를 위한 대기업의 영업활동 및 경쟁의 자유에 대한 규제, 소비자보호를 위한 생산자의 영업의 자유제한 등이 그것이다. 이들은 모두 기업 등 기본권주체의 직업의 자유를 제한하는 것인데, 불가피할 경우 공익적 이유에서 정당활 될 수 있을 것이다. 이 경우 헌법 제37조 제2항에서 정한 기본권제한의 한계 기준에 따른 제한이 이루어져야 함은 물론이다. 따라서 직업의 자유를 제한할 경우 비례의 원칙에 따라 달성코자하는 공익실현을 위한 불가피한 최소한의 침해만이 이루어지도록 제한해야 할 것이며, 직업의 자유의 본질적 내용을 침해할 수는 없다.

이러한 비례의 원칙에 따른 직업의 자유에 대한 제한의 경우에는 공익목적 달성을 위한 제한수단 중 가장 제한의 정도가 적은 것부터 단계적으로 선택하여 시도해야 한다는 이른바 '단계이론'이 확립되어 있다.[2] 이는 독일 연방헌법

---

5) 헌재 1998. 5. 28. 96헌가5, 판례집 10-1, 541, 549:
우리 헌법 제10조 전문은 "모든 국민은 인간으로서의 존엄과 가치를 지니며, 행복을 추구할 권리를 가진다"고 규정하여 행복추구권을 보장하고 있고, 행복추구권은 그의 구체적인 표현으로서 일반적인 행동자유권과 개성의 자유로운 발현권을 포함하기 때문에, 기부금품의 모집행위는 행복추구권에 의하여 보호된다. 계약의 자유도 헌법상의 행복추구권에 포함된 일반적인 행동자유권으로부터 파생하므로, 계약의 자유 또한 행복추구권에 의하여 보호된다.

1) 헌재 1991. 6. 3. 89헌마204, 판례집 제3권, 268, 275.

2) 헌재 1993. 5. 13. 92헌마80, 판례집 5-1, 365, 374-375:
직업선택의 자유에는 직업결정의 자유, 직업종사(직업수행)의 자유, 전직의 자유 등이 포함되지만 직업결정의 자유나 전직의 자유에 비하여 직업종사(직업수행)의 자유에 대하여서는 상대적으로 더욱 넓은 법률상의 규제가 가능하다고 할 것이고 따라서 다른 기본권의 경우와 마찬가지로 국가안전보장 · 질서유지 또는 공공복리를 위하여 필요한 경우에는 제한이 가하여질 수 있는 것은 물론이지만 그 제한의 방법은 법률로써만 가능하고 제한의

재판소의 이른바 약국판결(Apothekenurteil)에 의하여 확립된 이론으로[1] 우리의 학설과 판례도 이를 수용하고 있다.

(1) 제1단계: 직업행사의 자유에 대한 제한

공익적 이유에 의한 직업의 자유에 대한 제한의 경우 먼저 직업의 자유에 대한 제한의 제1단계로서 침해 내지 제한의 정도가 가장 적은 직업'행사'의 자유에 대한 제한방법이 선택되어야 한다. 물론 이 단계내에서도 직업행사의 자유에 대한 제한의 방법에 있어서 다양한 선택가능성이 있게 마련이고, 따라서 비례의 원칙에 따라 그 중에서도 가장 제한 내지 침해의 정도가 적은 방법이 선택되어야 할 것이다.[2]

정도도 필요한 최소한도에 그쳐야 하는 것 또한 의문의 여지가 없이 자명한 것이다(헌법 제37조 제2항). 청구인이 경영하고 있는 당구장업에 대한 신고제도 바로 영업규제의 일환이라고 할 수 있지만 그것은 자격제나 허가제에 비하면 제한의 정도가 훨씬 약한 것이라고 할 수 있다.

그런데 당구장 경영자인 청구인에게 당구장 출입문에 18세 미만자에 대한 출입금지 표시를 하게 하는 심판대상규정은 법령이 직접적으로 청구인에게 그러한 표시를 하여야 할 법적 의무를 부과하는 사례에 해당하는 경우로서, 설사 그것이 법무부의 의견처럼 게시의무에 그치고 출입 그 자체를 제한하는 규정은 아니라고 할지라도 게시된 그 표시에 의하여 18세 미만자에 대한 당구장 출입을 저지하는 사실상의 규제력을 가지게 되는 것이므로 이는 결국 그 게시의무 규정으로 인하여 당구장 이용고객의 일정범위를 당구장 영업대상에서 제외시키는 결과가 된다고 할 것이고 따라서 청구인을 포함한 모든 당구장 경영자의 직업종사(직업수행)의 자유가 제한되어 헌법상 보장되고 있는 직업선택의 자유가 침해된다고 할 것이다. 뿐만 아니라 위 게시의무를 이행치 않아 시정명령을 받게 되고도 시정치 않을 때에는 영업정지 등 행정조치와 아울러 형사처벌까지 받게 되어 있는 점을 간과할 수 없는 것이다.

1) BVerGE 7, 377.

2) ① 헌재 1995. 7. 21. 94헌마125, 판례집 7-2, 155:
영화법 제26조는 개봉관의 확보를 통하여 국산영화의 제작과 상영의 기회를 보장하여 국산영화의 존립과 발전의 터전을 마련하여 주기 위한 것으로 공연장의 경영자에 대하여 직업의 자유를 제한하고 있는 것이기는 하나, 그 제한 목적의 정당성과 방법의 적정성이 인정될 뿐 아니라, 연간상영일수의 5분의 2에 한정하여 직업수행의 자유를 제한하고 있으므로, 과잉금지의 원칙에 반하여 직업의 자유의 본질적 내용을 침해한 것이라 할 수 없고, 위와 같은 제한이 공연장의 경영자에게 주어진 것은 영상상품을 최종적으로 공급하는 위치에 있다는 점에 기인한 것이므로 영화인, 영화업자 혹은 영화수입업자와 비교하여 합리적인 이유 없이 자의로 공연장의 경영자만을 차별한 것이라고 할 수도 없다.
② 헌재 1998. 3. 26. 97헌마194, 판례집 10-1, 302, 303:
청구인의 감정행위는 보석감정업이라는 직업을 수행하는 활동임이 명백하며, 이 사건 법률

조항(밀수품의 감정행위를 형사처벌하도록 규정한 관세법 제186조 제1항)은 밀수품의 감정행위를 금지하는 것으로서 직업활동의 대상 및 태양에 일정한 규제를 가하고 있으므로, 이 사건 법률조항은 밀수품에 대한 감정행위만을 금지하고 있을 뿐 정상적인 수출입품 및 이미 유통되고 있는 정상적인 물품에 대한 감정행위를 허용하고 있으며 종전보다 감정행위의 대상물을 축소시키고 있을 뿐이므로 청구인이 보석감정업을 더 이상 영위하는 것이 무의미할 정도로 그 직업활동의 영역을 축소시킬 것도 아니라 할 것이어서 청구인의 좁은 의미의 직업선택의 자유를 제한하는 것이라고는 볼 수 없고, 다만 보석감정업자로서 감정할 수 있는 청구인의 직업수행의 자유를 일부 제한하고 있다. 그러나 밀수품의 유통방지를 통한 밀수억제라는 입법목적의 정당성이 인정되고, 밀수품에 대한 감정행위를 금지하고 형사처벌하는 입법수단이 위 입법목적의 달성에 적절하며, 별다른 대체수단이 존재하지 않아서 최소침해성원칙이 지켜지고, 입법수단과 입법목적사이에도 균형적인 관계가 존재하여 결국 비례의 원칙에 위배되지 아니하므로, 위 법조항 부분은 헌법 제15조에 의거한 청구인의 직업선택의 자유를 침해하지 아니한다.

③ 헌재 1999. 7. 22. 98헌마480 등, 공보 제37호, 715, 716:
이 사건 시행령조항(학교보건법시행령 제4조의2 제5호 등)은 학교보건법 소정의 학교환경위생정화구역안에서 노래연습장 시설을 못하게 하여 노래연습장으로 인하여 청소년 학생이 학습을 소홀히 하는 것을 막고 노래연습장의 유해환경으로부터 학생들을 차단, 보호하여 학교교육의 능률화를 기하려는 것으로서 그 입법목적이 정당하고, 학교경계선으로부터 200미터 이내의 학교환경위생정화구역안에서만 노래연습장 시설을 금지하는데 불과하므로 기본권 제한의 정도가 그다지 크지 아니한 데 비하여, 학생들이 자주 출입하고 학교에서 바로 보이는 학교환경위생정화구역 안에서 노래연습장 시설을 금지하면, 변별력과 의지력이 미약한 초·중등교육법상 각 학교(같은 법 제2조 제1호의 유치원은 제외한다)의 학생들을 노래연습장이 갖는 오락적인 유혹으로부터 차단하는 효과가 상당히 크다고 할 것이고, 학교보건법 제6조 제1항 단서, 같은 법시행령 제4조에 의하여 학교환경위생정화위원회의 심의를 거쳐 학습과 학교보건위생에 나쁜 영향을 주지 않는다고 인정하는 경우에는 위 학교환경위생정화구역 중 상대정화구역안에서의 노래연습장 시설은 허용되므로, 이 사건 시행령에 의한 직업행사 자유의 제한은 그 입법목적 달성을 위하여 필요한 정도를 넘어 과도하게 제한하는 것이라고 할 수 없다.

④ 헌재 2004. 5. 27. 2003헌가1 등, 판례집 16-1, 670, 671:
대학의 정화구역 안에서 극장시설을 금지하는 이 사건 법률조항(학교보건법 제6조 제1항 본문 제2호 중 '극장' 부분)은 극장운영자의 직업수행의 자유를 필요·최소한 정도의 범위에서 제한한 것이라고 볼 수 없어 최소침해성의 원칙에 반한다.

⑤ 헌재 2015. 5. 28. 2013헌마799, 판례집 27-1하, 361, 362:
전문과목을 표시한 치과의원은 그 표시한 전문과목에 해당하는 환자만을 진료하여야 한다고 규정한 의료법(2011. 4. 28. 법률 제10609호로 개정된 것) 제77조 제3항이 달성하고자 하는 적정한 치과 의료전달체계의 정립 및 치과전문의의 특정 전문과목에의 편중 방지라는 공익은 중요하나, 심판대상조항으로 그러한 공익이 얼마나 달성될 수 있을 것인지 의문인 반면, 치과의원의 치과전문의가 표시한 전문과목 이외의 영역에서 치과일반의로서의 진료도 전혀 하지 못하는 데서 오는 사적인 불이익은 매우 크므로, 심판대상조항은 과잉금지원칙에 위배되어 청구인들의 직업수행의 자유를 침해한다.

(2) 제2단계: 주관적 사유에 의한 직업선택의 자유에 대한 제한

직업의 자유에 대한 제2단계 제한은 일정한 '주관적 사유'에 의한 직업'선택'의 자유에 대한 제한이다. 이는 직업을 선택할 수 있는 제한을 그 직업이 요구하는 일정한 자격이나 전문적 지식 등 해당 직업을 선택하고자 하는 사람의 주관적 사유를 기준으로 제한하는 단계이다.[1)] 따라서 이 경우 해당 직업을 선택하고자 하는 주체가 제한의 사유가 되는 주관적 기준을 충족시키게 되면 그 직업을 선택할 수 있고, 그 제한으로부터 벗어나게 된다. 이 단계의 제한의 경우에도 제한의 방법과 제한을 통해 달성코자하는 공익목적 사이에는 비례의 원칙이 준수되어야 함은 물론이다.[2)]

---

1) 헌재 1995. 6. 29. 90헌바43, 판례집 7-1, 854, 868-869:
일반적으로 직업선택의 자유를 제한함에 있어, 어떤 직업의 수행을 위한 전제요건으로서 일정한 주관적 요건을 갖춘 자에게만 그 직업에 종사할 수 있도록 제한하는 경우에는, 이러한 주관적 요건을 갖추도록 요구하는 것이, 누구에게나 제한 없이 그 직업에 종사하도록 방임함으로써 발생할 우려가 있는 공공의 손실과 위험을 방지하기 위한 적절한 수단이고, 그 직업을 희망하는 모든 사람에게 동일하게 적용되어야 하며, 주관적 요건 자체가 그 제한목적과 합리적인 관계가 있어야 한다는 비례의 원칙이 적용되어야 할 것이다.
그런데 일정한 요건을 갖춘 자에 대하여만 변호사의 자격을 인정하는 것은 기본권 주체의 능력과 자질에 의한 제한으로서 이른바 '주관적 요건에 의한 직업선택의 자유의 제한'에 해당하는 것이라 할 수 있는 바, 원칙적으로 사법시험에 합격하여 사법연수원의 소정과정을 마치거나 판사 또는 검사의 자격이 있는 자에게만 변호사 자격을 인정하는 것(구 변호사법 제3조, 현행 변호사법 제4조)은 우선 변호사 직업의 공공성과 전문성을 보장하기 위한 목적에 부합하고 그 제한의 방법이나 정도가 필요한 최소한의 것으로서 합리적인 것임은 대체로 인정되고 있으며 이와 같은 주관적 제한은 비례의 원칙에 위배된다고도 할 수 없으므로, 사법시험에 합격하여 사법연수원의 소정과정을 마치거나 판사 또는 검사로서의 자격을 갖추지 못한 자는 원칙적으로 변호사의 자격을 취득할 수 없다고 할 것이다.

2) ① 헌재 2002. 8. 29. 2002헌마160, 판례집 14-2, 252:
자격제도를 시행함에 있어서 자격요건의 구체적인 내용은 업무의 내용과 제반 여건 등을 종합적으로 고려하여 입법자가 결정할 사항이다. 다만 그것이 재량의 범위를 넘어 명백히 불합리한 경우에만 비로소 위헌의 문제가 생길 수 있는바, 형의 집행유예를 받고 그 기간이 종료한 후 1년이 경과하지 아니한 자에 대하여 세무사자격시험에 응시할 수 없도록 한 세무사법 제5조 제2항 중 제4조 제6호 부분은 그 목적의 정당성이 인정되고, 그 내용이나 기간에 있어서 합리성을 결여한 것도 아니다. 따라서 위 법률조항이 청구인의 직업선택의 자유를 침해하는 것은 아니다.
② 헌재 2013. 9. 26. 2012헌마365, 판례집 25-2하, 94, 95:
금고 이상의 형의 집행유예를 선고받고 그 유예기간이 지난 후 2년이 지나지 아니한 사람에 대하여 변호사시험에 응시할 수 없도록 규정한 변호사시험법(2009. 5. 28. 법률 제9747

호로 제정된 것) 제6조 제3호는 금고 이상의 형의 집행유예를 선고받아 변호사로서의 공정성과 신뢰성을 확보하기 어려운 자들을 변호사의 업무에서 배제시켜야 할 중요한 공익상의 필요성을 확보하고 유지하기 위한 것이므로, 범죄행위의 종류를 한정하지 않고 집행유예기간이 지난 후에도 2년간 변호사시험 응시 자체를 제한하였다고 하더라도, 입법재량의 범위를 벗어나 청구인의 직업선택의 자유를 침해한다고 볼 수 없다.
법학전문대학원의 석사학위 취득 후 5년 이내로 변호사시험 응시기간을 제한하고, 병역의무를 이행한 기간만을 위 응시기간에 포함하지 아니한다고 규정한 변호사시험법(2009. 5. 28. 법률 제9747호로 제정된 것) 제7조 제2항은 법학전문대학원의 교육효과가 소멸하는 것을 방지하고 변호사시험 응시자 간의 형평성을 보장하기 위한 것으로, 형사제재라는 본인의 귀책사유로 야기된 상황에 관하여 불이익이 없도록 응시기간산입의 예외사유를 마련하지 않았다고 하여 입법재량을 벗어났다고 볼 수는 없다. 특히, 응시 결격사유가 발생하여 몇 차례 응시기회가 줄어든다고 할지라도 여전히 변호사시험에 응시하여 합격할 가능성이 보장되며, 법원은 양형재량의 범위 내에서 응시 결격기간을 고려할 수 있으므로 집행유예의 선고로 인하여 변호사시험 응시기회를 한 차례도 부여받지 못하게 되는 경우는 극히 드물다. 응시기간산입 예외조항은 법학전문대학원의 교육효과가 소멸하기 전에 변호사자격을 취득할 것을 요구하는 것으로서 전문직으로서의 변호사가 갖추어야 할 적극적 자격요건 자체와 밀접하게 관련되므로, 변호사시험 응시기회를 한 차례도 부여받지 못하게 되는 경우가 발생할 수 있다고 하더라도 입법재량을 벗어나 직업선택의 자유를 침해한다고 보기 어렵다.
③ 헌재 2015. 12. 23. 2014헌바446 등, 공보 제231호, 139, 140:
반사회적 중범죄의 하나인 '마약류 관리에 관한 법률'을 위반한 자가 택시운송사업의 운전업무에 종사하는 것을 일정기간 동안 금지하여 국민의 생명, 신체, 재산을 보호하고 시민들의 택시이용에 대한 불안감을 해소하며, 도로교통에 관한 공공의 안전을 확보하고자 하는 입법목적은 정당하며, 마약류사범에 대해 택시운송사업의 운전업무를 일정기간 수행하지 못하도록 하고, 이미 해당 업무에 종사하는 경우라도 이러한 결격사유에 해당하는 경우 그 운전자격을 필요적으로 취소하고 택시운송사업 운전업무에서 일정기간 배제하는 것은 이러한 입법목적을 달성하기 위한 적절한 방법이다.
그러나 일정한 자격제도의 일부를 형성하고 있는 법령에서 결격사유 또는 취소사유의 적용기간을 얼마로 할 것인지에 대해서는 기본적으로 입법자의 입법재량이 인정되는 부분임을 감안하더라도, 20년이라는 기간은 좁게는 여객자동차운송사업과 관련된 결격사유 또는 취소사유를 규정하는 법률에서, 넓게는 기타 자격증 관련 직업의 결격사유 또는 취소사유를 규율하는 법률에서도 쉽게 찾아보기 어려운 긴 기간으로, 택시운송사업 운전업무 종사자의 일반적인 취업 연령이나 취업 실태에 비추어볼 때 실질적으로 해당 직업의 진입 자체를 거의 영구적으로 막는 것에 가까운 효과를 나타내며, 타 운송수단 대비 택시의 특수성을 고려하더라도 지나치게 긴 기간이라 할 수 있다. 또한 택시운송사업의 운전자격 제한 기간을 기존의 2년에서 20년으로 늘리는 것이 관련 범죄를 예방하기 위한 필요최소한의 기간인지에 대한 실증적 뒷받침이 없고, 이러한 장기간의 연장에 대한 필요성이나 효과에 대한 특정한 근거를 찾기 어렵다. 심판대상조항은 구체적 사안의 개별성과 특수성을 고려할 수 있는 여지를 일체 배제하고 그 위법의 정도나 비난 가능성의 정도가 미약한 경우까지도 획일적으로 20년이라는 장기간 동안 택시운송사업의 운전업무 종사자격을 제한하는 것이므로 침해의 최소성 원칙에 위배되며, 법익의 균형성 원칙에도 반한다. 따라서 심판대상조항은 청구인들의 직업선택의 자유를 침해한다.

(3) 제3단계: 객관적 사유에 의한 직업선택의 자유에 대한 제한

직업의 자유에 대한 제3단계 제한, 즉 가장 침해의 정도가 큰 단계의 제한은 기본권주체와는 무관한 일정한 '객관적 사유'에 의한 직업'선택'의 자유에 대한 제한이다. 이는 일정한 직업을 선택하고자 하는 기본권주체의 자격이나 전문적 지식, 능력 등 주관적 조건과는 관계없이 기본권주체가 충족시키거나 영향을 미칠 수 없는 일정한 객관적 사유에 의하여 직업을 선택할 수 있는 자유를 제한하는 것이므로 직업의 자유에 대한 제한 내지 침해의 정도가 가장 심한 것이고, 따라서 매우 긴절한 공익적 이유에서만 예외적으로 허용되어야 할 것이다. 이 단계에서도 비례의 원칙이 준수되어야 함은 물론이다.[1)]

---

1) ① 헌재 1990. 10. 8. 89헌마89, 판례집 2, 332, 350:
국·공립 사범대학 졸업자와 사립 사범대학 졸업자 사이에는 개인의 실력차를 제외하고는 교사자격의 본질적인 요소에 아무런 차이가 없으므로 국·공립 사범대학 출신 또는 사립 사범대학 출신을 가리지 아니하고 그들 모두에게 교육공무원으로 취업할 수 있는 기회를 균등하게 부여하여야 하고, 일반대학의 교직과정이수자에 대하여도 일정한 비율 범위내에서는 그 취업의 기회가 보장되어야 한다는 것은 앞에서 본 바와 같다. 그러나 교육공무원법 제11조 제1항의 규정은 국·공립 사범대학 졸업자의 과잉공급으로 말미암아 사립 사범대학 졸업자 및 교직과정이수자들이 교육공무원으로 취업할 수 있는 기회를 사실상 봉쇄하는 기능을 하기에 이르렀다. 이는 교사자격자 개인의 능력과는 관계없이 특정학교 출신이라는 사유와 국·공립 사범대학 졸업자의 과잉공급현상이라는 사정 때문에 사립 사범대학 졸업자 및 교직과정이수자들이 교육공무원이라는 직업을 선택함에 있어서 중대한 제한을 가하는 것이 되고, 이러한 제한은 앞서 평등의 원칙에 관한 판단에서 본 바와 같이 이를 정당화할 근거가 없다. 따라서 법 제11조 제1항은 "모든 국민은 직업선택의 자유를 가진다."라고 규정한 헌법 제15조에도 위반된다고 하겠다.
② 헌재 1990. 10. 15. 89헌마178, 판례집 2, 365, 372-373:
법무사법 제4조 제1항 제2호에서 법무사시험에 합격한 자에게 법무사의 자격을 인정하는 것은 법무사시험이 합리적인 방법으로 반드시 실시되어야 함을 전제로 하는 것이고, 따라서 법무사법 제4조 제2항이 대법원규칙으로 정하도록 위임한 이른바 "법무사시험의 실시에 관하여 필요한 사항"이란 시험과목·합격기준·시험실시방법·시험실시시기·실시횟수 등 시험실시에 관한 구체적인 방법과 절차를 말하는 것이지 시험의 실시여부까지도 대법원규칙으로 정하라는 말은 아니다. 그럼에도 불구하고 법무사법시행규칙 제3조 제1항은 "법원행정처장은 법무사를 보충할 필요가 있다고 인정되는 경우에는 대법원장의 승인을 얻어 법무사시험을 실시할 수 있다."라고 규정하였는 바, 이는 법원행정처장이 법무사를 보충할 필요가 없다고 인정하면 법무사시험을 실시하지 아니해도 된다는 것으로서 상위법인 법무사법 제4조 제1항에 의하여 청구인을 비롯한 모든 국민에게 부여된 법무사자격 취득의 기회를 하위법인 시행규칙으로 박탈하고 법무사업을 법원·검찰청 등의 퇴직공무원에게 독점시키는 것이 되며, 이는 결국 대법원이 규칙제정권을 행사함에 있어 위임입법권의 한계를 일

Ⅲ. 재산권

1. 의의

헌법 제23조는 "① 모든 국민의 재산권은 보장된다. 그 내용과 한계는 법률로 정한다. ② 재산권의 행사는 공공복리에 적합하도록 하여야 한다. ③ 공공필요에 의한 재산권의 수용·사용 또는 제한 및 그에 대한 보상은 법률로써 하되, 정당한 보상을 지급하여야 한다."라고 규정함으로써 경제생활영역에서의 개성신장을 돕고, 모든 국민의 생활을 위한 수요의 충족을 가능케 하는 가장 기초적인 경제적 기본권으로 재산권을 보장하고 있다.

탈하여 청구인이나 기타 법무사자격을 취득하고자 하는 모든 국민의 헌법 제11조 제1항의 평등권과 헌법 제15조의 직업선택의 자유를 침해한 것이다.

③ 헌재 2008. 10. 30. 2006헌마1098 등, 판례집 20-2상, 1089, 1090:

시각장애인에 대하여만 안마사 자격인정을 받을 수 있도록 하는 이른바 비맹제외기준을 설정하고 있는 구 의료법(2006. 9. 27. 법률 제8007호로 개정되고 2007. 4. 11. 법률 제8366호로 전부 개정되기 전의 것) 제61조 제1항 중 '장애인복지법에 따른 시각장애인 중' 부분 및 의료법(2007. 4. 11. 법률 제8366호로 전부 개정된 것) 제82조 제1항 중 '장애인복지법에 따른 시각장애인 중' 부분은 시각장애인에게 삶의 보람을 얻게 하고 인간다운 생활을 할 권리를 실현시키려는 데에 그 목적이 있으므로 입법목적이 정당하고, 다른 직종에 비해 공간이동과 기동성을 거의 요구하지 않을 뿐더러 촉각이 발달한 시각장애인이 영위하기에 용이한 안마업의 특성 등에 비추어 시각장애인에게 안마업을 독점시킴으로써 그들의 생계를 지원하고 직업활동에 참여할 수 있는 기회를 제공하는 이 사건 법률조항의 경우 이러한 입법목적을 달성하는 데 적절한 수단임을 인정할 수 있다. 나아가 시각장애인에 대한 복지정책이 미흡한 현실에서 안마사가 시각장애인이 선택할 수 있는 거의 유일한 직업이라는 점, 안마사 직역을 비시각장애인에게 허용할 경우 시각장애인의 생계를 보장하기 위한 다른 대안이 충분하지 않다는 점, 시각장애인은 역사적으로 교육, 고용 등 일상생활에서 차별을 받아온 소수자로서 실질적인 평등을 구현하기 위해서 이들을 우대하는 조치를 취할 필요가 있는 점 등에 비추어 최소침해성 원칙에 반하지 아니하고, 이 사건 법률조항으로 인해 얻게 되는 시각장애인의 생존권 등 공익과 그로 인해 잃게 되는 일반국민의 직업선택의 자유 등 사익을 비교해 보더라도, 공익과 사익 사이에 법익 불균형이 발생한다고 단정할 수도 없다.

따라서 이 사건 법률조항이 헌법 제37조 제2항에서 정한 기본권제한입법의 한계를 벗어나서 비시각장애인의 직업선택의 자유를 침해하거나 평등권을 침해한다고 볼 수는 없다.

2. 재산권보장의 기능

(1) 생활을 위한 수요의 충족수단

재산권보장은 국민의 경제생활영역에서의 개성신장을 촉진시키고, 국민이 각자의 인간다운 생활을 자기책임하에 자주적으로 영위하는데 필요한 경제적 조건을 보장해 주는 기능을 한다. 따라서 재산권의 보장은 국민 개개인의 다양한 기본권실현을 위한 물질적 바탕을 제공하는 기능을 가진다.[1]

(2) 자본주의시장경제질서의 전제조건

재산권보장은 사유재산제도와 경제활동에 관한 사적자치의 원칙을 기초로 하는 자본주의 시장경제질서의 기본이자 전제조건이다.[2]

(3) 직업의 자유의 전제조건

재산권보장은 직업의 자유가 제 기능을 발휘하도록 하기 위한 전제조건이다. 왜냐하면 직업의 자유는 재산권이 보장될 때에만 그 기능을 다할 수 있기 때문이다. 즉 재산권의 보장이 없이는 직업활동 자체가 불가능하고, 재산형성이라고 하는 직업활동의 중요한 목적이 달성될 수 없기 때문이다.

---

1) 헌재 1998. 12. 24. 89헌마214 등, 판례집 10-2, 927, 945:
재산권은 기본권의 주체로서의 국민이 각자의 인간다운 생활을 자기 책임하에 자주적으로 형성하는데 필요한 경제적 조건을 보장해 주는 기능을 한다. 그러므로 재산권의 보장은 곧 국민 개개인의 자유실현의 물질적 바탕을 의미한다고 할 수 있고, 따라서 자유와 재산권은 상호보완관계이자 불가분의 관계에 있다고 하겠다.

2) 헌재 1997. 8. 21. 94헌바19 등, 판례집 9-2, 243, 257-258:
헌법 제23조 제1항 전문은 "모든 국민의 재산권은 보장된다."라고 규정하고, 제119조 제1항은 "대한민국의 경제질서는 개인과 기업의 경제상의 자유와 창의를 존중함을 기본으로 한다."고 규정함으로써, 우리 헌법이 사유재산제도와 경제활동에 관한 사적자치의 원칙을 기초로 하는 자본주의 시장경제질서를 기본으로 하고 있음을 선언하고 있는 것이다. 이는 국민 개개인에게 자유스러운 경제활동을 통하여 생활의 기본적 수요를 스스로 충족시킬 수 있도록 하고 사유재산의 자유로운 이용·수익과 그 처분 및 상속을 보장해 주는 것이 인간의 자유와 창의를 보전하는 지름길이고 궁극에는 인간의 존엄과 가치를 증대시키는 최선의 방법이라는 이상을 배경으로 하고 있는 것이다.

3. 재산권의 범위

헌법상의 재산권은 재산의 사용·수익·처분에 대한 포괄적 권리이다. 이는 재산에 대한 공법상·사법상의 모든 권리를 포괄하는 매우 광범위한 개념이다.[1)]

따라서 사법상의 물권·채권은 물론, 특별법상의 권리(예컨대 광업권·어업권 등), 재산가치 있는 공법상의 권리(예컨대 공무원의 연금청구권·손실보상청구권, 건강보험수급권 등)가 모두 재산권의 범위에 포함된다.[2)] 아울러 상속권도 당연히 재산권에 포함된다.[3)] 또한 저작권·특허권 등의 지적소유권도 재산권에 속하지만, 동시에 헌법 제22조의 학문과 예술의 자유의 보호대상이기도 하다. 그러나 법에 의해 보호되지 않는 이익, 예컨대 반사적 이익이나 단순한 기대이익 등은 재산권의 범위에 해당하지 아니한다.[4)]

---

1) 헌재 1992. 6. 26. 90헌바26, 판례집 4, 362, 372:
헌법이 보장하고 있는 재산권은 경제적 가치가 있는 모든 공법상·사법상의 권리를 뜻하고, 그 재산가액의 다과를 불문한다. 또 이 재산권의 보장은 재산권의 자유로운 처분의 보장까지 포함한 것이다.

2) ① 헌재 1994. 6. 30. 92헌가9, 판례집 6-1, 543, 550-553:
군인연금법 제21조 제1항 내지 제4항에 의하여 보장되는 퇴역연금 수급권은 경제적 가치가 있는 권리로서 헌법 제23조에 의하여 보장되는 재산권이다. … 이 법 제21조 제5항 제2호에 해당하는 기관에 근무하여 그로부터 보수 기타 급여를 지급받고 있는 때에는 그 퇴역연금의 2분의 1 이내에서 그 지급을 정지하는 조치는 현재의 제도와 상황에서는 입법자의 형성재량의 범위 내에 속하는 것으로 이를 정당하다 할 것이다. 그러나 이를 초과하여 지급을 정지한다면, 이는 퇴역연금수급자의 퇴역연금수급권을 제한하는 정도가 지나쳐 헌법 제37조 제2항에 의한 비례의 원칙에 어긋나므로, 헌법 제23조 제1항 및 헌법 제37조 제2항에 위반된다고 하겠다.
② 헌재 2020. 4. 23. 2017헌바244, 판례집 32-1상, 319, 324:
건강보험수급권은 가입자가 납부한 보험료에 대한 반대급부의 성격을 가지며, 보험사고로 초래되는 재산상 부담을 전보하여 주는 경제적 유용성을 가지므로, 헌법상 재산권의 보호범위에 속한다고 볼 수 있다.

3) 헌재 1998. 8. 27. 96헌가22 등, 판례집 10-2, 339, 356:
상속권은 재산권의 일종이므로 상속제도나 상속권의 내용은 입법자가 입법정책적으로 결정하여야 할 사항으로서 원칙적으로 입법자의 입법형성의 자유에 속한다고 할 것이지만, 입법자가 상속제도와 상속권의 내용을 정함에 있어서 입법형성권을 자의적으로 행사하여 헌법 제37조 제2항이 규정하는 기본권제한의 입법한계를 일탈하는 경우에는 그 법률조항은 헌법에 위반된다고 할 것이다.

4) ① 헌재 1998. 7. 16. 96헌마246, 판례집 10-2, 283, 309-310:
우리 헌법이 보장하고 있는 재산권은 경제적 가치가 있는 모든 공법상·사법상의 권리를

4. 재산권보장규정의 구조

우리 헌법상 재산권보장에 관한 가장 중심적인 규정은 제23조이다. 그런데 이 조항은 체계상 3단계로 규정되어 있으나, 내용과 기능면에서는 크게 2단계구조로 규정되어 있다고 볼 수 있다.

(1) 헌법 제23조 제1항: 재산권 형성적 법률유보

헌법 제23조 제1항에 따라 재산권의 내용과 한계는 법률로 정해진다. 이에 따라 재산권은 법률을 통해 비로소 구체적으로 내용이 정해지게 되고, 따라서 이 헌법 조항은 재산권 형성적 법률유보에 관한 것이라고 볼 수 있다.[1)]

뜻한다(헌재 1992. 6. 26. 90헌바26, 판례집 4, 362, 372). 이러한 재산권의 범위에는 동산·부동산에 대한 모든 종류의 물권은 물론, 재산가치 있는 모든 사법상의 채권과 특별법상의 권리 및 재산가치 있는 공법상의 권리 등이 포함되나, 단순한 기대이익·반사적 이익 또는 경제적인 기회 등은 재산권에 속하지 않는다고 보아야 한다.

청구인들은 치과만 전문의가 없기 때문에 지방공사나 보건소 등에 취직할 경우 일반의사로서의 급료밖에 받을 수 없어 그들의 재산권이 침해되었다고 주장한다. 그러나 급료청구권이나 급료는 재산권이므로 이들 자체를 박탈하는 것은 재산권의 침해라고 할 수 있지만, 전문의자격의 불비로 인하여 급료를 정함에 있어 불이익을 받는 것은 사실적·경제적 기회의 문제에 불과할 뿐 재산권의 침해라고 보기 어렵다.

② 헌재 1996. 8. 29. 95헌바36, 판례집 8-2, 90, 103-104:

헌법 제23조 제1항의 재산권보장에 의하여 보호되는 재산권은 사적유용성 및 그에 대한 원칙적 처분권을 내포하는 재산가치 있는 구체적 권리이다. 그러므로 구체적인 권리가 아닌, 단순한 이익이나 재화의 획득에 관한 기회 등은 재산권보장의 대상이 아니다. … 구 산업재해보상보험법(1994. 12. 22. 법률 제4826호로 전문개정되기 전의 것) 제4조 단서는 청구인의 영업활동에 간접적·사실적 영향을 미칠 수는 있으나 헌법 제23조 제1항에 의하여 보호되는 재산권과는 관련이 없다. 왜냐하면 영리획득의 단순한 기회나 기업활동의 사실적·법적 여건은 그것이 청구인과 같은 기업에게는 중요한 의미를 갖는다고 하더라도 재산권보장의 대상이 아니기 때문이다.

1) 헌재 1993. 7. 29. 92헌바20, 판례집 5-2, 36, 44:

우리 헌법상의 재산권에 관한 규정은 다른 기본권 규정과는 달리 그 내용과 한계가 법률에 의해 구체적으로 형성되는 기본권형성적 법률유보의 형태를 띠고 있다. 그리하여 헌법이 보장하는 재산권의 내용과 한계는 국회에서 제정되는 형식적 의미의 법률에 의하여 정해지므로 이 헌법상의 재산권 보장은 재산권형성적 법률유보에 의하여 실현되고 구체화하게 된다. 따라서 재산권의 구체적 모습은 재산권의 내용과 한계를 정하는 법률에 의하여 형성된다. 물론 헌법이 보장하는 재산권의 내용과 한계를 정하는 법률은 재산권을 제한한다는 의미가 아니라 재산권을 형성한다는 의미를 갖는다.

(2) 헌법 제23조 제2항: 재산권에 대한 사회적 기속

헌법 제23조 제2항에 따라 재산권의 행사는 공공복리에 적합하도록 해야 할 의무를 지게 되는데, 이를 재산권에 대한 사회적 기속이라고 한다. 이는 재산권의 특성상 강한 공익적 기속을 받는 것을 의미한다.[1)]

앞서 언급한 바와 같이 헌법 제23조 제1항은 재산권 형성적 법률유보에 관한 조항이고, 제2항은 재산권에 대한 사회적 기속에 관한 조항으로서 형식상 양 조항은 구별되지만, 실질적으로 재산권의 내용과 한계는 사회적 기속의 범위내에서 공공복리에 적합하도록 법률로 정해지는 것이므로, 결국 양 조항은 상호 불가분의 기능적 관련속에 있다고 볼 수 있다.

(3) 헌법 제23조 제3항: 재산권 침해적 법률유보

헌법 제23조 제3항은 공공필요에 의한 재산권의 수용·사용·제한이라는 재산권에 대한 침해(이를 간단히 '공용침해'로 명명한다)와 그에 따른 손실보상에 대하여 규정하고 있다. 이는 이미 사회적 기속하에서 법률로 내용이 정해진 재산권에 대하여 추가로 공공필요에 의해 침해하는 것으로서, 재산권 침해적 법률유보에 관한 조항이다.

5. 재산권보장의 내용

재산권보장은 사유재산제도와 개별적 사유재산권의 보장을 내용으로 한다.[2)]

---

1) 헌재 1989. 12. 22. 88헌가13, 판례집 1, 357:
사유재산제도의 보장은 타인과 더불어 살아가야 하는 공동체생활과의 조화와 균형을 흐트려뜨리지 않는 범위 내에서의 보장이다.

2) 헌재 1993. 7. 29. 92헌바20, 판례집 5-2, 36, 44:
재산권보장은 개인이 현재 누리고 있는 재산권을 개인의 기본권으로 보장한다는 의미와 개인이 재산권을 향유할 수 있는 법제도로서의 사유재산제도를 보장한다는 이중적 의미를 가지고 있다.
이 재산권 보장으로서 사유재산제도와 경제활동에 대한 사적 자치의 원칙을 기초로 하는 자본주의 시장경제질서를 기본으로 하여 국민 개개인에게 자유스러운 경제활동을 통하여 생활이 기본적 수요를 스스로 충족시킬 수 있도록 하고 사유재산의 자유로운 이용·수익과 그 처분 및 상속을 보장해 주는 것이다.

(1) 사유재산제도

사유재산제도는 생산수단의 사유를 허용하는 제도를 의미한다. 즉 생산수단을 비롯한 모든 재산의 사유를 허용하는 규범질서를 말하며, 따라서 재산권보장은 이러한 사유재산제도를 보장한다는 것이다.[1] 따라서 우리 헌법하에서 재산의 일반적인 국·공유화를 허용하는 제도의 도입은 허용될 수 없다. 이러한 사유재산제도의 보장은 후술할 개별적 재산권의 보장의 바탕이자 전제조건이며, 따라서 사유재산제도의 부정은 재산권보장을 형해화시키는 것으로 위헌임은 물론이다.

(2) 개별적 사유재산권의 보장

개별적 사유재산권의 보장은 개개의 재산에 관한 사적인 사용·수익·처분권의 보장을 의미하는 것이다. 이는 구체적·개별적 사유재산을 임의로 사용·수익·처분할 수 있는 권리이며, 앞서 언급한 바와 같이 사유재산제도의 보장을 전제조건으로 한다.

6. 재산권의 제한과 그 한계

개별적 사유재산권의 사용·수익·처분권을 내용으로 하는 재산권도 국가안전보장·질서유지·공공복리를 위하여 법률로써 제한될 수 있다. 이 경우 헌법 제37조 제2항의 기준에 따라 제한이 이루어져야 함은 물론이다. 따라서 재산권을 제한할 경우 비례의 원칙에 따라 달성코자하는 공익실현을 위한 불가피한 최소한의 침해만이 이루어지도록 제한해야 할 것이며, 재산권의 본질적 내용을 침해할 수는 없다.

---

1) 헌재 1997. 8. 21. 94헌바19 등, 판례집 9-2, 243, 257-258:
헌법 제23조 제1항 전문은 "모든 국민의 재산권은 보장된다."라고 규정하고, 제119조 제1항은 "대한민국의 경제질서는 개인과 기업의 경제상의 자유와 창의를 존중함을 기본으로 한다."고 규정함으로써, 우리 헌법이 사유재산제도와 경제활동에 관한 사적자치의 원칙을 기초로 하는 자본주의 시장경제질서를 기본으로 하고 있음을 선언하고 있는 것이다. 이는 국민 개개인에게 자유스러운 경제활동을 통하여 생활의 기본적 수요를 스스로 충족시킬 수 있도록 하고 사유재산의 자유로운 이용·수익과 그 처분 및 상속을 보장해 주는 것이 인간의 자유와 창의를 보전하는 지름길이고 궁극에는 인간의 존엄과 가치를 증대시키는 최선의 방법이라는 이상을 배경으로 하고 있는 것이다.

따라서 개별적 사유재산권의 사용·수익·처분권의 본질적 내용을 침해하거나 필요한 한도 이상으로 지나치게 침해하는 입법은 원칙적으로 재산권형성적 법률유보에 의한 입법권을 일탈한 것으로 위헌이다.[1]

이러한 위헌적인 재산권의 침해 또는 제한의 문제는 주로 토지재산권의 행사에 대한 제한입법에서 발생된다. 예컨대 토지거래를 제한한다거나,[2] 토지의 개발을 지나치게 제한한다거나[3] 하는 경우가 그것이다.

---

1) ① 헌재 2007. 7. 26. 2003헌마377, 판례집 19-2, 90, 91:
문화재의 은닉을 처벌하도록 규정한 구 문화재보호법(2002. 12. 30. 법률 제6840호로 개정되고, 2007. 4. 11. 법률 제8346호로 개정되기 전의 것) 제82조 제4항 및 법 제103조 제4항은 문화재가 국가의 문화재 관리망을 벗어나 음성적으로 거래되는 것을 방지하기 위한 것으로 그 입법목적의 정당성은 인정된다. 그러나 위 조항들은 사법상 보유권한의 유무를 불문하고 도굴 등이 된 문화재인 정을 안 경우, 특히 선의취득 등 사법상 보유권한의 취득 후에 도굴 등이 된 정을 알게 된 경우까지 처벌의 대상으로 삼고 있는바, 이는 위와 같은 입법목적이 당해 문화재의 보유·보관자에 대한 신고의무나 등록의무의 부과 및 그 위반에 대한 제재를 통하여도 달성 가능하다는 점 등을 고려할 때 침해의 최소성에 반한다. 나아가 선의취득자 등이 보유문화재가 도굴 등이 된 정을 알고 즉시 제3자에게 문화재를 이전하는 경우 그 행위는 제3자를 구성요건에 해당하게 할 수 있다는 점에서 적법하게 취득한 문화재에 관한 재산권의 처분을 사실상 불가능하게 하므로 침해되는 사익이 현저하여 법익균형성의 요건 역시 충족하기 어렵다. 따라서 위 조항들은 재산권 행사의 사회적 제약을 넘어 불필요하거나 지나치게 가혹한 부담을 부과하는 것으로 헌법에 위반된다.
② 헌재 2016. 12. 29. 2015헌바182, 판례집 28-2하, 391:
분할연금제도는 재산권적인 성격과 사회보장적 성격을 함께 가진다. 분할연금제도의 재산권적 성격은 노령연금 수급권도 혼인생활 중에 협력하여 이룬 부부의 공동재산이므로 이혼 후에는 그 기여분에 해당하는 몫을 분할하여야 한다는 것이고, 여기서 노령연금 수급권 형성에 대한 기여란 부부공동생활 중에 역할분담의 차원에서 이루어지는 가사·육아 등을 의미하므로, 분할연금은 국민연금 가입기간 중 실질적인 혼인 기간을 고려하여 산정하여야 한다. 따라서 법률혼 관계를 유지하고 있었다고 하더라도 실질적인 혼인관계가 해소되어 노령연금 수급권의 형성에 아무런 기여가 없었다면 그 기간에 대하여는 노령연금의 분할을 청구할 전제를 갖추었다고 볼 수 없다.
그럼에도 불구하고 심판대상조항은 법률혼 관계에 있었지만 별거·가출 등으로 실질적인 혼인관계가 존재하지 않았던 기간을 일률적으로 혼인 기간에 포함시켜 분할연금을 산정하도록 하고 있는바, 이는 분할연금제도의 재산권적 성격을 몰각시키는 것으로서 그 입법형성권의 재량을 벗어났다고 보아야 한다.

2) 헌재 1989. 12. 22. 88헌가13, 판례집 1, 357:
국토이용관리법 제21조의3 제1항의 토지거래허가제는 사유재산제도의 부정이 아니라 그 제한의 한 형태이고 토지의 투기적 거래의 억제를 위하여 그 처분을 제한함은 부득이한 것이므로 재산권의 본질적인 침해가 아니며, 헌법상의 경제조항에도 위배되지 아니하고 현재의 상황에서 이러한 제한수단의 선택이 헌법상의 비례의 원칙이나 과잉금지의 원칙에 위배된다고 할 수도 없다.

아울러 조세입법에서도 이러한 문제가 많이 발생한다. 과거에는 대체로 조세입법은 입법자의 광범위한 재량에 속하는 문제로서 원칙적으로 사유재산권의 침해가 아니라고 보는 경향이 있었다. 그러나 세금징수 때문에 납세의무자의 사유재산의 사용·수익·처분권이 본질적 내용이 침해받거나 필요한 한도 이상으로 과잉적으로 제한된다면, 또는 세금징수로 납세의무자의 사유재산 상태가 심각하게 악화되는 상황이 초래되는 경우에는 그러한 조세입법도 사유재산권의 위헌적 침해가 된다고 하겠다.[1)]

---

3) 헌재 1998. 12. 24. 89헌마214 등, 판례집 10-2, 927, 928-929:
개발제한구역을 지정하여 그 안에서는 건축물의 건축 등을 할 수 없도록 하고 있는 도시계획법 제21조는 헌법 제23조 제1항, 제2항에 따라 토지재산권에 관한 권리와 의무를 일반·추상적으로 확정하는 규정으로서 재산권을 형성하는 규정인 동시에 공익적 요청에 따른 재산권의 사회적 제약을 구체화하는 규정인바, 토지재산권은 강한 사회성, 공공성을 지니고 있어 이에 대하여는 다른 재산권에 비하여 보다 강한 제한과 의무를 부과할 수 있으나, 그렇다고 하더라도 다른 기본권을 제한하는 입법과 마찬가지로 비례성원칙을 준수하여야 하고, 재산권의 본질적 내용인 사용·수익권과 처분권을 부인하여서는 아니된다.
개발제한구역 지정으로 인하여 토지를 종래의 목적으로도 사용할 수 없거나 또는 더 이상 법적으로 허용된 토지이용의 방법이 없기 때문에 실질적으로 토지의 사용·수익의 길이 없는 경우에는 토지소유자가 수인해야 하는 사회적 제약의 한계를 넘는 것으로 보아야 한다.
개발제한구역의 지정으로 인한 개발가능성의 소멸과 그에 따른 지가의 하락이나 지가상승률의 상대적 감소는 토지소유자가 감수해야 하는 사회적 제약의 범주에 속하는 것으로 보아야 한다. 자신의 토지를 장래에 건축이나 개발목적으로 사용할 수 있으리라는 기대가능성이나 신뢰 및 이에 따른 지가상승의 기회는 원칙적으로 재산권의 보호범위에 속하지 않는다. 구역지정 당시의 상태대로 토지를 사용·수익·처분할 수 있는 이상, 구역지정에 따른 단순한 토지이용의 제한은 원칙적으로 재산권에 내재하는 사회적 제약의 범주를 넘지 않는다.
도시계획법 제21조에 의한 재산권의 제한은 개발제한구역으로 지정된 토지를 원칙적으로 지정 당시의 지목과 토지현황에 의한 이용방법에 따라 사용할 수 있는 한, 재산권에 내재하는 사회적 제약을 비례의 원칙에 합치하게 합헌적으로 구체화한 것이라고 할 것이나, 종래의 지목과 토지현황에 의한 이용방법에 따른 토지의 사용도 할 수 없거나 실질적으로 사용·수익을 전혀 할 수 없는 예외적인 경우에도 아무런 보상 없이 이를 감수하도록 하고 있는 한, 비례의 원칙에 위반되어 당해 토지소유자의 재산권을 과도하게 침해하는 것으로서 헌법에 위반된다.

1) ① 헌재 1992. 2. 25. 90헌가69 등, 판례집 4, 114, 115:
조세행정에 있어서의 법치주의의 적용은 조세징수로부터 국민의 재산권을 보호하고 법적 생활의 안전을 도모하려는데 그 목적이 있는 것으로서, 과세요건법정주의와 과세요건명확주의를 그 핵심적 내용으로 하는 것이지만 오늘날의 법치주의는 국민의 권리·의무에 관한 사항은 법률로써 정해야 한다는 형식적 법치주의에 그치는 것이 아니라 그 법률의 목적과 내용 또한 기본권 보장의 헌법이념에 부합되어야 한다는 실질적 법치주의를 의미하며 헌법 제38조, 제59조가 선언하는 조세법률주의도 이러한 실질적 법치주의를 뜻하는 것이므로 비

7. 재산권의 사회적 기속과 공용침해

(1) 재산권의 사회적 기속

1) 의의

앞서 언급한 바와 같이 헌법 제23조 제2항에 따라 재산권의 행사는 공공복리에 적합하도록 해야 하며, 이러한 의무를 재산권에 대한 사회적 기속이라고 한다. 따라서 개개의 구체적 재산권의 사용·수익·처분권 행사는 사회적 기속을 받으며, 결국 재산권의 내용과 한계를 정하는 법률은 재산권의 사회적 기속의 범위내에서 구체적 내용을 정해야 하는 것이다. 사실 모든 기본권은 일정한 사회적 기속을 받지만, 특히 재산권의 특성과 재산권이 갖는 사회와 타인에 대한 영향력을 고려하여 헌법상 명문으로 사회적 기속성을 강조한 것이라고 볼

록 과세요건이 법률로 명확히 정해진 것일지라도 그것만으로는 충분한 것이 아니고 조세법의 목적이나 내용이 기본권 보장의 헌법이념과 이를 뒷받침하는 헌법상의 제 원칙에 합치되지 아니하면 아니된다.

상속세법 제29조의4 제2항의 규정은 실지조사와 쟁송의 번거로움을 피하고 편리한 세금징수의 방법만을 강구한 나머지 조세형평이나 국민의 기본권 보장은 도외시한 채 오직 조세행정의 편의만을 위주로 하여 제정된 매우 불합리한 법률이고 기본권 경시와 행정편의주의 및 획일주의 정도가 지나쳐 헌 제11조 제1항의 평등권, 제23조 제1항의 재산권, 제27조 제1항의 재판청구권의 본질적 내용을 침해하는 것이어서 헌법 제37조 제2항에 위배되고 그럼으로써 헌법 제38조, 제59조의 조세법률주의에 위배되는 위헌법률이다.

② 헌재 1994. 7. 29. 92헌바49 등, 판례집 6-2, 64, 66:

토지초과이득세법상 여러 과세기간에 걸쳐 장기간 토지를 보유하는 경우, 전체 보유기간 동안의 지가의 변동상황에 대처함에 있어서는 아무런 보충규정도 두고 있지 않은 결과 장기간에 걸쳐 지가의 앙등과 하락이 반복되는 경우에 최초 과세기간 개시일의 지가와 비교할 때는 아무런 토지초과이득이 없는 경우에도, 그 과세기간에 대한 토초세를 부담하지 않을 수 없는 불합리한 결과가 발생할 수 있게 되고, 이는 토초세 과세로 인하여 원본 자체가 잠식되는 경우로서, 수득세인 토초세의 본질에도 반함으로써 헌법 제23조가 정하고 있는 사유재산권보장 취지에 위반된다.

③ 헌재 1997. 12. 24. 96헌가19 등, 판례집 9-2, 762, 773:

헌법 제23조 제1항이 보장하고 있는 사유재산권은 사유재산에 관한 임의적인 이용, 수익, 처분권을 본질로 하기 때문에 사유재산의 처분금지를 내용으로 하는 입법조치는 원칙으로 재산권에 관한 입법형성권의 한계를 일탈하는 것일 뿐만 아니라 조세의 부과·징수는 국민의 납세의무에 기초하는 것으로서 원칙으로 재산권의 침해가 되지 않는다고 하더라도 그로 인하여 납세의무자의 사유재산에 관한 이용, 수익, 처분권이 중대한 제한을 받게 되는 경우에는 그것도 재산권의 침해가 될 수 있는 것이다.

수 있다.[1)]

2) 사회적 기속과 공용침해와의 구별

앞서 언급한 바와 같이 재산권에 대한 사회적 기속은 공익적 이유에 의한 재산권에 대한 제한으로서 그 자체 법률로 구체적 내용과 범위가 정해지며, 그러한 제한을 마땅히 재산권자가 보상 없이 수인해야 하는 것이다. 따라서 이는 재산권에 대한 본질적 내용이 침해되지 아니하는 범위내에서만 인정되는 것으로, 재산권자에게 일종의 일반희생만을 야기하는 것이다.

이에 반하여 헌법 제23조 제3항에 따른 공용침해는 공공필요에 의한 재산권의 수용·사용·제한으로서 사회적 기속의 범위내에서 법률로 정해진 재산권의 내용에 대한 추가적 침해를 의미한다. 이는 그 자체 이미 재산권의 본질적 내용을 침해하는 것으로 재산권자에게 수인의 기대가능성이 없는 특별희생을 야기하는 것이고, 따라서 마땅히 보상이 이루어져야 하는 것이다.

여기서 보상이 필요 없는 재산권에 대한 사회적 기속과 보상을 요하는 공용침해와의 구별이 문제되는데, 특히 사회적 기속과 공용침해 중 공용제한과의 구별이 문제가 된다. 왜냐하면 재산권의 완전한 박탈 내지 이전을 의미하는 공용수용과 공용사용의 경우에는 사회적 기속과의 구별이 용이하고, 실제로 이에 대한 보상규정이 마련되어 있으나, 공용제한의 경우에는 그렇지 아니하기 때문이다. 이에 대하여 지금까지 독일의 학설과 판례를 중심으로 형식설과 실질설 등의 다양한 구별기준에 관한 이론이 체계화되어 있는데, 이를 간단히 소개하면 다음과 같다.

---

1) 헌재 1998. 12. 24. 89헌마214 등, 판례집 10-2, 927, 944-945:
헌법은 "모든 국민의 재산권은 보장된다. 그 내용과 한계는 법률로 정한다", "재산권의 행사는 공공복리에 적합하도록 하여야 한다"(제23조 제1항 및 제2항)고 규정함으로써 재산권은 법률로써 규제될 수 있고, 그 행사 또한 일정한 제약을 받을 수 있다는 것을 밝히고 있다. 재산권이 법질서내에서 인정되고 보호받기 위하여는 입법자에 의한 형성을 필요로 한다. 즉 재산권은 이를 구체적으로 형성하는 법이 없을 경우에는 재산에 대한 사실상의 지배만 있을 뿐이므로 다른 기본권과는 달리 그 내용이 입법자에 의하여 법률로 구체화됨으로써 비로소 권리다운 모습을 갖추게 된다. 입법자는 재산권의 내용을 구체적으로 형성함에 있어서 헌법상의 재산권보장(헌법 제23조 제1항 제1문)과 재산권의 제한을 요청하는 공익 등 재산권의 사회적 기속성(헌법 제23조 제2항)을 함께 고려하고 조정하여 양 법익이 조화와 균형을 이루도록 하여야 한다.

가. 형식적 기준설

(가) **개별행위설**(Einzelakttheorie)

공용침해는 특정개인이나 특정집단의 재산권에 대한 '개별적' 침해이고, 재산권에 대한 '일반적' 제한은 사회적 기속이라고 본다.

그러나 이 설에 따르면 재산권에 대한 일반적인 제한은 그 제한의 강도가 매우 크기 때문에 수인의 기대가능성이 없는 경우라도 모두 사회적 기속에 해당되어 보상의 대상에서 제외되게 되는데, 이처럼 사실상 특별희생을 야기함에도 불구하고 형식적인 이유로 보상 없이 재산권을 제한하는 것은 결국 재산권의 본질적 내용을 침해하는 것이라는 점에서 이 설은 타당하다고 보기 어렵다.

(나) **특별희생설**(Sonderopfertheorie)

사회적 기속은 재산권에 대한 일반적이고 평등하게 작용하는 제한을 말하고, 공용침해는 개인 또는 집단의 재산권을 비교될 수 있는 다른 개인 또는 집단과 비교하여 볼 때 불평등하게-즉 비교될 수 있는 모든 개인들 또는 집단들 중 유독 특정개인과 집단만을 평등의 원칙의 파괴하에-특별히 침해하는 것을 말한다.

그러나 이에 따르면 모든 비교되는 사람들 또는 집단들의 재산권을 획일적으로 평등하게 침해한다면, 아무리 침해의 정도가 높아도 사회적 기속이 되며, 그 해당 집단내부에서는-외부와는 불평등이지만-평등의 원칙이 지켜진다는 점을 설명할 수 없다.

나. 실질적 기준설

(가) **강도설**(Schweretheorie)

공용침해와 사회적 기속의 구별을 침해의 강도와 범위를 기준으로 하는 설이다. 그러나 어느 정도의 강도와 범위가 기준이냐 하는 것에 대한 해결책이 없다.

(나) **보호가치성설**(Schutzwürdigkeitstheorie)

공용침해는 재산권의 보호가치 있는 실체에 대한 침해라고 한다. 그리고 보호가치 있는 실체와 보호가치 없는 실체의 구별은 역사, 일반적 세계관, 언어, 법률의 의미 등을 기준으로 해야 한다고 하는 견해이다.

그러나 그 기준이 다분히 주관적이고, 비법률적이기 때문에 객관적 기준이 되기에는 한계가 있다고 하겠다.

(다) **기대가능성설**(Zumutbarkeitstheorie)

공용침해는 개인의 수인의 기대가능성을 벗어난 침해를 말하는 것으로서 재산권의 실체에 대한 정도와 범위 면에서 본질적으로 불평등한 침해라고 한다. 그 기대가능성 여부의 기준은 침해의 경제적 범위·정도, 일반적 세계관·시대관, 일반 법적 가치 등이 될 수 있다고 한다.

그러나 이 역시 그 기준이 추상적·주관적인 것이며, 기대가능성 여부판단의 객관적 기준을 설정하기 어렵다는 문제가 있다.

(라) **실체감소설**(Substanzminderungstheorie)

공용침해는 재산권의 실체를 감소시키거나, 특정 개인 또는 집단을 침해하는 것이라는 견해이다. 그러나 이는 형식설과 실질설이 혼합으로서 양쪽의 문제점을 모두 지니고 있다.

(마) **사적 유용설**(Privatnützigkeitstheorie)

재산권이 가지고 있는 본질적인 사적 유용성(사용·수익·처분)을 침해한 것을 공용침해라고 본다. 그러나 사적 유용성 자체가 추상적·주관적이라 일반적·객관적 기준이 되기 어렵다는 문제가 있다.

(바) **목적위배설**(Zweckentfremdungstheorie)

재산권에 대한 침해 또는 제한이 그 재산권 본래의 기능과 목적에 위배되는 것인 경우에는 공용침해라고 본다. 즉 재산권에 대한 침해 또는 제한으로 인해 그 재산권을 종래의 목적으로 사용할 수 없는 경우에는 보상을 요하는 공용침해에 해당되고, 그렇지 않을 경우에는 보상이 필요 없는 사회적 기속에 해당된다고 보는 입장이다. 그러나 이 학설에 따르면 재산권에 대한 제한이 아무리 수인의 기대가능성이 없는 강도 높은 침해라도 그 재산권의 목적에 위배되지 않는 한 사회적 기속으로 볼 수밖에 없다는 모순에 빠지게 된다.

(사) **상황구속성설**(Situationsgebundenheitstheorie)

해당 재산권(특히 토지)의 위치와 상황 등을 참작하여 공용침해 여부를 결정해야 한다고 한다. 즉 재산권은 그 상황에 상응하도록 행사되어야 할 사회적 구속을 받기 때문에 상황에 부합되는 제한은 사회적 기속이고, 그렇지 못한 것은 공용침해라고 한다. 이는 결국 그 재산권이 처해진 상황과 이에 따른 재산권자의 사회적 의무를 기준으로 판단하는 것인데, 일리 있는 견해이긴 하지만 상황과 특성 및 재산권자의 일정한 형태로의 재산권행사의무 자체가 주관적이고 그 기준이 모호하다는 비판이 가해진다.

다. 결어

상기 언급한 학설 모두가 일면적 타당성만을 가질 뿐 어느 학설도 양자를 완벽하게 구별해 주는 기준을 제시한다고 보기 어렵다. 이는 재산권의 종류와 처해진 상황 등이 너무나 다양하여 관련되는 공익과 사익 및 사회적 기속도 등을 획일적으로 정하기 어렵다는 데서 기인하는 것으로 양자를 하나의 기준으로 완전하게 구별하는 것은 사실상 불가능하다고 하겠다. 결론적으로 그때그때의 상황과 재산권의 내용, 침해의 정도 등 개별적·구체적인 제반사항을 고려하여 다양한 이론들을 혼합적으로 적절히 적용하여 판단할 수밖에 없을 것이다.

참고로 이와 관련하여 헌법재판소는 도시계획법 제21조에 대한 위헌소원사건에서 보상이 필요 없는 토지재산권의 사회적 기속의 한계를 정하는 기준으로 목적위배설과 사적 유용설을 채택한 것으로 보인다.[1)]

---

1) 헌재 1998. 12. 24. 89헌마214 등, 판례집 10-2, 927, 928-929:
개발제한구역 지정으로 인하여 토지를 종래의 목적으로도 사용할 수 없거나 또는 더 이상 법적으로 허용된 토지이용의 방법이 없기 때문에 실질적으로 토지의 사용·수익의 길이 없는 경우에는 토지소유자가 수인해야 하는 사회적 제약의 한계를 넘는 것으로 보아야 한다. 개발제한구역의 지정으로 인한 개발가능성의 소멸과 그에 따른 지가의 하락이나 지가상승률의 상대적 감소는 토지소유자가 감수해야 하는 사회적 제약의 범주에 속하는 것으로 보아야 한다. 자신의 토지를 장래에 건축이나 개발목적으로 사용할 수 있으리라는 기대가능성이나 신뢰 및 이에 따른 지가상승의 기회는 원칙적으로 재산권의 보호범위에 속하지 않는다. 구역지정 당시의 상태대로 토지를 사용·수익·처분할 수 있는 이상, 구역지정에 따른 단순한 토지이용의 제한은 원칙적으로 재산권에 내재하는 사회적 제약의 범주를 넘지 않는다.
도시계획법 제21조에 의한 재산권의 제한은 개발제한구역으로 지정된 토지를 원칙적으로 지정 당시의 지목과 토지현황에 의한 이용방법에 따라 사용할 수 있는 한, 재산권에 내재하는 사회적 제약을 비례의 원칙에 합치하게 합헌적으로 구체화한 것이라고 할 것이나, 종래의 지목과 토지현황에 의한 이용방법에 따른 토지의 사용도 할 수 없거나 실질적으로 사용·수익을 전혀 할 수 없는 예외적인 경우에도 아무런 보상 없이 이를 감수하도록 하고 있는 한, 비례의 원칙에 위반되어 당해 토지소유자의 재산권을 과도하게 침해하는 것으로서 헌법에 위반된다.

(2) 공용침해

1) 의의

앞서 언급한 바와 같이 공용침해는 공공필요에 의한 재산권의 수용·사용·제한을 총칭하는 개념으로서 재산권자에게 특별희생을 야기하는 것으로 보상을 요하는 것이다.

2) 전제조건

공용침해에 관한 헌법상의 근거규정인 제23조 제3항은 "공공필요에 의한 재산권의 수용·사용 또는 제한 및 그에 대한 보상은 법률로써 하되, 정당한 보상을 지급하여야 한다."라고 규정하고 있다. 이에 따르면 공용침해는 반드시 공공필요에 의해서만(공공필요의 원칙), 보상규정이 마련된 법률(불가분조항의 원칙)에 따라(법정주의), 정당한 보상의 조건하에서만(정당보상의 원칙) 이루어질 수 있다. 따라서 공용침해는 먼저 이러한 헌법상의 기본적 전제조건을 충족시켜야 하며, 나아가 모든 공권력작용에 요구되는 법치국가적 요청인 비례의 원칙을 충족시켜야 한다.

가. 법정주의

공용침해는 반드시 법률에 근거해야 한다. 즉 법률의 수권이 있어야 한다. 이는 법치주의원리, 특히 법률유보의 원칙상 당연한 것이다.

공용침해는 '법률로써'하도록 되어 있는데, 여기에는 두 가지 형식의 공용침해가 있다.

(가) 행정공용침해

일반적인 공용침해형태로서 법률에 근거한 구체적 행정작용에 의해서 이루어지는 공용침해의 형식을 말한다.

(나) 법정공용침해

이는 예외적인 형식으로 법률에 의한 직접적인 공용침해를 말한다. 이 경우는 법률에 이미 재산권에 대한 침해의 구체적 내용과 대상, 절차 등이 규정되어 있어서 법률의 시행과 더불어 침해의 효과가 발생하고, 부가적인 행정작용이 매개되지 아니한다(일종의 처분적 법률). 그러나 이러한 법정공용침해는 이러한 처분적 법률의 형식이 아니고는 일정한 공익사업을 실현시킬 수 없는 매우 급박하고 예외적인 경우에만 허용되어야 할 것이다. 왜냐하면 이 경우는 첫째, 공용침해의 형식이 처분적 법률의 형식이므로 본래는 행정부에서 행사해야 할 권한을 입법부가 행사하는 결과가 되므로 권력분립의 원칙 위반이 문제될 수 있고, 둘째, 특정한 개별사안만을 규율하기 때문에 평등의 원칙 위반이 문제될 수 있으며, 셋째, 그 구제를 위한 재판청구권이 현저히 축소될 수 있기 때문이다. 즉 이 경우에는 공용침해에 대한 구제를 위하여 법률 그 자체가 침해의 직접적·최종적 원인이므로 직접 법률을 대상으로 소송을 제기해야 하는데, 법률은 행정소송의 대상이 아니므로 결국 헌법소원에 의한 구제방법만이 남게 된다. 따라서 피침해자에게는 오직 1회의 구제기회만이 부여되어 있고, 아울러 헌법소원은 원칙적으로 헌법심만을 다루고 법률심과 사실심은 본연의 심사대상이 아니기 때문에 사건심리의 내용과 범위가 제한되므로 피침해자의 권리구제의 가능성이 현저히 축소된다. 그러므로 불가피한 사유가 없음에도 국가가 법정공용침해라는 획일적이고 편리한 수단을 선택한다면 이는 평등의 원칙과 비례의 원칙을 위반하여 피침해자의 재판청구권을 침해하는 것이 된다.

나. 공공필요의 원칙

공용침해는 공공필요에 의해서만 허용될 수 있다. 여기서 '공공필요'는 매우 추상적인 개념이므로 구체적으로 정의하기는 어려우나, 어떤 경우든 국민의 생존배려 등 국민생활에 없어서는 안 될 매우 긴절한 공익으로 좁게 이해해야 할 것이다. 따라서 국가가 정치·경제·사회적으로 의미 있다고 간주하는 모든 공익이 여기서의 공공필요의 개념에 해당한다고 보아서는 안 될 것이다. 예컨대 국가의 재정확충이나 부동산확보 등을 이유로 공용침해가 허용될 수는 없는 것이다. 만일 그렇지 않다면 국가는 언제든지 국민의 재산권을 공익이라는 미명하에 침해할 수 있고, 그럴 경우 결국 국민의 사유재산권과 사유재산제도가 무력화 될 우려마저 있기 때문이다.[1)]

---

1) 헌재 2014. 10. 30. 2011헌바172 등, 판례집 26-2상, 639, 640:
헌법 제23조 제3항에서 규정하고 있는 '공공필요'는 "국민의 재산권을 그 의사에 반하여 강제적으로라도 취득해야 할 공익적 필요성"으로서, '공공필요'의 개념은 '공익성'과 '필요성'이라는 요소로 구성되어 있는바, '공익성'의 정도를 판단함에 있어서는 공용수용을 허용

다. 비례의 원칙

다른 모든 국가작용과 마찬가지로 전형적인 침해작용인 공용침해의 경우도 당연히 비례의 원칙을 준수하여야 한다. 따라서 목적의 정당성, 수단의 적합성, 침해의 최소성, 법익의 균형성이 공용침해의 경우에도 지켜져야 하는 것이다.

따라서 첫째, 공익사업이 긴절한 공공필요에 해당해야 한다. 둘째, 공익사업의 실현을 위해 적합한 방법에 의한 적합한 재산권이 선택되어야 한다. 셋째, 공익사업의 실현을 위해 피침해자의 재산권을 최소한도로 침해하는 방법과 정도가 선택되어야 한다. 넷째, 공익사업을 통해 달성되는 공익이 상실되는 재산권 등 관련 사익보다 우월해야 한다.

라. 불가분조항(Junktimklausel)의 원칙

(가) 의의와 기능

공용침해의 근거법률과 손실보상의 근거법률은 상호 불가분이어야 한다. 즉 공용침해의 근거법률에 반드시 보상의 근거규정이 동시에 마련되어 있어야 한다는 것이다. 이러한 불가분조항의 원칙은 다음과 같은 세 가지 기능 때문에 헌법상 요구되는 것이다.

첫째, 불가분조항의 원칙은 권리(재산권)보장기능을 가진다. 즉 공용침해에 있어서 근거법률에 보상규정이 마련되어 있음으로 해서 손실보상이 재산권자에게

하고 있는 개별법의 입법목적, 사업내용, 사업이 입법목적에 이바지 하는 정도는 물론, 특히 그 사업이 대중을 상대로 하는 영업인 경우에는 그 사업 시설에 대한 대중의 이용·접근가능성도 아울러 고려하여야 한다. 그리고 '필요성'이 인정되기 위해서는 공용수용을 통하여 달성하려는 공익과 그로 인하여 재산권을 침해당하는 사인의 이익 사이의 형량에서 사인의 재산권침해를 정당화할 정도의 공익의 우월성이 인정되어야 하며, 사업시행자가 사인인 경우에는 그 사업 시행으로 획득할 수 있는 공익이 현저히 해태되지 않도록 보장하는 제도적 규율도 갖추어져 있어야 한다.

그런데 이 사건에서 문제된 지구개발사업의 하나인 '관광휴양지 조성사업' 중에는 고급골프장, 고급리조트 등의 사업과 같이 입법목적에 대한 기여도가 낮을 뿐만 아니라, 대중의 이용·접근가능성이 작아 공익성이 낮은 사업도 있다. 또한 고급골프장 등 사업은 그 특성상 사업 운영 과정에서 발생하는 지방세수 확보와 지역경제 활성화는 부수적인 공익일 뿐이고, 이 정도의 공익이 그 사업으로 인하여 강제수용 당하는 주민들의 기본권침해를 정당화할 정도로 우월하다고 볼 수는 없다.

따라서 이 사건 법률조항은 공익적 필요성이 인정되기 어려운 민간개발자의 지구개발사업을 위해서까지 공공수용이 허용될 수 있는 가능성을 열어두고 있어 헌법 제23조 제3항에 위반된다.

확실히 보장될 수 있다.

둘째, 입법자에 대한 경고적 기능을 가진다. 공용침해의 근거법률을 제정하려는 입법자는 동시에 국가의 재정적 부담을 의미하는 보상의 근거를 규정해야 하기 때문에 입법자가 공용침해 근거법률의 제정에 신중을 기하게 되고, 불가피하지 아니한 공용침해의 법률 제정이 억제될 수 있다.

셋째, 의회의 예산특권의 보장기능을 가진다. 보상지급 등 예산에 관한 사항은 의회의 전속권한인데, 다른 국가기관, 즉 사법부나 행정청이 의회가 예상하지 아니한, 따라서 법률에 규정되지 아니한 보상을 허용해 줌으로써 의회가 예측하지 못한 추가적인 국가의 재정부담이 억제될 수 있다.

(나) 불가분조항의 원칙 위반의 효과

불가분조항의 원칙에 위반하여 만일 공용침해 근거법률에 보상규정이 없거나 불충분한 보상규정을 가지고 있다면 이 근거법률은 위헌이고, 이 법률에 근거한 공용침해행위 역시 위헌이다. 따라서 이러한 위헌적 재산권침해행위에 대한 권리구제방법은 원칙적으로 행정쟁송을 통한 침해행위 자체의 취소와 헌법재판소에 의한 해당 근거법률의 위헌·무효화라고 하겠다.[1)]

마. 손실보상

헌법 제23조 제3항에 따라 공용침해의 경우 반드시 정당한 보상이 지급되어야 한다. 따라서 헌법상 요구되는 공용침해의 허용조건의 하나는 바로 정당보상이다. 그런데 이 정당보상의 내용에 대해서 그 해석과 의견이 다양하다. 예컨대 정당보상의 내용을 완전보상이라고 하거나 상당보상이라고 하는 등 다양하고,

---

1) 헌재 1998. 12. 24. 89헌마214 등, 판례집 10-2, 927, 929:
도시계획법 제21조에 규정된 개발제한구역제도 그 자체는 원칙적으로 합헌적인 규정인데, 다만 개발제한구역의 지정으로 말미암아 일부 토지소유자에게 사회적 제약의 범위를 넘는 가혹한 부담이 발생하는 예외적인 경우에 대하여 보상규정을 두지 않은 것에 위헌성이 있는 것이고, 보상의 구체적 기준과 방법은 헌법재판소가 결정할 성질의 것이 아니라 광범위한 입법형성권을 가진 입법자가 입법정책적으로 정할 사항이므로, 입법자가 보상입법을 마련함으로써 위헌적인 상태를 제거할 때까지 위 조항을 형식적으로 존속케 하기 위하여 헌법불합치결정을 하는 것인바, 입법자는 되도록 빠른 시일내에 보상입법을 하여 위헌적 상태를 제거할 의무가 있고, 행정청은 보상입법이 마련되기 전에는 새로 개발제한구역을 지정하여서는 아니되며, 토지소유자는 보상입법을 기다려 그에 따른 권리행사를 할 수 있을 뿐 개발제한구역의 지정이나 그에 따른 토지재산권의 제한 그 자체의 효력을 다투거나 위 조항에 위반하여 행한 자신들의 행위의 정당성을 주장할 수는 없다.

그 범위에 있어서도 시가 이상의 보상도 있을 수 있고 시가 이하의 보상도 있을 수 있다고 하는 등 일정치가 않다. 결국 이 정당보상의 본질과 내용은 헌법 속에서 찾아야 할 것이고, 따라서 헌법상 보장된 손실보상의 본질과 기능 속에서 그 해결의 실마리를 찾아야 할 것이다.

(가) 손실보상의 본질과 기능

주지하는 바와 같이 재산권 보장의 내용은 일차적으로 해당 재산권의 구체적 대상 그 자체의 존속보장(Bestandsgarantie)이며, 헌법 제23조 제3항에서 규정한 공용침해의 모든 전제조건이 충족되었을 경우에만 이차적으로 재산권의 대상 그 자체가 가지고 있는 가치의 보장(Wertgarantie)으로 전환되는 것이다. 따라서 손실보상이란 공용침해에 의한 재산권의 존속보장의 파괴를 재산권의 가치보장을 통해 회복하는 것이며, 이에 따라 손실보상의 본질은 공용침해로 야기된 재산권자의 특별희생에 대한, 재산권보장과 사회적 공평부담의 견지에서의 조절적 의미를 가지는 사회적 상계라고 할 수 있다. 결국 손실보상은 특별희생의 사회적 공평부담이라고 하는 평등원칙과 재산권보장의 이차적 내용인 가치보장의 확보를 그 본질로 하고 있다.

이처럼 손실보상이란 평등원칙의 관철하에서의 침해된 재산권의 가치보장 확보를 통해 존속보장의 파괴를 치유하는 것을 그 이념으로 하며, 해당 재산권에 야기된 개인이 평균 부담해야 할 정도를 넘어선 특별희생을 사회적 공평부담의 견지에서 상계시키는 사회적으로 조절된 가치를 의미한다. 따라서 원칙적으로 해당 재산권에 내재된 일정한 사회적 기속에 의한 재산권의 일반희생을 넘어서는 특별희생부분만이 보상을 통해 회복되는 재산적 가치의 기준이 될 것이다.

(나) 비교형량의 원칙

이처럼 손실보상의 대상에 해당되는 공용침해된 재산권의 가치보장부분에서 그 해당 재산권에 내재된 사회적 기속분이 공제되어야 할 것이고, 이는 헌법 제23조 제2항에 따른 모든 재산권이 가지는 사회적 기속성에서 도출되는 법리라고 할 것이다.

그런데 다른 한편 이러한 손실보상의 대상인 침해된 재산권의 가치보장부분에는 그 해당 공용침해로 직접 야기된 재산적 이익도 함께 고려되어야 한다. 예컨대 공익사업으로 인해 공용침해되는 토지의 지가가 상승하는 등 공용침해로 인하여 직접 재산권자에게 일정한 재산상의 이익이 발생되었을 경우, 이러한 이익은 재산권자 자신의 노력과 관계없이 순전히 공익사업을 직접 원인으로 하여 발생한 것이므로 사회환원적 차원에서 마땅히 손실보상을 통해 회복되는 침해된 재산권의 가치보장부분에서 공제되어야 할 것이다.

아울러 손실보상을 통해 회복되는 이러한 재산권의 가치보장부분에는 재산권자 자신의 고의 또는 과실로 인해 야기된 손실의 증가분도 함께 고려되어야 할 것이다. 즉 공용침해로 인해 발생한 손실에 재산권자 자신의 책임으로 인해 야기된 일정한 재산상의 손실이 포함되어 있을 경우, 이 재산권자 자신의 책임영역에 속하는 재산적 손실부분은 손실보상을 통해 회복되는 재산권의 가치보장 부분에서 공제되어야 할 것이다.

이처럼 손실보상의 대상이 되는 공용침해된 재산권의 가치보장부분에는 해당 재산권에 내재된 사회적 기속분, 공용침해로 야기된 재산상의 이익, 재산권자 자신의 책임 등 공용침해와 관련된 제반사항이 고려되어야 하며, 아울러 재산권의 사회적 기속의 정도 자체가 해당 재산권의 종류와 성질, 그 처해있는 상황과 시대적 배경 등에 따라 달라지기 때문에 손실보상의 대상으로서의 재산권의 가치는 일률적이 아니고 이러한 다양한 요소에 따라 차별적일 수밖에 없다. 이것은 재산권보장의 정도와 범위의 차별성에 기인한다. 즉 재산권보장기능은 그 보장되는 재산권의 종류와 성질 및 상황과 사회적 기속도에 따라 차별적으로 작용하고, 이러한 재산권보장의 정도와 범위의 차별성이 필연적으로 재산권보장의 이차적 내용인 가치보장의 차별화를 초래하게 되며, 결국 가치보장의 차별화가 손실보상의 차별화를 초래하게 된다.

그러므로 손실보상의 내용과 범위는 이처럼 가치보장의 차별화를 초래하는 다양한 요소에 따라 달라지기 때문에 손실보상의 확정은 필연적으로 앞서 언급한 제반요소의 정당한 비교형량을 전제로 하고, 이러한 정당한 비교형량의 결과가 바로 손실보상인 것이다. 결국 이러한 공용침해와 관련한 공익 및 관계자의 이익의 총체적인 비교형량이 바로 헌법 제23조 제3항이 규정한 정당보상의 실현형식이며 내용인 것이다.[1)]

---

1) 헌재 1990. 6. 25. 89헌마107, 판례집 2, 178, 179:
헌법 제23조 제3항에서 규정한 '정당한 보상'이란 원칙적으로 피수용재산의 객관적인 재산가치를 완전하게 보상하여야 한다는 완전보상을 뜻하는 것이지만, 공익사업의 시행으로 인

(다) 정당보상의 내용

가) 보상의 종류

보상의 종류는 입법자가 공익 및 관계자의 이익을 정당하게 형량하여 정한다. 이에 따라 보상의 종류로서는 현금보상과 더불어 토지(대토)나 토지에 대한 각종의 물권 등 현물보상과 각종의 권리에 의한 보상 등이 고려될 수 있을 것이다.

a. 현금보상의 원칙

「공익사업을 위한 토지 등의 취득 및 보상에 관한 법률」(이하 '토지보상법'이라 함) 제63조 제1항은 현금보상을 원칙으로 하고 있다. 이는 현금이 그 유통에 있어서 가장 자유롭고 객관적 가치의 변동이 적기 때문에 보상의 완전성의 확보라는 측면에서 가장 정당보상의 이념에 부합하기 때문이라고 하겠다. 재산권자도 별단의 규정이 없는 한 원칙적으로 현금보상에 대한 권리만을 가진다고 하겠다.

b. 다른 종류에 의한 보상의 문제

손실보상의 관련법규들은 예외적으로 현금 이외의 다른 종류에 의한 보상을 허용하고 있는 바, 구 도시재개발법 제31조 제1항에 따른 대지 또는 건축시설의 분양에 의한 보상과 토지보상법 제63조 제1항의 단서조항에 따른 토지에 의한 보상, 동법 동조 제7항과 제8항에 따른 채권에 의한 보상 등이 그 예이다. 앞서 언급한 바와 같이 공용침해된 재산권자는 별단의 규정이 없는 한 원칙적으로 현금보상에 대한 청구권만을 가지기 때문에 이러한 예외적 규정에서처럼 특별히 현금 이외의 종류에 의한 보상을 허용하는 한에서만 그 특정종류의 보상을 청구할 수 있을 뿐이며, 이러한 예외적 규정이 없는 한 현금 이외의 종류에 의한 보상을 청구할 수는 없다. 이는 보상의 종류를 정하는 것은 오로지 입법자의

한 개발이익은 완전보상의 범위에 포함되는 피수용토지의 객관적 가치 내지 피수용자의 손실이라고는 볼 수 없다.

법률 제4120호로 삭제되기 전의 국토이용관리법 제29조 내지 제29조의 6에 의하여 평가된 기준지가는 그 평가의 기준이나 절차로 미루어 대상토지가 대상지역공고일당시 갖는 객관적 가치를 평가하기 위한 것으로서 부적절한 것으로 볼 수 없고, 구 토지수용법 제46조 제2항이 들고 있는 시점보정의 방법은 보정결과의 적정성에 흠을 남길만큼 중요한 기준이 누락되었다거나 적절치 아니한 기준을 적용한 것으로 판단되지 않는다.

구 토지수용법 제46조 제2항이 보상액을 산정함에 있어 개발이익을 배제하고, 기준지가의 고시일 이후 시점보정을 인근토지의 가격변동율과 도매물가상승률 등에 의하여 행하도록 규정한 것은 헌법 제23조 제3항에 규정한 정당보상의 원리에 어긋나지 않는다.

권한에 속하는 문제이기 때문이다.

그런데 현금 이외의 종류에 의한 보상과 관련하여 유의해야 할 점은 이러한 특별한 종류에 의한 보상은 보상과 관련한 제반사항의 정당한 비교형량의 결과로 정해진 것으로서, 이것이 그 특수한 상황과 관계자 - 특히 재산권자의 - 의 이익을 고려할 때 재산권자의 측면에서 현금보상보다 더욱 정당보상의 이념에 부합되기 때문이라는 점이다. 즉 상실된 재산권에 대한 동종 · 동가치의 회복이라는 손실보상의 기능에 더욱 합치되는 것이기 때문이다. 예컨대 토지를 수용당한 재산권자가 인근에서 동종 · 동가치의 다른 토지를 획득함이 매우 어려운 상황이라면 현금에 의한 보상은 재산권자에 대한 손실보상을 통한 존속보장의 회복가능성의 부여라는 면에서 적절한 기능을 할 수 없을 것이고, 대토에 의한 보상이 해당 피수용자를 위한 재산권보장과 정당보상의 측면에서 보다 적합한 방법이 될 수 있을 것이다.

이처럼 다른 종류에 의한 보상방법은 본질적으로 재산권자의 이익의 측면에서 고려되는 것이기 때문에 논리필연적으로 해당 재산권자, 즉 손실보상 청구권자의 신청이나 동의를 그 전제로 하며, 청구권자의 의사에 반하여 강제적으로 이루어질 수는 없는 것이다. 왜냐하면 다른 종류에 의한 보상이 청구권자의 의사에 관계없이 강제적으로 이루어진다면 이것은 오히려 재산권자의 이익과 정당보상의 이념에 역행하는 것이 되기 때문이다.

참고로 독일의 경우 대토(Ersatzland)에 의한 보상을 규정하고 있는 연방건설법(BauGB) 제100조 제1항은 "손실보상은 '재산권자의 신청에 따라' 적절한 대토로써 이루어질 수 있는데, 이는 그 재산권자가 자신의 직업활동 내지 영업활동의 안정을 위하여 또는 자신에게 부과되는 과제의 수행을 위하여 대토에 의한 보상에 의존되어 있음을… 전제로 한다."라고 규정하고 있고, 토지에 대한 다양한 권리에 의한 보상을 규정하고 있는 동법 제101조 제1항은 "공용침해되는 토지의 소유자에게는 '자신의 신청에 따라' 전부 또는 부분적으로 다른 토지에 대한 다음과 같은 각기 상이한 권리에 의한 보상 - 이러한 보상 방법이 '관계자의 이익형량의 결과 정당한 것이라면' - 이 이루어질 수 있다. …"라고 규정함으로써 대토나 토지상의 다른 권리 등에 의한 보상방법은 그것이 공익과 관계자의 이익의 형량결과 재산권자의 이익을 위한 정당한 보상방법으로 간주되는 경우에만, 그리고 해당 재산권자의 신청이 있는 경우에만 - 즉 재산권자의 의사에 따라서만 - 허용됨을 명시하고 있다.

c. 토지보상법상 채권보상의 문제점

이런 맥락에서 토지보상법상의 채권보상이 문제될 수 있다. 토지보상법 제63조 제7항은 "사업시행자가 국가·지방자치단체 그 밖에 대통령령으로 정하는 「공공기관의 운영에 관한 법률」에 따라 지정·고시된 공공기관 및 공공단체인 경우로서 다음 각 호의 어느 하나에 해당되는 경우에는 제1항 본문에 불구하고 해당 사업시행자가 발행하는 채권으로 지급할 수 있다. 1. 토지소유자 또는 관계인이 원하는 경우 2. 사업인정을 받은 사업에 있어서 대통령령이 정하는 부재부동산소유자의 토지에 대한 보상금이 대통령령이 정하는 일정금액을 초과하는 경우로서 그 초과하는 금액에 대하여 보상하는 경우"라고 규정하고 있고, 동조 제8항은 "토지투기가 우려되는 지역으로서 대통령령이 정하는 지역 안에서 다음 각 호의 어느 하나에 해당하는 공익사업을 시행하는 자 중 대통령령으로 정하는 「공공기관의 운영에 관한 법률」에 따라 지정·고시된 공공기관 및 공공단체는 제7항에도 불구하고 제7항 제2호에 따른 부재부동산소유자의 토지에 대한 보상금 중 대통령령이 정하는 1억원 이상의 일정금액을 초과하는 부분에 대하여는 당해 사업시행자가 발행하는 채권으로 지급하여야 한다. 1. 「택지개발촉진법」에 의한 택지개발사업 2. 「산업입지 및 개발에 관한 법률」에 의한 산업단지 개발사업 3. 그 밖에 대규모 개발사업으로서 대통령령이 정하는 사업"이라고 규정하고 있다.

그런데 이 규정은 정당보상의 원칙에서 볼 때 다음과 같은 문제점을 내포하고 있다.

첫째, 채권보상을 허용하는 목적과 취지가 위헌적이다. 이 규정이 채권보상을 허용하는 주된 이유는 국가나 지방자치단체 등의 불충분한 재정상태에 기인한다. 즉 수용·사용된 토지에 대하여 모두 현금에 의한 일시불로 보상을 지급하기에는 국가의 재정상태가 충분치 못한 것이다. 그러나 현금 이외의 종류에 의한 보상은 공익 및 관계자의 이익의 형량결과 재산권자의 이익의 측면에서 정당한 보상으로 간주될 경우에만 허용될 수 있는 것이지 국가의 재정적 이해관계 때문에 인정될 수는 없는 것이며, 더욱이 정당한 비교형량과정에서 고려되어야 할 공익의 내용에 국가의 재정확보나 국고증진 등의 목적이 결코 해당될 수 없음은 이미 위에서 살펴본 바와 같다. 만일 국가의 재정적 이유로 보상의 종류 등 손실보상의 내용이 달라진다면 국고증진을 위한 입법자에 의한 어떠한 종류의 보상내용도 헌법상 정당화되어질 수 있게 되고 공용침해 및 이에 대한 손실보상제도는 국고확충을 위한 자의적 도구로 전락될 것이며, 결국 정당보상을 통한 재산권보장의 기능은 형해화되어질 것이다. 국가재정의 문제는 공용침해 및 손실보상과 관련한 수단을 통해서가 아니라 다른 수단, 예컨대 조세나 경제정책적 수단을 통해서 해결해야 할 문제인 것이다.

둘째, 채권에 의한 보상이 강제적이라는 점이다. 즉 본 조항은 채권보상이 허용되는 경우로서 제7항 제1호에서는 '토지소유자 또는 관계인이 원하는 경우'라고 규정함으로써 해당 재산권자의 의사에 따르도록 하고 있지만, 제2호에서는 일정한 조건하에서 재산권자의 의사에 관계없이 강제적으로 채권보상을 할 수 있도록 규정하고 있고, 제8항은 채권보상을 하도록 의무지우고 있다. 이는 앞서 언급한 바와 같이 현금 이외의 종류의 보상은 공익 및 관계자의 이익, 특히 재산권자의 이익에 부합될 경우에만 인정될 수 있고, 따라서 재산권자의 의사에 반하여 강제적으로 이루어질 수 없음에 비추어 볼 때 정당보상의 이념에 역행하는 것이다.

셋째, 보상의 종류로서의 채권 자체가 정당보상의 종류로서 적합하지 않다는 것이다. 채권은 현금의 경우와는 달리 유통이 자유롭지 못하고 그 객관적 가치가 안정적이지 못하다. 물론 채권을 자유롭게 양도하거나 담보에 제공할 수는 있지만, 동조 제9항에서 규정하고 있듯이 일정한 상환기한이 경과되어야만 현금화시킬 수 있기 때문에 상실된 재산권의 동종 · 동가치의 신속한 회복이라는 손실보상의 기능면에서 볼 때 채권보상은 정당보상의 이념에 부합된다고 보기 어렵다. 더욱이 일반물가의 폭등 및 채권의 실질가치의 하락의 경우를 고려할 때 채권에 의한 보상이 상실된 재산권의 가치의 명목적 · 형식적 보장으로 전락할 위험은 항상 도사리고 있는 것이다. 물론 동조 제9항이 "제7항 및 제8항에 따라 채권으로 지급하는 경우 채권의 상환기한은 5년을 넘지 아니하는 범위안에서 정하여야 하며, 그 이율은 다음 각 호와 같다. 1. 제7항 제2호 및 제8항에 따라 부재부동산소유자에게 채권으로 지급하는 경우 : 3년 만기 정기예금 이자율(채권발행일 전월의 「은행법」에 따라 설립된 금융기관 중 전국을 영업구역으로 하는 은행이 적용하는 이자율을 평균한 이자율로 한다) 2. 부재부동산소유자가 아닌 자가 원하여 채권으로 지급하는 경우 : 3년 만기 국고채 금리(채권발행일 전월의 국고채 평균

유통금리로 한다)로 하되, 제1호에 따른 3년 만기 정기예금 이자율이 3년 만기 국고채 금리보다 높은 경우에는 3년 만기 정기예금 이자율을 적용한다."라고 규정함으로써 채권보상이 정당한 보상이 될 수 있도록 만전을 기한 것처럼 보인다. 그러나 오늘날에 있어서의 현저한 물가상승과 폭등하는 토지가격을 생각해 볼 때 과연 이 규정을 통해 상실된 재산권의 실질적 가치의 보장이 확보될 수 있는지는 의심스럽고, 따라서 채권보상의 경우 헌법이 요구하는 정당보상 및 이를 통한 재산권보장의 기능이 형해화되어질 위험이 여전히 남아있는 것이다.

이상 언급한 이유로 채권보상제도는 정당보상의 원칙의 측면에서 볼 때 문제가 있다. 물론 앞서 언급한 바와 같이 국가재원이 부족하다는 나름대로의 이유를 이해 못할 바 아니고, 또한 그 대상이 부재부동산소유자의 토지, 즉 소유자가 거주나 직업활동 등 현재 직접 긴절한 용도에 사용하는 토지가 아니라는 점에서 현금보상이 아닌 채권보상도 정당화될 수 있고, 아울러 이익형량이라는 측면에서 상실되는 토지소유자의 이익 내지 기본권보다 국가 재정 및 공익사업의 시행 등의 공익이 더욱 크다고 평가되어 채권보상을 규정한 것이 아닌가 생각된다. 그러나 아무리 국가재원의 부족도 이해가 되고 긴절한 공익사업의 신속한 시행도 중요하지만 헌법상의 정당보상의 원칙과 재산권보장정신에 비추어 볼 때 이러한 채권보상제도는 재고되어야 할 것이다.

나) 보상의 범위

손실보상이란 공용침해로 인해 야기된 특별희생을 사회적 공평부담의 견지에서 조절하는 사회적 상계이므로 보상의 범위란 재산권자에게 발생한 특별희생, 즉 회복되어져야 할 가치보장의 범위를 의미한다. 그런데 손실보상의 범위는 공익 및 관계자의 이익의 정당한 비교형량의 결과 정해지는 것이므로, 보상범위의 확정에 있어서는 기본적으로 공용침해로 야기된 재산권의 상실과 공익 및 해당 재산권의 사회적 기속, 그리고 상황에 따라서는 공용침해로 발생한 재산상의 이익과 재산권 손실영역에서의 재산권자 자신의 책임 등의 제반사항이 고려되어야 할 것이다.

보상의 범위확정을 위해서는 먼저 공용침해로 상실된 재산권이 그 토대가 될 것이고, 여기에 공익 및 해당 재산권의 사회적 기속분, 그리고 공용침해로 발생한 재산상의 이익 및 재산권자 자신의 책임부분 등이 가치감소의 원인으로서, 즉 보상범위의 축소 요소로서 고려될 것이다.

그런데 여기서 유의해야 할 점은 보상의 범위확정의 기준이 되는 재산권자에게 발생한 손실은 반드시 공용침해로 인하여 '필연적으로' 그리고 '직접' 발생한, 헌법상 보장되는 '재산권'의 손실이어야 하며, 이러한 손실이 '객관적 · 합리적'인 범위내에서만 고려되어져야 한다는 것이다. 따라서 공용침해로 인하여 단지 간접적으로 발생한 재산권의 손실, 예컨대 기대이익이나 장래의 가설적 이익 또는 공용침해가 없었더라면 발생할 수도 있었을 해당 재산권의 가격상승 내지 투기에 의한 예상되는 지가상승 등은 고려될 수 없으며, 공용침해로 인해 직접 야기되었다 하더라도 헌법상 보장된 재산권 이외의 권리 내지 이익 등은 손실보상에서 역시 고려될 수 없고, 아울러 공용침해로 직접 야기된 재산권의 손실이라 할지라도 객관적 · 합리적 범위를 넘어선 재산권자 개인의 특수한 주관적 상황에서 유래하는 손실부분은 고려될 수 없는 것이다.

또한 이 점이 바로 손해배상과 구별되는 손실보상의 특성인 것이다. 손해배상이란 일반적으로 공익과는 관계없는 불법행위에 의해 발생한 손해를 개인적 책임주의의 견지에서 배상하는 것으로서 그 위법한 침해가 없었던 상태로의 완전한 회복을 그 이념으로 하기 때문에, 해당 불법행위에 의하여 직접 · 간접 야기된 모든 재산적 · 비재산적 손해에 대한 완전한 배상을 원칙으로 한다. 따라서 직접 발생한 재산적 손해 이외에 상실된 기대이익이나 위자료 등이 아울러 손해배상의 대상으로서 고려될 수 있다. 반면에 손실보상은 앞서 언급한 바와 같이 공공필요에 의한 적법한 재산권침해로 인해 야기된 특별희생의 사회적 공평부담의 견지에서의 조절적 의미를 가지는 사회적 상계이기 때문에 그 침해가 발생하지 않았던 상태로의 완전한 회복을 그 이념으로 하지 아니하며, 따라서 공용침해로 직접 야기된 재산상의 손실만이 보상의 대상으로서 고려될 수 있는 것이다.

8. 재산권침해와 권리구제

(1) 위법한 재산권침해와 권리구제

1) 고의 · 과실이 있는 위법한 침해

고의 · 과실이 있는 위법한 침해, 즉 불법적인 재산권침해에 대하여는 원칙적으로 재산권침해행위 자체를 행정쟁송을 통해 시정하고, 그 경우 이미 발생한 손해가 있다면 이에 대하여는 국가배상청구권에 의하여 손해배상청구를 할 수 있을 것이고, 시정이 불가능하거나 기대가능하지 아니한 경우에는 전체로서 국가배상청구권을 통해 손해배상을 청구할 수 있을 것이다.

2) 고의 · 과실이 없는 위법한 침해

이 경우에는 원칙적으로 위법한 재산권침해행위를 행정쟁송을 통해 시정하고, 예외적으로 이른바 수용유사침해법리(Enteignungsgleicher Eingriff)에 의하여 손실보상을 청구할 수 있을 것이다.

가. 수용유사침해법리의 의의와 유래

수용유사침해라 함은 위법한 그러나 무책의, 즉 고의 · 과실이 없는 재산권에 대한 침해를 의미한다. '위법한' 침해라는 점에서 '적법한' 공용침해와 구별되고, '무책의' 위법한 침해라는 점에서 국가배상의 원인이 되는 고의 · 과실이 있는 '유책의' 위법한 공권력행사와 구별된다.

수용유사침해의 법리는 독일의 연방통상법원(Bundesgerichtshof)의 판례에 의하여 형성 · 발전된 이론으로서 본래는 공용침해의 일반적 요건은 갖추었으나, 공용침해의 근거법률에 보상규정이 없기 때문에 - 불가분조항의 원칙 위반 - 결과적으로 이 규정에 근거한 재산권침해행위가 위헌 · 위법이 되는 경우, 기본법 제14조 제3항(우리 헌법 제23조 제3항)의 유추 · 적용과 평등원칙의 관철하에서 이러한 위법 · 무책(고의 또는 과실이 없기 때문에)의 침해에 대한 손실을 보상해야 한다는 판례법상의 이론이다.

나. 오늘날의 수용유사침해법리

이러한 과거의 수용유사침해법리는 1981. 7. 15. 연방헌법재판소의 결정(이른바 자갈채취결정, Naßauskiesungsbeschluß)에 의하여 근본적으로 수정되었다. 즉 보상규정이 없는 공용침해의 근거법률에 따른 위법한 재산권침해에 대한 구제책은 손실보상이 아니라, 근거법률의 위헌 · 무효화와 위헌적 법률에 근거한 위법한 침해행위의 취소라는 것이다. 따라서 법원이나 행정청이 취소대신 보상을 허용할 수는 없다는 것이다. 다만 예외적으로 행정쟁송의 제기가 재산권자에게 기대가능하지 않거나 재산권의 원상회복이 불가능한 경우 등 행정쟁송을 통한 권리구제가 실효성이 없거나 가능하지 아니한 경우에는 수용유사침해법리에 의한 손실보상청구가 가능하다고 할 것이다.

이러한 견해는 헌법상 재산권보장의 본질(특히 존속보장우선의 원칙)과 법치주의원리(위헌·위법성의 치유책은 보상이 아니라 원칙적으로 그 위헌·위법행위 자체의 시정이라는 행정쟁송우선의 원칙)상 타당하다고 볼 수 있다. 따라서 재산권의 존속보장우선의 원칙과 행정쟁송우선의 원칙을 무시하고, 손실보상이라는 가치보장을 택할 수는 없다고 하겠다.

(2) 적법한-공용침해 이외의-재산권침해와 권리구제

적법한, 그러나 본래의 공용침해가 아닌 재산권침해에 대하여는 이른바 수용적 침해법리(Enteignender Eingriff)에 의한 보상청구가 가능할 것이다. 수용적 침해는 적법한 행정작용(사실행위)의 이형적·비의도적·부수적 결과로서 타인의 재산권에 가해진 침해를 말한다. 적법한 침해라는 점에서 공용침해와 같으나, 특정 공익사업을 목적으로 하지 않고, 타인의 재산권의 침해를 직접 의욕하지 아니한 사실행위의 부수적 결과라는 점에서 공용침해와 구별된다. 예컨대 지하철공사의 장기화로 인근 상점에 영업상 손실이 발생되거나 군사작전으로 인근 주민의 재산권에 침해가 발생된 경우가 그것이다.

이 수용적 침해에 대한 보상의 법리도 독일 연방통상법원의 판례와 학설에 의하여 형성·발전된 이론인데, 이 경우 적법한 그리고 이미 발생한 결과적인 침해는 취소를 구하는 행정쟁송의 대상이 될 수 없기 때문에, 공용침해에 준해서 손실보상을-헌법상의 법치주의원리와 재산권보장의 정신 및 평등의 원칙에 근거한 판례법에 따라-해줄 수밖에 없는 것이다.

Ⅳ. 소비자의 권리

1. 의의

소비자의 권리는 국민 모두에게 생활을 위한 수요를 충족시키기 위하여 필요한 재화의 원활한 구입과 사용을 보장하고, 경제생활영역에서의 개성신장을 촉진시키기 위한 경제적 기본권의 하나라고 할 수 있다. 여기서 '소비자'란 사업자가 제공하는 물품 또는 용역을 소비생활을 위하여 사용하는 자 또는 생산활동을 위하여 사용하는 자를 말한다(소비자기본법 제2조 제1호). 따라서 소비자의 권리란 소비자가 국가 등 외부의 간섭 없이 자유롭게 자신이 원하는 상품, 용역, 서비스, 재화 등을 구입하고 사용할 수 있는 권리를 말한다.

2. 소비자권리의 필요성

주지하는 바와 같이 오늘날의 대량 생산과 판매 및 유통의 경제구조하에서 소비자는 불량 상품, 용역, 서비스, 재화 등으로 인한 피해를 입을 가능성에 항상 노출되어 있다. 그런데 소비자는 생산자나 유통업자 등에 비하여 법적 · 경제적으로 현저히 열악하고 불리한 지위에 처해 있기 때문에 자신의 권익을 지키고, 피해를 효과적으로 구제받기가 매우 어려운 것이 현실이다. 이러한 현상은 사회국가원리의 핵심적인 내용으로서의 경제민주화와 실질적인 평등과 정의의 이념에 정면으로 위배되는 것이라고 할 수 있다. 따라서 소비자를 보호하고, 소비자의 권익침해 가능성을 예방하며, 발생된 피해를 효과적으로 구제해주기 위한 입법적 조치와 더불어 소비자의 권리를 기본적 인권의 차원에서 확보해야 할 필요성이 절실하다.[1] 즉 소비자의 권리를 헌법상의 독자적인 기본권으로 고양시켜 보장하여야 한다는 것이다. 소비자의 권리가 헌법상의 기본권으로 확립되고 보장될 때에 비로소 경제민주화와 정의사회구현을 통한 헌법상의 기본원리로서의 사회국가원리가 실현되고, 인간의 존엄과 가치, 행복추구권, 직업의 자유, 재산권, 인간다운 생활을 할 권리 등 여타의 관련 기본권이 실효성 있게 보장될 수 있다. 이에 따라 현행 헌법 제124조가 소비자보호운동에 관해 규정하고 있고, 이를 실천하기 위하여 소비자기본법이 제정 · 시행되고 있다.

3. 소비자권리의 헌법적 근거

소비자의 권리에 대한 명시적인 헌법의 근거규정은 없다. 따라서 일반적으로 이러한 소비자의 선택권 내지 자기결정권 등 소비자의 권리를 헌법 제10조의 행복추구권 내지 행복추구권의 한 내용으로서의 일반적 행동의 자유에서 도출된다고 보고 있다. 헌법재판소도 "… 소비자가 자신의 의사에 따라 자유롭게 상품을

---

1) 동지 권영성, 전게서, 584쪽.

선택하는 것을 제약함으로써 소비자의 행복추구권에서 파생되는 '자기결정권'도 제한하고 있다."라고 판시함으로써 소비자의 자기결정권 등을 내용으로 하는 소비자의 권리가 헌법 제10조의 행복추구권에서 도출된다고 판시하고 있다.[1)]

그런데 다른 한편 소비자보호운동에 관한 헌법규정인 제124조도 소비자권리의 근거규정이 될 수 있는지가 문제될 수 있다. 제124조는 "국가는 건전한 소비행위를 계도하고 생산품의 품질향상을 촉구하기 위한 소비자보호운동을 법률이 정하는 바에 의하여 보장한다."라고 하여 소비자권리의 문제를 단지 소비자보호운동의 차원에서 규정하고 있을 뿐 소비자권리의 보장에 관하여는 직접적으로 규정하고 있지 아니하다. 따라서 이 규정은 문맥상으로는 헌법상의 기본권으로서의 소비자의 권리의 헌법적 근거가 될 수 없는 것처럼 보인다.

그러나 헌법 제124조는 바로 헌법상 기본권으로서의 소비자권리의 헌법적 근거라고 보아야 할 것이다. 왜냐하면 이 조문은 소비자권리에 대한 헌법적 보장을 기본적 전제로 하면서 동시에 소비자의 권리보장을 그 궁극적인 목적으로 하는 소비자보호운동을 보장하고 있기 때문이다. 이는 이 조문에서 규정한 소비자보호운동의 보장을 위한 구체적 실천 법률인 소비자기본법의 입법목적을 보아도 알 수 있다. 즉 동법 제1조는 "이 법은 소비자의 권익을 증진하기 위하여 소비자의 권리와 책무, 국가·지방자치단체 및 사업자의 책무, 소비자단체의 역할 및 자유시장경제에서 소비자와 사업자 사이의 관계를 규정함과 아울러 소비자정책의 종합적 추진을 위한 기본적인 사항을 규정함으로써 소비생활의 향상과 국민경제의 발전에 이바지함을 목적으로 한다."라고 규정함으로써 헌법 제124조의 구체화법으로서의 소비자기본법이 소비생활의 향상과 합리화를 통해 '소비자의 권익'을 보호함을 목적으로 하고 있다는 것을 천명하고 있으며, '소비자의 기본적 권리'에 관하여 규정하고 있는 동법 제4조가 "소비자는 다음 각 호의 기본적 권리를 가진다. …"라고 하면서 "모든 물품 및 용역으로 인한 생명·신체 및 재산상의 위해로부터 보호받을 권리", "물품 등을 사용함에 있어서 거래상대방·구입장소·가격 및 거래조건 등을 자유로이 선택할 권리", "물품 및 용역의 사용 또는 이용으로 인하여 입은 피해에 대하여 신속·공정한 절차에 의하여 적절한 보상을 받을 권리", "소비자 스스로의 권익을 증진하기 위하여 단

---

1) 헌재 1996. 12. 26. 96헌가18, 판례집 제8권 2집, 680, 691.

체를 조직하고 이를 통하여 활동할 수 있는 권리" 등 소비자보호를 위한 여러 가지 권리를 '소비자의 기본적 권리'로 보장하고 있는데, 이는 소비자기본법에 규정되어 있는 소비자보호를 위한 여러 가지 권리가 바로 독자적인 소비자기본권의 구체적인 내용을 이루고 있다는 것을 의미하는 것이다.

무릇 행정법 등의 법률은 헌법을 실현하기 위한 구체화이고, 이러한 법률에 보장되어 있는 국민의 권리는 바로 헌법상 보장된 기본권의 구체화라고 하는 것을 상기할 때 소비자기본법에 규정되어 있는 소비자의 제 권리는 바로 동법의 헌법적 근거인 헌법 제124조가 전제하고 있고 보장하고 있는 소비자기본권의 구체화라고 할 수 있고, 따라서 독자적인 헌법상의 기본권으로서의 소비자권리의 헌법적 근거는 바로 헌법 제124조인 것이다. 그러므로 헌법 제124조의 "국가는 … '법률이 정하는 바에 의하여' 보장한다."는 것은 동규정의 전제이자 목적인 헌법상의 기본권으로서의 소비자권리가 소비자기본법 등의 법률이 정하는 바에 따라 그 내용이 구체화된다는 것을 의미하는 것이라고 할 수 있다. 만일 헌법 제124조를 이처럼 이해하지 아니하고 기본권으로서의 소비자권리의 보장과는 무관하게 단지 소비자보호운동만을 보장하는 규정으로 해석한다면 이는 소비자보호운동 자체의 목적과 효율적인 소비자보호운동의 확립에 위배될 뿐 아니라 동규정의 존재의의 마저 형해화시키는 것이라고 아니할 수 없다.

따라서 헌법 제10조 뿐 아니라 제124조도 소비자의 권리에 대한 헌법상의 근거규정이라고 할 수 있다.

4. 소비자권리의 내용

앞서 언급한 바와 같이 소비자의 권리는 소비자가 자유롭게 자신이 원하는 양질의 상품, 용역, 서비스, 재화 등을 공정한 가격으로 적절한 유통구조를 통하여 적기에 구입하고 사용할 수 있는 권리라고 할 수 있다. 그러므로 이러한 내용의 소비자권리는 경제적 생활영역에서의 다른 기본권인 직업의 자유나 재산권의 효율적인 보장과 행사를 뒷받침하는 기능도 가진다고 할 수 있다.

이러한 소비자권리에는 첫째, 물품 및 용역의 구입·사용에 있어서 거래의 상대방, 구입장소, 가격, 거래조건 등을 자유로이 선택할 권리가 포함된다. 자유경쟁을 전제로 하는 자유시장경제질서라는 우리 헌법상의 경제질서에는 소비자가 시장기능을 통하여 생산의 종류, 양과 방향을 결정하는 소비자주권의 사고가 바탕을 이루고 있다.[1] 둘째, 소비자권리에는 소비자가 물품이나 용역 등의 선택에 필요한 정보와 지식을 제공받을 권리가 포함된다고 보아야 한다.[2] 셋째, 소비자권리에는 소비자가 물품·용역 등으로 인한 생명·신체 또는 재산에 대한 위해로부터 보호받을 권리가 포함된다.[3] 넷째, 소비자권리에는 물품이나 용역 등의 구입이나 사용으로 인한 피해를 보상받을 권리가 포함된다.[4] 다섯째, 소비자권리에는 소비자가 자신의 권익을 위하여 단체를 조직하고 활동할 수 있는 권리가 포함된다고 하겠다.[5]

5. 소비자권리의 제한

소비자의 권리도 국가안전보장·질서유지·공공복리를 위하여 법률로써 제한될 수 있다. 이 경우 헌법 제37조 제2항에서 정한 기본권제한의 한계 기준에 따른 제한이 이루어져야 함은 물론이다. 따라서 소비자의 권리를 제한할 경우 비례의 원칙에 따라 달성코자하는 공익실현을 위한 불가피한 최소한의 침해만이 이루어지도록 제한해야 할 것이며, 제한하는 경우에도 소비자권리의 본질적 내용을 침해할 수는 없다.

---

1) 헌재 1996. 12. 26. 96헌가18, 판례집 제8권 2집, 680, 691-692.

2) 이를 위해 소비자기본법 제13조는 "① 국가 및 지방자치단체는 소비자의 기본적인 권리가 실현될 수 있도록 소비자의 권익과 관련된 주요시책 및 주요결정사항을 소비자에게 알려야 한다. ② 국가 및 지방자치단체는 소비자가 물품 등을 합리적으로 선택할 수 있도록 하기 위하여 물품 등의 거래조건·거래방법·품질·안전성 및 환경성 등에 관련되는 사업자의 정보가 소비자에게 제공될 수 있도록 필요한 시책을 강구하여야 한다."라고 규정하고 있다.

3) 이를 위해 소비자기본법 제8조 제1항은 "국가는 사업자가 소비자에게 제공하는 물품 등으로 인한 소비자의 생명·신체 또는 재산에 대한 위해를 방지하기 위하여 다음 각 호의 사항에 관하여 사업자가 지켜야 할 기준을 정하여야 한다. 1. 물품 등 의 성분·함량·구조 등 안전에 관한 중요한 사항 2. 물품 등을 사용할 때의 지시사항이나 경고 등 표시할 내용과 방법 3. 그 밖에 위해방지를 위하여 필요하다고 인정되는 사항"이라고 규정하고 있다.

4) 이를 위해 소비자기본법 제55조 제1항이 "소비자는 물품 등의 사용으로 인한 피해의 구제를 한국소비자원에 신청할 수 있다."라고 규정하고 있는 등 피해구제의 방법과 절차 등에 대하여 동법 제8장 제2절에 자세히 규정되어 있다.

5) 이러한 소비자단체의 육성과 발전을 위하여 소비자기본법 제32조는 "국가 또는 지방자치단체는 등록소비자단체의 건전한 육성·발전을 위하여 필요하다고 인정될 때에는 보조금을 지급할 수 있다."라고 규정하고 있다.

예컨대 재래시장 인근에 대형마트의 진입을 규제하거나 기존의 대형마트의 영업시간 등 그 운영에 대하여 일정한 제한을 가하는 경우가 있는데, 이는 대형마트의 영업의 자유를 제한할 뿐 아니라, 대형마트에서 물품을 구매하고자 하는 소비자의 선택권 등 소비자권리를 제한하는 것이 될 것이다. 그런데 이러한 제한은 재래시장의 활성화나 영세상인의 보호 또는 시장구조의 독과점화 억제 등의 공익적 이유에서 비례의 원칙을 위반하지 아니하는 한 정당화될 수 있다고 하겠다.

이러한 재래시장의 활성화나 영세상인 및 중소기업의 보호 또는 시장구조의 독과점화 억제 등의 공익들은 헌법 제9장의 경제조항들에서 규정한 경제규제입법과 경제적 기본권에 대한 제한의 정당화 근거에서 도출될 수 있는 구체적인 공익들이라 할 수 있다. 이러한 정당화 근거로서는 첫째, 균형 있는 국민경제의 성장 및 안정과 적정한 소득분배의 유지, 둘째, 시장의 지배와 경제력남용의 방지, 셋째, 경제주체간의 조화를 통한 경제민주화의 실현이라고 할 수 있는데, 이들 실천목표를 위해 국가는 입법과 행정을 통해 경제영역에 대한 규제와 조정을 할 수 있다.

제5항 정치적 기본권

우리 헌법은 국민주권주의이념의 바탕위에서 민주주의를 실현하고, 정치생활영역에서의 개성신장을 촉진시키기 위하여 다양한 정치적 기본권을 보장하고 있다. 각종의 참정권과 정당설립의 자유가 그것이다.

Ⅰ. 참정권

1. 참정권의 의의와 기능

참정권이라 함은 국민이 국가의 정치적 의사형성과정에 참여하는 권리이다. 따라서 참정권은 민주주의를 실현하는 가장 전통적이고 전형적인 수단이다. 민주주의원리란 국가권력의 창설과 행사의 최후의 정당성을 국민의 의사에 귀착시키는 원리이다. 이에 따라 참정권은 모든 국민이 국가권력의 창설과 행사과정에 적극적으로 참여함으로써 자신의 정치적 견해를 국정에 반영시키고 민주주의를 실현하는 권리라고 할 수 있다.[1)]

따라서 이러한 특성을 가지는 참정권은 다음과 같은 기능을 가진다.

첫째, 국가권력의 창설과 국가기관의 구성 기능을 가진다. 둘째, 국가권력의 창설과 행사에 민주적 정당성을 부여한다. 셋째, 국민의 의사를 국정에 반영하는 기능을 가진다. 넷째, 국가권력의 심판과 견제기능을 가진다.

---

1) 헌재 1989. 9. 8. 88헌가6, 판례집 1, 199, 208-209:

헌법상의 국민주권론을 추상적으로 보면 전체국민이 이념적으로 주권의 근원이라는 전제 아래 형식적인 이론으로 만족할 수 있으나, 현실적으로 보면 구체적인 주권의 행사는 투표권 행사인 선거를 통하여 이루어지는 것이다. 실질적 국민주권을 보장하기 위하여 유권자들이 자기들의 권익과 전체국민의 이익을 위해 적절하게 주권을 행할 수 있도록 민주적인 선거제도가 마련되어야 하고, 국민 각자의 참정권을 합리적이고 합헌적으로 보장하는 선거법을 제정하지 않으면 안된다.

우리 헌법은 민주정치의 실현을 위해 모든 국민이 자유롭고 평등하게 국가 의사의 형성과정에 참여하고, 국가기관의 구성원으로서 공무를 담임하는 권리와 기회를 갖도록 국민의 참정권을 필수적인 것으로 인정하고 있다. 국민이 국정에 참여하는 참정권은 국민주권의 상징적 표현으로서 국민의 가장 중요한 기본적 권리의 하나이며 다른 기본권에 대하여 우월적 지위를 가진다. 따라서 이러한 국민주권이 현실적으로 행사될 때에는 국민 개인이 가지는 불가침의 기본권으로 보장된다. 그 기본권은 대리 행사를 시킬 수 없는 국민 각자의 고유한 주관적인 권리이고, 참정권의 행사와 보장도 개인주의 사상에 기초를 두고 그 개인의 인격을 기본으로 하고 있다.

참정권의 주체는 국민 각자의 개인의 인격과 그 의사결정을 단위로 하고 있으며, 그것은 개인의 주권성과 인간의 존엄성을 최대한 보장하여 자유계약과 자유경쟁으로 국가조직과 사회 번영을 유지한다는 사회철학에서 비롯된 것이다.

주권자인 국민은 선거를 통하여 직접적으로는 국가기관의 구성원을 선출하고 간접적으로는 여하한 정부를 원하느냐에 관한 국민의 의사를 표시한다. 이러한 정치행위를 참정권이라고 하고, 이를 모아 집합적인 총의로 최종결정을 하는 것을 헌법상 주권의 행사라고 하나 그 본질은 국민 개인이 갖는 기본권이라는 데에서 비롯되기 때문에 본건을 다룸에 있어서도 실질적인 주권행사인 개개인의 참정권을 존중하고 보호한다는 원칙을 망각해서는 안된다.

그러므로 참정권은 국민이 국가의 구성원으로서 국정에 참여한다는 전체주의적 의미보다 사람은 정치적 동물이다라고 하듯 인간의 본능적인 정치적 욕구를 충족할 수 있도록 국민 각자를 단위로 개개인의 기본권으로서 국정을 창조하고 형성하는 개인의 정치적 권리이며 정치적 의사로서 자기의 권익과 행복을 추구하는 가장 중요한 수단으로서 보장받고, 개인의 정치적 주장과 의사를 선거를 통하여 그 주권을 행사하는데 기초를 둔 것이 민주국가의 생명이며, 민주정치의 장점이기 때문에, 이와 같은 적극적인 의의를 선거제도에 수용하지 않으면 안된다.

2. 참정권의 주체

(1) 대한민국 국민

참정권의 주체는 대한민국 국적을 소지한 국민이다. 참정권이 대한민국이라는 국가법인의 창설과 국가권력 행사에 참여하는 권리이기 때문에 국가의 구성요소인 국민이 참정권을 가지는 것은 당연하다. 이에는 재외국민도 포함된다.

(2) 외국인

따라서 외국인은 원칙적으로 참정권의 주체가 될 수 없다. 그러나 오늘날 국내외에서 일정한 요건하에 외국인에게도 참정권을 부여하는 추세에 있다. 이는 기본권의 보편적 인권으로서의 성격, 외국인의 헌정질서에의 통합 필요성, 외국인의 전문적 지식이나 기술을 활용할 필요성 등에 기인하는 것으로 볼 수 있다. 이에 따라 우리의 경우에도 공직선거법에서 일정한 요건을 구비한 외국인에게 지방자치선거권을 부여하고 있다(제15조 제2항 3호). 아울러 지방자치단체의 주요 결정사항에 관한 주민의 직접참여를 보장하는 주민투표권을 일정한 자격을 가진 외국인에게 부여하고 있다(주민투표법 제5조 제1항 2호). 더 나아가 일정한 요건하에서 외국인을 국가공무원 및 지방공무원으로 임용할 수 있도록 하고 있다(국가공무원법 제26조의3, 지방공무원법 제25조의2). 오늘날의 국제화 추세와 기본권의 보편적 인권화의 당위성에 비추어볼 때, 그리고 인간의 존엄과 가치 및 행복추구권을 핵심으로 하는 기본권의 실현과 다원적 민주주의를 바탕으로 하는 진정한 사회통합을 추구하기 위하여 외국인의 참정권은 더욱 확대해나가는 것이 헌법이념상 요구될 뿐 아니라 현실적으로도 바람직하다고 하겠다.

(3) 기본권 능력과 기본권 행사능력

일반적으로 기본권주체는 기본권을 보유하는 기본권 능력과 실제로 기본권을 실행하는 기본권 행사능력을 가진다. 그런데 참정권의 경우에는 참정권에 관한 기본권 능력과 기본권 행사능력을 구별하는 경우가 있다. 따라서 참정권을 실제로 행사하기 위해서는 헌법과 법률에서 정한 일정한 행사능력을 갖추어야 한다. 예컨대 선거권과 피선거권의 경우에 그 행사에 일정한 연령에 도달했을 것을 요구하는 것이 그것이다. 헌법(제67조 제4항)은 대통령의 피선거권의 행사능력을 만40세로 정하고 있고, 공직선거법(제15조, 제16조)은 국회의원과 지방자치단체의 장 및 지방의회의원의 선거권과 피선거권의 행사능력을 모두 만18세로 정하고 있다.

3. 참정권의 내용

(1) 선거권

1) 의의

헌법 제24조는 "모든 국민은 법률이 정하는 바에 의하여 선거권을 가진다." 라고 규정하여 정치생활영역에서의 개성신장과 민주주의원리의 실현수단으로 모든 국민에게 선거권을 보장하고 있다. 선거권은 가장 대표적이고 전통적인 정치적 기본권이다. 선거권이란 통치기관의 구성원을 선출하는 권리를 말한다. 현대국가의 통치구조는 주권의 담당자와 통치권의 담당자가 분리되는 간접민주주의를 바탕으로 하는 대의제도를 기본골격으로 하고 있다. 이러한 대의제도는 당연히 대의기관의 구성을 전제로 하는데, 민주국가에서의 대의기관의 구성은 민주적 정당성의 요청 때문에 선거를 통해 이루어진다. 따라서 선거권은 이러한 대의기관의 구성과 민주주의의 실현을 위해 필수불가결한 기본권이라고 할 수 있다.

2) 선거권의 내용

헌법 제24조는 모든 국민에게 법률이 정하는 선거권을 보장함으로써 선거권의 구체적 내용을 법률에 위임하고 있다. 이는 일종의 기본권형성적 법률유보조항으로서 이에 따라 선거권의 행사와 절차 등에 관하여는 공직선거법이 자세히 규정하고 있다.

헌법 및 공직선거법에 따르면 선거권은 선거의 종류에 따라 대통령선거권, 국회의원선거권, 지방자치단체의 장선거권, 지방의회의원선거권, 교육감선거권 등으로 나눌 수 있다. 공직선거법 제15조는 선거권의 행사능력과 관련하여 만18세가 되어야 선거권을 행사할 수 있도록 규정하고 있다.[1)]

한편 헌법 제24조의 기본권형성적 법률유보조항에 따라 입법자에게는 선거권의 형성과 행사 및 절차 등에 관하여 상당한 입법형성의 자유가 부여되어 있다. 그러나 이러한 입법형성권은 무제한적인 것이 아니고, 어디까지나 헌법상 선거의 기본원칙인 보통·평등·직접·비밀·자유선거의 원칙과 비례의 원칙 등이 준수되어야 하는 등 일정한 한계가 있다.[1][2]

---

1) 헌재 2013. 7. 25. 2012헌마174, 판례집 25-2상, 306, 306-307:
보통선거의 원칙은 일정한 연령에 도달한 사람이라면 누구라도 당연히 선거권을 갖는 것을 요구하는데 그 전제로서 일정한 연령에 이르지 못한 국민에 대하여는 선거권을 제한하는 바, 선거권 행사는 일정한 수준의 정치적인 판단능력이 전제되어야 하기 때문이다.
헌법 제24조는 "모든 국민은 '법률이 정하는 바'에 의하여 선거권을 가진다."라고 규정함으로써, 선거권 연령을 어떻게 정할 것인지는 입법자에게 위임하고 있다. 입법자는 우리의 현실상 19세 미만의 미성년자의 경우, 아직 정치적·사회적 시각을 형성하는 과정에 있거나, 일상생활에 있어서도 현실적으로 부모나 교사 등 보호자에게 의존할 수밖에 없는 상황이므로 독자적인 정치적 판단을 할 수 있을 정도로 정신적·신체적 자율성을 충분히 갖추었다고 보기 어렵다고 보고, 선거권 연령을 19세 이상으로 정한 것이다. 또한 많은 국가에서 선거권 연령을 18세 이상으로 정하고 있으나, 선거권 연령은 국가마다 특수한 상황 등을 고려하여 결정할 사항이고, 다른 법령에서 18세 이상의 사람에게 근로능력이나 군복무능력 등을 인정한다고 하여 선거권 행사능력과 반드시 동일한 기준에 따라 정하여야 하는 것은 아니므로 선거권 연령을 19세 이상으로 정한 것이 불합리하다고 볼 수 없다.
따라서 선거권 연령을 19세 이상으로 정한 것이 입법자의 합리적인 입법재량의 범위를 벗어난 것으로 볼 수 없으므로, 19세 미만인 사람의 선거권 및 평등권을 침해하였다고 볼 수 없다.
[재판관 박한철, 재판관 김이수, 재판관 이진성의 반대의견]
일정 연령의 사람이 정치적 판단능력이 있음에도 더 높게 선거권 연령을 정하였다면 입법형성권의 한계를 벗어난 것이다.
선거권 연령이 19세 이상으로 조정된 이후 지금까지 우리 사회는 그 이전까지의 변화와 비교할 수 없을 정도로 엄청난 변화를 겪었고, 이러한 변화는 청소년을 포함한 국민의 정치적 의식수준도 크게 고양시켰으므로 중등교육을 마칠 연령의 국민은 독자적인 정치적 판단능력이 있다고 보아야 한다. 그런데 중등교육을 마치는 연령인 18세부터 19세의 사람은 취업문제나 교육문제에 지대한 관심을 갖게 되고, 정보통신, 특히 인터넷의 발달에 가장 친숙한 세대로서 정치적·사회적 판단능력이 크게 성숙하게 되므로 독자적인 정치적 판단능력을 갖추었다고 보아야 한다. 병역법이나 근로기준법 등 다른 법령들에서도 18세 이상의 국민은 국가와 사회의 형성에 참여할 수 있는 정신적·육체적 수준에 도달하였음을 인정하고 있고, 18세를 기준으로 선거권 연령을 정하고 있는 다른 많은 국가들을 살펴보아도 우리나라의 18세 국민이 다른 국가의 같은 연령에 비하여 정치적 판단능력이 미흡하다고 볼 수는 없다. 그렇다면 18세 이상 국민이 독자적인 정치적 판단능력이 있음에도 선거권 연령을 19세 이상으로 정한 것은 입법형성권의 한계를 벗어나 18세 이상 19세에 이르지 못한 국민의 선거권 등을 침해한다.

1) 헌재 1991. 3. 11. 90헌마28, 판례집 3, 63, 80:
참정권의 제한은 국민주권에 바탕을 두고 자유·평등·정의를 실현시키려는 헌법의 민주적 기본질서를 침해할 위험성이 큰 것으로서 민주주의의 원리와는 배치되는 것이기 때문에 어

(2) 공무담임권

1) 의의

헌법 제25조는 "모든 국민은 법률이 정하는 바에 의하여 공무담임권을 가진다."라고 규정함으로써 정치생활영역에서의 개성신장과 민주주의원리의 실현수단으로 모든 국민에게 공무담임권을 보장하고 있다. 공무담임권 역시 선거권과 더불어 가장 대표적이고 전통적인 정치적 기본권이다.

2) 내용

공무담임권이란 공직에 취임할 수 있는 권리로서 모든 국민이 국정, 즉 국가의 의사결정과 집행을 직접 담당할 수 있는 권리를 말한다. 여기서의 공직에는 선거직과 임명직, 국가공직과 지방공직, 직업공무원제도의 적용대상이 되는 공직과 그렇지 않은 공직을 모두 포괄하는 넓은 개념이라고 할 수 있다. 따라서 공무담임권을 크게 선거에 입후보해서 당선될 수 있는 피선거권과 기타의 공직

디까지나 최소한의 정도에 그쳐야 할 것인바, 그럼에도 불구하고 항차 공무원도 아닌 명예직의 협동조합의 조합장들에게 입후보의 원천봉쇄 및 겸직금지규정으로 참정권에 제약을 가하고 있다. 더구나 지방자치법 제32조에 의하면 지방의회의원은 명예직이며 회기중에 일비와 공무로 여행할 때에 여비를 지급받을 뿐이고 정기보수는 없으며, 이점 세비를 받는 국회의원의 지위와는 다르다. 따라서 한가지 직무에만 전념하기 어려운 명예직인 농업협동조합 등의 조합장에게 다소간 있는 공공성(국가의 감독, 계약에 의한 정부위촉의 사업수행 등)만을 강조한 나머지 다른 명예직도 겸직을 금지시키는 것은 명백히 과도한 기본권 제한이며 민주국가에 있어서의 참정권제한 최소화의 원칙에 합치될 수 없는 것이다.

2) 헌재 2014. 1. 28. 2012헌마409 등, 판례집 26-1상, 136, 137:
집행유예기간 중인 자와 수형자의 선거권을 제한하고 있는 공직선거법(2005. 8. 4. 법률 제7681호로 개정된 것) 제18조 제1항 제2호 중 '유기징역 또는 유기금고의 선고를 받고 그 집행이 종료되지 아니한 자'에 관한 부분과 '유기징역 또는 유기금고의 선고를 받고 그 집행유예기간 중인 자'에 관한 부분 및 형법(1953. 9. 18. 법률 제293호로 제정된 것) 제43조 제2항 중 수형자와 집행유예자의 '공법상의 선거권'에 관한 부분은 집행유예자와 수형자에 대하여 전면적·획일적으로 선거권을 제한하고 있다. 심판대상조항의 입법목적에 비추어 보더라도, 구체적인 범죄의 종류나 내용 및 불법성의 정도 등과 관계없이 일률적으로 선거권을 제한하여야 할 필요성이 있다고 보기는 어렵다. 범죄자가 저지른 범죄의 경중을 전혀 고려하지 않고 수형자와 집행유예자 모두의 선거권을 제한하는 것은 침해의 최소성원칙에 어긋난다. 특히 집행유예자는 집행유예 선고가 실효되거나 취소되지 않는 한 교정시설에 구금되지 않고 일반인과 동일한 사회생활을 하고 있으므로, 그들의 선거권을 제한해야 할 필요성이 크지 않다. 따라서 심판대상조항은 청구인들의 선거권을 침해하고, 보통선거원칙에 위반하여 집행유예자와 수형자를 차별취급하는 것이므로 평등원칙에도 어긋난다.

에 임명될 수 있는 공직취임권으로 나눌 수 있다.

헌법 제25조는 모든 국민에게 법률이 정하는 공무담임권을 보장함으로써 공무담임권의 구체적 내용을 법률에 위임하고 있다. 이는 선거권의 경우에서처럼 일종의 기본권형성적 법률유보조항으로서 이에 따라 공무담임권의 요건과 행사 및 절차 등에 관하여는 공직선거법이 자세히 규정하고 있다.

특히 피선거권의 행사능력과 관련하여 헌법과 공직선거법에 따르면 대통령 피선거권의 경우 국회의원의 피선거권이 있고 선거일 현재 5년 이상 국내에 거주하고 있는 40세 이상의 국민이 대통령의 피선거권을 가지고(헌법 제67조 제4항, 공직선거법 제16조 제1항), 18세 이상의 국민은 국회의원의 피선거권을 가지며(공직선거법 제16조 제2항), 선거일 현재 계속하여 60일 이상 해당 지방자치단체의 관할구역에 주민등록이 되어 있는 주민으로서 18세 이상의 국민은 그 지방의회의원 및 지방자치단체의 장의 피선거권을 가진다(동법 제16조 제3항).

이러한 공무담임권은 구체적으로 공무담임의 기회보장을 의미하는데, 공직에의 취임과 공직신분의 유지가 그것이다. 따라서 공무담임권의 보호영역에는 공직취임의 기회의 자의적인 배제 뿐 아니라 공무원 신분의 부당한 박탈도 포함된다.[1)]

---

1) 헌재 2003. 10. 30. 2002헌마684 등, 판례집 15-2하, 211, 212:

공무담임권의 보호영역에는 공직취임의 기회의 자의적인 배제 뿐 아니라, 공무원 신분의 부당한 박탈도 포함되는 것이다.

국가공무원법 제69조 중 제33조 제1항 제5호 부분은 공무원이 금고 이상의 형의 선고유예를 받은 경우에는 공무원직에서 당연히 퇴직하는 것으로 규정하고 있다. 그런데 같은 금고 이상의 형의 선고유예를 받은 경우라고 하여도 범죄의 종류, 내용이 지극히 다양한 것이므로 그에 따라 국민의 공직에 대한 신뢰 등에 미치는 영향도 큰 차이가 있는 것이다. 따라서 입법자로서는 국민의 공직에 대한 신뢰보호를 위하여 해당 공무원이 반드시 퇴직하여야 할 범죄의 유형, 내용 등으로 그 당연퇴직의 사유 및 범위를 가급적 한정하여 규정하였어야 할 것이다. 그런데 위 규정은 금고 이상의 선고유예의 판결을 받은 모든 범죄를 포괄하여 규정하고 있을 뿐 아니라, 심지어 오늘날 누구에게나 위험이 상존하는 교통사고 관련 범죄 등 과실범의 경우마저 당연퇴직의 사유에서 제외하지 않고 있으므로 최소침해성의 원칙에 반한다.

오늘날 사회구조의 변화에 따른 공무원 수의 대폭적인 증가 및 민간기업조직의 대규모화, 전문화 등, 사회전반의 변화로 인하여 공직은 더 이상 사회적 엘리트로서의 명예직으로 여겨질 수 없는 상황이고, 따라서 '모든 범죄로부터 순결한 공직자 집단'이라는 신뢰를 요구하는 것은 지나치게 공익만을 우선한 것이다. 다른 한편 현대민주주의 국가에 이르러서는 특히 사회국가원리에 입각한 공직제도의 중요성이 강조되면서 개개 공무원의 공무담임권 보장의 중요성이 더욱 큰 의미를 가지고 있다. 더욱이, 위 규정은 지방공무원의 당연퇴직사유를 공무원 채용 시의 임용결격사유와 동일하게 규정하고 있는데, 일단 공무원으로 채용

한편 앞서 언급한 바와 같이 헌법 제25조의 기본권형성적 법률유보조항에 따라 입법자에게는 공무담임권의 행사 및 절차 등에 관하여 상당한 입법형성의 자유가 부여되어 있지만, 이러한 입법형성권 역시 무제한적인 것은 아니다. 따라서 여기서도 입법자의 입법형성권이 비례의 원칙, 평등의 원칙 등 헌법상의 제 원칙의 제한을 받게 됨은 물론이다.[1][2]

된 공무원을 퇴직시키는 것은 공무원이 장기간 쌓은 지위를 박탈해 버리는 것이므로 같은 입법목적을 위한 것이라고 하여도 당연퇴직사유를 임용결격사유와 동일하게 취급하는 것은 타당하다고 할 수 없다.

1) 헌재 1989. 9. 8. 88헌가6, 판례집 1, 199:
국회의원선거법 제33조의 기탁금은 너무 과다하여 국민주권주의와 자유민주주의의 기본원칙과 관련하여 헌법 제11조의 평등보호원칙, 제24조 참정권, 제25조의 공무담임권을 침해할 뿐만 아니라 정당추천 후보자와 무소속 후보자의 기탁금에 1,000만원과 2,000만원의 차등을 둔 것은 정당인과 비정당인을 불합리하게 차별하는 것으로 헌법 제41조의 선거원칙에 반하고 헌법 제11조의 평등보호규정에 위배된다.

2) 헌재 2010. 9. 2. 2010헌마418, 판례집 22-2상, 526, 527-528:
헌법 제27조 제4항은 "형사피고인은 유죄의 판결이 확정될 때까지는 무죄로 추정된다."고 선언함으로써, 공소가 제기된 피고인이 비록 1심이나 2심에서 유죄판결을 선고받았더라도 그 유죄판결이 확정되기 전까지는 원칙적으로 죄가 없는 자에 준하여 취급해야 함은 물론, 유죄임을 전제로 하여 해당 피고인에 대하여 유형·무형의 일체의 불이익을 가하지 못하도록 하고 있다. 그런데 지방자치법(2007. 5. 11. 법률 제8423호로 전부 개정된 것) 제111조 제1항 제3호는 '금고 이상의 형이 선고되었다.'는 사실 자체에 주민의 신뢰가 훼손되고 자치단체장으로서 직무의 전념성이 해쳐질 것이라는 부정적 의미를 부여한 후, 그러한 판결이 선고되었다는 사실만을 유일한 요건으로 하여, 형이 확정될 때까지의 불확정한 기간동안 자치단체장으로서의 직무를 정지시키는 불이익을 가하고 있으며, 그와 같이 불이익을 가함에 있어 필요최소한에 그치도록 엄격한 요건을 설정하지도 않았으므로, 무죄추정의 원칙에 위배된다.
자치단체장직에 대한 공직기강을 확립하고 주민의 복리와 자치단체행정의 원활한 운영에 초래될 수 있는 위험을 예방하기 위한 입법목적을 달성하기 위하여 자치단체장을 직무에서 배제하는 수단을 택하였다 하더라도, 금고 이상의 형을 선고받은 자치단체장을 다른 추가적 요건 없이 직무에서 배제하는 것이 위 입법목적을 달성하기 위한 최선의 방안이라고 단정하기는 어렵고, 특히 이 사건 청구인의 경우처럼, 금고 이상의 형의 선고를 받은 이후 선거에 의하여 자치단체장으로 선출된 경우에는 '자치단체행정에 대한 주민의 신뢰유지'라는 입법목적은 자치단체장의 공무담임권을 제한할 적정한 논거가 되기 어렵다.
또한 금고 이상의 형을 선고받았더라도 불구속상태에 있는 이상 자치단체장이 직무를 수행하는 데는 아무런 지장이 없으므로 부단체장으로 하여금 그 권한을 대행시킬 직접적 필요가 없다는 점, 혹시 그러한 직무정지의 필요성이 인정된다 하더라도, 형이 확정될 때까지 기다리게 되면 자치단체행정의 원활한 운영에 상당한 위험이 초래될 것으로 명백히 예상된다거나 회복할 수 없는 공익이 침해될 우려가 있는 제한적인 경우로 한정되어야 한다는 점, 금고 이상의 형을 선고받은 범죄가 해당 자치단체장에 선출되는 과정에서 또는 선출된

(3) 국민투표권

1) 국민투표권의 의의와 기능

국민투표권은 중요한 법안이나 정책 등의 국정사안에 대한 투표를 통해 국민이 직접 그 국가정책에 대한 찬성 여부나 내용을 결정하는 권리를 말한다. 간접민주주의에 바탕을 둔 대의제도를 채택하고 있는 현대국가에 있어서 국민투표는 국민발안 및 국민소환과 더불어 일종의 직접민주주의의 실현수단이다. 이러한 국민투표는 다른 참정권과 더불어 정치생활영역에서의 개성신장과 국민주권주의 및 민주주의원리의 실현, 그리고 국정에 대한 심판 및 통제 수단으로서의 기능을 가진다고 하겠다.

2) 국민투표권의 내용

우리 헌법은 두 가지 종류의 국민투표를 규정하고 있다. 헌법 제72조가 "대통령은 필요하다고 인정할 때에는 외교·국방·통일 기타 국가안위에 관한 중요정책을 국민투표에 붙일 수 있다."고 규정함으로써 국가의 중요정책에 관한 국민투표의 실시 여부를 대통령의 재량에 부여하고 있고, 헌법 제130조 제2항이 "헌법개정안은 국회가 의결한 후 30일 이내에 국민투표에 붙여 국회의원선거권자 과반수의 투표와 투표자 과반수의 찬성을 얻어야 한다."고 규정함으로써 헌법개정안의 확정을 위한 국민투표를 규정하고 있다.[1)]

이후 자치단체장의 직무에 관련하여 발생하였는지 여부, 고의범인지 과실범인지 여부 등 해당 범죄의 유형과 죄질에 비추어 형이 확정되기 전이라도 미리 직무를 정지시켜야 할 이유가 명백한 범죄를 저질렀을 경우로만 한정할 필요도 있는 점 등에 비추어 볼 때, 이 사건 법률조항은 필요최소한의 범위를 넘어선 기본권제한에 해당할 뿐 아니라, 이 사건 법률조항으로 인하여 해당 자치단체장은 불확정한 기간 동안 직무를 정지당함은 물론 주민들에게 유죄가 확정된 범죄자라는 선입견까지 주게 되고, 더욱이 장차 무죄판결을 선고받게 되면 이미 침해된 공무담임권은 회복될 수도 없는 등의 심대한 불이익을 입게 되므로, 법익균형성 요건 또한 갖추지 못하였다. 따라서 이 사건 법률조항은 자치단체장인 청구인의 공무담임권을 침해한다.

선거직 공무원으로서 선거과정이나 그 직무수행의 과정에서 요구되는 공직의 윤리성이나 신뢰성 측면에서는 국회의원의 경우도 자치단체장의 경우와 본질적으로 동일한 지위에 있다고 할 수 있는데, 국회의원에게는 금고 이상의 형을 선고받은 후 그 형이 확정되기도 전에 직무를 정지시키는 제도가 없으므로, 자치단체장인 청구인의 평등권을 침해한다.

1) 헌재 2014. 7. 24. 2009헌마256 등, 판례집 26-2상, 173, 175:

이러한 두 가지 종류의 국민투표에 관하여 필요한 사항을 정하기 위하여 국민투표법이 제정·시행되고 있다. 이 법에 따르면 국민투표권은 국민투표일 현재 19세 이상의 국민에게 부여되어 있다(국민투표법 제7조, 제8조).[1)]

Ⅱ. 정당설립의 자유

1. 정당설립의 자유의 의의와 기능

헌법 제8조 제1항은 "정당의 설립은 자유이며, 복수정당제는 보장된다."라고 규정하여 정당설립의 자유와 복수정당제를 보장하고 있다.

정당이라 함은 국민의 이익을 위하여 책임 있는 정치적 주장이나 정책을 추진하고 공직선거의 후보자를 추천 또는 지지함으로써 국민의 정치적 의사형성에 참여함을 목적으로 하는 국민의 자발적 조직을 말한다(정당법 제2조). 정당은 정책을 개발하고, 국민의 다양한 정치적 의사를 국정에 반영하는 교량적 역할을 하는 정치적 결사로서 정책결정과 집행 및 국정운영의, 그리고 다원적 민주주의 실현의 필수불가결한 수단이다.[2)] 이처럼 정당은 무정형적이고 무질서한 개개인

헌법 제72조의 중요정책 국민투표와 헌법 제130조의 헌법개정안 국민투표는 대의기관인 국회와 대통령의 의사결정에 대한 국민의 승인절차에 해당한다. 대의기관의 선출주체가 곧 대의기관의 의사결정에 대한 승인주체가 되는 것은 당연한 논리적 귀결이다. 재외선거인은 대의기관을 선출할 권리가 있는 국민으로서 대의기관의 의사결정에 대해 승인할 권리가 있으므로, 국민투표권자에는 재외선거인이 포함된다고 보아야 한다. 또한, 국민투표는 선거와 달리 국민이 직접 국가의 정치에 참여하는 절차이므로, 국민투표권은 대한민국 국민의 자격이 있는 사람에게 반드시 인정되어야 하는 권리이다. 이처럼 국민의 본질적 지위에서 도출되는 국민투표권을 추상적 위험 내지 선거기술상의 사유로 배제하는 것은 헌법이 부여한 참정권을 사실상 박탈한 것과 다름없다. 따라서 재외선거인의 국민투표권을 제한한 국민투표법(2009. 2. 12. 법률 제9467호로 개정된 것) 제14조 제1항 중 '그 관할 구역 안에 주민등록이 되어 있는 투표권자 및「재외동포의 출입국과 법적 지위에 관한 법률」제2조에 따른 재외국민으로서 같은 법 제6조에 따른 국내거소신고가 되어 있는 투표권자' 부분은 재외선거인의 국민투표권을 침해한다.

1) 최근의 공직선거법 개정(법률 제16864호, 2020. 1. 14.)으로 국회의원선거를 비롯해 대통령선거, 지방의회의원선거 및 지방자치단체의 장선거의 연령이 18세로 개정되었지만(제15조 제1항, 제2항), 공직선거법상의 선거연령과 연계된 다양한 관련법의 권리행사연령은 여전히 19세로 규정되어 있다. 그 중 하나가 국민투표법 제7조의 국민투표권 행사연령이다. 이 규정도 조속히 18세로 개정되어야 할 것이다.

의 다양한 정치적 의사를 집약·정리하고, 그의 구체적인 진로와 방향을 제시하며, 국민의 의사를 국정에 반영 또는 매개하는 중요한 공적 기능을 수행하기 때문에 헌법도 정당의 기능에 상응하는 지위와 권한을 보장함과 동시에 정당의 목적·조직과 활동이 민주적일 것을 요구하고 있다. 이에 따라 앞서 언급한 바와 같이 헌법 제8조가 정당설립의 자유와 복수정당제를 보장하고, 국가에 의한 정당의 보호를 규정하면서, 정당해산과 관련해서도 정당의 목적이나 활동이 민주적 기본질서에 위배될 때에만 그리고 헌법재판소에 의해서만 해산될 수 있도록 규정하고 있는 것이다.

따라서 정당설립의 자유는 정치생활영역에서의 개성신장과 국민의 정치적 의사의 국정에의 반영 및 민주주의의 실현수단으로서의 기능을 가지는 전형적인 정치적 기본권이라고 하겠다.

2. 정당설립의 자유의 내용

따라서 정당설립 및 활동의 자유라고 함은 이처럼 국민의 정치적 의사형성에 참여하고 이를 국정에 반영하는 것을 목적으로 하는 정치적 결사를 자발적으로 조직하고, 그 조직에서 활동할 수 있는 자유를 말한다. 헌법 제8조 제1항 전단은 단지 정당설립의 자유만을 명시적으로 규정하고 있지만, 정당의 설립만이 보장될 뿐 설립된 정당이 언제든지 해산될 수 있거나 정당의 활동이 임의로 제한될 수 있다면 정당설립의 자유는 사실상 아무런 의미가 없게 될 것이기 때문에 정당설립의 자유는 당연히 정당존속의 자유와 정당활동의 자유를 포함하는 것으로 보아야 할 것이다.

정당설립의 자유는 대외적 자유와 대내적 자유로 나누어 질 수 있다. 전자는 국가권력 등 외부의 간섭 없이 자유롭게 정당을 설립하고 존속시키고 활동할 수 있는 자유를 말하고,[1] 후자는 당원이 정당내에서 정당활동을 하는 데 있어

2) 헌재 2004. 3. 25. 2001헌마710, 판례집 16-1, 422, 434; 헌재 2006. 3. 30. 2004헌마246, 판례집 18-1상, 402, 411.

1) 헌재 2014. 1. 28. 2012헌마431 등, 판례집 26-1상, 155, 156:
국회의원선거에 참여하여 의석을 얻지 못하고 유효투표총수의 100분의 2 이상을 득표하지 못한 정당에 대해 그 등록을 취소하도록 한 정당법(2005. 8. 4. 법률 제7683호로 개정된 것) 제44조 제1항 제3호(이하 '정당등록취소조항'이라 한다)가 정당설립의 자유를 침해한다. 정당은 국민과 국가의 중개자로서 정치적 도관의 기능을 수행하여 주체적·능동적으로 국

서의 자유를 말한다. 예컨대 입당·탈당의 자유, 정당내에서의 정치적 의사표현의 자유 등이 여기에 속한다.[1)]

민의 다원적 정치의사를 유도·통합함으로써 국가정책의 결정에 직접 영향을 미칠 수 있는 규모의 정치적 의사를 형성하고 있다. 오늘날 대의민주주의에서 차지하는 정당의 이러한 의의와 기능을 고려하여, 헌법 제8조 제1항은 국민 누구나가 원칙적으로 국가의 간섭을 받지 아니하고 정당을 설립할 권리를 기본권으로 보장함과 아울러 복수정당제를 제도적으로 보장하고 있다. 따라서 입법자는 정당설립의 자유를 최대한 보장하는 방향으로 입법하여야 하고, 헌법재판소는 정당설립의 자유를 제한하는 법률의 합헌성을 심사할 때에 헌법 제37조 제2항에 따라 엄격한 비례심사를 하여야 한다.

실질적으로 국민의 정치적 의사형성에 참여할 의사나 능력이 없는 정당을 정치적 의사형성과정에서 배제함으로써 정당제 민주주의 발전에 기여하고자 하는 한도에서 정당등록취소조항의 입법목적의 정당성과 수단의 적합성을 인정할 수 있다. 그러나 정당등록의 취소는 정당의 존속 자체를 박탈하여 모든 형태의 정당활동을 불가능하게 하므로, 그에 대한 입법은 필요최소한의 범위에서 엄격한 기준에 따라 이루어져야 한다. 그런데 일정기간 동안 공직선거에 참여할 기회를 수 회 부여하고 그 결과에 따라 등록취소 여부를 결정하는 등 덜 기본권 제한적인 방법을 상정할 수 있고, 정당법에서 법정의 등록요건을 갖추지 못하게 된 정당이나 일정 기간 국회의원선거 등에 참여하지 아니한 정당의 등록을 취소하도록 하는 등 현재의 법체계 아래에서도 입법목적을 실현할 수 있는 다른 장치가 마련되어 있으므로, 정당등록취소조항은 침해의 최소성 요건을 갖추지 못하였다. 나아가, 정당등록취소조항은 어느 정당이 대통령선거나 지방자치선거에서 아무리 좋은 성과를 올리더라도 국회의원선거에서 일정 수준의 지지를 얻는 데 실패하면 등록이 취소될 수밖에 없어 불합리하고, 신생·군소정당으로 하여금 국회의원선거에의 참여 자체를 포기하게 할 우려도 있어 법익의 균형성 요건도 갖추지 못하였다. 따라서 정당등록취소조항은 과잉금지원칙에 위반되어 청구인들의 정당설립의 자유를 침해한다.

1) 헌재 1999. 12. 23. 99헌마135, 판례집 11-2, 800, 813-815:
헌법은 정당을 일반적인 결사의 자유로부터 분리하여 제8조에 독자적으로 규율함으로써 오늘날의 의회민주주의에서 정당이 가지는 중요한 의미와 헌법질서내에서의 정당의 특별한 지위를 강조하고 있다. 헌법 제8조는 제1항에서 "정당의 설립은 자유이며, 복수정당제는 보장된다"고 규정하여 국민 누구나가 원칙적으로 국가의 간섭을 받지 아니하고 정당을 설립할 권리를 국민의 기본권으로서 보장하면서, 아울러 정당설립의 자유를 보장한 것의 당연한 법적 산물인 복수정당제를 제도적으로 보장하고 있다.
헌법 제8조 제1항은 단지 정당설립의 자유만을 명시적으로 규정하고 있지만, 헌법 제21조의 결사의 자유와 마찬가지로 정당설립의 자유만이 아니라 누구나 국가의 간섭을 받지 아니하고 자유롭게 정당에 가입하고 정당으로부터 탈퇴할 수 있는 자유를 함께 보장한다. 정당의 설립만이 보장될 뿐 설립된 정당이 언제든지 다시 금지될 수 있거나 정당의 활동이 임의로 제한될 수 있다면, 정당설립의 자유는 사실상 아무런 의미가 없기 때문이다. 따라서 정당설립의 자유는 당연히 정당의 존속과 정당활동의 자유도 보장한다.
헌법은 제8조 제2항에서 "정당은 그 목적·조직과 활동이 민주적이어야 하며, 국민의 정치적 의사형성에 참여하는 데 필요한 조직을 가져야 한다"고 규정하고 있다. 이로써 헌법은 헌법상 부여된 정당의 과제와 기능을 '국민의 정치적 의사형성에의 참여'로 규정하면서, 입법자에게 정당이 헌법상 부여된 과제를 민주적인 내부질서를 통하여 이행할 수 있도록 그 한편 국민 누구나가 원칙적으로 국가의 간섭을 받지 아니하고 정당을 설립할 자유를 기본권으로서 보장하고 있기 때문에 정당설립의 자유를 보장한 것의 당연한 법적 산물로서 복수정당제를 제도적으로 보장하고 있는 것이다. 이러한 복수정당제는 국민의 정치적 의사의 다양성을 구현하기 위한 다원적 민주주의 실현의 전제조건이다.

정당설립 및 활동의 자유의 이러한 중요한 의미와 기능 때문에 헌법 제8조 제3항은 "정당은 법률이 정하는 바에 의하여 국가의 보호를 받으며, 국가는 법률이 정하는 바에 의하여 정당운영에 필요한 자금을 보조할 수 있다."라고 하여 정당의 보호에 관하여 규정하고 있다.

3. 정당설립의 자유의 한계

정당설립의 자유가 국가권력 등 아무런 외부적인 간섭 없이 자유롭게 대내외적으로 활동할 수는 있는 정당활동의 자유를 포함하고 있지만, 정당설립의 자

에 필요한 입법을 해야 할 의무를 부과하고 있다.

헌법 제8조 제4항은 "정당의 목적이나 활동이 민주적 기본질서에 위배될 때에는 정부는 헌법재판소에 그 해산을 제소할 수 있고, 정당은 헌법재판소의 심판에 의하여 해산된다"고 규정하고 있다. 정당의 해산에 관한 위 헌법규정은 민주주의를 파괴하려는 세력으로부터 민주주의를 보호하려는 소위 '방어적 민주주의'의 한 요소이고, 다른 한편으로는 헌법 스스로가 정당의 정치적 성격을 이유로 하는 정당금지의 요건을 엄격하게 정함으로써 되도록 민주적 정치과정의 개방성을 최대한으로 보장하려는 것이다. 즉, 헌법은 정당의 금지를 민주적 정치과정의 개방성에 대한 중대한 침해로서 이해하여 오로지 제8조 제4항의 엄격한 요건하에서만 정당설립이 자유에 대한 예외를 허용하고 있다. 이에 따라 자유민주적 기본질서를 부정하고 이를 적극적으로 제거하려는 조직도, 국민의 정치적 의사형성에 참여하는 한, '정당의 자유'의 보호를 받는 정당에 해당하며, 오로지 헌법재판소가 그의 위헌성을 확인한 경우에만 정당은 정치생활의 영역으로부터 축출될 수 있다.

그렇다면 민주적 의사형성과정의 개방성을 보장하기 위하여 정당설립의 자유를 최대한으로 보호하려는 헌법의 정신에 비추어, 정당의 설립 및 가입을 금지하는 법률조항은 이를 정당화하는 사유의 중대성에 있어서 적어도 '민주적 기본질서에 대한 위반'에 버금가는 것이어야 한다고 판단된다. 다시 말하면, 오늘날의 의회민주주의가 정당의 존재 없이는 기능할 수 없다는 점에서 심지어 '위헌적인 정당을 금지해야 할 공익'도 정당설립의 자유에 대한 입법적 제한을 정당화하지 못하도록 규정한 것이 헌법의 객관적인 의사라면, 입법자가 그 외의 공익적 고려에 의하여 정당설립금지조항을 도입하는 것은 원칙적으로 헌법에 위반된다. 따라서 정당설립금지의 규정이 정당의 위헌성이나 정치적 성격 때문이 아니라 비록 다른 공익을 실현하기 위하여 도입된다 하더라도, 금지규정이 달성하려는 공익은 매우 중대한 것이어야 한다는 것을 뜻한다.

유가 본래 민주주의실현의 기능을 가지기 때문에 그 대내외적 조직과 활동에는 민주주의원리에서 도출되는 일정한 한계가 따른다. 정당의 내부조직과 활동이 민주적이어야 한다는 것이 그것이다. 헌법 제8조 제2항이 "정당은 그 목적 · 조직과 활동이 민주적이어야 하며, 국민의 정치적 의사형성에 참여하는데 필요한 조직을 가져야 한다."라고 규정하고 있는 것도 그 때문이다.

또한 이러한 정당설립의 자유의 궁극적 목적이자 기능으로서의 민주주의의 실현은 동시에 정당의 설립과 활동의 한계로서 작용한다. 따라서 정당의 설립과 활동은 민주주의실현이라는 목적하에서만 정당화되므로 만일 정당의 설립과 활동이 이에 위배될 때에는 당연히 정당설립과 활동의 자유는 부정되어야 할 것이다. 따라서 우리 헌법은 이른바 방어적 내지 투쟁적 민주주의의 관점에서 위헌정당해산제도를 마련하고 있는 것이다. 즉 헌법 제8조 제4항은 "정당의 목적이나 활동이 민주적 기본질서에 위배될 때에는 정부는 헌법재판소에 그 해산을 제소할 수 있고, 정당은 헌법재판소의 심판에 의하여 해산된다."라고 규정함으로써 정당설립 및 활동의 자유의 한계를 분명히 하고 있다.[1)]

---

1) 헌재 2014. 12. 19. 2013헌다1, 판례집 26-2하, 1, 2-3:

모든 정당의 존립과 활동은 최대한 보장되며, 설령 어떤 정당이 민주적 기본질서를 부정하고 이를 적극적으로 공격하는 것으로 보인다 하더라도 국민의 정치적 의사형성에 참여하는 정당으로서 존재하는 한 헌법에 의해 최대한 두텁게 보호되므로, 단순히 행정부의 통상적인 처분에 의해서는 해산될 수 없고, 오직 헌법재판소가 그 정당의 위헌성을 확인하고 해산의 필요성을 인정한 경우에만 정당정치의 영역에서 배제된다. 그러나 한편 이 제도로 인해서, 정당활동의 자유가 인정된다 하더라도 민주적 기본질서를 침해해서는 안 된다는 헌법적 한계 역시 설정된다.

헌법 제8조 제4항이 의미하는 '민주적 기본질서'는, 개인의 자율적 이성을 신뢰하고 모든 정치적 견해들이 각각 상대적 진리성과 합리성을 지닌다고 전제하는 다원적 세계관에 입각한 것으로서, 모든 폭력적 · 자의적 지배를 배제하고, 다수를 존중하면서도 소수를 배려하는 민주적 의사결정과 자유 · 평등을 기본원리로 하여 구성되고 운영되는 정치적 질서를 말하며, 구체적으로는 국민주권의 원리, 기본적 인권의 존중, 권력분립제도, 복수정당제도 등이 현행 헌법상 주요한 요소라고 볼 수 있다.

헌법 제8조 제4항은 정당해산심판의 사유를 "정당의 목적이나 활동이 민주적 기본질서에 위배될 때"로 규정하고 있는데, 여기서 말하는 민주적 기본질서의 '위배'란, 민주적 기본질서에 대한 단순한 위반이나 저촉을 의미하는 것이 아니라, 민주사회의 불가결한 요소인 정당의 존립을 제약해야 할 만큼 그 정당의 목적이나 활동이 우리 사회의 민주적 기본질서에 대하여 실질적인 해악을 끼칠 수 있는 구체적 위험성을 초래하는 경우를 가리킨다.

강제적 정당해산은 헌법상 핵심적인 정치적 기본권인 정당활동의 자유에 대한 근본적 제한이므로, 헌법재판소는 이에 관한 결정을 할 때 헌법 제37조 제2항이 규정하고 있는 비례원칙을 준수해야만 한다. 따라서 헌법 제8조 제4항의 명문규정상 요건이 구비된 경우에도 해

제4절 사회적 기본권

우리 헌법은 헌법상의 기본원리의 하나인 사회국가원리의 실현을 위해 사회적 시장경제질서를 채택하고 있고, 그 바탕위에서 다양한 사회적 기본권을 보장하고 있다.

제1항 서설

Ⅰ. 사회국가원리와 사회적 시장경제질서

1. 사회국가원리

주지하는 바와 같이 우리 헌법은 헌법의 근본이념의 하나인 정의사회구현을 위한 실현원리로서 사회국가원리를 기본원리로 채택하고 있다. 사회국가원리의 내용은 자유·평등·정의를 바탕으로 한 국민의 기본권 보장과 실현이라고 할 수 있다. 그런데 여기서의 자유·평등은 형식적이 아닌 실질적인 자유·평등이라고 할 수 있다. 과거의 전통적인 법치주의와 자유방임적 자본주의 경제질서하에서는 국가로부터의 형식적 자유와 평등을 획득·보장받았을지는 모르나, 다양한 경제적·사회적·문화적 불평등으로 인해 이러한 형식적·명목적 자유와 평등은 무의미한 것이 되었고, 사회평화와 안정 및 정의사회는 실현될 수 없게 되었으며, 결국 실질적인 기본권의 보장은 실현될 수 없게 되었다. 따라서 헌법의 이념인 인간의 존엄과 가치를 핵심으로 한 기본권적 가치를 바탕으로 사회공동

당 정당의 위헌적 문제성을 해결할 수 있는 다른 대안적 수단이 없고, 정당해산결정을 통하여 얻을 수 있는 사회적 이익이 정당해산결정으로 인해 초래되는 정당활동 자유 제한으로 인한 불이익과 민주주의 사회에 대한 중대한 제약이라는 사회적 불이익을 초과할 수 있을 정도로 큰 경우에 한하여 정당해산결정이 헌법적으로 정당화될 수 있다.

체의 통합을 실현하고 촉진시키기 위해서는 그 실천적 방법으로 실질적 자유와 평등의 확립을 통한 정의사회구현이 필수적인 전제라고 할 수 있는데, 이를 위하여 국가의 간섭과 규제 및 조정과 지원이 필요하게 되었고, 이를 내용으로 하는 헌법상의 기본원리가 바로 사회국가원리인 것이다.

2. 사회적 시장경제질서

이러한 사회국가원리의 실현을 위하여 우리 헌법은 여러 가지 수단과 제도적 장치를 마련하고 있다. 예컨대 사회보장과 사회복지의 증진의무를 국가에게 지운다든지, 이를 위한 각종의 사회적 기본권을 보장하고 있는 것이라든지, 재산권에 대한 사회적 기속을 강조한 것이라든지, 자유방임적 자본주의가 아닌 수정자본주의를 바탕으로 각종의 경제질서·경제현상에 대한 국가의 규제·조정·간섭을 위한 제도를 마련한 것 등이 그것인데 이러한 경제질서가 바로 사회적 시장경제질서인 것이다.

이처럼 우리 헌법상의 경제질서는 사회적 시장경제질서이고, 그 대표적인 근거조항은 바로 헌법 제119조이다. 즉 제119조 제1항은 자유시장경제질서의 근거규정이고, 제2항은 국가개입의 근거규정, 다시 말해 국가가 한 시대의 특정 시점과 상황에 따라 사회의 조화로운 발전을 촉진하기 위하여 관련 경제질서에 개입하고 조정하는 역할을 수행할 수 있는 헌법상의 근거규정이다. 이처럼 국가의 경제규제 및 조정의 목적으로 헌법 제119조 제2항은 첫째, 균형 있는 국민경제의 성장 및 안정과 적정한 소득분배의 유지, 둘째, 시장의 지배와 경제력남용의 방지, 그리고 셋째, 경제주체간의 조화를 통한 경제민주화의 실현을 제시하고 있다.

Ⅱ. 사회적 기본권에 관한 헌법규정과 특성

우리 헌법은 이러한 사회국가원리의 실현을 위하여 다양한 사회적 기본권을 보장하고 있다. 이들 기본권은 국민의 생존과 생활을 영위하기 위한 필수불가결한 기본권이라는 점에서 생존권적 기본권 또는 생활권적 기본권이라고도 한다.

1. 사회적 기본권에 관한 헌법규정

우리 헌법은 다양한 사회적 기본권에 관한 규정을 마련하고 있다.

(1) 기본적 규정

인간의 존엄과 가치 및 행복추구권에 관한 규정(제10조), 평등권(제11조), 교육의 기회균등권(제31조), 근로의 권리(제32조), 노동3권(제33조), 인간다운 생활을 할 권리(제34조 제1항), 환경권(제35조), 보건에 관한 권리(제36조 제3항) 등이 그것이다.

(2) 기타의 보완적 규정

우리 헌법은 사회국가원리를 실현하기 위한 그 밖의 다양한 규정들을 마련하고 있다. 이들은 전통적인 사회적 기본권들을 보완하고 뒷받침하는 제도로서의 기능을 가진다고 하겠다. 근로자의 고용증진과 적정임금보장을 위한 국가의 사명과 최저임금제도, 여자의 복지와 권익 및 기회균등의 보장, 연소근로자보호(제32조), 생활무능력자에 대한 국가적 보호(제34조), 재산권의 사회적 기속(제23조 제2항), 시장지배와 경제력 남용을 방지함을 통한 경제민주화 추구(제119조 제2항), 농지의 소작제도금지(제121조), 농수산물의 가격안정을 통한 농·어민의 이익보호와 자활능력계발 및 중소기업의 보호·육성(제123조), 소비자보호(제124조) 등이 그것이다.

2. 사회적 기본권의 특성

다른 여타의 기본권과 마찬가지로 사회적 기본권도 주관적 공권(대국가적 권리)으로서의 성격과 객관적 가치질서로서의 성격을 가진다. 다만 일반적인 자유권적 기본권과는 달리 사회적 기본권은 그 실현을 위해서 대체로 국가의 재정과 예산을 수반하게 되고, 또한 그 구체적 실현방법과 기준 및 범위와 절차 등이 입법자의 광범위한 입법재량에 맡겨져 있기 때문에 일반적으로 헌법규정 자체로부터 직접 구체적 권리가 도출된다기 보다는, 그 헌법규정에 근거한 법률규정으로부터 비로소 구체적인 청구권이 발생되고, 이때에 비로소 행정부와 사법부를 기속한다고 보아야 할 것이다. 예컨대 실업수당이나 대학교육을 위한 학자금을 노동관계법이나 교육관계법 등의 구체적인 근거 없이 추상적인 헌법상의 사회국가원리나 사회적 기본권조항을 직접 원용하여 국가에 대하여 청구한다거나, 법원을 통해 강제하거나 구제를 요구할 수는 없는 것이다.

한편 사회적 기본권은 객관적 가치질서로서의 성격이 특히 강하기 때문에 이러한 사회적 기본권의 실현의무는 모든 국가기관을 기속하고 국가권력작용의 지침이 되는 동시에, 사회공동체의 모든 구성원도 이를 존중하고 관철시켜야 한다. 따라서 사회생활에 있어서도, 즉 사인 상호간에서도 하나의 중요한 가치질서이자 행동원리로서 작용하게 된다. 예컨대 일반 사기업에서도 이러한 사회적 기본권의 내용과 정신을 존중하고 실현해야 하며, 노동관계법이나 경제관계법 등도 이러한 정신을 구현하는 각종 규정을 마련해야 하는 것이다.

제2항 개별적 사회적 기본권

I. 인간다운 생활을 할 권리

1. 의의

헌법 제34조 제1항은 "모든 국민은 인간다운 생활을 할 권리를 가진다."라고 규정하여 가장 기초적인 사회적 기본권으로 인간다운 생활을 할 권리를 보장하고 있다. '인간다운 생활을 할 권리'라 함은 인간의 생존에 필요한 최소한의 물질적인 생활보장에 대한 권리, 즉 생활을 위한 기본적 수요를 충족시키는 물질적인 최저생활권을 보장해주는 것을 말한다.[1] 헌법의 핵심적 가치이자 모든 기본권의 궁극적 목적이라고 할 수 있는 인간의 존엄과 가치는 최소한의 물질적인 생활보장 없이는 실현될 수 없기 때문에 인간의 존엄에 상응하는 생활에 필요한 최소한의 물질적인 생활의 유지에 필요한 급부를 요구할 수 있는 권리가 바로 인간다운 생활을 할 권리인 것이다.[2]

---

1) 헌재 2020. 4. 23. 2017헌바244, 판례집 32-1상, 319, 324.

2) 헌재 1995. 7. 21. 93헌가14, 판례집 7-2, 1, 30-31:
'인간다운 생활을 할 권리'로부터는, 그것이 사회복지·사회보장이 지향하여야 할 이념적 헌법 제34조는 인간다운 생활을 할 권리를 제도적으로 뒷받침하기 위한 다양한 국가의 의무를 규정하고 있다. 즉 국가는 사회보장·사회복지의 증진에 노력할 의무를 지고(제2항), 여자의 복지와 권익의 향상을 위하여 노력하여야 하며(제3항), 노인과 청소년의 복지향상을 위한 정책을 실시할 의무를 지고(제4항), 신체장애자 및 질병·노령 기타의 사유로 생활능력이 없는 국민을 법률이 정하는 바에 의하여 보호해야 하며(제5항), 재해를 예방하고 그 위험으로부터 국민을 보호하기 위하여 노력하여야 한다(제6항).

2. 인간다운 생활을 할 권리의 기능

인간다운 생활을 할 권리는 다음과 같은 기능을 가진다.

첫째, 인간의 존엄과 가치를 실현시키기 위하여 요구되는 기본적인 전제인 최소한의 물질적인 생활을 보장하는 기능을 가진다.

둘째, 사회국가원리와 사회적 시장경제질서의 실현수단이다.

셋째, 국가의 사회복지·사회보장정책이 지향하여야 할 최소한의 이념적 목표로서의 기능을 가진다.

넷째, 실질적인 자유·평등·정의를 실현하기 위한 수단이다.

3. 인간다운 생활을 할 권리의 법적 성격

인간다운 생활을 할 권리의 법적 성격에 대하여는 프로그램규정설, 추상적 권리설, 구체적 권리설 등이 대립하고 있다.

프로그램규정설은 인간다운 생활을 할 권리를 국가에 대한 법적 강제력이 없는 단순한 입법방침규정에 불과하다는 보는 입장이다. 추상적 권리설은 인간

목표가 된다는 점을 별론으로 하면, 인간의 존엄에 상응하는 생활에 필요한 '최소한의 물질적인 생활'의 유지에 필요한 급부를 요구할 수 있는 구체적인 권리가 상황에 따라서는 직접 도출될 수 있다고 할 수는 있어도, 동 기본권이 직접 그 이상의 급부를 내용으로 하는 구체적인 권리를 발생케 한다고는 볼 수 없다고 할 것이다. 이러한 구체적 권리는 국가가 재정형편 등 여러 가지 상황들을 종합적으로 감안하여 법률을 통하여 구체화할 때에 비로소 인정되는 법률적 차원의 권리라고 할 것이다. 그러므로 이 사건 규정의 입법자도 전공상자 등에게 인간다운 생활에 필요한 최소한의 물질적 수요를 충족시켜 주고 있고 헌법상의 사회보장, 사회복지의 이념과 국가유공자에 대한 우선적 보호이념에 명백히 어긋나지 않는 한 광범위한 입법재량권을 행사할 수 있다고 할 것이다.

다운 생활을 할 권리를 법적인 권리로 보지만 이는 추상적인 것에 불과하고 구체적인 입법이 있을 때 비로소 구체적인 권리가 발생된다고 보는 입장이다. 구체적 권리설은 인간다운 생활을 할 권리를 이미 헌법 규정 그 자체로 구체적인 권리가 발생한 것으로서 법적인 강제력이 있다고 보는 입장이다.

생각건대 인간다운 생활을 할 권리는 법적 권리라고 하겠다. 그러나 이는 입법자의 입법행위를 통해 구체화되고, 법원 등의 국가기관을 기속하는 권리라고 보아야 할 것이다. 왜냐하면 인간다운 생활을 할 권리는 국가의 재정능력에 의존하며, 그 구체적 내용은 국가의 경제사정과 국민의 생활수준, 전체적인 사회보장수준과 국민정서, 사회보장제도의 특성 등 여러 가지 요소를 합리적으로 고려해서 입법자가 정할 수밖에 없고, 따라서 입법자의 포괄적인 입법형성권에 맡겨져 있다고 할 수 있기 때문이다.[1] 결국 인간다운 생활을 할 권리는 최소한의 물질적인 생활의 유지에 필요한 급부 이상의 급부를 내용으로 하는 구체적인 권리를 발생케 한다고는 볼 수 없다고 할 것이다. 따라서 원칙적으로 인간다운

1) 헌재 2003. 7. 24. 2002헌바51, 판례집 15-2상, 103, 117-118:
헌법은 제34조 제1항에서 국민에게 인간다운 생활을 할 권리를 보장하는 한편, 동조 제2항에서는 국가의 사회보장 및 사회복지 증진의무를 천명하고 있으며, 동조 제6항에서는 국가에게 재해 예방 및 그 위험으로부터 국민을 보호하기 위해 노력할 의무가 있음을 선언하고 있다. 그런데 인간다운 생활을 할 권리의 법적 성질에 비추어 볼 때 그 법규범력이 미치는 범위는 '최소한의 물질적 생존'의 보장에 필요한 급부에의 요구권으로 한정될 뿐, 그것으로부터 그 이상의 급부를 내용으로 하는 구체적 권리가 직접 도출되어 나오는 것은 아니라고 할 수 있고, 한편 헌법 제34조 제2항, 제6항을 보더라도 이들 규정은 단지 사회보장·사회복지의 증진 등과 같은 국가활동의 목표를 제시하거나 이를 위한 객관적 의무만을 국가에 부과하고 있을 뿐, 개인에게 국가에 대하여 사회보장·사회복지 또는 재해 예방 등과 관련한 적극적 급부의 청구권을 부여하고 있다거나 그것에 관한 입법적 위임을 하고 있다고 보기 어렵다. 결국 최소한의 수준을 넘는 사회복지·사회보장에 따른 급부의 실현은 이에 필요한 사회경제적 여건에 의존하는 것으로서, 국가가 재정능력, 국민 전체의 소득과 생활수준 내지 전체적인 사회보장수준과 국민감정 등의 사정, 사회보장제도의 특성 등 여러 가지 요소를 합리적으로 고려한 입법을 통하여 해결할 사항이라 할 것인데, 주어진 가용자원이 한정되고 상충하는 여러 공익이나 국가과제의 조정이 필요한 상황 하에서는 입법자에게 광범위한 입법재량이 부여되지 않을 수 없다.
요컨대 사회보장수급권은 헌법 제34조 제1항 및 제2항 등으로부터 개인에게 직접 주어지는 헌법적 차원의 권리라거나 사회적 기본권의 하나라고 볼 수는 없고, 다만 위와 같은 사회보장·사회복지 증진의무를 포섭하는 이념적 지표로서의 인간다운 생활을 할 권리를 실현하기 위하여 입법자가 입법재량권을 행사하여 제정하는 사회보장입법에 그 수급요건, 수급자의 범위, 수급액 등 구체적인 사항이 규정될 때 비로소 형성되는 법률적 차원의 권리에 불과하다 할 것이다.

생활을 할 권리는 추상적 권리라고 하겠다.

그러나 다른 한편 인간다운 생활을 할 권리가 인간의 존엄과 가치를 실현하기 위한 최소한의 물질적인 생활의 유지에 필요한 급부 내지 기본적 수요를 충족시키기 위한 물질적 최저생활의 보장을 요구하는 것을 내용으로 하기 때문에, 이는 바로 직접 헌법규정상 청구 가능한 구체적인 권리라고 하겠다. 따라서 이 한도내에서 인간다운 생활을 할 권리는 구체적 권리라고 할 수 있다.

결국 입법자는 법률제정 시 앞서 언급한 바와 같이 인간다운 생활을 할 권리를 최대한 실현시키기 위한 내용의 법률을 국민의 생활수준, 국가의 재정·경제상태 및 외국의 입법례를 모두 고려하여 정해야 할 것이다. 그리고 이러한 입법자의 입법형성권에는 일정한 한계가 있다. 따라서 인간다운 생활을 할 권리를 구체화시키고 실현시키는 법률을 제정하지 않거나(입법부작위에 의한 기본권침해), 제정된 법률의 내용이 인간의 존엄성 및 인간다운 생활을 할 권리의 실현에 부합되지 아니할 때에는 위헌임을 면치 못할 것이다.[1)]

4. 인간다운 생활을 할 권리의 내용

(1) 최저한의 생계보호청구권

앞서 언급한 바와 같이 인간다운 생활을 할 권리는 인간의 생존에 필요한 최소한의 물질적인 생활보장에 대한 권리를 말한다. 따라서 인간다운 생활을 할 권리는 먼저 모든 국민이 생활을 위한 기본적 수요를 충족시키기 위한 최소한의 물질적인 급부를 국가에 요구할 수 있는 권리를 내용으로 한다. 이는 국가에

1) 헌재 1997. 5. 29. 94헌마33, 판례집 9-1, 543:
모든 국민은 인간다운 생활을 할 권리를 가지며 국가는 생활능력 없는 국민을 보호할 의무가 있다는 헌법의 규정은 입법부와 행정부에 대하여는 국민소득, 국가의 재정능력과 정책 등을 고려하여 가능한 범위안에서 최대한으로 모든 국민이 물질적인 최저생활을 넘어서 인간의 존엄성에 맞는 건강하고 문화적인 생활을 누릴 수 있도록 하여야 한다는 행위의 지침 즉 행위규범으로서 작용하지만, 헌법재판에 있어서는 다른 국가기관 즉 입법부나 행정부가 국민으로 하여금 인간다운 생활을 영위하도록 하기 위하여 객관적으로 필요한 최소한의 조치를 취할 의무를 다하였는지의 여부를 기준으로 국가기관의 행위의 합헌성을 심사하여야 한다는 통제규범으로 작용하는 것이다. 그러므로 국가가 인간다운 생활을 보장하기 위한 헌법적인 의무를 다하였는지의 여부가 사법적 심사의 대상이 된 경우에는, 국가가 생계보호에 관한 입법을 전혀 하지 아니하였다든가 그 내용이 현저히 불합리하여 헌법상 용인될 수 있는 재량의 범위를 명백히 일탈한 경우에 한하여 헌법에 위반된다고 할 수 있다.

대한 최소한의 물질적인 생계보호청구권이라고 할 수 있다.[1)]

일반적으로 이는 생활이 어려운 사람이 국가에 대하여 최저생활을 보장하고 자활을 돕기 위하여 필요한 최소한의 급여와 의료급여 등을 요구할 수 있는 권리이다. 이에 대하여는 기본적으로 국민기초생활보장법과 의료급여법 등이 자세히 규정하고 있다. 이에 따라 국민기초생활보장법은 "이 법에 의한 급여는 건강하고 문화적인 최저생활을 유지할 수 있는 것이어야 한다."라고 규정하여(제4조 제1항) 모든 국민에게 인간의 생존에 필요한 최소한의 물질적인 급여를 보장하고 있고, 생활이 어렵고 자활능력이 없는 국민은 건강하고 문화적인 생활을 유지하기 위하여 필요한 최소한의 비용인 '최저생계비'를 지원받을 수 있도록 했다(제2조 제7호). 구체적인 급여의 종류로는 생계급여, 주거급여, 의료급여,[2)] 교육급여, 해산급여, 장제급여, 자활급여 등을 수급권자의 등급에 실시하고 있다(제7조 제1항).[3)] 생계급여는 수급자에게 의복, 음식물 및 연료비와 그 밖에 일상생활

---

1) 헌재 1999. 11. 25. 98헌마55, 판례집 11-2, 593, 611:
헌법은 국민 각자가 자신의 생활을 스스로 경제적으로 형성한다는 것을 전제로 하고 있으므로, 국가는 납세자가 자신과 가족의 기본적인 생계유지를 위하여 꼭 필요로 하는 소득을 제외한 잉여소득 부분에 대해서만 납세의무를 부과할 수 있다. 따라서 소득에 대한 과세는 원칙적으로 최저생계비를 초과하는 소득에 대해서만 가능하다. 이는 국민에게 인간다운 생활을 할 최소한의 조건을 마련해 주어야 한다는 사회국가원리의 관점에서 뿐만 아니라 담세능력은 최저생계를 위한 소득을 초과해야 비로소 발생한다는 담세능력에 의한 과세원칙의 관점에서도 요청되는 것이다.

2) 헌재 2020. 4. 23. 2017헌바244, 판례집 32-1상, 319, 324:
국민건강보험법에 따른 건강보험수급권은 국민의 질병·부상에 대한 예방·진단·치료·재활과 출산·사망 및 건강증진을 위하여 실시되는 보험급여를 지급받을 권리로서(법 제1조 참조), 인간의 존엄에 상응하는 최소한의 물질적인 생활의 유지에 필요한 급부를 요구할 수 있는 권리에 해당하므로, 인간다운 생활을 할 권리의 보호범위에 포함된다.

3) 헌재 2004. 10. 28. 2002헌마328, 공보 제98호, 1187, 1188:
보건복지부장관이 2002년도 최저생계비를 고시함에 있어서 장애인가구의 추가지출비용을 반영한 최저생계비를 별도로 정하지 아니한 채 가구별 인원수를 기준으로 한 최저생계비만을 결정·공표함으로써 장애인가구의 추가지출비용이 반영되지 않은 최저생계비에 따라 장애인가구의 생계급여 액수가 결정되었다 하더라도 그 생계급여액수는 최저생계비와 동일한 액수로 결정되는 것이 아니라 최저생계비에서 개별가구의 소득평가액 등을 공제한 차액으로 지급되기 때문에 장애인가구와 비장애인가구에게 지급되는 생계급여까지 동일한 액수가 되는 것은 아니라는 점, 이때 공제되는 개별가구의 소득평가액은 장애인가구의 실제소득에서 장애인가구의 특성에 따른 지출요인을 반영한 금품인 장애인복지법에 의한 장애수당, 장애아동부양수당 및 보호수당, 만성질환 등의 치료·요양·재활로 인하여 6개월 이상 지속적으로 지출하는 의료비를 공제하여 산정하므로 결과적으로 장애인가구는 비장애인가구에

에 기본적으로 필요한 금품을 지급하여 그 생계를 유지하게 하는 것을 말한다(제8조 제1항).

한편 생활이 어려운 사람에게 의료급여를 함으로써 국민보건의 향상과 사회복지의 증진에 이바지함을 목적으로 제정된 의료급여법은 수급권자의 질병·부상·출산 등에 대하여 진찰·검사, 약제·치료재료의 지급, 처치·수술과 그 밖의 치료, 예방·재활, 입원, 간호 등의 의료급여를 실시하고(제7조 제1항), 장애인 및 임산부에 대하여는 특례를 인정하여 추가급여를 실시할 수 있도록 규정하고 있다(제13조).

(2) 사회보장·사회복지의 증진 등 다양한 국가의 정책적 의무

한편 인간다운 생활을 할 권리는 인간의 존엄에 상응하는 인간다운 생활을 실현하고 뒷받침하기 위한 사회보장과 사회복지의 증진 등 각종의 정책을 수립하고 실천할 국가의 다양한 의무도 그 내용으로 하고 있다. 사회보장은 모든 국민이 다양한 사회적 위험으로부터 벗어나 행복하고 인간다운 생활을 향유할 수 있도록 자립을 지원하며, 사회참여·자아실현에 필요한 제도와 여건을 조성하여 사회통합과 행복한 복지사회를 실현하는 것을 기본 이념으로 한다(사회보장기본법 제2조).

앞서 언급한 바와 같이 인간다운 생활을 할 권리는 가장 기초적인 사회적 기본권으로서 다른 사회적 기본권과 더불어 헌법상의 기본원리인 사회국가원리를 실현하기 위한 수단의 하나이다. 이는 인간의 존엄과 가치를 실현하기 위한 최소한의 전제로서 요구되는 모든 국민의 생활을 위한 기본적 수요가 충족되어

비교하여 볼 때 최저생계비에 장애로 인한 추가비용을 반영하여 생계급여액을 상향조정함과 비슷한 효과를 나타내고 있는 점, 장애인가구는 비장애인가구와 비교하여 각종 법령 및 정부시책에 따른 각종 급여 및 부담감면으로 인하여 최저생계비의 비목에 포함되는 보건의료비, 교통·통신비, 교육비, 교양·오락비, 비소비지출비를 추가적으로 보전 받고 있는 점을 고려할 때, 국가가 생활능력 없는 장애인의 인간다운 생활을 보장하기 위한 조치를 취함에 있어서 국가가 실현해야 할 객관적 내용의 최소한도의 보장에도 이르지 못하였다거나 헌법상 용인될 수 있는 재량의 범위를 명백히 일탈하였다고는 보기 어렵고, 또한 장애인가구와 비장애인가구에게 일률적으로 동일한 최저생계비를 적용한 것을 자의적인 것으로 볼 수는 없다. 따라서 보건복지부장관이 2002년도 최저생계비를 고시함에 있어 장애로 인한 추가지출비용을 반영한 별도의 최저생계비를 결정하지 않은 채 가구별 인원수만을 기준으로 최저생계비를 결정한 것은 생활능력 없는 장애인가구 구성원의 인간의 존엄과 가치 및 행복추구권, 인간다운 생활을 할 권리, 평등권을 침해하였다고 할 수 없다.

실질적인 자유와 평등 및 정의가 실현되는 국가라고 할 수 있다. 이러한 사회국가를 실현하기 위해서 국가는 사회적 시장경제질서의 바탕위에서 합리적인 사회보장과 사회복지제도를 마련하는 등 다양한 정책적 의무를 진다.

이러한 국가의 의무로서 헌법 제34조는 국가에게 사회보장·사회복지의 증진에 노력할 의무를 지우고(제2항), 그밖에 여자의 복지와 권익의 향상을 위하여 노력하여야 할 의무(제3항)와, 노인과 청소년의 복지향상을 위한 정책을 실시할 의무(제4항)를 지우며, 신체장애자 및 질병·노령 기타의 사유로 생활능력이 없는 국민은 법률이 정하는 바에 의하여 국가의 보호를 받도록 하고(제5항), 재해를 예방하고 그 위험으로부터 국민을 보호하기 위하여 노력하도록 의무지우고 있다(제6항).

결국 헌법은 생활이 어려운 자, 여성이나 장애자, 기타 생활능력이 없는 다양한 사회적 약자를 보호하도록 사회보장이나 사회복지 등 다양한 정책을 수립하고 실현해야 할 의무를 국가에게 지우고 있는데, 이러한 사회보장과 사회복지의 실시에 관한 법률로는 위에서 소개한 생계보호청구권과 관련되는 국민기초생활보장법과 의료급여법 등 여러 법률 외에도 사회보장에 관한 국민의 권리와 국가 및 지방자치단체의 책임을 정하고 사회보장정책의 수립·추진과 관련 제도에 관한 기본적인 사항을 규정함으로써 국민의 복지증진에 이바지하는 것을 목적으로 제정된 사회보장기본법을 비롯해서 다양한 복지 및 연금 등과 관련된 다양한 법률들이 제정·시행되고 있다.

Ⅱ. 교육을 받을 권리

1. 교육을 받을 권리의 의의와 기능

(1) 교육을 받을 권리의 의의

헌법 제31조는 "① 모든 국민은 능력에 따라 균등하게 교육을 받을 권리를 가진다. ② 모든 국민은 그 보호하는 자녀에게 적어도 초등교육과 법률이 정하는 교육을 받게 할 의무를 진다. ③ 의무교육은 무상으로 한다. ④ 교육의 자주성·전문성·정치적 중립성 및 대학의 자율성은 법률이 정하는 바에 의하여 보장된다. ⑤ 국가는 평생교육을 진흥하여야 한다. ⑥ 학교교육 및 평생교육을 포함한 교육제도와 그 운영, 교육재정 및 교원의 지위에 관한 기본적인 사항은 법률로 정한다."라고 규정함으로써 교육을 받을 권리를 보장하고, 이를 뒷받침하기 위한 다양한 제도와 보장책을 마련하고 있다. 이는 교육을 받을 권리가 자주성과 개성의 주체인 인간의 존엄성을 실현시키기 위한 가장 기초적 기본권임과 동시에 여타의 관련 기본권들의 실현을 촉진시키며, 민주주의원리, 법치주의원리, 사회국가원리, 문화국가원리 등 헌법상의 기본원리의 실현을 위한 전제조건이라는 점을 감안한 것으로, 교육이 모든 국민의 권리이자 동시에 국가와 국민의 공동의무임을 명백히 밝히고 있는 것이다.

(2) 교육을 받을 권리의 기능

교육을 받을 권리는 대체로 다음과 같은 기능을 가진다. 첫째, 자주적 인격체인 인간의 개성신장의 수단이다. 둘째, 현대사회가 필요로 하는 민주시민을 육성하고, 다양한 정치적 견해를 바탕으로 한 다원적 민주주의의 실현을 촉진시킨다. 셋째, 교육을 통해 문화적이고 지적인 사회풍토를 조성하고 문화창조의 바탕을 마련함으로써 문화국가원리의 실현에 이바지한다. 넷째, 국민 모두에게 균등한 교육의 기회를 보장함으로써 다양한 생활영역에서의 실질적인 자유·평등·정의를 실현시키고, 이로써 사회국가원리의 실현을 촉진시킨다. 다섯째, 학문과 예술의 자유, 양심의 자유, 언론·출판의 자유 등 여타의 관련 기본권들의 실현을 위한 전제조건으로서의 기능을 가진다.[1)]

---

1) 헌재 1994. 2. 24. 93헌마192, 판례집 6-1, 173, 177:
우리 헌법은 문화국가·민주국가·사회국가·복지국가에서 차지하는 교육의 중요성을 감안해서 교육을 모든 국민의 권리로 규정함과 동시에 국가와 국민의 공동의무임을 명백히 밝히고 있다.
교육을 받을 권리는, 첫째 교육을 통해 개인의 잠재적인 능력을 계발시켜줌으로써 인간다운 문화생활과 직업생활을 할 수 있는 기초를 마련해 주고, 둘째 문화적이고 지적인 사회풍토를 조성하고 문화창조의 바탕을 마련함으로써 헌법이 추구하는 문화국가를 촉진시키고, 셋째 합리적이고 계속적인 교육을 통해서 민주주의가 필요로 하는 민주시민의 윤리적 생활철학을 어렸을 때부터 습성화시킴으로써 헌법이 추구하는 민주주의의 토착화에 이바지하고, 넷째 능력에 따른 균등한 교육을 통해서 직업생활과 경제생활영역에서 실질적인 평등을 실현시킴으로써 헌법이 추구하는 사회국가, 복지국가의 이념을 실현한다는 의의와 기능을 가지고 있다.

2. 교육을 받을 권리의 법적 성격

교육을 받을 권리는 대국가적인 주관적 권리로서의 성격과 객관적 가치질서로서의 성격을 가진다. 전자는 국가로부터의 교육기회의 차별과 교육을 받을 권리에 대한 방해의 배제를 요구할 수 있는 소극적 권리와 국가에게 실질적인 교육기회의 부여를 요구할 수 있는 적극적 권리를 말한다. 후자는 사회공동체 구성원 모두가 교육을 받을 권리를 존중하고 관철시켜야 하며, 사인간에도 교육을 받을 권리가 효력을 미친다는 것을 의미한다. 헌법 제31조에서 교육을 받을 권리를 뒷받침하기 위한 다양한 제도의 마련을 국가에게 의무지우고 있으며, 교육을 모든 국민의 권리로 규정함과 동시에 국가와 국민 모두의 공동의무로 규정하고 있는 것은 교육기본권이 바로 이러한 객관적 가치질서에 해당된다는 것을 보여준다.[1)]

3. 교육을 받을 권리의 주체

교육을 받을 권리의 주체는 국민에 한한다고 보는 것이 일반적이다. 그러나 교육을 받을 권리가 인간의 존엄과 가치를 실현시키기 위한 가장 기초적 기본권임과 동시에 보편적인 인권의 성격을 가진다는 점, 그리고 다른 여타의 기본권실현의 전제가 된다는 점 등 교육을 받을 권리가 가지는 다양한 기능과 특성을 감안할 때[2)] 교육을 받을 권리의 주체에 외국인을 배제하는 것은 대단히 바

---

1) 헌재 1992. 11. 12. 89헌마88, 판례집 4, 739, 750-751:
헌법 제31조 제1항은 "모든 국민은 능력에 따라 균등하게 교육을 받을 권리를 가진다."고 규정하여 국민의 교육을 받을 권리(수학권)를 보장하고 있는데, 그 권리는 통상 국가에 의한 교육조건의 개선·정비와 교육기회의 균등한 보장을 적극적으로 요구할 수 있는 권리로 이해되고 있다. 수학권의 보장은 국민이 인간으로서 존엄과 가치를 가지며 행복을 추구하고(헌법 제10조 전문) 인간다운 생활을 영위하는데(헌법 제34조 제1항) 필수적인 조건이자 대전제이며, 헌법 제31조 제2항 내지 제6항에서 규정하고 있는 교육을 받게 할 의무, 의무교육의 무상, 교육의 자주성·전문성·중립성보장, 평생교육진흥, 교육제도 및 교육재정, 교원지위 법률주의 등은 국민의 수학권의 효율적인 보장을 위한 규정이라고 해도 과언이 아니다.

2) 헌재 1991. 2. 11. 90헌가27, 판례집 3, 11, 18:
교육을 받을 권리는 우리헌법이 지향하는 문화국가·민주복지국가의 이념을 실현하는 방법의 기초이며, 다른 기본권의 기초가 되는 기본권이다. 교육을 받을 권리가 교육제도를 통하

람직하지 않다고 본다. 또한 이는 국가간의 상호주의의 원칙이나 오늘날의 국제화시대의 추세에도 부합되지 않는다. 한편 교육기회제공청구권의 주체는 학령아동의 부모이다.

4. 교육을 받을 권리의 내용

(1) 교육의 기회균등권

교육을 받을 권리(수학권)는 헌법 제31조 제1항에서도 밝히고 있듯이 개인의 능력에 따라 균등하게 교육을 받을 권리, 즉 교육의 기회균등권을 말한다. 이 권리는 통상 국가에 의한 교육조건의 개선·정비와 교육기회의 균등한 보장을 적극적으로 요구할 수 있는 권리를 내용으로 한다.[1] 그러나 교사의 가르칠 권리, 즉 수업권은 교육을 받을 권리의 내용에 포함되지 아니한다.[2]

이러한 교육의 기회균등권은 오늘날 교육이 가지는 정치·경제·사회·문화의 모든 영역에서의 절대적 중요성을 감안하여 교육을 받을 권리의 기회를 누구에게나 평등하게 부여함으로써 실질적 자유와 평등 및 정의를 교육영역에서 실현시키고, 이를 통해 다른 여타의 관련 기본권과 사회국가원리를 효율적으로

여 충분히 실현될 때에 비로소 모든 국민은 모든 영역에 있어서 각인의 기회를 균등히 하고 능력을 최고도로 발휘하게 되어 국민생활의 균등한 향상을 기할 수 있고, 인간으로서의 존엄과 가치를 가지며, 행복을 추구할 수 있기 때문이다.

1) 헌재 1999. 3. 25. 97헌마130, 판례집 11-1, 233, 239:
헌법 제31조 제1항은 "모든 국민은 능력에 따라 균등하게 교육을 받을 권리를 가진다"고 규정하여 국민의 교육을 받을 권리를 보장하고 있다. 이 권리는 통상 국가에 의한 교육조건의 개선·정비와 교육기회의 균등한 보장을 적극적으로 요구할 수 있는 권리로 이해되고 있다. 수학권의 보장은 인간으로서의 존엄과 가치를 가지며 행복을 추구하고(헌법 제10조 전문) 인간다운 생활을 영위하는 데(헌법 제34조 제1항) 필수적인 조건이자 대전제다. 헌법 제31조 제2항 내지 제6항 소정의 교육을 받게 할 의무, 의무교육의 무상, 교육의 자주성·전문성·정치적 중립성 및 대학의 자율성, 평생교육진흥, 교육제도와 그 운영·교육재정 및 교원지위 법률주의 등은 수학권의 효율적인 보장을 위한 규정이다.

2) 헌재 2000. 12. 14. 99헌마112 등, 판례집 12-2, 399, 408-409:
청구인들은 교원으로서의 교육권(가르칠 권리)을 침해받았다고 주장하면서 이를 헌법 제31조 제1항에서 도출하고 있으나, 동 헌법조항은 '교육을 받을 권리(이른바 수학권)'를 보장하는 것이고, 교원으로서 학문연구의 결과를 가르치는 자유로서의 수업권은 학문의 자유로부터 파생될 수 있다고 할 것이지만, 청구인들이 주장하는 '가르칠 권리'(교육권)라는 것은 이러한 수업권과는 무관하게 결국 교원의 자격을 계속 유지할 권리를 뜻하는 데 지나지 않으므로 이는 역시 공무담임권의 문제로 귀착될 뿐이라 하겠다.

실현시키고자 하는 것이다. 물론 이는 능력에 따른 기회균등을 전제로 하기 때문에 모든 국민에게 능력에 따라 취학의 기회가 균등하게 보장되어야 한다는 것을 의미하는 것이지, 모든 국민이 제한 없이 본인이 원하는 내용과 종류와 기간의 교육을 받을 권리를 의미하거나, 모든 등급과 모든 종류의 교육기관에 동일하게 취학하고 동일한 교육을 받아야 한다는 것을 의미하는 것은 아니다.[1)]

따라서 이는 사람의 선천적이고 후천적인 능력의 차이를 고려해서 능력에 상응하는 교육을 받을 수 있도록 취학의 기회가 보장되어야 한다는 것을 의미한다. 물론 여기서의 능력은 교육과 관련된 수학능력을 말한다. 따라서 수학능력이 아닌 교육외적인 요인, 예컨대 부모의 재력이나 가정환경, 성별, 장애 여부 등에 의한 교육기본권 내지 교육기회의 차별은 정당화될 수 없다.

결국 교육을 받을 권리란 국민이 헌법 제31조 제1항을 근거로 하여 직접 특정한 교육제도나 학교시설을 요구할 수 있는 권리라기보다는 모든 국민이 능력에 따라 균등하게 교육을 받을 수 있는 교육제도를 제공해야 할 국가의 의무를 규정한 것이라고 할 수 있다. 즉 모든 국민에게 저마다의 능력에 따른 교육이 가능하도록 그에 필요한 설비와 제도를 마련해야 할 국가의 과제와 아울러 이를 넘어 사회적 · 경제적 약자도 능력에 따른 실질적 평등교육을 받을 수 있도록 적극적인 정책을 실현해야 할 국가의 의무를 뜻한다.

따라서 이러한 실질적 평등교육이 모든 국민에게 실효성 있게 보장되기 위해서는 교육시설의 등급별 · 수준별 · 종류별 다양성이 보장되고, 교육시설의 지역적 분포에 있어서 불균형이 해소되어야 한다.

(2) 의무무상교육제도

우리 헌법은 민주국가 · 사회국가 · 문화국가에서 차지하는 교육의 중요성을

---

1) 헌재 1994. 2. 24. 93헌마192, 판례집 6-1, 173, 174:
헌법 제31조 제1항에서 말하는 '능력에 따라 균등하게 교육을 받을 권리'란 법률이 정하는 일정한 교육을 받을 전제조건으로서의 능력을 갖추었을 경우 차별 없이 균등하게 교육을 받을 기회가 보장된다는 것이지 일정한 능력, 예컨대 지능이나 수학능력 등이 있다고 하여 제한 없이 다른 사람과 차별하여 어떠한 내용과 종류와 기간의 교육을 받을 권리가 보장된다는 것은 아니다. 따라서 의무취학 시기를 만 6세가 된 다음날 이후의 학년초로 규정하고 있는 교육법 제96조 제1항은 의무교육제도 실시를 위해 불가피한 것이며 이와 같은 아동들에 대하여 만 6세가 되기 전에 앞당겨서 입학을 허용하지 않는다고 해서 헌법 제31조 제1항의 능력에 따라 균등하게 교육을 받을 권리를 본질적으로 침해한 것으로 볼 수 없다.

감안해서 교육을 모든 국민의 권리로 규정함과 동시에 교육을 받을 권리를 실효성 있게 보장하기 위하여 교육이 국가와 국민의 공동의무임을 명백히 밝히고 있다.[1] 이에 따라 헌법 제31조 제2항은 "모든 국민은 그 보호하는 자녀에게 적어도 초등교육과 법률이 정하는 교육을 받게 할 의무를 진다."고 규정함으로써 부모나 보호자에게 자녀에 대한 교육의무를 부과하고 있고, 동조 제3항은 "의무교육은 무상으로 한다."라고 규정함으로써 일정한 무상교육의 책임을 국가에게 지우고 있다.

이처럼 헌법은 교육을 받을 권리를 실효성 있게 보장하기 위하여 초등교육과 법률이 정하는 교육을 의무교육으로 하고, 이를 뒷받침하기 위하여 의무교육을 무상교육으로 정하고 있다. 이에 따라 교육기본법과 초·중등교육법이 제정·시행되고 있다. 교육기본법에 따르면 의무교육은 6년의 초등교육과 3년의 중등교육으로 하고, 이를 의무교육으로 정하고 있다(제8조).[2] 교육의무의 주체

---

1) 헌재 2000. 4. 27. 98헌가16 등, 판례집 12-1, 427, 448-449:
헌법은 제31조 제1항에서 '교육을 받을 권리'를 보장함으로써 국가로부터 교육에 필요한 시설의 제공을 요구할 수 있는 권리 및 각자의 능력에 따라 교육시설에 입학하여 배울 수 있는 권리를 국민의 기본권으로서 보장하면서, 한편, 국민 누구나 능력에 따라 균등한 교육을 받을 수 있게끔 노력해야 할 의무와 과제를 국가에게 부과하고 있는 것이다. '교육을 받을 권리'란, 국민이 위 헌법규정을 근거로 하여 직접 특정한 교육제도나 학교시설을 요구할 수 있는 권리라기보다는 모든 국민이 능력에 따라 균등하게 교육을 받을 수 있는 교육제도를 제공해야 할 국가의 의무를 규정한 것이다. 즉 '교육을 받을 권리'란, 모든 국민에게 저마다의 능력에 따른 교육이 가능하도록 그에 필요한 설비와 제도를 마련해야 할 국가의 과제와 아울러 이를 넘어 사회적·경제적 약자도 능력에 따른 실질적 평등교육을 받을 수 있도록 적극적인 정책을 실현해야 할 국가의 의무를 뜻한다.

2) 헌재 1991. 2. 11. 90헌가27, 판례집 3, 11, 24-26:
구 교육법 제8조의 2("제8조의 규정에 의한 3년의 중등교육에 대한 의무교육은 대통령령이 정하는 바에 의하여 순차적으로 실시한다.")가 규정하는 중학교 의무교육의 순차적 실시 원칙에 따라서 전국 동시 실시의 단계에 이를 때까지는 중학교 의무교육이 실시되는 지역과 실시되지 아니하는 지역 사이에 차별이 생기게 되고, 이 때문에 교육을 받을 권리에 대한 평등의 원칙에 반하는 결과에 이르게 되는 것이 아닌가 하는 의문이 생기게 된다. 헌법 제11조 제1항이 규정하는 평등의 원칙은 일체의 차별적 대우를 부정하는 절대적 평등을 의미하는 것이 아니라 법의 적용이나 입법에 있어서 불합리한 조건에 의한 차별을 하여서는 안 된다는 상대적·실질적 평등을 뜻하는 것이므로 합리적 근거 없이 차별하는 경우에 한하여 평등의 원칙에 반할 뿐인 것이다.
다만 국가가 국민에게 혜택을 부여할 때에는 국민의 권리를 제한할 때보다 더 넓은 형성의 자유를 가지는 것은 일반적으로 인정되고 있지만 의무교육제도가 국민에게 혜택을 부여한다는 사실만으로 입법자에게 아무런 제한 없이 형성의 자유가 인정되는 것은 아니다. 그러

는 국가와 의무교육대상자의 친권자나 후견인이다(초·중등교육법 제12조, 제13조, 제16조).

이에 따라 국가는 교육기본법 제8조 제1항에 따른 의무교육을 실시하여야 하고, 이를 위한 시설을 확보하는 등 필요한 조치를 강구하여야 하며, 지방자치단체는 그 관할 구역의 의무교육대상자를 모두 취학시키는 데에 필요한 초등학교, 중학교 및 초등학교·중학교의 과정을 교육하는 특수학교를 설립·경영하여야 한다.[1] 또한 지방자치단체는 지방자치단체가 설립한 초등학교·중학교 및 특

나 앞서 본 바와 같이 우리나라의 의무교육제도는 해방 이후 국민학교 6학년의 초등교육만을 대상으로 하다가 1984년에 이르러서야 비로소 중학교 3년의 중등교육에까지 확대되었으나 그 구체적 실시방법에 관하여는 교육법 제8조의 2에서 순차적으로 확대실시하도록 규정하였을 뿐이다. 이와 같이 중학교 의무교육을 일거에 전면실시하는 대신 단계적으로 확대실시하도록 한 것은 주로 전면실시에 따르는 국가의 재정적 부담을 고려한 것이고 여기에 평등의 원칙에 대한 예외를 인정할 수 있는 합리적인 근거를 찾을 수 있는 것이다.

헌법상 평등의 원칙은 국가가 언제 어디에서 어떤 계층을 대상으로 하여 기본권에 관한 사항이나 제도의 개선을 시작할 것인지를 선택하는 것을 방해하지는 않는다. 말하자면 국가는 합리적인 기준에 따라 능력이 허용하는 범위 내에서 법적 가치의 상향적 구현을 위한 제도의 단계적 개선을 추진할 수 있는 길을 선택할 수 있어야 한다. 그것이 허용되지 않는다면 모든 사항과 계층을 대상으로 하여 동시에 제도의 개선을 추지하는 예외적인 경우를 제외하고는 어떠한 제도의 개선도 평등의 원칙 때문에 그 시행이 불가능하다는 결과에 이르게 되어 불합리할 뿐 아니라 평등의 원칙이 실현하고자 하는 가치와도 어긋나기 때문이다. 따라서 국가가 종전의 상황을 개선함에 있어서 그 개선의 효과가 일부의 사람에게만 미치고 동일한 상황하에 있는 다른 사람에게는 미치지 않아 그들 사이에 일견 차별이 생기게 된다고 하더라도 그것만으로는 평등의 원칙을 위반한 것이라고는 할 수 없다. 이러한 사정은 특히 이 사건과 같이 제도의 개선에 과다한 재원이 소요되는 경우에 분명하다.

이러한 측면에서 교육법 제8조의 2를 본다면 입법자는 장차 중학교 3년의 중등교육에 있어서도 전면적으로 의무교육을 실시할 것을 명백히 규정하고, 다만 현재로서는 국가의 재정형편상 위와 같은 전면실시가 사실상 불가능하다고 판단하여 잠정적인 조치로서 중학교 교육에 대한 의무교육을 단계적으로 순차 확대실시하도록 한 것뿐이다. 헌법이 초등교육 이외의 의무교육의 범위를 법률로 정하도록 한 것은 이를 법률에 의하여 단계적으로 확대하여 나가려는 데 그 기본 취지가 있는 것이며, 그러한 단계적 확대실시의 과정에서 지역적인 차별이나 피교육자에 따른 차별이 비록 생겨난다고 하더라도 이는 전면적인 실시에 따르는 막대한 재정적인 부담을 감안할 때에 불가피한 조치로서 헌법상 용인될 수 있는 것이라 할 것이다. 나아가 현재 도서·벽지·접적지역과 특수학교에 한하여 의무교육을 실시하고 있는 것은 그러한 경우에는 지리적 여건이나 피교육자의 특성상 교육을 받을 기회가 상대적으로 불리하다는 점을 고려한 것으로 이는 오히려 실질적 평등의 원칙에 부합된다고 할 수 있다. 따라서 교육법 제8조의 2는 헌법 제11조 제1항에 정한 평등의 원칙에 위반되지 아니한다.

1) 헌재 2005. 3. 31. 2003헌가20, 판례집 17-1, 294:

헌법은, 모든 국민은 그 보호하는 자녀에게 적어도 초등교육과 법률이 정하는 교육을 받게

수학교에 그 관할 구역의 의무교육대상자를 모두 취학시키기 곤란하면 인접한 지방자치단체와 협의하여 합동으로 초등학교·중학교 또는 특수학교를 설립·경영하거나, 인접한 지방자치단체가 설립한 초등학교·중학교 또는 특수학교나 국립 또는 사립의 초등학교·중학교 또는 특수학교에 일부 의무교육대상자에 대한 교육을 위탁할 수 있다. 아울러 국립·공립학교의 설립자·경영자와 의무교육대상자의 교육을 위탁받은 사립학교의 설립자·경영자는 의무교육을 받는 사람으로부터 수업료와 학교운영지원비를 받을 수 없다(초·중등교육법 제12조).

한편 모든 국민은 보호하는 자녀 또는 아동이 6세가 된 날이 속하는 해의 다음 해 3월 1일에 그 자녀 또는 아동을 초등학교에 입학시켜야 하고, 초등학교를 졸업할 때까지 다니게 하여야 한다. 또한 모든 국민은 보호하는 자녀 또는 아동이 초등학교를 졸업한 학년의 다음 학년 초에 그 자녀 또는 아동을 중학교에 입학시켜야 하고, 중학교를 졸업할 때까지 다니게 하여야 한다(동법 제13조).

(3) 교육의 자주성·전문성·정치적 중립성 및 대학의 자율성의 보장

헌법 제31조 제4항은 "교육의 자주성·전문성·정치적 중립성 및 대학의 자율성은 법률이 정하는 바에 의하여 보장된다."고 규정하고 있다. 이러한 교육의 자주성·전문성·정치적 중립성 및 대학의 자율성은 교육을 받을 권리의 실효성을 확보하기 위한 전제조건이다.

1) 교육의 자주성

교육의 자주성은 교육을 담당하는 교육자와 교육기관이 교육운영에 관하여 자주적으로 결정할 수 있도록 하는 것을 내용으로 한다. 이러한 교육의 자주성이 보장되기 위해서는 교육자와 교육기관의 국가와 설립자로부터의 자유가 보

할 의무를 지고(헌법 제31조 제2항), 의무교육은 무상으로 한다(헌법 제31조 제3항)고 규정하고 있다. 이러한 의무교육제도는 국민에 대하여 보호하는 자녀들을 취학시키도록 한다는 의무부과의 면보다는 국가에 대하여 인적·물적 교육시설을 정비하고 교육환경을 개선하여야 한다는 의무부과의 측면이 보다 더 중요한 의미를 갖는다. 의무교육에 필요한 학교시설은 국가의 일반적 과제이고, 학교용지는 의무교육을 시행하기 위한 물적 기반으로서 필수조건임은 말할 필요도 없으므로 이를 달성하기 위한 비용은 국가의 일반재정으로 충당하여야 한다. 따라서 적어도 의무교육에 관한 한 일반재정이 아닌 부담금과 같은 별도의 재정수단을 동원하여 특정한 집단으로부터 그 비용을 추가로 징수하여 충당하는 것은 의무교육의 무상성을 선언한 헌법에 반한다.

장되어야 하고, 아울러 교육자의 신분이 보장되어야 할 것이다.[1)]

2) 교육의 전문성

교육의 전문성이란 교육전문가인 교사가 교육내용이나 교육방법 등에 대하여 자주적으로 결정할 수 있도록 하는 것을 내용으로 한다. 따라서 교육내용이나 교육방법에 대하여 국가나 설립자로부터의 자유가 보장되어야 한다. 이를 교육의 자유라고 한다. 교육을 받을 권리와 교육의 효과를 증대시키기 위해서는 이러한 교육의 전문성과 교육의 자유가 보장되어야 하는 것은 당연하다.[2)]

3) 교육의 정치적 중립성

교육의 정치적 중립성은 교육이 국가권력이나 특정한 정파, 정당은 물론, 특정 사회세력이나 종교 등 외부의 어떠한 압력이나 간섭으로부터 벗어나야 한다는 것을 말한다. 교육을 받을 권리의 실효성을 확보하기 위해서는 이러한 교육

---

1) 헌재 1997. 12. 24. 95헌바29 등, 판례집 9-2, 780:
교육의 자주성과 교원의 지위는 국민의 교육을 받을 권리를 침해할 경우에는 그에 따른 제약을 받을 수밖에 없으며, 이 사건 요건조항은 교원으로서의 의무 내지 책임에 대응하여 최소한의 자질과 근무를 확보하기 위하여 필요한 사항을 규정한 것으로서 그 개념이 불명확하여 헌법 제31조 제4항의 교육의 자주성 등을 침해한다고 할 수 없고, 임면권자가 근무성적이 불량한 정도, 내용, 능력 또는 근무성적의 향상 가능성 등을 고려하여 그 재량으로 직권면직을 할 것인가, 아니면 직위해제를 할 것인가를 선택하여 처분할 수 있도록 규정한 것은 합리성이 인정된다 할 것이므로 평등의 원칙에 위반된다고 할 수 없다.

2) 헌재 1992. 11. 12. 89헌마88, 판례집 4, 739, 740:
국정교과서제도는 교과서라는 형태의 도서에 대하여 국가가 이를 독점하는 것이지만, 국민의 수학권의 보호라는 차원에서 학년과 학과에 따라 어떤 교과용 도서에 대하여 이를 자유발행제로 하는 것이 온당하지 못한 경우가 있을 수 있고 그러한 경우 국가가 관여할 수밖에 없다는 것과 관여할 수 있는 헌법적 근거가 있다는 것을 인정한다면 그 인정의 범위내에서 국가가 이를 검·인정제로 할 것인가 또는 국정제로 할 것인가에 대하여 재량권을 갖는다고 할 것이므로 중학교의 국어교과서에 관한 한, 교과용 도서의 국정제는 학문의 자유나 언론·출판의 자유를 침해하는 제도가 아님은 물론 교육의 자주성·전문성·정치적 중립성과도 무조건 양립되지 않는 것이라 하기 어렵다.
[재판관 변정수의 반대의견]
초·중·고등학교의 교과서에 관하여 교사의 저작 및 선택권을 완전히 배제하고 중앙정부가 이를 독점하도록 한 교육법 제157조의 규정은 정부로 하여금 정권의 지배 이데올로기를 독점적으로 교화하여 청소년을 편협하고 보수적으로 의식화시킬 수 있는 기회를 부여하는 것이어서 이는 교육의 자주성·전문성·정치적 중립성을 선언한 헌법 제31조 제4항에 반하고 교육자유권의 본질적 내용을 침해하는 것이어서 헌법 제37조 제2항에 반한다.

의 정치적 중립성이 보장되어야 함은 물론이다. 이에 따라 교육기본법은 교원이 특정한 정당이나 정파를 지지하거나 반대하기 위하여 학생을 지도하거나 선동하지 못하도록 규정하고 있고(제14조 제4항), 정당법은 대학강사 이상의 교수들에게만 정당의 발기인 및 당원이 될 수 있도록 하여 일반 교원은 제외시키고 있으며(제22조 제1항 제1호 및 제2호),[1] 「교원의 노동조합 설립 및 운영 등에 관한 법률」은 교원의 노동조합에게 일체의 정치활동을 금지하고 있다(제3조).[2]

4) 대학의 자율성

교육을 받을 권리와 교육의 자유가 효율적으로 실현되기 위해서는 대학의 자율성이 보장되어야 한다. 이는 대학의 구성원이 국가권력이나 설립자 등 외부

---

1) 헌법재판소는 2004. 3. 25. 2001헌마710 결정, 2014. 3. 27. 2011헌바42 결정 및 2020. 4. 23. 2018헌마551 결정에서, 국가공무원이나 초·중등학교 교원이 정당의 발기인 및 당원이 될 수 없도록 규정한 정당법 및 국가공무원법 조항들이 헌법에 위반되지 않는다고 판단한 바 있다. 그 요지는 "이 사건 정당가입 금지조항은 국가공무원이 정당에 가입하는 것을 금지함으로써 공무원이 국민 전체에 대한 봉사자로서 그 임무를 충실히 수행할 수 있도록 정치적 중립성을 보장하고, 초·중등학교 교원이 당파적 이해관계의 영향을 받지 않도록 교육의 중립성을 확보하기 위한 것이므로, 목적의 정당성 및 수단의 적합성이 인정된다. 공무원의 정치적 행위가 직무 내의 것인지 직무 외의 것인지 구분하기 어려운 경우가 많고, 공무원의 행위는 근무시간 내외를 불문하고 국민에게 중대한 영향을 미치므로, 직무 내의 정당활동에 대한 규제만으로는 입법목적을 달성하기 어렵다. 또한 정당에 대한 지지를 선거와 무관하게 개인적인 자리에서 밝히거나 선거에서 투표를 하는 등 일정한 범위 내의 정당관련 활동은 공무원에게도 허용되므로 이 사건 정당가입 금지조항은 침해의 최소성 원칙에 반하지 않는다. 정치적 중립성, 초·중등학교 학생들에 대한 교육기본권 보장이라는 공익은 공무원들이 제한받는 사익에 비해 중대하므로 법익의 균형성 또한 인정된다. 따라서 이 사건 정당가입 금지조항은 과잉금지원칙에 위배되지 않는다. 이 사건 정당가입 금지조항이 초·중등학교 교원에 대해서는 정당가입의 자유를 금지하면서 대학의 교원에게 이를 허용한다 하더라도, 이는 기초적인 지식전달, 연구기능 등 양자 간 직무의 본질과 내용, 근무 태양이 다른 점을 고려한 합리적인 차별이므로 평등원칙에 위배되지 않는다."는 것이다. 헌재 2020. 4. 23. 2018헌마551, 판례집 32-1상, 489, 490 참조.

2) 헌재 2014. 8. 28. 2011헌바32 등, 판례집 26-2상, 242, 243:
교원의 행위는 교육을 통해 건전한 인격체로 성장해 가는 과정에 있는 미성숙한 학생들의 인격형성에 지대한 영향을 미칠 수 있는 점, 교원의 정치적 표현행위가 교원노조와 같은 단체의 이름으로 교원의 지위를 전면에 드러낸 채 대규모로 행해지는 경우 다양한 가치관을 조화롭게 소화하여 건전한 세계관·인생관을 형성할 능력이 미숙한 학생들에게 편향된 가치관을 갖게 할 우려가 있는 점, 교원노조에게 일반적인 정치활동을 허용할 경우 교육을 통해 책임감 있고 건전한 인격체로 성장해가야 할 학생들의 교육을 받을 권리는 중대한 침해를 받을 수 있는 점 등에 비추어 보면, 교원노조라는 집단성을 이용하여 행하는 정치활동을 금지하는 것이 과잉금지원칙에 위반된다고 볼 수 없다.

의 간섭 없이 자주적으로 대학을 운영할 수 있도록 하는 것으로 대학의 자치를 말한다.

대학의 자율성은 대학인으로 하여금 연구와 교육을 자유롭게 하여 진리탐구와 지도적 인격의 도야라는 대학의 기능을 충분히 발휘할 수 있도록 하기 위한 것으로, 이는 헌법 제22조 제1항이 보장하고 있는 학문의 자유에 의하여도 보장되고 있다. 여기서 대학의 자율은 대학시설의 관리·운영만이 아니라 학사관리 등 전반적인 것이라야 하므로 연구와 교육의 내용, 그 방법과 그 대상, 교과과정의 편성, 학생의 선발, 학생의 전형도 자율의 범위에 속해야 하고, 따라서 입학시험제도도 자주적으로 마련할 수 있어야 한다.[1)]

(4) 평생교육진흥의무

헌법 제31조 제5항은 "국가는 평생교육을 진흥하여야 한다."라고 규정함으로

---

1) ① 헌재 1992. 10. 1. 92헌마68 등, 판례집 4, 659, 670:
헌법 제31조 제4항은 "교육의 자주성·전문성·정치적중립성 및 대학의 자율성은 법률이 정하는 바에 의하여 보장된다."라고 규정하여 교육의 자주성·대학의 자율성을 보장하고 있는데 이는 대학에 대한 공권력 등 외부세력의 간섭을 배제하고 대학구성원 자신이 대학을 자주적으로 운영할 수 있도록 함으로써 대학인으로 하여금 연구와 교육을 자유롭게 하여 진리탐구와 지도적 인격의 도야라는 대학의 기능을 충분히 발휘할 수 있도록 하기 위한 것이며, 교육의 자주성이나 대학의 자율성은 헌법 제22조 제1항이 보장하고 있는 학문의 자유의 확실한 보장수단으로 꼭 필요한 것으로서 이는 대학에게 부여된 헌법상의 기본권이다. 따라서 국립대학인 서울대학교는 다른 국가기관 내지 행정기관과는 달리 공권력의 행사자의 지위와 함께 기본권의 주체라는 점도 중요하게 다루어져야 한다. 여기서 대학의 자율은 대학시설의 관리·운영만이 아니라 학사관리 등 전반적인 것이라야 하므로 연구와 교육의 내용, 그 방법과 그 대상, 교과과정의 편성, 학생의 선발, 학생의 전형도 자율의 범위에 속해야 하고 따라서 입학시험제도도 자주적으로 마련될 수 있어야 한다.
② 헌재 1998. 7. 16. 96헌바33 등, 판례집 10-2, 116
헌법 제31조 제4항도 "교육의 자주성·전문성·정치적 중립성 및 대학의 자율성은 법률이 정하는 바에 의하여 보장된다"고 규정하여 교육의 자주성·대학의 자율성을 보장하고 있는데, 이는 대학에 대한 공권력 등 외부세력의 간섭을 배제하고 대학구성원 자신이 대학을 자주적으로 운영할 수 있도록 함으로써 대학인으로 하여금 연구와 교육을 자유롭게 하여 진리탐구와 지도적 인격의 도야라는 대학의 기능을 충분히 발휘할 수 있도록 하기 위한 것이며, 교육의 자주성이나 대학의 자율성은 헌법 제22조 제1항이 보장하고 있는 학문의 자유의 확실한 보장수단으로 꼭 필요한 것으로서 이는 대학에게 부여된 헌법상의 기본권이다. 여기서 대학의 자율은 대학시설의 관리·운영만이 아니라 전반적인 것이라야 하므로 연구와 교육의 내용, 그 방법과 대상, 교과과정의 편성, 학생의 선발과 전형 및 특히 교원의 임면에 관한 사항도 자율의 범위에 속한다

써 평생교육의 진흥책임을 국가에게 지우고 있다. 이는 교육이 현대사회에서 가지는 다양한 기능, 즉 민주국가, 법치국가, 사회국가, 문화국가의 실현과 인간의 존엄성 및 다른 기본권 실현의 전제조건이라는 점을 감안할 때 교육은 학창시절의 정규교육과정에서만 이루어지는 것이 아니라 한 인간의 전 생애과정에서 이루어져야 하기 때문에 평생교육의 진흥을 국가에게 의무지우고 있는 것이다.

이에 따라 평생교육법이 제정 · 시행되고 있다. 평생교육이란 학교의 정규교육과정을 제외한 학력보완교육, 성인 문자해득교육, 직업능력 향상교육, 인문교양교육, 문화예술교육, 시민참여교육 등을 포함하는 모든 형태의 조직적인 교육활동을 말한다(평생교육법 제2조 제1호).

(5) 교육제도의 법정주의

헌법 제31조 제6항은 "학교교육 및 평생교육을 포함한 교육제도와 그 운영, 교육재정 및 교원의 지위에 관한 기본적인 사항은 법률로 정한다."라고 규정하고 있다. 이러한 교육제도의 법정주의는 법치주의원리상 당연히 요구되는 것이다. 왜냐하면 이들 내용은 교육을 받을 권리를 실효성 있게 뒷받침하기 위한 중요하고 기본적인 제도들로서 기본권의 행사에 관한 본질적인 사항들이기 때문에 반드시 국민의 대표기관인 의회의 법률로 정하도록 하는 것이 법률유보의 원칙의 요청이기 때문이다. 이에 따라 교육기본법을 비롯하여 유아교육법, 초·중등교육법, 고등교육법, 교육공무원법, 사립학교법, 「교원의 지위 향상 및 교육활동 보호를 위한 특별법」 등이 제정 · 시행되고 있다.

이처럼 교육제도법정주의는 국가나 학교설립자 등 외부에 의한 부당한 간섭에 의해 교육의 자주성 · 전문성 · 정치적 중립성 및 대학의 자율성, 그리고 교원의 지위 등이 침해되지 않도록 보장하기 위함이다. 특히 교육을 받을 권리와 교육의 자유 뿐 아니라 학문의 자유의 보장을 위해서도 교원의 신분보장이 확립되어야 한다.[1)]

---

1) ① 헌재 1991. 7. 22. 89헌가106, 판례집 3, 387, 416-417:
우리 헌법 제31조 제6항은 "학교교육 및 평생교육을 포함한 교육제도와 그 운영, 교육재정 및 교원의 지위에 관한 기본적인 사항은 법률로 정한다."라고 규정함으로써 교육의 물적기반이 되는 교육제도와 아울러 교육의 인적기반으로서 가장 중요한 교원의 근로기본권을 포함한 모든 지위에 관한 기본적인 사항을 국민의 대표기관인 입법부의 권한으로 규정하고 있다.

위 헌법조항의 뜻은 넓은 의미에서 교원의 지위를 포함한 교육제도는 위에서 본 바와 같이 한 시대와 국가·사회공동체의 이념 및 윤리와 조화되는 가운데서 형성·발전되어져야 할 성격을 지닌 것이기 때문에 그러한 제도의 구체적 형성과 변경은 국민의 대표기관인 입법부가 그 시대의 구체적인 사회적 여건과 교육의 특수성을 고려하여 민주적인 방법에 의하여 합리적으로 이루어 나가도록 하는 것이 적합하다는데 그 근거를 두고 있는 것으로 해석된다. 또 여기서 말하는 "교원의 지위"란 교원의 직무의 중요성 및 그 직무수행능력에 대한 인식의 정도에 따라서 그들에게 주어지는 사회적 대우 또는 존경과 교원의 근무조건·보수 및 그 밖의 물적 급부 등을 모두 포함하는 의미이다. 따라서 헌법 제31조 제6항은 단순히 교원의 권익을 보장하기 위한 규정이라거나 교원의 지위를 행정권력에 의한 부당한 침해로부터 보호하는 것만을 목적으로 한 규정이 아니고, 국민의 교육을 받을 기본권을 실효성 있게 보장하기 위한 것까지 포함하여 교원의 지위를 법률로 정하도록 한 것이다.
이 헌법조항에 근거하여 교원의 지위를 정하는 법률을 제정함에 있어서는 교원의 기본권보장 내지 지위보장과 함께 국민의 교육을 받을 권리를 보다 효율적으로 보장하기 위한 규정도 반드시 함께 담겨 있어야 할 것이다. 그러므로 위 헌법조항을 근거로 하여 제정되는 법률에는 교원의 신분보장·경제적·사회적 지위보장 등 교원의 권리에 해당하는 사항뿐만 아니라 국민의 교육을 받을 권리를 저해할 우려가 있는 행위의 금지 등 교원의 의무에 관한 사항도 당연히 규정할 수 있는 것이므로 결과적으로 교원의 기본권을 제한하는 사항까지도 규정할 수 있게 되는 것이다.
② 헌재 2003. 2. 27. 2000헌바26, 판례집 15-1, 176, 177-178:
구 사립학교법 제53조의2 제3항(1990. 4. 7. 법률 제4226호로 개정되고, 1997. 1. 13. 법률 제5274호로 개정되기 전의 것)은 임용기간이 만료되는 교원을 별다른 하자가 없는 한 다시 임용하여야 하는지의 여부 및 재임용대상으로부터 배제하는 기준이나 요건 및 그 사유의 사전통지 절차에 관하여 아무런 지침을 포함하고 있지 않을 뿐만 아니라, 부당한 재임용거부의 구제에 관한 절차에 대해서도 아무런 규정을 두고 있지 않다. 그렇기 때문에 이 사건 법률조항은, 정년보장으로 인한 대학교원의 무사안일을 타파하고 연구분위기를 제고하는 동시에 대학교육의 질도 향상시킨다는 기간임용제 본연의 입법목적에서 벗어나, 사학재단에 비판적인 교원을 배제하거나 기타 임면권자 개인의 주관적 목적을 위하여 악용될 위험성이 다분히 존재한다. 첫째, 재임용 여부에 관한 결정은 인사에 관한 중요사항이므로 교원인사위원회의 심의를 받아야 하나, 교원인사위원회의 심의과정을 거치지 않거나 형식적인 절차만 거친 경우가 많았고 심지어는 교원인사위원회에서는 재임용 동의가 있었음에도 불구하고 특별한 이유 없이 최종 임면권자에 의해 재임용이 거부되기도 하였다. 둘째, 이 사건 법률조항이 재임용의 거부사유 및 구제절차에 대하여 아무런 언급을 하지 않고 있기 때문에 사립대학의 정관이 교원의 연구실적, 교수능력과 같은 비교적 객관적인 기준을 재임용 거부사유로 정하지 아니하고 자의가 개입될 수 있는 막연한 기준에 의하여 재임용을 거부하는 경우에는 피해 교원을 실질적으로 구제할 수 있는 대책이 없다. 셋째, 절대적이고 통제받지 않는 자유재량은 남용을 불러온다는 것이 인류역사의 경험이라는 점에서 볼 때, 자의적인 재임용거부로부터 대학교원을 보호할 수 있도록 구제수단을 마련해 주는 것은 국가의 최소한의 보호의무에 해당한다. 즉, 임면권자가 대학교원을 왜 재임용하지 않으려 하는지 이유를 밝히고 그 이유에 대하여 당해 교원이 해명할 기회를 주는 것은 적법절차의 최소한의 요청인 것이다. 넷째, 재임용심사의 과정에서 임면권자에 의한 자의적인 평가를 배제하기 위하여 객관적인 기준의 재임용 거부사유와 재임용에서 탈락하게 되는 교원에게

Ⅲ. 근로의 권리

1. 근로의 권리의 의의와 기능

헌법 제32조 제1항 제1문은 "모든 국민은 근로의 권리를 가진다."라고 규정하여 근로의 권리를 보장하고 있다. 근로의 권리는 일할 권리를 말한다. 이는 모든 국민에게 생활의 기본적 수요를 스스로 충족시킬 수 있도록 하는 육체적·정신적인 경제활동을 보장하는 것이다. 근로의 권리는 이처럼 생활의 기본적인 수요를 충족시킬 수 있는 생활수단을 확보해 주는 기능을 가지는 것으로서 단순한 취미를 위한 활동은 비록 그러한 활동을 통해 경제적 반대급부가 이루어진다 하더라도 헌법상 보호되는 근로에 해당되지 않는다.

구체적으로 근로의 권리란 국민 개인이 자신의 의사와 능력에 따라 근로관계를 형성하고, 타인의 방해를 받음이 없이 근로관계를 계속 유지하며, 근로의 기회를 얻지 못한 경우에는 국가에 대하여 근로의 기회를 제공하여 줄 것을 요구할 수 있는 권리를 말한다.

따라서 이러한 근로의 권리의 권리는 다음과 같은 기능을 가진다. 첫째, 모든 국민의 경제생활영역에서의 개성신장의 수단이다. 둘째, 전형적인 사회적 기본권의 일종으로 사회국가원리의 실현수단이다. 셋째, 인간의 존엄과 가치 및 행복추구권의 실현을 위한 전제조건이자, 직업의 자유나 재산권, 노동3권 등 여타의 관련 기본권의 실현을 위한 전제조건이다.

자신의 입장을 진술하고 평가결과에 이의를 제기할 수 있는 기회를 주는 것은 임면권자에게 지나친 부담이 아니라고 할 것이며, 나아가 재임용이 거부되는 경우에 이의 위법 여부를 다툴 수 있는 구제절차를 마련하는 것은 대학교원에 대한 기간임용제를 통하여 추구하려는 입법목적을 달성하는 데에도 아무런 장애가 되지 않는다고 할 것이다.

이상 본 바와 같이 객관적인 기준의 재임용 거부사유와 재임용에서 탈락하게 되는 교원이 자신의 입장을 진술할 수 있는 기회 그리고 재임용거부를 사전에 통지하는 규정 등이 없으며, 나아가 재임용이 거부되었을 경우 사후에 그에 대해 다툴 수 있는 제도적 장치를 전혀 마련하지 않고 있는 이 사건 법률조항은, 현대사회에서 대학교육이 갖는 중요한 기능과 그 교육을 담당하고 있는 대학교원의 신분의 부당한 박탈에 대한 최소한의 보호요청에 비추어 볼 때 헌법 제31조 제6항에서 정하고 있는 교원지위법정주의에 위반된다고 볼 수밖에 없다.

2. 근로의 권리의 법적 성격과 특성

근로의 권리의 법적 성격에 대하여는 자유권설이나 생존권설 등 여러 학설이 거론되고 있는데, 이는 결국 복합적 성격의 법적 권리라고 보아야 할 것이다. 즉 현대사회에서의 근로의 권리의 중요성과 기능 및 사회적 기본권으로서의 특성을 감안할 때 자유권적 성격(소극적 권리로서의 방해배제청구권)과 생존권적 성격(적극적 권리로서의 청구권)을 모두 가진 법적 권리라고 하겠다. 그러나 이는 입법을 통해 그 내용이 구체화되어지고 행정부나 법원 등 국가기관을 기속하는 권리이지, 구체적인 권리가 헌법상 바로 도출되는 것은 아니다.[1] 왜냐하면 자유권적 성격과 생존권적 성격 등 다양한 성격을 가지는 근로의 권리는 국가의 적극적인 지원과 배려 및 개입을 통해서 그 권리가 실현될 수 있기 때문에 이러한 권리의 실현을 위한 조건과 기준 및 방법과 절차 등을 정하는 입법자의 입법을 통해 비로소 구체화되고 행정청과 법원 등 국가기관을 기속한다고 볼 수 있기 때문이다. 헌법 제32조 제1항 제2문이 "국가는 사회적 · 경제적 방법으로 근로자의 고용의 증진과 적정임금의 보장에 노력하여야 하며, '법률이 정하는 바에 의하여' 최저임금제를 시행하여야 한다."라고 규정하고 있고, 제2항 제2문이 "국가는 근로의 의무의 내용과 조건을 민주주의원칙에 따라 '법률로' 정한다."라고 규정하고 있으며, 제3항이 "근로조건의 기준은 인간의 존엄성을 보장하도록 '법률로' 정한다."라고 규정함으로써 근로의 권리의 실현을 위한 구체적 사항을 법률에 위임하고 있는 것도 이 때문이라고 하겠다. 결국 근로의 권리는 그 실질적 보장을 위해서 국가의 적극적인 개입과 뒷받침이 요구되는 기본권이라고 하겠다.[2] 그러나 이러한 입법자의 입법형성권이 무제한적인 것은 아니고, 헌

---

1) 헌재 2012. 10. 25. 2011헌마307, 판례집 24-2하, 38, 64:
이러한 근로의 권리는 사회적 기본권으로서 국가에 대하여 직접 일자리를 청구하거나 일자리에 갈음하는 생계비의 지급을 청구할 수 있는 권리를 의미하는 것이 아니라 고용증진을 위한 사회적 · 경제적 정책을 요구할 수 있는 권리에 그치며, 근로의 권리로부터 국가에 대한 직접적인 직장존속청구권이 도출되는 것도 아니다. 나아가 헌법 제32조 제1항 후단은 "국가는 사회적 · 경제적 방법으로 근로자의 고용의 증진과 적정임금의 보장에 노력하여야 하며, 법률이 정하는 바에 의하여 최저임금제를 시행하여야 한다."라고 규정하고 있어서 근로자가 최저임금을 청구할 수 있는 권리도 헌법상 바로 도출되는 것이 아니라 최저임금법 등 관련 법률이 구체적으로 정하는 바에 따라 비로소 인정될 수 있다

법규정과 정신에 따라 근로의 권리를 최대한 보장하고 실현시킬 수 있도록 정해야 하는 일정한 제한을 받음은 물론이다.

한편 근로의 권리는 앞서 언급한 바와 같이 대국가적 공권 내지 주관적 권리로서의 성격 뿐 아니라, 사회공동체 구성원 모두가 존중하고 관철시켜야 하는 객관적 가치질서로서의 성격을 강하게 가지는 사회적 기본권이다. 이에 따라 근로의 권리는 대국가적 관계에서 뿐 아니라 사인간에도 효력을 미치는 기본권이라고 하겠다.

3. 근로의 권리의 주체

근로의 권리는 자연인 전속적인 성격을 가지는 기본권으로서 자연인만이 그 주체가 되고 법인은 제외된다고 하겠다. 같은 맥락에서 노동조합도 노동3권의 주체가 될 수 있는지의 여부와는 별개로 근로의 권리의 주체는 될 수 없다. 근로의 권리는 국민에게만 인정되고 외국인에게는 인정될 수 없다고 보는 것이 일반적이다. 그러나 앞서 언급한 바와 같이 근로의 권리에는 생존권적 기본권의 성격(적극적 권리로서의 청구권) 뿐 아니라 자유권적 기본권의 성격(소극적 권리로서의 방해배제청구권)도 포함되고, 후자는 '국민의 권리'가 아닌 보편적 인권인 '인간의 권리'로서 인정될 수 있는 것인바, 근로의 권리가 인간의 존엄과 가치 및 행복추구권의 실현수단으로서의 성격도 가지고 있음을 감안할 때, 아울러 현대사회의 국제화추세 및 상호주의의 정신을 고려할 때 외국인에게 근로의 권리의 주체성을 전면적으로 부인하는 것은 정당화되기 어렵다고 본다. 따라서 근로의 권리 중 국가에 대하여 적극적으로 일자리를 요구하는 '일할 자리에 관한 권리'가 아닌 '일할 환경에 관한 권리' 등 인간의 존엄성에 대한 침해를 방어하기 위한 자유권적 기본권의 성격을 가지는 부분에 대하여는 외국인의 기본권 주체성을 인정해야 할 것이다.[1]

---

2) 헌재 1991. 7. 22. 89헌가106, 판례집 3, 387, 420:
헌법 제32조 및 제33조에 각 규정된 근로기본권은 근로자의 근로조건을 개선함으로써 그들의 경제적·사회적 지위의 향상을 기하기 위한 것으로서 자유권적 기본권으로서의 성격보다는 생존권 내지 사회권적 기본권으로서의 측면이 보다 강한 것으로서 그 권리의 실질적 보장을 위해서는 국가의 적극적인 개입과 뒷받침이 요구되는 기본권이다.

1) 헌재 2007. 8. 30. 2004헌마670, 판례집 19-2, 297, 304:
근로의 권리는 생활의 기본적인 수요를 충족시킬 수 있는 생활수단을 확보해 주고 나아가

4. 근로의 권리의 내용

근로의 권리는 '일할 자리에 관한 권리'와 '일할 환경에 관한 권리'를 내용으로 한다.

(1) 근로기회제공청구권

근로의 권리는 먼저 근로의 기회를 국가권력 등 외부에 의하여 박탈당하거나 방해받지 않을 자유와 국가에 대하여 근로의 기회제공을 요구할 수 있는 권리를 의미한다. 그러나 이러한 근로기회제공청구권이 국가에 대하여 직접 구체적인 일자리를 청구하거나 일자리에 갈음하는 생계비의 지급을 청구할 수 있는 권리를 의미하는 것은 아니고, 고용증진을 위한 사회적·경제적 정책을 요구할 수 있는 권리에 그친다고 하겠다.[1)]

인격의 자유로운 발현과 인간의 존엄성을 보장해 주는 것으로서 사회권적 기본권의 성격이 강하므로 이에 대한 외국인의 기본권주체성을 전면적으로 인정하기는 어렵다.
그러나 근로의 권리가 '일할 자리에 관한 권리'만이 아니라 '일할 환경에 관한 권리'도 함께 내포하고 있는바, 후자는 인간의 존엄성에 대한 침해를 방어하기 위한 자유권적 기본권의 성격도 갖고 있어 건강한 작업환경, 일에 대한 정당한 보수, 합리적인 근로조건의 보장 등을 요구할 수 있는 권리 등을 포함한다고 할 것이므로 외국인 근로자라고 하여 이 부분에까지 기본권 주체성을 부인할 수는 없다. 즉 근로의 권리의 구체적인 내용에 따라, 국가에 대하여 고용증진을 위한 사회적·경제적 정책을 요구할 수 있는 권리는 사회권적 기본권으로서 국민에 대하여만 인정해야 하지만, 자본주의 경제질서하에서 근로자가 기본적 생활수단을 확보하고 인간의 존엄성을 보장받기 위하여 최소한의 근로조건을 요구할 수 있는 권리는 자유권적 기본권의 성격도 아울러 가지므로 이러한 경우 외국인 근로자에게도 그 기본권 주체성을 인정함이 타당하다.

1) 헌재 2002. 11. 28. 2001헌바50, 판례집 14-2, 668, 678-679:
근로의 권리의 보장은 생활의 기본적인 수요를 충족시킬 수 있는 생활수단을 확보해 주며, 나아가 인격의 자유로운 발현과 인간의 존엄성을 보장해 주는 의의를 지닌다. 근로의 권리는 사회적 기본권으로서, 국가에 대하여 직접 일자리(직장)를 청구하거나 일자리에 갈음하는 생계비의 지급청구권을 의미하는 것이 아니라, 고용증진을 위한 사회적·경제적 정책을 요구할 수 있는 권리에 그친다. 근로의 권리를 직접적인 일자리 청구권으로 이해하는 것은 사회주의적 통제경제를 배제하고, 사기업 주체의 경제상의 자유를 보장하는 우리 헌법의 경제질서 내지 기본권규정들과 조화될 수 없다. 마찬가지 이유로 근로의 권리로부터 국가에 대한 직접적인 직장존속청구권을 도출할 수도 없다.

(2) 국가의 고용증진의무

헌법 제32조 제1항 제2문은 국가가 사회적·경제적 방법으로 근로자의 고용의 증진에 노력하도록 규정하고 있다. 이에 따라 국민은 국가에 대하여 고용증진을 위한 사회적·경제적 정책을 요구할 수 있는 권리를 가진다고 하겠다. 따라서 국가는 고용에 관한 정책을 수립·시행하여 국민 개개인이 평생에 걸쳐 직업능력을 개발하고 더 많은 취업기회를 가질 수 있도록 추진할 의무를 진다. 이에 따라 현재 근로자의 고용안정, 기업의 일자리 창출과 원활한 인력 확보를 지원하기 위하여 고용정책기본법을 비롯하여, 직업안정법, 청년고용촉진특별법, 「장애인고용촉진 및 직업재활법」 등이 제정·시행되고 있다.

(3) 적정임금의 보장과 최저임금제의 시행

헌법 제32조 제1항 제2문은 국가에게 사회적·경제적 방법으로 적정임금의 보장에 노력하고, 법률이 정하는 바에 의하여 최저임금제를 시행하도록 의무지우고 있다. 적정임금의 보장과 최저임금제의 시행은 인간의 존엄과 가치 실현의 최소한의 전제조건인 생활의 기본적 수요의 충족과 인간다운 생활을 할 권리의 보장을 위해서 뿐 아니라,[1] 직업의 자유와 재산권 등 여타의 관련 기본권의 실현을 위해서도 필수적으로 요구되는 조건이라고 하겠다. 따라서 모든 근로자는 국가에게 적정한 임금 내지 최저임금을 보장해 주도록 요구할 수 있는 권리를 갖는다고 하겠다.

---

1) 헌재 2019. 12. 27. 2017헌마1366:
최저임금 고시 부분에 의한 계약의 자유와 기업의 자유에 대한 제한은 현실적인 것이고 그 정도 역시 결코 적다고 할 수는 없다. 특히 중소기업이나 소상공인 중 열악한 상황에 처해 있는 사업자들은 그 부담정도가 상당히 클 것으로 보인다. 그러나 각 최저임금 고시 부분으로 달성하려는 공익은 열악한 근로조건 아래 놓여 있는 저임금 근로자들의 임금에 일부나마 안정성을 부여하는 것으로서 근로자들의 인간다운 생활을 보장하고 나아가 이를 통해 노동력의 질적 향상을 꾀하기 위한 것으로서 제한되는 사익에 비하여 그 중대성이 덜하다고 볼 수는 없다. 또한 청구인들의 기본권 제한은 정부의 소상공인·자영업자 지원 대책을 통해 어느 정도 완화될 것으로 보인다. 주요 노동 경제지표의 개선 등 효과는 보다 장기적으로 검증되어야 할 문제이나, 이러한 정책효과에 관한 입법자의 판단은 존중될 필요가 있다. 이를 종합하면 이 사건 최저임금 고시에 의하여 제한되는 사익보다 달성되는 공익이 적다고 보기 어렵다

이에 따라 근로자에게 임금의 최저수준을 보장함으로써 근로자의 생활안정과 노동력의 질적 향상을 꾀할 목적으로 최저임금법이 제정·시행되고 있다. 이 법에 따르면 최저임금은 근로자의 생계비, 유사 근로자의 임금, 노동생산성 및 소득분배율 등을 고려하여 정하도록 되어 있고(제4조 제1항), 사용자는 최저임금의 적용을 받는 근로자에게 최저임금액 이상의 임금을 지급하도록 하고 있다(제6조 제1항).

(4) 근로의 의무

헌법 제32조 제2항은 "모든 국민은 근로의 의무를 진다. 국가는 근로의 의무의 내용과 조건을 민주주의원칙에 따라 법률로 정한다."라고 규정하여 모든 국민에게 근로의 의무를 부과하고 있다. 그런데 여기서 이러한 근로의 의무의 성격이 문제된다. 윤리적 의무인지 법적 의무인지가 그것이다.

근로의 의무를 국방의 의무처럼 문자 그대로 모든 국민에 대한 획일적이고 강제적인 법적 의무를 부과하는 것으로 보는 것은 타당하지 않을 것이다. 결국 근로의 의무는 일할 능력과 기회가 주어졌음에도 주어진 일자리를 거절하고 그 대신 실업보험금의 지급을 요구하거나 기타의 사회보장적인 급부를 요구할 수 없게 하려는데 그 취지가 있다고 보아야 할 것이다.

(5) 근로조건기준의 법정주의

헌법 제32조 제3항은 "근로조건의 기준은 인간의 존엄성을 보장하도록 법률로 정한다."라고 규정하고 있다. 이러한 근로조건기준의 법정주의는 근로조건의 기준이 근로의 권리 등 기본권의 행사에 관한 기본적이고 본질적인 사항에 해당된다는 점을 감안할 때 법률유보의 원칙상 당연히 요구되는 것이기도 하다. 헌법 제32조 제3항은 근로의 권리가 인간의 존엄과 가치 실현의 최소한의 전제조건이라는 점을 감안하여 인간의 존엄성에 바탕을 둔 그리고 민주주의원칙에 따른 근로조건을 법률로 정하도록 하여 국가나 사업주 등으로 하여금 인간의 존엄성에 부합하는 합리적인 근로 환경을 조성하도록 의무지우는 것이라 하겠다.[1] 이에 따라 근로자는 이러한 인간의 존엄성에 부합하는 합리적인 근로조건

---

1) 헌재 1999. 9. 16. 98헌마310, 판례집 11-2, 373:
헌법 제32조 제3항은 "근로조건의 기준은 인간의 존엄성을 보장하도록 법률로 정한다"고

의 보장을 요구할 수 있는 권리를 가진다고 하겠다. 결국 이는 근로영역에서의 인간의 존엄성을 지키기 위한 것으로 구체적으로는 건강한 작업환경, 정당한 보수, 합리적 근로시간, 각종 휴가, 후생, 퇴직금, 재해대책, 해고예고제도, 기타 합리적 근로조건의 보장 등을 요구할 수 있는 권리를 포함한다.[1)]

한편 민주주의원칙에 따른 근로조건이라 함은 근로자와 사용자 모두가 경제활동의 대등한 동반자이자 협력자라고 하는 이념의 확립, 노동3권의 존중, 근로자의 경영참여, 노사협의기구에서의 근로자의 발언권존중 등이 실현될 수 있는 근로조건을 의미하는 것으로 볼 수 있다.

이러한 헌법의 정신에 따라 근로조건의 기준을 정함으로써 근로자의 기본적 생활을 보장·향상시키기 위하여 근로기준법이 제정·시행되고 있다. 이 법은 사용자로 하여금 근로자에 대하여 남녀의 성을 이유로 차별적 대우를 하지 못하고, 국적·신앙 또는 사회적 신분을 이유로 근로조건에 대한 차별적 처우를 하지 못하도록 규정하고 있다(제6조). 한편 인간의 존엄성에 부합하는 합리적인 근로조건의 기준은 계약자유의 원칙에 따라 근로계약을 체결하는데 있어서의 헌법적 제약을 의미한다. 이에 따라 이 법은 이 법에서 정하는 기준에 미치지 못하는 근로조건을 정한 근로계약은 그 부분에 한하여 무효로 하고, 그 무효로 된 부분은 이 법에서 정한 기준에 따르도록 규정하고 있다(제15조).

(6) 여성근로의 보호와 차별금지

헌법 제32조 제4항은 "여자의 근로는 특별한 보호를 받으며, 고용·임금 및 근로조건에 있어서 부당한 차별을 받지 아니한다."라고 규정하고 있다. 이는 여성

규정하고 있는바, 인간의 존엄에 상응하는 근로조건의 기준이 무엇인지를 구체적으로 정하는 것은 일차적으로 입법자의 형성의 자유에 속한다고 할 것이고, '상시 사용 근로자수 5인'이라는 기준에 따라 근로기준법의 전면적용 여부를 달리한 것에는 합리적 이유가 있다고 인정되고, 그 기준이 인간의 존엄성을 전혀 보장할 수 없을 정도라고 볼 수 없으므로 위 헌법조항에 위반된다고 할 수 없다.

1) 헌재 2017. 5. 25. 2016헌마640, 판례집 29-1, 234, 237:
근로의 권리에는 일할 자리에 관한 권리 뿐 아니라 일할 환경에 관한 권리도 포함되고, 일할 환경에 관한 권리는 인간의 존엄성에 대한 침해를 막기 위한 것으로 건강한 작업환경, 정당한 보수, 합리적 근로조건의 보장 등을 요구할 수 있는 권리까지 이에 포함된다. 해고예고제도는 근로관계 종료 전 사용자에게 근로자에 대한 해고예고를 하게 하는 것이어서 근로조건을 이루는 중요한 사항에 해당하고 근로의 권리의 내용에 포함된다.

의 근로를 특별히 보호하고 부당한 차별을 금지함으로써 평등이념에 따라 고용에서 남녀의 평등한 기회와 대우를 보장하고, 모성 보호와 여성 고용을 촉진하여 남녀고용평등을 실현함과 동시에 여성 근로자의 가정과 근로의 양립을 보장하기 위한 것이다. 남녀고용평등과 관련하여 과거 제대군인가산점제가 이러한 고용에 있어서의 여성차별을 이유로 헌법재판소에 의해 위헌결정을 받은 바 있다.[1)]

한편 고용에 있어서의 남녀평등과 여성보호를 위해 「남녀고용평등과 일·가정 양립 지원에 관한 법률」이 제정·시행되고 있는데, 이 법은 사업주가 동일한 사업 내의 동일 가치 노동에 대하여는 동일한 임금을 지급하여야 하도록 이른바 '동일노동에 대한 동일임금의 원칙'을 규정하고 있고(제8조), 사업주는 근로자의 정년·퇴직 및 해고에 있어서 남녀를 차별하여서는 안되고, 여성 근로자의 혼인, 임신 또는 출산을 퇴직 사유로 예정하는 근로계약을 체결할 수 없도록 규정하고 있다(제11조).

(7) 연소자 근로의 특별보호

헌법 제32조 제5항은 "연소자의 근로는 특별한 보호를 받는다."고 규정함으로써 사회적 약자인 연소자를 특별히 보호하고 있다. 이에 따라 근로기준법은 원칙적으로 15세 미만인 자는 근로자로 사용하지 못하도록 하고 있고(제64조 제1항), 원칙적으로 15세 이상 18세 미만인 자의 근로시간은 1일에 7시간, 1주에 35시간을 초과하지 못하도록 규정하고 있다(제69조).

(8) 국가유공자 등에 대한 우선적 근로기회부여

헌법 제32조 제6항은 "국가유공자·상이군경 및 전몰군경의 유가족은 법률이 정하는 바에 의하여 우선적으로 근로의 기회를 부여받는다."고 규정하여, 국가유공자·상이군경 및 전몰군경의 국가를 위한 희생에 대한 보답으로 우선적인

---

1) 헌재 1999. 12. 23. 98헌마363, 판례집 11-2, 770, 787:
가산점제도는 엄격한 심사척도를 적용하여야 하는 위 두 경우에 모두 해당한다. 헌법 제32조 제4항은 "여자의 근로는 특별한 보호를 받으며, 고용·임금 및 근로조건에 있어서 부당한 차별을 받지 아니한다"고 규정하여 '근로' 내지 '고용'의 영역에 있어서 특별히 남녀평등을 요구하고 있는데, 가산점제도는 바로 이 영역에서 남성과 여성을 달리 취급하는 제도이기 때문이고, 또한 가산점제도는 헌법 제25조에 의하여 보장된 공무담임권이라는 기본권의 행사에 중대한 제약을 초래하는 것이기 때문이다.

근로의 기회를 부여하도록 국가에게 의무지우고 있다. 이에 따라 국가를 위하여 희생하거나 공헌한 국가유공자, 그 유족 또는 가족을 합당하게 예우하고 지원함으로써 이들의 생활안정과 복지향상을 도모하기 위하여 「국가유공자 등 예우 및 지원에 관한 법률」이 제정·시행되고 있다. 이 법은 국가가 국가유공자와 그 유족 등의 생활안정 및 자아실현을 위하여 취업지원을 하도록 하고(제28조), 취업지원 실시기관이 그 직원을 채용하기 위하여 채용시험을 실시하는 경우에 그 채용시험에 응시한 취업지원 대상자의 점수에 일정한 가점하도록 하는 등(제31조) 이들의 취업을 국가가 지원하도록 규정하고 있다.[1)]

Ⅳ. 근로자의 노동3권

1. 노동3권의 의의와 기능

헌법 제33조는 근로자에게 노동3권을 보장하고 있다. 즉 제1항은 "근로자는 근로조건의 향상을 위하여 자주적인 단결권·단체교섭권 및 단체행동권을 가진

---

1) 헌재 2006. 2. 23. 2004헌마675 등, 판례집 18-1상, 269, 270-272:
헌법재판소는 헌법 제32조 제6항의 "국가유공자·상이군경 및 전몰군경의 유가족은 법률이 정하는 바에 의하여 우선적으로 근로의 기회를 부여받는다."는 규정을 넓게 해석하여, 이 조항이 국가유공자 본인뿐만 아니라 가족들에 대한 취업보호제도(가산점)의 근거가 될 수 있다고 보았다. 그러나 오늘날 가산점의 대상이 되는 국가유공자와 그 가족의 수가 과거에 비하여 비약적으로 증가하고 있는 현실과, 취업보호대상자에서 가족이 차지하는 비율, 공무원시험의 경쟁이 갈수록 치열해지는 상황을 고려할 때, 위 조항의 폭넓은 해석은 필연적으로 일반 응시자의 공무담임의 기회를 제약하게 되는 결과가 될 수 있으므로 위 조항은 엄격하게 해석할 필요가 있다. 이러한 관점에서 위 조항의 대상자는 조문의 문리해석대로 '국가유공자', '상이군경', 그리고 '전몰군경의 유가족'이라고 봄이 상당하다. …
이 사건 조항(국·공립학교의 채용시험에 국가유공자와 그 가족이 응시하는 경우 만점의 10퍼센트를 가산하도록 규정하고 있는 국가유공자등예우및지원에관한법률 제31조 제1항·제2항, 독립유공자예우에관한법률 제16조 제3항 중 국가유공자등예우및지원에관한법률 제31조 제1항·제2항 준용 부분, 5·18민주유공자예우에관한법률 제22조 제1항·제2항)의 위헌성은 국가유공자 등과 그 가족에 대한 가산점제도 자체가 입법정책상 전혀 허용될 수 없다는 것이 아니고, 그 차별의 효과가 지나치다는 것에 기인한다. 그렇다면 입법자는 공무원시험에서 국가유공자의 가족에게 부여되는 가산점의 수치를, 그 차별효과가 일반 응시자의 공무담임권 행사를 지나치게 제약하지 않는 범위 내로 낮추고, 동시에 가산점 수혜 대상자의 범위를 재조정하는 등의 방법으로 그 위헌성을 치유하는 방법을 택할 수 있을 것이다.

다."라고 규정하여 일반 근로자의 노동3권을 보장하고 있고, 제2항은 "공무원인 근로자는 법률이 정하는 자에 한하여 단결권·단체교섭권 및 단체행동권을 가진다."라고 규정하여 공무원의 노동3권을 제한할 수 있는 근거를 마련하고 있으며, 제3항은 "법률이 정하는 주요방위산업체에 종사하는 근로자의 단체행동권은 법률이 정하는 바에 의하여 이를 제한하거나 인정하지 아니할 수 있다."라고 규정하여 주요방위산업체 근로자의 단체행동권을 제한할 수 있는 근거를 마련하고 있다.

이러한 노동3권은 경제적·사회적으로 사용자 보다 열악한 지위에 있는 노동자로 하여금 무기대등의 원칙에 따라 사용자와 대등하게 근로관계를 맺을 수 있도록 뒷받침해 주고, 이로써 인간의 존엄성에 부합하는 합리적인 근로조건과 근로환경이 조성되도록 촉진시키며, 결국 이를 통해 노동자의 권익을 보호하고 사회국가원리가 실현되도록 하는 대표적인 사회적 기본권이다.

이러한 노동3권은 대체로 다음과 같은 기능을 가진다. 첫째, 경제생활영역에서의 개성신장의 수단이다. 둘째, 근로의 권리, 특히 인간의 존엄과 민주주의원칙에 부합하는 합리적인 근로조건을 요구할 수 있는 권리를 실효성 있게 뒷받침하는 수단이다. 셋째, 대표적인 사회적 기본권의 하나로서 사회국가원리를 실현하는 수단이다. 넷째, 노사간의 계약이 실질적 평등과 정의를 실현하는 내용으로 이루어지도록 뒷받침하는 수단이자 계약자유의 원칙의 헌법적 한계로 기능한다. 다섯째, 인간다운 생활을 할 권리, 직업의 자유 등 여타의 관련 기본권을 효율적으로 실현하기 위한 전제조건이다.

2. 노동3권의 법적 성격

이 노동3권의 법적 성격에 대하여 자유권설이나 생존권설 등이 거론되나, 결론적으로 자유권과 생존권의 혼합적 성격을 가진다고 보아야 할 것이다. 왜냐하면 노동3권이 국가의 간섭 없이 근로자들에 의하여 자주적으로 행사될 것을 보장한다는 면에서 자유권적 성격(소극적인 방어권)을 가지는 한편, 국가의 제도적인 뒷받침이 있고, 국가가 근로자의 일정한 요구를 수용하고 적극적으로 개입할 때에만 노동3권이 제대로 실현될 수 있다는 점에서 생존권적 성격(적극적인 청구권)도 가지고 있기 때문이다.[1)]

다른 한편 노동3권은 대국가적 권리 내지 주관적 공권으로서의 성격 뿐 아니라 객관적 가치질서로서의 성격을 가진다. 따라서 노동3권은 앞서 언급한 바와 같이 국가와의 관계에서만 효력을 가질 뿐 아니라, 사회공동체 모든 구성원에 의하여 존중되고 관철되어야 하는 방사적 효력을 가진다. 따라서 노동3권은 사용자와 근로자 상호간, 또는 근로자 상호간 등 사인간에도 효력을 미친다.

3. 노동3권의 주체

노동3권의 주체는 물론 근로자인데, 근로자란 "직업의 종류를 불문하고, 임금·급료 기타 이에 준하는 수입에 의하여 생활하는 자"를 말한다(「노동조합 및 노동관계조정법」 제2조 제1호). 따라서 여기서의 근로자는 임금 등을 목적으로 생활수단적 성격을 가지는 육체적·정신적 노동에 종사하는 자연인을 말하며, 단순한 취미활동 등 생활수단적 성격을 가지지 아니하는 활동을 영위하는 자는 근로자에 해당하지 아니한다.

---

1) ① 헌재 1998. 2. 27. 94헌바13 등, 판례집 10-1, 32, 33:
근로3권은 국가공권력에 대하여 근로자의 단결권의 방어를 일차적인 목표로 하지만, 근로3권의 보다 큰 헌법적 의미는 근로자단체라는 사회적 반대세력의 창출을 가능하게 함으로써 노사관계의 형성에 있어서 사회적 균형을 이루어 근로조건에 관한 노사간의 실질적인 자치를 보장하려는 데 있다. 근로자는 노동조합과 같은 근로자단체의 결성을 통하여 집단으로 사용자에 대항함으로써 사용자와 대등한 세력을 이루어 근로조건의 형성에 영향을 미칠 수 있는 기회를 가지게 되므로 이러한 의미에서 근로3권은 '사회적 보호기능을 담당하는 자유권' 또는 '사회권적 성격을 띤 자유권'이라고 말할 수 있다.
이러한 근로3권의 성격은 국가가 단지 근로자의 단결권을 존중하고 부당한 침해를 하지 아니함으로써 보장되는 자유권적 측면인 국가로부터의 자유뿐이 아니라, 근로자의 권리행사의 실질적 조건을 형성하고 유지해야 할 국가의 적극적인 활동을 필요로 한다. 이는 곧, 입법자가 근로자단체의 조직, 단체교섭, 단체협약, 노동쟁의 등에 관한 노동조합관련법의 제정을 통하여 노사간의 세력균형이 이루어지고 근로자의 근로3권이 실질적으로 기능할 수 있도록 하기 위하여 필요한 법적 제도와 법규범을 마련하여야 할 의무가 있다는 것을 의미한다.
② 헌재 2009. 2. 26. 2007헌바27, 판례집 21-1상, 61:
근로 3권은 자유권적 기본권으로서의 성격과 사회권적 기본권으로서의 성격을 모두 포함하는 것이어서 근로 3권이 제대로 보호되기 위하여는 근로자의 권리행사의 실질적 조건을 형성하고 유지해야 할 국가의 적극적인 활동 즉 적절한 입법조치를 필요로 한다. 이때 국가의 적극적인 활동이라 함은 입법자가 근로자단체의 조직, 단체교섭, 단체협약, 노동쟁의 등에 관한 노동조합 관련법의 제정을 통하여 노사간의 세력균형이 이루어지고 근로자의 근로 3권이 실질적으로 기능할 수 있도록 하기 위하여 필요한 법적 제도와 법규범을 마련하여야 할 의무가 있다는 것을 의미하는 것이다.

한편 노동3권의 주체로서의 근로자는 현실적으로 노동력을 제공하고 있거나, 잠재적으로 노동력을 제공하고자 하는 자로서 노동력제공의 의사와 능력이 있는 자를 말한다. 따라서 특정한 사용자에게 고용되어 현실적으로 취업하고 있는 자 뿐만 아니라, 일시적으로 실업 상태에 있는 자나 구직 중인 자도 노동3권을 보장할 필요성이 있는 한 근로자의 범위에 포함된다고 할 것이다.[1] 같은 맥락에서 해고된 자가 부당노동행위를 다투고 있는 경우에도 그를 근로자의 범위에 포함시켜야 할 것이다. 이는 사용자의 부당노동행위로부터 근로자를 보호하고, 사용자가 정당한 이유 없이 근로자를 해고함으로써 노동조합의 설립이나 존속을 저지하는 것을 막기 위한 것이다. 따라서 해고된 근로자가 해고된 때로부터 상당한 기간 내에 노동위원회에 부당노동행위 구제신청을 하거나 법원에 해고무효확인의 소를 제기하여 그 해고의 효력을 다투고 있는 경우에는, 그 해고에도 불구하고 근로자의 신분이나 노동조합원으로서의 신분을 계속 보유하는 것으로 보아야 할 것이다.[2] 이에 따라 「노동조합 및 노동관계조정법」도 "해고된 자가 노동위원회에 부당노동행위의 구제신청을 한 경우에는 중앙노동위원회의 재심판정이 있을 때까지는 근로자가 아닌 자로 해석하여서는 아니된다."라고 규정하고 있다(제2조 제4호 라목 단서).

사용자는 물론 노동3권의 주체가 될 수 없다. 여기서 사용자라 함은 사업주, 사업의 경영담당자 또는 그 사업의 근로자에 관한 사항에 대하여 사업주를 위하여 행동하는 자를 말한다(「노동조합 및 노동관계조정법」 제2조 제2호).

한편 노동3권의 주체는 자연인 중 국민에게 한한다고 보는 것이 일반적이다. 그러나 노동3권이 가지는 기능과 특성 및 법적 성격을 감안할 때 외국인 근로

---

1) 대판 2004. 2. 27. 2001두8568.

2) 대판 1992. 3. 31. 91다14413:
노동조합법 제3조 제4호 단서는 "해고의 효력을 다투고 있는 자를 근로자가 아닌 자로 해석하여서는 아니된다"고 규정하고 있는바, 이 규정의 취지가 단지 사용자가 정당한 이유 없이 근로자를 해고함으로써 노동조합의 설립이나 존속을 저지하는 것을 막기 위한 것에 그치는 것이 아니라, 해고된 근로자가 해고된 때로부터 상당한 기간 내에 노동위원회에 부당노동행위 구제신청을 하거나 법원에 해고무효확인의 소를 제기하여 그 해고의 효력을 다투고 있는 경우에는, 그 해고에도 불구하고 근로자의 신분이나 노동조합원으로서의 신분을 계속 보유하는 것으로 보아 그 지위를 보장하여 주려는 데에도 있는 것이므로, 근로자가 회사로부터 해고를 당하였다고 하더라도 상당한 기간 내에 노동위원회에 부당노동행위 구제신청을 하여 그 해고의 효력을 다투고 있었다면, 위 법규정의 취지에 비추어 노동조합원으로서의 지위를 상실하는 것이라고 볼 수 없다.

자에게 이를 부정할 이유가 없다. 또한 노동3권이 인간의 권리로서의 성격을 가지는 한편, 인간의 존엄성 실현을 위한 전제조건이라는 점을 감안한다면 더욱 그러하다.

4. 노동3권의 보장요건

헌법 제33조 제1항은 "근로자는 '근로조건의 향상을 위하여' '자주적인' 단결권·단체교섭권 및 단체행동권을 가진다."라고 규정하여 노동3권으로 보호받기 위해서는 그 노동활동이 근로조건의 유지·향상을 위한다는 '목적성'과 자주적이어야 한다는 '자주성'의 두 가지 요건을 충족하여야 한다. 따라서 노동조합이 근로자의 근로조건과 경제조건의 유지·향상이라는 목적을 위하여 활동하는 한 헌법 제33조의 노동3권의 보호를 받지만, 근로조건의 유지·향상을 위한 활동영역을 떠나 정치적 의사를 표명하거나 정치적 목적달성을 위하여 활동하는 경우에는 노동3권이 아닌 일반적인 기본권으로서의 의사표현의 자유, 결사의 자유, 일반적인 행동자유권 및 개성의 자유로운 발현권을 그 보장내용으로 하는 행복추구권 등의 보호를 받을 뿐이라고 하겠다.[1] 이에 따라 「노동조합 및 노동관계조정법」도 주로 정치운동을 목적으로 하는 경우에는 그 단체를 노동조합으로 보지 아니한다고 규정하고 있다(제2조 제4호 마목).

또한 노동3권은 근로자가 국가나 사용자 등 외부의 간섭을 받지 아니하고 자주적으로 단체를 조직하고, 자주적으로 사용자와 단체교섭을 하고, 자주적으로 단체행동을 할 때에만 보장될 수 있는 권리이다.

---

1) 헌재 1999. 11. 25. 95헌마154, 판례집 11-2, 555, 573-574:
단체활동의 권리는 단체의 활동을 통하여 헌법 제33조 제1항의 목적을 달성하려는 자유만를 보호하므로, 단체활동의 권리의 보호범위는 단결권의 헌법적 목적에 의하여 확정되고 제한된다. 즉, 근로삼권은 근로조건의 유지와 향상이란 헌법적 단결목적의 달성에 기여하는 활동만을 보호한다.…따라서 노동조합이 근로자의 근로조건과 경제조건의 개선이라는 목적을 위하여 활동하는 한, 헌법 제33조의 단결권의 보호를 받지만, 단결권에 의하여 보호받는 고유한 활동영역을 떠나서 개인이나 다른 사회단체와 마찬가지로 정치적 의사를 표명하거나 정치적으로 활동하는 경우에는 모든 개인과 단체를 똑같이 보호하는 일반적인 기본권인 의사표현의 자유 등의 보호를 받을 뿐인 것이다.

5. 노동3권의 내용

(1) 단결권

1) 단결권의 내용

단결권이란 근로자가 근로조건의 유지·향상을 위하여 자주적으로 단체, 즉 노동조합을 결성할 수 있는 권리이다. 노동조합이라 함은 근로자가 주체가 되어 자주적으로 단결하여 근로조건의 유지·개선 기타 근로자의 경제적·사회적 지위의 향상을 도모함을 목적으로 조직하는 단체 또는 그 연합단체를 말한다(「노동조합 및 노동관계조정법」 제2조 제4호). 따라서 단결권은 자유롭게 노동조합을 결성하고, 노동조합에 가입하며, 활동할 수 있는 자유(적극적 단결권)와 노동조합에 가입하지 아니하거나 탈퇴할 자유(소극적 단결권)를 내용으로 한다.

앞서 언급한 바와 같이 단결권은 근로조건의 유지·향상을 위해서만 인정된다는 목적상의 제한과 자주적이어야 한다는 자주성에 의한 제한을 받는다.

단결권은 근로자 개인의 단결권만이 아니라 단체 자체의 단결권도 보장한다. 즉 단결권은 조직된 단체의 권리이기도 하므로, 단결권은 근로자단체의 존속, 유지, 발전, 확장 등을 국가권력으로부터 방해받지 아니할 권리를 보장하고(단체존속의 권리), 근로자단체의 조직 및 의사형성절차에 관하여 규약의 형태로 자주적으로 결정하는 것을 보장하며(단체자치의 권리), 근로조건의 유지와 향상을 위한 근로자단체의 활동, 즉 단체교섭, 단체협약체결, 단체행동, 단체의 선전 및 단체가입의 권유 등을 보호한다(단체활동의 권리).[1)]

한편 단결권은 헌법 제21조 제1항의 일반적 결사의 자유에 대한 특별법적인 성격을 가지기 때문에 단결권이 결사의 자유보다 우선 적용된다.

2) 단결권의 효력

앞서 언급한 바와 같이 노동3권은 자유권적 성격(소극적인 방어권)과 생존권적 성격(적극적인 청구권)을 가지는 복합적 성격의 권리이다. 또한 노동3권은 대국가적 권리 내지 주관적 공권으로서의 성격과 객관적 가치질서로서의 성격을 가진다. 따라서 단결권은 대국가적 효력과 대사인적 효력을 가진다.

---

1) 헌재 1999. 11. 25. 95헌마154, 판례집 11-2, 555, 573.

대국가적 효력은 첫째, 소극적 효력으로서 단결권에 대한 국가의 간섭을 배제할 수 있는 효력과, 둘째, 적극적 효력으로서 단결권행사가 사용자의 부당노동행위 등에 의하여 방해받지 않도록 보호해 주어야 할 의무를 국가에게 지우는 효력을 말한다.

단결권의 대사인적 효력은 첫째, 사용자가 근로자의 단결권을 침해하는 부당노동행위를 하지 못하도록 방어하는 효력과, 둘째, 근로자 상호간에 있어서 노동조합에 가입하지 아니하거나 탈퇴할 자유를 보장하도록 하는 효력을 말한다.[1)]

3) 단결권의 침해와 구제

이러한 단결권의 내용과 효력을 침해하는 행위는 위헌·위법이다. 그 침해는 국가나 사용자에 의하여 이루어질 수 있다. 국가에 의하여 이루어질 경우 그것이 불법행위를 구성하면 국가배상청구나 형사처벌의 대상이 될 수 있다. 한편 사용자에 의한 침해행위는 부당노동행위로서 금지된다. 이러한 부당노동행위의 유형으로 「노동조합 및 노동관계조정법」은 첫째, 근로자가 노동조합에 가입 또는 가입하려고 하였거나 노동조합을 조직하려고 하였거나 기타 노동조합의 업무를 위한 정당한 행위를 한 것을 이유로 그 근로자를 해고하거나 그 근로자에게 불이익을 주는 행위, 둘째, 근로자가 어느 노동조합에 가입하지 아니할 것 또는 탈퇴할 것을 고용조건으로 하거나 특정한 노동조합의 조합원이 될 것을 고용조건으로 하는 행위를 들고 있다(제81조 제1호, 제2호). 사용자의 부당노동행위로 인하여 그 권리를 침해당한 근로자 또는 노동조합은 노동위원회에 그 구제를 신청할 수 있다(제82조). 노동위원회는 부당노동행위가 성립한다고 판정한 때에는 사용자에게 구제명령을 발하여야 하며, 부당노동행위가 성립되지 아니한다고 판정한 때에는 그 구제신청을 기각하는 결정을 한다(제84조 제1항). 이에 대하여는 행정소송을 제기할 수 있다.

(2) 단체교섭권

1) 단체교섭권의 내용

단체교섭권은 근로자가 근로조건의 유지·향상을 위하여 노동조합의 이름으

---

1) 같은 견해 허영, 전게서, 568쪽 이하.

로 사용자 또는 사용자단체와 자주적으로 교섭할 수 있는 권리를 말한다. 단체교섭권이 인정되지 아니하는 단결권은 무의미하고 단체행동권도 결국 단체교섭을 실효성 있게 뒷받침하기 위한 수단이라고 볼 수 있기 때문에 단체교섭권은 근로자의 노동3권의 목적이자 노동3권 중 가장 핵심적 권리에 속한다.

단체교섭권 역시 근로조건의 유지 · 향상을 위해서만 인정된다는 목적상의 제한과,[1] 자주적이어야 한다는 자주성에 의한 제한을 받는다.[2]

---

1) ① 대판 2014. 12. 11. 2010두5097:
'공무원의 노동조합 설립 및 운영 등에 관한 법률'은 제8조 제1항 본문에서 '노동조합에 관한 사항 또는 조합원의 보수 · 복지 그 밖의 근무조건에 관한 사항'을 단체교섭의 대상으로 하면서, 그 단서에서 '법령 등에 의하여 국가 또는 지방자치단체가 그 권한으로 행하는 정책결정에 관한 사항, 임용권의 행사 등 그 기관의 관리 · 운영에 관한 사항으로서 근무조건과 직접 관련되지 아니하는 사항'은 단체교섭의 대상이 될 수 없도록 하고 있다. 그리고 같은 법 시행령(2011. 12. 14. 대통령령 제23376호로 개정되기 전의 것) 제4조는 단체교섭의 대상이 되지 아니하는 비교섭사항을 '정책의 기획 또는 계획의 입안 등 정책결정에 관한 사항, 공무원의 채용 · 승진 및 전보 등 임용권의 행사에 관한 사항, 기관의 조직 및 정원에 관한 사항, 예산 · 기금의 편성 및 집행에 관한 사항, 행정기관이 당사자인 쟁송에 관한 사항, 기관의 관리 · 운영에 관한 그 밖의 사항'으로 규정하고 있다. 이와 같은 '공무원의 노동조합 설립 및 운영 등에 관한 법률'의 관련 규정을 종합하여 보면, 법령 등에 따라 국가나 지방자치단체가 그 권한으로 행하는 정책결정에 관한 사항, 임용권의 행사 등 그 기관의 관리 · 운영에 관한 사항이 단체교섭의 대상이 되려면 그 자체가 공무원이 공무를 제공하는 조건이 될 정도로 근무조건과 직접 관련된 것이어야 한다.
② 헌재 2008. 12. 26. 2005헌마971 등, 판례집 20-2하, 666, 668:
"정책결정에 관한 사항, 임용권의 행사 등 그 기관의 관리 · 운영에 관한 사항으로서 근무조건과 직접 관련되지 아니하는 사항"을 단체교섭의 대상에서 제외시킨 '공무원의 노동조합 설립 및 운영 등에 관한 법률' 제8조 제1항 단서는 정부의 정책결정 및 관리운영사항은 교섭대상사항이 아니라고 본 것으로, 정책결정 및 관리운영사항 일체를 교섭대상에서 제외시킨 것이 아니고, 정부의 정책결정 및 관리운영사항 중에서도 근무조건과 직접 관련되는 사항에 대하여는 단체교섭을 허용하고 있으므로, 합리적 근거 없이 입법형성권의 범위를 일탈하여 청구인들의 단체교섭권을 침해하는 것으로 볼 수 없다.

2) 헌재 2018. 5. 31. 2012헌바90, 판례집 30-1하, 66, 67:
사용자가 노동조합의 운영비를 원조하는 행위를 부당노동행위로 금지하는 '노동조합 및 노동관계조정법'(2010. 1. 1. 법률 제9930호로 개정된 것) 제81조 제4호 중 '노동조합의 운영비를 원조하는 행위'에 관한 부분(이하 '운영비원조금지조항'이라 한다)은 사용자로부터 노동조합의 자주성을 확보하여 궁극적으로 근로3권의 실질적인 행사를 보장하기 위한 것으로서 그 입법목적은 정당하다. 그러나 운영비 원조 행위가 노동조합의 자주성을 저해할 위험이 없는 경우에는 이를 금지하더라도 위와 같은 입법목적의 달성에 아무런 도움이 되지 않는다. 그런데 운영비원조금지조항은 단서에서 정한 두 가지 예외를 제외한 일체의 운영비 원조 행위를 금지함으로써 노동조합의 자주성을 저해할 위험이 없는 경우까지 금지하고 있으므로, 입법목적 달성을 위한 적합한 수단이라고 볼 수 없다.

한편 노동조합의 대표자가 사용자와 단체교섭을 하는 경우 단체교섭권에는 단체협약체결권이 포함되어 있다고 보아야 할 것이다.[1)] 이에 따라 「노동조합 및 노동관계조정법」도 “노동조합의 대표자는 그 노동조합 또는 조합원을 위하여 사용자나 사용자단체와 교섭하고 단체협약을 체결할 권한을 가진다.”고 규정하고 있다(제29조 제1항). 따라서 하나의 사업 또는 사업장에 노동조합이 2개 이상인 경우 노동조합은 교섭의 대표성을 가지는 교섭대표노동조합을 정할 필요

사용자의 노동조합에 대한 운영비 원조에 관한 사항은 대등한 지위에 있는 노사가 자율적으로 협의하여 정하는 것이 근로3권을 보장하는 취지에 가장 부합한다. 따라서 운영비 원조 행위에 대한 제한은 실질적으로 노동조합의 자주성이 저해되었거나 저해될 위험이 현저한 경우에 한하여 이루어져야 한다. 그럼에도 불구하고 운영비원조금지조항은 단서에서 정한 두 가지 예외를 제외한 일체의 운영비 원조 행위를 금지하고 있으므로, 그 입법목적 달성을 위해서 필요한 범위를 넘어서 노동조합의 단체교섭권을 과도하게 제한한다. 운영비원조금지조항으로 인하여 오히려 노동조합의 활동이 위축되거나 노동조합과 사용자가 우호적이고 협력적인 관계를 맺기 위해서 대등한 지위에서 운영비 원조를 협의할 수 없게 되는데, 이는 실질적 노사자치를 구현하고자 하는 근로3권의 취지에도 반한다. 이상의 내용을 종합하여 보면, 운영비원조금지조항이 단서에서 정한 두 가지 예외를 제외한 운영비 원조 행위를 일률적으로 부당노동행위로 간주하여 금지하는 것은 침해의 최소성에 반한다.

노동조합의 자주성을 저해하거나 저해할 위험이 현저하지 않은 운영비 원조 행위를 부당노동행위로 규제하는 것은 입법목적 달성에 기여하는 바가 전혀 없는 반면, 운영비원조금지조항으로 인하여 청구인은 사용자로부터 운영비를 원조받을 수 없을 뿐만 아니라 궁극적으로 노사자치의 원칙을 실현할 수 없게 되므로, 운영비원조금지조항은 법익의 균형성에도 반한다.

따라서 운영비원조금지조항은 과잉금지원칙을 위반하여 청구인의 단체교섭권을 침해하므로 헌법에 위반된다. 운영비원조금지조항은 위와 같이 헌법에 위반되므로 원칙적으로 위헌결정을 하여야 할 것이지만, 운영비원조금지조항에 대하여 단순위헌결정을 하게 되면, 노동조합의 자주성을 저해하거나 저해할 현저한 위험이 있는 운영비 원조 행위를 부당노동행위로 규제할 수 있는 근거조항 자체가 사라지게 되는 법적 공백상태가 발생한다. 따라서 운영비원조금지조항에 대하여 단순위헌결정을 하는 대신 헌법불합치 결정을 선고하되, 입법자의 개선입법이 이루어질 때까지 계속 적용을 명하기로 한다. 입법자는 되도록 빠른 시일 내에, 늦어도 2019. 12. 31.까지는 이와 같은 결정의 취지에 맞추어 개선입법을 하여야 할 것이고, 그때까지 개선입법이 이루어지지 않으면 운영비원조금지조항은 2020. 1. 1.부터 그 효력을 상실한다.

1) 헌재 1998. 2. 27. 94헌바13 등, 판례집 10-1, 32:
헌법 제33조 제1항이 “근로자는 근로조건의 향상을 위하여 자주적인 단결권, 단체교섭권, 단체행동권을 가진다”고 규정하여 근로자에게 ‘단결권, 단체교섭권, 단체행동권’을 기본권으로 보장하는 뜻은 근로자가 사용자와 대등한 지위에서 단체교섭을 통하여 자율적으로 임금 등 근로조건에 관한 단체협약을 체결할 수 있도록 하기 위한 것이다. 비록 헌법이 위 조항에서 ‘단체협약체결권’을 명시하여 규정하고 있지 않다고 하더라도 근로조건의 향상을 위한 근로자 및 그 단체의 본질적인 활동의 자유인 ‘단체교섭권’에는 단체협약체결권이 포함되어 있다고 보아야 한다.

가 있다. 이에 따라 「노동조합 및 노동관계조정법」도 "하나의 사업 또는 사업장에서 조직형태에 관계없이 근로자가 설립하거나 가입한 노동조합이 2개 이상인 경우 노동조합은 교섭대표노동조합을 정하여 교섭을 요구하여야 한다."라고 규정하고 있다(제29조의2 제1항 본문).[1]

「노동조합 및 노동관계조정법」은 원활한 단체교섭의 실효성을 확보하기 위하여 "① 노동조합과 사용자 또는 사용자단체는 신의에 따라 성실히 교섭하고 단체협약을 체결하여야 하며 그 권한을 남용하여서는 아니된다. ② 노동조합과 사용자 또는 사용자단체는 정당한 이유 없이 교섭 또는 단체협약의 체결을 거부하거나 해태하여서는 아니된다."고 규정하여 단체교섭의 기본원칙을 정하고 있다(제30조).

또한 단체협약의 실효성을 확보하기 위하여 단체협약의 내용에 대하여 일반근로계약에 우선하는 효력이 부여되어야 할 것이다. 이에 따라 「노동조합 및 노동관계조정법」도 "① 단체협약에 정한 근로조건 기타 근로자의 대우에 관한 기

---

1) 헌재 2012. 4. 24. 2011헌마338, 판례집 24-1하, 235, 236:
'노동조합 및 노동관계조정법'상의 교섭창구단일화제도는 근로조건의 결정권이 있는 사업 또는 사업장 단위에서 복수 노동조합과 사용자 사이의 교섭절차를 일원화하여 효율적이고 안정적인 교섭체계를 구축하고, 소속 노동조합과 관계없이 조합원들의 근로조건을 통일하기 위한 것으로, 교섭대표노동조합이 되지 못한 소수 노동조합의 단체교섭권을 제한하고 있지만, 소수 노동조합도 교섭대표노동조합을 정하는 절차에 참여하게 하여 교섭대표노동조합이 사용자와 대등한 입장에 설 수 있는 기반이 되도록 하고 있으며, 그러한 실질적 대등성의 토대 위에서 이뤄낸 결과를 함께 향유하는 주체가 될 수 있도록 하고 있으므로 노사대등의 원리 하에 적정한 근로조건의 구현이라는 단체교섭권의 실질적인 보장을 위한 불가피한 제도라고 볼 수 있다.
더욱이 '노동조합 및 노동관계조정법'은 위와 같은 교섭창구단일화제도를 원칙으로 하되, 사용자의 동의가 있는 경우에는 자율교섭도 가능하도록 하고 있고, 노동조합 사이에 현격한 근로조건 등의 차이로 교섭단위를 분리할 필요가 있는 경우에는 교섭단위를 분리할 수 있도록 하는 한편, 교섭대표노동조합이 되지 못한 소수 노동조합을 보호하기 위해 사용자와 교섭대표노동조합에게 공정대표의무를 부과하여 교섭창구단일화를 일률적으로 강제할 경우 발생하는 문제점을 보완하고 있다.
한편, 청구인들은 소수 노동조합에게 교섭권을 인정하는 자율교섭제도 채택을 주장하고 있으나, 이 경우 하나의 사업장에 둘 이상의 협약이 체결·적용됨으로써 동일한 직업적 이해관계를 갖는 근로자 사이에 근로조건의 차이가 발생될 수 있음은 물론, 복수의 노동조합이 유리한 단체협약 체결을 위해 서로 경쟁하는 경우 그 세력다툼이나 분열로 교섭력을 현저히 약화시킬 우려도 있으므로 자율교섭제도가 교섭창구단일화제도보다 단체교섭권을 덜 침해하는 제도라고 단언할 수 없다. 따라서 위 '노동조합 및 노동관계조정법' 조항들이 과잉금지원칙을 위반하여 청구인들의 단체교섭권을 침해한다고 볼 수 없다.

준에 위반하는 취업규칙 또는 근로계약의 부분은 무효로 한다. ② 근로계약에 규정되지 아니한 사항 또는 제1항의 규정에 의하여 무효로 된 부분은 단체협약에 정한 기준에 의한다."라고 규정하여 이를 명백히 하고 있다(제33조).

2) 단체교섭권의 효력

단체교섭권 역시 대국가적 효력과 대사인적 효력을 가진다. 대국가적 효력은 첫째, 단체교섭에 대한 국가의 간섭을 배제할 수 있는 소극적 효력과, 둘째, 단체교섭의 실효성 확보를 위한 적절한 조치를 강구해 줄 것을 국가에 요구할 수 있는 적극적 효력을 말한다.

대사인적 효력은 대사용자 관계에서 인정되는 효력으로서 사용자가 정당한 이유 없이 단체교섭을 거부하거나 해태하지 못하도록 하는 것을 말한다.

3) 단결교섭권의 침해와 구제

이러한 단체교섭권의 내용과 효력을 침해하는 행위는 위헌·위법이다. 그 침해는 국가나 사용자에 의하여 이루어질 수 있다. 국가에 의하여 이루어질 경우 그것이 불법행위를 구성하면 국가배상청구나 형사처벌의 대상이 될 수 있다.

한편 사용자에 의한 침해행위는 부당노동행위로서 금지된다. 따라서 사용자가 노동조합의 대표자 또는 노동조합으로부터 위임을 받은 자와의 단체협약체결 기타의 단체교섭을 정당한 이유 없이 거부하거나 해태하는 행위는 부당노동행위에 해당하고, 불법행위의 책임을 발생시키며, 근로자의 쟁의행위를 정당화시킨다(「노동조합 및 노동관계조정법」 제81조 제3호).

사용자의 부당노동행위로 인하여 그 권리를 침해당한 근로자 또는 노동조합은 노동위원회에 그 구제를 신청할 수 있다(동법 제82조). 노동위원회는 부당노동행위가 성립한다고 판정한 때에는 사용자에게 구제명령을 발하여야 하며, 부당노동행위가 성립되지 아니한다고 판정한 때에는 그 구제신청을 기각하는 결정을 한다(동법 제84조 제1항). 이에 대하여는 행정소송을 제기할 수 있다.

(3) 단체행동권

1) 단체행동권의 의의와 내용

단체행동권은 근로자가 근로조건의 유지·향상을 관철시키기 위하여 쟁의행위를 할 수 있는 권리를 말한다. 즉 노동쟁의가 발생한 경우 쟁의행위를 할 수 있는 쟁의권을 의미하며, 이는 근로자가 그의 주장을 관철하기 위하여 업무의 정상적인 운영을 저해하는 행위를 할 수 있는 권리로서 근로자에게 허용되는 최후수단이다.

여기서 '노동쟁의'라 함은 노동조합과 사용자 또는 사용자단체간에 임금·근로시간·복지·해고 기타 대우 등 근로조건의 결정에 관한 주장의 불일치로 인하여 발생한 분쟁상태를 말한다. 이 경우 주장의 불일치라 함은 당사자간에 합의를 위한 노력을 계속하여도 더 이상 자주적 교섭에 의한 합의의 여지가 없는 경우를 말한다(「노동조합 및 노동관계조정법」 제2조 제5호). 또한 '쟁의행위'라 함은 파업·태업·직장폐쇄 기타 노동관계 당사자가 그 주장을 관철할 목적으로 행하는 행위와 이에 대항하는 행위로서 업무의 정상적인 운영을 저해하는 행위를 말한다(동법 동조 제6호).

단체행동권은 근로자 개인이 주체가 되나 일반적으로 노동조합에 의하여 이루어진다. 따라서 노동조합 내지 근로자단체도 단체행동권의 주체가 된다고 하겠다. 한편 이러한 근로자의 단체행동에 대하여 사용자는 직장폐쇄로 맞설 수 있다. 이에 따라 「노동조합 및 노동관계조정법」도 제2조 제6호의 쟁의행위의 일종으로 직장폐쇄를 규정하고 있다. 그러나 쟁의행위의 주체는 근로자 내지 근로자단체이지 사용자가 아니기 때문에 쟁의행위의 개념에 사용자의 직장폐쇄를 포함시키고 있는 것은 타당하지 않다. 왜냐하면 직장폐쇄는 사용자에 대한 근로자의 강력한 대항수단이자 사용자의 생산수단이나 재산권 등에 대한 침해를 초래할 수도 있는 근로자의 단체행동에 대항하여 노사대등의 원칙에 따라 사용자에게 인정되는 수단이기 때문이다.

단체행동권 역시 근로조건의 유지·향상을 위해서만 인정된다는 목적상의 제한과, 자주적이어야 한다는 자주성에 의한 제한을 받는다.[1)]

---

1) 헌재 1990. 1. 15. 89헌가103, 판례집 2, 4, 5:
노동쟁의조정법 제13조의 2가 규정한 제삼자개입금지는 헌법이 인정하는 노동삼권의 범위를 넘어 분쟁해결의 자주성을 침해하는 행위를 규제하기 위한 입법일 뿐, 노동자가 단순한 상담이나 조력을 받는 것을 금지하고자 하는 것은 아니므로, 노동자 등의 위 기본권을 제한하는 것이라고는 볼 수 없다.
[재판관 변정수의 반대의견]
근로자가 쟁의행위를 함에 있어 타인의 조언·조력이나 지원을 받는 것은 헌법상 보장된

2) 단체행동의 유형

단체행동의 유형으로는 조직적으로 노무제공을 거부하는 파업(Strike), 고의로 작업능률을 저하시키는 태업(Sabotage), 사용자 또는 그와 거래관계에 있는 자의 상품구입이나 시설이용 등을 거부할 것을 호소하는 불매운동(Boycott), 파업효과를 높이기 위하여 파업에 동참하지 않는 근로자들의 파업동참을 설득하는 감시행위(Picketing) 등이 있다.

3) 단체행동권의 효력

단체행동권 역시 대국가적 효력과 대사인적 효력을 가진다. 대국가적 효력은 첫째, 단체행동에 대한 국가의 간섭을 배제할 수 있는 소극적 효력과, 둘째, 단체행동의 실효성 확보를 위한 적절한 조치를 강구해 줄 것을 국가에 요구할 수 있는 적극적 효력을 말한다. 따라서 노동조합이 쟁의행위 기타의 행위로서 근로조건의 유지·개선의 목적을 달성하기 위하여 한 정당한 행위에 대하여는 형법 제20조(정당행위)의 규정이 적용되고(「노동조합 및 노동관계조정법」 제4조), 근로자는 쟁의행위 기간중에는 현행범이 아닌 한 구속되지 아니한다(동법 제39조).

대사인적 효력은 대사용자 관계에서 인정되는 것으로서 단체행동권은 사용자로 하여금 단체행동을 했다는 이유로 근로자를 해고하거나 불이익한 처우를 하지 못하도록 하는 효력을 가진다. 이에 따라 근로자가 정당한 단체행위에 참가한 것을 이유로 그 근로자를 해고하거나 그 근로자에게 불이익을 주는 행위는 사용자의 부당노동행위로 금지되고(동법 제81조 제5호), 사용자는 쟁의행위 기간 중 그 쟁의행위로 중단된 업무의 수행을 위하여 당해 사업과 관계없는 자를 채용 또는 대체할 수 없으며, 사용자는 쟁의행위기간 중 그 쟁의행위로 중단된 업무를 도급 또는 하도급 줄 수 없다(동법 제43조 제1항, 제2항). 또한 사용자는 이 법에 의한 쟁의행위로 인하여 손해를 입은 경우에 노동조합 또는 근로자에

단체행동권에 당연히 포함된 근로자의 권리이므로 제삼자개입금지조항은 근로자의 단체행동권의 본질적 내용을 침해하고 있다.

쟁의행위는 헌법상 보장된 근로자의 단체행동권의 행사이므로 그것이 불법적인 것이 아닌 이상 헌법이념과 정의에 합당한 행위일 뿐더러 국가의 적극적인 보호를 받아야 할 대상임에도 이러한 정당한 행위를 배후에서 도와주거나 부추겼다고 해서 무조건 조종·선동이라는 이름을 붙여 처벌의 대상으로 삼는 것은 자연적 정의와 법의 일반원리에 반하고 인간의 존엄과 가치수호를 선언한 헌법 제10조에 위반된다.

대하여 그 배상을 청구할 수 없다(동법 제3조).

결국 정당한 단체행동은 근로자의 형사책임과 민사책임을 발생시키지 아니한다.[1)]

4) 단체행동권의 한계

쟁의행위는 쟁의의 상대방에게 고통을 주어 상대방으로 하여금 자신의 주장을 수용하게 하는 최후수단이다. 또한 쟁의행위는 노사 모두에게 부작용을 야기하고, 사회·경제질서 등 공익에 대한 파급효과를 가진다. 따라서 단체행동권의 행사는 일정한 한계를 준수해야 한다. 즉 쟁의행위는 그 목적·방법 및 절차 등에 있어서 법령 기타 사회질서에 위반되어서는 안된다(동법 제37조 제1항). 쟁의행위가 그 한계를 벗어나지 아니하는 범위안에서만 관계자들의 민사상 및 형사상의 책임이 면제되는 것이다.

가. 목적상의 한계

단체행동권은 근로조건의 유지·향상을 위해서만 행사되어야 한다. 따라서 정치적 목적 등 다른 이유에서의 단체행동은 허용될 수 없다.[2)] 또한 사용자는 쟁

---

1) 헌재 1998. 7. 16. 97헌바23, 판례집 10-2, 243, 253:
단체행동권이라 함은 노동쟁의가 발생한 경우 쟁의행위를 할 수 있는 쟁의권을 의미하며, 이는 근로자가 그의 주장을 관철하기 위하여 업무의 정상적인 운영을 저해하는 행위를 할 수 있는 권리라고 할 수 있다. 따라서 쟁의행위는 업무의 저해라는 속성상 그 자체 시민형법상의 여러 가지 범죄의 구성요건에 해당될 수 있음에도 불구하고 그것이 정당성을 가지는 경우에는 형사책임이 면제되며, 민사상 손해배상 책임도 발생하지 않는다. 이는 헌법 제33조에 당연히 포함된 내용이라 할 것이며, 정당한 쟁의행위의 효과로서 민사 및 형사면책을 규정하고 있는 현행 노동조합및노동관계조정법 제3조와 제4조 및 구 노동쟁의조정법 제8조, 구 노동조합법 제2조 등은 이를 명문으로 확인한 것이라 하겠다.

2) 헌재 2004. 7. 15. 2003헌마878, 공보 제95호, 775:
노동조합및노동관계조정법 제2조 제6호의 '쟁의행위'라 함은 파업·태업·직장폐쇄 기타 노동관계 당사자가 그 주장을 관철할 목적으로 행하는 행위로서 여기에서 그 주장이라 함은 같은 법 제2조 제5호에 규정된 임금·근로시간·복지·해고 기타 대우 등 근로조건의 결정에 관한 노동관계 당사자 간의 주장을 의미한다고 볼 것이므로, 위와 같은 근로조건의 유지 또는 향상을 주된 목적으로 하지 않는 쟁의행위는 노동조합및노동관계조정법의 규제대상인 쟁의행위에 해당하지 않는다고 할 것이다.
전교조 조합원들이 다수 조합원들과 함께 집단 연가서를 제출한 후 수업을 하지 않고 무단결근 내지 무단 조퇴를 한 채 교육인적자원부가 추진하고 있는 교육행정정보시스템(NEIS) 반대집회에 참석하는 등의 쟁의행위는 NEIS의 시행을 저지하기 위한 목적으로 이루어진 것인바, 청구인들의 행위는 직접적으로는 물론 간접적으로도 근로조건의 결정에 관한 주장

의행위에 참가하여 근로를 제공하지 아니한 근로자에 대하여는 그 기간중의 임금을 지급할 의무가 없기 때문에 노동조합은 쟁의행위 기간에 대한 임금의 지급을 요구하여 이를 관철할 목적으로 쟁의행위를 하여서는 아니 된다(동법 제44조).

나. 방법상의 한계

단체행동은 폭력이나 파괴행위 또는 생산 기타 주요업무에 관련되는 시설 등을 점거하는 형태로 이루어져서는 아니 되며, 사업장의 안전보호시설에 대하여 정상적인 유지·운영을 정지·폐지 또는 방해하는 행위 역시 금지된다(동법 제42조 제1항, 제2항).[1] 또한 조합원은 노동조합에 의하여 주도되지 아니한 쟁의행위를 하여서는 안된다(동법 제37조 제2항). 쟁의행위는 그 쟁의행위와 관계없는 자 또는 근로를 제공하고자 하는 자의 출입·조업 기타 정상적인 업무를 방해하는 방법으로 행하여져서는 안되며, 쟁의행위의 참가를 호소하거나 설득하는 행위로서 폭행·협박을 사용하여서도 안된다. 작업시설의 손상이나 원료·제품의 변질 또는 부패를 방지하기 위한 작업은 쟁의행위 기간중에도 정상적으로 수행되어야 한다. 노동조합은 쟁의행위가 적법하게 수행될 수 있도록 지도·관리·통제할 책임이 있다(동법 제38조).

다. 절차상의 한계

앞서 언급한 바와 같이 쟁의행위는 쟁의의 상대방에게 고통을 주어 상대방으로 하여금 자신의 주장을 수용하게 하는 최후수단이다. 따라서 쟁의행위는 반드시 일정한 절차를 거친 후에만 정당화될 수 있다.

을 관철할 목적으로 한 쟁의행위라고 볼 수 없어 노동조합및노동관계조정법의 적용대상인 쟁의행위에 해당하지 않는다고 할 것이다.

1) 헌재 2005. 6. 30. 2002헌바83, 판례집 17-1, 812, 813:
사업장의 안전보호시설에 대하여 정상적인 유지·운영을 정지·폐지 또는 방해하는 행위는 쟁의행위로서 이를 행할 수 없도록 규정하고, 이를 위반한 경우 처벌하도록 규정하고 있는 노동조합및노동관계조정법 제91조 제1호 등 이 사건 법률조항들이 근로자의 헌법상 기본권인 단체행동권을 제한하는 규정이기는 하지만, 사람의 생명·신체의 안전보호라는 입법목적의 정당성을 인정할 수 있고, 안전보호시설의 유지·운영을 정지·폐지 또는 방해하는 내용의 쟁의행위를 제한하는 것은 위 목적을 달성하기 위한 효과적이고 적절한 수단이어서 방법의 적정성도 인정되며, 그 제한은 안전보호시설의 중요성에 비추어 볼 때 최소한의 제한으로 평가되므로 피해의 최소성도 갖추었고, 추구하는 공익인 '사람의 생명·신체의 안전'과 제한되는 사익인 청구인들의 '단체행동권'을 비교하여 볼 때 법익균형성도 갖추었으므로 청구인들의 단체행동권을 과도하게 침해한다고 할 수 없다.

먼저 노동조합의 쟁의행위는 그 조합원의 직접 · 비밀 · 무기명투표에 의한 조합원 과반수의 찬성으로 결정하지 아니하면 이를 행할 수 없다(동법 제41조 제1항). 한편 쟁의행위는 노동위원회의 조정절차를 반드시 거쳐야 한다(동법 제45조 제2항). 또한 관계 당사자의 쌍방이 함께 중재를 신청한 때 또는 관계 당사자의 일방이 단체협약에 의하여 중재를 신청한 때 노동위원회가 중재를 행한다(동법 제62조). 노동쟁의가 중재에 회부된 때에는 그 날부터 15일간은 쟁의행위를 할 수 없다(동법 제63조).

6. 노동3권의 제한과 그 한계

앞서도 언급한 바와 같이 우리 헌법은 노동3권을 보장하면서도 공무원인 근로자의 노동3권을 법률로써 제한할 수 있도록 하고(제33조 제2항), 주요방위산업체근로자의 단체행동권을 법률로써 제한하거나 금지할 수 있도록 근거를 마련하고 있다(제33조 제3항). 따라서 공무원과 주요방위산업체근로자의 노동3권에 대해서 이미 헌법 스스로가 제한을 가하고 있다. 또한 노동3권은 헌법 제37조 제2항에 의해서도 제한될 수 있다.

(1) 공무원의 노동3권의 제한과 그 한계

공무원인 근로자의 경우에는 헌법 제33조 제2항에 따라 법률이 정하는 자에 한하여서만 노동3권이 인정될 수 있다. 그런데 이 경우 노동3권이 인정되는 공무원의 범위를 정하는 데 있어서 기본권제한의 한계조항인 헌법 제37조 제2항이 적용되는지가 문제된다. 헌법재판소는 헌법 제33조 제2항에 의하여 '법률이 정하는 자' 이외의 공무원은 헌법상 처음부터 노동3권의 주체가 되지 못하므로 헌법 제37조 제2항의 과잉금지원칙을 적용할 수는 없다고 판시했다.[1)]

---

1) 헌재 2007. 8. 30. 2003헌바51 등, 판례집 19-2, 213, 214-217:
헌법 제33조 제2항이 직접 '법률이 정하는 자'만이 노동3권을 향유할 수 있다고 규정하고 있어서 '법률이 정하는 자' 이외의 공무원은 노동3권의 주체가 되지 못하므로, '법률이 정하는 자' 이외의 공무원에 대해서도 노동3권이 인정됨을 전제로 하여 헌법 제37조 제2항의 과잉금지원칙을 적용할 수는 없는 것이다.
[재판관 송두환의 반대의견]
헌법 제33조 제2항은 공무원도 근로자로서 당연히 노동3권을 향유한다는 대전제 하에, 다만 공무원이 다른 근로자에 비하여 갖는 특성에 비추어 노동3권의 일부가 제한될 수 있으

그러나 이러한 견해는 타당하다고 보기 어렵다. 공무원도 근로자로서 당연히 노동3권의 주체이고 그들에게도 노동3권을 최대한 보장하는 것이 헌법의 원칙 내지 기본정신에 합치하는 것이며, 다만 헌법 제33조 제2항이 공무원이 다른 근로자에 비하여 갖는 특성, 즉 공무원의 국민 전체에 대한 봉사자로서의 지위 및 직무의 공공성·공정성·성실성·정치적 중립성을 감안하여 노동3권의 일부가 제한될 수 있고, 구체적으로 해당 직무의 내용과 성질, 직급 등에 따라 노동3권이 보장되는 범위와 정도를 입법자로 하여금 보다 상세하게 그리고 합리적으로 정하도록 위임한 것에 불과하므로 그 입법형성권은 무제한적인 것이 아니라 헌법 제37조 제2항에서 정하는 원칙, 즉 비례의 원칙과 기본권의 본질적 내용 침해금지의 원칙에 따라야 하는 한계가 있는 것이다. 따라서 아무리 공익적 이유에서라 할지라도 불가피한 최소한의 범위의 공무원에 대해서만 노동3권의 전부 또는 일부를 제한해야 할 것이고, 공무원 모두의 노동3권을 부인하는 입법은 허용될 수 없다고 할 것이다.[1)]

한편 공무원의 노동기본권을 보장하기 위하여 「공무원의 노동조합 설립 및 운영 등에 관한 법률」이 제정·시행되고 있는데, 이 법에 따르면 노동조합과 그 조합원의 정치활동을 금지하여(제4조) 공무원의 노동3권의 목적상의 한계와 정치적 중립성의 원칙을 분명히 하고 있고, 노동조합에 가입할 수 있는 공무원의 범위는 6급 이하로 정하고 있으며(제6조), 노동조합과 그 조합원에게 일체의 쟁의행위를 금지하고 있다(제11조).

그런데 직무의 내용과 성질을 불문하고 이처럼 공무원 노동조합과 그 조합원 모두에게 일체의 쟁의행위를 금지하는 것은 비례의 원칙과 기본권의 본질적

며, 구체적으로 해당 직무의 내용과 성질, 직급 등에 따라 노동3권이 보장되는 범위와 정도를 입법자로 하여금 보다 상세하게 합리적으로 정하도록 위임한 것으로 해석하되, 그러한 위임에 의한 입법형성권은 헌법 제37조 제2항에서 정하는 최소제한원칙과 본질적 내용 침해금지원칙에 따라야 하는 한계가 있는 것이다.

1) 헌재 1993. 3. 11. 88헌마5, 판례집 5-1, 59:
모든 공무원에게 단체행동권, 즉 쟁의권을 근본적으로 부인하고 있는 노동쟁의조정법 제12조 제2항 중 '국가·지방자치단체에 종사하는 노동자'에 관한 부분은 현행 헌법 제33조 제2항의 규정과 저촉되고 충돌되는 것으로 헌법 제37조 제2항의 일반적 법률유보조항에 의하여서도 정당화될 수 없는 것이지만, 헌법 제33조 제2항의 규정은 일부 공무원에게는 단체행동권을 주지 않는다는 것도 전제하고 있으므로 합헌적인 면도 포함되어 있다. 따라서 위 규정은 단순위헌선언을 하여 무효화시킬 법률이 아니고, 앞으로 현행 헌법규정과 충돌됨이 없이 합헌의 상태가 되도록 고쳐져서 재정비되어야 할 규정이다.

내용침해금지의 원칙에 비추어 문제가 있다. 이와 유사한 제한이 국가공무원법 第66조(지방공무원의 경우 지방공무원법 제58조)에도 규정되어 있다. 동법 제66조는 "① 공무원은 노동운동이나 그 밖에 공무 외의 일을 위한 집단 행위를 하여서는 아니 된다. 다만, 사실상 노무에 종사하는 공무원은 예외로 한다. ② 제1항 단서의 사실상 노무에 종사하는 공무원의 범위는 대통령령 등으로 정한다."라고 규정하여 공무원에게 원칙적으로 노동운동 내지 단체행동권을 금지하고 있고,[1] 다만 사실상 노무에 종사하는 공무원에게만 예외적으로 허용하고 있다.[2] 그런데 사실상 노무에 종사하는 공무원의 범위를 정한 대통령령인 「국가공무원 복무규정」 제28조는 "법 제66조에 따른 사실상 노무에 종사하는 공무원은 과학기술정보통신부 소속 현업기관의 작업 현장에서 노무에 종사하는 우정직공무원(우정직공무원의 정원을 대체하여 임용된 일반임기제공무원 및 시간선택제일반임기제공무원을 포함한다)으로서 다음 각 호의 어느 하나에 해당하지 아니하는 공무원으로 한다. 1. 서무·인사 및 기밀 업무에 종사하는 공무원 2. 경리 및 물품출납 사무에 종사하는 공무원 3. 노무자 감독 사무에 종사하는 공무원 4. 보안업무규정에 따

---

1) 헌재 2005. 10. 27. 2003헌바50 등, 판례집 17-2, 238, 239:
지방공무원법 제58조 제1항이 공무원의 공무 이외의 일을 위한 집단행위를 금지하고 있는 것은 공무원의 집단행동이 공무원 집단의 이익을 대변함으로써 국민전체의 이익추구에 장애가 될 소지가 있기 때문에 공무원이라는 특수한 신분에서 나오는 의무의 하나를 규정한 것이고, 위 개념이 '공익에 반하는 목적을 위하여 직무전념의무를 해태하는 등의 영향을 가져오는 집단적 행위'라고 명백히 한정하여 해석되므로, 위 법률조항이 언론·출판의 자유와 집회·결사의 자유의 본질적인 내용을 과도하게 침해한다고 볼 수 없다.

2) 헌재 1992. 4. 28. 90헌바27, 판례집 4, 255, 271-272:
단순노무직에 종사하는 공무원이 아닌 공무원의 경우에는 일반적으로 그 직무의 성질이 고도의 공공성·공정성·성실성 및 중립성이 요구되고, 특히 청구인들과 같은 보통교육과정의 국·공립학교 교원인 교육공무원의 경우에는 교육이라는 직무의 특성상 고도의 전문성·자주성·중립성 및 사회적 책임성이 존중되어야 하며, 이에 따라 사용자인 국가 또는 지방자치단체와 공무원은 바람직한 공무원제도의 승계·유지·향상 및 발전을 공동의 목적으로 하여 상호 협력·존중의 관계에 선다는 점을 고려한다면, 공무원의 근로관계는 근로자와 사용자의 이원적 구조아래서 서로 투쟁과 타협에 의하여 발전되어온 노동법관계에 의하여 규율하는 것보다는 오히려 공무원의 지위와 직무의 공공성에 적합하도록 형성·발전되도록 하는 것이 보다 합리적이고 합목적적일 수 있다. 이러한 여러 사정을 종합하여 보면 국가공무원법 제66조 제1항은 이 사실상 노무에 종사하는 공무원에 대하여서만 근로3권을 보장하고 그 이외의 공무원들에 대하여는 근로3권의 행사를 제한함으로써 일반 근로자 또는 사실상 노무에 종사하는 공무원의 경우와 달리 취급하는 것은 헌법 제33조 제2항에 그 근거를 두고 있을 뿐만 아니라 위에서 본 바와 같은 합리적인 이유 또한 있다 할 것이므로 헌법 제11조 제1항에 정한 평등의 원칙에 위반되는 것이 아니다.

른 보안목표시설의 경비 업무에 종사하는 공무원 5. 승용자동차 및 구급차의 운전에 종사하는 공무원"이라고 규정하여 단체행동권을 향유할 있는 공무원의 범위를 소수의 사실상 노무에 종사하는 공무원으로 지나치게 제한하고 있다. 이러한 제한은 비례의 원칙과 기본권의 본질적 내용침해금지의 원칙에 비추어 위헌의 소지가 있다고 하겠다.[1)]

(2) 주요방위산업체에 종사하는 근로자의 단체행동권의 제한과 그 한계

헌법 제33조 제3항은 법률이 정하는 주요방위산업체에 종사하는 근로자의 단체행동권을 법률이 정하는 바에 의하여 제한하거나 부인할 수 있도록 했는데, 이러한 제한은 주요방위산업체에 종사하는 근로자의 단체행동권이 사회 · 경제 ·

---

1) ① 헌재 1992. 4. 28. 90헌바27, 판례집 4, 255, 256:
국가공무원법 제66조 제1항이 근로3권이 보장되는 공무원의 범위를 사실상 노무에 종사하는 공무원에 한정하고 있는 것은 근로3권의 향유주체가 될 수 있는 공무원의 범위를 정하도록 하기 위하여 헌법 제33조 제2항이 입법권자에게 부여하고 있는 형성적 재량권의 범위를 벗어난 것이라고는 볼 수 없다.
[재판관 변정수의 별개의견]
당연히 노동3권을 향유하여야 할 국 · 공립학교 교원이나 기타 공무원에 대하여 노동운동을 전면 금지하고 있는 국가공무원법 제66조 제1항 및 교육공무원법 제53조 제4항 각 규정은 공무원의 노동3권의 본질적 내용을 침해하는 것이어서 헌법 제37조 제2항의 일반유보조항에 의하여서도 정당화될 수 없는 위헌적인 법률이나, 위 법률조항들이 헌법의 특별유보조항(제33조 제2항)에 근거를 두고 있기 때문에 아직은 그것에 대하여 섣사리 위헌선언을 할 수 없을 뿐이다.
② 헌재 2005. 10. 27. 2003헌바50 등, 판례집 17-2, 238, 239-241:
지방공무원법 제58조 제1항이 근로3권이 보장되는 공무원의 범위를 사실상 노무에 종사하는 공무원에 한정하고 있는 것은 근로3권의 향유주체가 될 수 있는 공무원의 범위를 법률로 정하도록 위임하고 있는 헌법 제33조 제2항에 근거한 것으로 입법자에게 부여하고 있는 형성적 재량권의 범위를 벗어난 것이라고는 볼 수 없으므로, 위 법률조항이 근로3권을 침해한 것으로 위헌이라 할 수 없다.
[재판관 전효숙, 재판관 조대현의 반대의견]
법 제58조 제1항과 제82조는 사실상 노무에 종사하는 공무원에 한해 근로기본권을 향유할 수 있도록 그 범위를 극도로 제한하고 있는바, 이는 단지 사실상 노무에 종사하는 공무원인지의 여부 외의 다른 요소를 전혀 고려하지 않고 있어 법익형량을 이루었다고 볼 수 없고, 공무원의 직무의 공공성은 공무원의 종류 및 직급, 직무의 성질에 따라 다를 수 있음에도 불구하고 오직 신분이 지방자치단체에 근무하는 공무원이라는 이유만으로 근로기본권 자체를 인정하지 않고 있어 근로기본권의 본질적인 내용을 침해하거나 최소침해의 원칙에도 어긋난다.

국가안보 등에 심각한 영향을 끼칠 수 있기 때문에 정당화될 수 있는 것이다. 그러나 단체행동권이 부인 또는 제한되는 주요방위산업체 근로자의 범위를 정하는 데 있어서도 비례의 원칙과 기본권의 본질적 내용침해금지의 원칙이 준수되어야 할 것이다. 따라서 아무리 국가안전보장 등의 공익적 이유에서라 할지라도 불가피한 최소한의 범위의 방위산업체 근로자에 대해서만 단체행동권을 부인 또는 제한해야 할 것이고, 어떠한 경우에도 방위산업체 근로자 모두의 단체행동권을 부인하는 입법은 허용될 수 없다고 할 것이다.

이 헌법조항에 따라 「노동조합 및 노동관계조정법」 제41조 제2항은 "방위사업법에 의하여 지정된 주요방위산업체에 종사하는 근로자 중 전력, 용수 및 주로 방산물자를 생산하는 업무에 종사하는 자는 쟁의행위를 할 수 없으며 주로 방산물자를 생산하는 업무에 종사하는 자의 범위는 대통령령으로 정한다."라고 규정하고 있고, '주로 방산물자를 생산하는 업무에 종사하는 자의 범위'를 정한 동법 시행령 제20조는 "법 제41조 제2항에서 '주로 방산물자를 생산하는 업무에 종사하는 자'라 함은 방산물자의 완성에 필요한 제조 · 가공 · 조립 · 정비 · 재생 · 개량 · 성능검사 · 열처리 · 도장 · 가스취급 등의 업무에 종사하는 자를 말한다."고 규정하여 일부 방위산업체 근로자의 쟁의행위를 금지하고 있다.[1]

---

1) 헌재 1998. 2. 27. 95헌바10, 판례집 10-1, 65, 66:
구 노동쟁의조정법 제12조 제2항에 의하여 쟁의행위가 금지되는 방산업체의 근로자는 '방위산업에관한특별조치법에 의하여 지정된 방위산업체에 종사하는 근로자'이므로 이 문면만을 따로 떼어 놓고 보면 방위산업에관한특별조치법에 의하여 지정된 방산업체에는 주요방산업체는 물론 일반방산업체도 포함되는 것으로 볼 수 있어, 일응 "주요방위산업체에 종사하는 근로자의 단체행동권은 법률이 정하는 바에 의하여 이를 제한하거나 인정하지 아니할 수 있다"고 규정한 헌법 제33조 제3항의 명문에 반하는 것이 아닌가하는 의문이 제기될 수도 있겠으나, 방위산업에관한특별조치법 제18조는 "주요방산업체에 종사하는 근로자의 노동쟁의 행위에 관하여는 노동쟁의조정법이 정하는 바에 의하여 제한 또는 금지된다"라고 규정하고 있으므로 법률에 의하여 쟁의행위가 금지되는 방산업체의 근로자는 주요방산업체의 근로자에 한정되고 있음이 명백하다.
위 조항에 의하여 쟁의행위가 금지되는 '방위산업체에 종사하는 근로자'의 범위를 방산물자의 생산이라는 실질적인 기준에 따라 주요방산물자를 직접 생산하거나 생산과정상 그와 긴밀한 연계성이 인정되는 공장에 속하는 근로자에 한정함으로써 해석상 그 범위의 제한이 가능하다고 볼 것이고, 그러한 해석이 근로3권을 대폭 신장하는 방향으로 나아가면서도 단체행동권의 제한 또는 금지의 대상을 주요방산업체에 종사하는 근로자로 보다 한정하고 있는 현행 헌법의 취지에 부합된다.
위 조항은 단체행동권의 제한 또는 금지를 규정하고 있는 헌법 제33조 제3항을 직접 근거로 하고 있고, 단체행동이 금지되는 것은 주요방산업체에 있어서 방산물자의 생산과 직접

(3) 헌법 제37조 제2항에 의한 제한과 그 한계

일반 근로자의 노동3권은 다른 여타의 기본권과 마찬가지로 헌법 제37조 제2항에 따라 국가안전보장·질서유지·공공복리를 위하여 법률로써 제한될 수 있다.

이른바 필수유지업무에 대한 쟁의행위의 제한이 이에 해당된다. 「노동조합 및 노동관계조정법」에 따르면 필수유지업무, 즉 철도사업, 도시철도사업 및 항공운수사업, 수도사업, 전기사업, 가스사업, 석유정제사업 및 석유공급사업, 병원사업 및 혈액공급사업, 한국은행사업, 통신사업 등의 필수공익사업의 업무 중 그 업무가 정지되거나 폐지되는 경우 공중의 생명·건강 또는 신체의 안전이나 공중의 일상생활을 현저히 위태롭게 하는 업무의 정당한 유지·운영을 정지·폐지 또는 방해하는 행위는 금지된다(제42의2, 제71조 제2항). 이를 위해 노동관계 당사자는 쟁의행위기간 동안 필수유지업무의 정당한 유지·운영을 위하여 필수유지업무의 필요 최소한의 유지·운영 수준, 대상직무 및 필요인원 등을 정한 협정을 서면으로 체결하여야 한다(제42조의3).

또한 고용노동부장관에 의한 긴급조정결정에 따른 쟁의행위의 제한도 이에 해당한다. 즉 「노동조합 및 노동관계조정법」에 따라 고용노동부장관은 쟁의행위가 공익사업에 관한 것이거나 그 규모가 크거나 그 성질이 특별한 것으로서 현저히 국민경제를 해하거나 국민의 일상생활을 위태롭게 할 위험이 현존하는 때에는 긴급조정의 결정을 할 수 있고(제76조 제1항), 관계 당사자는 긴급조정의 결정이 공표된 때에는 즉시 쟁의행위를 중지하여야 하며, 공표일부터 30일이 경과하지 아니하면 쟁의행위를 재개할 수 없다(제77조).

물론 헌법 제37조 제2항에 따른 노동3권에 대한 제한의 경우 비례의 원칙과 기본권의 본질적 내용침해금지의 원칙이 준수되어야 할 것이므로, 공익상 불가피한 최소한의 제한만이 정당화될 수 있고, 어떠한 경우에도 노동3권의 본질적 내용은 침해될 수 없다.

관계되거나 그와 긴밀한 연계성이 인정되는 공장에 종사하는 근로자에 한정하는 것으로 해석상 그 범위의 제한이 가능하며, 단체교섭에 있어서 발생하는 노동쟁의에 대하여 노동위원회의 알선, 조정을 받을 수 있는 등 대상조치가 마련되어 있으므로, 위 조항이 평등의 원칙에 반한다거나 근로자의 단체행동권의 본질적 내용을 침해하고 과잉금지의 원칙에 위배된 규정이라고 볼 수 없다.

따라서 과거처럼 교원의 노동조합결성 자체를 금지하거나, 교원의 단체교섭이나 단체행동 등 노동운동 전체를 금지하는 것, 또는 복수노조의 설립을 불허하는 것 등은 노동3권의 본질적 내용을 침해하는 것으로 위헌이라고 하겠다.[1] 아울러 교원의 노동조합과 그 조합원에게 일체의 쟁의행위를 금지하는 것(「교원의 노동조합 설립 및 운영 등에 관한 법률」 제8조)도 교원의 지위와 직무의 특수성을 감안한다 하더라도 비례의 원칙과 기본권의 본질적 내용침해금지의 원칙상 문제가 있다고 하겠다.

V. 환경권

1. 환경권의 의의

헌법 제35조는 "① 모든 국민은 건강하고 쾌적한 환경에서 생활할 권리를 가지며, 국가와 국민은 환경보전을 위하여 노력하여야 한다. ② 환경권의 내용과 행사에 관하여는 법률로 정한다. ③ 국가는 주택개발정책 등을 통하여 모든 국민이 쾌적한 주거생활을 할 수 있도록 노력하여야 한다."라고 규정하여 모든

---

1) 헌재 1991. 7. 22. 89헌가106, 판례집 3, 387, 389
사립학교 교원에게 헌법 제33조 제1항에 정한 근로3권의 행사를 제한 또는 금지하고 있다고 하더라도 이로써 사립학교교원이 가지는 근로기본권의 본질적 내용을 침해한 것으로 볼 수 없고, 그 제한은 입법자가 교원지위의 특수성과 우리의 역사적 현실을 종합하여 공공의 이익인 교육제도의 본질을 지키기 위하여 결정한 것으로 필요하고 적정한 범위내의 것이다.
[재판관 김양균의 반대의견]
사립학교 교원은 근로자의 지위에서 영위하는 생활영역에서 일반근로자와 원칙적으로 똑같은 근로3권이 보장되어야 하며 일반근로자와 정당한 이유 없이 차별하여 그의 근로3권을 전부 부정하고 있는 사립학교법 각 조문은 헌법상의 법치주의원리와 위 헌법 제11조 제1항, 제33조 제1항, 제37조 제2항에 정면으로 위배되고 아울러 제10조, 제6조 제1항과도 조화될 수 없으므로 위헌이다.
[재판관 변정수의 반대의견]
헌법 제31조 제6항을 내세워 헌법 제33조 제1항에 의하여 사립학교 교원에게도 당연히 그 향유자격이 부여된 단결권, 단체교섭권, 단체행동을 제한하거나 박탈해도 된다는 논리는 근로3권을 향유할 수 없는 근로자를 공무원에 한정한 헌법 제33조 제2항의 규정에 명백히 저촉되며, 헌법 제37조 제2항에 의한 제한이라 하더라도 사립학교 교원에 대하여 노동운동을 전면적으로 금지하고 있는 위 사립학교법 각 조문은 헌법 제33조, 제37조 제2항에 위반되어 위헌이다.

국민이 건강하고 쾌적한 생활을 영위할 수 있도록 하기 위하여 환경권을 보장하고 있다. 이 환경권은 1980년 제8차 개정헌법에 처음으로 도입되었다.

이처럼 우리 헌법은 환경권을 현대사회의 중요한 사회적 기본권의 하나로 규정하고 있다. 환경권은 건강하고 쾌적한 환경에서 생활할 권리를 말한다. 환경권은 모든 국민이 누릴 수 있는 권리이지만, 환경보전을 위해 노력해야 하는 모든 국민의 의무이기도 하다. 또한 환경권은 그 실현을 위해 국가의 적극적인 개입과 노력이 요구되는 기본권이기도 하다. 따라서 우리 헌법은 환경보전을 위한 국가와 국민의 공동노력의 의무를 명시하고 있다.

2. 환경권의 기능

(1) 인간의 존엄과 행복의 실현

인간의 존엄과 행복의 추구는 건강하고 쾌적한 환경에서만 가능하다는 점을 감안할 때 환경권은 인간의 존엄과 행복을 실현하기 위한 수단으로서의 기능을 가진다.

(2) 사회국가원리의 실현

건강하고 쾌적한 환경은 모든 국민이 인간다운 생활을 영위하기 위하여 기본적으로 평등하게 향유해야 하는 공공재의 성격을 가진다는 점에서 환경권은 사회적 기본권의 일종으로 사회국가원리의 실현을 위한 수단으로서의 기능을 가진다.

(3) 관련 기본권실현의 전제조건

건강하고 쾌적한 환경은 보건에 관한 권리, 신체의 자유 등 관련 기본권의 효율적인 보장을 위해 필수적으로 요구되는 조건이라는 점에서 환경권은 이들 관련 기본권 실현의 전제조건으로서의 기능을 가진다.

(4) 환경친화산업의 촉진

건강하고 쾌적한 환경은 필연적으로 그러한 바람직한 환경을 가능케 하고 촉진시키는 환경친화적 기술과 산업의 발전을 수반한다. 예컨대 환경오염의 주범인 화석연료에너지를 대신하는 대체에너지의 개발, 환경친화적인 자동차 내지 교통수단의 개발 등 환경친화적인 산업의 개발·육성이 그것이다. 따라서 환경권은 환경친화산업을 촉진시키는 기능을 가진다.

(5) 지역초월적 정책개발촉진

환경을 건강하고 쾌적하게 유지하고 보호하기 위해서는 환경보전을 위한 정책과 노력이 지역초월적으로 수립되고 이루어질 때 제대로 된 효과를 발휘할 수 있다. 왜냐하면 환경은 대기나 하천 또는 상수원 등의 예에서 보듯이 상린관계적 성격을 가지기 때문에 한 지역에서 또는 한 국가에서의 노력과 정책만으로는 환경보전의 실효성을 확보하기 어렵기 때문이다. 따라서 환경권은 지역초월적 정책개발을 촉진시키는 기능을 가진다.

3. 환경권의 법적 성격

환경권의 법적 성격에 대하여는 자유권설이나 생존권설, 총합적 기본권설 등 여러 이론이 거론되고 있는데, 이는 결국 복합적 성격의 법적 권리라고 보아야 할 것이다. 즉 현대사회에서의 환경권의 중요성과 특성 및 기능을 감안할 때 자유권적 성격(소극적 권리로서의 방해배제청구권)과 생존권적 성격(적극적 권리로서의 청구권)을 모두 가진 법적 권리라고 하겠다. 즉 환경에 대한 국가의 침해에 대한 배제를 청구할 수 있는 자유권적인 성격과 환경에 대한 타인에 의한 침해를 막아줄 것을 국가에게 청구하거나 환경보전을 위해 국가가 적극적으로 개입하고 적절한 조치를 취해줄 것을 청구할 수 있는 생존권적 성격을 모두 가지는 복합적 성격의 권리인 것이다.

그러나 환경권은 입법을 통해 비로소 그 내용이 구체화되어지고 행정청과 법원 등 국가기관을 기속하는 권리이지, 구체적인 권리가 헌법상 직접 도출되는 것은 아니다. 왜냐하면 환경권은 그 특성상 국가의 적극적인 지원과 개입 및 정책개발을 통해서 그 권리가 실현될 수 있기 때문에 이러한 권리의 실현을 위한 조건과 방법 및 예산 등을 정하는 입법을 통해 비로소 구체화되고 법원 등 국가기관을 기속한다고 볼 수 있기 때문이다. 따라서 헌법 제35조 제2항도 환경권의 내용과 행사에 관하여는 법률로 정하도록 구체적으로 입법자에게 위임한 것이다. 물론 이러한 입법자의 입법형성권이 무제한적인 것은 아니고, 헌법규정과 정신에 따라 환경권을 최대한 보장하고 실현시킬 수 있도록 정해야 하는 일정한 제한을 받음은 물론이다.

한편 환경권은 대국가적 공권 내지 주관적 권리로서의 성격 뿐 아니라, 사회공동체 구성원 모두가 존중하고 관철시켜야 하는 객관적 가치질서로서의 성격을 강하게 가지는 사회적 기본권이다. 이에 따라 환경권은 대국가적 관계에서 뿐 아니라 사인간에도 효력을 미치는 기본권이라고 하겠다.

4. 환경권의 주체

환경권의 주체는 자연인이고, 법인은 제외된다. 왜냐하면 환경권은 자연인 전속적인 성격의 기본권이기 때문이다. 자연인의 경우 국민 뿐 아니라 외국인도 환경권의 주체가 될 수 있다고 하겠다. 왜냐하면 환경권은 앞서 언급한 바와 같이 인간의 존엄과 행복추구의 수단이자 보건에 관한 권리, 신체의 자유 등 여타의 관련 기본권의 효율적인 보장을 위한 전제조건이며, 사회국가원리의 실현기능을 가진다는 점에서, 또한 환경권은 보편적 인권으로서의 성격을 가진다는 점에서 외국인도 향유해야 할 것이기 때문이다.

5. 환경권의 내용

환경권은 건강하고 쾌적한 환경에서 생활할 수 있도록 국가의 환경보호를 요구할 수 있는 권리를 내용으로 한다.

(1) 환경침해배제청구권

먼저 환경권은 국가·공공단체 또는 사인에 의해서 발생하는 환경오염, 예컨대 대기오염, 수질오염, 토양오염, 해양오염, 소음·진동, 악취, 자연생태계 파괴, 일조 방해 등 환경피해에 대한 예방청구권이나 침해된 환경의 복구청구권을 내용으로 한다. 헌법 제35조 제1항이 규정한 국가와 국민의 환경보전을 위한 공동의무를 생각할 때 국가와 사인인 국민 모두 환경을 침해해서는 안되고, 만일 환경침해가 이루어질 위험이 있거나 이미 이루어졌다면 이를 예방하거나 침해를 복구시켜야 할 의무가 1차적으로 국가에게 있다는 것은 당연하다.

(2) 건강하고 쾌적한 생활환경조성청구권

건강하고 쾌적한 환경에서 생활할 권리의 보장 및 환경보전을 위하여 노력하여야 할 국가의 의무를 규정한 헌법 제35조 제1항으로부터 당연히 국가에 대하여 건강하고 쾌적한 생활환경을 조성해줄 것을 요구할 수 있는 청구권이 도출될 수 있다. 이러한 건강하고 쾌적한 생활환경에는 공기, 물, 토양, 숲, 자연경관 등의 자연환경 뿐 아니라, 역사적·문화적 유산인 문화적 환경, 공원, 도로, 교량 등의 사회적 환경도 포함된다.

(3) 쾌적한 주거생활권

사회적 기본권의 일종으로서 사회국가원리실현의 수단의 하나인 환경권의 다양한 기능, 예컨대 인간의 존엄과 행복추구의 기본적 수단이자 보건의 권리와 신체의 자유 등 여타의 관련 기본권의 전제조건으로서의 기능을 감안할 때 환경권의 내용에는 당연히 쾌적한 주거환경에서 생활할 권리도 포함되어야 할 것이다. 왜냐하면 쾌적한 주거환경이 확보되지 않을 경우 앞서 언급한 환경권의 다양한 기능은 실현될 수 없고, 결국 인간의 존엄성과 행복은 실현될 수 없기 때문이다. 이에 따라 헌법 제35조 제3항도 "국가는 주택개발정책 등을 통하여 모든 국민이 쾌적한 주거생활을 할 수 있도록 노력하여야 한다."고 쾌적한 주거환경의 조성의무를 규정하고 있고, 이 조항으로부터 쾌적한 주거생활권이라는 권리가 도출될 수 있는 것이다.

6. 환경권의 제한과 그 한계

환경권도 헌법 제37조 제2항에 따라 국가안전보장·질서유지·공공복리를 위해 법률로써 제한할 수 있는데, 이 경우 비례의 원칙과 본질적 내용침해금지의 원칙이 준수되어야 할 것이다. 따라서 환경권이 제대로 기능할 수 없을 정도로 지나치게 제한하는 것, 예컨대 생명이나 건강에 위험을 초래하거나, 쾌적하고 평온한 생활을 도저히 영위할 수 없거나, 직업활동을 목적한 바대로 제대로 수행할 수 없거나, 기타 인간의 존엄과 행복의 추구를 위태롭게 할 정도의 환경침해는 환경권의 본질적 내용을 침해하는 것으로 보아야 할 것이다. 다만 환경권이 가지는 상린관계적 성격, 즉 환경권의 보호가 타인의 기본권의 제한을 수반할 수 있다는 특성에 비추어 국민 모두에게는 환경권 제한에 대한 일정한 수인의무가 있다고 하겠다.

7. 환경권의 침해와 구제

앞서 언급한 바와 같이 환경권이 가지는 상린관계적 성격에 비추어 환경권의 침해에 대하여는 일정한 수인의무를 수반한다. 따라서 환경권에 대한 경미한 침해에 대하여는 이를 수인해야 한다. 그러므로 수인한도를 넘는 환경권 침해가 있는 경우에만 위법성이 인정되고 권리구제를 받을 수 있다고 하겠다.[1)]

(1) 국가에 의한 침해와 구제

국가에 의한 환경권침해는 공권력의 적극적 발동으로 인해 이루어지는 적극적인 경우와 사인 등 제3자의 환경오염을 허용하거나 저지하지 못함으로써 이루어지는 소극적인 경우로 나누어질 수 있다. 이 경우 그 행위의 위법성을 전제

1) 대판 2007. 6. 28. 선고 2004다54282:
조망이익이 법적인 보호의 대상이 되는 경우에 이를 침해하는 행위가 사법상 위법한 가해행위로 평가되기 위해서는 조망이익의 침해 정도가 사회통념상 일반적으로 인용되는 수인한도를 넘어야 하고, 그 수인한도를 넘었는지 여부는 조망의 대상이 되는 경관의 내용과 피해건물이 입지하고 있는 지역에 있어서 건조물의 전체적 상황 등의 사정을 포함한 넓은 의미에서의 지역성, 피해건물의 위치 및 구조와 조망상황, 특히 조망과의 관계에서의 건물의 건축·사용목적 등 피해건물의 상황, 주관적 성격이 강한 것인지 여부와 여관·식당 등의 영업과 같이 경제적 이익과 밀접하게 결부되어 있는지 여부 등 당해 조망이익의 내용, 가해건물의 위치 및 구조와 조망방해의 상황 및 건축·사용목적 등 가해건물의 상황, 가해건물 건축의 경위, 조망방해를 회피할 수 있는 가능성의 유무, 조망방해에 관하여 가해자측이 해의를 가졌는지의 유무, 조망이익이 피해이익으로서 보호가 필요한 정도 등 모든 사정을 종합적으로 고려하여 판단하여야 한다.
건물의 신축으로 인하여 그 이웃 토지상의 거주자가 직사광선이 차단되는 불이익을 받은 경우에 그 신축 행위가 정당한 권리행사로서의 범위를 벗어나 사법상 위법한 가해행위로 평가되기 위해서는 그 일조방해의 정도가 사회통념상 일반적으로 인용하는 수인한도를 넘어야 하고, 일조방해행위가 사회통념상 수인한도를 넘었는지 여부는 피해의 정도, 피해이익의 성질 및 그에 대한 사회적 평가, 가해건물의 용도, 지역성, 토지이용의 선후관계, 가해방지 및 피해 회피의 가능성, 공법적 규제의 위반 여부, 교섭 경과 등 모든 사정을 종합적으로 고려하여 판단하여야 한다.

로 행정쟁송, 국가배상청구 등을 통해 구제가 이루어질 수 있다.

(2) 사인에 의한 침해와 구제

사인에 의한 침해에 대하여는 민사상 손해배상청구나 사전유지청구에 의한 구제가 고려될 수 있을 것이다. 전자는 침해가 발생된 이후 이루어지는 사후적 구제방법이고, 후자는 환경권침해가 발생하였거나 발생이 예견되는 경우 침해의 중지·배제·예방을 청구할 수 있는 권리로서 일종의 사전적 구제방법이다.

(3) 환경분쟁조정제도

국가나 지방자치단체 또는 사인에 의한 환경침해에 대한 전통적인 구제방법인 사법기관에 의한 구제방법과는 별도로 신속하고 효율적인 분쟁해결과 권리구제를 위해서 환경분쟁조정법에 의해 환경분쟁조정제도가 마련되었다. 이를 위한 기구로 환경분쟁조정위원회가 설치되어 있다(동법 제4조).

(4) 원고적격과 입증책임

환경소송 내지 공해소송에 있어서는 원고적격을 정하는데 어려움이 있다. 왜냐하면 환경피해의 특성상 피해당사자의 범위가 광범위하고 동시에 불명확하기 때문이다. 오늘날 환경권이 가지는 헌법적 중요성과 미래지향적 성격의 기본권이라는 특성을 감안할 때 가능한 한 환경오염을 억제하고, 환경피해에 대한 효율적이고 폭넓은 권리구제를 위하여 원고적격을 환경오염으로 인한 직접적 피해자로 한정하지 말고, 널리 오염된 환경과 관련된 자로 원고적격을 확대해야 할 것이다.

또한 환경소송에 있어서 침해행위와 손해발생 사이의 인과관계의 입증의 어려움을 고려할 때 효율적인 권리구제를 위하여 입증책임을 완화해야 할 것이다. 물론 일반적으로 불법행위로 인한 손해배상청구사건에 있어서 가해행위와 손해발생 간의 인과관계의 입증책임은 원고인 피해자가 부담하나, 환경소송에 있어서 피해자에게 사실적인 인과관계의 존재에 관하여 과학적으로 엄밀한 증명을 요구한다는 것은 환경피해에 대한 사법적 구제를 매우 어렵게 하는 것이다. 따라서 침해행위와 손해발생 사이에 상당인과관계가 존재한다는 개연성이 있으면 충분하다는, 즉 가해자가 어떠한 유해한 원인물질을 배출하고 그것이 피해물건에 도달하여 손해가 발생하였다면 가해자측에서 그것이 무해하다는 것을 입증하지 못하는 한 책임을 면할 수 없다고 보는, 이른바 개연성이론에 따라 피해자의 입증책임을 완화해야 할 것이다.[1)]

한편 환경오염으로 인한 피해배상의 효율성을 제고하기 위하여 환경정책기본법 제44조는 "① 환경오염 또는 환경훼손으로 피해가 발생한 경우에는 해당 환경오염 또는 환경훼손의 원인자가 그 피해를 배상하여야 한다. ② 환경오염 또는 환경훼손의 원인자가 둘 이상인 경우에 어느 원인자에 의하여 제1항에 따른 피해가 발생한 것인지를 알 수 없을 때에는 각 원인자가 연대하여 배상하여야 한다."라고 규정함으로써 환경오염의 피해에 대한 무과실책임을 정하고 있다.

Ⅵ. 혼인과 가족 및 보건에 관한 권리

우리 헌법은 혼인과 가족생활에 있어서의 개인의 존엄과 양성평등의 보장, 그리고 보건에 관한 국가의 보호를 규정함으로써 모든 국민의 혼인과 가족 및 보건에 관한 권리를 보장하고 있다. 혼인과 가족 및 보건에 관한 권리는 개인이 행복한 생활을 영위하기 위하여 가장 기본적으로 요구되는 민주적인 혼인 및 가족제도와 건강권을 보장함으로써 인간의 존엄과 행복의 실현을 가능케 하고, 인간다운 생활 및 실질적 자유 · 평등 · 정의가 구현되는 사회국가의 실현을 가능

1) 대판 2009. 10. 29. 2009다42666:
일반적으로 불법행위로 인한 손해배상청구사건에 있어서 가해행위와 손해발생 간의 인과관계의 입증책임은 청구자인 피해자가 부담하나, 대기오염이나 수질오염에 의한 공해로 인한 손해배상을 청구하는 소송에 있어서는 기업이 배출한 원인물질이 대기나 물을 매체로 하여 간접적으로 손해를 끼치는 수가 많고 공해문제에 관하여는 현재의 과학수준으로도 해명할 수 없는 분야가 있기 때문에 가해행위와 손해의 발생 사이의 인과관계를 구성하는 하나하나의 고리를 자연과학적으로 증명한다는 것이 매우 곤란하거나 불가능한 경우가 많으므로, 이러한 공해소송에 있어서 피해자에게 사실적인 인과관계의 존재에 관하여 과학적으로 엄밀한 증명을 요구한다는 것은 공해로 인한 사법적 구제를 사실상 거부하는 결과가 될 우려가 있는 반면에, 가해기업은 기술적 · 경제적으로 피해자보다 훨씬 원인조사가 용이한 경우가 많을 뿐만 아니라, 그 원인을 은폐할 염려가 있기 때문에, 가해기업이 어떠한 유해한 원인물질을 배출하고 그것이 피해물건에 도달하여 손해가 발생하였다면 가해자측에서 그것이 무해하다는 것을 입증하지 못하는 한 책임을 면할 수 없다고 보는 것이 사회형평의 관념에 적합하다.

케 하는 사회적 기본권의 일종이다.

1. 혼인과 가족에 관한 권리

(1) 의의

헌법 제36조 제1항은 “혼인과 가족생활은 개인의 존엄과 양성의 평등을 기초로 성립되고 유지되어야 하며, 국가는 이를 보장한다.”라고 규정함으로써 개인의 존엄성과 양성평등의 바탕위에서 민주주의원리에 따른 혼인 및 가족제도를 보장하고 있다. 민주주의원리에 따른 혼인 및 가족제도라 함은 혼인 및 가족생활에서의 존엄과 양성평등을 추구하고, 혼인 및 가족생활에 관한 모든 사항을 각 개인이 자율적으로 정하고 국가 등 외부에서 이에 대하여 간섭하지 아니하며, 일부일처제의 토대위에서 가부장적 혼인 및 가족생활을 배격하는 것을 말한다.[1)]

(2) 혼인과 가족에 관한 권리의 법적 성격

혼인과 가족에 관한 권리의 법적 성격에 대하여 제도보장설, 원칙규범설, 자유권설, 생존권설 등 다양한 견해가 제시되고 있는데, 복합적 성격의 기본권이라고 하겠다. 즉 첫째, 혼인과 가족에 관한 권리는 혼인과 가족생활을 국가 등 외부의 간섭 없이 스스로 결정하고 형성할 수 있는 권리를 보장한다는 점에서

---

1) 헌재 2000. 4. 27. 98헌가16 등, 판례집 12-1, 427, 445-446:
헌법 제36조 제1항은 “혼인과 가족생활은 개인의 존엄과 양성의 평등을 기초로 성립되고 유지되어야 하며, 국가는 이를 보장한다”고 하여 혼인 및 그에 기초하여 성립된 부모와 자녀의 생활공동체인 가족생활이 국가의 특별한 보호를 받는다는 것을 규정하고 있다. 이 헌법규정은 소극적으로는 국가권력의 부당한 침해에 대한 개인의 주관적 방어권으로서 국가권력이 혼인과 가정이란 사적인 영역을 침해하는 것을 금지하면서, 적극적으로는 혼인과 가정을 제3자 등으로부터 보호해야 할 뿐이 아니라 개인의 존엄과 양성의 평등을 바탕으로 성립되고 유지되는 혼인·가족제도를 실현해야 할 국가의 과제를 부과하고 있다. 혼인과 가족의 보호는 헌법이 지향하는 자유민주적 문화국가의 필수적인 전제조건이다. 개별성·고유성·다양성으로 표현되는 문화는 사회의 자율영역을 바탕으로 하고, 사회의 자율영역은 무엇보다도 바로 가정으로부터 출발하기 때문이다. 헌법은 가족제도를 특별히 보장함으로써, 양심의 자유, 종교의 자유, 언론의 자유, 학문과 예술의 자유와 같이 문화국가의 성립을 위하여 불가결한 기본권의 보장과 함께, 견해와 사상의 다양성을 그 본질로 하는 문화국가를 실현하기 위한 필수적인 조건을 규정한 것이다. 따라서 헌법은 제36조 제1항에서 혼인과 가정생활을 보장함으로써 가족의 자율영역이 국가의 간섭에 의하여 획일화·평준화되고 이념화되는 것으로부터 보호하고자 하는 것이다.

혼인과 가족에 관한 권리는 자유권적 권리의 성격을 가지고 있다. 둘째, 혼인과 가족에 관한 권리는 혼인과 가족생활이 개인의 존엄과 양성의 평등을 기초로 성립되고 유지되도록 국가가 적극적으로 조치를 취할 것을 국가에 요구할 수 있는 생존권적 권리의 성격도 가진다. 셋째, 혼인과 가족에 관한 권리는 혼인과 가족에 관련되는 공법 및 사법의 모든 영역에 영향을 미치는 헌법원리 내지 원칙규범으로서의 성격도 가지는데, 이는 적극적으로는 적절한 조치를 통해서 혼인과 가족을 지원하고 제3자에 의한 침해로부터 혼인과 가족을 보호해야 할 국가의 과제를 포함하며, 소극적으로는 각종 불이익을 야기하는 제한조치에 의해 혼인과 가족을 차별하는 것을 금지해야 할 국가의 의무를 포함한다.[1] 넷째, 혼인과 가족에 관한 권리는 국가권력을 기속하는 제도적 보장의 성격도 갖고 있다.[2] 제도보장으로서의 혼인은 일반적인 법에 의한 폐지나 제도의 본질적 내용의 침해를 금지한다는 의미의 최소보장의 원칙이 적용되는 대상으로서 혼인제도의 규범적 핵심을 말한다.

한편 혼인과 가족에 관한 권리는 주관적 권리이자 객관적 가치질서로서의 성격을 가진다. 따라서 혼인과 가족에 관한 권리는 대국가적인 공권으로서 앞서 언급한 바와 같이 소극적인 자유권적 권리의 성격과 적극적인 생존권적 권리의 성격을 가진다. 아울러 혼인과 가족에 관한 권리는 사회공동체의 모든 구성원이 존중하고 관철시켜야 하는 객관적 가치질서로서의 성격을 가지고, 사인간에도 그 효력을 미친다.

---

1) 헌재 2002. 8. 29. 2001헌바82, 판례집 14-2, 170, 180:
헌법 제36조 제1항은 혼인과 가족생활을 스스로 결정하고 형성할 수 있는 자유를 기본권으로서 보장하고, 혼인과 가족에 대한 제도를 보장한다. 그리고 헌법 제36조 제1항은 혼인과 가족에 관련되는 공법 및 사법의 모든 영역에 영향을 미치는 헌법원리 내지 원칙규범으로서의 성격도 가지는데, 이는 적극적으로는 적절한 조치를 통해서 혼인과 가족을 지원하고 제삼자에 의한 침해 앞에서 혼인과 가족을 보호해야 할 국가의 과제를 포함하며, 소극적으로는 불이익을 야기하는 제한조치를 통해서 혼인과 가족을 차별하는 것을 금지해야 할 국가의 의무를 포함한다. 이러한 헌법원리로부터 도출되는 차별금지명령은 헌법 제11조 제1항에서 보장되는 평등원칙을 혼인과 가족생활영역에서 더욱 더 구체화함으로써 혼인과 가족을 부당한 차별로부터 특별히 더 보호하려는 목적을 가진다. 이 때 특정한 법률조항이 혼인한 자를 불리하게 하는 차별취급은 중대한 합리적 근거가 존재하여 헌법상 정당화되는 경우에만 헌법 제36조 제1항에 위배되지 아니한다.

2) 헌재 2002. 3. 28. 2000헌바53, 판례집 14-1, 159, 165.

(3) 혼인과 가족에 관한 권리의 주체

혼인과 가족에 관한 권리는 인간의 존엄과 양성의 평등에 기초하는 자연인 전속적인 권리로서 자연인만이 주체가 되고 법인은 제외된다. 혼인과 가족에 관한 권리가 보편적 인권의 성격을 가지는 바 자연인 중 국민만이 아니라 외국인도 그 주체가 될 수 있다고 하겠다.

(4) 혼인과 가족에 관한 권리의 내용

1) 혼인의 자유보장

앞서 언급한 바와 같이 헌법 제36조 제1항은 혼인제도와 가족제도에 관한 헌법원리를 규정한 것으로서 혼인제도와 가족제도는 인간의 존엄성 존중과 민주주의의 원리에 따라 규정되어야 함을 천명한 것이라 볼 수 있다. 이에 따라 혼인과 가족에 관한 권리의 내용은 먼저 혼인의 자유보장을 내용으로 한다. 이는 혼인에 있어서도 개인의 존엄과 양성의 본질적 평등의 바탕위에서 모든 국민은 스스로 혼인을 할 것인가 하지 않을 것인가를 결정할 수 있고, 혼인을 함에 있어서도 그 시기는 물론 상대방을 자유로이 선택할 수 있는 것이며, 이러한 자유로운 결정에 따라 혼인과 가족생활을 유지할 수 있고, 국가는 이를 보장해야 하는 것이다.[1)]

혼인의 자유에는 이혼의 자유도 당연히 포함된다. 또한 혼인의 자유는 개인의 존엄과 양성의 평등을 기초로 성립되고 유지되어야 하기 때문에 당연히 일부일처제가 바탕이 되어야 하며, 중혼이나 일부다처제, 축첩은 금지된다.[2)] 또한 동성동본간의 결혼을 금지하는 이른바 동성동본불혼제도 역시 혼인의 자유를 침해한 것으로 위헌이다.[3)]

---

1) 헌재 1997. 7. 16. 95헌가6 등, 판례집 9-2, 1, 17.

2) 헌재 2014. 7. 24. 2011헌바275, 판례집 26-2상, 1, 5:
혼인제도에는 당연히 일부일처제가 포함된다. 그런데 중혼은 일부일처제에 반하는 상태로, 언제든지 중혼을 취소할 수 있게 하는 것은 헌법 제36조 제1항의 규정에 의하여 국가에 부과된, 개인의 존엄과 양성의 평등을 기초로 한 혼인과 가족생활의 유지·보장의무 이행에 부합한다.

3) 헌재 1997. 7. 16. 95헌가6 등, 판례집 9-2, 1, 17-18:
동성동본금혼조항은 동성동본인 혈족사이의 혼인을 그 촌수의 원근에 관계없이 일률적으로 그러나 혼인연령을 제한하거나 근친혼을 금지하는 것은 공익상 정당화되는 것으로 혼인의 자유에 대한 침해가 아니다.

2) 양성의 평등보장

헌법 제36조 제1항에 따라 혼인과 가족생활은 양성의 평등을 기초로 성립되고 유지되어야 하기 때문에 가족생활의 영역에 있어서 양성간의 평등이 보장되어야 한다. 즉 남녀의 성을 근거로 하여 차별하는 것은 원칙적으로 금지되고, 성질상 오로지 남성 또는 여성에게만 특유하게 나타나는 문제의 해결을 위하여 필요한 예외적 경우에만 성차별적 규율이 정당화된다. 따라서 과거 전통적으로 남녀의 생활관계가 일정한 형태로 형성되어 왔다는 사실이나 관념에 기인하는 차별, 즉 성역할에 관한 고정관념에 기초한 차별 또는 가부장적 차별은 허용되지 않는다. 이런 점에서 과거 남계혈통을 중심으로 인위적 가족집단인 가를 구성하고 이를 승계하는 것을 본질로 하는 호주제는 가족 내에서의 남성의 우월적 지위, 여성의 종속적 지위라는 전래적 여성상에 뿌리박은 차별제도로서 가족생활에서의 양성평등을 위반한 것으로 위헌이다.[1]

모두 금지하고 민법은 이를 위반한 혼인을 취소할 수 있도록 하였을 뿐만 아니라 아예 그 혼인신고 자체를 수리하지 못하도록 하고 있어, 동성동본인 혈족은 서로가 아무리 진지하게 사랑하고 있다고 하더라도 또 촌수를 계산할 수 없을 만큼 먼 혈족이라 하더라도 혼인을 할 수 없고 따라서 혼인에 있어 상대방을 결정할 수 있는 자유를 제한하고 있는 동시에, 그 제한의 범위를 동성동본인 혈족, 즉 남계혈족에만 한정함으로써 성별에 의한 차별을 하고 있다. 그렇다면 동성동본금혼조항은 이미 위에서 본 바와 같이 금혼규정으로서의 사회적 타당성 내지 합리성을 상실하고 있음과 아울러 '인간으로서의 존엄과 가치 및 행복추구권'을 규정한 헌법이념 및 규정과 '개인의 존엄과 양성의 평등'에 기초한 혼인과 가족생활의 성립·유지라는 헌법규정에 정면으로 배치된다 할 것이고, 또 그 금혼의 범위를 동성동본인 혈족, 즉 남계혈족에만 한정하여 성별에 의한 차별을 하고 있는데 이를 시인할만한 합리적인 이유를 찾아볼 수 없으므로 헌법상의 평등의 원칙에도 위반되는 것이다.

1) 헌재 2005. 2. 3. 2001헌가9 등, 판례집 17-1, 1, 2:
호주제는 "호주를 정점으로 가라는 관념적 집합체를 구성하고, 이러한 가를 직계비속남자를 통하여 승계시키는 제도", 달리 말하면 남계혈통을 중심으로 가족집단을 구성하고 이를 대대로 영속시키는데 필요한 여러 법적 장치이다. 이는 성역할에 관한 고정관념에 기초한 차별로서, 호주승계 순위, 혼인 시 신분관계 형성, 자녀의 신분관계 형성에 있어서 정당한 이유 없이 남녀를 차별하는 제도이고, 이로 인하여 많은 가족들이 현실적 가족생활과 가족의 복리에 맞는 법률적 가족관계를 형성하지 못하여 여러모로 불편과 고통을 겪고 있다.
호주제는 당사자의 의사나 복리와 무관하게 남계혈통 중심의 가의 유지와 계승이라는 관념에 뿌리박은 특정한 가족관계의 형태를 일방적으로 규정·강요함으로써 개인을 가족 내에서 존엄한 인격체로 존중하는 것이 아니라 가의 유지와 계승을 위한 도구적 존재로 취급하

한편 헌법재판소는 자가 부의 성과 본을 따르도록 한 부성주의에 대하여 헌법불합치결정을 내렸고,[1] 부부의 자산소득을 합산하여 과세하도록 한 부부자산소득합산제도에 대하여 자산소득합산과세의 대상이 되는 혼인한 부부를 혼인하지 않은 부부나 독신자에 비하여 차별취급하는 것이라는 이유로 위헌결정을 내렸다.[2]

고 있는데, 이는 혼인·가족생활을 어떻게 꾸려나갈 것인지에 관한 개인과 가족의 자율적 결정권을 존중하라는 헌법 제36조 제1항에 부합하지 않는다.

1) 헌재 2005. 12. 22. 2003헌가5 등, 판례집 17-2, 544, 545:
[재판관 윤영철, 재판관 김효종, 재판관 김경일, 재판관 주선회, 재판관 이공현의 의견]
양계 혈통을 모두 성으로 반영하기 곤란한 점, 부성의 사용에 관한 사회 일반의 의식, 성의 사용이 개인의 구체적인 권리의무에 영향을 미치지 않는 점 등을 고려할 때 민법 제781조 제1항 본문(2005. 3. 31. 법률 제7427호로 개정되기 전의 것) 중 '자는 부의 성과 본을 따르고' 부분이 성의 사용 기준에 대해 부성주의를 원칙으로 규정한 것은 입법형성의 한계를 벗어난 것으로 볼 수 없다.
출생 직후의 자에게 성을 부여할 당시 부가 이미 사망하였거나 부모가 이혼하여 모가 단독으로 친권을 행사하고 양육할 것이 예상되는 경우, 혼인외의 자를 부가 인지하였으나 여전히 모가 단독으로 양육하는 경우 등과 같은 사례에 있어서도 일방적으로 부의 성을 사용할 것을 강제하면서 모의 성의 사용을 허용하지 않고 있는 것은 개인의 존엄과 양성의 평등을 침해한다.
입양이나 재혼 등과 같이 가족관계의 변동과 새로운 가족관계의 형성에 있어서 구체적인 사정들에 따라서는 양부 또는 계부 성으로의 변경이 개인의 인격적 이익과 매우 밀접한 관계를 가짐에도 부성의 사용만을 강요하여 성의 변경을 허용하지 않는 것은 개인의 인격권을 침해한다.
[재판관 송인준, 재판관 전효숙의 의견]
이 사건 법률조항은 모든 개인으로 하여금 부의 성을 따르도록 하고 모의 성을 사용할 수 없도록 하여 남성과 여성을 차별취급하고 있으면서도 그와 같은 차별취급에 대한 정당한 입법목적을 찾을 수 없어 혼인과 가족생활에 있어서의 양성의 평등을 명하고 있는 헌법 제36조 제1항에 위반된다.
이 사건 법률조항은 혼인과 가족생활에 있어 개인의 성을 어떻게 결정하고 사용할 것인지에 대해 개인과 가족의 구체적인 상황이나 의사를 전혀 고려하지 않고 국가가 일방적으로 부성의 사용을 강제하고 있음에도 그와 같은 부성 사용의 강제에 대한 구체적인 이익을 찾을 수 없어 혼인과 가족생활에 있어서의 개인의 존엄을 보장한 헌법 제36조 제1항에 위반된다.

2) 헌재 2002. 8. 29. 2001헌바82, 판례집 14-2, 170, 171:
부부간의 인위적인 자산 명의의 분산과 같은 가장행위 등은 상속세및증여세법상 증여의제 규정 등을 통해서 방지할 수 있고, 부부의 공동생활에서 얻어지는 절약가능성을 담세력과 결부시켜 조세의 차이를 두는 것은 타당하지 않으며, 자산소득이 있는 모든 납세의무자 중에서 혼인한 부부가 혼인하였다는 이유만으로 혼인하지 않은 자산소득자보다 더 많은 조세부담을 하여 소득을 재분배하도록 강요받는 것은 부당하며, 부부 자산소득 합산과세를 통해서 혼인한 부부에게 가하는 조세부담의 증가라는 불이익이 자산소득합산과세를 통하여 달성하는 사회적 공익보다 크다고 할 것이므로, 소득세법 제61조 제1항이 자산소득합산과세의 대상이 되는 혼인한 부부를 혼인하지 않은 부부나 독신자에 비하여 차별취급하는 것

2. 모성의 보호를 받을 권리

(1) 의의

헌법 제36조 제2항은 "국가는 모성의 보호를 위하여 노력하여야 한다."라고 규정하여 모성의 보호에 관한 국가의 의무와 국가로부터 모성의 보호를 받을 권리를 규정하고 있다. 주지하는 바와 같이 모성의 보호는 혼인과 가족생활이 인간의 존엄과 양성의 평등을 기초로 성립되고 유지되게 하기 위하여, 그리고 행복추구와 인간다운 생활이 보장되도록 하기 위하여 필수적으로 요구되는 국가의 의무이자 모성의 권리라고 하겠다.

(2) 모성의 보호를 받을 권리의 주체

모자보건법에 따르면 '모성'이란 임산부와 가임기 여성을 말하고, '임산부'란 임신 중이거나 분만 후 6개월 미만인 여성을 말한다(제2조 제1호 및 제2호). 따라서 모성의 보호를 받을 권리의 주체는 가임기 여성 또는 임신 중이거나 분만 후 6개월 미만인 여성이다.

(3) 모성의 보호를 받을 권리의 내용

모성의 보호를 받을 권리는 첫째, 모성의 생명과 건강, 임신과 출산, 양육 등을 보호할 국가의 의무와 국가에 대하여 이러한 모성의 보호를 요구할 권리를 내용으로 한다. 둘째, 모성으로 인한 불이익의 금지를 내용으로 한다. 예컨대 모성의 임신이나 출산 등을 이유로 고용관계나 임금 등에 있어서 부당한 차별을 받지 아니할 자유와 이를 제도적으로 뒷받침하고 개입해야 할 국가의 의무를 내용으로 한다. 셋째, 기타 모성보호를 위한 국가의 적극적인 정책과 지원을 내용으로 한다.

3. 보건에 관한 권리

헌법 제36조 제3항은 "모든 국민은 보건에 관하여 국가의 보호를 받는다."라

은 헌법상 정당화되지 아니하기 때문에 헌법 제36조 제1항에 위반된다.

고 하여 국민의 보건에 관한 국가의 보호의무를 규정하고 있다.

(1) 의의

한 개인이 자신의 존엄성의 바탕위에서 행복한 생활을 영위하고, 정상적인 직업활동을 하며, 다양한 기본권을 향유하고 실현하기 위해서는 건강이 전제되어야 한다. 이런 점에서 보건에 관한 권리는 인간의 존엄과 가치 및 행복의 추구와 인간다운 생활의 확보·유지를 위한 전제조건이자, 생명권이나 신체의 자유, 모성의 보호를 받을 권리 등 여타의 관련 기본권의 실현을 위한 전제조건이다. 결국 보건에 관한 권리는 국민 각자가 자신의 건강을 스스로 지킬 수 있는 자유를 보장함과 동시에 국민의 건강을 보호하고 그러한 여건을 마련해야 하는 국가의 의무라고 하겠다.

(2) 보건에 관한 권리의 법적 성격

보건에 관한 권리는 국가의 건강침해에 대한 배제청구권이라는 점에서 자유권적 성격을 가지고, 국가에 대하여 보건에 대한 적극적인 지원과 배려를 요구할 수 있는 권리라는 점에서 생존권적 성격도 가지는 복합적 성격의 기본권이다. 아울러 이는 대국가적 공권 내지 주관적 권리로서의 성격 뿐 아니라 객관적 가치질서로서의 성격을 가지며, 사인간에도 그 효력을 미친다고 하겠다.

(3) 보건에 관한 권리의 내용

앞서 언급한 바와 같이 보건에 관한 권리는 모든 국민의 건강에 대한 국가의 보호의무를 바탕으로 하는 복합적 성격의 기본권이다. 따라서 보건에 관한 권리는 국민의 건강을 국가가 침해하지 않도록 요구할 수 있는 소극적 권리와, 타인이 나 자신의 건강을 침해하지 않도록 국가가 행정규제나 형사처벌 등 다양한 방법을 통해 막아줄 것을 요구하거나[1)] 국민의 건강을 유지하고 증진시키

1) ① 헌재 1995. 4. 20. 91헌바11, 판례집 7-1, 478, 491:
헌법 제36조 제3항이 규정하고 있는 국민의 보건에 관한 권리는 국민이 자신의 건강을 유지하는 데 필요한 국가적 급부와 배려를 요구할 수 있는 권리를 말하는 것으로서, 국가는 국민의 건강을 소극적으로 침해하여서는 아니될 의무를 부담하는 것에서 한걸음 더 나아가 적극적으로 국민의 보건을 위한 정책을 수립하고 시행하여야 할 의무를 부담한다는 것을 의미한다. 그런데 이 사건 심판대상조항들은 국민의 건강을 해치는 마약의 남용으로부터

기 위한 다양한 급부와 배려를 국가에 대하여 요구할 수 있는 적극적 권리를 내용으로 한다.[1] 따라서 국가의 보호의무는 국가가 국민의 건강을 해치는 행위를 해서는 안되는 소극적 의무에서 그치는 것이 아니라, 능동적으로 국민보건의 유지와 증진을 위한 정책을 수립하고 시행해야 할 적극적 의무를 포함한다. 예컨대 건강보험제도, 식품의 제조·유통·판매관리, 전염병의 예방관리, 상수원의 보호관리, 전매사업의 제조·판매관리 및 흡연시설과 흡연장소관리,[2] 마약의 단속, 주류의 제조·판매관리[3] 등 보건에 관한 다양하고 빈틈없는 배려와 지원을

국민을 보호할 목적으로 마약의 매매행위 등을 범죄로 규정하고 이를 처벌하는 것이므로 국가가 위 헌법규정의 요청을 적극적으로 수행하는 것으로 될 수는 있을지언정, 이로써 국가권력이 국민의 보건을 침해한다거나 국민의 보건을 조장할 의무를 게을리 하는 것으로 볼 여지는 없으므로, 이 사건 심판대상조항들이 국민의 보건권을 규정한 위 헌법 규정과 충돌할 이유가 없다.

② 헌재 1996. 10. 31. 94헌가7, 판례집 8-2, 408, 418-419:
무면허 의료행위를 일률적, 전면적으로 금지하고 이를 위반한 경우에는 그 치료결과에 관계없이 형사처벌을 받게 하는 이 법의 규제방법은, '대안이 없는 유일한 선택'으로서 실질적으로도 비례의 원칙에 합치되는 것이다. 그렇다면 이 사건 법률조항인 의료법 제25조 제1항 등은 헌법 제10조가 규정하는 인간으로서의 존엄과 가치를 보장하고 헌법 제36조 제3항이 규정하는 국민보건에 관한 국가의 보호의무를 다하고자 하는 것으로서, 국민의 생명권, 건강권, 보건권 및 그 신체활동의 자유 등을 보장하는 규정이지, 이를 제한하거나 침해하는 규정이라고 할 수 없다.

1) 헌재 1998. 7. 16. 96헌마246, 판례집 10-2, 283, 310-311:
헌법은 "모든 국민은 보건에 관하여 국가의 보호를 받는다"라고 규정하고 있는바(제36조 제3항), 이를 '보건에 관한 권리' 또는 '보건권'으로 부르고, 국가에 대하여 건강한 생활을 침해하지 않도록 요구할 수 있을 뿐만 아니라 보건을 유지하도록 국가에 대하여 적극적으로 요구할 수 있는 권리로 이해한다 하더라도 치과전문의제도를 시행하고 있지 않기 때문에 청구인을 포함한 국민의 보건권이 현재 침해당하고 있다고 보기는 어렵다.

2) 헌재 2004. 8. 26. 2003헌마457, 판례집 16-2상, 355, 356:
금연구역의 지정에 관하여 규정하고 있는 국민건강증진법시행규칙 제7조는 국민의 건강을 보호하기 위한 것으로서 목적의 정당성을 인정할 수 있고, 일정한 내용의 금연구역을 설정하는 방법의 적정성도 인정할 수 있으며, 달성하려는 공익이 제한되는 사익보다 커 법익균형성도 인정되고, 금연구역 지정의 대상과 요건을 고려할 때 최소침해성도 인정되므로, 과잉금지원칙에 위반되지 아니한다.

3) 헌재 1996. 12. 26. 96헌가18, 판례집 8-2, 680, 689-690:
일반적으로 고알코올증류주에 한하여 정부가 주류의 제조·판매의 과정에 직접 개입하여 주류의 유통을 효율적으로 관리함으로써 주류소비량의 억제 내지는 적정유지 및 정확한 세원확보를 목적으로 하는 전매제도를 시행하고 있는 국가가 있는가 하면, 주류전매제를 시행하지 않는 경우에도 이를 대신하는 주류의 제조 및 판매에 관한 다양한 면허제도, 미성년자의 음주를 방지하기 위한 음주허용연령의 법적 규제, 광고를 통하여 주류소비를 조장

국가가 이행해야 한다. 특히 경제적 약자나 신체적·정신적 약자 내지 장애자를 포함한 국민 모두가 건강권을 향유할 수 있도록 배려하고 지원하는 효율적이고 사각지대 없는 건강보험제도의 확립은 소득수준이나 질병정도에 관계없이 모든 국민에게 동질의 의료보장을 제공해야 하는 국가의 책무, 나아가 헌법 제34조 제2항이 정한 사회보장·사회복지의 증진에 노력해야 할 국가의 의무에도 부합하는 매우 중요한 요소라고 하겠다.[1)]

이에 따라 국민 개개인이 건강한 삶을 영위할 수 있도록 제도와 여건을 조성하고, 보건의료에 관한 국민의 권리·의무와 국가 및 지방자치단체의 책임을 정하며, 국가의 보건정책의 수립·시행을 위한 다양한 법률이 제정·시행되고 있다. 대표적으로 국민의 질병·부상에 대한 예방·진단·치료·재활과 출산·사망 및 건강증진에 대하여 보험급여를 실시함으로써 국민보건 향상과 사회보장 증진에 이바지함을 목적으로 하는 국민건강보험법, 보건의료의 발전과 그에 관

하는 효과를 제한·방지하기 위한 광고의 규제, 주류의 무분별한 과소비를 막기 위한 판매시간의 규제 등 각 나라마다 국민의 음주습관과 사회·문화적 여러 요소를 고려하여 다양한 규제정책을 시행하고 있다. 현행의 주세법도 제정의 연혁과 그 내용에 의하면 주류가 국민건강에 미치는 영향이 크고, 국가의 재정에도 직접 영향을 미치는 것이기 때문에 다른 상품과는 달리 특별히 법률을 제정하여 주류의 제조 및 판매에 걸쳐 폭넓게 국가의 규제를 받도록 하고 있다. 따라서 입법자는 주류에 대하여 '국민보건'과 '세수확보'를 위한 규제에 있어서는 일반 상품과는 달리 광범위한 입법형성의 자유를 가진다 할 것이다.

1) 헌재 2003. 10. 30. 2000헌마801, 판례집 15-2하, 106, 131-135:
국가가 의료보장제도를 시행하는 헌법적 근거는 국민의 인간으로서의 존엄성과 인간다운 생활의 확보·유지를 위하여 국가에게 의무를 부과하고 있는 헌법조항들 즉, 헌법 제34조 제1항(모든 국민은 인간다운 생활을 할 권리를 가진다), 동조 제2항(국가는 사회보장·사회복지의 증진에 노력할 의무를 진다), 헌법 제36조 제3항(모든 국민은 보건에 관하여 국가의 보호를 받는다) 등에서 찾을 수 있다.… 건강보험은 사적인 자율영역에 맡겨 질 수 있는 성격의 문제가 아니라 경제적인 약자에게도 기본적인 의료서비스를 제공하기 위한 국가의 사회보장·사회복지 증진의무의 일부로서 공공복리를 위한 것이다. 그러므로 국가가 보험자인 국민건강보험공단의 설립을 통하여 달성하고자 하는 과제는 헌법상 정당하며, 소득재분배와 위험분산의 효과를 거두려는 사회보험의 목표는 임의가입의 형식으로 운영하는 한 달성하기 어렵고 법률로써 가입을 강제하고 소득수준에 따라 차등을 둔 보험료를 부과함으로써만 이루어질 수 있는 것이어서, 국민에게 보험가입의무를 강제로 부과하고 경제적 능력에 따른 보험료를 납부하도록 하는 것은 건강보험의 목적을 달성하기 위하여 적합하고도 반드시 필요한 조치라는 점에서 이로 인한 기본권의 제한은 부득이한 것이고, 가입강제와 보험료의 차등부과로 인하여 달성되는 공익은 그로 인하여 침해되는 사익에 비하여 월등히 크다고 할 수 있으므로 일반적 행동의 자유권으로서의 보험에 가입하지 않을 자유와 재산권에 대한 제한은 정당화된다고 하겠다.

한 국가와 지방자치단체의 책임 및 보건의료발전계획의 수립·시행에 관한 사항을 정한 보건의료기본법, 국민 건강에 위해가 되는 감염병의 발생과 유행을 방지하고, 그 예방 및 관리를 위하여 필요한 사항을 정한 「감염병의 예방 및 관리에 관한 법률」 등이 그것이다.

(4) 보건에 관한 국민의 의무

한편 보건에 관한 권리는 의무를 수반한다. 즉 보건에 관한 권리는 국민건강에 대한 국가의 보호의무를 주 내용으로 하는데, 국가의 보호의무는 국민 각자가 자신의 건강을 스스로 지키는 권리와 의무를 전제로 한다. 왜냐하면 이러한 국가의 보호의무 내지 다양한 정책의 수립과 시행은 건강권의 주체인 국민 스스로가 먼저 자신의 건강을 유지하고 증진시킬 것을 노력하고 국가의 보건정책에 적극적으로 협조할 때에만 그 실효성을 가질 수 있기 때문이다.

이에 따라 보건의료기본법 제14조도 "① 모든 국민은 자신과 가족의 건강을 보호·증진하기 위하여 노력하여야 하며, 관계 법령에서 정하는 바에 따라 건강을 보호·증진하는 데에 필요한 비용을 부담하여야 한다. ② 누구든지 건강에 위해한 정보를 유포·광고하거나 건강에 위해한 기구·물품을 판매·제공하는 등 다른 사람의 건강을 해치거나 해칠 우려가 있는 행위를 하여서는 아니 된다. ③ 모든 국민은 보건의료인의 정당한 보건의료서비스와 지도에 협조한다."라고 규정함으로써 보건의료에 관한 국민의 의무를 명백히 하고 있다.

(5) 보건에 관한 권리의 침해와 구제

국가의 행정작용 내지 사실행위에 의해서 건강권을 침해당한 경우 국민은 국가배상청구권에 의하여 구제를 받고, 사인에 의한 침해의 경우에는 민사상의 손해배상청구권에 의한 구제를 받을 수 있다.

제 5 절 청구권적 기본권

헌법상의 기본원리인 법치주의원리는 1차적으로 국가작용이 법에 합치되고 국민의 자유와 권리를 보호할 것을 요구하고 있지만, 다른 한편 국가작용이 그 내용과 절차 등에 있어서 위헌·위법하게 이루어지고, 그로 인해 국민의 자유와 권리가 침해되는 결과를 초래한 경우 이러한 침해된 권리의 구제를 아울러 요구하고 있다. 그런데 이러한 권리구제는 국가기관에 청구하고 국가기관에 의하여 이루어지기 때문에 이러한 권리구제를 위한 기본권을 청구권적 기본권이라고 한다. 여타의 일반적인 기본권이 자유와 권리의 실체를 보호하기 위한 기본권이라고 한다면 이들 청구권적 기본권은 그러한 실체적 기본권의 침해를 구제하기 위한 절차적 기본권 또는 기본권보장을 위한 기본권이라고 할 수 있다. 결국 이러한 청구권적 기본권은 국민의 기본권 보장과 법치주의실현 및 공권력통제의 기능을 가지는 것이다.

우리 헌법은 이러한 청구권적 기본권으로 청원권(제26조), 재판청구권(제27조), 형사보상청구권(제28조), 국가배상청구권(제29조), 범죄피해자구조청구권(제30조) 등을 규정하고 있다.

Ⅰ. 청원권

1. 청원권의 의의와 기능

(1) 의의

헌법 제26조는 "① 모든 국민은 법률이 정하는 바에 의하여 국가기관에 문서로 청원할 권리를 가진다. ② 국가는 청원에 대하여 심사할 의무를 진다."라고 규정함으로써 청원권을 보장하고 있다. 청원권은 국민이 국가기관에 대하여 자신의 의견이나 희망을 진술할 수 있는 권리를 말한다.

(2) 기능

첫째, 청원권은 개개의 국민이 자신의 의견이나 희망을 국가기관에 진술하고 이를 국정에 반영할 수 있는 기회를 제공해줌으로써 민주주의원리의 실현수단으로서의 기능을 가진다. 둘째, 청원권은 청원을 통해 국정의 비리와 부조리를 감시하고 국정을 통제할 기회를 제공해줌으로써 국가권력에 대한 견제와 통제의 기능을 가진다. 셋째, 개개의 국민이 자신의 의견이나 희망을 직접 국가기관에 진술하고 이를 국정에 반영할 수 있는 기회를 제공해주는 사실상의 직접민주주의적 요소를 가짐으로써 정부나 국회의 기능을 보충하는 대의제도의 보완적 기능을 가진다. 넷째, 청원권은 제한적이나마 자신의 침해된 권리에 대하여 요건과 절차가 간이한 구제의 기회를 제공해줌으로써 전통적인 사법적 구제수단을 보완하는 보충적인 권리구제수단으로서의 기능을 가진다.

2. 청원권의 법적 성격

청원권은 국민이 국가기관에 대하여 국가 등 외부의 간섭 없이 자신의 의견이나 희망을 자유롭게 진술할 수 있는 권리라는 점에서 소극적인 자유권적 성격을 가지며, 다른 한편 국가에게 자신의 청원을 수리하고 심사하도록 청구하고 상황에 따라서는 보완적인 권리구제수단으로서 기능하도록 한다는 점에서 적극적인 청구권적 성격도 가진다. 따라서 청원권은 복합적 성격의 기본권이라고 하겠다.

한편 청원권은 대국가적 공권으로서 주관적 권리의 성격이 강하지만 객관적 가치질서로서의 성격도 부인할 수 없다. 따라서 사회공동체의 모든 구성원이 청원권을 존중하고 관철시켜야 한다. 그런 점에서 청원권은 사인간에도 그 효력을 미친다. 예컨대 청원을 이유로 청원인에게 국가에 의해서 뿐 아니라 사용자 등 사인에 의해서도 불이익한 처우가 이루어져서는 안된다. 이에 따라 청원법 제12조는 "누구든지 청원을 하였다는 이유로 차별대우를 받거나 불이익을 강요당하지 아니한다."라고 청원을 이유로 한 차별대우의 금지를 명시하고 있다.

3. 청원권의 주체

청원권의 주체는 먼저 자연인이다. 그런데 청원권은 보편적 인권의 성격을 가지므로 자연인 중 국민 뿐 아니라 외국인도 청원권의 주체가 될 수 있다고 하겠다. 법인도 청원권의 주체가 된다(청원법 제6조 제1항 참조).

4. 청원권의 내용

청원권은 공권력과의 관계에서 일어나는 다양한 이해관계, 의견, 희망 등에 관하여 적법한 청원을 한 모든 국민에게, 국가기관이(그 주관관서가) 청원을 수리할 뿐만 아니라, 이를 심사하여, 청원자에게 적어도 그 처리결과를 통지할 것을 요구할 수 있는 권리를 말한다.[1)]

(1) 청원사항

헌법 제26조 제1항은 청원에 관한 구체적 사항을 법률에 위임했다. 이에 따라 청원법 제4조는 청원사항에 대하여 "① 피해의 구제, ② 공무원의 위법·부당한 행위에 대한 시정이나 징계의 요구, ③ 법률·명령·조례·규칙 등의 제정·개정 또는 폐지, ④ 공공의 제도 또는 시설의 운영, ⑤ 그 밖에 국가기관 등의 권한에 속하는 사항"을 규정하고 있다. 그러나 청원권은 본래 그 내용의 제한 없이 자신의 의견이나 희망을 국가기관에 진술할 수 있는 권리이므로 청원사항에 제한이 있을 수 없다. 이에 따라 청원법 제4조 제5호도 '그 밖에 국가기관 등의 권한에 속하는 사항'이라고 규정하고 있듯이 국가기관이나 공공단체 등의 권한에 속하는 사항은 원칙적으로 모두 청원의 대상이 된다고 하겠다. 따라서 청원법 제4조는 예시규정이라고 하겠다.

그러나 ① 감사·수사·재판·행정심판·조정·중재 등 다른 법령에 의한 조사·불복 또는 구제절차가 진행중인 때, ② 허위의 사실로 타인으로 하여금 형사처분 또는 징계처분을 받게 하거나 국가기관 등을 중상모략하는 사항인 때, ③ 사인간의 권리관계 또는 개인의 사생활에 관한 사항인 때, ④ 청원인의 성

---

1) 헌재 1994. 2. 24. 93헌마213 등, 판례집 6-1, 183, 189-190.

명 · 주소 등이 불분명하거나 청원내용이 불명확한 때에는 청원을 수리하지 아니한다(청원법 제5조). 또한 동일인이 동일한 내용의 청원서를 동일한 기관에 2건 이상 제출하거나 2 이상의 기관에 제출한 때에는 나중에 접수된 청원서는 이를 반려할 수 있도록 했다(동법 제8조). 아울러 타인을 모해할 목적으로 허위의 사실을 적시한 청원은 할 수 없다(동법 제11조).

(2) 청원대상기관

청원을 제출할 수 있는 청원대상기관은 ① 국가기관, ② 지방자치단체와 그 소속기관, ③ 법령에 의하여 행정권한을 가지고 있거나 행정권한을 위임 또는 위탁받은 법인 · 단체 또는 그 기관이나 개인이다(동법 제3조).

(3) 청원의 방법과 절차

청원은 청원인의 성명(법인인 경우에는 명칭 및 대표자의 성명)과 주소 또는 거소를 기재하고 서명한 문서(전자정부법에 의한 전자문서를 포함)로 하여야 한다. 다수인이 공동으로 청원을 하는 때에는 그 처리결과를 통지받을 3인 이하의 대표자를 선임하여 이를 청원서에 표시하여야 한다. 청원서에는 청원의 이유와 취지를 밝히고, 필요한 때에는 참고자료를 첨부할 수 있다(동법 제6조).

청원서는 청원사항을 관장하는 기관에 제출하여야 한다. 청원서를 접수한 기관은 청원서에 미비한 사항이 있다고 판단할 때에는 그 청원인에게 보완하여야 할 사항 및 기간을 명시하여 이를 보완할 것을 요구할 수 있다. 청원서를 접수한 기관은 청원사항이 그 기관이 관장하는 사항이 아니라고 인정되는 때에는 그 청원사항을 관장하는 기관에 청원서를 이송하고 이를 청원인에게 통지하여야 한다(동법 제7조).

한편 국회에 청원을 하려는 자는 의원의 소개를 받거나 국회규칙으로 정하는 기간 동안 국회규칙으로 정하는 일정한 수 이상의 국민의 동의를 받아 청원서를 제출하여야 한다(국회법 제123조 제1항). 지방의회에 청원을 하려는 자는 지방의회의원의 소개를 받아 청원서를 제출하여야 한다(지방자치법 제73조 제1항).

(4) 청원의 효과

청원을 수리한 기관은 성실하고 공정하게 청원을 심사 · 처리하여야 한다(청원법 제9조 제1항). 청원을 수리한 기관은 청원의 심사에 필요하다고 인정할 때에는 청원인, 이해관계인 및 학식과 경험이 풍부한 사람으로부터 진술을 들을 수 있다(동법 제9조 제2항). 청원을 관장하는 기관이 청원을 접수한 때에는 특별한 사유가 없는 한 90일 이내에 그 처리결과를 청원인에게 통지하여야 한다(동법 제9조 제3항). 그리고 청원을 관장하는 기관은 부득이한 사유로 90일의 처리기간 내에 청원을 처리하기 곤란하다고 인정하는 경우에는 60일의 범위 내에서 1회에 한하여 그 처리기간을 연장할 수 있다. 이 경우 그 사유와 처리예정기한을 지체 없이 청원인에게 통지하여야 한다(동법 제9조 제4항). 누구든지 청원을 하였다는 이유로 차별대우를 받거나 불이익을 강요당하지 아니한다(동법 제12조). 타인을 모해할 목적으로 허위의 사실을 적시한 청원을 한 자는 5년 이하의 징역 또는 1천만원 이하의 벌금에 처한다(동법 제13조).

한편 청원은 사법적 구제와는 본질과 기능을 달리 하므로 청원서를 접수한 국가기관은 청원법이 정하는 절차와 범위 내에서 청원사항을 성실·공정·신속히 심사하고 청원인에게 그 청원을 어떻게 처리하였거나 처리하려 하는지를 알 수 있을 정도로 결과통지함으로써 충분하고, 그 처리이유를 명시해야 하는 것은 아니라고 하겠다.[1)]

5. 청원권의 제한과 그 한계

청원권도 헌법 제37조 제2항에 의하여 국가안전보장·질서유지·공공복리를 위하여 법률로써 제한될 수 있다. 물론 이 경우 비례의 원칙이나 기본권의 본질적 내용침해금지의 원칙 등 법치국가원리에서 오는 일정한 한계를 준수해야 한다.

앞서 언급한 청원법 제5조의 청원의 불수리사항, 동법 제8조의 반복청원 및 이중청원의 처리, 동법 제11조의 모해금지에 관한 조항들이 이러한 공익적 제한에 해당된다. 이들은 권력분립원칙의 구현, 타인의 기본권 보장, 청원의 남용 및

1) 헌재 1994. 2. 24. 93헌마213 등, 판례집 6-1, 183, 189-190:
청원권의 보호범위에는 청원사항의 처리결과에 심판서나 재결서에 준하여 이유를 명시할 것까지를 요구하는 것은 포함되지 아니한다고 할 것이다. 왜냐하면 국민이면 누구든지 널리 제기할 수 있는 민중적 청원제도는 재판청구권 기타 준사법적 구제청구와는 완전히 성질을 달리하는 것이기 때문이다. 그러므로 청원소관서는 청원법이 정하는 절차와 범위 내에서 청원사항을 성실·공정·신속히 심사하고 청원인에게 그 청원을 어떻게 처리하였거나 처리하려 하는지를 알 수 있을 정도로 결과통지함으로써 충분하다고 할 것이다.

악용 억제 등의 공익적 이유로 정당화될 수 있는 것이다. 아울러 국회나 지방의회에 청원하려는 경우 국회의원이나 지방의회의원의 소개를 받도록 제한하고 있는 국회법 제123조 제1항 및 지방자치법 제73조 제1항도 마찬가지 경우이다. 이 경우도 청원의 악용이나 남용을 억제하고, 청원심사의 효율성 확보라는 공익적 이유에서 정당화된다고 보고 있다.[1)]

Ⅱ. 재판청구권

1. 재판청구권의 의의

헌법 제27조 제1항은 "모든 국민은 헌법과 법률이 정한 법관에 의하여 법률에 의한 재판을 받을 권리를 가진다."고 규정함으로써 모든 국민에게 재판청구권을 보장하고 있다. 재판청구권은 국가에 대하여 공정한 재판을 청구할 수 있는 기본권으로서, 이는 사법권의 독립이 보장된 법원에서 신분이 보장된 자격있는 법관에 의하여 적법한 절차에 따라 합헌적인 법률에 의한 재판을 받을 권리를 의미한다. 이러한 재판청구권은 위법·부당한 국가공권력작용에 의하여 침해된 기본권을 구제하기 위한 절차적 기본권이다. 즉 이는 국가권력통제와 국민의 기본권구제의 기능을 가지며, 이로써 법치주의원리를 실현하기 위한 청구권적 기본권이다.

---

1) ① 헌재 2006. 6. 29. 2005헌마604, 판례집 18-1하, 487:
의회에 대한 청원에 국회의원의 소개를 얻도록 한 것은 청원 심사의 효율성을 확보하기 위한 적절한 수단이다. 또한 청원은 일반의안과 같이 처리되므로 청원서 제출단계부터 의원의 관여가 필요하고, 의원의 소개가 없는 민원의 경우에는 진정으로 접수하여 처리하고 있으며, 청원의 소개의원은 1인으로 족한 점 등을 감안할 때 이 사건 법률조항이 국회에 청원을 하려는 자의 청원권을 침해한다고 볼 수 없다.
② 헌재 1999. 11. 25. 97헌마54, 판례집 11-2, 583:
지방의회에 청원을 할 때에 지방의회 의원의 소개를 얻도록 한 것은 의원이 미리 청원의 내용을 확인하고 이를 소개하도록 함으로써 청원의 남발을 규제하고 심사의 효율을 기하기 위한 것이고, 지방의회 의원 모두가 소개의원이 되기를 거절하였다면 그 청원내용에 찬성하는 의원이 없는 것이므로 지방의회에서 심사하더라도 인용가능성이 전혀 없어 심사의 실익이 없으며, 청원의 소개의원도 1인으로 족한 점을 감안하면 이러한 정도의 제한은 공공복리를 위한 필요·최소한의 것이라고 할 수 있다.

2. 재판청구권의 법적 성격

재판청구권은 재판이라는 국가적 행위를 청구할 수 있는 적극적 측면과 헌법과 법률이 정한 법관이 아닌 자에 의한 재판이나 법률에 의하지 아니한 재판을 받지 아니하는 소극적 측면을 아울러 가지고 있다.[1] 따라서 재판청구권은 본래의 적극적인 청구권적 성격과 소극적인 자유권적 성격을 모두 가지는 복합적 성격의 기본권이라고 하겠다.

또한 재판청구권은 양면성, 즉 전형적인 대국가적 공권으로서의 주관적 권리이자 객관적 가치질서로서의 성격도 가진다. 따라서 사회공동체의 모든 구성원에 의하여 존중되고 관철되어야 하며, 사인간에도 그 효력이 미친다고 하겠다.[2]

---

1) 헌재 1998. 5. 28. 96헌바4, 판례집 10-1, 610:
헌법 제27조 제1항은 "모든 국민은 헌법과 법률이 정한 법관에 의하여 법률에 의한 재판을 받을 권리를 가진다"라고 하여 법률에 의한 재판과 법관에 의한 재판을 받을 권리를 보장하고 있다. 재판청구권은 재판이라는 국가적 행위를 청구할 수 있는 적극적 측면과 헌법과 법률이 정한 법관이 아닌 자에 의한 재판이나 법률에 의하지 아니한 재판을 받지 아니하는 소극적 측면을 아울러 가지고 있다. 이렇게 볼 때 헌법 제27조 제1항은 법관에 의하지 아니하고는 민사·행정·선거·가사사건에 관한 재판은 물론 어떠한 처벌도 받지 아니할 권리를 보장한 것이라 해석된다.

2) ① 대판 1995. 9. 15. 94누4455:
행정소송에 있어서 소권은 개인의 국가에 대한 공권이므로 당사자의 합의로써 이를 포기할 수 없는 것이고, 인가·허가 등 행정처분에 대응하여 인허가를 받는 개인이 제출하는 각서의 의미·내용을 해석함에 있어서는 행정청이 우월적 지위에 있는 공법관계의 특성, 각서 문언의 내용, 그와 같은 각서가 제출된 동기와 경위, 그에 의하여 달성하려고 하는 목적, 당사자의 진정한 의사 등을 종합적으로 고찰하여 사회정의와 형평의 이념에 맞도록 합리적으로 해석하여야 할 것이다.
② 헌재 2012. 3. 29. 2010헌마475, 판례집 24-1상, 615:
'민사재판 등 소송수용자출정비용징수에 관한 지침' 제4조 제3항에 의하면, 수형자가 출정비용을 납부하지 않고 출정을 희망하는 경우에는 소장은 수형자를 출정시키되, 사후적으로 출정비용 상환청구권을 자동채권으로, 영치금 반환채권을 수동채권으로 하여 상계함을 통지함으로써 상계하여야 한다고 규정되어 있으므로, 교도소장은 수형자가 출정비용을 예납하지 않았거나 영치금과의 상계에 동의하지 않았다고 하더라도, 우선 수형자를 출정시키고 사후에 출정비용을 받거나 영치금과의 상계를 통하여 출정비용을 회수하여야 하는 것이지, 이러한 이유로 수형자의 출정을 제한할 수 있는 것은 아니다. 그러므로 피청구인이, 청구인이 출정하기 이전에 여비를 납부하지 않았거나 출정비용과 영치금과의 상계에 미리 동의하지 않았다는 이유로 이 사건 출정제한행위를 한 것은, 피청구인에 대한 업무처리지침 내지 사무처리준칙인 이 사건 지침을 위반하여 청구인이 직접 재판에 출석하여 변론할 권리를 침해함으로써, 형벌의 집행을 위하여 필요한 한도를 벗어나서 청구인의 재판청구권을 과도

3. 재판청구권의 주체

재판청구권은 자연인 뿐 아니라 법인도 그 주체가 될 수 있다. 자연인의 경우에는 국민 뿐 아니라 외국인도 당연히 그 주체가 된다. 법인의 경우 사법인은 물론 상황에 따라서는 공법인 내지 공법상의 영조물도 그 주체가 될 수 있다고 하겠다. 왜냐하면 공법인 내지 공법상의 영조물도 자신이 수행하는 공적 과제가 자연인의 기본권보호영역에 관계되고, 그러한 공적 과제수행을 위하여 그 공법인 등에 대한 해당 기본권의 보장과 공법인 등의 국가로부터의 독립성이 필수적으로 요구되는 경우에는 예외적으로 공법인 등의 기본권주체성을 인정할 수 있을 것이고,[1] 만일 국가공권력에 의하여 공법인 등의 해당 기본권이 침해된 경우 국가를 상대로 소송제기가 가능하기 때문이다. 따라서 공법인 내지 공법상의 영조물도 그 한도내에서 재판청구권의 주체가 될 수 있다고 하겠다.

4. 재판청구권의 내용

헌법 제27조 제1항은 “모든 국민은 헌법과 법률이 정한 법관에 의하여 법률에 의한 재판을 받을 권리를 가진다.”고 규정하고 있다. 이에 따라 재판청구권은 사법권의 독립이 보장된 법원에서 헌법과 법률이 정한 자격이 있는 신분이 보장된 법관에 의하여 적법한 절차에 따라 합헌적인 법률에 의한 재판을 받을 권리를 내용으로 한다.

여기서 ‘재판’이란 사실확정과 법률의 해석적용을 그 본질로 하는 것으로 판결·결정·명령 등 그 형식 여하와 본안에 관한 재판이거나 소송절차에 관한 재판이거나를 불문하며, 심급을 종국적으로 종결시키는 종국재판뿐만 아니라 중간재판도 이에 포함된다고 하겠다.[2] 따라서 재판청구권은 이러한 법령해석을 통한 분쟁해결과정에서 법관에 의하여 사실적 측면과 법률적 측면의 적어도 한 차례의 심리검토의 기회가 보장되어야 한다는 것을 의미한다.[3]

하게 침해하였다고 할 것이다.

1) 헌재 1992. 10. 1. 92헌마68 등, 판례집 4, 659, 670.

2) 헌재 1996. 12. 26. 94헌바1, 판례집 8-2, 808, 817-818.

3) 헌재 2000. 6. 29. 99헌바66, 판례집 12-1, 848, 867.

(1) '헌법과 법률이 정한 법관'에 의한 재판을 받을 권리

재판청구권은 헌법 제27조 제1항이 적시하고 있는 바와 같이 헌법과 법률이 정한 법관에 의하여 법률에 의한 재판을 받을 권리를 말하는데, 먼저 '헌법과 법률이 정한 법관'에 의하여 재판을 받을 권리라 함은 헌법과 법률이 정한 자격과 절차에 의하여 임명되고, 물적 독립과 인적 독립이 보장된 법관에 의한 재판을 받을 권리를 의미한다.[1] 따라서 모든 국민은 헌법상 그 신분과 직무의 독립이 보장되지 않고 법률이 정한 법관의 자격을 구비하지 아니한 사람의 재판을 거부할 수 있는 권리를 가진다.

행정청에서 이루어지는 간이절차로서의 통고처분이나 약식절차는 헌법과 법률이 정한 법관에 의한 재판에 해당되지 아니하나, 이에 대하여 정식재판의 길이 열려있다는 점에서 헌법과 법률이 정한 법관에 의한 재판을 받을 권리를 침해하는 것은 아니다.[2] 같은 맥락에서 역시 행정청에서 이루어지는 행정심판도 간이·신속한 권리구제의 필요성에서 인정된 제도로서 행정소송의 임의적인 전심절차에 불과하고, 행정심판을 거치지 아니하고 곧바로 행정소송을 제기할 수 있는 선택권이 보장되어 있으므로 헌법과 법률이 정한 법관에 의하여 재판을 받을 권리를 침해하는 것이 아니다.[3]

군사법원의 경우 재판관은 군판사와 심판관으로 구성되는데(군사법원법 제22조 제3항), 심판관은 군판사와는 달리 법률전문가가 아니라는 점에서(동법 제24조 제1항 참조) 군사법원의 재판관이 헌법과 법률이 정한 법관에 해당되는지가 문제될 수 있다. 군사법원은 직접 헌법에 의하여 설치된 특별법원이고(제110조 제1항), 군사법원의 재판관의 자격도 법률로 정하도록 되어 있으며(제110조 제3항), 군사법원의 상고심은 대법원이 관할하도록 되어 있기 때문에(제110조 제2항) 결

1) 헌재 1992. 6. 26. 90헌바25, 판례집 4, 343, 349.

2) 헌재 2003. 10. 30. 2002헌마275, 판례집 15-2하, 175, 182-183:
통고처분은 행정공무원에 의하여 발하여 지는 것이지만, 통고처분에 따르지 않는 당사자에게는 정식재판의 절차가 보장되어 있다. 통고처분을 받은 당사자가 비록 이의신청이나 행정소송을 제기하는 등으로 적극적·능동적으로 다툴 수는 없지만 범칙금을 납부하지 않음으로써 즉결심판절차, 나아가 정식 형사재판절차로 이행되게 하여, 여기에서 재판절차에 따라 법관에 의한 판단을 받을 수 있는 것이다. 따라서 통고처분이 행정기관에 의한 형벌권 행사를 인정하는 것이라거나, 형사재판을 대체하는 것이라고 볼 수 없다.

3) 헌재 2014. 6. 26. 2012헌바333, 판례집 26-1하, 518, 529.

국 군사법원의 재판도 헌법과 법률이 정한 법관에 의한 재판에 해당된다고 볼 수 있다. 따라서 군사법원의 재판이 공정한 재판을 받을 권리를 침해한다고 볼 수 없다.[1)]

한편 「국민의 형사재판 참여에 관한 법률」에 따른 배심원이 참여하는 국민참여재판(제2조)의 경우 법관이 아닌 배심원이 국민참여재판을 하는 사건에 관하여 사실의 인정, 법령의 적용 및 형의 양정에 관한 의견을 제시할 권한이 있다는 점에서(제12조 제1항) 국민참여재판이 헌법과 법률이 정한 법관에 의한 재판을 받을 권리를 침해하는 것이 아닌가 하는 의문이 있을 수 있다. 국민참여재판은 배심원을 사법절차에 참여시킴으로써 사법의 민주적 정당성과 신뢰를 높이기 위하여 도입된 제도인데, 배심원의 평결과 의견은 권고적 효력만을 가지고 법원을 기속하지 아니하기 때문에(「국민의 형사재판 참여에 관한 법률」 제46조 제5항), 결론적으로 국민참여재판은 헌법과 법률이 정한 법관에 의한 재판을 받을 권리를 침해하지 않는다.

(2) '법률에 의한 재판'을 받을 권리

재판청구권은 '법률에 의한 재판'을 받을 권리를 내용으로 한다. 법률에 의한 재판을 받을 권리라 함은 법관에 의한 재판은 받되 법대로의 재판, 즉 절차법이 정한 절차에 따라 실체법이 정한 내용대로 재판을 받을 권리를 보장하자는 취지라고 할 것으로, 이는 재판에 있어서 법관이 법대로가 아닌 자의와 전단에 의하는 것을 배제한다는 것이다.[2)]

여기서의 법률은 당연히 합헌적이고,[3)] 명확한 법률을[4)] 의미한다. 따라서 헌

---

1) 같은 견해, 권영성, 전게서, 612쪽; 허영, 전게서, 411쪽.

2) 헌재 1992. 6. 26. 90헌바25, 판례집 4, 343, 349.

3) 헌재 1993. 7. 29. 90헌바35, 판례집 5-2, 14, 31:
법률에 의한 재판이라 함은 합헌적인 법률로 정한 내용과 절차에 따라, 즉 합헌적인 실체법과 절차법에 따라 행하여지는 재판을 의미한다. 따라서 형사재판에 있어서 합헌적인 실체법과 절차법에 따라 행하여지는 재판이라고 하려면, 적어도 그 기본원리라고 할 수 있는 죄형법정주의와 위에서 살펴본 적법절차주의에 위반되지 아니하는 실체법과 절차법에 따라 규율되는 재판이 되어야 할 것이다.

4) 헌재 1993. 12. 23. 92헌가12, 판례집 5-2, 567, 572-573:
헌법은 제27조 제1항에서 모든 국민이 헌법과 법률이 정한 법관에 의하여 법률에 의한 재판을 받을 권리를 가짐을 선언하고 있으면서도, 제37조 제2항에서 이러한 국민의 기본권의 하나인 재판을 받을 권리도 질서유지와 공공복리를 위하여 필요한 경우에 법률에 의하여

법에 위반되는 법률·명령·규칙 등에 의한 재판을 거부할 권리를 가진다. 이를 위해 법률에 대한 위헌심사청구권(헌법 제107조 제1항)과 명령·규칙에 대한 위헌·위법심사청구권(헌법 제107조 제2항)을 가진다.

(3) 심급제에 의한 재판을 받을 권리

재판청구권은 일정한 심급제에 의한 재판을 받을 권리를 포함한다. 앞서 언급한 바와 같이 법률에 의한 재판이라 함은 실체법과 그 실현을 위한 절차법에 따른 재판을 말한다. 그런데 절차법 중 중요한 것의 하나가 심급에 관한 것이다. 법원이 재판을 함에 있어 사실인정이나 법률적용을 잘못하여 국민의 권리를 침해하는 수도 있을 수 있는 것이기 때문에 상급법원에 대한 상소제도야말로 사법권으로부터의 국민의 권리보호와 재판에 대한 신뢰확보를 위하여 필수적이다.

심급제도에 관하여 헌법은 "법률에 의한 재판을 받을 권리가 있다."라고 하고 있을 뿐 자세한 규정을 두고 있지 않으나 헌법 제101조 제2항에 "법원은 최고법원인 대법원과 각급법원으로 조직된다."라고 규정하여 대법원을 최고심으로 하여 그 아래로 심급을 달리한 각급법원을 둔다고 한 것이라든지, 헌법 제110조 제2항이 "군사법원의 상고심은 대법원에서 관할한다."라고 규정하여 군사법원의 상고심을 대법원으로 정한 것, 그리고 헌법 제110조 제4항이 "비상계엄하의 군사재판은 군인·군무원의 범죄나 군사에 관한 간첩죄의 경우와 초병, 초소, 유독음식물공급, 포로에 관한 죄 중 법률이 정한 경우에 한하여 단심으로 할 수 있다. 다만 사형을 선고한 경우에는 그러하지 아니하다."라고 규정하여 비상계엄하의 단심군사재판을 어디까지나 예외적인 것으로 규정한 것 등으로 볼 때 우리의 사법제도는 대법원을 최고심으로 하는 심급제도여야 한다는 것을 명백히 하고 있다. 따라서 헌법 제27조 제1항에서 말하는 법률에 의한 재판의 절차적 측면은 대법원을 상고심으로 하는 심급제에 따른 재판을 의미하는 것이므로 모든 국민은 최고심인 대법원의 재판을 받을 권리가 있다고 보아야 한다. 따라서

제한될 수 있는 가능성을 인정하고 있다. 그러나 법률에 의하여 국민의 재판청구권을 제한할 수 있다고 하더라도, 그 법률은 그 권리를 제한하는 경우에 국민들이 나무랄 수 없는 법의 오해로 재판을 받을 권리를 상실하는 일이 없도록 알기 쉽고, 여러 가지 해석이 안 나오게끔 명확하게 규정되어야 한다.

대법원의 재판을 받을 권리, 즉 상고권은 헌법 제27조 제1항에서 도출되는 기본권으로서 일종의 헌법상 보장된 절차적 기본권이라고 할 수 있다. 그러므로 심급제를 폐지한다든가 대법원에의 상고권을 지나치게 제한하는 것은 국민의 재판청구권의 과잉적 침해를 이유로 위헌문제를 야기할 수 있다.1)

위와 같은 헌법정신에 입각하여 법원조직법은 심급제의 원칙으로 3심제를 채택하였다. 그러나 헌법은 대법원을 최종심으로 하는 심급제만을 규정하였을 뿐 심급제의 구체적 내용을 정한 것은 아니므로 법원조직법이 규정한 3심제는 일반적 원칙일 따름이고, 합리적이고 특별한 사유가 있으면 최종심인 대법원의 재판을 배제하지 아니하는 한 그 예외를 인정할 수 있다고 하겠다. 다만 대법원의 재판을 받을 권리(상고권)는 헌법이 규정한 권리이기 때문에 전면 제한은 할 수 없고 기본권 제한의 일반규정인 헌법 제37조 제2항에 따라 국가안전보장 · 질서유지 · 공공복리를 위하여 필요한 경우에 한하여, 그리고 상고권의 본질적 내용을 해치지 아니하는 한도에서 상고를 제한할 수 있을 뿐이라고 할 것이다.2)

결국 재판청구권에는 상고심을 포함한 일정한 심급제에 의한 재판을 받을 권리를 포함한다고 하겠다.

(4) 군사법원의 재판을 받지 아니할 권리

헌법 제27조 제2항은 "군인 또는 군무원이 아닌 국민은 대한민국의 영역 안에서는 중대한 군사상 기밀 · 초병 · 초소 · 유독음식물공급 · 포로 · 군용물에 관한 죄 중 법률이 정한 경우와 비상계엄이 선포된 경우를 제외하고는 군사법원의 재판을 받지 아니한다."라고 규정함으로써 군인 · 군무원이 아닌 일반국민은 규정에 있는 두 가지 예외의 경우, 즉 첫째, 중대한 군사상 기밀 · 초병 · 초소 · 유독음식물공급 · 포로 · 군용물에 관한 죄 중 법률이 정한 경우와, 둘째, 비상계엄

---

1) 헌재 1993. 7. 29. 90헌바35, 판례집 5-2, 14, 32-33:
피고인이 아무리 중죄를 범한 자이고, 또 외국에 도피하고 있더라도 체포되거나 임의로 출석하지 아니하면 상소를 할 수 없게 제한한 것은, 결국 상소권을 본질적으로 박탈하는 것이어서 적법절차주의에 반할 뿐만 아니라, 재판청구권을 침해하는 것이라고 보지 않을 수 없다. 또한 상소제기기간의 도과가 상소권자의 책임 없는 사유로 말미암은 것인지 여부와 피고인이 외국에 도피하고 있는 중이라는 것은 직접 관계가 없는 것이므로, 상소권회복청구 자체를 전면 봉쇄한 것 역시 적법절차주의위반인 동시에 재판청구권의 침해라고 보지 않을 수 없다.

2) 헌재 1992. 6. 26. 90헌바25, 판례집 4, 343, 354-355.

이 선포된 경우를 제외하고는 원칙적으로 군사법원에 의한 재판을 받지 아니할 권리를 가진다. 이러한 군사법원의 재판을 받지 아니할 권리에 대한 두 가지 예외적인 제한은 긴절한 공익적인 이유에서 정당화될 수 있는 헌법적 제한이라고 할 수 있다. 그러나 일반 국민에 대한 군사법원의 재판은 헌법 제27조 제1항이 보장하는 '헌법과 법률이 정한 법관'에 의하여 재판을 받을 권리의 예외이며, 헌법 제27조 제2항의 취지는 평시 일반 국민에 대한 군사법원의 재판권을 제한하려는 것이므로, 일반 국민에 대한 군사법원의 재판권을 허용한 헌법 제27조 제2항의 요건은 엄격하게 해석하여야 할 것이다.[1)]

(5) 공정하고 신속한 공개재판을 받을 권리

헌법 제27조 제3항은 "모든 국민은 신속한 재판을 받을 권리를 가진다. 형사피고인은 상당한 이유가 없는 한 지체 없이 공개재판을 받을 권리를 가진다."라고 규정함으로써 모든 국민에게 신속한 재판을 받을 권리를 보장하고 있고, 특히 형사피고인에게는 원칙적으로 공개재판을 받을 권리를 보장하고 있다. 다만 국가의 안전보장 또는 안녕질서를 방해하거나 선량한 풍속을 해할 염려가 있을 때에는 법원의 결정으로 공개하지 아니할 수 있다(헌법 제109조). 신속한 공개재

1) 헌재 2013. 11. 28. 2012헌가10, 판례집 25-2하, 338, 346-347:
구 헌법 제26조 제2항이 군용물·군사시설에 관한 죄를 병렬적으로 규정하고 있었던 점에 비추어 위 조항의 '군용물'은 명백히 '군사시설'을 포함하지 않은 것이라 할 것이다. 여기에다 동일한 사항을 규율하는 현행 헌법 조문에서도 '군용물'이라는 용어가 구 헌법과 동일하게 사용된 점, 현행 헌법 개정 과정에서 헌법개정권력자들은 '군사시설'에 관한 죄를 범한 일반 국민에 대하여 군사법원의 재판권을 제외하기로 명백히 의도한 점 등을 종합하면, 현행 헌법 제27조 제2항에 규정된 '군용물'에는 '군사시설'이 포함되지 않는다고 해석하는 것이 법문의 내용에도 합치되고 헌법 개정의 취지에도 부합한다. 헌법재판소는 군기의 유지와 군 지휘권 확립의 필요성, 평시에도 항상 대기하고 집단적 병영생활을 하는 군 임무의 특성상 언제 어디서나 신속히 군사재판을 할 필요성, 군사범죄를 정확히 심리하고 판단할 필요성, 군사법원 체제가 전시에 제대로 기능하기 위해서 평시에 미리 조직·운영될 필요성 등을 들어, 평시에 군사법원을 설치하여 군인 또는 군무원에 대한 재판권을 행사하는 것을 합헌으로 판단한 바 있다.
그러나 비상계엄 시가 아닌 평시에 일반 국민에 대한 군사법원의 재판권 행사에 있어서, 이러한 군의 특수성을 강조하기는 어렵다. 일반 국민에 대한 군사법원의 재판은 헌법 제27조 제1항이 보장하는 '헌법과 법률이 정한 법관'에 의하여 재판을 받을 권리의 예외이며, 헌법 제27조 제2항의 취지는 평시 일반 국민에 대한 군사법원의 재판권을 제한하려는 것이므로, 일반 국민에 대한 군사법원의 재판권 범위를 규정한 헌법 제27조 제2항은 엄격하게 해석하여야 할 것이다.

판을 받을 권리는 재판절차의 장기화로 인하여 당사자에게 초래되는 피해와 불편을 최소화하고, 실체적 진실발견을 용이하게 하며, 재판의 공정성과 투명성을 확보하기 위하여 필수적으로 요구되는 권리라고 하겠다.[1]

한편 재판청구권은 공정한 재판을 받을 권리를 의미한다. 즉 재판청구권은 앞서 언급한 바와 같이 재판절차를 규율하는 법률과 재판에서 적용될 실체적 법률이 모두 합헌적이어야 한다는 의미에서의 법률에 의한 재판을 받을 권리뿐만 아니라, 비밀재판을 배제하고 일반 국민의 감시하에서 심리와 판결을 받음으로써 공정한 재판을 받을 수 있는 권리를 당연히 포함한다고 할 수 있다.[2] 비록 헌법에 '공정한 재판'에 관한 명문의 규정이 없지만 재판청구권이 국민에게 효율적인 권리보호를 제공하기 위해서는 당연히 법원에 의한 재판이 공정하여야 하기 때문에, '공정한 재판을 받을 권리'는 헌법 제27조의 재판청구권에 의하여 함께 보장된다고 보아야 할 것이다.[3] 이러한 공정한 재판을 받을 권리에는 공정하고 객관적인 재판절차에 따라 무기대등의 원칙에 입각해 변호인의 조력을 받을 권리가 실질적으로 보장되는 재판, 그리고 신속하고 공개된 법정의 법관의 면전에서 모든 증거자료가 조사·진술되고 이에 대하여 피고인이 공격·방어할 수 있는 기회가 보장되는 재판, 즉 원칙적으로 당사자주의와 구두변론주의가 보장되어 당사자가 공소사실에 대한 답변과 입증 및 반증하는 등 공격·방어권이 충분히 보장되는 재판을 받을 권리가 포함되어 있다.[4]

(6) 형사피해자의 재판절차진술권

헌법 제27조 제5항은 "형사피해자는 법률이 정하는 바에 의하여 당해 사건

---

1) 헌재 1992. 4. 14. 90헌마82, 판례집 4, 194, 195:
국가보안법 제7조(찬양·고무) 및 제10조(불고지)의 죄는 구성요건이 특별히 복잡한 것도 아니고 사건의 성질상 증거수집이 더욱 어려운 것도 아님에도 불구하고 국가보안법 제19조가 제7조 및 제10조의 범죄에 대하여서까지 형사소송법상의 수사기관에 의한 피의자구속기간 30일보다 20일이나 많은 50일을 인정한 것은 국가형벌권과 국민의 기본권과의 상충관계 형량을 잘못하여 불필요한 장기구속을 허용하는 것이어서 결국 헌법 제37조 제2항의 기본권 제한입법의 원리인 과잉금지의 원칙을 현저하게 위배하여 피의자의 신체의 자유, 무죄추정의 원칙 및 신속한 재판을 받을 권리를 침해한 것이다.

2) 헌재 1996. 12. 26. 94헌바1, 판례집 8-2, 808, 820.

3) 헌재 2006. 7. 27. 2005헌바58, 판례집 18-2, 139, 147.

4) 헌재 1996. 12. 26. 94헌바1, 판례집 8-2, 808, 820.

의 재판절차에서 진술할 수 있다."라고 규정함으로써 형사피해자의 재판절차진술권을 보장하고 있다. 이는 범죄로 인한 피해자가 당해 사건의 재판절차에 증인으로 출석하여 자신이 입은 피해의 내용과 사건에 관하여 의견을 진술할 수 있는 권리를 말한다. 형사피해자의 재판절차에서의 진술권은 피해자 등에 의한 사인소추를 전면 배제하고 형사소추권을 검사에게 독점시키고 있는 현행 기소독점주의의 형사소송체계 아래에서 형사피해자로 하여금 당해 사건의 형사재판절차에 참여하여 증언하는 이외에 형사사건에 관한 의견진술을 할 수 있는 청문의 기회를 부여함으로써 형사사법의 절차적 적정성을 확보하기 위하여 이를 기본권으로 보장하는 것이다.[1)] 따라서 형사피해자의 재판절차진술권의 행사를 근본적으로 봉쇄하는 것은 재판절차진술권의 침해이다.[2)]

결국 이는 재판절차진술권의 실현을 통해 실체적 진실발견, 유무죄의 여부, 양형판단, 피해자에 대한 국가구조여부의 판단 등을 용이하게 해줌으로써 사회정의실현과 피해자의 행복추구권 및 기타의 권리구제에 기여함을 목적으로 한다고 볼 수 있다. 형사피해자의 개념은 헌법이 재판절차진술권을 독자적인 기본

---

1) 헌재 2009. 2. 26. 2005헌마764 등, 판례집 21-1상, 156, 172.

2) 헌재 2009. 2. 26. 2005헌마764 등, 판례집 21-1상, 156, 156-157:
교통사고 피해자가 신체의 상해로 인하여 생명에 대한 위험이 발생하거나 불구 또는 불치나 난치의 질병에 이르게 된 경우, 즉 중상해를 입은 경우(형법 제258조 제1항 및 제2항 참조), 사고발생 경위, 피해자의 특이성(노약자 등)과 사고발생에 관련된 피해자의 과실 유무 및 정도 등을 살펴 가해자에 대하여 정식 기소 이외에도 약식기소 또는 기소유예 등 다양한 처분이 가능하고 정식 기소된 경우에는 피해자의 재판절차진술권을 행사할 수 있게 하여야 함에도, 이 사건 법률조항에서 가해차량이 종합보험 등에 가입하였다는 이유로 교통사고처리특례법 제3조 제2항 단서조항에 해당하지 않는 한 무조건 면책되도록 한 것은 기본권침해의 최소성에 위반된다.
한편 우리나라 교통사고율이 OECD 회원국에 비하여 매우 높고, 교통사고를 야기한 차량이 종합보험 등에 가입 되어 있다는 이유만으로 그 차량의 운전자에 대하여 공소제기를 하지 못하도록 한 입법례는 선진 각국의 사례에서 찾아보기 힘들며, 가해자는 자칫 사소한 교통법규위반을 대수롭지 않게 생각하여 운전자로서 요구되는 안전운전에 대한 주의의무를 해태하기 쉽고, 교통사고를 내고 피해자가 중상해를 입은 경우에도 보험금 지급 등 사고처리는 보험사에 맡기고 피해자의 실질적 피해회복에 성실히 임하지 않는 풍조가 있는 점 등에 비추어 보면 이 사건 법률조항에 의하여 중상해를 입은 피해자의 재판절차진술권의 행사가 근본적으로 봉쇄된 것은 교통사고의 신속한 처리 또는 전과자의 양산 방지라는 공익을 위하여 위 피해자의 사익이 현저히 경시된 것이므로 법익의 균형성을 위반하고 있다.
따라서 이 사건 법률조항은 과잉금지원칙에 위반하여 업무상 과실 또는 중대한 과실에 의한 교통사고로 중상해를 입은 피해자의 재판절차진술권을 침해한 것이라 할 것이다.

권으로 규정하고 있는 취지에 비추어 넓게 해석하여야 할 것이고, 반드시 형사 실체법상의 보호법익을 기준으로 결정할 필요는 없을 것이다.[1)]

5. 재판청구권의 제한과 그 한계

재판청구권도 헌법 제37조 제2항에 따라 국가안전보장 · 질서유지 · 공공복리를 위하여 법률로써 제한할 수 있다. 물론 이 경우 비례의 원칙이나 기본권의 본질적 내용침해금지의 원칙 등 기본권제한입법의 한계원칙이 준수되어야 한다.

이런 점에서 행정심판전치주의는 상황에 따라서는 재판청구권의 지나친 침해가 될 수 있다. 이와 관련하여 헌법재판소는 이의신청 및 심사청구를 거치지 아니하고서는 지방세 부과처분에 대하여 행정소송을 제기할 수 없도록 한 구 지방세법 제78조 제2항이, 행정심판에 사법절차를 준용하도록 한 헌법 제107조 제3항 및 재판청구권을 보장하는 헌법 제27조에 위반된다고 결정했다.[2)]

또한 헌법재판소는 교도소장이 출정비용납부거부 또는 상계동의거부를 이유로 수형자의 행정소송 변론기일에 수형자의 출정을 제한한 행위가 수형자가 직

1) 헌재 2002. 10. 31. 2002헌마453, 공보 제74호, 994:
헌법 제27조 제5항에서 형사피해자의 재판절차진술권을 독립된 기본권으로 보장한 취지는 피해자 등에 의한 사인소추를 전면 배제하고 형사소추권을 검사에게 독점시키고 있는 현행 기소독점주의의 형사소송체계 아래에서 형사피해자로 하여금 당해 사건의 형사재판절차에 참여할 수 있는 청문의 기회를 부여함으로써 형사사법의 절차적 적정성을 확보하기 위한 것이므로, 위 헌법조항의 형사피해자의 개념은 반드시 형사실체법상의 보호법익을 기준으로 한 피해자개념에 한정하여 결정할 것이 아니라 형사실체법상으로는 직접적인 보호법익의 향유주체로 해석되지 않는 자라 하더라도 문제된 범죄행위로 말미암아 법률상 불이익을 받게 되는 자의 뜻으로 풀이하여야 할 것이다.

2) 헌재 2001. 6. 28. 2000헌바30, 판례집 13-1, 1326, 1343.
헌법 제107조 제3항은 "재판의 전심절차로서 행정심판을 할 수 있다. 행정심판의 절차는 법률로 정하되, 사법절차가 준용되어야 한다"고 규정하고 있으므로, 입법자가 행정심판을 전심절차가 아니라 종심절차로 규정함으로써 정식재판의 기회를 배제하거나, 어떤 행정심판을 필요적 전심절차로 규정하면서도 그 절차에 사법절차가 준용되지 않는다면 이는 위 헌법조항, 나아가 재판청구권을 보장하고 있는 헌법 제27조에도 위반되며, 행정의 자기통제나 신속하고 효율적인 권리구제라는 행정심판제도의 본래의 취지를 거의 살릴 수 없어 전적으로 무용하거나 그 효용이 극히 미미한 경우에까지 무조건적으로 전심절차를 강요하는 것은 행정심판의 필요성과 납세자 권리의 사법적 구제라는 요청을 합리적으로 형량한 가운데 설정되어야 할 행정심판전치제도의 법치주의적 한계를 벗어나 국민의 재판청구권을 침해하는 것이라 아니할 수 없다.

접 재판에 출석하여 변론할 권리를 침해함으로써, 형벌의 집행을 위하여 필요한 한도를 벗어나서 수형자의 재판청구권을 과도하게 침해한다고 결정했다.1)

한편 앞서 언급한 바와 같이 재판청구권은 분쟁해결과정에서 법관에 의하여 사실적 측면과 법률적 측면의 적어도 한 차례의 심리검토의 기회가 보장되어야 한다는 것을 의미한다. 따라서 만일 그러한 보장이 제대로 이루어지지 아니한다면 헌법상 보장된 재판을 받을 권리의 본질적 내용을 침해하는 것이다. 그런데 이와 관련하여 과거 구 특허법 제186조 제1항(1995.1.5. 법률 제4892호로 개정되기 전의 것)은 특허청의 항고심판절차에 의한 항고심결 또는 보정각하결정에 대하여 불복이 있는 경우에도 법관에 의한 사실확정 및 법률적용의 기회를 주지 아니하고 단지 그 심결이나 결정이 법령에 위반된 것을 이유로 하는 경우에 한하여 곧바로 법률심인 대법원에 상고할 수 있도록 하고 있었다. 이에 대하여 헌법재판소는 구 특허법 제186조 제1항에 대하여 법관에 의한 사실확정 및 법률적용의 기회를 박탈한 것으로서 재판청구권의 본질적 내용을 침해한다고 위헌결정을 내렸다.2)

또 다른 한편 구 국가배상법 제16조(1967.3.3. 법률 제1899호)는 "심의회의 배상결정은 신청인이 동의하거나 지방자치단체가 배상금을 지급한 때에는 민사소송법의 규정에 의한 재판상의 화해가 성립된 것으로 본다."고 규정하고 있었고, 이 규정에 따라 신청인이 심의회의 배상결정에 동의한 경우 재판청구를 할 수 없었다. 그러나 헌법재판소는 신청인의 배상결정에 대한 동의에 재판청구권을 포기할 의사까지 포함되는 것으로 볼 수 없고, 따라서 이 규정은 과잉금지의 원칙에 위반하여 재판청구권을 침해했다는 이유로 위헌결정을 내렸다.3)

---

1) 헌재 2012. 3. 29. 2010헌마475, 판례집 24-1상, 615.

2) 헌재 1995. 9. 28. 92헌가11 등, 판례집 7-2, 264, 278-279.

3) 헌재 1995. 5. 25. 91헌가7, 7-1, 598, 611-612:
배상결정절차에 있어서는 심의회의 제3자성 · 독립성이 희박한 점, 심의절차의 공정성 · 신중성도 결여되어 있는 점, 심의회에서 결정되는 배상액이 법원의 그것보다 하회하는 점 및 불제소합의의 경우와는 달리 신청인의 배상결정에 대한 동의에 재판청구권을 포기할 의사까지 포함되는 것으로 볼 수도 없는 점을 종합하여 볼 때, 이는 신청인의 재판청구권을 과도하게 제한하는 것이어서 헌법 제37조 제2항에서 규정하고 있는 기본권 제한입법에 있어서의 과잉입법금지의 원칙에 반할 뿐 아니라, 권력을 입법 · 행정 및 사법 등으로 분립한 뒤 실질적 의미의 사법작용인 분쟁해결에 관한 종국적인 권한은 원칙적으로 이를 헌법과 법률에 의한 법관으로 구성되는 사법부에 귀속시키고 나아가 국민에게 그러한 법관에 의한 재판을 청구할 수 있는 기본권을 보장하고자 하는 헌법의 정신에도 충실하지 못한 것이다.

위에서 언급한 바와 같이 재판청구권은 심급제에 의한 재판을 받을 권리를 포함한다. 물론 심급제의 구체적 내용은 법률로 정하는 것이고, 현행 3심제가 반드시 헌법상 보장된 제도는 아니지만, 일정한 심급제와 대법원에의 상고권은 원칙적으로 보장되어야 한다. 다만 공익적 견지에서 재판청구권의 본질적 내용을 침해하지 아니하고, 비례의 원칙이 준수되는 전제하에서의 일정한 제한만이 가능할 것이다. 그런데 이와 관련하여 소액사건심판법 제3조는 소액사건의 경우에 첫째, 법률 · 명령 · 규칙 또는 처분의 헌법위반여부와 명령 · 규칙 또는 처분의 법률위반여부에 대한 판단이 부당한 때, 둘째, 대법원의 판례에 상반되는 판단을 한 때에 해당하는 경우에 한하여 대법원에 상고 또는 재항고를 할 수 있도록 규정함으로써 소액사건의 경우 대법원에의 상고권을 지나치게 제한하고 있다. 이에 대하여 헌법재판소는 상소심에서 재판을 받을 권리를 헌법상 명문화한 규정이 없고 상고문제가 일반 법률에 맡겨진 우리의 법제에서는 헌법 제27조에서 규정한 재판을 받을 권리에 상고심절차에 의한 재판을 받을 권리까지도 포함된다고 볼 수 없고, 신속 · 간편 · 저렴하게 처리되어야 할 소액사건절차 특유의 요청 등을 고려할 때 이러한 제한은 위헌이 아니라고 판시했다.[1] 그러나 이러한 다수의견에 대하여는 대법원의 재판을 받을 권리, 즉 상고권은 헌법 제27

1) 헌재 1992. 6. 26. 90헌바25, 판례집 4, 343, 344:
재판이란 사실확정과 법률의 해석적용을 본질로 함에 비추어 법관에 의하여 사실적 측면과 법률적 측면의 한 차례의 심리검토의 기회는 적어도 보장되어야 할 것은 물론, 또 그와 같은 기회에 접근하기 어렵도록 제약이나 장벽을 쌓아서는 안된다 할 것인바, 만일 그러한 보장이 제대로 안되면 헌법상 재판을 받을 권리의 본질적 침해의 문제가 생길 수 있다 할 것이다.
상소심에서 재판을 받을 권리를 헌법상 명문화한 규정이 없고 상고문제가 일반법률에 맡겨진 우리의 법제에서는 헌법 제27조에서 규정한 재판을 받을 권리에 모든 사건에 대해 상고법원의 구성법관에 의한, 상고심절차에 의한 재판을 받을 권리까지도 포함된다고 단정할 수 없을 것이고, 모든 사건에 대해 획일적으로 상고할 수 있게 하느냐 않느냐는 특단의 사정이 없는 한 입법정책의 문제라고 할 것이다.
소액사건에 관하여 일반사건에 비하여 상고 및 재항고를 제한하고 있는 소액사건심판법 제3조는 헌법 제27조의 재판을 받을 권리를 침해하는 것이 아니고, 상고제도라고 한다면 산만하게 이용되기보다 좀 더 크고 국민의 법률생활의 중요한 영역의 문제를 해결하는데 집중적으로 투입 활용되어야 할 공익상의 요청과 신속 · 간편 · 저렴하게 처리되어야 할 소액사건절차 특유의 요청 등을 고려할 때 현행 소액사건상고제한제도가 결코 위헌적인 차별대우라 할 수 없으며, 소액사건심판법 제3조는 대법원에 상고할 수 있는 기회를 제한하는 것이지 근본적으로 박탈하고 있는 것이 아니므로, 결국 위 법률조항은 헌법에 위반되지 아니한다.

조 제1항에서 도출되는 기본권으로서 일종의 헌법상 보장된 절차적 기본권이며, 소액사건심판법 제3조는 헌법 제27조 제1항에서 도출되는 기본권인 대법원의 재판을 받을 권리의 본질적 내용을 침해하는 것이고 또한 단순히 소송가액만을 기준으로 하여 획일적으로 상고권을 제한하는 것이어서 헌법 제11조 제1항의 평등의 원칙에도 위배되는 위헌의 법률이라는 반대의견이 있다.[1)]

생각건대 위에서 언급한 바와 같이 상고권은 헌법 제27조 제1항에서 직접 도출되는 기본권으로서 재판청구권의 한 내용이고, 일종의 헌법상 보장된 절차적 기본권이다. 이런 점에서 소액사건심판법 제3조는 헌법 제27조 제1항에서 도출되는 기본권인 대법원의 재판을 받을 권리 내지 상고권의 본질적 내용을 침해하는 것이거나 적어도 비례의 원칙을 위반한 위헌적 침해라고 보아야 할 것이다.

헌법 제110조 제4항은 "비상계엄하의 군사재판은 군인·군무원의 범죄나 군사에 관한 간첩죄의 경우와 초병·초소·유독음식물공급·포로에 관한 죄 중 법률이 정한 경우에 한하여 단심으로 할 수 있다. 다만, 사형을 선고한 경우에는 그러하지 아니하다."라고 규정하고 있다. 이처럼 비상계엄하의 경우 단심으로 할 수 있도록 한 것은 대법원에의 상고권과 심급제라고 하는 재판청구권의 본질적 내용을 침해하거나 적어도 비례의 원칙을 위반하여 지나치게 재판청구권을 침해하여 위헌의 소지가 있다는 주장이 제기될 수 있다. 그러나 비상계엄이라는 상황과 사형을 선고한 경우에는 대법원에의 상고권이 인정된다는 점을 고려할 때 이러한 제한은 내용적으로 일응 정당화될 수 있을 것이며, 아울러 헌법에서 보장한 재판청구권에 대한 예외적 제한을 헌법 자체에서 직접 정했다는 점에서 형식적·체계적으로도 정당화된다고 하겠다.

한편 헌법 제64조 제2항과 3항은 "국회는 의원의 자격을 심사하며, 의원을 징계할 수 있다. 의원을 제명하려면 국회재적의원 3분의 2 이상의 찬성이 있어야 한다."고 규정하고, 제4항은 "제2항과 제3항의 처분에 대하여는 법원에 제소할 수 없다."라고 규정하여 국회의원의 자격심사와 징계 또는 제명에 대하여 법원에 제소할 수 없도록 재판청구권을 부정하고 있다. 이 규정은 국회의 자율권과 독자성을 존중한다는 권력분립의 원칙의 정신에 바탕을 두고 있다고 볼 수 있다. 물론 국회는 국민을 대표하는 대의기관이므로 당연히 그 결정에 대한 자

---

1) 헌재 1992. 6. 26. 90헌바25, 판례집 4, 343, 355-358.

율권은 존중되어야 하나 이러한 자율권도 헌법과 법률을 위반해서는 안된다는 한계를 벗어날 수는 없다. 따라서 헌법과 법률을 위반하는 국회의 행위는 정당화될 수 없는 것이다. 그런 점에 비추어 볼 때 이처럼 재판청구권을 완전히 박탈한 것은 위헌의 소지가 크다고 본다. 왜냐하면 국회의원은 입법권 등의 국가권력의 주체이자 공무담임권 등의 기본권의 주체인데, 만일 예컨대 특정 정당 또는 특정 의원을 탄압할 목적으로 위헌적 절차에 따라 의원이 제명되었다면 그 의원은 위헌적으로 자신의 입법권 등의 권한과 공무담임권 등의 기본권이 박탈당한 것으로 권한쟁의심판이나 헌법소원심판 또는 상황에 따라서는 행정소송을 제기할 수 있어야 하는데, 이를 원천적으로 봉쇄한 것은 해당 의원의 입법권 등의 권한이나 공무담임권 등의 기본권을 침해한 것임과 동시에 재판청구권 등의 본질적 내용을 침해한 것이기 때문이다. 물론 이 경우에는 헌법 자체에 규정되어 있기 때문에 그에 대한 위헌시비를 제기하기에 이론과 실무상 어려움이 따르고, 실제로도 그동안 헌법재판소가 헌법규정은 위헌심사의 대상이 될 수 없다는 일관된 입장을 견지하고 있다.[1] 그러나 이러한 헌법재판소의 태도는 마땅히 재고되어야 하고, 헌법규정이라고 하더라도 그것이 헌법의 핵심적 규정이나 원칙 내지 가치를 침해한 것이라면 위헌심사의 대상이 되어야 한다고 본다.[2] 차제에 헌법개정을 통해 이 규정이 삭제되어야 할 것이고, 헌법재판소도 헌법규정에 대한 위헌심사에 대한 전향적 태도를 보여야 할 것이다.

Ⅲ. 형사보상청구권

1. 형사보상청구권의 의의와 기능

헌법 제28조는 "형사피의자 또는 형사피고인으로서 구금되었던 자가 법률이 정하는 불기소처분을 받거나 무죄판결을 받은 때에는 법률이 정하는 바에 의하여 국가에 정당한 보상을 청구할 수 있다."라고 규정하여 국가에 대한 형사보상청구권을 보장하고 있다. 이는 형사피의자 또는 형사피고인으로서 구금되었던

1) 헌재 1995. 12. 28. 95헌바3; 헌재 2001. 2. 22. 2000헌바38; 헌재 2005. 5. 26. 2005헌바28.

2) 헌법규정에 대한 위헌심사의 문제는 정연주, 헌법 제29조 제2항에 대한 헌법소원, 헌법학연구 제5권 2호, 1999. 10, 472쪽 이하 참조.

자가 불기소처분을 받거나 무죄판결을 받은 때에 구금으로 인해서 받은 물질적·정신적 피해에 대하여 정당한 보상을 국가에 청구할 수 있는 권리이다. 형사보상청구권은 국가의 형사사법작용에 의하여 신체의 자유가 침해된 국민에게 사후적으로 그 구제를 인정하여 국민의 기본권 보호를 강화하는 한편, 정당보상을 통해 형사소송 절차에서 무죄재판 등을 받은 자의 존엄성과 실질적 명예의 회복 및 정의를 실현하는 기능을 가진다.

2. 형사보상청구권의 법적 성격

형사보상청구권은 국가의 형사사법절차에 내재하는 불가피한 위험으로 인해 국민의 신체의 자유에 대한 중대한 피해가 발생한 경우 국가가 이에 대하여 보상할 것을 헌법에서 명문으로 선언한 것이다. 따라서 형사보상의 본질은 국가의 무과실·결과책임에 대한 손실보상이다. 이 점에서 국가의 불법행위에 의하여 발생된 손해에 대한 사후적 구제제도인 국가배상청구권과 구별된다. 이는 이 청구권의 용어가 '배상'이 아닌 '보상'청구권이라는 점, 헌법 제29조의 국가배상청구권과는 별도로 규정되어 있다는 점, 그리고 형사보상을 위한 방법과 절차 등을 규정한 「형사보상 및 명예회복에 관한 법률」이 형사보상을 받을 자가 다른 법률에 따라 손해배상을 청구하는 것을 금지하지 않고 있는 점에서도(제6조) 알 수 있다.

한편 형사보상청구권은 헌법규정 자체에 의하여 직접 발생한다. 다만 청구절차 등 그 구체적 내용은 입법에 맡겨져 있다. 그러나 그 실효적인 구제를 요청할 수 있는 권리가 충분히 보장되지 않는다면 헌법상 천명된 형사보상청구권이라는 기본권 보장의 정신은 요원해질 수 있다. 이러한 점에서 형사보상청구의 구체적 절차에 관한 입법은 단지 형사보상을 청구할 수 있는 형식적인 권리나 이론적인 가능성만을 허용하는 것이어서는 안되고, 상당한 정도로 권리구제의 실효성이 보장되도록 규정하여야 할 것이다.[1)]

---

1) 헌재 2010. 7. 29. 2008헌가4, 판례집 22-2상, 1, 6.

3. 형사보상청구권의 주체

형사보상청구권의 주체는 형사피의자 또는 형사피고인이다. 형사피의자는 수사기관으로부터 범죄의 의심을 받아 수사를 받고 있는 자로서 공소가 제기되기 전인 자를 말한다. 형사피의자가 기소된 후에는 형사피고인이 된다. 외국인도 주체가 된다. 보상청구자가 사망하였을 때에는 그 상속인이 청구할 수 있다(「형사보상 및 명예회복에 관한 법률」 제3조 제1항).

4. 형사보상청구권의 내용

(1) 성립요건

헌법 제28조에 따르면 형사보상청구권의 성립요건은 형사피의자 또는 형사피고인으로서 구금되었던 자가 법률이 정하는 불기소처분을 받거나 무죄판결을 받은 것이다.

1) 형사피고인의 보상요건

형사소송법에 따른 일반 절차 또는 재심이나 비상상고 절차에서 무죄재판을 받아 확정된 사건의 피고인이 미결구금을 당하였을 때에는 국가에 대하여 그 구금에 대한 보상을 청구할 수 있다(동법 제2조 제1항). 또한 상소권회복에 의한 상소, 재심 또는 비상상고의 절차에서 무죄재판을 받아 확정된 사건의 피고인이 원판결에 의하여 구금되거나 형 집행을 받았을 때에는 구금 또는 형의 집행에 대한 보상을 청구할 수 있다(동법 제2조 제2항). 그러나 이처럼 형사피고인의 보상요건이 성립한 경우라도 ① 형사미성년자 또는 심신장애인의 행위라는 이유로 무죄재판을 받은 경우, ② 본인이 수사 또는 심판을 그르칠 목적으로 허위의 자백을 하거나 또는 다른 유죄의 증거를 만듦으로써 기소, 미결구금 또는 유죄재판을 받게 된 것으로 인정된 경우, ③ 1개의 재판으로써 경합범의 일부에 대하여 무죄재판을 받고 다른 부분에 대하여 유죄재판을 받았을 경우에는 법원은 재량으로 보상청구의 전부 또는 일부를 기각할 수 있다(동법 제4조).

2) 형사피의자의 보상요건

형사피의자로서 구금되었던 자 중 검사로부터 공소를 제기하지 아니하는 처분을 받은 자는 국가에 대하여 그 구금에 대한 보상을 청구할 수 있다. 다만 구금된 이후 공소를 제기하지 아니하는 처분을 할 사유가 있는 경우와 공소를 제기하지 아니하는 처분이 종국적인 처분이 아니거나 정상을 참작하여 공소를 제기하지 아니한 경우에는 청구할 수 없다(동법 제27조 제1항). 또 형사피의자가 수사 또는 재판을 그르칠 목적으로 허위의 자백을 하거나 다른 유죄의 증거를 만듦으로써 구금된 것으로 인정되는 경우, 구금기간 중에 다른 사실에 대하여 수사가 행하여지고 그 사실에 관하여 범죄가 성립한 경우, 보상을 하는 것이 선량한 풍속 기타 사회질서에 반한다고 인정할 특별한 사정이 있는 경우에는 보상의 전부 또는 일부를 하지 아니할 수 있도록 정하고 있다(동법 제27조 제2항).

(2) 형사보상청구의 절차와 방법

피고인보상청구는 무죄재판을 한 법원에 대하여 하여야 하며(동법 제7조), 무죄재판이 확정된 사실을 안 날부터 3년, 무죄재판이 확정된 때부터 5년 이내에 하여야 한다(동법 제8조). 피의자보상을 청구하려는 자는 공소를 제기하지 아니하는 처분을 한 검사가 소속된 지방검찰청의 심의회에 보상을 청구하여야 하며, 이는 검사로부터 공소를 제기하지 아니하는 처분의 고지 또는 통지를 받은 날부터 3년 이내에 하여야 한다(동법 제28조 제1항 및 제3항).

피고인보상청구는 법원 합의부에서 재판한다(동법 제14조 제1항). 피의자보상의 경우에는 지방검찰청에 설치된 피의자보상심의회에서 심의·결정한다(동법 제27조 제3항).

(3) 보상의 내용

형사보상청구권자는 정당한 보상을 청구할 수 있다. 「형사보상 및 명예회복에 관한 법률」에 따르면 구금에 대한 보상을 할 때에는 그 구금일수에 따라 1일당 보상청구의 원인이 발생한 연도의 최저임금법에 따른 일급 최저임금액 이상 대통령령으로 정하는 금액 이하의 비율에 의한 보상금을 지급한다(동법 제5조 제1항). 법원은 보상금액을 산정할 때, ① 구금의 종류 및 기간의 장단, ② 구금기간 중에 입은 재산상의 손실과 얻을 수 있었던 이익의 상실 또는 정신적인 고통과 신체 손상, ③ 경찰·검찰·법원의 각 기관의 고의 또는 과실 유무, ④ 무죄재판의 실질적 이유가 된 사정, ⑤ 그 밖에 보상금액 산정과 관련되는 모든 사정을 고려하여야 한다(동법 제5조 제2항). 사형 집행에 대한 보상을 할 때에는 집행 전 구금에 대한 보상금 외에 3천만원 이내에서 모든 사정을 고려하여 법원이 타당하다고 인정하는 금액을 더하여 보상한다. 이 경우 본인의 사망으로 인하여 발생한 재산상의 손실액이 증명되었을 때에는 그 손실액도 보상한다(동법 제5조 제3항). 그런데 형사보상청구권의 목적과 기능 및 정당한 보상의 정신에 비추어볼 때 이들 보상의 내용은 매우 부족하다고 여겨진다.

(4) 보상결정에 대한 불복신청과 재판

피고인보상청구의 경우 보상결정에 대하여는 1주일 이내에 즉시항고를 할 수 있고, 청구기각 결정에 대하여는 즉시항고를 할 수 있다(동법 제20조). 피의자보상의 청구에 대한 심의회의 결정에 대하여는 행정심판법에 따른 행정심판을 청구하거나 행정소송법에 따른 행정소송을 제기할 수 있다(동법 제28조 제4항).

Ⅳ. 국가배상청구권

1. 의의

헌법 제29조 제1항은 “공무원의 직무상 불법행위로 손해를 받은 국민은 법률이 정하는 바에 의하여 국가 또는 공공단체에 정당한 배상을 청구할 수 있다. 이 경우 공무원 자신의 책임은 면제되지 아니한다.”라고 규정하여 국민이 공무원의 직무상 불법행위로 인하여 손해를 받은 경우 이를 구제해 주기 위한 국가배상청구권을 보장하고 있고, 제2항은 “군인·군무원·경찰공무원 기타 법률이 정하는 자가 전투·훈련 등 직무집행과 관련하여 받은 손해에 대하여는 법률이 정하는 보상 외에 국가 또는 공공단체에 공무원의 직무상 불법행위로 인한 배상은 청구할 수 없다.”라고 규정하여 특수한 신분관계에 있는 자에 대하여는 국가배상청구권을 제한하고 있다. 이처럼 국가배상청구권은 공무원의 직무상 불법행위로 말미암아 손해를 받은 국민이 국가 또는 공공단체에 대하여 그 손해의 배상을 청구할 수 있는 권리구제를 위한 절차적 기본권이라고 할 수 있다.

국가배상청구권은 기본권보장의 이념과 법치주의원리를 국가책임사상의 바탕위에서 실현하고자 하는 것으로 과거의 절대국가사상과 국가무책임사상으로부터의 탈피를 의미한다. 따라서 공무원의 직무상 불법행위는 공무원 개인의 책임이기 이전에 본질적으로 국가의 책임이며, 공무원의 직무상 적법행위 뿐 아니라 불법행위도 그 법적 효과는 모두 국가에게 귀속된다는 것을 이념적 바탕으로 하고 있다.

다른 여타의 청구권적 기본권에 비하여 국가배상청구권은 이론적 · 실무적으로 매우 중요하고, 그 이용빈도수도 매우 높아 수많은 판례가 축적되어 있지만, 아직도 법리적으로 논란의 여지가 많고, 학설의 대립도 심하며, 판례도 많은 쟁점에서 귀일되지 못한 기본권이라고 할 수 있다. 따라서 여기서는 비교적 상세하게 국가배상청구권에 관한 이론과 판례를 규명 · 정리하고자 한다.

2. 국가배상청구권의 연혁

앞에서도 언급했듯이 과거 군주정치하에서는 국가가 국민에 대하여 우월적인 지위에 있고 그에 기반하여 국가무책임사상이 지배하고 있었다. "왕은 악을 행할 수 없다"라는 사상이 말해주듯이 국가는 책임을 지지 않는 상태에서 공무원만 책임을 졌다. 그러다가 근대국가로 들어서면서 국민주권사상과 기본권보장 및 법치주의의 이념이 싹트면서 국가작용에 의한 손해에 대하여는 국가가 책임을 짐으로써 국민의 권리를 두텁게 보호하는 국가책임사상이 확립되어 갔다. 이에 따라 국가배상청구권이 기본권으로서 인정되기 시작했다.

프랑스에서는 국사원(Conseil d'Etat) 판례를 통하여 공역무과실책임이론과 위험책임이론을 정립하여 국가책임제도를 인정하게 되었고, 독일에서는 1919년 바이마르공화국헌법 제131조에서 국가배상책임을 명문화한 이래 현행 기본법 제34조에서 규정하고 있다. 영국에서는 1947년 국왕소추법(Crown Proceedings Act)을 제정하였고, 미국에서도 1946년 연방불법행위배상청구권법(Federal Tort Claims Act)을 제정하여 국가배상책임을 인정하고 있다. 우리의 경우 1948년 제헌헌법 제27조에 국가배상청구권을 기본권으로 규정하면서 오늘에 이르고 있다.

3. 국가배상청구권의 법적 성격

국가배상청구권의 법적 성격에 대해서는 다양한 논의가 전개되고 있다. 주로 ① 국가배상청구권이 공권인지 사권인지의 여부, ② 국가배상법이 공법인지 사법인지의 여부, ③ 헌법상의 규정이 입법방침규정인지 직접효력규정인지의 여부, ④ 국가배상청구권이 재산권인지 청구권인지의 여부 등이다.

(1) 공권설과 사권설

1) 공권설

국가배상청구권은 국가와 사인간의 공법상의 법적 분쟁 내지 공법상의 법률관계에서 인정되는 권리이므로 공권이라고 보는 입장이다. 국가배상청구권은 헌법에 의해 직접 실현되는 권리인 점, 국가배상법이 특별한 경우에는 양도·압류의 금지를 규정하고 있는 점(제4조), 외국인의 경우 상호주의에 의해 인정한다는 점(동법 제7조)을 근거로 국가배상청구권을 공권적 성격의 권리라고 한다. 헌법에서 기본권으로 정하고 있는 이상 이는 대국가적인 공권으로서의 성격을 가지기 때문에 국가배상청구권을 기본권으로 보장하는 우리 헌법의 구조상 이를 사권이라고 해석하기는 어렵다고 한다.

한편 현행 소송실무에서는 국가배상청구를 민사소송의 절차에 의하지만, 소송절차의 문제는 권리실현의 방법에 불과하고 이를 행정소송으로 처리할 수도 있으므로 그 때문에 국가배상청구권이 사권으로 변질되는 것은 아니라고 한다.

2) 사권설

국가배상이 이루어지는 국가의 행위는 위법한 것으로서 국가가 공적인 지위에서라기보다는 사적인 사용자의 지위에서 책임을 지는 것이고, 공권으로 이해할 경우에는 공권의 특성으로 인해 국민의 청구권이 지나치게 제한될 우려가 있으므로 국가배상청구권을 사권으로 보아야 한다는 견해이다. 이러한 견해에서는 국가배상법을 민법의 특별법으로 본다.

대법원의 판례는 국가배상청구권을 일반 민사상의 불법행위책임과 같은 사권으로 보고 있다.[1)]

3) 절충설

이러한 견해대립에 대해 국가배상청구권은 헌법상의 권리라는 점에서는 공권적인 것이고, 배상관계는 비권력적인 영역에 속하는 점에서 사권적인 것이므로 국가배상청구권을 공권이냐 사권이냐 하는 택일적인 접근은 타당하지 않다고 본다.

4) 결어

국가배상청구권이 공권인가 사권인가, 그리고 국가배상법이 공법인가 사법인가의 여부는 일반적인 공법과 사법의 구별에 관한 기준과 그 구별의의에 비추어 판단해야 할 것이다. 이에 따라 국가배상이 전형적인 국가 공권력작용에 의해 발생한(공법적 원인) 공법적 손해에 대한 배상이고, 따라서 그 배상관계는 국가·공공단체 등의 행정주체와 개인간의 공법관계이며, 그 법적 효과와 관련하여 볼 때 오로지 국가·공공단체 등의 행정주체에게만 그 법률관계에서의 권한과 의무가 귀속되는 점에 비추어 볼 때(신주체설 내지 귀속설), 국가배상청구권은 성질상 공권이고, 따라서 아래에서 언급하는 바와 같이 국가배상법은 공법이라고 보아야 한다.[1)]

---

1) 대판 1972. 10. 10. 69다701:
공무원의 직무상 불법행위로 손해를 받은 국민이 국가 또는 공공단체에 배상을 청구하는 경우 국가 또는 공공단체에 대하여 그의 불법행위를 이유로 손해배상을 구함은 국가배상법이 정한 바에 따른다 하여도 이 역시 민사상의 손해배상책임을 특별법인 국가배상법이 정한데 불과하며 ….

1) 사법상의 분쟁과 공법상의 분쟁 사이의 구별을 위한 기준설정이론으로는 처음에는 이익설(Interessentheorie)이 그리고 그 이후에는 주체설(Subjektstheorie)이 유력시되었다. 이익설에 따르면 해당 법규범이 공익에 이바지함을 목적으로 한다면 그 법규범은 공법이고 사익에 이바지함을 목적으로 한다면 그것은 사법에 속한다. 따라서 이익설에 따르면 해당 법률관계가 공익을 목적으로 한 것이면 이러한 법률관계에 대한 분쟁은 공법상의 분쟁이 되어 행정재판의 관할에 속하게 되고, 사익을 목적으로 한 것이면 사법상의 분쟁이 되어 민사재판의 관할에 속하게 되는 것이다.
그러나 이익설은 구별기준의 설정이론으로서 적합한 이론이라고 보기 어렵다. 왜냐하면 한편에서는 행정청은 공익을 목적으로 하는 자신의 공적 과제를 사법적 수단을 통해서도 실현할 수 있으며, 다른 한편에서는 공법법규도 공익뿐 아니라 이익도 함께 보호 내지 추구하는 경우가 있기 때문이다. 또한 주체설에 따르면 법률관계의 한쪽 당사자(주체)가 공행정주체인 경우에는 그 법률관계가 공법관계이고 그 근거법률은 공법이 된다. 그러나 공행정주체가 한쪽 당사자가 되는 법률관계라도 성격상 사법관계에 속하는 경우 - 예컨대 국가가 아울러 국가배상법 제9조는 소송제기에 앞서 배상심의회에 배상을 청구할 수도 있도록 규정하여 비용과다, 시간의 낭비 등 사법절차가 지닌 단점을 보충하고 배상사건의 합리적 처리라고 하는 행정편의를 고려하는 등 행정절차의 보강을 기하고 있는데, 이는 국가배상사건이 공법적 성질의 것이라는 점을 시사하는 것이다. 그리고 동법 제8조에서 민법의 준용을 규정하고 있다고 해서 국가배상법이 민법의 특별법이라고 보는 견해도 타당하지 않다. 왜냐하면 민법이 공법에 준용되는 경우는 많이 있기 때문이다.

만일 국가배상의 성질을 사법적인 것으로 본다면 행정상의 손실보상의 경우에도 이를 사법적 성질의 것으로 보아야 할 것이고, 손실보상청구권은 민사상의 청구권, 그리고 「공익사업을 위한 토지 등의 취득 및 보상에 관한 법률」은 사법이 된다는 모순에 빠지게 된다. 왜냐하면 「공익사업을 위한 토지 등의 취득 및 보상에 관한 법률」에 기한 손실보상의 경우 그 발생원인은 공법상의 원인이고, 그 법률관계는 공법관계이며, 그 권한과 의무는 공권력주체에게만 귀속되는 것인데, 사법설에 따르면 결과적으로는 발생된 손실에 대하여 기업자가 보상해야

사인 내지 사경제의 주체로서 일반 사인과 법률행위를 하는 경우 - 도 있기 때문에 이 학설이 모든 경우에 적용될 수 있는 것은 아니다.

한편 종속설(Subordinationstheorie)에 따르면 공행정주체와 일반 국민 사이의 상·하적 법률관계는 공법상의 법률관계이고, 반면에 법률관계 당사자가 대등한 지위인 경우에는 사법상의 법률관계가 된다. 그러나 이러한 이론은 복수의 공행정주체가 공법상의 영역에서 법률관계의 당사자로 등장할 경우 - 예컨대 복수의 지방자치단체 또는 복수의 주가 행정협정이나 공법상의 계약을 통해 일정한 법률관계를 형성할 경우 - 에는 모순을 드러내게 된다. 왜냐하면 이러한 경우에 법률관계의 당사자는 서로 대등한 지위에 있지만, 그 법률관계의 성격은 사법상의 관계가 아니라 공법의 규율대상이 되기 때문이다.

이러한 주체설 내지 종속설의 모순을 극복하기 위하여 이른바 신주체설(die modifizierte Subjektstheotie)이 등장하게 된다. 그에 따르면 모든 국민에게가 아니라 필연적으로 오로지 공행정주체에게만 권한·의무를 귀속시키는 법규범이 공법에 속한다. 이에 반하여 공행정주체뿐 아니라 그 이외의 모든 국민에게도 권리·의무를 귀속시키는 법규범은 사법에 속하게 된다. 따라서 공법은 행정의 특별법이고, 사법은 모두를 위한 법이 된다. 이에 따르면 일정한 매매계약이 비록 사인과 공행정주체 사이에 이루어졌다 하더라도 그 매매계약은 사법적 법률관계에 속한다. 왜냐하면 그 해당 매매계약으로부터 발생하는 권리·의무는 공행정주체만이 아니라 모든 국민 내지 사인에게도 귀속되기 때문이다. 이에 반해 경찰의 직무집행상의 명령권은 사인 내지 모든 국민이 아니라 오로지 공행정주체에게만 속한다. 따라서 그 법률관계는 공법의 영역에 속한다. 아울러 공적과제의 수행을 위한 대등한 지위에 있는 복수의 공행정주체간의 계약은 그 공적 과제수행이라는 목적이 오로지 공행정주체에 의해서만 달성될 수 있기 때문에 공법영역에 속한다. 이처럼 신주체설은 공법관계와 사법관계의 구별기준설정이론으로서 비교적 적절한 것으로 평가되고 있다.

한다는 법이 부여한 법률효과라는 면에서 그 보상관계는 사법관계가 되어야 한다는 모순에 빠지기 때문이다.

(2) 공법설과 사법설

위에서 언급한 바와 같이 국가배상청구권의 성질에 따라 국가배상법을 보는 입장도 나뉘어진다. 즉 국가배상법을 공법으로 보는 입장에 따르면 국가배상법은 공권인 국가배상청구권의 실현에 관한 법이며, 결국 국가배상법은 공법상의 원인행위에 따른 공법상의 법적 분쟁을 해결하기 위한 법이기 때문에 당연히 공법이라고 한다.

이에 반해 국가배상법을 사법으로 보는 입장에 따르면 국가배상법은 민법의 특별법으로서 사법이고, 국가배상책임은 국가가 사인과 대등한 지위에서 지는 책임이며, 국가배상법 제8조가 민법을 준용하고 있으므로 국가배상법은 사법이라고 한다.

국가배상청구권이 공권이라는 점에서 국가배상법은 논리필연적으로 공법에 해당한다고 보아야 할 것이다.

(3) 입법방침규정설과 직접효력규정설

1) 입법방침규정설

입법방침규정설에 의하면 헌법 제29조는 구체적인 권리를 부여하는 것이 아니라, 손해배상요건 등이 법률로 보완되지 않는 한 단순한 입법방침에 불과하다는 입장이다. 즉 헌법 제29조 제1항에서 정하고 있는 '법률이 정하는 바에 의하여'라는 법률유보의 문구가 있기 때문에 국가배상청구권은 헌법에서 직접 효력을 발생하는 것이 아니라 헌법에 의해서는 추상적인 권리만 생기고 구체적인 법률이 있어야 국민에게 구체적인 국가배상청구권이 발생된다고 보는 입장이다.

2) 직접효력규정설

직접효력규정설에 의하면 헌법 제29조를 근거로 직접 국가배상청구권이 도출되며 '법률이 정하는 바에 의하여'란 구체적인 기준이나 요건 및 절차만을 법률로 정한다는 의미로 이해하여야 한다는 입장이다. 즉 국가배상청구권은 헌법 제29조 제1항에 의하여 보장되는 구체적인 권리이고, 법률유보의 문구는 헌법에 의해 구체적으로 생긴 권리인 국가배상청구권의 행사절차·기준 등만 정하는 것이라고 본다. 대법원은 헌법상 국가배상청구권의 구체적인 권리임을 인정하고 있다.[1)]

3) 결어

국가배상청구권은 헌법에 의해 직접 그 효력이 인정되는 기본권이며, 이는 법치국가원리상 당연한 것이다. 왜냐하면 불법행위로 인한 손해발생의 원인제공자는 국가이고, 따라서 국가는 법치주의원리상 당연히 피해자에게 배상을 해줄 의무가 있기 때문이며, 따라서 이러한 국가의 의무 내지 배상책임과 피해자의 국가에 대한 배상청구권은 법률규정의 존재 유무와 내용 등에 관계없이 직접 헌법상 인정되는 것이다. 다만 법률에 의하여 배상청구권의 요건과 절차 등이 구체화될 뿐이다.

(4) 재산권설과 청구권설

1) 재산권설

헌법상 국가배상청구권은 헌법 제23조 제1항에 의해 보호되는 재산권의 한 내용이라고 본다. 이는 대법원의 과거 판결의 소수의견[2)] 및 헌법재판소의 과거 의견[3)]이다.

---

1) 대판 1971. 6. 22. 70다1010:
헌법 제 26조는 공무원의 직무상 불법행위로 손해를 받은 국민은 국가 또는 공공단체에 배상을 청구할 수 있다고 규정하여 공무원의 불법행위로 손해를 받는 국민은 그 신분에 관계없이 누구든지 국가 또는 공공단체에 그 불법행위로 인한 손해전부의 배상을 청구할 수 있는 기본권을 보장하였고….

2) 대판 1971. 6. 22. 70다1010:
헌법 제23조 제1항에 의하면 재산권의 내용과 한계는 법률로 정한다고 되어 있으며, 헌법 제29조에서 인정한 손해배상청구권이 위 헌법 제23조에서 말하는 재산권의 범주에 속하는 것임은 재론할 여지가 없다.

3) 헌재 1996. 6. 13. 94헌바20, 판례집 8-1, 475, 484:
심판대상조항부분이 향토예비군대원의 국가배상청구권을 인정하지 아니하는 것은 헌법 제29조 제1항에 의하여 국민일반에 대하여 원칙적으로 인정되는 국가배상청구권을 향토예비군대원에 대하여는 예외적으로 이를 금지하는 것이고, 국가배상청구권은 그 요건에 해당하는 사유가 발생한 개별 향토예비군대원에게는 금전청구권으로서의 재산권임이 분명하므로, 심판대상조항부분은 결국 헌법 제23조 제1항에 의하여 향토예비군대원에게 보장되는 재산권을 제한하는 의미를 갖는다.

2) 청구권설

이 설에 따르면 헌법상의 재산권은 사유재산제도와 그를 바탕으로 하는 구체적 재산권의 보장을 위한 것이고, 국가배상청구권은 공무원의 직무상 불법행위에 의해서 비로소 발생하는 권리구제를 위한 청구권인데 단지 그것이 재산가치를 가지는 청구권일 따름이라고 한다. 따라서 국가배상청구권이 재산적 가치를 가지고 있음을 부정할 수는 없지만 헌법이 국가배상청구권에 대해 재산권 규정과는 별도의 규정을 두고 있으며, 그 성질이 재산의 보호라기보다는 위법행위에 대한 권리구제수단의 보호라는 성격이 강하므로 국가배상청구권은 재산권이 아닌 권리구제를 위한 절차적 기본권으로서의 청구권이라고 본다. 이는 대법원 과거 판결의 다수의견이었다.[1)]

3) 절충설

이 설에 따르면 국가배상청구권은 재산권적 성격과 청구권적 성격을 모두 가진 것이라고 한다. 헌법재판소의 비교적 최근의 견해이다.[2)]

4) 결어

국가배상청구권은 공법상의 재산권적 성격과 청구권적 성격을 모두 가진다고 보아야 할 것이다. 왜냐하면 재산권은 재산에 대한 모든 공법상·사법상의 모든 권리를 포괄하는 개념으로서 민법상의 소유권보다 넓은 개념이기 때문이다.[3)] 따라서 재산가치 있는 공법상의 권리(예컨대 공무원의 연금청구권·손실보상청구권 등)가 모두 재산권의 범위에 속하고,[4)] 따라서 공권적 성질을 가지면서 재산적 가치를 가지는 국가배상청구권은 재산권적 성격과 청구권적 성격을 모두

---

1) 대판 1971. 6. 22. 70다1010:
헌법 제26조는 공무원의 직무상 불법행위로 손해를 받은 국민은 국가 또는 공공단체에 배상을 청구할 수 있다고 규정하여 공무원의 불법행위로 손해를 받은 국민은 상을 분에 관계없이 누구든지 국가 또는 공공단체에 그 불법행위로 인한 손해전부의 배상을 청구할 수 있는 기본권을 보장하였고….

2) 헌재 1997. 2. 20. 96헌바24, 판례집 9-1, 168, 173:
우리 헌법상의 국가배상청구권에 관한 규정은 단순한 재산권의 보장만을 의미하는 것은 아니고 국가배상청구권을 청구권적 기본권으로 보장하고 있는 것이다.

3) 헌재 1992. 6. 26. 90헌바26, 판례집 4, 362, 372.

4) 헌재 1994. 6. 30. 92헌가9, 판례집 6-1, 543, 550-553.

가진다고 보아야 할 것이다.

4. 국가배상청구권의 주체와 객체

(1) 국가배상청구권의 주체

국가배상청구권의 주체는 자연인인 국민과 법인이다. 그러나 헌법 제29조 제2항에서 정하는 군인·군무원·경찰공무원 등이 법률이 정하는 보상을 받게 되는 경우에는 국가배상청구권이 인정되지 않기 때문에 그 한도에서 국가배상청구권의 주체가 될 수 없다. 이에 대하여는 후술한다. 외국인에 대하여는 국가배상법 제7조가 "이 법은 외국인이 피해자인 경우에는 상호의 보증이 있는 때에 한하여 적용한다."라고 규정하여 상호주의를 채택하고 있다. 따라서 입법정책적으로 외국인에게 국가배상청구권을 인정할 수는 있으나, 이 경우의 권리는 헌법상의 기본권이 아닌 법률상의 권리라고 하겠다.

(2) 국가배상청구권의 객체

국가배상책임을 지는 국가배상청구권의 객체는 국가 또는 공공단체이다. 공공단체란 지방자치단체, 공공조합, 영조물법인, 공법상의 재단 등을 말한다. 그런데 국가배상청구권의 객체를 국가 또는 '공공단체'라고 규정한 헌법 제29조 제1항과는 달리 국가배상법 제2조 제1항은 국가 또는 '지방자치단체'라고 공공단체의 범위를 지방자치단체로만 국한해서 규정하고 있어, 지방자치단체를 제외한 공공단체의 배상책임에 대하여는 아무런 언급이 없다. 이처럼 국가배상법 제2조에서 배상책임자를 공공단체 중 지방자치단체로만 한정해서 규율한 것은 국가배상법의 입법취지에 반하고, 헌법상 보장된 국가배상청구권이라고 하는 청구권적 기본권을 차별적으로 제한하는 것으로서 위헌의 소지가 있다고 하겠다. 따라서 헌법의 규정과 같이 국가배상법 제2조 제1항에서도 '공공단체'로 폭넓게 규정하는 것이 바람직하다고 하겠다.

5. 국가배상청구권의 내용

(1) 국가배상청구권의 성립요건

국가배상책임에는 헌법 제29조 제1항 및 국가배상법 제2조 제1항에 따른 공무원의 직무상 불법행위로 인한 배상책임과 국가배상법 제5조에 따른 공공시설 등의 하자로 인한 배상책임의 두 가지 유형이 있다.

1) 공무원의 직무상 불법행위로 인한 배상책임의 경우

공무원의 직무상 불법행위로 인한 배상책임이 성립하기 위하여는 국가배상법 제2조에 따라 공무원이 그 직무를 집행함에 당하여 고의 또는 과실로 법령에 위반하여 타인에게 손해를 가해야 한다. 따라서 ① 공무원의, ② 직무집행행위가, ③ 불법이어야 하고, 이로써 ④ 타인에게 손해가 발생하였을 것과, ⑤ 손해와 공무원의 행위 사이에 인과관계가 인정될 것 등이 요구된다.

가. 공무원

헌법 제29조 제1항은 직무행위의 주체를 '공무원'이라고 규정하고 있지만, 국가배상법 제2조 제1항은 '공무원 또는 공무를 위탁받은 사인'이라고 규정하고 있다. 따라서 여기서의 '공무원'은 국가공무원법 또는 지방공무원법상의 공무원뿐 아니라 널리 공무를 위탁받아 실질적으로 공무에 종사하는 모든 자를 포함한다고 할 수 있다. 즉 공무원인지의 여부는 형식상의 신분에 따르지 않고, 실질적인 담당업무에 따라 판단해야 할 것이다.[1]

그런데 판례는 소집중인 향토예비군을 국가배상법상의 공무원으로 보면서,[2] 의용소방대원은 국가배상법상의 공무원이 아니라고 보았다.[3]

나. 직무상의 행위

국가배상청구권이 성립되기 위해서는 직무상의 행위가 있어야 하는데, 직무행위의 범위에 대해서는 권력작용에 한정된다는 협의설, 권력작용과 관리작용을 포함한다는 광의설, 국가의 사경제작용까지 모두 포함된다는 최광의설이 대립하고 있다. 국가배상책임의 성질을 공법적 책임으로 보는 입장에서는 논리필연적으로 광의설을 취하게 된다. 대법원도 직무의 범위를 행정작용 중 권력작용과

---

1) 대판 1970. 11. 24. 70다2253:
국가공무원법 제2조에서 말하는 공무원은 공무원법 또는 지방공무원법에서 말하는 공무원의 신분을 가진 자에 한하지 않고 널리 공무를 위탁받아 실질적으로 공무에 종사하고 있는 자도 포함된다고 할 것인바 …"

2) 대판 1970. 5. 26. 70다471.

3) 대판 1966. 6. 28. 66다808; 대판 1975. 11. 25. 73다1896.

관리작용에 한정해서만 국가배상을 인정하고 있다.[1]

한편 국가배상청구권은 공무원의 직무집행에 당하여 손해가 발생한 경우에 인정되는 바, 이러한 직무관련성에 관해서는 그 판단기준으로서 실질설과 외형설이 대립한다. 보다 두터운 효율적인 권리구제를 위해서는 직무행위의 실질을 요구하는 실질설보다는 직무행위와 외형상 관련 있는 것으로 인정되는 행위까지 포함하는 외형설이 타당하다고 하겠다. 대법원도 외형설에 입각하여 직무관련성을 판단하고 있다.[2]

다. 불법행위

불법행위란 고의 또는 과실에 의하여 법령을 위반한 행위를 말한다. 여기서의 '행위'에는 작위 또는 부작위 모두가 포함됨은 물론이다. 법령위반, 즉 위법성은 성문법의 위반 뿐 아니라 불문법의 위반도 모두 포함한다.

불법성은 위법행위가 고의 또는 과실로 이루어 진 것을 의미한다. 그리고 과실에는 중과실과 경과실 모두가 포함된다. 불법행위의 입증책임에 관하여는 원칙적으로 피해자인 원고에게 입증책임이 있다고 본다. 그러나 위법성의 입증책임은 원고가 부담하지만, 고의 또는 과실이라고 하는 책임성의 입증책임은 피고가 져야할 것이다. 이러한 입증책임의 전환은 첫째, 피해자의 두터운 권리보호를 위하여, 둘째, 책임성의 입증책임을 원고가 진다는 것은 너무 과도한 것을 요구한다는 점에서, 셋째, 위법성이 입증되면 일응 책임성이 추정된다는 점에서 타당하다고 여겨진다.

라. 타인에게 손해의 발생

타인에게 손해가 발생하여야 국가배상청구권이 성립할 수 있다. 타인이란 가

---

1) 대판 1999. 6. 22. 99다7008:
국가 또는 지방자치단체라 할지라도 공권력의 행사가 아니고 단순한 사경제의 주체로 활동하였을 경우에는 그 손해배상책임에 국가배상법이 적용될 수 없고 민법상의 사용자책임 등이 인정되는 것이고 국가의 철도운행사업은 국가가 공권력의 행사로서 하는 것이 아니고 사경제적 작용이라 할 것이므로….

2) 대판 1966. 6. 28. 66다781:
'직무를 행함에 당하여'라는 취지는 공무원의 행위의 외관을 객관적으로 관찰하여 공무원의 직무행위로 보여질 때에는 비록 그것이 실질적으로 직무행위이거나 아니거나 또는 행위자의 주관적 의사에 관계없이 그 행위는 공무원의 직무집행행위로 볼 것이요 이러한 행위가 실질적으로 공무집행행위가 아니라는 사정을 피해자가 알았다 하더라도 그것을 '직무를 행함에 당하여'라고 단정하는데 아무런 영향을 미치는 것이 아니다.

해자인 공무원과 그의 직무상 불법행위에 가세한 자를 제외한 자를 의미한다. 피해자가 가해자인 공무원과 동일 또는 동종의 기관에 근무하는지의 여부는 관계가 없다.[1)]

손해의 종류는 불문하므로 재산적 손해 뿐 아니라 비재산적 손해도 이에 해당한다. 또한 적극적 손해 뿐 아니라 소극적 손해, 예컨대 정당한 기대이익의 상실도 포함된다고 보아야 할 것이다.

마. 인과관계

가해행위와 손해의 발생 사이에 인과관계가 있어야 한다. 대법원은 상당인과관계를 요구하고 있다.[2)] 상당인과관계란 어떤 원인이 있으면 그러한 결과가 발생하리라고 통상 인정되는 관계를 말한다.

2) 공공시설 등의 하자로 인한 배상책임의 경우

공공시설 등의 하자로 인한 배상책임이 성립되기 위해서는 ① 공공시설 등의, ② 설치·관리상 하자로 인해, ③ 타인에게 손해가 발생하고, 손해와 하자 사이에 인과관계가 있을 것 등이 요구된다.

가. 공공시설 등

'공공시설 등'은 '도로·하천, 그 밖의 공공의 영조물'을 말한다(국가배상법 제5조 제1항). 일반적으로 '공공의 영조물'이란 인적·물적 종합시설이라는 의미의 영조물이 아니라 국가나 공공단체 등의 행정주체에 의하여 공공목적에 제공된 유체물, 즉 공물을 의미한다고 본다.[3)] 따라서 인공공물과 자연공물 및 동산 등이 이에 포함된다. 그러므로 그 대상이 공작물에 한정되지 않는다는 점에서 민법 제758조에 비하여 적용범위가 넓다. 그러나 국공유재산이라도 행정목적에 제

1) 대판 1998. 11. 10. 97다36873.

2) 대판 1969. 1. 21. 68다1153; 대판 1970. 3. 24. 70다152; 대판 1974. 12. 10. 72다1774.

3) 대판 1995. 1. 24. 94다45302:
국가배상법 제5조 제1항 소정의 '공공의 영조물이라 함은 국가 또는 지방자치단체에 의하여 특정 공공의 목적에 공여된 유체물 내지 물적 설비를 지칭하며, 특정 공공의 목적에 공여된 물이라 함은 일반공중의 자유로운 사용에 직접적으로 제공되는 공공용물에 한하지 아니하고, 행정주체 자신의 사용에 제공되는 공용물도 포함하며 국가 또는 지방자치단체가 소유권, 임차권 그 밖의 권한에 기하여 관리하고 있는 경우뿐만 아니라 사실상의 관리를 하고 있는 경우도 포함한다.

공되지 않는 잡종재산으로 인한 손해에 대하여는 민법 제758조가 적용된다고 하겠다.

나. 설치 · 관리상의 하자

공공시설 등의 설치·관리상의 하자라 함은 공공시설 등이 통상 갖추어야 할 안정성을 결여한 것을 말한다. 이러한 안전성의 결여가 설치단계의 것이든, 관리단계의 것이든 불문한다. 이러한 하자의 유무는 당해 공공시설 등의 구조·용법·장소적 환경·이용상황 등의 제반사정을 종합적으로 참작하여 개별적·구체적으로 판단하여야 할 것이다.

한편 설치·관리상의 하자에는 민법 제758조와는 달리 면책규정이 없는데, 이와 관련하여 하자의 성격에 대해 무과실책임인지 여부에 관한 견해의 대립이 있다. 대법원은 무과실책임이라고 보았다.[1)]

국가배상법 제5조상의 하자는 공공시설 등이 통상 갖추어야 할 안전성을 결여한 상태를 의미하는 것이므로 이러한 통상의 안전성이 구비되어 있는 한 손해가 발생하여도 그것은 불가항력으로서 국가 등의 배상책임은 발생하지 않는다고 볼 것이다.

한편 하자의 입증책임은 일반적으로 그 하자를 주장하는 원고인 피해자에게 있다고 한다. 그러나 이 경우에도 공무원의 직무상 불법행위로 인한 손해배상책임에서의 공무원의 과실의 입증책임에서와 마찬가지로 피고측인 국가에게로 입증책임이 전환되어야 할 것이다. 왜냐하면 피해자 개인이 공공시설 등의 설치·관리상의 하자를 입증하기란 사실상 어렵고, 공공시설로 인해 손해가 발생했을 경우에는 일응 그 설치·관리상의 하자가 추정될 수 있기 때문이다.[2)]

다. 손해의 발생

공공시설 등의 설치·관리상의 하자로 인하여 타인에게 손해가 발생하여야 하는 바, 이 경우 하자와 손해의 발생 사이에는 상당인과관계가 인정되어야 한다.

---

1) 대판 1992. 9. 22. 92다30219:
국가배상법 제5조 소정의 영조물의 설치·관리상 하자로 인한 책임은 무과실책임이고 나아가 민법 제758조 소정의 공작물의 점유자의 책임과는 달리 면책사유도 규정되어 있지 않으므로….

2) 설치·관리상의 하자에 대하여 자세한 것은 정연주, 현행 국가배상제도에 대한 헌법적 검토, 법학논총 38권 1호, 전남대학교 법학연구소, 2018. 2, 169 이하 참조.

(2) 국가배상청구권의 행사절차

1) 임의적 배상신청절차

구 국가배상법 제9조는 “이 법에 의한 손해배상의 소송은 배상심의회의 배상지급 또는 기각의 결정을 거친 후에 한하여 제기할 수 있다. 다만, 배상지급신청이 있은 날로부터 3월을 경과한 때에는 그러하지 아니하다”고 규정하여 배상소송의 제기에 앞서 배상심의회의 결정을 필요적 절차로 하는 결정전치주의를 취하고 있었다. 이는 번잡한 소송절차를 피하고, 시간과 경비를 절약하여 신속한 피해자 구제를 도모하려는데 그 목적이 있다. 그러나 이에는 소송에 의한 궁극적 구제를 지연시킨다는 비판도 있었다. 그래서 이 규정은 개정되어 현행법은 배상결정절차를 임의절차로 하였다. 즉 현행 국가배상법 제9조는 “이 법에 의한 손해배상의 소송은 배상심의회에 배상신청을 하지 아니하고도 이를 제기할 수 있다.”라고 규정하고 있다. 이에 따라 배상결정을 미리 받지 아니하고도 바로 소송을 제기할 수 있게 되었다.

2) 배상심의회

배상심의회는 국가 또는 지방자치단체에 대한 배상신청사건을 심의한다. 배상심의회는 피해자의 배상신청에 대하여 심의 · 결정하고 이를 신청인에게 알리는 권한을 가진다. 이러한 심의회로서는 법무부에 본부심의회를, 군인 · 군무원이 가한 손해의 배상결정을 위하여 국방부에 특별심의회를 설치하고, 이들 밑에 각각 지구심의회를 둔다(동법 제10조).

3) 배상신청 및 그 심의 · 결정절차

배상금의 지급신청은 지급받고자 하는 자의 주거지 · 소재지 또는 배상원인 발생지를 관할하는 지구심의회에 하여야 한다(동법 제12조). 지구심의회는 배상신청을 받으면 지체 없이 증인신문 · 감정 · 검증 등 증거조사를 한 후 그 심의를 거쳐 4주일 이내에 배상금 지급결정, 기각결정 또는 각하결정을 하여야 한다(동법 제13조).

4) 배상결정

심의회의 배상결정은 신청인이 동의함으로서 그 효력이 발생한다. 심의회의 결정에 동의하는 신청인은 지체 없이 그 결정에 동의서를 붙여 국가 또는 지방자치단체에 배상금지급을 청구하여야 한다(동법 제15조 제1항).

이와 관련하여 구 국가배상법 제16조는 "심의회의 배상결정은 신청인이 동의하거나 지방자치단체가 배상금을 지급한 때에는 민사소송법의 규정에 의한 재판상의 화해가 성립된 것으로 본다."고 규정하고 있었다. 그러나 헌법재판소는 이 규정에 대하여 신청인의 배상결정에 대한 동의에 재판청구권을 포기할 의사까지 포함되는 것으로 볼 수도 없다는 등의 이유로 위헌결정을 내렸고,[1] 그에 따라 이 규정은 삭제되었다. 따라서 신청인은 배상결정에 동의하여 배상금을 수령한 후에도 손해배상소송을 제기하여 배상금청구(증액청구)를 할 수 있다고 할 것이다.

(3) 국가배상의 범위

1) 배상기준

헌법 제29조 제1항은 배상의 범위에 대해 '정당한 배상'이라고 규정하고 있다. 여기서 정당한 배상이라 함은 완전배상을 의미한다고 보아야 할 것이다. 왜냐하면 국가배상은 그 본질이 국가의 불법행위를 원인으로 하는 것으로 법치주의의 회복이라는 점에서 타인에게 발생된 모든 손해에 대한 전보를 그 목적으로 하기 때문이다. 이 점에서 국가의 적법행위로 인하여 발생된 손실에 대한 전보인 손실보상과 그 본질상 차이가 있는 것이다. 따라서 국가배상은 손실보상과

---

1) 헌재 1995. 5. 25. 91헌가7, 판례집 7-1, 598, 611-612:
배상결정절차에 있어서는 심의회의 제3자성 · 독립성이 희박한 점, 심의절차의 공정성 · 신중성도 결여되어 있는 점, 심의회에서 결정되는 배상액이 법원의 그것보다 하회하는 점 및 불제소합의의 경우와는 달리 신청인의 배상결정에 대한 동의에 재판청구권을 포기할 의사까지 포함되는 것으로 볼 수도 없는 점을 종합하여 볼 때, 이는 신청인의 재판청구권을 과도하게 제한하는 것이어서 헌법 제37조 제2항에서 규정하고 있는 기본권 제한입법에 있어서의 과잉입법금지의 원칙에 반할 뿐 아니라, 권력을 입법 · 행정 및 사법 등으로 분립한 뒤 실질적 의미의 사법작용인 분쟁해결에 관한 종국적인 권한은 원칙적으로 이를 헌법과 법률에 의한 법관으로 구성되는 사법부에 귀속시키고 나아가 국민에게 그러한 법관에 의한 재판을 청구할 수 있는 기본권을 보장하고자 하는 헌법의 정신에도 충실하지 못한 것이다.

는 달리 불법행위와 상당인과관계에 있는 모든 물질적·정신적 손해를 그 대상으로 한다.

이와 관련하여 국가배상법 제3조는 배상액에 대한 기준을 규정하고 있다. 과거 생명·신체에 대한 침해로 인한 유족배상, 장해배상 및 장래에 필요한 요양비 등을 일시에 청구하는 경우에는 복할인법(라이프니츠식)에 의하여 중간이자를 공제하도록 하고 있었다. 그런데 복할인법에 의하여 중간이자를 공제하는 경우에는 단할인법(호프만식)에 의하는 경우에 비하여 그 중간이자액이 높아지는 결과, 이 방법이 피해자에게 불리한 것임은 물론이다. 민법상의 불법행위로 인한 배상액 산정의 경우 법원은 단할인법에 의하여 중간이자를 공제하고 있다. 동일한 불법행위로 인한 손해배상액의 결정에 있어 공무원의 직무상 불법행위로 인한 경우에 민사상의 불법행위로 인한 경우에 비하여 그 피해자에게 불리하게 이를 산정하여야 할 합리적인 이유는 없다고 할 것이다. 다행히도 국가배상법과 시행령이 개정되어 현재는 국가배상법에 의한 중간이자의 공제의 경우에도 단할인법으로 하도록 하였다(국가배상법 시행령 제6조 제3항).

2) 배상기준의 성격

국가배상법 제3조의 '배상기준'이 단지 하나의 기준을 정한 것인지, 아니면 그 기준을 초과할 수 없는 배상액의 상한을 정한 것인지에 대하여 견해가 갈리고 있다.

가. 기준액설

이 설에 따르면 배상기준은 단순한 기준에 불과하며 구체적 사안에 따라서는 배상액의 증감이 가능하다는 것이다. 이는 만일 배상기준을 한정적인 것으로 본다면 민법상의 불법행위책임에 따른 배상에 비하여 피해자에게 불리한 결과를 초래하게 되어 평등원칙위반의 문제를 야기하게 되고, 이는 정당한 배상을 규정한 헌법 제29조의 정신에도 반하며, 사법부에 의한 배상액 증액결정을 방해한다는 점에 그 근거를 두고 있다.[1)]

---

1) 대판 1980. 12. 9. 80다1828:
손해배상기준은 배상심의회의 배상금지급지준을 정함에 있어서 하나의 기준이 되는 것에 지나지 아니하는 것이고, 이로써 손해배상액의 상한을 제한한 것으로는 볼 수 없다.

나. 한정액설

이 견해는 국가배상법 제3조의 배상기준을 배상액의 상한을 정한 제한규정이라고 본다. 그 논거로는 배상기준은 배상의 범위를 객관적으로 명백히 하여 당사자 사이의 분쟁의 소지를 없애기 위한 것이고, 배상의 범위를 법정화한 것은 곧 그에 기한 배상액의 산정을 요구한 것이라고 보아야 하기 때문이라는 것이다.

다. 결어

기준액설이 타당하다고 본다. 왜냐하면 첫째, 국가배상책임은 국가에게 귀책사유가 있는 불법행위책임이고, 둘째, 앞서 언급한 바와 같이 정당배상은 완전배상을 의미하며, 셋째, 만일 배상기준을 한정적인 것으로 본다면 민법상의 불법행위책임에 따른 배상에 비하여 피해자에게 불리한 결과를 초래하게 되어 평등원칙위반의 문제를 야기하게 되고, 이는 정당한 배상을 규정한 헌법 제29조의 정신에도 위반되며, 넷째, 한정액설은 사법부에 의한 배상액 증액결정을 방해하기 때문이다.

(4) 국가배상청구권의 소멸시효

국가배상법 제8조가 동법의 규정에 의한 것을 제외하고는 민법의 규정에 의하도록 하여 국가배상청구권에도 민법의 소멸시효제도가 적용된다. 이에 따라 민법 제766조가 적용되어 국가배상청구권은 '손해 및 가해자를 안 날로부터 3년' 그리고 '불법행위를 한 날로부터 10년'이 경과하면 시효로 소멸하게 된다. 그런데 이에 대하여는 국가배상청구권은 민법상의 손해배상청구권과는 다른 특성을 가지는데, 이처럼 민법상의 단기소멸시효규정을 그대로 적용하도록 규정하고 있는 것은 국가배상청구권의 행사를 과도하게 제한한다는 이유로 국가배상법 제8조가 위헌이라는 주장이 제기되었는데, 헌법재판소는 입법형성의 범위를 벗어나지 않았다는 이유로 합헌결정을 내렸다.[1)]

---

1) 헌재 1997. 2. 20. 96헌바24, 판례집 9-1, 168:
국가배상법 제8조가 '국가 또는 지방자치단체의 손해배상책임에 관하여는 이 법의 규정에 의한 것을 제외하고는 민법의 규정에 의한다. …'고 하고 소멸시효에 관하여 별도의 규정을 두고 아니함으로써 국가배상청구권에도 소멸시효에 관한 민법상의 규정인 민법 제766조가 적용되게 되었다 하더라도 이는 국가배상청구권의 성격과 책임의 본질, 소멸시효제도의 존재이유 등을 종합적으로 고려한 입법재량 범위 내에서의 입법자의 결단의 산물인 것으로

6. 배상책임의 본질과 배상책임자

(1) 국가배상책임의 본질

국가배상책임의 본질에 대하여는 학설의 대립이 있다.

1) 대위책임설

대위책임설은 국가배상제도의 연혁으로 보아 공무원의 직무상 불법행위로 인한 손해배상책임은 원칙적으로 공무원이 부담하는 것인데, 헌법과 국가배상법에 따라 피해자를 보호하기 위하여 국가가 공무원을 대신하여 지는 일종의 대위책임이라고 본다. 그 근거로서 공무원의 위법행위는 국가의 행위로 볼 수 없다는 점, 국가배상법 제2조 제1항은 공무원의 개인책임을 전제로 하고 있다는 점, 국가배상법 제2조 제2항에 의해 국가가 공무원에게 구상권을 행사할 수 있다는 점을 든다. 이에 따르면 형식적으로는 국가의 당해 공무원에 대한 구상권을 인정하고 있는 것과 실질적으로는 국가배상책임은 민법의 사용자책임이라고 보는데 근거한다. 이 견해에 의할 때, 직접행위자인 공무원은 행위자로서 피해자에게 민사상 불법행위책임을 지게 되며, 따라서 국가와 공무원의 책임이 병존한다.

2) 자기책임설

자기책임설은 국가의 배상책임은 국가 자신의 행위에 대한 스스로의 책임이라고 한다. 따라서 국가가 배상책임자이고 국가에 대해서만 배상청구를 할 수 있다는 것이다. 이 견해는 국가는 행위를 공무원에 의하여 행하므로 공무원의 행위에 의한 효과는 귀책사유를 불문하고 모두 국가에게 귀속되어야 한다는 것과, 헌법과 국가배상법의 규정에 국가가 공무원을 대신한다는 규정이 없음을 논거로 든다. 이에 따르면 공무원은 배상책임의 주체가 되지 않는다.

이 설이 학계의 다수설이라고 볼 수 있다.

3) 절충설

절충설은 국가의 공무원에 대한 구상권을 기준으로 공무원이 고의·중과실

국가배상청구권의 본질적인 내용을 침해하는 것이라고는 볼 수 없고 기본권 제한에 있어서의 한계를 넘어서는 것이라고 볼 수도 없으므로 헌법에 위반되지 아니한다.

에 의해 불법행위를 한 경우에는 국가의 구상권이 인정되므로 이 경우에는 국가의 대위책임이고, 경과실에 의한 경우에는 구상권이 인정되지 않으므로 국가의 자기책임이라고 본다. 이 견해는 공무원의 고의·중과실에 의한 행위는 공무원 개인의 책임에 의한 행위이지 국가의 행위로 포섭할 수 없는 것이지만 국민의 보호를 위해 국가가 대신 책임을 질 필요성이 있고, 공무원의 경과실의 경우에는 공무원의 행위를 국가에 귀속시킬 수 있기 때문에 국가의 자기책임이라고 한다. 이 견해에 의하면 공무원의 고의·중과실에 의하여 손해를 발생한 경우에는 공무원에게도 책임이 인정되나, 경과실에 의한 경우에는 공무원 개인에 대한 배상책임이 인정되지 않는다.

대법원 판례는 몇 차례의 입장변경을 거쳐 현재 절충설을 취하고 있다.[1)]

4) 결어

국가 또는 공공단체는 법인의 경우와 같이 그 기관의 지위에 서는 공무원(자연인)을 통하여 행위를 하게 되므로, 그 기관으로서의 공무원의 행위의 효과는 그것의 적법·위법 여부를 불문하고 국가 또는 공공단체에 귀속되어야 할 것이다. 따라서 국가 등이 공무원의 선임 및 직무감독에 대한 책임이 있는 경우는 물론, 이에 대한 책임이 없는 경우, 즉 공무원의 선임 및 직무감독에 충분한 주의를 다했을 경우라도 공무원의 직무상 불법행위에 대하여 직접 자기의 책임을

1) 대판 1996. 2. 15. 95다38677:
국가배상법 제2조 제1항 본문 및 제2항의 입법 취지는 공무원의 직무상 위법행위로 타인에게 손해를 끼친 경우에는 변제자력이 충분한 국가 등에게 선임감독상 과실 여부에 불구하고 손해배상책임을 부담시켜 국민의 재산권을 보장하되, 공무원이 직무를 수행함에 있어 경과실로 타인에게 손해를 입힌 경우에는 그 직무수행상 통상 예기할 수 있는 흠이 있는 것에 불과하므로, 이러한 공무원의 행위는 여전히 국가 등의 기관의 행위로 보아 그로 인하여 발생한 손해에 대한 배상책임도 전적으로 국가 등에만 귀속시키고 공무원 개인에게는 그로 인한 책임을 부담시키지 아니하여 공무원의 공무집행의 안정성을 확보하고, 반면에 공무원의 위법행위가 고의·중과실에 기한 경우에는 비록 그 행위가 그의 직무와 관련된 것이라고 하더라도 그와 같은 행위는 그 본질에 있어서 기관행위로서의 품격을 상실하여 국가 등에게 그 책임을 귀속시킬 수 없으므로 공무원 개인에게 불법행위로 인한 손해배상책임을 부담시키되, 다만 이러한 경우에도 그 행위의 외관을 객관적으로 관찰하여 공무원의 직무집행으로 보여질 때에는 피해자인 국민을 두텁게 보호하기 위하여 국가 등이 공무원 개인과 중첩적으로 배상책임을 부담하되 국가 등이 배상책임을 지는 경우에는 공무원 개인에게 구상할 수 있도록 함으로써 궁극적으로 그 책임이 공무원 개인에게 귀속되도록 하려는 것이라고 봄이 합당하다.

부담해야 할 것이다. 아울러 이것이 피해자에 대한 충분한 구제의 이념 및 국가배상법의 입법취지에도 부합할 것이다.

한편 국가배상의 경우 공무원 자신의 책임은 면제되지 아니하고, 공무원의 고의·중과실의 경우 국가 등이 공무원에게 구상할 수 있도록 되어 있는데, 이 경우 공무원 자신의 책임은 국가 등의 구상에 응할 책임 등 공무원 자신의 비난가능성이 높은 고의·중과실에 대한 행정적·도의적 책임이며, 국가 등의 구상권은 이러한 공무원의 비난가능성이 높은 행정적·도의적 책임에 대한 일종의 징계권의 행사로서 공무원의 그 내부적 근무관계에서의 국가 등에 대한 변상의무이지, 피해자에 대한 대외적인 법적 책임은 아닌 것이다.[1] 결국 국가 등의 구상권의 유무와 국가배상책임의 성질은 전혀 별개의 문제인 것이다. 또한 국가배상책임이 대외적 책임이라면 충분한 배상능력이 없는 공무원이 대외적으로 배상할 수 없는 현실을 설명할 수가 없다. 그리고 구상권을 피해자에 대한 대외적인 법적 책임으로 이해한다면 구상권은 경과실의 경우에도 행사되어야 논리적이라는 점에 비추어 볼 때 절충설은 타당하지 못하다. 이 점에서 볼 때 대위책임설과 절충설은 국가무책임사상에 뿌리를 두고 있는 권위적인 국가사상의 잔영이라고 밖에 볼 수 없다. 결국 국가배상책임의 본질은 국가 자신의 행위에 대하여 국가 스스로가 책임을 지는 자기책임이라고 하겠다.

그런데 이러한 국가배상책임의 본질문제는 국가배상의 선택적인 청구가능성의 문제와 직결되므로 그 문제와 관련하여 아래에서 관련 판례(대판 1996. 2. 15. 95다38677)와 더불어 다시 언급하기로 한다.

(2) 배상책임자

1) 국가책임과 공무원책임

피해자가 국가에 대해서만 배상을 청구할 수 있는지, 아니면 국가와 가해자인 공무원의 양쪽에 대하여 선택적으로 청구할 수 있는지에 대하여도 견해가 대립한다.

가. 긍정설

헌법 제29조 제1항 제2문이 "이 경우 공무원 자신의 책임은 면제되지 아니

---

1) 같은 견해 허영, 전게서, 652쪽.

한다."라고 규정하고 있듯이 공무원의 민사상·형사상의 책임이 면제되는 것은 아니므로 피해자는 국가 또는 공공단체에 대한 청구권과 가해자인 공무원에 대한 청구권을 선택적으로 행사할 수 있다고 본다. 대법원의 1972년 판결의 입장이기도 하다.[1)]

나. 부정설

이 설에 따르면 피해자는 국가에 대해서만 청구권을 행사할 수 있다고 본다. 즉 헌법 제29조 제1항 제2문의 공무원의 책임은 국가배상법 제2조 제2항에 의하여 공무원이 국가 또는 공공단체에 대한 내부적 구상책임으로 구체화된 것으로 이는 일종의 징계책임이지 대외적인 국가배상책임이라고 볼 수 없고, 국가배상책임의 본질을 국가의 자기책임으로 보는 입장에서는 당연히 국가만이 배상책임자일 수밖에 없으며, 피해자구제의 만전을 기하기 위한 배상능력의 담보에 그 취지가 있는 만큼 충분한 배상능력을 가진 국가만이 배상책임자가 된다는 입장이다. 이는 대법원의 1994년 판결의 입장이다.[2)]

다. 절충설

이 설은 구상권의 유무를 기준으로 하여 불법행위가 공무원의 고의·중과실로 인한 경우에는 국가의 공무원에 대한 구상권이 인정되므로 피해자의 선택적 청구가 인정되고, 경과실로 인한 경우에는 구상권이 인정되지 아니하므로 피해자의 선택적 청구가 부정된다는 입장이다. 이는 앞서 소개한 1996년 대법원 판결의 입장이다.

---

1) 대판 1972. 10. 10. 69다701:
헌법 제26조 단서는 국가 또는 공공단체가 불법행위로 인한 손해배상책임을 지는 경우 공무원 자신의 책임은 면제되지 아니한다고 규정하여 공무원의 직무상 불법행위로 손해를 받은 국민이 공무원 자신에게 대하여도 직접 그의 불법행위를 이유로 손해배상을 청구할 수 있음을 규정하여 국가배상법의 공무원 자신의 책임에 관한 규정여하를 기다릴 것 없이 공무원 자신이 불법행위를 이유로 민사상의 손해배상책임을 져야할 법리임에도 불구하고….

2) 대판 1994. 4. 12. 93다11807:
공무원의 직무상 불법행위로 인하여 손해를 받은 사람은 국가 또는 공공단체를 상대로 손해배상을 청구할 수 있고, 이 경우에 공무원에게 고의 또는 중대한 과실이 있는 때에는 국가 또는 공공단체는 그 공무원에게 구상할 수 있을 뿐, 피해자가 공무원 개인을 상대로 손해배상을 청구할 수 없는 것이다….

라. 결어

생각건대 선택적 청구는 부정되어야 한다고 본다. 첫째, 헌법 제29조 제1항 단서에서 말하는 공무원 자신의 책임은 국가 등의 구상에 응하는 등 공무원 자신의 비난가능성이 매우 높은 고의 · 중과실에 대한 행정적 · 도의적 책임으로서 국가기관 내부에서의 근무관계에서 오는 책임추궁의 한 형식이지, 대외적인 관계에서 피해자에게 지는 손해배상책임은 아니고, 둘째, 공무원 개인이 직접적으로 배상책임을 지게 되면 고의 · 중과실의 경우에만 구상권을 인정하는 것과 균형이 맞지 아니하며, 셋째, 피해자는 가해자인 공무원 개인 보다 국가 등으로부터 충분한 배상을 받을 수 있고, 넷째, 국가배상법은 공무원의 부담을 경감시키고 직무집행의 위축을 방지하기 위하여 충분한 자력을 가진 국가 또는 지방자치단체만을 배상책임자로 규정하고 있으며, 다섯째, 국가배상책임은 본질상 국가의 자기책임이기 때문에 피해자에 대해서 오로지 국가만이 배상책임을 지는 것이 논리적이기 때문이다. 따라서 자기책임설을 취하면서 선택적 청구를 긍정하는 견해나 대위책임설을 취하면서 선택적 청구를 부정하는 견해는 모두 논리적으로 모순이다.

결국 이러한 이유 때문에 선택적 청구는 부정되어야 하고, 피해자는 국가에 대해서만 배상청구를 할 수 있으며, 이것이 국가배상청구권의 본질과 국가배상법의 입법취지에 부합된다고 하겠다.

2) 선임감독자와 비용부담자가 다른 경우

가해행위를 한 공무원의 선임 · 감독자와 비용부담자가 다른 경우에는 그 비용을 부담하는 자도 책임을 진다. 국영공비사업 또는 지방공무원이 국가사무를 처리하는 경우 등이 그에 해당된다. 이러한 경우 배상책임자가 누구인가에 대하여는 종래 견해가 갈리고 있었던 바, 국가배상법은 피해자구제라는 관점에서 피해자가 양자 중 택일하여 배상청구를 할 수 있도록 규정한 것이다(동법 제6조 제1항). 이 경우 손해를 배상한 자는 내부관계에서 그 손해를 배상할 책임이 있는 자에게 구상할 수 있다(동법 제6조 제2항). 이 경우 내부적으로 손해를 배상할 책임이 있는 자는 공무원의 선임 · 감독자라고 보는 것이 일반적이다.

7. 국가배상청구권의 제한과 그 한계

국가배상청구권도 공익적 이유에서 헌법 제37조 제2항에 의하여 법률로써 제한될 수 있을 것이다. 다른 한편 헌법 제29조 제2항에 의한 군인·군무원 등에 대한 이른바 이중배상금지의 원칙에 따른 헌법적 제한이 있다.

(1) 헌법 제29조 제2항에 따른 제한

1) 헌법 및 국가배상법 규정

헌법 제29조 제2항은 국가배상청구권을 그 주체면에서 제한하는 규정을 두고 있다. 즉 "군인·군무원·경찰공무원 기타 법률이 정하는 자가 전투·훈련 등 직무집행과 관련하여 받은 손해에 대하여는 법률이 정하는 보상 외에 국가 또는 공공단체에 공무원의 직무상 불법행위로 인한 배상은 청구할 수 없다."라는 규정이 그것이다. 이 헌법규정을 구체화하는 국가배상법 제2조 제1항 단서도 "다만, 군인·군무원·경찰공무원 또는 향토예비군대원이 전투·훈련 등 직무집행과 관련하여 전사·순직 또는 공상을 입은 경우에 본인 또는 그 유족이 다른 법령의 규정에 의하여 재해보상금·유족연금·상이연금 등의 보상을 지급받을 수 있을 때에는 이 법 및 민법의 규정에 의한 손해배상을 청구할 수 없다."라고 규정함으로써 군인·군무원 등의 국가배상청구권을 제한하고 있다.

2) 연혁과 대법원의 위헌판결

이처럼 군인·군무원 등의 국가배상청구권을 제한하고 있는 헌법 제29조 제2항은 제4공화국헌법인 유신헌법에서 처음으로 도입된 규정이다. 그런데 그 이전 1960년대에 월남전으로 인하여 국가배상소송이 급격하게 증가하자 정부는 국가배상으로 인한 과중한 재정적 부담을 해소하기 위하여 이른바 이중배상금지의 원칙에 따라 군인·군무원 등의 국가배상청구권을 제한하는 법조항을 구 국가배상법 제2조 제1항 단서에 신설하였다(1967. 3. 3 법률 제1899호). 그 후 대법원은 1971. 6. 22. 동 단서의 규정이 제3공화국헌법 제26조에 의하여 보장된 국가배상청구권, 제9조의 평등의 원칙, 제8조의 인간으로서의 존엄과 가치 및 국가의 기본권최대보장규정에 위반되고, 제32조 제2항에 의한 한계를 넘어 기본권의 본질적 내용을 침해한 것이라는 이유로 구 국가배상법 제2조 제1항 단서조항에 대하여 우리 사법사에 길이 남을 기념비적인 위헌판결을 내렸다. 특히 그 당시의 암울했던 정치적·사회적 상황을 감안할 때 우여곡절 끝에 어렵게 내린 이 판결의 헌법적 의미와 다수의견을 낸 대법관들의 정의감과 용기는 감동 그 자체라고 하겠다.

[대판 1971. 6. 22. 70다1010의 다수의견]

『국가배상법 제2조 제1항 단행의 입법이유의 하나는 군인군속이 공무수행중에 신체 또는 생명에 피해를 입은 경우에는 군사원호보상법, 군사원호보상급여금법, 군인연금법, 군인재해보상규정, 군인사망급여금규정 등에 의하여 재해보상금, 유족일시금, 또는 유족연금 등을 지급받게 되어 있음으로 불법행위로 인한 손해배상도 받게 하면 이중이 된다는 것이나, 위 법들의 규정에 의한 재해보상금 등은 군인군속 등의 복무중의 봉사 및 희생에 대하여 이를 보상하고 퇴직후의 생활 또는 유족의 생활을 부조함에 그 사회보장적 목적이 있고 손해배상제도는 불법행위로 인한 손해를 전보하는데 그 목적이 있으므로 양자는 그 제도의 목적이 다르며, 군인연금법 제41조 등에는 타 법령에 의하여 국고 또는 지방자치단체의 부담으로 같은 법에 의한 급여와 같은 류의 급여를 받는 자에게는 그 급여금에 상당하는 액에 대하여는 같은 법에 의한 급여를 지급하지 않도록 규정하여 불법행위로 인한 손해배상과 같은 성질의 급여가 손해배상과 이중으로 지급되지 않게 하고 있으며 판례도 양청구권은 경합할 수 있고 같은 성질의 손해전보는 어느 한 쪽의 행사에 의하여 만족되면 다른 청구권은 그 범위안에서 소멸한다는 전제아래에서 재해보상금, 유족일시금 또는 유족연금이 이미 지급된 경우에는 손해배상을 명함에 있어서는 같은 성질의 손해액에서 이를 공제하여 손해액을 산정하여야 한다고 하여 같은 성질의 돈이 이중으로 지급되지 않도록 하고 있고 또 이러한 재해보상 등은 군인군속 뿐 아니라 경찰관(상이 또는 전몰경찰관)에 대하여도 지급되며 일반 공무원에 대하여도 지급되며 일반공무원에 대하여도 공무원연금법(군속인사법 21조에 의하여 군속에도 이 법이 준용된다) 등에 의하여 같은 보상제도가 마련되어 있으며 심지어 사기업의 피용자에게도 근로기준법 등에 의하여 같은 제도가 마련되어 있음으로 위와 같은 이유로써는 군인군속에 대하여서만 별도로 다루어 손해배상청구권을 제한할 이유가 되지 못하고 다음 위 입법이유의 또 하나는 군인군속이 피해자가 된 불법행위 사고가 많아서 국고손실이 많으므로 이를 최소한으로 감소 내지 방지함에 있다는 것인바 그러한 불법행위가 많다는 이유만으로는 군인군속에 대하여서만 배상청구권을 부인하여 그들의 희생위에 국고손실을 방지하여야 할 이유가 되지 못한다 할 것이며 또 군인군속은 국가에 대하여 무정량의 위험근무임무를 부담하는 이른바 특별권력관계에 있음으로 그러한 근무임무의 성질상 공무중의 피해에 대하여는 일반국민과는 달리 이를 자담수인할 의무가 있다고 주장하나 그것은 어디까지나 군인 또는 군속으로 근무함에 있어서 전투 또는 훈련 등의 각 그 직무상 불가피하고 정당한 것으로 인정되는 행위로 인한 피해로서 불법행위의 결과가 아닌 경우의 희생에 한하여 수긍할 수 있는 이론이라 할 수 있을 뿐이고, 다른 공무원의 고의 또는 과실 있는 직무상의 위법행위로 인하여 군인 또는 군속이 공무중에 입은 손해는 군인 또는 군속이 복종하는 특별권력관계의 내용이나 근무임무에 당연히 포함되는 희생은 아니므로 특별권력관계를 이유로 그 배상청구권을 부인할 수 없을 뿐 아니라 위험근무임무에 당하거나 특별권력관계에 있음은 비단 군인 또는 군속에 국한되지 않고 경찰공무원이나 다른 위험근무에 당하는 기타 공무원도 다를 바 없다 할 것이므로 유독 군인 또는 군속에 대하여서만 차별을 할 하등의 합리적 이유도 없다 할 것이니 군인 또는 군속이 공무원의 직무상 불법행위의 피해자인 경우에 그 군인 또는 군속에게 이로 인한 손해배상청구권을 제한 또는 부인하는 국가배상법 제2조 제1항 단행은 헌법 제26조에서 보장된 국민의 기본권인 손해배상청구권을 헌법 제32조 제2항의 질서유지 또는 공공복리를 위하여 제한할 필요성이 없이 제한한 것이고 또 헌법 제9조의 평등의 원칙에 반하여 군인 또는 군속인 피해자에 대하여서만 그 권리를 부인함으로써 그 권리자체의 본질적 내용을 침해하였으며 기본권제한의 범주를 넘어 권리 자체를 박탈하는 규정이므로 이는 헌법 제26조, 같은 법 제8조, 같은 법 제9조 및 같은 법 제32조 제2항에 위반한다 할 것이니 원심이 이 점에 관하여 이와 같은 취지로 판단하여 피해자가 군인인 이 사건에 국가배상법 제2조 제1항 단행을 적용하지 아니한 것은 정당하고 이를 논란하는 상고논지는 채용할 수 없다.』

한편 위 위헌판결 이후 새로운 유신헌법 제26조 제2항은 위헌시비를 제거하려는 의도에서 위헌판결로 무효가 된 구 국가배상법 제2조 제1항 단서와 거의 동일한 내용의 규정을 직접 헌법에 명문화함과 동시에 구 국가배상법 제2조 제1항 단서에 동일한 내용이 국가배상법에 또 다시 규정되어(1973. 2. 5. 법률 제2459) 오늘에 이르고 있다.

3) 헌법 제29조 제2항의 위헌성

가. 내용상의 위헌성

그런데 지금도 이 헌법 및 국가배상법의 규정은 위헌이라는 비판이 강하게 제기되고 있다. 애초에 이러한 제한은 군인·군무원 등의 직업은 특별히 위험부담이 높은 직종에 속하는 것으로 이들 직업을 가진 사람이 그 직무집행과 관련하여 받은 손해에 대하여는 국가보상제도에 따른 보상이 있으면 충분하고 따로 국가배상청권을 이중으로 인정할 필요가 없다는 이른바 이중배상금지의 원칙에 근거하고 있다. 그러나 이들 직업에 종사하는 사람들이 전사·순직·공상을 입은 경우에 본인 또는 그 유가족이 국가유공자예우 등에 관한 법률 등의 규정에 의해서 받는 재해보상금·유족연금·상이연금 등은 어디까지나 사회보장적인 성격의 것이고, 국가배상청구권은 일종의 불법행위책임적 성격의 것이기 때문에 국가보상과 국가배상은 전혀 그 본질을 달리하며, 따라서 이 양자 사이에는 법리상 이중배상 자체가 성립될 수 없다는 비판이 제기되어 왔고, 이는 위에서 소개한 대법원의 위헌판결의 기본바탕이기도 하다.

생각건대 법률에 의한 보상은 사회국가원리에 근거하는 일종의 사회적 기본권이고, 국가의 불법행위와는 무관한 국가의 정책적 배려이며, 법률규정에 의해 비로소 그 구체적 권리가 인정되는 것임에 반하여, 국가배상은 법치주의원리에 근거하는 청구권적 기본권이고, 국가의 불법행위를 원인으로 하기 때문에 국가는 당연히 배상할 의무가 있고, 헌법규정으로부터 직접 도출되는 기본권이라는 점에서 양자는 그 본질과 내용을 전혀 달리한다. 따라서 양자 간에는 이중배상의 관계가 성립될 여지가 없다. 그렇기 때문에 불법행위를 원인으로 하는 국가배상은 재량의 여지가 없는 국가의 의무이지만, 국가보상은 국가의 재량사항에 속하는 것이므로, 재정상의 이유로 그 국가배상과 국가보상을 모두 해줄 수 없다면 당연히 의무인 국가배상을 우선적으로 이행해야 하는 것이다.

아울러 군인·군무원·경찰공무원 등 이외의 위험부담이 높은 직종에 종사하는 다른 공무원들에게는 국가배상청구권이 인정된다는 점에서, 그리고 다른 법률이 정하는 보상의 액수가 국가배상법이나 민법에 따른 배상의 액수보다 적다는 점 - 더 많지는 못할망정 - 등을 고려해 볼 때, 이 제도는 명백히 평등의 원칙에 위배되는 것이다.

결국 헌법 제29조 제2항과 이를 구체화시킨 국가배상법 제2조 제1항 단서조항은 국가배상청구권의 본질적 내용을 침해함과 동시에 평등의 원칙, 비례의 원칙을 위반한 것으로 위헌이다.

나. 위헌심사의 가능성

한편 헌법재판소는 이 헌법 및 국가배상법 조항에 대하여 제기된 사건에서 헌법의 개별규정 자체는 위헌법률심판이나 헌법소원심판에 의한 위헌심사의 대상이 아니라는 이유 등으로 위 헌법조항에 대하여 일관되게 각하결정을 내림으로써[1] 이 문제에 대한 판단을 회피하고 있다.

---

1) 헌재 1995. 12. 28. 95헌바3, 판례집 7-2, 841, 846-848:
헌법 제111조 제1항 제1호 및 헌법재판소법 제41조 제1항은 위헌법률심판의 대상에 관하여, 헌법 제111조 제1항 제5호 및 헌법재판소법 제68조 제2항, 제41조 제1항은 헌법소원심판의 대상에 관하여 그것이 법률임을 명문으로 규정하고 있으며, 여기서 위헌심사의 대상이 되는 법률이 국회의 의결을 거친 이른바 형식적 의미의 법률을 의미하는 것에 아무런 의문이 있을 수 없으므로, 헌법의 개별규정 자체는 헌법소원에 의한 위헌심사의 대상이 아니다. … 헌법은 전문과 각 개별조항이 서로 밀접한 관련을 맺으면서 하나의 통일된 가치체계를 이루고 있는 것으로서, 헌법의 제규정 가운데는 헌법의 근본가치를 보다 추상적으로 선언한 것도 있고, 이를 보다 구체적으로 표현한 것도 있으므로 이념적·논리적으로는 규범 상호간의 우열을 인정할 수 있는 것이 사실이다. 그러나 이때 인정되는 규범 상호간의 우열은 추상적 가치규범의 구체화에 따른 것으로 헌법의 통일적 해석에 있어서는 유용할 것이지만, 그것이 헌법의 어느 특정규정이 다른 규정의 효력을 전면적으로 부인할 수 있을 정도의 개별적 헌법규정 상호간에 효력상의 차등을 의미하는 것이라고는 볼 수 없다. … 국가배상법 제2조 제1항 단서는 헌법 제29조 제1항에 의하여 보장되는 국가배상 청구권을 헌법 내재적으로 제한하는 헌법 제29조 제2항에 직접 근거하고, 실질적으로 그 내용을 같이하는 것이므로 헌법에 위반되지 아니한다.
같은 견해 헌재 1996. 6. 13. 94헌마118등, 판례집 8-1, 500, 511-512; 헌재 2001. 2. 22. 2000헌바38, 판례집 13-1, 289, 294-295.
한편 2000헌바38사건에서는 헌법조항도 예외적으로 위헌심사의 대상이 된다는 반대의견이 있다.
[재판관 하경철의 반대의견]
헌법에는 보다 상위의 근본규정에 해당하는 헌법규정이 있는가 하면 그러한 근본규정에는 해당하지 않는 보다 하위의 헌법규정이 있을 수 있다. 이때 하위의 헌법규정이 상위의 헌법규정과 합치하지 않는다고 해서 모든 경우에 다 그 효력을 부인할 수 있는 것은 아니나, 더 이상 감내할 수 없을 정도로 일반인의 정의감정에 합치되지 아니하는 경우에는 헌법의

주지하는 바와 같이 헌법은 내용과 기능 및 효력이 각기 상이한 다양한 규정들로 이루어져 있기 때문에 동일 헌법내에서라도 효력상 우선순위의 차이가 있는 규범들로 구성된 단계구조를 이루고 있다고 할 수 있다. 따라서 일정한 헌법규정 내지 헌법개정이 헌법의 기본원칙과 근본규범에 위배될 경우 그 해당 규정의 위헌 여부가 문제될 수 있으며, 헌법의 단계구조와 통일성의 요청으로부터 논리필연적으로 위헌적인 당해 헌법규정 또는 헌법개정의 무효의 결과를 야기하게 된다. 왜냐하면 헌법규정이라 할지라도 헌법의 근본이념이나 기본원리 및 기본권의 본질적 내용을 침해할 수 없기 때문이다. 헌법개정권력의 한계이론도 이런 이유에서 정당화될 수 있는 것이다. 물론 일반적으로 헌법조항은 위헌심사의 기준이지 그 대상은 아니다. 그러나 만일 예외적으로 일정한 헌법조항 또는 헌법개정이 헌법의 본질적 내용이나 기본원리에 위반될 때에는 위헌심사의 대상이 될 수 있다고 본다. 우리의 경우 절차적으로는 헌법소원심판이 고려될 수 있을 것이다. 왜냐하면 헌법소원심판의 대상은 헌법재판소법 제68조 제1항에서 정한 공권력행사인데, 이에는 입법작용이 포함되고, 입법작용에서 헌법개정작용을 제외시킬 이유가 없기 때문에 만일 이러한 헌법조항이나 헌법개정작용의 기본권침해의 직접성 · 현재성 · 자기관련성이 인정된다면 헌법소원심판의 대상성을 부인할 이유가 없기 때문이다. 현행 헌법 제29조 제2항의 경우 당연히 이러한 요건을 충족시킨다고 여겨진다. 따라서 헌법재판소가 이 헌법조항의 위헌심사를 회피하는 것은 정당하지 못하다.

차제에 이 헌법 제29조 제2항과 이에 근거한 국가배상법 제2조 제1항 단서조항을 삭제하는 한편, 헌법재판소도 헌법적으로 정당화될 수 없는 근시안적이고 소극적인 입장에서 벗어나 위 조항들에 대하여 과감하게 위헌결정을 내려야 할 것이다.[1]

개별조항도 헌법 제111조 제1항 제1호 및 제5호, 헌법재판소법 제41조 제1항 및 헌법재판소법 제68조 제2항 소정의 법률의 개념에 포함되는 것으로 해석하여 헌법재판소가 그 위헌성을 확인할 수 있어야 할 것이다. 이러한 경우까지도 헌법재판소가 심판할 수 없다고 한다면 이는 헌법의 기본원칙과 기본권 보장에 역행하는 어떠한 내용의 헌법규정을 두어도 괜찮다는 것이 되어 헌법의 본질과 기본권 보장은 형해화되고 말 것이며 독재권력에 의한 헌법유린과 국민투표를 악용한 횡포를 막을 길이 없게 될 것이기 때문이다.

1) 이중배상금지제도의 문제점과 헌법재판소 판례의 문제점에 대하여는 정연주, 헌법 제29조 제2항에 대한 헌법소원, 헌법학연구, 제5권 2호, 1999, 472 이하 참조.

(2) 헌법 제37조 제2항에 의한 제한

국가배상청구권도 헌법 제37조 제2항에 따라 국가안전보장·질서유지·공공복리를 위하여 법률로써 제한이 가능하다. 그러나 이 경우에 비례의 원칙과 기본권의 본질적 내용침해금지의 원칙 등이 존중되어야 함은 물론이다. 따라서 국가배상청구권의 제한은 국가배상책임의 내용과 범위, 절차 등의 문제에 국한해야 할 것이다. 또한 정당한 배상을 명하는 헌법정신을 무시하고 배상의 기준을 지나치게 낮추는 입법조치는 허용되지 아니한다고 할 것이다.

Ⅴ. 범죄피해자구조청구권

1. 의의와 연혁

(1) 의의

헌법 제30조는 "타인의 범죄행위로 인하여 생명·신체에 대한 피해를 받은 국민은 법률이 정하는 바에 의하여 국가로부터 구조를 받을 수 있다."라고 규정하여, 타인의 범죄행위로 인하여 생명을 잃거나 신체상의 피해를 입은 국민이나 그 유족에게 국가로부터 재정적 구조를 청구할 수 있는 권리, 즉 범죄피해자구조청구권을 보장하고 있다. 왜냐하면 일반적·원칙적으로는 범죄피해자는 민법이나 또는 소송촉진에 관한 특례법상의 배상명령제도 등에 의하여 가해자에게 손해배상청구를 할 수 있으나, 가해자에게 충분한 배상능력이 없거나 가해자가 도주한 경우에는 이러한 일반적 제도는 의미가 없기 때문이다.

현대사회에서 범죄는 증가일로에 있고, 그 내용도 날로 흉포화·다양화되고 있다. 오늘날 우리 사회에서 국민 모두가 이른바 묻지마 범죄를 비롯해 도저히 납득할 수 없고 예상할 수 없는 범죄의 위험에 놓여 있다고 해도 과언이 아니다. 특히 사회구조상 이런 범죄의 위험에는 사회적·경제적·신체적 약자가 더 많이 노출되어 있다고 볼 수 있다. 그런데 이러한 사회적 약자는 범죄로부터의 보호와 그 피해로부터의 회복에도 더욱 취약할 수밖에 없다. 두말할 것도 없이 국가의 존재목적과 기능을 감안할 때 범죄의 예방과 더불어 범죄피해자의 구조에 국가가 앞장서야 하는 것은 당연하다. 현행 헌법이 범죄피해자구조청구권을 규정하고 있는 이유이다.

(2) 연혁

위에서 언급한 바와 같이 민법상의 불법행위에 의한 배상청구권 등 일반적인 구제수단만으로는 가해자를 알 수 없거나 가해자가 피해를 배상할 자력이 없는 경우에 금전적 구제를 받을 수 없다. 이에 따라 범죄피해자가 입은 손해에 대하여 국가가 이를 도와주어야 한다는 주장이 여러 사상가들에 의하여 주장되었다. 그리고 이는 범죄피해자구조에 대한 입법화로 이어졌다. 1960년대 이후 미국, 오스트리아, 스위스, 캐나다, 영국, 독일, 일본 등이 범죄피해자구조에 관한 입법을 하였다.

우리나라도 제9차 개정헌법인 현행 헌법에서 범죄피해자구조제도를 신설하고 범죄피해자구조법이 제정되어 1988. 7. 1.부터 시행되었고, 2005. 12. 23.에는 범죄피해자 보호·지원의 기본시책 등을 정하고 범죄피해자에 대한 국가 및 지방자치단체의 보호·지원과 국민의 범죄피해자 지원활동을 촉진함으로써, 범죄피해자의 손실 복구, 정당한 권리 행사 및 복지증진에 기여함을 목적으로 범죄피해자보호법도 제정되어 2006. 3. 24.부터 시행되었다. 그 후 범죄피해자구조법은 2010. 5. 14.에 전부개정되고 2010. 8. 15.부터 시행에 들어간 범죄피해자보호법에 의하여 폐지되어 현재는 2011. 7. 25.에 개정되고 2011. 10. 26.부터 시행에 들어간 범죄피해자보호법에 의하여 통합적으로 규율되고 있다.

2. 범죄피해자구조청구권의 본질과 법적 성격

(1) 본질

범죄피해자구조청구권의 본질에 대하여는 국가책임설, 사회보장설, 사회분담설 등 다양한 견해가 있다. 첫째, 국가책임설은 범죄를 예방하고 진압할 책임은 국가에게 있기 때문에 국가가 범죄피해자에게 배상책임이 있다는 입장이다. 따라서 국가구조는 국가의 배상책임의 이행이며, 이는 일종의 무과실책임이라고 한다. 둘째, 사회보장설은 사회국가원리실현을 위해 국가가 사회보장적 차원에서 범죄피해를 구조한다는 입장이다. 즉 가해자에 의하여 범죄피해자에게 충분한 배상이 이루어지지 않거나 전혀 이루어지지 아니한 경우 이를 방치하는 것은 인간의 존엄과 행복추구, 인간다운 생활을 할 권리, 실질적 자유·평등·정의의 실현 등을 내용으로 하는 사회국가원리에 배치되므로 이러한 사회국가원리를 실현하기 위해서 사회보장의 일종으로 국가구조가 이루어진다는 것이다. 셋째, 사회분담설에 따르면 범죄피해자구조는 국민들의 세금에 의한 보험의 형태로 국가가 범죄피해를 사회구성원에게 분담시킨다는 것이다.

생각건대 국가의 존재목적과 기능을 고려할 때 범죄를 예방하고 진압할 책임의 전부 또는 일부가 원칙적으로 국가에게 있다고 볼 수 있다. 또한 사회국가원리라는 헌법상의 기본원리와 이를 실현해야 할 국가의 의무를 감안할 때 범죄피해자에 대한 국가의 구조는 헌법상 당연히 요구된다고 볼 수 있다. 따라서 범죄피해자구조청구권은 국가책임의 성격과 사회보장의 성격을 동시에 가지는 복합적 성격의 청구권적 기본권이라고 할 수 있다.

(2) 법적 성격

범죄피해자구조청구권규정의 법적 성격에 관해서는 입법방침규정설, 직접효력규정설, 간접효력규정설 등 다양한 학설이 대립되고 있다. 입법방침규정설은 범죄피해자구조청구권이 헌법규정으로부터 직접 인정되는 기본권은 아니고 단지 입법자의 입법방침을 제시해주는 권고적 성격만을 가진다는 입장이다. 직접효력규정설은 범죄피해자구조청구권이 헌법규정에 근거해서 직접 인정되는 기본권이라고 한다. 간접효력규정설은 범죄피해자구조청구권이 헌법규정에 근거하기는 하지만 법률을 통해서 비로소 인정되는 기본권이라고 한다.

앞서 언급한 바와 같이 범죄피해자구조청구권이 국가책임의 본질과 사회보장의 본질을 동시에 가지는 청구권적 기본권이라는 점, 또한 현행 헌법에 범죄피해자구조청구권을 도입한 취지 등을 감안할 때 직접효력규정설이 타당하다고 하겠다. 다만 헌법 제30조가 "법률이 정하는 바에 의하여 국가로부터 구조를 받을 수 있다"고 규정하고 있듯이 사회보장적 성격을 가지는 범죄피해자구조청구권은 국가의 재정 등 다양한 사안을 고려한 입법자의 입법형성권에 따라 그 요건, 범위, 방법 등을 정한 입법을 통해 구체화될 수 있는 기본권이라고 하겠다. 그러나 입법형성권에도 일정한 한계가 있기 때문에 입법자는 어디까지나 헌법상 직접 인정되는 범죄피해자구조청구권의 구체적 실현방법이나 절차 등만을 정하는 것이지 범죄피해자구조청구권 자체를 부인하거나 인간의 존엄에 반하는 기준과 내용의 입법을 해서는 결코 안 될 것이다.

3. 범죄피해자구조청구권의 주체

범죄피해자구조청구권의 주체는 자연인인 국민이다. 헌법 제30조가 '생명·신체에 대한 피해를 받은 국민'으로 한정하고 있기 때문에 자연인에게만 인정되고, 성질상 단체나 법인은 주체가 될 수 없다. 범죄피해자보호법에 따르면 구체적으로 범죄피해자구조청구권의 주체는 생명 또는 신체를 해치는 죄에 해당하는 행위로 인하여 사망한 자의 유족이나 장해 또는 중상해를 당한 자이다(범죄피해자보호법 제3조 제1항 제4호). 여기서 '장해'란 범죄행위로 입은 부상이나 질병이 치료된 후에 남은 신체의 장해로서 대통령령으로 정하는 경우를 말한다(동법 제3조 제1항 제5호). 또한 '중상해'란 범죄행위로 인하여 신체나 그 생리적 기능에 손상을 입은 것으로서 대통령령으로 정하는 경우를 말한다(동법 제3조 제1항 제6호).

구조대상 범죄피해는 대한민국의 영역 안에서 또는 대한민국의 영역 밖에 있는 대한민국의 선박이나 항공기 안에서 행하여진 사람의 생명 또는 신체를 해치는 죄에 해당하는 행위로 인하여 사망하거나 장해 또는 중상해를 입은 것에 한한다(동법 제3조 제1항 4호).[1)]

범죄피해자구조청구권은 대한민국 국민에게만 한정하여 인정된다. 따라서 외

---

1) 이처럼 범죄피해자구조청구권의 대상이 되는 범죄피해의 범위에 관하여 해외에서 발생한 범죄피해는 포함하고 있지 아니한 것과 관련하여 헌법재판소는 "범죄피해자 구조청구권을 인정하는 이유는 크게 국가의 범죄방지책임 또는 범죄로부터 국민을 보호할 국가의 보호의무를 다하지 못하였다는 것과 그 범죄피해자들에 대한 최소한의 구제가 필요하다는데 있다. 그런데 국가의 주권이 미치지 못하고 국가의 경찰력 등을 행사할 수 없거나 행사하기 어려운 해외에서 발생한 범죄에 대하여는 국가에 그 방지책임이 있다고 보기 어렵고, 상호보증이 있는 외국에서 발생한 범죄피해에 대하여는 국민이 그 외국에서 피해구조를 받을 수 있으며, 국가의 재정에 기반을 두고 있는 구조금에 대한 청구권 행사대상을 우선적으로 대한민국의 영역 안의 범죄피해에 한정하고, 향후 해외에서 발생한 범죄피해의 경우에도 구조를 하는 방향으로 운영하는 것은 입법형성의 재량의 범위 내라고 할 것이다. 따라서 범죄피해자구조청구권의 대상이 되는 범죄피해에 해외에서 발생한 범죄피해의 경우를 포함하고 있지 아니한 것이 현저하게 불합리한 자의적인 차별이라고 볼 수 없어 평등원칙에 위배되지 아니한다."라고 판시하여 이를 정당화하고 있다. 헌재 2011. 12. 29. 2009헌마354, 판례집 23-2 하, 795, 801-802.

국인은 상호주의하에서 주체가 될 수 있다(동법 제23조).

한편 범죄피해자구조청구권의 본질과 기능을 감안할 때 예컨대 범죄로 인해 심각한 재산상의 피해를 입은 결과 자활능력을 상실한 범죄피해자의 경우를 포함하는 등 국가구조의 범위를 확대하는 것도 고려할 만하다. 그러나 이는 국가의 재정능력을 고려하여 정할 입법정책의 문제라고 하겠다.

4. 범죄피해자구조청구권의 내용

(1) 구조금의 지급요건

헌법이 정하는 피해가 발생한 경우에 국가는 범죄피해자에 구조금을 지급하며, 이에 해당하는 범죄피해자는 이러한 구조금을 청구할 권리를 가진다. 범죄피해자보호법에 따르면 국가는 구조대상범죄피해를 받은 사람(구조피해자)이 첫째, 피해의 전부 또는 일부를 배상받지 못하는 경우이거나, 둘째, 자기 또는 타인의 형사사건의 수사 또는 재판에서 고소·고발 등 수사단서를 제공하거나 진술, 증언 또는 자료제출을 하다가 구조피해자가 된 경우의 어느 하나에 해당하면 구조피해자 또는 그 유족에게 범죄피해 구조금을 지급한다(동법 제16조).

(2) 구조금의 종류와 내용

구조금은 유족구조금·장해구조금 및 중상해구조금으로 구분하며, 일시금으로 지급한다. 유족구조금은 구조피해자가 사망하였을 때 유족의 범위 및 순위에 대하여 정하고 있는 범죄피해자보호법 제18조에 따라 맨 앞의 순위인 유족에게 지급한다. 다만 순위가 같은 유족이 2명 이상이면 똑같이 나누어 지급한다. 장해구조금 및 중상해구조금은 해당 구조피해자에게 지급한다(동법 제17조).

유족구조금은 구조피해자의 사망 당시(신체에 손상을 입고 그로 인하여 사망한 경우에는 신체에 손상을 입은 당시를 말한다)의 월급액이나 월실수입액 또는 평균임금에 24개월 이상 48개월 이하의 범위에서 유족의 수와 연령 및 생계유지상황 등을 고려하여 대통령령으로 정하는 개월 수를 곱한 금액으로 한다(동법 제22조 제1항). 장해구조금과 중상해구조금은 구조피해자가 신체에 손상을 입은 당시의 월급액이나 월실수입액 또는 평균임금에 2개월 이상 48개월 이하의 범위에서 피해자의 장해 또는 중상해의 정도와 부양가족의 수 및 생계유지상황 등을 고려하여 대통령령으로 정한 개월 수를 곱한 금액으로 한다(동법 동조 제2항). 유족구조금 · 장해구조금 및 중상해구조금의 경우 구조피해자의 월급액이나 월실수입액이 평균임금의 2배를 넘는 경우에는 평균임금의 2배에 해당하는 금액을 구조피해자의 월급액이나 월실수입액으로 본다(동법 동조 제4항).

구조금의 지급을 받을 권리는 그 구조결정이 당해 신청인에게 송달된 날로부터 2년간 행사하지 아니하면 시효로 인하여 소멸한다(동법 제31조).

(3) 구조금의 청구절차

구조금 지급에 관한 사항을 심의 · 결정하기 위하여 각 지방검찰청에 범죄피해구조심의회(지구심의회)를 두고 법무부에 범죄피해구조본부심의회(본부심의회)를 둔다. 지구심의회는 설치된 지방검찰청 관할 구역(지청이 있는 경우에는 지청의 관할 구역을 포함한다)의 구조금 지급에 관한 사항을 심의 · 결정한다. 지구심의회 및 본부심의회는 법무부장관의 지휘 · 감독을 받는다(동법 제24조).

구조금을 받으려는 사람은 법무부령으로 정하는 바에 따라 그 주소지, 거주지 또는 범죄 발생지를 관할하는 지구심의회에 신청하여야 한다. 이 신청은 해당 구조대상 범죄피해의 발생을 안 날부터 3년이 지나거나 해당 구조대상 범죄피해가 발생한 날부터 10년이 지나면 할 수 없다(동법 제25조).[1] 구조금의 지급신청이 있는 때에는 지구심의회는 신속하게 구조금을 지급하거나 지급하지 아니한다는 결정(지급한다는 결정을 하는 경우에는 그 금액을 정하는 것을 포함한다)을 하여야 한다(동법 제26조).

한편 지구심의회에서 구조금 지급신청을 기각(일부기각된 경우를 포함한다) 또는 각하하면 신청인은 결정의 정본이 송달된 날부터 2주일 이내에 그 지구심의회를 거쳐 본부심의회에 재심을 신청할 수 있도록 규정하고 있다(동법 제27조).

---

1) 구조금의 지급신청 기간의 제한과 관련하여 헌법재판소는 "구 범죄피해자구조법(2005. 12. 29. 법률 제7766호로 개정되고, 2010. 5. 14. 법률 제10283호로 폐지된 것) 제12조 제2항에서 범죄피해가 발생한 날부터 5년이 경과한 경우에는 구조금의 지급신청을 할 수 없다고 규정한 것은, 현대사회에서 인터넷의 보급 등 교통 · 통신수단이 상대적으로 매우 발달하여 여러 정보에 대한 접근이 용이해진 점과 일반 국민의 권리의식이 신장된 점 등에 비추어 보면 범죄피해가 발생한 날부터 5년이라는 청구기간이 지나치게 단기라든지 불합리하여 범죄피해자의 구조청구권 행사를 현저히 곤란하게 하거나 사실상 불가능하게 하는 것으로는 볼 수 없고 합리적인 이유가 있다고 할 것이어서, 평등원칙에 위반되지 아니한다."고 판시한 바 있다. 헌재 2011. 12. 29. 2009헌마354, 판례집 23-2 하, 795, 803.

그러나 범죄피해자보호법은 이러한 재심신청에 대한 결정에 대하여 불복이 있는 경우 신청인의 추가적인 불복절차나 사법절차 등에 대한 규정을 마련하고 있지는 않다. 차제에 보다 효율적이고 두터운 범죄피해자의 청구권 보호를 위하여 이에 대한 규정을 마련할 것이 바람직하다고 하겠다.

지구심의회는 구조금의 지급신청을 받았을 때 구조피해자의 장해 또는 중상해 정도가 명확하지 아니하거나 그 밖의 사유로 인하여 신속하게 결정을 할 수 없는 사정이 있으면 신청 또는 직권으로 대통령령으로 정하는 금액의 범위에서 긴급구조금을 지급하는 결정을 할 수 있다(동법 제28조 제1항).

지구심의회는 구조금 지급에 관한 사항을 심의하기 위하여 필요하면 신청인이나 그 밖의 관계인을 조사하거나 의사의 진단을 받게 할 수 있고 행정기관, 공공기관이나 그 밖의 단체에 조회하여 필요한 사항을 보고하게 할 수 있다. 지구심의회는 신청인이 정당한 이유 없이 조사에 따르지 아니하거나 의사의 진단을 거부하면 그 신청을 기각할 수 있다(동법 제29조).

(4) 구조금의 지급제한

1) 구조금의 전부 또는 일부를 지급하지 아니할 수 있는 경우

범죄행위 당시 구조피해자와 가해자 사이에 일정한 친족관계에 있는 등 법 제19조의 사유가 있는 경우에는 구조금을 지급하지 아니하거나 구조금의 일부를 지급하지 아니한다.

2) 다른 법령에 따른 급여 등과의 관계

구조피해자나 유족이 해당 구조대상 범죄피해를 원인으로 하여 국가배상법이나 그 밖의 법령에 따른 급여 등을 받을 수 있는 경우에는 대통령령으로 정하는 바에 따라 구조금을 지급하지 아니한다(동법 제20조).

3) 손해배상과의 관계

국가는 구조피해자나 유족이 해당 구조대상 범죄피해를 원인으로 하여 손해배상을 받았으면 그 범위에서 구조금을 지급하지 아니한다(동법 제21조 제1항).

(5) 범죄피해자구조금의 환수

국가는 구조금을 받은 사람이 ① 거짓이나 그 밖의 부정한 방법으로 구조금을 받은 경우, ② 구조금을 받은 후 법 제19조에 규정된 사유가 발견된 경우, ③ 구조금이 잘못 지급된 경우의 어느 하나에 해당하면 지구심의회 또는 본부심의회의 결정을 거쳐 그가 받은 구조금의 전부 또는 일부를 환수할 수 있다(동법 제30조 제1항). 국가가 구조금의 전부 또는 일부를 환수할 때에는 국세징수의 예에 따르고, 그 환수의 우선순위는 국세 및 지방세 다음으로 한다(동법 제30조 제2항).

5. 범죄피해자구조청구권의 제한과 그 한계

범죄피해자구조청구권은 헌법 제37조 제2항에 따라 국가안전보장 · 질서유지 · 공공복리를 위하여 법률로써 제한될 수 있다. 그러나 비례의 원칙과 기본권의 본질적 내용침해금지의 원칙이 준수되어야 함은 물론이다. 따라서 입법자는 구조청구권의 지급내용 및 기준 등과 관련하여 범죄피해자구조청구권의 입법취지와 기능을 유념해서 사회국가원리와 인간의 존엄성에 부합하는 입법을 해야 하며, 어떠한 경우에도 국가구조책임을 부인하는 입법은 허용될 수 없다고 하겠다.

제 3 장 국민의 기본의무

Ⅰ. 의의

국가의 존립과 기능, 사회통합 및 국민의 기본권의 실효적 보장을 위해서는 일정한 국민의 의무이행이 전제되어야 한다.[1] 따라서 국민의 의무가 존중되지 않고 이행되지 않는다면 국가의 존립과 사회통합이 불가능해지고, 결국 국민의 기본권마저 형해화되어 질 수밖에 없다. 권리에는 의무가 수반된다고 강조하는 이유도 그 때문이다. 따라서 모든 국민은 사회공동체의 구성원으로서 당연히 일정한 의무를 준수해야 할 것이다.

이러한 국민의 의무는 선국가적인 인권에서 유래되는 기본권과는 달리 선국가적인 인간의 의무가 아니라 국민으로서의 의무라고 하겠다. 왜냐하면 국민의 의무는 국가의 존립과 운영을 위해 국가 구성원으로서 부담해야 하는 것이기 때문에 국가를 전제로 한 국민의 의무이기 때문이다.

Ⅱ. 우리 헌법상의 기본의무

이러한 국가의 존립과 목적을 실현하기 위해서는 다양한 국민의 의무를 상정할 수 있는데, 대부분의 국가가 이러한 목적을 실현하기 위하여 자신들에게 필

1) 헌재 2002. 4. 25. 98헌마425, 판례집 14-1, 351, 363:
국가의 존립과 기능은 국민의 국법질서에 대한 순종의무를 그 당연한 이념적 기초로 하고 있다. 특히 자유민주적 법치국가는 모든 국민에게 사상의 자유와 법질서에 대하여 비판할 수 있는 자유를 보장하고 정당한 절차에 의하여 헌법과 법률을 개정할 수 있는 장치를 마련하고 있는 만큼 그에 상응하여 다른 한편으로 국민의 국법질서에 대한 자발적인 참여와 복종을 그 존립의 전제로 하고 있다. 따라서 헌법과 법률을 준수할 의무는 국민의 기본의무로서 헌법상 명문의 규정은 없으나 우리 헌법에서도 자명한 것이다

수적인 기본적 의무를 헌법에 규정하고 있다. 우리 헌법은 이러한 기본적 의무로 전통적 의무인 납세의 의무와 국방의 의무를 비롯하여 재산권행사의 공공복리적합의무, 교육을 받게 할 의무, 근로의 의무, 환경보전의무를 규정하고 있다.

1. 납세의 의무

헌법 제38조는 "모든 국민은 법률이 정하는 바에 의하여 납세의 의무를 진다."고 규정하여 모든 국민에게 납세의 의무를 부과하고 있다. 납세의 의무는 국가의 존립과 활동의 재정적 기초를 마련하기 위하여 국민에게 직접적인 반대급부 없는 금전적 부담을 지우는 것을 말한다. 따라서 납세의 의무는 직접적인 반대급부를 조건으로 하는 사용료, 수수료 등과는 구별된다. 납세는 국가의 존립과 기능 및 기본권실현, 그리고 사회국가실현의 수단으로서의 성격을 가진다.

"소득이 있는 곳에 세금이 있다"는 표어가 말해주듯이 납세의 의무는 모든 경제활동과 경제주체에게 부과되기 때문에 국내에서 경제활동을 하는 자연인과 법인, 국민과 외국인 모두에게 원칙적으로 납세의 의무가 부과된다. 다만 외국인의 경우 국제법상의 외교특권이나 조약에 따라 납세의 의무가 면제될 수는 있다.

한편 헌법 제38조가 '법률이 정하는 바에 의한' 납세의 의무를 규정하고 있듯이 납세의 의무의 구체적 내용은 입법에 의하여 정해진다. 이는 납세의 의무가 재산권이라는 기본권의 행사와 제한에 관한 본질적 사항이라는 점에서 법률유보의 원칙상 당연한 것이라 하겠다. 헌법 제59조도 "조세의 종목과 세율은 법률로 정한다."고 규정하고 있다. 이러한 조세법률주의는 과세요건 법정주의와 과세요건 명확주의를 그 핵심적 내용으로 한다. 따라서 납세의 의무를 정하는 입법자는 이러한 과세요건 명확주의에 따라 조세의 종목과 세율을 비롯해 과세요건과 과세절차 등 과세에 관한 중요하고 기본적인 사항을 모두 법률로 정해야 하며, 과세요건 명확주의에 따라 그 규정내용은 명확하고 일의적이어야 한다. 그럴 때에만 국민의 예측가능성과 법적 안정성이 확보될 수 있고, 국가공권력의 자의와 남용이 억제될 수 있다.[1)]

---

1) ① 헌재 1992. 12. 24. 90헌바21, 판례집 4, 890, 899:
우리 헌법은 제38조에서 "모든 국민은 법률이 정하는 바에 의하여 납세의 의무를 진다."라

이 조세법률주의와 더불어 또 다른 조세법의 기본원칙은 헌법 제11조 제1항의 평등원칙에서 도출되는 조세평등주의이다. 이에 따라 입법자는 과세에 관한 사항을 정할 때 국민의 담세능력을 고려해서 공정하고 평등한 과세가 되도록 입법을 해야 한다.

2. 국방의 의무

헌법 제39조 제1항은 "모든 국민은 법률이 정하는 바에 의하여 국방의 의무를 진다."라고 하여 모든 국민의 국방의 의무를 규정하고 있다. 국방의 의무는 외부적대세력의 직·간접적인 침략행위로부터 국가의 독립을 유지하고 영토를 보전하기 위한 국토방위의 의무이다.[1] 국방의 의무는 직접적인 병력형성의무만을 가리키는 좁은 의미가 아니라, 현대전이 고도의 과학기술과 정보를 요구하고 국민 전체의 협력을 필요로 하는 이른바 총력전인 점에 비추어 국가독립의 유지와 영토의 보전에 기여하는 역무라면 모두 포함하는 광의의 의무라고 하겠다.[2] 따라서 사회복무나 양심적 병역거부자의 대체복무 등도 국방에 해당된다

고 규정하고 또 제59조에서 "조세의 종목과 세율은 법률로 정한다."라고 규정하였다. 이러한 헌법규정에 근거를 둔 조세법률주의는 조세평등주의(헌법 제11조 제1항)와 함께 조세법의 기본원칙으로서 법률의 근거 없이는 국가는 조세를 부과·징수할 수 없고 국민은 조세의 납부를 요구당하지 않는다는 원칙이다. 이러한 조세법률주의는 조세는 국민의 재산권을 침해하는 것이 되므로 납세의무를 성립시키는 납세의무자, 과세물건, 과세표준, 과세기간, 세율 등의 모든 과세요건과 조세의 부과·징수절차는 모두 국민의 대표기관인 국회가 제정한 법률로 이를 규정하여야 한다는 것(과세요건 법정주의)과 또 과세요건을 법률로 규정하였다고 하더라도 그 규정내용이 지나치게 추상적이고 불명확하면 과세관청의 자의적인 해석과 집행을 초래할 염려가 있으므로 그 규정내용이 명확하고 일의적이어야 한다는 것(과세요건 명확주의)을 그 핵심적 내용으로 하고 있다.

② 헌재 2002. 5. 30. 2000헌바81, 판례집 14-1, 466, 474:
조세법률주의는 과세요건 법정주의와 과세요건 명확주의를 그 핵심적 내용으로 삼고 있는데, 과세요건 명확주의라 함은 과세요건을 법률로 규정하였다고 하더라도 그 규정내용이 지나치게 추상적이고 불명확하면 과세관청의 자의적인 해석과 집행을 초래할 염려가 있으므로 그 규정 내용이 명확하고, 일의적이어야 한다는 원칙을 말한다.

1) 헌재 1999. 12. 23. 98헌마363, 판례집 11-2, 770, 783.

2) 헌재 2011. 8. 30. 2008헌가22, 공보 제179호, 1205, 1218-1219:
국방의 의무라 함은 북한을 포함한 외부의 적대세력의 직접적 간접적인 침략행위로부터 국가의 독립을 유지하고 영토를 보전하기 위한 의무로서 현대전이 고도의 과학기술과 정보를 요구하고 국민전체의 협력을 필요로 하는 이른바 총력전인 점에 비추어 단지 병역법 등에 의하여 군복무에 임하는 등의 직접적인 병력형성의무만을 가리키는 것으로 좁게 볼 것이

고 할 수 있다.

국방의 의무는 우리 헌법상의 기본원리인 국제평화주의에 배치되지 아니한다. 헌법 제5조 제1항은 "대한민국은 국제평화의 유지에 노력하고, 침략적 전쟁을 부인한다."라고 규정함으로써 이러한 국제평화주의를 천명하고 있지만, 이는 제국주의 내지 패권주의적 발상에 의한 침략전쟁을 부인할 뿐 자위수단으로서의 자위전쟁까지 부인하는 것은 아니기 때문에 국군의 조직과 운용을 위한 국방의 의무는 당연히 헌법상 정당화될 수 있는 것이다. 이에 따라 헌법 제5조 제2항이 "국군은 국가의 안전보장과 국토방위의 신성한 의무를 수행함을 사명으로 하며, 그 정치적 중립성은 준수된다."고 하여 국군의 존재와 국토방위의 신성한 의무 및 국군의 정치적 중립성을 명시하고 있는 것이다.

한편 헌법 제39조 제2항은 "누구든지 병역의무의 이행으로 인하여 불이익한 처우를 받지 아니한다."라고 규정하고 있다. 이는 국방이라는 역무를 의무로 부과하면서 국방의무이행으로 직접 불가피하게 발생되는 손실과 공백을 상쇄하는 적극적인 보상은 못할지언정 적어도 그로 인한 간접적인 불이익이 발생되지 않도록 함으로써 국방의무의 신성함과 자긍심을 제고하고, 국방의무를 대하는 부정적인 우려와 정서를 조금이나마 해소하기 위한 것이라고 하겠다. 그런데 헌법 제39조 제2항에서 말하는 '불이익한 처우'란 단순한 사실상·경제상의 불이익을 모두 포함하는 것이 아니라 법적인 불이익을 의미하는 것으로 보아야 할 것이다. 만일 그렇게 보지 않는다면 앞서도 언급했듯이 어차피 국방의 의무이행으로 인해 크건 작건 사실상·경제상의 불이익은 누구에게나 발생될 수밖에 없을 것이고, 이는 결국 국방의 의무를 규정하고 있는 헌법 제39조 제1항과 모순되기 때문이다.[1] 따라서 병역의무 그 자체를 이행하느라 받는 사실상의 불이익은 제

아니라, 향토예비군설치법, 민방위기본법, 비상대비자원관리법, 병역법 등에 의한 간접적인 병력형성의무 및 병력형성이후 군작전명령에 복종하고 협력하여야 할 의무도 포함하는 넓은 의미의 것으로 보아야 할 것이다.

1) 헌재 1999. 12. 23. 98헌마363, 판례집 11-2, 770, 784:
헌법 제39조 제2항은 병역의무를 이행한 사람에게 보상조치를 취하거나 특혜를 부여할 의무를 국가에게 지우는 것이 아니라, 법문 그대로 병역의무의 이행을 이유로 불이익한 처우를 하는 것을 금지하고 있을 뿐이다. 그리고 이 조항에서 금지하는 '불이익한 처우'라 함은 단순한 사실상, 경제상의 불이익을 모두 포함하는 것이 아니라 법적인 불이익을 의미하는 것으로 보아야 한다. 그렇지 않으면 병역의무의 이행과 자연적 인과관계를 가지는 모든 불이익 - 그 범위는 헤아릴 수도 예측할 수도 없을 만큼 넓다고 할 것인데 - 으로부터 보호하

39조 제2항에서 말하는 병역의무의 이행으로 인한 불이익에 해당하지 않는다.[1] 그러나 만일 일정한 불이익이 병역의무 이행의 일환으로 병역의무 이행 중에 입는 불이익이거나 또는 병역의무 이행으로 누구에게나 필연적으로 발생하는 불이익이 아니라, 병역의무 이행 이후 발생된 개별적인 법적 불이익이라면 이는 제39조 제2항에서 말하는 병역의무의 이행으로 인한 불이익에 해당되어 정당화될 수 없다.[2]

3. 재산권행사의 공공복리적합의무

헌법 제23조 제2항은 "재산권의 행사는 공공복리에 적합하도록 하여야 한다."라고 규정하여 재산권을 공공복리에 적합하도록 행사해야 할 헌법상의 의무를 부과하고 있다. 이는 이른바 재산권의 사회적 기속성을 강조한 것이다. 다른 기본권과는 달리 재산권은 악용 내지 남용될 가능성이 크고, 경제적·사회적 불평등의 가장 직접적인 원인이 될 수 있어 사회통합을 위해서는 재산권에 대한

여야 할 의무를 국가에 부과하는 것이 되어 이 또한 국민에게 국방의 의무를 부과하고 있는 헌법 제39조 제1항과 조화될 수 없기 때문이다.

1) 헌재 2007. 5. 31. 2006헌마627, 판례집 19-1, 736, 744:
헌법 제39조 제2항은 "누구든지 병역의무의 이행으로 인하여 불이익한 처우를 받지 아니한다."고 규정하고 있다. 이 조항의 의미에 관하여는 논란이 있을 수 있겠으나, 병역의무 이행을 직접적 이유로 차별적 불이익을 가하거나, 또는 병역의무를 이행한 것이 결과적, 간접적으로 그렇지 아니한 경우보다 오히려 불이익을 받는 결과를 초래하여서는 아니 된다는 것이 그 일차적이고도 기본적인 의미이다. 따라서 병역의무 그 자체를 이행하느라 받는 불이익은 헌법 제39조 제2항과 관련이 없다. 즉 병역의무 이행의 일환으로 병역의무 이행 중에 입는 불이익은 병역의무의 이행으로 인한 불이익에 해당하지 않는다.
이 사건 공고는 현역군인 신분자에게 다른 직종의 시험응시기회를 제한하고 있으나, 이는 병역의무 그 자체를 이행하느라 받는 불이익으로서 병역의무 중에 입는 불이익에 해당될 뿐, 병역의무의 이행을 이유로 한 불이익은 아니다. 그렇다면 이 사건 공고로 인하여 현역군인이 타 직종에 시험응시를 하지 못하는 것은 헌법 제39조 제2항에서 금지하는 '불이익한 처우'라 볼 수 없다.

2) 헌재 1989. 11. 20. 89헌가102, 판례집 1, 329, 341:
사법연수원을 수료하고 즉시 개업하는 변호사의 경우 개업지를 선택함에 있어 아무런 제한을 받지 아니하나, 병역의무의 이행을 위하여 군법무관으로 복무한 자는 전역후 변호사로 개업함에 있어 개업지의 제한을 받게 된다. 군법무관으로의 복무 여부가 자신의 선택에 의하여 정해지는 경우와는 달리 병역의무의 이행으로 이루어지는 경우, 이는 병역의무의 이행으로 말미암아 불이익한 처우를 받게 되는 것이라 아니할 수 없어 이의 금지를 규정한 헌법 제39조 제2항에 위반된다.

사회적 기속성이 강하게 요구될 수밖에 없다. 아울러 인간의 존엄과 가치 및 행복추구와 실질적인 자유·평등·정의의 실현을 핵심적 내용으로 하는 사회국가원리와 사회적 시장경제질서의 실현은 재산권의 사회적 기속성이 전제될 때에만 가능하기 때문에 재산권행사의 공공복리적합의무는 오늘날 매우 중요한 헌법상의 기본의무인 것이다. 특히 토지 등 일부 재산권은 확대재생산이 불가능하고 더불어 살 수밖에 없는 사회공동체의 공공재의 성격도 가지기 때문에 이들 재산권에 대하여는 더 많은 사회적 기속성이 요구되고, 때로는 보상 없이 일정한 공적 제한을 부과하고 이를 수인할 수밖에 없는 것이다. 따라서 재산권의 행사가 공공복리에 적합하도록 재산권의 내용과 한계가 법률로 정해지며, 다른 기본권에 비하여 재산권에 대하여는 보다 폭 넓은 제한과 기속이 이루어진다.

4. 교육을 받게 할 의무

헌법 제31조 제2항은 "모든 국민은 그 보호하는 자녀에게 적어도 초등교육과 법률이 정하는 교육을 받게 할 의무를 진다."라고 규정하여 모든 국민에게 그 보호하는 자녀에 대한 법률이 정하는 일정한 교육을 받게 할 의무를 부과하고 있다. 이는 개성신장의 수단이자 민주주의원리, 문화국가원리, 사회국가원리의 실현수단으로서의 교육의 기능과 중요성을 감안하여 모든 국민에게 '교육을 받을 권리'(제31조 제1항)를 보장함과 동시에 이를 실효성 있게 뒷받침하기 위하여 일정한 '교육을 받게 할 의무'와 이에 상응하는 무상교육의 의무(제31조 제3항)를 부모와 국가에게 부과하고 있는 것이다. 교육의무의 주체는 국가와 의무교육대상자의 친권자나 후견인이다(초·중등교육법 제12조, 제13조, 제16조)

이에 따라 교육기본법 제8조 제1항은 "① 의무교육은 6년의 초등교육과 3년의 중등교육으로 한다. ② 모든 국민은 제1항에 따른 의무교육을 받을 권리를 가진다."라고 규정하여 6년의 초등교육과 3년의 중등교육을 모든 국민의 의무이자 권리로 정하고 있고, 초·중등교육법 제12조 제1항은 의무교육의 실시와 이를 위한 시설을 확보할 의무를 국가에게 부과하고 있으며, 동법 제13조 제1항은 "모든 국민은 보호하는 자녀 또는 아동이 6세가 된 날이 속하는 해의 다음 해 3월 1일에 그 자녀 또는 아동을 초등학교에 입학시켜야 하고, 초등학교를 졸업할 때까지 다니게 하여야 한다."라고 규정하여 모든 국민에게 그의 자녀 또는 보호하는 아동에 대한 취학의무를 부과하고 있다.

5. 근로의 의무

헌법 제32조 제2항은 “모든 국민은 근로의 의무를 진다. 국가는 근로의 의무의 내용과 조건을 민주주의원칙에 따라 법률로 정한다.”라고 규정하여 모든 국민에게 근로의 의무를 부과하고 있다. 그런데 여기서 이러한 근로의 의무의 성격이 문제된다. 윤리적 의무인지 법적 의무인지가 그것이다.

생각건대 근로의 의무를 국방의 의무처럼 문자 그대로 모든 국민에 대한 획일적이고 강제적인 법적 의무를 부과하는 것으로 보는 것은 타당하지 않을 것이다. 결국 근로의 의무는 일할 능력과 기회가 주어졌음에도 주어진 일자리를 거절하고 그 대신 실업보험금의 지급을 요구하거나 기타의 사회보장적인 급부를 요구할 수 없게 하려는데 그 취지가 있다고 보아야 할 것이다.[1)]

한편 헌법 제32조 제2항은 국가로 하여금 근로의 의무의 내용과 조건을 민주주의원칙에 따라 법률로 정하도록 했는데, 이는 근로가 인간의 존엄과 가치 실현의 최소한의 전제조건이라는 점을 감안하여 인간의 존엄성에 바탕을 둔 그리고 민주주의원칙에 따른 근로조건을 법률로 정하도록 하여 국가나 사업주 등으로 하여금 인간의 존엄성에 부합하는 합리적인 근로 환경을 조성하도록 의무지우는 것이라고 하겠다. 민주주의원칙에 따른 근로조건이라 함은 근로자와 사용자 모두가 경제활동의 대등한 동반자이자 협력자라고 하는 이념의 확립, 노동3권의 존중, 근로자의 경영참여, 노사협의기구에서의 근로자의 발언권존중 등이 실현될 수 있는 근로조건을 의미하는 것으로 볼 수 있다.

6. 환경보전의 의무

헌법 제35조 제1항은 “모든 국민은 건강하고 쾌적한 환경에서 생활할 권리를 가지며, 국가와 국민은 환경보전을 위하여 노력하여야 한다.”라고 규정하여 국가 뿐 아니라 모든 국민에게 환경보전의 의무를 부과하고 있다. 주지하는 바와 같이 환경권은 국가의 노력만으로는 실현될 수 없는 특성을 가진 기본권이

---

1) 같은 견해 허영, 전게서, 673쪽.

다. 즉 건강하고 쾌적한 환경은 국가의 정책수립과 실시 및 개입과 지원 등 국가의 적극적인 노력이 전제될 때 실현될 수 있지만, 이는 국민 모두가 국가의 환경정책에 적극 협조하고, 스스로 환경보전을 위해 노력할 때에만 그 실효성을 확보할 수 있는 것이다. 따라서 헌법 제35조 제1항도 국가와 국민 공동의 환경보전의무를 규정하고 있는 것이다. 오늘날 인간의 존엄과 행복의 추구는 건강하고 쾌적한 환경에서만 가능하다는 점, 건강하고 쾌적한 환경은 보건에 관한 권리, 신체의 자유 등 여타의 관련 기본권의 실현과 사회국가원리의 실현을 위한 전제조건이라는 점을 감안할 때 국민의 환경보전의무의 중요성은 아무리 강조해도 지나치지 않을 것이다.

제 3 편

통치기구론

제 1 장 통치기구와 기본권

헌법과 헌법에 의하여 창설되는 국가의 목적은 국민의 기본권 실현이다. 따라서 헌법의 가장 핵심적인 내용과 가치는 바로 기본권이다. 그런데 국가는 통치기구를 통해 조직되고 기능한다. 따라서 국가와 국가의 통치기구는 기본권실현을 위한 수단이며, 결국 통치기구의 궁극적 목적은 국민의 기본권의 보장과 실현인 것이다. 이에 따라 우리 헌법의 최고 핵심조항인 제10조도 "모든 국민은 인간으로서의 존엄과 가치를 가지며, 행복을 추구할 권리를 가진다. 국가는 개인이 가지는 불가침의 기본적 인권을 확인하고 이를 보장할 의무를 진다."라고 규정하여 헌법의 목적이자 통치기구의 궁극적 목적이 바로 국민의 기본권 보장과 실현이라는 점을 천명하고 있다.

이처럼 통치기구는 기본권의 보장과 실현 및 사회공동체의 통합을 달성하기 위하여 마련된 통치권력의 조직적·기능적·제도적 장치라고 할 수 있다. 따라서 통치기구는 기본권적 가치질서와 결코 분리될 수 없으며, 결국 기본권 실현의 수단적 기능을 갖는다.

따라서 통치기구는 결코 자기목적적인 것이 아니고 국민의 기본권을 최대한 보장하고 실현하기 위한 통치권력의 조직적·기능적·제도적 장치이기 때문에 통치기구론의 핵심과제는 이러한 국민의 기본권을 최대한 존중하고 실현시키기 위한 조직과 체계를 마련하는 것이다. 결국 통치기구의 조직원리도 국민의 기본권을 가장 효과적으로 실현시킬 수 있는 통치기관의 조직과 구성, 통치권력의 분배, 통치권력 행사의 절차와 방법, 통치기관 상호간의 권력통제장치를 마련하기 위한 원리인 것이다.

제2장 통치기구의 정당성

제1절 개설

I. 의의

앞서 언급한 통치기구의 기능과 목적에 비추어 볼 때 통치기구는 기본권이 최대한 효율적으로 보장·실현될 수 있도록 조직되고 운영되어야 한다. 그런데 이러한 통치기구의 기능과 목적인 기본권의 보장과 실현은 바로 헌법의 목적이다. 따라서 이러한 헌법의 이념과 목적의 실현을 가능케 하는 기본바탕인 헌법상의 기본원리는 바로 헌법실현의 수단인 통치기구의 기본원리로도 기능하게 된다. 즉 민주주의원리, 법치주의원리, 사회국가원리 등 다양한 헌법상의 기본원리가 동시에 통치기구의 조직과 작용의 기본원리로 기능하게 되는 것이다. 그런데 이러한 민주주의원리, 법치주의원리 등의 헌법상 기본원리는 국민의 기본권의 보장과 실현, 국민주권주의에 바탕을 둔 민주적 정당성의 확보, 국가권력에 대한 통제와 국가권력 상호간의 견제와 균형 등을 핵심내용으로 하고 있다. 따라서 통치기구 역시 논리필연적으로 이러한 핵심적 내용을 기본원리로 해서 이를 구현할 때에만 비로소 정당화될 수 있음은 물론이다. 따라서 한 국가의 통치기구는 다음과 같은 세 가지 정당성을 확보해야 한다. 첫째, 통치기구는 기본권의 보장과 실현을 목적으로 할 때에만 정당화된다는 목적적 정당성, 둘째, 통치기구는 민주주의원리에 따라 민주적 정당성을 확보할 때에만 정당화된다는 민주적 정당성, 셋째, 통치기구는 법치주의원리와 그 핵심내용인 권력분립의 원칙에 따라 그 조직과 권력행사과정에 있어서 권력에 대한 통제와 상호 견제라는 절차적 정당성을 확보할 때에만 정당화된다는 절차적 정당성이 그것이다.[1)]

Ⅱ. 통치기구의 정당성

1. 통치기구의 목적적 정당성

통치기구와 통치권력의 존재목적은 기본권적 가치의 실현에 있는 것이지 결코 자기목적적인 것이 아니다.[1] 따라서 한 국가의 통치기구는 이러한 기본권의 실현이라고 하는 목적적 정당성을 확보하여야 한다. 따라서 이러한 기본권의 보장과 실현을 최대한 확보할 수 있는 통치기구가 마련되어야 한다. 그러므로 통치기구론에서의 핵심적 내용인 통치기구의 조직원리도 이러한 목적적 정당성을 최대한 확보할 수 있는 제도적 장치를 마련하는 문제로 집약되는 것이다.

2. 통치기구의 민주적 정당성

한 국가의 통치기구는 민주적 정당성을 확보하는 것이어야 한다. 민주적 정당성이란 통치기구의 조직과 작용의 최후적 정당성이 국민의 의사에 귀착될 것을 요구하는 민주주의원리에서 도출되는 당위성을 말한다. 따라서 한 국가의 통치기구는 이러한 민주적 정당성을 최대한 확보할 수 있도록 조직되고 작용하여야 한다. 그러므로 이를 효과적으로 실현하기 위해서는 선거권, 공무담임권, 국민투표권 등의 참정권, 정당설립과 활동의 자유, 언론·출판·집회·결사의 자유 등 각종의 정치형성적 기능을 가지는 기본권이 최대한 보장되어야 하고, 그밖에 선거제도, 공무원제도, 정당제도 등 이를 뒷받침하는 다양하고 효과적인 제도적 장치가 마련되어야 하는 것이다.

---

1) 허영, 전게서, 696쪽 이하; 권영성, 전게서, 731쪽 참조.

1) 헌재 1996. 2. 29. 93헌마186, 판례집 8-1, 111, 116:
이른바 통치행위를 포함하여 모든 국가작용은 국민의 기본권적 가치를 실현하기 위한 수단이라는 한계를 반드시 지켜야 하는 것이고, 헌법재판소는 헌법의 수호와 국민의 기본권 보장을 사명으로 하는 국가기관이므로 비록 고도의 정치적 결단에 의하여 행해지는 국가작용이라고 할지라도 그것이 국민의 기본권 침해와 직접 관련되는 경우에는 당연히 헌법재판소의 심판대상이 될 수 있는 것일 뿐만 아니라, 긴급재정경제명령은 법률의 효력을 갖는 것이므로 마땅히 헌법에 기속되어야 할 것이다.

3. 통치기구의 절차적 정당성

통치기구는 절차적 정당성을 확보해야 한다. 즉 통치기구는 법치주의원리와 그 핵심내용인 권력분립의 원칙에 따라 그 조직과 작용에 있어서 권력통제라는 절차적 정당성을 확보해야 한다. 주지하는 바와 같이 통치권력은 항상 남용되거나 악용될 가능성을 가지고 있다. 따라서 이를 억제할 수 있도록 통치기구의 조직과 권력행사의 과정에서 적절한 권력견제와 통제장치가 마련되어야 한다. 비록 통치기구가 목적적 정당성과 민주적 정당성을 확보했다 하더라도 이러한 절차적 정당성을 확보하기 위한 효과적인 권력통제장치가 마련되어 있지 않는 한 통치기구의 목적적 정당성과 민주적 정당성은 확보될 수 없고, 결국 통치기구의 궁극적 목적인 기본권의 보장과 실현은 달성될 수 없다고 할 것이다.

제 2 절 우리 헌법상 통치기구의 정당성과 그 문제점

Ⅰ. 우리 헌법상의 구현내용

1. 통치기구의 목적적 정당성

우리 헌법은 기본권의 보장과 실현 및 그를 통한 사회공동체의 통합을 통치기구의 궁극적인 목적으로 하고 있다. 즉 통치기구의 목적적 정당성의 확보를 통치기구의 최우선의 과제로 삼고 있는 것이다. 이를 위해 먼저 인간의 존엄과 가치를 핵심적 내용으로 하고 있는 각종의 기본권을 보장하고 실현하기 위하여 개인이 가지는 불가침의 기본적 인권을 확인하고 이를 보장할 의무를 국가에게 지우고 있다(헌법 제10조).

아울러 법률로써 기본권을 제한하는 경우에도 반드시 비례의 원칙과 기본권의 본질적 내용침해금지의 원칙을 철저히 준수하도록 하는 등 입법작용이 기본권에 기속되도록 입법작용의 헌법상 한계를 분명히 하고 있다(헌법 제37조 제2

항). 또한 행정작용이 기본권에 기속되도록 법치행정의 원리와 행정쟁송제도를 확립하고 있다. 아울러 사법작용에 의한 효과적인 기본권구제를 가능케 하도록 사법권의 독립을 보장하고 사법권의 조직과 작용을 법률로 정하도록 하고 있다(헌법 제101조 이하).

한편 기본권을 침해하는 법률에 대한 위헌심사제도(헌법 제107조 제1항, 제111조 제1항 제1호), 기본권을 침해하는 명령 · 규칙 · 처분에 대한 위헌 · 위법심사제도(헌법 제107조 제2항), 국가공권력에 의하여 침해된 기본권을 구제하기 위한 헌법소원심판제도(헌법 제111조 제1항 제5호)를 통해서 기본권의 구제 내지 실현을 담보하고 있다. 또한 대통령의 긴급재정 · 경제처분과 명령, 긴급명령, 계엄선포 등 대통령의 국가긴급권행사가 남용되어 기본권을 침해하는 경우가 발생되지 않도록 긴급권행사의 엄격한 요건과 절차를 헌법과 법률로써 정하고 있다(헌법 제76조, 제77조).

2. 통치기구의 민주적 정당성

(1) 국민으로부터의 직접적인 민주적 정당성 확보장치

우리 헌법은 통치기구의 민주적 정당성을 국민으로부터 직접 확보하기 위하여 각종의 제도적 장치를 마련하고 관련 기본권을 보장하고 있다.

1) 각종의 선거제도

대의제도와 통치기구의 구성을 위한 실현수단으로서의 각종의 선거제도를 마련하고 있다. 대통령선거제도(헌법 제67조), 국회의원선거제도(헌법 제41조), 지방자치선거제도(헌법 제118조) 등이 그것이다. 이는 국민으로부터의 직접적인 민주적 정당성 확보장치이다.

2) 국민투표제도

직접민주주의의 실현수단으로서 국민투표제도를 채택하고 있다. 대통령이 부의하는 외교 · 국방 · 통일 기타 국가안위에 관한 중요정책에 대한 국민투표제도(헌법 제72조)와 헌법개정을 위한 국민투표제도(헌법 제130조)가 그것이다.

3) 복수정당제도

국민의 정치적 의사형성에 참여하고 국민의 의사를 국정에 반영하는 교량적 역할을 하는 정당의 설립 및 활동의 자유와 다원적 민주주의를 촉진시키기 위한 복수정당제도를 보장하고 있다(헌법 제8조). 이러한 복수정당제는 정당이 국정운영과 권력통제를 주도하는 오늘날의 정당민주주의하에서 국민으로부터의 민주적 정당성을 확보하기 위한 효과적인 제도적 장치라고 하겠다.

4) 선거권 · 공무담임권 등의 참정권(헌법 제24조, 제25조)을 보장함으로써 국민이 직접 국정운영에 참여하거나, 자신의 의사를 국정에 반영시키고 국정을 감시 · 비판 · 통제할 수 있도록 하고 있다.

5) 언론 · 출판 · 집회 · 결사의 자유(헌법 제21조)를 보장하여 국민의 다양한 의사를 국정에 반영하고, 국정을 감시 · 비판 · 통제할 수 있도록 함으로써 통치기구의 민주적 정당성 확보에 이바지하도록 하고 있다.

6) 각종의 행정절차의 제도화를 통해 국가의 정책결정과 집행과정에 국민의 의사가 반영되고, 이로써 정책결정과 집행의 과정과 내용에 있어서 민주적 정당성을 확보할 수 있도록 하고 있다.

(2) 국회를 통한 간접적인 민주적 정당성 확보장치

우리 헌법은 행정부 · 감사원 · 법원 · 헌법재판소 · 중앙선거관리위원회 등의 국가기관의 구성에 국회가 동의권이나 선출권을 통해 관여하게 함으로써 국회를 통한 간접적인 민주적 정당성확보장치를 마련하고 있다. 국회는 국민으로부터 직접 선출된 가장 중추적인 대의기관이므로 국회의 관여는 국민의 간접적인 의사반영이라고 볼 수 있다.

국무총리 임명에 대한 동의권(헌법 제86조), 감사원장 임명에 대한 동의권(헌법 제98조 제2항), 대법원장 및 대법관 임명에 대한 동의권(헌법 제104조), 헌법재판소장의 임명에 대한 동의권과 헌법재판관 3인의 선출권(헌법 제111조), 중앙선거관리위원 3인에 대한 선출권(헌법 제114조 제2항) 등이 그것이다.

3. 통치기구의 절차적 정당성

우리 헌법은 통치권력의 남용·악용가능성을 억제하기 위한 다양한 제도적 장치를 마련함으로써 절차적 정당성확보에 노력하고 있다. 즉 통치권력이 남용 내지 악용되지 아니하고 기본권에 기속되도록 하기 위한 다양한 권력통제장치를 마련하고 있는 것이다. 따라서 통치권력을 입법권·행정권·사법권으로 나누어 각각의 통치기관에 분장시키고, 이들 권력 상호간에 견제와 균형을 이루게 함으로써 통치권력을 통제하고 이로써 국민의 기본권을 보장하는 통치질서를 마련하고 있다. 이른바 고전적 3권분립이다.

그런데 우리 헌법의 통치질서는 이처럼 고전적인 3권분립을 그 기본체계로 하고 있으면서도, 다른 한편 지방자치제도, 헌법재판제도, 복수정당제도 등 다양한 현대적 보완장치를 통한 수평적·수직적 다원화된 입체적 권력분립을 가미하여 통치기구의 절차적 정당성을 보다 두텁게 확보하고 있다.

(1) 고전적 권력분립

우리 헌법상의 통치기구의 기본골격은 Montesquieu의 3권분립이론에 따라 국가권력을 입법권·행정권·사법권으로 나누어 입법권을 국회에(헌법 제40조), 행정권을 대통령을 수반으로 하는 정부에(헌법 제66조 제4항), 사법권을 법원(헌법 제101조 제1항)에 각각 분장시키고, 이들 3권의 견제와 균형을 이루게 하는 제도적 장치를 마련하고 있다.

(2) 수평적·수직적 다원화된 입체적 권력분립

우리 헌법은 이처럼 고전적 3권분립을 그 기본골격으로 하고 있지만, 변화된 시대적 상황을 반영하고 보다 효과적으로 권력을 통제하기 위하여 수평적·수직적 다원화된 입체적 권력분립을 추구함으로써 고전적 3권분립제도를 보완하고 있다.

복수정당제를 통한 권력분립(헌법 제8조), 헌법재판제도를 통한 권력분립(헌법 제111조 이하), 지방자치제도를 통한 권력분립(헌법 제117조, 제118조), 감사원제도를 통한 권력분립(헌법 제97조 이하), 중앙선거관리위원회를 통한 권력분립(헌법

제114조 이하), 직업공무원제도를 통한 권력분립(헌법 제7조), 언론 · 출판 · 집회 · 결사의 자유의 행사를 통한 권력통제(헌법 제21조) 등이 그것이다.

Ⅱ. 문제점과 개선방안

1. 민주적 정당성의 문제점

(1) 대통령선거제도의 문제

1) 상대다수대표제의 문제

대통령선거는 후보자 중 단순 최다득표자가 당선되는 상대다수대표제이다(헌법 제67조). 따라서 과반수에 미달하는 득표율로 당선될 수 있는데, 이는 대통령제의 특성과 대통령이 가지는 막강한 권력에 비추어 볼 때 비례적인 민주적 정당성의 확보라고 보기 어렵다. 따라서 결선투표제의 도입을 전제로 절대다수대표제로의 개정이 바람직하다고 여겨진다.

2) 단임제도의 문제

대통령은 중임할 수 없다(헌법 제70조). 이러한 단임제도는 과거 독재권력의 장기화를 막는 순기능을 가지고 있었다고 평가할 수 있겠으나, 현재로서는 그 의미가 적고, 아울러 국민의 현직 대통령에 대한 심판과 대통령의 책임정치구현이라는 측면에서 문제가 있다. 따라서 일정한 제한하에서 중임을 허용하는 것이 바람직하다.

3) 대통령권한대행의 문제

대통령의 궐위 시 국무총리 내지 국무위원이 권한대행을 하도록 되어 있는데(헌법 제71조), 이는 민주적 정당성과 책임정치구현의 측면에서 그리고 대통령제 정부형태의 본질에 비추어 타당하다고 보기 어렵다. 따라서 국민으로부터 직접 선출되는 부통령제를 도입하는 것이 바람직하다.

(2) 국회의원선거제도의 문제

1) 비례대표의석수의 문제

선거제도의 기능과 본질에 충실하고 소선거구 다수대표제가 가지는 다양한 문제점을 보완하는 제도가 바로 비례대표제인데, 현행 국회의원선거제도는 비례대표제의 장점을 살리기에는 너무나 미흡하다. 왜냐하면 현행 공직선거법상 의원정수는 300석인데, 그 중 비례대표의석수는 47석에 불과하기 때문이다(제21조 제1항). 따라서 비례대표의원 정수를 대폭 늘려서 지역구의석수와 비례대표의석수와의 비율을 1:1 아니면 적어도 2:1로 해야 할 것이다. 이럴 때 진정한 비례대표제의 특성과 장점을 살릴 수 있고, 따라서 정치꾼이 아닌 진정한 전문가가 정당투표를 통해 국회에 들어가 자신의 전문영역에서 국민을 대표하여 의정활동을 할 수 있게 된다. 이 경우 지금까지와는 달리 각 정당은 제대로 된 차별적인 이념과 정책 및 강령으로 무장할 수밖에 없게 되고, 이러한 차별화된 정책실현을 가능케 하는 참신한 전문가를 추천할 수밖에 없게 되며, 결과적으로 헌법에 부합되는 제대로 된 정당민주주의와 다양한 이념과 가치를 추구하는 다원적 민주주의가 실현될 수 있을 것이다.

2) 지역구의석과 비례대표의석의 결합방식의 문제

현행 국회의원선거제도는 이른바 준연동형 비례대표제를 바탕으로 하고 있다. 주지하는 바와 같이 연동형 비례대표제가 정당의 득표율에 연동해 전체의석을 배정하는 방식인 데 비해, 2019년 12월 27일 국회 본회의를 통과해 개정된 현행 공직선거법의 비례대표제는 정당득표율에 50%만 연동한 것이다(제189조 제2항). 따라서 이를 '준연동형 비례대표제'라고 한다. 이에 따르면 순수 연동형 비례대표제의 경우와는 달리 각 정당이 획득한 정당득표율에 비례하는 총 의석수에서 그 정당이 실제로 차지한 지역구의석수를 차감한 의석수가 모두 그 해당 정당에게 배분되는 것이 아니라 그 차감의석수의 50%만이 배분된다.

따라서 현행 제도는 그렇지 않아도 비례대표의석수 자체가 지역구의석수에 비하여 너무 적어 비례대표제의 특성과 장점을 살리기 어려운데, 더 나아가 연동형을 채택하면서 순수 연동형도 아닌 50%만 적용되는 준연동형을 채택하고 있기 때문에 각 정당에 대한 국민들 내지 유권자의 지지도에 상응하는 의석배분을 목적으로 하는 비례대표제의 취지를 제대로 살리기가 어렵다. 이는 각 정당에 대한 국민들의 지지도를 제대로 반영하지 못하거나 심지어 왜곡하는 결과를 초래할 수도 있다. 따라서 근본적으로는 독일이나 뉴질랜드식의 순수 연동형 비례대표제로 발전해나가야 할 것으로 본다.

이 순수 연동형이 병립형이나 준연동형에 비하여 득표율과 대표율의 일치 내지 대표형성의 정확성, 평등선거의 원칙, 소수 · 신진 · 개혁세력의 의회진출가능성, 정당민주주의와 다원적 민주주의 등의 관점에서 보다 합리적이고 비례대표제의 기본취지에 부합된다는 점을 다언을 요하지 아니할 것이다. 따라서 진정한 비례대표제의 특성을 살리고, 민주주의원리의 효과적인 실현을 위해서는 두말할 나위 없이 순수 연동형 비례대표제를 채택해야 할 것이다.

3) 선거구의 문제

여기서 비례대표제의 선거구가 현행처럼 전국구이어야 함은 물론이며, 비례대표의석의 확대로 인해 지역구의석수가 대폭 줄어들어 자연적으로 다수대표지역구선거의 선거구가 커지게 되는 점을 감안하면 결과적으로 이러한 변화가 지역구도 극복에도 기여할 수 있을 것이다. 이 경우 이론적으로 문제가 많고 실제로도 실패한 제도로 평가되는 중대선거구제의 도입을 고려할 필요가 없게 된다. 즉 정치권 일각에서 주장되는 중대선거구제는 적절한 대안이라고 보기 어렵다.

4) 선거구획정위원회의 문제

이러한 선거제도의 개혁은 필연적으로 지역선거구의 획기적 변화를 수반하는데, 현행 공직선거법상의 선거구획정제도는 이를 어렵게 하고 있다. 왜냐하면 공직선거법에 따르면 선거구획정위원회는 중앙선거관리위원회에 설치하도록 하고 있는데 그 결정의 구속력이 약하기 때문이다(제24조 참조). 따라서 선거구획정위원회의 결정은 법적 구속력이 있도록 해야 하며, 선거구획정의 기본적인 사항은 법률로 규정되어야 할 것이다. 왜냐하면 선거구획정의 문제는 선거권 및 피선거권이라고 하는 기본권의 행사에 관한 본질적 사항이자 국회구성이라고 하는 통치기관의 조직과 작용에 관한 본질적 사항이기 때문에 법률유보의 원칙상 당연히 법률에 그 기본적인 사항이 규정되어야 하기 때문이다.

5) 선거구간 인구편차의 문제

표의 등가성에 관한 헌법상의 근거는 이른바 '1인 1표의 원칙'과 '투표의 성과가치의 평등'을 주 내용으로 하는 평등선거의 원칙인데, 이러한 평등선거의 원칙에 따르면 인구편차는 당연히 2 대 1 미만이어야 한다. 즉 2 대 1 미만의 인구편차는 정치적으로 지향하는 목표에 불과한 것이 아니라 헌법상의 명령으로서 만일 이를 벗어나게 되면 위헌이 되는 것이다. 왜냐하면 2 대 1 이상의 인구편차가 발생한 경우에는 이미 '1인 1표의 원칙'(one man, one vote, one value) 등 평등선거의 원칙이 침해된 것이고, 선거인의 평등선거권도 침해된 것이기 때문이다. 아무리 산술적으로 '1인 1표의 원칙'이 지켜진다 하더라도 최대선거구와 최소선거구간의 인구편차가 2 대 1 이상 벌어지는 경우에는 최소선거구의 선거인의 표가 최대선거구의 선거인의 표와 비교하여 2배 이상의 가치를 지니는 것으로 이는 '투표의 성과가치의 평등' 뿐 아니라 실질적으로 '1인 1표의 원칙'도 침해된 것이 된다. 왜냐하면 이 경우에는 결과적으로 최소선거구의 선거인에게 최대선거구의 선거인과 비교하여 두 사람 몫 이상의 투표가치를 인정하는 것이 되기 때문이다.

따라서 위헌 여부를 가름하는 인구편차의 허용기준은 2 대 1 미만이 되어야 할 것이고, 인구 이외의 다양한 요소를 고려해야 할 입법자의 입법형성의 자유는 이러한 2 대 1 미만의 범위내에서 기능한다고 보아야 할 것이다. 현행 공직선거법 제25조 제1항이 "국회의원지역구는 시·도의 관할구역 안에서 인구·행정구역·지리적 여건·교통·생활문화권 등을 고려하여 … 획정한다. …"라고 규정하고 있는 것도 이러한 인구편차의 한도내에서 입법자가 다양한 사안을 고려하여 선거구를 획정하라고 하는 입법자의 입법형성의 자유와 그 한계를 정한 것으로 해석되어야 할 것이다. 참고로 독일의 경우 연방선거법은 원칙적으로 선거구간 상하 인구편차 15%를 허용한도로 하되, 상하 편차 25%를 초과할 경우 새로운 선거구획정이 이루어지도록 매우 엄격하게 규정하고 있다.

아울러 법률유보의 원칙에 따라 이러한 인구편차의 기준에 대한 사항은 독일 등 외국의 경우처럼 반드시 법률로 규정되어야 한다. 왜냐하면 인구편차의 문제는 선거권 및 피선거권이라고 하는 기본권의 행사 및 국회 등 통치기구의 구성과 작용에 관한 본질적 사항이기 때문이다.

(3) 지방자치선거제도의 문제

지방의회의 경우 비례대표시 · 도의원정수는 지역구시 · 도의원정수의 100분의 10이고(공직선거법 제22조 제4항), 비례대표자치구 · 시 · 군의원정수는 자치구 · 시 · 군의원 정수의 100분의 10이다(동법 제23조 제3항). 이는 비례대표선거제도의 기능을 살리기에는 턱없이 부족한 숫자이다. 따라서 비례대표의석수를 대폭 확대해야 할 것이다.

또한 기초의원선거구의 경우 이른바 중선거구제가 실시되고 있는데(동법 제26조 제2항), 특정지역에서 특정정당의 독식의 위험이 크고, 광역의회선거구 및 국회의원선거구가 모두 소선거구제라는 점에 비추어 이른바 체계정당성의 차원에서 정당화되기 어렵다. 기초의원선거구 역시 소선거구제로의 전환이 바람직하다.

아울러 지방의회의원선거의 경우에도 연동형 비례대표제의 도입이 바람직하다.

(4) 헌법재판관 임명방식의 문제

헌법재판관 9인 중 대통령과 대법원장이 각각 3인씩 지명하도록 되어 있고(헌법 제111조 제3항), 헌법재판소장을 제외하고는 재판관이 임명과정에 국회의 동의절차가 없는데, 이러한 헌법재판소 구성원의 임명방식은 민주적 정당성의 측면에서 문제가 있다. 재판관을 모두 국회에서 선출하는 것이 바람직하고, 국회에서의 선출방식도 각 교섭단체의 의석비율에 따라 추천된 후보자를 재적의원 과반수 또는 2/3 이상의 찬성을 얻도록 함으로써 헌법재판소 구성의 민주적 정당성을 보다 강화해야 할 것이다. 이럴 경우 재판관의 구성에 국회에서의 소수의견이 반영될 수 있고, 더 나아가 국민의 다양한 의사가 반영될 수 있어 다원적 민주주의에 기여할 수 있으며, 재판관구성에 있어서의 이념적 다양성의 강화에도 이바지할 수 있을 것이다.

2. 절차적 정당성의 문제점

(1) 국무회의를 심의기관으로 함으로써(헌법 제88조, 제89조) 국무회의를 통한

대통령에 대한 견제가 미흡하다. 구속력 있는 의결기관으로 하든가, 대통령제의 본질에 부합되도록 단순한 자문기관으로 해야 할 것이다.

(2) 대통령에 대한 견제의 기능을 가지는 국무총리와 관계 국무위원의 부서제도(헌법 제82조)가 행정조직 내부의 수직성과 경직성 때문에 적절한 대통령에 대한 견제장치가 될 수 없다. 또한 이는 대통령제의 본질에도 부합하기 어렵다.

(3) 국회의 국무총리나 국무위원에 대한 해임건의권(헌법 제63조)은 그 헌법적 해석과 운영상 어려움을 제기한다. 즉 해임건의권이 단순한 건의권에 불과하다면 이는 대통령에 대한 기속력이 없기 때문에 견제의 실효성이 없고, 만일 기속력이 있다고 한다면 이는 실질적으로 부분적 내각불신임권에 해당하는 것으로서 전형적인 의원내각제적 요소로 볼 수 있기 때문에 행정부와 입법부 상호간의 독립성을 본질로 하는 대통령제와 조화되기 어렵다. 결국 헌법상 정당화되기 어렵고, 실효성도 없는 제도라고 하겠다.

(4) 헌법재판소법상의 권한쟁의심판제도와 행정소송법상의 기관소송제도가 당사자자격과 소송제기요건 등의 제한으로 인해 충분히 활성화되지 못하고 있다는 비판이 제기된다. 이는 국가기관 및 지방자치단체 등 공공기관 상호간의 견제와 균형유지 및 분쟁해결에 어려움을 야기할 수 있다. 입법적으로 당사자자격을 확대하고 소송제기요건을 완화하여 양 제도를 보다 활성화시켜야 할 것이다.

(5) 추상적 규범통제제도의 도입을 통해 국회에서의 소수보호와 다수세력에 대한 견제력을 강화해야 할 것이다. 또한 이는 국회에서의 의원들 상호간의 불필요한 갈등과 물리적 충돌을 완화시키는데 기여할 수 있을 것이다.

(6) 현행 헌법재판소법 제68조 제1항에 따라 법원의 재판은 헌법소원심판의 대상에서 제외되고 있다. 이는 사법권에 대한 통제를 포기한 것으로 헌법소원심판제도를 형해화시키는 것이고, 결과적으로 사각지대 없는 기본권 보장의 이념에 역행하는 것이다. 법원의 재판에 대한 헌법소원을 허용하여야 할 것이다.

(7) 앞서 언급한 바와 같이 헌법재판관을 모두 국회에서 선출하도록 함으로써 대통령 등 행정부와 대법원 등 사법부에 대한 헌법재판소의 통제력을 강화해야 할 것이다.

(8) 현재 대법관의 수를 헌법이 아닌 법원조직법(제4조 제2항)으로 정하고 있어 입법부 및 행정부가 법률로써 대법관의 수를 임의적으로 조정해서 사법부에 영향을 미칠 가능성이 있다. 이는 사법부의 정부와 국회에 대한 견제력을 약화시킬 수 있다. 따라서 헌법재판소 재판관의 경우처럼 대법관의 수를 법률이 아닌 헌법에 직접 규정함으로써 사법부의 독립성을 강화해야 할 것이다.

(9) 감사원을 대통령 직속으로 설치함으로써 대통령 및 행정부에 대한 감시와 견제력을 약화시키고 있다. 국회에 소속시키거나 독립한 헌법기관으로 설치해야 할 것이다.

제 3 장 통치기구의 조직원리

헌법의 이념이자 목적인 기본권적 가치의 실현과 이를 통한 사회공동체의 통합을 달성하기 위해서는 이러한 기본권의 보장과 실현의 권한과 의무를 지닌 조직적·기능적·제도적 장치가 필요한데, 이러한 장치가 바로 통치기구이다. 그런데 앞서 언급한 바와 같이 통치기구는 목적적 정당성·민주적 정당성·절차적 정당성의 확보를 그 기본과제로 하고 있다. 따라서 통치기구는 이러한 세 가지 정당성을 최대한 확보할 수 있는 제도적 장치가 되어야 한다. 이에 따라 오늘날의 헌법은 이러한 정당성을 최대한 확보하고 가장 효율적으로 실현하도록 설계된 통치기구의 조직원리를 마련하고 있는 것이다.

제 1 절 대의제도

I. 의의

통치기구의 가장 대표적이고 기본적인 조직원리는 대의제도이다. 대의제도는 국민의 대표에 의하여 국가의 정책결정과 집행이 이루어지도록 하는 통치기구의 조직원리이다. 즉 주권자인 국민이 직접 정책의 결정과 집행을 하는 대신 국민은 대표를 선출하여 그 대표에게 통치권력을 위임하고, 국민의 대표가 정책의 결정과 집행을 하는 원리이다. 따라서 대의제도하에서는 국민은 대의기관을 구성하고 대의기관의 정책결정과 집행에 대하여 민주적 정당성을 부여하며, 감시·통제하는 역할을 한다. 결국 대의제도는 직접민주주의가 아닌 간접민주주의의 형식으로 국민주권의 이념을 실현하는 통치기구의 조직원리라고 할 수 있다.[1)]

이러한 간접민주주의를 바탕으로 하는 대의제도는 오늘날 국가의 기능과 임무가 매우 전문화되고 광범위하다는 점, 그리고 국가의 수많은 인구와 광활한 영토 등을 감안할 때 현실적으로 불가피하다고 하겠다.

Ⅱ. 대의제도의 본질

1. 주권과 통치권의 분리

대의제도는 치자와 피치자의 동일성에 입각한 직접민주주의가 아니라, 대표자(대의기관)에 의한 통치권 행사와 정치적 결정이라고 하는 간접민주주의를 바탕으로 하는 통치기구의 기본적인 조직원리이다. 따라서 국민은 그 대표를 통해서 간접적으로만 정치적 결정과 집행에 참여한다. 그러므로 대의제도는 치자와 피치자의 동일성을 전제로 하는 국민의 자기통치제도가 아니고, 치자와 피치자의 불동일성을 전제로, 치자인 대의기관에게는 통치권, 즉 정책결정·집행권을, 피치자인 국민에게는 기관구성권을 부여하는 원리이다. 아울러 치자인 대의기관에게는 정책결정권과 집행권을 위한 신임과 이에 따른 책임이 부여되고, 주권자인 피치자에게는 대의기관의 정책결정과 집행에 대한 통제권이 주어진다.[1)]

이처럼 대의제도는 주권과 통치권의 분리 내지 기관구성권과 정책결정권의 분리를 그 본질로 하며, 따라서 국민이 직접 정치적 결정과 집행을 하는 것이 아니라, 국민은 이를 위한 대의기관을 선출하고, 선출된 대의기관에 의해 이루어지는 정치적 결정과 집행을 감시·통제함으로써 대의기관의 구성과 대의기관에 의해 이루어진 정치적 결정과 집행의 민주적 정당성과 절차적 정당성을 국민으로부터 도출해내는 원리인 것이다.

그러나 대의기관의 통치권 행사의 절차적 정당성이 국민에 의한 통제만으로 부족하기 때문에 필연적으로 여러 통치기관 상호간의 견제와 균형이라고 하는 권력분립원리에 의한 절차적 정당성 확보장치가 요구된다.

---

1) 대의제도에 대하여 자세한 것은 정연주, 대의제도와 정당기속, 인권과 정의, 1999. 8(제276호), 대한변호사협회, 82쪽 이하 참조.

1) 허영, 전게서, 717쪽.

2. 통치권의 자유위임

대의제도는 대의기관의 정책결정과 집행이 국민 전체를 기속하도록 설계된 통치기구의 조직원리이다. 이처럼 대의기관의 정책결정과 집행의 국민 전체에 대한 기속력은 정책결정의 내용이 실제로 국민의 현실적 의사와 일치하기 때문에 인정되는 것이 아니라, 그것이 목적적 정당성·민주적 정당성·절차적 정당성을 확보했기 때문에 인정되는 것이다. 즉 대의기관에 의해서 이루어진 구체적 결정 내지 국가의사가 국민의 기본권보장과 실현을 목적으로 하고, 민주적 정당성을 확보했으며, 국민과 여타 국가기관에 의한 합리적 통제와 견제하에서 이루어진 것이라면 설사 그 내용이 국민의 현실적·구체적 의사와 일치하지 아니한다 하더라도 이미 정당성을 확보한 것이고, 따라서 국민을 기속할 수 있는 것이다.

이처럼 대의제도는 본질상 통치기구의 정당성원리를 바탕으로 하기 때문에 대의기관은 국민 내지 유권자의 구체적 의사를 단순히 대리하는 것이 아니라, 국민으로부터 직접 부여받은 민주적 정당성의 바탕위에서 국민의 기본권실현을 위한 독자적인 정책결정과 집행을 하는 통치기관이다. 예컨대 일정한 선거구에서 선출된 의원은 그 선거구만을 그리고 그 선거구민의 의사와 이익만을 대표하는 것이 아니라, 국가와 국민 전체를 대표하고 전체 국민의 의사와 이익을 대표하는 것이며, 따라서 대의기관의 구성원으로서의 의원은 그 선거구민의 구체적 의사와 이익에 기속됨이 없이 국민 전체의 의사와 이익과 기본권 실현을 위하여 독자적인 정책결정을 내리는 것이다. 여기서 부분사회 또는 부분집단의 구체적 의사와 이익만을 대변해주는 대리기관과 구별되는 것이다. 즉 대리가 부분을 위한 간접적인 의사전달 내지 의사대변이라면, 대의는 전체를 위한 직접적이고 독자적인 의사결정인 것이다. 예컨대 각종 사회적 압력단체나 이익단체는 그 해당 부분사회나 집단의 이익만을 대변하는 것이고, 소송대리인인 변호사는 바로 그 해당 의뢰인의 이익만을 대변하는 것이며, 모두 그 해당집단, 부분사회, 의뢰인 등의 의사와 이익에 기속된다.[1)]

여기서 대의제도는 통치권과 정책결정권의 국민으로부터의 명령적 위임 내지 기속적 위임이 아니라, 자유위임을 전제로 하고 있음을 알 수 있다. 즉 대의

---

1) 권영성, 전게서, 737쪽; 허영, 전게서, 719쪽 이하.

제도는 대의기관이 선출된 후에도 그 대의기관 내지 그 구성원이 일정한 정책결정과 집행을 할 때마다 일일이 국민의 의사를 파악하고 파악된 국민의 구체적 의사와 지시에 따라서 행동하며 그 위임된 사항에 대해서만 결정하고 집행하는, 즉 국민의 구체적 의사에 기속되는 통치권과 정책결정권의 기속적 위임 내지 명령적 위임을 그 이념적 전제로 하는 것이 아니라, 일단 대의기관이 국민에 의해서 구성된 후에는 국민의 구체적 의사와 이익에 구속됨이 없이 대의기관의 독자적인 판단에 따라 정책결정과 집행을 하는, 다시 말해 국민의 구체적 의사에 기속되지 않는 통치권과 정책결정권의 자유위임을 전제로 한다.1) 우리 헌법 제46조 제2항이 "국회의원은 국가이익을 우선하여 양심에 따라 직무를 행

1) 헌재 1994. 4. 28. 92헌마153, 판례집 6-1, 415, 424-426:
국회의원의 법적인 지위 특히 전국구의원이 그를 공천한 정당을 탈당한 때 국회의원직을 상실하는 여부는 그 나라의 헌법과 국회의원선거법 등의 법규정 즉, 법제에 의하여 결정되는 문제이다. 즉 국회의원의 법적 지위 특히 전국구의원이 그를 공천한 정당을 탈당할 때 의원직을 상실하는 여부는 그 나라의 헌법과 법률이 국회의원을 이른바 자유위임(또는 무기속위임)하에 두었는가, 명령적 위임(또는 기속위임)하에 두었는가, 양 제도를 병존하게 하였는가에 달려있다. 역사적으로는 유럽의 중세기 등족회의에서의 의원은 특정사회층의 이익이나, 특정지역의 이익을 대표하였던 까닭에 의회에서의 행동에 대하여 각각 선거민에 대하여 책임을 지는 명령적 위임(또는 기속위임)이었으나, 1791년 프랑스헌법에서 "의원은 전 국민의 대표자이고, 특정지역의 대표자가 아니며, 의원에 대하여 위임을 부여할 수 없다."고 규정한 것을 위시하여 오늘날 독일·영국·프랑스·일본 등 자유민주주의국가에서는 거의가 헌법에 국회의원을 전 국민의 대표자라고 규정하여 자유위임하에 두는 제도를 채택하고 있다. 자유위임제도를 명문으로 채택하고 있는 헌법하에서는 국회의원은 선거모체인 선거구의 선거인이나 정당의 지령에도 법적으로 구속되지 아니하며, 정당의 이익보다 국가의 이익을 우선한 양심에 따라 그 직무를 집행하여야 하며, 국회의원의 정통성은 정당과 독립된 정통성이다. 이런 자유위임하의 국회의원의 지위는 그 의원직을 얻은 방법 즉 전국구로 얻었는가, 지역구로 얻었는가에 의하여 차이가 없으며, 전국구의원도 그를 공천한 정당을 탈당하였다고 하여도 별도의 법률규정이 있는 경우는 별론으로 하고 당연히 국회의원직을 상실하지는 않는다는 것이다.
과거 제3공화국 헌법은 그 제38조에서 "의원이 임기 중 당적을 이탈하거나 변경한 때 또는 소속정당이 해산된 때에는 그 자격을 상실한다."고 규정한 바 있었다. 그러나 청구인정당 소속 전국구의원 조윤형이 청구인정당을 탈당한 1993. 6. 11. 이전인 1972. 12. 27.의 헌법개정으로 헌법에 국회의원이 그를 공천한 소속정당에서 탈퇴할 때 국회의원의 직을 상실한다는 규정은 폐지되어 오늘에 이르렀다. 헌법 제7조 제1항의 "공무원은 국민전체에 대한 봉사자이며, 국민에 대해 책임을 진다."라는 규정, 제45조의 "국회의원은 국회에서 직무상 행한 발언과 표결에 관하여 국회 외에서 책임을 지지 아니한다."라는 규정 및 제46조 제2항의 "국회의원은 국가이익을 우선하여 양심에 따라 직무를 행한다."라는 규정들을 종합하여 볼 때, 헌법은 국회의원을 자유위임의 원칙하에 두었다고 할 것이다.

한다."고 규정하고 있고, 또한 헌법 제7조 제1항이 "공무원은 국민전체에 대한 봉사자이며, 국민에 대하여 책임을 진다."라고 규정하고 있는 것도 모든 국회의원과 공무원의 활동이 특정 부분사회, 특정 지역이나 특정 세력, 특정 정파를 위한 것이 아니라 국민 전체와 국가 전체를 위한 것임을 천명하고 있는 것이다.

따라서 대의기관의 일정한 정책결정과 집행은 설사 국민의 구체적 의사에 반한다고 하더라도 앞서 언급한 목적적 정당성, 민주적 정당성, 절차적 정당성을 확보하는 한 당연히 국민을 기속하고 국민의 동의가 있는 것으로 간주되는 것이다. 결론적으로 대의제도는 주권과 통치권의 분리와 통치권의 자유위임을 본질로 하는 통치기구의 조직원리인 것이다.

Ⅲ. 대의제도의 약화와 그 보완장치

1. 대의제도의 약화

대의기관에 의한 독자적인 정책결정과 집행을 본질로 하는 대의제도는 오늘날 다양한 현상에 의하여 약화되고 있다. 그 현상은 대체로 다음과 같이 정리될 수 있을 것이다.

(1) 정당제도로 인한 의회기능의 약화

정당은 국민의 이익을 위하여 책임 있는 정치적 주장이나 정책을 추진하고 공직선거의 후보자를 추천 또는 지지함으로써 국민의 정치적 의사형성에 참여함을 목적으로 하는 국민의 자발적 조직이다(정당법 제2조). 이처럼 정당이 민주주의의 실현과 국정운영의 중심으로 기능하는 정당민주주의를 바탕으로 하는 정당제도가 정착되고 정당국가화 현상이 심화되면서 의원들의 정당기속이 강화되어 자유위임적 대의활동이 제약을 받게 되고,[1] 의회의 정책결정권이 실질적

---

1) 정당제도로 인한 자유위임원칙에 대한 제한과 관련하여 헌재 2020. 5. 27. 2019헌라1, 판례집 32-1하, 1, 2-3:
자유위임원칙은 헌법이 추구하는 가치를 보장하고 실현하기 위한 통치구조의 구성원리 중 하나이므로, 다른 헌법적 이익에 언제나 우선하는 것은 아니고, 국회의 기능 수행을 위해서 필요한 범위 내에서 제한될 수 있다. 국회의장이 2019. 4. 25. 사법개혁 특별위원회(이하

으로 정당 내지 정당 지도부로 넘어가게 되어 의회는 단지 형식적인 정책결정기관 내지 정책결정의 추인기관으로 그 지위가 약화되었다는 점을 부인하기 어렵다.

아울러 대의기관을 구성하는 전통적 제도인 선거에 있어서 유권자가 후보자 개인이 아닌 정당을 기준으로 선거권을 행사하는 현상이 심화되면서 정당국가 현상이 더욱 강화되고 의회의 기능은 더욱 약화되어, 의회의 권한이 사실상 정당의 권한으로 변질되는 현상마저 나타나고 있다.

또한 이러한 현상은 필연적으로 의회 내지 의원이 국가와 국민 전체의 공익적·미래지향적 이익을 대표하기 보다는 정당 및 정파적 이해, 특정 지역과 특정 세력을 대표하는 현상을 수반하게 되었다. 이에 따라 오늘날 의회는 자유위임의 바탕위에서 오로지 국가와 국민만을 위하여 토론하는 장이 아닌 정쟁의 싸움터로 변질되었다고 해도 과언이 아니다. 이러한 현상은 결국 대의제도를 약화시키는 결과를 초래하고 있다.

(2) 행정국가화 현상으로 인한 의회기능의 약화

오늘날의 고도화된 산업사회의 심화와 사회국가적 요청 때문에 국가의 과제는 광범위해지고 전문화되었다. 그런데 이러한 광범위하고 다양한 전문분야에서의 국가적 정책과 과제를 의회가 효율적으로 수행하는 것은 의원의 전문성의 한계와 의회가 갖는 합의체의사결정기관으로서의 효율성의 한계 등 다양한 이

'사개특위'라 한다)의 소속 위원을 다른 위원으로 개선한 행위(이하 '이 사건 개선행위'라 한다)의 자유위임원칙 위배 여부는 국회의 기능 수행을 위하여 필요한 정도와 자유위임원칙을 제한하는 정도를 비교형량하여 판단하여야 한다. 위원회 위원의 선임 또는 개선은 위원회가 그 기능을 수행하기 위한 전제로서 신속성과 효율성을 고려할 필요성이 큰 국회의 운영에 관한 사항이다. … 사법개혁에 관한 국가정책결정의 가능성을 높이기 위한 측면에서도 사개특위 위원의 선임·개선에서 교섭단체의 의사를 반영할 필요성이 인정된다. 사개특위는 사법개혁과 관련된 안건을 집중적으로 심사하여 본회의에서 의결할 법률안을 도출하기 위하여 구성되었는데, 사개특위에서 각 정당의 의사가 균형있게 반영되지 못하면 사개특위의 심사 내용이 본회의에서 통과되기 어렵다. 결국 이 사건 개선행위는 사개특위의 의사를 원활하게 운영하고, 각 정당의 의사를 반영한 사법개혁안을 도출함으로써 궁극적으로는 사법개혁에 관한 국가정책결정의 가능성을 높이기 위한 것으로서 그 정당성을 인정할 수 있다. … 이 사건 개선행위는 사개특위의 의사를 원활하게 운영하고, 사법개혁에 관한 국가정책결정의 가능성을 높이기 위하여 국회가 자율권을 행사한 것으로서, 이 사건 개선행위로 인하여 자유위임원칙이 제한되는 정도가 위와 같은 헌법적 이익을 명백히 넘어선다고 단정하기 어렵다. 따라서 이 사건 개선행위는 자유위임원칙에 위배되지 않는다.

유 때문에 한계에 부딪치게 되었다. 따라서 이처럼 전문성이 결여된, 그리고 다른 한편 정파적 이해에 매몰된 의회의 비효율적인 정책결정보다는 고도의 전문적 지식을 축적하고 있는 일사분란한 행정관료들의 효율적인 정책결정이 국정운영을 실질적으로 떠맡게 되었다. 이러한 현대의 행정국가화 현상이 의회주의의 약화를 초래하게 되었다.

(3) 다양한 사실상의 직접민주제적 요소의 등장

오늘날 통치기구의 조직원리로서의 대의제도를 통한 정책의 결정과 집행이 여전히 그 골격을 유지하면서도, 다른 한편 다양한 사실상의 직접민주주의적 요소가 등장하게 되었다. 예컨대 여론조사의 활성화, 각종의 사회적 압력단체 내지 이익단체의 출현, 언론·출판·집회·결사의 자유 등을 통해 국민의 직접적 의사가 국정에 반영될 수 있는 다양한 통로가 마련됨으로써 전통적 의미의 대의제도가 약화되고 있다.

(4) 헌법재판제도의 도입과 활성화

오늘날 우리나라를 비롯하여 헌법재판제도를 도입한 국가들의 경우 대체로 헌법재판제도가 헌법과 기본권수호 및 권력통제라는 순기능을 제대로 이행하고 있다고 평가된다. 그러나 다른 한편 본래 의도했던 기능을 넘어서 과도한 역할을 수행하는 현상이 나타나고 있는 것도 사실이다. 이는 의회라고 하는 대의기관이 자신들이 담당하고 처리해야 할 정책의 결정을 결과적으로 헌법재판소에 떠넘기면서 발생하는 현상이다. 이러한 현상은 결국 전통적인 대의제도의 기능을 약화시키고 있다.

2. 대의제도의 보완장치

이념적으로 대의제도는 통치기구의 기본적 조직원리로서 대의기관이 국민의 구체적 의사와 이익에 기속됨이 없이 국민 전체의 공익적·미래지향적 의사(당위적 의사)에 따라 독자적인 정책판단과 결정 및 집행을 하도록 하는 것을 본질로 하고 있다. 그러나 다른 한편 위에서 언급한 바와 같이 오늘날 다양한 현상으로 인해 이러한 대의제도의 이념과 본질 및 기능이 약화되었다. 따라서 현대국가에서는 이러한 대의제도의 약화를 극복하면서, 대의기관의 통치권행사과정에 국민의 현실적·경험적 의사도 반영될 수 있도록 뒷받침하는 다양한 제도적 장치도 아울러 마련하고 있다. 이들 장치는 외관상 대의제도의 본질과는 조화될 수 없는 갈등관계에 있는 것처럼 보이지만, 정책결정과정에 국민의 현실적·경험적 의사도 가능한 범위내에서 참고하고 반영시키는 것이 국민의 기본권의 보장과 실현을 극대화시키고 사회공동체의 통합을 촉진시키는데 기여할 수도 있으며, 결국 국민의 현실적·경험적 의사와 공익적·미래지향적 의사(당위적 의사)를 일치시키는 것이 민주주의원리를 구현하는 것이라고 볼 수 있기 때문에 이러한 제도적 장치는 대의제도에 대한 저해요소라기 보다는 운용하기에 따라 대의제도의 바람직한 실현을 위한 보완장치라고 할 수도 있다.

따라서 현대국가의 통치질서에서는 대의제도의 기본골격은 유지하면서 국민의 다양한 현실적·경험적 의사가 가능한 한 대의기관의 정책결정과 집행과정에 고려되고 반영될 수 있는 제도적 장치를 마련하고, 이 장치를 통해서 국민의 현실적·경험적 의사가 현실적·경험적 의사를 초월한 사회공동체의 통합적 가치로서의 국민의 공익적·미래지향적 의사(당위적 의사)로 승화될 수 있도록 하는 것이 현대적 대의제도의 과제라고 할 수 있다.

(1) 직접민주주의제도

현대국가는 대체로 대의제도를 통치기구의 기본적 조직원리로 채택하고 있으면서도 아울러 직접민주주의제도를 통치질서에서 보충적으로 채택하고 있다. 예컨대 국민투표제, 국민발안제, 국민소환제 등이 그것이다. 이들 직접민주주의제도는 정책의 결정과 집행과정에 국민이 직접 참여하는 것을 내용으로 하기 때문에 이념적으로 간접민주주의를 바탕으로 하는 대의제도의 본질과는 조화될 수 없는 면이 있는 것이 사실이다.

그러나 다른 한편 대의제도의 성패는 대의기관의 통치권행사에 대한 국민에 의한 통제와 국민으로부터의 민주적 정당성 확보에 있는데, 이러한 국민에 의한 통제와 민주적 정당성 부여는 직접민주주의제도에 의하여 더욱 효율적으로 실현될 수도 있다. 또한 앞서 언급한 바와 같이 직접민주주의제도는 국민의 현실적·경험적 의사를 국정에 반영시킴으로써 국민의 공익적·미래지향적 의사(당위적 의사)와 현실적·경험적 의사의 접근 내지 일치를 촉진시켜 진정한 국민주권의 이념과 민주주의의 실현에 기여할 수도 있는 것이다.

따라서 여러 직접민주주의제도는 대의제도와 이념적 갈등관계에 있다기 보다는 그 합리적인 제도운용에 따라 대의제도와 조화를 이루면서 대의제도를 보완하는 순기능을 가지고 있다고 볼 수 있으며, 그래서 오늘날 많은 국가의 헌법은 이러한 직접민주주의적 제도장치를 마련하고 있다. 우리 헌법은 직접민주주의제도로 국민투표제를 채택하고 있다. 외교 · 국방 · 통일 기타 국가안위에 관한 중요정책에 대하여 대통령이 부의하는 국민투표제도(제72조)와 헌법개정을 위한 국민투표제도(제130조 제2항)가 그것이다.

다만 우리 헌법상 국민투표제도의 순기능을 살리고, 역기능을 제어하기 위해서는 국민투표의 요건을 엄격히 하고 그 결과가 대통령과 국가기관의 정책결정 ·집행을 구속하도록 운용되어야 할 것이다. 이는 헌법 제72조에 따라 대통령이 그 재량에 의해 부의하는 국민투표제에서 문제가 될 수 있다. 왜냐하면 이 경우 국민투표가 자칫 대통령이 국회를 우회해서 자신의 정치적 의사를 관철시키기 위한 수단으로 전락될 수도 있기 때문이다. 따라서 국민투표의 대상이 되는 사안을 외교 · 국방 · 통일 기타 국가안위에 관한 중요정책으로 국한하고, 아울러 이러한 '외교 · 국방 · 통일 기타 국가안위'를 엄격히 제한적으로 해석해서 대통령으로 하여금 자신이 원하는, 그러나 국회에서의 통과가능성이 없는 정치적 사안을 임의로 부의할 수 없도록 해야 하며, 또한 국민투표의 결과가 대통령을 구속하도록 해야 국민투표의 악용 · 남용 가능성을 억제하고 국민투표제도가 본래의 순기능을 다하게 될 것이다.[1)]

---

1) 헌재 2004. 5. 14. 2004헌나1, 판례집 16-1, 609, 648-650:
헌법 제72조는 "대통령은 필요하다고 인정할 때에는 외교 · 국방 · 통일 기타 국가안위에 관한 중요정책을 국민투표에 붙일 수 있다."고 규정하여 대통령에게 국민투표 부의권을 부여하고 있다. 헌법 제72조는 대통령에게 국민투표의 실시 여부, 시기, 구체적 부의사항, 설문내용 등을 결정할 수 있는 임의적인 국민투표발의권을 독점적으로 부여함으로써, 대통령이 단순히 특정 정책에 대한 국민의 의사를 확인하는 것을 넘어서 자신의 정책에 대한 추가적인 정당성을 확보하거나 정치적 입지를 강화하는 등, 국민투표를 정치적 무기화하고 정치적으로 남용할 수 있는 위험성을 안고 있다. 이러한 점을 고려할 때, 대통령의 부의권을 부여하는 헌법 제72조는 가능하면 대통령에 의한 국민투표의 정치적 남용을 방지할 수 있도록 엄격하고 축소적으로 해석되어야 한다.
이러한 관점에서 볼 때, 헌법 제72조의 국민투표의 대상인 '중요정책'에는 대통령에 대한 '국민의 신임'이 포함되지 않는다. 선거는 '인물에 대한 결정' 즉, 대의제를 가능하게 하기 위한 전제조건으로서 국민의 대표자에 관한 결정이며, 이에 대하여 국민투표는 직접민주주

(2) 정당제도

1) 대의제도와 정당제도와의 관계

정당은 국민의 정치적 의사형성에 참여하는 정치적 결사로서 통치권행사, 즉 대의기관의 정책결정과 집행에 국민의 의사를 반영시키는데 기여하기 때문에 민주주의원리의 실현에 불가피한 요소이면서 효과적인 권력분립의 실현을 위해서도 필요한 요소라고 할 수 있다. 따라서 오늘날 정당은 국가의 통치질서에 없어서는 아니 될 제도로서 현대국가의 헌법은 정당설립의 자유 및 복수정당제의 보장을 규정하고 있고, 따라서 이러한 정당민주주의는 현대국가의 민주주의의 기본바탕이라고 할 수 있다. 우리 헌법도 제8조에 정당조항을 마련하여 이러한 정당민주주의를 기반으로 다양한 정당의 특권을 보장하고 있다. 결국 오늘날의 통치질서에 있어서 정당제도는 불가피한 현상이다.

그러나 앞서 언급한 바와 같이 정당제도는 대의제도의 약화를 초래하는 커다란 요인이기도 하다. 즉 오늘날은 대의기관을 구성하는 선거과정에서 그리고

의를 실현하기 위한 수단으로서 '사안에 대한 결정' 즉, 특정한 국가정책이나 법안을 그 대상으로 한다. 따라서 국민투표의 본질상 '대표자에 대한 신임'은 국민투표의 대상이 될 수 없으며, 우리 헌법에서 대표자의 선출과 그에 대한 신임은 단지 선거의 형태로써 이루어져야 한다. 대통령이 이미 지난 선거를 통하여 획득한 자신에 대한 신임을 국민투표의 형식으로 재확인하고자 하는 것은, 헌법 제72조의 국민투표제를 헌법이 허용하지 않는 방법으로 위헌적으로 사용하는 것이다. 대통령은 헌법상 국민에게 자신에 대한 신임을 국민투표의 형식으로 물을 수 없을 뿐만 아니라, 특정 정책을 국민투표에 붙이면서 이에 자신의 신임을 결부시키는 대통령의 행위도 위헌적인 행위로서 헌법적으로 허용되지 않는다. 물론, 대통령이 특정 정책을 국민투표에 붙인 결과 그 정책의 실시가 국민의 동의를 얻지 못한 경우, 이를 자신에 대한 불신임으로 간주하여 스스로 물러나는 것은 어쩔 수 없는 일이나, 정책을 국민투표에 붙이면서 "이를 신임투표로 간주하고자 한다."는 선언은 국민의 결정행위에 부당한 압력을 가하고 국민투표를 통하여 간접적으로 자신에 대한 신임을 묻는 행위로서, 대통령의 헌법상 권한을 넘어서는 것이다. 헌법은 대통령에게 국민투표를 통하여 직접적이든 간접적이든 자신의 신임여부를 확인할 수 있는 권한을 부여하지 않는다.
결론적으로, 대통령이 자신에 대한 재신임을 국민투표의 형태로 묻고자 하는 것은 헌법 제72조에 의하여 부여받은 국민투표부의권을 위헌적으로 행사하는 경우에 해당하는 것으로, 국민투표제도를 자신의 정치적 입지를 강화하기 위한 정치적 도구로 남용해서는 안 된다는 헌법적 의무를 위반한 것이다. 물론, 대통령이 위헌적인 재신임 국민투표를 단지 제안만 하였을 뿐 강행하지는 않았으나, 헌법상 허용되지 않는 재신임 국민투표를 국민들에게 제안한 것은 그 자체로서 헌법 제72조에 반하는 것으로 헌법을 실현하고 수호해야 할 대통령의 의무를 위반한 것이다.

대의기관의 정책결정과 집행과정에서 사실상 정당이 관여 내지 주도하고 있으며 정당에 의한 통제가 이루어지고 있다. 이처럼 국가와 국민, 통치권과 주권 사이의 교량역할을 하는 정당제도는 국민에 의한 직접적인 기관구성과 통제 및 민주적 정당성부여를 본질적 요소로 하는 대의제도의 이념과는 조화될 수 없는 측면이 있다. 왜냐하면 정당제도하에서는 대의기관의 구성을 위한 선거가 국민의 대표자를 직접 선출하는 행위라기보다는 그 해당 정당 또는 정당의 대표나 정당의 정강정책에 대한 선거로서의 성격을 가지기 때문에 선거의 직접적인 대표선정기능과 대의기관구성기능이 약화될 수 있기 때문이다.

아울러 정당제도하에서는 대의기관의 구성원이 자신의 양심에 따른 그리고 오로지 국민 전체의 당위적 의사와 기본권적 가치의 실현을 위한 독자적인 정책결정과 집행을 하기 보다는 정당의 정강정책과 노선에 기속될 수 있기 때문에 국민으로부터의 통치권의 자유위임을 본질로 하는 대의제도와는 상호 모순될 수 있다.

2) 대의제도와 정당제도와의 조화

이처럼 정당제도하에서는 국가의 정책결정과정에서의 정당의 영향력이 커지고, 정당을 통한 통치권력 융합현상이 나타나며, 선거가 후보자 뿐 아니라 정당에 대한 투표의 성격을 가지는 것도 사실이나, 선거에 의해서 어느 특정정당이 바로 대의기관이 되는 것은 아니고, 선거제도의 기본은 어디까지나 선거구에서의 인물중심의 선거를 통해서 국민 전체의 공익적·미래지향적 의사를 실현하는 대표자를 선출하는 것이며, 더 나아가 정당을 매개하지 아니한 무소속정치인의 대의기관 진출이 개방되어 있다는 점에서 정당제도가 대의제도를 저해하는 상호 모순관계에 있다고만 볼 수는 없다.[1)]

또한 정당제도하에서 대의기관 구성원의 정당 내지 정당의 정강정책에의 기속이 대의제도의 본질적 요소인 통치권의 자유위임의 이념과 모순되는 점이 있는 것이 사실이지만, 다른 한편 대의기관의 구성원이 국민 전체의 공익적·미래지향적 의사와 기본권의 실현을 위한 범위내에서 정당에 기속된다면 정당에의 기속성이 반드시 자유위임의 이념과 모순되는 것은 아니다.

오히려 정당은 국민 전체의 진정한 공익적 의사와 기본권 실현의 이념을 대

1) 같은 견해 허영, 전게서, 735쪽.

의기관의 통치권 행사에 반영하는 것을 그 제도목적으로 하고 있으며, 또한 그러한 전제하에서만 정당의 존립과 활동이 정당화될 수 있고 국민의 지지를 지속적으로 받을 수 있는 것이기 때문에, 정당은 자신의 정당성확보와 지속적 존립 및 지지기반 확보, 그리고 이를 통한 통치권행사과정에의 영향력 유지와 증대를 위해서라도 부분적이고 일시적인 당리당략 보다는 미래 지향적인 국민 전체의 당위적 의사와 기본권실현을 내용으로 하는 공공선에 부합하는 정강정책을 정당노선으로 내걸고, 이러한 정강정책이 국민의 공익적·미래지향적 의사와 접근 내지 일치하도록 부단한 노력을 할 것이고 또 해야 할 것이다. 따라서 정당의 정강정책이 이러한 전제조건과 목적적 정당성을 충족시키는 한 대의기관 구성원의 정당에의 기속성은 자유위임의 이념과 조화를 이룰 수 있는 것이다.

3) 결어

결론적으로 정당제도는 국민의 정치적 의사와 이해를 통치권행사과정에 효율적으로 반영시키는데 기여함으로써 대의기관의 구성과 정책결정·집행의 민주적 정당성 확보 및 통제에 이바지하는 기능을 가지고 있으며, 또한 대의기관의 구성원에 의한-자유위임의 이념의 바탕위에서의-양심에 따른 독자적인 정책결정과 집행을 용이하게 해주는 기능을 가지고 있기 때문에, 이는 오늘날 대의제도를 보완하는 필수적 요소로서 평가될 수 있고, 따라서 그 한도내에서 대의제도의 보완장치로서의 순기능을 가진다고 평가될 수 있을 것이다.

그러나 다른 한편 정당제도가 이처럼 대의제도와 조화를 이루고, 그 순기능을 나타내기 위해서는 정당의 민주화가 전제되어야 한다. 그럴 때 비로소 대의제도의 약화원인으로서의 정당제도로 인한 병폐를 다소나마 해소할 수 있을 것이다. 정당국가화의 심화로 인한 병폐는 상당부분 비민주적인 정당제도에서 기인한다. 즉 가장 민주적이어야 할 정당의 내부의사결정이 일부 수뇌부나 특정 당내정파에 의하여 좌우되는 현상이 오늘날 심화되고 있고, 이러한 현상이 정당민주주의와 대의제도를 약화시키고 있는 것이다. 따라서 정당내부민주주의가 필수적이며, 이를 위해 정당의 모든 주요결정에 당원 모두의 의사가 민주적으로 반영될 수 있도록 하여야 한다. 이를 위해 객관적이고 투명하고 공정한-공직선거후보자 추천에 관한 사항을 포함한-의사결정의 방법과 절차가 법률로 마련되어야 한다. 즉 정당의 내부의사결정과정의 민주화와 법정화가 확립되어야 하는 것이다.

(3) 다양한 사실상의 직접민주제적 요소

앞서 언급한 바와 같이 국민투표제도 등 헌법상의 제도화된 직접민주제적 장치 이외에 여론조사나 각종의 사회적 압력단체 내지 이익단체, 언론·출판·집회·결사의 자유 등 일종의 사실상의 직접민주제적 요소를 통해 국민의 의사가 직접 국정에 반영될 수 있는 다양한 통로가 마련됨으로써 고전적 의미의 대의제도가 약화되고 있다.

예컨대 오늘날 국회와 정부 등 대의기관이 국정운영을 하는데 있어서 여론조사결과에 촉각을 세우고, 실제로 여론조사의 내용을 정책결정과 집행과정에 반영하고 있는 현실이다. 그러나 국가의 특정 정치적 사안에 대하여 국민의 여론을 조사하고 이를 국정에 반영하는 것은 대의기관의 독자적 판단과 정책결정을 본질로 하는 대의제도와 일응 조화되기 어려운 점이 있다. 왜냐하면 이러한 의미의 여론조사는 우회적인 직접민주제적 요소를 지니고 있기 때문이다.

그러나 다른 한편 여론조사는 대의기관에 의한 독자적인 정책결정과 집행을 위한 판단자료를 제공하는 기능을 가지고, 아울러 국민의 현실적·경험적 의사와 미래지향적·당위적 의사의 상호 접근을 용이하게 하며, 통치권행사의 민주적 정당성 확보와 통제에 이바지하는 기능도 가지기 때문에 오늘날 여론조사제도는 대의제도의 보완수단으로서의 순기능도 가진다고 하겠다. 참고로 직접민주주의제도를 가지고 있지 아니한 독일의 경우 여론조사는 대의제도의 문제점을 보완하는 매우 효과적인 제도로서 상용되고 있다.

각종 압력단체나 언론·출판·집회·결사의 자유 역시 일종의 직접민주제적 요소로 대의제도와 조화되기 어려운 점이 있지만 동시에 효과적인 순기능을 가지고 있는 것도 사실이다. 대의제도가 제대로 기능하지 못할 때, 특히 가장 대표적인 대의기관인 국회 내지 국회의원이 국가이익을 우선하여 양심에 따라 직무를 행하지 않고, 정파적 이해와 특정 지역과 특정 세력의 이익만을 위한 대의활동을 하고, 국가와 국민 전체의 공익적·미래지향적 이익을 제대로 대표하지 못할 때 국민의 언론·출판·집회·결사의 자유가 이를 시정하고 보완하는 역할을 할 수 있다. 즉 언론·출판·집회·결사의 자유의 행사를 통해 국민의 직접적 의사가 국정에 반영되고 이를 통해 국정을 감시·비판·통제함으로써 대의제도의 일탈을 억제하고 보완하는 기능을 하는 것이다. 우리 헌법은 이처럼 민주주의의 실현과 국민의사의 국정에의 반영을 뒷받침하기 위해 언론·출판·집회·결사의 자유를 보장하고 있다(제21조).

결국 이러한 사실상의 직접민주제적 요소는 국민의 기본권으로서 최대한 보장되어야 하고, 그 자체 국민의 의사를 국정에 반영하고 국정을 감시·비판·통제할 수 있는 순기능을 가진다는 점에서 대의기관의 민주적 정당성과 절차적 정당성확보에 중요한 요소라고 하지 않을 수 없으며, 또한 대의제도를 보완하는 부수적 기능도 담당하는 것이다.

(4) 헌법재판제도

앞서 언급한 바와 같이 오늘날 우리나라를 비롯하여 헌법재판제도가 도입되어 정착된 국가의 경우 헌법재판제도가 본래 의도했던 역할을 넘어서 과도하게 작용하는 현상이 일부 나타기도 한다. 이는 의회나 정부 등의 대의기관이 자신들이 담당하고 처리해야 할 정책의 결정을 헌법재판소에 떠넘기면서 발생하는 현상이다. 물론 이 경우 헌법재판소가 이러한 정치적 문제를 담당하는 것이 헌법과 법률을 위반하거나 자신의 권한을 일탈하는 월권행위를 하는 것은 아니다. 그러나 권력분립의 원칙상 이러한 정치적·정책적 결정은 본래 의회나 정부의 역할과 권한에 속하는 것이라는 점에서, 그리고 정치적으로 국민을 대표하는 민주적 정당성을 가진 대의기관은 국회나 정부이지 헌법재판소가 아니라는 점을 감안할 때 이러한 현상은 결코 바람직한 것이 아니다.

그러나 다른 한편 의회나 정부 등의 대의기관이 지나친 정쟁이나 정파적 이익 때문에 제대로 기능하지 못할 때 헌법재판소가 헌법이 부여한 권한의 범위 내에서 이들 정치적 문제를 해결함으로써 헌법수호와 기본권의 보장과 실현, 그리고 정치적 평화와 사회통합에 기여한다면 이 역시 헌법을 실현하는 것으로 부정적으로만 볼 필요는 없다고 하겠다. 왜냐하면 이러한 경우에서의 헌법재판제도의 기능 역시 헌법이 부여한 것으로 대의제도의 궁극적 목적인 헌법과 기본권의 보장을 실현하는 것이기 때문이다. 따라서 이 한도내에서 헌법재판제도는 결과적으로 대의제도를 보완하는 기능을 가진다고 하겠다. 결국은 오늘날 추상적 규범통제를 포함한 위헌법률심사제도, 권한쟁의심판제도, 위헌정당해산제도, 헌법소원심판제도, 탄핵심판제도 등의 헌법재판제도는 정도의 차이는 있지만 그 본래의 기능 이외에 부수적으로 이러한 대의제도의 보완적 기능도 담당하는 것이 불가피한 현상이 되었다.

그런데 헌법재판소가 이러한 순기능을 담당하기 위해서는 헌법재판소의 구성과 행사에 있어서의 민주적 정당성과 절차적 정당성의 확보가 전제되어야 할 것이다. 그런데 이미 앞에서 언급한 바와 같이 우리 헌법상 헌법재판소 재판관의 구성방식이 민주적 정당성의 이념에 부합된다고 보기 어렵다. 즉 재판관 9인 중 대통령과 대법원장이 각각 3인씩 지명하도록 되어 있고(헌법 제111조 제3항), 헌법재판소장을 제외하고는 재판관의 임명과정에 국회의 동의절차가 없는데, 이러한 헌법재판소 구성원의 임명방식은 민주적 정당성의 측면에서 문제가 있다. 재판관을 모두 국회에서 선출하되, 국회에서의 선출방식도 국회재적 과반수 또는 2/3 이상의 찬성을 얻도록 함으로써 헌법재판소 구성의 민주적 정당성을 보다 강화해야 할 것이다.

Ⅳ. 우리 헌법상 대의제도의 실현장치

우리 헌법상의 통치질서 역시 대의제도를 기본적 조직원리로 하고 있다. 즉 국민에 의해서 직접 선출된 의원으로 구성되는 국회와 국민에 의해서 직접 선출된 대통령을 중추적인 대의기관으로 설치하고 각각의 기관에 국가의 입법권과 집행권을 부여함으로써 국가의 정책결정과 정책집행이 이들 대의기관의 독자적인 판단과 책임하에 이루어지도록 하고 있다. 따라서 우리의 통치질서는 주권과 통치권, 기관구성권과 정책결정·집행권의 분리 및 통치권의 자유위임을 바탕으로 기관구성과 통치권행사에 대한 민주적 정당성 확보 및 통제를 위한 제도적 장치를 마련하고 있는 것이다.

이러한 대의제도의 실현을 위해 헌법은 먼저 대의기관구성을 위한 각종 선거제도를 마련하고 있다. 대통령선거, 국회의원선거, 지방자치단체의 장 및 지방의회의원선거, 교육감선거제도를 헌법과 공직선거법, 「지방교육자치에 관한 법률」 등에서 마련하고 있는 것이 그것이다. 아울러 대의제도의 본질적 요소인 통치권의 자유위임의 이념을 실현하기 위하여 "국회의원은 국가이익을 우선하여 양심에 따라 직무를 행한다."는 국회의원의 자유위임조항(제46조 제2항)과 자유위임적 대의활동을 뒷받침해주기 위한 국회의원의 면책특권조항(제45조) 등 다양한 규정을 마련하고 있다. 또한 "공무원은 국민전체에 대한 봉사자이며, 국민에 대하여 책임을 진다."라고 규정함으로써(제7조 제1항), 모든 공무원의 공직활동이 특정 부분사회, 특정 지역이나 특정 세력, 특정 정권을 위한 것이 아니라 국민 전체와 국가 전체를 위한 것임을 분명히 하여 대의제의 자유위임의 원리를 실천하도록 함과 동시에 헌법의 기능 중 하나인 사회통합기능의 실현을 담보하고 있다.

한편 대의제도의 보완장치로서 먼저 직접민주주의제도로 국민투표제도를 채택하고 있다. 앞서 소개한 바와 같이 외교·국방·통일 기타 국가안위에 관한 중요정책에 대하여 대통령이 부의하는 국민투표제도(제72조)와 헌법개정을 위한 국민투표제도(제130조 제2항)가 그것이다. 또한 정당민주주의를 위해 정당설립의 자유와 복수정당제를 보장하고 있다(제8조). 아울러 민주주의의 실현과 국민의사의 국정에의 반영을 촉진하기 위해 언론·출판·집회·결사의 자유를 보장하고 있다(제21조). 끝으로 헌법 및 기본권의 수호, 권력통제와 정치적 평화유지의 기능을 담당하는 헌법재판소를 설치하고 있는데(제111조), 매우 성공적으로 운용되고 있다고 평가할 수 있다.

제 2 절 선거제도

I. 의의

선거제도는 대의제도를 원칙으로 하는 간접민주주의의 통치질서내에서 필수적인 통치기구의 조직원리이다. 즉 선거제도는 앞서 언급한 바와 같이 대의제도가 선거를 통해서만 실현될 수 있는 통치기구의 조직원리이기 때문에 선거제도는 대의제도의 전제조건이자 그 성패를 좌우한다. 왜냐하면 대의제도의 본질은 국민에 의하여 대의기관이 구성되고 대의기관의 정책결정과 집행이 국민에 의하여 정당화되고 감시·비판·통제되도록 하는 것인데, 이러한 대의기관의 구성과 국민에 의한 정당화 및 통제는 바로 선거를 통해서 이루어지는 것이기 때문이다.[1] 따라서 선거제도는 통치기구의 민주적 정당성과 절차적 정당성 확보를 위한 가장 전통적이고 직접적인 통치기구의 조직원리이다.

현대국가의 통치질서에서는 국민의 의사가 선거를 통해 구체화되고 현실화되기 때문에 국민의 의사가 굴절 없이 통치기구의 구성과 그의 정책결정과 집행에 반영되고 최대한의 민주적 정당성이 확보될 수 있는 선거제도를 마련하는 것이 통치기구론의 중요한 과제이다. 따라서 선거제도는 국민의 참정권을 실현시킴으로써 통치권력의 창설과 그 행사의 최후적 정당성을 국민의 의사에 귀착시키게 하는 통치기구의 조직원리이자 민주주의원리의 실현제도인 것이다. 결국 선거제도의 성패 여부는 국민의 참정권의 합리적이고 효율적인 보장에 달려있다고 할 수 있다.

Ⅱ. 선거의 개념과 기능

1. 선거의 개념

선거는 선거인이 일정한 절차에 따라 통치기구의 구성원을 선출하는 행위이다. 선거는 유권자 개개인에 의한 단독행위인 투표를 통해 이루어지지만, 선거 자체는 다수의 선거인에 의한 합성행위의 성질을 가진다고 할 수 있다. 이러한 선거는 통치기구를 구성하는 조직원리인 동시에 통치기구에게 민주적 정당성을 부여하는 민주주의원리의 실현수단이다.

2. 선거의 기능

앞서 언급한 바와 같이 대의제도의 본질은 국민에 의하여 대의기관이 구성되고 대의기관의 독자적인 정책결정과 집행이 국민에 의하여 정당화되고 감시·

---

1) 헌재 1996. 3. 28. 96헌마9 등, 판례집 8-1, 289, 304:
대의제민주주의에 바탕을 둔 우리 헌법의 통치구조에서 선거제도는 국민의 주권행사 내지 참정권행사의 과정으로서 국가권력의 창출과 국가 내에서 행사되는 모든 권력의 최후적 정당성을 국민의 정치적인 합의에 근거하게 하는 통치기구의 조직원리이다. 따라서 선거제도에 있어서 모든 국민이 평등하게 참여할 수 있는 기회를 보장하는 것은 필수 불가결한 요소이다.

비판·통제되도록 하는 것인데, 이는 바로 선거를 통해서 이루어지는 것이기 때문에 선거는 다음과 같은 기능을 가진다. 첫째, 대의기관의 구성기능, 둘째, 대의기관의 구성과 통치권행사에 대한 민주적 정당성 부여기능, 셋째, 통치기관에 대한 신임부여기능 및 통치권의 자유위임기능, 넷째, 대의기관의 통치권행사에 대한 심판 및 통제기능, 다섯째, 민주주의실현기능을 가진다.

Ⅲ. 선거의 기본원칙

선거가 위에서 언급한 통치기관의 합리적 구성, 통치권 행사에 대한 민주적 정당성 부여, 통치권에 대한 심판과 통제 등의 제 기능을 발휘하기 위해서는 이러한 기능을 효율적으로 충족시킬 수 있는 합리적인 선거제도가 마련되어야 함은 물론이다. 예컨대 국민의 참정권의 최대한의 보장, 국민의 선거과정에의 자유로운 참여와 선거운동의 자유보장,[1] 국민의 언론·출판·집회·결사의 자유의 보장, 정당설립과 활동의 자유 및 정당의 균등한 지위와 기회의 보장, 행정권의 정치적 중립 보장, 선거권과 피선거권의 합리적 기준과 범위, 선거구의 합리적 획정, 후보자의 추천과 결정과정의 민주성과 투명성 및 합리성 확보, 선거운동·투표·개표·합산과정에서의 공정성과 투명성, 득표수에 비례하는 의석배분, 합리적인 선거소송제도 등 민주적이고 합리적인 선거가 이루어질 수 있도록 담보하는 다양한 제도적 장치가 마련되어야 할 것이다.

따라서 현대국가의 헌법과 선거관련법규는 이러한 민주적 선거제도의 실시를 위한 여러 제도적 장치와 원칙을 규정하고 있는데, 그 중에서도 가장 대표적인 것이 바로 국민의 참정권과 언론·출판·집회·결사의 자유보장, 정당제도의 보장, 그리고 선거제도의 헌법상 기본원칙이라고 할 수 있다.

여기서 살펴볼 선거제도의 기본원칙이라고 하는 보통·평등·직접·비밀·자

1) 헌재 1994. 7. 29. 93헌가4 등, 판례집 6-2, 15, 28:
민주정치는 주권자인 국민이 되도록 정치과정에 참여하는 기회가 폭 넓게 보장될 것을 요구한다. 이는 국민주권의 원리로부터 나오는 당연한 요청이다. 특히 대의민주주의를 원칙으로 하는 오늘날의 민주정치 아래에서의 선거는 국민의 참여가 필수적이고, 주권자인 국민이 자신의 정치적 의사를 자유로이 결정하고 표명하여 선거에 참여함으로써 민주사회를 구성하고 움직이게 하는 것이다. 따라서 국민의 주권행사 내지 참정권 행사의 의미를 지니는 선거과정에의 참여행위는 원칙적으로 자유롭게 행하여질 수 있도록 최대한 보장하여야 한다.

유선거의 원칙은 우리 헌법 제41조 제1항과 제67조 제1항 및 공직선거법에 규정되어 있는데, 이는 한편에서는 통치기구의 조직원리로서의 선거제도의 기본원칙일 뿐 아니라,[1] 다른 한편에서는 참정권(선거권 · 피선거권)의 내용으로서의 기본권적 성격도 갖는다고 할 수 있다. 따라서 선거권자나 후보자는 공직선거법의 관련규정이나 국가의 선거관련행위 등이 이러한 원칙에 위반하여 자신의 참정권을 침해했음을 주장하고 그 구제를 청구할 수 있다고 보아야 할 것이다. 즉 선거제도의 기본원칙에 위반됨과 동시에 기본권으로서의 선거권이나 피선거권 등의 참정권을 침해한다는 주장을 하고 권리구제를 받을 수 있는 것이다.[2]

1. 보통선거의 원칙

보통선거의 원칙은 모든 국민이 아무런 제한 없이 선거권과 피선거권을 가져야 한다는 원칙이다. 이는 제한선거의 반대개념으로서 헌법상 평등원칙이 선거제도에 적용된 것이라고 할 수 있다. 이에 따라 모든 국민은 사회적 신분이나 성별, 인종, 종교, 교육수준, 재산 등에 의하여 선거권과 피선거권을 제한받지 아니한다.[3]

---

1) 헌재 1989. 9. 8. 88헌가6, 판례집 1, 199, 211:
현대 선거제도를 지배하는 보통, 평등, 직접, 비밀, 자유선거의 다섯 가지 원칙은 국민 각자의 인격의 존엄성을 인정하고 그 개인을 정치적 단위로 모든 사람에게 자유로운 선거와 참여의 기회를 균등하게 헌법이 보장하는 데에 기초를 두고 있다. 이러한 선거제도의 근본원칙은 선거인, 입후보자와 정당은 물론 선거절차와 선거관리에도 적용되며, 선거법을 제정하고 개정하는 입법자의 입법형성권 행사에도 당연히 준수하여야 한다는 원리이다.

2) 헌재 1989. 9. 8. 88헌가6, 판례집 1, 199, 261:
이 사건 심판청구 대상인 국선법 제33조의 고액 기탁금 제도와 국선법 제34조의 높은 득표율을 요건으로 기탁금을 국고에 귀속시키는 제도는 재력의 유무에 의하여 참정권이 좌우되고, 유능하고 필요한 인물이 의회에 진출하는 길을 막는 것이 되므로 모든 선거참가인에게 보장되는 선거의 자유 및 보통선거 제도의 기본 원칙에 위반된다. 우리 헌법이 명시한 국민주권주의와 민주주의 기본원리는 국민각자가 주권을 실질적으로 행사할 수 있도록 보장하는 것이므로, 국회의원선거법은 국민의 주권행사를 합리적으로 보장하는 법이어야 한다. 그렇지 않고 국민의 주권행사를 제한하거나 규제하는 법으로 제정되는 것은 우리 헌법의 기본원리에 반한다.
선거는 모든 국민에게 선거에 참여할 기회를 균등하게 보장하는 정치제도인데 현행 기탁금이 너무 과다하여 양심적인 서민 계층이나 2 · 30대 젊은 세대의 입후보를 제한하고, 재력 있는 사람만이 입후보하고 당선되게 하고 있어, 헌법상 모든 국민에게 입후보의 자유와 기회균등을 보장한 참정권을 침해한 것이다.

그러나 합리적인 공익적 이유에 의하여 선거권과 피선거권을 제한하는 것은 비례의 원칙 등 기본권제한입법의 한계를 준수하는 한 정당화될 수 있을 것이

---

3) ① 헌재 1989. 9. 8. 88헌가6, 판례집 1, 199, 215-226:
국회의원선거법 제33조 제1항은 지역구 후보등록을 신청하는 자는 등록신청 시에 2천만원을 대통령령이 정하는 바에 따라 관할지역구 선거관리위원회에 기탁하여야 한다. 다만 정당의 추천을 받아 지역구 후보등록을 신청하는 자는 1천만원을 기탁하여야 한다. …
입후보할 권리를 여러 조건으로 제한하는 것은 선거를 효과적으로 공정하게 운영하고 입후보의 난립과 과열선거를 방지하고 당선자에게 다수표를 획득하도록 제도적으로 보완함으로써 선거의 신뢰성과 정치적 안정성을 확보하기 위한 것이라고 한다.
그런데 왜 기탁금제도에 대해서 위헌성의 문제가 제기되는 것인가, 기탁금에 관한 국선법 제33조와 제34조의 규정은 기탁금제도 그 자체에 위헌성이 있는 것 보다 그 기탁금의 액수가 너무 고액이어서 재산을 가지지 못한 국민의 후보등록을 현저히 제한하여 결과적으로 국민의 참정권을 침해하는 정도에 이르러 이에 대한 위헌 여부의 문제가 제기된다 할 것이다. 즉 입후보하는데 필요한 모든 자격을 갖추었으나 2천만원(정당추천 후보자는 1,000만원)의 기탁금을 기탁할 재력이 없어 입후보할 수 없게 된다면 그 기탁금의 규정은 모든 국민에게 평등하게 참정권을 보장한 자유선거제도에 반하고 평등보호의 조항에 위배된다고 볼 것이다. 위 법률의 기탁금은 너무 과다하여 기탁금을 마련할 수가 없어서 기탁할 수 없는 일반 서민에게는 입후보할 의사가 있고 모든 자격을 갖추었으나 입후보할 수 없는 경우가 생기게 되고 이로 말미암아 재력의 유무에 따라 입후보의 여부가 좌우되고 참정권의 실현이 결정되기 때문에 선거제도의 본질과 민주정치의 기본을 침해하는 결과가 되기 때문이다. …
우리 헌법은 제11조와 관련하여 제1조와 제41조에서 차등선거제도를 부정하는 보통선거제를 제1의 원칙으로 채택함으로써 재력, 신분, 직업 등으로 차별대우를 받지 않고 평등한 참정권을 보장하여 주권을 행사하도록 실질적 국민주권주의를 구현하기 위하여 보통, 평등, 직접, 비밀, 자유선거제도 등 선거의 기본원칙을 설정하고 있다. 그러므로 국선법 제33조, 제34조에 의한 기탁금제도로 인하여 입후보자의 자유와 기회균등을 침해하고 국민의 참정권을 제한하는 것은 이러한 우리 헌법상의 기본원칙에 위배되고 실질적, 현대적 국민주권론에 반하는 것이다.
② 헌재 2001. 7. 19. 2000헌마91 등, 판례집 13-2, 77, 78:
기탁금의 액수는 불성실한 입후보를 차단하는데 필요한 최소한으로 정하여야지, 진지한 자세로 입후보하려는 국민의 피선거권을 제한하는 정도여서는 아니될 것인바, 공선법 제56조 제1항 제2호는 국회의원 후보자등록을 신청하는 후보자로 하여금 2천만원을 기탁금으로 납부하도록 하고 있는데, 이 금액은 평균적인 일반국민의 경제력으로는 피선거권 행사를 위하여 손쉽게 조달할 수 있는 금액이라고 할 수 없으며, 이와 같이 과도한 기탁금은 기탁금을 마련할 자력이 없으면 아무리 훌륭한 자질을 지니고 있다 할지라도 국회의원 입후보를 사실상 봉쇄당하게 하며, 그로 말미암아 서민층과 젊은 세대를 대표할 자가 국민의 대표기관인 국회에 진출하지 못하게 하는 반면, 재력이 풍부하여 그 정도의 돈을 쉽게 조달·활용할 수 있는 사람들에게는 아무런 입후보 난립방지의 효과를 갖지 못하여 결국 후보자의 난립 방지라는 목적을 공평하고 적절히 달성하지도 못하면서, 진실된 입후보의 의사를 가진 많은 국민들로 하여금 입후보 등록을 포기하지 않을 수 없게 하고 있으므로 이들의 평등권과 피선거권, 이들을 뽑으려는 유권자들의 선택의 자유를 침해하는 것이다.

다. 연령,[1] 거주지, 행위능력, 기탁금[2] 등에 의한 제한이 그것이다.

---

1) 헌재 2013. 7. 25. 2012헌마174, 판례집 25-2상, 306, 307:
보통선거의 원칙은 일정한 연령에 도달한 사람이라면 누구라도 당연히 선거권을 갖는 것을 요구하는데 그 전제로서 일정한 연령에 이르지 못한 국민에 대하여는 선거권을 제한하는 바, 선거권 행사는 일정한 수준의 정치적인 판단능력이 전제되어야 하기 때문이다.
헌법 제24조는 "모든 국민은 '법률이 정하는 바'에 의하여 선거권을 가진다."라고 규정함으로써, 선거권 연령을 어떻게 정할 것인지는 입법자에게 위임하고 있다. 입법자는 우리의 현실상 19세 미만의 미성년자의 경우, 아직 정치적·사회적 시각을 형성하는 과정에 있거나, 일상생활에 있어서도 현실적으로 부모나 교사 등 보호자에게 의존할 수밖에 없는 상황이므로 독자적인 정치적 판단을 할 수 있을 정도로 정신적·신체적 자율성을 충분히 갖추었다고 보기 어렵다고 보고, 선거권 연령을 19세 이상으로 정한 것이다.
또한 많은 국가에서 선거권 연령을 18세 이상으로 정하고 있으나, 선거권 연령은 국가마다 특수한 상황 등을 고려하여 결정할 사항이고, 다른 법령에서 18세 이상의 사람에게 근로능력이나 군복무능력 등을 인정한다고 하여 선거권 행사능력과 반드시 동일한 기준에 따라 정하여야 하는 것은 아니므로 선거권 연령을 19세 이상으로 정한 것이 불합리하다고 볼 수 없다.
따라서 선거권 연령을 19세 이상으로 정한 것이 입법자의 합리적인 입법재량의 범위를 벗어난 것으로 볼 수 없으므로, 19세 미만인 사람의 선거권 및 평등권을 침해하였다고 볼 수 없다.
[재판관 박한철, 재판관 김이수, 재판관 이진성의 반대의견]
일정 연령의 사람이 정치적 판단능력이 있음에도 더 높게 선거권 연령을 정하였다면 입법형성권의 한계를 벗어난 것이다.
선거권 연령이 19세 이상으로 조정된 이후 지금까지 우리 사회는 그 이전까지의 변화와 비교할 수 없을 정도로 엄청난 변화를 겪었고, 이러한 변화는 청소년을 포함한 국민의 정치적 의식수준도 크게 고양시켰으므로 중등교육을 마칠 연령의 국민은 독자적인 정치적 판단능력이 있다고 보아야 한다. 그런데 중등교육을 마치는 연령인 18세부터 19세의 사람은 취업문제나 교육문제에 지대한 관심을 갖게 되고, 정보통신, 특히 인터넷의 발달에 가장 친숙한 세대로서 정치적·사회적 판단능력이 크게 성숙하게 되므로 독자적인 정치적 판단능력을 갖추었다고 보아야 한다. 병역법이나 근로기준법 등 다른 법령들에서도 18세 이상의 국민은 국가와 사회의 형성에 참여할 수 있는 정신적·육체적 수준에 도달하였음을 인정하고 있고, 18세를 기준으로 선거권 연령을 정하고 있는 다른 많은 국가들을 살펴보아도 우리나라의 18세 국민이 다른 국가의 같은 연령에 비하여 정치적 판단능력이 미흡하다고 볼 수는 없다. 그렇다면 18세 이상 국민이 독자적인 정치적 판단능력이 있음에도 선거권 연령을 19세 이상으로 정한 것은 입법형성권의 한계를 벗어나 18세 이상 19세에 이르지 못한 국민의 선거권 등을 침해한다.

2) 헌재 2019. 9. 26. 2018헌마128 등, 공보 제276호, 1127:
시·도지사선거에서 기탁금제도는 후보자 난립을 방지하고, 아울러 선거운동에서의 불법행위에 대한 과태료 및 행정대집행 비용을 사전에 확보하기 위한 것으로, 그 기탁금액이 지나치게 많지 않는 한 이를 위헌이라고 할 수는 없다. 시·도지사 후보자로 등록하려는 사람에게 5천만 원의 기탁금을 납부하도록 한 이 사건 기탁금조항은 목적의 정당성 및 수단의 적합성이 인정된다.

2. 평등선거의 원칙

평등선거는 차등선거의 반대개념으로서 헌법상의 평등원칙이 선거제도에 적용된 것이다. 이는 모든 국민의 참정권 행사가 모든 선거과정에서 평등한 영향력을 행사해야 한다는 원칙이다. 즉 모든 국민은 선거과정과 결과에서 평등한 영향력을 행사하고, 모든 선거참여자(선거권자, 후보자, 정당 등)가 모든 선거과정에서 균등한 기회를 가져야 한다는 원칙이다. 따라서 투표가치의 평등과 선거참여자의 기회균등이 핵심적 내용이 된다.

(1) 투표가치의 평등

투표가치의 평등은 모든 선거인의 투표가치가 평등하게 취급되어야 한다는 것이다. 이에 따라 투표가치의 평등은 이른바 1인 1표의 원칙(one man, one vote, one value)을 실현하는 것으로 '투표의 산술적 계산가치의 평등(Zählwertgleichheit der Stimmen)'과 '투표의 성과가치의 평등(Erfolgswertgleichheit der Stimmen)'을 내용으로 한다.

기탁금액은 후보자 등록 여부를 신중하게 고려하도록 하는 한편, 불성실한 후보자에게는 실질적인 제재효과가 미칠 수 있게 하는 등 후보자의 난립을 방지하고 선거의 신뢰성과 선거운동의 성실성을 담보할 수준에 이르러야 하는 점, 선거구수, 선거구의 규모나 선거구당 선거인수에 비추어보면 시·도지사선거에서 기탁금이 담보해야 할 과태료 또는 행정대집행 비용이 다른 선거들에 비하여 더 큰 액수일 것으로 쉽게 예상되는 점, 근로자 1인당 월평균 소득에 비추어 보았을 때 5천만 원의 기탁금이 적다고는 할 수 없으나, 기탁금제도의 입법목적, 시·도지사선거에서 담보해야 할 과태료·행정대집행 비용, 기탁금 반환요건 등을 고려하면 시·도지사 후보자로 등록하는 것을 사실상 봉쇄하는 수준이라고 보기 어려운 점, 헌법재판소는 과거 시·도지사 후보자 기탁금 5천만 원에 대하여 공무담임권이나 평등권을 침해하지 않는다고 판단하였는데, 위 결정이 있은 이후의 화폐가치의 변화를 고려하면 시·도지사 후보자가 부담하여야 할 기탁금액의 실질적인 가치는 오히려 감소한 점 등을 종합하면, 이 사건 기탁금조항은 피해의 최소성 원칙에 위배되지 않는다.
그리고 이 사건 기탁금조항은 공무담임권을 영구히 박탈하는 것이 아니라 단지 후보자의 성실성 등을 담보하기 위하여 금전적 부담을 지우는 것일 뿐이고, 시·도지사 후보자는 자신이 선거에서 얻은 유효투표총수에 따라 기탁금액을 전액 또는 일부 반환받을 수 있으므로, 이 사건 기탁금조항으로 제한되는 사익의 정도가 이 사건 기탁금조항이 달성하고자 하는 공익의 정도보다 더 크다고 보기 어렵다. 이 사건 기탁금조항은 법익의 균형성 원칙에도 위배되지 않는다. 그렇다면 이 사건 기탁금조항은 과잉금지원칙에 위배되어 공무담임권을 침해하지 않는다.

전자는 선거인에 의하여 이루어진 투표가 선거과정과 합산에서 산술적으로 평등한 가치로서 계산되어야 한다는 것이고, 후자는 선거인에 의해서 이루어진 투표가 선거결과에서 평등한 영향력을 행사하고 평등한 가치를 인정받아야 한다는 것이다. 즉 후보자의 선출과 대의기관의 구성에 결과적으로 상응하는 평등한 영향력을 행사해야 하고, 상응하는 평등한 의사를 반영해야 한다는 것이다.[1)]

오늘날 전자는 당연히 인정되고 있는데, 후자는 각국의 선거제도에 따라 상이하게 실현되고 있다. 예컨대 A지역구의 인구수는 10만, B지역구의 인구수는 40만이고 각 지역구에서 1명의 의원이 선출될 경우, B지역구의 선거인의 투표의 성과가치는 A지역구에 비하여 1/4에 불과하기 때문에 이 경우 투표의 성과가치의 평등은 실현되지 못하는 것이다. 결국 진정한 평등선거의 원칙과 민주주의의 실현을 위해서는 투표의 성과가치의 평등이 실현될 수 있는 선거제도가 마련되어야 할 것이다.[2)] 따라서 다수대표제에 대한 비례대표제의 보완, 평등한 선거구의 획정, 평등한 의석배분이 절실히 요구된다.

(2) 선거참여자의 기회균등

앞서 언급한 바와 같이 평등선거의 원칙은 모든 국민이 선거과정과 결과에

---

1) 헌재 1995. 12. 27. 95헌마224 등, 판례집 7-2, 760, 771:
평등선거의 원칙은 평등의 원칙이 선거제도에 적용된 것으로서 투표의 수적 평등, 즉 복수투표제 등을 부인하고 모든 선거인에게 1인 1표(one man, one vote)를 인정함을 의미할 뿐만 아니라 투표의 성과가치의 평등, 즉 1표의 투표가치가 대표자선정이라는 선거의 결과에 대하여 기여한 정도에 있어서도 평등하여야 함(one vote, one value)을 의미한다. 그러나 이러한 투표가치의 평등은 모든 투표가 선거의 결과에 미치는 기여도 내지 영향력에 있어서 숫자적으로 완전히 동일할 것까지를 요구하는 것이라고는 보기 어렵다. 왜냐하면 투표가치는 그 나라의 선거제도의 구조와 밀접하게 관련되어 있고 따라서 그 구조가 어떠하냐에 따라 결과적으로 선거의 결과에 미치는 투표의 영향력에 어느 정도의 차이가 생기는 것은 면할 수 없기 때문이다.

2) 헌재 2001. 7. 19. 2000헌마91 등, 판례집 13-2, 77, 79:
현행 1인1표제하에서의 비례대표의석배분방식에서, 지역구후보자에 대한 투표는 지역구의원의 선출에 기여함과 아울러 그가 속한 정당의 비례대표의원의 선출에도 기여하는 2중의 가치를 지니게 되는데 반하여, 무소속후보자에 대한 투표는 그 무소속후보자의 선출에만 기여할 뿐 비례대표의원의 선출에는 전혀 기여하지 못하므로 투표가치의 불평등이 발생하는바, 자신이 지지하는 정당이 자신의 지역구에 후보자를 추천하지 않아 어쩔 수 없이 무소속후보자에게 투표하는 유권자들로서는 자신의 의사에 반하여 투표가치의 불평등을 강요당하게 되는바, 이는 합리적 이유 없이 무소속 후보자에게 투표하는 유권자를 차별하는 것이라 할 것이므로 평등선거의 원칙에 위배된다.

서 평등한 영향력을 행사할 것을 요구한다. 따라서 모든 선거참여자에게는 모든 선거과정에서 평등한 영향력을 행사할 수 있는 기회, 즉 선거참여자의 기회균등이 보장되어야 한다.[1] 그러므로 후보자·선거인·정당 등 모든 선거참여자에게 모든 선거절차에서 균등한 참여의 기회가 보장되어야 한다.[2] 특히 현대의 정당국가에서의 정당의 지위와 기능 및 선거과정에서의 영향력 등을 감안할 때 모든 정당에게 합리적인 균등한 기회(선거운동, 입후보자추천, 선거비용에 대한 국고보조 등)가 주어져야 할 것이다. 아울러 무소속후보자도 선거과정에서 합리적인 균등한 기회를 보장받아야 한다. 예컨대 정당소속 후보자와 무소속 후보자 사이에 기탁금에 차등을 두는 것이나,[3] 무소속후보자에게 선거운동에서 균등한 기회를 보장하지 않는 것은 기회균등의 원칙에 위배된다고 할 것이다.[4] 또한 선거에 있어서 기회균등을 보장하기 위해서는 이러한 법적 제도의 보장과 더불어 행정

---

1) 권영성, 전게서, 204쪽; 허영, 전게서, 817쪽.

2) 헌재 1989. 9. 8. 88헌가6, 판례집 1, 199, 261:
선거는 모든 국민에게 선거에 참여할 기회를 균등하게 보장하는 정치제도인데 현행 기탁금이 너무 과다하여 양심적인 서민 계층이나 2·30대 젊은 세대의 입후보를 제한하고, 재력있는 사람만이 입후보하고 당선되게 하고 있어, 헌법상 모든 국민에게 입후보의 자유와 기회균등을 보장한 참정권을 침해한 것이다.

3) 헌재 1989. 9. 8. 88헌가6, 판례집 1, 199:
정당추천 후보자와 무소속 후보자의 기탁금에 1,000만원과 2,000만원의 차등을 둔 것은 정당인과 비정당인을 불합리하게 차별하는 것으로 헌법 제41조의 선거원칙에 반하고 헌법 제11조의 평등보호규정에 위배된다.

4) 헌재 1992. 3. 13. 92헌마37 등, 판례집 4, 137, 138:
정당추천후보자에게 별도로 정당연설회를 할 수 있도록 한 국회의원선거법 제55조의3 규정은 무소속후보자에 비교하여 월등하게 유리한 위치에서 선거운동을 하게 한 불평등한 규정이므로 헌법전문, 헌법 제11조 제1항의 법앞의 평등, 제25조의 공무담임권 제41조 제1항의 평등선거의 원칙, 제116조 제1항의 선거운동기회균등의 보장원칙에 위반된다고 할 것이나 무소속후보자에게도 정당연설회에 준하는 개인연설회를 허용하는 경우에는 위헌성의 소지가 제거될 수 있으므로 제7항은 당해 지역구에서 정당추천후보자를 연설원으로 포함시킨 정당연설회를 개최하는 경우에는 무소속후보자에게도 정당추천후보자에 준하는 선거운동의 기회를 균등하게 허용하지 아니하는 한 헌법에 위반된다.
정당추천후보자에게 무소속후보자에 비하여 소형인쇄물을 2종 더 제작·배부할 수 있도록 한 국회의원선거법 제56조의 규정은 불평등한 것으로서 위헌적인 규정이지만 무소속후보자에게 소형인쇄물을 추가로 배부할 수 있도록 허용하는 경우에는 위헌성의 소지가 제거될 수 있으므로 위 규정 역시 당해 지역구에서 정당이 소형인쇄물 2종을 추가 배부하는 경우에는 무소속후보자에게도 그에 준하는 종류의 소형인쇄물을 제작·배부할 수 있도록 선거운동의 기회를 균등하게 허용하지 아니하는 한 헌법에 위반된다.

권을 비롯한 모든 국가권력의 정치적 중립이 절실히 요구된다고 하겠다.

그러나 이러한 기회균등의 원칙은 공익적 견지에서의 합리적 차별사유가 존재할 경우에는 불가피한 최소한의 제한을 받을 수는 있을 것이다. 예컨대 입후보자의 난립을 막기 위하여 입후보등록의 요건으로 일정 수 이상의 선거인의 추천을 받도록 하거나 일정 기준의 득표를 하지 못한 후보자의 기탁금을 국고에 귀속시키도록 하는 것,[1] 원내의 군소정당의 난립을 막기 위하여 일정한 봉쇄조항을 두어 일정률 이상의 득표를 한 정당에게만 비례대표의석배분에 참여할 수 있도록 하는 것, 일정률 이상의 득표를 한 정당에게만 선거운동경비를 보조하는 것, 효율적인 선거토론회진행이나 국민의 알권리충족을 위하여 국공영방송에서 선거참여정당에게 선거운동을 위한 방송시간을 할당하는 경우 정당의 규모나 지지율(예컨대 직전 선거에서의 득표율이나 의석수)에 따라 방송에의 참여 여부나 방송의 횟수 및 시간을 조정하는 것 등이 그것이다.[2] 또한 일정한 요건

---

1) ① 헌재 1995. 5. 25. 92헌마269 등, 판례집 7-1, 768, 769-770:
일정한 수준의 득표를 하지 못한 후보자의 기탁금을 국고에 귀속시키는 것은 기탁금제도의 본질적 요소이므로 기탁금제도 자체의 정당성이 인정되는 이상 그 기탁금의 국고귀속규정도 위헌이라고 할 수 없으며, 또 기탁금(에서 공제하는 선거비용 등의 범위나 기탁금의 반환에 필요한 득표율을 정하는 것은 입법재량에 속한다 할 것인데 이 사건 법률규정에서 득표율 7% 및 5%를 기준으로 국고부담연설비용의 공제여부와 기탁금 잔액의 반환여부를 정한 것은 입법자가 기탁금제도의 목적달성을 위한 필요와 기탁금 반환에 있어서의 기술적 문제 등을 고려한 정책적 판단에 따른 것으로서 현저히 불합리하다거나 그밖에 입법재량의 범위를 벗어난 것이라고 할 수 없다.
② 헌재 2001. 7. 19. 2000헌마91 등, 판례집 13-2, 77, 78:
선거는 그 과정을 통하여 국민의 다양한 정치적 의사가 표출되는 장으로서 낙선한 후보자라고 하여 결과적으로 '난립후보'라고 보아 제재를 가하여서는 아니되므로 기탁금 반환의 기준으로 득표율을 사용하고자 한다면 그 기준득표율은 유효투표총수의 미미한 수준에 머물러야 할 것인바, 공선법 제57조 제1항, 제2항은 지역구국회의원선거에 있어 후보자의 득표수가 유효투표총수를 후보자수로 나눈 수 이상이거나 유효투표총수의 100분의 20이상인 때에 해당하지 않으면 기탁금을 반환하지 아니하고 국고에 귀속시키도록 하고 있는데, 이러한 기준은 과도하게 높아 진지한 입후보희망자의 입후보를 가로막고 있으며, 또한 일단 입후보한 자로서 진지하게 당선을 위한 노력을 다한 입후보자에게 선거결과에 따라 부당한 제재를 가하는 것이 되고, 특히 2, 3개의 거대정당이 존재하는 경우 군소정당이나 신생정당 후보자로서는 위 기준을 충족하기가 힘들게 될 것이므로 결국 이들의 정치참여 기회를 제약하는 효과를 낳게 된다 할 것이므로 위 조항은 국민의 피선거권을 침해하는 것이다.

2) 헌재 2019. 9. 26. 2018헌마128 등, 공보 제276호, 1127, 1128:
지방자치단체장선거는 당해 지방자치단체의 진로를 결정하는 중대한 문제인 만큼, 그 선거운동은 유권자들이 후보자의 공약을 쉽게 파악할 수 있도록 효율적이며 광범위하게 이루어

하에서 지역구국회의원후보자에게는 허용하는 선거운동방법을 비례대표국회의원 후보자에게는 허용하지 않는다고 해서 이것이 선거운동의 자유를 침해하는 것은 아니라는 것이 헌법재판소의 입장이다.[1)]

질 필요가 있다. 이 사건 토론회조항은 지방자치단체장선거에서 각급선거방송토론위원회가 초청대상 후보자 대담·토론회를 개최할 때의 그 초청자격을 제한하고 있는데, 이러한 제한을 두지 않는다면 대담·토론회는 후보자들의 정견발표회 수준에 그치게 되고 실질적인 정책의 비교나 심층적인 정책의 토론이 이루어진다거나 후보자들 간의 자질과 정치적인 능력의 비교가 불가능해질 수 있으므로, 대담·토론회의 장점을 극대화하여 실질적인 정책 비교 및 후보의 자질 검증의 기회를 마련할 필요가 있다. 그리고 공직선거법 제82조의2 제5항은 각급선거방송토론위원회로 하여금 이 사건 토론회조항이 정한 요건을 갖추지 못한 다른 후보자들을 대상으로 한 별개의 대담·토론회를 개최할 수 있도록 하고 있다. 그렇다면 이 사건 토론회조항이 일정한 요건을 갖춘 후보자에게만 대담·토론회의 참여기회를 부여한다고 하더라도 이를 가리켜 현저하게 자의적인 것이라고 보기 어렵다.

나아가 대담·토론회 등의 초청 자격을 두는 것 자체가 입법자의 합리적 판단에 기인하는 것이라고 하더라도 그 초청 자격에는 합리성이 인정되어야 하는 것으로, 주요 정당의 추천 여부, 후보자의 당선가능성 및 후보자에 대한 국민적 관심도 등을 살펴 이를 일정 수준 이상의 자로 한정하고, 이에 따라 후보자들의 정책에 대한 대담·토론이 효과적이고 실증적인 기능을 발휘하도록 정해져야 한다. 이 사건 토론회조항은 전체 국민을 대상으로 한 선거를 통하여 이미 국민의 일정한 지지가 검증되었다고 볼 수 있는 정당의 추천을 받은 사람, 지난 선거에서 일정 수 이상의 득표를 함으로써 해당 지역의 선거구 내 주민들의 일정한 지지가 검증되었다고 볼 수 있는 사람, 위와 같은 요건을 갖추지는 못하였지만 여론조사를 통하여 해당 지역 유권자들의 관심과 지지가 어느 정도 확보되고, 그러한 사실이 확인될 수 있는 사람을 대상으로 하고 있는바, 그 요건이 자의적이라고 볼 수 없다. 이 사건 토론회조항은 선거운동의 기회균등원칙과 관련한 평등권을 침해하지 않는다.

1) 헌재 2006. 7. 27. 2004헌마217, 판례집 18-2, 212, 213-214:
구 공직선거법 제33조 제1항 제2호와 제59조 본문·단서 제1호 등에 의하면 국회의원 선거에 있어 예비후보자등록을 한 지역구국회의원예비후보자는 선거일 전 120일부터 선거운동을 할 수 있으나, 비례대표국회의원후보자는 예비후보자등록제도가 없어 선거기간 전에 선거운동을 하는 것이 불가능하다. 그런데 정당법과 구 공직선거법 및 현행 공직선거법에 의하면 정당은 일정한 요건을 갖춰 정당으로 등록하는 순간, 선거기간 여부를 불문하고 통상적인 정당활동을 통해 정당의 정강이나 정책을 유권자에게 알릴 수 있으므로 비례대표국회의원선거에 있어 예비후보자등록제도를 반드시 인정하여야 하는 것은 아니다. 그리고 선거운동의 기간을 어느 정도로 할 것인지 여부는 입법정책에 맡겨져 있다고 할 것인바, 제33조 제1항 제2호에서 정하고 있는 선거기간은 유권자인 선거구민이 각 후보자의 인물, 정견, 신념 등을 파악하기에 부족한 기간이라고 단정할 수 없으며, 우리나라에서의 선거 태양, 현실적 필요성 등을 고려할 때 필요하고도 합리적인 제한에 해당한다. 따라서 위 규정들이 정당이나 비례대표국회의원후보자의 선거운동의 자유를 침해하는 것이라고 볼 수 없다.
구 공직선거법 제79조 제1항은 비례대표국회의원후보자가 선거운동기간 중에 소속정당의 정강·정책이나 후보자의 정견 기타 필요한 사항을 홍보하기 위하여 공개장소에서 연설·대담을 하는 것을 금지하고 있고, 제101조는 누구든지 선거기간 중에는 법이 정하고 있는 경

3. 직접선거의 원칙

직접선거는 간접선거의 반대개념으로서 선거인이 직접 대표자를 선출하는 선거제도이다. 직접선거의 경우 간접선거에서와는 달리 선거인과 후보자 사이에 매개자 내지 중간선거인이 있어서는 안된다. 따라서 직접선거에서는 선출된 대표자에 대한 직접적인 신임과 민주적 정당성의 부여가 가능하다. 따라서 직접선거의 경우 투표하기 이전에 이미 특정인 또는 특정정당의 득표에 영향을 미칠 수 있는 모든 법적·정치적 행위가 완결될 것이 요구된다.[1)] 예컨대 비례대표선거의 경우 정당 내지는 정당이 작성한 후보자명부에 대한 투표가 행해진 이후에 비례대표후보자의 순위를 변경하거나 후보자를 교체하는 행위, 또는 별도의 정당투표 없이 지역구후보자에 대한 투표를 해당 후보자의 소속정당에 대한 투표로 간주하는 선거제도는 직접선거의 원칙을 침해하는 것이라 할 것이다.[2)] 이는 정당을 매개한 간접선거에 해당된다고 볼 수 있기 때문이다.

우 이외에 다수를 모이게 하여 선거에 영향을 미치는 연설회나 대담·토론회를 개최하는 것을 금지하고 있다. 그런데 구 공직선거법상의 비례대표국회의원선거제도는 유권자가 지역구국회의원후보자에게 투표하는 것과는 별도로 정당이 제시한 비례대표들의 명부를 보고 정당에 투표하여 그 득표율에 따라 비례대표국회의원 의석을 배분하는 정당명부식비례대표제이므로 정당의 정강, 정책 등을 전국적으로 알리는 것이 필요한 비례대표국회의원선거에 있어서는 전국적으로 정당 홍보에 효과가 있는 선거운동방법이 허용될 필요가 있다. 이에 구 공직선거법은 제69조나 제70조를 두어 선거운동기간 중 소속정당의 정강·정책이나 후보자의 정견 등을 전국적인 영향력을 발휘하는 매체인 신문광고나 방송광고 등을 통해 유권자에게 알릴 수 있도록 하고 있는바, 비례대표국회의원후보자에게 공개장소에서의 연설이나 대담을 금지하고 있더라도 이것이 선거운동의 자유를 침해하는 것이라고 볼 수 없다.

1) 허영, 전게서, 819쪽.

2) 헌재 2001. 7. 19. 2000헌마91 등, 판례집 13-2, 77, 79:
비례대표제를 채택하는 경우 직접선거의 원칙은 의원의 선출뿐만 아니라 정당의 비례적인 의석확보도 선거권자의 투표에 의하여 직접 결정될 것을 요구하는바, 비례대표의원의 선거는 지역구의원의 선거와는 별도의 선거이므로 이에 관한 유권자의 별도의 의사표시, 즉 정당명부에 대한 별도의 투표가 있어야 함에도 현행제도는 정당명부에 대한 투표가 따로 없으므로 결국 비례대표의원의 선출에 있어서는 정당의 명부작성행위가 최종적·결정적인 의의를 지니게 되고, 선거권자들의 투표행위로써 비례대표의원의 선출을 직접·결정적으로 좌우할 수 없으므로 직접선거의 원칙에 위배된다.

4. 비밀선거의 원칙

비밀선거는 공개선거에 대한 반대개념으로서 선거인의 투표내용이 타인에게 공개되지 않는 선거이다. 이는 관권·부정선거를 막고, 자유롭고 공정한 선거를 보장하기 위하여 필수적으로 요구되는 선거원칙이라고 하겠다. 따라서 투표의 비밀은 보장되어야 한다(공직선거법 제167조 제1항). 그러므로 비밀선거의 원칙은 무기명투표와 투표내용에 대한 진술거부를 전제로 한다. 아울러 선거인 스스로도 자신이 기표한 투표지를 공개할 수 없으며, 만일 투표의 내용이 공개된다면 공개된 투표지는 무효로 한다(동법 제167조 제3항).

그런데 오늘날 여러 국가에서 실시되고 있는 선거인의 투표내용에 관한 출구조사는 자칫 이러한 비밀선거의 원칙을 위반하는 결과를 초래할 수 있고, 선거의 자유와 공정성을 해칠 우려가 있다. 다만 공정하고 자유로운 선거가 제도적으로 보장되고 국민의 성숙되고 민주적인 선거문화가 정착되었다는 전제하에서, 그리고 투표의 비밀이 침해되지 않는 범위내에서 행해지는 출구조사는 국민의 정보의 자유 내지 알권리 등의 보장을 위해서 인정될 수 있고, 비밀선거의 원칙에 위배되지 않는다고 하겠다(동법 제167조 제2항 참조).

5. 자유선거의 원칙

자유선거란 강제선거의 반대개념으로서 선거인이 자신의 선거권을 외부의 강제나 간섭 없이 자유롭게 행사할 수 있는 선거를 말한다. 이 원칙은 우리 헌법상 명문으로 규정되어 있는 것은 아니지만 조리상, 그리고 앞서 언급한 네 가지 기본원칙의 전제로서 당연히 인정되는 기본원칙이라고 하겠다.[1]) 이는 투표의 자유, 투표의 내용에 대한 결정의 자유, 입후보의 자유, 선거운동의 자유 등을 내용으로 한다.

---

1) 헌재 1994. 7. 29. 93헌가4 등, 판례집 6-2, 15, 28:
자유선거의 원칙은 비록 우리 헌법에 명시되지는 않았지만 민주국가의 선거제도에 내재하는 법원리인 것으로서 국민주권의 원리, 의회민주주의의 원리 및 참정권에 관한 규정에서 그 근거를 찾을 수 있다. 이러한 자유선거의 원칙은 선거의 전 과정에 요구되는 선거권자의 의사형성의 자유와 의사실현의 자유를 말하고, 구체적으로는 투표의 자유, 입후보의 자유, 나아가 선거운동의 자유를 뜻한다.

이 점에서 볼 때 일부 국가에서 실시되고 있는 의무투표제도(정당한 이유 없이 투표를 하지 않은 국민에게 과태료를 부과하는 등)는 이러한 자유선거의 원칙에 위반되는지의 여부가 문제될 수 있다. 그러나 만일 한 국가의 선거참여율이 매우 저조해서 선거를 통한 진정한 국민의 의사반영이나 민주적 정당성의 확보 및 통치권에 대한 심판·통제가 불가능하거나 어려울 경우 정당한 이유 없이 투표를 하지 않은 유권자에게 과태료를 부과하는 등의 의무투표제도는 일응 공익적 견지에서의 자유선거권 내지 자유선거의 원칙에 대한 불가피한 최소한의 제한으로서 정당화될 수 있을 것이다.

Ⅳ. 선거제도의 유형과 내용

통치기구의 목적적 정당성, 민주적 정당성, 절차적 정당성 확보를 위해서 그리고 궁극적으로 이를 통한 국민의 기본권의 효율적 보장과 실현을 위해서는 이를 가능케 하는 합리적인 선거제도가 마련되어야 하는데, 이를 위해서는 한 국가의 선거제도의 유형이 위에서 언급한 선거의 기본원칙을 충족시켜야 할 것이다.

이러한 선거제도의 유형과 관련해서는 구체적으로 다음과 같은 문제가 주로 거론된다.

첫째, 다수대표제냐 비례대표제냐 그 혼합형이냐의 문제, 둘째, 비례대표제의 경우 투표방식, 입후보방식, 의석배분방식, 저지조항의 문제, 셋째, 혼합형의 경우 양자의 결합방식, 결합비율, 의석배분방식, 중복입후보의 허용의 문제, 넷째, 선거구의 크기와 선거구의 분할방법 및 인구편차의 허용기준의 문제, 다섯째, 한 선거구에서 몇 명의 대표자를 선출하느냐의 문제, 여섯째, 의원정수의 문제, 일곱째, 선거운동이 공영제냐 자유경쟁이냐 혼합형이냐의 문제, 여덟째, 선거소송의 형태 등이 그것이다.

이 중 가장 기본적이고 중요한 문제는 다수대표제냐 비례대표제냐 그 혼합형이냐의 문제인데, 각 국가는 - 구체적 내용에 있어서는 차이가 있으나 - 대체로 이 중 어느 하나의 유형을 채택하고 있다.

1. 다수대표제

(1) 의의

다수대표제는 다수결원리의 선거제도상의 적용형태로서 다수의 후보자 중에서 다수표를 획득한 후보자를 당선자로 결정하는 선거유형을 말한다. 이에는 유효투표의 과반수를 득표한 후보자를 당선자로 결정하는 절대다수대표제와 단순히 상대적으로 가장 많은 득표를 한 후보자를 당선자로 결정하는 상대다수대표제가 있는데, 전자의 경우 제1차 투표에서 당선자가 나오지 않을 경우 최다득표자와 차점득표자 2인을 상대로 제2차 투표, 즉 결선투표가 실시된다. 상대다수대표제는 우리나라를 비롯한 다수대표제를 채택한 다수의 국가에서 실시되고 있고, 절대다수대표제를 실시하고 있는 대표적 국가는 프랑스이다.

(2) 다수대표제의 장단점

1) 장점

가. 다수대표제는 인물본위선거제도로서 - 특히 소선거구제에서 - 비례대표제에 비하여 선거인과 대표자간의 인간적 신뢰 및 유대관계형성을 용이하게 하여 직접적인 신임과 민주적 정당성 부여 및 책임을 바탕으로 한 대의정치에 기여한다고 평가된다.

나. 양당제도의 확립과 정부정책집행을 뒷받침해주는 의회의 다수세력의 형성을 용이하게 해준다고 평가된다.

2) 단점

가. 낙선된 후보자에게 주어진 표는 사표가 되어 대의기관의 구성과정에서, 그리고 결과적으로 대의기관의 정책결정과 집행과정에서 소수세력의 의사와 이해가 반영되기 어렵다. 이러한 결과는 평등선거의 원칙 및 다원적 민주주의와 조화되기 어렵다.

나. 다수대표제에서는 선거구의 크기와 그 획정이 선거결과에 직접적인 영향을 미치는데, 선거구 크기의 편차가 클 경우 대표성과 민주적 정당성의 차등 내지 편차를 초래할 수 있다. 아울러 특정 후보자 또는 특정 정당에게 유리하게

정략적으로 선거구를 분할하는 이른바 게리맨더링(Gerrymandering)식의 선거구 획정이 선거결과를 왜곡할 수도 있다. 사실 모든 선거구를 획일적 기준에 따라 동일한 인구를 가진 동일한 크기로 획정하는 것이 기술적으로 거의 불가능하기 때문에 다수대표제는 필연적으로 선거구 획정으로 야기되는 표의 등가성의 왜곡문제를 수반한다. 따라서 다수대표제는 투표의 성과가치의 평등을 핵심내용으로 하는 평등선거의 원칙을 실현하기 어렵다.

다. 상대다수대표제의 경우 특정 정당의 득표율과 의석수가 비례적이지 못한 현상, 즉 타 정당에 비해 득표율에서는 앞섰으나 의석수에서는 뒤지는 현상이 초래될 수도 있어 득표에서는 이기고 의석수에서는 지는 불합리한 결과, 다시 말해 선거인이 보내준 민주적 정당성의 크기와 선거결과로서의 의석수 내지 대의기관의 구성 사이에 불균형이 발생될 수도 있다. 이는 결국 평등선거의 원칙 및 민주주의원리에 위배되는 결과를 초래한다.

(3) 다수대표제와 선거구획정

1) 선거구획정의 의의와 문제점

다수대표제는 선거구를 바탕으로 실시된다. 따라서 위에서 지적한 바와 같이 다수대표제는 필연적으로 선거구획정으로 야기되는 표의 등가성의 왜곡문제를 초래한다. 이러한 현상은 결국 평등선거원칙의 왜곡을 초래한다. 따라서 선거제도의 기능을 극대화하고, 민주적 정당성의 크기에 비례하는 대의기관의 구성과 평등선거의 원칙이 실현될 수 있도록 하기 위하여는 합리적이고 인구비례적인 선거구의 분할과 획정이 필수적이다. 따라서 투표가치의 평등이나 비례적인 대의 및 국민의사의 굴절 없는 정확한 반영이라는 선거제도의 이념이 실현되도록 합리적이고 획일적인 기준에 따라 인구수의 편차를 최소화하여 선거구의 획정이 이루어져야 할 것이다.

그런데 현실적으로 이러한 원칙과 이념을 충족하는 선거구획정은 지리적·행정적·기술적·역사적·문화적 이유 등으로 현실적으로 매우 어렵다. 더욱이 인구의 이동이 동태적으로 발생하기 때문에 인구수가 완전히 동일하거나 근소한 편차로 선거구를 획정하기가 더욱 어려워진다. 따라서 선거구 상호간의 인구편차의 허용기준을 정하고, 그 기준에 따라 선거구를 획정하며, 그 기준을 넘어서는 현상이 발생될 경우 이를 인구편차의 허용기준 이하로 해당 선거구를 재조정하는 것이 필수적이라고 하겠다.

또한 선거구의 지역적 분할에 있어서 위에서도 언급한 Gerrymandering식 선거구획정, 즉 자기를 지지하는 유권자의 거주지역을 기준으로 인위적으로 선거구를 획정하는 것은 부당하게 선거결과를 조작·왜곡하고 결과적으로 특정세력에게 유리하게 작용할 수 있기 때문에 이에 대한 철저한 감시와 통제가 있어야 할 것이다.[1)]

2) 인구편차의 문제

가. 인구편차의 허용기준

앞서 언급한 바와 같이 다수대표제에 있어서 합리적 선거구획정은 선거의 성패를 좌우한다. 그렇다면 선거구획정은 무엇을 기준으로 어떻게 이루어져야 하는가? 선거구획정에 있어서 가장 중요한 고려사항은 인구이다. 왜냐하면 대의기관은 국민, 즉 사람을 대표하는 것이기 때문이다. 따라서 대의제도의 실현수단으로서의 선거제도 역시 당연히 사람 내지 인구를 기본바탕으로 마련되고 운용되어야 하는 것이다. 따라서 선거구획정에 있어서도 당연히 대의 내지 대표되어지는 사람 내지 인구가 가장 중요한 기본적 고려사항이 되어야 하는 것이다.

물론 선거구의 획정 시 인구뿐 아니라 행정구역, 지세, 교통, 도시와 농어촌과의 차이점, 기타 여러 가지 요소를 종합적으로 고려해야 할 것이다. 그러나

---

1) 헌재 1995. 12. 27. 95헌마224 등, 판례집 7-2, 760, 788-789:
소위 '게리만더링(Gerrymandering)'의 문제
-'충북 보은군·영동군 선거구'획정의 위헌성-
선거구의 획정은 사회적·지리적·역사적·경제적·행정적 연관성 및 생활권 등을 고려하여 특단의 불가피한 사정이 없는 한 인접지역이 1개의 선거구를 구성하도록 함이 상당하며, 이 또한 선거구획정에 관한 국회의 재량권의 한계라고 할 것이다.
그런데 이 사건 선거구구역표는 위와 같은 원칙을 무시한 채, 특단의 불가피한 사정이 있다고 볼만한 사유를 찾아볼 수 없는데도, 충북 옥천군을 사이에 두고 접경지역 없이 완전히 분리되어 있는 충북 보은군과 영동군을 "충북 보은군·영동군 선거구"라는 1개의 선거구로 획정하였는바, 이는 재량의 범위를 일탈한 자의적인 선거구획정이라고 하지 아니할 수 없고(1995. 6. 30. 현재의 인구수를 보아도 보은군은 49,077명, 영동군은 63,623명, 옥천군은 64,958명으로서 이를 모두 합쳐도 177,658명이고, 이는 위에서 본 인구편차의 허용한계내세 있을 뿐만 아니라 같은 충청북도내의 '제천시·단양군 선거구'의 인구수 190,660명에도 못미친다) 이로써 충북 보은군에 거주하는 청구인 이관모의 정당한 선거권을 침해하였다고 할 것이다.

이는 어디까지나 부수적인 고려사항이지, 선거구획정에 있어서 기본틀이 되는 핵심적인 고려사항은 아니다. 즉 선거구획정에 있어서 제1의 그리고 결정적인 고려사항이자 기준은 어디까지나 인구수이고, 기타의 비인구적 요소는 부수적인 고려사항에 불과하다고 보지 않을 수 없다.[1] 이처럼 선거구획정 시 인구가 기준이고, 결국 선거구획정 내지 분할의 가장 중요한 기준은 선거구 상호간의 인구편차의 허용기준이다. 이 경우 적용되는 원칙은 바로 평등선거의 원칙이다. 따라서 평등선거의 원칙상 선거구간 인구편차의 허용기준이 얼마까지인가가 핵심사항이다. 그렇다면 어떤 기준선이 평등선거의 원칙을 충족하는 것일까?

앞서 언급한 바와 같이 평등선거의 원칙은 투표의 산술적 계산가치의 평등과 투표의 성과가치의 평등을 내용으로 한다. 선거구획정과 관련되는 것은 투표의 성과가치의 평등인데, 이는 선거인의 투표가치가 동등한 가치로 평가되어지고, 대표자선정이라는 선거결과 내지 대의기관구성에 동등한 영향력을 행사할 수 있을 것을 요구한다. 이 원칙은 모든 선거인에게 1인 1표(one man, one vote)를

---

1) 헌재 1995. 12. 27. 95헌마224 등, 판례집 7-2, 760, 772-773:
선거제도의 중요한 요소인 선거구를 획정함에 있어서도 1인 1표와 투표가치 평등의 원칙을 고려한 선거구간의 인구의 균형뿐만 아니라, 그 나라의 행정구역, 지세, 교통사정, 생활권 내지 역사적, 전통적 일체감 등 여러 가지 정책적·기술적 요소가 고려될 수 있을 것이다. …이에 따라 공직선거및선거부정방지법은 제25조 제1항에서 "국회의원지역선거구는 시·도의 관할구역 안에서 인구·행정구역·지세·교통 기타 조건을 고려하여 이를 획정"한다고 각 규정하고 있다. 따라서 헌법이 요구하는 투표가치의 평등은 선거제도의 결정에 있어서 유일, 절대의 기준이라고는 할 수 없으며, 국회는 구체적인 선거제도를 정함에 있어서 합리적인 다른 정책적 목표도 고려할 수 있는 것이지만, 적어도 선거구의 획정에 있어서는 인구비례의 원칙을 가장 중요하고 기본적인 기준으로 삼아야 할 것이고, 여타의 조건들은 그 다음으로 고려되어야 할 것이다. 왜냐하면 선거구의 획정에 있어서 투표가치의 평등이 확보되는 것은, 국민주권의 원리(헌법 제1조)에 따른 대의제 민주주의에 있어서 국가의사 형성의 정당성을 밑받침하는 중심적인 요소를 이루는 것임에 반하여, 그 여타의 요소들은 그 성질상 이러한 국가의사의 정당성과는 직접적 관계가 없는 것으로서, 투표가치의 평등은 여타 고려요소와는 다른 본질적인 중요성을 갖고 있기 때문이다. 따라서 선거구획정에 관한 국회의 재량권에는 이러한 헌법적 요청에 의한 한계가 있음을 유의하여야 한다.
그러므로 국회가 결정한 구체적인 선거제도의 구조 아래에서 발생한 투표가치의 불평등이 발생한 경우에, 그것이 헌법이 요구하는 투표가치 평등의 원칙에 반하는지의 여부를 판단할 때에는, 이러한 불평등이 위에서 본 바와 같은 헌법적 요청에 의한 한계내의 재량권행사로서 그 합리성을 시인할 수 있는지의 여부를 검토하여, 국회가 통상 고려할 수 있는 제반사정, 즉 여러 가지 비인구적 요소를 모두 참작한다고 하더라도 일반적으로 합리성이 있다고는 도저히 볼 수 없을 정도로 투표가치의 불평등이 생긴 경우에는 헌법에 위반된다고 하여야 할 것이다.

인정함을 의미할 뿐만 아니라, 투표의 성과가치의 평등, 즉 1표의 투표가치가 대표자 선정이라는 선거의 결과에 대하여 기여한 정도에 있어서도 평등하여야 함(one vote, one value)을 의미한다. 따라서 평등선거의 원칙의 구체적 내용인 산술적 계산가치의 평등과 투표의 성과가치의 평등을 고려할 때 선거구간의 인구편차는 상한인구수와 하한인구수의 비율이 2:1 미만이 되어야 한다. 즉 인구편차가 2:1 이상이 되는 것은 그 자체 이미 평등선거의 원칙과 평등선거권을 침해하는 것이고, 원칙적으로 위헌인 것이다. 왜냐하면 이러한 2:1 미만의 한계내에서만 비로소 '1인 1표의 원칙'과 '투표의 성과가치의 평등'을 내용으로 하는 헌법상 평등선거의 원칙이 관철될 수 있기 때문이다. 다시 말해 2:1 이상의 인구편차가 발생한 경우에는 이미 '1인 1표의 원칙' 등 평등선거의 원칙이 침해된 것이고, 선거인의 평등선거권 내지 평등권도 침해된 것이다. 아무리 산술적으로 외형상 1인 1표의 원칙이 지켜진다 하더라도 최대선거구와 최소선거구간의 인구편차가 2:1 이상 벌어지는 경우에는 최소선거구의 선거인의 표가 최대선거구의 선거인의 표와 비교하여 2배 이상의 가치를 지니는 것으로 이는 투표의 성과가치의 평등 뿐 아니라 실직적으로 1인 1표의 원칙도 침해하는 것이 되고, 결과적으로 평등선거의 원칙과 선거인의 평등선거권을 침해하는 것이 되는 것이다. 왜냐하면 이 경우에는 결과적으로 최소선거구의 선거인에게 최대선거구의 선거인과 비교하여 두 사람 몫 이상의 투표가치를 인정하는 것이 되기 때문이다. 그러나 인구편차가 2:1 미만의 경우에는 최소선거구의 선거인의 표가 최대선거구의 선거인의 표와 비교하여 2배 미만 내지 2표 미만의 가치를 가지는데 불과하기 때문에, 즉 최소선거구의 선거인의 표도 최대선거구의 선거인의 표와 비교하여 보더라도 실질적으로 그리고 결과적으로 1표 내지 1인의 가치를 가지는 것이 되기 때문에, 따라서 명실상부 1인 1표의 원칙 등 평등선거의 원칙이 관철되는 것이다.[1]

결론적으로 2:1 미만의 범위안에서 입법자가 구체적인 인구편차의 상한선을 정하고, 그 상한선내에서 행정구역, 교통사정, 사회적 · 지리적 · 역사적 · 경제적 · 문화적 연관성 및 생활권과 전통적 일체감, 도농 간의 인구격차, 불균형한 개발, 국회의원의 지역대표성 등 다양한 사안을 고려하여, 하나의 선거구가 가능한 한

1) 인구편차의 문제에 대하여 자세한 것은 정연주, 선거구획정과 인구편차, 인권과 정의, 제309호, 대한변호사협회, 2002. 5, 120쪽 이하 참조.

선거구민의 공통의 이해를 반영시킬 수 있고 통합을 지향할 수 있는 동질성의 바탕위에서 획정되어야 할 것이다(공직선거법 제25조 참조).

나. 인구편차 허용기준의 법정화

한편 입법자는 인구편차의 허용기준을 구체적으로 법정화해야 한다. 왜냐하면 선거구간 인구편차에 관한 사항은 대의기관의 구성 등 통치기구의 조직과 작용에 관한 기본적인 사항이자 선거인의 선거권과 후보자의 피선거권 및 평등권 등의 기본권에 관한 본질적인 사항이기 때문에 법률유보의 원칙을 핵심 내용으로 하는 법치주의원리상 반드시 법률로 규정되어야 하며, 이럴 때에만 비로소 선거구구역표의 제정 또는 개정과정에서, 그리고 선거구의 획정과정에서 입법자나 선거구획정위원의 자의와 남용이 억제될 수 있을 것이기 때문이다.

다. 외국의 입법례

독일의 경우 1996. 11. 15. 개정된 연방선거법(Bundeswahlgesetz) 제3조 제1항 제3호는 선거구획정 시 준수하여야 할 원칙의 하나로서 "한 선거구의 인구수는 선거구의 평균인구수로부터 상하 각 100분의 15를 초과하는 편차를 보여서는 아니되며, 편차가 100분의 25를 초과한다면, 새로운 선거구획정이 이루어져야 한다."고 규정함으로써, 원칙적으로 상하편차 15%를 허용한도로 하되, 상하 편차 25%를 반드시 준수해야 할 최대 허용한도로 하고 있다. 이는 개정전 연방선거법 제3조 제1항 제2호에서 "한 선거구의 인구수는 선거구의 평균인구수로부터 상하 각 100분의 25를 초과하는 편차를 보여서는 아니되며, 편차가 100분의 33 1/3을 초과한다면, 새로운 선거구획정이 이루어져야 한다."고 규정하고 있던 것에 비하여 허용한계를 보다 엄격하게 한 것이다.

일본의 경우에는 1994. 2. 4. 제정된 중의원의원선거구획정심의회설치법 제3조 제1항은 중의원소선거구선출위원의 선거구 개정안의 작성은 "각 선거구의 인구의 균형을 도모하고, 각 선거구의 인구 중 그 최다의 것을 최소의 것으로 나누어 얻은 수가 2 이상이 되지 아니하도록 하는 것을 기본으로 하고, 행정구획 · 지세 · 교통 등의 사정을 종합적으로 고려하여 합리적으로 행하여야 한다."고 규정함으로써 이러한 추세를 반영하고 있다.

한편 영국에서는 2011년 의회투표제도와 선거구법에 따라 선거구 평균유권자수를 기준으로 5% 편차 이내일 것을 요구하고 있고, 프랑스의 경우 선거법에 따라 동일한 도내에서 평균인구의 20% 이내의 편차를 허용하고 있다. 또한 호주의 경우 연방선거법에 따라 평균인구수 편차 10%, 뉴질랜드의 경우 선거법에 따라 평균인구수 편차 5%, 캐나다의 경우 선거구경계재조정법에 따라 평균인구수 편차 25%를 넘지 못하도록 하고 있다. 미국의 경우에는 1973년 White v. Weiser 사건에서 연방대법원이 각 주내 선거구 간 인구편차가 1.1:1을 초과할 수 없다고 판결했다.

이상에서 보는 바와 같이 외국의 입법례를 보더라도 대체로 상하 인구편차 2:1 미만의 한계내에서의 선거구획정을 허용하고 있고, 특히 독일 등의 예에서 보는 것처럼 가능한 한 1:1에 가까운 인구편차를 법률이 요구하는 것을 알 수 있다.

라. 선거구획정위원회의 문제

위에서 언급한 합리적이고 합헌적인 선거구획정이 이루어지기 위해서는 이를 가능케 하는 합리적이고 공정한 선거구획정위원회제도가 마련되어야 한다. 따라서 선거구획정위원회를 중립적인 관련 전문가로 구성하되 그 구성절차와 방법 및 자격기준을 법률로 규정하고, 그 조직은 독립적인 상설기구로 설치해야 하며, 위원회의 결정은 법적인 구속력을 갖도록 해야 할 것이다. 이처럼 중립적이고 공정한 선거구획정위원회제도를 확립해야만 평등선거의 원칙이 관철되는 합리적이고 투명하고 객관적인 선거구획정이 이루어질 수 있고, 게리맨더링 등 불합리하고 기형적인 선거구의 출현도 방지될 수 있을 것이다.

우리의 경우 공직선거법 제24조에 따라 국회의원선거구획정위원회가 중앙선거관리위원회에 설치되고, 직무에 관하여 독립의 지위를 가진다. 또한 자치구·시·군의원지역선거구의 공정한 획정을 위하여 시·도에 자치구·시·군의원선거구획정위원회를 둔다(동법 제24조의3).

3) 선거구의 유형

다수대표제에서 선거구의 유형을 선거구의 크기, 즉 선거구별 선출대표자수에 따라 대체로 소선거구(1구 1인의 대표), 중선거구(1구 2-4인의 대표), 대선거구(1구 5인 이상의 대표)로 나눌 수 있는데, 이는 사표의 양산정도, 평등선거의 원칙, 소수의사의 반영가능성 내지 소수세력의 보호정도, 비례적인 민주적 정당성 내지 대의의 측면에서 많은 차이를 야기한다.

가. 소선거구제

소선거구제하에서는 당선을 위해 상대적으로 높은 득표율을 요구한다.

(가) 장점

양당제도 확립에 용이하고, 의회의 안정된 다수세력의 형성에 용이하다.

(나) 단점

사표가 많이 발생해 낙선된 후보자에 대한 투표는 대의기관의 구성에서 완전히 도외시되고, 소수세력의 의사가 반영되지 않으며, 비례적인 대의와 비례적인 민주적 정당성 확보를 어렵게 한다. 따라서 평등선거의 원칙에 위반되고 다원적 민주주의의 실현을 어렵게 한다고 평가된다.

나. 중대선거구제

중대선거구제하에서는 상대적으로 낮은 득표율로도 당선이 가능하다. 이에 따라 일반적으로 거론되는 중대선거구제의 장단점은 다음과 같다.

(가) 장점

소선거구제에 비하여 선거구가 커지기 때문에 범지역적인 대의기능이 가능하다. 그리고 사표가 줄어들어 비례적인 대의와 비례적인 민주적 정당성 확보가 다소 용이해지고, 소수세력의 의사반영이 수월해져 소수세력의 당선이 용이해진다고 주장된다.

(나) 단점

군소정당이 난립할 가능성이 있고, 의회의 안정된 다수세력의 형성이 어려울 수 있다고 주장된다.

(다) 중대선거구제의 본질적 문제점

위에서 언급한 바와 같이 중대선거구제하에서는 상대적으로 낮은 득표율로도 당선이 가능하기 때문에 사표가 줄어들어 비례적인 대의와 비례적인 민주적 정당성 확보가 용이해지며, 소수세력의 당선이 용이해지고 다당제의 출현가능성이 커져 결과적으로 평등선거의 원칙과 대표의 정확성, 소수보호와 정당민주주의를 바탕으로 하는 다원적 민주주의의 실현이 용이해진다고 주장된다. 아울러 선거구가 커지기 때문에 범지역적인 대의기능이 가능하다고 주장되기도 한다.

그러나 이러한 일반적인 평가와는 달리 중대선거구제는 다음과 같은 본질적인 문제점을 가지고 있다.

첫째, 중대선거구제가 소수세력과 신진세력의 의회진출을 용이하게 하고, 돈 안드는 선거를 가능하게 하며, 지역초월적 대의기능을 가지고 있어 지역갈등을 완화시키는데 기여할 수 있고, 사표를 줄이는 장점을 가지고 있다고 주장된다. 그러나 실제로는 그러한 기대와는 달리 기존의 전국적 인물 등 기성정치인에게 유리하고, 지역구가 넓어져 선거비용과 지역구관리비용이 오히려 훨씬 증가되어 결과적으로 다수세력과 대정당에게 유리하며, 또한 지역구가 다소 넓어진다 하더라도 전국구가 아닌 한 중대선거구로는 지역갈등해소에 도움이 되지 않고, 특히 심화된 지역구도하에서는 특정지역에서 특정정당이 당선자를 휩쓰는 현상이 나타날 가능성이 높아 오히려 지역갈등을 증폭시킬 우려마저 있다.

둘째, 만일 각 정당이 각 선거구의 의원정수만큼의 후보자를 낼 수 있게 한다면 대정당이나 특정지역에서의 특정정당이 당선자를 모두 독식하는 현상이 나타날 가능성이 높다. 그렇지 않고 반대로 각 정당이 각 지역구에서 오직 1명의 후보자만을 낼 수 있도록 제한할 경우에도 반드시 소수세력이나 군소정당에게 유리하다고는 할 수 없다. 왜냐하면 상황에 따라서는 소수세력이나 신진세력 또는 지역적 기반이 약한 세력의 지역구선거를 통한 의회진출은 여전히 어려워 결과적으로 기성의 대정당들이 의석을 독점하게 되기 때문이다. 설사 그렇지 않고 반대로 소수세력과 군소정당에게 유리한 결과가 초래된다면 그 경우에는 오히려 의회에서의 군소정당의 난립이 우려될 수 있다. 한편 해당 선거구에서의 각 정당의 후보자수를 획일적으로 제한할 경우 이러한 제한은 대정당과 군소정당간의 지지도와 민주적 정당성의 차이를 무시하는 것으로서 대정당에게 지나치게 불리하게 작용하게 되어 결과적으로 평등의 원칙에의 위반의 소지가 있고, 아울러 투표의 성과가치의 평등과 정당 등 선거참여자의 실질적 기회균등을 내용으로 하는 평등선거의 원칙 및 역시 정당 등 선거참여자의 자유로운 선거참여와 후보자배출을 내용으로 하는 자유선거의 원칙에의 위반의 소지도 있으며, 결국 선거인의 지지도와 의석수간의 비례성을 저하시킨다.

셋째, 중대선거구제의 경우 1등 당선자와 후순위 당선자간의 득표수는 현저한 차이를 보일 확률이 높고, 따라서 이는 민주적 정당성의 크기의 현저한 차이를, 그리고 결과적으로 투표의 성과가치의 평등을 내용으로 하는 평등선거의 원칙에 대한 위반을 초래하게 된다.

넷째, 중대선거구제의 경우에는 의원의 지역대표성과 대의제도의 중요한 기능인 책임정치실현기능이 약화될 우려가 있다. 물론 국회의원은 자유위임의 원칙에 따라 국가와 국민 전체를 대표하여 국익과 양심에 따라 대의활동을 하는 것이지, 특정지역과 지역주민을 대표하는 것은 아니기 때문에 헌법상 원칙적으로 국회의원에게 지역대표성이 인정될 수는 없다고 하겠다. 그러나 자유위임의 원칙과 조화될 수 있는 한도내에서는 적어도 정치적으로는 국회의원에게 보충적·부수적인 지역대표성을 인정할 필요가 있는데,[1][2] 소선거구제의 경우와는 달리 중대선거구제의 경우에는 한 선거구에 복수의 의원이 의정활동을 하게 되므로 상대적으로 각 의원의 지역대표성이 약화되는 문제점이 있다. 아울러 책임정치실현기능을 가지는 대의제도의 경우 차기선거에서 지역유권자의 지역대표의원에 대한 책임추궁과 신임부여가 가능해야 하는데, 역시 앞서 언급한 이유로 중대선거구제의 경우 상대적으로 대의활동에 대한 해당 의원들의 책임소재가 모호해져 명확한 책임추궁과 신임부여가 어려워지고 결과적으로 책임정치실현기능이 약화될 수 있다는 문제점도 있다.[3]

이러한 여러 가지 문제점을 가지고 있기 때문에 현재 중대선거구제를 채택하고 있는 선진국은 찾아보기 어렵고, 중선거구제를 실시했던 일본도 1994년에 중선거구제에서 소선거구제와 비례대표제의 혼합식으로 개정한 바 있다. 더욱이 우리의 경우 과거 군사독재정부시절 집권여당과 독재정권의 강화수단으로 중선거구제를 채택했던 부정적인 경험을 가지고 있다. 결과적으로 중대선거구제는 소선거구제의 단점과 비례대표제의 단점을 결합한 제도로서 그 주장되는 장점과는 달리 실제로는 오히려 위에서 언급한 바와 같이 투표방법에 따라 소수집단이 철저히 배제될 수 있고, 선거비용의 부담이 크고, 보궐선거·재선거가 복잡하고, 유권자와 의원간의 관계가 소원해지기 쉽고, 다수세력의 형성이 어렵다는

---

1) 참고로 공직선거법 제25조 제2항은 "국회의원지역구의 획정에 있어서는 … 인구범위를 벗어나지 아니하는 범위에서 농산어촌의 '지역대표성'이 반영될 수 있도록 노력하여야 한다."라고 규정함으로써 일정한 범위내에서 국회의원의 지역대표성을 인정하고 있다.

2) 국회의원의 지역대표성에 대하여는 정연주, 선거구획정과 인구편차, 인권과 정의, 제309호, 대한변호사협회, 2002. 5, 120쪽 이하 참조.

3) 중대선거구제의 문제점에 대하여는 정연주, 국회의원선거제도의 개혁방안, 공법연구 제27집 제3호, 1999. 6, 175쪽 이하 참조.

등의 여러 문제점들이 지적될 수 있다.

만일 다수대표제에 후술하는 비례대표제를 혼합한다면 비례대표제로 선거의 다양한 기능을 기본적으로 충족시키고, 소선거구 다수대표제로 안정된 다수형성과 정국안정 및 부수적 지역대표성도 도모할 수 있어 가장 바람직한 선거유형으로 여겨진다.[1)]

2. 비례대표제

(1) 의의

비례대표제는 정당 등 각 정치세력이 획득한 득표율에 비례하여 의석이 배분되는 선거제도를 말한다. 이는 투표를 통해 나타난 정당 등 각 정치세력에 대한 지지도에 상응하는 비례적인 대의의 실현형태로서 평등선거의 원칙과 대표의 정확성, 굴절 없는 국민의사의 반영, 그리고 소수보호와 정치적 다양성을 전제로 하는 다원적 민주주의의 실현에 적합한 제도이다. 따라서 다수대표제가 가지는 단점과 문제점을 극복하는 다양한 장점과 특성을 가지고 있다.

(2) 비례대표제의 장단점

1) 장점

가. 표의 등가성을 내용으로 하는 투표의 성과가치의 평등을 실현하기 때문에 평등선거의 원칙에 부합된다.

나. 소수세력의 의회진출을 용이하게 함으로써 소수의 보호에 적합하다. 따라서 정치적 다양성을 전제로 하는 다당제와 다원적 민주주의의 실현을 용이하게 한다.

다. 사표를 억제함으로써 모든 국민의 의사가 굴절 없이 대의기관의 구성과

---

1) Nohlen에 따르면 민주적 선거의 기능은 대체로 첫째, 선거인의 신임의 피선거인에게로의 정확한 결집, 둘째 기능할 수 있는 대표의 형성, 셋째 정부에 대한 효율적 통제 등의 세 가지로 간단히 요약될 수 있다(Vgl. Nohlen, Wahlrecht und Parteiensystem : Zur Theorie und Empirie der Wahlsysteme, Bundeszentrale für Politische Bildung ; Bd. 1470, 2014, S. 23ff.). 첫째와 셋째 - 특히 대통령제 정부형태하에서 - 의 기능은 비례대표제하에서, 둘째의 기능은 다수대표제하에서 실현가능성이 크다는 점을 인정한다면, 이러한 양 제도의 1:1의 결합은 일응 이론적인 측면에서 긍정적으로 평가될 수 있을 것이다.

국정에 반영될 수 있어 진정한 민주주의실현에 기여할 수 있다.

라. 후보자선정과 선거과정에서 정당이 주도적인 역할을 하고, 정당투표를 통해 나타난 각 정당에 대한 국민의 지지도에 상응하는 의석배분이 이루어지기 때문에 오늘날의 정당민주주의에 적합하다.

마. 다수대표제가 가지는 게리맨더링의 출현가능성을 포함한 선거구획정의 문제점을 보완·시정하는 기능을 가진다.

바. 각 분야 전문가의 의회진출을 용이하게 하여 전문가정치의 실현을 가능케 하고, 신진세력의 의회진출도 용이하게 한다.

2) 단점

가. 비례대표선거의 전과정이 정당의 주도하에 이루어지기 때문에 선거의 투명성과 객관성 및 공정성을 해칠 우려가 있다.

나. 후보자선정과정에 관한 사항이 구체적으로 법정화되어 있지 않고, 당내민주주의가 정착되지 아니한 상황에서는 후보자의 선정과 순위결정 등 명부작성과 관련된 사항이 정당의 수뇌부나 특정세력에 의하여 배타적으로 결정되게 되어 그 자체 부패와 비리의 원인될 수 있고, 비례대표제의 기능이자 특성과 장점 중의 하나인 진정한 기능대표 내지 전문가대표선출의 가능성이 사라질 수 있다.

다. 각 정치세력의 지지도에 상응하는 의석배분의 결과 원내에서의 군소정당의 난립가능성과 안정된 다수세력형성의 어려움으로 인해 의회가 제 기능을 하기 어렵다고 평가된다.

라. 후보자에 대한 직접선거가 아닌 정당투표를 통해 선거가 이루어지므로 비례대표제는 직접선거의 원칙과 조화되기 어렵다는 평가도 있다.

마. 다수대표제의 특성과 장점으로 거론되는 선거를 통한 대표자에 대한 직접적인 민주적 정당성과 신임 및 책임부여라는 대의제도의 기능과 조화되기 어렵다고 평가된다.

바. 비례대표의원의 경우 정당이 일방적으로 주도하는 정당투표로 당선되기 때문에 현실적으로 강한 정당기속하에 의정활동을 할 수밖에 없고, 따라서 통치권의 자유위임과 독자적인 의정활동을 본질로 하는 대의제도와 조화되기 어렵다고 평가된다.

(3) 선거방식

다수대표제가 안정다수세력의 형성을 위한 다수결원리에 따른 대의의 실현이라면, 비례대표제는 다양한 정치세력에 상응하는 다원적이고 비례적인 대의의 실현이라고 할 수 있다. 따라서 이러한 특성을 가지는 비례대표제의 구체적 실현방식은 앞서 언급한 장점을 살리고 단점을 보완할 수 있도록 제도화되어야 할 것이다.

1) 입후보방식

비례대표제의 입후보방식은 후보자가 후보자명부에 등재되는 방식이다. 따라서 각 선거구를 기준으로 개인별로 입후보하고 각 후보자 개인에 대하여 투표하는 다수대표제와는 달리 비례대표제의 경우에는 선거인이 후보자가 등재된 명부 자체에 대하여 투표하는 방식을 취한다.

2) 명부제의 유형과 투표방식

가. 명부제의 유형

명부제에는 크게 고정명부제와 비고정명부제 내지 가변명부제의 두 가지 유형으로 나눌 수 있다. 고정명부제는 명부의 내용(후보자)과 순위가 처음부터 고정적이어서 선거인의 투표로 명부의 내용과 순위가 변경될 수 없는 제도이고, 비고정명부제 내지 가변명부제는 명부의 내용과 순위가 가변적이어서 정당에 의한 후보자선정과 후보순위를 선거인의 투표로 변경시킬 수 있는 제도이다.

나. 투표방식

선거인의 투표방식은 고정명부제의 경우 선거인은 원칙적으로 하나의 투표권을 갖고 각 정당이 제시하는 이미 순위가 확정된 명부 중에서 한 정당의 명부에 대해서만, 즉 명부 자체에 대해서만 투표하게 된다. 비고정명부제 내지 가변명부제의 경우에는 선거인에게 적어도 두개의 투표권이 주어져서, 하나의 투표는 명부의 선택에, 또 하나의 투표는 명부내의 특정 후보자의 선택에 사용하고 그 결과 순위의 변동을 초래할 수 있다.

비고정명부제의 경우 정당이 제출한 명부에는 후보자의 순위가 정해져있지 않고 선거인의 투표로 순위를 결정하거나, 아니면 순위가 정해져 있더라도 선거인의 투표로 그 순위를 변경할 수 있는 방식 등이 고려될 수 있다. 즉 첫째, 정당에서 제출한 순위가 매겨진 명부에 대하여 선거인이 투표할 경우 - 정당명부 자체에 대한 투표와 더불어 - 자신이 선호하는 후보자에 대하여 다시 순위를 표시해서[1)2)] 명부순위를 투표를 통해 변경시킬 수 있는 방식과, 둘째, 처음부터 순위가 매겨지지 않은 - 예컨대 가나다순 - 정당명부에 대하여 앞의 방식에 따른 선거인의 투표에 의하여 순위가 정해지는 방식이 고려될 수 있을 것이다.

다. 양자의 장단점

비고정명부제는 유권자에게 인물선택권을 부여함으로써 선거의 직접적인 민주적 정당성부여와 정당의 민주화 및 소속의원의 독자성과 자율성을 강화할 수 있으며, 비례대표선거에 다수대표선거의 직접적인 인물선거적 요소를 가미할 수 있어 비례대표선거제가 직접선거의 원칙에 반한다는 일부 비판도 벗어날 수 있다고 본다. 아울러 이 경우 선거인이 직접 개개의 비례대표의원후보자를 선택할 수 있기 때문에 그동안 비례대표선거제와 관련하여 제기되어 온 다양한 문제점, 예컨대 명부가 정당의 일방적이고 폐쇄적인 주도하에 작성되어 부패와 부조리 및 이른바 '돈 공천'의 가능성을 초래하고, 일반국민이 완전히 소외되며, 선거를 통한 대표자에 대한 직접적인 민주적 정당성과 신임 및 책임부여라는 대의제도의 기능이 실현되기 어렵다는 등의 비판이 줄어들 수 있다. 특히 각 정당간 1석이라도 더 얻기 위해 치열한 경쟁을 벌이는 상황이기 때문에 함량미달의 재력가나 유력인사 내지 측근인사들이 원내로 진출할 가능성이 줄어들 수 있다.

그러나 다른 한편 이러한 비고정명부제의 경우에 그 시행상의 기술적인 어려움이 있다는 점, 그리고 비례대표선거제의 특성 및 기능 중의 하나가 직능 및 전문가대표 내지 엘리트에 의한 전문정치의 실현을 용이하게 하는 것이라는 점에 비추어 후보자명부상의 인물선택 및 순위 등을 정당이 아닌 일반 선거인이 직접 결정하는 것이 반드시 바람직하다고 볼 수만도 없을 것이다. 왜냐하면 비례대표후보자의 정치적 역량이나 전문성 등에 대하여는 정치전문가들로 구성된, 그리고 다양한 자료와 정보를 가진 정당이 일반 선거인보다 더욱 잘 판단할 수

1) 이 경우 명부상의 후보자에 대한 선택을 포기하고 단지 정당명부 자체만을 선택할 수 있는 가능성도 허용할 필요가 있을 것이다.

2) 가장 선호하는 후보자 한사람에 대해서만 표시하는 경우와 명부상의 후보자 모두에게 순위를 매기는 방법이 고려될 수 있을 것이다.

있을 것이고, 아울러 정치적 역량과 전문성이 풍부한 후보자나 정당이 꼭 필요로 하는 후보자, 또는 해당 정당의 정체성에 가장 부합되는 후보자보다는 이와 관계없이 단순히 지명도가 높거나 인기가 있는 후보자가 당선될 가능성도 있기 때문이다.

라. 고정명부제와 직접선거의 원칙

한편 직접선거의 원칙과 관련하여 고정명부식 정당명부 자체의 정당성이 문제될 수 있다. 즉 고정명부제의 경우 정당명부상의 후보자와 순위가 선거인의 의사와 관계없이 정당이 일방적으로 정하는 결과 선거인이 후보자 개인을 직접 선택하지 못하기 때문에, 다시 말해 후보자와 선거인 사이에 정당이라는 중간매개자 내지 중간선거인이 개입되기 때문에 사실상 직접선거의 원칙에 위반된다는 비판이 그것이다. 결론적으로 말하면 고정명부식 정당명부가 직접선거의 원칙에 위반된다고 볼 수는 없다. 왜냐하면 정당명부가 이미 선거인의 투표 이전에 작성·확정된 것이고, 선거인이 정당명부의 내용을 알고 있으며, 선거전에 특정정당의 득표와 비례대표의원선출에 영향을 미치는 모든 법적·정치적 행위가 완결되어 있고, 선거인의 투표와 비례대표의원선출 사이에 어떠한 중간선거인이 매개되지 않아, 결국 고정명부제의 경우에도 선거인의 투표가 비례대표의원선출에 직접적인 영향력을 행사하여 선거인의 투표와 명부 사이에 직접성이 인정되기 때문이다. 따라서 고정명부제의 경우에도 선거인 스스로가 정당투표를 통해 직접 대의기관 내지 대표자를 선출하는 것이라고 말할 수 있다. 만일 그렇지 않다면 지역구의원선거의 경우에도 당해 후보자 역시 이미 해당 정당에 의해서 공천을 통해 후보자로 결정된 것이므로 이 경우에도 정당이 일종의 중간선거인의 역할을 한 것이고, 따라서 직접선거의 원칙에 위배된 것으로 보아야 한다는 모순에 빠지게 될 것이다. 헌법재판소도 "비례대표 후보자를 유권자들이 직접 선택할 수 있는 이른바 자유명부식이나 가변명부식과 달리 고정명부식에서는 후보자와 그 순위가 전적으로 정당에 의하여 결정되므로 직접선거의 원칙에 위반되는 것이 아닌지가 문제될 수 있다. 그러나 비례대표후보자명단과 그 순위, 의석배분방식은 선거 시에 이미 확정되어 있고, 투표 후 후보자명부의 순위를 변경하는 것과 같은 사후개입은 허용되지 않는다. 그러므로 비록 후보자 각자에 대한 것은 아니지만 선거권자가 종국적인 결정권을 가지고 있으며, 선거결과가 선거행위로 표출된 선거권자의 의사표시에만 달려 있다고 할 수 있다. 따라서 고정명부식을 채택한 것 자체가 직접선거원칙에 위반된다고는 할 수 없다."라고 판시하고 있다.[1]

3) 의석배분방식

비례대표제의 경우 의석수가 정해져있는 고정의석수 비례대표제와 의석수가 투표수에 따라 달라지는 유동의석수 비례대표제의 두 가지 유형이 있다. 고정의석수 비례대표제가 일반적인데, 이는 이미 정해진 의원정수를 놓고 배분하는 것으로 각 정당이 획득한 득표율에 따라 의석을 배분하게 된다. 과거 독일 바이마르공화국에서 실시된 유동의석수 비례대표제의 경우에는 선거 이전에 의원정수를 확정하지 않고 선거인의 투표수에 따라 비로소 의원정수가 정해지며, 따라서 각 정당이 득표율에 따라 차지하는 각 의석수의 합계가 의원정수가 된다.

일반적인 유형인 고정의석수 비례대표제의 경우 의석배분방식은 대체로 동트식(d'Hondt)과 해어/니마이어식(Hare/Niemeyer)계산방법에 따라 이루어지는데, 후자가 전자에 비해서 수학적으로 보다 비례적인 의석배분방법으로서 대정당보다는 군소정당에 유리하고, 초과의석의 발생이 억제된다고 평가된다. 독일은 종래 동트식을 취해오다 1985년의 연방선거법 개정으로 해어/니마이어식을 적용하고 있다(§6 BWahlG). 이에 따르면 각 정당들의 유효득표수를 의석정수와 각기 곱하고, 그 결과를 다시 총유효투표수로 나눈다. 정당은 이제 여기서 나온 수치와 같은 수의 의석을 차지하게 된다. 잔여의석이 생길 경우 소수점 이하의 수치크기에 따라 분할된다. 이 과정에서 무소속후보자로 지역구선거(제1표)에 의하여 당선된 자의 의석수(지역구다수대표제의석수)와 정당득표율이 저지조항(5%)을 통과하지 못한 정당의 후보자로 지역구선거로 당선된 자의 의석수는 배분되는 총의석정수에서 제외된다.[2] 비례대표제의 본래취지에 비추어 볼 때 해어/니마이어식의 계산방법이 바람직하다고 여겨진다. 우리 공직선거법 제189조에 따른 비례대표의석의 배분방식도 대체로 해어/니마이어식의 계산방법의 범주에 속한다고 볼 수 있다.[3]

---

1) 헌재 2001. 7. 19. 2000헌마91 등, 판례집 13-2, 77, 96.

2) 해어/니마이어식 계산방법에 따른 비례대표의석배분방식에 대하여 자세한 것은 Schreiber, Handbuch des Wahlrechts zum Deutschen Bundestag, 6. Aufl., S. 185ff. 참조.

4) 봉쇄조항(저지조항)

봉쇄조항 내지 저지조항이란 선거에서 일정수 이상의 득표율을 올렸거나 일정수 이상의 당선자(지역구다수대표제에 의한 당선자)를 낸 정당만이 비례대표의석배분에 참여할 수 있도록 함으로써 원내 군소정당의 난립을 막고, 안정된 다수세력의 형성을 촉진시키려는 규정이다. 과거 독일 바이마르공화국에서 실시된 비례대표제가 이러한 봉쇄조항을 두고 있지 않았기 때문에 지나치게 많은 군소정당이 난립했고, 그 결과 의회내에 안정된 다수세력의 형성이 불가능해 의회가 제 기능을 하지 못했으며, 결국 이는 심각한 정치적 혼란을 초래해 나치라는 독재정권출현의 한 원인이 되었다고 평가되고 있다. 이에 대한 반성으로 독일은 현재 지역구다수대표제선거에서 3석 이상의 의석을 차지하거나 정당투표에서 유효투표총수의 5% 이상의 득표율을 차지한 정당만이 비례대표의석배분에 참여할 수 있도록 규정하고 있다. 우리의 경우 공직선거법 제189조 제1항에 따라 임기만료에 따른 비례대표국회의원선거에서 전국 유효투표총수의 100분의 3 이상을 득표한 정당이나, 또는 임기만료에 따른 지역구국회의원선거에서 5 이상의 의석을 차지한 정당에 대하여만 비례대표국회의원의석을 배분한다.

그러나 다른 한편 이러한 봉쇄조항은 군소정당의 의회진출을 막고, 그로써 신진정당과 군소정당에 불리하게 작용하며, 기존의 대정당에게 상대적으로 유리한 정당풍토를 조성할 수 있기 때문에 본래의 비례대표제의 기능과 장점을 약화시킬 수도 있다. 따라서 의석배분에 참여할 수 있는 기준으로서의 저지선은 그 나라의 정치와 정당의 역사와 풍토 및 현실, 정치적 세력분포 등 제반 여건을 고려하여 신중하고 합리적으로 정해야 할 것이다. 그런 점을 감안해 볼 때 우리의 경우 과거 독일처럼 5%의 저지선을 두었다가 3%로 저지선을 낮춘 것은 바람직한 개정으로 볼 수 있다. 그러나 지역구국회의원총선거에서 5석 이상의 의석이라는 또 다른 저지선은 여전히 유지되고 있는데, 이는 앞서 소개한 바와 같이 3석 이상이라는 저지선을 규정하고 있는 독일의 경우와는 다르다. 그런데 독일처럼 정당역사가 오래되고 다당제와 다원적 민주주의가 정착된 정치선진국에서와는 달리 우리의 경우에는 현행 5석의 저지선은 높다고 여겨진다. 특히 우리의 일천한 정당역사, 수시로 설립과 해체를 반복하는 정당풍토,

3) 같은 견해 허영, 전게서, 830쪽.

소수 · 진보정당에게 불리한 정치문화(우리의 정치풍토에 있어서 신생 · 소수 · 진보정당이 지역구에서 5석을 차지하기란 사실상 불가능에 가깝다), 정치적 다양성에 인색한 다원적 민주주의의 부재 등을 감안할 때 현행 5석의 저지선을 낮출 필요가 있다고 생각한다.

5) 선거구

비례대표제의 경우에도 선거구유형에 따라 전국구비례대표제와 권역별비례대표제로 나눌 수 있다. 전자는 전국을 하나의 선거구로 하여 비례대표선거가 실시되는 방식으로 전국을 하나의 단위로 하는 단일명부가 작성된다. 우리의 경우가 이에 해당된다. 반면 후자는 전국을 여러 개의 권역으로 나누어 각 권역별로 비례대표선거가 실시되며, 따라서 각 권역별로 명부가 작성되고, 각 권역에 할당된 의석수가 각 권역의 정당별 득표율에 따라 배분되는 방식이다.

전국구를 바탕으로 한 명부작성과 정당득표율집계 및 의석배분방식이 비례대표제의 취지에 보다 잘 부합된다고 볼 수 있다. 먼저 전국명부로 하면 개별 권역간 구분으로 인해 의석으로 전환되지 못하고 버려지는 사표가 줄어든다. 또한 전국명부방식하에서 전국적 또는 전문가적 인물의 당선가능성을 높이고, 선거구획정의 문제점을 해소하며, 소수 · 신진 · 개혁정당의 의회진출가능성을 높이고, 특정 지역 내지 특정 권역에서의 특정정당 내지 대정당의 지배를 억제할 수 있다. 결국 표의 등가성을 내용으로 하는 평등선거의 원칙, 사표의 방지, 지역초월적 대의의 이념 등 대의제도와 비례대표제의 취지를 감안할 때 당연히 전국구비례대표제가 바람직하다고 볼 수 있다.[1)]

3. 혼합형 선거제도

(1) 의의

혼합형 선거제도는 다수대표제와 비례대표제를 결합한 선거유형이다. 즉 인물본위의 지역구다수대표제와 정당명부식 비례대표제를 혼합시킨 선거제도를 말한다.

1) 비례대표제의 선거구에 대하여는 정연주, 현행 국회의원선거제도의 비례성 증대방안, 법제연구, 통권 제52호, 한국법제연구원, 2017. 6, 7쪽 이하 참조.

(2) 결합방식과 의석배분방식

다수대표제와 비례대표제의 혼합형 선거제도를 채택하는 경우 양자의 결합방식에 따라 병립형과 연동형(대표적인 예로서 독일식)의 두 가지 유형이 있다. 이들 유형에 따라 의석배분방식이 달라진다.

1) 병립형

병립형은 다수대표지역구의석과 비례대표의석이 각각 별개로 고정되어 결합된 형태로서 의석배분에 있어서도 양자가 각각 별개로 정해진 의석을 독립하여 배분하게 된다. 즉 제1표(지역구투표)에 의하여 지역구당선자가 정해지고, 제2표(정당투표)에 의하여 비례대표당선자가 정해진다. 이 제도는 상이한 선거제도의 물리적 결합으로서 부분적인 비례대표효과만을 가진다고 볼 수 있고, 다수세력의 형성에 유리하며 제1당 내지 대정당에게 유리하다고 평가된다. 일본이 이러한 병립형을 채택하고 있고, 우리의 경우 병립형을 취하다가 최근 준연동형으로 개정하였다.

2) 연동형

이에 반해 연동형의 경우는 각 정당이 획득할 총 의석수가 정당명부에 대한 제2투표의 결과 획득한 득표율에 따라, 즉 연동해서 정해진다. 다시 말해 지역구의석수와 비례대표의석수가 미리 별도로 정해지고 양자의 의석배분이 독립하여 이루어지는 것이 아니라, 1차적으로 각 정당이 차지하는 총 의석수가 각 정당이 획득한 정당투표의 유효득표율에 비례해서 정해진다. 즉 각 정당의 유효득표율에 따라 의회의 총 의원정수에서 배분되는 것이다. 그 다음 2차적으로 각 정당에게 배분된 그 해당 정당의 총 의석수에서 먼저 다수대표제로 당선된 지역구의석이 배분되고, 그 다음 총 의석수에서 지역구의석을 뺀 나머지 의석을 비례대표의석으로 채우는 방식이다.

이처럼 연동형의 경우에는 각 정당이 차지할 수 있는 - 지역구의석과 비례대표의석을 모두 합한 - 총 의석수가 이미 정당투표의 득표율에 따라 정해지므로 연동형은 비례대표제의 기본바탕위에 지역구선거의 인물선거적 요소를 혼합한 것이라고 할 수 있다. 이 연동형은 상이한 선거제도의 화학적 결합으로서 병립형에 비하여 득표율과 대표율의 일치 내지 대표형성의 정확성, 평등선거의 원칙, 소수 · 신진 · 개혁세력의 의회진출가능성, 정당민주주의와 다원적 민주주의의 실현 등의 관점에서 탁월하고, 비례대표제의 기본취지에 보다 잘 부합된다. 따라서 진정한 비례대표제의 특성을 살리고, 다원적 민주주의의 실현을 위해서는 연동형이 훨씬 효과적이라고 하겠다.[1)]

그런데 독일의 비례대표제에서 보는 바와 같이 연동형 비례대표제의 경우 특정정당이 지역구선거에서 차지한 의석수가 그 정당의 정당투표의 득표율에 따라 차지할 총 의석수보다 많을 때 이른바 초과의석(Überhangmandate)이 발생하는데, 결과적으로 그 수만큼 의회의 총 의석수가 늘어나게 된다.[2)] 왜냐하면 연동형 비례대표제의 경우 각 정당에 대한 의석배분순서는 먼저 지역구의석이 배분되고 그 다음이 비례대표의석을 채우는 방식인데, 만일 그 해당 정당이 이미 차지한 지역구의석수가 그 정당에게 배분된 총 의석수보다 많을 때는 추가 배분될 비례대표의석이 당연히 없게 되고, 그 정당이 이미 획득한 지역구의석은 모두 인정되므로 그 정당에게 배분될 총 의석수를 초과한 지역구의석수 만큼 불가피하게 의회 총 의석수(의원정수)가 늘어나게 된다. 이러한 초과의석은, 예컨대 어떤 특정 주에서의 선거참여율이 전체의 평균치보다 현저히 낮을 때, 또는 어떤 정당이 자신의 지역구의석을 모두 매우 경미한 상대적 다수로서만 - 다른 정당은 매우 큰 다수로서 획득한 것에 비하여 - 획득할 때 발생된다고 볼 수 있다. 일반적으로 초과의석의 발생은 의회의 다수형성이나 정당구도에 커다란 영향을 미치지 못하는 것으로 평가된다.

(3) 선거구

앞서 언급한 바와 같이 비례대표제의 경우 선거구유형에 따라 전국구비례대표제와 권역별비례대표제로 나눌 수 있는데, 이는 혼합형 선거제도의 경우에도 그대로 적용된다. 따라서 표의 등가성을 내용으로 하는 평등선거의 원칙, 사표의 방지, 지역초월적 대의의 이념 등 대의제도와 비례대표제의 취지를 감안할 때 당연히 혼합형에서도 - 병립형이건 연동형이건 - 전국구비례대표제가 바람직하

---

1) 연동형 비례대표제에 관하여 자세한 것은 정연주, 현행 국회의원선거제도의 비례성 증대방안, 7쪽 이하 참조.

2) 독일에 있어서 초과의석에 대하여 자세한 것은 Schreiber, aaO, S. 158ff.

다고 하겠다.

한편 연동형의 경우 위에서 언급한 바와 같이 초과의석의 발생이 문제될 수 있다. 일반적으로 초과의석의 발생에 영향을 미치는 변수는 지역구와 비례대표의 의석비율, 명부작성방식, 분할투표율, 선거구의 크기 등을 들 수 있는데, 이중 의석비율과 명부작성방식이 가장 큰 영향을 미치는 요인이라 할 수 있다. 결론적으로 이러한 초과의석의 발생확률은 이론과 실제에 있어서 권역별비례대표제에서보다 전국구비례대표제에서 적어진다. 권역별비례대표제의 경우 명부가 작성되는 선거구가 많을수록 정당의 득표율에 따른 배분의석보다 지역구의석이 많을 확률이 높아질 수밖에 없고, 반대로 선거구가 클수록 그 확률은 낮아지게 된다. 또한 선거구가 커질수록 개별 선거구간 구분으로 인해 의석으로 전환되지 못하고 버려지는 사표가 줄어들게 된다. 따라서 전국구비례대표제가 가장 이상적이라고 볼 수 있다. 초과의석의 발생가능성이 낮다는 것은 비례성이 높아진다는 의미이다.[1)]

참고로 독일의 경우 정당명부작성이 주단위로 이루어지긴 하지만, 정당투표(제2표)의 득표율집계와 각 정당에 대한 총의석수의 배분이 기본적으로는 연방단위로 이루어지고, 저지조항의 적용도 연방단위로 이루어지기 때문에 독일의 비례대표선거는 사실상 그 효과면에서 연방단위로 실시되고 있다고 볼 수 있다. 이처럼 주차원에서 정당명부작성이 이루어지는 것은 독일의 지방분권적 역사, 그리고 독일이 하나의 독립한 국가적 성격을 지닌 주들로 이루어진 연방국가라고 하는 사실에서 기인한다고 하겠다. 그런데 독일의 경우 선거결과 종종 초과의석이 발생되는 것은 독일이 사실상 연방 전체를 하나의 선거구로 하는 전국구 연동형 비례대표제를 실시하면서도 정당명부작성이 주단위로 이루어지고, 각 주별로 비례대표의석을 배분하는 방식을 취하고 있기 때문이다. 반면 독일식 연동형 비례대표제를 도입한 뉴질랜드의 경우 전국구비례대표제를 채택한 결과 본래의 비례대표제의 기능과 장점을 최대한 살리면서도 초과의석이 거의 발생되지 않고 있다. 따라서 뉴질랜드의 선거제도를 이론과 실제에 있어서 가장 바람직하고 모범적인, 그리고 선거의 기본원칙을 비롯한 헌법정신을 가장 잘 구현한 선거제도로 평가할 수 있을 것이다.

---

1) 초과의석문제에 관하여 정연주, 현행 국회의원선거제도의 비례성 증대방안, 7쪽 이하 참조.

Ⅴ. 우리나라의 선거제도

대의제도를 바탕으로 하는 우리의 통치질서내에서 선거제도가 제 기능을 발휘하기 위하여 헌법은 참정권과 선거의 기본원칙 등을 명문으로 규정하는 한편, 헌법과 공직선거법에서 구체적인 선거제도에 관한 제반 사항을 규정하고 있다.

1. 대통령선거제도

(1) 내용

1) 선거방법

대통령은 국민의 보통·평등·직접·비밀선거에 의하여 선출된다(헌법 67조 제1항). 대통령은 무기명투표로 선출되며(공직선거법 제15조 제1항), 대통령후보자 중에서 유효투표의 다수를 획득한 사람이 당선된다(동법 제187조 제1항). 따라서 우리의 대통령선거제도는 상대다수대표제이다. 대통령선거에서 최고득표자가 2인 이상인 때에는 중앙선거관리위원회의 통지에 의하여 국회의 재적의원 과반수가 출석한 공개회의에서 다수표를 얻은 자를 당선인으로 결정한다(헌법 제67조 제2항, 공직선거법 제187조 제2항). 대통령후보자가 1인일 때에는 그 득표수가 선거권자 총수의 3분의 1 이상이 아니면 대통령으로 당선될 수 없다(헌법 제67조 제3항, 공직선거법 제187조 제1항 단서).

2) 선거권과 피선거권

선거일 현재 18세 이상의 국민은 대통령의 선거권이 있다(공직선거법 제15조 제1항, 제17조). 대통령의 피선거권은 국회의원의 피선거권이 있고 선거일 현재 5년 이상 국내에 거주하고 있는 40세 이상의 국민은 대통령의 피선거권이 있다. 이 경우 공무로 외국에 파견된 기간과 국내에 주소를 두고 일정기간 외국에 체류한 기간은 국내거주기간으로 본다(헌법 제67조 제4항, 공직선거법 제16조 제1항).

3) 후보자추천과 기탁금

대통령에 입후보하려면 정당의 추천을 받거나(공직선거법 제47조 제1항), 무소속후보자의 경우 5 이상의 시·도에 나누어 하나의 시·도에 주민등록이 되어 있는 선거권자의 수를 700인 이상으로 한 3500인 이상 6000인 이하의 추천을 받아야 한다(동법 제48조 제2항 제1호). 정당은 후보자를 추천하기 위하여 경선(당내경선)을 실시할 수 있다(동법 제57조의2 제1항). 후보자의 난립을 막기 위하여 후보자는 3억원을 중앙선거관리위원회에 기탁하여야 한다(동법 제56조 제1항 제1호). 후보자가 당선되거나 사망한 경우와 유효투표총수의 100분의 15 이상을 득표한 경우에는 기탁금 전액을, 후보자가 유효투표총수의 100분의 10 이상 100분의 15 미만을 득표한 경우에는 기탁금의 100분의 50에 해당하는 금액을 기탁자에게 반환하며, 그 밖의 경우에는 일정한 요건하에 기탁금을 국고에 귀속토록 했다(동법 제57조 제1항 제1호).

4) 선거시기

대통령의 임기가 만료되는 때에는 임기만료 70일 내지 40일전에 후임자를 선거한다(헌법 제68조 제1항). 대통령이 궐위된 때 또는 대통령 당선자가 사망하거나 판결 기타의 사유로 그 자격을 상실한 때에는 60일 이내에 후임자를 선거한다(헌법 제68조 제2항). 대통령선거일은 첫째, 임기만료의 경우 그 임기만료일전 70일 이후 첫번째 수요일, 둘째 대통령이 궐위된 경우 그 궐위사유가 확정된 때로부터 60일 이내에 실시하되 선거일은 늦어도 선거일전 50일까지 대통령 또는 대통령권한대행자가 공고한다(공직선거법 제34조 제1항 제1호, 제35조 제1항).

5) 재선거

당선인이 없거나 선거의 전부무효의 판결 또는 결정이 있는 때, 당선인이 임기개시전에 사퇴하거나 사망한 때, 당선인이 임기개시전에 피선거권상실로 인한 당선무효 등 당선의 효력이 상실되거나 당선이 무효로 된 때에는 그 선거의 실시사유가 확정된 때부터 60일 이내에 재선거를 실시한다(동법 제195조, 제35조 제1항).

6) 선거에 관한 소송

대통령선거에 관한 소송에는 선거소송과 당선소송이 있는데, 전자는 선거의 효력에 관하여 이의가 있는 선거인, 후보자추천정당, 후보자가 선거일로부터 30일 이내에 중앙선거관리위원회위원장을 피고로 대법원에 제소하는 것이고(동법 제222조 제1항), 후자는 당선의 효력에 이의가 있는 후보자추천정당 또는 후보자가 당선인결정일로부터 30일 이내에 등록무효·피선거권상실로 인한 당선무효 등을 이유로 하는 경우에는 당선인을, 대통령당선인의 결정·공고·통지 등의 위법을 이유로 하는 경우에는 중앙선거관리위원회위원장 또는 국회의장을 피고로 대법원에 제소할 수 있다(동법 제223조 제1항). 대법원은 다른 쟁송에 우선하여 신속히 재판해야 하며, 소가 제기된 날로부터 180일 이내에 처리해야 한다(동법 제225조).

(2) 문제점

1) 헌법상 강력한 통치권을 부여받는 대통령제 정부형태하의 대통령의 지위와 권한 등에 비추어 볼 때 대통령은 이에 상응하는 강력한 민주적 정당성을 부여받아야 할 것이다. 그런데 현행 상대다수대표제하에서는 단순히 상대적으로 최고득표를 한 후보자가 당선되기 때문에 민주적 정당성이 취약할 수 있다. 따라서 적어도 과반수의 득표를 한 후보자가 당선될 수 있도록 결선투표제의 도입을 전제로 한 절대다수대표제로의 개정이 바람직하다.

2) 최고득표자가 2인 이상일 때 국회에서 결선투표로 결정하도록 되어 있는데, 이는 일종의 의원내각제적 요소로서 대통령제 및 대통령직선제와 이념적으로 조화되기 어렵고(체계정당성에 반함), 대통령이라는 통치기구에게 부여되는 민주적 정당성이 약화될 수밖에 없다. 또한 국회의 정당별 의석분포에 따라 후보자의 당선이 사실상 정해질 가능성이 클 수밖에 없다는 문제점도 있는데, 이 역시 대통령제와 조화되기 어렵다. 따라서 이 경우에도 국민투표로 결선투표를 해야 할 것이다.

3) 대통령의 임기는 5년 단임제인데, 이는 국민에 의한 심판과 신임부여의 기회를 박탈하는 것으로서 책임 및 신임정치구현에 부응하기 어렵다. 또한 정책의 연속성을 해치는 문제점도 있다. 일정한 제한하에서 중임을 허용해야 할 것

이다.

2. 국회의원선거제도

(1) 내용

1) 선거방법 등

가. 개요

국회의원은 보통·평등·직접·비밀선거로 당선되며, 국회의원의 수는 200인 이상으로 하되, 국회의원의 수와 그 선거구 및 비례대표제 기타 선거에 관한 사항은 법률로 정하도록 하고 있다(헌법 제41조). 현행 공직선거법에 따르면 국회의 의원정수는 지역구국회의원과 비례대표국회의원을 합하여 총 300명이고, 지역구국회의원 253인과 비례대표국회의원 47인으로 구성되어 있다(공직선거법 제21조 제1항). 하나의 국회의원지역선거구에서 선출할 국회의원의 정수는 1인이다(동법 제21조 제2항). 이처럼 우리의 국회의원선거제도는 소선거구 다수대표제와 비례대표제의 결합형이며, 양자의 결합형식은 준연동형이다. 또한 비례대표제의 선거구는 전국구이다(동법 제20조 제1항). 지역구국회의원선거에 있어서는 당해 국회의원지역구에서 유효투표의 다수를 얻은 자가 당선되는 상대다수대표제이다.[1] 다만 최고득표자가 2인 이상인 때에는 연장자를 당선인으로 결정한다(동법 제188조 제1항). 투표방법은 지역구의원선거에 1인 1표, 비례대표의원선거에 1인 1표인 1인 2표제이며(동법 제146조 제2항), 비례대표의원선거는 각 정당명부에 투표하는 정당투표제이다(동법 제150조). 임기만료에 따른 비례대표국회의원선거에서 전국 유효투표총수의 100분의 3 이상을 득표한 정당, 또는 임기만료에 따른

---

1) 헌재 2003. 11. 27. 2003헌마259 등, 판례집 15-2하, 339, 341:
헌법 제41조 제1항에 의한 선거원칙은 보통·평등·직접·비밀·자유선거인데 공선법 제188조의 규정처럼 유효투표의 다수를 얻은 자를 당선인으로 결정하도록 하는 것이 헌법에서 선언된 위와 같은 선거원칙에 위반된다고 할 근거는 찾아볼 수 없다. 선거의 대표성 확보는 모든 선거권자들에게 차등 없이 투표참여의 기회를 부여하고, 그 투표에 참여한 선거권자들의 표를 동등한 가치로 평가하여 유효투표 중 다수의 득표를 얻은 자를 당선인으로 결정하는 현행 방식에 의해 충분히 구현된다고 해야 하는 것이다. 그리고 차등 없이 투표참여의 기회를 부여했음에도 불구하고 자발적으로 투표에 참가하지 않은 선거권자들의 의사도 존중해야 할 필요가 있다. 따라서 유효투표의 다수를 얻은 후보자를 당선인으로 결정하게 한 공선법 규정도 선거의 대표성의 본질이나 국민주권 원리를 침해하는 것이 아니다.

지역구국회의원선거에서 5 이상의 의석을 차지한 정당에 대하여 비례대표국회의원의석이 배분된다(동법 제189조 제1항). 따라서 정당득표율 3%, 지역구 5석의 봉쇄조항을 두고 있는 것이다. 비례대표의석배분방식은 해어/니마이어식 계산방식을 채택하고 있다고 볼 수 있다(동법 제189조 제2항 이하 참조).

나. 준연동형 비례대표제

현행 국회의원선거제도는 이른바 준연동형 비례대표제를 바탕으로 하고 있다(동법 제189조 제2항). 주지하는 바와 같이 연동형 비례대표제가 정당의 득표율에 연동해 전체의석을 배정하는 방식인데 반해, 최근 개정된 공직선거법의 비례대표제는 정당득표율에 50%만 연동한 것이다. 따라서 이를 '준연동형 비례대표제'라고 한다. 이에 따르면 순수 연동형 비례대표제의 경우와는 달리 각 정당이 획득한 정당득표율에 비례하는 총 의석수에서 그 정당이 실제로 차지한 지역구의석수를 차감한 의석수가 모두 그 해당 정당에게 배분되는 것이 아니라 그 차감의석수의 50%만이 배분된다.

한편 2020. 1. 14.에 개정된 공직선거법 부칙조항(제4조)에 따르면 2020년 4월 15일 실시된 제21대 국회의원선거에 한해서 지역구의석과 비례대표의석의 결합방식은 준연동형과 병립형이 혼합된 형태였다. 이에 따르면 비례대표의원의석수 중 일부는 준연동형으로, 나머지 일부는 기존의 병립형으로 배분된다. 즉 현행 공직선거법상 비례대표의석수는 총 47석인데, 이 중 30석만 준연동형으로 각 정당에 배분되고 나머지 17석은 여전히 병립형으로 배분된다. 따라서 앞서 언급한 바와 같이 각 정당이 획득한 정당득표율에 비례하는 총 의석수에서 그 정당이 실제로 차지한 지역구의석수를 차감한 의석수의 50%만 배분되는데, 이처럼 준연동형 비례대표로 각 정당에 배분되는 의석은 비례대표의석 47석이 아니라 30석을 상한선으로 한다(이 경우 30석을 상한선으로 했다고 해서 30석에 이른바 Cap을 씌웠다고 표현하기도 한다). 나머지 17석은 기존의 병립형으로 각 정당이 획득한 정당득표율에 따라 해당 정당들에게 배분된다. 따라서 병립형에 따른 17석의 배분은 각 정당이 차지한 지역구의석수와 관계가 없고, 또한 준연동형에 따라 각 정당에게 배분될 비례대표의석수와도 관계가 없다.

예컨대 A 정당이 정당득표율 10%, 지역구 당선자 10명을 배출했을 때, A 정당은 300석 중 10%인 30석에서 지역구 당선 10석을 뺀 20석의 50%인 10석을 '30석 상한선'의 범위 안에서 다른 정당들과 비율을 조정해 가져가게 된다. 그리고 나머지 비례의석 17석은 각 정당득표율에 따라 단순 배분하는 기존 병립형 배분방식을 따르게 된다. 단 비례대표의석을 배분받기 위해서는 최소 정당득표율 3% 또는 지역구 5석을 얻어야 한다(봉쇄조항).

2) 선거권과 피선거권

국회의원선거권은 선거일 현재 만18세가 된 모든 국민에게 특별한 결격사유(동법 제18조 참조)가 없는 한 부여되는데, 지역구국회의원의 선거권은 선거인명부작성기준일 현재 해당 국회의원지역선거구 안에 주민등록이 되어 있는 사람, 그리고 주민등록표에 3개월 이상 계속하여 올라 있고 해당 국회의원지역선거구 안에 주민등록이 되어 있는 재외국민은 선거권을 가진다(동법 제15조 제1항, 제17조).[1] 선거일 현재 18세 이상의 국민으로서 일정한 결격사유(동법 제19조 참조)가

1) 헌재 2007. 6. 28. 2004헌마644 등, 판례집 19-1, 859, 860-862:
선거권의 제한은 불가피하게 요청되는 개별적·구체적 사유가 존재함이 명백할 경우에만 정당화될 수 있고, 막연하고 추상적인 위험이나 국가의 노력에 의해 극복될 수 있는 기술상의 어려움이나 장애 등을 사유로 그 제한이 정당화될 수 없다. 북한주민이나 조총련계 재일동포가 선거에 영향을 미칠 가능성, 선거의 공정성, 선거기술적 이유 등은 재외국민등록제도나 재외국민 거소신고제도, 해외에서의 선거운동방법에 대한 제한이나 투표자 신분확인제도, 정보기술의 활용 등을 통해 극복할 수 있으며, 나아가 납세나 국방의무와 선거권 간의 필연적 견련관계도 인정되지 않는다는 점 등에 비추어 볼 때, 단지 주민등록이 되어 있는지 여부에 따라 선거인명부에 오를 자격을 결정하여 그에 따라 선거권 행사 여부가 결정되도록 함으로써 엄연히 대한민국의 국민임에도 불구하고 주민등록법상 주민등록을 할 수 없는 재외국민의 선거권 행사를 전면적으로 부정하고 있는 법 제37조 제1항은 어떠한 정당한 목적도 찾기 어려우므로 헌법 제37조 제2항에 위반하여 재외국민의 선거권과 평등권을 침해하고 보통선거원칙에도 위반된다.
직업이나 학문 등의 사유로 자진 출국한 자들이 선거권을 행사하려고 하면 반드시 귀국해야 하고 귀국하지 않으면 선거권 행사를 못하도록 하는 것은 헌법이 보장하는 해외체류자의 국외 거주·이전의 자유, 직업의 자유, 공무담임권, 학문의 자유 등의 기본권을 희생하도록 강요한다는 점에서 부적절하며, 가속화되고 있는 국제화시대에 해외로 이주하여 살 가능성이 높아지고 있는 상황에서, 그것이 자발적 계기에 의해 이루어졌다는 이유만으로 국민이면 누구나 향유해야 할 가장 기본적인 권리인 선거권의 행사가 부인되는 것은 타당성을 갖기 어렵다는 점에 비추어 볼 때, 선거인명부에 오를 자격이 있는 국내거주자에 대해서만 부재자신고를 허용함으로써 재외국민과 단기해외체류자 등 국외거주자 전부의 국정선거권을 부인하고 있는 법 제38조 제1항은 정당한 입법목적을 갖추지 못한 것으로 헌법 제37조 제2항에 위반하여 국외거주자의 선거권과 평등권을 침해하고 보통선거원칙에도 위반된다.
국내거주 재외국민은 주민등록을 할 수 없을 뿐이지 '국민인 주민'이라는 점에서는 '주민등

없으면 국회의원의 피선거권이 있다(동법 제16조 제2항, 제17조).

3) 후보자추천과 기탁금 및 입후보등록 등

입후보난립과 선거과열을 막기 위하여 지역구에서 입후보하고자 하는 자는 정당의 추천을 받거나(동법 제47조 제1항), 해당 선거구내 300인 이상 500인 이하의 추천을 받아야 하며(동법 제48조 제2항 제2호),[1] 지역구후보자는 1500만원, 비례대표후보자는 500만원의 기탁금을 관할선거구선거관리위원회에 납부해야 한다(동법 제56조 제1항 제2호, 제2의2호). 지역구후보자가 당선되거나 사망한 경우와

록이 되어 있는 국민인 주민'과 실질적으로 동일하므로 지방선거 선거권 부여에 있어 양자에 대한 차별을 정당화할 어떠한 사유도 존재하지 않으며, 또한 헌법상의 권리인 국내거주 재외국민의 선거권이 법률상의 권리에 불과한 '영주의 체류자격 취득일로부터 3년이 경과한 19세 이상의 외국인'의 지방선거 선거권에 못 미치는 부당한 결과가 초래되고 있다는 점에서, 국내거주 재외국민에 대해 그 체류기간을 불문하고 지방선거 선거권을 전면적·획일적으로 박탈하는 법 제15조 제2항 제1호, 제37조 제1항은 국내거주 재외국민의 평등권과 지방의회 의원선거권을 침해한다.

'외국의 영주권을 취득한 재외국민'과 같이 주민등록을 하는 것이 법령의 규정상 아예 불가능한 자들이라도 지방자치단체의 주민으로서 오랜 기간 생활해 오면서 그 지방자치단체의 사무와 얼마든지 밀접한 이해관계를 형성할 수 있고, 주민등록이 아니더라도 그와 같은 거주 사실을 공적으로 확인할 수 있는 방법은 존재한다는 점, 나아가 법 제16조 제2항이 국회의원 선거에 있어서는 주민등록 여부와 관계없이 25세 이상의 국민이라면 누구든지 피선거권을 가지는 것으로 규정함으로써 국내거주 여부를 불문하고 재외국민도 국회의원 선거의 피선거권을 가진다는 사실에 비추어, 주민등록만을 기준으로 함으로써 주민등록이 불가능한 재외국민인 주민의 지방선거 피선거권을 부인하는 법 제16조 제3항은 헌법 제37조 제2항에 위반하여 국내거주 재외국민의 공무담임권을 침해한다.

국민투표는 국가의 중요정책이나 헌법개정안에 대해 주권자로서의 국민이 그 승인 여부를 결정하는 절차인데, 주권자인 국민의 지위에 아무런 영향을 미칠 수 없는 주민등록 여부만을 기준으로 하여, 주민등록을 할 수 없는 재외국민의 국민투표권 행사를 전면적으로 배제하고 있는 국민투표법 제14조 제1항은 앞서 본 국정선거권의 제한에 대한 판단에서와 동일한 이유에서 청구인들의 국민투표권을 침해한다.

1) 헌재 1996. 8. 29. 96헌마99, 판례집 8-2, 199, 200:
무소속후보자의 입후보에 선거권자의 추천을 받도록 하고 있는 것은 국민인 선거권자의 추천에 의한 일정한 자격을 갖추게 하여 후보자가 난립하는 현상을 방지하는 한편, 후보자등록 단계에서부터 국민의 의사가 반영되도록 함으로써 국민의 정치적 의사가 효과적으로 국정에 반영되도록 하기 위한 것이고, 이에 반하여 일정한 정강정책을 내세워 공직선거에 있어서 후보자를 추천함으로써 국민의 정치적 의사 형성에 참여함을 목적으로 하는 정치적 조직인 정당이 후보자를 추천하는 행위에는 정치적 의사나 이해를 집약한 정강정책을 후보자를 통하여 제시하는 의미가 포함되어 있는 것이어서 무소속후보자의 경우와 같이 선거권자의 추천을 따로 받을 필요가 없으므로 무소속후보자에게만 선거권자의 추천을 받도록 한 것이 정당후보자와 불합리한 차별을 하는 것이라고 할 수 없다.

유효투표총수의 100분의 15 이상을 득표한 경우에는 기탁금 전액을, 지역구후보자가 유효투표총수의 100분의 10 이상 100분의 15 미만을 득표한 경우에는 기탁금의 100분의 50에 해당하는 금액을 기탁자에게 반환하며, 비례대표국회의원선거의 경우에는 당해 후보자명부에 올라 있는 후보자중 당선인이 있는 때에는 기탁금 전액을 기탁자에게 반환한다. 그 밖의 경우에는 일정한 요건하에 기탁금을 국고에 귀속토록 했다(동법 제57조).

비례대표후보자의 등록은 추천정당이 그 순위를 정한 후보자명부와 함께 본인의 후보승락서를 첨부하여 중앙선거관리위원회에 신청함으로써 이루어진다(동법 제49조 제2항). 정당이 비례대표국회의원선거에 후보자를 추천하는 때에는 그 후보자 중 100분의 50 이상을 여성으로 추천하되, 그 후보자명부의 순위의 매 홀수에는 여성을 추천하여야 한다(동법 제47조 제3항). 비례대표국회의원선거에 있어 여성후보자 추천의 비율과 순위를 위반한 경우에 그 후보자의 등록은 무효로 한다(동법 제52조 제1항 제2호). 정당이 임기만료에 따른 지역구국회의원선거에 후보자를 추천하는 때에는 각각 전국지역구총수의 100분의 30 이상을 여성으로 추천하도록 노력하여야 한다(동법 제47조 4항). 정당은 후보자등록후에는 등록된 후보자에 대한 추천을 취소 또는 변경할 수 없으며, 비례대표국회의원후보자명부에 후보자를 추가하거나 그 순위를 변경할 수 없다(동법 제50조 제1항). 정당은 후보자를 추천하기 위하여 경선(당내경선)을 실시할 수 있다(동법 제57조의2 제1항). 정당이 당내경선을 실시하는 경우 경선후보자로서 당해 정당의 후보자로 선출되지 아니한 자는 당해 선거의 같은 선거구에서는 후보자로 등록될 수 없다(동법 제57조의2 제2항). 정당의 당원인 자는 무소속후보자로 등록할 수 없으며, 후보자등록기간중 당적을 이탈·변경하거나 2 이상의 당적을 가지고 있는 때에는 당해 선거에 후보자로 등록될 수 없다. 소속정당의 해산이나 그 등록의 취소 또는 중앙당의 시·도당창당승인취소로 인하여 당원자격이 상실된 경우에도 또한 같다(동법 제49조 제6항). 공무원 등 국회의원과 겸직이 허용되지 않는 신분을 가진 사람으로서 지역구국회의원후보자가 되려는 사람은 선거일 전 90일까지, 비례대표국회의원선거에 입후보하는 경우에는 선거일전 30일까지 그 직을 그만두어야 하고, 비례대표국회의원이 지역구국회의원 보궐선거 등에 입후보하는 경우에는 후보자등록신청 전까지 그 직을 그만두어야 한다(동법 제53조).[1)]

4) 재선거 및 보궐선거

한편 당해 선거구의 후보자가 없는 때, 당선인이 없거나 선거의 전부무효의 판결 또는 결정이 있는 때, 선거의 일부무효의 판결 또는 결정이 확정된 때, 당선인이 임기개시전에 사퇴하거나 사망한 때, 당선이 무효로 된 때 등에는 재선거를 실시하고(동법 제195조, 제197조 등), 지역구국회의원에 궐원이 생긴 때에는 보궐선거를 실시한다(동법 제200조). 재선거와 보궐선거는 일년에 한 번 4월 중 첫 번째 수요일에 실시한다(동법 제35조 제2항).[1)]

---

1) 헌재 1995. 3. 23. 95헌마53, 판례집 7-1, 463, 464:
공직선거및선거부정방지법(1995. 4. 1. 법률 제4947호로 개정되고 1997. 11. 14. 법률 제5412호로 개정되기 전의 것) 제53조 제1항 제1호가 공무원으로서 공직선거의 후보자가 되고자 하는 자는 선거일 전 90일까지 그 직을 그만두도록 한 것은 선거의 공정성과 공직의 직무전념성을 보장함과 아울러 이른바 포말후보의 난립을 방지하기 위한 것으로서 그 필요성과 합리성이 인정되며, 그것이 공무담임권의 본질적 내용을 침해하였다거나 과잉금지의 원칙에 위배된다고 볼 수 없다. 그리고 같은 법 제53조 제1항 단서에서 국회의원이 대통령선거나 국회의원선거에, 지방의회의원이나 지방자치단체의 장이 당해 지방의회의원의 선거나 당해 지방자치단체의 장의 선거에 각 입후보하는 경우에는 예외적으로 그 직을 보유한 채 입후보할 수 있도록 규정한 것은 다른 직에 있던 사람들에 비하여 이들 경우에는 특히 그 각 선거에 입후보할 가능성이 커서 이러한 경우까지 선거일 전 90일까지 그 직을 모두 그만두도록 한다면 그 직에 대한 업무수행에 특히 큰 지장이 생길 것이라는 입법자의 판단에 따른 것이고, 이러한 입법자의 판단이 우리의 경험칙에 비추어 잘못이라 보기는 어려우므로, 결국 위 법 제53조 제1항 제1호는 입법자가 동질적인 대상을 자의적으로 다르게 취급한 것이 아니라 여러 가지 사정을 고려하여 합리적으로 차등을 둔 것으로서 헌법상의 평등원칙에 위배되지 아니한다.

1) 헌재 2003. 11. 27. 2003헌마259 등, 판례집 15-2하, 339, 340-341:
공직선거및선거부정방지법(이하 '공선법'이라고만 한다) 제34조나 제35조 제2항 제1호 모두 국회의원 총선거일이나 재·보궐선거일을 모두 목요일로 정하고 있으며, 총선거일을 휴무일로 지정하는 것도 위 공선법 규정 자체에 의한 것이 아니고 정부가 대통령령인 관공서의공휴일에관한규정 제2조 제11호인 '기타 정부에서 수시 지정하는 날'에 의한 것이므로 총선거일과 대비하여 볼 때 재·보궐선거일에 관해 이 사건 심판대상인 공선법 규정 자체에 의한 차별취급은 존재하지 않는다. 또한 투표시간에 관한 공선법 제155조도 총선거일이나 재·보궐선거일에 동일하게 적용되므로 총선거일의 선거권자 및 후보자와 재·보궐선거일의 선거권자 및 후보자간에 아무런 차별취급도 존재하지 않는다. 무엇보다도 국회의원 총선거나 재·보궐선거의 각 선거권자 및 각 입후보자를 서로 비교할 수 있는 집단이라고 하기도 어렵다. 재·보궐선거가 실시되는 지역의 선거권자나 입후보자도 총선거가 실시되는 경우 그 총선거가 실시되는 선거구의 선거권자가 되거나 입후보자로 될 수 있기 때문이다. 또한 공선법은 국회의원 재·보궐선거의 선거권자들이 한 투표와 총선거의 선거권자들이 한 투표에 대해 서로 투표가치에 있어 차별을 하고 있지 않다. 그러므로 위 각 공선법 규정은 헌법에 위반되지 않으며, 오히려 우리 헌법 제41조 제2항이 국회의원의 선거에 관한

5) 선거에 관한 소송

국회의원선거에 관한 소송에는 선거소송과 당선소송이 있는데, 전자의 경우에 선거의 효력에 관하여 이의가 있는 선거인, 후보자를 추천한 정당 또는 후보자는 선거일부터 30일 이내에 당해 선거구선거관리위원회위원장을 피고로 하여 대법원에 소를 제기할 수 있고(동법 제222조), 후자의 경우에 당선의 효력에 이의가 있는 후보자를 추천한 정당 또는 후보자는 당선인결정일부터 30일 이내에 당선인 또는 당해 선거구선거관리위원회위원장을 피고로 하여 대법원에 소를 제기할 수 있다(동법 제223조). 선거에 관한 소송은 다른 쟁송에 우선하여 신속히 재판하여야 하며, 대법원은 소가 제기된 날 부터 180일 이내에 처리하여야 한다(동법 제225조).

(2) 문제점

1) 비례대표의원정수 및 다수대표제와 비례대표제의 결합방식의 문제

가. 비례대표의원정수의 문제

공직선거법에 따르면 국회는 현재 지역구국회의원 253인과 비례대표국회의원 47인으로 구성되어 있다(제21조 제1항). 그런데 선거제도의 기능과 본질에 충실하면서 소선거구 다수대표제가 가지는 다양한 문제점을 보완하는 제도가 바로 비례대표제인데, 현행 비례대표의원정수의 비율은 비례대표제의 기능과 장점을 살리기에는 너무 적다. 실제로도 우리의 의정사를 돌이켜 보면 그동안 국회에서의 비례대표의원의 지위와 의정활동이 대단히 미흡했다고 보지 않을 수 없다. 또한 비례대표후보자의 추천은 그동안 각계의 참신한 전문가 보다는 재력가이거나 정당 수뇌부 내지 수뇌부와 가까운 유력인사 등을 중심으로 이루어진 감이 없지 않다. 다른 한편 우리의 척박한 정치문화와 정당풍토를 감안할 때 소수·신생·진보·개혁정당이 현행 다수대표제하에서 지역구당선자를 배출하는

사항은 법률로 정한다고 규정하고 있으므로 국회의원 재·보궐선거일을 공휴일로 지정할지 여부, 그 투표시간을 일과후의 시간까지 연장할지 여부는 헌법이 입법자의 입법형성권의 범위에 위임하고 있는 문제라고 할 것이다. 결국 공선법상의 국회의원 재·보궐선거일이나 투표시간에 관한규정은 입법자의 입법형성권 범위내에서 제정된 것으로 선거권자이자 입후보자인 청구인들의 평등권이나 평등선거권, 또는 참정권을 침해하는 것이 아니다.

것은 대단히 어렵다. 사실상 이들의 경우에는 정당명부식 비례대표제를 통해 비례대표의원의 당선을 기대할 수밖에 없는 현실이다. 따라서 비례대표의원 정수를 대폭 늘려서 지역구의석수와 비례대표의석의 비율을 1:1로 하거나 적어도 2:1로 개선해야 할 것이다. 이럴 때 비로소 진정한 비례대표제의 기능과 장점이 실현될 것이다. 아울러 이럴 때 정치꾼이나 재력가가 아닌 진정한 전문가가 정당투표를 통해 국회에 들어가 자신의 전문영역에서 국민을 대표하여 의정활동을 할 수 있게 될 것이다. 또한 이 경우 지금까지와는 달리 각 정당은 제대로 된 차별적인 이념과 정책 및 강령으로 무장할 수밖에 없게 되고, 이러한 차별화된 정책실현을 가능케 하는 참신한 전문가를 추천할 수밖에 없게 되며, 결과적으로 헌법에 부합되는 제대로 된 정당민주주의와 다양한 이념과 가치를 추구하는 다원적 민주주의가 실현될 수 있는 것이다. 또한 연동형 비례대표제를 실시할 경우 문제점으로 거론되는 초과의석의 발생가능성을 낮추거나 없애기 위해서라도 비례대표의석비율을 높여야 한다.[1)]

나. 지역구의석과 비례대표의석의 결합방식의 문제

앞서 언급한 바와 같이 우리의 국회의원선거제도는 소선거구 다수대표제와 비례대표제의 혼합형이며, 양자의 결합형식은 준연동형이다. 따라서 각 정당이 획득한 정당득표율에 비례하는 총 의석수에서 그 정당이 실제로 차지한 지역구의석수를 차감한 의석수가 모두 그 해당 정당에게 배분되는 것이 아니라 그 차감의석수의 50%만이 배분된다. 특히 위에서 소개했듯이 제21대 국회의원선거의 경우에는 비례대표의석수 총 47석 중 30석만 준연동형으로 각 정당에 배분되고 나머지 17석은 여전히 병립형으로 배분되었다.

이처럼 현행 제도는 그렇지 않아도 비례대표의석수 자체가 지역구의석수에 비하여 너무 적어 비례대표제의 기능과 장점을 살리기 어려운데, 더 나아가 연동형을 채택하면서도 순수 연동형도 아닌 50%만 적용되는 준연동형을 채택하고 있고, 그것도 제21대 국회의원선거의 경우에는 비례대표의석 47석이 모두 준연동형의 대상이 되는 것이 아니라 30석만이 대상이 되었기 때문에 각 정당에 대한 국민들 내지 유권자의 지지도에 상응하는 의석배분을 목적으로 하는 비례대

1) 비례대표의석비율에 대하여는 정연주, 현행 국회의원선거제도의 비례성 증대방안, 법제연구, 통권 제52호, 한국법제연구원, 2017. 6, 18쪽 이하 참조.

표제의 취지를 살리기에는 매우 미흡하다고 보지 않을 수 없다. 이는 각 정당에 대한 국민들의 지지도를 반영하기 못하거나 심지어 왜곡하는 결과를 초래하게 된다. 또한 제21대 국회의원선거는 준연동형과 병립형이라는 상이한 제도를 결합시켰다는 점에서 헌법상의 체계정당성의 측면에서도 문제가 있다. 즉 준연동형과 병립형은 서로 다른 성격과 기능을 가지기 때문에 본질적으로 상호 조화되기 어려운 제도인데, 이를 일종의 정치적 타협의 산물로서 물리적으로 결합시켰다는 점에서 규범과 원칙 상호간의 조화를 요구하는 체계정당성에 반한다고 볼 수 있는 것이다. 또한 이처럼 복잡하고 그 유례를 찾아보기 힘든 현행 국회의원선거제도의 방식과 체계를 유권자들이 제대로 이해하고 선거에 임할 수 있을지도 의문이다.

그럼에도 불구하고 과거의 완전 병립형 비례대표제보다 다소나마 개선된 제도라는 점도 부인할 수 없다. 왜냐하면 어쨌든 부분적이나마 연동형 비례대표제를 도입한 것은 사실이고, 이로써 각 정당이 획득한 정당득표율 내지 지지도에 비례하는 의석배분의 이념에 조금이나마 다가선 것은 부인할 수는 없기 때문이다. 아울러 이로써 소수보호와 다당제를 바탕으로 한 다원적 민주주의, 헌법상의 평등선거의 원칙 등 헌법적 가치의 실현에 다소나마 접근한 것도 사실이다. 그런 점에서 현행 제도가 비례대표제 본래의 기능과 장점을 제대로 살리고 있지는 못하지만 과거 제도와 비교할 때 다소 진일보한 비례대표제라고 평가할 수밖에 없을 것이다. 근본적으로는 독일이나 뉴질랜드식의 순수 연동형 비례대표제로 발전해나가야 할 것으로 본다.

주지하는 바와 같이 독일식의 순수 연동형의 경우는 각 정당의 총의석수가 정당명부에 대한 정당투표의 결과 획득한 득표율에 따라 정해진다. 즉 지역구의 석수와 비례대표의석수가 미리 별도로 정해지고 양자의 의석배분이 별개로 이루어지는 것이 아니라, 1차적으로 각 정당이 차지할 수 있는 총 의석수가 각 정당이 획득한 정당투표의 유효득표율에 따라 배분되는 것이다. 이처럼 연동형의 경우에는 각 정당이 차지할 수 있는 - 지역구의석과 비례대표의석을 모두 포함하여 - 총 의석수가 이미 정당투표의 득표율에 따라 정해지므로 연동형은 비례대표제의 기본바탕위에 지역구선거를 통한 인물선거적 요소를 혼합한 것이라고 할 수 있다. 이 연동형이 병립형이나 준연동형에 비하여 득표율과 대표율의 일치 내지 대표형성의 정확성, 평등선거의 원칙, 소수·신진·개혁세력의 의회진출가능성, 정당민주주의와 다원적 민주주의 등의 관점에서 보다 합리적이고 비례대표제의 기본취지에 부합된다는 점을 다언을 요하지 아니할 것이다. 따라서 진정한 비례대표제의 특성을 살리고, 민주주의원리의 효과적인 실현을 위해서는 두말할 나위 없이 순수 연동형을 채택해야 할 것이다.

다만 앞서도 언급했듯이 연동형 비례대표제의 경우 특정정당의 지역구선거에서 차지한 의석수가 그 정당의 정당득표율에 따라 획득한 총 의석수보다 많을 때 초과의석이 발생할 수 있고, 그 경우 결과적으로 그 수만큼 국회의 총 의석수가 늘어나는 문제가 있다. 그러나 전술한 바와 같이 비례대표의석비율을 높이거나, 비례대표선거구를 권역별이 아닌 전국구로 한다면 이러한 초과의석의 발생가능성은 매우 적거나 없다고 할 수 있다. 더욱이 사회적 · 지역적 통합의 필요성이 절실한 우리의 정치 · 사회 · 문화현실에 비추어 볼 때, 그리고 표의 등가성을 내용으로 하는 평등선거의 원칙의 실현, 사표의 방지, 지지율과 의석수간의 비례성의 제고 등을 위해서 앞으로도 현행처럼 전국구비례대표제를 고수해야 할 것이다.[1)]

다. 이른바 위성정당의 문제

한편 주지하는 바와 같이 21대 국회의원선거에 처음으로 도입된 연동형 내지 준연동형 비례대표제의 실시과정에서 일부 정당들이 사실상 소속 정당을 쪼개 일종의 자매정당 내지 위성정당을 설립하여 국회의원선거를 치른 후 다시 합당하여 결과적으로 자신들의 전체 의석수를 극대화시키는 꼼수를 부렸다. 한마디로 헌법상 도저히 정당화될 수 없는 그리고 정치도의나 상식에 비추어도 용납될 수 없는 일이 벌어진 것이다. 이러한 위성정당의 설립목적은 한마디로 연동형 비례대표제의 적용을 우회적으로 회피하고 당선자수를 극대화하겠다는 것이다. 즉 기존의 모(母)정당은 지역구의원후보자만 추천하고 위성정당은 비례대표의원후보자만 추천하여, 모정당의 경우에는 유권자에게 지역구에 대한 투표를 독려하여 지역구당선자수를 극대화시키고, 위성정당의 경우에는 정당투표를 독려하여 비례대표의석만을 노려 양 당의 합계 의석수를 극대화시킨 후 합당하는 것이다. 결국 이는 연동형 비례대표제가 원칙적으로 각 정당이 차지하는 총 의석수가 정당득표율에 따라 정해지고 따라서 그 총 의석수에서 지역구당선자

---

1) 정연주, 현행 국회의원선거제도의 비례성 증대방안, 25쪽.

수를 제외한 의석수를 비례대표의석으로 배분하는 구조를 취하고 있기 때문에 만일 어느 정당이 총 의석수의 전부 또는 대부분을 지역구의석으로 채울 경우에는 추가로 배분받을 비례대표의석이 없거나 매우 적어진다는 사실 때문이라고 하겠다.

그러나 이러한 위성정당의 설립과 선거참여는 한마디로 위헌이다. 왜냐하면 연동형 비례대표제의 본질과 취지, 그리고 더 나아가 선거제도의 본질과 취지는 한 정당에 대한 국민의 지지도에 비례하는 의석수만을 가져가라는 것이다. 이것이 민주주의의 본질이자 평등선거원칙의 본질이다. 그런 점에서 그동안 우리의 선거제도는 이러한 선거제도와 민주주의의 이념을 제대로 구현하지 못했다. 즉 자신의 지지도를 초과하는 의석을 차지하거나 또는 그 반대의 경우가 대부분이었다.[1] 이는 국민의 의사를 굴절 없이 반영할 것을 이념으로 하는 선거제도의 본질에 반할 뿐 아니라 민주주의를 왜곡하는 것이다. 그래서 미흡하나마 준연동형 비례대표제를 어렵사리 도입한 것이다. 이런 점에서 위성정당의 설립과 선거참여는 자신들에 대한 지지도를 인위적으로 왜곡하여 이중으로 의석을 차지하는 결과를 초래하는 것이다. 이는 결국 다른 정당으로 배분되어야 할 의석수를 강탈하는 것이나 다름 없다.

선거제도는 각 정당이 자신들만의 정치적 색깔과 정체성으로 무장하여 자신들만의 차별화된 정책과 강령을 통해 유권자로부터 표를 얻고 그 표만큼 의석을 차지하도록 하는 제도적 장치이다. 이를 구현하기 위하여 비례대표제, 그것도 연동형 비례대표제를 도입한 것이다. 그리고 이는 각 정당이 각각 정치적·이념적으로 독립하여 국민들의 선택을 받아야 하는 것이다. 따라서 이는 앞서도 언급했듯이 각 정당이 정치적·이념적으로 차별화될 것을 전제로 하는 것이다. 그럴 때 비례대표제의 특성과 장점인 다원적 민주주의와 정당민주주의가 활성화되고, 국민들의 용이한 선택이 가능해진다. 그런데 위성정당은 이를 무력화시킴과 동시에 국민들을 기만하는 것으로 결국 국민들의 선택을 왜곡시키는 것이

1) 이러한 현상은 과거의 국회의원선거제도처럼 병립형 비례대표선거제도를 바탕으로 한 지방의회의원선거의 경우에도 마찬가지였다. 예컨대 2014년 경상남도의회 선거결과 59.19%의 정당지지를 얻은 새누리당이 90.91%의 의석을 차지한 바 있다. 즉 55명의 도의원 중에 새누리당이 50석을 차지했다. 이런 구성의 도의회가 도지사를 견제하고 감시한다는 건 애초에 불가능한 얘기이다. 당시 야당은 새정치민주연합이 2석, 노동당이 1석을 차지했을 뿐이었다.

다. 더욱이 21대 국회의원선거 결과에서 보듯이 선거 이후 위성정당이 모정당에 흡수 내지 합당되는 등 정치적으로 이합집산이 이루어진다면 이것이야말로 선거제도를 비롯해 정당민주주의와 다원적 민주주의를 바탕으로 한 헌법상의 민주주의원리를 파괴하고, 국민들의 의사를 왜곡시키는 등 선거권이라는 기본권을 침해하는 위헌이다.

따라서 이러한 위성정당의 출현을 방지하기 위한 제도적 보완이 이루어져야 할 것이다. 기본적으로는 현행 선거제도가 지역구선거와 비례대표선거가 결합된 연동형 내지 준연동형 비례대표제를 골간으로 하고 있다는 점을 감안하여 각 정당이 지역구의원후보자와 비례대표의원후보자를 모두 추천할 것을 선거참여의 전제로 해야 한다. 또한 이러한 요구는 지역구의원과 비례대표의원의 특성과 차이를 고려할 때 헌법상 정당화될 수 있다. 물론 모든 국회의원은 지역구의원이건 비례대표의원이건 자유위임의 원칙에 따라 국가 전체와 국민 전체를 대표하지만, 이것이 전국구 비례대표제하에서의 비례대표의원과는 달리 지역구의원이 가지는 부수적인 지역대표성을 부정하는 것은 아니다. 현행 공직선거법 제25조 제2항이 "국회의원지역구의 획정에 있어서는 제1항 제2호의 인구범위를 벗어나지 아니하는 범위에서 농산어촌의 '지역대표성'이 반영될 수 있도록 노력하여야 한다."라고 규정하고 있는 것도 이러한 지역구국회의원의 부수적인 지역대표성을 인정한 것이라고 하겠다. 이러한 지역구의원과 비례대표의원의 특성과 차이점에 비추어 각 정당은 당연히 지역구의원선거후보자와 비례대표의원선거후보자를 모두 추천해야 할 당위적 의무가 있는 것이다. 즉 정당은 전국대표성뿐 아니라 부수적인 지역대표성도 가지는 지역구의원선거후보자를 추천함과 동시에 오로지 전국을 대표하는 비례대표의원선거후보자도 추천해야 하고, 그 반대로 오로지 전국을 대표하는 비례대표의원선거후보자도 추천해야 함과 동시에 부수적인 지역대표성도 가지는 지역구의원선거후보자도 추천해야 한다. 따라서 기존의 모(母)정당은 지역구의원후보자만 추천하면서 비례대표의원후보자만 추천하는 위성정당의 설립과 선거참여는 이러한 모든 제도의 취지와 목적을 우회적으로 뿐 아니라 정면으로 파괴하는 위헌적 행태라고 하지 않을 수 없다. 따라서 차제에 정당법이나 공직선거법 등 관련법에 이러한 위성정당의 설립과 선거참여를 예방하고 무효화시키며 처벌하는 제도적 장치를 마련해야 할 것이다. 또한 그와는 별도로 선거관리주무부서인 중앙선거관리위원회는 이를 예방하고 차

단하는 감시와 통제의 역할을 다해야 할 것이다.[1)]

2) 선거구간 인구편차의 문제

가. 문제의 제기

지역구선거의 경우 필연적으로 선거구획정과 관련한 다양한 문제가 야기된다. 특히 선거구 상호간의 인구편차가 너무 클 경우 평등선거, 특히 투표의 성과가치의 평등이 문제될 수 있다.[2)] 그런데 이러한 선거구간의 인구편차의 허용기준에 대하여 공직선거법에는 명문의 규정이 없다.[3)] 이와 관련하여 그동안 헌법재판소는 판례를 통해 인구편차의 상한을 초기에는 상한 인구수와 하한 인구수의 비율을 기준으로 4:1,[4)] 그 다음에는 3:1,[5)] 그리고 최근에는 2:1[6)]로 변경

---

1) 위성정당의 문제에 대하여는 정연주, 개정 공직선거법의 문제점과 개선방안, 유럽헌법연구 제32호, 2020. 4, 134쪽 이하 참조.

2) 평등선거의 원칙에 대하여는 정연주, 국회의원선거구와 평등선거의 원칙, 헌법학연구 제22권 제1호, 한국헌법학회, 2016. 3, 77 이하 참조.

3) 다만 국회의원지역구의 획정과 관련하여 공직선거법 제25조 제1항 제2호 단서가 "인구범위(인구비례 2:1의 범위를 말한다)에 미달하는 자치구·시·군으로서 인접한 하나 이상의 자치구·시·군의 관할구역 전부를 합하는 방법으로는 그 인구범위를 충족하는 하나의 국회의원지역구를 구성할 수 없는 경우에는 그 인접한 자치구·시·군의 일부를 분할하여 구성할 수 있다."라고 규정하여 간접적으로 '인구비례 2:1의 범위'라는 용어를 사용하고 있을 뿐이다.

4) 헌재 1995. 12. 27. 95헌마224 등, 판례집 7-2, 760, 761:
현재 우리나라의 제반 여건 아래에서는 적어도 국회의원의 선거에 관한 한, 전국 선거구의 평균 인구수(전국의 인구수를 선거구수로 나눈 수치)에 그 100분의 60을 더하거나 뺀 수를 넘거나 미달하는(즉, 상하 60%의 편차를 초과하는) 선거구가 있을 경우에는, 그러한 선거구의 획정은 국회의 합리적 재량의 범위를 일탈한 것으로서 헌법에 위반된다.

5) 헌재 2001. 10. 25. 2000헌마92 등, 판례집 13-2, 502, 503:
인구편차의 허용한계에 관한 다양한 견해 중 현시점에서 선택가능한 방안으로 상하 33⅓% 편차(이 경우 상한 인구수와 하한 인구수의 비율은 2 : 1)를 기준으로 하는 방안, 또는 상하 50% 편차(이 경우 상한 인구수와 하한 인구수의 비율은 3 : 1)를 기준으로 하는 방안이 고려될 수 있는데, 이 중 상하 33⅓% 편차 기준에 의할 때 행정구역 및 국회의원정수를 비롯한 인구비례의 원칙 이외의 요소를 고려함에 있어 적지 않은 난점이 예상되므로, 우리 재판소가 선거구획정에 따른 선거구간의 인구편차의 문제를 다루기 시작한지 겨우 5년여가 지난 현재의 시점에서 너무 이상에 치우친 나머지 현실적인 문제를 전적으로 도외시하기는 어렵다고 할 것이어서, 이번에는 평균인구수 기준 상하 50%의 편차를 기준으로 위헌 여부를 판단하기로 한다. 그러나 앞으로 상당한 기간이 지난 후에는 인구편차가 상하 33⅓% 또는 그 미만의 기준에 따라 위헌 여부를 판단하여야 할 것이다.

6) 헌재 2014. 10. 30. 2012헌마192 등, 판례집 26-2상, 668, 669-670:
인구편차 상하 33⅓%를 넘어 인구편차를 완화하는 것은 지나친 투표가치의 불평등을 야기

해 왔다.

이처럼 그동안 인구편차의 허용기준이 명문으로 법정화되어 있지 않아 불가피하게 헌법재판소의 판례를 통해 그 기준을 정해 왔는데, 판례의 기준도 일관성이 없이 계속 변화되어 왔고, 더욱이 그 기준에 대한 정치하고 논리적인 헌법적 논거를 헌법재판소가 충분히 제시하지 못하고 있다. 그런 점에서 이 문제가 계속적으로 논란이 되어 온 것이다.

나. 인구편차의 허용기준

앞서 언급한 바와 같이 인구편차와 관련하여 적용되는 원칙은 바로 평등선거의 원칙이다. 이 원칙은 모든 선거인에게 1인 1표(one man, one vote)를 인정함을 의미할 뿐만 아니라, 투표의 성과가치의 평등, 즉 1표의 투표가치가 대표자 선정이라는 선거의 결과에 대하여 기여한 정도에 있어서도 평등하여야 함(one vote, one value)을 의미한다. 따라서 평등선거의 원칙의 구체적 내용인 산술적 계산가치의 평등과 투표의 성과가치의 평등을 고려할 때 선거구간의 인구편차는 상한인구수와 하한인구수의 비율이 2:1 미만이 되어야 한다.

결론적으로 2:1 미만의 범위안에서 입법자가 구체적인 인구편차의 상한선을 정하고, 그 상한선내에서 행정구역, 교통사정, 사회적 · 지리적 · 역사적 · 경제적 · 문화적 연관성 및 생활권과 전통적 일체감, 도농 간의 인구격차, 불균형한 개발, 국회의원의 지역대표성 등 다양한 사안을 고려하여, 하나의 선거구가 가능한 한 선거구민의 공통의 이해를 반영시킬 수 있고 통합을 지향할 수 있는 동질성의 바탕위에서 획정되어야 할 것이다(공직선거법 제25조 참조).

하는 것으로, 이는 대의민주주의의 관점에서 바람직하지 아니하고, 국회를 구성함에 있어 국회의원의 지역대표성이 고려되어야 한다고 할지라도 이것이 국민주권주의의 출발점인 투표가치의 평등보다 우선시 될 수는 없다. 특히, 현재는 지방자치제도가 정착되어 지역대표성을 이유로 헌법상 원칙인 투표가치의 평등을 현저히 완화할 필요성이 예전에 비해 크지 아니하다.

또한, 인구편차의 허용기준을 완화하면 할수록 과대대표되는 지역과 과소대표되는 지역이 생길 가능성 또한 높아지는데, 이는 지역정당구조를 심화시키는 부작용을 야기할 수 있다. 같은 농 · 어촌 지역 사이에서도 나타날 수 있는 이와 같은 불균형은 농 · 어촌 지역의 합리적인 변화를 저해할 수 있으며, 국토의 균형발전에도 도움이 되지 아니한다.

나아가, 인구편차의 허용기준을 점차로 엄격하게 하는 것이 외국의 판례와 입법추세임을 고려할 때, 우리도 인구편차의 허용기준을 엄격하게 하는 일을 더 이상 미룰 수 없다.

이러한 사정들을 고려할 때, 현재의 시점에서 헌법이 허용하는 인구편차의 기준을 인구편차 상하 33⅓%를 넘어서지 않는 것으로 봄이 타당하다.

다. 인구편차 허용기준의 법정화

앞서 지적한 바와 같이 선거구간의 인구편차의 허용기준에 대하여 공직선거법에는 명문의 규정이 없다. 따라서 입법자는 공직선거법에 인구편차의 허용기준을 2:1 미만내에서 구체적으로 법정화해야 한다. 왜냐하면 선거구간 인구편차에 관한 사항은 대의기관의 구성 등 통치기구의 조직과 작용에 관한 기본적인 사항이자 선거인의 선거권과 후보자의 피선거권 및 평등권 등의 기본권에 관한 본질적 사항이기 때문에 법률유보의 원칙을 핵심 내용으로 하는 법치주의원리상 반드시 법률로 규정되어야 하며, 이럴 때에만 비로소 선거구구역표의 제정 또는 개정과정에서, 그리고 선거구의 획정과정에서 입법자나 선거구획정위원의 자의와 남용이 억제될 수 있을 것이기 때문이다.

3) 의원정수의 문제

의원정수와 관련하여 헌법 제41조 제2항은 "국회의원의 수는 법률로 정하되, 200인 이상으로 한다."라고 규정하여 의원정수를 200인 이상으로 하고 구체적인 숫자는 법률에 위임했고, 국회의 의원정수를 규정한 현행 공직선거법 제21조 제1항은 "국회의 의원정수는 지역구국회의원 253명과 비례대표국회의원 47명을 합하여 300명으로 한다."라고 규정하여 현재 총 300명이다. 그런데 현재의 의원정수 300인으로는 국회의 기능을 다하기 어렵다. 실제 1987년 이래 고정된 의원정수는 급증한 국정과제에 대한 국회의 대처능력을 현저히 약화시킨다. 예컨대 천문학적인 국가예산을 겨우 300명의 의원이 제대로 심사한다는 것은 불가능에 가깝다.

따라서 다음과 같은 이유에서 의원정수는 확대되어야 한다.

첫째, 의원정수의 확대는 국민 개개인의 대표성을 강화시킨다. 인구대비 의원수가 적다는 것은 국민 개개인의 대표성이 약화된다는 것을 의미한다. 즉 과소대표된다는 것이다. OECD 국가들의 경우 평균 의원수는 인구 9만7000명당 1명이다. 이를 기준으로 삼으면 우리나라의 경우 의원 수는 510명이 돼야 한다.

둘째, 보다 다양한 국민과 다양한 이익이 대표될 수 있다. 즉 다양한 국민과 국민의 다양한 의사가 대표될 수 있다는 것이다. 특히 여성, 장애인, 비정규직 노동자 등 다양한 사회적 약자 내지 소수자들이 효과적으로 대표될 수 있는 가능성이 증대된다. 이는 다원적 민주주의의 실현을 위해서 필수적인 것이다.

셋째, 의원정수의 확대는 국회의원의 특권의 타파를 위해서도 필요하다. 주지하는 바와 같이 우리의 경우 그동안 국회의원이 무능하고 불성실하며 지나치게 정파적이어서 국민을 위해 존재하는 것이 아니라 자신과 자신들의 정파와 이익을 위해서 존재한다는 비난을 끊임없이 받아 왔고, 따라서 국민들로부터 가장 불신받는 집단으로 치부되어왔기 때문에 당연히 의원정수를 줄어야 한다는 주장이 대세를 이루고 있다. 그러나 의원수를 줄이는 것이야 말로 오히려 그들의 특권을 강화시키는 결과를 초래할 수 있다. 의원수를 줄이면 국회의원 개인의 특권의식이 더욱 높아진다. 이는 마치 대법관수를 줄이고 변호사수를 줄이는 것이 그들의 특권의식을 더욱 강화하는 것과 같다. 다수가 경쟁하는 체제에서는 특권의식을 가지기 어렵고, 국민들에 대한 공복의식과 정치적 서비스가 더욱 강화될 수 있다.

넷째, 의원정수의 확대는 국회의 기능을 더욱 활성화시킬 수 있다. 예컨대 현행 제도하에서 현재의 의석수로는 국회의원 개인이 담당하는 상임위원회의 업무가 너무 과중하고, 복수의 상임위원회의 위원을 담당하다 보면 전문성도 떨어질 수밖에 없다. 또한 제대로 된 국정감사와 국정조사도 이루어지기 어렵다. 그밖에 정부부처나 공공기관 등 다양한 기관이나 단체에 대한 감시와 통제기능도 약화될 수밖에 없다.

다섯째, 현재의 적은 의원수로는 선거구의 획정에 있어서 평등선거의 원칙상 인구편차의 제한으로 인해 인구가 적은 농어촌지역에는 지나치게 광활한 지역구를 한명의 의원이 담당할 수밖에 없다. 그러면 그만큼 국회의원의 부수적 지역대표성이 약화되기 때문에 정치적 서비스를 받을 권리가 약해지는 것이다.

그밖에도 의원정수를 확대시켜야 할 다양한 이유가 존재한다.

1948년 제헌국회 당시 국회의원은 200명이었다. 이후 1987년 민주화로 탄생한 제13대 국회는 299명, 현재의 국회는 300명이다. 제헌국회와 비교해 총 인구수가 2.5배 이상 늘어나는 동안 국회의원수는 1.5배 증가에 그쳤다. 제헌국회는 국회의원 1명이 국민 10만 명을 대표했다면, 지금은 약 17만명을 대표해, 인구수를 기준으로 한 대표성은 크게 낮아졌다. 주지하는 바와 같이 선진국들의 경우에는 거의 모두가 우리보다 인구대비 의원정수 비율이 높다. 특히 덴마크, 스웨덴, 핀란드, 네덜란드, 벨기에, 스위스, 오스트리아, 뉴질랜드 등 우리보다 높은 '삶의 질'을 유지하는 복지선진국이자 법치선진국들의 경우에는 인구 규모에 비해 국회의원 숫자가 우리보다 훨씬 많다.

따라서 국민정서에는 반하지만 헌법이론상으로는 물론이고 현실적·타산적으로 따져보아도 의원정수의 증가가 국민들에게 이득이 된다. 예산상의 문제는 의원의 다양한 특권과 세비 등을 줄이면 어느 정도 해소될 뿐 아니라, 그와는 별도로 설사 국회의원이 늘어나 세비부담이 늘어난다 하더라도 그러한 세비부담 증가로 인한 손실보다는 국민들이 내는 세금의 누수를 막을 수 있는 등 얻는 이익이 훨씬 크다는 점에서 이익형량상 유리하다.

결국 국회의 기능 활성화, 국회의원의 국민대표성 강화, 우리 국회의원의 특권의식 타파, 비례대표의석비율의 확대, 외국의 입법례와 우리의 정치현실 등 다양한 사안을 고려할 때 의원정수를 대폭 확대해야 한다. 전체의석수는 400-500석이 적당하다고 여겨진다.

한편 의원정수의 확대는 부수적으로 연동형 비례대표제의 활성화를 위해서도 필요하다. 왜냐하면 앞서 언급한 바와 같이 비례대표제의 본질을 살리려면 지역구와의 결합방식은 연동형이 되어야 하고, 제대로 된 연동형 비례대표제를 확립하고 비례대표제의 취지를 살리려면 비례대표의석비율을 대폭 늘려야 되는데, 이는 지역구의석의 대폭적인 축소를 전제로 하는 것이다. 그런데 이는 우리의 그동안의 선거제도와 선거문화, 현실적인 정치풍토, 도시와 농촌간의 인구격차 및 국민정서 등에 비추어 매우 어렵다. 따라서 현재의 지역구의석의 대폭적인 축소를 피하면서 현행 연동형 비례대표제를 활성화시키는 방법은 전체 의원정수를 확대하는 방법뿐이다. 물론 의원정수를 확대하고자 하는 본래의 취지는 앞서 언급한 헌법상의 본질적인 이유 때문이다. 다만 앞서 언급한 우리의 현실을 감안할 때 비례대표제의 성공적 정착과 이를 통한 다원적 민주주의의 실현을 위해서 비례대표의석비율의 확대가 의원정수 증원의 부수적 이유가 될 수 있다는 것이다.[1)]

4) 봉쇄조항의 저지선 문제

공직선거법 제189조 제1항에서 비례대표국회의원선거에서 전국 유효투표총

---

1) 의원정수의 문제점에 대하여 자세한 것은 정연주, 현행 국회의원선거제도의 비례성 증대방안, 18쪽 이하 참조.

수의 100분의 3 이상을 득표한 정당이나 지역구국회의원선거에서 5 이상의 의석을 차지한 정당만이 비례대표국회의원의석배분에 참여할 수 있도록 규정하고 있다. 이는 과거 5%에서 3%로 개정된 것이다. 그런데 정당역사가 오래되고 다당제가 정착된 정치선진국에서와는 달리 우리의 경우에는 현행 지역구국회의원총선거에서 5석 이상의 의석이라는 저지선도 높다고 할 수 있다. 특히 우리의 일천한 정당역사, 수시로 설립과 해체를 반복하는 정당풍토, 소수 · 진보 · 신생 · 개혁정당에게 불리한 정치문화, 정치적 다양성에 인색한 다원적 민주주의의 부재 등을 감안할 때, 그리고 이들 소수정당 등이 지역구선거에서 당선자를 배출하기가 대단히 어려운 현실을 고려할 때 현행의 저지선도 낮출 필요가 있다고 생각한다.

5) 후보자추천의 방식과 절차의 민주화

가. 문제의 제기

현대사회의 민주주의는 복수정당제를 바탕으로 한 정당민주주의와 다원적 민주주의를 특색으로 하고 있다. 이러한 정당민주주의는 정당 자체의 민주화를 전제로 하고 있다. 이에 따라 헌법 제8조 제2항도 정당은 그 목적 · 조직과 활동이 민주적이어야 한다고 규정하고 있다. 이러한 정당내부의 민주화의 조건 중의 하나가 바로 선거에 있어서 후보자선출과정의 민주화라고 할 수 있다.

이와 관련하여 과거 공직선거법은 그러한 제도적 · 절차적 규율을 충분히 하고 있지 않았다. 예컨대 구 공직선거법 제47조 제2항은 단순히 "정당이 … 후보자를 추천하는 때에는 민주적인 절차에 따라야 한다."고 규정하고 있을 뿐 구체적인 후보자추천과정에 대하여 아무런 규정을 두고 있지 않았다. 따라서 실제로 후보자추천의 구체적 절차가 당헌에 따라 이루어질 수밖에 없었고, 그 결과 민주적 절차에 의한 후보자의 결정이라는 헌법적 요청이 충족되리라고 기대하기 어려운 점이 있었다. 후보자가 민주적 절차에 따라 결정되지 않고 당 지도부의 영향력에 따라 일방적으로 결정된다면 그렇게 추천된 후보자의 전문성과 자질 및 경쟁력은 취약할 수밖에 없을 것이고, 그렇게 당선된 국회의원은 지나친 정당기속으로 인해 국민과 국가 보다는 소속 정당과 정당 수뇌부 내지 특정 정파를 위한 대의활동을 할 가능성이 높을 수밖에 없어, 대의제도의 본질인 자유위임의 이념과 국회의원 개개인이 하나의 독립한 헌법기관이라는 이념이 약화될 수밖에 없는 것이다.

나. 2020. 1. 14. 개정된 공직선거법의 내용

그런데 2020. 1. 14.에 개정된 공직선거법 제47조 제2항은 다음과 같이 개정되었다.

"정당이 제1항의 규정에 따라 후보자를 추천하는 때에는 당헌 또는 당규로 정한 민주적인 절차에 따라야 하며, 비례대표국회의원선거의 후보자를 추천하는 경우에는 다음 각 호의 절차를 따라야 한다.

1. 정당은 민주적 심사절차를 거쳐 대의원·당원 등으로 구성된 선거인단의 민주적 투표절차에 따라 추천할 후보자를 결정한다.

2. 정당은 제1호에 따른 비례대표 국회의원선거의 후보자 추천절차의 구체적인 사항을 당헌·당규 및 그 밖의 내부규약 등으로 정한다. 이 경우 정당은 선거일 전 1년(선거일 전 1년 후에 창당·합당한 정당의 경우에는 정당법 제4조 제1항·제19조 제2항에 따라 창당·합당이 성립한 날부터 1개월)까지 비례대표 국회의원선거의 후보자 추천절차의 구체적인 사항을 중앙선거관리위원회에 서면으로 제출하고, 중앙선거관리위원회는 정당별로 후보자 추천절차의 제출여부와 내용을 홈페이지에 게시하여야 한다.

3. 정당은 제49조에 따라 후보자 등록을 하는 때에 비례대표국회의원선거의 후보자 추천과정을 기록한 회의록 등 제1호 및 제2호 전단에 따라 후보자가 추천되었음을 증명할 수 있는 자료를 후보자명부에 첨부하여야 한다."

한편 공직선거법 제52조 제4항을 제5항으로 하고, 같은 조에 제4항을 다음과 같이 신설했다.

"제47조 제2항 제1호에 따른 절차 및 같은 항 제2호 전단에 따라 제출한 내부규약 등에 따른 절차를 위반하여 비례대표국회의원선거의 후보자를 추천한 경우 해당 비례대표국회의원선거 후보자등록은 모두 무효로 한다."

이처럼 2020. 1. 14.에 개정된 공직선거법 제47조 제2항은 앞서 지적한 문제점을 감안하여 국회의원선거의 후보자추천과정의 민주성을 강화한 것이다. 또한 이를 담보하기 위하여 동법 제52조 제4항은 대의원·당원 등으로 구성된 선거인단의 민주적 투표절차에 따르지 않거나, 해당정당의 내부규약 등에 따르지 않은 후보자추천은 그 등록을 무효로 함으로써 이러한 후보자추천의 민주성을 담보하고 있다.

다. 2020. 1. 14. 개정된 공직선거법에 대한 평가

위에서 소개한 개정내용은 후보자추천의 민주화란 측면에서 바람직한 방향으로 이루어졌다고 평가할 수 있다. 후보자추천의 민주화는 결국 당헌·당규에 따라, 그리고 대의원·당원 등으로 구성된 선거인단의 민주적 투표절차에 따라 상향식으로 추천할 후보자를 결정하는 것이 핵심이라는 점에서 위의 공직선거법 개정은 일단 환영할만하다고 하겠다.

그런데 문제는 후보자추천절차가 보다 구체화되어야 하고, 그러한 구체적 내용과 기준을 당헌·당규가 아닌 법률로 정해야 한다는 것이다. 먼저 후보자추천절차를 보다 구체적으로 적시하면 후보자추천은 각 지역당을 단위로 상향식 추천방식에 따라 이루어져야 할 것이고, 특히 비례대표후보자 명부작성의 경우에는 중앙당의 공천심사위원회에서 추천된 후보자를 각 지역의 당원에 의해 비밀투표로 선출된 대의원회에 의해서 비밀투표로 확정하는 민주적 방식이 고려될 수 있을 것이다. 이 경우 고정명부제를 취한다면 공천심사위원회에서 작성한 - 순위가 매겨진 - 명부원안에 대하여 대의원회에서 명부순위대로 한사람씩 비밀투표로 결정하는 방식이 고려될 수 있을 것이고, 비고정명부제를 취한다면 첫째, 앞의 경우처럼 대의원회에 의해서 결정된 순위가 정해진 명부를 선거인의 정당투표에 의해 변경시키는 방식과, 둘째, 중앙당의 공천심사위원회에서 순위 없이 작성한 정당후보자명부를 역시 대의원회의 비밀투표로 순위 없이 결정해서 선거인에 의하여 순위와 당선자가 결정되는 방식이 고려될 수 있을 것이다.[1)]

그리고 이러한 정당명부작성의 방식과 절차는 - 지역구선거의 후보자선출방식을 포함하여 - 공직선거법이나 정당법 등에 법제화되어야 할 것이다. 후보자를 추천하고 결정하는 방법과 절차는 통치기구의 조직과 작용에 관한 기본적인 사항이고, 선거권과 피선거권 등의 기본권에 관한 본질적 사항이므로 법치주의원리상 당연히 선거법이나 정당법 등의 법률에 - 적어도 그 기본적인 사항을 - 정해야 하며, 이를 당헌·당규에 위임해서는 안되는 것이다. 이처럼 후보자추천과정의 구체적 기준과 내용이 법률로 확고히 정해져있을 때 비로소 각 정당이 민

1) 정연주, 국회의원선거제도의 개혁방안, 공법연구 제27집 제3호, 1999. 6, 175쪽 이하 참조.

주적이지 못한 후보자추천절차를 당헌·당규에 의해 정할 가능성이 원천 봉쇄되고, 후보자추천과정의 민주화와 그에 대한 후보자와 당원의 예측가능성 및 더 나아가 당내 민주화가 확실히 확보될 수 있는 것이다.

따라서 위에서 소개한 개정내용은 과거보다는 훨씬 진일보한 내용으로서 높이 평가할 일이지만 앞서 언급했듯이 후보자추천절차에 관한 보다 구체적인 내용을 법률로 직접 정했어야 했다는 점에서 상당한 아쉬움이 남는다. 앞으로 공직선거법의 운용과정과 시행착오를 거쳐 위에서 적시한 방향대로 보다 바람직한 내용의 개정이 이루어져야 할 것이다.

라. 2020. 12. 29.의 공직선거법 개정으로 인한 후보자추천절차에 관한 조항 삭제

그런데 2020. 12. 29.의 공직선거법 개정으로 위에서 소개한 후보자추천절차에 관한 규정이 삭제되고, 현행 공직선거법 제47조 제2항은 단지 “정당이 제1항에 따라 후보자를 추천하는 때에는 민주적인 절차에 따라야 한다.”라고만 규정함으로써 과거로 회귀하였다. 아울러 후보자등록무효조항인 공직선거법 제52조 제4항도 삭제되었다.

이처럼 2020. 1. 14.의 공직선거법 개정으로 그나마 진일보한 비례대표후보자추천절차와 그동안의 노력이 무위로 돌아갔다. 매우 안타까운 일이다. 따라서 비례대표후보자추천절차에 관하여 위에서 제안한 내용과 형식대로 정당법 등 관련 법률에 조속한 시일내에 입법적 보완이 이루어져야 할 것이다.

한편 지금까지 논의되어 온 후보자추천절차는 비례대표의선거후보자의 추천에 집중되어 있다. 그러나 추천과정의 민주화는 지역구의원선거후보자의 경우에도 똑 같이 적용되어야 한다. 물론 그동안 비례대표의원선거후보자의 추천 내지 명부작성과정이 매우 불투명하고, 폐쇄적이며 비공개적으로 진행되어 왔다는 사실을 부인할 수는 없을 것이고, 따라서 정당의 수뇌부 내지 특정정파에 의하여 논공행상식으로 비례대표후보자가 추천되어 왔고, 그에 따라 비례대표선거제도의 취지에 반하여 전문성과 참신성이 떨어지는 후보자가 추천되고 당선되어 왔으며, 그 결과 국회의정활동면에서 이렇다 할 역할을 하지 못했다는 사실을 부인하기는 어려울 것이다. 그러나 이러한 문제점은 근본적으로는 지역구후보추천의 경우에도 그대로 적용된다. 따라서 비례대표후보자 뿐 아니라 지역구후보자

의 경우에도 똑 같이 공천과정의 투명성과 공정성 및 민주성을 강화하도록 법적인 보완이 이루어져야 할 것이다.

6) 중복입후보의 문제

정당명부작성과 관련하여 동일한 인물이 지역구선거에도 입후보하고, 비례대표선거에도 입후보하는 중복입후보의 허용여부가 문제될 수 있다. 독일과 일본에서는 이를 허용하고 있는데, 이는 정당의 지도자나 반드시 당선되어야 하는 핵심인사의 낙선을 방지하려는 배려에서 기인하는 것으로 볼 수 있다. 우리의 경우 - 특히 심화된 지역갈등구도를 감안할 때 - 이 제도의 도입을 고려할 필요가 있다고 본다.[1)]

7) 이른바 국민참여경선제의 문제

정당은 공직선거후보자를 추천하기 위하여 당내경선을 실시할 수 있다(공직선거법 제57조의2 이하 참조). 당내에서 후보자를 정하기 위한 이러한 당내경선을 본선거와 대비하여 예비선거라고도 한다. 우리의 경우 일반적으로 당원과 일반인들의 투표를 반영하고 때로는 여론조사 결과를 참고하여 본선 후보자를 선정하는 경우가 많다. 따라서 우리의 경우 당내경선은 당원들에 의해서만 실시되는 이른바 폐쇄형 경선제(Closed Primary)가 아니라 일반인들이 참여하는 완전국민경선제(Open Primary) 내지 국민참여경선제로 실시된다고 할 수 있다. 이처럼 당내경선에서 투표자격을 당원으로 제한하지 않고 무소속유권자나 다른 정당원에게도 개방한 이유는 그동안의 정당운영이 불투명하고 불공정했으며, 후보자가 정당의 지도부나 특정정파에 의하여 하향식으로 정해져왔다는 문제점을 해소하기 위한 것이라고 볼 수 있다. 따라서 이는 정당의 권력자들이 쥐고 있던 공천권을 국민에게 돌려주는 일종의 상향식 공천제도로서 민주주의실현을 위한 개혁수단으로 평가된다.

그러나 다른 한편 이는 정당민주주의와 조화되기 어렵다. 왜냐하면 진정한 정당민주주의는 각 정당의 후보자가 그 해당 정당의 정책과 강령으로 무장되어 각 정당의 색깔과 정체성을 진정으로 대표하여야 하고, 그러한 후보자를 투표를

1) 중복입후보의 문제에 대하여 자세한 것은 정연주, 현행 비례대표 국회의원선거제도의 문제점과 개선책, 저스티스, 한국법학원, 2002. 12, 106쪽 이하 참조.

통해 선출하여야 한다. 그러기 위해서는 그 정당을 가장 잘 알고 누구보다 애착을 가지고 있으며, 그 정당의 정책과 강령 및 색깔로 무장된 당원이 후보자를 선택해야 하는데, 정당과 아무런 관련이 없거나 더 나아가 그 정당의 정책과 강령에 반대하는 외부인이 그 정당의 공직후보자를 선출하는데 참여한다는 것은 우리의 폐쇄적이고 후진적이며 비민주적인 정당풍토를 감안한다 하더라도 정당화되기 어렵다. 아울러 이른바 역선택의 위험 등 다양한 현실적인 부작용이 발생할 위험도 크다. 결국 국민참여경선제는 정당민주주의와 정당제도에 부합된다고 보기 어렵다. 따라서 정당의 공직후보자는 당원을 통해 폐쇄적으로 내부에서 선출되는 것이 타당하고 미국의 일부 주를 제외한 대부분의 선진국에서도 그렇게 하고 있다. 참고로 미국 일부 주에서 Open Primary가 실시되는 이유는 그 특정 지역의 정치풍토상 특정당의 후보자가 본선에서 사실상 무조건 당선되는 현실을 감안하여 예비선거과정에서 그 해당 정당원만이 아닌 일반인 내지 타정당원의 정치적 의사를 반영할 필요성이 정치적 다양성의 존중을 전제로 하는 다원적 민주주의의 실현차원에서 필요하기 때문이라고 하겠다.

8) 선거연령의 문제

구 공직선거법(제15조 제1항)상 국회의원선거를 비롯한 모든 공직선거에서 선거연령을 19세로 하고 있었다. 선거연령의 문제는 원칙적으로 입법자의 입법형성권의 문제이다. 그러나 다른 한편 이러한 입법형성권에도 일정한 한계가 있다. 즉 선거연령은 그 한 국가의 상황과 정치적 성숙도, 외국의 입법례 등 다양한 사안을 고려하여 정하되, 가능한 한 많은 국민이 정치적 의사를 표출할 수 있도록 해야 하며, 또한 국가의 정책결정은 과거세대 보다는 미래세대에게 더 크게 더 오래 영향력을 행사할 수밖에 없다는 점을 감안 할 때 선거연령을 지나치게 높게 정하는 것은 문제가 있다고 하겠다.

그런 점에서 구 공직선거법상의 19세는 문제가 있었다. 특히 오늘날 우리 사회 젊은 세대의 높은 지적·정치적 성숙도, 외국 보다 현저히 앞선 정보획득능력과 환경, 병역법이나 근로기준법 등 다양한 법령들에서 18세 이상의 국민들에게 다양한 권리와 의무를 부가하고 있다는 점, 다른 대부분의 국가가 18세 또는 그 이하를 기준으로 선거권 연령을 정하고 있는 점, 고등학교 학생의 경우에도 학교에서 배우는 정치와 헌법 관련지식을 실제상황에서 활용할 수 있도록 하는 것이 민주시민으로서의 성숙과 개성신장을 위해 필요하다는 점, 대의기관의 결정은 과거세대 보다는 미래세대에 더욱 지속적인 영향력을 미친다는 점 등을 감안할 때 19세의 선거연령은 비례의 원칙을 위반하여 보통선거의 원칙과 보통선거권을 침해하는 위헌이라고 보지 않을 수 없었다.[1] 그런데 2020년 1월 14일의 공직선거법 개정을 통해 선거연령을 18세로 내린 것은 만시지탄의 감이 있지만 대단히 바람직한 개정이라고 평가할 수 있다.

---

1) 헌재 2013. 7. 25. 2012헌마174, 판례집 25-2상, 306, 307:

보통선거의 원칙은 일정한 연령에 도달한 사람이라면 누구라도 당연히 선거권을 갖는 것을 요구하는데 그 전제로서 일정한 연령에 이르지 못한 국민에 대하여는 선거권을 제한하는 바, 선거권 행사는 일정한 수준의 정치적인 판단능력이 전제되어야 하기 때문이다.

헌법 제24조는 "모든 국민은 '법률이 정하는 바'에 의하여 선거권을 가진다."라고 규정함으로써, 선거권 연령을 어떻게 정할 것인지는 입법자에게 위임하고 있다. 입법자는 우리의 현실상 19세 미만의 미성년자의 경우, 아직 정치적·사회적 시각을 형성하는 과정에 있거나, 일상생활에 있어서도 현실적으로 부모나 교사 등 보호자에게 의존할 수밖에 없는 상황이므로 독자적인 정치적 판단을 할 수 있을 정도로 정신적·신체적 자율성을 충분히 갖추었다고 보기 어렵다고 보고, 선거권 연령을 19세 이상으로 정한 것이다. 또한 많은 국가에서 선거권 연령을 18세 이상으로 정하고 있으나, 선거권 연령은 국가마다 특수한 상황 등을 고려하여 결정할 사항이고, 다른 법령에서 18세 이상의 사람에게 근로능력이나 군복무능력 등을 인정한다고 하여 선거권 행사능력과 반드시 동일한 기준에 따라 정하여야 하는 것은 아니므로 선거권 연령을 19세 이상으로 정한 것이 불합리하다고 볼 수 없다.

따라서 선거권 연령을 19세 이상으로 정한 것이 입법자의 합리적인 입법재량의 범위를 벗어난 것으로 볼 수 없으므로, 19세 미만인 사람의 선거권 및 평등권을 침해하였다고 볼 수 없다.

[재판관 박한철, 재판관 김이수, 재판관 이진성의 반대의견]

일정 연령의 사람이 정치적 판단능력이 있음에도 더 높게 선거권 연령을 정하였다면 입법형성권의 한계를 벗어난 것이다. 선거권 연령이 19세 이상으로 조정된 이후 지금까지 우리 사회는 그 이전까지의 변화와 비교할 수 없을 정도로 엄청난 변화를 겪었고, 이러한 변화는 청소년을 포함한 국민의 정치적 의식수준도 크게 고양시켰으므로 중등교육을 마칠 연령의 국민은 독자적인 정치적 판단능력이 있다고 보아야 한다. 그런데 중등교육을 마치는 연령인 18세부터 19세의 사람은 취업문제나 교육문제에 지대한 관심을 갖게 되고, 정보통신, 특히 인터넷의 발달에 가장 친숙한 세대로서 정치적·사회적 판단능력이 크게 성숙하게 되므로 독자적인 정치적 판단능력을 갖추었다고 보아야 한다. 병역법이나 근로기준법 등 다른 법령들에서도 18세 이상의 국민은 국가와 사회의 형성에 참여할 수 있는 정신적·육체적 수준에 도달하였음을 인정하고 있고, 18세를 기준으로 선거권 연령을 정하고 있는 다른 많은 국가들을 살펴보아도 우리나라의 18세 국민이 다른 국가의 같은 연령에 비하여 정치적 판단능력이 미흡하다고 볼 수는 없다.

그렇다면 18세 이상 국민이 독자적인 정치적 판단능력이 있음에도 선거권 연령을 19세 이상으로 정한 것은 입법형성권의 한계를 벗어나 18세 이상 19세에 이르지 못한 국민의 선거권 등을 침해한다.

9) 의무투표제도의 도입문제

투표율의 제고를 위해 정당한 사유 없이 투표에 참여하지 않을 경우 약간의 과태료를 부과하는 형식의 일종의 의무투표제도를 채택할 필요가 있고, 이는 몇몇 외국의 입법례에서도 발견된다. 우리의 경우 국회의원 재선거 및 보궐선거에 있어서 2000년대 이후 30% 초반이라는 매우 낮은 투표율을 기록하고 있고, 적지 않은 경우 투표율이 20%대에 불과했다. 이러한 현상은 선거를 통한 국민 내지 유권자 의사의 정확하고 충분한 반영과 민주적 정당성의 확보라는 측면에서 볼 때 대단히 심각한 문제가 아닐 수 없다. 또한 이는 국민 의사의 비례적 대의를 달성할 수 없게 만든다. 따라서 지지율과 의석수간의 비례성 증대를 통한 평등선거의 원칙과 다원적 민주주의의 실현을 위해서는 높은 투표율이 전제되어야 한다.

이런 점에서 투표율을 제고하는 방안을 모색하여야 하는데, 이를 위해 비교적 쉽게 달성할 수 있는 방안이 바로 약간의 과태료 등을 부과하는 형식의 의무투표제도이다. 예컨대 호주의 경우 정당한 이유 없이 투표를 하지 않을 경우 20불의 벌금을 부과한다. 1903년 첫 연방선거의 투표율이 46.8%이었는데 법을 도입한 이후에 실시된 1925년 연방선거에서는 91.3%라는 기록적인 높은 투표율을 기록했다. 이 제도를 도입한 이후 투표율이 평균 30% 이상 높아져 1993년도 선거에서는 무려 95.65%의 투표율을 기록했다. 2010년 호주 연방정부 총선 투표율은 93.2%였다.

물론 이러한 의무투표제도는 선거법상의 기본원칙인 자유선거제도에 저촉되어 위헌문제를 야기시킬 수도 있으나, 모든 선거원칙과 선거권은 절실한 공익적 이유에서 비례의 원칙과 기본권의 본질적 내용침해의 금지원칙을 준수하는 한도내에서는 제한될 수 있으므로 일응 정당화될 수 있다고 본다. 사실 선거권 등의 정치적 기본권은 권리이자 동시에 의무라는 상대성을 지니므로, 긴절한 공익적 이유에서의 이러한 기본권의 불가피한 제한은 일정한 조건하에서 정당화될 수 있을 것이다. 결국 이는 입법정책의 문제로서 헌법이 아닌 법률차원에서의 도입이 가능하다고 하겠다.

참고로 의무투표제를 시행하는 나라는 호주를 포함해 벨기에, 룩셈부르크, 싱가포르, 아르헨티나, 필리핀, 이집트 등 32개국에 달한다.

3. 지방자치선거제도

(1) 내용

1) 지방의회의원과 지방자치단체의 장 선거

가. 선거권과 피선거권

선거권의 경우, 선거일 현재 18세 이상으로서 선거인명부작성기준일 현재 ① 해당 지방자치단체의 관할 구역에 주민등록이 되어 있는 사람, ② 재외국민으로서 주민등록표에 3개월 이상 계속하여 올라 있고 해당 지방자치단체의 관할구역에 주민등록이 되어 있는 사람, ③ 영주의 체류자격 취득일 후 3년이 경과한 외국인으로서 해당 지방자치단체의 외국인등록대장에 올라 있는 사람은 지방자치단체의 의회의원 및 장의 선거권이 있다(공직선거법 제15조 제2항, 제17조).

한편 선거일 현재 계속하여 60일 이상 해당 지방자치단체의 관할구역에 주민등록이 되어 있는 주민으로서 18세 이상의 국민은 그 지방의회의원 및 지방자치단체의 장의 피선거권이 있다(동법 제16조 제3항, 제17조).

나. 선거방식

지방의회의원과 지방자치단체의 장은 주민의 보통·평등·직접·비밀선거에 의해서 선출된다(지방자치법 제38조, 제107조). 지방의회의원의 선거는 지역구상대다수대표제와 비례대표제의 혼합형이다. 지역구후보자와 정당명부에 각각 1표씩 투표하는 1인 2표제이다(공직선거법 제146조 제2항). 비례대표시·도의원정수는 지역구시·도의원정수의 100분의 10이고(동법 제22조 제4항), 비례대표자치구·시·군의원정수는 자치구·시·군의원 정수의 100분의 10이다(동법 제23조 제3항). 시·도지역구광역의회의원선거는 선거구에서 1인의 의원을 선출하는 소선거구제이고(동법 제26조 제1항), 지역구기초의회의원선거는 선거구마다 2인 이상 4인 이하의 의원을 선출하는 중선거구제이다(동법 제26조 제2항). 비례대표지방의회의원선거에 있어서는 유효투표총수의 100분의 5 이상을 득표한 각 정당에 대하여 그 정당이 선거에서 얻은 득표비율에 따라 의석을 배분한다(동법 제190조의2 제1항).

다. 후보자추천과 기탁금 등

정당이 비례대표지방의회의원선거에 후보자를 추천하는 때에는 그 후보자 중 100분의 50 이상을 여성으로 추천하되, 그 후보자명부의 순위의 매 홀수에는 여성을 추천하여야 한다(동법 제47조 제3항). 정당이 임기만료에 따른 지역구지방의회의원선거에 후보자를 추천하는 때에는 전국지역구총수의 100분의 30 이상을 여성으로 추천하도록 노력하여야 한다(동법 제47조 제4항). 정당이 임기만료에 따른 지역구지방의회의원선거에 후보자를 추천하는 때에는 지역구시 · 도의원선거 또는 지역구자치구 · 시 · 군의원선거 중 어느 하나의 선거에 국회의원지역구마다 1명 이상을 여성으로 추천하여야 한다(동법 제47조 제5항). 비례대표지방의회의원선거에 있어 여성후보자 추천의 비율과 순위를 위반한 경우에 그 후보자의 등록은 무효로 한다(동법 제52조 제1항 제2호).

입후보난립과 선거과열을 막기 위하여 지역구에서 입후보하고자 하는 자는 정당의 추천을 받거나(동법 제47조 제1항), 해당 선거구내에서 ① 시 · 도지사선거의 경우 당해 시 · 도안의 3분의 1 이상의 자치구 · 시 · 군에 나누어 하나의 자치구 · 시 · 군에 주민등록이 되어 있는 선거권자의 수를 50인 이상으로 한 1천인 이상 2천인 이하, ② 자치구 · 시 · 군의 장 선거의 경우 300인 이상 500인 이하, ③ 지역구시 · 도의원선거의 경우 100인 이상 200인 이하, ③ 지역구자치구 · 시 · 군의원선거의 경우 50인 이상 100인 이하(다만, 인구 1천인 미만의 선거구에 있어서는 30인 이상 50인 이하)의 추천을 받아야 한다(동법 제48조 제2항 제2호-제5호).

또한 후보자는 일정한 기탁금을 관할선거구선거관리위원회에 납부해야 하는데, ① 시 · 도지사선거의 경우 5천만원, ② 자치구 · 시 · 군의 장 선거의 경우 1천만원, ③ 시 · 도의회의원선거의 경우 300만원, ④ 자치구 · 시 · 군의원선거의 경우 200만원이다(동법 제56조 제1항 제3호-제6호). 지역구지방의회의원선거 및 지방자치단체의 장선거에서 후보자가 당선되거나 사망한 경우와 유효투표총수의 100분의 15 이상을 득표한 경우에는 기탁금 전액을, 후보자가 유효투표총수의 100분의 10 이상 100분의 15 미만을 득표한 경우에는 기탁금의 100분의 50에 해당하는 금액을 기탁자에게 반환하고, 비례대표지방의회의원선거에서 당해 후보자명부에 올라 있는 후보자중 당선인이 있는 때에는 기탁금 전액을 기탁자에게 반환한다. 그 밖의 경우에는 일정한 요건하에 기탁금은 국고에 귀속된다(동법 제57조).

라. 임기와 겸임금지

지방의회의원의 임기는 4년이다(지방자치법 제39조). 지방자치단체의 장의 임기는 4년이며, 3기 내에서만 계속 재임할 수 있다(동법 제108조). 이 계속재임제한규정의 입법취지는 장기집권으로 인한 지역발전저해 방지와 유능하고 새로운 인사의 자치단체장으로의 진출확대를 위한 것이다.[1] 그런데 이러한 제한은 동일한 지방자체단체에서만 적용되는 것이므로, 다른 지방자치단체로 이전해서 출마하는 경우에는 적용되지 않는다. 아울러 3기 이상의 '계속재임'이 금지되는 것이므로 3기 이상이라도 계속재임이 아닌 중임의 경우에는 적용되지 아니한다고 하겠다. 지방의회의원은 국회의원, 다른 지방의회의 의원 등 일정한 직을 겸할 수 없다(동법 제43조). 지방자치단체의 장도 대통령, 국회의원, 지방의회의원을 비롯한 일정한 직을 겸임할 수 없다(동법 제109조).

마. 선거에 관한 쟁송

지방의회의원 및 지방자치단체의 장의 선거에 있어서 선거의 효력에 관하여 이의가 있는 선거인 · 후보자를 추천한 정당 또는 후보자는 선거일부터 14일 이내에 당해 선거구선거관리위원회위원장을 피소청인으로 하여 지역구시 · 도의원선거, 자치구 · 시 · 군의원선거 및 자치구 · 시 · 군의 장 선거에 있어서는 시 · 도선거관리위원회에, 비례대표시 · 도의원선거, 지역구세종특별자치시의회의원선거 및 시 · 도지사선거에 있어서는 중앙선거관리위원회에 소청할 수 있다(공직선거법 제219조 제1항). 지방의회의원 및 지방자치단체의 장의 선거에 있어서 당선의 효력에 관하여 이의가 있는 정당 또는 후보자는 당선인결정일부터 14일 이내에 사안에 따라 당선인 또는 당해 선거구선거관리위원회위원장을 각각 피소청인으로 하여 지역구시 · 도의원선거, 자치구 · 시 · 군의원선거 및 자치구 · 시 · 군의 장 선거에 있어서는 시 · 도선거관리위원회에, 비례대표시 · 도의원선거, 지역구세종

1) 헌재 2006. 2. 23. 2005헌마403, 판례집 18-1상, 320, 321:
지방자치단체 장의 계속 재임을 3기로 제한한 규정의 입법취지는 장기집권으로 인한 지역발전저해 방지와 유능한 인사의 자치단체 장 진출확대로 대별할 수 있는바, 그 목적의 정당성, 방법의 적절성, 피해의 최소성, 법익의 균형성이 충족되므로 헌법에 위반되지 아니한다.
같은 선출직공무원인 지방의회의원 등과 비교해볼 때, 지방자치의 민주성과 능률성, 지방의 균형적 발전의 저해요인이 될 가능성이 상대적으로 큰 지방자치단체 장의 장기 재임만을 규제대상으로 삼아 달리 취급하는 데에는 합리적인 이유가 있다고 할 것이므로, 평등권을 침해하지 않는다.

특별자치시의회의원선거 및 시 · 도지사선거에 있어서는 중앙선거관리위원회에 소청할 수 있다(동법 제219조 제2항). 위 선거소청을 접수한 중앙선거관리위원회 또는 시 · 도선거관리위원회는 소청을 접수한 날부터 60일 이내에 그 소청에 대한 결정을 하여야 한다(동법 220조 제1항).

선거의 효력에 관한 소청결정에 불복이 있는 소청인은 해당 소청에 대하여 기각 또는 각하 결정이 있는 경우에는 해당 선거구선거관리위원회 위원장을, 인용결정이 있는 경우에는 그 인용결정을 한 선거관리위원회 위원장을 피고로 하여 그 결정서를 받은 날부터 10일 이내에 비례대표시 · 도의원선거 및 시 · 도지사선거에 있어서는 대법원에, 지역구시 · 도의원선거, 자치구 · 시 · 군의원선거 및 자치구 · 시 · 군의 장 선거에 있어서는 그 선거구를 관할하는 고등법원에 소를 제기할 수 있다(동법 제222조 제2항).

당선의 효력에 관한 소청결정에 불복이 있는 소청인 또는 당선인인 피소청인은 해당 소청에 대하여 기각 또는 각하 결정이 있는 경우에는 당선인을, 인용결정이 있는 경우에는 그 인용결정을 한 선거관리위원회 위원장을 피고로 하여 그 결정서를 받은 날부터 10일 이내에 비례대표시 · 도의원선거 및 시 · 도지사선거에 있어서는 대법원에, 지역구시 · 도의원선거, 자치구 · 시 · 군의원선거 및 자치구 · 시 · 군의 장 선거에 있어서는 그 선거구를 관할하는 고등법원에 소를 제기할 수 있다(동법 제223조 제2항).

2) 교육감선거

지방자치단체의 교육 · 과학 · 기술 · 체육 그 밖의 학예에 관한 사무는 특별시 · 광역시 및 도의 사무로 하고(「지방교육자치에 관한 법률」 제2조), 시 · 도의 교육 · 학예에 관한 사무의 집행기관으로 시 · 도에 교육감을 둔다(동법 제18조).

교육감은 주민의 보통 · 평등 · 직접 · 비밀선거에 따라 선출하며(동법 제43조), 시 · 도를 단위로 하여 선출한다(동법 제45조). 정당은 교육감선거에 후보자를 추천할 수 없다(동법 제46조 제1항). 이는 헌법이 요구하는 교육의 정치적 중립성 때문이라고 하겠다(헌법 제31조 제4항 참조). 교육감의 임기는 4년으로 하며, 교육감의 계속 재임은 3기에 한정한다(「지방교육자치에 관한 법률」 제21조).

교육감후보자가 되려는 사람은 당해 시 · 도지사의 피선거권이 있는 사람으로서 후보자등록신청개시일부터 과거 1년 동안 정당의 당원이 아닌 사람이어야 하고, 교육감후보자가 되려는 사람은 후보자등록신청개시일을 기준으로 교육경력 또는 교육행정경력이 3년 이상 있거나 두 경력을 합한 경력이 3년 이상 있는 사람이어야 한다(동법 제24조).

교육감선거에 있어서 선거권과 피선거권은 공직선거법이 준용되므로 시·도지사의 선거에 있어서와 동일하다(동법 제46조 및 24조 참조).

(2) 문제점

1) 비례대표의원정수 및 지역구의석과 비례대표의석의 결합방식의 문제

가. 비례대표의원정수의 문제

위에서 언급한 바와 같이 비례대표시·도의원정수는 지역구시·도의원정수의 100분의 10이고(동법 제22조 제4항), 비례대표자치구·시·군의원정수는 자치구·시·군의원 정수의 100분의 10이다(동법 제23조 제3항). 이렇게 적은 수로는 비례대표선거제의 기능을 발휘하기가 어렵다. 따라서 광역의회와 기초의회의 경우 모두 비례대표의원수를 대폭 확대해야 할 것이다.

나. 지역구의석과 비례대표의석의 결합방식의 문제

현행 제도는 지역구의석과 비례대표의석이 각각 별개로 고정된 형태로서 일종의 병립형이다. 따라서 앞서 국회의원선거제도에서 언급한 바와 같은 동일한 문제가 지방의회의원선거제도에서도 발생한다. 따라서 비례대표제의 특성과 장점을 살리고, 진정한 다원적 민주주의원리의 실현을 위해서는 연동형 비례대표제를 채택해야 할 것이다.

다. 봉쇄조항의 문제

비례대표지방의회의원선거에 있어서 유효투표총수의 100분의 5 이상을 득표한 정당만이 비례대표의석배분에 참여할 수 있다(동법 제190조의2 제1항). 즉 5% 봉쇄조항이 적용된다. 본래 봉쇄조항은 군소정당의 난립을 막고, 의회내의 안정된 다수세력형성을 목표로 하는 등 비례대표제의 문제점을 보완하기 위해서 마련된 것이다. 그러나 이 제도는 기본적으로 투표의 성과가치의 평등을 핵심내용으로 하는 평등선거의 원칙을 제한하는 문제점을 지니고 있다. 따라서 봉쇄조항을 도입하되 그 저지선은 목적 달성을 위한 최소한도로 설정해서 비례대표제의 본래 취지를 살리고 소수보호와 다원적 민주주의가 훼손되는 일이 없도록 해야 할 것이다. 만일 이 봉쇄조항으로 인해 소수의 대정당들만 - 그것도 배타적인 지역적 기반위에서 - 의석배분에 참여하게 된다면 이는 비례대표제의 도입취지를 형해화시키는 것으로 오히려 지역대립을 증폭시키고 사회통합을 저해하는 결과를 초래할 것이며 평등선거의 원칙에도 위반되는 것이다.1)

그런데 현행법상의 5%의 저지선은 상당히 높다고 할 수 있다. 특히 신진·소수정당에게는 극복하기에 지나치게 높은 저지선이라고 보지 않을 수 없다. 그리고 이러한 5%의 저지선은 비례대표국회의원선거에서의 3% 저지선보다도 높다. 과거 비례대표국회의원선거에서의 저지선 역시 5%였으나 그 후 개정되어 현재의 3%로 하향된 것이다. 이는 국회의원선거에서조차 5%의 저지선이 지나치게 높았다는 것을 의미하고, 이를 우리의 그동안의 군소정당의 저조한 의석획득율이 웅변적으로 증명하고 있다. 따라서 비례대표선거제의 특장을 살리지 못하고 일부 대정당들이 의석을 독차지하는 결과를 초래해왔다. 사실 우리의 일천한 정당역사, 수시로 설립과 해체를 반복하는 정당풍토, 신진 · 소수정당에게 지나치게 불리한 정치 및 선거풍토 등을 감안할 때 기존의 대정당을 제외하고는 이러한 5%의 저지선을 극복하기란 매우 어렵다고 보지 않을 수 없다. 따라서 소수보호와 다원적 민주주의의 실현을 지향하는 비례대표제의 취지를 살리기 위해서, 그리고 효과적인 권력통제의 기능을 가지는 지방자치제도의 활성화를 위해서 저지선을 적어도 3%로 낮추어야 할 것이다. 또한 그것이 비례대표국회의원선거제도와의 균형과 체계정당성에도 부합된다고 하겠다.

2) 기초의회의원선거구의 문제

자치구 · 시 · 군의원지역구는 선거구마다 2인 이상 4인 이하의 의원을 선출하는 중선거구제가 실시되고 있다(동법 제26조 제2항). 일반적으로 중대선거구제하에서는 상대적으로 낮은 득표율로도 당선이 가능하고 선거구가 소선거구보다 크기 때문에 범지역적인 대의기능이 가능하고, 사표가 줄어들어 비례적인 대의와 비례적인 민주적 정당성의 확보가 용이해지며, 소수세력의 당선이 용이해지고 다당제의 출현가능성이 커져 결과적으로 평등선거의 원칙과 대표의 정확성, 소수보호와 정당민주주의를 바탕으로 하는 다원적 민주주의의 실현이 용이해진

---

1) 정연주, 정당민주주의와 정당개혁, 법조 제69권 제1호(통권 제739호), 2020. 2, 20쪽.

다고 평가된다.

그러나 이미 위에서 국회의원선거제도에 있어서의 다수대표제의 선거구획정 문제와 관련하여 지적했듯이 이는 타당하지 아니한 평가이고, 중대선거구제는 이론과 실제에 있어서 너무나 많은 문제점을 지니고 있다. 아울러 그 주장되는 중대선거구의 장점도 비례대표제의 강화를 통해 충분히 실현될 수 있기 때문에 굳이 중대선거구제를 비례대표제와 결합시킬 필요가 전혀 없다. 따라서 비례대표제로 선거의 본질적 기능을 기본적으로 충족시키고, 소선거구 다수대표제로 안정된 다수형성과 정국안정 및 부수적 지역대표성도 도모할 수 있다.

한편 현행 중선거구제는 지역구광역의회선거구 및 지역구국회의원선거구가 모두 소선거구제라는 점에 비추어 체계정당성에도 반한다. 결국 특정지역에서 특정정당의 독식의 위험이 큰 현행 중선거구제는 소선거구제로 전환되는 것이 바람직하다.

3) 지방의회의원선거구간의 인구편차 문제

앞서 언급한 바와 같이 현행 공직선거법에는 지방의회의원선거에 있어서 선거구간 인구편차의 허용기준 대한 구체적인 법적 근거가 없다. 그래서 불가피하게 헌법재판소 결정에 의하여 규율되어 왔는데, 헌법재판소는 위에서 소개한 바와 같이 국회의원선거구의 경우에는 최근에 상한인구수와 하한인구수의 비율 2:1까지의 허용기준을 판례로 확립한 바 있다. 그런데 유독 지방의회의원선거구의 경우에는 3:1이라는 다른 허용기준을 제시하고 있어 문제가 제기되고 있다.

과거 헌법재판소는 광역의회의원선거의 경우 “시 · 도의원 지역선거구의 획정에는 인구 외에 행정구역 · 지세 · 교통 등 여러 가지 조건을 고려하여야 하므로, 그 기준은 선거구 획정에 있어서 투표가치의 평등으로서 가장 중요한 요소인 인구비례의 원칙과 우리나라의 특수사정으로서 시 · 도의원의 지역대표성 및 인구의 도시집중으로 인한 도시와 농어촌 간의 극심한 인구편차 등 3개의 요소를 합리적으로 참작하여 결정되어야 할 것이며, 현시점에서는 상하 60%의 인구편차(상한 인구수와 하한 인구수의 비율은 4:1) 기준을 시 · 도의원 지역선거구 획정에서 헌법상 허용되는 인구편차기준으로 삼는 것이 가장 적절하다고 할 것이다.” 라고 판시하여 상한인구수와 하한인구수의 비율을 4:1까지 허용한 바 있다.[1] 또

1) 2007. 3. 29. 2005헌마985 등, 판례집 19-1, 287.

한 기초의회의원선거의 경우에도 "자치구 · 시 · 군의회의원 선거구 획정은 인구비례의 원칙과 자치구 · 시 · 군의회의원의 지역대표성 및 인구의 도시집중으로 인한 농어촌 간의 극심한 인구편차 등 여러 요소를 합리적으로 참작하여 결정되어야 할 것인바, 해당 선거구의 의원 1인당 인구수가 해당 선거구가 속한 자치구 · 시 · 군의회의원 1인당 평균인구수 대비 상하 60%의 편차 내에 있으면 허용된다."라고 판시하여 역시 상한인구수와 하한인구수의 비율을 4:1까지 허용한 바 있다.[1)]

그 후 헌법재판소는 판례를 변경하였다. 즉 "헌재 2007. 3. 29. 2005헌마985 등 결정은 인구편차 상하 60%의 기준을 시 · 도의원지역구 획정에서 허용되는 인구편차 기준으로 보았다. 그런데 위 기준에 의하면 투표가치의 불평등이 지나치고, 위 기준을 채택한지 11년이 지났으며, 이 결정에서 제시하는 기준은 2022년에 실시되는 시 · 도의회의원선거에 적용될 것인 점 등을 고려하면, 현시점에서 인구편차의 허용한계를 보다 엄격하게 설정할 필요가 있다. 다만 시 · 도의원은 주로 지역적 사안을 다루는 지방의회의 특성상 지역대표성도 겸하고 있고, 우리나라는 도시와 농어촌 간의 인구격차가 크고 각 분야에 있어서의 개발불균형이 현저하다는 특수한 사정이 존재하므로, 시 · 도의원지역구 획정에 있어서는 행정구역 내지 지역대표성 등 2차적 요소도 인구비례의 원칙에 못지않게 함께 고려해야 할 필요성이 크다. 인구편차 상하 50%를 기준으로 하는 방안은 투표가치의 비율이 인구비례를 기준으로 볼 때의 등가의 한계인 2:1의 비율에 그 50%를 가산한 3:1 미만이 되어야 한다는 것으로서 인구편차 상하 33⅓%를 기준으로 하는 방안보다 2차적 요소를 폭넓게 고려할 수 있고, 인구편차 상하 60%의 기준에서 곧바로 인구편차 상하 33⅓%의 기준을 채택하는 경우 시 · 도의원지역구를 조정함에 있어 예기치 않은 어려움에 봉착할 가능성이 매우 크므로, 현시점에서는 시 · 도의원지역구 획정에서 허용되는 인구편차 기준을 인구편차 상하 50%(인구비례 3:1)로 변경하는 것이 타당하다."라고 판시함으로써 인구편차의 한계를 4:1에서 3:1로 변경하였다.[2)]

이러한 헌법재판소의 판례변경은 바람직하다. 그런데 다른 한편 헌법재판소

---

1) 2012. 2. 23. 2010헌마282, 판례집 24-1상, 303.

2) 헌재 2018. 6. 28. 2014헌마189, 판례집 30-1하, 627, 628. 같은 의견의 판례 헌재 2019. 2. 28. 2018헌마415 등, 판례집 31-1, 225.

는 이처럼 여전히 인구편차와 관련하여 국회의원선거와 지방의회선거를 구별하고 있고, 그 이유로는 인구비례의 원칙과 더불어 지방의회의원선거의 경우 우리나라의 특수사정으로서 시 · 도의원 및 자치구 · 시 · 군의회의원의 지역대표성과 인구의 도시집중으로 인한 도시와 농어촌 간의 극심한 인구편차, 각 분야에 있어서의 개발불균형이 현저하다는 특수한 사정 등을 들고 있다.

그러나 위헌 여부를 가름하는 인구편차의 허용기준은 지역사정이나 선거의 종류에 관계없이 2:1 미만이 되어야 할 것이고, 따라서 우리나라의 특수사정으로서 거론되는 시 · 도의원 및 자치구 · 시 · 군의회의원의 지역대표성과 인구의 도시집중으로 인한 도시와 농어촌 간의 극심한 인구편차 등 인구 이외의 다양한 요소를 고려해야 할 입법자의 입법형성의 자유도 이러한 2:1 미만의 범위 내에서 인정된다고 보아야 할 것이다. 따라서 지방의회의원선거의 경우 인구편차의 기준을 3:1로 정함으로써 국회의원선거와 지방의회선거를 구별하는 헌법재판소의 입장은 평등선거의 원칙에 반할 뿐 아니라 국회의원선거와 지방의회선거 양 제도상의 본질적인 차이가 없음에도 불구하고 구별한 것으로 체계정당성에도 반한다는 점에서 타당하지 못하다. 지방의회선거의 경우에도 국회의원선거의 경우처럼 선거구간 인구편차의 허용기준을 2:1 미만으로 하고, 이러한 허용기준의 구체적인 내용을 공직선거법에 규정해야 할 것이다.

제 3 절 공무원제도

Ⅰ. 개설

1. 공무원제도의 의의와 기능

공무원제도라 함은 통치권의 집행을 담당하는 공무원이라는 인적수단의 충원과 관리를 효율적으로 규율하고 보장하는 법적 제도를 말한다. 통치권은 현실적으로 공무원에 의해서 행사되어지기 때문에 공무원은 통치기구의 필수적인 전제조건이다. 따라서 공무원제도는 통치기구의 중요한 조직원리라고 하겠다.

따라서 통치기관을 구성하는데 있어서 통치기구의 기능과 국민의 기본권을 효율적으로 책임 있게 실현할 수 있는 공무원제도를 마련하는 것은 국가와 통치기구론의 중요한 과제라고 하겠다.

이처럼 국가에 대하여 충성의 근무관계에 있는 공무원에 관한 충원과 관리 및 신분보장 등에 관한 법적 제도를 헌법적으로 규율하고 보장하는 공무원제도는 통치기구의 조직원리로서, 수평적·수직적 다원화된 입체적 권력분립의 관점에서, 그리고 궁극적으로 국민의 기본권실현을 위해서 매우 중요한 기능을 담당한다.

2. 공무원의 개념과 범위

공무원이란 통치권(국가작용)을 담당하고 수행하는 인적 수단을 총칭하는 개념이라고 할 수 있다. 즉 공무원이란 국민에 의하여 선출되거나 국가 또는 공공단체에 의하여 임용되어 국가나 공공단체와 공법상의 근무관계를 맺고 공적 업무를 담당하는 사람들이다.[1)]

과거 국가의 기능과 과제가 한정적이고 소극적인 것에 머물러 있었을 때 이러한 한정적인 국가작용을 담당하고 수행하는 데에는 전통적인 좁은 의미의 공무원만으로도 충분했다. 그러나 오늘날 산업사회가 고도화되고 사회국가적 요청이 증대됨에 따라 국가의 기능은 매우 광범위하고 다양해졌으며 전문화되었기 때문에 이러한 양적·질적으로 확대된 국가기능을 담당하는 공무원의 범위도 필연적으로 매우 광범위해질 수밖에 없게 되었다. 따라서 전통적인 공무원만으로는 충분하지 않게 되어 일종의 근무계약에 의해서 형성된 그 밖의 다양한 공무

---

1) 헌재 1992. 4. 28. 90헌바27, 판례집 4, 255, 264:
공무원이란 직접 또는 간접적으로 국민에 의하여 선출 또는 임용되어 국가나 공공단체와 공법상의 근무관계를 맺고 공공적 업무를 담당하고 있는 사람들을 가리킨다고 할 수 있고, 공무원도 각종 노무의 대가로 얻는 수입에 의존하여 생활하는 사람이라는 점에서는 통상적인 의미의 근로자적인 성격을 지니고 있으므로(근로기준법 제14조, 제16조, 노동조합법 제4조 등 참조) 헌법 제33조 제2항 역시 공무원의 근로자적 성격을 인정하는 것을 전제로 규정하고 있다.
그러나 공무원은 그 임용주체가 궁극에는 주권자인 국민 또는 주민이기 때문에 국민전체에 대하여 봉사하고 책임을 져야 하는 특별한 지위에 있고, 그가 담당한 업무가 국가 또는 공공단체의 공공적인 일이어서 특히 그 직무를 수행함에 있어서 공공성·공정성·성실성 및 중립성 등이 요구되기 때문에 일반근로자와는 달리 특별한 근무관계에 있는 사람이다.

원 집단이 필요하게 되었다. 따라서 오늘날 국민 전체에 대한 봉사자로서의 공무원은 매우 넓은 의미로 이해되어야 하며, 이에는 전통적 의미의 형식적인 신분을 가진 직업공무원 뿐 아니라 널리 공무를 위탁받아 종사하는 공법상의 근무관계에 바탕을 둔 다양한 공무원이 포함된다고 하겠다.

따라서 공무원의 범위는 형식적인 신분이 기준이 되는 것이 아니라, 실질적인 담당업무 내지 기능을 기준으로 판단되어야 하는 것이다.[1] 따라서 국가공무원이나 지방공무원 뿐 아니라, 공무수탁사인 등 널리 공무를 위탁받아 실질적으로 그에 종사하는 모든 자를 모두 포함한다. 따라서 공무원 또는 공직자의 개념은 헌법과 관련 법규 또는 해당 사항에 따라서 달리 해석되기 때문에 이를 일률적으로 정의할 수는 없고, 그 개념과 범위도 사안에 따라 달라질 수밖에 없다.

3. 공무원의 종류

앞서 언급한 바와 같이 공무원의 개념과 범위가 매우 광범위하기 때문에 공무원의 종류도 다양하다. 예컨대 전통적인 직업공무원과 그 밖의 공무원, 국가공무원과 지방공무원, 선출직공무원과 임명직공무원 등 다양한 종류로 나눌 수 있다. 직업공무원은 중립적 중립을 지켜야 하고 신분이 보장되는 공무원이고, 그 밖의 비직업공무원은 그렇지 않은 공무원을 말한다. 국가공무원은 국가에 의하여 임용되고 국가기관에서 근무하며 국가공무원법의 적용을 받는 공무원이고, 지방공무원은 지방자치단체에 의하여 임용되고 지방자치단체에서 근무하며 지방공무원법의 적용을 받는 공무원을 말한다. 국가공무원법 및 지방공무원법에 따르면 공무원은 경력직공무원과 특수경력직공무원으로 구분한다. 경력직공무원이란 실적과 자격에 따라 임용되고 그 신분이 보장되며 평생 동안(근무기간을 정하여 임용하는 공무원의 경우에는 그 기간 동안을 말한다) 공무원으로 근무할 것이 예정되는 공무원을 말하며, 일반직공무원과 특정직공무원으로 구분된다. 특수경력직공무원이란 경력직공무원 외의 공무원을 말하며, 정무직공무원과 별정직공무원으로 구분된다(국가공무원법 제2조, 지방공무원법 제2조).

---

1) 대판 1970. 11. 24. 70다 2253: "국가배상법 제2조에서 말하는 공무원은 국가공무원법 제2조에서 말하는 공무원법 또는 지방공무원법에서 말하는 공무원의 신분을 가진 자에 한하지 않고 널리 공무를 위탁받아 실질적으로 공무에 종사하고 있는 자도 포함된다고 할 것인바 …"

한편 선출직공무원은 공직선거법에서 정한 방법과 절차에 따라 선거에 의하여 선출되는 공무원을 말하고, 임명직공무원은 그밖에 국가나 지방자치단체의 임명권자에 의하여 임용되는 공무원을 말한다.

Ⅱ. 공무원의 헌법상 지위와 책임

1. 공무원의 헌법상 지위

공무원은 국민의 기본권실현의 담당자이다. 이는 헌법의 기본이념인 국민주권주의에 비추어 너무도 당연한 공무원의 기능과 사명이라고 하겠다. 즉 국가의 주권자는 국민이고, 공무원은 이러한 주권자인 국민에게 충성하는 국민의 공복이기 때문에 공무원은 국민에 대한 봉사자의 지위를 가진다. 헌법 제7조 제1항도 "공무원은 국민전체에 대한 봉사자이며, 국민에 대하여 책임을 진다."라고 규정하여 공무원의 국민전체에 대한 봉사자로서의 지위를 분명히 하고 있다.[1)]

2. 공무원의 책임

헌법 제7조 제1항도 강조하고 있듯이 공무원은 궁극적으로 국민에 대하여 책임을 진다. 이는 앞서도 언급한 바와 같이 공무원이 주권자인 국민 전체에 대한 봉사자로서의 헌법상 지위에 비추어 볼 때 당연한 것이다. 즉 공무원은 국민의 기본권실현과 국민에 대한 충성을 기본사명으로 하기 때문에 자신의 모든 공무수행의 궁극적 목적은 국민의 기본권실현이고, 따라서 그와 관련하여 국민에 대한 포괄적 책임을 져야 하는 것이다.[2)]

---

1) 헌재 1993. 9. 27. 92헌바21, 판례집 5-2, 267, 275:
국민주권주의와 국민의 기본권 보장을 양대 지주로 하고 있는 우리나라의 헌법이념상 공무원은 과거와 같이 집권자에의 충성관계나 관료적인 공리로서가 아니라 국민의 수임자로서 국민에게 봉사하는 것을 본래의 사명으로 하고 전문적 기술적 행정을 담당함을 그 목적으로 하는 기관이라는 의미에서 공무원 제도는 민주성과 중립성, 전문성, 능률성을 가진 직업공무원임을 특질로 하는 것이다.

2) 헌재 1992. 4. 28. 90헌바27, 판례집 4, 255, 264-265:
공무원은 그 임용주체가 궁극에는 주권자인 국민 또는 주민이기 때문에 국민전체에 대하여 봉사하고 책임을 져야 하는 특별한 지위에 있고, 그가 담당한 업무가 국가 또는 공공단체 이러한 책임의 유형으로는 크게 정치적 책임과 법적 책임으로 나눌 수 있다. 정치적 책임으로는 선출직공무원의 경우 선거를 통한 심판, 국회에 의한 국무총리 또는 국무위원에 대한 해임건의에 따른 책임(헌법 제63조), 청원에 의한 책임추궁(헌법 제26조 참조) 등을 들 수 있다. 법적 책임으로는 대통령 · 국무총리 · 국무위원 등 고위공직자에 대한 탄핵소추 및 탄핵심판을 통한 책임추궁(헌법 제65조, 제111조), 국가배상책임(헌법 제29조), 공무원의 각종 징계, 변상, 형사책임 등을 들 수 있다.

Ⅲ. 공무원제도의 전제조건

위에서 언급한 바와 같이 공무원은 국가의 기능과 법집행을 실제로 담당하는 인적 수단으로서 국민의 기본권을 최대한 실현시켜야 하는 사명을 가지고, 그를 위해 국민 전체에 대한 봉사자로서 국민에 대하여 책임을 지는 헌법적 지위를 가지기 때문에 이러한 지위에 따른 사명을 완수하기 위하여, 그리고 공무원제도가 앞서 언급한 제도적 목적과 기능을 다하기 위해서는 다음과 같은 몇 가지 전제조건을 충족시켜야 한다.

1. 공직윤리의 확립

공무원제도가 제 기능을 발휘하고, 공무원이 헌법 제7조 제1항이 천명한 바와 같이 국민 전체의 봉사자로서 국민에게 책임을 다하기 위해서는, 오로지 국민의 기본권과 공공복리의 실현만을 사명으로 하는 확고한 공직윤리가 확립되어야 한다. 모든 공직자가 이러한 투철한 사명감을 가지고 일체의 사적인 이해

의 공공적인 일이어서 특히 그 직무를 수행함에 있어서 공공성 · 공정성 · 성실성 및 중립성 등이 요구되기 때문에 일반근로자와는 달리 특별한 근무관계에 있는 사람이다.

그리하여 우리 헌법도 제7조 제1항 · 제2항에서 "공무원은 국민전체에 대한 봉사자이며 국민에 대하여 책임을 진다. 공무원의 신분과 정치적 중립성은 법률이 정하는 바에 의하여 보장된다."고 규정하고 있고, 그 밖에 제29조 제1항 · 제2항에서 공무원의 불법행위책임과 그에 대한 국가의 배상의무 및 일정한 공무원에 대한 배상제한 규정을 두고 있으며, 제33조 제2항에서 근로기본권에 관하여 공무원에 대한 특별규정을 두고 있다. 우리 헌법이 위와 같은 규정을 두게 된 뜻은 바로 위에서 본 바와 같은 공무원의 지위의 특수성과 직무의 공공성에서 비롯되는 것이다.

관계를 초월해서 국민의 충직한 공복으로서 맡은 바 직무를 성실히 수행해 나갈 때에만 비로소 국민 전체의 봉사자로서 국민에게 책임을 다하고 국민의 기본권실현이라는 공무원제도의 목적을 달성할 수가 있는 것이다.

2. 정치적 중립성의 확립

공무원제도가 효율적인 통치기구의 조직원리로서, 그리고 기본권실현과 다원적 권력분립의 수단으로서의 제 기능을 발휘하기 위해서는 공무원, 특히 직업공무원의 정치적 중립성이 확립되어야 한다. 현대 정당민주주의제도하에서 공무원이 정당 등 특정 정치세력의 시녀로 전락되지 않도록 정치적 중립성이 보장되어야 비로소 정치관료를 비롯한 정치집단과 일반공무원 사이의 효과적인 권력분립이 가능해지고, 지속적이고 안정적인 공무수행과 기본권 실현이 가능해지는 것이다. 또한 그럴 때에만 정치적 이해관계를 초월한 법치행정이 실현될 수 있다.

3. 공무원의 신분보장

공무원제도가 원활한 기본권실현과 다원적 권력분립의 실현이라는 소기의 목적을 완수하기 위하여, 그리고 공공복리만을 사명으로 하는 직무행위의 지속적 수행을 위해서는 공무원, 특히 직업공무원의 신분보장이 절대적이다. 왜냐하면 이러한 공무원의 신분보장이 없이는 앞서 언급한 여러 가지 공무원제도의 기능과 목적의 실현이 불가능하기 때문이다.

이를 위해서는 공무원의 신분보장에 관한 사항이 법률로 규정·보장되어야 하고, 국가와 공무원의 근무관계(특별권력관계)에도 기본권원리와 법치주의가 적용되어야 하며, 공무원의 신분관계에 대한 사법적 구제제도가 확립되어야 할 것이다. 아울러 공무원의 직무상 불법행위에 대하여 원칙적으로 국가가 책임을 지는 국가배상제도가 확립되어 공무원의 사기진작과 원활한 공무수행을 뒷받침해주어야 할 것이다.

또한 현대의 사회·복지국가에서는 사회국가원리가 공무원제도에도 적용되어야 한다. 따라서 공무원의 신분보장과 생활안정을 뒷받침해주는 각종의 사회보장 등의 제도적 장치가 마련되어야 할 것이다.[1)]

Ⅳ. 공무원 선발제도의 유형과 기준

앞서 언급한 바와 같은 전제조건을 충족하는 합리적이고 효율적인 공무원제도가 확립되고, 이러한 제도의 바탕위에서 국민의 기본권보장과 공공복리의 실현이라는 통치기구 소기의 목적이 제대로 달성되기 위해서는 이러한 공적 과제를 담당하는 적합하고 유능한 공무원이 선발되어야 하며, 따라서 공무원의 선발제도 자체가 합리적이고 민주적이어야 한다.

1. 선출직 공무원선발

선출직 공무원의 선발은 선거에 의해 이루어지는데, 이를 위해서 선거권과 피선거권의 합리적 법정화 및 선거의 기본원칙의 확립 등 통치기구의 조직원리로서의 선거제도의 기능이 최대한 실현될 수 있는 다양한 제도적 장치가 마련되어야 한다. 선출직 공무원선발에서는 정치적 역량과 국민의 정치적 신임 내지 민주적 정당성의 크기가 절대적인 기준이 된다.

2. 임명직 공무원선발

임명직 공무원의 선발에서는 정치적 역량은 선발기준이 되어서는 안되고(정치적 중립성의 요청), 그 해당 공직이 요구하는 전문성·적성·능력 등의 이른바 성적주의 내지 능력주의가 그 기준이 되어야 한다. 임명직 공무원의 경우 공무

1) 헌재 2002. 8. 29. 2001헌마788 등, 판례집 14-2, 219, 228:
현대민주주의 국가에 이르러서는 사회국가원리에 입각한 공직제도의 중요성이 특히 강조되고 있는바, 이는 사회적 법치국가이념을 추구하는 자유민주국가에서 공직제도란 사회국가의 실현수단일 뿐 아니라, 그 자체가 사회국가의 대상이며 과제라는 점을 이념적인 기초로 한다. 이는 모든 공무원들에게 보호가치 있는 이익과 권리를 인정해 주고, 공무원에게 자유의 영역이 확대될 수 있도록 공직자의 직무의무를 가능한 선까지 완화하며, 공직자들의 직무환경을 최대한으로 개선해 주고, 공직수행에 상응하는 생활부양을 해 주고, 퇴직 후나 재난, 질병에 대처한 사회보장의 혜택을 마련하는 것 등을 그 내용으로 한다. 그런데 공무원의 생활보장의 가장 일차적이며 기본적인 수단은 '그 일자리의 보장'이라는 점에서 오늘날 사회국가원리에 입각한 공직제도에서 개개 공무원의 공무담임권 보장의 중요성은 더욱 큰 의미를 가지고 있다고 할 것이다.

담임권은 공무담임에 관한 기회균등의 보장을 내용으로 한다. 따라서 공무원선발에서 전문성이나 능력 및 적성 등 해당 공직이 요구하는 직무수행능력과 무관한 요소를 이유로 공무원선발에 있어서 차별을 해서는 안된다.[1)]

Ⅴ. 직업공무원제도

1. 의의

공무원제도의 핵심적 내용은 바로 직업공무원제도이다. 이는 신분과 정치적 중립성을 보장받는 직업공무원에게 공무수행기능을 맡김으로써 일관되고 효율적인 공무수행과 그를 통한 국민의 기본권의 안정적이고 지속적인 실현을 보장하려는 공직구조에 관한 제도를 말한다. 따라서 여기서 말하는 직업공무원은 국가 또는 공공단체와 근로관계를 맺고 이른바 공법상 특별권력관계 내지 특별행정법관계하에서 공무를 담당하는 것을 직업으로 하는 협의의 공무원을 말하며 정치적 공무원이라든가 임시적 공무원 등은 포함되지 않는다.[2)]

2. 직업공무원제도의 내용

직업공무원제도는 국가의 공무수행기능을 원칙적으로 직업공무원에게 전담시키는 것과 이를 뒷받침하기 위한 신분과 정치적 중립성의 보장 및 성적주의를 주된 내용으로 한다.

---

1) 같은 견해 허영, 전게서, 850쪽.

2) 헌재 1989. 12. 18. 89헌마32 등, 판례집 1, 343, 352:
우리나라는 직업공무원제도를 채택하고 있는데, 이는 공무원이 집권세력의 논공행상의 제물이 되는 엽관제도를 지양하고 정권교체에 따른 국가작용의 중단과 혼란을 예방하고 일관성 있는 공무수행의 독자성을 유지하기 위하여 헌법과 법률에 의하여 공무원의 신분이 보장되는 공직구조에 관한 제도이다. 여기서 말하는 공무원은 국가 또는 공공단체와 근로관계를 맺고 이른바 공법상 특별권력관계 내지 특별행정법관계 아래 공무를 담당하는 것을 직업으로 하는 협의의 공무원을 말하며 정치적 공무원이라든가 임시적 공무원은 포함되지 않는 것이다.

(1) 공무수행기능의 직업공무원전담

이는 국가의 공무집행을 원칙적으로 직업공무원에게 전담시킴으로써 사인·공무수탁사인·선출직 공무원·기타 근무계약에 의한 공무원 등에게 공무수행기능이 부여되는 것을 억제하는 것이다. 이는 국가의 공무수행기능을 원칙적으로 직업공무원에게 맡기는 것이 정치적 이해관계를 초월하여 오로지 법과 정의에 입각한 법치행정을 실현시키고, 안정적이고 지속적인 공무집행을 가능케 하기 때문이다.[1)]

(2) 직업공무원의 신분과 정치적 중립성의 보장

직업공무원제도는 공무원제도 본래의 목적과 기능 - 다원적 권력분립, 기본권과 공공복리의 실현 - 을 실현시키기 위하여, 그리고 공무수행기능의 직업공무원전담을 뒷받침하기 위하여 공무원의 신분보장과 정치적 중립성을 요구한다. 이에 따라 우리 헌법 제7조 제2항도 "공무원의 신분과 정치적 중립성은 법률이 정하는 바에 의하여 보장된다."라고 규정함으로써 직업공무원제도의 핵심적 내용이 공무원의 신분과 정치적 중립성의 보장임을 분명히 하고 있다.

1) 공무원의 신분보장

앞서 언급한 공무원제도의 기능 실현과 공무수행기능의 직업공무원전담을 뒷받침하기 위해서는 직업공무원의 신분이 법적·제도적으로 보장되어야 한다. 만일 이러한 신분보장이 이루어지지 않는다면 공무원이 국민의 공복으로서 정치적 압력 등 외부의 간섭에도 불구하고 오로지 공공복리와 기본권실현이라는

---

1) 헌재 1989. 12. 18. 89헌마32 등, 판례집 1, 343, 352-353:
직업공무원제도하에 있어서는 과학적 직위분류제, 성적주의 등에 따른 인사의 공정성을 유지하는 장치가 중요하지만 특히 공무원의 정치적 중립과 신분보장은 그 중추적 요소라고 할 수 있는 것이다. 그러나 보장이 있음으로 해서 공무원은 어떤 특정정당이나 특정상급자를 위하여 충성하는 것이 아니고 국민전체에 대한 공복으로서 법에 따라 그 소임을 다할 수 있게 되는 것으로서 이는 당해 공무원의 권리나 이익의 보호에 그치지 않고 국가통치 차원에서의 정치적 안정의 유지와 공무원으로 하여금 상급자의 불법부당한 지시나 정실에 속박되지 않고 오직 법과 정의에 따라 공직을 수행하게 하는 법치주의의 이념과 고도의 합리성, 전문성, 연속성이 요구되는 공무의 차질 없는 수행을 보장하기 위한 것이다.
같은 견해 허영, 전제서, 855쪽.

사명완수에 전념하기가 어렵기 때문이다. 따라서 공무원이 어떠한 정치적 이유에서든 정당한 이유 없이 자신의 신분상의 불이익을 받아서는 안된다.[1] 이에 따라 앞서 언급했듯이 헌법 제7조 제2항도 공무원의 신분보장을 천명하고 있고, 국가공무원법 제68조 및 지방공무원법 제60조도 "공무원은 형의 선고, 징계처분 또는 이 법에서 정하는 사유에 따르지 아니하고는 본인의 의사에 반하여 휴직·강임 또는 면직을 당하지 아니한다."라고 규정하여 이러한 헌법정신을 구현하고 있다.[2]

이러한 신분보장의 구체적 내용으로서 공무원직의 원칙적인 종신주의(정년보장),[3] 공무원의 채용·승진·전보의 법정주의, 연금 등 공무원의 생활부양과 복

---

1) 헌재 1989. 12. 18. 89헌마32 등, 판례집 1, 343, 353:
헌법이 "공무원은 국민전체에 대한 봉사자이며, 국민에 대하여 책임을 진다. 공무원의 신분과 정치적 중립성은 법률이 정하는 바에 의하여 보장된다."라고 명문으로 규정하고 있는 것은 바로 직업공무원제도가 국민주권원리에 바탕을 둔 민주적이고 법치주의적인 공직제도임을 천명하고 정권담당자에 따라 영향 받지 않는 것은 물론 같은 정권하에서도 정당한 이유 없이 해임당하지 않는 것을 불가결의 요건으로 하는 직업공무원제도의 확립을 내용으로 하는 입법의 원리를 지시하고 있는 것으로서 법률로서 관계규정을 마련함에 있어서도 헌법의 위와 같은 기속적 방향 제시에 따라 공무원의 신분보장이라는 본질적 내용이 침해되지 않는 범위내라는 입법의 한계가 확정되어진 것이라 할 것이다.

2) 헌재 1997. 4. 24. 95헌바48, 판례집 9-1, 435, 443:
헌법이 "공무원은 국민전체에 대한 봉사자이며, 국민에 대하여 책임을 진다. 공무원의 신분과 정치적 중립성은 법률이 정하는 바에 의하여 보장된다."(헌법 제7조) 라고 규정한 것은 바로 직업공무원제도가 국민주권원리에 바탕을 둔 민주적이고 법치주의적인 공직제도임을 밝힌 것이고, 국가공무원법(제68조, 지방공무원법 제60조도 같다)이 "공무원은 형의 선고, 징계처분 또는 이 법에 정하는 사유에 의하지 아니하고는 그 의사에 반하여 휴직, 강임 또는 면직을 당하지 아니한다. 다만 1급공무원은 그러하지 아니하다"고 규정하고 있는 것은 바로 헌법의 위 조항을 법률로써 구체화한 것이다.

3) 헌재 1997. 3. 27. 96헌바86, 판례집 9-1, 325, 331:
공무원 정년제도는 대체로 다음과 같은 두 가지의 목적을 가진다. 그 하나는 공무원에게 정년연령까지 근무의 계속을 보장함으로써 그로 하여금 장래에 대한 확실한 예측을 가지고 생활설계를 하는 것이 가능하게 하여 안심하고 직무에 전념하게 한다는 것이고, 다른 하나는 공무원의 교체를 계획적으로 수행하는 것에 의해서 연령구성의 고령화를 방지하고 조직을 활성화하여 공무능률을 유지·향상시킨다고 하는 것이다. 우리 재판소도 1994. 4. 28. 선고, 91헌바15·19(병합) 결정에서 정년제도에 관하여 판시함에 있어 "정년제도를 둔 것은 직업공무원제의 요소인 공무원의 신분보장을 무한으로 관철할 때 파생되는 공직사회의 무사안일을 방지하고 인사적체를 해소하며 새로운 인재들의 공직참여기회를 확대, 관료제의 민주화를 추구하여 직업공무원제를 합리적으로 보완·운영하기 위한 것으로서 그 목적의 정당성이 인정된다"고 밝힌 바 있다.

지를 위한 각종 제도, 징계절차의 합리성과 민주성 및 법정주의구현, 공무원의 직무상 불법행위에 대한 국가배상책임(헌법 제29조) 등을 들 수 있다. 이는 공무원이 국민 전체에 대한 봉사자로서 정책집행을 안정적으로 수행하게 함으로써 통치기구의 목적인 기본권실현을 원활히 하게 함을 목적으로 하는 제도이기 때문에 그 자체가 자기 목적적이거나 공무원의 개인적 이익만을 위해서 존재하는 것이 아니고, 어디까지나 국가적 과제를 공평무사하게 성실히 수행하도록 하기 위한 제도적 수단들이라 하겠다.[1)]

2) 공무원의 정치적 중립성

직업공무원제도의 핵심적 내용 중 또 다른 하나는 바로 직업공무원의 정치적 중립성의 보장이다. 만일 직업공무원의 정치적 중립성이 확립되지 아니한다면 국민 전체의 봉사자로서 국민에 대하여 책임을 지는 공무원이 정치적 압력에 의하여 좌우되어 오로지 공공복리와 국민의 기본권실현만을 사명으로 하는 영속적이고 일관된 공무수행이 불가능해질 수 있기 때문이다. 따라서 공무원의 정치적 중립성을 보장하고, 공무원에 대한 정치적 압력과 영향을 배제하여야 하며, 공무원의 정치관여를 제한·금지하는 법적·제도적 장치가 마련되어야 한다.

이에 따라 앞서 언급했듯이 헌법 제7조 제2항이 공무원의 정치적 중립성의 보장을 천명하고 있고, 이를 위해 국가공무원법 제65조 및 지방공무원법 제57조가 공무원에게 정당이나 그 밖의 정치단체의 결성에의 관여나 가입을 금지하고 있으며, 특정정당 또는 특정인을 위한 선거운동에의 관여나 그와 관련된 정치적

---

1) 헌재 2002. 8. 29. 2001헌마788 등, 판례집 14-2, 219, 220:

공무원이 금고 이상의 형의 선고유예를 받은 경우에는 공무원직에서 당연히 퇴직하는 것으로 규정하고 있는 이 사건 법률조항은 금고 이상의 선고유예의 판결을 받은 모든 범죄를 포괄하여 규정하고 있을 뿐 아니라, 심지어 오늘날 누구에게나 위험이 상존하는 교통사고 관련 범죄 등 과실범의 경우마저 당연퇴직의 사유에서 제외하지 않고 있으므로 최소침해성의 원칙에 반한다.

오늘날 사회구조의 변화로 인하여 '모든 범죄로부터 순결한 공직자 집단'이라는 신뢰를 요구하는 것은 지나치게 공익만을 우선한 것이며, 오늘날 사회국가원리에 입각한 공직제도의 중요성이 강조되면서 개개 공무원의 공무담임권 보장의 중요성이 더욱 큰 의미를 가지고 있다. 일단 공무원으로 채용된 공무원을 퇴직시키는 것은 공무원이 장기간 쌓은 지위를 박탈해 버리는 것이므로 같은 입법목적을 위한 것이라고 하여도 당연퇴직사유를 임용결격사유와 동일하게 취급하는 것은 타당하다고 할 수 없다. 결국, 지방공무원법 제61조 중 제31조 제5호 부분은 헌법 제25조의 공무담임권을 침해하였다고 할 것이다.

행위를 금지하고 있다. 아울러 공직선거법 제9조 제1항도 "공무원 기타 정치적 중립을 지켜야 하는 자는 선거에 대한 부당한 영향력의 행사 기타 선거결과에 영향을 미치는 행위를 하여서는 아니된다."라고 규정하여 선거에 있어서의 공무원의 정치적 중립의무를 분명히 하고 있다.

(3) 성적주의

성적주의라 함은 정치적 요소 등 비합리적이고 부적절한 기준을 배제하고 오로지 공무원의 전문성·적성·능력 등 합리적 요소만을 기준으로 공무원의 인사, 즉 공무원의 채용·승진·전보가 이루어져야 한다는 원칙을 말한다. 따라서 실적주의 또는 능력주의라고도 한다. 그러므로 엽관제, 정실인사, 정치적 요소 등 비합리적인 요소에 의한 부당한 인사가 철저히 배척되어야 함은 물론이다. 만일 이러한 성적주의가 담보되지 않는다면 공무원의 신분과 정치적 중립성이 보장될 수 없을 뿐 아니라, 공무원제도의 본래의 목적과 기능이 무력화될 수밖에 없을 것이다. 또한 성적주의가 확립되지 않는다면 공직취임과 공직활동에 있어서의 기회균등을 내용으로 하는 공무담임권이 침해될 수밖에 없다. 이에 따라 국가공무원법 제26조와 지방공무원법 제25조는 "공무원의 임용은 시험성적·근무성적, 그 밖의 능력의 실증에 따라 행한다."라고 규정하여 이 공무원임용에 있어서의 성적주의를 분명히 하고 있다.

3. 직업공무원제도의 기능

이처럼 신분보장과 정치적 중립성 및 성적주의를 핵심내용으로 하는 직업공무원제도는 통치기구의 중요한 조직원리로서 국가 또는 공공단체와 근로관계를 맺고 공법상 특별권력관계에 있는 직업공무원에게 국가의 정책집행을 전담시키는 제도이다. 따라서 직업공무원제도는 다음과 같은 중요한 기능을 가진다. 첫째, 공무원은 주권자인 국민 전체에 대한 봉사자의 지위에서 국민에 대하여 책임을 지도록 되어 있는데, 직업공무원제도는 이러한 공무원의 책임을 완수하도록 제도적으로 뒷받침함으로써 국민주권주의의 이념과 민주주의원리를 실현하는 기능을 가진다. 둘째, 영속적이고 정태적인 직업공무원집단과 한시적이고 동태적인 정치관료 등 기타의 공무원집단 사이의 권력분립이 가능해져 효율적이고 다원적인 권력통제를 촉진하고, 그를 통한 통치권행사의 절차적 정당성을 확보해주는 기능을 가진다. 셋째, 직업공무원제도의 핵심인 정치적 중립성의 확보를 통해 정치적 압력 등 다양한 이해관계로부터 독립한 법치행정을 실현하고, 또한 직무상 불법행위의 경우에는 그 손해에 대하여 국가가 배상책임을 지는 것은 물론 공무원 자신도 구상에 응할 의무 등 징계책임을 지도록 함으로써 법치주의이념을 실현하는 기능을 가진다. 넷째, 직업공무원이 주권자인 국민의 공복으로서 오로지 공공복리와 지속적이고 안정적인 기본권실현에만 전념케 하는 기능을 가진다. 다섯째, 직업공무원제도의 특성인 성적주의를 통해 정실인사나 엽관제를 배격하고 오로지 전문성과 능력 및 적성만을 기준으로 한 공직취임과 승진 및 전보를 가능케 해 공직취임의 기회균등을 핵심내용으로 하는 공무담임권의 효율적 보장을 가능케 하는 기능을 가진다.

이처럼 직업공무원제도는 통치기구의 중요한 조직원리로서 민주주의와 법치주의원리 및 다원적 권력분립을 실현하고, 국민의 기본권을 지속적이고 안정적으로 실현하며, 이를 통해 사회공동체의 통합을 촉진시키는 기능을 가짐으로써, 결국 통치기구와 통치권 행사의 목적적 정당성 · 민주적 정당성 · 절차적 정당성의 확보기능을 가진다고 할 수 있다.

Ⅵ. 공무원의 권리와 의무 및 기본권제한

공무원제도가 소기의 목적과 기능을 다하고 공무원이 국민 전체의 봉사자로서 국민에 대한 책임을 완수하도록 하기 위해서 공무원에게는 일반 국민에게는 인정되지 아니하는 다양한 권리와 의무가 부여된다. 또한 특별권력관계의 객체로서의 공무원에게는 일반 국민에게는 허용되지 아니하는 기본권의 제한이 뒤따른다.

1. 공무원의 권리와 의무

공무원은 공법상의 근무관계에 따라 포괄적인 권리와 의무를 가진다.

(1) 권리

공무원은 국민의 한 사람으로서 헌법상의 기본권을 향유하는 것과는 별도로 공무수행을 위한 다양한 권리 내지 권한을 가지는데, 신분상의 권리와 재산상의 권리가 그것이다. 신분상의 권리에는 형의 선고, 징계처분 또는 법에서 정하는 사유에 따르지 아니하고는 본인의 의사에 반하여 휴직·강임 또는 면직을 당하지 아니 할 신분보유권(국가공무원법 제68조 및 지방공무원법 제60조), 법에서 정한 사유가 있는 경우가 아니고는 직위를 해제당하지 아니 할 직위보유권(국가공무원법 제73조의3, 지방공무원법 제65조의3), 자기의 직무를 자율적으로 수행할 수 있는 직무수행권, 위법·부당한 신분상의 불리한 처분 등에 대한 소청·행정소송의 제기권(국가공무원법 제16조) 등이 있다. 재산상의 권리에는 보수청구권, 연금청구권, 직무수행에 필요한 실비변상청구권 및 소속 기관장의 허가를 받아 특수한 연구과제를 위탁받아 처리한 경우의 보상청구권(국가공무원법 제48조) 등이 있다.

(2) 의무

공무원의 의무에는 법령준수 및 성실의무(국가공무원법 제56조), 복종의무(동법 제57조), 직장이탈금지의무(동법 제58조), 친절·공정의 의무(동법 제59조), 종교중립의 의무(동법 제59조의2), 비밀엄수의 의무(동법 제60조), 청렴의 의무(동법 제61조), 품위유지의 의무(동법 제63조), 영리업무 및 겸직 금지의무(동법 제64조) 등이 있다.

2. 공무원의 기본권 제한과 그 한계

공무원의 헌법상 지위와 책임, 그리고 직업공무원제도의 기능을 완수하기 위하여 정치적 중립성의 요구에 따른 정치관련 기본권의 제한과 노동관련 기본권에 대한 공적 제한이 불가피하다. 그러나 이 경우 헌법 제37조 제2항에 따라 비례의 원칙과 기본권의 본질적 내용침해금지의 원칙이 준수되어야 한다.

(1) 참정권 등 정치관련 기본권의 제한과 그 한계

위에서 언급한 바와 같이 공무원에게 정당이나 그 밖의 정치단체 결성에의 관여나 가입을 금지함으로써(국가공무원법 제65조 제1항 및 지방공무원법 제57조 제1

항) 정당결성과 가입 및 활동을 내용으로 하는 정당설립의 자유를 제한하고 있다(헌법 제8조 제1항 참조). 아울러 정당법 제22조 제1항은 정무직 공무원 등 일정 범위의 공무원을 제외하고는 공무원은 원칙적으로 정당의 발기인이나 당원이 될 수 없도록 규정하여 역시 정당설립의 자유를 제한하고 있다.[1)]

그리고 공무원에게 선거에서 특정 정당 또는 특정인을 지지 또는 반대하기 위한 일정한 행위를 금지함으로써(국가공무원법 제65조 제2항 및 지방공무원법 제57조 제2항) 선거운동의 자유 및 정치적 의사표현의 자유를 제한하고 있다.[2)] 아울

---

1) 한편 헌재는 공무원에 준하는 공적 지위를 갖는 사회복무요원이 정당 가입을 할 수 없도록 규정한 병역법 제33조 제2항 본문 제2호 중 '정당'에 관한 부분이 사회복무요원의 정치적 표현의 자유 및 결사의 자유를 침해하는지 여부가 문제 된 헌법소원사건에서 "사회복무요원은 병역의무의 이행자인 동시에 공무원에 준하는 공적 지위를 갖는 사람으로서, 그 지위 및 직무의 성질상 정치적 중립성이 보장되어야 한다. 이러한 사회복무요원이 정당에 가입할 경우, 국민 전체가 아닌 특정 집단의 이익을 대변하게 되어 그 정치적 중립성이 훼손되고 나아가 정당활동으로 인하여 사회복무요원이 자신의 직무를 소홀히 할 가능성도 있다. 따라서 이 사건 법률조항 중 '정당'에 관한 부분은 사회복무요원의 정치적 중립성을 유지하고 업무전념성을 보장하기 위한 것으로 이러한 입법목적은 정당하고, 정당은 개인적 정치활동과 달리 국민의 정치적 의사형성에 미치는 영향력이 크므로 사회복무요원의 정당 가입을 금지하는 것은 입법목적을 달성하기 위한 적합한 수단이다. 정당에 관련된 표현행위는 직무 내외를 구분하기 어려우므로 '직무와 관련된 표현행위만을 규제'하는 등 기본권을 최소한도로 제한하는 대안을 상정하기 어려우며, 위 입법목적이 사회복무요원이 제한받는 사익에 비해 중대하므로 이 사건 법률조항 중 '정당'에 관한 부분은 과잉금지원칙에 위배되어 청구인의 정치적 표현의 자유 및 결사의 자유를 침해하지 아니한다."고 판시했다. 헌재 2021. 11. 25. 2019헌마534, 판례집 33-2, 663, 670-672.

2) 공무원이 선거에서 특정정당 또는 특정인을 지지하기 위하여 타인에게 정당에 가입하도록 권유 운동을 한 경우 형사처벌하는 국가공무원법 제65조 제2항 제5호 중 정당 가입 권유에 관한 부분, 제84조 제1항 중 제65조 제2항 제5호의 정당 가입 권유에 관한 부분(정당가입권유금지조항)이 정치적 표현의 자유를 침해하고, 명확성원칙과 평등원칙에 위반되는지 여부와 관련하여 헌재는 "정당가입권유금지조항은 선거에서 특정정당 · 특정인을 지지하기 위하여 정당가입을 권유하는 적극적 · 능동적 의사에 따른 행위만을 금지함으로써 공무원의 정치적 표현의 자유를 최소화하고 있고, 이러한 행위는 단순한 의견개진의 수준을 넘어 선거운동에 해당하므로 입법자는 헌법 제7조 제2항이 정한 공무원의 정치적 중립성 보장을 위해 이를 제한할 수 있다. 그러므로 정당가입권유금지조항은 과잉금지원칙에 반하여 정치적 표현의 자유를 침해하지 아니한다. 정당가입권유금지조항의 '선거'에는 공직선거는 물론 공직선거에 후보자를 추천하기 위한 당내경선도 포함되고, '권유 운동'은 타인에게 정당에 가입하도록 권하고 힘쓰는 것으로 해석되므로, 명확성원칙에 위반되지 아니한다. 정당가입권유금지조항이 수범자를 공무원에 한정한 것은 헌법이 정하고 있는 공무원의 정치적 중립성을 보장하기 위한 것으로 합리적 이유가 있어 평등원칙에 위반되지 아니하고, 관련규정의 행위태양과 죄질을 고려할 때 정당가입권유금지조항의 법정형은 형벌체계의 균형을 상실하지 아니하여 평등원칙에 위반되지 아니한다."라고 판시했다. 헌재 2021. 8. 31. 2018헌

러 공직선거법 제9조 제1항도 "공무원 기타 정치적 중립을 지켜야 하는 자는 선거에 대한 부당한 영향력의 행사 기타 선거결과에 영향을 미치는 행위를 하여서는 아니된다."라고 규정하여 선거운동의 자유를 제한하고 있다. 또한 공직선거법 제85조가 공무원의 선거관여를 금지하고 있고, 동법 제86조가 공무원의 선거에 영향을 미치는 행위를 금지함으로써 역시 선거운동의 자유와 정치적 의사표현의 자유를 제한하고 있다.[1)]

한편 위에서 언급한 공직선거법 제9조 제1항에 따른 공무원의 정치적 중립의무와 관련하여 여기서의 공무원에 대통령도 포함되는지가 문제된 바 있다. 즉 대통령이 선거에 임해 특정 정당을 지지하거나 경쟁 정당을 폄하하는 발언이 공직선거법 제9조 제1항 위반에 해당하는지의 여부이다. 이는 대통령이 국회의원 등 다른 정무직공무원과는 달리 선거에 있어서 정치적 중립의무를 지는 공무원에 해당하는지의 여부에 대한 문제이다. 이에 대하여 헌법재판소는 국회의원이나 지방의회의원은 공무원의 선거관리에 영향을 미칠 가능성이 높지 않지만, 대통령은 국정의 책임자이자 행정부의 수반이므로 공명선거에 대한 궁극적 책무를 지고 있기 때문에 대통령의 선거개입은 선거의 공정을 해칠 우려가 높고, 따라서 공직선거법 제9조 제1항의 공무원에는 국회의원 등 다른 정무직공무원과는 달리 대통령이 포함되며, 따라서 이 조항은 과잉금지원칙에 위배되어 대통령의 정치적 표현의 자유를 침해하는 것이 아니고 평등의 원칙을 위반한 것도 아니라고 판시했다.[2)]

바149, 판례집 33-2, 87(88).

1) 헌재 2012. 7. 26. 2009헌바298, 판례집 24-2상, 37:
국가공무원법 조항들은 공무원의 정치적 중립성에 정면으로 반하는 행위를 금지함으로써 선거의 공정성과 형평성을 확보하고 공무원의 정치적 중립성을 보장하기 위한 것인바, 그 입법목적이 정당할 뿐 아니라 방법이 적절하고, 공무원이 국가사무를 담당하며 국민의 이익을 위하여 존재하는 이상 그 직급이나 직렬 등에 상관없이 공무원의 정치운동을 금지하는 것이 부득이하고 불가피하며, 법익 균형성도 갖추었다고 할 것이므로, 과잉금지원칙을 위배하여 선거운동의 자유 및 정치적 의사표현의 자유를 침해한다고 볼 수 없다.

2) 헌재 2008. 1. 17. 2007헌마700, 판례집 20-1상, 139, 141-144:
국가공무원법 조항은 정무직 공무원들의 일반적 정치활동을 허용하는 데 반하여, 이 사건 법률조항(공직선거법 제9조 제1항)은 그들로 하여금 정치활동 중 '선거에 영향을 미치는 행위'만을 금지하고 있으므로, 위 법률조항은 선거영역에서의 특별법으로서 일반법인 국가공무원법 조항에 우선하여 적용된다고 할 것이다. … 공무원들이 직업공무원제에 의하여 신분을 보장받고 있다 하여도, 최종적인 인사권과 지휘감독권을 갖고 있는 대통령의 정치적 성

그러나 대통령제 정부형태에서의 대통령은 국민의 선거라는 정치과정을 통하여 직접 통치권의 정당성을 부여받아 단순한 정책집행 기능을 넘어 정치적 지도자로서의 기능과 역할을 수행하므로 국회의원과 같이 태생적으로 정치적 존재이며, 따라서 대통령이 선거를 포함한 국정 전반에 관련하여 정치적 입장과 견해를 표명하는 것은 당연하고 또 필요한 것이다. 따라서 대통령은 가장 정치적인 정무직공무원으로서 당연히 정당가입과 활동이 가능하며, 원칙적으로 특정정당에 대한 지지 또는 반대 등의 정치적 의사표현을 비롯하여 선거 등 다양한 정치과정에 참여하고 의사표시를 할 수 있어야 한다. 미국을 비롯한 우리와 유사한 대통령제 정부형태를 가지고 있는 다른 국가의 경우에도 대통령이 선거운동을 비롯한 다양한 정치과정에 참여하고, 특정정당을 지지 또는 반대하며, 특정 후보자를 지지 또는 반대하는 등 다양하고 적극적인 정치적 의사표시를 하고 있다. 그들 국가나 우리나라에 있어서 대통령의 특정정당이나 후보자에 대한 정치적 발언이 선거결과에 직접적 영향을 미친다는 것은 상상하기 어렵다. 또한 대통령을 포함한 정무직공무원에게 허용되는 국가공무원법 제65조 제2항의 정치활동은 단순히 정치적 중립의무를 면제하는 수준이 아니라 적극적으로 선거결과에 영향을 미치는 선거운동까지 허용하는 수준의 것이므로 대통령은 공직선거법 제9조 제1항이 규정하는 '정치적 중립을 지켜야 하는 공무원'이라고 볼 수 없다. 대통령은 선거관리업무의 책임자도 아니고 독립적인 헌법기관인 중앙

향을 의식하지 않을 수 없으므로 대통령의 선거개입은 선거의 공정을 해할 우려가 무척 높다. 선거활동에 관하여 대통령의 정치활동의 자유와 선거중립의무가 충돌하는 경우에는 후자가 강조되고 우선되어야 한다.… 민주주의 국가에서 공무원 특히 대통령의 선거중립으로 인하여 얻게 될 '선거의 공정성'은 매우 크고 중요한 반면, 대통령이 감수하여야 할 '표현의 자유 제한'은 상당히 한정적이므로, 위 법률조항은 법익의 균형성도 갖추었다 할 것이고, 결국 이 사건 법률조항이 과잉금지원칙에 위배되어 청구인의 정치적 표현의 자유를 침해하는 것으로 볼 수 없다. 대통령은 국정의 책임자이자 행정부의 수반이므로 공명선거에 대한 궁극적 책무를 지고 있고, 공무원들은 최종적인 인사권과 지휘감독권을 갖고 있는 대통령의 정치적 성향을 의식하지 않을 수 없으므로 대통령의 선거개입은 선거의 공정을 해칠 우려가 높다. 이에 반하여 국회의원이나 지방의회의원은 공무원의 선거관리에 영향을 미칠 가능성이 높지 않고, 국회의원은 국회의 구성원임과 동시에 정당소속원으로서 선거에 직접 참여하는 당사자가 될 수도 있고, 복수정당제나 자유선거의 원칙을 실현하기 위하여 정책홍보 등 광범위한 선거운동의 주체가 될 필요도 있으므로 선거에서의 중립성을 요구하는 것이 적절하지 않다. 결국 국회의원과 지방의회의원이 대통령과 달리 이 사건 법률조항의 적용을 받지 않는 것은 합리적인 차별이라고 할 것이므로, 위 법률조항은 평등의 원칙에 반하지 아니한다.

선거관리위원회의 선거관리업무에 간섭하거나 영향을 줄 수도 없으므로, 선거관리의 공정을 위하여 대통령에게 공직선거법 제9조 제1항을 준수하도록 요구할 필요가 없다. 따라서 공직선거법 제9조 제1항의 '공무원'에 대통령을 포함시키는 것은 비례의 원칙을 위반하여 개인의 정치적 표현의 자유를 침해한 것으로 보아야 할 것이다.[1)]

(2) 노동3권의 제한과 그 한계

공무원의 국민 전체에 대한 봉사자로서의 지위 및 직무의 공공성·공정성·성실성·정치적 중립성을 담보하기 위하여 공무원의 노동3권은 포괄적인 제한을 받는다. 헌법 제33조 제2항은 "공무원인 근로자는 법률이 정하는 자에 한하여 단결권·단체교섭권 및 단체행동권을 가진다."라고 규정하여 노동3권을 법률이 정하는 자에게만 인정하고 있다. 이에 따라 입법자는 해당 직무의 내용과 성질, 직급 등에 따라 노동3권이 보장되는 범위와 정도를 상세하게 그리고 합리적으로 정해야 한다. 그런데 앞서 언급한 바와 같이 이러한 입법자의 입법형성권은 무제한적인 것이 아니라 비례의 원칙과 기본권의 본질적 내용 침해금지의 원칙에 따라야 하는 한계가 있는 것이다. 따라서 아무리 공익적 이유에서라 할지라도 불가피한 최소한의 범위의 공무원에 대해서만 노동3권의 전부 또는 일부를 부인해야 할 것이고, 공무원 모두의 노동3권을 부인하는 입법은 허용될 수 없다고 할 것이다.

이러한 위임에 따라 공무원의 노동3권에 관한 「공무원의 노동조합 설립 및 운영 등에 관한 법률」이 제정·시행되고 있는데, 이 법에 따르면 노동조합과 그 조합원의 정치활동을 금지하여(제4조), 공무원의 노동3권의 목적상의 한계와 정치적 중립성을 명시하고 있고, 노동조합에 가입할 수 있는 공무원의 범위를 상당히 제한하고 있으며(제6조), 노동조합과 그 조합원에게 일체의 쟁의행위를 금지하고 있다(제11조). 그런데 직무의 내용과 성질을 불문하고 이처럼 공무원 노동조합과 그 조합원 모두에게 일체의 쟁의행위를 금지하는 것은 비례의 원칙과 기본권의 본질적 내용침해금지의 원칙에 비추어 문제가 있다.

이와 유사한 제한이 국가공무원법 제66조(지방공무원의 경우 지방공무원법 제58

---

1) 위 사건의 반대의견 참조(헌재 2008. 1. 17. 2007헌마700, 판례집 20-1상, 139, 147-149).

조)에도 규정되어 있다. 동법 제66조는 "① 공무원은 노동운동이나 그 밖에 공무 외의 일을 위한 집단 행위를 하여서는 아니 된다. 다만, 사실상 노무에 종사하는 공무원은 예외로 한다. ② 제1항 단서의 사실상 노무에 종사하는 공무원의 범위는 대통령령 등으로 정한다."라고 규정하여 공무원에게 원칙적으로 노동운동 내지 단체행동권을 금지하고 있고,[1] 다만 사실상 노무에 종사하는 공무원에게만 예외적으로 허용하고 있다.[2] 그런데 사실상 노무에 종사하는 공무원의 범위를 정한 대통령령인 「국가공무원 복무규정」 제28조는 "법 제66조에 따른 사실상 노무에 종사하는 공무원은 과학기술정보통신부 소속 현업기관의 작업 현장에서 노무에 종사하는 우정직공무원(우정직공무원의 정원을 대체하여 임용된 일반임기제공무원 및 시간선택제일반임기제공무원을 포함한다)으로서 다음 각 호의 어느 하나에 해당하지 아니하는 공무원으로 한다. 1. 서무 · 인사 및 기밀 업무에 종사하는 공무원 2. 경리 및 물품출납 사무에 종사하는 공무원 3. 노무자 감독 사무에 종사하는 공무원 4. 「보안업무규정」에 따른 보안목표시설의 경비 업무에 종사하는 공무원 5. 승용자동차 및 구급차의 운전에 종사하는 공무원"이라고 규정

---

1) 헌재 2005. 10. 27. 2003헌바50 등, 판례집 17-2, 238, 239:
지방공무원법 제58조 제1항이 공무원의 공무 이외의 일을 위한 집단행위를 금지하고 있는 것은 공무원의 집단행동이 공무원 집단의 이익을 대변함으로써 국민전체의 이익추구에 장애가 될 소지가 있기 때문에 공무원이라는 특수한 신분에서 나오는 의무의 하나를 규정한 것이고, 위 개념이 '공익에 반하는 목적을 위하여 직무전념의무를 해태하는 등의 영향을 가져오는 집단적 행위'라고 명백히 한정하여 해석되므로, 위 법률조항이 언론 · 출판의 자유와 집회 · 결사의 자유의 본질적인 내용을 과도하게 침해한다고 볼 수 없다.

2) 헌재 1992. 4. 28. 90헌바27, 판례집 4, 255, 271-272:
단순노무직에 종사하는 공무원이 아닌 공무원의 경우에는 일반적으로 그 직무의 성질이 고도의 공공성 · 공정성 · 성실성 및 중립성이 요구되고, 특히 청구인들과 같은 보통교육과정의 국 · 공립학교 교원인 교육공무원의 경우에는 교육이라는 직무의 특성상 고도의 전문성 · 자주성 · 중립성 및 사회적 책임성이 존중되어야 하며, 이에 따라 사용자인 국가 또는 지방자치단체와 공무원은 바람직한 공무원제도의 승계 · 유지 · 향상 및 발전을 공동의 목적으로 하여 상호 협력 · 존중의 관계에 선다는 점을 고려한다면, 공무원의 근로관계는 근로자와 사용자의 이원적 구조아래서 서로 투쟁과 타협에 의하여 발전되어온 노동법관계에 의하여 규율하는 것보다는 오히려 공무원의 지위와 직무의 공공성에 적합하도록 형성 · 발전되도록 하는 것이 보다 합리적이고 합목적적일 수 있다. 이러한 여러 사정을 종합하여 보면 국가공무원법 제66조 제1항은 이 사실상 노무에 종사하는 공무원에 대하여서만 근로3권을 보장하고 그 이외의 공무원들에 대하여는 근로3권의 행사를 제한함으로써 일반 근로자 또는 사실상 노무에 종사하는 공무원의 경우와 달리 취급하는 것은 헌법 제33조 제2항에 그 근거를 두고 있을 뿐만 아니라 위에서 본 바와 같은 합리적인 이유 또한 있다 할 것이므로 헌법 제11조 제1항에 정한 평등의 원칙에 위반되는 것이 아니다.

하여 단체행동권을 향유할 있는 공무원의 범위를 소수의 사실상 노무에 종사하는 공무원으로 지나치게 제한하고 있다. 이러한 제한은 비례의 원칙과 기본권의 본질적 내용침해금지의 원칙에 비추어 위헌의 소지가 있다고 하겠다.

제 4 절 권력분립제도

Ⅰ. 의의

권력분립제도는 국가권력을 그 성질에 따라 입법권·행정권·사법권으로 나누고, 이들 권력을 각각의 국가기관에 분장시키며, 그 권력 상호간에 견제와 균형을 이루도록 함으로써 국민의 자유와 권리를 보호하려는 통치기구의 조직원리이다. 이는 권력은 부패하고, 절대권력은 절대적으로 부패한다는 역사적 경험에 바탕을 두고 있다. 즉 권력의 집중이 권력의 자의와 남용을 야기하고, 이러한 권력의 자의와 남용으로부터 국민의 자유가 보장될 수 없기 때문에, 권력의 분산과 그 분산된 권력 상호간의 통제를 통해 권력을 제한·억제함으로써 국민의 자유와 권리를 보장하기 위한 통치기구의 조직원리가 바로 권력분립제도이며, 따라서 이는 법치국가원리의 핵심적인 실현수단이다.

Ⅱ. 권력분립사상의 유래와 발전

1. 법치주의이념과 권력분립사상

앞서 언급한 바와 같이 권력분립은 권력의 집중이 권력의 자의와 남용을 낳고, 이는 결국 국민의 자유와 권리를 침해하기 때문에 국민의 자유와 권리를 보호하기 위하여는 권력을 통제해야 한다는 사상에서 출발한다. 그런데 이는 바로 법치주의이념의 핵심내용이다. 왜냐하면 법치주의는 권력에 대한 법의 지배, 즉 권력을 법에 기속시킴으로써 국민의 자유와 권리를 보호하려는 이념이기 때문이다. 따라서 권력분립원리는 바로 법치주의원리를 실현하는 핵심적인 수단이다.

그런데 이러한 법치주의이념은 법의 지배를 통해 절대군주의 전제정치를 제어함으로써 권력을 순화시키고 국민의 자유와 권리를 보장하려는 목적에서 발전된 것으로 볼 수 있다. 이에 따라 절대군주에게 권력이 집중된 전제정치가 제한정치로 전환되는 과정에서 중요한 역할을 한 요인은 바로 법치주의이념이라고 할 수 있다. 그리고 이는 당시 점증하는 자유주의사상에 기초한다고 할 수 있다. 따라서 이러한 자유주의사상을 그 바탕에 둔 법치주의는 절대군주에게 집중된 권력을 법에 기속시켜 제한하고 통제하며 이를 통해 결국 국민의 자유와 권리를 보호하고자 하는 것을 이념으로 하는데, 이러한 법치주의이념을 실현하는 수단으로 등장한 것이 바로 권력분립사상이다. 즉 절대권력의 효과적인 제한과 통제는 절대권력에 대한 법의 지배와 더불어 바로 권력을 분산시켜 그 권력 상호간에 견제와 균형을 이루도록 하는 것이기 때문이다. 이는 "누구도 자기 자신의 심판관이 될 수 없다."고 하는 자연법사상에 그 뿌리를 두고 있다고 볼 수 있다. 즉 이러한 자연법사상은 권력의 담당자가 그 권력의 행사를 심판하는 지위에 있어서는 안된다는 지극히 상식적인 원리로서, 이에 따르면 권력이 한 사람 또는 한 기관에 집중되어서는 안되고 분산되어야 하며, 한 기관의 권력행사를 다른 기관이 심판해야 한다는 것이다. 이것이 권력분립사상의 유래이며, 따라서 권력분립사상은 법치주의 내지 법의 지배의 원리와 더불어 국가권력의 통제와 이를 통한 국민의 자유와 권리의 보호수단으로 발전하게 된 것이다.

2. 고전적 권력분립이론의 정립

이러한 권력분립사상의 유래와 배경하에서 정립된 대표적 권력분립이론은 바로 Locke와 Montesquieu의 권력분립이론이다.

(1) Locke의 권력분립이론

근대적 통치기구의 조직원리로서 권력분립이론을 최초로 체계화한 자는 영국의 계몽주의사상가인 John Locke라고 할 수 있다. Locke는 그의 저서 '시민정부2론'(Two Treaties on Civil Government, 1690)에서 명예혁명(1688) 이후의 영국의 정치체제를 통치권의 형태에 따라 분석한 고전적 권력분립이론을 정립했다. 즉 국가권력을 입법권 · 집행권 · 외교권 · 대권의 네 가지로 나누고, 이들 권한이 군주와 의회의 두 기관에 의하여 행사되며, 그를 통해 결국 권력분리와 권력남용 억제가 실현된다고 했다. Locke의 권력분립이론에는 사법권에 대한 언급이 없다는 점이 특징이다. 또 다른 Locke의 권력분립이론의 특징은 입법권은 의회에 속하며, 나머지 권력인 집행권 · 외교권 · 대권은 국왕에게 속한다는 점에서 크게는 이원적 분립을 주창했다는 점이다. 즉 입법권과 집행권이 한 사람에게 귀속될 경우 자신이 제정한 법을 자신이 집행하게 되어 자의적이 될 우려가 있어 입법부와 집행부는 분리되어야 한다는 것이며, 다른 한편 집행권과 외교권은 이론적으로는 구별되지만 실제로는 두 권력을 각각의 다른 기관에 부여하기도 어렵다고 보아 결과적으로 입법권과 나머지 권력의 두 가지로 분리된 것이라고 하겠다. 또한 Locke는 입법권을 최고의 권력으로 보아 집행권에 대한 입법권의 우위를 강조했다는 점이 또 다른 특징이라고 하겠다.

따라서 Locke의 고전적 권력분립이론을 흔히 4권분립론(기능적으로 입법권 · 집행권 · 외교권 · 대권의 4권분립) 또는 2권분립론(국왕과 의회의 기관분립)이라고 한다. 이처럼 Locke의 권력분립이론은 입법권의 집행권에 대한 우위론으로 인해 권력의 분리를 넘어서 권력 상호간의 균형이론으로 발전하지는 못했으며, 사법권에 대한 언급이 없었다는 점에서 한계를 드러냈지만, 고전적 권력분립이론을 최초로 체계화시켰다는 점에서 그 의의는 크다고 하겠다.

(2) Montesquieu의 권력분립이론

1) 의의

프랑스의 정치철학자 Montesquieu는 그의 저서 '법의 정신'(De l'esprit des lois, 1748)에서 영국의 정치상황을 대상으로 한 고전적 권력분립이론을 정립했는데, 이는 Locke의 권력분립이론, 즉 권력을 분리시키고 그 분리된 권력을 각각의 다른 기관에게 분장시킨다는 이론을 계승하면서 이를 더욱 발전시켜 체계화한 것으로 볼 수 있다.

2) 3권분립이론

Montesquieu에 따르면 모든 국가에는 3가지 종류의 권력이 존재하는데, 입법권, 국제법에 관한 사항의 집행권, 시민법에 관한 사항의 집행권이 그것이다. 그런데 Montesquieu는 국제법에 관한 사항의 집행권을 단순히 집행권으로, 시민법에 관한 사항의 집행권을 사법권으로 칭했다.[1] 따라서 Montesquieu가 주장하는 3권은 오늘날의 입법권 · 행정권 · 사법권에 해당한다고 볼 수 있다.

Montesquieu에 따르면 입법권은 국민의 대표인 의회가 행사하고, 집행권은 군주 한 사람에게 부여하며, 사법권은 비상설 법정에서 국민이 선출한 자가 행사하는 것이 바람직하다고 하였다.[2] 동일한 사람이나 기관이 두 권력 또는 세 권력을 행사하게 되면 압제자가 될 것이므로 시민의 생명과 자유를 보장하기 위해서는 이들 권력이 서로 분리되어야 한다고 하면서, 앞서 언급한 바와 같이 권력을 세 종류로 나누고, 권력 상호간의 견제와 균형이 이상적이라고 하면서 고전적 3권분립이론을 정립한 것이다. 그런데 Montesquieu의 3권분립이론에서 이러한 견제와 균형의 원리가 특히 강조되는 것은 입법부와 집행부의 상호간이고, 사법부의 경우에는 소극적 독립성이 강조되었다.

3) 3권분립이론의 기본이념

이처럼 Montesquieu의 권력분립이론은 Locke의 권력분립이론과는 달리 국가권력을 그 성질에 따라 입법권 · 집행권 · 사법권의 셋으로 나누고, 이 세 가지 권력을 각각 별개의 3개의 국가기관에 분장시키고, 이 3개의 국가기관 상호간의 견제와 균형을 통해 시민의 자유를 보호하겠다는 자유보장이론이라고 할 수 있다. 따라서 Montesquieu의 3권분립이론의 기본이념을 다음과 같이 정리할 수 있을 것이다.

첫째, 국가권력의 집중이 권력의 자의와 남용을 야기하고 이것이 국민의 자유와 권리를 침해하므로 국가권력을 분리하여 여러 국가기관에 분산시켜야 한다는 이념(국가권력의 분리 · 분산)

둘째, 국가권력의 분리 · 분산에 있어서 권력을 기능별로 입법권 · 집행권 · 사법권의 셋으로 나누고 이를 각각 독립한 국가기관에 분장시켜야 한다는 이념(국가권력의 3권분리와 기관의 분리)

셋째, 국가권력제한을 위해서 분산된 권력 상호간에 견제와 균형이 이루어져야 한다는 이념(국가권력과 기관 상호간의 견제와 균형)

---

1) 허영, 전게서, 747쪽 참조.
2) 권영성, 전게서, 747쪽 이하 참조.

넷째, 3권분립 자체가 자기목적적인 것이 아니고 결국 국민의 자유와 권리를 보장하기 위한 수단이라는 이념(자유보장의 수단으로서의 권력분립)[1]

3. 고전적 3권분립이론의 정착

고전적 3권분립이론은 각국의 헌법에 지대한 영향을 미쳐 오늘날까지도 통치기구의 기본적 조직원리로서 기능하고 있다.

(1) 영국에서의 3권분립

영국은 군주국으로서 국왕이 존재하여 국가권력이 형식적으로는 국왕, 의회, 내각, 사법부로 분리되지만, 입헌군주제로서 국왕은 군림하되 통치하지 않고, 행정권은 실질적으로 수상을 중심으로 한 내각에 의하여 행사된다. 따라서 큰 틀에서는 의회와 내각 및 사법부 간의 3권분립이 이루지고 있다고 볼 수 있다. 그러나 다른 한편 Montesquieu는 영국의 정치상황을 대상으로 한 고전적 3권분립이론을 정립했지만, 정작 영국의 통치질서는 Montesquieu의 이론을 충실히 그리고 엄격히 구현하고 있는 국가라고 보기는 어렵다. 이는 영국이 3권분립이론이 온전히 적용되는 대통령제 국가가 아닌 의원내각제 국가이기 때문이라고 볼 수 있다. 즉 엄격한 3권의 분립, 특히 Montesquieu가 강조한 입법부와 행정부 간의 엄격한 분리와 상호 견제 및 균형체계는 대통령제 정부형태의 경우에는 충실히 적용되지만, 의원내각제 정부형태는 입법부와 행정부가 상호 견제하면서도 기본적으로는 상호 의존하고 협동하는 이중적 성격을 가지고 있기 때문에 엄격한 3권분립이 구현된다고 보기는 어려운 점이 있다. 영국의 헌정사에서 의원내각제의 유래는 17C까지 거슬러 올라가기 때문에 1700년대 중반에 정립된 Montesquieu의 엄격한 3권분립이론이 영국의 헌정사에 미칠 수 있는 영향은 제한적일 수밖에 없었을 것이다.

(2) 미국에서의 3권분립

미국은 가장 충실하게 Montesquieu의 3권분립이론을 헌법상 제도화한 대표적 국가이다. 1787년에 제정된 연방헌법은 최초에는 통치기구에 관한 조항만을

1) 허영, 전게서, 750쪽.

마련하면서 통치구조를 3개의 국가기관으로 나누고 각각의 기관에 입법권, 행정권, 사법권을 분장시키면서 각 기관과 권력 상호간의 견제와 균형을 이루도록 했고, 기본권에 관하여는 나중에 헌법수정을 통해 증보조항이 추가되는 형식을 취함으로써 보장하도록 했다. 결국 미국의 연방헌법은 상하 양원제의 의회에 입법권을, 대통령을 중심으로 한 행정부에 행정권을, 연방대법원을 정점으로 하는 사법부에 사법권을 각각 분장시키고, 이들 권력 상호간의 엄격한 견제와 균형을 이루도록 하면서 가장 철저하게 3권분립이론을 구현하고 있다.

(3) 프랑스에서의 3권분립

1789년 프랑스혁명기의 '인간과 시민의 권리선언' 제16조는 "권리의 보장이 확보되지 아니하고, 권력의 분립이 확립되지 아니한 국가는 헌법을 가지고 있지 않다."라고 선언함으로써 권력분립의 원리가 국민의 자유와 권리를 보장하기 위한 필수불가결한 요소이자 헌법의 핵심요소임을 천명하고 있다. 이에 따라 1791년의 프랑스혁명헌법의 통치구조가 3권분립을 그 기초로 하고 있었으며, 그 이후 오늘날까지 3권분립은 프랑스 헌법상 통치구조의 기본골격으로 기능하고 있다.

(4) 독일에서의 3권분립

독일의 경우 근대국가성립 당시에는 미국이나 프랑스 등과는 달리 늦게까지 지속된 군주제의 영향이나 정치적으로 분열된 시대상황 등 당시 독일의 특수성으로 말미암아 권력분립 보다는 권력통합이 강조되는 등 3권분립이론이 그대로 적용될 수 없었으나, 2차 세계대전 이후 Bonn 기본법이 제정되면서 3권분립은 헌법과 헌정의 기본골격이 되어 오늘에 이르고 있다.

Ⅲ. 권력분립이론의 현대적 변용

Montesquieu의 고전적 3권분립이론은 현대국가의 통치질서에도 절대적인 영향을 미치고 있어, 거의 모든 헌법의 기본골격을 이루고 있다고 할 수 있다. 그러나 다른 한편 오늘날 시대상황의 변화를 비롯한 다음과 같은 현상으로 인해 고전적 3권분립이론에 대한 수정과 보완이 불가피하게 되었다.

1. 고전적 권력분립이론의 변용을 초래한 원인

(1) 국민주권주의의 확립

Montesquieu가 그의 3권분립이론을 정립한 18세기는 절대권력이 군주에게 집중된 전제군주제에서 제한군주제로 전환되는 시기였다. 또한 그 시대에는 주권재민사상이 아직 정착되지 못한 신분사회였다. 따라서 당시의 고전적 권력분립이론은 군주에게 집중된 권력의 분산과 통제에 역점을 둘 수밖에 없었다. 그러나 국민주권주의가 정착되고, 이에 따라 자유와 평등이 헌법과 정치질서의 근간이 된 오늘날 신분사회와 군주제를 전제로 한 고전적 권력분립이론이 현대의 다원화된 자유민주국가의 통치기구의 조직원리로서 온전히 제 기능을 하기는 어렵게 되었다.

(2) 정당제도의 발전

오늘날 정당민주주의가 확립되면서 정당은 정책을 개발하고, 국민의 다양한 정치적 의사를 국정에 반영하는 교량적 역할을 하는 정치적 결사로서 정책결정과 집행 및 국정운영의, 그리고 다원적 민주주의 실현의 필수불가결한 수단이 되었다. 한마디로 정당은 거의 모든 국정운영에 있어서 주도적인 기능을 담당하게 된 것이다.

따라서 정당을 통한 권력통합현상이 심화되면서 입법부·행정부·사법부 상호간의 기관분리와 각 기관 상호간의 견제와 균형을 바탕으로 하는 고전적 3권분립이 제 기능을 하기 어렵게 되었다. 결국 정당제도가 아직 정착되지 않았던 시대의 정치상황과 통치질서를 대상으로 했던 고전적 3권분립이론의 수정은 불가피하게 되었다.

(3) 국가기능의 확대

Montesquieu가 그의 권력분립이론을 정립한 18세기의 국가는 주로 질서유지 기능에만 국한되었던 소극적 야경국가였다. 그러나 오늘날의 국가는 산업화가 심화되고, 사회국가로 정착 · 발전되면서 국가의 기능이 양적 · 질적으로 확대되고 전문화되었으며, 국민을 적극적으로 배려하는 급부행정을 주 임무로 하는 행정국가화 되었다. 또한 이러한 현상은 상대적으로 의회기능의 약화를 초래하게 되었다. 이에 따라 의회에 의한 행정권의 통제력은 약화되고, 입법부와 행정부 상호간의 대등한 견제와 균형은 실현되기 어렵게 되었다. 따라서 입법부와 행정부 상호간의 권력분리 및 견제와 균형을 핵심내용으로 하는 Montesquieu의 3권분립 이론이 제 기능을 하기 어렵게 된 것이다.

(4) 사법권의 확립과 발전

오늘날 법치주의이념이 정착되고 발전되면서 국가권력에 대한 법의 지배가 확립되었다. 이에 따라 이러한 법의 지배의 관철을 통제 · 감시하고, 국가권력의 행사를 심판하며, 국민의 침해된 자유와 권리의 구제를 책임지는 사법권이 확립 · 강화되었다. 따라서 사법권에 의한 입법권과 행정권에 대한 통제 및 견제와 균형은 그 어느 때 보다 중요하게 되었고 3권분립의 중요한 요소로 등장하게 된 것이다. 특히 최근 들어 정치적 사법작용인 헌법재판제도가 정착되면서 헌법재판소가 다른 국가권력을 포괄적 · 다원적 · 입체적으로 통제하게 되었다. 이런 점에서 사법기능이 정착되지 못했던 시기에 확립된, 그리고 사법권을 소홀히 한 Montesquieu의 고전적 3권분립이론은 오늘날의 통치기구의 조직원리로서 온전히 적용되기에는 어렵게 되었다.

(5) 사회적 압력단체의 출현

앞서도 언급했듯이 Montesquieu가 그의 권력분립이론을 정립한 18세기는 신분사회를 바탕으로 한 군주제시절이었다. 따라서 그 당시에는 모든 국정운영이 국가기관, 특히 군주를 중심으로 이루어졌다. 따라서 당시에는 국가기관 이외의 사적 영역에서 통치질서에 영향력을 행사하는 세력 내지 현상은 존재하기 어려웠다. 그러나 자유 · 평등을 바탕으로 발전한 오늘날의 다원적 국가에서는 국가기관 이외의 사적 영역에서 통치질서에 영향력을 행사하는 다양한 세력이 등장하게 되었다. 그 대표적인 현상이 사회적 압력단체의 출현이다. 따라서 오늘날 각종 사회적 압력단체 내지 이익단체는 통치질서에 정치적 영향력을 행사하고, 직간접적으로 사실상 국정을 감시 · 통제하는 기능을 행사하게 되면서 권력분립의 한 축으로 자리매김하게 되었다고 볼 수 있다. 따라서 과거 단순히 입법기관·행정기관·사법기관 간의 조직분리와 견제와 균형만을 전제로 한 3권분립이론은 수정과 보완이 불가피하게 된 것이다.

2. 현대의 권력분립장치

앞서 언급한 바와 같이 Montesquieu의 고전적 3권분립이론이 정치·사회적 변화에 따라 그 수정과 보완이 불가피해지면서 국가권력행사의 절차적 정당성을 담보할 수 있는 실효성 있는 권력통제장치가 모색되게 되었다. 따라서 단순한 형식적이고 평면적 권력분리에서 효율적인 권력통제와 기본권실현을 위한 수평적·수직적 다원화된 입체적 권력분립으로 발전하고 있다고 볼 수 있다. 현대국가에서 보완·발전된 권력통제장치에는 다음과 같은 것을 들 수 있을 것이다.

(1) 복수정당제도를 통한 권력분립

현대국가에서의 정당은 국민의 이익을 위하여 책임 있는 정치적 주장이나 정책을 추진하고 공직선거의 후보자를 추천 또는 지지함으로써 국민의 정치적 의사형성에 참여함을 목적으로 하는 국민의 자발적 조직으로서 사실상 정책결정과 집행 및 국정운영의 중추적 기능을 담당하고 있다. 또한 정당은 다원적 민주주의 실현의 필수불가결한 수단이 되었다. 그런데 다원적 민주주의는 소수보호를 그 전제로 하고 있다. 따라서 국가권력과 집권여당 등 막강한 다수세력으로부터 소수를 보호하고, 다양한 정치적 의사가 국정에 반영되도록 하며, 다양한 정치세력이 공존하도록 하기 위하여는 국가권력과 다수세력에 대한 권력통제와 이들 다양한 정치세력 상호간의 견제와 균형이 절대적으로 요구되는데, 이는 오늘날 정당을 통해 이루어지고 있기 때문에, 복수정당제와 이를 바탕으로 하는 정당민주주의는 이러한 다원적이고 입체적인 권력통제장치로서 불가피한 것이 되었다. 다시 말해 다원적 민주주의와 입체적 권력통제는 복수정당제를 바탕으로 하는 정당민주주의를 그 근간으로 하고 있는 것이다. 이를 위해 우리 헌법 제8조 제1항도 복수정당제를 보장하고 있다.

결국 현대의 심화된 정당국가적 경향에서 오는 정당을 통한 권력통합현상을 수정 · 보완하는 수단이 바로 복수정당제를 바탕으로 하는 여당과 야당 상호간 내지 각 정당 간의 권력분립이고, 따라서 복수정당제는 오늘날 통치권 행사의 절차적 정당성을 확보해주기 위한 중요한 권력통제장치로서의 기능을 가지게 된 것이다.

(2) 지방자치제도를 통한 권력분립

지방자치제도는 일정 지역의 고유사무를 중앙으로부터 독립한 자치기구를 통해 독자적인 책임하에 처리하는 제도를 말하는데, 이는 민주주의이념을 실현하는 수단임과 동시에 권력통제의 수단이기도 하다. 지방자치제도하에서는 중앙정부로부터 독립한 자치기구가 자치사무를 관장한다는 사실과 더불어 중앙 내지 국가차원과는 다른 정치적 세력과 견해가 지방차원에서 형성될 수 있고, 국가차원에서와는 다른 정당세력이 형성될 수 있다. 따라서 국가의 정치적 결정과 집행이 지방에 영향력을 행사함과 동시에 지방자치단체의 독자적인 정책결정과 집행도 국가에 대하여 영향력을 행사하게 된다. 결국 정책개발과 정책결정 및 정책집행권이 중앙정부와 지방자치단체에 분산됨으로써 국가와 지방 상호간 영향력 행사와 통제가 가능해짐에 따라 국가와 지방자치단체 또는 지방자치단체 상호간의 수직적 · 수평적 권력통제가 이루어질 수 있게 되었다.[1)]

---

1) ① 헌재 1998. 4. 30. 96헌바62, 판례집 10-1, 380, 385-386:
지방자치제도의 헌법적 보장의 구체적인 내용을 확정하려면 위의 헌법규정의 규범적 의미내용을 검토하고 그것에 따라서 지방자치의 이념과 이의를 분명하게 밝혀내는 것이 중요하다고 하겠다. 이 헌법적 보장은 한마디로 국민주권의 기본원리에서 출발하여 주권의 지역적 주체로서의 주민에 의한 자기통치의 실현으로 요약할 수 있고, 이러한 지방자치의 본질적 내용인 핵심영역은 어떠한 경우라도 입법 기타 중앙정부의 침해로부터 보호되어야 한다는 것을 의미한다. 다시 말하면 중앙정부의 권력과 지방자치단체간의 권력의 수직적 분배는 서로 조화가 요청되고 그 조화과정에서 지방자치의 핵심영역은 침해되어서는 안되는 것이므로, 이와 같은 권력분립적 · 지방분권적인 기능을 통하여 지역주민의 기본권 보장에도 이바지하는 것이다.
② 헌재 1999. 11. 25. 99헌바28, 판례집 11-2, 543, 550-551:
현대 입헌민주국가의 통치원리인 권력분립 및 통제 · 법치주의 · 기본권보장 등의 제원리를 주민의 직접적인 관심과 참여 속에서 구현시킬 수 있어 자유와 책임을 중시하는 자유민주주의 이념에 부합되므로 국민(주민)의 자치의식과 참여의식만 제고된다면 권력분립원리의 지방차원에서의 실현(지방분권)을 가져다 줄 수 있을 뿐 아니라 지방의 개성 및 특징과 다양성을 국가전체의 발전으로 승화시킬 수 있고, 나아가 헌법상 보장되고 있는 선거권 · 공무담임권(피선거권) 등 국민의 기본권 신장에도 기여할 수 있게 된다.

(3) 헌법재판제도를 통한 권력분립

헌법재판제도는 다양한 국가권력을 통제함으로써 헌법과 기본권적 가치질서를 보호하고 실현시키는 제도이다. 따라서 오늘날 통치권 행사의 기본권 기속과 절차적 정당성 확보를 가능케 하는 헌법보호수단인 헌법재판제도는 매우 광범위하고 효과적인 권력통제적 기능을 가지게 되었다. 결국 현대국가에 있어서 헌법재판제도는 규범통제, 헌법소원심판, 탄핵심판, 권한쟁의심판, 정당해산심판 등 다양한 헌법재판수단을 통해 입법권·행정권·사법권 및 정당 등 국정 전반을 통제하면서 다원적이고 입체적인 권력통제장치로서 기능하게 되었다.

(4) 직업공무원제도를 통한 권력분립

오늘날 직업공무원제도는 공무원의 신분보장과 정치적 중립성의 의미 이외에 통치기구의 조직원리로서, 그리고 권력통제의 장치로서 중요한 의미를 가진다.

첫째, 공무원의 신분보장과 정치적 중립성을 내용으로 하는 직업공무원제도는 정태적이고 영속적인 직업공무원집단과 동태적이고 한시적인 정치집단 상호간의 견제와 통제를 가능케 하는 기능을 가진다. 둘째, 신분보장과 성적주의 및 공무원의 채용·보직·승진과 징계에 있어서의 법정주의를 내용으로 하는 직업공무원제도는 행정조직 내부에서의 수직적·수평적 권력분립을 가능케 한다.[1)]

(5) 연방국가제도를 통한 권력분립

연방국가제도는 국가의 과제를 효율적으로 달성하도록 하기 위한 조직원리인 동시에 권력통제의 실효성을 높이기 위한 조직원리이다. 즉 입법·행정·사법 등의 국가권력이 연방과 주 및 주 상호간에 수직적·수평적으로 분산되는 연방국가적 구조가 권력분립적 효과를 증대시키는 권력통제의 수단이 될 수 있는 것이다. 이에 따라 연방과 주 상호간의 수직적 권력분립과 각 주 상호간의 수평적 권력분립이 효과적으로 이루어지는 것이다.

특히 현대의 정당국가적 경향으로 인한 권력통합현상을 연방국가제도가 수정·보완할 수 있는 것이다.[2)] 왜냐하면 연방에서의 다수정당과 주에서의 다수정

---

1) 허영, 전게서, 758쪽.

당이 상이할 수 있기 때문이다.

(6) 각종의 사회적 압력단체 및 언론 · 출판 · 집회 · 결사의 자유를 통한 권력통제

현대의 다원적 복합사회에서 각종의 사회적 압력단체 내지 이익단체의 활동은 한 국가의 통치질서내에서 국가권력의 행사에 적지 않은 영향을 미치고 있다. 이들 단체의 정치적 의사가 국정에 반영되고 국정을 감시 · 비판하며 통제하는 기능을 가지게 된 것이다. 아울러 언론 · 출판 · 집회 · 결사의 자유 역시 국민의 다양한 의사를 국정에 반영하는 기능을 가짐과 동시에 국가권력을 비판 · 감시하고 통제하는 권력통제적 기능을 가지게 되었다. 또한 이는 사실상의 직접민주주의적 요소로서 대의제도를 보완하는 기능도 가진다.

Ⅳ. 우리 헌법상의 권력분립제도

우리 헌법은 권력분립제도를 통치기구의 조직원리로 채택하면서, 기본적으로는 고전적 3권분립이론에 따라 국가권력을 입법권, 행정권, 사법권으로 분리하여 국회, 정부, 법원에 각각 분산시킴으로써 국가권력 상호간의 수평적 견제와 균형을 추구하면서도,[1] 다른 한편 복수정당제도, 지방자치제도, 헌법재판제도, 직업공무원제도 등 현대적 의미의 권력통제장치를 마련하고 있다. 다시 말해 우리 헌법은 고전적 3권분립의 바탕위에서 수평적 · 수직적 다원화된 입체적 권력분립제도를 마련하고 있는 것이다.

---

2) 허영, 전게서, 756쪽.

1) 헌재 1992. 4. 28. 90헌바24, 판례집 4, 225, 229:
우리 헌법은 근대자유민주주의헌법의 원리에 따라 국가의 기능을 입법 · 사법 · 행정으로 분립하여 상호간의 견제와 균형을 이루게 하는 권력분립제도를 채택하고 헌법 제40조에서 입법권은 주권자인 국민의 대의기관인 국회에 귀속시키고 있어 형벌법규의 제정은 원칙적으로 국회의 고유권한에 속하는 것으로서 법정형의 종류와 범위의 선택은 국회의 입법정책적인 고려에 따라 결정되며 국가의 모든 기관과 국민은 이를 존중하여야 함은 당연하다 할 것이다.

1. 고전적 권력분립장치

위에서 언급한 바와 같이 우리 헌법상의 통치구조의 기본골격은 Montesquieu의 3권분립이론에 따라 국가권력을 입법권, 행정권, 사법권으로 나누어 입법권을 국회에(제40조), 행정권을 대통령을 수반으로 하는 정부에(제66조 제4항), 사법권을 법원(제101조 제1항)에 각각 분장시키고, 이들 3권의 수평적 견제와 균형을 이루게 하는 통제장치를 마련한 것이라고 할 수 있다.

(1) 입법부와 행정부의 상호 견제장치

1) 입법부의 행정부 견제장치

가. 국회의장의 법률공포권(제53조 제6항)
나. 예산안의 심의 · 확정권(제54조)
다. 특정조약의 체결 · 비준에 대한 동의권(제60조 제1항)
라. 국정감사 · 조사권(제61조)
마. 국무총리 · 국무위원 · 정부위원에 대한 국회출석요구권(제62조 제2항)
바. 국무총리 · 국무위원에 대한 해임건의권(제63조)
사. 대통령 · 국무총리 · 국무위원 · 행정각부의 장에 대한 탄핵소추의결권(제65조)
아. 대통령의 긴급재정 · 경제처분 및 명령과 긴급명령에 대한 승인권(제76조 제3항, 제4항)
자. 계엄해제요구권(제77조 제5항)
차. 일반사면에 대한 동의권(제79조 제2항)
카. 국무총리 · 감사원장 · 대법원장 · 대법관 · 헌법재판소장 임명에 대한 동의권(제86조 제1항, 제98조 제2항, 제104조, 제111조 제4항)
타. 행정권의 설치 · 조직과 직무범위에 관한 법률제정권(제96조)

2) 행정부의 입법부 견제장치

가. 대통령의 임시회소집요구권(제47조 제1항)
나. 정부의 법률안 제출권(제52조)
다. 대통령의 법률안 거부권(제53조 제2항)

라. 대통령 · 국무총리 · 국무위원 · 정부위원의 국회출석 · 발언권(제62조 제1항, 제81조)

(2) 행정부와 사법부의 상호 견제장치

1) 행정부의 사법부 견제장치

가. 대통령의 사면 · 감형 · 복권권(제79조 제1항)
나. 대통령의 대법원장 · 대법관 임명권(제104조)
다. 대통령의 헌법재판소장 · 3인의 재판관 임명권(제111조 제3항)
라. 정부의 사법부예산편성권

2) 사법부의 행정부 견제장치

가. 명령 · 규칙 · 처분에 대한 법원의 위헌 · 위법심사권(제107조 제2항)
나. 헌법소원심판 · 탄핵심판 · 권한쟁의심판 등을 통한 헌법재판소의 행정권 통제(제111조 제1항)

(3) 입법부와 사법부의 상호 견제장치

1) 입법부의 사법부 견제장치

가. 국회의 대법원장 및 대법관 임명동의권(제101조 제1항, 제2항)
나. 사법부 예산의 심의 · 확정권(제54조)
다. 3인의 재판관 선출권 및 헌법재판소장 임명동의권(제111조 제3항, 제4항)
라. 사법부에 대한 국정감사 · 조사권(제61조)
마. 사법권의 조직 · 작용에 관한 법률제정권(제102조 제3항, 제113조 제3항 등)

2) 사법부의 입법부 통제장치

가. 법원의 위헌법률심사제청권(제107조 제1항)
나. 헌법재판소의 위헌법률심판권(제107조 제1항), 헌법소원심판권(제111조 제1항 제5호)

2. 수평적 · 수직적 다원화된 입체적 권력분립장치

우리 헌법은 이처럼 고전적 3권분립을 그 기본골격으로 하고 있지만, 변화된 현실을 반영하고 보다 효과적으로 권력을 통제하기 위하여 수평적 · 수직적 다원화된 입체적 권력분립을 추구함으로써 고전적 3권분립제도를 보완하고 있다.

(1) 정당을 통한 권력분립

몽테스키외적인 입법부와 행정부 간의 권력분립이론은 오늘날의 입법부와 행정부의 권력융화현상으로 인해 더 이상 제 기능을 발휘하기 어렵게 되었고, 이를 대신하여 실질적으로 정당이 권력분립의 중요한 제도적 장치로 기능하고 있다. 즉 정당이 우리의 통치질서에 있어서 권력분립의 주도적 역할을 담당하게 됨에 따라 여당과 야당 간의 상호견제 내지 정당 상호간의 견제와 통제가 권력분립의 중요한 요소로 등장하게 된 것이다. 이에 따라 헌법 제8조에서 정당설립의 자유와 복수정당제를 보장하고 있고, 정당에게 다양한 특권을 부여하고 있으며, 헌법재판소에 의하지 아니하고는 절대로 해산될 수 없도록 규정하는 등 정당의 지위와 기능을 보장해주고 있다.

이처럼 정당이 통치질서에서 중요한 요소로 등장함에 따라 소수정당의 역할과 지위를 보호할 필요성도 증대되었다. 이에 따라 우리 헌법은 소수정당에게도 다수결원리를 보완하는 소수보호의 정신에 따라 다음과 같은 여러 가지 정부 · 여당에 대한 견제장치를 마련하고 있다.

가. 국회재적의원 1/4 이상의 국회임시회소집요구권(제47조 제1항)

나. 국회의원의 법률안 제출권(제52조)

다. 국회재적의원 1/3 이상의 국무총리와 국무위원에 대한 해임건의발의권(제63조 제2항)

라. 대통령을 제외한 고위공직자에 대한 국회재적의원 3분의 1 이상의 정족수로 가능한 탄핵소추발의권(제65조 제2항)

(2) 지방자치제도를 통한 권력분립

우리 헌법은 지방자치제도를 보장하고 있는데(제8장), 이는 민주주의원리의 실현제도이면서 통치권력의 절차적 정당성확보를 위한 권력통제의 기능도 담당하고 있다.

1) 행정사무를 원칙적으로 지방자치단체사업으로 하고 국가중앙정부는 보충적으로 행정을 담당하는 것(이른바 보충성의 원리)으로 함으로써 중앙정부의 기능을 축소시키고 지방자치단체의 기능을 활성화하고 있다.

2) 중앙정부와 지방자치단체, 지방자치단체 상호간의 수직적 · 수평적 권력분립을 제도화하고 있다.

(3) 헌법재판제도를 통한 권력분립

헌법재판소가 국회, 정부, 법원 이외의 제4의 국가기관으로서 다음과 같은 권한을 통해 국회, 정부, 법원 및 이들의 권력을 통제하는 기능을 가진다(제111조 제1항).

가. 헌법소원심판권을 통한 입법, 행정, 사법권 통제
나. 위헌법률심판권을 통한 입법권 통제
다. 탄핵심판권을 통한 행정권, 사법권 통제
라. 정당해산심판권을 통한 정당 통제
마. 권한쟁의심판권을 통한 국가 및 지방자체단체의 권한 통제

(4) 감사원제도를 통한 권력분립

감사원은 회계와 직무감사 및 기타의 감사권으로 인해 외국에 없는 매우 방대한 감사권을 가진다(헌법 제97조 이하). 이러한 감사권은 행정부, 사법부, 헌법재판소 및 지방자치단체 등에 미치므로 간접적인 권력통제기능을 가진다.

(5) 중앙선거관리위원회를 통한 권력분립

통치구조의 민주적 정당성 확보를 위한 가장 중요한 제도가 선거제도인데, 이러한 선거사무를 행정부로부터 독립한 중앙선거관리위원회(헌법 제114조 이하)에 맡김으로써 행정권을 통제하고 있다.

(6) 직업공무원제도를 통한 권력분립

우리 헌법은 공무원의 정치적 중립과 신분을 보장하는 직업공무원제를 채택함으로써(제7조) 동태적이고 한시적인 정치조직과 정태적이고 영속적인 관료조직으로 공무원제도를 2원화하고 있다. 이로써 정치권력과 관료조직 간의 권력분립을 도모하고, 민주주의원리가 강하게 지배하는 정치조직으로부터 법치주의원리가 지배하는 관료조직을 보호하고 있다.

(7) 각종의 사회적 압력단체 및 언론 · 출판 · 집회 · 결사의 자유를 통한 권력통제

헌법 제21조에서 보장된 결사의 자유를 통해 오늘날 우리 사회에는 수많은 사회적 압력단체가 존재하고 있다. 이들은 통치권력의 행사에 적지 않은 영향을 미치고 있다. 아울러 동조항의 언론 · 출판 · 집회 · 결사의 자유 등 정치적 기본권 행사를 통해 국민의 다양한 의사가 국정에 반영됨과 동시에 사실상 이들 기본권의 행사가 통치권력을 비판 · 감시 · 통제하는 기능을 가지게 되었다.

제4장 정부형태

정부형태라 함은 국정운영의 형태를 말한다. 즉 국정운영을 담당하는 통치권력의 조직과 작용의 형태이다. 다시 말해 통치기구의 조직원리, 특히 권력분립제도의 구체적인 실현형태가 바로 정부형태라고 할 수 있다. 따라서 한 국가의 정부형태는 권력분립원칙의 핵심내용인 '권력과 기관의 분리', '견제와 균형'을 구체적으로 어떻게 실현시키느냐에 따라 다양한 형태가 존재할 수 있다. 정부형태는 주로 입법부와 행정부 간의 분리와 협동 및 견제와 균형체계를 중심으로 정부형태의 유형이 분류되고 논의가 전개된다. 이러한 조직원리에 따라 국가마다 다양한 정부형태를 가지고 있지만 일반적으로 대통령제나 의원내각제 또는 그 변형으로 분류될 수 있고, 따라서 그 기본유형은 어디까지나 대통령제와 의원내각제라 할 수 있다. 대통령제는 그 기원을 1787년의 미국연방헌법에서 찾을 수 있고, 의원내각제는 의회정치의 모국인 영국에서 찾을 수 있다.

제1절 대통령제

Ⅰ. 대통령제의 의의와 내용

1. 의의

대통령제는 대통령을 중심으로 국정이 운영되는 정부형태를 말한다. 즉 의회로부터 독립하고 의회에 대하여 정치적 책임을 지지 않는 대통령을 중심으로 국정이 운영되고, 대통령에 대해서만 정치적 책임을 지는 각료 내지 장관에 의해 구체적인 행정작용이 이루어지는 정부형태를 말한다. 대통령제는 고전적 3권분립에 입각해서 통치권력과 통치기관의 분리 및 통치권력 상호간의 견제와 균형의 원리를 구현시키는 정부형태이다. 따라서 통치기관 상호간의 조직과 기능상의 독립성이 보장되는 권력분립의 실현형태라고 할 수 있다.

2. 내용

대통령제는 이처럼 Montesquieu의 3권분립이론이 충실히 구현되는 정부형태이기 때문에 대통령을 정점으로 하는 집행부 내지 행정부가 입법부 및 사법부와 엄격히 분리·독립되어 국가기관과 국가권력 상호간에 수평적 견제와 균형이 이루어진다. 따라서 대통령제의 본질적 요소는 통치기관의 조직·기능상의 독립성, 특히 입법부와 행정부의 조직과 활동의 분리와 독립성이다(독립성의 원리).[1] 대통령은 의회가 아닌 직접 국민에 의하여 선출되고, 행정부는 대통령을 정점으로 일원적 구조로 이루어지며, 대통령을 중심으로 한 행정부의 구성원들이 의회에 대해서 정치적 책임을 지지 아니하고, 국민에 의하여 선출되는 의회의 조직과 활동도 행정부와 독립해서 독자적으로 이루어진다. 즉 민주적 정당성에 바탕을 두고 조직된 상호 독립한 의회와 대통령이라고 하는 국가기관에 의해 입법기능과 행정기능이 행해지고, 주기적인 선거를 통해 민주적 정당성의 근거인 주권자인 국민에 대해서만 정치적 책임을 지는 것이다.

따라서 ① 대통령이 국가원수로서의 지위를 가지고, ② 행정부의 구조가 대통령을 정점으로 일원화되어 있으며, ③ 의회의 행정부 구성원에 대한 불신임권과 대통령의 의회해산권이 인정되지 아니하고, ④ 의회의 구성원이 행정부의 구성원을 겸할 수 없으며, ⑤ 행정부에게 법률안 제출권이 없고, ⑥ 행정부의 2인자로 부통령을 두어 대통령의 궐위 시 그 지위를 승계하게 하며, ⑦ 행정부의 각료회의는 대통령의 자문기관에 불과하고, ⑧ 행정부 구성원은 의회의 요구가 없는 한 의회에의 출석·발언권이 없는 것 등은 모두 독립성의 원리에서 나오는 대통령제의 특징들이다.

그러나 다른 한편 대통령제는 의회와 행정부 상호간의 독립성의 원리로만 작동되는 것은 아니고, 상호 견제와 균형의 원리를 통해 국정이 운영되는 측면

---

1) 허영, 전게서, 768쪽; 권영성, 전게서, 774쪽.

도 가지고 있음은 물론이다. 예컨대 대통령제가 가지는 또 다른 특징적 요소들로 거론되는 대통령의 법률안 거부권, 대통령의 조약체결 및 고위공직자 임명에 대한 의회의 동의권이나 대통령 등 행정부구성원에 대한 탄핵소추권 등은 의회와 행정부간의 견제와 균형의 원리에 입각한 제도들이라고 할 수 있다. 따라서 이는 권력분립제도의 핵심적 내용인 행정부와 입법부 상호간의 견제와 균형 및 통제의 실현, 의회를 통한 민주적 정당성의 확보, 헌법수호 등의 측면에서 정당화되고 있다.[1)]

결국 대통령제는 독립성원리의 바탕위에서 견제와 균형의 원리를 가미한 권력분립제도의 실현형태라고 할 수 있다.

Ⅱ. 미국대통령제의 탄생과 내용

1. 대통령제의 탄생

대통령제는 엄격한 고전적 3권분립에 바탕을 둔 미국헌법상의 대통령제 정부형태가 그 원형이라고 할 수 있다. 연방제에 바탕을 둔 통일적이고 중앙집권적인 강력한 정부를 구성하고자 했던 건국 시의 정치적 상황, 의원내각제 정부형태를 가진 당시 영국의 불안정한 정치상황의 부정적 영향, 영국 국왕의 압제와 군주제에 대한 반동으로 인한 공화제의 채택의지, 권력통제에 입각한 책임정치의 실현의지 등이 미국에서 의원내각제가 아닌 독창적인 정부형태인 대통령제가 탄생하게 된 원인이라고 할 수 있다.

2. 내용

미국연방헌법은 국가권력을 입법권, 행정권, 사법권으로 분리하여 입법권은 국민에 의해 선출되는 의원으로 구성되는 상원(Senate)과 하원(House of Representatives)에(제1조), 행정권은 국민에 의해서 선출되는 대통령에(제2조), 그리고 사법권은 연방대법원(Supreme Court)과 의회가 설치하는 연방하급법원에(제3조) 각각 분장된다.

---

1) 권영성, 전게서, 773쪽 이하; 허영, 전게서, 768쪽.

상원의원은 각 주에서 2명씩 임기 6년으로 선출되고, 의원수는 100명이다. 선거는 2년마다 실시되며 50개주 중 1/3씩(한번에 33명 또는 34명) 의원을 새로 선출한다. 하원의원은 각 주의 주민수에 따라 임기 2년으로 선출되고, 의원수는 435명이다.[1] 대통령은 한 번의 중임이 가능한 임기 4년으로 선출되고, 대통령의 궐위 시 대통령직을 승계하는 부통령이 대통령과 함께 선출된다.[2] 연방대법원의 대법관은 임기가 종신제이며, 상원의 동의를 얻어 대통령이 임명한다. 한편 행정부나 사법부의 구성원은 부통령이 상원의장을 겸직하는 예외를 제외하면 의원직을 겸할 수 없다(제1조 제6항).

---

1) 상원의원은 각 주에 인구수에 관계없이 동일하게 2명이 할당되지만, 하원의원은 각 주에 인구비례로 의석이 할당된다. 이러한 차이는 미국의 연방국가적 성격에서 유래된 것으로 건국 시 인구가 많은 주와 인구가 적은 주 사이에 의회선거에 있어서 의석배분을 인구비례로 할 것인가를 놓고 극심한 갈등이 있었고, 이를 해결하기 위하여 의회를 양원제로 이원화시키고 상원은 인구수에 관계없이 각 주에 2명을 할당하고, 하원은 인구비례로 의석수를 할당하는 이른바 대타협(Great Compromise 또는 Connecticut Compromise)을 통해 해결된 배경에서 유래되었다고 하겠다. 따라서 역사적으로는 상원은 각 주를 대표하고, 하원은 연방을 대표한다는 이념을 가지고 있다고 볼 수 있다.

2) 미국의 대통령은 기본적으로는 사실상 국민의 직접선거(Popular Vote)에 의해 선출되지만, 절차적으로는 국민에 의해 선출된 선거인단(Electoral College)의 선거(College Vote)에 의해 최종 선출된다. 미국의 대통령선거는 각 주별로 이루어진다. 이는 연방국가적 성격에 기인한다고 하겠다. 각 주에 배정된 선거인단의 수는 인구비례이다. 이에 따라 선거인단의 수는 538명인데, 이는 미국 하원(435명)과 미국 상원(100명)의 숫자를 합친 535명에 워싱턴 DC의 선거인단 3명을 합친 것이다. 미국의 각 주와 워싱턴 D.C.의 선거권자는 직접 대통령후보자에게 투표하는 것이 아니라 이미 특정 후보자를 지지하기로 서약한 선거인단에 투표하는 것이다. 대부분의 주에서는 승자독식제(winner-take-all)를 채택하고 있다. 승자독식제는 해당 주에서 가장 많은 표를 얻은 후보자에게 선거인단 전체가 표를 몰아주는 방식을 뜻한다. 비록 선거인단이 미국 연방법에 따라 특정 후보자에 대한 지지서약을 할 필요는 없지만, 대부분의 경우 선거인단은 애초 약속한 후보자에게 투표한다. 따라서 미국의 대통령 선거제도는 절차적으로는 직선과 간선이 혼합된 형태이지만, 선거인단의 구성이 국민의 직접선거를 통해 이루어지고, 선거인단은 대부분 자신이 지지하기로 한 후보자에게 투표하기 때문에 사실상 국민의 직접선거를 통해 대통령이 선출된다고 볼 수 있다.
한편 이처럼 미국의 대통령선거제도가 승자독식제와 선거인단제도에 바탕을 두고 있기 때문에 연방 전체의 국민투표에서는 이기고 선거결과에서는 지는 현상이 종종 발생한다. 왜냐하면 최종 획득한 전체 선거인단수에서 앞서는 후보자가 당선되는 구조이기 때문이다. Gore vs. Bush 선거와 Hillary Clinton vs. Trump 선거에서 각각 Gore와 Hillary가 전체 국민투표에서는 승리했지만 선거인단수에서 패했기 때문에 대통령으로 당선되지 못한 것은 바로 그 때문이다. 이는 연방국가라는 특성과 미국 건국 당시의 정치적 배경에서 유래하는 미국 대통령선거제도의 매우 독특한 특징이라고 할 수 있는데, 오늘날의 선거제도의 기본원칙, 특히 평등선거의 원칙에 비추어 볼 때 매우 불합리한 제도라고 아니할 수 없다.

대통령에게 의회해산권이 없고, 행정부는 법률안제출권이 없는 등 의회의 입법활동에 간섭할 수 없으며(제1조 제7항), 의회의 요청이 없는 한 의회에 출석·발언할 수 없고 대통령에게는 교서에 의한 의견진술권만이 주어진다(제2조 제3항). 의회는 행정부에 대한 불신임권이 없다.

대통령의 조약체결과 대사·공사·연방대법관·기타 고위직 공무원의 임명에 상원의 동의가 있어야 하고(제2조 제2항), 의회는 행정부의 예산안 및 재정지출에 대한 심의권을 갖는다(제1조 제9항 제7절). 대통령은 법률안에 대한 서명·공포권과 거부권을 가지고 있다(제1조 제7항 제2절).

사법부가 행사하는 법률에 대한 위헌심사제도는 미국연방헌법에 명문의 규정은 없지만, 연방헌법(제6조 제2절)에 명시된 최고법조항을 근거로 한 연방대법원의 Marbury vs. Madison 판례(1803)로 확립된 사법부의 위헌법률심사제도에 의하여 입법권에 대한 통제가 이루어지고 있다.[1)]

3. 미국대통령제의 평가 및 교훈

이처럼 미국의 대통령제는 앞서 제시한 대통령제의 핵심적 내용과 특징들을 교과서적으로 구현하고 있다고 할 수 있다. 특히 엄격한 고전적 3권분립을 충실하게 실천한, 즉 입법권, 행정권, 사법권 상호간의 조직·기능·활동상의 분리와 독립, 견제와 균형의 원리가 온전히 구현되고 있다. 이 점이 바로 미국의 정부형태가 대통령제의 전형이자 성공적인 정부형태라고 평가되는 이유라고 할 수 있다. 그러나 다른 한편 후술하는 바와 같이 대통령제도 이론상 나름대로의 단점도 가지고 있다. 예컨대 대통령이 의회에 대하여 책임을 지지 않는 정치적 무책임성과 독립성으로 인해 제왕적 대통령제라는 표현에도 나타나 있듯이 대통령 독재체제로 변질될 가능성도 얼마든지 있고, 그러한 예는 우리의 헌정사를 비롯해 수많은 국가에서 찾아 볼 수 있다. 따라서 대통령제는 성공적 정부형태의 보증수표가 결코 아니다. 그럼에도 불구하고 미국의 대통령제가 성공했고 미국의 민주정치의 확립에 기여했다고 평가되는 이유는 정부형태와 관련된 다양한 정치적·법적 제도의 뒷받침과 정치가와 국민들의 높은 의식수준 등 여러 요인들이 한데 어우러진 상승작용의 결과라고 하겠다.

---

1) 허영, 전게서, 771쪽 이하 참조.

미국의 대통령제가 성공하게 된 주요원인으로 다음과 같은 것들을 들 수 있을 것이다. ① 독립성의 원리에 입각한 교과서적인 권력분리와 견제·균형의 장치마련, ② 의회의 행정부에 대한 강력한 견제 및 통제, ③ 상원과 하원으로 이원화된 양원제에 입각한 입법부내의 상호 견제와 균형구조, ④ 위헌심사권을 비롯한 다양한 기능을 가진 사법권의 행정부 및 입법부에 대한 강력하고 효율적인 권력통제기능, ⑤ 지방자치제도의 정착을 통한 수직적·수평적 권력분립의 확립, ⑥ 연방국가적 구조에 의한 수직적·수평적 권력분립의 확립, ⑦ 시민들의 자발적 참여가 보편화된 공정한 선거풍토, ⑧ 민주적·지방분권적 정당제도, ⑨ 여론조사의 활성화와 강력한 정치적 영향력, ⑩ 각종 시민단체 내지 사회적 압력단체의 활성화와 강력한 정치적 영향력, ⑪ 언론·출판·집회·결사의 자유의 보장과 강력한 정치형성적 기능 ⑫ 사회공동체의 공감대적 가치로서의 기본권의 존중과 보장에 대한 의지, ⑬ 무엇보다도 정치인과 국민의 투철한 민주의식과 준법정신 및 헌법에의 의지 등이 그것이다. 이들 요인은 진정한 헌법국가를 실현하기 위하여 정부형태에 관계없이 모든 국가에 반드시 적용되고 구현되어야 할 중요한 정치적·법적 덕목들이라고 하겠다.

Ⅲ. 대통령제의 특징과 장단점

1. 특징

대통령제의 경우 후술할 의원내각제와 비교하여 일반적으로 다음과 같은 요소들이 특징으로 거론되고 있다. 첫째, 국정운영의 중심으로서의 대통령의 지위, 둘째, 국민에 의한 직접적인 대통령선출, 셋째, 엄격한 3권분립 및 견제와 균형, 넷째, 입법부와 행정부 상호간의 독립성, 다섯째, 대통령을 정점으로 하는 행정부구조의 일원성, 여섯째, 대통령의 정치적 무책임성 등이 그것이다. 이는 위에서 언급한 대통령제의 본질적 요소인 독립성의 원리에서 유래하는 특징들이라고 하겠다.

2. 장단점

(1) 장점

대통령제의 장점으로는 일반적으로 다음과 같은 것들이 거론된다. 첫째, 대통령은 강력한 민주적 정당성의 바탕위에서 임기가 보장되고 의회에 의한 신임에 좌우되지 않기 때문에 행정부의 안정을 기할 수 있다. 둘째, 강력한 중앙집권적 정부구성 및 운영이 가능해 예측가능한 국정운영을 지속적으로 추진할 수 있다. 셋째, 대통령은 법률안거부권을 통해 의회의 졸속입법을 방지하고, 의회다수당의 횡포를 억제할 수 있다.

(2) 단점

대통령제의 단점으로는 일반적으로 다음과 같은 것들이 거론된다. 첫째, 대통령제의 본질적 요소인 독립성의 원리에 따라 대통령은 탄핵소추라는 법적 책임 이외에 의회에 대하여 정치적 책임을 지지 않는 등 누구에게도 정치적 책임을 지지 않는다. 이러한 대통령의 정치적 무책임성으로 인해 대통령제는 제왕적 대통령제라는 표현에서도 나타나듯이 독재화의 위험이 있다. 둘째, 야당이 의회의 다수가 되는 경우 독립성의 원리에서 오는 행정부와 입법부 상호간의 경직성 때문에 정국의 불안정이 초래될 수 있고, 대통령의 국정운영이 입법 등 의회의 지원을 받지 못해 국정운영의 차질을 빚을 수 있다.

(3) 결어

위에서 언급한 대통령제의 장단점은 그 자체 상대적인 것이지 절대적인 의미를 가지는 것은 결코 아니다. 또한 이들 장단점은 해당 국가의 관련 제도들, 정치상황, 국민들의 의식 등 다양한 요소들에 의하여 좌우될 수 있기 때문에 한 국가에서 장점으로 작용한 요소가 다른 국가에서는 단점으로 작용할 수 있는 가능성은 얼마든지 있다. 따라서 중요한 것은 첫째, 대통령제의 포기할 수 없는 본질적 요소를 헌법상의 제도로 제대로 구현하는 것, 둘째, 정부형태에 수평적·수직적 다원화된 입체적 권력분립을 실현하는 것, 셋째, 통치기구의 정당성원리인 목적적 정당성, 민주적 정당성, 절차적 정당성을 최대한 확보할 수 있는 정부형태를 가지는 것, 넷째, 정부형태는 자기목적적인 것이 아니라 국민의 기본권을 최대한 효율적으로 실현시키는 장치이자 수단이라는 것이다. 따라서 본질적 요소를 제대로 갖춘, 그리고 해당 국가의 정치적 상황 및 국민의 정서와 의지를 반영한 정부형태가 그 국가에게 가장 적합하고 바람직한 정부형태라고 할 수 있을 것이다. 그리고 무엇보다도 정치인과 공직자 및 국민의 민주의식과 준법정신 및 헌법에의 강한 의지가 뒷받침되어야 할 것이다. 이러한 의지야 말로 대통령제 정부형태의 진정한 성공요인이라고 하겠다.

제 2 절 의원내각제

Ⅰ. 의원내각제의 의의와 내용

1. 의의

의원내각제는 의원들로 구성된 내각을 중심으로 국정이 운영되는 정부형태를 말한다. 즉 의회에서 선출되고 의회에 대하여 정치적 책임을 지는 내각을 중심으로 집행업무가 이루어지는 정부형태이다. 의원내각제는 민주적 정당성에 바탕을 두고 구성된 국민의 대표기관인 의회가 국정의 중심기구로 기능해야 한다는 정치원리인 의회주의에 그 이념적 바탕을 두고 있다. 따라서 의원내각제는 이러한 의회주의에 입각해서 의회가 중심이 되어 행정부인 내각을 구성하는 정부형태이다. 그러므로 의원내각제는 의회와 내각의 조직 · 기능 · 활동상의 의존성을 바탕으로 하는 권력분립제도의 실현형태라고 할 수 있다. 따라서 의원내각제는 입법부와 행정부의 상호 의존성의 원리를 그 본질로 하고 있다.[1)]

2. 내용

이러한 의존성의 원리에 따라 행정부의 장인 수상이 의회에서 선출되고, 수

1) 허영, 전게서, 774쪽.

상에 의해서 인선되는 각료들이 수상의 정책지침에 따라 구체적인 행정을 담당하며, 수상과 각료가 의회에 대해서 정치적 책임을 지는 것이 의원내각제의 특징이다.

따라서 ① 명목상의 국가원수로서의 입헌군주 내지 대통령의 존재, ② 명목상의 대통령 또는 군주와 내각으로 이루어진 집행부의 이원적 구조, ③ 의회의 내각불신임권과 내각의 의회해산권, ④ 의원직과 각료직의 겸직허용, ⑤ 내각에서의 총리 또는 수상의 우월적 지위, ⑥ 내각의 법률안 제출권과 각료의 자유로운 의회에의 출석·발언권, ⑦ 입법부와 행정부 간의 협동과 견제, ⑧ 국가원수인 대통령의 선거인단에 의한 간접선출 등이 의원내각제의 특징적 요소에로 거론된다. 이처럼 입법권과 행정권을 행사하는 의회와 내각의 조직과 활동이 상호의존적이어서 의회의 신임을 받지 못하는 내각이 존속할 수 없고, 의회도 수상에 의해 해산될 수 있으며, 내각은 의회의 다수당 내지 다수세력의 정책집행기능기구로서의 성격을 갖기 때문에 의회와 내각의 상호관계는 협동적이고 병렬적인 통합관계라고 볼 수 있다. 따라서 대통령제가 분리·독립·견제의 정부형태라면, 의원내각제는 의존·협동·견제의 정부형태라고 할 수 있다.[1)]

Ⅱ. 의원내각제의 유래와 발전

1. 의원내각제의 유래

의원내각제는 의회정치의 모국인 영국에서 유래하는 것으로, 의회주의와 입헌군주제가 정착되기 시작한 17세기 영국의 헌정질서에서 그 기원을 찾을 수 있는 정부형태라고 할 수 있다. 17세기에 접어들면서 왕권과 의회간의 오래된 갈등이 더욱 심화되었는데, 이러한 갈등은 1688년의 명예혁명을 전환점으로 새로운 국면에 접어들게 된다. 왕권신수설을 주장한 제임스 2세의 퇴위와 1689년의 권리장전으로 인해 군주의 절대권력이 쇠퇴하면서 영국은 전제군주제와 결별하게 되었고 입헌군주제가 시작되었다. 결국 명예혁명은 영국의 의회민주주의와 의원내각제가 정착되게 된 계기가 되었다고 평가할 수 있을 것이다.

1) 권영성, 전게서, 767쪽 이하; 허영, 전게서, 775쪽.

2. 의원내각제의 발전

(1) 영국의 의원내각제

영국의 헌정사에서 오늘날과 같은 의원내각제의 골격이 갖추어진 것은 1784년의 총선거나 1832년의 선거법개정 등의 험난한 과정을 거친 이후라고 할 수 있다. 따라서 선거제도와 의회제도의 개혁이 단행되기 시작한 1832년 이후로 보는 것이 일반적이다. 영국의 의원내각제는 처음에는 의회우위제도에서 출발해서 내각우위의 내각책임제로 발전하게 되어 오늘에 이르고 있다.

1) 의회우위의 의원내각제의 정착

앞서 언급한 바와 같이 1688년의 명예혁명은 국왕과 의회의 권력관계를 역전시켜 의회주권이 확립하게 된 계기가 되었다. 그러나 의회주권은 입법권에 제한된 것이었고, 행정은 의회의 통제를 받으며 행정권을 행사하는 별도의 기관에서 맡았다. 즉 튜더 왕조부터 존재한 국왕의 자문기관인 추밀원(Privy Council)에서 그 역할을 담당하고 있었다. 그러나 찰스 2세에 이르자 추밀원의 구성원이 50명을 넘어 업무를 효율적으로 처리하기 어렵게 되자 17세기말 자문관 중 소수의 측근들로 하여금 국무를 담당하게 하였는데, 이것이 내각(Cabinet)으로 불리게 되었다. 초기의 내각은 의원 중에서 선출하는 것이 아니라 왕의 명령으로 구성되어 군주에 대해서만 개별적으로 책임졌다. 한편 1714년 독일의 하노버 왕가의 조지 1세가 영국 왕위에 올랐으나 영국정치를 등한시하고 영어를 읽지 못하여 내정과 내각회의에 무관심해지자 국왕을 대신하여 R. Walpole이 내각회의를 주재하기 시작했다. 이때 수상이 출현하게 되어 왕은 존재하나 통치하지 않는다는 입헌군주제의 원칙이 확립되었다. 이 원칙에 따라 왕은 책임이 없어졌으며 왕을 대신하여 내각이 실질적으로 집권하고 의회에 대하여 정치적 책임을 지게 되었다.

1783년 피트(William Pitt, the Younger) 내각이 하원의 불신임 결의에 대항하여 하원의 해산을 단행, 1784년 총선거를 치르게 되었다. 이런 과정을 통해 영국에서 의원내각제가 확립되게 되었다. 특히 1832년부터 시작된 선거제도의 개혁에 의해서 선거권이 점차 확대되어 종래 귀족들이 장악하고 있었던 의회에 일반

시민계급의 참여가 가능해지면서 권력과 책임이 의회에 집중하게 되었고, 내각은 의회의 다수당에 의해 조직되는 위원회의 성격을 띠게 되었다. 결국 영국의 통치질서내에서의 의회(하원)의 이러한 우세한 지위로 인해 초기에는 의회우위의 의원내각제가 정착된 것이다.

2) 내각책임제로의 발전

그러나 이후 내각의 지위가 강화되어 오늘날과 같은 내각우위의 내각책임제(Cabinet Government)로 발전하게 되었다. 이는 먼저 국가기능의 확대현상에서 그 원인을 찾을 수 있다. 즉 산업사회가 고도화되면서 국가의 과제가 광범위해지고 전문화되면서 입법 등 국정에 있어서의 주도권을 전문적이고 광범위한 인적 조직에 의하여 뒷받침되는 내각이 가져가게 되었다. 아울러 선거제도와 정당제도가 정착·발전되면서 수상을 중심으로 하는 내각은 의회(하원) 다수당의 간부회의와 같은 성격을 띠게 되어 모든 중요한 정책결정이 실질적으로 내각에서 이루어지고 의회(하원)는 내각이 마련하는 정책 내지 법률안을 단순히 형식적으로 추인하는 일종의 통법부의 성격을 띠게 되었다. 또한 의회(하원)선거가 정당과 정당지도자에 대한 국민투표적 성격을 띠게 됨에 따라 수상을 정점으로 하는 내각이 통치질서내에서 의회에 대한 우위를 점하게 된 것으로 평가된다. 이에 따라 오늘날 영국의 의원내각제는 의회우위의 의원내각제에서 내각우위의 내각책임제 내지 수상정부제로 발전하게 되었다.[1)]

3) 영국의 의원내각제의 내용

첫째, 집행부는 형식적으로는 국왕과 내각의 2원적 구조로 이루어져 있지만, 국왕은 명목상의 국가원수이고, 실질적 집행기능은 내각에 의하여 이루어지는 집행구조라고 할 수 있다. 둘째, 입법부인 의회는 상원(귀족원)과 하원(평민원)의 양원제인데, 하원이 국민을 대표하는 기관으로서 입법 등 국정운영의 주도적 역할을 한다. 셋째, 내각은 의회 다수당 소속 의원들로 구성되는데, 대부분은 하원의원, 일부는 상원의원으로 구성된다. 따라서 종래의 내각 대 의회라는 권력분립구도는 내각 및 여당(다수당) 대 야당(소수당)의 대립구도로 변모되었다. 넷째, 영국의 의원내각제는 앞서 언급한 바와 같이 내각우위의 내각책임제이다. 그리

1) 허영, 전게서, 777쪽 이하 참조.

고 수상이 내각운영의 중심적 역할을 한다. 즉 수상은 행정부인 내각의 정점이자 하원의 다수당의 당수이다. 따라서 수상이 정책의 결정권과 집행권을 주도한다고 평가된다. 이러한 수상의 우월적 지위로 인해 영국의 의원내각제를 수상정부제라고도 한다. 다섯째, 내각은 의회해산권을 가지고, 의회는 내각불신임권을 가지지만 오늘날 수상과 내각의 의회에 대한 우월적 지위로 인해 의회의 내각불신임권은 사실상 유명무실해졌다는 평가도 있다.

결국 영국의 의원내각제는 내각책임제라고 불리워지는 데서도 알 수 있듯이, 내각, 특히 수상에게 강력한 권한이 인정되는 내각 주도형의 의원내각제라고 할 수 있다.

(2) 독일의 의원내각제

독일의 기본법(Grundgesetz)은 의원내각제 정부형태를 채택하고 있다.

1) 내용

가. 연방정부(Bundesregierung)는 연방수상(Bundeskanzler)과 연방장관들로 구성되는데, 연방수상은 연방의회에서 선출되고, 연방장관들은 연방수상의 제청에 따라 연방대통령이 임명한다.

나. 입법부는 연방의회(Bundestag)와 연방참사원(Bundesrat, 연방상원으로 불리워지기도 한다)으로 구성되는 일종의 양원제이다.

다. 연방의회는 국민의 직접선거에 의하여 4년 임기로 선출된 의원으로 구성되는데, 지역구다수대표제와 정당명부식비례대표제의 혼합형이다(연동형 비례대표제). 연방의회가 입법을 주도한다.

라. 연방참사원은 직접선거로 선출하지 않고, 각 주(16개 주)에서 인구비례로 파견한 주정부의 대표(주정부의 각료나 공무원)들로 구성된다. 연방참사원은 각 주의 이익을 대표하는 기능을 가진다. 즉 입법의 주도적 기능은 연방의회가 담당하지만, 연방참사원은 각 주의 이익에 관계된 재정 및 행정 분야의 입법이나 독일 기본법에 영향을 미치는 법안에 대해서는 거부권을 가지며, 따라서 이러한 법안은 연방참사원이 동의해야 통과된다. 따라서 각 주는 연방참사원을 통해 국가 전체의 의사 형성에 자신들의 이해를 반영한다.

마. 국제법상 국가를 대표하고 국정의 조정자적 지위에 있는 국가원수로서

대통령이 존재하는데, 대통령 선거인단에 의하여 간접선거로 선출된다.

바. 연방의회는 새로운 수상의 선출을 조건으로 연방수상을 불신임할 수 있고(이른바 건설적 불신임제도),[1] 연방수상은 연방의회를 - 대통령에 제청하여 - 해산할 수 있다. 그러나 연방의회가 새로운 수상을 선출할 경우에는 연방수상의 해산권은 소멸한다.

2) 평가 및 교훈

독일의 의원내각제는 매우 성공적인 정부형태로서 독일의 민주주의의 정착에 이바지하고 있다고 평가되는데, 이는 독일의 정부형태가 의원내각제의 본질적 요소를 충실히 갖춘 정부형태라는 이유 이외에 이를 뒷받침하는 다양한 정치적·법적 제도와 의지가 어우러진 상승작용의 산물이라고 하겠다. 즉 ① 헌법의 기본원리, 즉 민주주의원리, 법치국가원리, 사회국가원리 등을 효과적으로 실현하기 위한 다양한 제도의 확립과 그 실현, ② 사회공동체의 공감대적 가치로서의 기본권의 존중과 보장, ③ 다원적이고 입체적인 권력통제기능을 가지는 이상적인 헌법재판제도의 확립, ④ 연방국가적 구조에 의한 수직적·수평적 권력분립의 실현, ⑤ 지방자치제도의 정착으로 인한 다원적 민주주의와 수직적·수평적 권력분립의 실현, ⑥ 민주적·지방분권적 정당제도, ⑦ 선거의 기본원칙을 이상적으로 구현하고 있는 합리적 선거제도, ⑧ 여론조사의 활성화와 그 정치형성적 기능, ⑨ 각종 시민단체 내지 사회적 압력단체의 활성화와 그 정치적 영향력, ⑩ 언론·출판·집회·결사의 자유의 보장과 그 강력한 정치형성적 기능 및 대의제도의 보완기능, ⑪ 그리고 무엇보다도 국민과 정치가 및 공직자의 수준높은 민주의식, 준법정신 및 강력한 헌법에의 의지 등이 어우러져 민주주의의 꽃을 피우고 있다고 할 수 있다.

앞서도 언급했듯이 이들 요인은 진정한 헌법국가를 실현하기 위하여 정부형태에 관계없이 모든 국가에 반드시 적용되고 구현되어야 할 중요한 정치적·법적 덕목들이라고 하겠다.

---

1) 이와는 달리 새로운 수상의 선출이라는 조건 없이 수상을 불신임할 수 있는 제도를 파괴적 불신임제도라고 한다. 과거 독일 바이마르공화국 헌법이 이 파괴적 불신임제를 채택하여 내각이 지나치게 자주 교체되어 정국불안정이 야기되었고, 결국 이러한 현상이 히틀러의 제3제국이 등장하게 된 원인의 하나였다고 평가된다.

Ⅲ. 의원내각제의 특징과 장단점

1. 특징

의원내각제의 경우 전술한 대통령제와 비교하여 일반적으로 다음과 같은 요소들이 특징으로 거론될 수 있다. 첫째, 엄격한 3권분립에 입각한 입법부와 행정부 간의 상호 독립성이 아닌 의회주의에 입각한 상호 의존성, 둘째, 입법부와 행정부 상호간의 협동 및 견제, 셋째, 국정운영의 중심으로서의 수상의 우월적 지위, 넷째, 상징적 국가원수인 대통령 또는 입헌군주와 수상을 정점으로 하는 내각으로 이루어진 집행부의 형식적 이원성, 다섯째, 내각의 의회에 대한 정치적 책임성 등이 그것이다. 이는 위에서 언급한 의원내각제의 본질적 요소인 의존성의 원리에서 유래하는 특징들이라고 하겠다.

2. 장단점

(1) 장점

의원내각제의 장점으로는 일반적으로 다음과 같은 것들이 거론된다. 첫째, 내각의 존립이 민주적 정당성을 가진 국민의 대표기관인 의회에 의존하기 때문에 의회주의에 입각한 민주주의원리에 부합한다. 둘째, 정치적으로 책임지지 않는 대통령제와는 달리 내각이 의회에 정치적 책임을 지기 때문에 책임정치를 구현할 수 있다. 셋째, 입법부와 행정부가 상호 협동과 견제의 관계에 있기 때문에 입법부의 협조를 바탕으로 신속하고 원활한 국정운영이 가능하다. 넷째, 의회와 내각이 대립하는 경우 내각불신임권제도와 의회해산제도로 정치적 대립을 해결할 수 있다.

(2) 단점

의원내각제의 단점으로는 일반적으로 다음과 같은 것들이 거론된다. 첫째, 군소정당이 난립하는 경우 연립정부의 수립이 어려울 수 있고, 정국이 불안정해질 수 있다. 둘째, 내각의 존립이 의회의 신임에 의존하기 때문에 소신 있는, 그리고 강력하고 지속적인 정책추진이 어려울 수 있다. 셋째, 입법부가 정권획득을 위한 장으로 전락되어 정쟁이 격화될 우려가 있다. 넷째, 내각이 의회의 다수당과 결탁하여 다수결에 의한 횡포를 자행하고 소수보호에 소홀할 수 있다.

(3) 결어

대통령제의 장단점의 경우처럼 의원내각제의 장단점도 그 자체 상대적인 것이지 절대적인 의미를 가지는 것은 아니다. 아울러 이들 장단점 역시 해당 국가의 관련 제도들, 정치상황, 국민들의 의식 등 다양한 요소들에 의하여 좌우될 수 있기 때문에 한 국가에서 장점으로 작용한 요소가 다른 국가에서는 단점으로 작용할 수 있는 가능성은 얼마든지 있다. 따라서 의원내각제의 경우에도 중요한 것은 첫째, 의원내각제의 본질적 요소를 헌법상의 제도로 제대로 구현하는 것, 둘째, 정부형태에 수평적·수직적 다원화된 입체적 권력분립을 실현하는 것, 셋째, 정부형태에 통치기구의 정당성원리인 목적적 정당성, 민주적 정당성, 절차적 정당성을 최대한 확보하는 것, 넷째, 정부형태는 자기목적적인 것이 아니라 국민의 기본권을 최대한 효율적으로 실현시키는 장치이자 수단이라는 것이다. 따라서 본질적 요소를 제대로 갖춘, 그리고 해당 국가의 정치적 상황과 국민의 정서와 의지를 반영한 정부형태가 그 국가에게 가장 적합하고 바람직한 정부형태라고 할 수 있을 것이다. 그리고 무엇보다도 정치인과 공직자 및 국민의 민주의식과 준법정신 및 헌법에의 강력한 의지가 뒷받침되어야 할 것이다. 이러한 의지야 말로 의원내각제 정부형태의 진정한 성공요인이라고 하겠다.

제3절 혼합형정부형태

I. 의의

혼합형정부형태란 대통령제나 의원내각제를 변형시켰거나 또는 두 제도의 요소를 적절히 혼합시킨 정부형태를 말한다. 따라서 순수 대통령제와 순수 의원내각제를 제외한 나머지 정부형태는 대부분 혼합형정부형태라고 할 수 있을 것이다.

Ⅱ. 혼합형정부형태의 성공요건

혼합형정부형태의 구체적 내용은 매우 다양하고 국가마다 다르다. 앞서 언급했듯이 순수한 대통령제 또는 의원내각제는 미국이나 영국 등의 발생국에서나 찾아볼 수 있는 정부형태이고, 오늘날 대다수 국가의 정부형태는 혼합형정부형태라고 해도 과언이 아닐 것이다. 각국이 자신들의 정치적 상황에 맞게 독특한 정부형태를 마련하는 것은 오히려 자연스럽고 당연한 것이라고 할 수 있다. 중요한 것은 그 정부형태가 통치기구의 조직원리 등 기본적인 헌법적 기준과 요건을 충족하고 통치기구의 궁극적 목적인 국민의 기본권실현과 이상적인 사회적 통합을 실현하기에 적합한지의 여부이다. 따라서 대통령제나 의원내각제라는 두 제도를 변형시키거나 혼합시키는데 있어서 그 변형과 혼합의 헌법적 원리와 기준 및 체계정당성이 지켜져야 한다.[1] 실제로 많은 독재국가에서 헌법이론적 내지 통치기구의 조직원리적 이유보다는 정권연장 내지 효율적 국민억압 등 정략적 목적으로 양 제도를 무리하게 변형시키거나 절충하여 체계정당성에 반하는 혼합형정부형태를 채택한 바 있고 현재도 채택하고 있는데, 이것이 헌법상 정당화될 수 없고, 성공적 정부형태가 될 수도 없음은 자명하다고 하겠다.

결국 위에서 대통령제와 의원내각제의 장단점을 언급하면서 강조한 바와 같이 어떠한 정부형태가 바람직한가에 대한 정답은 없다고 본다. 순수 대통령제가 반드시 훌륭하다고 말 할 수 없고, 순수 의원내각제가 바람직하다고 할 수도 없다. 따라서 해당 국가에 적합한 정부형태라면 대통령제건 의원내각제건 혼합형정부형태건 문제가 되지 않는다고 생각된다. 왜냐하면 정부형태의 성공여부는 단순히 위에서 언급한 헌법이론적 요소에 의해서만 좌우되는 것은 아니기 때문이다. 즉 그 해당 국가의 정치적 상황, 국민들의 정서, 역사와 문화, 정치가와 국민들의 의식수준, 관련되는 다른 정치적·법적 제도들과의 관계 등 다양한 사안이 고려되어야 하기 때문이다.

1) 같은 견해 허영, 전게서, 788쪽.

그럼에도 불구하고 어떤 정부형태건 반드시 충족시켜야 하는 중요한 헌법이론적 요소들을 간과해서는 안 될 것이다. 예컨대 위에서 언급한 정부형태의 핵심적인 본질적 요소들, 수평적·수직적 다원화된 입체적 권력분립장치, 통치기구의 정당성원리인 목적적 정당성·민주적 정당성·절차적 정당성을 최대한 확보할 수 있는 제도적 장치 등이 그것이다. 결국 이러한 기본적인 제도적 장치들을 갖춘 정부형태라면 정치가와 공직자 및 국민의 수준 높은 민주·법치의식 및 헌법에의 의지와 상승작용을 일으켜 반드시 성공하리라 생각한다.

Ⅲ. 혼합형정부형태의 유형 및 구체적 사례

1. 유형

혼합형정부형태의 유형은 그 변형과 혼합의 정도에 따라 첫째, 대통령제의 바탕위에 의원내각제적 요소를 가미한 변형된 대통령제 또는 대통령제중심의 혼합형, 둘째 의원내각제의 바탕위에 대통령제적 요소를 가미한 변형된 의원내각제 또는 의원내각제중심의 혼합형으로 대별할 수 있을 것이다.

그리고 그 구별은 대체로 첫째, 대통령이 국민에 의하여 직선되는 국가원수인지의 여부, 둘째, 대통령이 실질적으로 행정권 내지 국정운영을 주도하는지의 여부, 셋째, 입법부와 행정부의 조직·기능·활동면에서 독립성과 의존성 중 어떤 원리가 주로 적용되는가를 기준으로 판단이 가능할 것으로 생각된다.[1)]

2. 구체적 사례

(1) 프랑스의 정부형태

1) 내용

이러한 혼합형정부형태로 거론될 수 있는 대표적 예로 이른바 이원정부제의 전형으로 불리워지는 프랑스정부형태를 들 수 있다. 주지하는 바와 같이 프랑스의 경우 집행부는 직접 국민에 의하여 선출되는(절대다수대표제) 국가원수인 대통

1) 허영, 전게서, 788쪽.

령과 대통령이 임명하는 총리 및 각료로 구성되는 내각의 이원적 구조로 이루어져 있다고 볼 수 있다. 대통령은 임기 5년으로 선출되며, 중요한 국가정책을 집행한다. 입법부인 의회는 5년 임기로 직선되는(절대다수대표제) 국민의회(하원)와 6년 임기로 간선되는 상원으로 구성되어 있는 양원제이다. 입법 등 의회운영의 주도권을 가진 국민대표기관은 국민의회이다. 의회는 내각을 구성하고 총리를 추천한다. 대통령은 국민의회를 해산할 수 있고, 비상조치권도 가지고 있다. 그러나 의회는 대통령을 불신임할 수는 없고, 총리와 내각만을 불신임할 수 있으므로 대통령은 내각과 의회에 대해 우월적인 지위를 가진다고 볼 수 있다. 내각은 행정권을 가진다. 그렇지만 순수의원내각제와는 달리 내각구성원은 의원직을 겸임할 수 없고, 내각은 의회해산권도 가지고 있지 않다. 앞서 언급한 바와 같이 총리는 대통령이 임명하는데 의회의 총리에 대한 불신임제도로 인해 다수당이 추천하는 자를 총리로 임명하게 되어 대통령과 총리의 소속정당이 다른 이른바 동거정부가 출현할 수도 있다. 이 경우 일반적으로 대통령은 외치와 국방 등을 담당하고, 총리 및 내각은 내치를 담당하여 권력이 분점된다고 평가된다. 비상시에는 대통령이 행정권을 장악하여 행정수반역할을 하는 정부형태라고 할 수 있다.

2) 평가

위에서 제시한 혼합형정부형태의 유형을 분류하는 기준에 비추어 볼 때 프랑스정부형태는 대체로 대통령제중심의 혼합형으로 분류될 수 있을 것이다. 왜냐하면 첫째, 대통령은 국민에 의하여 직선된 직접적인 민주적 정당성을 확보한 국가원수이다. 둘째, 대통령은 행정권 내지 집행권의 실질적인 담당자이다. 즉 국정운영을 주도하고, 중요한 국가정책을 집행하며, 총리 · 각료 · 고급공무원 · 법관들을 임명하고, 각료회의의 의장직을 맡으며, 국민의회를 해산할 수 있는 권한을 갖는다. 또한 국민투표를 실시하고 조약을 체결 · 비준할 수 있고, 그밖에 고위국방회의의 의장직을 맡으며 국군의 최고사령관이다. 아울러 국가 비상사태 시에는 국가의 모든 권한이 대통령에게 집중된다. 셋째, 입법부와 행정부의 조직 · 기능 · 활동면에서 독립성이 의존성 보다 상대적으로 더 강하게 작용한다고 볼 수 있다. 물론 대통령은 의회를 해산할 수 있고, 의회는 내각을 구성하고 총리를 추천하며 총리와 내각을 불신임할 수 있으므로 입법부와 행정부 상호간에 의존성의 원리도 상당히 적용되고 있다. 그러나 의회는 대통령을 불신임할 수 없고, 대통령은 의회에 정치적 책임을 지지 아니하며, 총리와 내각의 각료를 임명하고, 법률안거부권을 가지고, 내각과 의회에 대해 우월적인 지위를 가지는 등 원칙적으로 집행부의 실질적 담당자인 대통령이 의회에 의존하지 아니하고 국정을 운영한다는 점에서 상호 독립성의 원리가 더 강하게 작용한다고 판단된다.

결국 프랑스정부형태는 일종의 대통령중심의 혼합형정부형태라고 할 수 있을 것이다. 그런 점에서 이를 이원정부제라는 독립된 용어로 표현할 필요성이 있는지 의문이다. 왜냐하면 이원정부제가 단순히 대통령제의 요소와 의원내각제의 요소를 혼합한 정부형태를 의미하는 것이라면 이는 일반적인 그리고 전 세계 대다수의 국가에서 볼 수 있는 혼합형정부형태의 한 유형에 불과한 것이기 때문에 프랑스정부형태를 굳이 이원정부제로 명명할 필요가 없고, 만일 이원정부제가 단순한 대통령제의 요소와 의원내각제의 요소를 혼합한 정부형태라는 의미를 넘어서 집행부가 대통령과 총리·내각의 대등한 이원적 권력분점구조로 이루어진 정부형태를 의미하는 정부형태의 한 독자적 유형이라면 프랑스정부형태는 위에서 지적한 바와 같이 그런 대등한 이원적 구조가 아니라 대통령이 국정을 주도하고 총리와 내각각료를 임명하는 등 대통령이 총리와 내각에 대해 우월적인 지위를 가진다는 점에서 프랑스정부형태를 이원정부제로 분류할 수 없을 것이기 때문이다.

중요한 것은 헌법이론적으로 프랑스정부형태에는 문제가 있다는 점이다. 예컨대 앞서도 언급한 동거정부의 경우 대통령과 총리·내각·의회간의 정치적 대립이 심화될 수 있고, 이 경우 원활한 국정운영 및 집행이 어려울 수 있으며, 의회와 내각의 갈등을 해결할 군주 내지 명목상의 국가원수가 존재하는 의원내각제와는 달리 이를 조정할 적절할 해결책을 찾기도 어렵다. 또한 이 경우 거론되는 것이 대통령과 총리 간의 권력분점, 즉 전자는 외치와 국방, 후자는 내정을 책임진다는 논리인데, 사실 외치와 내치를 구분하기도 어렵고, 설사 구분된다고 하더라고 양자는 밀접한 관련성으로 얽혀있는 것이 오히려 일반적이기 때문에 합리적인 권력분점 자체가 어렵고, 여기서 발생되는 갈등을 해결하기도 쉽지 않다. 또한 의회내부에 군소정당이 난립할 경우 정국이 혼란스러워지며, 의회가 입법이라는 본래의 기능 대신 정권탈취를 위한 경쟁장소로 변질될 수 있다. 아울러 총리와 의회의 다수당이 합세할 경우 다수결의 횡포를 가져올 수 있다. 한편 대통령이 의회의 다수당 소속일 경우, 그렇지 않아도 대통령이 내각과 의회에 대해 우월적인 지위를 가지고 의회가 대통령을 불신임할 수 없다는 점을 고려하면, 대통령이 내각과 의회를 무시하고 독주할 수 있는 가능성도 배제할 수 없다. 그런 점에서 프랑스정부형태는 그 유형이 무엇인가에 관계없이 헌법이론상 바람직한 정부형태라고 보기 어렵다. 다만 이러한 단점을 극복할 수 있는 다양한 정치적·법적 제도들이 마련되어 있고, 무엇보다도 프랑스의 오랜 민주주주의의 역사, 정치가와 국민의 성숙된 민주의식과 준법정신이 뒷받침되어 안정적인 민주정치가 실시되고 있다고 평가해야 할 것이다.

(2) 우리나라의 정부형태

우리나라의 정부형태 역시 대통령제중심의 혼합형이라고 분류할 수 있을 것이다. 첫째, 대통령은 국민에 의하여 직선되는 국가원수이다. 둘째, 대통령이 실질적으로 행정권 내지 국정운영을 주도한다. 셋째, 입법부와 행정부의 조직·기능·활동면에서 독립성의 원리가 강하게 지배한다. 물론 우리 정부형태에는 의원내각제적 요소가 상당수 존재하고, 따라서 입법부와 행정부 간에 의존성의 원리가 적용되는 측면도 상당수 있다. 그러나 기본적으로는 양 기관 내지 양 기능 사이에 독립성의 원리가 더 강하게 지배한다고 볼 수 있다. 이 점에 대하여는 후술한다.

제 4 절 우리의 정부형태

제헌헌법 이래 지금까지의 우리나라의 정부형태는 제2공화국(1960년)의 의원내각제를 제외하고는 대체로 대통령제에 의원내각제의 요소를 가미시킨 대통령제중심의 혼합형이라고 할 수 있다. 그런데 우리의 헌법개정사를 돌이켜보면 대부분 그 혼합의 방법과 정도에 있어서 체계정당성을 상실한, 즉 정권연장이나 독재수호 등의 정략적 이유에서 채택된, 따라서 수많은 헌법이론적 문제점을 노정시킨 정부형태였다고 할 수 있다.

Ⅰ. 제1공화국의 정부형태

1. 내용

제1공화국헌법(1948. 7. 17. 제헌헌법)상의 정부형태의 내용은 다음과 같다.

(1) 대통령은 행정권의 수반이며 외국에 대하여 국가를 대표한다(제51조). 대통령이 사고로 인하여 직무를 수행할 수 없을 때에는 부통령이 그 권한을 대행하고, 대통령, 부통령 모두 사고로 인하여 그 직무를 수행할 수 없을 때에는 국무총리가 그 권한을 대행한다(제52조). 대통령과 부통령은 국회에서 무기명투표로써 각각 선거하며, 대통령과 부통령은 국무총리 또는 국회의원을 겸하지 못한다(제53조). 대통령과 부통령의 임기는 4년이다(제55조). 대통령의 국무에 관한 행위는 문서로 하여야 하며 모든 문서에는 국무총리와 관계국무위원의 부서가 있어야 한다(제66조). 대통령은 중요한 국무에 관하여 국회에 출석·발언권을 가지고(제60조), 법률안제출권과 법률안거부권을 가지며(제39조, 제40조), 대법관 등 고위공직자에 대한 임면권을 가진다(제72조 제2호 및 제11호). 대통령은 국회에 대하여 정치적 책임을 지지 않는다.

(2) 국무원은 대통령과 국무총리 기타의 국무위원으로 조직되는 합의체로서 대통령의 권한에 속한 중요 국책을 의결한다(제68조). 국무총리는 대통령이 임명하고 국회의 승인을 얻어야 하며, 국무위원은 대통령이 임명한다(제69조). 대통령은 국무회의의 의장이 되고, 국무총리는 대통령을 보좌하며 국무회의의 부의장이 된다(제70조). 국무총리와 국무위원의 국회의원 겸직이 허용되었다.

2. 평가

대통령은 행정부의 수반이자 국가원수로서 국정을 주도하고, 국회에 대하여 정치적 책임을 지지 않으며, 권한대행으로 부통령제를 두고, 국무총리와 국무위원을 임명하며, 대법관 등 고위공직자에 대한 임면권을 가진다는 점에서 기본적으로는 제1공화국의 정부형태는 대통령제를 취하고 있다. 그러나 대통령이 국회에서 간선되고, 정부를 대통령과 의결기관인 국무원으로 이원화시키고 있으며, 국무원을 자문기관이 아닌 구속력 있는 의결기관으로 하고, 부통령 이외에 국무총리를 두고 있으며, 대통령은 국회에 출석·발언권과 법률안제출권을 가지고, 국무총리의 임명에 국회의 승인을 얻어야 하며, 국무총리와 국무위원의 국회의원 겸직이 허용되는 등 다양한 의원내각제적 요소가 가미되어 있다. 따라서 결과적으로 대통령중심의 혼합형정부형태라고 할 수 있다.

그런데 대통령이 국회에 대하여 우월적 지위를 가지는데 반해 국회의 대통령에 대한 견제장치가 미흡하며, 대통령이 헌법상 압도적 권한의 소지자로서 국정을 주도하는 지위에 있음에도 불구하고 대통령이 국회에서 간선되는 등 그 민주적 정당성이 매우 취약하다. 아울러 대통령제와 조화를 이루기 어려운 의결기관인 국무원을 두고, 정부를 이원화시키고 있으며, 부통령을 두고 있음에도 불필요하게 국무총리를 두고 있는 것은 대통령제의 본질에 반한다. 결론적으로 제헌헌법상의 정부형태는 체계정당성에 반하고, 권력분립의 원칙이 제대로 지켜지지 않은 불합리한 정부형태라고 평가할 수 있을 것이다.

Ⅱ. 제2공화국의 정부형태

1. 내용

제2공화국헌법(1960. 6. 15. 제3차개정헌법)상 정부형태의 내용은 다음과 같다.

(1) 행정권은 국무원에 속하고, 국무원은 국무총리와 국무위원으로 조직한다. 그리고 국무원은 민의원에 대하여 연대책임을 진다(제68조). 국무총리는 대통령이 지명하여 민의원의 동의를 얻어야 한다(제69조). 국무총리는 국무회의를 소집하고 의장이 되며, 국무원을 대표하여 의안을 국회에 제출하고 행정각부를 지휘감독한다(제70조). 행정각부의 장은 국무위원이어야 하며 국무총리가 임면한다(제73조). 정부는 법률안제출권을 가진다(제39조). 국무총리, 국무위원과 정부위원은 국회에의 출석·발언권을 가진다(제44조). 국무원은 민의원에서 국무원에 대한 불신임결의안을 가결한 때에는 10일 이내에 민의원해산을 결의하지 않는 한 총사직하여야 한다. 국무원은 민의원이 조약비준에 대한 동의를 부결하거나 신년도

총예산안을 그 법정기일 내에 의결하지 아니한 때에는 이를 국무원에 대한 불신임결의로 간주할 수 있다(제71조).

(2) 대통령은 국가의 원수이며 국가를 대표한다(제51조). 대통령은 5년의 임기로 양원합동회의에서 선거하고 재적국회의원 3분지 2이상의 투표를 얻어 당선된다(제53조, 제55조). 대통령은 국군통수권, 공무원의 임면권, 국무회의의 의결에 따른 계엄에 대한 선포거부권, 헌법재판소의 심판관 9인중 3인의 선임권 등을 가진다(제61조, 제62조, 제64조, 제83조의4).

(3) 국회는 양원제로 민의원과 참의원으로써 구성한다(제31조). 민의원의원은 임기 4년으로 국민에 의하여 직선되고, 참의원의원은 임기 6년으로 역시 국민에 의하여 직선되며, 3년마다 의원의 2분지 1을 개선한다(제32조, 제33조).

(4) 우리 헌정사에서 유일하게 대법원장과 대법관은 법관의 자격이 있는 자로써 조직되는 선거인단에 의하여 선출되고 대통령이 확인하도록 했으며(제78조), 헌정사상 처음으로 독일식의 헌법재판소를 설치하여 현행 제도와 유사한 다양한 헌법재판기능을 담당하도록 했다(제83조의3).

2. 평가

제2공화국의 정부형태는 한마디로 우리 헌정사에서 유일한 의원내각제라고 할 수 있다. 실질적으로 행정권이 국무총리를 정점으로 하는 국무원에 속하고, 국무원은 민의원에 대하여 연대책임을 지며, 국무총리의 임명에 민의원의 동의가 있어야 하고, 국무총리가 법률안제출권 등 의안을 국회에 제출하고, 국무총리 · 국무위원 · 정부위원이 국회에의 출석 · 발언권을 가지며, 국무원은 원칙적으로 민의원의 불신임에 의하여 총사직하여야 하는 등 정부의 구성과 존속이 민의원에 의존하고 있고, 다른 한편 민의원도 국무원에 의하여 해산될 수 있다. 따라서 국가원수인 대통령이 순수 의원내각제 정부형태의 국가원수와는 달리 위에서 언급한 몇 가지 실질적 권한을 가지고는 있지만, 정부의 실질적 권한은 국무총리에 있다는 점에서 전체적으로는 국무총리를 정점으로 하는 국무원과 민의원 간의 조직 · 기능 · 활동상의 상호 협동과 의존 및 견제에 입각한, 즉 상호 의존성의 원리에 입각한 의원내각제 정부형태라고 하겠다.

Ⅲ. 제3공화국의 정부형태

1. 내용

제3공화국헌법(1962. 12. 26. 제5차개정헌법)상 정부형태의 내용은 다음과 같다.

(1) 대통령은 국가원수이고, 행정부의 수반이다(제63조). 대통령은 4년 임기로 국민에 의하여 직접 선출된다. 다만 대통령이 궐위된 경우에 잔임 기간이 2년 미만인 때에는 국회에서 선거한다. 한편 국민이 대통령을 선거하는 경우에 최고득표자가 2인 이상인 때에는 국회의 재적의원 과반수가 출석한 공개회의에서 다수표를 얻은 자를 당선자로 한다(제64조, 제65조, 제69조). 대통령은 긴급재정경제명령권, 긴급명령권, 계엄선포권을 가지고(제73조, 제75조), 국회출석 · 발언권을 가지며(제79조), 법률안제출권, 법률안공포권과 법률안거부권을 가진다(제48조, 제49조). 대통령의 국법상 행위에는 국무총리와 관계국무위원이 부서한다(제80조).

(2) 국회는 단원제로 4년의 임기로 국민에 의하여 직선되는 의원으로 구성되는데, 국회의원 후보가 되려하는 자는 소속정당의 추천을 받아야 한다(제35조-제37조). 국회의원은 임기중 당적을 이탈하거나 변경한 때 또는 소속정당이 해산된 때에는 그 자격이 상실된다(제38조). 국회의원은 대통령 · 국무총리 · 국무위원 · 지방의회의원 기타 법률이 정하는 공사의 직을 겸할 수 없다(제39조). 국무총리 · 국무위원 또는 정부위원은 국회출석 · 발언권을 가진다(제58조). 국회는 국무총리 또는 국무위원의 해임을 대통령에게 건의할 수 있다(제59조).

2. 평가

제3공화국의 정부형태는 대통령중심의 혼합형이라고 할 수 있다. 국민에 의하여 직선되는 대통령은 국가긴급권을 비롯한 실질적 행정권을 가지고, 국회출석 · 발언권을 가진다. 또한 법률안공포권과 법률안거부권을 가진다. 대통령은 탄핵소추의 경우를 제외하고는 국회에 어떠한 정치적 책임을 지지 아니한다. 또한 국회의원은 대통령 · 국무총리 · 국무위원을 겸직할 수 없다. 따라서 기본적으로는 입법부와 행정부의 상호 조직·기능·활동상의 독립성의 원리에 입각한 대통령제정부형태라 할 수 있다. 그러나 다른 한편 일정한 경우 대통령을 국회에서 선거하고, 대통령의 국법상 행위에는 국무총리와 관계국무위원이 부서하며, 국무총리·국무위원 또는 정부위원이 국회출석·발언권을 가지고, 국회가 국무총리 또는 국무위원의 해임을 대통령에게 건의할 수 있는 등 입법부와 행정부 상호간의 상호 의존성이 원리에 입각한 의원내각제적 요소도 가미되어 있다. 그런데 일정한 경우 대통령을 국회에서 선거하도록 한 것은 막강한 대통령의 권한을 감안할 때 그에 상응하는 민주적 정당성의 요청을 충족하지 못한 것으로 대통령제의 본질에 반하고, 대통령의 권한에 대한 적절한 견제장치가 마련되어 있지 못하며, 국회의원 후보가 되려하는 자는 반드시 소속정당의 추천을 받아야 하고, 임기중 당적을 이탈하거나 변경한 때 또는 소속정당이 해산된 때에는 그 자격을 상실토록 하는 등 국회의원의 정당기속을 지나치게 강화하여 국회의원과 국회의 권한을 더욱 위축시키고 있다. 결국 제3공화국의 정부형태는 체계정당성에 반하고, 권력분립의 원칙이 제대로 구현되지 아니한 정부형태라 평가할 수 있을 것이다.

Ⅳ. 제4공화국의 정부형태

1. 내용

제4공화국헌법(1972. 12. 27. 제7차개정헌법)상의 정부형태는 다음과 같다.

(1) 집행부를 편제상 대통령과 정부로 이원화시키고 있는데, 대통령은 국가원수이자 정부의 수반이고(제43조), 6년의 임기로 통일주체국민회의에 의하여 간접 선출되며(제45조, 제47조), 중임제한이 없다. 통일주체국민회의는 국민의 직접선거에 의하여 선출된 대의원으로 구성하며, 대통령이 의장이 된다(제36조). 대통령은 국가의 중요한 정책에 대한 국민투표부의권(제49조), 긴급조치권과 계엄선포권을 가지며(제53조, 제54조), 국회출석·발언권을 가지고, 국회해산권을 가진다(제58조, 제59조). 또한 법률안제출권, 법률안공포권, 법률안거부권도 가진다(제87조, 제88조). 대통령의 국법상 행위에는 국무총리와 관계국무위원이 부서한다(제60

條). 국무총리 · 국무위원 또는 정부위원은 국회출석 · 발언권을 가진다(제96條). 한편 정부는 국무총리와 국무위원 등으로 구성되는데, 국무총리는 국회의 동의를 얻어 대통령이 임명하고, 국무위원은 국무총리의 제청으로 대통령이 임명한다(제63條, 제64條). 정부의 권한에 속하는 중요한 정책을 심의하는 국무회의는 대통령 · 국무총리와 15인 이상 25인 이하의 국무위원으로 구성되고, 대통령이 의장이 되고, 국무총리는 부의장이 된다(제65條).

(2) 국회는 6년의 임기로 국민에 의하여 직선되는 의원과 3년의 임기로 통일주체국민회의에 의하여 간선되는 의원으로 구성한다(제76條, 제77條). 통일주체국민회의는 국회의원 정수의 3분의 1에 해당하는 수의 국회의원을 선거하며, 그 후보자는 대통령이 일괄 추천한다(제40條). 국회는 국무총리 또는 국무위원에 대하여 개별적으로 그 해임을 의결할 수 있다(제97條).

2. 평가

이른바 유신헌법이라고 불리우는 제4공화국헌법의 정부형태는 대통령중심의 혼합형이라고 하겠다. 먼저 대통령은 명실상부 국정의 최고책임자로서 행정권을 비롯한 국가긴급권, 국민투표부의권 등 다양한 권한을 가지고, 국무회의의 의장과 통일주체국민회의의 의장이 되는 등 3권을 초월하는 막강한 권한을 가진다. 다른 한편 대통령은 간선되고, 국회해산권을 가지며, 정부는 법률안제출권과 국회출석 · 발언권을 가지고, 국회는 국무총리 또는 국무위원에 대한 해임의결권을 가지는 등 의원내각제적 요소도 가미되어 있다.

그런데 이처럼 막강한 권한을 가지는 대통령이 통일주체국민회의에 의하여 간선되는데, 이는 비례적인 민주적 정당성의 요청을 도저히 충족시킬 수 없어 대통령제의 본질에 반한다. 또한 대통령은 국회출석 · 발언권, 법률안제출권, 법률안공포권, 법률안거부권 뿐 아니라, 심지어 국회해산권도 가지는 반면, 국회는 대통령에 대한 견제수단을 거의 가지고 있지 못해 대통령은 탄핵에 의하지 않는 한 임기중 어떠한 정치적 책임을 지지 않는다는 무소불위의 지위를 가진다는 점에서 대통령제의 본질인 행정부와 입법부 상호간의 조직 · 기능 · 활동상의 독립성의 원리에 정면으로 반한다. 특히 후술하는 바와 같이 헌법상 대통령이 국회를 완전히 장악할 수 있도록 규정하고 있는 상태에서 국회가 대통령을 탄핵하는 것은 사실상 불가능하다는 점을 감안하면 더욱 그러하다. 또한 대통령의 중임제한이 없다는 점을 감안한다면 유신헌법상의 대통령은 이른바 제왕적 대통령 내지 공화국군주에 해당한다고 볼 수 있다. 이러한 대통령의 절대적 지위는 국민의 대표기관인 국회가 행정부 내지 대통령 보다 앞서 편제되어 있는 일반적인 헌법체계와는 달리 대통령이 앞서 편제되어 있는 데서도 엿볼 수 있다.

한편 대통령이 의장인 통일주체국민회의에 의하여 국회의원 정수의 1/3이 선출되고, 그 후보자는 대통령이 일괄 추천하도록 했는데, 이처럼 단원제 국회 구성원의 1/3이 국민에 의한 직선이 아닌 일종의 선거인단에 의하여 간선되는 것은 의회제도의 본질과 민주적 정당성의 요청에 반한 뿐 아니라, 국회구성방법의 동질성을 해치는 것이다. 또한 국회의원 정수의 1/3에 해당하는 후보자를 대통령이 일괄 추천하도록 한 것은 사실상 대통령에 의하여 임명된다는 것으로 이는 의회제도와 대의제도 및 민주적 정당성의 원리와 절차적 정당성의 원리에 정면으로 위반되는 것으로 체계정당성에 반하고, 권력분립의 원칙에도 반한다. 결국 유신헌법상의 대통령제는 그 유래를 찾아보기 어려운 정부형태로 체계정당성과 권력분립의 원칙 및 통치기구의 조직원리를 근본적으로 위반한 파국적인 정부형태라고 하겠다.

Ⅴ. 제5공화국의 정부형태

1. 내용

제5공화국헌법(1980. 10. 27. 제8차개정헌법)상의 정부형태는 다음과 같다.

(1) 집행부에 해당하는 정부가 편제상 대통령과 행정부로 이원화되어 있는데, 정부의 수반이자 국가원수인 대통령은 국민에 의하여 직선되는 대통령선거인단에 의하여 7년의 임기로 선출되며, 중임할 수 없다(제38조-제40조, 제45조). 대통령은 외교·국방·통일 기타 국가안위에 관한 중요정책을 국민투표에 부의할 수 있고(제47조), 비상조치권과 계엄선포권을 가지며(제51조, 제52조), 국회해산권도 가진다(제57조). 대통령의 국법상 행위에는 국무총리와 관계 국무위원이 부서한다(제58조). 행정부는 국무총리와 국무위원 등으로 구성되는데, 국무총리는 국

회의 동의를 얻어 대통령이 임명하고, 국무위원은 국무총리의 제청으로 대통령이 임명하며, 국무총리는 국무위원의 해임을 대통령에게 건의할 수 있다(제62조, 제63조). 또한 정부의 권한에 속하는 중요한 정책을 심의하기 위하여 국무회의를 두는데, 대통령·국무총리와 15인 이상 30인 이하의 국무위원으로 구성되며, 대통령이 의장이 되고, 국무총리가 부의장이 된다(제64조). 대통령은 법률안제출권, 법률안공포권, 법률안거부권을 가진다(제88조, 제89조). 또한 대통령과 국무총리·국무위원·정부위원은 국회출석·발언권을 가진다(제56조, 제98조).

(2) 국회는 4년 임기로 국민에 의하여 직선된 의원으로 구성된다(제77조, 제78조). 국회는 국무총리 또는 국무위원에 대하여 개별적으로 그 해임을 의결할 수 있다(제99조).

2. 평가

제5공화국의 정부형태 역시 대통령중심의 혼합형이라고 평가할 수 있다. 먼저 대통령은 명실상부 국정의 최고책임자로서 행정권의 수반이자 국무회의의 의장이 되고, 비상조치권, 국민투표부의권 등 다양한 권한을 가진다. 그러나 다른 한편 대통령은 간선되고, 국회해산권을 가지며, 정부는 법률안제출권과 국회출석·발언권을 가지고, 국회는 국무총리 또는 국무위원에 대한 해임의결권을 가지는 등 의원내각제적 요소도 가미되어 있다.

그런데 이처럼 막강한 권한을 가지는 대통령이 대통령선거인단에 의하여 간선되도록 되어 있는 정부형태는 비례적인 민주적 정당성의 요청을 충족시킬 수 없어 대통령제의 본질에 반한다. 또한 대통령은 국회출석·발언권, 법률안제출권, 법률안공포권, 법률안거부권 뿐 아니라, 심지어 국회해산권도 가지는 반면, 국회는 대통령에 대한 견제수단을 거의 가지고 있지 못해 대통령은 탄핵에 의하지 않는 한 임기중 어떠한 정치적 책임을 지지 않는 무소불위의 지위를 가진다는 점에서 대통령제의 본질인 행정부와 입법부 상호간의 조직·기능·활동상의 독립성의 원리에 정면으로 반한다. 또한 이러한 대통령의 국회에 대한 우월적 지위는 유신헌법의 경우에서처럼 헌법체계상 대통령이 국회에 앞서 편제되어 있는 데서도 엿볼 수 있다. 한편 편제상 정부를 대통령과 행정부로 이원화시키고 국무총리가 행정각부를 통할하도록 하고 있어, 형식상 국무총리가 통할하는 행정부가 대통령을 견제하는 구조로 되어 있으나, 국무총리는 어디까지나 대통령에 의하여 임명되고 대통령의 명을 받는 보좌기관이라는 점을 감안할 때, 국무총리의 국무위원에 대한 임명제청권과 해임건의권은 형식적인 것에 불과하고 이러한 이원적 구조의 상호 견제효과 역시 기대하기 어렵다고 할 것이다. 또한 국무회의 역시 구속력이 없는 심의기구에 불과해 대통령을 견제하는 역할을 기대하기 어렵고, 대통령제와 조화되기도 어렵다.

결국 제5공화국의 정부형태 역시 체계정당성과 권력분립의 원칙 및 통치기구의 조직원리를 위반한 불합리한 정부형태라고 하겠다.

Ⅵ. 현행 헌법상의 정부형태

1. 내용

헌법상 입법권, 행정권, 사법권은 각각 국회, 정부, 법원 및 헌법재판소에 분장되어, 상호 견제와 균형을 이루고 있다.

(1) 정부

헌법상 집행부에 해당하는 정부는 편제상 대통령과 행정부로 이원화되어 있으며, 행정부는 국무총리와 국무위원, 국무회의, 행정각부, 감사원으로 구성되어 있다.

1) 대통령

가. 대통령은 국가의 원수이며 행정부의 수반이다(제66조 제1항 및 제4항). 대통령은 국민의 보통·평등·직접·비밀선거에 의하여 상대다수대표로 선출된다. 최고득표자가 2인 이상인 때에는 국회의 재적의원 과반수가 출석한 공개회의에서 다수표를 얻은 자를 당선자로 한다(제67조 제1항 및 제2항). 대통령의 임기는 5년으로 하며, 중임할 수 없다(제70조).

나. 대통령은 국가중요정책에 대한 국민투표부의권, 긴급재정·경제처분권과 명령권, 긴급명령권, 계엄선포권, 대법원장과 대법관의 임명권, 헌법재판소장과

재판관의 임명권, 헌법개정발의권 등을 가지는 국정의 최고책임자이다(제72조, 제76조, 제77조, 제104조 제1항 및 제2항, 제111조 제2항 및 제4항, 제128조 제1항). 또한 행정부수반의 지위에서 국무총리와 국무위원의 임명권, 행정각부의 장의 임명권을 가지고, 국무회의의 의장이 된다(제86조, 제87조, 제88조, 제94조).

다. 대통령의 국법상 행위에는 국무총리와 관계국무위원이 부서한다(제82조).

라. 정부는 법률안제출권을 가지고, 대통령은 법률안거부권을 가지며, 국무총리 · 국무위원 또는 정부위원은 국회출석 · 발언권을 가지는 한편, 대통령은 국회에 출석하여 발언할 수 있다(제52조, 제53조, 제62조, 제81조).

마. 대통령은 국회의 탄핵소추를 받지 않는 한 국회에 대하여 정치적 책임을 지지 않는다(제65조).

바. 대통령은 국회해산권이 없다.

사. 대통령이 궐위된 때에는 국무총리, 법률이 정한 국무위원의 순서로 그 권한을 대행하고, 60일 이내에 그 후임자를 선거한다(제68조 제2항, 제71조).

2) 국무총리와 국무위원

가. 국무총리는 국회의 동의를 얻어 대통령이 임명하고, 대통령을 보좌하며, 행정에 관하여 대통령의 명을 받아 행정각부를 통할한다(제86조).

나. 국무위원은 국무총리의 제청으로 대통령이 임명하고, 국정에 관하여 대통령을 보좌하며, 국무회의의 구성원으로서 국정을 심의한다. 국무총리는 국무위원의 해임을 대통령에게 건의할 수 있다(제87조).

3) 국무회의

국무회의는 정부의 권한에 속하는 중요한 정책을 심의하는 최고의 국정심의기관이지만 의결기관이 아니고 대통령의 단순한 보좌기관에 불과하다. 국무회의는 대통령 · 국무총리와 15인 이상 30인 이하의 국무위원으로 구성하며, 대통령이 국무회의의 의장이 되고, 국무총리가 부의장이 된다(제88조).

4) 행정각부

행정각부의 장은 국무위원 중에서 국무총리의 제청으로 대통령이 임명한다(제94조).

5) 감사원

가. 대통령소속하에 감사원을 두고 국가예산집행에 대한 회계검사와 공무원의 직무에 관한 감찰업무를 맡기고 있다(제97조).

나. 감사원은 원장을 포함한 5인 이상 11인 이하의 감사위원으로 구성되는데, 원장은 국회의 동의를 얻어 대통령이 임명하고, 감사위원은 원장의 제청으로 대통령이 임명한다(제98조).

(2) 국회

1) 입법권은 국회에 속하고, 국회는 단원제로 국민에 의하여 선출된 200인 이상의 국회의원으로 구성한다. 국회의원의 임기는 4년이고, 현재 지역구선거(소선거구상대다수대표제)와 정당명부식비례대표제의 혼합형선거제도로 300인의 국회의원이 선출된다(제40조-제42조, 공직선거법 제21조 제1항, 제189조).

2) 국회는 예산안의 심의 · 확정권을 가지고, 국정감사권과 국정조사권을 가진다(제54조, 제61조).

3) 국회는 국무총리와 국무위원의 해임건의권을 갖는다(제63조).

4) 국회의원은 국무총리와 국무위원 직을 겸할 수 있다(제43조, 국회법 제29조 제1항).

5) 국회의원은 불체포특권과 면책특권을 가진다(제44조, 제45조).

6) 국회는 정부불신임권이 없다.

(3) 법원 및 헌법재판소

1) 법원

사법권은 법관으로 구성된 법원에 속하고, 법원은 최고법원인 대법원과 각급법원으로 조직된다(제101조). 대법원장은 국회의 동의를 얻어, 대법관은 대법원장의 제청으로 국회의 동의를 얻어 대통령이 임명하며, 대법원장과 대법관이 아닌 법관은 대법관회의의 동의를 얻어 대법원장이 임명한다(제104조).

2) 헌법재판소

정치적 사법작용인 헌법재판을 위하여 별도로 헌법재판소를 설치한다. 헌법재판소는 법관의 자격을 가진 9인의 재판관으로 구성하며, 재판관은 대통령이 임명하는데, 재판관 중 3인은 국회에서 선출하는 자를, 3인은 대법원장이 지명하는 자를 임명한다. 헌법재판소의 장은 국회의 동의를 얻어 재판관 중에서 대통령이 임명한다(제111조).

2. 평가와 문제점 및 개선방안

(1) 평가

지금까지 살펴본 바와 같이 현행 헌법상의 정부형태도 국민으로부터 직접 선출되고 국회로부터 독립한 대통령을 중심으로 국정이 운영되는 대통령제에 다양한 의원내각제적 요소가 가미된 대통령제중심의 혼합형이라고 할 수 있다. 즉 대통령과 국회의원이 각각 국민의 직접선거로 선출되며, 대통령이 국회에 대하여 정치적 책임을 지지 아니하고, 국회해산권이 없으며, 국회의 대통령과 국무위원에 대한 불신임권이 없는 등 행정부와 입법부간의 조직과 기능 및 활동상의 독립성을 그 바탕으로 하면서도, 정부의 법률안제출권과 국회출석·발언권, 국회의 국무총리와 국무위원에 대한 해임건의권, 국회의원의 국무총리와 국무위원의 겸직허용, 대통령선거 시 최고득표자가 2인 이상인 경우의 국회의 대통령 결선투표제도, 대통령과 행정부로 구성된 정부의 이원적 구조, 대통령의 국법상 행위에 대한 국무총리와 관계국무위원의 부서제도, 국무총리의 국무위원과 행정각부의 장의 임명제청권 등 다양한 의원내각제적 요소를 가미하고 있다.

(2) 문제점과 개선방안

1) 대통령선거제도의 문제점

현행 대통령선거제도는 상대다수대표제인데, 이를 통해 대통령이 획득하는 민주적 정당성의 크기는 대통령이 가지는 막강한 권한과 비교해 볼 때 비례적이지 못하다. 즉 상대다수대표제하에서는 과반수에 미치지 못하는 득표수로 대통령에 선출될 가능성이 있고, 실제로도 대통령직선제가 도입된 이후 과반수에 훨씬 미치지 못하는 득표율로 대통령이 당선된 예가 있다. 이는 막강한 권력을 가지는 대통령에게 요구되는 민주적 정당성의 요청과 조화되기 어렵다. 한편 최고득표자가 2인 이상일 경우 국회에서 결선투표를 하도록 하고 있는데, 이는 대통령직선제의 근본취지에 반하고, 국회를 통한 간접적 민주적 정당성은 대통령의 권한과 지위에 상응하지 못하며, 국회의 정당 내지 정파구도에 따라 사실상 당선자가 정해지게 된다. 따라서 이 제도는 대통령제의 본질과 조화될 수 없는 것으로 체계정당성에 반한다고 보지 않을 수 없다. 결국 절대다수대표제를 바탕으로 한 국민에 의한 결선투표제가 도입되어야 할 것이다.

2) 대통령권한대행의 문제점

현행 대통령제는 부통령제를 두지 않음으로써 대통령이 궐위되거나 사고로 인하여 그 직무를 수행할 수 없게 되는 때에 국무총리나 국무위원으로 하여금 그 권한을 대행하게 하므로 민주적 정당성의 심각한 공백상태를 초래하게 되는 문제점을 지니고 있다. 국무총리가 국회의 동의를 얻어 임명되지만, 국무총리가 국회를 통해 얻게 되는 간접적인 민주적 정당성의 크기는 대통령의 권한을 행사하기에는 부족하다. 또한 대통령의 막강한 헌법상 권한과 정치적 위상을 감안할 때 헌법적·정치적 위상이 그에 미치지 못하는 국무총리가 대통령의 권한을 대행하는 것은 적절치 못하다. 실제로 과거 국무총리가 권한대행으로서 대통령의 궐위로 야기된 국정의 공백과 국가의 위기에 제대로 대처하지 못하여 국정의 파행과 민주주의의 후퇴를 초래한 불행한 경험을 우리는 가지고 있다. 따라서 대통령선거 시 함께 선출되는 부통령을 두어 대통령궐위 시에 그 직을 승계하도록 하는 것이 대통령제의 본질과 민주적 정당성의 요청에 부합되며, 중대한 국정의 파행이나 공백이 발생될 위험을 예방할 수 있을 것이다.

3) 대통령단임제의 문제점

대통령단임제는 독재권력의 장기화를 막는다는 역사적 의미는 있으나, 대통령제의 본질에 부합된다고 볼 수 없어 헌법상 정당화되기 어렵다. 국민이 직선한 대통령이 행정부의 수반이자 국정의 최고책임자의 지위를 가지는 대통령제 정부형태의 경우 국정의 연속성과 대통령의 책임정치를 구현하고 대통령에 대한 국민의 심판권을 보장한다는 면에서 제한된 범위내에서의 중임이 허용되어야 할 것이다.

4) 정부의 이원적 구조와 국무총리의 임명제청권 및 해임건의권의 문제점

현행 헌법은 위에서 언급한 바와 같이 정부를 대통령과 행정부의 이원적 구조로 구성하고 있고, 국무총리에게 행정각부를 통할할 지위를 부여하고 있으며, 국무위원과 행정각부의 장에 대한 임명제청권과 해임건의권을 부여하고 있다. 이러한 정부의 이원적 구조와 국무총리의 지위와 권한은 대통령의 국정운영에 대한 협조기능과 더불어 대통령에 대한 내부적 견제기능을 의미하는 것으로 볼 수 있다. 그러나 다른 한편 국무총리는 어디까지나 대통령에 의하여 임명되고 대통령의 명을 받는 보좌기관에 불과하다는 점에서 이원적 정부구조의 상호 견제기능을 기대하기 어렵고, 또한 국무총리의 임명제청권과 해임건의권이 정치적·법적으로 실효성과 구속력을 가진다고 보기도 어렵다. 결국 정부의 이원적 구조와 국무총리의 임명제청권 및 해임건의권은 국정운영의 최고책임자이자 정부의 수반인 대통령의 지위 및 권한과 조화를 이룰 수 없을 뿐 아니라 대통령이 행정에 관하여 직접 권한과 책임의 귀속주체가 되어야 한다는 대통령제의 본질과도 조화될 수 없다고 본다. 따라서 이처럼 체계정당성에 반하는 이원적 정부구조와 국무총리의 임명제청권 및 해임건의권은 폐지되어야 한다고 생각한다.

5) 국무회의와 부서제도의 문제점

국무회의는 정부에 속하는 중요한 정책을 심의하는 기능을 가지는데, 먼저 단순 자문기능이 아닌 필요적 심의기능을 가지는 국무회의 자체가 대통령제와 조화되기 어려우며, 다른 한편 일종의 행정내부의 통제수단으로서의 기능도 가져야 하는 국무회의가 구속력을 가지는 의결기관이 아니라는 점과, 따라서 대통령이 그 심의내용에 기속되지도 아니한다는 점에서, 국무회의의 위상과 기능이 불분명하고 그 제도적 실효성에 의문이 제기된다. 사실상 대통령의 국정행위의 무책임성을 뒷받침하는 제도로서의 문제점도 가진다. 따라서 국무회의를 단순 자문기관으로 하고 행정권과 국정의 모든 최종적 책임은 대통령이 직접 지는 것으로 해야 할 것이다.

한편 대통령에 대한 국무총리와 관계국무위원의 부서제도 역시 문제를 가지고 있다. 부서제도는 본래 대통령의 국정행위에 대하여 국무총리와 관계국무위원이 책임을 지는 한편, 행정권의 내부적 통제수단으로서의 기능도 가진다고 할 수 있는데, 대통령제하에서, 특히 행정조직내부의 수직성·경직성 때문에 대통령에 대한 적절한 견제장치의 역할을 한다고 보기 어렵다. 아울러 앞서도 언급했듯이 대통령이 직접 권한과 책임의 귀속주체가 되어야 한다는 대통령제의 본질과 체계정당성의 요청에 비추어 부서제도는 대통령제와 조화되는 실효성 있는 제도라고 보기 어렵다.

6) 국회의 국무총리와 국무위원에 대한 해임건의권의 문제점

현행 헌법은 국회에 국무총리와 국무위원에 대한 해임건의권을 인정하고 있는 한편, 대통령의 국회해산권을 폐지하고 있다. 해임건의권에 법적 기속력이 없다면-이는 헌법상의 근거규정이 없더라도 행사될 수 있는 것으로-국회의 대통령에 대한 견제수단으로서의 실효성에 의문이 제기되고, 만일 기속력이 있다면 이에 대응하는 대통령의 국회해산권이 없다는 점에서 균형성을 상실한 것으로도 볼 수 있다. 따라서 이러한 해임건의권은 대통령제의 본질 및 체계정당성과 조화를 이룬다고 보기 어렵다.

7) 감사원제도의 문제점

감사원을 대통령 직속으로 설치하고 있는데, 이는 회계검사와 직무감찰이라는 감사원의기능에 부합되지 않는다. 이는 결국 대통령 및 행정부에 대한 감시와 견제를 약화시킨다. 국회에 소속시키거나 독립한 헌법기관으로 설치해야 할 것이다.

8) 대법관 및 헌법재판관의 임명방식과 임기 등의 문제점

대법관의 임명방식과 임기 및 연임제로 인해 대법원의 민주적 정당성과 독립성 및 정부 등 타 기관에 대한 견제력이 약화될 수 있다. 대법원장과 대법관의 임명을 위한 국회동의를 출석의원 과반수가 아닌 국회재적의원 과반수 내지 2/3 이상의 찬성으로 대통령이 임명하도록 하고, 대법원장과 대법관의 임기를 8년 내지 9년으로 연장하되 대법관의 연임 내지 중임을 금지함으로써, 대법원의 민주적 정당성, 중립성, 독립성, 연속성 및 타 기관에 대한 견제력을 강화할 필요가 있다.

한편 헌법재판소의 경우 재판관은 대통령이 지명하는 3인, 국회에서 선출하는 3인, 대법원장이 지명하는 3인을 - 소장을 제외하고는 - 국회의 동의 없이 대통령이 임명하도록 하고 있다. 이러한 임명방식이 민주적 정당성과 절차적 정당성의 측면에서 문제가 있다는 것은 다언을 요하지 않을 것이다. 특히 대법원장에 의한 재판관 지명은 헌법재판소와 대법원의 위상과 상호 견제의 기능 및 법원의 재판에 대한 헌법소원을 허용할 것에 대비하여 예상되는 헌법재판소의 대법원에 대한 통제기능 등의 측면에서 볼 때 매우 타당하지 못하다. 아울러 현행 제도하에서는 상황에 따라서는 9인중 7-8인의 지명에 대하여 사실상 대통령이 영향력을 행사할 가능성도 배제할 수 없다. 따라서 재판관 9인 모두를 국회에서 선출하되, 각 교섭단체의 의석비율에 따라 추천된 후보자를 국회재적의원 과반수 또는 2/3 이상의 찬성으로 선출하여 대통령이 임명하는 방식이 바람직하다고 생각된다. 그리고 이 경우에도 역시 재판관의 임기를 8년 내지 9년으로 연장하면서 연임 내지 중임을 금지해야 할 것이다. 결국 재판관의 임명방식 등을 이처럼 개선함으로써 헌법재판소의 민주적 정당성, 중립성, 독립성, 연속성 및 타 기관에 대한 견제력을 강화할 필요가 있다. 아울러 현행 헌법상 재판관의 자격을 법관의 자격을 가진 자로 엄격히 제한하고 있는데, 재판부구성원의 이념적 다양성과 전문성의 강화를 위하여 이러한 제한을 완화할 필요가 있다고 생각한다.

제5장 우리 헌법상의 통치기구

제1절 국회

Ⅰ. 국회와 의회주의

우리 헌법상 통치기구로서의 국회는 의회주의를 바탕으로 한다.

1. 의회주의의 의의

의회주의란 직접 국민에 의하여 선출된 합의체의 국민대표기관인 의회가 국가의사결정과 국정운영의 중심기구로 기능해야 한다는 정치원리이다. 즉 오늘날의 통치작용은 간접민주주의를 바탕으로 한 대의제도에 의하여 이루어지기 때문에 민주적 정당성에 바탕을 둔 가장 중추적인 대의기관인 의회가 국정운영의 원동력이 되어야 한다는 원리이다. 따라서 우리 헌법상 대의기관으로서의 국회의 지위, 구성, 조직, 권한, 운영 등에 관한 헌법상의 제도들은 바로 이러한 의회주의에 기초하고 있다.

2. 의회주의의 연혁과 발전

의회주의의 기원을 중세의 등족회의에서 찾는 것이 일반적이다. 등족회의는 중세의 궁정자문회의의 후신으로 당시의 봉건적 신분사회의 귀족·승려·시민계급의 대표들로 구성된 일종의 신분대표회의로서 각각 자신들의 출신계급에서 선출되고 그 출신계급의 이익을 대표하는 군주의 자문기관이라고 할 수 있는데, 이러한 등족회의가 의회주의의 기원이라고 간주되기도 한다.

그러나 근대적 의미의 의회주의가 등장하게 된 것은 의회정치의 모국인 영국에서 1688년의 명예혁명 이후라고 하겠다. 17세기에 접어들면서 왕권과 의회 간의 오래된 갈등이 더욱 심화되었는데, 이러한 갈등은 1688년의 명예혁명을 전환점으로 새로운 국면에 접어들게 된다. 왕권신수설을 주장한 제임스 2세의 퇴위와 1689년의 권리장전으로 인해 군주의 절대권력이 쇠퇴하면서 영국은 전제군주제와 결별하게 되었고 입헌군주제가 시작되었다. 결국 1688년의 명예혁명으로 국왕과 의회의 권력관계를 역전시켜 의회주권이 확립하게 된 전기가 마련되었고, 이를 계기로 영국의 의회주의가 정착하게 되었다고 평가할 수 있을 것이다.

이처럼 영국에서 발전한 의회주의는 근대시민사회의 발전과 더불어 의회제도 내지 대의제도 정착의 원동력이 되었다. 초기의 의회제도는 오늘날과 같이 모든 국민을 대표하는 것이 아니라 일부 계급만을 대표하고, 자유위임이 아닌 명령적 위임에 바탕을 둔 제한된 의회제도의 성격을 가졌으나, 시민사회가 성숙되고 국민주권주의가 정착되면서, 그리고 선거제도와 정당제도 등 다양한 관련 제도의 발전과 더불어 점차 오늘날과 같은 의회제도가 확립되었다고 볼 수 있다. 그리고 이러한 영국에서 유래된 의회주의는 유럽 등 다른 국가에도 영향을 미쳤는데, 예컨대 프랑스의 경우 1789년의 대혁명의 결과 구성된 국민의회가 국가의 정책결정을 담당하는 국민의 대표기관으로서 발전하게 된 것을 비롯해 미국이나 독일 등 다른 국가의 의회제도와 대의제도의 정착에 상당한 영향을 미쳤다고 볼 수 있다.

3. 의회주의의 약화

그러나 이러한 의회주의는 오늘날 점차 약화되어 의회가 더 이상 국정운영의 중심적인 통치기구로서 기능할 수 없도록 하는 현상이 나타나게 되었다. 그 원인은 다양한데, 그 중 대표적인 것은 다음과 같다.

(1) 사회국가적 요청과 행정국가화

현대의 산업사회에 있어서 사회국가의 요청에 따라 국가의 과제는 매우 광범위해지고 전문화되었다. 그런데 이러한 증대하는 전문분야에서의 국가적 정책과 과제를 의회가 수행하기에는 의원의 전문성의 한계와 의회가 갖는 합의체 의사결정기관으로서의 신속성과 효율성의 한계 때문에 어렵게 되었다. 따라서 전문성이 결여되고 신속한 결정력이 떨어지는 의회 보다는 전문적 지식으로 무장하고 수많은 인적 자원으로 구성된 효율적 조직인 행정부가 국정운영의 중심이 되었다. 이러한 행정국가적 현상이 의회주의의 약화를 초래하게 되었다고 볼 수 있다.

(2) 정당제도의 심화

정당제도가 정착되고 정당민주주의가 고도화되면서 정당이 국정운영의 또 다른 중심으로 떠오르게 되었다. 이에 따라 의원들의 정당기속이 심화되고 의원의 독자적인 자유위임적 대의활동이 약화되었다. 따라서 의회와 의원의 자율적인 정책결정이 정당에 의한 정책결정으로 대체되고, 의회의 기능을 정당이 대신하는 현상이 나타나게 되었다. 이에 따라 의회는 정당 내지 정당수뇌부에 의한 정책결정을 추인하는 기관으로 전락하게 되었고, 다른 한편 의회의 행정부 등 다른 국가기관에 대한 견제 내지 통제기능도 정당에 의한 통제로 대체되는 현상이 나타난 것이다. 결국 이처럼 정당국가적 경향이 심화되면서 의회가 국가의 정책결정과 국정운영의 중심이어야 한다는 의회주의가 약화되는 현상이 나타난 것이다.

(3) 선거제도의 성격의 변질

선거제도의 성격이 인물본위의 선택에서 정당 내지 정당지도자에 대한 신임투표의 성격으로 변질되면서 선거에 있어서 의원후보자의 능력이나 전문성 보다는 소속 정당이나 그 정당의 정책강령 또는 정당의 지도자가 중요한 선택의 기준이 되었다. 이에 따라 의원선거가 전문성과 인격을 갖춘 유능한 후보자를 선출하는 것이라기보다는 정당에 충성하는 직업정치인들의 의회진출수단으로 전락하는 경향을 띠게 되었다. 결과적으로 이러한 현상은 의원의 전문성과 수준의 저하를 가져오고, 의원과 국민간의 직접적인 유대를 약화시키는 현상을 초래하게 되었다. 결국 이러한 현상이 의회주의의 약화를 가져오게 된 것이다.

(4) 의회의 운영방식의 문제점

의회의 운영방식과 의사절차에서의 비효율성이 의회주의를 약화시키는 원인이 되었다. 특히 본회의중심주의의 운영방식, 무제한적인 자유토론, 의사진행의 비능률과 이로 인해 결과된 의원들의 회의에 대한 무성의와 무책임성이 의회운영의 효율성을 약화시켰고, 결국 이러한 현상이 의회주의를 약화시키는 원인이 되었다.

4. 의회주의의 약화에 대한 대책

이러한 의회주의의 약화현상에도 불구하고, 의회주의가 지니고 있는 민주주의(민주적 정당성)이념 때문에 의회주의는 현대의 통치질서에서도 결코 포기할 수 없는 기본적인 이념적 바탕일수 밖에 없다. 따라서 오늘날 의회주의의 약화를 극복하는 대책이 강구되고 있는데, 그 대표적인 것은 다음과 같다.

(1) 의원의 전문성 강화

의회의 취약한 전문성을 제고하기 위하여 직능대표제(비례대표제)를 강화하여 직업적인 정치꾼이 아닌 각계각층의 전문가의 의회진출을 촉진시켜야 하고, 또한 이를 뒷받침하는 정당제도와 선거제도의 개혁이 이루어져야 할 것이다. 아울러 다양한 전문가들로 구성된 의회 보조기관을 활성화하여 입법을 비롯한 의원의 의정활동을 보좌하도록 하여야 할 것이다.

(2) 선거제도의 개혁

선거제도의 변질로 인해 야기되는 의회주의의 약화에 대처하기 위하여 의회주의의 활성화를 가능케 하는 선거제도가 마련되어야 한다. 이를 위해 민주적 정당성이 강화되고, 가능한 모든 세력과 계층이 대표되며, 다원적 민주주의가 촉진되는 선거제도가 마련되어야 할 것이다. 예컨대 평등선거의 원칙 등 선거의 기본원칙이 철저히 준수되는 선거제도를 마련하고, 다수대표제의 경우 사표를 양산하고 민주적 정당성의 약화를 초래하는 상대다수대표제 보다는 민주적 정당성을 강화하는 절대다수대표제를 채택하며, 비례대표제를 확대·강화하여 전문성과 능력을 갖춘 후보자의 의회진출가능성을 높이고, 국민들의 지지도에 상응하는 의석배분을 가능케 하기 위하여 병립형 비례대표제가 아닌 연동형 비례대표제를 채택하는 것 등이 그것이다.

(3) 정당의 민주화

정당제도와 정당국가적 경향의 심화에 따른 문제점에 대한 대책으로서는 정당조직의 민주화와 분권화, 정당의사결정의 민주화와 공직후보자추천제도의 민주화(분권화) 등이 거론된다. 이로써 의원의 정당기속이 완화되고, 의원의 자유위임적 대의활동이 강화되며, 의회가 실질적인 정책결정기관으로서 이바지하는데 기여할 수 있을 것이다.

(4) 의회운영의 효율성 제고

의회운영방식의 효율성 제고를 위하여 의회운영을 본회의중심주의에서 상임위원회중심주의로 전환하고, 의안처리의 연속성을 제고하기 위하여 회기불계속의 원칙 대신에 회기계속의 원칙을 채택하며, 의회의 의사일정과 과정을 단축시키는 다양한 제도적 보완을 통해 의회운영방식을 개선해야 할 것이다.

(5) 의회기능의 다양화

의회의 전통적인 기능, 즉 정책결정기능, 입법기능, 재정기능 외에 정치통제 내지 권력통제기능 등을 강화함으로써 의회기능의 다양화를 추진하는 것이다. 특히 의회내의 야당의 지위를 향상시키고 의회의 국정감사 · 국정조사기능을 강화해서 의회를 국정감시와 통제의 중심기관으로 정착시킴으로써 의회주의를 강화할 수 있을 것이다.

Ⅱ. 의회의 구성

의회의 구성은 크게 양원제와 단원제로 나눌 수 있는데, 양원제에도 여러 유형이 있고, 단원제의 구성방법에도 여러 가지가 있을 수 있다. 이들 유형은 각각 특수한 정치상황을 배경으로 탄생된 제도이기 때문에 국가마다 의회의 유형과 구성방법이 다양할 수밖에 없다.

1. 양원제

(1) 의의와 연혁

양원제란 의회를 두 개의 합의체기관으로 조직하는 의회의 구성원리를 말한다. 양원제의 경우 두 개의 독립한 합의체기관이 각각 독립적으로 활동하며, 두 개의 원이 결정한 의사가 일치하는 경우 이를 의회의 의사로 간주한다. 이러한 양원제는 영국 Tudor 시대의 상원(House of Lords, 귀족원)과 하원(House of Commons, 평민원)에 그 기원을 두고 있다고 평가된다.

연혁적으로 양원제는 영국과 같은 입헌군주제에서의 신분계급적 사회구조 또는 미국과 같은 연방국가적 구조에서 유래한다고 볼 수 있다. 왜냐하면 양원제는 입헌군주제의 이원적인 신분사회의 대의에 적합하고(귀족신분과 평민신분 각각의 대표기관구성), 또한 연방국가적 구조의 특성을 반영하는데 적합하기(주의 대표기관과 연방의 대표기관의 구성) 때문이다.

(2) 양원제의 유형과 특성

1) 유형

양원제는 상원의 성격이나 국가의 형태에 따라 여러 가지 유형이 있을 수 있는데, 크게 신분형양원제(영국 등 일부 입헌군주국)와 민주형양원제로 대별된다. 또한 민주형양원제는 연방형양원제(미국), 지역대표형양원제(우리나라 제2공화국, 일본), 직능대표형양원제(아일랜드)로 나눌 수 있다.

2) 특성

양원제의 경우 두 개의 합의체기관은 그 구성 및 선출방법과 대표성 등에 있어서 국가마다 차이가 있다. 예컨대 일반적으로 하원은 국민에 의하여 직선되는 의원들로 구성되는데, 상원은 국민에 의하여 직선되는 경우도 있지만, 간접선거로 선출되는 경우도 많다. 또한 하원은 국민 전체 또는 국가 전체를 대표하는 것이 일반적이지만, 상원은 연방국가의 경우 연방 전체가 아닌 주를 대표하는 등 대표되는 지역과 신분 등에 차이가 있을 수 있다. 또한 두 개의 원이 상호

동등한 권한을 가지는 경우도 있지만, 하원이 우월한 권한을 가지거나 그 반대의 경우도 있다. 하원은 국민에 의하여 직선되고 국민 전체를 대표한다는 점에서 하원이 우월한 권한을 가지는 경우가 일반적이라고 하겠다.

앞서 언급한 바와 같이 양원제는 두 개의 합의체기관이 원칙적으로 상호 독립해서 활동하고, 두 원이 결정한 의사가 일치하는 경우 이를 의회의 의사로 간주한다. 만일 두 원의 상치되는 의사를 조정해서 두 원의 일치된 의사를 결정할 필요가 있는 경우에는 예외적으로 두 원이 합동으로 회의를 하게 된다. 따라서 양원제의 특성은 '조직독립의 원칙', '의결독립의 원칙', '의사일치의 원칙', '동시활동의 원칙'을 들 수 있다.

2. 단원제

(1) 의의

단원제란 의회를 하나의 합의체기관으로 조직하는 의회의 구성원리를 말한다. 양원제에서와는 달리 단원제의회는 국민의 직접선거로 구성되는 것이 일반적이다.

(2) 사상적 배경

단원제는 국민의 의사는 하나로 집약될 수 있고, 따라서 국민을 대표하는 대의기관도 하나이어야 한다는 사상적 배경을 가지고 있다. "양원제의 경우 제2원이 제1원과 같은 결정을 하면 제2원은 무용한 존재이고, 제2원이 제1원과 다른 결정을 하면 제2원은 유해한 존재다."라고 한 프랑스 Sieyès의 주장도 이와 같은 사상적 배경을 가지고 있다고 볼 수 있다. 따라서 이러한 사상을 가진 Sieyès와 Rousseau가 프랑스 혁명기에 단원제 의회를 주장하였고, 이에 따라 1791년 프랑스 제1공화국헌법이 단원제 의회를 채택한 것으로 볼 수 있다.

3. 양원제와 단원제의 장단점

(1) 양원제의 장점(양원제의 장점이자 단원제의 단점으로 일반적으로 거론됨)

1) 의안처리를 신중하게 함으로써 단원제의 경솔함과 급진성을 방지할 수

있다.

2) 의회를 권력분립적으로 구성함으로써 다수의 횡포를 막고, 양원간의 견제와 균형을 도모할 수 있다.

3) 한 원이 정부와 충돌할 경우 다른 원이 중재·완충역할을 할 수 있다.

4) 연방과 주의 각각의 대표성을 가질 수 있어 연방국가적 구조에 적합하다.

5) 지역대표와 기능대표의 도입이 가능해 의회기능의 다양화를 촉진할 수 있다.

(2) 단원제의 장점(단원제의 장점이자 양원제의 단점으로 일반적으로 거론됨)

1) 의안을 신속하게 처리할 수 있다.

2) 의회의 책임소재가 분명하다.

3) 의회의 국정통제기능, 특히 대정부통제력·견제력이 강화된다.

4) 국민의사의 정확한 반영이 가능하다.

5) 국가예산이 절감된다.

(3) 결어

그러나 이러한 양원제와 단원제의 장단점은 제도 본질적 또는 제도 내재적인 특징이라기보다는 일면적인 특성에 불과하기 때문에 실제로 국가마다 그 장단점이 달리 또는 반대로 나타날 수 있다. 따라서 이는 한 국가의 정치문화, 권력분립구조, 의회민주주의의 역사, 국민의 민주적 감각, 통치구조와 헌법질서 등에 따라 상대적인 것이라고 할 수 있다.

Ⅲ. 국회의 헌법상 지위

국회는 국민에 의해서 직접 선출되는 의원들로 구성되는 합의체 국가의사결정기관이다. 이러한 국회의 헌법상 지위는 의회주의의 본질로부터 도출되는데, 이에 따르면 국민의 대표기관, 입법기관, 국정통제기관으로서의 지위를 갖는다고 할 수 있다.

1. 국민의 대표기관

국회는 국민의 대표기관 내지 대의기관으로서의 지위를 가진다. 국민에 의해서 직접 선출되고, 독자적인 양심과 판단에 따라 정책결정을 하며, 그 결과에 대하여 국민에게 책임을 지는 의원들로 구성된 국회는 국민을 대표하는 중추적인 헌법기관이다. 현행 헌법도 국민에 의하여 직접 선출된 의원으로 구성되는 국회를 설치하고(제41조 제1항), 의원에 대한 자유위임과 관련하여 "국회의원은 국가이익을 우선하여 양심에 따라 직무를 행한다."고 규정하는 등(제46조 제2항) 국회의 국민대표기관으로서의 지위를 명백히 하고 있다.

2. 입법기관

국회는 입법기관으로서의 지위를 가진다. 현행 헌법도 "입법권은 국회에 속한다."고 규정함으로써(제40조) 이를 명백히 하고 있다.

그런데 이는 국회가 다른 기관의 참여 없이 단독으로 입법권을 행사한다든지(국회단독입법의 원칙), 또는 오로지 국회만이 입법권을 독점적으로 행사한다(국회독점입법의 원칙)는 의미는 아니다. 따라서 국가마다 차이가 있지만 다른 기관에 의한 의회입법과정에의 관여나 협조가 존재하기 마련이다. 우리의 경우 다른 국가기관의 국회의 입법과정에의 참여로 정부의 법률안제출권(제52조)과 대통령의 법률안공포권(제53조 제1항) 및 법률안거부권(제53조 제2항) 등을 들 수 있다. 또한 대통령의 긴급재정 · 경제명령권과 긴급명령권(제76조), 행정부의 입법권(제75조, 제95조), 대법원의 규칙제정권(제108조), 헌법재판소의 규칙제정권(제113조 제2항), 중앙선거관리위원회의 규칙제정권(제114조 제6항), 지방자치단체의 자치입법권(제117조 제1항) 등 다른 국가기관도 입법권을 행사한다.

결국 국회의 입법기관으로서의 지위는 첫째, 우리 헌법상 국회가 가장 중추적인 입법기관이고, 둘째, 이른바 형식적 의미의 법률을 제정하는 권한은 국회만이 행사할 수 있으며, 셋째, 국민의 기본권의 형성과 행사 및 제한, 그리고 통치권의 조직과 작용에 관한 본질적이고 기본적인 사항은 반드시 국회가 제정하는 형식적 의미의 법률로 정해야 한다는 의미(법률유보의 원칙)로 이해되어야 할 것이다.[1)]

3. 국정통제기관

국회는 국정통제기관으로서의 지위를 가진다. 이는 의회주의의 본질, 즉 의회가 국정의 중심기관이라는 원칙에서 나오는 당연한 지위이다. 즉 국회가 국민의 대표기관으로서 국민을 대신하여 다른 국가기관을 통제하는 권한을 가진다는 것이다. 따라서 국민의 대표기관이자 입법기관으로서의 지위를 가지는 국회는 행정부와 사법부의 국정수행을 감시 · 견제 · 통제함으로써 국가권력행사의 절차적 정당성을 담보한다. 결국 이러한 국회의 국정통제기관으로서의 지위는 의회주의의 요청상 그리고 권력분립주의의 내용인 견제와 균형의 요청상 당연히 인정되는 것이라고 하겠다. 이에 따라 헌법은 국회의 국정감사 · 조사권(제61조), 국무총리 또는 국무위원에 대한 해임건의권(제63조 제1항), 국회의 탄핵소추권(제65조), 대통령의 긴급재정 · 경제처분 및 명령에 대한 승인권(제76조 제3항), 계엄해제요구권(제77조 제5항) 등 국정통제기관으로서의 지위에서 도출되는 다양한 국회의 통제권한에 관한 규정을 두고 있다.

이러한 국정통제기관으로서의 지위는 의회주의의 약화에 대한 보완책으로서 의회기능의 다양화를 위한 수단으로서의 의미를 가지고, 또한 권력분립주의와 국가권력행사의 절차적 정당성의 강화를 위한 수단의 의미도 가진다.

---

1) 같은 견해 허영, 전게서, 948.

헌재 1999. 5. 27. 98헌바70, 판례집 11-1, 633:

오늘날 법률유보원칙은 단순히 행정작용이 법률에 근거를 두기만 하면 충분한 것이 아니라, 국가공동체와 그 구성원에게 기본적이고도 중요한 의미를 갖는 영역, 특히 국민의 기본권실현과 관련된 영역에 있어서는 국민의 대표자인 입법자가 그 본질적 사항에 대해서 스스로 결정하여야 한다는 요구까지 내포하고 있다(의회유보원칙). 그런데 텔레비전방송수신료는 대다수 국민의 재산권 보장의 측면이나 한국방송공사에게 보장된 방송자유의 측면에서 국민의 기본권실현에 관련된 영역에 속하고, 수신료금액의 결정은 납부의무자의 범위 등과 함께 수신료에 관한 본질적인 중요한 사항이므로 국회가 스스로 행하여야 하는 사항에 속하는 것임에도 불구하고 한국방송공사법 제36조 제1항에서 국회의 결정이나 관여를 배제한 채 한국방송공사로 하여금 수신료금액을 결정해서 문화관광부장관의 승인을 얻도록 한 것은 법률유보원칙에 위반된다.

Ⅳ. 국회의 구성과 조직

1. 국회의 구성

국회는 국민의 보통·평등·직접·비밀선거에 의하여 선출되는 임기 4년의 국회의원으로 구성된다(헌법 제41조 제1항, 제42조). 국회의원의 수는 법률로 정하되, 200인 이상으로 하고, 국회의원의 선거구와 비례대표제 기타 선거에 관한 사항은 법률로 정하도록 하고 있다(헌법 제41조 제2항). 국회는 단원제이다.

헌법의 위임에 따라 제정·시행되고 있는 공직선거법에 따르면 국회의원 선거제도는 소선거구 상대다수대표제와 전국을 단위로 하는 정당명부식 비례대표제의 혼합형이고(동법 제20조 제1항, 제21조 제2항), 1인 2표제이며(동법 제146조 제2항), 비례대표의 의석배분에 있어서는 지역구 5석 이상 또는 정당득표율 3% 이상의 봉쇄조항이 적용되고, 지역구선거와 비례대표선거의 결합방식은 준연동형이다(동법 제189조). 현재 의원정수는 지역구의원 253석, 비례대표의원 47석으로 총 300석이다(동법 제21조 제1항).

국회의원선거권은 선거일 현재 만18세가 된 모든 국민에게 특별한 결격사유(동법 제18조 참조)가 없는 한 부여되는데, 지역구국회의원의 선거권은 선거인명부작성기준일 현재 해당 국회의원지역선거구 안에 주민등록이 되어 있는 사람, 그리고 주민등록표에 3개월 이상 계속하여 올라 있고 해당 국회의원지역선거구 안에 주민등록이 되어 있는 재외국민은 선거권을 가진다(동법 제15조 제1항, 제17조). 선거일 현재 25세 이상의 국민으로서 일정한 결격사유(동법 제19조 참조)가 없으면 국회의원의 피선거권이 있다(동법 제16조 제2항, 제17조).

2. 국회의 조직

국회는 다수의 의원들로 구성된 합의체기관이기 때문에 국가기관으로서 제대로 기능하기 위해서는 합리적이고 효율적인 조직과 운영이 필수적이다. 이를 위해 국회를 대표하는 기관으로서 의장과 부의장을 두고, 국회운영의 효율성을 높이기 위하여 다양한 위원회와 교섭단체를 설치하며, 국회사무처, 국회도서관,

국회예산정책처, 국회입법조사처 등을 설치하여 국회의 사무를 처리하고 국회의원의 의정활동을 지원하도록 하고 있다.

(1) 국회의장과 부의장

국회의 기관으로는 의장 1인과 부의장 2인이 있다(헌법 제48조).

1) 선거와 임기

의장과 부의장은 국회에서 무기명투표로 선거하고 재적의원 과반수의 득표로 당선된다. 재적의원 과반수의 득표자가 없는 경우에는 2차투표를 하고, 2차투표에서도 당선자가 없을 때에는 최고득표자가 1인이면 최고득표자와 차점자에 대하여, 최고득표자가 2인 이상이면 최고득표자에 대하여 결선투표를 하되, 재적의원과반수의 출석과 출석의원 다수득표자를 당선자로 한다(국회법 제15조). 의장 또는 부의장이 궐위된 때나 의장과 부의장이 모두 궐위된 때에는 지체 없이 보궐선거를 실시한다(동법 제16조).

의장과 부의장의 임기는 2년이다. 다만 국회의원 총선거 후 처음 선출된 의장과 부의장의 임기는 그 선출된 날부터 개시하여 의원의 임기 개시 후 2년이 되는 날까지로 한다. 보궐선거로 당선된 의장 또는 부의장의 임기는 전임자 임기의 남은 기간으로 한다(동법 제9조).

2) 권한과 직무대리

의장은 국회를 대표하고 의사를 정리하며, 질서를 유지하고 사무를 감독한다(동법 제10조). 또한 이 지위에 상응하는 다양한 권한이 주어진다. 정기회 및 임시회집회공고권(동법 제4조, 제5조), 의사일정의 작성 · 변경권(동법 제76조 이하), 의안의 상임위원회 회부권(동법 제81조), 의안의 정부이송권 및 확정된 법률의 대리공포권(동법 제98조), 의원발언의 허가권(제99조), 국회질서유지를 위한 경호권(제143조) 등이 그것이다.

의장이 사고가 있을 때에는 의장이 지정하는 부의장이 그 직무를 대리한다. 의장이 심신상실 등 부득이한 사유로 의사표시를 할 수 없게 되어 직무대리자를 지정할 수 없을 때에는 소속 의원 수가 많은 교섭단체 소속 부의장의 순으로 의장의 직무를 대행한다(동법 제12조).

3) 사임 및 겸직제한

의장과 부의장은 국회의 동의를 받아 그 직을 사임할 수 있다(동법 제19조). 의장과 부의장은 특별히 법률로 정한 경우를 제외하고는 의원 외의 직을 겸할 수 없다. 다른 직을 겸한 의원이 의장이나 부의장으로 당선된 때에는 당선된 날에 그 직에서 해직된 것으로 본다(동법 제20조). 따라서 다른 의원과는 달리 국무위원의 직을 겸할 수 없다. 의장은 그 직에 있는 동안은 당적을 가질 수 없다. 국회를 대표하는 의장의 지위에 비추어 정파를 초월하는 직무수행을 위한 것이라고 하겠다. 다만 국회의원 총선거에서 공직선거법 제47조에 따른 정당추천후보자로 추천을 받으려는 경우에는 의원 임기만료일 90일 전부터 당적을 가질 수 있다. 당적을 이탈한 의장의 임기가 만료된 때에는 당적을 이탈할 당시의 소속 정당으로 복귀한다(동법 제20조의2).

(2) 위원회

우리 헌법에는 국회의 위원회에 관한 규정이 없지만, 국회의 의안처리의 효율성 제고를 위하여 국회법에서 위원회에 관한 상세한 규정을 두고 있다.

1) 위원회의 의의와 기능

가. 의의

국회의 위원회는 국회 본회의의 의안심의를 효율적으로 진행하도록 하기 위하여 의안의 본회의상정에 앞서 의안을 예비적으로 심사·검토하고, 의안의 본회의상정 여부를 결정하는 전문적 지식을 가진 소수의 의원들로 구성된 합의체 기관이다. 국회운영에 있어서 '상임위원회중심주의'와 '본회의결정주의'가 확립된 오늘날 위원회는 국회운영의 실질적 기능을 담당하고 있다고 할 수 있다.

나. 기능

오늘날 사회국가적 요청과 행정국가화 현상에 따라 국가의 과제가 매우 광범위해지고 전문화되었기 때문에 필연적으로 국회에서 심의해야할 의안도 양적으로 증대했을 뿐 아니라 매우 전문화되었다. 그런데 이처럼 광범위하고 전문적인 수많은 의안을 본회의에서 신속하고 효율적으로 처리하는 것은 불가능하기 때문에 국회의안처리의 효율성과 신속성을 증대시키기 위하여 도입된 제도가 바로 위원회제도라고 할 수 있다. 따라서 위원회제도는 국회의안처리의 효율성과 전문성을 증대시키고, 국회의 기능을 활성화시키는 기능을 가지며, 이를 통해 결과적으로 의회주의의 약화를 극복하는 기능도 가진다.

그러나 다른 한편 위원회제도는 다음과 같은 문제점도 가지고 있다. 첫째, 의사진행에 대한 당리당략적인 방해를 용이하게 하여 오히려 의안의 효율적이고 신속한 처리를 어렵게 할 수 있다. 둘째, 의안에 따라서는 의안심의과정에 처음부터 전문성을 초월한 다수의 국회의원들의 참여가 필요한 경우가 있는데, 이러한 참여가능성을 위원회제도가 봉쇄하는 효과를 가져올 수 있다. 셋째, 행정부 등 국가기관이나 사회압력단체들의 로비활동을 용이하게 하여 의안처리의 객관성과 공정성을 저해할 위험이 있다.

2) 위원회의 종류

국회법(第35조)상 위원회에는 상임위원회와 특별위원회가 있다. 후자는 심의안건이 특별한 사안에 한정되고, 원칙적으로 한시적인 위원회이다.

가. 상임위원회

상임위원회는 그 소관에 속하는 의안과 청원 등의 심사, 그 밖에 법률에서 정하는 직무를 수행하는 상설적 위원회이다(국회법 第36조). 위원회는 그 소관에 속하는 사항에 관하여 법률안과 그 밖의 의안을 제출할 수 있다(동법 第51조). 상임위원회의 종류와 소관 사항은 국회법 제37조가 정하고 있는데, 이에 따르면 현재 국회운영위원회, 법제사법위원회, 정무위원회, 기획재정위원회, 교육위원회, 과학기술정보방송통신위원회, 외교통일위원회, 국방위원회, 행정안전위원회, 문화체육관광위원회, 농림축산식품해양수산위원회, 산업통상자원중소벤처기업위원회, 보건복지위원회, 환경노동위원회, 국토교통위원회, 정보위원회, 여성가족위원회 등 17개의 상임위원회가 있다. 의원은 둘 이상의 상임위원회의 위원이 될 수 있다. 각 교섭단체 대표의원은 국회운영위원회의 위원이 된다. 의장은 상임위원이 될 수 없다. 국무총리 또는 국무위원의 직을 겸한 의원은 상임위원을 사임할 수 있다(동법 第39조).

상임위원회의 위원 정수는 국회규칙으로 정하는데, 다만 정보위원회의 위원 정수는 12인으로 한다(동법 第38조). 상임위원의 임기는 2년이다. 다만 국회의원

총선거 후 처음 선임된 위원의 임기는 선임된 날부터 개시하여 의원의 임기 개시 후 2년이 되는 날까지로 한다. 보임되거나 개선된 상임위원의 임기는 전임자 임기의 남은 기간으로 한다(동법 제40조). 상임위원은 교섭단체 소속의원수의 비율에 따라 각 교섭단체대표의원의 요청으로 의장이 선임하거나 개선하며, 2년간 재임한다(동법 제48조). 상임위원회에는 임기 2년의 위원장 1인을 두는데, 상임위원장은 당해 상임위원 중에서 국회본회의에서 선거하며, 재적의원 과반수의 출석과 출석의원 다수의 득표자를 당선자로 한다(동법 제41조, 제17조). 위원장은 위원회를 대표하고 의사를 정리하며, 질서를 유지하고 사무를 감독한다. 위원장은 위원회의 의사일정과 개회일시를 간사와 협의하여 정한다(동법 제49조). 상임위원회에는 각 교섭단체별로 간사 1인을 두는데, 간사는 위원회에서 호선한다(동법 제50조).

나. 특별위원회

특별위원회는 일반적으로 둘 이상의 상임위원회와 관련된 안건이거나 특히 필요하다고 인정한 안건을 효율적으로 심사하기 위하여 본회의의 의결로 국회가 설치하는 위원회이다. 특별위원회를 구성할 때에는 그 활동기간을 정하여야 하며, 본회의 의결로 그 기간을 연장할 수 있다. 특별위원회는 활동기한의 종료시까지 존속한다(동법 제44조).

그런데 국회법은 이러한 일반특별위원회와는 별도로 특별히 한정된 안건을 심의하기 위한 특별위원회를 규정하고 있다. 예산결산특별위원회, 윤리특별위원회, 인사청문특별위원회가 그것이다. 예산결산특별위원회는 예산안, 기금운용계획안 및 결산을 심사하기 위하여 설치된 상설위원회로서 위원 수는 50명으로 한다. 예산결산특별위원회 위원의 임기는 1년이다. 다만 국회의원 총선거 후 처음 선임된 위원의 임기는 선임된 날부터 개시하여 의원의 임기 개시 후 1년이 되는 날까지로 하며, 보임되거나 개선된 위원의 임기는 전임자 임기의 남은 기간으로 한다(제45조). 윤리특별위원회는 의원의 자격심사·징계에 관한 사항을 심사하기 위하여 설치된 위원회이고(제46조), 인사청문특별위원회는 그 임명에 국회의 동의가 필요한 공직자나 국회에서 선출하는 공직자에 대한 임명동의안 또는 의장이 각 교섭단체 대표의원과 협의하여 제출한 선출안 등을 심사하기 위하여 설치된 위원회(제46조의3)로서 모두 비상설위원회이다.

특별위원회의 위원도 상임위원회의 위원의 경우에서처럼 교섭단체 소속 의원 수의 비율에 따라 각 교섭단체 대표의원의 요청으로 의장이 상임위원 중에서 선임하고, 어느 교섭단체에도 속하지 아니하는 의원의 위원 선임은 의장이 한다(동법 제48조 제4항). 다만 예산결산특별위원회의 위원은 교섭단체 소속 의원 수의 비율과 상임위원회의 위원 수의 비율에 의하여 각 교섭단체대표의원의 요청으로 의장이 선임한다(동법 제45조 제2항). 예산결산특별위원회의 위원장은 예산결산특별위원회의 위원 중에서 임시의장선거의 예에 준하여 본회의에서 선거한다(동법 제45조 제4항). 기타의 특별위원회의 위원장은 위원회에서 호선한다(동법 제47조).

다. 전원위원회

전원위원회는 국회의원 전원으로 구성되는 합의체기관으로서 본회의의 예비적 심사를 담당하는 위원회이다. 이는 특별안건에 대한 본회의 상정 전에 의원 모두가 참여하는 심도 있는 심의과정을 거침으로써 본회의의 안건심의가 형식화하거나 졸속으로 진행되는 것을 보완하기 위하여 마련된 제도라고 하겠다. 이에 따라 국회는 위원회의 심사를 거치거나 위원회가 제안한 의안 중 정부조직에 관한 법률안, 조세 또는 국민에게 부담을 주는 법률안 등 주요 의안의 본회의 상정 전이나 본회의 상정 후에 재적의원 4분의 1 이상이 요구할 때에는 그 심사를 위하여 전원위원회를 개회할 수 있다. 다만 의장은 주요 의안의 심의 등 필요하다고 인정하는 경우 각 교섭단체 대표의원의 동의를 받아 전원위원회를 개회하지 아니할 수 있다. 전원위원회는 안건을 심사하여 의안에 대한 수정안을 제출할 수 있다. 이 경우 해당 수정안은 전원위원장이 제안자가 된다. 전원위원회에 위원장 1명을 두되, 의장이 지명하는 부의장으로 한다. 전원위원회는 재적위원 5분의 1 이상의 출석으로 개회하고, 일반의결정족수가 아닌 재적위원 4분의 1 이상의 출석과 출석위원 과반수의 찬성으로 의결한다(동법 제63조의2).

라. 소위원회

소위원회는 위원회의 안건심의의 집중과 심도를 높이고, 심사의 효율성을 제고하기 위하여 위원회에 설치한 소수의 위원들로 구성된 기구이다. 위원회는 소관 사항을 분담·심사하기 위하여 상설소위원회를 둘 수 있고, 필요한 경우 특정한 안건의 심사를 위하여 소위원회를 둘 수 있다. 상임위원회는 소관 법률안의 심사를 분담하는 둘 이상의 소위원회를 둘 수 있다. 예산결산특별위원회는 소위원회 외에 심사를 위하여 필요한 경우에는 이를 여러 개의 분과위원회로 나눌 수 있다. 소위원회의 위원장은 위원회에서 소위원회의 위원 중에서 선출하고 이를 본회의에 보고하며, 소위원회의 위원장이 사고가 있을 때에는 소위원회의 위원장이 소위원회의 위원 중에서 지정하는 위원이 그 직무를 대리한다. 소위원회의 활동은 위원회가 의결로 정하는 범위에 한정한다. 소위원회의 회의는 공개한다. 다만 소위원회의 의결로 공개하지 아니할 수 있다(동법 제57조).

마. 안건조정위원회

안건조정위원회는 위원회가 이견을 조정할 필요가 있는 안건(예산안, 기금운용계획안, 임대형 민자사업 한도액안 및 체계·자구 심사를 위하여 법제사법위원회에 회부된 법률안은 제외한다)을 심사하기 위하여 재적위원 3분의 1 이상의 요구로 구성하는 기구이다. 조정위원회의 활동기한은 그 구성일부터 90일로 한다. 다만 위원장은 조정위원회를 구성할 때 간사와 합의하여 90일을 넘지 아니하는 범위에서 활동기한을 따로 정할 수 있다. 조정위원회는 조정위원회의 위원장 1명을 포함한 6명의 조정위원회의 위원으로 구성한다. 이 경우에 소속 의원 수가 가장 많은 교섭단체에 속하는 조정위원의 수와 이 교섭단체에 속하지 아니하는 조정위원의 수를 같게 한다. 조정위원은 위원장이 소속 위원 중에서 간사와 협의하여 선임하고, 조정위원장은 조정위원회가 소속 의원 수가 가장 많은 교섭단체 소속 조정위원 중에서 선출하여 위원장이 의장에게 보고한다. 조정위원회는 회부된 안건에 대한 조정안을 재적 조정위원 3분의 2 이상의 찬성으로 의결한다. 이 경우 조정위원장은 의결된 조정안을 지체 없이 위원회에 보고한다. 조정위원회에서 조정안이 의결된 안건에 대해서는 소위원회의 심사를 거친 것으로 보며, 위원회는 조정위원회의 조정안이 의결된 날부터 30일 이내에 그 안건을 표결한다. 조정위원회의 활동기한까지 안건이 조정되지 아니하거나 조정안이 부결된 경우에는 조정위원장은 심사경과를 위원회에 보고하여야 한다. 이 경우 위원장은 해당 안건(소위원회의 심사를 마친 안건은 제외한다)을 소위원회에 회부한다. 국회법 제85조의2 제2항에 따른 신속처리대상안건을 심사하는 조정위원회는 그 안건이 같은 법제사법위원회에 회부되거나 바로 본회의에 부의된 것으로 보는 경우에는 활동기한이 남았더라도 그 활동을 종료한다(동법 제57조의2).

바. 연석회의

연석회의는 위원회 상호간의 의견조정을 위하여 위원회간의 협의로 여는 회의이다. 소관 위원회는 다른 위원회와 협의하여 연석회의를 열고 의견을 교환할 수 있다. 다만 표결은 할 수 없다. 연석회의를 열려는 위원회는 위원장이 부의할 안건명과 이유를 서면에 적어 다른 위원회의 위원장에게 요구하여야 한다. 연석회의는 안건의 소관 위원회의 회의로 한다. 세입예산안과 관련 있는 법안을 회부받은 위원회는 예산결산특별위원회 위원장의 요청이 있을 때에는 연석회의를 열어야 한다(동법 제63조 제1항).

3) 위원회의 운영

위원회의 운영은 위원장의 주도하에 이루어지며, 위원장은 위원회의 의사일정과 개회일시를 간사와 협의하여 정한다(동법 제49조). 이 경우 위원장(소위원회의 위원장을 포함한다)은 예측 가능한 국회운영을 위하여 특별한 사정이 없으면 위원회 개회일시는 매주 월요일·화요일 오후 2시, 소위원회 개회일시는 매주 수요일·목요일 오전 10시를 기준으로 의사일정 및 개회일시를 정한다. 위원회는 본회의의 의결이 있을 때, 의장 또는 위원장이 필요하다고 인정할 때, 재적위원 1/4 이상의 요구가 있을 때 개회한다(동법 제52조). 국회가 폐회중인 경우 상임위원회(소위원회를 포함한다)는 3월·5월의 세 번째 월요일부터 한 주간 정례적으로 개회한다. 다만 국회운영위원회에 대해서는 이를 적용하지 아니하고, 정보위원회는 3월·5월에 월 1회 이상 개회한다. 정례회의는 해당 상임위원회에 계류 중인 법률안 및 청원, 그 밖의 안건과 주요 현안 등을 심사한다(동법 제53조).

위원회는 재적위원 1/5 이상의 출석으로 개회하고, 재적위원 과반수의 출석과 출석위원 과반수의 찬성으로 의결한다(동법 제54조). 위원회는 안건을 심사할 때 먼저 그 취지의 설명과 전문위원의 검토보고를 듣고 대체토론과 축조심사 및 찬반토론을 거쳐 표결한다. 상임위원회는 안건을 심사할 때 소위원회에 회부하여 이를 심사·보고하도록 한다. 위원회는 대체토론이 끝난 후에만 안건을 소위원회에 회부할 수 있다. 축조심사는 위원회의 의결로 생략할 수 있지만 제정법률안과 전부개정법률안에 대해서는 생략할 수 없다. 또한 제정법률안과 전부개정법률안에 대해서는 공청회 또는 청문회를 개최하여야 하지만 위원회의 의결로 생략할 수 있다(동법 제58조).

한편 헌법재판소는 종국결정이 법률의 제정 또는 개정과 관련이 있으면 그 결정서 등본을 국회로 송부하여야 하고, 의장은 송부된 결정서 등본을 해당 법률의 소관 위원회와 관련위원회에 송부하여야 하며, 위원장은 송부된 종국결정을 검토하여 소관 법률의 제정 또는 개정이 필요하다고 판단하는 경우 소위원회에 회부하여 이를 심사하도록 해야 한다(동법 제58조의 2).

위원회는 의안(예산안, 기금운용계획안 및 임대형 민자사업 한도액안은 제외한다)이 위원회에 회부된 날부터 일정한 기간(일부개정법률안의 경우 15일, 제정법률안, 전부개정법률안 및 폐지법률안의 경우 20일, 체계 · 자구 심사를 위하여 법제사법위원회에 회부된 법률안의 경우 5일, 법률안 외의 의안의 경우 20일)이 지나지 아니하였을 때에는 그 의안을 상정할 수 없다. 다만 긴급하고 불가피한 사유로 위원회의 의결이 있는 경우에는 예외로 한다(동법 제59조). 그런데 위원회에 회부되어 상정되지 아니한 의안(예산안, 기금운용계획안 및 임대형 민자사업 한도액안은 제외한다) 및 청원은 위 제59조에서 정한 기간이 지난 후 30일이 지난 날(청원의 경우에는 위원회에 회부된 후 30일이 지난 날) 이후 처음으로 개회하는 위원회에 상정된 것으로 본다. 다만 위원장이 간사와 합의하는 경우에는 예외로 한다(동법 제59조의2).

위원회(소위원회를 포함한다)는 중요한 안건 또는 전문지식이 필요한 안건을 심사하기 위하여 그 의결 또는 재적위원 3분의 1 이상의 요구로 공청회를 열고 이해관계자 또는 학식 · 경험이 있는 사람 등으로부터 의견을 들을 수 있다(동법 제64조). 또한 위원회(소위원회를 포함한다)는 중요한 안건의 심사와 국정감사 및 국정조사에 필요한 경우 증인 · 감정인 · 참고인으로부터 증언 · 진술을 청취하고 증거를 채택하기 위하여 위원회 의결로 청문회를 열 수 있다(동법 제65조). 한편 상임위원회는 다른 법률에 따라 공직후보자에 대한 인사청문 요청이 있는 경우 인사청문을 실시하기 위하여 각각 인사청문회를 연다. 이러한 공직후보자에는 첫째, 대통령이 임명하는 헌법재판소 재판관, 중앙선거관리위원회 위원, 국무위원, 방송통신위원회 위원장, 국가정보원장, 공정거래위원회 위원장, 금융위원회 위원장, 국가인권위원회 위원장, 국세청장, 검찰총장, 경찰청장, 합동참모의장, 한국은행 총재, 특별감찰관 또는 한국방송공사 사장의 후보자, 둘째, 대통령당선인이 지명하는 국무위원 후보자, 셋째, 대법원장이 지명하는 헌법재판소 재판관 또는 중앙선거관리위원회 위원의 후보자가 해당된다. 다만 헌법재판소 재판관 후보자가 헌법재판소장 후보자를 겸하는 경우에는 인사청문특별위원회의 인사청문회를 연다(동법 제65조의2).

위원회는 안건 심사를 마쳤을 때에는 심사 경과 및 결과, 그 밖에 필요한 사항을 서면으로 의장에게 보고하여야 한다(동법 제66조). 위원장은 소관 위원회에서 심사를 마친 안건이 본회의에서 의제가 되었을 때에는 위원회의 심사 경과 및 결과와 소수의견 및 관련위원회의 의견 등 필요한 사항을 본회의에 보고한다(동법 제67조).

(3) 교섭단체

1) 의의

교섭단체는 원칙적으로 동일 정당소속의원들로 구성되는 원내단체이다. 교섭단체는 여러 정당소속의원들로 구성된 합의체기관인 국회의 원활한 운영을 위한 것이다. 따라서 교섭단체는 정당소속의원들의 정치적 의사를 수렴하여 원내행동통일을 기하고, 이로써 정당의 정책을 의안심의과정에서 최대한 효과적으로 반영시키기 위한 수단이다. 그러나 다른 한편 오늘날의 정당제도하에서 의원의 정당기속을 강화하는 수단이기도 하다. 그 점에서 교섭단체제도가 대의제도의 본질인 의원에 대한 정책결정권의 자유위임제도와 갈등을 일으킬 수 있다는 점을 부인할 수 없다. 따라서 교섭단체에 의한 정당기속의 한계를 적절히 설정해야 하고, 또한 이러한 문제점을 보완하기 위하여 정당내부의 민주화와 교섭단체내부의 민주화가 뒷받침되어야 하며, 이른바 교차투표의 활성화도 보장되어야 할 것이다.

2) 구성

국회에 20인 이상의 소속의원을 가진 정당은 하나의 교섭단체가 된다. 그러나 다른 교섭단체에 속하지 아니하는 20인 이상의 의원으로 따로 교섭단체를 구성할 수 있다(동법 제33조 제1항). 따라서 각기 상이한 여러 정당의 소속의원들로 하나의 교섭단체를 구성할 수도 있다. 교섭단체에는 대표의원(원내대표)을 두고 대표의원이 소집하는 의원총회가 있다. 교섭단체 대표의원은 그 단체의 소속의원이 연서·날인한 명부를 의장에게 제출하여야 하며, 그 소속 의원에 이동이 있거나 소속 정당의 변경이 있을 때에는 그 사실을 지체 없이 의장에게 보고하여야 한다(동법 제33조 제2항). 교섭단체 소속 의원의 입법 활동을 보좌하기 위하여 교섭단체에 정책연구위원을 둔다.[1] 정책연구위원은 해당 교섭단체 대표의원의 제청에 따라 의장이 임면한다(동법 제34조).

3) 문제점

이러한 교섭단체제도, 특히 교섭단체구성의 요건에 대하여 과거부터 많은 문제제기가 있어 왔다. 즉 20인 이상이라는 교섭단체구성의 기준이 너무 높고, 또한 교섭단체에게 주어지는 특권이 너무 크다는 것이 그것이다. 교섭단체가 되면 그렇지 못한 정당에 비하여 엄청난 혜택이 주어진다. 예컨대 교섭단체가 되면 우선 교섭단체가 아닌 정당과는 비교할 수 없는 상당한 국고보조금이 지급된다. 또한 앞서 언급한 바와 같이 교섭단체에게만 그 소속 의원의 입법 활동을 보좌하기 위하여 정책연구위원을 배정한다. 여기에 더하여 상당한 액수의 입법지원비까지 받게 된다. 그밖에 교섭단체는 국회운영 및 의정활동에 있어서 비교섭단체소속 국회의원 내지 정당과는 비교할 수 없는 다양한 권한을 가진다. 따라서

---

1) 헌재 2008. 3. 27. 2004헌마654, 판례집 20-1상, 375, 376-377:
국회의 역할 중 가장 중요한 것은 국민의 요구와 기대를 수렴하여 입법화하는 일이다. 그런데 국민의 의사를 수렴하여 정책을 수립하고 이를 법률안으로 구체화하는 일은 국회의원 개개인보다 그들의 결사체인 정당 등 교섭단체가 하는 것이 더 적절하고 효율적일 것이다. 나아가 원내에서도 법률안을 발의하는 데에는 의원 10인 이상의 찬성이 있어야 하는 점, 이를 심의하기 위한 의사일정에 관하여 교섭단체 간의 타협과 조정이 필요한 점, 법률안 심의는 주로 본회의가 아닌 소관 상임위원회 중심으로 이루어지는데 상임위원회 수가 17개에 달하는 점, 법안이 의결되기 위하여는 재적의원 과반수의 출석과 출석의원 과반수의 찬성을 필요로 하는 점 등을 고려하여 볼 때, 일정수 이상의 소속의원을 가진 교섭단체가 입법활동을 주도할 가능성이 높다. 이러한 상황에서 국회 입법활동의 활성화와 효율화를 이루기 위하여는 우선적으로 교섭단체의 전문성을 제고시켜야 하며, 교섭단체가 필요로 하는 전문인력을 공무원 신분인 정책연구위원으로 임용하여 그 소속의원들의 입법활동을 보좌하도록 할 필요성이 발생하므로 교섭단체에 한하여 정책연구위원을 배정하는 것은 입법재량의 범위 내로서 그 차별에 합리적인 이유가 있다 할 것이다.
[재판관 김종대, 재판관 송두환의 반대의견(위헌의견)]
인간의 존엄성과 자유로운 인격의 발현을 최고의 가치로 삼는 우리 헌법질서에서 소수에 대한 배려가 전혀 없다면, 다수에 의해 압도당한 소수는 영원히 소수로 머무를 수밖에 없으며, 이 경우 다양한 견해가 공존하는 다원주의 사회로의 발전은 결코 이루어질 수 없을 것이다. 소수정당의 보호는 이러한 맥락에서 중요성을 갖는다고 할 것인데, 소수정당을 지지하는 국민들의 의사도 입법으로써 반영될 수 있어야 할 것이고, 그러기 위하여는 입법활동을 보좌하는 전문인력인 정책연구위원을 소수정당에게 배정하는 것이 필요하다. 그러나 국회법 제34조 제1항은 정책연구위원의 배정에 있어서 오로지 교섭단체의 구성 여부만을 유일한 기준으로 삼아 의원 20인 이상을 확보하지 못한 정당에게는 정책연구위원을 전혀 배정하지 아니하도록 규정함으로써 소수정당을 합리적 이유 없이 차별하고 있다.

원내교섭단체가 되는가의 여부는 의정활동에 있어서 엄청난 차이를 야기한다.

그런데 이러한 특혜도 문제지만 교섭단체의 성립요건이 지나치게 높다. 즉 20명의 기준이 우리의 국회의석분포나 정당풍토에 비추어 그리고 소수보호를 내용으로 하는 다원적 민주주의의 실현이라는 측면에서 너무 높다는 것이다. 따라서 이러한 교섭단체제도가 결과적으로 정당간의 실질적 기회균등을 저해하고 소수정당에게 지나치게 불리한 결과를 초래하는 것이다.

따라서 20명의 요건을 낮출 필요가 있는데, 원내교섭단체제도의 기능과 장점을 살리면서 정당간의 실질적 기회균등과 소수보호도 실현하기 위한 규범조화적인 기준선은 대략 10명이 되어야 할 것으로 본다. 이는 연동형 비례대표제의 도입과 이에 따른 다당제 민주주의의 확립, 그리고 우리의 정당풍토와 그동안의 국회의 정당별 의석분포를 고려하는 한편, 현재 법률안을 비롯한 일반 의안의 발의요건이 의원 10인 이상의 찬성을 요한다는 사실을 감안한 것이다(국회법 제79조 제1항). 이러한 법률안제출에 필요한 현행의 10인 이상의 찬성요건은 원내교섭단체규모의 수적 제한을 요구했던 과거의 20인 이상의 찬성요건 보다 줄어든 것이다. 이는 한편에서는 법률안제안을 용이하게 하고자 하는 취지에서 나온 개정이라고 할 수 있지만, 다른 한편 여전히 일정 크기의 원내세력에게만 법률안제출권을 부여함으로써 법률안제출의 남발을 막고자 하는 측면도 있다. 따라서 원내교섭단체의 요건도 이에 비례하여 10인으로 낮추어야 할 정당한 이유가 존재하는 것이다.

(4) 국회의 보조기관

국회의 의정활동을 뒷받침하는 보조기관으로 국회사무처, 국회도서관, 국회예산정책처, 국회입법조사처를 설치한다. 국회사무처는 국회의 입법 · 예산결산심사 등의 활동을 지원하고 행정사무를 처리하는데, 사무총장 1명과 필요한 공무원을 둔다. 사무총장은 의장이 각 교섭단체대표의원과의 협의를 거쳐 본회의의 승인을 얻어 임면한다(동법 제21조). 국회도서관은 국회의 도서 및 입법자료에 관한 업무를 처리하는데, 도서관장 1명과 필요한 공무원을 둔다. 도서관장은 의장이 국회운영위원회의 동의를 얻어 임면한다(동법 제22조). 국회예산정책처는 국가의 예산결산 · 기금 및 재정운용과 관련된 사항에 관하여 연구 · 분석하고 의정활동을 지원하는데, 처장 1명과 필요한 공무원을 둔다. 처장은 의장이 국회운영위원회의 동의를 얻어 임면한다(동법 제22조의2). 국회입법조사처는 입법 및 정책관련 사항을 조사·연구하고 관련정보 및 자료를 제공하는 등 입법정보서비스와 관련된 의정활동을 지원하는데, 처장 1명과 필요한 공무원을 둔다. 처장은 의장이 국회운영위원회의 동의를 얻어 임면한다(동법 제22조의3).

V. 국회의 운영과 의사원칙

국회의 운영과 의사원칙에 관해서는 헌법과 국회법 및 국회규칙 등에서 자세히 규정하고 있다.

1. 국회의 운영

국회는 회기, 정기회와 임시회, 회계연도 등에 따라 운영된다.

(1) 입법기와 회기

입법기는 국회의원총선거에 의하여 구성된 국회의원의 임기개시 후 임기만료일까지의 기간을 말하는 것으로 의회기라고도 한다. 회기는 입법기 내에서 국회가 실제로 활동하는 기간을 말한다. 즉 국회가 의안처리 등 의정활동을 위하여 집회한 날로부터 폐회일까지의 국회활동기간을 말한다. 국회는 다른 기관과는 달리 상설기관이 아니고 회기라고 하는 일정한 기간에만 활동한다. 국회의 회기는 의결로 정하되, 의결로 연장할 수 있다. 국회의 회기는 집회 후 즉시 정하여야 한다(동법 제7조). 국회는 의결로 기간을 정하여 휴회할 수 있다. 그러나 국회는 휴회 중이라도 대통령의 요구가 있을 때, 의장이 긴급한 필요가 있다고 인정할 때 또는 재적의원 4분의 1 이상의 요구가 있을 때에는 국회의 회의를 재개한다(동법 제8조).

(2) 정기회와 임시회

1) 정기회

정기회란 국회가 매년 1회 정기적으로 집회하는 회의를 말한다. 우리 국회는 매년 9월 1일(그 날이 공휴일인 때에는 그 다음날)에 정기회를 집회해서 최장 100일 동안 활동한다(헌법 제47조, 국회법 제4조). 정기회 기간 동안 국회는 예산안을 심의 · 확정하고(헌법 제54조 참조), 국정감사를 하며,[1] 법률안 및 기타 안건을 처리한다.

2) 임시회

임시회란 국회가 필요에 따라 수시로 집회하는 회의를 말한다. 임시회의 회기는 30일을 초과할 수 없다(헌법 제47조 제2항). 그런데 국회법은 국회의 연중 상시 운영을 위하여 2월 · 4월 및 6월 1일과 8월 16일에 임시회를 집회하게 했다(동법 제5조의2 제2항 제1호). 국회의원총선거후 최초의 임시회는 의원의 임기개시 후 7일에 국회사무총장의 집회공고에 따라 집회한다(동법 제5조 제3항, 제14조). 임시회의 집회를 요구할 수 있는 사람은 대통령과 국회재적의원 1/4 이상인데, 대통령이 임시회의 집회를 요구할 때에는 기간과 집회요구의 이유를 밝혀야 한다(헌법 제47조 제1항, 제3항). 국회 재적의원 1/4이 임시회집회를 요구할 수 있도록 한 것은 소수보호를 위한 의미를 가진다고 하겠다. 의장은 임시회의 집회요구가 있을 때에는 집회기일 3일 전에 공고한다. 이 경우 둘 이상의 집회 요구가 있을 때에는 집회일이 빠른 것을 공고하되, 집회일이 같은 때에는 그 요구서가 먼저 제출된 것을 공고한다(국회법 제5조 제1항).

(3) 회계연도

회계연도란 국가예산편성과 집행의 기준기간을 말한다. 회계연도는 매년 1월 1일에 시작해서 같은 해 12월 31일에 종료한다(국가회계법 제5조). 정부는 회계연도마다 예산안을 편성하여 회계연도 개시 90일 전까지 국회에 제출하고, 국회는 회계연도 개시 30일 전까지 이를 의결하여야 한다(헌법 제54조 제2항).

2. 국회의 의사원칙

국회에서 의안을 심의하고 의결하는 의사절차는 민주적이면서 효율적이어야

---

1) 국회는 국정전반에 관하여 소관 상임위원회별로 매년 정기회 집회일 이전에 국정감사 시작일부터 30일 이내의 기간을 정하여 감사를 실시한다. 다만, 본회의 의결로 정기회 기간 중에 감사를 실시할 수 있다(「국정감사 및 조사에 관한 법률」 제2조 제1항).

한다. 따라서 이러한 전제조건을 충족시키는 의사절차의 원칙을 우리 헌법과 국회법에서 마련하고 있다.

(1) 다수결의 원칙

헌법은 국회의 의결방법으로 다수결의 원칙을 채택하고 있다. 제49조가 "국회는 헌법 또는 법률에 특별한 규정이 없는 한 재적의원 과반수의 출석과 출석의원 과반수의 찬성으로 의결한다. 가부동수인 때에는 부결된 것으로 본다."라고 규정한 것이 그것이다. 이 원칙은 합의체기관으로서의 국회가 의안을 심의해서 의사를 결정하기 위한 불가피한 수단이라고 하겠다. 그러나 다수결원칙이 민주주의의 본질은 아니다. 오늘날의 민주주의는 다원적 민주주의로서 다양한 가치관과 이념의 공존과 상호 존중이 전제되어야 한다. 따라서 이러한 평화적인 공존의 사회질서를 바탕으로 사회공동체의 통합을 촉진하고, 개인의 존엄성과 기본권을 극대화하는 것이 민주주의의 목적이라는 점을 감안할 때 다수결의 결과가 아닌 그 결과에 도달하기까지의 과정에 있어서의 대화와 타협 및 상호 존중, 그리고 소수보호가 절대적으로 중요하다고 하겠다. 따라서 다수결에 이르기까지의 민주적 과정과 소수보호가 존중되어야 할 것이다.

(2) 의사공개의 원칙

국회의 의사진행과정은 공개하는 것이 원칙이다. 국회의 의안처리의 내용과 과정을 국민들에게 공개하는 것은 의안처리의 투명성과 민주성 및 공정성을 강화하기 위한 것이다. 헌법 제50조 제1항도 "국회의 회의는 공개한다."라고 의사공개의 원칙을 규정하고 있다. 이러한 의사공개의 원칙은 민주주의원리와 대의제도의 이념에 따라 주권자인 국민이 국회의원의 의정활동을 감시하고 비판함으로써 책임정치와 제한정치를 실현시키고 국민의 알권리를 충족시키기 위하여 필수적으로 요구되는 것이다.[1] 그러나 이러한 의사공개의 원칙이 절대적인 것

1) 헌재 2009. 9. 24. 2007헌바17, 판례집 21-2상, 469, 476:
우리 헌법은 제50조 제1항 본문에서 "국회의 회의는 공개한다"라고 하여 국회 의사공개의 원칙을 천명하고 있다. 이는 방청 및 보도의 자유와 회의록의 공개 등을 그 내용으로 한다. 의사공개의 원칙은 의사진행의 내용과 의원의 활동을 국민에게 공개함으로써 민의에 따른 국회운영을 실천한다는 민주주의적 요청에서 유래하는 것인바, 국회에서의 토론 및 정책결정의 과정이 공개되어야 주권자인 국민의 의정활동에 대한 감시와 비판이 가능하고 의사결

은 아니다. 긴절한 공익적 이유에서 이 원칙에 대한 제한은 가능하다고 할 것이다. 이에 따라 헌법도 "출석의원 과반수의 찬성이 있거나 의장이 국가의 안전보장을 위하여 필요하다고 인정할 때에는 공개하지 아니할 수 있다. 공개하지 아니한 회의내용의 공표에 관하여는 법률이 정하는 바에 의한다."라고 규정하고 있다(제50조 제1항 단서, 제2항). 그러나 이러한 공개원칙에 대한 예외사유는 지극히 엄격하게 해석해야 할 것이다.[1)]

의사의 공개는 방청의 자유, 보도의 자유, 국회의사록의 공개 등을 내용으로 한다. 또한 이는 국회 본회의 뿐 아니라 위원회 및 소위원회의 경우에도 적용된

정의 공정성을 확보할 수 있을 뿐 아니라, 국민에게 의제에 대하여 이해하고 의견을 발표할 수 있도록 정보가 제공되고 국가의사결정의 과정에 참여할 수 있는 실질적 기회가 부여되어 국민의 정치적 의사형성에 기여할 수 있게 된다. 따라서 국회 의사공개의 원칙은 대의민주주의 정치에 있어서 공공정보의 공개를 통해 국정에 대한 국민의 참여도를 높이고 국정운영의 투명성을 확보하기 위하여 필요불가결한 요소이다. 이 같은 헌법규정의 취지를 고려하면, 국민은 헌법상 보장된 알권리의 한 내용으로서 국회에 대하여 입법과정의 공개를 요구할 권리를 가지며, 국회의 의사에 대하여는 직접적인 이해관계 유무와 상관없이 일반적 정보공개청구권을 가진다고 할 수 있다.

1) 헌재 2000. 6. 29. 98헌마443 등, 판례집 12-1, 886, 887:
위원회에서는 의원이 아닌 자는 위원장의 허가를 받아 방청할 수 있다고 규정한 국회법 제55조 제1항은 위원회의 공개원칙을 전제로 한 것이지, 비공개를 원칙으로 하여 위원장의 자의에 따라 공개여부를 결정케 한 것이 아닌바, 위원장이라고 하여 아무런 제한 없이 임의로 방청불허 결정을 할 수 있는 것이 아니라, 회의장의 장소적 제약으로 불가피한 경우, 회의의 원활한 진행을 위하여 필요한 경우 등 결국 회의의 질서유지를 위하여 필요한 경우에 한하여 방청을 불허할 수 있는 것으로 제한적으로 풀이되며, 이와 같이 이해하는 한, 위 조항은 헌법에 규정된 의사공개의 원칙에 저촉되지 않으면서도 국민의 방청의 자유와 위원회의 원활한 운영간에 적절한 조화를 꾀하고 있다고 할 것이므로 국민의 기본권을 침해하는 위헌조항이라 할 수 없다.
소위원회의 회의도 가능한 한 국민에게 공개하는 것이 바람직하나, 전문성과 효율성을 위한 제도인 소위원회의 회의를 공개할 경우 우려되는 부정적 측면도 외면할 수 없고, 헌법은 국회회의의 공개여부에 관하여 회의 구성원의 자율적 판단을 허용하고 있으므로, 소위원회 회의의 공개여부 또한 소위원회 또는 소위원회가 속한 위원회에서 여러 가지 사정을 종합하여 합리적으로 결정할 수 있다 할 것인바, 예산결산특별위원회의 계수조정소위원회는 예산의 각 장·관·항의 조정과 예산액 등의 수치를 종합적으로 조정·정리하는 소위원회로서, 예산심의에 관하여 이해관계를 가질 수밖에 없는 많은 국가기관과 당사자들에게 계수조정 과정을 공개하기는 곤란하다는 점과, 계수조정소위원회를 비공개로 진행하는 것이 국회의 확립된 관행이라는 점을 들어 방청을 불허한 것이고, 한편 절차적으로도 계수조정소위원회를 비공개로 함에 관하여는 예산결산특별위원회 위원들의 실질적인 합의 내지 찬성이 있었다고 볼 수 있으므로, 이 사건 소위원회 방청불허행위를 헌법이 설정한 국회의사자율권의 범위를 벗어난 위헌적인 공권력의 행사라고 할 수 없다.

다. 그러나 정보위원회의 회의는 공개하지 아니하고, 다만 공청회 또는 인사청문회를 실시하는 경우에는 위원회의 의결로 이를 공개할 수 있도록 했다(국회법 제54조의2).

(3) 회기계속의 원칙

회기계속의 원칙이라 함은 회기중에 의결되지 못한 법안도 폐기되지 않고 다음 회기에서 계속 심의할 수 있다는 원칙이다. 헌법 제51조는 "국회에 제출된 법률안 기타의 의안은 회기중에 의결되지 못한 이유로 폐기되지 아니한다. 다만, 국회의원의 임기가 만료된 때에는 그러하지 아니하다."라고 규정함으로써 회기계속의 원칙을 채택하고 있다. 따라서 한 회기내에 마치지 못한 의안심의는 다음 회기에 계속할 수 있다. 이는 국회가 회기마다 독립한 별개의 합의체기관이 아니라 한 입법기 내지 의회기 내에서는 그 동일성과 연속성을 가진다는 것을 전제하고 있다고 하겠다. 이에 반해 회기중에 의결되지 못한 법안은 폐기되는 원칙을 회기불계속의 원칙이라 하는데 대표적으로 미국이 채택하고 있다. 한편 동일한 입법기가 아닌 다른 입법기의 경우에는 이미 국회의 일체성과 동일성을 상실한 것이므로 그 경우에는 회기가 계속되지 않는다. 헌법 제51조 단서가 국회의원의 임기가 만료된 때에는 회기가 계속되지 않도록 한 것도 그 때문이라고 하겠다.

(4) 일사부재의의 원칙

일사부재의의 원칙이라 함은 국회에서 부결된 안건은 같은 회기중에 다시 발의하지 못하는 원칙을 말한다. 이는 동일안건의 거듭되는 발의로 의사진행이 방해되는 것을 막기 위한 것이다. 국회법 제92조는 "부결된 안건은 같은 회기중에 다시 발의 또는 제출하지 못한다."라고 규정함으로써 일사부재의의 원칙을 채택하고 있다. 결국 이는 의사절차의 능률을 높이고, 소수집단의 의도적인 의사방해를 막기 위한 제도라고 하겠다. 그러나 이 원칙은 같은 회기중에 한번 발의 또는 제출했다가 부결된 안건에 대하여 적용되는 것이므로 일단 의제가 되었으나 철회된 안건의 재의, 회기를 달리하는 안건의 재의, 사유를 달리하는 해임건의안건의 재의 등은 이 원칙의 적용대상이라고 할 수 없다.

(5) 정족수

정족수라 함은 다수로 구성된 합의체기관에서 회의를 진행하고 의사를 결정하기 위하여 필요한 출석자의 수와 찬성자의 수를 말한다. 다수인으로 구성되는 합의체기관의 경우에는 원만한 의사진행과 의사결정을 위해서는 이러한 정족수가 불가피하다. 이에 따라 헌법과 국회법은 국회의 회의가 성립하기 위한 최소한의 출석의원 수와 국회의 의결이 유효하기 위한 최소한의 찬성의원 수를 규정하고 있는데, 전자를 의사정족수, 후자를 의결정족수라고 한다. 이러한 정족수는 국회의 의안심의와 의사결정의 원만하고 효율적인 진행을 위하여, 그리고 공정성과 민주적 정당성 및 절차적 정당성 확보를 위하여 중요하다.

1) 의사정족수

국회법 제73조 제1항은 "본회의는 재적의원 5분의 1이상의 출석으로 개의한다."고 의사정족수를 규정하고 있는데, 이를 개의정족수라고도 한다. 회의 중 의사정족수에 미치지 못할 때에는 의장은 회의의 중지 또는 산회를 선포한다. 다만 의장은 교섭단체 대표의원이 의사정족수의 충족을 요청하는 경우 외에는 효율적인 의사진행을 위하여 회의를 계속할 수 있다(동법 동조 제3항). 위원회의 의사정족수도 재적위원 1/5 이상의 출석이다(동법 제54조).

2) 의결정족수

가. 일반정족수

헌법 제49조는 "국회는 헌법 또는 법률에 특별한 규정이 없는 한 재적의원 과반수의 출석과 출석의원 과반수의 찬성으로 의결한다. 가부동수인 때에는 부결된 것으로 본다."라고 본회의의 의결정족수를 정하고 있으며, 국회법 제54조에 따라 위원회도 재적위원 과반수의 출석과 출석위원 과반수의 찬성으로 의결한다.

나. 특별정족수

헌법에서 일반정족수와는 다른 의결정족수를 정한 경우가 있다. 이는 특별한 의안의 경우 일반의안의 경우보다 내용이 더욱 중요하기 때문에 그 의결에 신중을 기해야 하고 따라서 보다 더 큰 민주적 정당성이 요구되는 경우라고 하겠다. 이러한 특별정족수에 대한 예는 다음과 같다.

첫째, 재적의원 2/3 이상의 찬성을 요구하는 경우: 국회의원의 제명처분(제64조 제3항), 대통령에 대한 탄핵소추의결(제65조 제2항), 헌법개정안의 의결(제130조 제1항)

둘째, 재적의원 과반수의 찬성을 요구하는 경우: 국무총리·국무위원해임건의(제63조 제2항), 대통령을 제외한 일반 고위공직자에 대한 탄핵소추의결(제65조 제2항), 계엄해제요구(제77조 제5항)

셋째, 재적의원 과반수의 출석과 출석의원 2/3 이상의 찬성을 요구하는 경우: 거부된 법률안의 재의(제53조 제4항) 등이 있다.

한편 국회법은 이른바 쟁점안건에 대한 효율적인 심의를 위하여 특별정족수를 정하고 있다. 국회 본회의에서의 무제한토론의 종결동의의결의 경우 재적의원 5분의 3 이상의 찬성(동법 제106조의2 제6항), 신속처리안건지정동의의결의 경우 재적의원 5분의 3 이상 또는 안건의 소관 위원회 재적위원 5분의 3 이상의 찬성(동법 제85조의2 제1항), 법제사법위원회가 이유 없이 심사를 마치지 아니한 해당 법률안에 대한 본회의 부의요구의결의 경우 해당 위원회 재적위원 5분의 3 이상의 찬성(동법 제86조 제3항) 등이 그것이다.

Ⅵ. 국회의 권한

국회는 입법·재정·통제·인사·자율권한을 가진다.

1. 입법에 관한 권한

국회는 입법기관으로서의 지위를 가지기 때문에 먼저 입법에 관한 권한을 가진다. 헌법 제40조가 "입법권은 국회에 속한다."라고 규정함으로써 국회의 입법기관으로서의 지위를 명백히 하고 있다. 입법권은 국회의 가장 전통적이고 고유한 권한이라고 하겠다.

(1) 의의

1) 입법의 개념

입법이란 법규범의 정립작용을 말한다. 즉 국가와 국민 또는 국민 상호간의 관계를 규율하는 일반적 · 추상적인 성문의 법규범을 정립하는 작용이다. 법규범이란 대외적 구속력을 가지는 일반적 · 추상적 규율이다. 법규범은 매우 포괄적인 개념으로서 헌법 · 법률 · 명령 · 규칙 · 조례 · 자치단체규칙 등이 모두 이에 포함된다. 결국 입법은 이러한 포괄적인 법규범의 제정작용이다.

2) 국회의 입법권의 의미

국회가 가지는 입법권은 이러한 포괄적인 입법개념의 일부를 이룬다. 즉 헌법 제40조가 국회에 부여한 입법권은 모든 법규범의 정립작용을 의미하는 것은 아니고, 또한 국회단독입법의 원칙이나 국회독점입법의 원칙을 의미하는 것도 아니다. 이는 결국 첫째, 우리 헌법상 국회가 가장 중심적인 입법기관이고, 둘째, 형식적 의미의 법률을 제정하는 권한은 국회만이 행사할 수 있으며, 셋째, 국민의 기본권의 형성과 행사 및 제한, 그리고 통치권의 조직과 작용에 관한 본질적이고 기본적인 사항은 반드시 국회가 제정하는 형식적 의미의 법률로 정해야 한다는 것을(법률유보의 원칙) 의미한다고 하겠다.

(2) 국회의 입법권의 내용

국회의 입법에 관한 권한으로는 헌법개정의결권, 법률제정권, 그리고 조약의 체결 · 비준에 대한 동의권(조약은 일정한 요건하에서 국내법의 효력을 가지는데, 이는 조약에 대한 국회의 동의가 있어야 비로소 국내법으로 효력을 가지므로 국회의 동의는 입법작용의 일부를 이룬다)과 국회의 자율권에 속하는 국회규칙제정권이 있다.

1) 헌법개정의 발의 및 의결권

국회는 재적의원 과반수의 찬성으로 헌법개정을 발의하고, 재적의원 2/3 이상의 찬성으로 헌법개정안을 의결할 수 있는 권한을 가진다(헌법 제128조 제1항, 제130조 제1항). 국회의 의결로 헌법개정안이 확정되는 것은 아니고, 국회의 의결 후 30일 이내에 국민투표에 붙여 국회의원선거권자 과반수의 투표와 투표자 과반수의 찬성을 얻어야 헌법개정이 확정지만(헌법 제130조 제2항, 제3항), 헌법개정에 있어서 국회의 의결은 핵심적이고 필수적인 절차이므로 헌법개정의결권은 중요한 국회의 입법에 관한 권한에 속한다고 볼 수 있다.

2) 법률제정권

가. 의의

국회의 입법권 중 대표적인 것은 법률제정권이다. 법률이란 국회가 헌법이 정하는 일정한 절차에 따라 심의·의결하고 대통령이 서명·공포함으로써 효력을 발생하는 법규범을 말한다. 이를 '형식적 의미의 법률'이라고 한다.

나. 법률과 법치주의원리

앞서 언급한 바와 같이 국민의 기본권의 형성과 행사 및 제한에 관한 기본적이고 본질적인 사항과 통치권의 조직과 작용에 관한 기본적이고 본질적인 사항은 반드시 법률로 규율되어야 하는데, 이는 법치주의원리상 당연히 요구되는 것이다. 법치주의원리란 국가권력을 법에 기속시킴으로써 국가권력의 자의와 남용을 막고, 국민의 자유와 권리를 보장하고자 하는 원리이다. 따라서 법치주의원리는 국민주권이념의 실현원리로서 결국 국민의 기본권보장과 실현을 궁극적 목적으로 하고 있다. 이러한 법치주의원리의 핵심내용 중 하나는 바로 법률유보의 원칙인데, 이는 국민의 기본권의 형성과 제한에 관한 본질적인 사항과 통치권의 조직과 작용에 관한 기본적인 사항은 반드시 법률로 규율해야 한다는, 즉 법률에 유보되어 있어야 한다는 원칙이다. 따라서 이러한 기본권과 통치권에 관한 본질적 사항은 법률의 필수적 규율사항으로서 그 기본적인 내용이 먼저 법률에 규정되어 있어야 하며, 그렇지 않고 그에 대한 법률의 근거 없이 법률 이외의 다른 법규범 내지 행정권으로만 규율한다면 이는 법치주의원리 내지 법률유보의 원칙 위반이자 위헌이라고 하겠다.

이처럼 기본권과 통치권에 관한 본질적인 사항을 반드시 국회가 제정하는 법률로 정하도록 하는 것은 국회가 민주적 정당성을 가진 국민의 대표기관의 지위를 가지기 때문이다. 즉 오늘날의 대의제도하에서 주권자인 국민이 통치권을 대의기관에게 자유위임을 했기 때문에 그 자유위임의 바탕위에서 원칙적으로 국회만이 이러한 사항을 정할 수 있는 것이다.

다. 법률의 일반성과 추상성(이른바 처분적 법률과 관련하여)

앞서도 언급했듯이 입법작용은 일반적이고 추상적인 법정립작용이다. 이 점에서 다른 국가작용인 행정작용이나 사법작용과 구별된다. 행정작용은 개별적이고 구체적인 법집행작용이고, 사법작용은 개별적이고 구체적인 법선언작용이다. 따라서 법규범은 일반적이고 추상적인 성격을 가져야 한다. 국회가 제정하는 법률 역시 일반적이고 추상적이어야 한다. 따라서 특정대상만을 규율하는 개별적·구체적 성격의 법률은 원칙적으로 인정될 수 없다고 하겠다.

그러나 때로는 이러한 법규범의 일반적 특성을 벗어나는 법률이 존재하게 된다. 예컨대 개별사건만을 규율하거나, 특정 개인만을 규율하거나, 한시적 또는 일회적으로만 규율하거나, 집행적으로 규율하는 법률 등이 그것이다. 그런데 이러한 예외적인 성격을 가지는 법률에 있어서 특히 헌법적으로 문제가 되는 것은 그 법률이 처분성을 띨 경우이다. 즉 일정한 법률의 내용과 효력이 마치 행정처분인 것처럼 기능하기 때문에 그 법률을 구체화시키는 별도의 행정처분이 존재하지 않는 경우이다. 이 경우에는 법률이 가지는 특성인 일반성과 추상성을 상실하고 개별성과 구체성을 가지게 되며, 따라서 그 법률이 어떠한 행정처분이 매개됨이 없이 국민의 기본권을 최종적으로 그리고 일회적으로 규율하게 된다. 이 경우에는 그 법률의 효력이 계속성을 가지지 아니한다. 즉 단 일회의 적용으로 법률의 효력은 상실한다. 결국 이 경우에는 법률은 행정작용의 근거가 되는 입법작용의 특성을 상실하고 대신 본질과 효과 및 기능상 행정작용 그 자체가 되는 것이다. 이러한 법률을 이른바 처분적 법률(개인대상법률 또는 개별사건법률이라고도 한다)이라고 할 수 있는데, 이러한 처분적 법률은 입법의 형식으로 제정되면서도 행정처분적 성격을 가지는 매우 이례적인 존재이기 때문에 다양한 헌법적 문제를 야기하게 되는 것이다.[1)]

---

1) ① 헌재 1989. 12. 18. 89헌마32 등, 판례집 1, 343, 352:
국가보위입법회의법 부칙 제4항 후단이 규정하고 있는 "… 그 소속 공무원은 이 법에 의한 후임자가 임명될 때까지 그 직을 가진다."라는 내용은 행정집행이나 사법재판을 매개로 하지 아니하고 직접 국민에게 권리나 의무를 발생하게 하는 법률, 즉 법률이 직접 자동집행력을 갖는 처분적 법률의 예에 해당하는 것이며 따라서 국가보위입법회의의 의장 등의 면직발령은 위 법률의 후속조치로서 당연히 행하여져야 할 사무적 행위에 불과하다고 할 것이다.
② 헌재 1996. 2. 16. 96헌가2 등, 판례집 8-1, 51, 68-70:
청구인들은 이 법률조항이 "1979. 12. 12.과 1980. 5. 18.을 전후하여 발생한 헌정질서파괴

먼저 이처럼 특정사항이나 특정인만을 규율대상으로 하는 처분적 법률은 그 해당 특정대상을 비교할 수 있는 다른 대상과의 관계에 있어서 평등의 원칙을 깨면서 부당하게 규율할 수 있는 가능성이 있다. 따라서 처분적 법률은 항상 평등원칙 위반의 소지를 안고 있다. 아울러 이러한 처분적 법률의 경우 이를 통한 기본권 침해에 대한 권리구제에 있어서 고려될 수 있는 구제수단이 헌법소원심판청구밖에 없기 때문에 - 왜냐하면 이 경우는 법률이 직접 권리를 침해한 경우이므로 헌법소원 이외의 다른 구제수단이 없기 때문이다 - 권리구제의 수단이

범죄행위"라고 특정함으로써 청구인 등이 범하였다는 이른바 12·12 군사반란행위와 5·18 내란행위를 지칭하는 것이 명백하여 특별법은 결국 청구인 등 특정인의 특정사건에 대하여 국가형벌권이 특정기간동안 연장하는 것을 규정하고 있어 '개인대상법률'이며 '개별사건법률'이므로 헌법상 평등의 원칙에 반할 뿐만 아니라 나아가 권력분립의 원칙과 무죄추정의 원칙에 반하여 헌법에 위반된다고 주장한다. 그러므로 먼저 이 법률조항이 개별사건법률이기 때문에 헌법에 위반되는 것인지의 여부에 관하여 판단한다.

특별법 제2조는 제1항에서 "1979년 12월 12일과 1980년 5월 18일을 전후하여 발생한 … 헌정질서파괴행위에 대하여 … 공소시효의 진행이 정지된 것으로 본다."라고 규정함으로써, 특별법이 이른바 12·12 사건과 5·18 사건에만 적용됨을 명백히 밝히고 있으므로 다른 유사한 상황의 불특정다수의 사건에 적용될 가능성을 배제하고 오로지 위 두 사건에 관련된 헌정질서파괴범만을 그 대상으로 하고 있어 특별법 제정당시 이미 적용의 인적범위가 확정되거나 확정될 수 있는 내용의 것이므로 개별사건법률임을 부인할 수는 없다.

그러나 우리 헌법은 개별사건법률에 대한 정의를 하고 있지 않음은 물론 개별사건법률의 입법을 금하는 명문의 규정도 없다. 개별사건법률금지의 원칙은 "법률은 일반적으로 적용되어야지 어떤 개별사건에만 적용되어서는 아니된다"는 법원칙으로서 헌법상의 평등원칙에 근거하고 있는 것으로 풀이되고, 그 기본정신은 입법자에 대하여 기본권을 침해하는 법률은 일반적 성격을 가져야 한다는 형식을 요구함으로써 평등원칙위반의 위험성을 입법과정에서 미리 제거하려는데 있다 할 것이다.

개별사건법률은 개별사건에만 적용되는 것이므로 원칙적으로 평등원칙에 위배되는 자의적인 규정이라는 강한 의심을 불러일으킨다. 그러나 개별사건법률금지의 원칙이 법률제정에 있어서 입법자가 평등원칙을 준수할 것을 요구하는 것이기 때문에, 특정규범이 개별사건법률에 해당한다 하여 곧바로 위헌을 뜻하는 것은 아니다. 비록 특정법률 또는 법률조항이 단지 하나의 사건만을 규율하려고 한다 하더라도 이러한 차별적 규율이 합리적인 이유로 정당화될 수 있는 경우에는 합헌적일 수 있다. 따라서 개별사건법률의 위헌 여부는, 그 형식만으로 가려지는 것이 아니라, 나아가 평등의 원칙이 추구하는 실질적 내용이 정당한지 아닌지를 따져야 비로소 가려진다.

이른바 12·12 및 5·18 사건의 경우 그 이전에 있었던 다른 헌정질서파괴범과 비교해보면, 공소시효의 완성 여부에 관한 논의가 아직 진행중이고, 집권과정에서의 불법적 요소나 올바른 헌정사의 정립을 위한 과거청산의 요청에 미루어볼 때 비록 특별법이 개별적사건법률이라고 하더라도 입법을 정당화할 수 있는 공익이 인정될 수 있다고 판단된다. 따라서 이 법률조항은 개별사건법률에 내재된 불평등요소를 정당화할 수 있는 합리적인 이유가 있으므로 헌법에 위반되지 아니한다.

심급과 내용에 있어서 다양하지 못하다는 점에서, 즉 재판청구권의 제한이라는 점에서 처분적 법률은 원칙적으로 허용될 수 없는 것이다. 또한 처분적 법률은 형식과 절차는 입법작용에 속하지만, 그 실질적 성격과 기능은 구체적·개별적 법집행작용으로서의 처분성을 가지는 행정작용에 해당되기 때문에 권력분립의 원칙 위반의 문제를 야기한다. 이러한 이유로 법규범의 특성인 일반성과 추상성을 상실한 처분적 법률은 원칙적으로 인정될 수 없는 것이다.

그러나 산업화가 고도화된 오늘날의 행정국가에 있어서 사회국가의 요청에 따라 국가의 과제가 매우 광범위해지고 전문화됨에 따라 다양한 입법수요가 증가하면서 급변하는 생활관계에 효과적으로 대처해야 할 정책추구의 필요성도 증가함에 따라 이에 상응하여 처분적 법률의 필요성도 증가하게 되었다. 따라서 일반적인 추상적 법률에 근거한 행정집행을 통해 국가작용이 원활히 수행될 수 없는 경우가 발생하게 되었고, 이에 따라 처분적 법률의 형식을 통한 국가목적의 수행이 필요해진 것이다. 따라서 일정한 요건하에서 처분적 법률의 형식을 통한 국가과제의 수행이 헌법상 정당화되게 되었다. 즉 긴절한 공익상의 이유에서 처분적 법률에 의한 방법 이외에는 도저히 당해 국가과제를 수행할 수 없는 예외적인 경우, 즉 일반적·추상적 법률에 근거한 일반적 행정집행으로는 국가목적을 달성할 수 없는 경우에는 - 예컨대 천재지변이나 목전의 급박한 위해를 제거하기 위한 긴급한 토지수용, 특별법에 의한 일회적·한시적 규율이 불가피한 경우 등 - 처분적 법률형식에 의한 긴절한 공익실현이 정당화될 수 있는 것이다. 또한 이 경우에는 비례의 원칙 - 앞서 언급한 처분적 법률이 가지는 다양한 문제점을 능가하는 긴절한 공익의 존재와 처분적 법률형식에 의한 국가작용의 불가피성 - 을 충족시켰다고 볼 수 있는 것이다.[1)]

라. 법률의 제정절차

법률제정의 절차는 법률안제안절차, 법률안심의·의결절차, 법률안서명·공포절차로 구분할 수 있다.

(가) 법률안제안절차

법률안의 제출권은 국회의원과 정부에게 있다(헌법 제52조).

---

1) 처분적 법률에 대하여 자세한 것은 정연주, 처분적 법률의 헌법적 문제, 미국헌법연구 18권 2호, 미국헌법학회, 2007. 9, 169쪽 이하 참조.

가) 국회의원의 법률안제안절차

국회의원은 법률안을 10인 이상의 찬성으로 발의할 수 있는데, 법률안을 발의하는 의원이 그 안을 갖추고 이유를 붙여 찬성자와 연서하여 의장에게 제출하여야 한다. 이 때 발의의원과 찬성의원을 구분하되, 법률안 제명의 부제로 발의의원의 성명을 기재하여야 하며, 발의의원이 2명 이상인 경우에는 대표발의의원 1명을 명시하여야 한다(국회법 제79조). 한편 의원이 예산상 또는 기금상의 조치를 수반하는 의안을 발의하는 경우에는 그 의안의 시행에 수반될 것으로 예상되는 비용에 관한 국회예산정책처의 추계서 또는 국회예산정책처에 대한 추계요구서를 함께 제출하여야 한다(동법 제79조의2 제1항). 또한 위원회가 예산상 또는 기금상의 조치를 수반하는 의안을 제안하는 경우에는 그 의안의 시행에 수반될 것으로 예상되는 비용에 관한 국회예산정책처의 추계서를 함께 제출하여야 한다. 다만 긴급한 사유가 있는 경우 위원회의 의결로 추계서 제출을 생략할 수 있다(동법 제79조의2 제2항).

의원의 법률안제출에 필요한 현행의 10인 이상의 찬성요건은 원내교섭단체 규모의 수적 제한을 요구했던 과거의 20인 이상의 찬성요건 보다 줄어든 것이다. 이는 한편에서는 법률안제안을 용이하게 하고자 하는 취지에서 나온 개정이라고 할 수 있지만, 다른 한편 여전히 일정 크기의 원내세력에게만 법률안제출권을 부여함으로써 법률안제출의 남발을 막고자 하는 측면도 있다. 그러나 위원회가 그 소관에 속하는 사항에 관하여 법률안을 제출하는 경우에는 그 위원장이 제안자가 되며, 따라서 이 경우에는 10인 이상의 찬성이라는 제한을 받지 아니한다(동법 제51조 참조).

나) 정부의 법률안제안절차

정부가 법률안을 제출하려면 국무회의의 심의를 거쳐(헌법 제89조 제3호) 국무총리와 관계국무위원의 부서를 받은 후(헌법 제82조) 대통령이 문서로 국회의장에게 제출하여야 한다. 정부가 예산상 또는 기금상의 조치를 수반하는 의안을 제출하는 경우에는 그 의안의 시행에 수반될 것으로 예상되는 비용에 관한 추계서와 이에 상응하는 재원조달방안에 관한 자료를 의안에 첨부하여야 한다(국회법 제79조의2 제3항).

(나) 법률안심의 · 의결절차

법률안심의 · 의결절차는 '상임위원회중심주의'와 '본회의결정주의'에 따라 진행된다. 국회의장은 법률안이 제출되었을 때에는 이를 인쇄하거나 전산망에 입력하는 방법으로 의원에게 배부하고 본회의에 보고하며, 소관 상임위원회에 회부하여 그 심사가 끝난 후 본회의에 부의한다(동법 제81조 제1항).

가) 위원회의 심의절차

a. 법률안의 상정시기

위원회는 긴급하고 불가피한 사유로 위원회의 의결이 있는 경우를 제외하고는 법률안이 위원회에 회부된 날부터 일부개정법률안의 경우 15일, 제정법률안, 전부개정법률안 및 폐지법률안의 경우 20일, 체계 · 자구 심사를 위하여 법제사법위원회에 회부된 법률안의 경우 5일이 지난 후에야 그 법률안을 상정할 수 있다(동법 제59조).

b. 안건의 신속처리

위원회에 회부된 안건(체계 · 자구심사를 위하여 법제사법위원회에 회부된 안건을 포함한다)을 신속처리대상안건으로 지정하고자 하는 경우 의원은 재적의원 과반수가 서명한 신속처리대상안건 지정요구 동의를 의장에게, 안건의 소관 위원회 소속 위원은 소관 위원회 재적위원 과반수가 서명한 신속처리안건지정동의를 소관 위원회 위원장에게 제출하여야 한다. 이 경우 의장 또는 안건의 소관 위원회 위원장은 지체 없이 신속처리안건지정동의를 무기명투표로 표결하되 재적의원 5분의 3 이상 또는 안건의 소관 위원회 재적위원 5분의 3 이상의 찬성으로 의결한다. 의장은 신속처리안건 지정동의가 가결되었을 때에는 그 안건을 신속처리대상안건으로 지정하여야 한다. 위원회는 신속처리대상안건에 대한 심사를 그 지정일부터 180일(법제사법위원회 체계 · 자구심사의 경우에는 90일) 이내에 마쳐야 한다. 위원회(법제사법위원회는 제외한다)가 신속처리대상안건에 대하여 위 기간 내에 신속처리대상안건의 심사를 마치지 아니한 때에는 그 기간이 종료된 다음 날에 소관 위원회에서 심사를 마치고 체계 · 자구심사를 위하여 법제사법위원회로 회부된 것으로 본다. 법제사법위원회가 신속처리대상안건에 대하여 위 기간 내에 심사를 마치지 아니한 때에는 그 기간이 종료한 다음 날에 법제사법위원회에서 심사를 마치고 바로 본회의에 부의된 것으로 본다. 이 경우 신속처리대상안건은 본회의에 부의된 것으로 보는 날부터 60일 이내에 본회의에 상정되어야 하고, 신속처리대상안건이 60일 이내에 본회의에 상정되지 아니한 때에는 그 기간이 경과한 후 처음으로 개의되는 본회의에 상정된다. 그러나 의장이 각 교섭단체대표의원과 합의한 경우에는 신속처리대상안건에 대하여 위 규정들을 적용하지 아니한다(동법 제85조의2).

c. 입법예고

위원장은 간사와 협의하여 회부된 법률안(체계·자구 심사를 위하여 법제사법위원회에 회부된 법률안은 제외한다)의 입법 취지와 주요 내용 등을 국회공보 또는 국회 인터넷 홈페이지 등에 게재하는 방법 등으로 입법예고하여야 한다. 다만 긴급히 입법을 하여야 하는 경우 또는 입법 내용의 성질 또는 그 밖의 사유로 입법예고가 필요 없거나 곤란하다고 판단되는 경우에는 위원장이 간사와 협의하여 입법예고를 하지 아니할 수 있다. 입법예고기간은 10일 이상으로 하고, 특별한 사정이 있는 경우에는 단축할 수 있다. 입법예고의 시기·방법·절차, 그 밖에 필요한 사항은 국회규칙으로 정한다(동법 제82조의2).

d. 위원회의 심사

위원회는 안건을 심사할 때 먼저 그 취지의 설명과 전문위원의 검토보고를 듣고 대체토론과 축조심사 및 찬반토론을 거쳐 표결한다. 축조심사는 제정법률안과 전부개정법률안을 제외하고는 위원회의 의결로 생략할 수 있다. 상임위원회는 안건을 심사할 때 소위원회에 회부하여 이를 심사·보고하도록 한다. 이 경우 위원회는 위 대체토론이 끝난 후에만 안건을 소위원회에 회부할 수 있다. 소위원회에 회부되어 심사 중인 안건과 직접 관련된 안건이 위원회에 새로 회부된 경우 위원장이 간사와 협의하여 필요하다고 인정할 때에는 그 안건을 바로 해당 소위원회에 회부하여 함께 심사하게 할 수 있다. 위원회는 제정법률안과 전부개정법률안에 대해서는 원칙적으로 공청회 또는 청문회를 개최하여야 한다. 위원회는 안건이 예산상의 조치를 수반하는 경우에는 정부의 의견을 들어야 하며, 필요하다고 인정하는 경우에는 의안 시행에 수반될 것으로 예상되는 비용에 관하여 국회예산정책처의 의견을 들을 수 있다. 위원회는 안건이 헌법재판소의 위헌결정에 따라 제정 또는 개정되는 법률안인 경우 국회사무처의 의견을 들을 수 있다. 한편 전문위원의 검토보고서는 특별한 사정이 없으면 해당 안건의 위원회 상정일 48시간 전까지 소속 위원에게 배부되어야 한다(동법 제58조). 기획재정부 소관인 재정 관련 법률안과 상당한 규모의 예산상 또는 기금상의 조치를 수반하는 법률안을 심사하는 소관 위원회는 미리 예산결산특별위원회와의 협의를 거쳐야 한다(동법 제83조의2 제1항).

위원회는 예산안, 기금운용계획안, 임대형 민자사업 한도액안 및 세입예산안 부수 법률안의 심사를 매년 11월 30일까지 마쳐야 한다. 위원회가 위 기한까지 심사를 마치지 아니하였을 때에는 의장이 각 교섭단체 대표의원과 합의한 경우를 제외하고는 그 다음 날에 위원회에서 심사를 마치고 바로 본회의에 부의된 것으로 본다(동법 제85조의3).

한편 위원은 위원회에서 같은 의제에 대하여 횟수 및 시간 등에 제한 없이 발언할 수 있지만 위원장은 발언을 원하는 위원이 2명 이상일 경우에는 간사와 협의하여 15분의 범위에서 각 위원의 첫 번째 발언시간을 균등하게 정하여야 한다. 위원회에서의 질의는 일문일답의 방식으로 한다. 다만 위원회의 의결이 있는 경우 일괄질의의 방식으로 할 수 있다(동법 제60조).

e. 체계 · 자구의 심사

위원회에서 법률안의 심사를 마치거나 입안한 때에는 법제사법위원회에 회부하여 체계와 자구에 대한 심사를 거쳐야 한다. 그런데 의장은 법제사법위원회의 심사에 대하여 천재지변의 경우, 전시 · 사변 또는 이에 준하는 국가비상사태의 경우, 또는 의장이 각 교섭단체대표의원과 합의하는 경우에는 심사기간을 지정할 수 있으며(동법 제85조 제1항 참조), 법제사법위원회가 이유 없이 그 기간 내에 심사를 마치지 아니한 때에는 바로 본회의에 부의할 수 있다. 법제사법위원회가 이유 없이 회부된 날부터 120일 이내에 심사를 마치지 아니한 때에는 심사 대상 법률안의 소관 위원회 위원장은 간사와 협의하여 이의가 없는 경우에는 의장에게 해당 법률안의 본회의 부의를 서면으로 요구한다. 다만 이의가 있는 경우 해당 법률안에 대한 본회의 부의요구 여부를 무기명투표로 표결하되 해당 위원회 재적위원 5분의 3 이상의 찬성으로 의결한다. 의장은 본회의 부의요구가 있는 때에는 해당 법률안을 각 교섭단체대표의원과 합의하여 바로 본회의에 부의한다. 다만 본회의 부의요구가 있은 날부터 30일 이내에 합의가 이루어지지 아니한 때에는 그 기간이 경과한 후 처음으로 개의되는 본회의에서 해당 법률안에 대한 본회의 부의 여부를 무기명투표로 표결한다(동법 제86조).

나) 본회의의 심의 · 의결절차

a. 안건심의 및 의결

본회의에서는 안건을 심의할 때 그 안건을 심사한 위원장의 심사보고를 듣고 질의 · 토론을 거쳐 표결한다.[1] 다만 위원회의 심사를 거치지 아니한 안건에 대해서는 제안자가 그 취지를 설명하여야 하고, 위원회의 심사를 거친 안건에 대해서는 의결로 질의와 토론을 모두 생략하거나 그 중 하나를 생략할 수 있다(동법 제93조).[2] 본회의는 위원회가 법률안에 대한 심사를 마치고 의장에게 그 보고서를 제출한 후 1일을 경과하지 아니한 때에는 이를 의사일정으로 상정할 수 없다. 다만 의장이 특별한 사유로 각 교섭단체대표의원과의 협의를 거쳐 이를 정한 경우에는 그러하지 아니하다(동법 제93조의2).

---

1) 헌재 2011. 8. 30. 2009헌라7, 판례집 23-2상, 220, 221:
'한국정책금융공사법안' 및 '신용정보의 이용 및 보호에 관한 법률 전부개정법률안(대안)'은 위원회의 심사를 거친 안건이지만 청구인으로부터 적법한 반대토론 신청이 있었으므로 원칙적으로 피청구인이 그 반대토론 절차를 생략하기 위해서는 반드시 본회의 의결을 거쳐야 할 것인데(국회법 제93조 단서), 피청구인은 청구인의 반대토론 신청이 적법하게 이루어졌음에도 이를 허가하지 않고 나아가 토론절차를 생략하기 위한 의결을 거치지도 않은 채 이 사건 법률안들에 대한 표결절차를 진행하였으므로, 이는 국회법 제93조 단서를 위반하여 청구인의 법률안 심의 · 표결권을 침해하였다.
국회의 입법과 관련하여 일부 국회의원들의 권한이 침해되었다 하더라도 그것이 다수결의 원칙(헌법 제49조)과 회의공개의 원칙(헌법 제50조)과 같은 입법절차에 관한 헌법의 규정을 명백히 위반한 흠에 해당하는 것이 아니라면 그 법률안의 가결 선포행위를 곧바로 무효로 볼 것은 아닌데, 피청구인의 이 사건 법률안들에 대한 가결 선포행위는 그것이 입법절차에 관한 헌법규정을 위반하였다는 등 가결 선포행위를 취소 또는 무효로 할 정도의 하자에 해당한다고 보기는 어렵다.

2) 헌재 2008. 4. 24. 2006헌라2, 판례집 20-1상, 438, 439:
국회법 제93조는 '위원회의 심의를 거치지 아니한 안건에 대해서는 제안자가 그 취지를 설명하도록' 정하고 있으나, 그러한 취지설명의 방식에는 제한이 없고 제안자가 발언대에서 구두설명을 하지 않더라도 서면이나 컴퓨터 단말기에 의한 설명 등으로 이를 대체할 수 있으므로, 발언대의 마이크를 사용하기 어려울 만큼 소란스러운 상황에서 피청구인이 제안자의 취지설명을 컴퓨터 단말기로 대체하도록 한 것이 국회법 제93조를 위반하였다고 할 수 없다. 또한, 의사진행 방해로 의안상정 · 제안설명 등 의사진행이 정상적으로 이루어지지 못하고 질의신청을 하는 의원도 없는 상황에서 피청구인이 '질의신청 유무'에 대한 언급 없이 단지 '토론신청이 없으므로 바로 표결하겠다'라고 한 행위가 위원회 심의를 거치지 않은 안건에 대하여 질의, 토론을 거치도록 정한 국회법 제93조에 위반하여 청구인 국회의원들의 심의 · 표결권을 침해할 정도에 이르렀다고는 보기 어렵다.

법률안에 대한 수정동의는 그 안을 갖추고 이유를 붙여 30명 이상의 찬성의원과 연서하여 미리 의장에게 제출하여야 한다.[1] 다만 예산안에 대한 수정동의는 의원 50명 이상의 찬성이 있어야 한다. 그러나 위원회에서 심사보고한 수정안은 찬성 없이 의제가 된다. 의안에 대한 수정동의는 원칙적으로 원안 또는 위원회에서 심사보고한 안의 취지 및 내용과 직접 관련이 있어야 한다(동법 제95조).[2] 본회의에서의 법률안의 통과는 재적의원 과반수의 출석과 출석의원 과반수의 찬성으로 이루어진다(헌법 제49조, 국회법 제109조).

b. 무제한토론

그런데 의원이 본회의에 부의된 안건에 대하여 시간의 제한을 받지 아니하는 무제한토론(filibuster)을 하려는 경우 재적의원 3분의 1 이상이 서명한 요구서를 의장에게 제출하여야 한다. 이 경우 의장은 해당 안건에 대하여 무제한토론을 실시하여야 한다. 위 요구서는 요구 대상 안건별로 제출하되 그 안건이 의사

---

1) 헌재 2006. 2. 23. 2005헌라6, 공보 제113호, 287:
국회법상 수정안의 범위에 대한 어떠한 제한도 규정되어 있지 않은 점과 국회법 규정에 따른 문언의 의미상 수정이란 원안에 대하여 다른 의사를 가하는 것으로 새로 추가, 삭제, 또는 변경하는 것을 모두 포함하는 개념이라는 점에 비추어, 어떠한 의안으로 인하여 원안이 본래의 취지를 잃고 전혀 다른 의미로 변경되는 정도에까지 이르지 않는다면 이를 국회법상의 수정안에 해당하는 것으로 보아 의안을 처리할 수 있는 것으로 볼 수 있다. 물론 이미 이루어진 것의 잘못된 점을 바로잡는다는 수정의 사전적 의미를 감안하여 원안의 목적 또는 성격을 변경하지 않는 범위 내에서 고치는 것을 전제로 하고 수정안은 원안과 동일성이 인정되는 범위 내에서만 인정될 수 있다는 해석도 가능하기는 하다. 그러나 원안의 목적과 성격을 보는 관점에 따라서는 동일성의 인정범위가 달라질 수 있고 또한 너무 좁게 해석하면 국회법 규정에 따른 수정의 의미를 상실할 수도 있다.

2) 헌재 2020. 5. 27. 2019헌라6 등, 판례집 32-1하, 214, 217:
국회법 제95조가 본회의에서 수정동의를 제출할 수 있도록 한 취지는 일정한 범위 내에서 국회의원이 본회의에 상정된 의안에 대한 수정의 의사를 위원회의 심사절차를 거치지 아니하고 곧바로 본회의의 심의과정에서 표시할 수 있도록 허용함으로써 의안 심의의 효율성을 제고하기 위한 것이다. 그런데 수정동의를 지나치게 넓은 범위에서 인정할 경우 국회가 의안 심의에 관한 국회운영의 원리로 채택하고 있는 위원회 중심주의를 저해할 우려가 있다. 국회법 제95조 제5항의 입법취지는 원안에 대한 위원회의 심사절차에서 심사가 이루어질 여지가 없는 경우에는 수정동의의 제출을 제한함으로써 위원회 중심주의를 공고히 하는 것이다. 국회법 제95조 제5항 본문의 문언, 입법취지, 입법경과를 종합적으로 고려하면, 위원회의 심사를 거쳐 본회의에 부의된 법률안의 취지 및 내용과 직접 관련이 있는지 여부는 '원안에서 개정하고자 하는 조문에 관한 추가, 삭제 또는 변경으로서, 원안에 대한 위원회의 심사절차에서 수정안의 내용까지 심사할 수 있었는지 여부'를 기준으로 판단하는 것이 타당하다.

일정에 기재된 본회의 개의되기 전까지 제출하여야 한다. 다만 본회의 개의 중 당일 의사일정에 안건이 추가된 경우에는 해당 안건의 토론 종결 선포 전까지 요구서를 제출할 수 있다. 의원은 위 요구서가 제출된 때에는 해당 안건에 대하여 무제한토론을 할 수 있다. 이 경우 의원 1명당 한 차례만 토론할 수 있다. 무제한토론을 실시하는 본회의는 무제한토론 종결 선포 전까지 산회하지 아니하고 회의를 계속한다. 이 경우 회의 중 재적의원 5분의 1 이상이 출석하지 아니하였을 때에도 회의를 계속한다. 의원은 무제한토론을 실시하는 안건에 대하여 재적의원 3분의 1 이상의 서명으로 무제한토론의 종결동의를 의장에게 제출할 수 있다. 위 무제한토론의 종결동의는 동의가 제출된 때부터 24시간이 지난 후에 무기명투표로 표결하되 재적의원 5분의 3 이상의 찬성으로 의결한다. 이 경우 무제한토론의 종결동의에 대해서는 토론을 하지 아니하고 표결한다. 무제한토론을 실시하는 안건에 대하여 무제한토론을 할 의원이 더 이상 없거나 무제한토론의 종결동의가 가결되는 경우 의장은 무제한토론의 종결을 선포한 후 해당 안건을 지체 없이 표결하여야 한다. 무제한토론을 실시하는 중에 해당 회기가 끝나는 경우에는 무제한토론의 종결이 선포된 것으로 본다. 이 경우 해당 안건은 바로 다음 회기에서 지체 없이 표결하여야 한다. 무제한토론의 종결이 선포되었거나 선포된 것으로 보는 안건에 대해서는 무제한토론을 요구할 수 없다. 예산안 등과 세입예산안 부수 법률안에 대해서 실시 중인 무제한토론, 계속 중인 본회의, 제출된 무제한토론의 종결동의에 대한 심의절차 등은 12월 1일 밤 12시에 종료한다(동법 제106조의2).[1)]

---

1) 헌재 2020. 5. 27. 2019헌라6 등, 판례집 32-1하, 214, 215-216:
무제한토론제도의 입법취지는 '소수 의견이 개진될 수 있는 기회'를 보장하면서도, 의사절차가 지나치게 지연되거나 안건에 대한 처리 자체가 불가능하게 되는 것을 방지하여 '안건에 대한 효율적인 심의'가 이루어지도록 하는 것이다. 국회법 제7조에 따라 집회 후 즉시 의결로 국회의 회기를 정하는 것이 국회법이 예정하고 있는 국회의 정상적인 운영 방식이다. 무제한토론 역시 국회가 집회 후 즉시 의결로 국회의 회기를 정하여 해당 회기의 종기가 정해져 있는 상태에서 실시되는 것을 전제로 하여, 해당 회기의 종기까지만 보장되도록 규정되어 있다(국회법 제106조의2 제8항). '회기결정의 건'에 대하여 무제한토론이 실시되는 경우, 무제한토론을 할 의원이 더 이상 없거나 무제한토론의 종결동의가 가결되지 않으면, 국회가 해당 회기를 정하지 못하게 된다. 국회법 제106조의2 제8항은 무제한토론을 실시하는 중에 해당 회기가 끝나는 경우 해당 안건은 바로 다음 회기에서 지체 없이 표결하도록 규정하고 있으나, 이미 헌법 제47조 제2항에 의하여 종료된 해당 회기를 그 다음 회기에 이르러 결정할 여지는 없다. 결국 '회기결정의 건'에 대하여 무제한토론이 실시되면, 무제한

(다) 법률안의 서명 · 공포절차

국회에서 의결된 법률안은 국회의장이 정부에 이송하며(동법 제98조 제1항),[1] 15일 이내에 대통령이 서명 · 공포한다(헌법 제53조 제1항). 대통령의 서명 · 공포에는 국무회의의 심의(헌법 제89조 제3호)와 국무총리 및 관계국무위원의 부서가 요구된다(헌법 제82조).

법률안의 서명 · 공포절차에서 대통령은 거부권을 행사할 수 있다. 즉 법률안에 이의가 있을 때에는 대통령은 15일 이내에 이의서를 붙여 국회로 환부하고, 그 재의를 요구할 수 있다. 국회의 폐회중에도 또한 같다(헌법 제53조 제2항). 이를 환부거부라고 한다. 회기불계속의 원칙을 채택하고 있는 미국과는 달리 우리의 경우 회기계속의 원칙을 채택하고 있으므로 보류거부는 인정될 수 없다. 대통령은 법률안의 일부에 대하여 또는 법률안을 수정하여 재의를 요구할 수 없다(헌법 제53조 제3항). 재의의 요구가 있을 때에는 국회는 재의에 붙이고, 재적의원과반수의 출석과 출석의원 3분의 2 이상의 찬성으로 전과 같은 의결을 하면 그 법률안은 법률로서 확정된다(헌법 제53조 제4항). 법률안이 정부에 이송된 후 15일 이내에 대통령이 공포나 재의의 요구를 하지 아니한 때에도 그 법률안은

토론이 '회기결정의 건'의 처리 자체를 봉쇄하는 결과가 초래된다. 이는 당초 특정 안건에 대한 처리 자체를 불가능하게 하는 것이 아니라 처리를 지연시키는 수단으로 도입된 무제한토론제도의 취지에 반할 뿐만 아니라, 국회법 제7조에도 정면으로 위반된다. 국회가 집회할 때마다 '해당 회기결정의 건'에 대하여 무제한토론이 개시되어 헌법 제47조 제2항에 따라 폐회될 때까지 무제한토론이 실시되면, 국회는 다른 안건은 전혀 심의 · 표결할 수 없게 되므로, 의정활동이 사실상 마비된다. 이와 같은 결과를 피하기 위해서는 국회가 매 회기에 회기를 정하는 것을 포기할 수밖에 없다. 회기를 정하지 못한 채 국회가 비정상적으로 운영되도록 하는 것이 의회정치의 정상화를 도모하고자 도입된 무제한토론제도가 의도한 바라고 볼 수는 없다. 국회법 제106조의2 제8항은 무제한토론의 대상이 다음 회기에서 표결될 수 있는 안건임을 전제하고 있다. 그런데 '회기결정의 건'은 해당 회기가 종료된 후 소집된 다음 회기에서 표결될 수 없으므로, '회기결정의 건'이 무제한토론의 대상이 된다고 해석하는 것은 국회법 제106조의2 제8항에도 반한다. 그렇다면, '회기결정의 건'은 그 본질상 국회법 제106조의2에 따른 무제한토론의 대상이 되지 않는다고 보는 것이 타당하다.

1) 헌재 2009. 6. 25. 2007헌마451, 판례집 21-1하, 872, 873:
국회의 위임 의결이 없더라도 국회의장은 국회에서 의결된 법률안의 조문이나 자구 · 숫자, 법률안의 체계나 형식 등의 정비가 필요한 경우 의결된 내용이나 취지를 변경하지 않는 범위 안에서 이를 정리할 수 있다고 봄이 상당하고, 이렇듯 국회의장이 국회의 위임 없이 법률안을 정리하더라도 그러한 정리가 국회에서 의결된 법률안의 실질적 내용에 변경을 초래하는 것이 아닌 한 헌법이나 국회법상의 입법절차에 위반된다고 볼 수 없다.

법률로서 확정된다(헌법 제53조 제5항). 대통령은 확정된 법률을 지체 없이 공포하여야 한다. 법률이 확정된 후 또는 재의결된 확정법률이 정부에 이송된 후 5일 이내에 대통령이 공포하지 아니할 때에는 국회의장이 이를 공포한다(헌법 제53조 제6항). 공포된 법률은 특별한 규정이 없는 한 공포한 날로부터 20일을 경과함으로써 효력을 발생한다(헌법 제53조 제7항).

3) 조약의 체결·비준에 대한 동의권

국회는 상호원조 또는 안전보장에 관한 조약, 중요한 국제조직에 관한 조약, 우호통상항해조약, 주권의 제약에 관한 조약, 강화조약, 국가나 국민에게 중대한 재정적 부담을 지우는 조약 또는 입법사항에 관한 조약의 체결·비준에 대한 동의권을 가진다(헌법 제60조 제1항). 물론 조약의 체결·비준은 대통령의 권한에 속하지만(헌법 제73조), 국회의 동의절차를 거쳐야 비로소 국내법과 같은 효력을 가지기 때문에(헌법 제6조 제1항),[1] 국회의 동의권은 중요한 국회의 입법에 관한 권한에 속한다고 볼 수 있다.

4) 국회의 규칙제정권

국회는 법률에 저촉되지 아니하는 범위안에서 의사와 내부규율에 관한 규칙을 제정할 수 있다(헌법 제64조 제1항). 이러한 규칙제정권은 국회의 자율권에 해당하면서 동시에 중요한 국회의 입법권의 한 내용이기도 하다.

(3) 국회의 입법권의 한계

국회의 입법권에도 일정한 한계가 있는데, 헌법원리에서 오는 본질적 한계와 외부적 한계가 그것이다.

---

1) 헌재 1999. 4. 29. 97헌가14, 판례집 11-1, 273:
대한민국과아메리카합중국간의상호방위조약제4조에의한시설과구역및대한민국에서의합중국군대의지위에관한협정(1967. 2. 9. 조약 제232호)은 그 명칭이 '협정'으로 되어 있어 국회의 관여 없이 체결되는 행정협정처럼 보이기도 하나 우리나라의 입장에서 볼 때에는 외국군대의 지위에 관한 것이고, 국가에게 재정적 부담을 지우는 내용과 입법사항을 포함하고 있으므로 국회의 동의를 요하는 조약으로 취급되어야 한다. 이 사건 조약은 국회의 비준동의와 대통령의 비준 및 공포를 거친 것으로 인정되므로 이 사건 조약이 국내법적 효력을 가짐에 있어서 성립절차상의 하자로 인하여 헌법에 위반되는 점은 없다.

1) 본질적 한계

국회의 입법권에는 헌법원리에서 오는 일정한 내재적 내지 본질적 한계가 있다. 즉 입법의 내용이 헌법의 핵심에 속하는 기본가치와 기본원리를 침해해서는 안된다. 예컨대 헌법상의 기본원리인 민주주의원리, 법치주의원리, 사회국가원리, 문화국가원리, 국제평화주의 등에 위배되어서는 안된다. 또한 헌법원리상 또는 헌법해석상 도출되는 다양한 원칙들, 예컨대 비례의 원칙, 기본권의 본질적 내용침해금지의 원칙, 신뢰보호의 원칙, 평등의 원칙, 소급입법금지의 원칙, 적법절차원리 등도 침해해서는 안된다. 아울러 헌법상 보장된 기본권을 침해해서도 안된다.

한편 입법권은 이른바 체계정당성(Systemgerechtigkeit)의 원리를 준수해야 한다. 체계정당성의 원리란 동일 규범내에서 또는 상이한 - 수평적 관계이건 수직적 관계이건 - 규범간에 그 규범의 구조나 내용 또는 규범의 근거가 되는 원칙면에서 상호 배치되거나 모순되어서는 안된다는 하나의 헌법적 요청(Verfassungspostulat)이다. 따라서 이는 규범 상호간의 구조와 내용 등이 모순됨이 없이 체계와 균형을 유지하도록 입법자를 기속하는 헌법적 원리라고 볼 수 있다.[1)] 이처럼 규범

---

1) ① 헌재 1992. 4. 28. 90헌바24, 판례집 4, 225, 239-240:
우리 형법은 태고적부터 가장 엄한 형벌을 내리는 사람의 생명을 박탈한 고의적인 살인범마저 고살과 모살의 구분 없이 사형·무기 또는 5년 이상의 유기징역형으로 규정하여 구체적 사건을 재판하는 법관에게 범행의 정상과 범죄인의 죄질을 참작한 후 탄력적으로 형을 선택하여 선고하고 작량감경할 사유가 있는 경우에는 집행유예의 선고가 가능하도록 폭넓은 법정형을 정하고 있는 것과 특정범죄가중처벌등에관한법률 제5조의3 제2항 제1호(1973. 2. 24. 법률 제2550호 신설)를 비교하여 보아도 이 사건 해당 범죄는 비록 사체유기 내지 유기치사라는 제2의 고의의 범행이 결합되기는 하지만 그 원인행위나 기본적인 구성요건은 우발적인 과실범인 업무상과실치사상에서 비롯되는 것인데 이를 가지고 사형, 무기징역 또는 10년 이상의 유기징역형으로 한정하여 집행유예선고의 여지마저 제한하고 있는 것은 범죄인의 교육개선과 사회복귀를 배려하여야 한다는 형사정책적인 관점에서 보거나 작금의 세계적인 입법추세에 비추어 보더라도 형벌제정의 일반원리에 어긋나는 것이 명백하고 이로 인하여 형벌체계상의 정당성을 잃은 과중한 법정형이라 아니할 수 없다.
결국 이 사건 법률조항은 일반예방적 차원에만 치중한 전근대적인 중형위주의 가혹한 응보형주의에 따른 입법규정은 될 수 있지만 범죄인의 교육개선과 사회복귀를 기본으로 하는 우리 헌법의 기본원리에 반하는 것이라 아니할 수 없고 나아가 이 사건 법률조항의 법정형은 다른 형사법이나 특가법과 비교 교량하여 보아도 지나치게 높아 법정형벌의 체계상 균형을 잃은 것으로 평등의 원리와 과잉입법금지의 원칙에 반하고 사법권행사의 기본인 법관의 양형재량의 독립적 권한을 지나치게 제한하는 것이다.

상호간의 체계정당성을 요구하는 이유는 입법자의 자의금지와 형평성, 규범의 명확성, 예측가능성, 투명성 및 신뢰보호와 법적 안정성을 확립하기 위한 것이고, 이는 국가공권력에 대한 통제와 이를 통한 국민의 자유와 권리의 보장을 이념으로 하는 법치주의원리로 부터 도출되는 것이라고 할 수 있다.[1)]

2) 외부적 한계

국회의 입법권은 다른 국가기관에 의하여 제한을 받는다. 예컨대 정부의 법률안제출권(헌법 제52조), 대통령의 법률안공포권(헌법 제53조 제1항) 및 법률안거부권(헌법 제53조 제2항)이 그것이다. 또한 헌법재판소에 의한 규범통제, 즉 위헌법률심판이나 헌법소원심판에 의한 국회가 제정한 법률이나 규칙에 대한 통제도 이에 해당한다.

2. 재정에 관한 권한

국회는 재정에 관한 권한을 가진다. 국민의 대표기관인 국회가 국가의 재정

---

② 헌재 2015. 9. 24. 2014헌바154 등, 판례집 27-2상, 555, 556:
형법 제261조(특수폭행), 제284조(특수협박), 제369조(특수손괴)의 '위험한 물건'에는 '흉기'가 포함된다고 보거나, '위험한 물건'과 '흉기'가 동일하다고 보는 것이 일반적인 견해이며, 폭력행위 등 처벌에 관한 법률 제3조 제1항 등의 '흉기'도 '위험한 물건'에 포함되는 것으로 해석된다. 그렇다면 심판대상조항의 구성요건인 '흉기 기타 위험한 물건을 휴대하여'와 형법조항들의 구성요건인 '위험한 물건을 휴대하여'는 그 의미가 동일하다. 그런데 심판대상조항은 형법조항들과 똑같은 내용의 구성요건을 규정하면서 징역형의 하한을 1년으로 올리고, 벌금형을 제외하고 있다.
흉기 기타 위험한 물건을 휴대하여 폭행죄, 협박죄, 재물손괴죄를 범하는 경우, 검사는 심판대상조항을 적용하여 기소하는 것이 특별법 우선의 법리에 부합하나, 형법조항들을 적용하여 기소할 수도 있다. 그런데 위 두 조항 중 어느 조항이 적용되는지에 따라 피고인에게 벌금형이 선고될 수 있는지 여부가 달라지고, 징역형의 하한을 기준으로 최대 6배에 이르는 심각한 형의 불균형이 발생한다. 심판대상조항은 가중적 구성요건의 표지가 전혀 없이 법적용을 오로지 검사의 기소재량에만 맡기고 있으므로, 법집행기관 스스로도 법적용에 대한 혼란을 겪을 수 있고, 이는 결과적으로 국민의 불이익으로 돌아올 수밖에 없다. 법집행기관이 이러한 사정을 피의자나 피고인의 자백을 유도하거나 상소를 포기하도록 하는 수단으로 악용할 소지도 있다. 따라서 심판대상조항은 형벌체계상의 정당성과 균형을 잃은 것이 명백하므로, 인간의 존엄성과 가치를 보장하는 헌법의 기본원리에 위배될 뿐만 아니라 그 내용에 있어서도 평등원칙에 위배된다.

1) 체계정당성에 대하여 자세한 것은 정연주, 분리된 선거구와 체계정당성, 공법연구 30집 4호, 2002. 6, 79쪽 이하 참조.

을 정하고 감시하는 것은 당연하다. 즉 국민으로부터 세금을 징수하고, 징수된 세금으로 이루어진 국가의 재정의 방향과 내용을 정하고 감시하는 것은 대의기관으로서의 국회의 당연한 권한이자 책무인 것이다. 이에 따라 우리 헌법 제54조 제1항은 "국회는 국가의 예산안을 심의·확정한다."고 규정하여 국가의 재정을 심의하고 결정하는 권한을 국회에 부여하고 있고, 헌법 제59조도 "조세의 종목과 세율은 법률로 정한다."는 조세법률주의를 규정함으로써 재정의 기초인 조세에 관한 사항을 반드시 국회의 법률로 정함으로 해서 조세징수의 권한을 국회에게 부여하고 있다.

따라서 헌법상 국회에게 부여된 재정에 관한 권한에는 조세입법권, 예산심의·확정권, 결산심사권, 정부의 중요 재정행위에 대한 동의·승인권 등이 있다.

(1) 조세입법권

1) 의의

국회는 조세입법권을 가진다. 앞서 언급한 바와 같이 국회는 재정에 관한 전반적 권한을 가지는데, 국가재정의 기초는 바로 조세이다. 따라서 국회는 입법권을 통해 조세의 근거를 정함으로써 재정에 관한 가장 기본적인 권한을 가지는 것이다. 이를 조세입법권이라고 한다. 즉 조세의 근거가 되는 법률의 제정권을 말한다. 헌법 제59조가 "조세의 종목과 세율은 법률로 정한다."고 규정함으로써 조세법률주의를 채택하고 있는 것이 바로 그것이다.

2) 조세의 개념

조세란 국가 또는 지방자치단체 등 공권력의 주체가 재정조달의 목적으로 국민으로부터 직접적인 반대급부 없는 금적적인 부담을 과하는 것이다. 이처럼 조세는 직접적인 반대급부 없이 강제적으로 부과·징수한다는 점에서 반대급부의 성격을 가지는 사용료나 수수료, 특정한 공익사업에 대하여 필요한 경비를 관계있는 자에게만 부과하는 부담금 등과 구별된다.

3) 조세법률주의의 내용

가. 과세요건 법정주의

먼저 과세의 중요한 요건은 모두 법률로 정해야지 하위규범에 위임해서는 안된다. 이를 과세요건 법정주의라고 한다. 조세는 국가재정의 가장 중요한 재원이지만 그 자체 국민의 재산권이라는 기본권과 경제활동에 대한 제한 내지 침해를 의미하므로 법률유보의 원칙에 따라 반드시 그 근거를 법률로 정해야 한다. 따라서 모든 국민이 지는 납세의 의무도 반드시 법률에 근거해서만 부과될 수 있는 것이고, 헌법 제38조도 "모든 국민은 법률이 정하는 바에 의하여 납세의 의무를 진다."라고 규정함으로써 이를 확인하고 있다.

조세법률주의와 관련하여 법률로 정해야 할 조세에 관한 사항은 헌법 제59조에 규정된 조세의 종목과 세율뿐만 아니라, 법률유보의 원칙에 따라 기타의 기본적이고 본질적인 사항, 예컨대 납세의무를 성립시키는 납세의무자, 과세물건, 과세표준, 과세기간, 세율 등의 모든 과세요건과 조세의 부과·징수절차, 과세에 관한 권리구제에 관한 사항 등도 포함된다고 할 것이다.[1)]

나. 과세요건 명확주의

과세요건을 법률로 규정하였다고 하더라도 그 규정내용이 지나치게 추상적이고 불명확하면 과세관청의 자의적인 해석과 집행을 초래할 염려가 있으므로 그 규정내용이 명확하고 일의적이어야 한다. 이를 과세요건 명확주의라 한다. 이는 과세요건을 법률로 명확하게 규정함으로써 국민의 재산권을 보장함과 동시에 국민의 경제생활에 법적 안정성과 예측가능성을 부여함을 목적으로 한다.[2)]

---

1) 헌재 1992. 12. 24. 90헌바21, 판례집 4, 890, 899-900:
우리 헌법은 제38조에서 "모든 국민은 법률이 정하는 바에 의하여 납세의 의무를 진다."라고 규정하고 또 제59조에서 "조세의 종목과 세율은 법률로 정한다."라고 규정하였다. 이러한 헌법규정에 근거를 둔 조세법률주의는 조세평등주의(헌법 제11조 제1항)와 함께 조세법의 기본원칙으로서 법률의 근거 없이는 국가는 조세를 부과·징수할 수 없고 국민은 조세의 납부를 요구당하지 않는다는 원칙이다. 이러한 조세법률주의는 조세는 국민의 재산권을 침해하는 것이 되므로 납세의무를 성립시키는 납세의무자, 과세물건, 과세표준, 과세기간, 세율 등의 모든 과세요건과 조세의 부과·징수절차는 모두 국민의 대표기관인 국회가 제정한 법률로 이를 규정하여야 한다는 것(과세요건 법정주의)과 또 과세요건을 법률로 규정하였다고 하더라도 그 규정내용이 지나치게 추상적이고 불명확하면 과세관청의 자의적인 해석과 집행을 초래할 염려가 있으므로 그 규정내용이 명확하고 일의적이어야 한다는 것(과세요건 명확주의)을 그 핵심적 내용으로 하고 있다. 그렇다면 위 헌법규정들에 근거한 조세법률주의의 이념은 과세요건을 법률로 명확하게 규정함으로써 국민의 재산권을 보장함과 동시에 국민의 경제생활에 법적 안정성과 예측가능성을 부여하겠다는 것이라고 이해된다.

2) 헌재 2007. 4. 26. 2006헌바71, 판례집 19-1, 502, 507.

다. 조세평등주의

과세는 개인의 담세능력에 상응하여 공정하고 평등하게 이루어져야 하며, 합리적 이유 없이 특정의 납세의무자를 불리하게 차별하거나 우대하는 것은 허용되어서는 안된다. 이를 조세평등주의라고 한다.[1] 이러한 조세평등주의는 헌법 제11조 제1항의 평등의 원칙상 당연히 요구되는 원칙이라고 하겠다.

(가) 응능부담의 원칙

이러한 조세평등주의는 납세자의 조세부담이 납세자의 담세능력에 따라 정해져야 한다는 이른바 응능부담의 원칙을 요구한다. 따라서 담세능력을 무시한 세율은 조세평등주의를 위반하는 것이다. 조세평등주의가 요구하는 이러한 담세능력에 따른 과세의 원칙, 즉 응능부담의 원칙은 한편으로 동일한 소득은 원칙적으로 동일하게 과세될 것을 요청하며(이른바 수평적 조세정의), 다른 한편으로 소득이 다른 사람들간의 공평한 조세부담의 배분을 요청한다(이른바 수직적 조세정의).[2]

(나) 실질과세의 원칙

실질과세의 원칙은 과세요건사실에 대한 조세법의 적용에 있어서 경제적 실질과 법적 형식이 일치하지 않을 경우에는 경제적 실질에 따라 과세한다는 원칙을 말한다. 즉 과세 대상이 되는 소득, 수익, 재산, 행위 또는 거래의 귀속이 명의일 뿐이고 사실상 귀속되는 자가 따로 있을 때에는 사실상 귀속되는 자를 납세 의무자로 하며, 과세 표준의 계산은 소득, 수익, 재산, 행위 또는 거래의 명칭이나 형식에 관계없이 그 실질 내용에 따라 적용한다는 원칙이다. 이는 경제적 실질을 추구하여 그에 과세함으로써 조세를 공평하게 부과하겠다는 취지

---

1) 헌재 1996. 6. 26. 93헌바2, 판례집 8-1, 525, 535-536:
우리 헌법은 제11조 제1항에서 모든 국민은 법 앞에 평등하고 누구든지 합리적 이유 없이는 생활의 모든 영역에 있어서 차별을 받지 아니한다는 평등의 원칙을 선언하고 있으므로, 조세법률관계에 있어서도 과세는 개인의 담세능력에 상응하여 공정하고 평등하게 이루어져야 하고 합리적 이유 없이 특정의 납세의무자를 불리하게 차별하거나 우대하는 것은 허용되지 아니하는바 이를 조세평등주의라고 한다. 특정인이나 특정계층에 대하여 불리하게 차별하는 것뿐만 아니라 정당한 이유 없이 조세감면의 우대조치를 하는 것까지도 금지하는 이유는 조세우대조치에 의하여 조세감면의 조치를 받는 특정한 납세자군의 조세부담을 다른 납세자군이 떠맡게 되는 결과가 되어 조세평등의 이념에 반하고 따라서 일반 납세자들의 납세의식을 저하시키기 때문이다.

2) 헌재 1999. 11. 25. 98헌마55, 판례집 11-2, 593, 608.

이며, 이로써 결국 조세평등주의와 조세정의를 실현하고자 하는 것이다.[1)]

4) 조세법률주의의 예외

조세법률주의는 조세의 종목과 세율 등 조세의 부과 · 징수에 관한 사항은 국회가 제정한 법률로 정해야 한다는 원칙인데, 이에는 다음과 같은 예외가 있다.

가. 국제협력관세

관세법 제73조는 "① 정부는 우리나라의 대외무역 증진을 위하여 필요하다고 인정될 때에는 특정 국가 또는 국제기구와 관세에 관한 협상을 할 수 있다. ② 제1항에 따른 협상을 수행할 때 필요하다고 인정되면 관세를 양허할 수 있다. 다만, 특정 국가와 협상할 때에는 기본 관세율의 100분의 50의 범위를 초과하여 관세를 양허할 수 없다."라고 규정하여 외국과의 조약에 의하여 관세에 관한 협정세율을 정할 수 있도록 하고 있다. 이는 법률이 아닌 조약으로 세율을 정할 수 있도록 한 것으로 일종의 조세법률주의에 대한 예외로 볼 수 있다. 물론 이 경우 국회의 동의를 얻어야 국내법과 같은 효력을 갖기 때문에 이것이 국회입법권을 침해하는 것은 아니다.

나. 대통령의 긴급재정 · 경제명령

대통령은 법률의 효력을 가지는 긴급재정 · 경제명령을 통해 조세에 관한 사항을 규율할 수 있다(헌법 제76조 제1항 참조). 이는 법률이 아닌 대통령의 긴급재정 · 경제명령에 의하여 과세요건에 관하여 정하는 것으로 이 역시 일종의 조세법률주의에 대한 예외로 볼 수 있다. 그러나 대통령은 긴급재정 · 경제명령을 한 때에는 지체 없이 국회에 보고하여 그 승인을 얻어야 하고, 국회의 승인을 얻지 못한 때에는 그 명령은 그때부터 효력을 상실하며, 이 경우 그 명령에 의하여 개정 또는 폐지되었던 법률은 그 명령이 승인을 얻지 못한 때부터 당연히 효력을 회복하기 때문에(헌법 제76조 제3항 및 제4항), 이것이 국회입법권을 침해하는 것은 아니다.

(2) 예산심의 · 확정권

헌법 제54조 제1항이 "국회는 국가의 예산안을 심의 · 확정한다."라고 하여

---

1) 헌재 1998. 4. 30. 96헌바87 등, 판례집 10-1, 410, 420.

국회의 예산안의 심의·확정권을 규정하고 있다.

1) 예산의 개념과 법적 성질

가. 예산의 개념

예산이라 함은 1회계연도의 국가의 세입·세출에 관한 예정준칙이다. 즉 이는 한 회계연도를 단위로 편성되는 국가의 세입과 세출의 예정계획서로서 국회의 의결로 성립된다.

나. 예산의 법적 성질

예산의 형식으로는 두 가지 유형이 있는데, 하나는 법률의 형식으로 의결되는 경우이고(예산법률주의), 다른 하나는 법률 이외의 형식으로 의결되는 경우이다(예산비법률주의). 미국, 영국, 독일, 프랑스 등이 전자에 해당하고, 우리나라, 일본, 스위스 등이 후자에 해당하다. 우리의 경우 헌법 제53조에 따른 법률안에 대한 국회의 의결권과는 별도로 헌법 제54조에서 예산안에 대한 국회의 의결권을 규정하여 예산을 법률의 형식과 구별하고 있다. 따라서 예산이 법률의 형식으로 존재하는 국가와는 달리 우리의 경우 예산의 법적 성격이 문제된다. 이에 대하여는 훈령설, 승인설, 법규범설 등 다양한 견해가 존재하는데, 일반적으로는 법규범의 일종으로 보고 있다. 왜냐하면 예산안은 국회의 의결로 성립하고, 일단 성립한 예산은 국가기관을 구속하는 준칙이 되기 때문이다.

다. 예산과 법률의 관계

(가) 양자의 차이

예산과 법률 상호간에는 다음과 같은 차이가 있다. 첫째, 예산은 예산의 형식으로 법률은 법률의 형식으로 존재한다. 둘째, 예산안의결권은 헌법 제54조가 근거이고, 법률안의결권은 헌법 제53조가 근거이다. 셋째, 예산안은 정부만 제출권을 가지지만, 법률안은 정부와 국회 양자가 제출권을 가진다. 넷째, 예산은 심의절차에 있어서 국회가 정부의 동의 없이 정부가 제출한 지출예산 각항의 금액을 증가하거나 새 비목을 설치할 수 없다. 그러나 법률안에 대하여는 국회가 아무런 제한 없이 수정할 수 있다. 다섯째, 대통령은 국회에서 의결된 예산에 대하여 거부권을 행사할 수 없지만, 법률안에 대하여는 대통령이 거부권을 행사할 수 있다. 여섯째, 예산은 관보에 공고하면 되고 공고가 효력발생요건이 아니지만, 법률안은 공포가 효력발생요건이다. 일곱째, 예산은 1회계연도에 한해서만 효력을 가지지만, 법률은 개폐될 때까지 효력을 가진다. 여덟째, 예산은 국가기관만을 구속하지만, 법률은 일반국민도 구속한다.

(나) 양자의 관계

이처럼 예산과 법률은 상호 독립해서 성립하는 등 다양한 차이가 있지만, 다른 한편 상호 밀접한 관련성이 있다. 예산은 그 집행에 있어서 법률의 근거가 있어야 하고, 법률도 그 집행에 있어서 예산의 뒷받침이 있어야 한다. 따라서 예산과 법률 상호간에 연계성이 확보되어야 한다. 이에 따라 정부는 예산안과 법률안을 제출할 때 예산과 법률의 불일치가 발생하지 않도록 모든 세출을 가능한 한 예산안에 반영하고, 근거법령과 예산안을 동시에 제출하며, 국회출석발언권 등을 통해서 이를 조정하도록 해야 할 것이다.

이를 위해 국회법 제79조의2는 의원이 예산상 또는 기금상의 조치를 수반하는 의안을 발의하는 경우에는 그 의안의 시행에 수반될 것으로 예상되는 비용에 관한 국회예산정책처의 추계서 또는 국회예산정책처에 대한 추계요구서를 함께 제출하도록 하여야 하고, 위원회가 예산상 또는 기금상의 조치를 수반하는 의안을 제안하는 경우에는 그 의안의 시행에 수반될 것으로 예상되는 비용에 관한 국회예산정책처의 추계서를 함께 제출하여야 하며, 정부가 예산상 또는 기금상의 조치를 수반하는 의안을 제출하는 경우에는 그 의안의 시행에 수반될 것으로 예상되는 비용에 관한 추계서와 이에 상응하는 재원조달방안에 관한 자료를 의안에 첨부하도록 하고 있다. 또한 동법 제58조 제7항에 따라 국회 위원회는 안건이 예산상의 조치를 수반하는 경우에는 정부의 의견을 들어야 하며, 필요하다고 인정하는 경우에는 의안 시행에 수반될 것으로 예상되는 비용에 관하여 국회예산정책처의 의견을 들을 수 있다. 아울러 동법 제83조의2 제1항은 기획재정부 소관인 재정 관련 법률안과 상당한 규모의 예산상 또는 기금상의 조치를 수반하는 법률안을 심사하는 소관 위원회가 미리 예산결산특별위원회와의 협의를 거치도록 하고 있다. 헌법 제57조가 국회로 하여금 정부의 동의 없이 정부가 제출한 지출예산 각항의 금액을 증가하거나 새 비목을 설치할 수 없도록 한 것도 같은 취지라고 하겠다.

만일 이러한 노력에도 불구하고 예산과 법률의 불일치가 발생할 경우를 대비해 헌법은 예비비제도(제55조 제2항)와 추가경정예산제도(제56조)를 두고 있다.

2) 예산의 내용

예산은 예산총칙 · 세입세출예산 · 계속비 · 명시이월비 및 국고채무부담행위로 구성된다(국가재정법 제19조). 예산총칙에는 세입세출예산 · 계속비 · 명시이월비 및 국고채무부담행위에 관한 총괄적 규정 등을 둔다(동법 제20조). 세입세출예산은 한 회계연도의 일체의 수입과 지출을 의미하는데 이는 독립기관 및 중앙관서의 소관별로 구분한 후 소관 내에서 일반회계 · 특별회계로 구분한다(동법 제21조). 계속비는 완성에 수년도를 요하는 공사나 제조 및 연구개발사업처럼 그 경비의 총액과 연부액을 정하여 미리 국회의 의결을 얻은 범위 안에서 수년도에 걸쳐서 지출할 수 있는 경비이다(헌법 제55조 제1항, 동법 제23조). 우리는 회계연도마다 예산안을 편성하는 1년예산주의를 취하고 있지만(헌법 제54조 제2항, 동법 제2조), 계속비의 경우에는 국가가 계속비를 지출할 수 있는 연한은 그 회계연도부터 5년 이내까지 연장될 수 있다. 또한 사업규모 및 국가재원 여건상 필요한 경우에는 예외적으로 10년 이내까지 연장될 수 있다(동법 제23조 제2항). 명시이월비는 세출예산 중 경비의 성질상 연도 내에 지출을 끝내지 못할 것이 예측되는 때에 그 취지를 세입세출예산에 명시하여 미리 국회의 승인을 얻은 후 다음 연도에 이월하여 사용할 수 있는 금액이다(동법 제24조). 국고채무부담행위는 법률에 따른 것과 세출예산금액 또는 계속비의 총액의 범위 안의 것 외에 채무를 부담하는 행위로서 미리 예산으로써 국회의 의결을 얻어야 한다(동법 제25조).

한편 정부는 예측할 수 없는 예산 외의 지출 또는 예산초과지출에 충당하기 위하여 일반회계 예산총액의 100분의 1 이내의 금액을 예비비로 세입세출예산에 계상할 수 있다(동법 제22조). 예비비는 총액으로 국회의 의결을 얻어야 하며, 예비비의 지출은 차기국회의 승인을 얻어야 한다(헌법 제55조 제2항).

3) 예산의 성립

예산이 성립되기 위해서는 정부에 의해서 예산안이 편성되어 국회에 제출되고 국회의 심의를 거쳐 의결된 후 정부에 이송되어 대통령이 서명 · 공고하여야 한다.

가. 예산안의 편성과 제출

예산안편성은 기획재정부장관의 주도 아래 정부만이 할 수 있다. 기획재정부장관은 국무회의의 심의를 거쳐 대통령의 승인을 얻은 다음 연도의 예산안편성지침을 매년 3월 31일까지 각 중앙관서의 장에게 통보하여야 한다(국가재정법 제29조). 각 중앙관서의 장은 위 예산안편성지침에 따라 그 소관에 속하는 다음 연도의 세입세출예산 · 계속비 · 명시이월비 및 국고채무부담행위 요구서(예산요구서)를 작성하여 매년 5월 31일까지 기획재정부장관에게 제출하여야 한다(동법 제31조). 기획재정부장관은 위 예산요구서에 따라 예산안을 편성하여 국무회의의 심의를 거친 후 대통령의 승인을 얻어야 한다(동법 제32조). 한편 예산안을 편성함에 있어서 우리나라는 예산을 1회계연도마다 편성하는 1년예산주의, 1회계연도의 경비는 그 회계연도의 세입으로 충당하는 회계연도독립주의, 국가의 총세입과 총세출을 계상하여 편성하는 총계예산주의, 국가의 세입과 세출을 단일회계로 통일하여 편성해야 하는 단일예산주의를 채택하고 있다.

정부는 회계연도 개시 90일 전까지 예산안을 국무회의의 심의를 거쳐 국회에 제출하여야 한다(헌법 제54조 제2항, 제89조 제4호). 정부는 예산안을 국회에 제출한 후 부득이한 사유로 인하여 그 내용의 일부를 수정하고자 하는 때에는 국무회의의 심의를 거쳐 대통령의 승인을 얻은 수정예산안을 국회에 제출할 수 있다. 제출한 예산안의 수정 또는 철회는 본회의 또는 위원회의 동의를 얻어야 한다(국가재정법 제35조, 국회법 제90조 제3항).

나. 예산안의 심의 · 의결

국회는 제출된 예산안을 심의해서 회계연도 개시 30일 전까지 이를 의결하여야 한다(헌법 제54조 제2항). 그런데 국회의 위원회는 예산안, 기금운용계획안, 임대형 민자사업 한도액안과 세입예산안 부수 법률안의 심사를 매년 11월 30일까지 마쳐야 한다. 위원회가 이 기한까지 심사를 마치지 아니하였을 때에는 그 다음 날에 위원회에서 심사를 마치고 바로 본회의에 부의된 것으로 본다. 다만 의장이 각 교섭단체 대표의원과 합의한 경우에는 그러하지 아니하다(국회법 제85조의3 제1항, 제2항).

예산안의 심의 · 의결에 있어서 국회는 대체로 ① 정부의 시정연설청취(동법 제84조 제1항 단서), ② 예산안의 소관 상임위원회 회부 및 소관 상임위원회의 예비심사(동법 제84조 제1항 본문), ③ 예산안의 예산결산특별위원회 회부 및 심사(동법 제84조 제2항), ④ 예산결산특별위원회의 예산안, 기금운용계획안 및 결산에 대한 공청회 개최(동법 제84조의3), ⑤ 예산안의 본회의 부의 · 심의 · 의결절차를 거치게 된다(동법 제84조 제2항).

그런데 국회의 예산안 심의에는 다음과 같은 제약이 따른다. 첫째, 정부의 동의 없이 정부가 제출한 지출예산 각 항의 금액을 증액하거나 새 비목을 설치하지 못한다(헌법 제57조). 둘째, 예산안에 대한 수정동의는 의원 50인 이상의 찬성이 있어야만 가능하다(국회법 제95조 제1항). 셋째, 계속비로서 이미 국회의 의결을 얻은 항목은 수정할 수 없다(헌법 제55조 제1항).

다. 예산의 공고

국회가 의결한 예산은 정부로 이송되어 대통령이 서명하고 관보에 게재함으로써 공고하게 되는데, 예산 공고문의 전문에는 국회의 의결을 받은 사실을 적고, 대통령이 서명한 후 대통령인을 찍고 그 공고일을 명기하여 국무총리와 관계 국무위원이 부서하여야 한다(「법령 등 공포에 관한 법률」 제8조, 제11조). 법률과 달리 예산의 공고는 효력발생요건이 아니다. 예산은 대외적 구속력이 없기 때문이다.

4) 준예산과 추가경정예산

가. 준예산

준예산제도는 국회가 회계연도 개시 30일 전까지 예산안을 의결하지 못한 때를 대비한 일종의 임시예산이다. 즉 새로운 회계연도가 개시될 때까지 예산안이 의결되지 못한 때에는 정부는 국회에서 예산안이 의결될 때까지 ① 헌법이나 법률에 의하여 설치된 기관 또는 시설의 유지 · 운영, ② 법률상 지출의무의 이행, ③ 이미 예산으로 승인된 사업의 계속을 위한 경비는 전년도 예산에 준하여 집행할 수 있다(헌법 제54조 제3항).

나. 추가경정예산

추가경정예산은 본예산의 성립 후 이미 예산에 계상된 예비비만으로 해결할 수 없는 불가피한 사유가 발생한 경우 이를 해결하기 위한 추가예산을 말한다. 정부는 예산에 변경을 가할 필요가 있을 때에는 추가경정예산안을 편성하여 국회에 제출할 수 있다(헌법 제56조). 이에 따라 정부는 ① 전쟁이나 대규모 재해(「재난 및 안전관리 기본법」 제3조에서 정의한 자연재난과 사회재난의 발생에 따른 피해를 말한다)가 발생한 경우, ② 경기침체, 대량실업, 남북관계의 변화, 경제협력과 같은 대내·외 여건에 중대한 변화가 발생하였거나 발생할 우려가 있는 경우, ③ 법령에 따라 국가가 지급하여야 하는 지출이 발생하거나 증가하는 경우의 어느 하나에 해당하게 되어 이미 확정된 예산에 변경을 가할 필요가 있는 경우에는 추가경정예산안을 편성할 수 있다. 정부는 국회에서 추가경정예산안이 확정되기 전에 이를 미리 배정하거나 집행할 수 없다(국가재정법 제89조).

(3) 결산심사권

국회는 결산심사권을 갖는다. 국가의 예산을 확정하는 국회가 그 예산의 집행을 감시하고 통제하는 결산심사권을 가지는 것은 당연하다. 예산심사가 정부의 재정작용에 대한 사전통제의 기능을 가진다면, 결산심사는 사후통제의 기능을 가진다. 국회의 결산심사권과 관련하여 헌법 제99조는 "감사원은 세입·세출의 결산을 매년 검사하여 대통령과 차년도 국회에 그 결과를 보고하여야 한다."라고 규정하고 있다. 정부의 결산보고에 대해서는 국가재정법(제56조 이하)이 자세히 규정하고 있다.

1) 국가결산보고서의 작성 · 제출

각 중앙관서의 장은 국가회계법에서 정하는 바에 따라 회계연도마다 작성한 결산보고서를 다음 연도 2월 말일까지 기획재정부장관에게 제출하여야 한다(국가재정법 제58조). 기획재정부장관은 국가회계법에서 정하는 바에 따라 회계연도마다 작성하여 대통령의 승인을 받은 국가결산보고서를 다음 연도 4월 10일까지 감사원에 제출하여야 한다(동법 제59조). 감사원은 기획재정부장관이 제출한 국가결산보고서를 검사하고 그 보고서를 다음 연도 5월 20일까지 기획재정부장관에게 송부하여야 한다(동법 제60조). 정부는 감사원의 검사를 거친 국가결산보고서를 다음 연도 5월 31일까지 국회에 제출하여야 한다(동법 제61조).

2) 국회의 결산심사

결산보고서가 국회에 제출되면 의장은 이를 소관 상임위원회에 회부하고, 소관 상임위원회의 예비심사를 거친 후 의장은 결산에 예비심사보고서를 첨부하여 이를 예산결산특별위원회에 회부하고, 그 심사가 끝난 후 본회의에 부의하여 의결한다(국회법 제84조).

3) 결산심사결과에 대한 조치

결산의 심사 결과 위법하거나 부당한 사항이 있는 경우에 국회는 본회의 의결 후 정부 또는 해당 기관에 변상 및 징계조치 등 그 시정을 요구하고, 정부 또는 해당 기관은 시정 요구를 받은 사항을 지체 없이 처리하여 그 결과를 국회에 보고하여야 한다(동법 제84조 제2항 후단). 또한 정부의 결산이 위법 · 부당할 경우 국무총리와 관계국무위원에 대한 해임건의(헌법 제63조), 탄핵소추의 의결(헌법 제65조) 등도 고려할 수 있을 것이다.

(4) 정부의 중요 재정행위에 대한 동의 · 승인권

국회는 정부의 중요 재정행위에 대한 사전동의권과 사후승인권을 가진다. 정부의 예비비지출에 대한 승인권(헌법 제55조 제2항 제2문), 정부의 국채모집에 대한 동의권(기채동의권, 헌법 제58조), 예산외에 국가의 부담이 될 계약체결에 대한 동의권(헌법 제58조), 국가나 국민에게 중대한 재정적 부담을 지우는 조약의 체결 · 비준에 대한 동의권(헌법 제60조 제1항), 대통령의 긴급재정 · 경제처분 및 긴급재정 · 경제명령에 대한 승인권(헌법 제76조 제3항) 등이 그것이다.

3. 국정통제에 관한 권한

국회는 국정통제에 관한 권한을 가진다. 이는 국회가 국정의 중심기관이어야 한다는 의회주의와 국민의 대표기관으로서의 국회의 지위에서 당연히 도출되는 권한이라고 하겠다. 앞서 다룬 국회의 전통적인 권한인 입법권 및 재정권과 더불어 오늘날 국회의 국정통제권은 매우 중요한 국회의 권한이자 권력의 분립 및 견제와 균형을 실현하기 위한 핵심적 수단이라고 할 수 있다.

(1) 탄핵소추권

국회는 대통령을 비롯한 고위공직자에 대해서 탄핵소추권을 가진다(헌법 제65

조). 이는 전통적인 국회의 국정통제기능에 속한다. 국회는 탄핵소추를 위한 의결권을 가지고, 탄핵심판권은 헌법재판소가 관할한다.

1) 의의

탄핵심판제도는 고위공직자가 위헌 · 위법행위를 한 경우 그 공직자를 파면시킴으로써 헌법을 보호하는 헌법재판제도이다. 탄핵의 근거조항인 헌법 제65조 제1항은 "대통령 · 국무총리 · 국무위원 · 행정각부의 장 · 헌법재판소 재판관 · 법관 · 중앙선거관리위원회 위원 · 감사원장 · 감사위원 기타 법률이 정한 공무원이 그 직무집행에 있어서 헌법이나 법률을 위배한 때에는 국회는 탄핵의 소추를 의결할 수 있다."라고 규정하고 있다. 탄핵심판은 일반사법절차에 따라 책임을 추궁하기 어렵거나 징계절차에 따라 징계하기도 곤란한 대통령을 비롯한 고위공직자나 헌법상 독립된 기관의 신분이 보장된 공직자가 직무집행과정에서 헌법과 법률을 위반할 때 헌법이 정하는 국회에 의한 특별한 소추절차에 따라 법적인 책임을 추궁함으로써 헌법을 보호하는 한편 대통령 등에 대한 강력한 통제기능을 가지는 제도라고 할 수 있다. 따라서 탄핵제도는 공권력통제(권력분립의 원칙)와 헌법수호(법치주의원리)의 기능을 가진다.

2) 탄핵의 대상과 사유

가. 탄핵의 대상

헌법 제65조 제1항은 탄핵의 대상이 되는 공직자를 대통령, 국무총리, 국무위원, 행정각부의 장, 헌법재판소 재판관, 법관, 중앙선거관리위원회 위원, 감사원장, 감사위원 기타 법률이 정한 공무원으로 하고 있다. 여기서 '기타 법률이 정한 공무원'으로서는 헌법에 열거된 공직자와 그 직위나 직무성격이 유사하고 일반사법절차에 의한 소추나 징계절차에 의한 징계가 곤란한 고위공직자를 상정할 수 있는데, 현행법상 실제로 탄핵대상으로 삼고 있는 경우는 경찰법 제11조 제6항에 따른 경찰청장, 검찰청법 제37조에 따른 검사, 선거관리위원회법 제9조에 따른 각급선거관리위원회 위원을 들 수 있다.

나. 탄핵의 사유

헌법 제65조 제1항에 따라 탄핵의 사유는 대상자가 '그 직무집행에 있어서 헌법이나 법률을 위배한 때'로 한정된다. 그러나 직무집행이 위헌 · 위법하더라도 탄핵결정, 즉 파면결정을 하기 위해서는 그 위헌·위법성이 피소추인의 파면을 정당화할 정도로 중대해야 한다. 따라서 위헌·위법성이 인정되더라도 헌법재판소는 추가로 '법위반이 어느 정도로 헌법질서에 부정적 영향이나 해악을 미치는지의 관점'과 '피청구인을 파면하는 경우 초래되는 효과'를 서로 형량하여 탄핵심판청구가 이유 있는지의 여부, 즉 파면 여부를 결정해야 할 것이다.[1]

3) 탄핵의 소추

가. 탄핵소추의 발의

탄핵의 소추는 국회가 하는데, 국회재적의원 3분의 1이상의 발의가 있어야 한다. 다만 대통령에 대한 탄핵소추는 국회재적의원 과반수의 발의가 있어야 한다(헌법 제65조 제2항).

나. 탄핵소추의 의결

탄핵소추의결에는 국회재적의원 과반수의 찬성이 있어야 한다. 다만 대통령에 대한 탄핵소추의결에는 국회재적의원 3분의 2이상의 찬성이 있어야 한다(헌법 제65조 제2항).

다. 탄핵소추의 효과

(가) 권한행사의 정지

탄핵소추의 의결을 받은 자는 탄핵심판이 있을 때까지 그 권한행사가 정지된다(헌법 제65조 제3항).

(나) 사직원의 접수나 해임의 금지

소추의결서가 피소추자와 그 소속기관의 장에게 송달되어 피소추자의 권한행사가 정지되면 임명권자는 피소추자의 사직원을 접수하거나 해임할 수 없다(국회법 제134조 제2항). 이를 어기는 임명권자의 행위는 위법한 것으로 무효라고 하겠다. 탄핵결정으로 인한 파면의 법적 효과를 회피하려는 시도를 막기 위한 것이라고 볼 수 있다.

---

1) 헌재 2004. 5. 14. 2004헌나1, 판례집 16-1, 609, 654-657; 헌재 2017. 3. 10. 2016헌나1, 판례집 29-1, 1, 21.

4) 탄핵의 결정

헌법재판소는 심판청구가 이유 있을 때 재판관 6인 이상의 찬성으로 탄핵의 결정을 할 수 있는데, 피청구인을 당해 공직에서 파면하는 결정을 선고한다(헌법재판소법 제53조 제1항).

5) 탄핵결정의 효과

(가) 공직파면

피청구인은 해당 공직에서 자동으로 파면된다(헌법 제65조 제4항 제1문).

(나) 민 · 형사상 책임

탄핵결정은 피청구인의 민사상 또는 형사상의 책임을 면제하지 아니한다(헌법 제65조 제4항 제2문 및 헌법재판소법 제54조 제1항). 따라서 민 · 형사상의 소추가 가능하다.

(다) 공직취임의 제한 등

탄핵결정에 의하여 파면된 자는 결정선고가 있은 날로부터 5년을 경과하지 아니하면 공무원이 될 수 없다(헌법재판소법 제54조 제2항). 이러한 공직자취임제한은 탄핵제도의 실효성을 확보하기 위하여, 그리고 탄핵된 자가 곧 바로 공직에 취임하는 것이 합법적이고 공정한 직무집행의 관점에서 적절치 않다는 점에서 정당화된다고 하겠다. 또한 파면된 자는 특정 전문직의 보유에 있어 일정기간 제한을 받는다(변호사법 제5조, 변리사법 4조, 세무사법 제4조, 공인회계사법 제4조, 공증인법 제13조 등).

(라) 사면 · 감형 · 복권

법에 명문의 규정은 없지만 탄핵결정으로 파면된 사람에 대해서는 대통령의 사면 · 감형 · 복권권의 행사가 제한된다고 보아야 할 것이다. 왜냐하면 파면된 자에 대한 사면 · 감형 · 복권권의 행사는 위헌 · 위법한 행위를 이유로 탄핵당한 자에 대한 민사상 또는 형사상의 책임을 면제하지 아니하거나 일정기간 공무에서 제외시키는 등의 탄핵제도의 효과와 취지에 비추어 타당하다고 보기 어렵기 때문이다. 참고로 미국헌법은 탄핵을 형의 집행유예나 사면의 대상에서 제외시키고 있다(연방헌법 제2조 제2항 제1문).

(2) 국정감사 및 국정조사권

1) 의의

헌법 제61조는 "① 국회는 국정을 감사하거나 특정한 국정사안에 대하여 조사할 수 있으며, 이에 필요한 서류의 제출 또는 증인의 출석과 증언이나 의견의 진술을 요구할 수 있다. ② 국정감사 및 조사에 관한 절차 기타 필요한 사항은 법률로 정한다."라고 규정하여 국회에게 국정 전반에 대한 통제권한으로서 국정감사권과 국정조사권을 부여하고 있고, 구체적인 사항은 법률에 위임하고 있다. 이에 따라 「국정감사 및 조사에 관한 법률」과 「국회에서의 증언·감정 등에 관한 법률」이 제정되어 있다.

2) 국정감사·조사권의 본질과 기능

국회의 국정감사권과 국정조사권은 국회의 국정통제에 관한 권한 중 가장 전통적이고 광범위한, 그리고 실효성이 큰 국정 전반에 관한 통제권한이라고 하겠다. 국회의 국정감사·조사권은 국민주권주의와 대의제도에 입각한 의회중심주의 및 권력분립의 원칙에 바탕을 둔 국회의 독립적인 통제권한이다. 따라서 국정감사·조사권의 주된 기능은 정부와 대통령을 비롯한 국가기관의 작용을 감시·비판하고 견제하는 국정통제라고 하겠다. 아울러 이는 입법권, 재정권, 헌법기관구성에 관한 권한 등의 전통적인 국회의 권한과 기능을 실현하기 위한 보조기능으로서의 역할을 한다. 왜냐하면 국정감사·조사를 통해 수집한 자료와 정보를 국회의 입법작용이나 재정작용을 비롯한 다양한 의정활동을 효과적으로 수행하기 위한 수단으로 활용할 수 있기 때문이다. 또한 국회내의 야당 등 소수보호의 기능도 가진다고 하겠다. 왜냐하면 오늘날과 같은 심화된 정당제도하에서 정당을 통한 국회와 정부의 융화현상 때문에 국회의 대정부 견제력이 약화될 수밖에 없고, 따라서 정부·여당 대 야당의 대립구도가 형성되어 국회의 대정부 견제력을 대체하고 있는 현실을 감안할 때 국정감사·조사권은 국회내의 소수 내지 소수야당에 의한 대정부견제수단으로서의 기능을 가진다고 할 수 있기 때문이다. 한편 국정감사·조사권은 국민의 알권리 등 기본권의 보장기능도 가진다. 왜냐하면 국정감사·조사를 통해 수집한 자료와 정보 및 국정에 관한 사실규명은 국민의 정보의 자유 내지 알권리의 실현에도 이바지하는 기능을 가지기 때문이다.

3) 국정감사권과 국정조사권의 관계

한편 국정조사권만을 채택하고 있는 대부분의 국가들과는 달리 우리는 국정감사권과 국정조사권을 모두 채택하고 있는데, 굳이 그럴 필요가 있는지 그 타당성에 대한 의문이 제기될 수 있다. 그러나 국정조사권만을 채택하고 있는 국가들의 경우 대체로 국정조사가 활성화되어 있어 국정조사권만으로도 충분히 소기의 목적을 달성하고 있지만, 우리의 경우에는 그렇다고 보기 어렵고, 또한 국정조사와 구별되는 국정감사의 특성과 장점이 있기 때문에 국회의 국정통제 기능을 비롯한 다양한 국회의 기능의 강화 및 활성화를 위하여 국정조사권과 더불어 국정감사권도 채택한 나름대로의 의의가 있다고 볼 수 있다. 그러나 다른 한편 심화된 정당국가적 경향에 따른 지나친 정당 간 내지 여야 간의 대립과 갈등으로 국정감사가 정쟁의 수단으로 전락하고 있다는 점을 부인하기 어렵고, 그로 인해 장기간의 행정마비 등 다양한 부작용도 발생하고 있다는 비판도 제기된다. 또한 국정감사제도 자체의 목적과 기능이 과연 효과적으로 실현되고 있는지도 의문이다. 따라서 국정조사가 선진국에서처럼 제대로 활성화된다면 장기적으로는 국정감사제도를 폐지하는 것이 바람직하다고 생각한다.

국정감사와 국정조사는 본질, 방법, 절차, 기능, 효과, 한계 등에서는 동일하지만, 그 시기와 기간, 주체, 대상 등에서 구별된다. 즉 국정감사는 국정전반에 관하여 소관 상임위원회별로 매년 정기회 집회일 이전에 국정감사 시작일부터 30일 이내의 기간을 정하여 실시한다. 다만 본회의 의결로 정기회 기간 중에 감사를 실시할 수 있다(「국정감사 및 조사에 관한 법률」 제2조 제1항). 반면 국정조사는 국회 재적의원 4분의 1 이상의 요구가 있는 때에 특별위원회 또는 상임위원회가 국정의 특정사안에 관하여 실시한다(동법 제3조 제1항). 따라서 국정감사의 경우에는 국정전반에 대하여 소관 상임위원회별로 정기적으로 30일 이내에 실시되지만, 국정조사는 특정사안에 관하여 특별위원회 또는 상임위원회가 필요할 경우에 한하여 필요한 기간동안 실시된다는 점에서 양자가 구별된다. 따라서 국정감사가 국정조사로 발전할 수는 있어도 국정조사가 국정감사로 확대될 수는 없다.

4) 국정감사 · 조사의 내용과 방법

가. 주체

국정감사는 소관 상임위원회별로 실시한다(동법 제2조 제1항). 따라서 국정감사의 주체는 소관 상임위원회이다. 반면 국정조사는 특별위원회 또는 상임위원회가 실시한다(동법 제3조 제1항). 따라서 국정조사의 주체는 특별위원회 또는 상임위원회이다.

나. 시기와 기간

국정감사는 매년 정기회 집회일 이전에 국정감사 시작일부터 30일 이내의 기간을 정하여 실시한다. 다만 본회의 의결로 정기회 기간 중에 감사를 실시할 수 있다(동법 제2조 제1항). 그러나 국정조사는 성질상 시기와 기간을 미리 정할 수 없고, 필요한 시기에 필요한 기간 동안 실시된다.

다. 대상

국정감사의 대상기관은 ① 정부조직법, 그 밖의 법률에 따라 설치된 국가기관, ② 지방자치단체 중 특별시 · 광역시 · 도(다만 그 감사범위는 국가위임사무와 국가가 보조금 등 예산을 지원하는 사업으로 한다), ③「공공기관의 운영에 관한 법률」 제4조에 따른 공공기관, 한국은행, 농업협동조합중앙회, 수산업협동조합중앙회, ④ 위에서 적시한 기관 이외의 지방행정기관, 지방자치단체, 감사원법에 따른 감사원의 감사대상기관(이 경우 본회의가 특히 필요하다고 의결한 경우로 한정한다)이다(동법 제7조).

국정조사의 대상기관은 본회의 의결로 승인된 조사계획서에 기재된 기관이다(동법 제3조 제4항 참조).

라. 방법과 절차

국정감사는 소관 상임위원회별로 상임위원장이 국회운영위원회와 협의하여 작성한 감사계획서에 따라 실시한다. 국회운영위원회는 상임위원회 간에 감사대상기관이나 감사일정의 중복 등 특별한 사정이 있는 때에는 이를 조정할 수 있다(동법 제2조 제2항). 국정조사는 국회 재적의원 4분의 1 이상의 요구가 있는 때에 특별위원회 또는 상임위원회가 국정의 특정사안에 관하여 실시한다. 국정조사 요구는 조사의 목적, 조사할 사안의 범위와 조사를 할 위원회 등을 기재하여 요구의원이 연서한 서면으로 하여야 한다. 의장은 조사요구서가 제출되면 지체 없이 본회의에 보고하고 각 교섭단체 대표의원과 협의하여 조사를 할 특별위원회를 구성하거나 해당 상임위원회(조사위원회)에 회부하여 조사를 할 위원회를 확정한다. 이 경우 국회가 폐회 또는 휴회 중일 때에는 조사요구서에 따라 국회의 집회 또는 재개의 요구가 있는 것으로 본다. 조사위원회는 조사의 목적, 조사할 사안의 범위와 조사방법, 조사에 필요한 기간 및 소요경비 등을 기재한 조사계획서를 본회의에 제출하여 승인을 받아 조사를 한다(동법 제3조). 감사 및 조사는 공개한다. 다만 위원회의 의결로 달리 정할 수 있다(동법 제12조).

지방자치단체에 대한 감사는 둘 이상의 위원회가 합동으로 반을 구성하여 할 수 있다(동법 제7조의2). 위원회는 조사를 하기 전에 전문위원이나 그 밖의 국회사무처 소속 직원 또는 조사대상기관의 소속이 아닌 전문가 등으로 하여금 예비조사를 하게 할 수 있다(동법 제9조의2). 위원회, 소위원회 또는 반은 감사 또는 조사를 위하여 그 의결로 감사 또는 조사와 관련된 보고 또는 서류 등의 제출을 관계인 또는 그 밖의 기관에 요구하고, 증인·감정인·참고인의 출석을 요구하고 검증을 할 수 있다. 다만 위원회가 감사 또는 조사와 관련된 서류 등의 제출 요구를 하는 경우에는 재적위원 3분의 1 이상의 요구로 할 수 있다. 위원회, 소위원회 또는 반은 증거의 채택 또는 증거의 조사를 위하여 청문회를 열 수 있다. 위원회 등의 요구를 받은 관계인 또는 기관은 「국회에서의 증언·감정 등에 관한 법률」에서 특별히 규정한 경우를 제외하고는 누구든지 이에 따라야 하고, 위원회의 검증이나 그 밖의 활동에 협조하여야 한다. 감사 또는 조사를 위한 증인·감정인·참고인의 증언·감정 등에 관한 절차는 「국회에서의 증언·감정 등에 관한 법률」에서 정하는 바에 따른다(동법 제10조). 조사기간 및 자료의 부족 등으로 인하여 조사가 추가로 필요하다고 인정되는 경우나 사전조사가 필요한 경우에는 본회의 또는 위원회 의결로 감사원 등 관계 행정기관의 장에게 인력, 시설, 장비 등의 지원을 요청할 수 있다. 이 경우 관계 행정기관의 장은 특별한 사유가 없으면 이에 따라야 한다(동법 제15조의2).

감사 또는 조사를 위한 증인·감정인·참고인의 증언·감정 등에 관한 절차는 「국회에서의 증언·감정 등에 관한 법률」이 상세히 규정하고 있는데, 증인출석 등의 의무(제2조), 증언 등의 거부(제3조), 공무상 비밀에 관한 증언·서류 등의 제출(제4조), 서류 등의 제출 거부 등에 대한 조치요구(제4조의2), 증인 등의 출석요구(제5조), 증인에 대한 동행명령(제6조), 증인의 보호(제9조), 증인 등의 불출석, 국회모욕, 위증 등에 대한 고발 및 처벌(제12조-제15조) 등이 그것이다.

5) 국정감사 · 조사 결과의 보고 및 처리

국정감사 또는 국정조사를 마쳤을 때에는 위원회는 지체 없이 그 감사 또는 조사 보고서를 작성하여 의장에게 제출하여야 한다. 보고서에는 증인 채택 현황 및 증인신문 결과를 포함한 감사 또는 조사의 경과와 결과 및 처리의견을 기재하고 그 중요근거서류를 첨부하여야 한다. 보고서를 제출받은 의장은 이를 지체 없이 본회의에 보고하여야 한다. 의장은 위원회로 하여금 중간보고를 하게 할 수 있다(동법 제15조). 국회는 본회의 의결로 감사 또는 조사 결과를 처리한다. 국회는 감사 또는 조사 결과 위법하거나 부당한 사항이 있을 때에는 그 정도에 따라 정부 또는 해당 기관에 변상, 징계조치, 제도개선, 예산조정 등 시정을 요구하고, 정부 또는 해당 기관에서 처리함이 타당하다고 인정되는 사항은 정부 또는 해당 기관에 이송한다. 정부 또는 해당 기관은 시정요구를 받거나 이송받은 사항을 지체 없이 처리하고 그 결과를 국회에 보고하여야 한다. 국회는 처리결과보고에 대하여 적절한 조치를 취할 수 있다. 국회는 소관 위원회의 활동기한 종료 등의 사유로 처리결과보고에 대하여 조치할 위원회가 불분명할 경우 의장이 각 교섭단체 대표의원과 협의하여 지정하는 위원회로 하여금 이를 대신하게 하여야 한다(동법 제16조).

6) 국정감사 · 조사권의 한계

앞서 언급한 국정감사 · 조사권의 본질과 기능이 국정감사 · 조사권을 정당화시키는 한편, 그로부터 논리필연적으로 국정감사 · 조사권의 한계도 도출된다.

가. 권력분립적 한계

국정감사 · 조사권은 권력분립의 원칙을 실현시키기 위하여 인정되는 국가권력에 대한 통제장치이므로, 이로 인해 오히려 권력분립의 원칙이 훼손되어서는 안된다는 것은 당연하다. 따라서 국정감사 · 조사권이 사법권이나 행정권을 견제할 수는 있어도 이를 월권적으로 부당하게 침해할 수는 없다. 이에 따라 「국정감사 및 조사에 관한 법률」 제8조도 "감사 또는 조사는 … 계속 중인 재판 또는 수사 중인 사건의 소추에 관여할 목적으로 행사되어서는 아니 된다."라고 규정하고 있는 것도 그 때문이라고 하겠다.

나. 기본권적 한계

앞서 언급한 바와 같이 국정감사·조사권은 알권리 내지 정보의 자유 등 국민의 기본권실현에 기여하는 기능을 가지기 때문에 국정감사·조사권이 타인의 사생활보호 등 국민의 또 다른 기본권을 침해할 목적으로 행사되어서는 안된다는 것도 당연하다. 「국정감사 및 조사에 관한 법률」 제8조가 "감사 또는 조사는 개인의 사생활을 침해하거나 … 할 목적으로 행사되어서는 아니 된다."라고 규정하고 있는 것도 그 때문이다. 그러나 그렇다고 해서 타인의 기본권의 침해가 있을 경우 절대로 국정감사·조사가 금지되는 것은 아니고, 결국 국민의 알권리 등 국정감사·조사를 통해 달성되는 이익과 타인의 기본권 등 국정감사·조사를 통해 상실되는 이익을 형량해서 판단해야 할 것이다.

다. 기능적 한계

국정감사·조사권은 국회의 입법권, 재정권, 국정통제권, 헌법기관구성권한 등 다양한 권한과 기능의 실현을 위한 보조적 기능을 가지기 때문에, 이는 어디까지나 그러한 보조적 기능의 목적과 범위내에서 행사되어야지, 그러한 공익적 기능과는 관계가 없는 목적이나 정쟁의 수단으로 행사되어서는 안된다.

라. 공익적 한계

국정감사·조사권은 국가안보 등 긴절한 공익을 명백히 침해하면서까지 행사될 수는 없다. 따라서 이 경우에 결국 침해되는 공익과 국정감사·조사를 통해 달성되는 이익 사이의 형량을 통해 판단할 수밖에 없을 것이다.

(3) 대통령과 정부의 국정운영에 대한 통제권

국회는 지금까지 언급한 전통적이고 직접적인 국정통제권 이외에도 다양한 국정운영에 대한 통제권을 가지고 있다. 이는 대통령에 대한 통제와 정부에 대한 통제로 나눌 수 있다. 이들 국회의 통제권은 대체로 국회의 동의권, 승인권, 요구권 등을 통해 행사된다.

1) 대통령의 국정운영에 대한 통제권

국회는 대통령의 국정운영에 대한 통제권을 가지는데, 대통령의 긴급재정·경제처분 및 명령과 긴급명령에 대한 승인권(헌법 제76조 제3항), 대통령의 계엄 선포에 대한 해제요구권(헌법 제77조 제5항), 대통령의 일반사면에 대한 동의권(헌법 제79조 제2항) 등이 그것이다. 따라서 만일 대통령의 긴급재정·경제처분 및 명령과 긴급명령에 대한 국회의 승인을 얻지 못한 때에는 그 처분 또는 명령은 그때부터 효력을 상실한다. 이 경우 그 명령에 의하여 개정 또는 폐지되었던 법률은 그 명령이 승인을 얻지 못한 때부터 당연히 효력을 회복한다(헌법 제76조 제4항). 또한 국회가 계엄의 해제를 요구한 때에는 대통령은 계엄을 해제하여야 한다(헌법 제77조 제5항).

2) 정부에 대한 통제권

가. 정부의 외교·국방정책 수행에 대한 통제권

국회는 동의권을 통해 정부의 중요 외교정책과 국방정책의 수행에 대한 통제권을 가진다. 헌법 제60조 제1항이 "국회는 상호원조 또는 안전보장에 관한 조약, 중요한 국제조직에 관한 조약, 우호통상항해조약, 주권의 제약에 관한 조약, 강화조약, 국가나 국민에게 중대한 재정적 부담을 지우는 조약 또는 입법사항에 관한 조약의 체결·비준에 대한 동의권을 가진다."라고 규정한 것이 전자에 대한 것이고, 제2항이 "국회는 선전포고, 국군의 외국에의 파견 또는 외국군대의 대한민국 영역안에서의 주류에 대한 동의권을 가진다."라고 규정한 것이 후자에 대한 것이다.

나. 국무총리·국무위원 해임건의권

국회는 국무총리 또는 국무위원의 해임을 대통령에게 건의할 수 있다(헌법 제63조 제1항). 해임건의는 국회재적의원 3분의 1 이상의 발의에 의하여 국회재적의원 과반수의 찬성이 있어야 한다(헌법 제63조 제2항). 해임건의안이 발의되었을 때에는 의장은 그 해임건의안이 발의된 후 처음 개의하는 본회의에 그 사실을 보고하고, 본회의에 보고된 때부터 24시간 이후 72시간 이내에 무기명투표로 표결한다(국회법 제112조 제7항).

그런데 이 국회의 국무총리나 국무위원에 대한 해임건의권은 그 헌법적 해석과 운영상 어려움을 제기한다. 즉 해임건의권이 단순한 건의권에 불과하다면 이는 대통령에 대한 기속력이 없기 때문에 견제의 실효성이 없고, 만일 기속력이 있다고 한다면 이는 실질적으로 부분적 내각불신임권에 해당하는 것으로서 전형적인 의원내각제적 요소로 볼 수 있기 때문에 행정부와 입법부 상호간의 독립을 본질로 하는 대통령제와 조화되기 어렵다. 따라서 헌법상 정당화되기 어렵고, 실효성도 없는 제도라고 하겠다. 결국 해임건의권은 법적 구속력이 없는, 따라서 정치적인 의미와 기능만을 가지는 대정부견제의 수단으로 보아야 할 것이다.

다. 국무총리 · 국무위원 등에 대한 출석요구 · 질문권

국회는 국무총리 · 국무위원 또는 정부위원에 대한 출석요구 및 질문권을 가진다. 헌법 제62조 제2항이 "국회나 그 위원회의 요구가 있을 때에는 국무총리 · 국무위원 또는 정부위원은 출석 · 답변하여야 하며, 국무총리 또는 국무위원이 출석요구를 받은 때에는 국무위원 또는 정부위원으로 하여금 출석 · 답변하게 할 수 있다."라고 규정한 것이 그것이다.

(가) 국무위원 등의 출석 요구

본회의는 의결로 국무총리, 국무위원 또는 정부위원의 출석을 요구할 수 있다. 이 경우 그 발의는 의원 20명 이상이 이유를 구체적으로 밝힌 서면으로 하여야 한다(국회법 제121조 제1항). 위원회의 경우에는 의결로 국무총리, 국무위원 또는 정부위원의 출석을 요구할 수 있다. 이 경우 위원장은 의장에게 그 사실을 보고하여야 한다(동법 제121조 제2항). 본회의나 위원회는 특정한 사안에 대하여 질문하기 위하여 대법원장, 헌법재판소장, 중앙선거관리위원회 위원장, 감사원장 또는 그 대리인의 출석을 요구할 수 있다. 이 경우 위원장은 의장에게 그 사실을 보고하여야 한다(동법 제121조 제5항).

(나) 정부에 대한 질문

본회의는 회기 중 기간을 정하여 국정 전반 또는 국정의 특정 분야를 대상으로 정부에 대하여 질문(대정부질문)을 할 수 있다. 대정부질문은 일문일답의 방식으로 하되, 의원의 질문시간은 20분을 초과할 수 없다. 이 경우 질문시간에 답변시간은 포함되지 아니한다. 의제별 질문 의원 수는 의장이 각 교섭단체 대표의원과 협의하여 정한다. 의장은 의제별 질문 의원 수를 교섭단체별로 그 소

속 의원 수의 비율에 따라 배정한다. 이 경우 교섭단체에 속하지 아니하는 의원의 질문자 수는 의장이 각 교섭단체 대표의원과 협의하여 정한다. 의장은 의원의 질문과 정부의 답변이 교대로 균형 있게 유지되도록 하여야 한다. 대정부질문을 하려는 의원은 미리 질문의 요지를 적은 질문요지서를 구체적으로 작성하여 의장에게 제출하여야 하며, 의장은 늦어도 질문시간 48시간 전까지 질문요지서가 정부에 도달되도록 송부하여야 한다. 각 교섭단체 대표의원은 질문 의원과 질문 순서를 질문일 전날까지 의장에게 통지하여야 한다. 이 경우 의장은 각 교섭단체 대표의원의 통지 내용에 따라 질문 순서를 정한 후 본회의 개의 전에 각 교섭단체 대표의원과 정부에 통지하여야 한다(동법 제122조의2).

(다) 긴급현안질문

의원은 20명 이상의 찬성으로 회기 중 현안이 되고 있는 중요한 사항을 대상으로 정부에 대하여 질문(긴급현안질문)을 할 것을 의장에게 요구할 수 있다. 긴급현안질문을 요구하는 의원은 그 이유와 질문 요지 및 출석을 요구하는 국무총리 또는 국무위원을 적은 질문요구서를 본회의 개의 24시간 전까지 의장에게 제출하여야 한다. 의장은 질문요구서를 접수하였을 때에는 긴급현안질문 실시 여부와 의사일정을 국회운영위원회와 협의하여 정한다. 다만 의장은 필요한 경우 본회의에서 긴급현안질문 실시 여부를 표결에 부쳐 정할 수 있다. 의장의 결정 또는 본회의의 의결이 있었을 때에는 해당 국무총리 또는 국무위원에 대한 출석 요구의 의결이 있는 것으로 본다. 긴급현안질문 시간은 총 120분으로 한다. 다만 의장은 각 교섭단체 대표의원과 협의하여 시간을 연장할 수 있다. 긴급현안질문을 할 때 의원의 질문시간은 10분을 초과할 수 없다. 다만 보충질문은 5분을 초과할 수 없다(동법 제122조의3).

(라) 정부에 대한 서면질문

의원은 정부에 대하여 서면으로 질문할 수도 있다. 의원이 정부에 서면으로 질문하려고 할 때에는 질문서를 의장에게 제출하여야 한다. 의장은 질문서를 받았을 때에는 지체 없이 이를 정부에 이송한다. 정부는 질문서를 받은 날부터 10일 이내에 서면으로 답변하여야 한다. 그 기간 내에 답변하지 못할 때에는 그 이유와 답변할 수 있는 기한을 국회에 통지하여야 한다. 정부는 서면질문에 대하여 답변할 때 회의록에 게재할 답변서와 그 밖의 답변 관계 자료를 구분하여 국회에 제출하여야 한다. 정부의 답변에 대하여 보충하여 질문하려는 의원은 서면으로 다시 질문할 수 있다(동법 제122조).

4. 헌법기관의 구성에 관한 권한

국회는 헌법기관의 구성에 관한 권한을 가진다. 즉 국회는 국정운영의 중심이자 민주적 정당성이 가장 강한 국민의 대표기관으로서 다른 헌법기관을 직접 구성하거나 그 구성에 관여하면서 그 해당 헌법기관의 구성에 간접적인 민주적 정당성을 부여하는 권한을 가진다.

(1) 대통령선출권

우리 헌법은 대통령을 국민이 직접 선출하도록 하면서도, 대통령선거에서 최고득표자가 2인 이상인 경우에는 국회가 선출하도록 규정하고 있다. 즉 국회의 재적의원 과반수가 출석한 공개회의에서 무기명으로 결선투표를 실시하고 다수표를 얻은 사람을 당선자로 하도록 규정하고 있다(제67조 제2항, 국회법 제112조 제6항). 이에 따라 국회가 대통령결선투표권을 가진다.

그런데 이는 대통령직선제의 근본취지에 반하고, 국회를 통해 획득하는 간접적인 민주적 정당성은 대통령의 지위와 권한에 상응하지 못하며, 국회의 정당 내지 정파 구도에 따라 사실상 당선자가 정해지게 된다. 따라서 이 제도는 대통령제의 본질과 조화될 수 없는 것으로 체계정당성에 반한다고 보지 않을 수 없다. 결국 절대다수대표제를 바탕으로 한 국민에 의한 결선투표제가 도입되어야 할 것이다.

(2) 헌법기관구성원의 선출권

국회는 헌법재판소 9인의 재판관 중 3인의 재판관(헌법 제111조 제3항)과 중앙선거관리위원회 9인의 위원 중 3인의 위원(헌법 제114조 제2항)을 선출할 수 있는 권한을 가진다. 이로써 이들 헌법기관의 구성에 부분적이나마 간접적인 민주적 정당성을 부여하고 있다.

그러나 이러한 임명방식은 헌법재판소 등이 가지는 중요한 헌법상의 지위와 기능에 비추어 바람직하지 못하다. 특히 그에 상응하는 민주적 정당성과 절차적 정당성을 가진다고 보기 어렵다. 따라서 이들 기관의 구성원 모두를 국회에서 선출하되, 각 교섭단체의 의석비율에 따라 추천된 후보자를 국회재적의원 과반수 또는 2/3 이상의 찬성으로 선출하는 방식이 바람직하다고 생각된다. 그럴 경우 이들 기관의 민주적 정당성, 중립성, 독립성, 전문성 등이 더욱 강화될 수 있다고 생각한다.

(3) 헌법기관구성에 대한 동의권

국회는 국무총리 · 감사원장 · 대법원장과 대법관 · 헌법재판소장의 임명에 대한 동의권을 가진다. 이러한 국회의 동의권은 이들 헌법기관의 구성에 국회를 통한 간접적인 민주적 정당성을 부여하는 기능을 가짐과 동시에 대통령의 임명행위에 대한 견제 및 통제기능을 가진다. 이러한 국회동의권의 중요한 기능을 감안할 때 과거 수차례 대통령에 의하여 이루어진 이른바 국무총리서리 임명행위는 원칙적으로 정당화될 수 없다.[1] 왜냐하면 이러한 서리임명은 국회의 동의 없이 이루어지는 행위로서 국회의 대통령에 대한 견제 및 통제권한을 무력화하고, 민주적 정당성이 취약한 국무총리 서리로 하여금 헌법상의 모든 권한을 행사하도록 허용하는 것으로 그 자체 위헌이기 때문이다.[2]

---

1) 헌재 1998. 7. 14. 98헌라1, 판례집 10-2, 1, 2:
[재판관 조승형, 재판관 고중석의 의견]
대통령이 헌법에 정한 바에 따라 국회에 국무총리 임명동의요청을 한 다음 국회가 그 사정으로 임명동의안을 처리해 주지 아니한 특별한 사정이 있는 경우에 국무총리서리를 임명한 것은, 대통령이 국회에 국무총리 임명동의안을 제출하지 않거나 그 동의안이 부결된 상태에서 국무총리서리를 임명한 경우와는 달리, 실질적으로 국회의 동의를 얻어야 할 국무총리를 임명한 것이 아니라 그 명칭이나 형식에 관계없이 행정부 구성권자인 대통령이 헌법 제87조 제1항, 정부조직법 제23조에 따라 국무총리가 사고로 인하여 직무를 수행할 수 없을 때에 국무위원을 임명하여 국무총리 직무대행자를 지명할 수 있는 것에 준하여 국회가 임명동의안을 의결할 때까지 한시적으로 국무총리 직무대행자를 임명한 것에 불과하다고 할 것이므로 그 임명절차에 하자가 있다고 하더라도 이 사건 국무총리서리 임명행위가 직접적으로 헌법 제86조 제1항에 의한 국회의 국무총리 임명동의권이나 그 임명동의안에 관한 청구인들의 심의 · 표결권을 침해하였거나 침해할 현저한 위험이 있는 경우에 해당한다고 볼 수 없다.

2) 국무총리서리임명행위의 문제점에 대하여 자세한 것은 정연주, 국무총리서리임명행위의 위헌성, 기본권 · 국가 · 헌법, 성운 허경교수 화갑기념논문집, 1999. 4, 481쪽 이하 참조.

5. 국회의 자율권

국회는 독립한 헌법기관으로서 내부사항에 대하여 자율적으로 결정할 수 있는 자율권을 가진다. 이처럼 국회가 외부의 간섭 없이 자신의 문제를 스스로 결정할 수 있는 권한은 권력분립의 원칙상 당연히 인정되는 것이며, 또한 이는 입법권을 비롯한 국회의 다양한 권한과 기능의 실현을 효과적으로 뒷받침하는 것이기도 하다.

(1) 의사에 관한 자율권

국회는 의사절차 등에 관한 자율적 권한을 가진다. 즉 국회는 집회, 휴회, 폐회, 회기, 의사일정, 의사진행, 회의운영 등 국회의 의사절차 전반에 대하여 자주적인 결정을 할 수 있다. 물론 국회의 의사절차에 대하여는 헌법과 국회법에 규정되어 있지만, 이에 규정이 없을 경우에는 국회규칙으로 정하든지 국회가 독자적으로 의사절차에 관한 관행을 정할 수 있다. 따라서 국회의 의사절차에 헌법이나 법률을 명백히 위반한 흠이 있는 경우가 아니면 국회 의사절차에 관한 자율권은 권력분립의 원칙상 존중되어야 할 것이다.[1)]

---

1) ① 헌재 1998. 7. 14. 98헌라3, 판례집 10-2, 74, 75:

국회의장은 표결이 적법하게 진행되어 정상적으로 종결된 경우에는 개표절차를 진행하여 표결결과를 선포할 의무가 있다. 그러나 국무총리 임명동의안에 대한 투표가 진행되던 중 투표의 유효성을 둘러싸고 여·야간에 말다툼과 몸싸움이 벌어져 정상적인 투표가 이루어지지 않은 끝에 자정의 경과로 상당수의 국회의원들이 투표를 마치지 못한 가운데 본회의가 자동산회되었고, 이미 행하여진 투표가 과연 적법하게 진행되어 정상적으로 종결된 것인지 관련 법규나 국회의 의사관행에 비추어도 분명하지 않은 사정이라면 그 투표절차를 둘러싼 여러 문제는 국회가 여·야의 합의를 통하여 자율적으로 처리할 수 있다고 할 것이나, 여·야간에 타협과 절충이 실패하였다면 투표절차에 관한 최종적 판단권은 국회의장인 피청구인에게 유보되어 있다. 피청구인으로서는 이미 행해진 투표의 효력 여하, 투표의 종결 여부, 개표절차의 진행 여부 등 의사절차를 어떻게 진행할 것인지에 관한 선택권을 가진다고 할 것인데, 피청구인이 이와 같이 논란의 여지가 많은 사실관계하에서 개표절차를 진행하여 표결결과를 선포하지 아니하였다 하여 그것이 헌법이나 법률에 명백히 위배되는 행위라고는 인정되지 않으므로 다른 국가기관은 이를 존중하여야 한다. 따라서 투표가 정상적으로 종결되었는지에 관하여 헌법재판소가 독자적으로 판단하는 것은 바람직하지 않으며, 그 결과 피청구인에게 개표절차를 진행하여 표결결과를 선포할 의무가 있음을 인정할 수 없고, 그러한 작위의무가 인정되지 않는 이상 피청구인의 부작위에 의한 권한침해를 다투는 권한쟁의심판은 허용되지 않는다.

(2) 규칙제정에 관한 자율권

국회는 법률에 저촉되지 아니하는 범위안에서 의사와 내부규율에 관한 규칙을 제정할 수 있다(헌법 제64조 제1항). 이에 따라 국회는 자체 규칙을 독자적으로 제정할 수 있는 권한을 가진다. 국회규칙의 대상은 의사와 내부규율에 관한 것이다. 그런데 이 의사와 내부규율에 관한 사항은 이미 국회법에 상세히 규정되어 있기 때문에 국회법에서 규정하지 아니한 사항에 대해서만 규칙제정권을 가진다고 하겠다.

규칙은 법률에 저촉되지 아니하는 범위안에서만 제정될 수 있으므로 법률우위의 원칙이 적용되어 규범통제의 대상이 되지만, 법률유보의 원칙이 적용되는 것은 아니므로 법률의 구체적인 수권이 필요한 것은 아니다. 그런 점에서 이는 대외적 구속력을 가지는 위임명령 등의 법규명령은 아니고 일종의 행정규칙의 성격을 가진다고 하겠다.

(3) 의원신분에 관한 자율권

국회는 의원의 자격심사, 징계, 사직허가 등 의원의 신분에 관한 자율적인 결정권을 가진다.

1) 의원의 사직허가

국회는 의결로 의원의 사직을 허가할 수 있다. 다만 폐회 중에는 의장이 허가할 수 있다. 사직 허가 여부는 토론을 하지 아니하고 표결한다(국회법 제135조).

2) 의원의 자격심사

국회는 독자적으로 의원의 자격을 심사할 수 있다(헌법 제64조 제2항). 의원의

---

② 헌재 2017. 3. 10. 2016헌나1, 판례집 29-1, 1, 17:
국회의 의사절차에 헌법이나 법률을 명백히 위반한 흠이 있는 경우가 아니면 국회 의사절차의 자율권은 권력분립의 원칙상 존중되어야 하고, 국회법 제130조 제1항은 탄핵소추의 발의가 있을 때 그 사유 등에 대한 조사 여부를 국회의 재량으로 규정하고 있으므로, 국회가 탄핵소추사유에 대하여 별도의 조사를 하지 않았다거나 국정조사결과나 특별검사의 수사결과를 기다리지 않고 탄핵소추안을 의결하였다고 하여 그 의결이 헌법이나 법률을 위반한 것이라고 볼 수 없다

자격은 의원으로서의 신분을 유지하는데 필요한 적격성을 말한다. 예컨대 피선자격의 유무, 겸직으로 인한 자격상실의 유무 등의 자격요건을 말한다. 의원이 다른 의원의 자격에 대하여 이의가 있을 때 30명 이상의 연서로 의장에게 자격심사를 청구할 수 있다(국회법 제138조). 의원의 자격심사는 윤리특별위원회에서 이루어지는데, 윤리특별위원회가 심사보고서를 의장에게 제출하면 의장은 본회의에 부의하고, 본회의가 심사대상 의원의 자격 유무를 의결로 결정한다. 의원의 자격이 없는 것으로 의결할 때에는 재적의원 3분의 2 이상의 찬성이 있어야 한다(동법 제142조 제1항 및 제3항). 의원의 자격심사에 대하여는 법원에 제소할 수 없다(헌법 제64조 제4항).

3) 의원의 징계

가. 의의

국회는 의원을 징계할 수 있다(헌법 제64조 제2항). 의원이 청렴의 의무를 위반하였거나, 지위를 남용하였거나, 겸직 금지 규정을 위반하였거나, 영리업무에 종사하는 등 헌법과 국회법에서 정한 의무를 위반하거나 의원으로서의 품위를 손상시켰을 경우에는 국회는 윤리특별위원회의 심사를 거쳐 그 의결로써 징계할 수 있다(국회법 제155조).

나. 징계의 요구

의장은 징계대상자가 있을 때에는 윤리특별위원회에 회부하고 본회의에 보고한다. 위원장은 소속 위원 중에 징계대상자가 있을 때에는 의장에게 보고하며, 의장은 이를 윤리특별위원회에 회부하고 본회의에 보고한다. 의원이 징계대상자에 대한 징계를 요구하려는 경우에는 의원 20명 이상의 찬성으로 그 사유를 적은 요구서를 의장에게 제출하여야 한다. 징계대상자로부터 모욕을 당한 의원이 징계를 요구할 때에는 찬성의원을 필요로 하지 아니하며, 그 사유를 적은 요구서를 의장에게 제출한다. 위 징계 요구가 있을 때에는 의장은 이를 윤리특별위원회에 회부하고 본회의에 보고한다. 또한 윤리특별위원회의 위원장 또는 위원 5명 이상이 징계대상자에 대한 징계 요구를 하였을 때에도 윤리특별위원회는 이를 의장에게 보고하고 심사할 수 있다(동법 제156조). 의장의 징계의 요구 또는 회부의 시한은 사안에 따라 3일 또는 10일 이내이다(동법 제157조).

다. 징계의 절차

징계에 관한 회의는 본회의나 위원회의 의결이 있을 때를 제외하고는 공개하지 아니한다(동법 제158조). 윤리특별위원회는 징계대상자와 관계 의원을 출석하게 하여 심문할 수 있다(동법 제159조). 의원은 자기의 징계안에 관한 본회의 또는 위원회에 출석하여 변명하거나 다른 의원으로 하여금 변명하게 할 수 있다. 이 경우 의원은 변명이 끝난 후 회의장에서 퇴장하여야 한다(동법 제159조). 의장은 윤리특별위원회로부터 징계에 대한 심사보고서를 접수하였을 때에는 지체 없이 본회의에 부의하여 의결하여야 한다(동법 제162조).

라. 징계의 종류

징계의 종류는 ① 공개회의에서의 경고, ② 공개회의에서의 사과, ③ 30일 또는 90일 이내의 출석정지,[1] ④ 제명의 네 가지이다(동법 제163조 제1항). 의원을 제명하려면 국회재적의원 3분의 2 이상의 찬성이 있어야 한다(헌법 제64조 제3항). 제명이 의결되지 아니하였을 때에는 본회의는 다른 징계의 종류를 의결할 수 있다(국회법 제163조 제4항). 징계를 의결하였을 때에는 의장은 공개회의에서 그 사실을 선포한다(동법 제163조 제5항). 징계로 제명된 사람은 그로 인하여 궐원된 의원의 보궐선거에서 후보자가 될 수 없다(동법 제164조). 징계에 대하여는 법원에 제소할 수 없다(헌법 제64조 제4항).

4) 의원의 자격심사 및 징계에 대한 사법심사의 배제 문제

앞서 언급한 바와 같이 헌법 제64조 제4항은 의원의 자격심사와 징계에 대하여 법원에의 제소를 금지하고 있다. 이 규정은 국회의 자율권과 독자성을 존중한다는 권력분립의 원칙의 정신에 바탕을 두고 있다. 물론 국회는 국민을 대표하는 대의기관이므로 당연히 그 결정에 대한 자율성은 존중되어야 하나 헌법과 법률을 위반해서는 안된다는 한계를 벗어날 수는 없다. 따라서 헌법과 법률을 위반하는 국회의 행위는 정당화될 수 없는 것이다.[2] 그런 점에 비추어 볼

---

1) 이 경우 출석정지기간에 해당하는 「국회의원수당 등에 관한 법률」에 따른 수당·입법활동비 및 특별활동비는 2분의 1을 감액한다(동법 제163조 제1항 제3호).

2) 헌재 1997. 7. 16. 96헌라2, 판례집 9-2, 154, 165:
국회는 국민의 대표기관, 입법기관으로서 폭넓은 자율권을 가지고 있고, 그 자율권은 권력분립의 원칙이나 국회의 지위, 기능에 비추어 존중되어야 하는 것이지만, 한편 법치주의의

때 이 규정은 문제가 있다고 본다. 왜냐하면 국회의원은 입법권 등의 국가권력의 주체이자 동시에 공무담임권 등 기본권의 주체로서, 만일 예컨대 특정 정당 또는 특정 의원을 탄압할 목적으로 위헌·위법한 절차에 따라 의원이 제명되었다면 그 의원은 위헌적으로 자신의 입법권 등의 권한과 공무담임권 등의 기본권이 박탈당한 것이기 때문에 권한쟁의심판이나 헌법소원심판 또는 상황에 따라서는 행정소송을 제기할 수 있어야 하는데, 이를 원천적으로 봉쇄한 것은 해당 의원의 입법권 등의 헌법상·법률상의 권한이나 공무담임권 등의 기본권을 침해한 것임과 동시에 재판청구권 등의 본질적 내용을 침해한 것이기 때문이다.[1] 이는 국회의 자율권이라는 명분하에 기본권의 침해와 법치주의의 위반을 용인하겠다는 것으로 볼 수 있다. 결론적으로 기본권과 법치주의는 헌법의 핵심적 가치이자 모든 통치권력의 존재목적 내지 통치권력의 정당화를 위한 전제조건이기 때문에 국회의 자율권에 우선한다고 할 것이고, 따라서 위헌·위법한 행위를 한 국회의 자율권행사는 헌법상 결코 허용될 수 없다고 보아야 할 것이다.[2]

(4) 조직에 관한 자율권

국회는 독자적으로 그 내부를 조직할 수 있는 자율권을 가진다. 국회는 헌법과 국회법에 따라 국회의 기관인 의장 1인과 부의장 2인을 선출하고, 위원회를 구성하며, 기타 국회의 보조기관의 장과 직원을 자율적으로 임면할 수 있다.

(5) 질서에 관한 자율권

국회는 국회법에 따라 국회의 내부질서를 자율적으로 유지할 수 있는 권한을 가진다. 이는 크게 내부경찰권과 국회가택권으로 나뉜다. 전자는 원내의 질

원리상 모든 국가기관은 헌법과 법률에 의하여 기속을 받는 것이므로 국회의 자율권도 헌법이나 법률을 위반하지 않는 범위내에서 허용되어야 하고 따라서 국회의 의사절차나 입법절차에 헌법이나 법률의 규정을 명백히 위반한 흠이 있는 경우에도 국회가 자율권을 가진다고는 할 수 없다.

1) 참고로 독일 연방헌법재판소도 의회의 자율권에 기한 의사결정이 절차상의 하자를 지닐 경우에는 헌법재판과정에서 그에 대한 심사가 가능하다고 보고 있다[Vgl. BVerfGE 80, 188 (217ff.)].

2) 이러한 사법심사의 규범적 한계에 대하여 자세한 것은 정연주, 통치행위에 대한 사법심사, 저스티스 95호, 한국법학원, 2006. 12, 29쪽 이하 참조.

서을 유지하기 위하여 원내의 모든 자에게 명령·강제할 수 있는 권한이고, 후자는 국회출입을 통제할 수 있는 권한을 말한다. 이러한 국회의 질서자율권은 대체로 의장의 경호권을 통해서 행사된다(국회법 제143조). 이러한 국회의 경호를 위하여 국회에 경위를 둔다. 의장은 국회의 경호를 위하여 필요할 때에는 국회운영위원회의 동의를 받아 일정한 기간을 정하여 정부에 국가경찰공무원의 파견을 요구할 수 있다. 경호업무는 의장의 지휘를 받아 수행하되, 경위는 회의장 건물 안에서, 국가경찰공무원은 회의장 건물 밖에서 경호한다(동법 제144조).

Ⅶ. 국회의원의 지위와 권한 및 의무

국회의원은 합의체의 국가의사결정기관인 국회의 구성원이다. 따라서 국회의 지위 및 권한은 국회의원의 지위와 권한 및 의무와 직결되어 있다. 따라서 국회의 지위와 권한을 극대화·활성화시키기 위해서는 국회의원의 지위와 권한을 합리적인 범위에서 극대화시켜야 할 것이고, 이를 위해서는 국회의원의 지위와 권한 및 의무를 헌법 및 관련법규에서 최대한 그리고 합리적으로 규정해야 할 것이다. 이러한 국회의원의 권한과 의무는 국회의원이 갖는 지위로부터 도출되는데, 헌법은 국회의원의 권한과 의무에 관하여 규정함으로써 국회의원의 지위와 책임을 분명히 밝히고 있다.

1. 국회의원의 헌법상 지위

(1) 국회의 구성원으로서의 지위

헌법 제41조 제1항이 “국회는 국민의 보통·평등·직접·비밀선거에 의하여 선출된 국회의원으로 구성한다.”라고 규정하고 있듯이 국회의원은 국민에 의하여 직접 선출된 공직자로서 국회의 구성원으로서의 지위를 가진다. 이러한 국회의 구성원의 지위에서 국회의원은 다양한 헌법과 국회법상의 권한과 의무를 가진다. 국회의원의 불체포특권(헌법 제44조), 국회의원의 면책특권(헌법 제45조), 국회의원의 법률안제출권(헌법 제52조)을 비롯한 질의권, 토론권, 표결권 등의 권한과 국회의원의 겸직금지의무(헌법 제43조), 국회의원의 청렴의무(헌법 제46조 제1

항), 국회의원의 지위남용금지의무(헌법 제46조 제3항) 등의 의무가 그것이다. 이는 국회의원이 국회의 구성원으로서 가지는 독자적인 권한과 의무라고 하겠다.[1)]

(2) 국민의 대표자로서의 지위

국회의원은 국민의 대표자로서의 지위를 가진다. 즉 국회의원은 국민의 대표기관인 국회의 구성원이기 때문에 국회의원 스스로도 국민을 대표하는 지위를 가지는 것은 당연하다. 따라서 국회의원은 국회의 구성원으로서의 지위와 국민의 대표자로서의 지위라는 이중적 지위를 가진다. 즉 국회의원은 단순히 국회라는 헌법기관의 구성원으로서의 지위 뿐 아니라 그 스스로 독립한 헌법기관으로서의 지위를 가지는 것이다. 국회의원의 국민의 대표자로서의 지위는 국민으로부터의 민주적 정당성에 바탕을 두고 있는 것인데, 이러한 민주적 정당성의 부여는 자유위임에 기초한 것이다. 즉 국회의원은 국민 전체와 국가의 당위적 이익을 무기속적으로 대표하는 것이다.[2)] 이에 따라 헌법 제46조 제2항도 “국회의원은 국가이익을 우선하여 양심에 따라 직무를 행한다.”라고 규정하여 이러한 국회의원의 국민의 대표자로서의 지위와 자유위임의 원칙을 명시하고 있다. 아울러 이러한 국회의원의 자유위임적 대의활동을 뒷받침하기 위하여 국회의원에게 다양한 권한과 의무를 부여하고 있는데, 앞서 언급한 국회의원의 불체포특권, 국회의원의 면책특권, 국회의원의 겸직금지의무, 국회의원의 청렴의무, 국회의원의 지위남용금지의무 등이 그것이다.

한편 이러한 국회의원의 이중적 지위 때문에 국회의원에 대한 정당기속 내

---

1) 헌재 1995. 2. 23. 90헌마125, 판례집 7-1, 238, 242:
국회의원이 국회 내에서 행사하는 질의권·토론권 및 표결권 등은 입법권 등 공권력을 행사하는 국가기관인 국회의 구성원의 지위에 있는 국회의원에게 부여된 권한으로서 국회의원 개인에게 헌법이 보장하는 권리 즉 기본권으로 인정된 것이라고 할 수는 없다. 그러므로 국회의 구성원인 지위에서 공권력작용의 주체가 되어 오히려 국민의 기본권을 보호 내지 실현할 책임과 의무를 지는 국회의원이 국회의 의안처리과정에서 위와 같은 권한을 침해당하였다고 하더라도 이는 헌법재판소법 제68조 제1항에서 말하는 기본권의 침해에는 해당하지 않으므로, 이러한 경우 국회의원은 개인의 권리구제수단인 헌법소원을 청구할 수 없다고 할 것이다.

2) 헌재 1998. 10. 29. 96헌마186, 판례집 10-2, 600, 606:
대의제도에 있어서 국민과 국회의원은 명령적 위임관계에 있는 것이 아니라 자유위임관계에 있기 때문에 일단 선출된 후에는 국회의원은 국민의 의사와 관계없이 독자적인 양식과 판단에 따라 정책결정에 임할 수 있다.

지 교섭단체기속에는 일정한 한계가 있을 수밖에 없다. 따라서 만일 정당기속과 국회의원의 자유위임적 대의활동이 충돌할 경우 후자가 우선한다고 보아야 할 것이다. 그런데 이러한 국회의원의 자유위임적 대의활동과 관련하여 현행 공직선거법은 국회의원의 당적이탈의 경우 비례대표의원과 지역구의원을 구별해서 비례대표의원의 경우 그 의원직을 상실하도록 규정하고 있다. 즉 공직선거법 제192조 제4항이 "비례대표국회의원 또는 비례대표지방의회의원이 소속정당의 합당·해산 또는 제명외의 사유로 당적을 이탈·변경하거나 2 이상의 당적을 가지고 있는 때에는 국회법 제136조 또는 지방자치법 제78조(의원의 퇴직)의 규정에 불구하고 퇴직된다."라고 규정하고 있는 것이 그것이다. 그러나 이는 헌법상 문제가 있는 규정이다.

앞서 언급한 바와 같이 국회의원은 대의기관인 국회의 구성원으로서 국민으로부터 부여받은 민주적 정당성을 바탕으로 해서 양심에 따라 국가이익과 국민의 기본권 실현을 위한 독자적인 정책결정을 하는 하나의 독립한 헌법기관이다. 따라서 국회의원은 다수대표제 지역구의원이건 비례대표의원이건 앞서 언급한 자유위임의 원칙에 따라 일단 선출된 후에는 자신에게 민주적 정당성을 부여해 준 선거구민 내지 유권자나 선출과정에서 불가결한 매개역할 - 공천이나 비례대표후보자 명부작성 등을 통해서 - 을 한 정당에 기속됨이 없이 국민 전체를 대표하여 국가이익과 국민의 기본권실현을 위하여 독자적인 의정활동을 하는 것이다. 따라서 오늘날의 정당국가적 경향에 따른 소속의원에 대한 정당기속은 이 경우 국회의원의 대의활동을 제약하는 것으로서 원칙적으로 자유위임의 이념과 조화되기 어렵고, 그 한도내에서는 자유위임의 원칙이 우선해야 하는 것이다. 이 점에 대하여는 후술한다.

2. 국회의원자격의 발생과 소멸

(1) 의원자격의 발생

의원자격은 임기의 개시와 동시에 발생한다. 의원의 임기는 4년이고(헌법 제42조), 의원의 임기는 총선거에 의한 전임의원의 임기만료일의 다음 날부터 개시된다. 다만 의원의 임기가 개시된 후에 실시하는 선거에 의한 의원의 임기는 당선이 결정된 때부터 개시되며 전임자의 잔임기간으로 한다(공직선거법 제14조 제2

항). 비례대표국회의원에 궐원이 생긴 때에는 중앙선거관리위원회는 궐원통지를 받은 후 10일 이내에 그 궐원된 의원이 그 선거 당시에 소속한 정당의 비례대표국회의원후보자명부에 기재된 순위에 따라 궐원된 국회의원의 의석을 승계할 자를 결정하여야 하고, 따라서 비례대표의원직을 승계하는 의원의 자격은 중앙선거관리위원회가 승계를 결정·통고한 때로부터 발생한다(동법 제200조 제2항).

(2) 의원자격의 소멸

의원자격은 임기의 만료, 국회의원에 대한 자격심사에서의 무자격결정(헌법 제64조 제2항, 국회법 제142조 제3항), 국회의 제명(헌법 제64조 제3항), 선거무효 또는 당선무효판결의 확정(공직선거법 제224조), 사직의 허가(국회법 제135조), 피선거권의 상실로 인한 퇴직(국회법 제136조 제2항), 의원의 사망의 경우에 소멸한다. 그리고 의원이 공직선거법 제53조에 따라 사직원을 제출하여 공직선거후보자로 등록되었을 때 의원직에서 퇴직하며(국회법 제136조 제1항), 이 때 의원의 자격이 소멸한다. 한편 비례대표의원의 경우에는 임의적인 당적이탈·변경 시에도 의원직이 상실된다(공직선거법 제192조 제4항).

(3) 비례대표국회의원의 임의적인 당적이탈·변경 시의 의원직 상실 문제

그런데 위에서 언급한 국회의원자격의 소멸사유 중 공직선거법 제192조 제4항에 따른 비례대표의원의 의원직상실은 헌법상 문제가 있다. 앞서도 지적한 바와 같이 이는 국회의원에 대한 자유위임을 본질로 하는 대의제도와 조화되기 어렵다.

국회의원은 대의기관인 국회의 구성원으로서 국민으로부터 부여받은 민주적 정당성을 바탕으로 해서 국가이익과 국민의 기본권 실현을 위한 독자적인 정책결정을 하는 하나의 독립한 헌법기관이다. 따라서 국회의원은 지역구의원이건 비례대표의원이건 자유위임의 원칙에 따라 일단 선출된 후에는 자신에게 민주적 정당성을 부여해 준 선거구민이나 소속정당에 기속됨이 없이 국민 전체를 대표하여 국가이익과 국민의 기본권실현을 위하여 독자적인 의정활동을 하는 것이다. 따라서 오늘날의 정당국가적 경향에 따른 소속의원에 대한 정당기속은 자유위임의 원칙에서 오는 일정한 한계를 벗어날 수 없다.

물론 이러한 정당국가적 경향이 현대국가에서 현실적으로 불가피한 현상이고 의원의 대의활동을 돕는 효과적인 수단이라는 점도 인정되며, 따라서 헌법상의 정당조항인 제8조가 복수정당제와 다양한 정당특권을 보장하고 있다. 또한 정당민주주의의 효율적인 실현을 위하여 현실적으로 요구되는 소속의원에 대한 정당기속도 헌법 제8조에 의하여 어느 정도 정당화될 수 있다. 예컨대 비례대표선거제도는 국민의 정당에 대한 선택권을 인정함으로써 국민의 다양한 의사와 이익을 정당을 매개하여 정책에 반영하고 이로써 진정한 국가이익을 실현하기 위한 다원적 민주주의와 정당민주주의의 한 실현형태라고 볼 수 있고, 따라서 국회의원, 특히 비례대표의원에 대한 일정한 정당기속은 나름대로 정당화될 여지가 있으며, 실제로 의원들의 효율적인 의정활동을 위하여 어느 정도 정당기속이 요구되는 것도 사실이다.

그러나 이러한 정당기속에는 자유위임의 원칙에서 오는 일정한 한계가 있다. 즉 이는 어디까지나 의원의 양심에 따른 자유위임적 대의활동 그리고 전체 국민의 당위적 의사와 국가이익을 침해하지 않는다는 전제하에서만 정당화될 수 있는 것이다. 따라서 정당기속과 자유위임관계가 충돌할 때 자유위임관계가 우선해야 하는 것은 당연하다. 그리고 이러한 전제하에서만 헌법 제8조의 정당조항과 "국회의원은 국가이익을 우선하여 양심에 따라 직무를 행한다."라고 규정한 헌법 제46조 제2항의 자유위임조항의 조화로운 병존이 가능한 것이다.

두말할 나위 없이 정당기속은 그 정당의 정책과 강령 및 활동 등이 진정한 국가이익과 국민의 기본권실현에 기여할 때에만 정당화될 수 있고 자유위임의 원칙과 조화될 수 있다. 따라서 정당은 이러한 정당기속을 정당화시키고 강화시키기 위하여, 그리고 자신의 존립과 지지기반을 확보하고 대의기관의 정책결정과정에 자신의 영향력을 증대시키기 위하여 자신의 정강정책과 활동이 미래지향적인 국민의 당위적 의사와 기본권실현에 접근 내지 일치하도록 부단한 노력을 하여야 할 것이다. 이러한 전제조건이 충족될 때에만 비로소 소속의원에 대한 정당기속이 일정한 한도내에서 정당화될 수 있고 자유위임의 이념과도 조화될 수 있기 때문에, 만일 이러한 조건이 충족되지 않았고 또한 국회의원 자신이 이러한 조건이 충족될 수 없다고 독자적인 양심에 따라 판단했다면 그 해당 의원은 정당기속으로부터 해방되고 상황에 따라서는 당적변경도 할 수 있는 것이다. 앞서도 언급했듯이 정당기속보다 자유위임적 대의활동이 우선하기 때문이다.

그리고 이러한 원칙과 논리는 지역구의원과 비례대표의원 모두에게 동일하게 적용되어야 한다. 만일 비례대표의원이 정당이 주도해서 작성한 정당명부에 대한 선거인의 투표를 통해 당선되었기 때문에 이들에게 강한 정당기속이 적용되어야 한다면, 지역구의원도 - 극소수의 무소속의원을 제외한다면 - 정당의 공천을 통해 입후보한 것이고, 선거인도 오늘날 후보자 개인 보다는 정당을 기준으로 투표하는 현실을 감안할 때 지역구의원에게도 동일한 정당기속이 적용되어야 할 것이다. 또한 비례대표의원이 자신을 정당명부를 통해 공천해서 당선에 이르게 한 정당을 배신하고 정당한 이유 없이 임의로 당적을 이탈·변경하는 것이 정치도의에 반하고 선거인의 신임을 배신하는 것이어서 그의 의원직을 상실토록 하는 것이라면, 마찬가지로 자신을 공천해서 당선에 이르게 한 정당을 배신하고 정당한 이유 없이 임의로 당적을 이탈·변경하는 지역구의원도 정치도의에 반하고 선거인의 신임을 배신하는 것이어서 그의 의원직도 상실토록 해야 할 것이다. 따라서 임의적인 당적이탈·변경의 경우의 의원직상실제도를 비례대표의원에게만 적용하고, 지역구의원을 제외시킨 것은 평등원칙에도 위반된다.[1)]

결국 비례대표의원의 경우 정당기속을 우선시켜 임의적인 당적이탈·변경시 의원직을 상실케 하는 공직선거법 제192조 제4항은 자유위임의 원칙, 비례의 원칙, 평등의 원칙 등을 위반한 위헌적 규정이라고 아니할 수 없다.[2)]

---

1) 헌재 1994. 4. 28. 92헌마153, 판례집 6-1, 415, 424-425:
국회의원의 법적 지위 특히 전국구의원이 그를 공천한 정당을 탈당할 때 의원직을 상실하는 여부는 그 나라의 헌법과 법률이 국회의원을 이른바 자유위임(또는 무기속위임)하에 두었는가, 명령적 위임(또는 기속위임)하에 두었는가, 양 제도를 병존하게 하였는가에 달려있다. 역사적으로는 유럽의 중세기 등족회의에서의 의원은 특정사회층의 이익이나, 특정지역의 이익을 대표하였던 까닭에 의회에서의 행동에 대하여 각각 선거민에 대하여 책임을 지는 명령적 위임(또는 기속위임)이었으나, 1791년 프랑스헌법에서 "의원은 전 국민의 대표자이고, 특정지역의 대표자가 아니며, 의원에 대하여 위임을 부여할 수 없다."고 규정한 것을 위시하여 오늘날 독일·영국·프랑스·일본 등 자유민주주의국가에서는 거의가 헌법에 국회의원을 전 국민의 대표자라고 규정하여 자유위임하에 두는 제도를 채택하고 있다. 자유위임제도를 명문으로 채택하고 있는 헌법하에서는 국회의원은 선거모체인 선거구의 선거인이나 정당의 지령에도 법적으로 구속되지 아니하며, 정당의 이익보다 국가의 이익을 우선한 양심에 따라 그 직무를 집행하여야 하며, 국회의원의 정통성은 정당과 독립된 정통성이다. 이런 자유위임하의 국회의원의 지위는 그 의원직을 얻은 방법 즉 전국구로 얻었는가, 지역구로 얻었는가에 의하여 차이가 없으며, 전국구의원도 그를 공천한 정당을 탈당하였다고 하여도 별도의 법률규정이 있는 경우는 별론으로 하고 당연히 국회의원직을 상실하지는 않는다는 것이다.

참고로 독일의 경우에는 연방선거법 제46조 제1항 제5호에서 연방헌법재판소의 위헌결정에 따른 정당해산의 경우에는 소속의원 - 다수대표지역구의원이건 비례대표의원이건 마찬가지로 - 의 의원직상실을 규정하고 있지만, 우리의 공직선거법 제192조 제4항에 해당되는 법률조항은 없으며, 학설의 대체적인 입장도 비례대표의원의 임의적인 당적이탈·변경의 경우의 의원직상실이 "연방의회의원은 전체국민의 대표로서 어떠한 위임과 지시에도 기속되지 않고, 오로지 자신의 양심에만 기속된다."라고 규정한 기본법 제38조 제1항 제2문의 자유위임의 원칙에 비추어 볼 때 정당화될 수 없다고 보고 있다.

3. 국회의원의 권한과 의무

국회의원은 그 헌법상의 지위에서 오는 다양한 권한과 의무를 가진다.

(1) 국회의원의 권한

1) 의안발의권

의원은 다양한 의안을 발의할 수 있는 권한을 가진다. 의원은 10인 이상의 찬성으로 법률안 등 일반 의안을 발의할 수 있다(국회법 제79조 제1항). 또한 의원 20인 이상의 찬성으로는 국무총리, 국무위원 또는 정부위원의 출석요구안을 발의할 수 있고(동법 제121조 제1항), 긴급현안질문을 할 것을 의장에게 요구할 수 있으며(동법 제122조의3 제1항), 징계대상의원에 대한 징계요구안을 발의할 수 있다(동법 제156조 제3항). 의원 30인 이상의 찬성으로는 의원의 자격심사를 청구할 수 있다(동법 제138조). 재적의원 1/4 이상으로는 체포 또는 구금된 의원의 석방 요구를 발의할 수 있고(동법 제28조), 의원 전원으로 구성되는 전원위원회의 개회를 요구할 수 있다(동법 제63조의2). 재적의원 1/3 이상으로는 국무총리 또는 국무위원에 대한 해임건의안(헌법 제63조 제2항)과 대통령을 제외한 고위공직자에 대한 탄핵소추안(헌법 제65조 제2항)을 발의할 수 있다. 재적의원 과반수의 동의가 있으면 헌법개정안(헌법 제128조 제1항)과 대통령에 대한 탄핵소추안(헌법 제65조 제2항)을 발의할 수 있다.

---

2) 공직선거법 제192조 제4항의 위헌성에 대하여는 정연주, 대의제도와 정당기속, 인권과 정의, 1999. 8 (제276호), 82쪽 이하 참조.

2) 신속처리안건지정요구권

위원회에 회부된 안건을 신속처리대상안건으로 지정하고자 하는 경우 의원은 재적의원 과반수가 서명한 신속처리대상안건 지정요구 동의를 의장에게, 안건의 소관 위원회 소속 위원은 소관 위원회 재적위원 과반수가 서명한 신속처리안건지정동의를 소관 위원회 위원장에게 제출할 수 있다. 이 경우 의장 또는 안건의 소관 위원회 위원장은 지체 없이 신속처리안건 지정동의를 무기명투표로 표결하되, 재적의원 5분의 3 이상 또는 안건의 소관 위원회 재적위원 5분의 3 이상의 찬성으로 의결한다(국회법 제85조의2 제1항).

3) 임시회집회요구권

의원은 국회 재적의원 1/4 이상이 공동으로 국회임시회의 집회를 요구할 수 있는 권한을 가진다(헌법 제47조 제1항).

4) 국정조사요구권

의원은 국회 재적의원 4분의 1 이상의 요구로 특별위원회 또는 상임위원회로 하여금 국정의 특정사안에 관하여 국정조사를 하게 할 수 있다(「국정감사 및 조사에 관한 법률」 제3조).

5) 상임위원회의 위원이 될 수 있는 권한

의원은 둘 이상의 상임위원회의 위원이 될 수 있다(국회법 제39조 제1항).

6) 발언권

의원은 본회의와 위원회에서 의제 또는 의사진행에 관해서 발언할 수 있는 권한을 가진다. 의원은 발언을 하려면 미리 의장에게 통지하여 허가를 받아야 한다. 발언 통지를 하지 아니한 의원은 통지를 한 의원의 발언이 끝난 다음 의장의 허가를 받아 발언할 수 있다. 의원은 의제와 관계없거나 허가받은 발언의 성질과 다른 발언을 하여서는 아니 된다(동법 제102조). 의원은 같은 의제에 대하여 두 차례만 발언할 수 있다. 다만 질의에 대하여 답변할 때와 위원장·발의자 또는 동의자가 그 취지를 설명할 때에는 그러하지 아니하다(동법 제103조). 정부에 대한 질문을 제외하고는 의원의 발언 시간은 15분을 초과하지 아니하는 범위에서 의장이 정한다. 다만 의사진행발언, 신상발언 및 보충발언은 5분을, 다른 의원의 발언에 대한 반론발언은 3분을 초과할 수 없다. 한편 교섭단체를 가진 정당을 대표하는 의원이나 교섭단체의 대표의원이 정당 또는 교섭단체를 대표하여 연설이나 그 밖의 발언을 할 때에는 40분까지 발언할 수 있다. 의장은 각 교섭단체 대표의원과 협의하여 같은 의제에 대한 총 발언시간을 정하여 교섭단체별로 소속 의원 수의 비율에 따라 할당한다. 이 경우 각 교섭단체 대표의원은 할당된 시간 내에서 발언자 수와 발언자별 발언시간을 정하여 미리 의장에게 통보하여야 한다. 교섭단체에 속하지 아니하는 의원의 발언시간 및 발언자 수는 의장이 각 교섭단체 대표의원과 협의하여 정한다(동법 제104조).

의장은 본회의가 개의된 경우 그 개의 시부터 1시간을 초과하지 아니하는 범위에서 의원에게 국회가 심의 중인 의안과 청원, 그 밖의 중요한 관심 사안에 대한 의견을 발표할 수 있도록 하기 위하여 5분 이내의 발언을 허가할 수 있다. 다만 의장은 당일 본회의에서 심의할 의안이 여러 건 있는 경우 등 효율적인 의사진행을 위하여 필요하다고 인정하는 경우에는 각 교섭단체 대표의원과 협의하여 개의 중에 5분자유발언을 허가할 수 있다(동법 제105조).

7) 동의권

의원은 동의를 함으로써 의제를 성립시킬 수 있는 권한을 가진다. 동의는 동의자 외 1명 이상의 찬성으로 의제가 된다(동법 제89조). 의원은 그가 발의한 의안 또는 동의를 철회할 수 있다. 다만 2명 이상의 의원이 공동으로 발의한 의안 또는 동의에 대해서는 발의의원 2분의 1 이상이 철회의사를 표시하는 경우에 철회할 수 있다. 의원이 본회의 또는 위원회에서 의제가 된 의안 또는 동의를 철회할 때에는 본회의 또는 위원회의 동의를 받아야 한다(동법 제90조).

8) 질문권

의원은 의제와 관계없이 국정전반에 관하여 그리고 긴급현안문제에 대하여 정부를 상대로 구두 또는 서면으로 질문할 수 있는 권한을 가진다. 본회의는 의결로 국무총리, 국무위원 또는 정부위원의 출석을 요구할 수 있다. 이 경우 그 발의는 의원 20명 이상이 이유를 구체적으로 밝힌 서면으로 하여야 한다. 위원회는 의결로 국무총리, 국무위원 또는 정부위원의 출석을 요구할 수 있다. 출석

요구를 받은 국무총리, 국무위원 또는 정부위원은 출석하여 답변을 하여야 한다(동법 제121조). 의원이 정부에 서면으로 질문하려고 할 때에는 질문서를 의장에게 제출하여야 한다. 의장은 질문서를 받았을 때에는 지체 없이 이를 정부에 이송한다. 정부는 질문서를 받은 날부터 10일 이내에 서면으로 답변하여야 한다(동법 제122조).

9) 질의권

의원은 의제가 된 안건에 관하여 발의자나 제안자, 위원장, 국무총리, 국무위원 또는 정부위원 등의 관계자를 상대로 그 내용이나 의문점 등에 대하여 질의할 수 있다. 본회의는 안건을 심의할 때 그 안건을 심사한 위원장의 심사보고를 듣고 질의·토론을 거쳐 표결한다(동법 제93조). 이를 질문권과 구별해서 질의권이라고 하는데, 질의는 구두로써 한다.

10) 토론권

의원은 위원회와 본회의에서 의안에 대하여 토론을 할 수 있는 권한을 가진다. 의사일정에 올린 안건에 대하여 토론하려는 의원은 미리 반대 또는 찬성의 뜻을 의장에게 통지하여야 한다(동법 제106조 제1항).

11) 무제한토론요구권 및 종결요구권

의원이 본회의에 부의된 안건에 대하여 시간의 제한을 받지 아니하는 무제한토론(filibuster)을 하려는 경우 재적의원 3분의 1 이상이 서명한 요구서를 의장에게 제출하여야 한다. 또한 의원은 무제한토론을 실시하는 안건에 대하여 재적의원 3분의 1 이상의 서명으로 무제한토론의 종결동의를 의장에게 제출할 수 있다. 무제한토론의 종결동의는 동의가 제출된 때부터 24시간이 지난 후에 무기명투표로 표결하되 재적의원 5분의 3 이상의 찬성으로 의결한다(동법 제106조의2).

12) 표결권

의원은 본회의와 위원회에서 표결에 참가할 권한을 가진다.[1] 표결을 할 때

---

1) 헌재 1997. 7. 16. 96헌라2, 판례집 9-2, 154, 169:
국회의원은 국민에 의하여 직접 선출되는 국민의 대표로서 여러 가지 헌법상·법률상의 권한이 부여되어 있지만 그 중에서도 가장 중요하고 본질적인 것은 입법에 대한 권한임은 두

회의장에 있지 아니한 의원은 표결에 참가할 수 없다. 다만 기명투표 또는 무기명투표로 표결할 때에는 투표함이 폐쇄될 때까지 표결에 참가할 수 있다. 의원은 표결에 대하여 표시한 의사를 변경할 수 없다(동법 제111조 제2항).

13) 수당 · 여비를 받을 권한

의원은 법률에서 정하는 바에 따라 수당과 여비 등을 받을 권한을 가진다(동법 제30조). 이에 따라 국회의원의 직무활동과 품위유지에 필요한 최소한의 실비를 보전하기 위한 수당 등에 관한 사항을 규정한 「국회의원수당 등에 관한 법률」이 제정 · 시행되고 있다.

(2) 국회의원의 의무

1) 헌법상의 의무

가. 국가이익우선의 의무

국회의원은 국가이익을 우선하여 양심에 따라 직무를 행하여야 한다(제46조 제2항). 따라서 국회의원은 자유위임의 원칙에 따라 국민 전체의 대표자로서 국가의 이익을 위하여 양심에 따라 의정활동을 해야지 특정 지역이나 특정 집단의 이익을 위하여 또는 특정 정당이나 정파의 이익을 위하여 의정활동을 해서는 안된다.

나. 청렴의무와 이권개입금지의무 및 겸직금지의무

국회의원은 청렴의 의무가 있다(제46조 제1항). 또한 국회의원은 그 지위를 남용하여 국가 · 공공단체 또는 기업체와의 계약이나 그 처분에 의하여 재산상의 권리 · 이익 또는 직위를 취득하거나 타인을 위하여 그 취득을 알선할 수 없다(제46조 제3항). 아울러 국회의원은 법률이 정하는 직을 겸할 수 없다(제43조). 겸직이 금지되는 직에 대하여는 국회법 제29조에서 자세히 규정되어 있다. 이들 의무는 모두 국가이익을 우선시 하는 양심에 따른 국회의원의 자유위임적 대의

말할 나위가 없고, 이 권한에는 법률안제출권(헌법 제52조)과 법률안 심의 · 표결권이 포함된다. 국회의원의 법률안 심의 · 표결권은 비록 헌법에는 이에 관한 명문의 규정이 없지만 의회민주주의의 원리, 입법권을 국회에 귀속시키고 있는 헌법 제40조, 국민에 의하여 선출되는 국회의원으로 국회를 구성한다고 규정하고 있는 헌법 제41조 제1항으로부터 당연히 도출되는 헌법상의 권한이다.

활동을 뒷받침하기 위하여 요구되는 의무라고 하겠다.

2) 국회법상의 의무

국회법에서 정하고 있는 의무로는, 품위유지의무(제25조), 영리업무종사금지의무(제29조의2), 상임위원의 직무관련 영리행위금지의무(제40조의2), 회의장의 질서유지의무(제145조), 타인에 대한 모욕이나 타인의 사생활에 대한 발언금지의무(제146조), 발언방해 등의 금지의무(제147조), 회의진행방해물건 등의 반입금지의무(제148조), 의장석 또는 위원장석의 점거금지의무(제148조의2), 회의장출입의 방해금지의무(제148조의3), 본회의 또는 위원회 출석의무(제155조 제12호) 등이 있다.

4. 국회의원의 특권

국회의원은 국회의 구성원으로서의 지위와 국민의 대표자로서 독립한 헌법기관으로서의 지위라는 이중적 지위를 가진다. 이러한 이중적 지위에서 국회의원은 자유위임의 원칙에 따라 오로지 국민 전체와 국가의 당위적 이익을 위하여 양심에 따른 의정활동을 하는 것이다. 이러한 국회의원의 자유위임적 대의활동을 뒷받침하기 위하여 국회의원에게는 특별한 권한이 부여된다. 국회의원의 불체포특권과 면책특권이 그것이다. 이는 국회의원의 원활한 직무수행을 위한 것임과 동시에 국회의 기능확보와 국민과 국가이익을 위한다는 공적 이익을 위하여 인정되는 것이기 때문에 국회의원의 특권이자 포기할 수 없는 의무라고 하겠다.[1)]

(1) 국회의원의 불체포특권

1) 의의

헌법 제44조는 "① 국회의원은 현행범인인 경우를 제외하고는 회기중 국회의 동의 없이 체포 또는 구금되지 아니한다. ② 국회의원이 회기전에 체포 또는 구금된 때에는 현행범인이 아닌 한 국회의 요구가 있으면 회기중 석방된다."라고 규정하여 국회의원의 불체포특권(Immunität)을 보장하고 있다. 불체포특권은 행정부 등 외부의 부당한 압력이나 탄압으로부터 국회의원의 신체의 자유를 보

---

1) 같은 견해 허영, 전게서, 1018쪽; 성낙인, 전게서, 447쪽.

호함으로써 의원의 자유로운 의정활동과 국회의 기능의 확립을 위하여 인정되는 권한이다.

이처럼 불체포특권은 국회의원의 독립한 헌법기관으로서의 지위와 자유위임적 대의활동 및 국회의 기능을 뒷받침하기 위하여 특별히 인정되는 공적 권한이지 국회의원 개인의 편의를 위하여 인정되는 사적 권리가 결코 아니다. 따라서 불체포특권은 이러한 직무상의 목적과 공적 활동을 위해서만 행사되어야 하며, 결코 다른 목적을 위하여 남용 내지 악용되어서는 안되는 목적상의 한계를 준수해야 한다.

2) 내용

국회의원의 불체포특권은 국회의 동의가 없거나 석방요구가 있는 경우에 체포·구금으로부터 국회의원의 신체의 자유를 보호하는 것을 내용으로 한다. 이는 회기중 일정한 조건하에서의 체포·구금의 유예를 의미한다. 따라서 이는 회기중에만 인정되는 권한이다. 체포·구금이란 형사절차상의 체포·구금만을 의미하는 것이 아니라 행정상 강제 등 신체의 자유를 제한하는 모든 공권력작용을 포함하는 넓은 개념으로 이해해야 할 것이다.

불체포특권은 현행범인에게는 인정되지 아니한다. 현행범인이 특권대상에서 제외되는 이유는 현행범인의 경우 범죄가 객관적으로 명백하여 현행범인에 대한 체포·구금이 부당한 체포·구금이 될 가능성이 없을 뿐 아니라, 현행범인의 경우에는 형사정의의 실현이 불체포특권을 인정하는 목적보다 중요하기 때문이라고 볼 수 있다. 다만 국회의 자율권을 존중해야 하기 때문에 경위나 국가경찰공무원은 국회 안에 현행범인이 있을 때에는 체포한 후 의장의 지시를 받아야 한다. 다만 회의장 안에서는 의장의 명령 없이 의원을 체포할 수 없다(국회법 제150조).

회기중이라 함은 집회일로부터 폐회일까지의 기간을 의미하며, 휴회중의 기간도 포함된다. 의원을 체포하거나 구금하기 위하여 국회의 동의를 받으려고 할 때에는 관할법원의 판사는 영장을 발부하기 전에 체포동의 요구서를 정부에 제출하여야 하며, 정부는 이를 수리한 후 지체 없이 그 사본을 첨부하여 국회에 체포동의를 요청하여야 한다. 의장은 체포동의를 요청받은 후 처음 개의하는 본회의에 이를 보고하고, 본회의에 보고된 때부터 24시간 이후 72시간 이내에 표결한다. 다만 체포동의안이 72시간 이내에 표결되지 아니하는 경우에는 그 이후에 최초로 개의하는 본회의에 상정하여 표결한다(동법 제26조).

의원이 회기 전에 체포·구금된 때에는 현행범인이 아닌 한 국회의 요구가 있으면 회기중 석방되기 때문에 정부는 체포 또는 구금된 의원이 있을 때에는 지체 없이 의장에게 영장 사본을 첨부하여 이를 통지하여야 한다. 구속기간이 연장되었을 때에도 또한 같다(동법 제27조). 의원이 체포 또는 구금된 의원의 석방 요구를 발의할 때에는 재적의원 4분의 1 이상의 연서로 그 이유를 첨부한 요구서를 의장에게 제출하여야 한다(동법 제28조).

한편 계엄 시행 중에는 국회의원은 현행범인인 경우를 제외하고는 체포 또는 구금되지 아니한다(계엄법 제13조). 이는 국회의 계엄해제요구권을 보장하기 위한 것으로(헌법 제77조 제5항 참조) 회기중인지 여부가 문제되지 아니하고 국회의 동의권 행사 여부도 문제되지 아니한다.

불체포특권은 회기중 일시적인 체포·구금의 유예를 의미할 뿐이지 범법행위에 대한 형사책임의 면제를 의미하는 것은 아니다. 따라서 범법행위를 행한 의원에 대한 국가의 수사와 기소 및 재판권 행사에는 아무런 제한을 받지 아니한다.

(2) 국회의원의 면책특권

1) 의의와 기능

국회의원은 국회에서 직무상 행한 발언과 표결에 관하여 국회외에서 책임을 지지 아니한다(헌법 제45조). 이를 국회의원의 면책특권(Indemnität)이라 한다. 이는 국회의원의 독립한 헌법기관으로서의 지위와 독자적인 양심과 판단에 따른 자유위임적 대의활동을 뒷받침해주는 기능을 가진다. 이처럼 면책특권은 국회의원의 국회내에서의 자유로운 토론과 정책결정을 가능케 하고, 이를 위해 국회의원의 발언과 표결의 독립성을 보장해주기 위한 것으로 볼 수 있다. 또한 면책특권은 국회의 독립성 확립과 국회기능의 활성화를 촉진한다.

2) 내용

이러한 면책특권의 내용은 국회의원이 국회에서 직무상 행한 발언과 표결에 관하여 국회 외에서 책임을 지지 아니하는 것이다. 여기서 국회는 장소적 개념이 아니라 국회의 실질적인 직무활동범위로 이해해야 할 것이다. 따라서 국회본회의 뿐 아니라 국회의사당 밖에서 개최되는 위원회나 원내교섭단체회의, 공청회 등도 여기에 포함된다고 할 것이다.

면책의 대상이 되는 것은 직무상 행한 발언과 표결인데, 여기서 직무상 행한 발언과 표결이라 함은 국회의 직무수행에 필수적인 국회의원의 직무상 발언과 표결이라는 의사표현행위 자체에 국한되지 않고 이에 통상적으로 부수하여 행하여지는 행위까지 포함하는 넓은 의미로 보아야 할 것이다. 왜냐하면 그렇게 광의로 이해할 때 비로소 면책특권이 제 기능을 할 수 있기 때문이다. 따라서 예컨대 국회의원이 국회의 위원회나 국정감사장에서 국무위원·정부위원 등에 대하여 하는 질문이나 질의는 물론 국회의원이 국회 내에서 하는 정부·행정기관에 대한 자료제출의 요구 등 국회의원이 입법 및 국정통제 활동을 수행하기 위하여 필요로 하는 것, 기타 직무상 발언에 부수하여 행하여진 것 등은 모두 면책특권의 대상이 될 것이다.[1)]

그러나 물리적인 폭력이나 언어폭력, 타인을 모욕하거나 타인의 사생활을 침해하는 발언, 직무와 무관하거나 명백히 허위임을 알면서도 허위의 사실을 적시하여 타인의 명예를 훼손하는 발언 등은 면책특권의 목적과 기능에 비추어 볼 때 당연히 면책특권의 대상에서 제외되어야 할 것이다.[2)]

면책특권의 효력은 국회에서 행한 직무상 발언과 표결에 관해서 임기중은 물론 임기후에도 국회 외에서 책임을 지지 아니한다는 것이다. 여기서의 '책임'에는 형사상·민사상의 책임 등 모든 법적 책임을 의미한다.

그러나 국회 외에서라 할지라도 정치적 책임이 면제되는 것은 물론 아니다.

1) 대판 1996. 11. 8. 96도1742.

2) 대판 2007. 1. 12. 2005다57752:
국회의원의 면책특권은 국회의원이 국민의 대표자로서 국회 내에서 자유롭게 발언하고 표결할 수 있도록 보장함으로써 국회가 입법 및 국정통제 등 헌법에 의하여 부여된 권한을 적정하게 행사하고 그 기능을 원활하게 수행할 수 있도록 보장하는 데 그 취지가 있다. 이러한 면책특권의 목적 및 취지 등에 비추어 볼 때, 발언 내용 자체에 의하더라도 직무와는 아무런 관련이 없음이 분명하거나, 명백히 허위임을 알면서도 허위의 사실을 적시하여 타인의 명예를 훼손하는 경우 등까지 면책특권의 대상이 될 수는 없지만, 발언 내용이 허위라는 점을 인식하지 못하였다면 비록 발언 내용에 다소 근거가 부족하거나 진위 여부를 확인하기 위한 조사를 제대로 하지 않았다고 하더라도, 그것이 직무 수행의 일환으로 이루어진 것인 이상 이는 면책특권의 대상이 된다.

또한 면책특권의 효력이 국회내에서의 징계 등의 책임추궁에는 미치지 아니한다. 아울러 의원이 국회에서 직무상 행한 발언과 표결이라도 그것이 국회 외에서 발표나 출판 등을 통해 또 다시 되풀이 되는 경우에는 면책특권의 대상이 되지 아니한다.

제 2 절 정부

우리 정부형태는 대통령제 중심의 절충형으로서 대통령제를 바탕으로 하면서도 의원내각제적 요소를 상당히 가미하고 있다. 그 한 예가 이원적 정부구조를 취하고 있다는 것이다. 즉 헌법 제4장은 집행부에 해당하는 정부를 대통령과 행정부로 이원화시키고 있다. 그리고 행정부는 국무총리와 국무위원, 국무회의, 행정각부, 감사원으로 구성되어 있다. 따라서 광의의 정부는 대통령과 국무총리에 의하여 통할되는 협의의 행정부로 이원화되어 있다. 그러나 행정권은 대통령을 수반으로 하는 정부에 속한다(헌법 제66조 제4항). 그리고 국무총리는 대통령이 임명하고(헌법 제86조 제1항), 국무총리가 행정각부를 통할하지만 국무총리는 어디까지나 대통령의 보좌기관으로서 대통령의 명을 받아 통할하는 것이며(헌법 제86조 제2항), 국무위원도 국무총리의 제청으로 대통령이 임명하고(헌법 제87조 제1항), 대통령은 국무회의의 의장이 된다(헌법 제88조 제3항). 또한 행정각부의 장 역시 국무위원 중에서 국무총리의 제청으로 대통령이 임명한다(헌법 제94조). 아울러 감사원의 원장과 감사위원도 대통령이 임명한다(헌법 제98조). 따라서 대통령은 명실상부 정부의 수반으로서 모든 집행권의 권한과 책임의 실질적인 귀속주체이다. 그러므로 앞서 언급한 바와 같이 우리 헌법상 정부구조가 형식적으로는 이원적으로 구성되어 있어 미국식 순수 대통령제의 일원적 구조와는 다르지만, 실질적으로는 대통령이 국정을 주도하는 일원적 구조라고 할 수 있다.

그런 점에서 국정을 주도하는 대통령과 실질적 권한과 대통령에 대한 견제력을 가지지 못하는 국무총리가 통할하는 행정부로 구성되는 - 실질적인 권한과 명목상의 권한이 일치하지 않는 - 우리 정부의 이원적 구조는 대통령제 정부형태의 본질과 조화되기 어렵고, 체계정당성에도 반하는 것으로서 명실상부한 일원적 정부구조로 개정되어야 할 것이다.

제1항 대통령

대통령제 정부형태의 대통령은 국민으로부터의 직접적인 민주적 정당성을 바탕으로 한 명실상부 행정권의 수반이자 국정의 최고책임자로서 국정을 주도한다. 이에 반하여 의원내각제 정부형태의 대통령은 일반적으로 선거인단에 의하여 선출되어 간접적인 민주적 정당성만을 가지며, 상징적인 국가원수로서의 지위만을 가진다.

우리의 경우 앞서 정부형태의 장에서 기술했듯이 제헌헌법이래 제2공화국에서의 의원내각제를 제외하고는 현행 헌법에 이르기까지 일관되게 대통령제중심의 혼합형정부형태를 채택하고 있다. 또한 정부구조도 위에서 언급했듯이 이원적 구조를 취하고 있다.

Ⅰ. 대통령의 헌법상 지위

우리 헌법상 대통령은 국민에 의하여 직접 선출되는 국민의 대표기관으로서 국가원수이자 행정부 수반의 지위를 가지고, 탄핵에 의하지 않는 한 아무런 정치적 책임을 지지 않는, 명실상부 국정운영을 주도하는 국정의 최고책임자로서의 지위를 가진다.

1. 국가원수로서의 지위

대통령은 국가원수로서의 지위를 가진다. 즉 대통령은 국가의 최고 지도자이자 국제법상 외국에 대하여 국가를 대표한다. 헌법 제66조 제1항이 “대통령은 국가의 원수이며, 외국에 대하여 국가를 대표한다.”라고 규정함으로써 이를 명확히 하고 있다. 따라서 우리의 경우 대통령은 명실상부 국가의 최고 지도자로서 대외적으로 국가를 대표하고, 대내적으로 국정의 최고책임자로서의 지위를 가지며, 이 점에서 의원내각제 국가에서의 대통령이 상징적인 명목상의 국가원수로서의 지위를 가지는 것과 구별된다.

(1) 국가의 대표자로서의 지위

대통령은 국가원수로서 대외적으로 국가를 대표하는 지위를 가진다. 대통령이 가지는 외교적 권한이 이 지위에서 나온다. 헌법 제73조도 "대통령은 조약을 체결·비준하고, 외교사절을 신임·접수 또는 파견하며, 선전포고와 강화를 한다."라고 규정하여 이를 확인하고 있다.

(2) 국정의 최고책임자로서의 지위

대통령은 국가의 최고지도자인 국가원수로서 대내적으로는 국정의 최고책임자로서의 지위를 가진다. 대통령은 국정의 최고책임자의 지위에서 3권을 초월하는 다양한 헌법적 권한을 가진다. 국가의 독립과 영토의 보전책무, 헌법수호책무, 평화적 통일추진의무, 각종의 비상적 권한, 헌법기관구성권한 등이 그것이다. 이에 따라 대통령은 국가의 독립·영토의 보전·국가의 계속성과 헌법을 수호할 책무를 지고(헌법 제66조 제2항), 조국의 평화적 통일을 위한 성실한 의무를 지며(헌법 제66조 제3항), 취임에 즈음하여 헌법준수와 국가보위 및 평화적 통일수행의무를 내용으로 하는 선서를 한다(헌법 제69조). 또한 대통령은 국가의 중요정책의 국민투표부의권(제72조)과 헌법개정발의권(헌법 제128조 제1항)을 가진다. 아울러 국가의 위기 시에 긴급재정·경제처분 및 명령권과 긴급명령권(헌법 제76조), 그리고 비상계엄선포권(헌법 제77조)을 가지며, 사면·감형·복권권(헌법 제79조)과 영전수여권(헌법 제80조)도 가진다. 한편 대통령은 대법원장 및 대법관임명권(헌법 제104조 제1항과 제2항), 헌법재판소장 및 재판관임명권(헌법 제111조 제2항과 제4항), 중앙선거관리위원회위원 3인 임명권(제114조 제2항)을 가진다.

2. 행정부의 수반으로서의 지위

대통령은 행정부의 수반으로서의 지위를 가진다. 이에 따라 헌법 제66조 제4항은 "행정권은 대통령을 수반으로 하는 정부에 속한다."라고 규정함으로써 대통령이 3권분립의 통치질서에서 3권의 한 축인 행정권을 담당하는 정부의 수반임을 분명히 하고 있다. 따라서 행정부의 수반으로서의 지위는 입법부와 사법부의 수반과 동등한 병렬적 지위라고 할 수 있다. 대통령은 이 지위에서 다양한 헌법적 권한을 가진다. 대통령은 행정정책결정과 집행권을 가지고, 국무총리임명권(헌법 제86조 제1항), 국무위원임명권(헌법 제87조 제1항), 국무회의의 의장이 되는 권한(헌법 제88조 제3항), 행정입법권(헌법 제75조)을 가진다. 또한 대통령은 국회임시회소집요구권(헌법 제47조 제1항), 법률안제출권(헌법 제52조), 법률안공포권(헌법 제53조 제1항), 법률안거부권(헌법 제53조 제2항)을 가지고, 국군통수권(헌법 제74조)을 가지며, 공무원임면권(헌법 제78조)을 가진다.

3. 국민의 대표기관으로서의 지위

대통령은 국민으로부터 직접 선출되는 국민대표기관으로서의 지위를 가진다. 즉 대통령은 국민으로부터의 직접적인 신임과 민주적 정당성의 바탕위에서 독자적인 정책결정과 집행을 하는 대의기관인 것이다. 따라서 대통령은 우리 헌법상 국민의 대표기관인 국회와 더불어 민주적 정당성이 가장 강한 또 하나의 국민의 대표기관이라고 하겠다. 헌법상 대통령이 국민에 의하여 직접 선출된다는 점(헌법 제67조), 탄핵에 의하지 아니하고는 임기중 어떠한 정치적 책임도 지지 아니한다는 점, 대내적으로 국정의 최고책임자이자 대외적으로 국가를 대표하는 국가원수로서의 지위를 가진다는 점 등이 대통령이 국민의 대표기관으로서의 지위를 가진다는 점을 의미한다고 하겠다. 아울러 대통령이 국가와 국민의 통합 및 헌법을 수호할 책무를 진다는 점도 이러한 지위를 뒷받침한다고 하겠다(헌법 제66조 제2항 참조).

Ⅱ. 대통령의 선출과 신분

1. 대통령의 선출과 임기

대통령은 국민의 보통 · 평등 · 직접 · 비밀선거에 의해서 선출된다. 대통령선거에 있어서 최고득표자가 2인 이상인 때에는 국회의 재적의원 과반수가 출석한 공개회의에서 다수표를 얻은 자를 당선자로 한다. 대통령후보자가 1인일 때에는 그 득표수가 선거권자 총수의 3분의 1 이상이 아니면 대통령으로 당선될 수 없다. 대통령으로 선거될 수 있는 자는 국회의원의 피선거권이 있고 선거일 현재 40세에 달하여야 한다(헌법 제67조). 대통령의 임기는 5년이며, 중임할 수 없다(헌법 제70조). 대통령의 임기연장 또는 중임변경을 위한 헌법개정은 그 헌법개정제안 당시의 대통령에 대하여는 효력이 없다(헌법 제128조 제2항). 대통령의 임기가 만료되는 때에는 임기만료 70일 내지 40일 전에 후임자를 선거한다(헌법 제68조 제1항). 대통령이 궐위된 때 또는 대통령당선자가 사망하거나 판결 기타의 사유로 그 자격을 상실한 때에는 60일 이내에 후임자를 선거한다(헌법 제68조 제2항).

대통령의 임기는 전임대통령의 임기만료일의 다음날 0시부터 개시된다. 다만 전임자의 임기가 만료된 후에 실시하는 선거와 궐위로 인한 선거에 의한 대통령의 임기는 당선이 결정된 때부터 개시된다(공직선거법 제14조 제1항).

2. 대통령의 유고와 권한대행

대통령의 유고 시, 즉 궐위(사망, 사임, 탄핵파면, 피선자격의 상실, 판결 기타의 사유로 인한 자격상실 등)되거나 사고(질병, 해외여행, 탄핵소추에 의한 권한정지 등)로 인하여 그 직무를 수행할 수 없을 때에는 국무총리, 법률이 정하는 국무위원의 순서로 그 권한을 대행한다(헌법 제71조). 이와 관련하여 정부조직법 제12조 제2항은 국무회의 의장인 대통령이 사고로 직무를 수행할 수 없는 경우에는 부의장인 국무총리가 그 직무를 대행하고, 의장과 부의장이 모두 사고로 직무를 수행할 수 없는 경우에는 기획재정부장관이 겸임하는 부총리, 교육부장관이 겸임하는 부총리 및 제26조 제1항에 규정된 순서에 따라 국무위원이 그 직무를 대행한다고 규정하고 있기 때문에 이 순서에 따라 대통령의 권한을 대행한다고 보아야 할 것이다.

(1) 궐위 시의 권한대행

대통령이 궐위된 때 또는 대통령 당선자가 사망하거나 판결 기타의 사유로 그 자격을 상실한 때에는 60일 이내에 후임자를 선거하도록 했다. 따라서 이 경우 대통령의 권한을 대행하는 기간은 최장 60일이다. 대통령권한대행자의 직무는 일종의 선량한 관리자로서 잠정적인 현상유지에 그친다고 하겠다. 왜냐하면 우리의 경우 국무총리를 비롯한 권한대행자는 국민에 의하여 직접 선출된 것이 아니라 대통령에 의하여 임명된 것이며, 따라서 민주적 정당성도 취약할 수밖에 없기 때문이다. 따라서 60일 이내에 대통령선거를 실시해서 새로운 대통령에게 권한을 넘겨주는 것이 대통령권한대행자의 가장 중요한 임무라고 할 수 있다.

(2) 사고 시의 권한대행

대통령 사고 시에도 대통령권한대행자의 직무범위는 선량한 관리자로서 대통령이 다시 그 직무를 맡을 수 있을 때까지 잠정적인 현상유지적 직무집행에 국한된다고 하겠다. 대통령 사고 시에는 그 권한대행기간에 대하여 헌법상의 명문규정이 없기 때문에 이 경우 국무회의의 심의를 거쳐 구체적으로 정할 수밖에 없을 것이다.[1)]

3. 대통령의 형사상 특권

헌법 제84조는 "대통령은 내란 또는 외환의 죄를 범한 경우를 제외하고는 재직중 형사상의 소추를 받지 아니한다."라고 하여 대통령의 형사상 특권을 인정하고 있는데, 이는 대통령의 헌법상 지위와 책임에 따른 것으로 볼 수 있다. 즉 국가원수인 대통령은 국가를 대표하는 국정의 최고책임자로서의 지위에서 국정운영을 주도하는 막중한 책무를 지고 있기 때문에 인정되는 특권이다. 그러나 내란 또는 외환의 죄를 범한 경우의 형사소추는 물론 가능하다. 또한 이러한 형사상의 불소추권은 재직중에 한하여 인정되는 것이기 때문에 퇴직후에 소추하는 것도 가능하다. 이 경우 형사소추의 공소시효는 재직 중 정지된다고 보아야 할 거이다.[2)] 한편 형사소추만 면제되는 것이므로 민사상·행정상의 책임은

---

1) 같은 견해 허영, 전게서, 1030쪽.

2) 헌재 1995. 1. 20. 94헌마246, 판례집 7-1, 15, 16:
우리 헌법이 채택하고 있는 국민주권주의(제1조 제2항)와 법앞의 평등(제11조 제1항), 특수계급제도의 부인(제11조 제2항), 영전에 따른 특권의 부인(제11조 제3항) 등의 기본적 이념에 비추어 볼 때, 대통령의 불소추특권에 관한 헌법의 규정(제84조)이 대통령이라는 특수한 신분에 따라 일반국민과는 달리 대통령 개인에게 특권을 부여한 것으로 볼 것이 아니라 단지 국가의 원수로서 외국에 대하여 국가를 대표하는 지위에 있는 대통령이라는 특수한 직책의 원활한 수행을 보장하고, 그 권위를 확보하여 국가의 체면과 권위를 유지하여야 할 실제상의 필요 때문에 대통령으로 재직중인 동안만 형사상 특권을 부여하고 있음에 지나지

면제되지 아니한다.

4. 대통령의 의무

한편 대통령은 다양한 헌법상의 권한에 상응하는 의무를 진다. 즉 대통령은 취임선서에도 규정되어 있듯이 헌법을 준수하고 국가를 보위하며 조국의 평화적 통일과 국민의 자유와 복리의 증진 및 민족문화의 창달에 노력하여 대통령으로서의 직책을 성실히 수행할 의무를 지고(헌법 제69조), 또한 대통령은 국무총리 · 국무위원 · 행정각부의 장 기타 법률이 정하는 공사의 직을 겸할 수 없다(헌법 제83조).

5. 전직대통령에 대한 예우

헌법 제85조는 "전직대통령의 신분과 예우에 관하여는 법률로 정한다."라고 규정하여 전직대통령에게 일정한 신분보장과 예우를 하도록 하고 있다. 그 신분과 예우의 구체적 내용은 「전직대통령 예우에 관한 법률」이 정하고 있는데, 전직대통령과 그 유족에 대한 연금지급과 경호 및 생활지원 등을 주된 내용으로 한다.

Ⅲ. 대통령의 권한

대통령은 그의 헌법상의 지위에 상응하는 다양한 권한을 가진다. 즉 대통령은 국가원수로서 대외적으로 국가의 대표자로서의 지위와 대내적으로 국정의 최고책임자로서의 지위를 가지는데 이에 상응하는 권한을 가지며, 아울러 행정

않는 것으로 보아야 할 것이다. 위와 같은 헌법 제84조의 규정취지와 함께 공소시효제도나 공소시효정지제도의 본질에 비추어 보면, 비록 헌법 제84조에는 "대통령은 내란 또는 외환의 죄를 범한 경우를 제외하고는 재직중 형사상의 소추를 받지 아니한다"고만 규정되어 있을 뿐 헌법이나 형사소송법 등의 법률에 대통령의 재직중 공소시효의 진행이 정지된다고 명백히 규정되어 있지는 않다고 하더라도, 위 헌법규정은 바로 공소시효진행의 소극적 사유가 되는 국가의 소추권행사의 법률상 장애사유에 해당하므로, 대통령의 재직중에는 공소시효의 진행이 당연히 정지되는 것으로 보아야 한다.

부의 수반의 지위에서도 이에 상응하는 권한을 가진다.

1. 국가원수로서의 권한

(1) 외교에 관한 권한

대통령은 국가원수로서 대외적으로 국가를 대표하는 지위를 가진다. 대통령은 이 지위에 상응하는 외교적 권한을 가진다. 이에 따라 대통령은 조약을 체결·비준하고, 외교사절을 신임·접수 또는 파견하며, 선전포고와 강화를 하는 권한(헌법 제73조)을 가지고, 국군의 외국에의 파견 또는 외국군대의 대한민국 영역안에서의 주류에 관한 권한(헌법 제60조 제2항)을 가진다.

대통령이 외교적 권한을 행사하려면 반드시 국무회의의 심의를 거쳐야 하며(헌법 제89조 제2호, 제6호), 국무총리와 관계국무위원이 부서한 문서로써 하여야 한다(헌법 제82조). 또한 상호원조 또는 안전보장에 관한 조약, 중요한 국제조직에 관한 조약, 우호통상항해조약, 주권의 제약에 관한 조약, 강화조약, 국가나 국민에게 중대한 재정적 부담을 지우는 조약 또는 입법사항에 관한 조약의 체결·비준에 대하여(헌법 제60조 제1항), 그리고 선전포고, 국군의 외국에의 파견 또는 외국군대의 대한민국 영역안에서의 주류에 대하여는 미리 국회의 동의를 얻어야 한다(헌법 제60조 제2항).

(2) 헌법개정발의권

대통령은 헌법개정을 발의할 권한을 가진다(헌법 제128조 제1항). 이는 대통령의 헌법을 수호할 책무(헌법 제66조 제2항)와 대통령의 취임선서에 나타난 헌법준수의무(헌법 제69조)로부터 도출되는 권한이라고 볼 수 있다. 즉 대통령은 국가원수로서 국가의 통합과 계속성을 유지할 책무를 지기 때문에 헌법규범이 헌법현실에 더 이상 부합되지 않아 헌법의 규범력이 약화될 경우에는 헌법개정을 통해 이를 해결할 권한과 책무를 지는 것이다.

(3) 국민투표부의권

대통령은 필요하다고 인정할 때에는 외교·국방·통일 기타 국가안위에 관한 중요정책을 국민투표에 붙일 수 있는 권한을 가진다(헌법 제72조). 대통령의 국가

중요정책에 관한 국민투표부의권은 간접민주주의를 바탕으로 한 대의제도하에서 예외적인 직접민주주의적 요소라고 할 수 있다. 따라서 이는 그 자체 간접민주주의를 바탕으로 하는 대의제도와 조화되기 어려운 점도 있지만, 다른 한편 대의제도의 한계를 보완하는 장치로서의 기능도 가진다고 하겠다.

그런데 국민투표는 일반적으로 국민이 국가정책의 내용을 직접 결정하는 것이 아니고, 실질적으로는 대통령에 의해서 구체적으로 정해진 국가정책에 대한 가부결정권만을 주는 것에 지나지 않기 때문에 국민의 선택이 특정 방향으로 유도 또는 조작될 수 있는 위험성이 있다. 아울러 대통령이 국회를 우회해서 자신이 원하는 결과를 도출하기 위한 수단으로 국민투표를 악용할 가능성도 배제할 수 없다. 국민투표가 가지는 이러한 문제점을 감안할 때 국민투표는 결코 악용·남용되어서는 안되고, 따라서 국민투표부의 여부 자체는 대통령의 재량사항이지만, 그 대상이 되는 국가정책의 범위는 국가안위에 직결되는 사안에 한정하여 좁게 이해해야 할 것이다. 예컨대 대통령의 신임 여부를 묻는 국민투표를 실시하는 것은 정당화될 수 없다.[1]

---

1) 헌재 2004. 5. 14. 2004헌나1, 판례집 16-1, 609, 648-650:
헌법 제72조는 "대통령은 필요하다고 인정할 때에는 외교·국방·통일 기타 국가안위에 관한 중요정책을 국민투표에 붙일 수 있다."고 규정하여 대통령에게 국민투표 부의권을 부여하고 있다. 헌법 제72조는 대통령에게 국민투표의 실시 여부, 시기, 구체적 부의사항, 설문내용 등을 결정할 수 있는 임의적인 국민투표발의권을 독점적으로 부여함으로써, 대통령이 단순히 특정 정책에 대한 국민의 의사를 확인하는 것을 넘어서 자신의 정책에 대한 추가적인 정당성을 확보하거나 정치적 입지를 강화하는 등, 국민투표를 정치적 무기화하고 정치적으로 남용할 수 있는 위험성을 안고 있다. 이러한 점을 고려할 때, 대통령의 부의권을 부여하는 헌법 제72조는 가능하면 대통령에 의한 국민투표의 정치적 남용을 방지할 수 있도록 엄격하고 축소적으로 해석되어야 한다.
이러한 관점에서 볼 때, 헌법 제72조의 국민투표의 대상인 '중요정책'에는 대통령에 대한 '국민의 신임'이 포함되지 않는다. 선거는 '인물에 대한 결정' 즉, 대의제를 가능하게 하기 위한 전제조건으로서 국민의 대표자에 관한 결정이며, 이에 대하여 국민투표는 직접민주주의를 실현하기 위한 수단으로서 '사안에 대한 결정' 즉, 특정한 국가정책이나 법안을 그 대상으로 한다. 따라서 국민투표의 본질상 '대표자에 대한 신임'은 국민투표의 대상이 될 수 없으며, 우리 헌법에서 대표자의 선출과 그에 대한 신임은 단지 선거의 형태로써 이루어져야 한다. 대통령이 이미 지난 선거를 통하여 획득한 자신에 대한 신임을 국민투표의 형식으로 재확인하고자 하는 것은, 헌법 제72조의 국민투표제를 헌법이 허용하지 않는 방법으로 위헌적으로 사용하는 것이다.
결론적으로, 대통령이 자신에 대한 재신임을 국민투표의 형태로 묻고자 하는 것은 헌법 제72조에 의하여 부여받은 국민투표부의권을 위헌적으로 행사하는 경우에 해당하는 것으로, 국민투표제도를 자신의 정치적 입지를 강화하기 위한 정치적 도구로 남용해서는 안 된다는 한편 국민투표제도의 실효성을 확보하고 대통령에 의한 국민투표의 악용 내지 남용을 막기 위해서는 국민투표의 결과가 대통령을 비롯한 모든 국가기관을 구속한다고 보아야 할 것이다. 그럴 때 비로소 국민투표제도가 대통령이 국회를 우회해서 자신의 정치적 의사를 관철하기 위한 수단으로 전락될 위험을 막을 수 있을 것이다.

(4) 국가긴급권

대통령은 국가비상사태와 같은 긴급한 위기가 발생했을 때 그 위기를 극복하기 위한 비상적 수단을 발동할 수 있는 권한을 가진다. 이는 국가적 · 헌법적 위기가 발생했을 때 정상적인 헌법상의 권한행사방법으로는 그 위기를 극복할 수 없을 경우 예외적으로 비상적 조치를 강구할 수 있는 권한을 대통령에게 부여하는 것이다. 그와 같은 비상적 수단을 발동할 수 있는 권한이 국가긴급권이다. 따라서 국가긴급권은 국가의 존립이나 헌법질서를 위태롭게 하는 비상사태가 발생한 경우에 국가를 보전하고 헌법질서를 유지하기 위한 헌법보장의 한 수단이다. 이러한 국가긴급권은 헌법상 국가의 독립 · 영토의 보전 · 국가의 계속성과 헌법을 수호할 책무를 지는 국가원수인 대통령의 국정의 최고책임자의 지위에서 인정되는 권한이라고 하겠다. 헌법에서 규정하고 있는 국가긴급권은 대통령의 긴급재정 · 경제처분 및 명령권(제76조 제1항), 긴급명령권(제76조 제2항), 계엄선포권(제77조)이다. 그런데 이러한 대통령의 국가긴급권은 그동안의 우리 헌정사에서 보듯이 그 남용 내지 악용가능성이 크기 때문에 헌법에서 규정한 그 요건과 한계를 엄격히 준수해야 할 것이다.[1)]

헌법적 의무를 위반한 것이다. 물론, 대통령이 위헌적인 재신임 국민투표를 단지 제안만 하였을 뿐 강행하지는 않았으나, 헌법상 허용되지 않는 재신임 국민투표를 국민들에게 제안한 것은 그 자체로서 헌법 제72조에 반하는 것으로 헌법을 실현하고 수호해야 할 대통령의 의무를 위반한 것이다.

1) 헌재 1994. 6. 30. 92헌가18, 판례집 6-1, 557, 168-169:
국가긴급권의 인정은 국가권력에 대한 헌법상의 제약을 해제하여 주는 것이 되므로 국가긴급권의 인정은 일면 국가의 위기를 극복하여야 한다는 필요성 때문이기는 하지만 그것은 동시에 권력의 집중과 입헌주의의 일시적 정지로 말미암아 입헌주의의 그 자체를 파괴할 위험을 초래하게 된다. 따라서 헌법에서 국가긴급권의 발동기준과 내용 그리고 그 한계에 관해서 상세히 규정함으로써 그 남용 또는 악용의 소지를 줄이고 심지어는 국가긴급권의 과잉행사 때는 저항권을 인정하는 등 필요한 제동장치도 함께 마련해 두는 것이 현대의 민주적인 헌법국가의 일반적인 태도이다. 우리 헌법도 국가긴급권을 대통령의 권한으로 규정하

1) 긴급재정 · 경제처분 및 명령권

대통령은 내우 · 외환 · 천재 · 지변 또는 중대한 재정 · 경제상의 위기에 있어서 국가의 안전보장 또는 공공의 안녕질서를 유지하기 위하여 긴급한 조치가 필요하고 국회의 집회를 기다릴 여유가 없을 때에 한하여 최소한으로 필요한 재정 · 경제상의 처분을 하거나 이에 관하여 법률의 효력을 가지는 명령을 발할 수 있다(헌법 제76조 제1항).

가. 발동요건

대통령의 긴급재정 · 경제처분 및 명령의 발동요건은 다음과 같다. 첫째, 내우 · 외환 · 천재 · 지변 또는 중대한 재정 · 경제상의 위기가 발생하여야 한다. 둘째, 국가의 안전보장 또는 공공의 안녕질서를 유지하기 위하여 긴급한 조치가 필요하여야 한다. 이는 소극적인 현상유지를 위한 것이지, 적극적인 현상개선을 위한 것이어서는 안된다고 할 것이다.[1] 셋째, 국회의 집회를 기다릴 여유가 없을 정도로 상황이 긴급하여야 한다.[2]

나. 발동절차

긴급재정 · 경제처분 및 명령은 국무회의의 심의를 거쳐야 하고(헌법 제89조 제5호), 국무총리와 관계국무위원이 부서한 문서로써 하여야 한다(헌법 제82조).

면서도 국가긴급권의 내용과 효력 통제와 한계를 분명히 함으로써 그 남용과 악용을 막아 국가긴급권이 헌법보호의 비상수단으로서 제기능을 나타내도록 하고 있다.

1) 헌재 1996. 2. 29. 93헌마186, 판례집 8-1, 111, 120-121:
긴급재정경제명령은 정상적인 재정운용 · 경제운용이 불가능한 중대한 재정 · 경제상의 위기가 현실적으로 발생하여(그러므로 위기가 발생할 우려가 있다는 이유로 사전적 · 예방적으로 발할 수는 없다) 긴급한 조치가 필요함에도 국회의 폐회 등으로 국회가 현실적으로 집회될 수 없고 국회의 집회를 기다려서는 그 목적을 달할 수 없는 경우에 이를 사후적으로 수습함으로써 기존질서를 유지 · 회복하기 위하여(그러므로 공공복리의 증진과 같은 적극적 목적을 위하여는 발할 수 없다) 위기의 직접적 원인의 제거에 필수불가결한 최소의 한도 내에서 헌법이 정한 절차에 따라 행사되어야 한다.

2) 참고로 국회법 제5조 제1항은 임시회의 집회요구가 있을 때에는 의장은 집회기일 3일전에 공고하도록 규정하고 있고, 제2항은 의장이 제1항의 규정에 불구하고 내우 · 외환 · 천재 · 지변 또는 중대한 재정 · 경제상의 위기, 국가의 안위에 관계되는 중대한 교전상태나 전시 · 사변 또는 이에 준하는 국가비상사태에 있어서는 집회기일 1일 전에 공고할 수 있도록 규정하고 있는데, 이 규정에 비추어 이 긴급요건은 국회의 집회에 필요한 1일간도 기다릴 여유조차 없는 경우로 보아야 할 것이다.

다. 내용

긴급재정·경제처분 및 명령의 내용은 위기 극복을 위하여 소극적인 현상유지를 위한 필요한 최소한의 재정·경제상의 처분을 하거나 명령을 발하는 것이다. 따라서 그 처분과 명령의 내용은 재정사항과 경제사항으로 제한된다.

라. 효력

긴급재정·경제처분은 행정처분적 효력만을 가진다. 이에 반하여 긴급재정·경제명령은 법률의 효력을 가진다. 즉 긴급재정·경제명령은 법률하위규범으로서의 일반 행정입법인 명령, 대통령령 내지 시행령과는 구별된다. 이는 일종의 법률대위명령이다. 따라서 명령에 의해 기존의 법률을 개정 또는 폐지할 수 있고, 국민의 재정·경제생활영역에서의 기본권을 제한 내지 규율하는 효력을 가질 수 있다.

마. 통제

대통령은 긴급재정·경제처분 및 명령을 한 때에는 지체 없이 국회에 보고하여 그 승인을 얻어야 한다. 승인을 얻지 못한 때에는 그 처분 또는 명령은 그 때부터 효력을 상실한다. 이 경우 그 명령에 의하여 개정 또는 폐지되었던 법률은 그 명령이 승인을 얻지 못한 때부터 당연히 효력을 회복한다. 대통령은 그 사실을 지체 없이 공포하여야 한다(헌법 제76조 제3항, 제4항, 제5항). 또한 대통령의 긴급재정·경제처분 및 명령은 법원이나 헌법재판소에 의한 사법적 통제의 대상이 될 수 있다.[1)]

2) 긴급명령권

대통령은 국가의 안위에 관계되는 중대한 교전상태에 있어서 국가를 보위하기 위하여 긴급한 조치가 필요하고 국회의 집회가 불가능한 때에 한하여 법률

---

1) 헌재 1996. 2. 29. 93헌마186, 판례집 8-1, 111, 116:
이른바 통치행위를 포함하여 모든 국가작용은 국민의 기본권적 가치를 실현하기 위한 수단이라는 한계를 반드시 지켜야 하는 것이고, 헌법재판소는 헌법의 수호와 국민의 기본권 보장을 사명으로 하는 국가기관이므로 비록 고도의 정치적 결단에 의하여 행해지는 국가작용이라고 할지라도 그것이 국민의 기본권 침해와 직접 관련되는 경우에는 당연히 헌법재판소의 심판대상이 될 수 있는 것일 뿐만 아니라, 긴급재정경제명령은 법률의 효력을 갖는 것이므로 마땅히 헌법에 기속되어야 할 것이다.

의 효력을 가지는 명령을 발할 수 있다(헌법 제76조 제2항).

가. 발동요건

대통령의 긴급명령의 발동요건은 다음과 같다. 첫째, 국가의 안위에 관계되는 중대한 교전상태가 발생하여야 한다. 둘째, 국가를 보위하기 위하여 긴급한 조치가 필요하여야 한다. 셋째, 국회의 집회가 불가능하여야 한다.

나. 발동절차

긴급명령은 국무회의의 심의를 거쳐야 하고(헌법 제89조 제5호), 국무총리와 관계국무위원이 부서한 문서로써 하여야 한다(헌법 제82조).

다. 내용

긴급명령은 국가보위를 위하여 필요한 모든 조치를 내용으로 할 수 있기 때문에 그 규율대상은 포괄적이다. 이 점에서 오직 재정·경제사항만을 그 규율대상으로 하는 긴급재정·경제처분 및 명령과 구별된다.

라. 효력

긴급명령은 법률사항을 그 규율대상으로 하기 때문에 법률의 효력을 가진다. 따라서 기존법률을 개정·폐지할 수 있고, 국민의 관련 기본권을 제한할 수 있다.

마. 통제

대통령은 긴급명령을 한 때에는 지체 없이 국회에 보고하여 그 승인을 얻어야 한다. 승인을 얻지 못한 때에는 그 명령은 그때부터 효력을 상실한다. 이 경우 그 명령에 의하여 개정 또는 폐지되었던 법률은 그 명령이 승인을 얻지 못한 때부터 당연히 효력을 회복한다. 대통령은 그 사실을 지체 없이 공포하여야 한다(헌법 제76조 제3항, 제4항, 제5항). 또한 대통령의 긴급명령은 법원이나 헌법재판소에 의한 사법적 통제의 대상이 될 수 있다.

3) 계엄선포권

가. 의의

대통령은 계엄선포권을 가진다. 즉 대통령은 전시·사변 또는 이에 준하는 국가비상사태에 있어서 병력으로써 군사상의 필요에 응하거나 공공의 안녕질서를 유지할 필요가 있을 때에는 법률이 정하는 바에 의하여 계엄을 선포할 수 있다(헌법 제77조 제1항). 계엄에 관련한 사항을 규율하기 위하여 계엄법이 제정되어 있다.

그런데 대통령의 계엄선포권은 입법을 제외한 행정과 사법영역에서의 한시적인 군정통치를 내용으로 하고, 헌정질서와 국민의 기본권에 대한 본질적 제한을 가능케 한다는 점에서 가장 강력한 국가긴급권이라고 할 수 있다. 특히 그동안 계엄이 남용 내지 악용된 우리의 헌정사를 돌이켜 볼 때 계엄선포권은 매우 엄격하고 제한적으로 발동·운용되어야 하며, 따라서 대통령은 계엄선포권의 요건과 한계를 엄격히 준수해야 할 것이고, 그에 대한 다양한 통제가 이루어져야 할 것이다.

나. 발동요건

대통령의 계엄선포의 발동요건은 다음과 같다. 첫째, 전시·사변 또는 이에 준하는 국가비상사태가 발생하여야 한다. 둘째, 병력으로써 군사상의 필요에 응하거나 공공의 안녕질서를 유지할 필요가 있어야 한다.

다. 발동절차

국방부장관 또는 행정안전부장관은 비상계엄 또는 경비계엄에 해당하는 사유가 발생한 경우에는 국무총리를 거쳐 대통령에게 계엄의 선포를 건의할 수 있다(계엄법 제2조 제6항). 대통령이 계엄을 선포하고자 할 때에는 반드시 국무회의의 심의를 거쳐야 한다(헌법 제89조 제5호). 계엄의 선포는 대통령이 반드시 문서로써 하되 국무총리와 관계국무위원의 부서가 있어야 한다(헌법 제82조). 계엄을 선포한 때에는 대통령은 지체 없이 국회에 통고하여야 한다(헌법 제77조 제4항). 대통령이 계엄을 선포할 때에는 그 이유, 종류, 시행일시, 시행지역 및 계엄사령관을 공고하여야 한다(계엄법 제3조). 계엄사령관은 현역 장성급 장교 중에서 국방부장관이 추천한 사람을 국무회의의 심의를 거쳐 대통령이 임명한다(계엄법 제5조 제1항). 계엄사령관은 계엄의 시행에 관하여 국방부장관의 지휘·감독을 받는다. 다만 전국을 계엄지역으로 하는 경우와 대통령이 직접 지휘·감독을 할 필요가 있는 경우에는 대통령의 지휘·감독을 받는다. 계엄사령관을 지휘·감독할 때 국가 정책에 관계되는 사항은 국무회의의 심의를 거쳐야 한다(계엄법 제6조).

라. 계엄의 종류

계엄에는 비상계엄과 경비계엄의 두 종류가 있다(헌법 제77조 제2항). 비상계엄은 대통령이 전시·사변 또는 이에 준하는 국가비상사태 시 적과 교전 상태에 있거나 사회질서가 극도로 교란되어 행정 및 사법 기능의 수행이 현저히 곤란한 경우에 군사상 필요에 따르거나 공공의 안녕질서를 유지하기 위하여 선포하는 것인 반면, 경비계엄은 대통령이 전시·사변 또는 이에 준하는 국가비상사태 시 사회질서가 교란되어 일반 행정기관만으로는 치안을 확보할 수 없는 경우에 공공의 안녕질서를 유지하기 위하여 선포한다는 차이점이 있다(계엄법 제2조 제2항, 제3항). 따라서 비상계엄의 경우 경비계엄의 경우보다 국가비상사태의 정도가 훨씬 심각하고, 계엄에 따른 비상조치의 내용도 훨씬 강하다.

마. 계엄의 내용과 효력

(가) 비상계엄의 내용과 효력

비상계엄의 선포와 동시에 계엄사령관은 계엄지역 안의 모든 행정사무와 사법사무를 관장한다(계엄법 제7조 제1항). 계엄지역안의 행정기관 및 사법기관은 지체 없이 계엄사령관의 지휘·감독을 받아야 한다(계엄법 제8조 제1항). 비상계엄이 선포된 때에는 법률이 정하는 바에 의하여 영장제도, 언론·출판·집회·결사의 자유, 정부나 법원의 권한에 관하여 특별한 조치를 할 수 있다(헌법 제77조 제3항). 이에 따라 비상계엄지역안에서 계엄사령관은 군사상 필요한 때에는 체포·구금·압수·수색·거주·이전·언론·출판·집회·결사 또는 단체행동에 대하여 특별한 조치를 할 수 있다. 이 경우에 계엄사령관은 그 조치내용을 미리 공고하여야 한다. 비상계엄지역에서 계엄사령관은 법률에서 정하는 바에 따라 동원 또는 징발을 할 수 있으며, 필요한 경우에는 군수로 제공할 물품의 조사·등록과 반출금지를 명할 수 있다. 비상계엄지역에서 계엄사령관은 작전상 부득이한 경우에는 국민의 재산을 파괴 또는 소각할 수 있다. 계엄사령관이 국민의 재산을 파괴 또는 소각하려는 경우에는 미리 그 사유, 지역, 대상 등 필요한 사항을 그 재산의 소재지를 관할하는 행정기관과 그 재산의 소유자, 점유자 또는 관리자에게 통보하거나 공고하여야 한다(계엄법 제9조). 비상계엄지역에서 계엄사령관이 작전상 국민의 재산을 파괴 또는 소각함에 따라 발생한 손실에 대하여는 그 손실이 교전 상태에서 발생한 경우를 제외하고는 정당한 보상을 하여야 한다(계엄법 제9조의2 제1항).

비상계엄이 선포된 경우에는 민간인도 군사법원의 재판을 받을 수 있다(헌법 제27조 제2항). 이에 따라 비상계엄이 선포된 경우 계엄지역에서 계엄법 제10조에 열거된 죄를 범한 민간인에 대한 재판은 군사법원이 관할한다. 또한 비상계엄하의 군사재판은 군인·군무원의 범죄나 군사에 관한 간첩죄의 경우와 초병·초소·유독음식물공급·포로에 관한 죄중 법률이 정한 경우에는 사형을 선고한 경우를 제외하고는 단심으로 할 수 있다(헌법 제110조 제4항).

한편 계엄 시행 중 국회의원은 현행범인인 경우를 제외하고는 체포 또는 구금되지 아니한다(계엄법 제13조). 이는 국회가 계엄의 효력이 미치지 아니하는 유일한 국가기관이자 계엄해제를 요구할 수 있는 유일한 통제기관이기 때문이라고 하겠다.

(나) 경비계엄의 내용과 효력

경비계엄의 경우 계엄사령관은 계엄지역안의 군사에 관한 행정사무와 사법사무를 관장한다(계엄법 제7조 제2항). 따라서 모든 행정사무와 사법사무를 관장하는 비상계엄과는 달리 경비계엄의 경우 오로지 군사에 관한 행정·사법사무만이 계엄조치의 대상이 된다. 계엄지역의 행정기관 및 사법기관은 지체 없이 계엄사령관의 지휘·감독을 받아야 한다(계엄법 제8조 제2항). 경비계엄의 경우에는 국민의 자유와 권리에 대한 특별조치가 허용되지 않고, 군사법원의 재판관할권도 확대되지 않는다. 행정 및 사법 기능의 수행이 현저히 곤란한 경우에 군정을 통해 그 행정 및 사법기능을 회복하는 것이 비상계엄의 목적인 반면, 경비계엄은 병력을 동원한 소극적인 치안질서의 회복이 목적이기 때문이다.

바. 계엄에 대한 통제

계엄을 선포한 때에는 대통령은 지체 없이 국회에 통고하여야 한다(헌법 제77조 제4항). 국회가 재적의원 과반수의 찬성으로 계엄의 해제를 요구한 때에는 대통령은 이를 해제하여야 한다(헌법 제77조 제5항). 따라서 국회의 해제요구가 있기까지는 계엄의 효력은 지속된다.

대통령은 계엄해제를 공고하여야 한다. 대통령이 계엄을 해제하려는 경우에는 국무회의의 심의를 거쳐야 한다. 국방부장관 또는 행정안전부장관은 계엄 상황이 평상상태로 회복된 경우에는 국무총리를 거쳐 대통령에게 계엄의 해제를 건의할 수 있다(계엄법 제11조). 계엄이 해제된 날부터 모든 행정사무와 사법사무는 평상상태로 복귀한다. 비상계엄 시행 중 군사법원에 계속 중인 재판사건의 관할은 비상계엄 해제와 동시에 일반법원에 속한다. 다만 대통령이 필요하다고 인정할 때에는 군사법원의 재판권을 1개월의 범위에서 연기할 수 있다(계엄법 제12조). 그런데 이 단서규정은 모든 국민의 일반법원에 의한 정당한 재판을 받을 권리와 민간인이 군사법원의 재판을 받지 아니할 권리를 침해하는 것으로 위헌의 소지가 있다.

한편 계엄선포권에 대한 사법적 통제와 관련하여 대통령의 선포행위를 비롯해 그 계엄에 근거한 계엄사령관의 구체적·개별적 조치도 법원이나 헌법재판소의 사법적 통제의 대상이 된다고 할 것이다.[1)]

(5) 헌법기관구성에 관한 권한

대통령은 대내적으로 국정의 최고책임자로서 정부 이외의 다른 헌법기관의 구성에 관한 권한을 가진다. 헌법상 대법원·헌법재판소·중앙선거관리위원회의 구성에 관한 권한이 그것이다.

1) 대법원장과 대법관의 임명권

대통령은 대법원장과 대법관의 임명권을 가진다. 대법원장의 임명에는 국회의 동의가 있어야 하고, 대법관의 임명에는 대법원장의 제청과 국회의 동의가 있어야 한다(헌법 제104조 제1항, 제2항).

2) 헌법재판소의 장과 재판관의 임명권

대통령은 헌법재판소의 장과 재판관의 임명권을 가진다. 헌법재판소장은 재판관 중에서 국회의 동의를 얻어 임명하고, 재판관의 경우에는 전체 9인중 3인

---

1) 그러나 과거 대법원은 일관되게 대통령의 계엄선포를 통치행위라는 이유로 사법심사의 가능성을 부정했다. 예컨대 대판 1979. 12. 7. 79초70: "대통령의 계엄선포행위는 고도의 정치적, 군사적 성격을 띠는 행위라고 할 것이어서, 그 선포의 당, 부당을 판단할 권한은 헌법상 계엄의 해제요구권이 있는 국회만이 가지고 있다 할 것이고 그 선포가 당연무효의 경우라면 모르되, 사법기관인 법원이 계엄선포의 요건 구비여부나, 선포의 당, 부당을 심사하는 것은 사법권의 내재적인 본질적 한계를 넘어서는 것이 되어 적절한 바가 못된다."
계엄 등 통치행위에 대한 사법심사의 문제는 정연주, 대북정책과 사법심사, 통일과 헌법재판 3, 헌법재판소 헌법재판연구원, 2018. 12, 216쪽 이하 참조.

은 대통령이 직접 지명하고, 국회에서 선출하는 3인, 대법원장이 지명하는 3인을 임명한다(헌법 제111조 제3항, 제4항).

3) 중앙선거관리위원회위원의 임명권

대통령은 중앙선거관리위원회위원 9인중 3인에 대한 임명권을 가진다. 나머지 위원은 국회와 대법원장이 각각 3인씩 선출·지명하고, 위원장은 위원중에서 호선한다(헌법 제114조 제2항).

(6) 사면·감형·복권에 관한 권한

1) 의의와 절차

대통령은 법률이 정하는 바에 의하여 사면, 감형, 복권을 명할 수 있는 권한을 가진다(헌법 제79조 제1항). 대통령의 사면·감형·복권권은 국가원수로서의 지위에서 인정되는 권한으로 사법적 오류를 시정하거나 지나치게 가혹한 형벌이나 제재 등을 완화시켜주는 수단으로서 사회적 정의의 실현과 국민통합의 일환으로 이루어지는 제도라고 할 수 있다. 그러나 다른 한편 사법권을 침해하고 대통령의 정략적 이유로 악용 또는 남용될 위험성도 있기 때문에 본래의 목적에 부합되게 신중하게 이루어져야 하고, 엄격한 요건과 절차에 따라야 할 것이다. 대통령이 일반사면을 명하려면 국회의 동의를 얻어야 하고, 사면·감형 및 복권에 관한 사항은 법률로 정한다(헌법 제79조 제3항). 사면·감형 및 복권은 국무회의의 심의를 거쳐야 하고(헌법 제89조 제9호), 국무총리와 관계국무위원이 부서한 문서로써 하여야 한다(헌법 제82조). 한편 형의 선고에 따른 기성의 효과는 사면, 감형 및 복권으로 인하여 변경되지 아니한다(사면법 제5조 제2항).

2) 종류와 내용

가. 사면

사면에는 일반사면과 특별사면의 두 종류가 있다(사면법 제2조). 일반사면의 대상은 죄를 범한 자이다(사면법 제3조 제1호). 일반사면의 경우 죄의 종류를 정하여 그에 해당하는 죄를 범하고 형의 선고를 받은 자에 대하여 형 선고의 효력이 상실되며, 형을 선고받지 아니한 자에 대하여는 공소권이 상실된다(사면법 제5조 제1항 제1호). 일반사면을 명하려면 국회의 동의가 있어야 한다(헌법 제79조 제2항).

특별사면은 형을 선고받은 자를 대상으로 한다(사면법 제3조 제2호). 특별사면의 경우 형의 집행이 면제된다. 다만 특별한 사정이 있을 때에는 이후 형 선고의 효력을 상실하게 할 수 있다(사면법 제5조 제1항 제2호).

나. 감형

감형의 대상은 형을 선고받은 자이다(사면법 제3조 제2호). 일반에 대한 감형에 있어서 특별한 규정이 없는 경우에는 형을 변경한다(사면법 제5조 제1항 제3호). 특정한 자에 대한 감형의 경우 형의 집행을 경감한다. 다만 특별한 사정이 있을 때에는 형을 변경할 수 있다(사면법 제5조 제1항 제4호).

다. 복권

복권의 대상은 형의 선고로 인하여 법령에 따른 자격이 상실되거나 정지된 자이다(사면법 제3조 제2호). 복권으로 형 선고의 효력으로 인하여 상실되거나 정지된 자격을 회복한다(사면법 제5조 제1항 제5호). 복권은 형의 집행이 끝나지 아니한 자 또는 집행이 면제되지 아니한 자에 대하여는 할 수 없다(사면법 제3조 제2호). 복권으로 형 선고의 효력으로 인하여 상실되거나 정지된 자격을 회복한다(사면법 제6조).

(7) 영전수여권

대통령은 법률이 정하는 바에 의하여 훈장 기타의 영전을 수여하는 권한은 가진다(헌법 제80조). 이는 국무회의의 심의를 거쳐야 하고(헌법 제89조 제8호), 국무총리와 관계국무위원이 부서한 문서로써 하여야 한다(헌법 제82조).

2. 행정부수반으로서의 권한

대통령은 행정부수반의 지위에서 그에 상응하는 다양한 헌법적 권한을 가진다. 행정부수반으로서 가지는 권한은 국가원수로서 가지는 3권을 초월하는 국정의 최고책임자의 지위에서가 아니라 3권의 한 축으로서의 지위, 즉 입법부 및 사법부의 수장과 동렬의 지위에서 부여되는 헌법상의 권한이라고 하겠다. 이 지위에서 나오는 권한을 크게 행정, 입법, 사법에 관한 권한으로 나눌 수 있다.

(1) 행정에 관한 권한

1) 행정부의 구성에 관한 권한

가. 국무총리와 국무위원의 임명권

대통령은 국회의 동의를 얻어 국무총리를 임명하고(헌법 제86조 제1항), 국무총리의 제청으로 국무위원을 임명한다(헌법 제87조 제1항). 또한 대통령은 국무위원 중에서 국무총리의 제청으로 행정각부의 장을 임명한다(헌법 제94조 제1항).

나. 감사원장과 감사위원의 임명권

감사원은 헌법상 행정부로 편제되어 있으며 대통령 소속하에 있다. 따라서 대통령이 감사원의 구성권을 가진다. 이에 따라 대통령은 국회의 동의를 얻어 감사원장을 임명하고, 감사원장의 제청으로 감사위원을 임명한다(헌법 제98조).

2) 공무원의 임면권

대통령은 헌법과 법률이 정하는 바에 의하여 공무원을 임면할 권한을 가진다(헌법 제78조). 여기서의 공무원의 임면권은 앞서 언급한 헌법기관의 구성에 관한 권한과는 구별된다. 즉 이들 헌법기관의 구성원에 대한 임명권은 정부 소속이 아닌 사법부 등 다른 독립한 헌법기관의 구성원에 대한 임명권이고, 이는 행정부의 수반으로서의 지위가 아닌 국가원수 내지 국정의 최고책임자의 지위에서 부여되는 임명권인 반면, 여기서의 공무원임면권은 행정부에 소속된 공무원에 대한 임면권으로서 이는 행정부수반의 지위에서 부여되는 권한이라는 점에서 구별된다. 또한 다른 독립한 헌법기관의 구성원의 임명에는 관련 헌법기관의 제청이나 동의 또는 지명이나 선출 등을 요하지만, 행정부에 소속된 공무원의 임면권의 경우에는 그렇지 아니하다. 아울러 다른 헌법기관 구성원에 대하여는 대통령이 임명권만을 가지며 면직이나 해임권을 가지는 것은 아니지만, 행정부에 소속된 공무원의 임면권에는 임명권과 더불어 면직이나 해임권도 포함된다는 점에서 차이가 있다.

그러나 다른 한편 이러한 대통령의 공무원임면권도 일정한 제약을 받는다. 즉 공무원임명을 위한 법정의 자격요건(예컨대 검사의 자격요건), 신분보장을 핵심적 내용으로 하는 직업공무원제도, 임기제, 정년제 등 헌법과 법률에서 정한 여러 가지 임명과 면직 내지 해임에 관한 제약을 받는다.

3) 국군통수권

가. 의의

헌법 제5조 제2항은 "국군은 국가의 안전보장과 국토방위의 신성한 의무를 수행함을 사명으로 하며, 그 정치적 중립성은 준수된다."고 규정하여 헌법상 국군의 존재를 명시하고, 헌법 제74조 제1항이 "대통령은 헌법과 법률이 정하는 바에 의하여 국군을 통수하는 권한을 가진다."고 규정하여 대통령에게 국군통수권을 부여하고 있다. 이로써 대통령이 국군의 최고지휘·명령자, 즉 국군의 최고사령관임을 분명히 하고 있다. 대통령의 국군통수권은 행정부소속의 국군에 대한 권한이라는 점에서 일차적으로 행정부수반으로서의 대통령의 권한이지만, 동시에 국가의 독립·영토의 보전·국가의 계속성을 수호할 대통령의 책무(헌법 제66조 제2항)와도 관련된다는 점에서 국정의 최고책임자로서의 지위에서 인정되는 권한의 성격도 가진다고 하겠다.

나. 국군통수권의 내용

국군통수권은 군정작용과 군령작용으로 나뉜다. 전자는 국군을 조직·편성·관리하는 양병작용을 말하고, 후자는 국군을 작전·지휘·명령·통솔하는 용병작용을 말한다. 따라서 대통령의 국군통수권은 군정과 군령을 모두 포함하는 권한으로서 군정군령일원주의를 채택하고 있다. 아울러 대통령이 국방부장관을 현역군인이 아닌 국무위원 중에서 임명하도록 함으로써(헌법 제87조 제4항) 국군에 대한 문민통치를 분명히 하고 있다. 한편 헌법은 국군의 수뇌부를 합동참모의장과 각군참모총장으로 구성하고(헌법 제89조 제16호), 구체적인 국군의 조직과 편성은 법률로 정하도록 함으로써(헌법 제74조 제2항) 국군에 대한 국회의 통제도 명확히 하고 있다.

다. 국군통수권의 한계

첫째, 헌법 제5조 제2항이 "국군은 국가의 안전보장과 국토방위의 신성한 의무를 수행함을 사명으로 하며, 그 정치적 중립성은 준수된다."라고 규정하고 있듯이 국군은 어디까지나 국가의 안전보장과 국토방위의 신성한 의무를 수행함을 사명으로 한다. 따라서 국군통수권의 행사에 있어서 국군의 정치적 중립성이 엄격히 요구된다. 우리의 불행한 헌정사에서 경험했듯이 국군이 정치적 이유로 동원되거나 특정 정권이나 특정 세력에 의하여 악용되어서는 결코 안되는 이유이다. 둘째, 헌법 제5조 제1항이 "대한민국은 국제평화의 유지에 노력하고 침략적 전쟁을 부인한다."고 규정하고 있듯이 침략적 전쟁을 위하여 국군통수권이 행사되어서는 안된다. 셋째, 군사에 관한 중요사항을 내용으로 하는 국군통수권의 행사는 국무회의의 심의를 거쳐(헌법 제89조 제6호), 국무총리와 관계 국무위원이 부서한 문서로써 하여야 하며(헌법 제82조), 선전포고, 국군의 외국에의 파견, 강화조약 등에 대하여는 국회의 동의를 얻어야 한다(헌법 제60조).

4) 행정감독권

대통령은 정부의 수반으로서 법령에 따라 모든 중앙행정기관의 장을 지휘·감독할 권한을 가진다. 대통령은 국무총리와 중앙행정기관의 장의 명령이나 처분이 위법 또는 부당하다고 인정하면 이를 중지 또는 취소할 수 있다(정부조직법 제11조).

5) 재정에 관한 권한

대통령은 재정에 관한 다양한 헌법상의 권한을 가진다. 예산안편성제출권(제54조 제2항), 준예산집행권(제54조 제3항), 예비비지출권(제55조 제2항), 추가경정예산안편성제출권(제56조), 기채권 및 예산외국가부담계약체결권(제58조), 긴급재정·경제처분 및 명령권(제76조 제1항), 결산검사권(제99조) 등이 그것이다.

(2) 입법에 관한 권한

1) 법률제정에 관한 권한

가. 법률안제출권

대통령은 국회에 법률안을 제출할 권한을 가진다(헌법 제52조). 이는 국무회의의 심의를 거쳐야 하고(헌법 제89조 제3호), 국무총리와 관계국무위원이 부서한 문서로써 하여야 한다(헌법 제82조).

나. 법률안공포권

대통령은 법률안을 공포할 권한을 가진다. 즉 국회에서 의결된 법률안은 정부에 이송되어 15일 이내에 대통령이 공포한다(헌법 제53조 제1항). 이는 국무회의의 심의를 거쳐야 하고, 국무총리와 관계국무위원이 부서한 문서로써 하여야 한다. 그런데 대통령이 법률안을 이송받은 후 15일 이내에 공포나 재의의 요구를 하지 아니한 때에는 그 법률안은 법률로서 확정된다(헌법 제53조 제5항). 대통령은 확정된 법률을 지체 없이 공포하여야 한다. 법률이 확정된 후 5일 이내에 대통령이 공포하지 아니할 때에는 국회의장이 이를 공포한다(헌법 제53조 제6항). 법률은 특별한 규정이 없는 한 공포한 날로부터 20일을 경과함으로써 효력을 발생한다(헌법 제53조 제7항).

다. 법률안 거부권

대통령은 법률안거부권을 가진다. 즉 법률안에 이의가 있을 때에는 대통령은 법률안이 정부에 이송된 후 15일 이내에 이의서를 붙여 국회로 환부하고, 그 재의를 요구할 수 있다. 국회의 폐회중에도 또한 같다(헌법 제53조 제2항). 법률안거부권에는 환부거부와 보류거부의 두 가지 유형이 있다. 전자는 의회에서 의결되어 정부로 이송된 법률안에 대하여 이의가 있는 경우에 대통령이 이의서를 붙여 의회에 환부하고 그 재의를 요구하는 유형이고, 후자는 환부거부가 허용되는 기간내에 의회가 회기만료로 폐회되는 경우 대통령이 그 법률안을 의회에 환부하지 아니하고 그대로 보류시킴으로써 폐기시키는 유형이다. 보류거부는 미국처럼 회기불계속의 원칙에 따라 운영되는 의회제도에서 인정되는 것으로[1)] 우리처럼 회기계속의 원칙에 따르는 국회의 경우에는 원칙적으로 적용되지 아니한다. 따라서 우리의 경우에는 원칙적으로 환부거부만 인정된다고 볼 수 있다.

앞서 언급한 바와 같이 법률안거부권은 대통령이 법률안에 이의가 있을 때 행사되는 것인데, 예컨대 법률안의 내용이 국가의 기본정책방향에 배치된다고 판단할 때, 국민과 국가 전체의 이익보다는 특정 정파적 이익을 추구한다고 판단할 때, 법률안을 위헌이라고 판단할 때, 법률안집행을 위한 예산확보가 어렵

1) 미국의 경우 대통령이 법률안에 대해서 이의가 있을 때 법률안의 이송을 받은 날로부터 10일 이내에 그 법률안이 발의된 의회에 환부하고 그 재의를 요청할 수 있다. 환부거부된 법률안이 양원에서 각각 그 재적의원 2/3 이상의 찬성으로 재의결(Override)된 경우에는 그 법률안은 법률로서 확정된다. 환부거부가 허용되는 10일 이내에 의회가 회기만료로 폐회케 되는 경우에는 대통령은 그 법률안을 의회에 환부하지 않고 그대로 보류시킴으로써 폐기시킬 수 있는데 이를 보류거부(Pocket Veto)라 한다. 의회가 아직 회기중인에도 10일 이내에 환부거부되지 아니한 법률안은 자동적으로 법률로서 확정된다.

거나 기타 집행상의 어려움이 있을 때 등이 이의가 있을 때에 해당된다고 할 수 있을 것이다.

법률안거부는 법률안이 정부로 이송된 후 15일 이내에 국무회의의 심의를 거쳐 국무총리와 관계국무위원이 부서한 이의서를 붙여 국회의장에게 환부하고 재의를 요구한다. 법률안의 일부에 대하여 또는 법률안을 수정하여 재의를 요구할 수 없다(헌법 제53조 제3항). 재의의 요구가 있을 때에는 국회는 재의에 붙이고, 재적의원과반수의 출석과 출석의원 3분의 2 이상의 찬성으로 전과 같은 의결을 하면 그 법률안은 법률로서 확정된다(헌법 제53조 제4항). 국회의 재의결로 확정된 법률안이 정부로 이송된 후 5일 이내에 대통령이 공포하지 아니할 때에는 국회의장이 이를 공포한다(헌법 제53조 제6항).

2) 행정입법권

가. 의의

대통령은 법률에서 구체적으로 범위를 정하여 위임받은 사항과 법률을 집행하기 위하여 필요한 사항에 관하여 대통령령을 발할 수 있다(헌법 제75조). 이에 따라 대통령은 행정입법권을 가진다. 행정입법은 행정권이 일반적 · 추상적 규범을 정립하는 작용, 즉 행정권에 의한 입법을 말한다. 권력분립의 원칙과 법치주의를 기반으로 하는 오늘날의 입헌국가에서는 개인의 권리와 의무에 관한 모든 법규는 입법권의 작용, 즉 국회의 의결에 의한 형식적 의미의 법률로 규율하는 것을 원칙으로 한다. 그러나 행정기능의 다양화와 전문화 및 행정권의 강화현상을 특징으로 하는 현대의 행정국가 · 사회국가에서는 국회의 입법기술 및 전문성의 한계 및 행정현실상의 요청으로 말미암아 행정입법이 불가피하게 되었고 그 기능도 점차 중요시 되었다. 즉 오늘날 행정의 대상이 매우 복잡 · 다양 · 전문화 되었기에 비전문가적 기관인 의회의 입법이 사실상 제한을 받게 되었고, 이에 따라 현실에 신속하게 대처하여 기술적인 문제를 규율할 수 있는 행정권에 의한 입법의 필요성이 증대된 것이다.

이처럼 오늘날 행정입법은 불가피한 측면이 있지만, 다른 한편 행정입법은 내용적으로 수권법률의 취지와는 달리 제정되는 예가 많고, 행정의 전문화 · 기술화 · 다양화에 따르는 의회입법능력의 보완보다는 행정편의의 추구를 위한 방편으로 활용되는 측면이 없지 않아 있으며, 행정입법의 간편성과 신속성은 행정입법에 대한 국민의 접근기회를 줄임으로써 예측가능성과 법적 안정성을 저해할 수 있다는 문제점을 안고 있다. 따라서 행정입법은 행정의 목적을 달성하기 위한 하나의 중요한 행위형식이지만, 그의 남용과 한계일탈에 대한 엄격한 통제가 이루어져야 한다.

나. 행정입법의 종류와 내용

행정입법은 크게 법규명령과 행정명령(행정규칙)의 두 가지로 나뉜다. 법규명령은 대외적 구속력을 가지는 명령이고, 행정명령은 원칙적으로 대외적 구속력이 없다.

(가) 법규명령

가) 의의

법규명령이란 행정권이 정립하는 일반적·추상적 규율로서 법규의 성질을 가지는 것을 말한다. 법규란 행정주체와 국민과의 관계에서 구속력을 가지는 규범을 의미한다. 즉 국민의 권리·의무의 형성·제한 등 변동을 초래하는 대외적 구속력을 가지는 규율이다. 따라서 법규명령은 법규의 성질을 가지기 때문에 일반적·대외적 구속력을 가지는 명령이다.

나) 법규명령의 종류

a. 위임명령

위임명령은 법률 또는 상위명령에 의하여 위임된 사항을 규정하는 법규명령인데, 수임된 범위내에서는 국민의 권리·의무에 관한 사항(법규사항)에 관하여 규율할 수 있다.

b. 집행명령

집행명령은 법률 또는 상위명령의 규정의 범위내에서 그 법령의 시행에 관하여 필요한 절차 및 형식에 관한 사항을 규정하는 법규명령을 말한다. 따라서 집행명령은 위임명령과는 달리 개인의 권리·의무에 관한 법규사항을 새로이 규율할 수 없다.

다) 법규명령의 근거

법규명령은 법규로서의 성질을 가지는 것이기 때문에 법치주의의 원리에 따라 그것을 뒷받침하는 특별한 근거가 있어야 한다. 따라서 법규명령은 헌법 또는 법률 기타 상위명령의 수권을 근거로 해서만 제정될 수 있다. 즉 첫째, 위임명령은 구체적으로 범위를 정하여 수권한 상위법령에 근거하여, 둘째, 집행명령은 그것이 시행하려는 상위법령의 내용을 집행할 수 있는 일반적인 직권에 의하여 제정될 수 있다.

라) 법규명령의 성립요건과 효력요건

a. 법규명령의 성립요건

(a) 주체상의 요건

법규명령은 대통령이 그 권한의 범위내에서 제정하여야 한다.

(b) 내용상의 요건

법규명령은 그 내용에 있어서 수권의 범위내에서 상위법령에 직접 또는 간접으로 저촉되어서는 안되며, 규정하고 있는 내용이 명확해야 한다.

(c) 절차상의 요건

법규명령은 법정절차를 거쳐 제정되어야 한다. 법규명령의 제정절차에 관하여 특별한 규정은 없으나, 헌법 제89조 제3호(국무회의의 심의사항) 및 정부조직법 제23조 제1항(법제처의 소관사무)과 행정절차법 제4장(행정상 입법예고) 등에 관련규정들이 마련되어 있다. 이에 따르면 법규명령 등의 입법안은 원칙적으로 40일 이상 관보·공보나 신문 등 여러 매체를 통해 예고하고(행정절차법 제43조), 행정청은 대통령령을 입법예고하는 경우 국회 소관 상임위원회에 이를 제출하여야 하며(동법 제42조 제2항), 행정청은 입법예고를 할 때에 입법안과 관련이 있다고 인정되는 중앙행정기관, 지방자치단체, 그 밖의 단체 등이 예고사항을 알 수 있도록 예고사항을 통지하거나 그 밖의 방법으로 알려야 한다(동법 제42조 제3항). 누구든지 예고된 입법안에 대하여 의견을 제출할 수 있고(동법 제44조), 행정청은 입법안에 관하여 공청회를 개최할 수 있다(동법 제45조). 대통령령은 법제처의 심사와 국무회의의 심의를 거쳐(헌법 제89조 제3호) 국무총리와 관계 국무위원이 부서한 문서로써(헌법 제82조) 대통령이 제정한다.

(d) 형식상의 요건

대통령령의 공포문에는 전문을 붙여야 한다(「법령 등 공포에 관한 법률」 제2조). 대통령령 공포문의 전문에는 국무회의의 심의를 거친 사실을 적고, 대통령이 서명한 후 대통령인을 찍고 그 공포일을 명기하여 국무총리와 관계 국무위원이 부서한다(동법 제7조).

(e) 공포

법규명령은 그 내용을 공포함으로써 유효하게 성립한다. 공포는 관보에 게재하는 방법에 의한다(동법 제11조 제1항). 공포일은 당해 법규명령을 게재한 관보가 발행된 날이 된다(동법 제12조).

b. 법규명령의 효력요건

법규명령은 시행됨으로써 현실적으로 효력(구속력)을 발생하게 된다. 시행일은 당해 명령에서 규정하는 것이 보통이나, 특별한 규정이 없으면 공포한 날로부터 20일을 경과함으로써 효력을 발생한다(동법 제13조).

마) 법규명령의 한계

현대 행정국가에서 행정입법의 필요성은 증대되고 있지만, 다른 한편 그 일탈과 남용을 방지하기 위하여 그에 대한 엄격한 한계설정과 통제가 필요하다.

a. 위임명령의 한계

(a) 입법권위임의 범위

a) 포괄적 위임의 금지

헌법 제40조와 권력분립의 원칙에 따라 입법권은 국회에 속하기 때문에 입법권의 행정권에로의 전부 또는 일부의 일반적·포괄적 위임은 인정될 수 없다. 헌법 제75조는 "… 법률에서 구체적으로 범위를 정하여 위임받은 사항 …"이라고 규정함으로써 입법권의 위임은 구체적이어야 할 뿐만 아니라, 그 위임의 범위가 객관적으로 예측가능하고 한정적일 것을 요구한다. 따라서 법률로 명령에 위임을 하는 경우라도 적어도 법률의 규정에 의하여 명령으로 규정될 내용 및 범위의 기본사항을 구체적으로 규정함으로써 누구라도 당해 법률로부터 명령에 규정될 내용의 대강을 예측할 수 있도록 하여야 한다.[1)]

---

1) ① 헌재 1991. 7. 8. 91헌가4, 판례집 3, 336, 341:
법률의 위임은 반드시 구체적이고 개별적으로 한정된 사항에 대하여 행해져야 한다. 그렇지 아니하고 일반적이고 포괄적인 위임을 한다면 이는 사실상 입법권을 백지위임하는 것이나 다름없어 의회입법의 원칙이나 법치주의를 부인하는 것이 되고 행정권의 부당한 자의와 기본권 행사에 대한 무제한적 침해를 초래할 위험이 있기 때문이다. 우리 헌법 제75조도 "대통령은 법률에서 구체적으로 범위를 정하여 위임받은 사항 … 에 관하여 대통령령을 발할 수 있다."라고 규정하여 위임입법의 근거와 아울러 그 범위와 한계를 제시하고 있는데

b) 국회의 전속사항의 위임금지

국회는 헌법에 의하여 자신의 전속적 권한으로 정해진 사항에 관한 입법권을 위임할 수 없다. 국적취득의 요건에 관한 사항(헌법 제2조)과 조세의 종목과 세율에 관한 사항(헌법 제59조) 등이 그것이다.

(b) 위임입법권의 재위임

위임입법권의 재위임이란 수임된 입법권을 전면적으로 다시 하위명령에 위임하는 것을 의미한다. 이는 실질적으로 수권법(입법권을 위임한 법률)의 내용을 변경하는 것, 즉 수권법을 개정하는 결과가 되기 때문에 허용될 수 없다. 그러나 법률에서 위임된 사항에 관한 일반적인 기준을 정한 다음 그의 세부적인 사항의 규정을 다시 하위명령에 위임하는 것은 허용될 수 있다고 하겠다.[1)]

(c) 벌칙규정의 위임

죄형법정주의는 죄와 형을 반드시 법률로 정하도록 요구하기 때문에 명령에 대한 벌칙의 일반적 위임을 금지하고 있으며, 개별적으로 벌칙을 명령에 위임해야 하는 경우에도 법률이 처벌대상인 행위(범죄의 구성요건) 및 그 행위에 대한 처벌(양형)을 구체적으로 규정할 것을 요구하고 있다. 따라서 모

'법률에서 구체적으로 범위를 정하여 위임받은 사항'이라 함은 법률에 이미 대통령령으로 규정될 내용 및 범위의 기본사항이 구체적으로 규정되어 있어서 누구라도 당해 법률로부터 대통령령에 규정될 내용의 대강을 예측할 수 있어야 함을 의미한다.

② 헌재 1996. 2. 29. 94헌마213, 판례집 8-1, 147, 161:
사실상 입법권을 백지위임하는 것과 같은 일반적이고 포괄적인 위임은 의회입법과 법치주의를 부인하는 것이 되어 행정권의 부당한 자의와 기본권행사에 대한 무제한적 침해를 초래할 것이기 때문에 법률로 대통령령에 위임을 하는 경우라고 적어도 법률의 규정에 의하여 대통령령으로 규정될 내용 및 범위의 기본사항을 구체적으로 규정함으로써 누구라도 당해 법률로부터 대통령령에 규정될 내용의 대강을 예측할 수 있도록 하여야 할 것인바, 헌법 제75조에서 규정하는 '구체적으로 범위를 정하여'는 위와 같은 의미로 해석된다.

1) 헌재 1996. 2. 29. 94헌마213, 판례집 8-1, 147, 163:
법률에서 위임받은 사항을 전혀 규정하지 않고 재위임하는 것은 "위임받은 권한을 그대로 다시 위임할 수 없다"는 복위임금지의 법리에 반할 뿐 아니라 수권법의 내용변경을 초래하는 것이 되고, 부령의 제정·개정절차가 대통령령에 비하여 보다 용이한 점을 고려할 때 재위임에 의한 부령의 경우에도 위임에 의한 대통령령에 가해지는 헌법상의 제한이 당연히 적용되어야 할 것이다. 따라서 법률에서 위임받은 사항을 전혀 규정하지 아니하고 그대로 재위임하는 것은 허용되지 않으며 위임받은 사항에 관하여 대강을 정하고 그 중의 특정사항을 범위를 정하여 하위법령에 다시 위임하는 경우에만 재위임이 허용된다.

법에서 범죄의 구성요건의 구체적 기준과 처벌의 상한선을 정하여 위임하는 것은 가능하다고 본다.[1)]

b. 집행명령의 한계

집행명령은 위임명령과는 달리 법률 또는 상위명령을 집행하기 위하여 필요한 사항만을 규정할 수 있다. 따라서 오직 상위법령의 범위내에서 그 집행을 위하여 필요한 절차·형식 등의 시행세칙만을 규정할 수 있을 뿐이다. 그러므로 집행명령이 위의 한계를 일탈하여 새로운 법규사항을 정할 수 없다.[2)]

---

1) ① 헌재 1991. 7. 8. 91헌가4, 판례집 3, 336, 340-341:

죄형법정주의는 자유주의, 권력분립, 법치주의 및 국민주권의 원리에 입각한 것으로서 무엇이 범죄이며 그에 대한 형벌이 어떠한 것인가는 반드시 국민의 대표로 구성된 입법부가 제정한 법률로써 정하여야 한다는 원칙이고, 죄형법정주의를 천명한 헌법 제12조 제1항 후단이나 제13조 제1항 전단에서 말하는 '법률'도 입법부에서 제정한 형식적 의미의 법률을 의미하는 것임은 물론이다. 그런데 아무리 권력분립이나 법치주의가 민주정치의 원리라 하더라도 현대국가의 사회적 기능증대와 사회현상의 복잡화에 따라 국민의 권리·의무에 관한 사항이라하여 모두 입법부에서 제정한 법률만으로 다 정할 수는 없는 것이기 때문에 예외적으로 행정부에서 제정한 명령에 위임하는 것을 허용하지 않을 수 없다.

그러나 … 법률에 의한 처벌법규의 위임은, 헌법이 특히 인권을 최대한으로 보장하기 위하여 죄형법정주의와 적법절차를 규정하고, 법률(형식적 의미의)에 의한 처벌을 특별히 강조하고 있는 기본권보장 우위사상에 비추어 바람직스럽지 못한 일이므로, 그 요건과 범위가 보다 엄격하게 제한적으로 적용되어야 한다. 따라서 처벌법규의 위임은 특히 긴급한 필요가 있거나 미리 법률로써 자세히 정할 수 없는 부득이한 사정이 있는 경우에 한정되어야 하고 이러한 경우일지라도 법률에서 범죄의 구성요건은 처벌대상인 행위가 어떠한 것일 것이라고 이를 예측할 수 있을 정도로 구체적으로 정하고 형벌의 종류 및 그 상한과 폭을 명백히 규정하여야 한다.

② 헌재 1996. 2. 29. 94헌마213, 판례집 8-1, 147, 157-158:

헌법은 "모든 국민은 …, 법률과 적법한 절차에 의하지 아니하고는 처벌·보안처분 또는 강제노역을 받지 아니한다."(제12조 제1항), "모든 국민은 행위시의 법률에 의하여 범죄를 구성하지 아니하는 행위로 소추되지 아니하며,"(제13조 제1항 전단)라고 규정하여 죄형법정주의를 선언하고 있는바, 죄형법정주의는 범죄의 구성요건과 그에 대한 형벌의 내용이 무엇인가를 국민이 미리 알 수 있도록 국민의 대표로 구성된 입법부가 미리 성문의 법률로 명확하게 정하도록 함으로써 국가형벌권의 자의적인 행사로부터 개인의 자유와 권리를 보장하려는 법치국가형법의 기본원칙으로서 형벌법규의 '보장적 기능'을 수행하는 것이다.

그러나 사회현상의 복잡다기화와 국회의 전문적·기술적 능력의 한계 및 시간적 적응능력의 한계로 인하여 형사처벌에 관련된 모든 법규를 예외 없이 형식적 의미의 법률에 의하여 규정한다는 것은 사실상 불가능할 뿐만 아니라 실제에 적합하지도 아니하기 때문에, 특히 긴급한 필요가 있거나 미리 법률로써 자세히 정할 수 없는 부득이한 사정이 있는 경우에 한하여 수권법률(위임법률)이 구성요건의 점에서는 처벌대상인 행위가 어떠한 것인지 이를 예측할 수 있을 정도로 구체적으로 정하고, 형벌의 점에서는 형벌의 종류 및 그 상한과 폭을 명확히 규정하는 것을 전제로 위임입법이 허용된다.

바) 법규명령에 대한 통제

a. 국회에 의한 통제

국회는 법규명령과 관련된 법률을 개정·폐지함으로써 법규명령을 통제할 수 있고, 국정감사·조사, 국무총리나 관계 국무위원에 대한 해임건의, 대정부질문, 탄핵소추 등으로도 통제할 수 있다.

또한 중앙행정기관의 장은 법률에서 위임한 사항이나 법률을 집행하기 위하여 필요한 사항을 규정한 대통령령·총리령·부령·훈령·예규·고시 등이 제정·개정 또는 폐지되었을 때에는 10일 이내에 이를 국회 소관 상임위원회에 제출하여야 한다. 다만 대통령령의 경우에는 입법예고를 할 때(입법예고를 생략하는 경우에는 법제처장에게 심사를 요청할 때를 말한다)에도 그 입법예고안을 10일 이내에 제출하여야 한다. 중앙행정기관의 장은 위 기간 이내에 제출하지 못한 경우에는 그 이유를 소관 상임위원회에 통지하여야 한다. 상임위원회는 위원회 또는 상설소위원회를 정기적으로 개회하여 그 소관 중앙행정기관이 제출한 대통령령·총리령 및 부령의 법률 위반 여부 등을 검토하여야 한다. 상임위원회는 검토 결과 부령이 법률의 취지 또는 내용에 합치되지 아니한다고 판단되는 경우에는 소관 중앙행정기관의 장에게 그 내용을 통보할 수 있다. 이 경우 검토내용을 통보받은 중앙행정기관의 장은 통보받은 내용에 대한 처리 계획과 그 결과를 지체 없이 소관 상임위원회에 보고하여야 한다. 한편 상임위원회는 소관 중앙행정기관이 제출한 대통령령·총리령 및 부령의 법률 위반 여부 등에 대한 검토 결과 대통령령 또는 총리령이 법률의 취지 또는 내용에 합치되지 아니한다고 판단되는 경우에는 검토의 경과와 처리 의견 등을 기재한 검토결과보고서를 의장에게 제출하여야 한다. 의장은 제출된 검토결과보고서를 본회의에 보고하고, 국회는 본

---

2) 대판 1990. 9. 28. 89누2493:
대통령은 법률에서 구체적으로 범위를 정하여 위임받은 사항과 법률을 집행하기 위하여 필요한 사항에 관하여만 대통령령을 발할 수 있는 것이므로(헌법 제75조), 법률의 시행령은 모법인 법률에 의하여 위임받은 사항이나 법률이 규정한 범위내에서 법률을 현실적으로 집행하는데 필요한 세부적인 사항만을 규정할 수 있을 뿐, 법률에 의한 위임이 없는 한 법률이 규정한 개인의 권리·의무에 관한 내용을 변경·보충하거나 법률에 규정되지 아니한 새로운 내용을 규정할 수는 없다고 할 것인바, 일정한 권리에 관하여 법률이 규정한 존속기간을 뜻하는 제척기간은 권리관계를 조속히 확장시키기 위하여 권리의 행사에 중대한 제한을 가하는 것이므로, 모법인 법률에 의한 위임이 없는 한 시행령이 함부로 제척기간을 규정할 수는 없다고 할 것이다.

회의 의결로 이를 처리하고 정부에 송부한다. 정부는 송부받은 검토결과에 대한 처리 여부를 검토하고 그 처리결과(송부받은 검토결과에 따르지 못하는 경우 그 사유를 포함한다)를 국회에 제출하여야 한다(국회법 제98조의2).

b. 사법적 통제

법규명령이 성립요건과 효력요건을 갖추지 못한 때에는 하자를 지니게 되고 무효가 되어 효력을 발생하지 못한다. 여기서 법규명령의 위헌·위법여부가 재판의 전제가 된 경우에는 대법원은 이를 최종적으로 심사할 권한을 가진다(헌법 제107조 제2항). 또한 법규명령이 직접 개인의 기본권을 침해했을 경우에는 헌법재판소의 헌법소원심판을 통한 통제가 가능하다(헌법 제111조 제1항 제5호, 헌법재판소법 제68조 제1항).[1)]

그런데 헌법재판소에 의한 법규명령에 대한 위헌결정의 경우 대법원에 의한 경우와는 달리 그 해당 법규명령에 대한 직접적인 위헌·무효선언을 하는 것이고, 따라서 그 법규명령은 무효가 된다. 이는 헌법소원심판의 경우 법규명령의 위헌 여부가 본안소송물로서 직접통제의 대상이 되기 때문이다. 이에 반하여 대법원의 경우에는 위헌·위법한 법규명령에 대한 무효를 이유 설시에서는 언급하

1) 헌재 1990. 10. 15. 89헌마178, 판례집 2, 365, 369-370:
헌법 제107조 제2항은 "명령·규칙 또는 처분이 헌법이나 법률에 위반되는 여부가 재판의 전제가 된 경우에는 대법원은 이를 최종적으로 심사할 권한을 가진다."라고 규정하고 있고, 법원행정처장이나 법무부장관은 이 규정을 들어 명령·규칙의 위헌여부는 대법원에 최종적으로 심사권이 있으므로 법무사법시행규칙의 위헌성 여부를 묻는 헌법소원은 위 헌법규정에 반하여 부적법하다고 주장한다. 그러나 헌법 제107조 제2항이 규정한 명령·규칙에 대한 대법원의 최종심사권이란 구체적인 소송사건에서 명령·규칙의 위헌여부가 재판의 전제가 되었을 경우 법률의 경우와는 달리 헌법재판소에 제청할 것 없이 대법원의 최종적으로 심사할 수 있다는 의미이며, 헌법 제111조 제1항 제1호에서 법률의 위헌여부심사권을 헌법재판소에 부여한 이상 통일적인 헌법해석과 규범통제를 위하여 공권력에 의한 기본권침해를 이유로 하는 헌법소원심판청구사건에 있어서 법률의 하위법규인 명령·규칙의 위헌여부심사권이 헌법재판소의 관할에 속함은 당연한 것으로서 헌법 제107조 제2항의 규정이 이를 배제한 것이라고는 볼 수 없다. 그러므로 법률의 경우와 마찬가지로 명령·규칙 그 자체에 의하여 직접 기본권이 침해되었음을 이유로 하여 헌법소원심판을 청구하는 것은 위 헌법규정과는 아무런 상관이 없는 문제이다. 그리고 헌법재판소법 제68조 제1항이 규정하고 있는 헌법소원심판의 대상으로서의 '공권력'이란 입법·사법·행정 등 모든 공권력을 말하는 것이므로 입법부에서 제정한 법률, 행정부에서 제정한 시행령이나 시행규칙 및 사법부에서 제정한 규칙 등은 그것들이 별도의 집행행위를 기다리지 않고 직접 기본권을 침해하는 것일 때에는 모두 헌법소원심판의 대상이 될 수 있는 것이다.

면서도 주문에서 이를 선언하는 것은 아니고, 단지 당해 사건에서 그 법규명령의 적용이 배제될 뿐이다.[1] 왜냐하면 대법원판결의 경우 주문에는 그 직접적인 소송물인 행정처분이나 부작위의 취소나 위법확인 또는 상고기각만을 적시하는 것이고, 법규명령에 대한 심사는 사건해결을 위한 부수적인 선결문제일 뿐이기 때문이다. 아울러 대법원은 분쟁해결기관이지 일반적인 규범통제기관이 아니고, 행정소송 등의 경우 행정처분 등의 위법 여부에 대한 판단과 권리구제를 주 임무로 하기 때문에 대법원 등 법원의 판결에 있어서는 당해 사건에서 위헌·위법이라고 판단된 명령의 적용을 배제할 수 있을 뿐이라고 하겠다.[2] 또한 이러한 견해가 "명령·규칙 또는 처분이 헌법이나 법률에 위반되는 여부가 재판의 전제가 된 경우에는 대법원은 이를 최종적으로 '심사할' 권한을 가진다."고만 규정한 헌법 제107조 제2항의 취지에도 부합된다고 하겠다.

법규명령이 위헌·위법이어서 무효인 것으로 대법원에 의하여 확정되는 경우라도 앞서 언급한 바와 같이 해당 법규명령은 당해 사건에서 적용이 배제될 뿐이고, 그것이 공식절차에 의하여 폐지되지 않는 한 이 규정은 형식적으로는 여전히 유효한 것으로 남아 있게 된다. 따라서 위헌·위법인 법규명령이 이후의 다른 사건에서 또 다시 적용될 수 있다는 불합리한 문제가 남게 되므로, 이러한 모순을 제거하기 위하여 당해 법규명령에 대한 위헌·위법판결을 공시할 필요성이 있고, 이를 위해 행정소송법 제6조는 대법원판결에 의하여 명령·규칙이 헌법 또는 법률에 위반된다는 것이 확정된 경우에는 대법원은 그 사유를 지체 없이 행정안전부장관에게 통보하도록 하고, 행정안전부장관은 지체 없이 이를 관보에 게재하도록 하고 있다.

---

1) 예컨대 대판 2009. 3. 19. 2006두19693:
[주문] 상고를 기각한다. 상고비용은 피고가 부담한다.
[이유] 구 상속세 및 증여세법 시행령 제31조 제6항의 규정은 모법인 같은 법 제41조 제1항, 제2항의 규정 취지에 반할 뿐 아니라 그 위임범위를 벗어난 것으로서 무효라고 봄이 상당하다.

2) 예컨대 대법원은 1971. 6. 22. 70다1010 판결에서 "법원은 법률, 명령, 규칙 또는 그 법률 등의 조항의 위헌 결정의 효력은 그 법률 등을 무효화 하는 것이 아니고 다만 구체적 사건에 그 법률, 명령, 규칙 또는 그 일부 조항의 적용을 거부함에 그치는 것이고, …"라고 판시함으로써 법원의 법규명령에 대한 위헌결정의 효력은 일반적 효력을 갖지 못함을 분명히 하고 있다. 이는 법원과 헌재의 설립취지와 기능의 차이에서 오는 당연한 귀결이라고 할 수 있다.

(나) 행정명령

가) 의의

행정명령 내지 행정규칙은 행정권이 법률의 수권 없이 그의 권한의 범위내에서 하급기관에 대한 지휘·감독권과 특별권력관계의 규율권에 근거하여 제정하는 비법규적인 일반적·추상적 규율을 말한다. 훈령, 예규, 고시 등이 그것이다. 따라서 행정규칙은 법규명령과는 달리 일반적으로 법규성이 없고, 행정조직 내부에서만 효력을 가지며 대외적인 구속력을 가지지 아니한다. 따라서 행정규칙은 원칙적으로 국민의 기본권과 직접 관련이 없다.

나) 법규성을 가지는 행정규칙

그러나 다른 한편 행정규칙도 예외적으로 법규성을 가지는 경우가 있다. 즉 행정규칙이 법규명령처럼 대외적 구속력을 가지고 국민의 기본권을 규율하는 경우가 있는 것이다.[1] 이러한 경우로서 헌법재판소는 다음의 세 가지 경우를 들고 있다. 즉 ① 법령의 규정에 의하여 행정관청에 법령의 구체적 내용을 보충할 권한을 부여한 경우에 제정된 행정규칙,[2] ② 재량권행사의 준칙인 규칙이 그 정한 바에 따라 되풀이 시행되어 행정관행이 성립되면 평등의 원칙이나 신뢰보호의 원칙에 따라 행정기관은 그 상대방에 대한 관계에서 그 규칙에 따라야 할 자기구속을 당하게 되는 경우의 행정규칙,[3] ③ 법령의 직접적인 위임에 따라 수임행정기관이 그 법령을 시행하는데 필요한 구체적 사항을 정한 행정규칙(그 제정형식은 비록 법규명령이 아닌 고시, 훈령, 예규 등과 같은 행정규칙이더라도, 그것이 상위법령의 위임한계를 벗어나지 아니하는 한, 상위법령과 결합하여 대외적인 구속력을 갖는 법규명령으로서 기능하게 된다)[4] 등의 경우에는 예외적으로 대외적 구

---

1) 그러나 이처럼 내용적으로는 국민의 권리·의무를 규율하는 대외적 구속력을 가지는 규정을 행정규칙의 형식으로 발하는 것은, 첫째, 국민의 권리·의무에 중요한 변동을 가져오는 모든 규율은 법률의 수권을 요하고 일정한 근거와 절차에 따라 제정되어야 한다는 법치주의원리에 위반될 소지가 있고, 둘째, 법규명령의 엄격한 성립절차에 따르지 아니하고 행정규칙의 간편한 대내적 절차만을 거치기 때문에 그 성립절차상 문제가 있으며, 셋째, 이 경우에는 국민이 자신과 관련되는 중요한 규율내용을 알 수 없기 때문에 국민의 법적 안정성과 예측가능성을 저해하는 문제가 있다 할 것이다.

2) 헌재 1990. 9. 3. 90헌마13, 판례집 2, 298, 303.

3) 헌재 1990. 9. 3. 90헌마13, 판례집 2, 298, 303.

4) 헌재 1992. 6. 26. 91헌마25, 판례집 4, 444, 449.

속력을 가진다. 대법원도 기본적으로 헌법재판소와 같은 입장을 취하고 있다.[1)]

다) 행정규칙에 대한 통제

a. 국회에 의한 통제

앞서 법규명령에 대한 국회의 통제에서 기술한 내용이 행정규칙의 경우에도 그대로 적용된다(국회법 제98조의2 참조).

b. 사법적 통제

(a) 일반적 행정규칙의 경우

법규성을 가지지 아니한 일반적 행정규칙의 경우에는 그 자체 대외적 구속력이 없고, 재판규범성이 없기 때문에 국민과 법원을 구속하는 효력이 없다.[2)] 따라서 원칙적으로 행정청이 행정규칙에 위반하여도 위법의 문제가 발생되지 않고, 행정규칙으로 인해 위헌·위법한 기본권침해가 성립될 여지가 없는 것이다. 결국 일반적 행정규칙의 경우 그 자체 사법심사의 대상이 될 수는 없다고 할 것이다.

---

1) 대판 1987. 9. 29. 86누484:
상급행정기관이 하급행정기관에 대하여 업무처리지침이나 법령의 해석적용에 관한 기준을 정하여서 발하는 이른바 행정규칙은 일반적으로 행정조직 내부에서만 효력을 가질 뿐 대외적인 구속력을 갖는 것은 아니지만, 법령의 규정이 특정행정기관에게 그 법령내용의 구체적 사항을 정할 수 있는 권한을 부여하면서 그 권한행사의 절차나 방법을 특정하고 있지 아니한 관계로 수임행정기관이 행정규칙의 형식으로 그 법령의 내용이 될 사항을 구체적으로 정하고 있다면 그와 같은 행정규칙, 규정은 행정규칙이 갖는 일반적 효력으로서가 아니라, 행정기관에 법령의 구체적 내용을 보충할 권한을 부여한 법령규정의 효력에 의하여 그 내용을 보충하는 기능을 갖게 된다 할 것이므로 이와 같은 행정규칙, 규정은 당해 법령의 위임한계를 벗어나지 아니하는 한 그것들과 결합하여 대외적인 구속력이 있는 법규명령으로서의 효력을 갖게 된다.

2) ① 대판 1979. 7. 10. 79누99:
보건사회부장관 훈령 제236호 식품등의 위생관리업무처리규정은 법규의 성질을 가지는 것이라 하기보다는 상급행정기관인 보건사회부장관이 관계 하급기관 및 직원에 대하여 직무권한의 행사를 지휘하고 직무에 관하여 명령하기 위하여 발한 것으로서 행정조직 내부에 있어서의 명령에 지나지 않으므로 그 규정이 결코 그 상위법인 식품위생법 제25조(영업허가등의 취소)의 규정에 의하여 보장된 행정청의 재량권을 기속하는 것이라 할 수 없음은 물론 법원 또한 그 보사부 훈령의 기속을 받는 것이 아니다.
② 대판 1990. 5. 11. 90누1069:
보사부훈령인 품질관리업무지침 제17조에 정한 별표1의 행정처분기준은 행정기관 내부의 사무처리준칙을 규정한 것으로서 관계행정기관이나 직원을 기속함에 그치고 법원이나 행정처분의 상대방인 의료품 등의 제조업자를 포함한 국민을 기속하는 효력은 없다고 보아야 할 것이다.

(b) 법규성을 가지는 행정규칙의 경우

행정규칙이 법규성을 가지는 경우에는 사실상 법규명령의 성질을 가지기 때문에 법규명령의 경우와 동일한 취급을 하여야 한다. 따라서 법규명령에 대한 사법적 통제방법이 그대로 적용된다. 즉 법규성을 가지는 행정규칙의 위헌·위법여부가 재판의 전제가 된 경우에는 대법원은 이를 최종적으로 심사할 권한을 가진다(헌법 제107조 제2항). 또한 법규성을 가지는 행정규칙이 직접 개인의 기본권을 침해했을 경우에는 헌법재판소의 헌법소원심판을 통한 통제가 가능하다(헌법 제111조 제1항 제5호, 헌법재판소법 제68조 제1항).

3) 국회와 관련된 권한

이는 대통령이 직접 입법에 관여하는 권한은 아니지만 입법부인 국회와 관련된 권한으로서 간접적으로 입법에 영향을 미칠 수 있는 권한으로 볼 수 있다.

가. 임시회집회요구권

대통령은 국회의 임시회집회요구권을 가진다(헌법 제47조 제1항). 대통령이 임시회의 집회를 요구할 때에는 기간과 집회요구의 이유를 명시하여야 한다(헌법 제47조 제3항). 대통령의 임시회집회의 요구는 국무회의의 심의사항이다(헌법 제89조 제7호).

나. 국회출석·발언권

대통령은 국회에 출석하여 발언하거나 서한으로 의견을 표시할 수 있다(헌법 제81조).

(3) 사법에 관한 권한

대통령은 행정부수반으로서 사법에 관한 권한을 가진다. 위헌정당해산제소권이 그것이다. 헌법 제8조 제4항은 "정당의 목적이나 활동이 민주적 기본질서에 위배될 때에는 정부는 헌법재판소에 그 해산을 제소할 수 있고, 정당은 헌법재판소의 심판에 의하여 해산된다."라고 규정하고 있다. 위헌정당해산제도는 투쟁적·방어적 민주주의의 수단이자 정당보호의 수단이기도 하다.[1] 그런데 이를 위

---

1) 헌재 2014. 12. 19. 2013헌다1, 판례집 26-2하, 1, 20-21:
우리 헌법이 정당에 대하여 취하고 있는 규범적 태도는 다음과 같다. 즉, 모든 정당의 존립

해서는 먼저 정부의 제소가 있어야 하고, 정부의 제소권은 대통령이 국무회의의 심의를 거쳐(헌법 제89조 제14호) 국무총리와 관계국무위원의 부서를 받은 문서로써 행사해야 한다.[1)]

제 2 항 행정부

우리 헌법상 정부는 대통령과 행정부로 2원화되어 있고, 행정부는 국무총리, 국무위원, 국무회의, 행정각부, 감사원 등 대통령의 보좌기관 내지 중앙행정관청과 대통령의 각종 자문기관(국가원로자문회의, 국가안전보장회의, 민주평화통일자문회의, 국민경제자문회의)으로 구성되어 있다.

Ⅰ. 국무총리

1. 의의

앞서 언급한 바와 같이 우리 헌법은 통치구조상 3권의 한 축으로서 행정부라는 용어 대신 정부라는 용어를 사용하고 있고, 정부는 대통령과 국무총리에 의하여 통할되는 협의의 행정부로 이원화되어 있다. 그러나 행정권은 대통령을 수반으로 하는 정부에 속하고(헌법 제66조 제4항), 국무총리는 대통령이 임명하며(헌법 제86조 제1항), 국무총리가 행정각부를 통할하지만 국무총리는 대통령의 보

과 활동은 최대한 보장되며, 설령 어떤 정당이 민주적 기본질서를 부정하고 이를 적극적으로 공격하는 것으로 보인다 하더라도 국민의 정치적 의사형성에 참여하는 정당으로서 존재하는 한 우리 헌법에 의해 최대한 두텁게 보호되므로, 단순히 행정부의 통상적인 처분에 의해서는 해산될 수 없고, 오직 헌법재판소가 그 정당의 위헌성을 확인하고 해산의 필요성을 인정한 경우에만 정당정치의 영역에서 배제된다는 것이다. 따라서 정당해산심판제도는 정당 존립의 특권, 특히 그 중에서도 정부의 비판자로서 야당의 존립과 활동을 특별히 보장하고자 하는 헌법제정자의 규범적 의지의 산물로 이해되어야 한다. 그러나 한편 이 제도로 인해서, 정당 활동의 자유가 인정된다 하더라도 민주적 기본질서를 침해해서는 안 된다는 헌법적 한계 역시 설정된다 할 것이다.

1) 위헌정당해산제도에 대하여 자세한 것은 정연주, 통합진보당 해산결정에 대한 검토, 입법과 정책 7권 1호, 국회입법조사처, 2015. 6, 219 이하 참조.

좌기관으로서 어디까지나 대통령의 명을 받아 통할하는 것이고(헌법 제86조 제2항), 국무위원도 국무총리의 제청으로 대통령이 임명하며(헌법 제87조 제1항), 대통령은 국무회의의 의장이 되고 국무총리는 부의장이 된다(헌법 제88조 제3항). 또한 행정각부의 장 역시 국무위원 중에서 국무총리의 제청으로 대통령이 임명한다(헌법 제94조). 이러한 헌법규정에 따라 국무총리의 지위와 권한이 정해진다고 하겠다.

2. 국무총리의 헌법상 지위

(1) 대통령의 권한대행자로서의 지위

국무총리는 대통령이 궐위되거나 사고로 인하여 직무를 수행할 수 없을 때 제1순위 권한대행자이다(헌법 제71조). 또한 국무회의 의장인 대통령이 사고로 직무를 수행할 수 없는 경우에는 부의장인 국무총리가 그 직무를 대행한다(정부조직법 제12조 제2항).

(2) 대통령의 보좌기관으로서의 지위

국무총리는 대통령의 보좌기관이다. 즉 국무총리는 대통령을 보좌하며, 행정에 관하여 대통령의 명을 받아 행정각부를 통할하고(헌법 제86조 제2항), 대통령의 모든 국정행위문서에 반드시 부서할 권한을 가진다(헌법 제82조).

(3) 정부의 제2인자로서의 지위

국무총리는 정부내에서 대통령에 다음가는 제2인자로서의 지위를 가진다. 대통령이 궐위되거나 사고로 인하여 직무를 수행할 수 없을 때 제1순위 권한대행자가 되고(헌법 제71조), 국무위원과 행정각부의 장에 대한 임명제청권을 가지며(헌법 제87조 제1항, 제94조), 국무위원에 대한 해임건의권을 가지고(헌법 제87조 제3항), 국무회의의 부의장이 되는 것(헌법 제88조 제3항) 등은 이러한 국무총리의 정부내의 제2인자로서의 지위를 나타낸다고 볼 수 있다.

(4) 상급중앙행정관청으로서의 지위

국무총리는 중앙행정관청인 행정각부와의 관계에서는 상급중앙행정관청으로서의 지위를 가진다. 국무총리는 행정에 관하여 대통령의 명을 받아 행정각부를 통할하고, 각 중앙행정기관의 장을 지휘·감독하는 상급행정관청으로서의 지위를 가진다(헌법 제86조 제2항, 정부조직법 제18조 제1항). 또한 국무총리는 중앙행정기관의 장의 명령이나 처분이 위법 또는 부당하다고 인정될 경우에는 대통령의 승인을 받아 이를 중지 또는 취소할 수 있다(정부조직법 제18조 제2항). 또한 국무총리는 독임제행정관청으로서 자신의 소관사무에 관한 직무를 처리한다. 아울러 중앙행정기관 사이의 사무조정권한을 가진다. 즉 부·처의 장은 그 소관사무의 효율적 추진을 위하여 필요한 경우에는 국무총리에게 소관사무와 관련되는 다른 행정기관의 사무에 대한 조정을 요청할 수 있다(동법 제7조 제5항).

한편 각 중앙행정기관의 행정의 지휘·감독, 정책 조정 및 사회위험·갈등의 관리, 정부업무평가 및 규제개혁에 관하여 국무총리를 보좌하기 위하여 국무조정실을 둔다(동법 제20조). 또한 국무총리 소속기관으로 국가보훈처(동법 제22조의2), 인사혁신처(동법 제22조의3), 법제처(동법 제23조), 식품의약품안전처(동법 제25조)를 둔다.

3. 국무총리의 신분 등

(1) 국무총리의 임명

국무총리는 대통령이 국회의 동의를 얻어 임명한다(헌법 제86조 제1항). 국회의 동의는 정부의 2인자이자 대통령의 권한대행권을 가지는 국무총리의 임명에 간접적이나마 민주적 정당성을 부여함과 동시에 국회의 대통령에 대한 통제기능을 의미한다고 하겠다.

(2) 문민원칙과 정치적 중립성

군인은 현역을 면한 후가 아니면 국무총리로 임명될 수 없다(헌법 제86조 제3항). 이는 정부의 구성과 집행의 문민원칙을 확립하는 것임과 동시에 국군의 정치적 중립성을 준수하기 위한 것이기도 하다(헌법 제5조 제2항).

(3) 국무총리의 국회의원 겸직

국무총리는 국회의원을 겸직할 수 있다. 헌법은 국회의원이 법률이 정하는 일정한 직을 겸할 수 없도록 했는데(제43조), 국회의원의 겸직금지조항인 국회법 제29조 제1항에서 의원이 국무총리의 직을 겸할 수 있도록 허용하고 있기 때문에 의원직을 겸할 수 있다. 이는 우리 정부형태가 가지고 있는 의원내각제적 요소 중 하나인데, 입법부와 행정부간의 조직·기능상의 독립성을 본질로 하는 대통령제정부형태에 부합되지 아니하는 것으로 체계정당성의 원칙에 반한다고 할 수 있다. 따라서 이는 겸직을 불허하는 방향으로 개선되어야 할 것이다.

(4) 국무총리의 직무대행

국무총리의 직무대행에 관하여는 정부조직법 제22조에서 규정하고 있는데, 이에 따르면 국무총리가 사고로 직무를 수행할 수 없는 경우에는 기획재정부장관이 겸임하는 부총리, 교육부장관이 겸임하는 부총리의 순으로 직무를 대행하고, 국무총리와 부총리가 모두 사고로 직무를 수행할 수 없는 경우에는 대통령의 지명이 있으면 그 지명을 받은 국무위원이, 지명이 없는 경우에는 동법 제26조 제1항에 규정된 순서에 따른 국무위원이 그 직무를 대행한다. 여기서의 사고에는 당연히 궐위의 경우도 포함된다고 보아야 할 것이다.

(5) 국무총리의 해임

국무총리는 대통령에 의하여 해임되거나, 국회가 재적의원 3분의 1 이상의 발의에 의하여 재적의원 과반수의 찬성으로 국무총리의 해임을 대통령에게 건의할 수 있다(헌법 제63조). 그러나 대통령은 국회의 해임건의에 구속되지 않는다.

4. 국무총리의 권한

(1) 대통령의 권한대행권

국무총리는 대통령이 궐위되거나 사고로 인하여 직무를 수행할 수 없을 때 제1순위로 그 권한대행권을 가진다(헌법 제71조).

(2) 행정각부의 통할권

국무총리는 정부의 2인자이자 상급중앙행정관청으로서 대통령의 명을 받아 행정각부를 통할할 권한을 가진다(헌법 86조 제2항). 따라서 국무총리는 대통령의 명을 받아 각 중앙행정기관의 장을 지휘·감독하고, 중앙행정기관의 장의 명령이나 처분이 위법 또는 부당하다고 인정될 경우에는 대통령의 승인을 받아 이를 중지 또는 취소할 수 있다(정부조직법 제18조). 이러한 국무총리의 행정각부 통할권에 비추어 행정업무를 담당하는 기관을 국무총리의 통할하에 두지 않고 대통령 직속으로 설치하는 것은 국무총리의 행정각부 통할권을 침해하는 것으로 헌법 제86조 제2항에 위반된다고 하겠다.[1)]

---

1) 이와 관련하여 헌법재판소의 '정부조직법 제14조 제1항 등의 위헌 여부에 관한 헌법소원' 사건(헌재 1994. 4. 28. 89헌마221, 판례집 6-1, 239)에서 정부내에 설치된 국무총리의 통할을 받지 아니하는 행정기구의 위헌성이 문제된 적이 있다. 즉 국무총리의 통할을 받지 아니하는 행정기구는 헌법에 특별한 규정이 있는 경우이거나(감사원, 국가안전보장회의 등) 대통령의 '비서' 및 '경호'업무를 제외하고는 우리 헌법상 존재할 수 없는 것인데, 구 정부조직법 제14조 제1항에서 "국가안전보장에 관련되는… 및 범죄수사에 관한 사무를 담당하게 하기 위하여 대통령 소속하에 국가안전기획부"를 두도록 하고 있고, 이에 의거한 구 국가안전기획부법 제4조와 제6조에서 국가안전기획부가 국무총리 통할권에서 벗어나도록 규정하고 있는바 이러한 법률의 조항들이 위헌의 행정기구의 조직을 규정하는 것으로서 헌법 제86조 제2항과 제94조에 위반되는지가 문제된 것이다.
이에 대하여 헌법재판소는 "헌법 제86조 제2항은 그 위치와 내용으로 보아 국무총리의 헌법상 주된 지위가 대통령의 보좌기관이라는 것과 그 보좌기관인 지위에서 행정에 관하여 대통령의 명을 받아 행정각부를 통할할 수 있다는 것을 규정한 것일 뿐, 국가의 공권력을 집행하는 행정부의 조직은 헌법상 예외적으로 열거되어 있거나 그 성질상 대통령의 직속기관으로 설치할 수 있는 것을 제외하고는 모두 국무총리의 통할을 받아야 하며, 그 통할을 받지 않은 행정기관은 법률에 의하더라도 이를 설치할 수 없음을 의미한다고는 볼 수 없을 뿐만 아니라, 헌법 제94조, 제95조 등의 규정취지에 비추어 정부의 구성단위로서 그 권한에 속하는 사항을 집행하는 모든 중앙정부기관이 곧 헌법 제86조 제2항 소정의 '행정각부'라고 볼 수도 없다. 국가가 정보기관을 대통령직속으로 하느냐 여부는 기본적으로 입법정책의 영역에 속하는 것으로서 당해 국가의 헌법이념에 위배되지 않는 한 위헌이라 할 수 없는 것인데, 국가안전기획부법은 그 목적, 직무범위, 통제방법 등의 관점에서 헌법이 요구하는 최소한의 요건을 갖추고 있다고 보아야 할 것이므로, 국무총리의 관할을 받지 않는 대통령직속기관인 국가안전기획부의 설치근거와 직무범위 등을 정한 행정조직법 제14조와 국가안전기획부법 제4조 및 제6조의 규정은 헌법에 위배된다 할 수 없다."라고 판시했다.
반면 재판관 변정수는 "국가안전기획부는 행정부의 권한에 속하는 사항을 집행하는 중앙정부기관이므로 성질상 국무총리의 통할하에 두어야 할 '행정각부'에 속하는 것이 명백하므로, 국가안전기획부를 행정각부에 넣지 않고 대통령의 직속하에 두어 국무총리의 지휘, 감

(3) 행정부구성관여권

국무총리는 정부의 제2인자로서 행정부의 구성에 관여할 수 있는 권한을 가진다. 국무위원과 행정각부의 장의 임명에 대한 제청권(헌법 제87조 제1항, 제94조)과 국무위원해임건의권(헌법 제87조 제3항)이 그것이다.

그러나 이러한 권한은 국무총리의 대통령의 보좌기관으로서의 지위로부터 나오는 것으로서 국무총리의 제청이나 해임건의에 대통령이 기속된다고 보기는 어렵다. 즉 국무총리는 행정각부를 통할하는 지위에 있지만 이는 어디까지나 대통령의 명을 받아 통할하는 것이며, 또 다른 한편 대통령의 보좌기관이기 때문에(헌법 제86조 제2항) 대통령의 행정부구성에 제청권을 가지고 관여하는 경우에도 그것은 어디까지나 보좌기능에 불과하다고 보아야 할 것이고, 따라서 대통령은 국무총리의 제청에 기속되지 않으며, 국무위원에 대한 해임건의권의 경우에도 마찬가지라고 하겠다.

이처럼 국무총리의 권한에 법적인 기속력을 부여할 수는 없지만, 그러나 대통령이 국무총리의 제청이 없이 국무위원과 행정각부의 장을 임명할 수는 없다고 하겠다. 이는 명시적인 헌법규정을 위반하는 것으로서 - 비록 현행 대통령제하에서는 형식적인 것에 불과하다고 볼 수 있지만 - 국무총리의 임명제청권을 통한 정부내에서의 국무총리의 대통령에 대한 통제절차를 완전히 무력화시키는 것이기 때문에 위헌 · 무효라고 보아야 할 것이다.

(4) 국무회의에서의 심의 · 의결권

국무총리는 국무회의의 구성원이자 부의장으로서(헌법 제88조 제2항, 제3항) 정부의 중요한 정책의 심의 · 의결에 참여할 수 있는 권한을 가진다.

(5) 부서권

국무총리는 대통령의 보좌기관으로서 대통령이 문서로써 하는 모든 국법상 행위에 부서할 수 있는 권한을 가진다(헌법 제82조). 부서제도는 정치적 책임소재를 밝히는 한편, 대통령의 국정행위에 대한 일종의 통제수단으로서의 기능을 가

독을 받지 않도록 한 정부조직법 제14조 제1항은 헌법 제86조 제2한 및 제94조에 위반된다."는 반대의견을 냈다.

진다고 볼 수 있다. 따라서 국무총리는 부서를 거부할 수도 있다. 또한 부서가 없는 대통령의 국정행위는 효력이 없다고 보아야 할 것이다. 그러나 우리의 정부구조하에서 부서제도가 통제적 기능 등 본래의 기능을 제대로 행사할 수 있다고 보기는 어렵다.

(6) 총리령제정권

국무총리는 그 소관사무에 관하여 법률이나 대통령령의 위임 또는 직권으로 총리령을 발할 수 있다(헌법 제95조). 따라서 총리령에는 법률이나 대통령령의 위임에 의한 위임명령과 법률이나 대통령령의 집행을 위한 직권명령이 있다.

총리령과 행정각부의 장이 제정하는 부령 사이의 효력상 우열관계에 대하여 헌법상 규정이 없기 때문에 의문이 제기될 수 있는데, 동등한 효력을 가진다고 보는 것이 일반적이다. 다만 국무총리는 부령이 위법 또는 부당하다고 인정될 경우에 대통령의 승인을 받아 이를 중지 또는 취소할 수 있을 것이다(정부조직법 제18조 제2항 참조).

(7) 국회출석 · 발언권

국무총리는 국회나 그 위원회에 출석하여 국정처리상황을 보고하거나 의견을 진술하고 질문에 응답할 수 있다. 또한 국회나 그 위원회의 요구가 있을 때에는 국무총리는 출석 · 답변하여야 하는데, 국무총리가 출석요구를 받은 때에는 국무위원으로 하여금 출석 · 답변하게 할 수 있다(헌법 제62조).

5. 국무총리의 책임

국무총리는 임면권자인 대통령과 임명동의권자인 국회에 대하여 법적 · 정치적 책임을 진다.

(1) 대통령에 대한 책임

국무총리는 대통령의 보좌기관이자 정부의 2인자로서 대통령의 모든 국법상의 행위에 부서할 책임, 대통령의 명을 받아 행정각부를 통할할 책임, 국무회의의 부의장으로서의 책임을 진다.

(2) 국회에 대한 책임

국무총리는 국회나 그 위원회의 요구가 있을 때에는 출석·답변하여야 한다(헌법 제62조 제2항). 국회가 해임건의를 하고 대통령이 그 건의를 받아들이면 사임해야 한다(헌법 제63조). 국회가 탄핵소추의 의결을 하면 헌법재판소의 탄핵심판이 있을 때까지 그 권한행사가 정지된다(헌법 제65조 제3항). 헌법재판소가 탄핵결정을 하면 공직에서 파면된다(헌법 제65조 제4항). 파면된 경우 결정 선고가 있은 날부터 5년이 지나지 아니하면 공무원이 될 수 없다(헌법재판소법 제54조 제2항). 탄핵결정으로 인한 파면에 의하여 민사상이나 형사상의 책임이 면제되지는 않는다(헌법 제65조 제4항).

Ⅱ. 국무위원

1. 국무위원의 헌법상 지위

(1) 대통령의 보좌기관으로서의 지위

국무위원은 국정에 관하여 대통령을 보좌하는 지위를 가진다(헌법 제87조 제2항). 그런데 행정각부의 장은 국무위원 중에서 임명하도록 했기 때문에(헌법 제94조), 국무위원은 행정각부의 장으로서 소관 행정업무를 담당하는 이중적 지위에서 대통령을 보좌한다고 하겠다. 국무위원은 이러한 대통령의 보좌기관의 지위에서 대통령의 국법상 행위에 부서할 권한과 의무가 있다(헌법 제82조).

(2) 국무회의의 구성원으로서의 지위

국무위원은 국무회의의 구성원으로서 국정을 심의한다(헌법 제87조 제2항).

2. 국무위원의 신분 등

국무위원은 국무총리의 제청으로 대통령이 임명하고(헌법 제87조 제1항), 군인은 현역을 면한 후가 아니면 국무위원으로 임명될 수 없다(헌법 제87조 제4항).

따라서 현역군인은 국방부장관인 국무위원으로 임명될 수 없다. 이는 정부의 구성과 집행의 문민원칙을 확립하는 것임과 동시에 국군의 정치적 중립성을 준수하기 위한 것이기도 하다(헌법 제5조 제2항). 대통령은 국무위원을 해임할 수 있고, 국무총리와 국회는 국무위원의 해임을 대통령에게 건의할 수 있다(헌법 제63조, 제87조 제3항). 그러나 이러한 해임건의는 대통령을 구속한다고 볼 수 없다. 국무위원은 국회의원을 겸할 수 있다(국회법 제29조 제1항). 헌법은 국회의원이 법률이 정하는 일정한 직을 겸할 수 없도록 했는데(제43조), 국회의원의 겸직금지 조항인 국회법 제29조 제1항에서 의원이 국무위원의 직을 겸할 수 있도록 허용하고 있기 때문에 의원직을 겸할 수 있는 것이다. 이는 우리 정부형태가 가지고 있는 의원내각제적 요소 중 하나인데, 입법부와 행정부간의 조직 · 기능상의 독립성을 본질로 하는 대통령제정부형태에 부합되지 아니하는 것으로 체계정당성의 원칙에 반한다고 할 수 있다. 따라서 이는 겸직을 불허하는 방향으로 개선되어야 할 것이다.

3. 국무위원의 권한

(1) 대통령의 권한대행권

국무위원은 대통령 유고 시 국무총리도 유고로 직무를 수행할 수 없는 경우에는 기획재정부장관이 겸임하는 부총리, 교육부장관이 겸임하는 부총리 및 정부조직법 제26조 제1항에 규정된 순서에 따라 국무위원이 그 직무를 대행한다(헌법 제71조, 정부조직법 제12조 제2항).

(2) 국무회의의 소집 · 심의권

국무위원은 국무회의의 구성원으로서 정부의 권한에 속하는 중요한 정책을 심의할 수 있는 권한을 가진다(헌법 제88조 제1항, 제2항). 국무위원은 의장에게 의안을 제출하고 국무회의의 소집을 요구할 수 있다(정부조직법 제12조 제3항). 국무회의는 국무위원이 제출한 의안을 심의하여야 한다(헌법 제89조 제17호).

(3) 부서권

국무위원은 자신의 소관사무와 관련되는 대통령의 국법상의 행위에 부서할 권한을 가진다(헌법 제82조). 국무위원은 부서를 거부할 수도 있으며, 부서가 없는 대통령의 국정행위는 효력이 없다고 보아야 할 것이다. 그러나 앞서도 언급한 바와 같이 우리의 정부구조하에서 부서제도가 통제적 기능 등 본래의 기능을 제대로 행사하기는 어려울 것이다.

(4) 국회출석 · 발언권

국무위원은 국회나 그 위원회에 출석하여 국정처리상황을 보고하거나 의견을 진술하고 질문에 응답할 수 있다(헌법 제62조 제1항).

4. 국무위원의 책임

국무위원은 임면권자인 대통령과 국회에 대하여 법적 · 정치적 책임을 진다.

(1) 대통령에 대한 책임

국무위원은 대통령의 보좌기관으로서 자신의 소관사무와 관련된 대통령의 국법상의 행위에 부서할 책임, 국무회의의 구성원으로서의 책임을 진다. 한편 국무총리는 국무위원의 해임을 대통령에게 건의할 수 있기 때문에(헌법 제87조 제3항) 국무위원은 그 임명제청권자인 국무총리에 대해서도 정치적 책임을 진다고 하겠다.

(2) 국회에 대한 책임

국무위원은 국회나 그 위원회의 요구가 있을 때에는 출석 · 답변하여야 한다(헌법 제62조 제2항). 국회가 해임건의를 하고 대통령이 그 건의를 받아들이면 사임해야 한다(헌법 제63조). 국회가 탄핵소추의 의결을 하면 헌법재판소의 탄핵심판이 있을 때까지 그 권한행사가 정지된다(헌법 제65조 제3항). 헌법재판소가 탄핵결정을 하면 공직에서 파면된다(헌법 제65조 제4항). 파면된 경우 결정 선고가 있은 날부터 5년이 지나지 아니하면 공무원이 될 수 없다(헌법재판소법 제54조 제2항). 탄핵결정으로 인한 파면에 의하여 민사상이나 형사상의 책임이 면제되지는 않는다(헌법 제65조 제4항).

Ⅲ. 국무회의

국무회의는 정부의 권한에 속하는 중요한 정책을 심의하는 회의체헌법기관이다(헌법 제88조 제1항). 이는 필수적 심의기관으로서 임의적인 단순 자문기관에 불과한 미국의 각료회의와 다르고, 필수적인 의결기관인 의원내각제의 내각회의와도 구별된다. 따라서 대통령의 권한행사에 대한 통제수단으로서의 기능도 가지는 이 국무회의제도는 일종의 의원내각제적 요소로서 순수 대통령제정부형태와는 조화되기 어려운 우리 헌법상의 독특한 제도라고 할 수 있다.

1. 국무회의의 헌법상 지위

(1) 필수적 헌법기관

국무회의는 그 설치가 필수적인 헌법기관이다. 즉 우리 헌법상 국무회의는 그 설치가 필수적이고 정부의 권한에 속하는 중요한 정책은 반드시 국무회의의 심의를 거쳐야 한다(헌법 제88조 제1항, 제89조). 이 점에서 그 설치가 임의적인 단순 자문기관에 불과한 미국의 각료회의와 구별된다.

(2) 정부의 최고정책심의기관

국무회의는 정부의 권한에 속하는 중요한 정책을 심의하는 최고정책심의기관이다(헌법 제88조 제1항, 제89조). 따라서 정부내에서 국무회의보다 우월한 지위를 가지는 정책심의기관은 있을 수 없다. 즉 국무회의는 정부내의 최고이자 최종적인 심의기관으로서 헌법 제89조에 열거된 정부의 권한에 속하는 중요한 정책은 반드시 그리고 최종적으로 국무회의의 심의를 거쳐야 한다. 그런데 국무회의는 심의기관으로서 단순한 자문기능만을 담당하는 자문기관도 아니고, 다수결로써 구속력 있는 결정을 하는 의결기관도 아니다. 따라서 국무회의의 심의내용은 대통령을 기속할 수 없다.

(3) 대통령의 회의체보좌기관

국무회의는 대통령의 정책결정을 뒷받침해주는 보좌기관이다. 또한 국무회의는 행정각부의 장 등 독임제 보좌기관과는 달리 대통령과 국무총리 및 국무위원으로 구성되는 회의체보좌기관이다(헌법 제88조 제2항).

2. 국무회의의 구성과 운영

(1) 구성

국무회의는 대통령 · 국무총리와 15인 이상 30인 이하의 국무위원으로 구성된다(헌법 제88조 제2항). 대통령이 국무회의의 의장, 국무총리가 부의장이 된다(헌법 제88조 제3항). 대통령은 국무회의를 소집하고 이를 주재한다(정부조직법 제12조 제1항). 의장이 사고로 직무를 수행할 수 없는 경우에는 부의장인 국무총리가 그 직무를 대행하고, 의장과 부의장이 모두 사고로 직무를 수행할 수 없는 경우에는 기획재정부장관이 겸임하는 부총리, 교육부장관이 겸임하는 부총리 및 정부조직법 제26조 제1항에 규정된 순서에 따라 국무위원이 그 직무를 대행한다(동법 제12조 제2항).

(2) 운영

국무조정실장 · 국가보훈처장 · 인사혁신처장 · 법제처장 · 식품의약품안전처장 그 밖에 법률로 정하는 공무원은 필요한 경우 국무회의에 출석하여 발언할 수 있다. 이들 공무원은 소관사무에 관하여 국무총리에게 의안의 제출을 건의할 수 있다(동법 제13조 제1항, 제2항).

국무회의는 국가의 중요 정책이 전 정부적 차원에서 충분히 심의될 수 있도록 운영되어야 한다. 국무회의는 정례 국무회의와 임시 국무회의로 구분하되, 정례 국무회의는 매주 1회 소집하고, 임시 국무회의는 필요에 따라 그때그때 소집한다(「국무회의 규정」 제2조). 대통령 · 국무총리 또는 국무위원은 헌법 제89조 및 법령에 규정된 국무회의의 심의사항을 의안으로 제출한다(동규정 제3조 제1항). 국무회의는 구성원 과반수의 출석으로 개의하고, 출석구성원 3분의 2 이상의 찬성으로 의결한다(동규정 제6조 제1항). 국무회의에는 대통령비서실장, 국가안보실장, 대통령비서실 정책실장, 국무조정실장, 국가보훈처장, 인사혁신처장, 법제처장, 식품의약품안전처장, 공정거래위원회위원장, 금융위원회위원장, 과학기술혁신본부장, 통상교섭본부장 및 서울특별시장이 배석한다. 다만 의장이 필요하다고 인정하는 경우에는 중요 직위에 있는 공무원을 배석하게 할 수 있다. 의장이 필요하다고 인정할 때에는 중앙행정기관인 청의 장으로 하여금 소관 사무와 관련하여 국무회의에 출석하여 발언하게 하거나 관계 전문가를 참석하게 하여 의견을 들을 수 있다(동규정 제8조).

3. 국무회의 심의의 효력

국무회의는 의결기관이 아닌 심의기관이기 때문에 그 심의결과가 구속력을 가진다고 볼 수 없다. 따라서 국무회의의 심의내용이 대통령을 기속하지 아니한다. 그러나 대통령은 헌법 제89조에 열거된 사항에 대하여는 반드시 국무회의의 심의를 거쳐야 한다. 따라서 국무회의의 심의를 거치지 아니한 대통령의 국법상 행위는 절차상 위헌·무효라고 할 것이다. 이는 국무회의가 헌법상 필수적인 일종의 통제장치로서 대통령의 통치권행사의 절차적 정당성확보의 기능을 하기 때문이다.

Ⅳ. 행정각부

1. 행정각부의 의의

행정각부란 대통령을 수반으로 하는 정부의 구성단위로서 독자적으로 행정업무를 처리하는 중앙행정관청이다. 즉 대통령과 국무총리의 지휘 및 통할하에 법률이 정하는 소관사무를 담당하는 중앙행정기관을 말한다. 따라서 행정각부는 행정업무를 구체적으로 집행하는 권한과 책임을 가진다. 이처럼 행정각부가 대통령 또는 국무총리의 단순한 정책보좌기관만은 아니고 독자적인 행정업무를 처리하는 중앙행정기관으로서의 지위를 가지기 때문에 이 점에서 단순한 정책보좌기관에 불과한 국무위원과 구별된다.

2. 행정각부의 설치 · 조직과 직무범위

행정각부의 설치 · 조직과 직무범위는 법률로 정한다(헌법 제96조). 행정각부의 설치 · 조직과 직무범위를 국회의 입법사항으로 하고 있는 것은 그것이 통치기구의 조직 · 작용에 관한 기본적 사항이자 국민의 기본권에 영향을 미치는 사항으로서 법률유보의 원칙상 당연히 법률로 정해야 하기 때문이라고 하겠다. 이에 따라 정부조직법은 대통령의 통할하에 18개의 행정각부를 두고 있다(제26조 제1항). 행정각부에 장관 1명과 차관 1명을 두되, 장관은 국무위원으로 보하고, 차관은 정무직으로 한다. 다만 기획재정부 · 과학기술정보통신부 · 외교부 · 문화체육관광부 · 산업통상자원부 · 보건복지부 · 국토교통부에는 차관 2명을 둔다(동법 동조 제2항). 정부조직법 제27조 이하에서 행정각부의 직무범위에 대하여 규정하고 있다.

3. 행정각부의 장

(1) 행정각부의 장의 지위

행정각부의 장은 국무위원 중에서 국무총리의 제청으로 대통령이 임명한다(헌법 제94조). 군인은 현역을 면한 후가 아니면 국무위원으로 임명될 수 없고(헌법 87조 제4항), 행정각부의 장은 국무위원 중에서 임명되기 때문에 현역군인은 행정각부의 장이 될 수 없다. 행정각부의 장은 동시에 국무위원으로서의 이중적 지위를 가지는데, 국무위원으로서 국무회의의 정책심의에 참여해서 결정된 정책을 행정각부의 장으로서 집행에 옮기기 때문에 정책결정과 집행의 유기적 관련성을 높일 수 있다. 행정각부의 장은 구체적인 행정업무의 집행기관으로서 그 소관사무에 관해서는 대통령의 통할하에 국무총리의 지휘 · 감독을 받는다(정부조직법 제18조 제1항). 이 점에서 대통령이나 국무총리의 지휘 · 감독을 받지 않는 국무회의의 구성원이 되어 포괄적인 정책심의권을 갖는 국무위원의 지위와는 구별된다.

(2) 행정각부의 장의 권한

1) 소관사무 통할 및 지휘 · 감독권

행정기관의 장은 소관사무를 통할하고 소속공무원을 지휘 · 감독하며(동법 제7

조 제1항), 소관사무에 관하여 지방행정의 장을 지휘 · 감독한다(동법 제26조 제3항).

2) 부령제정권

행정각부의 장은 소관사무에 관하여 법률이나 대통령령의 위임 또는 직권으로 부령을 발할 수 있다(헌법 제95조).

3) 기타

행정각부의 장은 그 소관사무에 관하여 정책을 수립하고, 필요한 법률이나 대통령령의 제정 · 개정 · 폐지안과 예산안을 작성하며, 소관사무의 일부를 하급기관에 위임할 수 있고, 소속공무원에 대한 임용권이나 임용제청권 등을 가진다(국가공무원법 제32조).

Ⅴ. 감사원

우리 헌법상 감사원은 행정부의 구성조직이다. 감사원은 회계검사와 직무감찰업무를 담당하는 헌법기관이다.

1. 감사원의 헌법상 지위

(1) 필수적 헌법기관으로서의 지위

감사원은 그 설치가 필수적인 헌법기관이다. 즉 우리 헌법상 감사원은 그 설치와 조직 및 권한과 직무의 내용과 범위가 정해진 필수적인 헌법기관이다(헌법 제97조-제100조).

(2) 대통령소속기관으로서의 지위

감사원은 정부편제상 대통령에 소속된 중앙행정기관이다(헌법 제97조). 그런데 감사원의 감사업무는 국가기관과 지방자치단체 등 정부 이외의 기관도 대상이 된다는 점에서 감사원이 소속된 대통령의 지위는 단순히 행정부의 수반으로서의 지위라기보다는 국정의 최고책임자로서의 지위라고 보아야 할 것이다.

(3) 독립기관으로서의 지위

감사원은 누구의 지시나 간섭을 받지 아니하고 독자적으로 직무를 수행하는 독립기관이다. 감사원이 담당하는 회계검사와 직무감찰이라는 업무의 특성상 그의 독립성은 필수적이라고 하겠다. 감사원장을 대통령이 임명하되 국회의 동의를 얻어야 하고, 4년의 임기를 헌법이 보장하고 있으며(헌법 제98조 제2항), 감사위원도 대통령이 임명하되 감사원장의 제청이 있어야 하고, 역시 4년의 임기를 보장하고 있는 것(헌법 제98조 제3항)은 이러한 감사원의 독립성을 담보하기 위한 것이라고 하겠다. 또한 감사원이 대통령에 소속하되, 직무에 관하여는 독립한 지위를 가지고, 감사원 소속 공무원의 임면, 조직 및 예산의 편성에 있어서는 감사원의 독립성이 최대한 존중되도록 한 것(감사원법 제2조), 감사위원의 겸직금지(동법 제9조), 감사위원의 정당가입이나 정치운동금지(동법 제10조) 등도 모두 감사원의 독립기관으로서의 지위를 보장하는 것이라고 볼 수 있다.

(4) 합의제기관으로서의 지위

감사원은 원장을 포함한 5인 이상 11인 이하의 감사위원으로 구성되는 합의제기관이다(헌법 제98조 제1항). 또한 감사원은 감사위원회의를 설치하여 중요한 사항을 감사위원회의에서 결정하는 의결기관이다(감사원법 제11조, 제12조). 감사위원회의는 원장을 포함한 감사위원 전원으로 구성하며, 원장이 의장이 된다. 감사위원회의는 재적 감사위원 과반수의 찬성으로 의결한다(동법 제11조).

2. 감사원의 구성과 조직

(1) 감사원의 구성

감사원은 원장을 포함한 5인 이상 11인 이하의 감사위원으로 구성한다(헌법 제98조 제1항). 현재 감사원은 감사원장을 포함한 7명의 감사위원으로 구성되어 있다(감사원법 제3조). 감사원장은 감사원을 대표하며 소속공무원을 지휘·감독한다. 감사원장이 사고로 인하여 직무를 수행할 수 없을 때에는 감사위원으로 최장기간 재직한 감사위원이 그 직무를 대행한다. 다만 재직기간이 같은 감사위원이 2명 이상인 경우에는 연장자가 그 직무를 대행한다(동법 제4조).

또한 감사원에 회계검사, 감찰, 심사결정 및 감사원에 관한 행정사무를 처리하기 위하여 사무처를 두고(동법 제16조), 감사원 소속 직원 및 감사원법에 따른 감사대상 기관의 감사 또는 회계업무 종사자에 대한 교육을 위하여 감사교육원을 두며(동법 제19조의2), 감사대상 기관의 주요 정책 · 사업 · 기관운영 등의 회계검사, 성과감사 및 직무감찰과 관련된 감사제도 및 방법 등을 연구하고 개발하기 위하여 감사연구원을 둔다(동법 제19조의4).

(2) 감사원장과 감사위원의 임명 및 자격

감사원장은 국회의 동의를 얻어 대통령이 임명하고, 감사위원은 감사원장의 제청으로 대통령이 임명한다(헌법 제98조 제2항, 제3항). 감사원장의 임명에 대하여 국회의 동의를 얻도록 한 것은 감사원구성에 간접적인 민주적 정당성을 부여함과 동시에 국회의 대통령에 대한 일종의 통제기능을 가지는 것으로 볼 수 있다. 아울러 감사위원 임명에 감사원장의 제청을 요구하도록 한 것은 감사원의 독립성 확보의 의미도 가진다고 하겠다. 그러나 대통령이 감사원장의 제청에 기속된다고 볼 수는 없다.

감사위원의 임용자격은 ① 국가공무원법 제2조의2에 따른 고위공무원단(제17조의2에 따른 고위감사공무원단을 포함한다)에 속하는 공무원 또는 3급 이상 공무원으로 8년 이상 재직한 사람, ② 판사 · 검사 · 군법무관 또는 변호사로 10년 이상 재직한 사람, ③ 공인된 대학에서 부교수 이상으로 8년 이상 재직한 사람, ④ 「자본시장과 금융투자업에 관한 법률」 제9조 제15항 제3호에 따른 주권상장법인 또는 「공공기관의 운영에 관한 법률」 제5조에 따른 공기업이나 이에 상당하다고 인정하여 감사원규칙으로 정하는 기관에서 20년 이상 근무한 사람으로서 임원으로 5년 이상 재직한 사람이다(감사원법 제7조).

(3) 감사원장과 감사위원의 임기 및 신분보장

감사원장과 감사위원의 임기는 4년이며 1차에 한해서 중임할 수 있다(헌법 제98조 제2항, 제3항). 대통령소속하의 감사원장과 감사위원의 임기를 대통령의 5년 임기와 다르게 정하고 중임을 허용한 것은 감사원의 독립성과 업무의 연속성을 확보하기 위한 것이라고 볼 수 있다.[1] 감사위원의 정년은 65세이다. 다만 원장인 감사위원의 정년은 70세이다(감사원법 제6조 제2항).

또한 감사원장과 감사위원은 강력한 신분보장을 받고(동법 제8조), 아울러 겸직이나 영리추구사업을 금지하고 있으며(동법 제9조), 정당가입이나 정치운동에의 관여를 금지하고 있는 것도(동법 제10조) 감사위원의 신분보장과 더불어 감사원의 독립성과 공정성의 확보를 위한 것이라 하겠다.

3. 감사원의 권한

(1) 결산 및 회계검사권

감사원은 국가의 세입·세출의 결산, 국가 및 법률이 정한 단체의 회계검사의 권한을 가진다(헌법 제97조, 감사원법 제20조). 이에 따라 감사원은 회계검사의 결과에 따라 국가의 세입·세출의 결산을 확인한다(감사원법 제21조). 감사원의 결산확인 및 회계검사의 범위에 대하여는 감사원법 제22조(필요적 검사사항)와 제23조(선택적 검사사항)에서 자세히 규정하고 있다. 감사원은 세입·세출의 결산을 매년 검사하여 대통령과 차년도국회에 그 결과를 보고하여야 한다(헌법 제99조).

(2) 직무감찰권

감사원은 행정기관 및 공무원의 직무에 관한 감찰을 할 수 있는 권한을 가진다(헌법 제97조). 직무감찰이라 함은 행정기관 등의 사무와 그 소속 공무원 등의 직무 및 이와 관련된 행위에 대하여 조사, 평가 등의 방법으로 법령상, 제도상 또는 행정상의 모순이나 문제점을 적출하여 이를 시정, 개선하기 위한 행정사무감찰과 공무원 등의 위법·부당행위를 적발하여 이를 바로잡기 위한 대인감찰을 말한다(「감사원 감사사무 처리규칙」 제5조 제1항 참조). 직무감찰의 범위는 감사원법 제24조(감찰사항) 제1항에서 자세히 정하고 있는데, ① 정부조직법 및 그 밖의 법률에 따라 설치된 행정기관의 사무와 그에 소속한 공무원의 직무, ② 지방자치단체의 사무[1]와 그에 소속한 지방공무원의 직무, ③ 감사원법 제22조 제

---

1) 같은 견해 허영, 전게서, 1070쪽; 성낙인, 전게서, 651쪽.

1) 헌재 2008. 5. 29. 2005헌라3, 판례집 20-1하, 41, 42:
감사원법은 지방자치단체의 위임사무나 자치사무의 구별 없이 합법성 감사뿐만 아니라 합목적성 감사도 허용하고 있는 것으로 보이므로, 감사원의 지방자치단체에 대한 이 사건 감사는 법률상 권한 없이 이루어진 것은 아니다.
헌법이 감사원을 독립된 외부감사기관으로 정하고 있는 취지, 중앙정부와 지방자치단체는

1항 제3호 및 제23조 제7호에 규정된 자의 사무와 그에 소속한 임원 및 감사원의 검사대상이 되는 회계사무와 직접 또는 간접으로 관련이 있는 직원의 직무, ④ 법령에 따라 국가 또는 지방자치단체가 위탁하거나 대행하게 한 사무와 그 밖의 법령에 따라 공무원의 신분을 가지거나 공무원에 준하는 자의 직무 등이 감찰의 대상이 된다. 그러나 국회와 법원 및 헌법재판소에 소속한 공무원은 감찰대상에서 제외된다(감사원법 제24조 제3항). 또한 국무총리로부터 국가기밀에 속한다는 소명이 있는 사항이나 국방부장관으로부터 군기밀 또는 작전상 지장이 있다는 소명이 있는 사항은 감찰할 수 없다(동법 제24조 제4항).

(3) 감사결과의 처리에 관한 권한

감사원은 감사결과의 처리와 관련하여 변상책임의 유무의 판정권(동법 제31조), 징계 · 문책의 요구권(법 제32조), 시정 · 주의 등의 요구권(동법 제33조), 법령 등의 제정 · 개정 또는 폐지를 위한 조치나 제도상 또는 행정상의 개선요구권(동법 제34조), 각종 개선의 권고 · 통보권(동법 제34조의2), 수사기관에의 고발권(동법 제35조) 등을 가진다.

서로 행정기능과 행정책임을 분담하면서 중앙행정의 효율성과 지방행정의 자주성을 조화시켜 국민과 주민의 복리증진이라는 공동목표를 추구하는 협력관계에 있다는 점을 고려하면 지방자치단체의 자치사무에 대한 합목적성 감사의 근거가 되는 이 사건 관련규정은 그 목적의 정당성과 합리성을 인정할 수 있다. 또한 감사원법에서 지방자치단체의 자치권을 존중할 수 있는 장치를 마련해두고 있는 점, 국가재정지원에 상당부분 의존하고 있는 우리 지방재정의 현실, 독립성이나 전문성이 보장되지 않은 지방자치단체 자체감사의 한계 등으로 인한 외부감사의 필요성까지 감안하면, 이 사건 관련규정이 지방자치단체의 고유한 권한을 유명무실하게 할 정도로 지나친 제한을 함으로써 지방자치권의 본질적 내용을 침해하였다고는 볼 수 없다.

[재판관 이강국, 재판관 이공현, 재판관 김종대의 반대의견]

감사원이 지방자치단체의 자치사무에 대하여 합목적성 감사까지 하게 된다면 지방자치단체는 자치사무에 대한 자율적 정책결정을 하기 어렵고, 독립성과 자율성을 크게 제약받아 중앙정부의 하부행정기관으로 전락할 우려가 다분히 있게 되어 지방자치제도의 본질적 내용을 침해하게 될 것이다. 따라서 이 사건 관련규정, 특히 감사원법 제24조 제1항제2호 소정의 '지방자치단체의 사무에 대한 감찰' 부분을 해석함에 있어 지방자치단체의 사무 중 자치사무에 대한 합목적성 감찰까지 포함된다고 해석하는 한 그 범위 내에서는 위헌이다.

결국 이 사건 감사 중 청구인들의 자치사무에 대하여 합목적성 감찰을 한 부분이 있는지를 가려내어, 이 부분은 한정위헌으로 해석되는 이 사건 관련규정을 근거로 한 것이어서 무효이고, 따라서 위 청구인들의 자치권을 침해하였다고 할 것이므로 위 청구인들의 이 부분에 관한 청구는 인용하여야 한다.

(4) 규칙제정권

감사원은 감사에 관한 절차, 감사원의 내부 규율과 감사사무 처리에 관한 규칙을 제정할 수 있다(동법 第52조). 이 감사원규칙의 법적 성격이 법규명령이냐 행정규칙이냐의 문제가 제기될 수 있다. 그런데 이 규칙제정권은 헌법이 아닌 감사원법에 근거한 것이고, 그 규율내용이 국민의 기본권과 관련된 대외적 구속력을 가지는 것이 아니라 단순한 내부절차에 관한 것이기 때문에 행정규칙의 일종으로 보아야 할 것이다.

4. 감사원 편제의 문제점

감사원을 대통령 직속으로 설치하고 있는데, 이는 회계검사와 직무감찰이라는 감사원의 기능에 부합되지 않고, 그 직무의 독립성을 약화시킬 수 있다. 이는 결국 대통령 및 행정부에 대한 감시와 견제를 약화시킨다. 국회에 소속시키거나 독립한 헌법기관으로 설치해야 할 것이다.

Ⅵ. 대통령의 자문기관

헌법은 중요한 국정사항에 관하여 대통령의 자문에 응하도록 하기 위하여 다양한 자문기관을 설치하고 있다. 이들 자문기관의 목적은 국가원로나 전문가의 경험과 식견을 국정에 반영시키고자 함이다. 국가원로자문회의(헌법 제90조), 국가안전보장회의(헌법 제91조), 민주평화통일자문회의(헌법 제92조), 국민경제자문회의(헌법 제93조)가 그것이다. 이 중 국가안전보장회의는 필수적 자문기관이기 때문에 반드시 설치해야 하지만 나머지는 모두 임의적인 자문기관으로 그 설치 여부는 대통령의 재량이다.

제 3 절 법원

제 1 항 사법작용의 의의와 특성

헌법 제101조 제1항은 "사법권은 법관으로 구성된 법원에 속한다."라고 규정함으로써 사법권을 법원에 맡기고 있다. 이로써 우리 헌법상의 통치구조의 근간을 이루는 3권분립의 원칙에 따라 3권의 한 축을 이루는 사법권을 법원이 담당함으로써 입법권·행정권·사법권이 상호 견제와 균형을 이루고 있는 것이다. 따라서 사법권은 법에 대한 유권해석을 통해 법질서의 유지와 권력통제 및 기본권구제의 기능을 담당하고 있다.

사법작용은 구체적인 사건 내지 쟁송을 전제로 해서 신분이 독립한 법관에 의한 재판을 통해 법을 해석·선언함으로써 법질서의 유지와 법적 평화 및 권리구제의 기능을 가지는 법인식작용이다. 그런데 이러한 사법작용에는 국회의 입법에 대한 직접적인 통제를 제외한 순수한 법인식 내지 법선언작용으로서의 협의의 사법작용과 국회의 입법에 대한 직접적인 통제를 포함한 정치적 사법작용인 헌법재판작용으로 나눌 수 있다. 우리 헌법상 광의의 사법권은 그 관할에 따라 헌법 제5장의 법원과 제6장의 헌법재판소에 각각 분장되어 있기 때문에 여기서 법원이 담당하는 사법권은 원칙적으로 순수한 비정치적인 협의의 사법작용을 의미하는 것이다. 따라서 정치적 사법작용인 헌법재판에 대하여는 다음의 절에서 기술한다.

이처럼 사법작용은 구체적인 쟁송을 전제로 해서만 행해지는 분쟁해결의 소극적·수동적인 법인식 내지 법선언작용이라는 점에서 적극적·일반적인 법정립작용인 입법작용이나 적극적·구체적인 법집행작용인 행정작용과 구별된다.

제 2 항 사법작용의 범위와 한계

Ⅰ. 사법작용의 종류와 범위

현행법에 따르면 법원이 행하는 사법작용의 종류와 범위는 다음과 같다.

1. 민사재판

민사재판이란 사인간의 법적 분쟁을 민사소송절차에 따라 해결하기 위한 사법작용이다. 민사소송의 중심적인 부분은 재판절차이지만 강제집행절차도 이에 속한다. 또 광의의 민사소송에는 통상절차 외에도 특별절차와 등기·경매 등도 포함된다.

2. 형사재판

형사재판이란 국가가 소추한 범죄인을 대상으로 형사소송절차에 따라 유무죄 여부와 형량을 정하는 사법작용이다. 형사재판은 국가형벌권의 구체적인 행사, 즉 공소의 제기로부터 재판의 확정에 이르기까지의 일련의 과정을 말하는데, 이에는 수사·공판 및 집행의 절차가 모두 포함된다. 또한 형사재판에는 검사의 공소로써 이루어지는 정식재판 이외에 소년법 등에 의한 형사재판, 약식재판, 즉결심판 등 특수한 재판도 포함된다.

3. 가사재판

가사재판이란 가사에 관한 분쟁을 해결하기 위한 사법작용이다. 즉 가사소송법의 절차에 따라 혼인, 이혼, 양자 등의 친족법 및 상속, 유언 등 상속법 관한 분쟁을 다루는 재판이다.

4. 행정재판

행정재판이란 행정작용에 관한 법적 분쟁을 해결하기 위한 사법작용이다. 즉 행정소송법의 절차에 따라 행정청의 위법한 처분 또는 공권력의 행사·불행사 등에 의한 국민의 권리침해를 구제하고, 기타 공법상의 법적 분쟁을 해결하는 작용이다.

우리나라는 과거 행정재판을 일반법원이 담당하고 1심법원으로서의 행정법원을 설치하지 않았다. 대신 행정심판전치주의에 의하여 행정사건은 먼저 행정청에 의한 행정심판을 거친 후 곧 바로 고등법원에 제소하는 행정쟁송구조를 채택하고 있었다. 그러나 1998년부터 행정재판의 특수성을 감안해서 행정사건을 관할하는 제1심법원으로 행정법원을 설치하고 있으며, 원칙적으로 임의적 행정심판전치주의를 채택하고, 제소기간의 제한 그리고 직권심리주의 등을 통해서 행정재판의 특수성을 반영하고 있다. 행정소송에는 항고소송(취소소송, 무효 등 확인소송, 부작위위법확인소송), 당사자소송, 민중소송, 기관소송 등 네 가지 종류가 있다.

행정소송은 일반적으로 행정소송법의 절차에 따른다. 그런데 행정소송 중 민중소송과 기관소송은 다른 법률이 정한 경우에 그 법률에 정한 자에 한하여 제기할 수 있다(행정소송법 제45조). 그 중 기관소송에 관하여 규정하고 있는 법률은 지방자치법인데, 이에 따르면 기관소송의 심판권은 처음부터 대법원이 담당하는 단심제를 취하고 있다. 즉 지방자치단체의 사무에 관한 지방자치단체의 장의 명령이나 처분이 감독기관의 감독권행사에 의해서 취소 또는 정지된 경우 이의가 있으면 지방자치단체의 장은 그 취소 또는 정지처분을 통보받은 날로부터 15일 이내에 대법원에 소를 제기할 수 있다(지방자치법 제188조 제6항). 지방자치단체의 장은 주무부장관 또는 시·도지사로부터 직무이행명령을 받은 경우 그 이행명령에 이의가 있으면 이행명령서를 접수한 날부터 15일 이내에 대법원에 소를 제기할 수 있다(동법 제189조 제6항). 지방의회가 재의결한 사항이 법령에 위반된다고 판단하는 지방자치단체의 장은 재의결된 날로부터 20일 이내에 대법원에 소를 제기할 수 있다(동법 제192조 제4항).[1] 이 때 지방자치단체의 장이

---

1) 예컨대 행정정보공개조례(안)재의결취소등 사건(대판 1992. 6. 23. 92추17)이 이에 해당한다.

제소하지 않으면 주무부장관이나 시·도지사는 그 지방자치단체의 장에게 제소를 지시하거나 직접 제소할 수 있다(동법 제192조 제5항).

5. 회생재판

회생재판이란 개인 또는 기업의 회생 및 파산사건을 다루는 사법작용이다. 재정적 어려움으로 인하여 파탄에 직면해 있는 채무자에 대하여 채권자·주주·지분권자 등 이해관계인의 법률관계를 조정하여 채무자 또는 그 사업의 효율적인 회생을 도모하거나, 회생이 어려운 채무자의 재산을 공정하게 환가·배당하는 것을 목적으로 하는 「채무자 회생 및 파산에 관한 법률」이 제정·시행되고 있는데, 이 법에 따르면 회생사건, 간이회생사건 및 파산사건 또는 개인회생사건은 회생법원의 관할에 전속한다(제3조).

6. 특허재판

특허재판이란 특허법, 실용신안법, 디자인보호법 및 상표법상의 법적 분쟁을 해결하기 위한 사법작용이다. 과거 우리의 특허쟁송제도는 행정심판에 해당하는 특허청의 심판과 항고심판을 거친 후 법원의 하급심을 거치지 않고 곧 바로 대법원에 상고하는 쟁송구조로 되어 있었다. 그러나 이러한 쟁송절차는 법관에 의한 사실확정 및 법률적용의 기회를 박탈한 것으로서 헌법상 국민에게 보장된 법관에 의한 재판을 받을 권리의 본질적 내용을 침해하여 위헌이라는 이유로 헌법재판소에 의하여 헌법불합치결정을 받았다.[1] 왜냐하면 대법원은 원칙적으

이는 청주시의회가 의결한 청주시 행정정보공개조례안에 대하여 청주시장이 재의를 요구했는데, 청주시의회가 재의결하자 청주시장에 대법원에 제소한 사건이다. 이 사건에서 대법원은 "지방자치단체는 그 내용이 주민의 권리의 제한 또는 의무의 부과에 관한 사항이거나 벌칙에 관한 사항이 아닌 한 법률의 위임이 없더라도 조례를 제정할 수 있다 할 것인데 청주시의회에서 의결한 청주시행정정보공개조례안은 행정에 대한 주민의 알 권리의 실현을 그 근본내용으로 하면서도 이로 인한 개인의 권익침해 가능성을 배제하고 있으므로 이를 들어 주민의 권리를 제한하거나 의무를 부과하는 조례라고는 단정할 수 없고 따라서 그 제정에 있어서 반드시 법률의 개별적 위임이 따로 필요한 것은 아니다."라고 판시했다.

1) 헌재 1995. 9. 28. 92헌가11 등, 판례집 7-2, 264, 265:
법관에 의한 재판을 받을 권리를 보장한다고 함은 결국 법관이 사실을 확정하고 법률을 해석·적용하는 재판을 받을 권리를 보장한다는 뜻이고, 그와 같은 법관에 의한 사실확정과

로 법률심만을 담당하기 때문에 결과적으로 법원에서 법관에 의한 사실판단을 받을 기회가 박탈되기 때문이다. 이에 따라 현재는 특허재판을 전담하는 고등법원급의 특허법원이 설치되어 특허재판의 제1심 사건을 관할하고 있다.

한편 특허재판이 갖는 기술적 특성을 고려하여 특허법원에 기술심리관을 두고 있다. 이에 따라 법원은 필요하다고 인정하는 경우 결정으로 기술심리관을 특허법, 실용신안법 및 디자인보호법에 따른 소송의 심리에 참여하게 할 수 있다. 소송의 심리에 참여하는 기술심리관은 재판장의 허가를 받아 기술적인 사항에 관하여 소송관계인에게 질문을 할 수 있고, 재판의 합의에서 의견을 진술할 수 있다(법원조직법 제54조의2).

7. 선거재판

선거재판은 선거의 효력을 다투는 선거소송과 당선의 효력을 다투는 당선소송을 말한다. 공직선거법(제222조, 제223조)에 따라 대통령선거, 국회의원선거, 지방의회의원 및 지방자치단체의 장의 선거에 있어서 선거 또는 당선의 효력에 관하여 분쟁이 있을 때 대통령과 국회의원 그리고 시 · 도지사선거 및 비례대표 시 · 도의원에 관한 소송의 심판권은 대법원이, 지역구시 · 도의원선거, 자치구 · 시 · 군의원선거 및 자치구 · 시 · 군의 장 선거에 관한 소송의 심판권은 그 선거구를 관할하는 고등법원이 담당한다.

법률의 해석적용의 기회에 접근하기 어렵도록 제약이나 장벽을 쌓아서는 아니된다고 할 것이며, 만일 그러한 보장이 제대로 이루어지지 아니한다면 헌법 보장된 재판을 받을 권리의 본질적 내용을 침해하는 것으로서 우리 헌법상 허용되지 아니한다.

특허청의 심판절차에 의한 심결이나 보정각하결정은 특허청의 행정공무원에 의한 것으로서 이를 헌법과 법률이 정한 법관에 의한 재판이라고 볼 수 없으므로 특허법 제186조 제1항은 법관에 의한 사실확정 및 법률적용의 기회를 박탈한 것으로서 헌법상 국민에게 보장된 '법관에 의한' 재판을 받을 권리의 본질적 내용을 침해하는 위헌규정이다.

특허법 제186조 제1항이 행정심판임이 분명한 특허청의 항고심판심결이나 결정에 대한 법원의 사실적 측면과 법률적 측면에 대한 심사를 배제하고 대법원으로 하여금 특허사건의 최종심 및 법률심으로서 단지 법률적 측면의 심사만을 할 수 있도록 하고 재판의 전심절차로서만 기능하게 하고 있는 것은, 앞서 본 바와 같이 일체의 법률적 쟁송에 대한 재판기능을 대법원을 최고법원으로 하는 법원에 속하도록 규정하고 있는 헌법 제101조 제1항 및 제107조 제3항에 위반된다.

8. 법률에 대한 위헌심사 및 위헌법률심판제청

헌법 제107조 제1항은 “법률이 헌법에 위반되는 여부가 재판의 전제가 된 경우에는 법원은 헌법재판소에 제청하여 그 심판에 의하여 재판한다.”라고 규정하여 법률에 대한 법원의 일차적인 위헌심사권을 인정하고 있다. 이에 따라 법원은 사법작용을 함에 있어 법률이 헌법에 위반되는 여부가 재판의 전제가 된 경우에는 직권 또는 소송당사자의 신청에 의하여 그 법률의 위헌 여부를 심사하고 위헌으로 판단될 경우 재판을 정지하고 헌법재판소에 그 법률에 대한 위헌 여부의 심판을 제청하여 그 심판에 의하여 재판하도록 되어 있다. 따라서 법원은 법률에 대한 위헌심사권과 합헌결정권 및 위헌법률심판제청권을 가지고, 법률에 대한 위헌결정권은 헌법재판소가 가진다.

9. 명령 · 규칙에 대한 위헌 · 위법심사

이는 명령 · 규칙 등 법률의 하위규범에 대한 위헌 · 위법심사로서 법원이 구체적 재판에서 적용할 명령 · 규칙의 위헌 · 위법 여부를 심사해 무효라고 판단할 경우 그 명령 · 규칙을 당해 사건에서의 적용을 배제하는 것을 말한다. 헌법 제107조 제2항은 “명령 · 규칙 또는 처분이 헌법이나 법률에 위반되는 여부가 재판의 전제가 된 경우에는 대법원은 이를 최종적으로 심사할 권한을 가진다.”라고 규정하여 이러한 명령 · 규칙 등에 대한 위헌 · 위법에 대한 최종적인 심사권을 대법원에게 부여하고 있다. 이 경우 대법원의 심사권은 대법관 전원의 3분의 2 이상의 합의체에서 행사한다(법원조직법 제7조 제1항 제1호, 제2호). 여기서 말하는 명령 · 규칙에는 행정권에서 제정하는 명령 · 규칙 뿐 아니라 입법권이나 사법권에서 제정하는 명령 · 규칙, 그리고 지방자치단체가 제정하는 조례 · 규칙을 포함한다.

그런데 여기서의 법원의 심사권은 본래의 재판에 부수적인 것으로 구체적 사건의 심판을 위한 선결문제로서 명령 · 규칙의 위헌 · 위법성을 심사하여 당해 사건에 대한 적용 여부의 판단을 하는 것일 뿐, 처음부터 직접적으로 명령 · 규칙 자체의 위헌 · 위법성의 심사를 목적으로 하는 독립한 재판은 아니다.[1] 따라

1) 대결 1994. 4. 26. 93부32 참조.

서 명령·규칙이 별도의 집행작용을 매개하지 않고 직접 기본권을 침해했을 경우에는 그 명령·규칙은 일반법원이 아닌 헌법재판소의 헌법소원심판의 대상이 된다.[1] 이러한 헌법소원심판에 의한 명령·규칙에 대한 통제는 위에서 언급한 일반법원에 의한 경우와는 달리 해당 명령·규칙의 위헌 여부 및 기본권침해 여부가 직접 심판대상이 되는 경우로서 위헌으로 판단되는 경우 명령·규칙 자체를 무효로 하는 것이다.

Ⅱ. 사법작용의 한계

1. 사법본질적 한계

사법작용은 구체적인 쟁송을 전제로 해서 행해지는 분쟁해결의 소극적·수동적인 법인식 내지 법선언작용이다. 이러한 사법작용의 본질과 특성 때문에 사법작용은 구체적인 쟁송을 전제로 해서(사건성), 소를 제기한 정당한 당사자가(당사자적격), 그 소송에 의하여 실질적인 이익을 얻을 수 있는 경우에만(소의 이익), 현실적으로 발생한 사건만을 대상으로(사건의 성숙성) 행해질 수 있다. 따라서 이 네 가지 전제조건 중에서 어느 하나라도 충족되지 못한 경우에는 원칙적으로 사법권이 행사될 수 없다. 이를 사법작용의 사법본질적 한계라고 한다.

2. 헌법적 한계

헌법 제64조 제2항은 "국회는 의원의 자격을 심사하며, 의원을 징계할 수 있

---

1) 이와 관련하여 헌법재판소는 법무사법시행규칙에 대한 헌법소원사건에서 "헌법 제107조 제2항이 규정한 명령·규칙에 대한 대법원의 최종심사권이란 구체적인 소송사건에서 명령·규칙의 위헌여부가 재판의 전제가 되었을 경우 법률의 경우와는 달리 헌법재판소에 제청할 것 없이 대법원이 최종적으로 심사할 수 있다는 의미이며, 명령·규칙 그 자체에 의하여 직접 기본권이 침해되었음을 이유로 하여 헌법소원심판을 청구하는 것은 위 헌법규정과는 아무런 상관이 없는 문제이다. … 따라서 입법부·행정부·사법부에서 제정한 규칙이 별도의 집행행위를 기다리지 않고 직접 기본권을 침해하는 것일 때에는 모두 헌법소원심판의 대상이 될 수 있는 것이다."라고 판시함으로써 이를 분명히 하고 있다. 헌재 1990. 10. 15. 89헌마178, 판례집 2, 365, 369-370; 같은 입장의 판례 헌재 1997. 6. 26. 94헌마52, 판례집 9-1, 659, 667-668.

다."라고 규정하고 있고, 동조 제3항은 "의원을 제명하려면 국회재적의원 3분의 2 이상의 찬성이 있어야 한다."라고 규정하고 있으며, 동조 제4항은 "제2항과 제3항의 처분에 대하여는 법원에 제소할 수 없다."라고 규정하고 있다. 이 헌법 조항에 따라 국회에 의한 의원의 자격심사와 징계 및 제명에 대하여는 법원에 제소할 수 없다. 이러한 국회의 처분에 대한 사법작용의 헌법적 한계는 권력분립의 원칙과 국회의 자율권에 그 근거를 두고 있다고 볼 수 있다. 그러나 이러한 제소금지는 헌법상 정당화되기 어려운 문제점을 야기한다. 이 점에 대하여는 후술한다.

3. 국제법적 한계

국제법상 치외법권에서 오는 일정한 사법작용의 한계가 있다. 치외법권이라 함은 체재국법의 적용을 받지 않고 본국법의 적용을 받을 수 있는 국제법상의 특권을 말한다. 따라서 치외법권의 적용을 받는 외국의 국가원수나 외교사절, 그리고 그 가족과 수행원 및 직원, 또는 국제기구의 직원이나 국내주둔외국군인 등에게는 대한민국의 사법권이 미치지 아니한다.

4. 헌법정책적 내지 헌법이론적 한계

사법작용은 헌법정책적 내지 헌법이론적 이유에서도 일정한 제약을 받을 수 있다.

(1) 통치행위

1) 통치행위의 의의

일반적으로 통치행위는 고도의 정치성을 띤 국가작용으로서 사법심사의 대상에서 제외되는, 따라서 사법작용의 한계에 속하는 개념으로 이해되어 왔다. 따라서 통치행위는 주로 사법심사의 대상에서 제외되는지의 여부와 관련하여서 의미가 있는 개념으로 볼 수 있다. 오늘날 대체적인 학설과 판례의 입장은 원칙적으로 통치행위는 소송의 일반조건을 갖춘 경우에는 사법심사의 대상이 된다고 보면서, 예외적인 경우에만 헌법정책적 또는 헌법이론적 이유에서 사법심사의 대상에서 제외될 수 있다고 본다.

2) 학설의 입장

가. 부정설

통치행위에 대한 사법심사의 가능성을 부정하는 대표적인 학설을 간단히 소개하면 다음과 같다.

(가) 내재적 한계설

통치행위는 독립적이고 정치적으로 책임을 지지 아니하는 사법부가 심사하기에는 부적합한 것이고, 그에 대한 최종적 판단은 행정부나 국회 등 정치적 기관 또는 선거 등을 통해 국민에게 일임하는 것이 타당하다고 하면서, 통치행위는 성질상 사법권의 내재적 한계에 속한다고 한다.

(나) 권력분립설

헌법상 입법·행정·사법권이 분리되어 있고, 통치행위는 행정부나 입법부의 전속적 권한에 속하는 사항이므로 사법부의 사법심사의 대상에서 제외되어야 한다고 한다.

(다) 재량행위설

통치행위는 민주적 정당성에 바탕을 둔 대통령이나 국회의 고도의 정치적 결단에 따른 재량행위이므로 사법심사의 대상에서 제외되어야 한다고 한다.

(라) 사법부자제설

통치행위도 원칙적으로 사법심사의 대상이 되어야 하지만 사법심사가 오히려 사법부의 정치화를 초래해 사법권의 독립을 약화시키는 부정적 결과를 가져오거나, 또는 사법심사로 말미암아 커다란 국가적 손해가 발생될 수 있기 때문에 사법부 스스로가 정책적으로 통치행위에 대한 심사를 자제해야 한다는 입장이다.

나. 긍정설

통치행위도 당연히 사법심사의 대상이 되어야 한다는 입장이다. 여기에는 통치행위라는 개념 자체를 부정하는 입장과 통치행위라는 개념은 인정하되 사법심사의 대상이 되지 않는 국가작용은 존재하지 않는다는 입장으로 나뉠 수 있다. 그 논거는 헌법상 법치주의와 권력분립의 원칙이 확립되어 있고, 개괄주의에 바탕을 둔 행정소송제도와 헌법재판제도가 보장되어 있는 헌법국가에서 어떠한 국가작용도 사법심사의 대상에서 제외될 수 없다고 한다.

3) 학설에 대한 검토

가. 내재적 한계설

위헌·위법한 행위를 통제하고 침해된 기본권을 구제해주는 것이 바로 사법부의 권한이자 의무이기 때문에 통치행위라도 그것의 위헌·위법성과 국민의 기본권침해 여부가 문제된다면 당연히 사법심사의 대상이 되어야 하고, 그것이 바로 사법부의 본질적 직무에 속하는 것이다. 따라서 통치행위를 사법심사의 대상에서 제외하는 것은 바로 사법부의 직무유기에 해당한다.

나. 권력분립설

국가권력 상호간의 견제와 균형을 통해 국가권력을 통제·순화시키고 기본권을 보장하는 것이 궁극적인 국가와 헌법의 목적이고, 권력분립원칙의 본질이다. 따라서 아무리 통치행위라고 할지라도 그것의 위헌·위법성과 국민의 기본권침해 여부가 문제된다면 당연히 사법심사의 대상이 되어야 하고, 그를 통해 위헌·위법한 통치행위를 통제하고 기본권을 구제해주는 것이야 말로 권력분립의 원칙을 구현하는 것이며, 그렇지 않는 것이 오히려 권력분립의 원칙에 위반되는 것이다.

다. 재량행위설

아무리 재량행위라고 하더라도 그것이 재량을 일탈할 경우 위헌·위법성을 초래하고, 따라서 사법심사의 대상이 되는 것은 당연하다. 그렇지 않을 경우 이는 국가권력의 자의와 남용 및 기본권과 법치주의의 침해를 초래할 것이다. 다만 재량을 일탈하지 아니하는 범위내의 정치적 또는 합목적적 판단은 사법적 통제의 범위에 속하지 않는 것이다. 왜냐하면 이는 단순한 부당이나 정치적 무능 내지 비효율성의 문제에 그치는 것으로 법적인 문제가 아니기 때문이다. 이러한 논리가 행정소송의 경우에 그대로 적용되어지는 것은 주지하는 바와 같다. 따라서 아무리 고도의 정치성과 재량성을 띤 통치행위라도 일단 사법심사의 대상은 되고, 다만 재량과 관련하여 사법심사의 구체적 범위와 밀도의 차이가 있을 수 있을 뿐이지, 정치적 재량행위라는 이유로 처음부터 사법심사의 대상에서 제외되어 각하될 수는 없는 것이다.

라. 사법부자제설

통치행위의 경우 헌법과 법률에의 위반이 문제되고, 그에 대한 사법심사의 잣대와 사법절차가 마련되어 있어 사법심사가 가능함에도 불구하고 정책적으로 사법심사를 자제한다는 사법부자제설은 다음과 같은 이유에서 주장된다. 즉 정치적 문제에 사법부가 관여하면 사법부가 정치투쟁의 장으로 전락되어 사법부의 독립성과 권위를 상실하게 되고, 또한 다양한 부작용, 예컨대 법적 공백이나 혼란의 발생, 또는 법적 안정성이나 긴절한 공익상의 문제 등이 발생될 수 있다는 것이다. 그러나 위헌·위법한 상태가 발생되었고 이에 대한 사법심사가 가능함에도 불구하고 정치적인 이유로 이를 회피하는 것이야 말로 사법부가 스스로 정치기관화 되는 것이고, 사법부의 독립성과 권위를 무너뜨리는 직무유기이며, 사법자제로 보존 내지 달성할 수 있는 이익도 그를 통해 상실되는 기본권과 법치주의 등의 핵심적인 헌법적 가치보다 우월할 수 없다. 아울러 통치행위에 대한 사법심사를 할 경우 발생될 수 있는 부작용도 후술하는 바와 같이 사법심사를 하면서 그 인용 시 다양한 변형결정 등을 통해 어느 정도 해소할 수 있을 것이다.

4) 결어

통치행위라도 그것의 헌법과 법률에의 위반이 문제되고, 그에 대한 사법심사의 헌법 및 법률적 잣대와 사법절차가 마련되어 있다면 당연히 사법심사의 대상이 되어야 한다.[1] 왜냐하면 통치행위를 포함한 모든 국가작용은 헌법과 법률

---

1) 헌재 1996. 2. 29. 93헌마186, 판례집 8-1, 111, 115-116:
통치행위란 고도의 정치적 결단에 의한 국가행위로서 사법적 심사의 대상으로 삼기에 적절하지 못한 행위라고 일반적으로 정의되고 있는바, 이 사건 긴급명령이 통치행위로서 헌법재판소의 심사 대상에서 제외되는지에 관하여 살피건대, 고도의 정치적 결단에 의한 행위로서 그 결단을 존중하여야 할 필요성이 있는 행위라는 의미에서 이른바 통치행위의 개념을 인정할 수 있고, 대통령의 긴급재정경제명령은 중대한 재정 경제상의 위기에 처하여 국회의 집회를 기다릴 여유가 없을 때에 국가의 안전보장 또는 공공의 안녕질서를 유지하기 위하여 필요한 경우에 발동되는 일종의 국가긴급권으로서 대통령이 고도의 정치적 결단을 요하고 가급적 그 결단이 존중되어야 할 것임은 법무부장관의 의견과 같다.
그러나 이른바 통치행위를 포함하여 모든 국가작용은 국민의 기본권적 가치를 실현하기 위한 수단이라는 한계를 반드시 지켜야 하는 것이고, 헌법재판소는 헌법의 수호와 국민의 기본권 보장을 사명으로 하는 국가기관이므로 비록 고도의 정치적 결단에 의하여 행해지는 국가작용이라고 할지라도 그것이 국민의 기본권 침해와 직접 관련되는 경우에는 당연히 헌

의 테두리내에서 이루어져야 하고, 그것이 바로 헌법과 법률의 존재이유이며 법치주의의 본질이기 때문에 통치행위라도 그것이 헌법과 법률에 위반된다면 결코 정당화될 수 없고 통제되어야 하며 그를 통해 침해된 기본권은 반드시 구제되어야 하는데, 이러한 국가권력의 통제와 헌법과 법률수호 및 기본권구제는 바로 사법부 본연의 임무이기 때문이다. 만일 그렇지 않다면 이는 법치주의의 포기로서 헌법과 법률을 파괴하고 기본권을 유린하는 것이며, 결국 사법부의 직무유기에 해당하는 것이다.[1]

다만 사법심사를 통해 초래될 수 있는 극복하기 어려운 법적 혼란이나 공백, 법적 안정성 파괴 등을 예방하기 위하여, 또는 긴절한 공익이나 국가간의 신뢰를 보호하기 위하여 불가피 할 경우 일종의 변형결정 등이 고려될 수 있을 것이고, 당사자의 기본권 구제도 예외적으로 다른 대체수단을 통해 이루어질 수 있을 것이다. 예컨대 행정재판의 경우 사정판결, 헌법재판의 경우에는 한정합헌, 한정위헌, 헌법불합치결정 등이 그것이다. 이러한 논리가 한편에서는 기본권보장과 법치주의 및 헌법재판제도를 비롯한 사법제도의 이념과 정신을 구현하고, 다른 한편에서는 사법심사를 통해 파생될 수도 있는 다양한 부작용도 예방할 수 있는 일종의 규범조화적 해석의 결과라고 할 수 있겠다.[2]

참고로 우리와 유사한 사법제도를 가지고 있는 독일의 경우 이미 오래 전부터 통치행위에 대한 사법심사의 가능성에 대하여 상당히 적극적인 입장을 취해왔다. 예컨대 연방헌법재판소는 고도의 정치성을 띤 외교에 관한 행위가 문제가 된 이른바 동·서독 기본조약(Grundlagenvertrag)에 대한 동의법에 대하여 바이에른주정부가 제기한 추상적 규범통제 사건에서 문제된 동·서독 기본조약에 대한 사법심사를 긍정하면서 본안판단에 들어간 바 있다.[3] 아울러 국내의 대부분의

법재판소의 심판대상이 될 수 있는 것일 뿐만 아니라, 긴급재정경제명령은 법률의 효력을 갖는 것이므로 마땅히 헌법에 기속되어야 할 것이다.

1) 과거 대법원은 통치행위를 이유로 오랫동안 사법심사를 거부했다. 예컨대 대판 1964. 7. 21. 64초3: "당연무효로 판단할 수 없는 계엄에 대하여서는 계엄의 선포가 옳고 그른 것은 국회에서 판단하는 것이고 법원에서 판단할 수 없다고 해석하는 것이 상당하다." 대판 1981. 1. 23. 80도2756: "고도의 정치적, 군사적 성격을 갖고 있는 비상계엄선포를 가리켜 당연무효라고 볼 수 없고 그 계엄선포의 당부를 판단할 권한은 사법부에는 없으므로, 1979.10.27.자 대통령권한대행의 비상계엄선포가 무효라고 볼 수 없다."

2) 통치행위에 대하여 자세한 것은 정연주, 대북정책과 사법심사, 통일과 헌법재판 3, 헌법재판소 헌법재판연구원, 2018. 12, 216쪽 이하 참조.

학자들이 사법심사의 대상에서 제외시키고 있는 대표적인 통치행위인 사면행위(Gnadenentscheidung)에 대한 사법심사의 가능성 여부에 대하여 연방헌법재판소(제2부)는 4:4의 가부동수의 결정을[1] 내린바 있다.[2] 이 사건에서 사면행위가 사법심사의 대상에서 제외된다는 4명의 재판관은 사면행위가 순수한 정치행위로서 국가의 법적인 공권력행사가 아니라는 이유로 법적인 잣대로 사법심사를 할 수가 없다고 주장했다. 그러나 사면행위가 사법심사의 대상이 된다는 나머지 4명의 재판관은 비록 사면행위가 국가의 재량행위라고 할지라도 자의적으로 행사되어서는 안되고, 당연히 사법심사의 대상이 되어야 하며, 따라서 평등원칙 등의 위반 여부를 심사해야 했다고 판시했다.[3] 그 후 이처럼 사면행위가 사법심사의 대상에서 제외된다는 연방헌법재판소의 4명의 의견은 학계에서 엄청난 비판을 받았다. 이에 따라 오늘날의 독일의 통설은 사면행위나 그의 취소는 법적행위로서 당연히 사법심사의 대상이 되고 평등원칙 등의 위반 여부가 심사되어야 한다고 보고 있다.[4]

(2) 국회의 자율권

국회는 민주적 정당성에 바탕을 둔 대의기관으로서 일정한 자율권을 행사한다. 이러한 자율권에 속하는 국회의 행위는 사법심사의 대상에서 제외되는 것이 국회의 자율권과 권력분립의 원칙에 부합된다고 보는 견해가 일반적이다. 대표적인 예로서 위에서 이미 사법작용의 헌법적 한계와 관련하여 언급한 국회의원의 자격심사와 징계 내지 제명에 대하여 법원에 제소할 수 없도록 규정한 헌법 제64조 제4항을 들 수 있다. 이 조항에 의한 사법심사의 한계는 헌법에서 명시한 헌법적 한계이자 동시에 국회의 자율권에서 오는 헌법정책적 내지 헌법이론적인 한계라고 할 수 있다.

---

3) BVerfGE 36, 1.

1) 연방헌법재판소법 제15조 제4항은 가부동수인 경우에는 위헌임을 확인할 수 없다고 규정하고 있다.

2) BVerfGE 25, 352.

3) BVerfGE 25, 352(358ff.).

4) Vgl. Hans-Jürgen Papier, in: von Isensee/Kirchhof(Hrsg.), Handbuch des Staatsrechts, § 154, Rdnr. 32; E. Stein, Staatsrecht, 11. Aufl. S. 171.; K. Stern, Das Staatsrechts der Bundesrepublik Deutschland, Bd. III/2, S. 1180f.

그러나 아무리 국회의 자율권에 속하는 사항이라도 명백한 헌법과 법률의 위반이 있고, 관련자의 일정한 권한 내지 기본권을 침해했다면 사법심사의 대상이 된다고 보아야 할 것이다. 물론 국회는 국민을 대표하는 대의기관이므로 당연히 그 결정에 대한 자율성은 존중되어야 하나 헌법과 법률을 위반해서는 안 된다는 한계를 벗어날 수는 없다. 따라서 헌법과 법률을 위반하는 국회의 행위는 정당화될 수 없는 것이다.[1] 그런 점에 비추어 볼 때 헌법 제64조 제4항의 규정은 문제가 있다고 본다. 왜냐하면 국회의원은 입법권 등의 국가권력의 주체이자 동시에 공무담임권 등 기본권의 주체로서, 만일 예컨대 특정 정당 또는 특정 의원을 탄압할 목적으로 위헌·위법한 절차에 따라 의원이 제명되었다면 그 의원은 위헌적으로 자신의 입법권 등의 권한과 공무담임권 등의 기본권이 박탈당한 것으로 권한쟁의심판이나 헌법소원심판 또는 상황에 따라서는 행정소송을 제기할 수 있어야 하는데, 이를 원천적으로 봉쇄한 것은 해당 의원의 입법권 등의 권한이나 공무담임권 등의 기본권을 침해한 것임과 동시에 재판청구권 등의 본질적 내용을 침해한 것이기 때문이다.[2] 이는 국회의 자율권이라는 명분하에 기본권의 침해와 법치주의의 위반을 용인하겠다는 것으로 볼 수 있다. 결론적으로 기본권과 법치주의는 헌법의 핵심적 가치이자 모든 통치권력의 존재목적이기 때문에 국회의 자율권에 우선한다고 할 것이고, 따라서 위헌·위법한 행위를 할 국회의 자율권행사는 헌법상 결코 인정될 수 없다고 보아야 할 것이다.[3]

한편 이와 관련하여 이 조항은 '법원'에 제소할 수 없다고 규정하고 있으므로, 헌법재판소에 헌법소원을 제기하는 것은 가능하다는 입장이 있는데,[4] 이는

---

1) 헌재 1997. 7. 16. 96헌라2, 판례집 9-2, 154, 165:
국회는 국민의 대표기관, 입법기관으로서 폭넓은 자율권을 가지고 있고, 그 자율권은 권력분립의 원칙이나 국회의 지위, 기능에 비추어 존중되어야 하는 것이지만, 한편 법치주의의 원리상 모든 국가기관은 헌법과 법률에 의하여 기속을 받는 것이므로 국회의 자율권도 헌법이나 법률을 위반하지 않는 범위내에서 허용되어야 하고 따라서 국회의 의사절차나 입법절차에 헌법이나 법률의 규정을 명백히 위반한 흠이 있는 경우에도 국회가 자율권을 가진다고는 할 수 없다.

2) 참고로 독일 연방헌법재판소도 의회의 자율권에 기한 의사결정이 절차상의 하자를 지닐 경우에는 헌법재판과정에서 그에 대한 심사가 가능하다고 판시하고 있다[Vgl. BVerfGE 80, 188(217ff.)].

3) 이러한 사법심사의 규범적 한계에 대하여 자세한 것은 정연주, 통치행위에 대한 사법심사, 저스티스 95호, 한국법학원, 2006. 12, 29쪽 이하 참조.

4) 권영성, 전게서, 940쪽.

잘못된 견해이다. 여기서 말하는 '법원'은 좁은 의미의 법원, 즉 대법원을 정점으로 하는 각급법원만을 의미하는 것이 아니라, 헌법재판소를 포함하는 광의의 사법부를 의미한다고 보아야 한다. 왜냐하면 만일 그렇지 않다면 굳이 이 규정을 마련한 의미가 상실되기 때문이다. 이 규정의 취지는 앞서도 언급했듯이 국회의 자율권과 독자성을 존중한다는 것이고, 따라서 국회의 자율적 결정에 대한 그 어떠한 외부의 간섭도 배제하겠다는 것이다. 따라서 국회의 처분에 대하여는 헌법재판을 비롯한 모든 사법심사의 대상에서 제외시킨다는 것이 이 조항의 취지이지 유독 일반법원의 심사만을 배제한다는 것이 아니다. 만일 그렇지 않다면 실제로 국회의원의 제명처분 등에 대하여는 주로 헌법재판소의 권한쟁의나 헌법소원으로 제기될 가능성이 크고, 특히 국회의 처분에 대한 행정소송의 가능성을 부정한다면 유일한 사법심사의 가능성은 헌법재판소만이 가지게 된다는 점을 감안할 때 사실상 재판관할권이 없거나 거의 없는 일반법원의 재판만을 배제한다는 것이 되어 이 규정의 의미가 상실될 수밖에 없고(사실상 사문화되는 것으로 보아야 할 것이다), 동시에 헌법재판소에의 제소를 허용한다는 것은 국회의 제명처분 등에 대한 일체의 사법심사를 배제하겠다는 이 규정의 - 비록 정당화될 수는 없지만 - 취지에 정면으로 반하는 것이 되기 때문이다. 따라서 여기서의 '법원'의 의미는 헌법재판소를 비롯한 광의의 사법기관을 총괄하는 포괄적 개념으로 이해해야 할 것이다. 이 조항이 제정될 당시에는 헌법재판소가 존재하지 않았기 때문에 당연히 '법원'만으로 규정되어 있다가 헌법재판소가 창설된 이후에도 별다른 개정 없이 그대로 이어져 온 것으로, 아마 이는 이 조항이 정치적으로 별다른 주목을 받지 못하고, 동시에 학자들도 그동안 이 조항에 대하여 국회의 자율권이라는 미명하에 정당성을 부여해온 것에 기인한 것으로 보인다.

한편 백번 양보하여 이 조항에서의 '법원'이 일반법원만을 의미하고 따라서 헌법재판소에의 제소는 인정된다고 하더라도 이 조항의 위헌성이 해소되는 것은 아니다. 왜냐하면 위에서도 지적했듯이 명백히 위헌·위법한 절차 등에 따라 이루어진 제명처분 등에 대하여 그의 행정처분성을 인정하여 일반법원에 행정소송의 제기가 가능하다면 마땅히 이를 인정하여 위헌·위법한 공권력을 통제하고 침해된 기본권을 구제해 주어야 할 것인데, 이를 원천적으로 봉쇄하는 것은 재판청구권의 본질적 내용을 침해하면서 기본권 유린과 법치주의 파괴를 용인하겠다는 것이기 때문이다. 기본권보장과 법치주의라는 가치는 헌법의 핵심적 가치이자 모든 통치권력의 존재목적이기 때문에 국회의 자율권에 우선한다고 할 것이고, 위헌·위법한 행위를 할 국회의 자율권은 헌법상 결코 인정될 수 없다고 보아야 할 것이다.

(3) 특별권력관계

이른바 특별권력관계는 종래 특별한 법률원인에 의하여 성립되고(성립원인의 특별성), 특별한 공적 목적의 수행을 위하여(목적의 특별성) 특별권력의 주체에게 포괄적인 지배권을 인정하고 이에 상대방이 복종함을 내용으로 하는(권력관계 내용의 특별성) 법률관계라고 보았다. 또한 특별권력관계에 있어서의 법적 분쟁은 사법심사의 대상이 되지 않거나 사법심사가 제한된다고 보았다. 그러나 오늘날 특별권력관계에 있어서도 기본권의 제한은 법률에 근거하여야 하고, 제한하는 경우에도 기본권의 본질적 내용은 침해해서는 안되고 비례의 원칙이 준수되어야 하며, 특별권력관계에 있어서의 법적 분쟁도 원칙적으로 사법심사의 대상이 된다고 보고 있다.[1] 다만 일반권력관계와 구별되는 특별권력관계의 특수성을 감안하여 특별권력의 상대방의 기본권 제한에 있어서 특별권력주체에게 일반권력관계에 비하여 상대적으로 폭넓은 재량권과 판단의 여지가 인정될 수 있을 것이고, 그 제한의 정도도 특수행정목적 수행을 위하여 다소 강화될 수 있을 것이다. 또한 이처럼 특별권력 주체에게 특수행정목적수행을 위해 폭넓은 재량권과 판단의 여지가 인정되므로 그 한도내에서 사법심사의 범위와 밀도가 제한될 수는 있을 것이다.

(4) 행정권의 재량행위

행정권의 재량행위는 그것이 재량의 한계를 일탈하지 아니하는 한 사법심사의 대상에서 제외된다. 왜냐하면 이 경우에는 재량행위의 당·부당의 문제가 제기될 수는 있어 행정심판의 대상은 될 수 있지만 위법 여부의 문제는 제기되지 않기 때문이다. 또한 행정권의 재량행위는 그 재량의 한계를 일탈하지 않는 한 행정권의 고유권한에 속하는 사항이기도 하다. 따라서 사법본질적 한계와 권력

---

1) 대판 1995. 6. 9. 94누10870:
농지개량조합과 그 직원과의 관계는 사법상의 근로계약관계가 아닌 공법상의 특별권력관계이고, 그 조합의 직원에 대한 징계처분의 취소를 구하는 소송은 행정소송사항에 속한다.

분립의 원칙에서 오는 헌법이론적 한계 때문에 재량행위는 그 재량의 한계를 일탈하지 않는 한 사법심사의 대상에서 제외된다고 하겠다. 그러나 재량의 한계를 일탈한 경우에는 이미 위법의 문제가 제기되므로 당연히 사법심사의 대상이 된다.[1]

(5) 적극적 형성재판

행정재판에 있어서 일정한 처분의 취소나 무효확인판결, 또는 일정한 부작위의 위법확인판결 이외에 법원이 일정한 처분을 행정청에게 명하거나 행정청의 처분을 적극적으로 변경하는 이른바 적극적 형성판결을 내릴 수 있는지가 문제될 수 있다. 적극적인 행정통제와 효율적인 권리구제의 측면에서 본다면 이를 긍정적으로 평가할 수도 있겠으나, 사법작용은 어디까지나 소극적·수동적인 법선언작용이지 법집행작용은 아니라는 사법작용의 본질적 한계, 일정한 처분권은 어디까지나 행정청의 고유권한이라고 하는 권력분립원칙상의 한계, 행정권의 전문성·자율성·독자성 확보의 필요성 등에 비추어 볼 때 이는 현행 행정소송법하에서는 인정되기 어렵다고 본다.[2]

제 3 항 사법권의 독립

Ⅰ. 사법권독립의 의의

사법작용은 구체적인 쟁송을 전제로 해서 그 법적 분쟁을 법관에 의하여 평화적으로 해결하는 심판작용이다. 따라서 법관이 중립적인 제3자의 지위에서 공

1) 대판 1991. 12. 24. 90누1007:
폐직 또는 과원을 이유로 공무원에 대한 직권면직처분을 함에 있어서 임용권자로서는 합리적이고 객관적인 기준과 근거에 따라 면직처분을 하여야 하며 이에 따르지 아니하고 자의적인 면직처분을 하였다면 그 재량권을 남용 내지 일탈한 것으로서 위법하다.

2) 대판 1986. 8. 19. 86누223:
토지소유자가 토지에 대한 행정청의 토지등급설정 및 수정처분의 시정을 구하는 것은 동인이 원하는 행정처분을 하도록 명하는 이행판결을 구하는 것이어서 행정소송에서 허용되지 아니한다.

정하게 심판하는 것이 무엇보다 중요하다. 따라서 사법작용이 본래의 기능을 다하기 위해서는 사법권의 독립이 전제되어야 한다. 결국 사법권의 독립이란 법관이 다른 국가기관 등 누구의 지시나 명령에 기속되지 않고 오로지 헌법과 법률에 의하여 양심에 따라 독립하여 심판하는 것을 의미한다(헌법 제103조). 이는 재판의 결과와 내용에서 뿐 아니라 그 결과에 이르기까지의 전 과정과 절차에서 요구된다.

Ⅱ. 사법권독립의 내용

사법권의 독립은 법원의 독립과 법관의 독립을 내용으로 한다.

1. 법원의 독립

법원의 독립은 법원의 구성과 조직상의 독립을 의미한다. 즉 우리 헌법의 통치구조의 골격을 이루고 있는 권력분립의 원칙상 법원이 그 구성·조직·운영의 측면에서 다른 국가기관으로부터 독립하는 것을 말한다. 이처럼 법원의 구성과 조직상의 독립이 확보되지 않으면 법관의 사법작용의 내용과 절차가 독립적이고 중립적이며 공정하게 이루어질 수 없기 때문에 사법권의 독립을 위해서는 법원의 조직상의 독립이 전제되어야 하는 것이다.

이를 위해 헌법은 법원의 구성과 조직에 관하여 기본적인 사항을 직접 정하고 있고, 구체적인 사항은 법률에 위임함으로써 법원의 구성과 조직상의 독립을 구현하고 있다. 즉 헌법은 사법권을 법관으로 구성된 독립한 법원에 부여하고, 법원을 최고법원인 대법원과 각급법원으로 조직한다(제101조 제1항, 제2항). 대법원장은 국회의 동의를 얻어 대통령이 임명하고, 대법관은 대법원장의 제청으로 국회의 동의를 얻어 대통령이 임명하며, 대법원장과 대법관이 아닌 법관은 대법관회의의 동의를 얻어 대법원장이 임명하도록 규정하고 있다(제104조). 여기서 대법관의 임명에 대법원장의 제청을 요하도록 한 것과 대법원장과 대법관이 아닌 법관은 대법관회의의 동의를 얻어 대법원장이 임명하도록 한 것은 법원의 구성과 조직에 있어서 외부의 간섭을 배제하고 독립성을 확보하기 위한 것으로 볼 수 있다. 또한 대법원장과 대법관에 대한 대통령의 임명권은 대통령의 국정의 최고책임자인 국가원수로서의 지위에서 인정되는 것이지 행정부의 수반의 지위에서 인정되는 것은 아니므로 행정권의 사법권에 대한 간섭으로 볼 수 없고, 따라서 사법권의 독립에 위배되는 것은 아니라고 하겠다. 또한 대법원장과 대법관에 대한 임명에 있어서의 국회의 동의는 법원의 구성에 국회에 의한 간접적인 민주적 정당성의 부여라는 기능과 권력분립의 원칙에서 오는 임명권자인 대통령과 사법권에 대한 통제의 기능이라는 측면에서 정당화될 수 있다.

한편 헌법은 대법원과 각급법원의 조직에 관한 구체적 내용을 법률로 정하도록 했는데(제102조 제3항), 이처럼 법원의 구성과 조직에 관해서 법정주의를 채택한 것은 법원의 구성과 조직에 대한 다른 국가기관으로부터의 간섭을 억제하고 법원의 독립성을 확보하기 위한 것이다. 물론 법원조직의 법정주의가 법원조직에 관한 국회의 간섭으로 작용할 수도 있다. 그러나 이러한 법원조직의 법정주의는 국민의 대표기관으로서의 국회가 가지는 헌법상의 지위와 권력분립의 원칙에서 오는 국회의 사법권에 대한 견제와 균형의 논리로 정당화될 수 있을 것이다. 또한 사법부를 비롯한 통치기구의 조직과 작용 및 재판청구권을 비롯한 기본권의 형성과 행사 및 제한에 관한 기본적이고 본질적인 사항은 법률로 정해야 한다는 법률유보의 원칙상 법원조직에 대한 국회의 입법은 불가피한 것이라고 하겠다.

아울러 헌법 제108조는 "대법원은 법률에 저촉되지 아니하는 범위안에서 소송에 관한 절차, 법원의 내부규율과 사무처리에 관한 규칙을 제정할 수 있다." 라고 규정함으로써 사법권의 자율적인 규칙제정권을 대법원에게 부여하고 있는데, 이 역시 법원의 구성과 조직 및 운영상의 독립성을 확보하는 기능을 가지는 것이다.

다만 정부의 예산안편성권으로 인해 사법부의 예산안에 대해서도 정부가 편성권을 가진다는 점에서 예산안을 매개로 정부의 사법권에 대한 간섭 내지 영향력이 문제될 수는 있을 것이다. 그러나 사법부의 독자적인 예산안편성권을 인정하는 것도 문제라고 하겠다. 왜냐하면 예산의 특성과 한정된 예산의 국가기관 간의 조정이 불가피하다는 점을 감안할 때 예산안은 정부의 담당기관에서 통합적으로 편성될 필요가 있기 때문이다. 정부와 국회의 사법부에 대한 존중이 절대로 요구되는 부분이라고 하겠다. 이를 위해 법원조직법 제82조 제2항은 "법원의 예산을 편성할 때에는 사법부의 독립성과 자율성을 존중하여야 한다."라고 규정하고 있다.

2. 법관의 독립

(1) 법관의 직무상 독립(물적 독립)

1) 의의

법원의 직무상 독립이란 법관의 재판상의 독립, 즉 재판과정과 결과에 있어서의 독립을 말한다. 헌법 제103조 제1항이 "법관은 헌법과 법률에 의하여 그 양심에 따라 독립하여 심판한다."는 규정이 그 핵심이다. 따라서 법관은 재판을 함에 있어서 오로지 헌법과 법률 및 양심에만 기속된다. 결국 법관의 독립이란 법관의 그 직무상의 독립을 확보한다는 것으로서 이는 사법권독립의 가장 핵심적인 부분이다. 왜냐하면 법원의 독립이나 후술하는 법관의 신분보장 내지 인적 독립도 바로 이러한 법관의 직무상의 독립을 실현하기 위한 수단이기 때문이다.

2) 내용

가. 헌법과 법률 및 양심에 따른 심판

법관은 오로지 헌법과 법률 및 양심에만 기속되어 독립하여 심판해야 한다.

(가) 헌법과 법률에 의한 심판

사법작용은 구체적인 쟁송을 전제로 유권적으로 법을 해석·선언함으로써 분쟁을 해결하는 법인식작용이다. 따라서 사법작용의 본령은 법치주의를 수호하고 실현하는 것이다. 그렇기 때문에 법관이 재판을 함에 있어서 헌법과 법률을 기준으로 판단하고 헌법과 법률에 기속되는 것은 법치주의원리상 당연하다. 여기서의 법률이란 형식적 의미의 법률 뿐 아니라 행정규칙을 제외한 구속력 있는 모든 법규범을 의미한다. 또 국내법과 동일한 효력을 가지는 국제법, 즉 조약과 일반적으로 승인된 국제법규도 당연히 법관을 기속한다. 아울러 성문법 뿐 아니라 관습법 등 일정한 불문법도 이에 포함된다고 하겠다. 그런데 만일 규범 상호간에 모순이 있을 때에는 상위법우선의 원칙, 특별법우선의 원칙, 신법우선의 원칙 등에 따라 재판해야 한다. 따라서 법관이 재판과정에서 적용될 법률이 헌법에 위반된다고 판단할 때에는 그 법률에 대하여 헌법재판소에 위헌법률심판제청을 해서 그 결정에 따라 재판하여야 한다. 한편 특별법우선의 원칙과 신법우선의 원칙이 상호 저촉될 경우에는(예컨대 구법인 특별법과 신법인 일반법이 상호 저촉될 경우) 특별법우선의 원칙을 우선 적용하여 구법인 특별법이 신법인 일반법보다 우선한다고 할 것이다.

(나) 양심에 따른 심판

법관은 양심에 따라 독립하여 심판해야 한다. 일반적으로 양심이란 구체적인 상황에서 어떻게 행동하는 것이 옳은 것인가를 말해주는 인간의 내면적인 윤리적·도덕적 마음가짐이라고 할 수 있다. 즉 양심은 어떤 일의 옳고 그름을 판단함에 있어서 그렇게 행동하지 아니하고는 자신의 인격적인 존재가치가 허물어지고 말 것이라는 강력하고 진지한 마음의 소리이다. 따라서 양심은 구체적인 상황에서 선과 악의 범주에 관한 진지한 윤리적 결정이며 막연하고 추상적인 개념으로서의 양심이 아니다.[1] 그런데 법관이 재판에 있어서 따라야 하는 양심은 단순히 주관적이고 인간적인 개인의 양심이 아니라 법관의 직무수행상 요구되는 법관으로서의 공정성과 합리성을 갖춘 객관적 양심을 의미한다고 할 것이다.

나. 법원 내·외부의 간섭으로부터의 독립

또한 법관의 직무상의 독립은 법관이 재판을 함에 있어서 법원의 내부 및 외부의 모든 간섭으로부터 독립하여 심판할 것을 요구한다.

(가) 다른 국가기관으로부터의 독립

법관은 재판의 과정과 결과에 있어서 다른 국가기관으로부터 완전히 독립해야 한다. 따라서 법관은 국회와 정부는 물론 헌법재판소나 중앙선거관리위원회 등 다른 국가기관으로부터 완전히 독립하여 심판하여야 한다.

---

1) 헌재 1997. 3. 27. 96헌가11, 판례집 9-1, 245, 263-264:
양심이란 인간의 윤리적·도덕적 내심영역의 문제이고, 헌법이 보호하려는 양심은 어떤 일의 옳고 그름을 판단함에 있어서 그렇게 행동하지 아니하고는 자신의 인격적인 존재가치가 허물어지고 말 것이라는 강력하고 진지한 마음의 소리이지, 막연하고 추상적인 개념으로서의 양심이 아니다. 음주측정에 응해야 할 것인지, 거부해야 할 것인지 그 상황에서 고민에 빠질 수는 있겠으나 그러한 고민은 선과 악의 범주에 관한 진지한 윤리적 결정을 위한 고민이라 할 수 없으므로 그 고민 끝에 어쩔 수 없이 음주측정에 응하였다 하여 내면적으로 구축된 인간양심이 왜곡·굴절된다고 할 수도 없다. 따라서 음주측정요구와 그 거부는 양심의 자유의 보호영역에 포괄되지 아니하므로 이 사건 법률조항을 두고 헌법 제19조에서 보장하는 양심의 자유를 침해하는 것이라고 할 수 없다.

(나) 소송당사자로부터의 독립

법관은 재판에 있어서 소송당사자로부터도 독립하여야 한다. 민사소송에 있어서의 소송당사자, 형사소송에 있어서의 기소권을 행사하는 검사, 행정재판에 있어서의 피고인 행정청도 법관의 재판에 어떠한 부당한 간섭을 해서는 안된다.[1] 법관이 소송당사자와 특수한 관계에 있어 재판의 독립을 해칠 위험이 있을 경우에 법관의 소송당사자로부터의 독립을 지키기 위하여 마련된 제도가 바로 법관의 제척 · 기피 · 회피제도이다.

(다) 법원 내부의 간섭으로부터의 독립

법관은 법원 내부의 그 누구의 간섭도 받지 아니하고 독립하여 심판하여야 한다. 예컨대 대법원장이나 각급법원장 및 상급법원은 소속법관이나 하급법원 법관의 재판에 대하여는 어떠한 지시나 간섭을 할 수 없다. 또한 합의부재판의 경우에도 법관은 재판장의 사실 및 법률판단으로부터 독립하여 심판한다.

다만 법원조직법 제8조에 따라 상급법원 재판에서의 판단은 해당 사건에 관하여 하급심을 기속하는데, 이는 심급제도의 당연한 효과이자 법해석의 통일성을 위하여 불가피하게 인정되는 것이지 하급심재판에 대한 간섭은 아니다.

(라) 각종 사회적 압력단체 등으로부터의 독립

법관은 재판에 있어서 정당, 사회단체, 언론, 여론을 비롯한 각종의 사회단체 내지 이익단체로부터도 독립하여 심판하여야 한다.

---

1) 헌재 1995. 11. 30. 92헌마44, 판례집 7-2, 646, 665-666:
헌법 제101조, 제103조, 제106조는 사법권독립을 보장하고 있는바, 형사재판에 있어서 사법권독립은 심판기관인 법원과 소추기관인 검찰청의 분리를 요구함과 동시에 법관이 실제 재판에 있어서 소송당사자인 검사와 피고인으로부터 부당한 간섭을 받지 않은 채 독립하여야 할 것을 요구한다. 소송기록송부는 항소심재판을 위한 준비단계이어서 항소심재판과 밀접한 관계가 있는 것임에도 소송계속 도중에 법원의 재판기록을 소추기관인 검사에게 송부한다는 것은 아무래도 사법권독립에서 파생되는 법원과 검찰청 분리의 원칙에는 맞지 않으며, 또한 검사가 기록을 오랫동안 보관하는 경우에는 구속 피고인의 경우 구속기간제한으로 말미암아 사실상 심리기간이 단축됨으로써 항소법원의 심리에 지장을 주어 법관의 재판상의 독립에도 영향을 미친다.

(2) 법관의 신분상 독립(인적 독립)

1) 의의

사법권의 독립은 법관의 신분상 독립을 전제로 한다. 왜냐하면 사법권독립의 핵심인 법관의 직무상 독립은 법관의 신분상의 독립 없이는 그 실효성을 거둘 수 없기 때문이다. 따라서 재판의 공정성과 독립성을 확보하기 위해서는 법관의 신분보장 등 신분상 독립 내지 인적 독립이 이루어져야 한다. 헌법은 법관의 신분상 독립을 위해 법관인사의 독립, 법관자격의 법정주의, 법관의 임기제, 법관정년의 법정주의, 법관의 신분보장 등에 관한 다양한 규정을 두고 있다.

2) 내용

가. 법관인사의 독립

법관의 신분상 독립을 위해서는 법관인사의 독립이 전제되어야 한다. 따라서 법관인사가 객관적이고 합리적이며 공정한 기준에 따라 독립적으로 이루어져야 한다. 이를 위해 대법원장과 대법관이 아닌 법관은 외부의 간섭 없이 인사위원회의 심의를 거치고 대법관회의의 동의를 받아 대법원장이 임명하도록 했다(헌법 제104조 제3항, 법원조직법 제41조 제3항). 아울러 대법원장은 판사에 대한 근무성적과 자질을 평정하기 위하여 공정한 평정기준을 마련하여야 하고, 그 평정기준에 따라 판사에 대한 평정을 실시하며, 그 결과를 연임, 보직 및 전보 등의 인사관리에 반영하도록 하고 있다(법원조직법 제44조의2). 따라서 대법원장에 의한 법관인사의 공정성, 합리성, 투명성, 객관성이 법관의 신분상의 독립 내지 신분보장을 위하여 무엇보다도 중요하다고 하겠다.[1)]

---

1) 헌재 1993. 12. 23. 92헌마247, 판례집 5-2, 682, 683-689:
국가공무원법 제2조 및 제3조에 의하면 법관은 경력직공무원 중 특정직공무원으로서, 다른 법률에 특별한 규정이 없는 한, 국가공무원법의 적용을 받도록 규정하고 있고, 같은 법 제9조에는 법원소속공무원의 소청에 관한 사항을 심사결정하게 하기 위하여 법원행정처에 소청심사위원회를 두도록 하고 있으며, 같은 법 제9조부터 제15조에는 소청심사위원회의 조직, 심사절차 및 결정의 효력에 관하여 자세한 규정을 두고 있으며, 한편 같은 법 제76조 제1항에는 국가공무원이 그 의사에 반하여 불리한 처분을 받았을 때에는 소청심사위원회에 이에 대한 심사를 청구하여 그 시정을 구할 수 있도록 규정하고 있으므로, 법관인 청구인은 위 각 법률조항이 정한 절차에 따라 인사처분에 대하여 그 구제를 청구할 수 있고, 그 절차에서 구제를 받지 못한 때에는 국가공무원법 제16조, 법원조직법 제70조, 행정소송법

나. 법관자격의 법정주의

법관의 자격은 법률로 정하도록 했다(헌법 제101조 제3항). 이러한 법관자격의 법정주의는 법관인사 및 신분상의 독립을 뒷받침하기 위하여 필수적으로 요구되는 것이다. 법원조직법 제42조는 법관자격에 대하여 규정하고 있는데, 이에 따르면 대법원장과 대법관은 20년 이상, 첫째, 판사 · 검사 · 변호사, 둘째, 변호사

제1조의 규정에 미루어 다시 행정소송을 제기하여 그 구제를 청구할 수 있음에도 불구하고, 청구인이 위와 같은 구제절차(를 거치지 아니한 채 제기한 헌법소원심판청구는 부적법한 심판청구가 아니할 수 없다.

다른 법률에 정하여진 권리구제절차가 있기는 하나 그 절차에서 권리구제의 실효성을 기대할 수 없어 헌법재판소법 제68조 제1항 소정 헌법소원 사건에서 요구되는 이른바 '보충성의 원칙'의 적용을 배제할 예외적인 사유가 있다고 하기 위해서는, 그 구제절차가 당해 사건에 관하여 객관적으로 실효성이 없을 것임이 확실히 예견되는 경우라야 할 것인바, 공무원은 임용권자가 누구인지를 가리지 아니하고 국민에 대한 봉사자이며, 국민에 대하여 책임을 지는 지위에 있고, 특히 법관은 헌법 제103조가 법관의 독립을 보장하고 있을 뿐만 아니라 헌법과 법률에 의하여 그 신분을 두텁게 보장함으로써 이를 뒷받침하고 있는 터이므로 소청심사위원이나 행정소송의 재판을 담당할 법관에 대한 인사권자와 청구인에 대한 인사처분권자가 동일인이라는 이유만으로 소청이나 행정소송절차에 의하여서는 권리구제의 실효성을 기대하기 어렵다고 할 수 없다.

[재판관 변정수의 반대의견]

현행법상 법관의 소청을 심사결정할 수 있는 소청심사위원회는 없으므로 청구인에 대하여 소청심사위원회의 소청을 거쳐 오도록 요구할 수는 없고, 다만 청구인이 피청구인의 인사처분취소를 구하는 행정소송을 제기할 수는 있다.

헌법재판소법 제68조 제1항 단서 소정의 '구제절차'란 그 절차에 의하여 권리구제가 가능할 수 있는 실질적 구제절차를 말하는 것이지 구제가능성을 기대할 수 없는 명목상의 형식적 구제절차를 말하는 것이 아니고, 그 절차에서 구제가 가능하느냐의 여부는 법률상의 문제이기보다는 사실상의 문제로서 결국 이는 상식적이며 보편적인 기준에 따라 역사적 배경과 시대상황 및 국민정서 등을 고려하여 판단하여야 하며, 상식적으로 권리구제에 대하여 기대가능성이 매우 희박한 절차를 거치도록 강요하는 것은 옳지 못하며 효율적인 권리구제를 내용으로 하는 법치주의의 이념에도 반한다 할 것인바, 청구인의 경우에 과거와 현재의 법원의 관행과 분위기와 시대상황 및 국민정서 등을 고려해 볼 때 행정소송으로는 사실상 권리구제의 가능성이 없기 때문에 보충성의 원칙에 대한 예외를 인정하여야 한다.

(본안에 관한 의견)

헌법 제106조에 규정된 법관의 신분보장상의 '불리한 처분'에는 법관의 의사에 반하는 전보처분도 당연히 포함되므로, 청구인에 대한 경우 객관적 · 합리적 이유에서가 아니라 피청구인에게 잘못 보여 청구인의 의사에 반하여 광주지방법원 목포지원에서 광주지방법원(본원)으로 전보발령되었다면 이는 불리한 인사처분으로서 피청구인의 법관인사권 남용이고 헌법 제106조에 의하여 보장된 법관의 신분보장권 침해이며, 청구인은 정당한 이유 없이 다른 법관에 비하여 불리한 처분을 당한 것이어서 평등권을 침해받은 것이다.

자격이 있는 사람으로서 국가기관, 지방자치단체, 「공공기관의 운영에 관한 법률」 제4조에 따른 공공기관, 그 밖의 법인에서 법률에 관한 사무에 종사한 사람, 셋째, 변호사 자격이 있는 사람으로서 공인된 대학의 법률학 조교수 이상으로 재직한 사람의 어느 하나에 해당되는 45세 이상의 사람 중에서 임용하고, 그 이외의 판사는 10년 이상 위에서 규정된 직의 어느 하나에 있던 사람 중에서 임용한다. 위에서 규정된 둘 이상의 직에 재직한 사람에 대해서는 그 연수를 합산한다. 판사의 임용에는 성별, 연령, 법조경력의 종류 및 기간, 전문분야 등 국민의 다양한 기대와 요청에 부응하기 위한 사항을 적극 반영하여야 한다.

다. 법관의 임기제

법관의 임기보장은 법관의 신분보장과 신분상 독립을 위하여 필수적으로 요구된다. 이에 따라 헌법 제105조는 법관의 임기를 직접 정함으로써 다른 국가기관이 법관의 신분보장에 영향을 미칠 수 없도록 하고 있다. 이에 따르면 대법원장의 임기는 6년으로 중임할 수 없고, 대법관의 임기는 6년으로, 법률이 정하는 바에 의하여 연임할 수 있다. 대법원장의 중임제한은 사법권의 임명권자인 대통령이나 동의권자인 국회로부터의 독립을 위한 것으로 보인다. 그러나 그러한 논리라면 대법관의 연임도 금지시켜야 할 것이다. 따라서 입법론적으로는 대법원장 뿐 아니라 대법관의 연임도 금지시키면서, 그 대신 임기를 8년에서 9년으로 연장하는 것이 대법원의 위상과 독립성의 강화, 그리고 대법원 직무의 연속성과 전문성의 강화를 위하여 바람직하다고 생각된다.

한편 대법원장과 대법관이 아닌 법관의 임기는 10년으로, 법률이 정하는 바에 의하여 연임할 수 있도록 했다. 이는 법관의 신분보장과 더불어 직무수행의 연속성을 위한 것이라 할 수 있다. 이에 따라 임기가 끝난 판사는 인사위원회의 심의를 거치고 대법관회의의 동의를 받아 대법원장의 연임발령으로 연임한다(법원조직법 제45조의2 제1항).

라. 법관정년의 법정주의

헌법 제105조 제4항은 법관의 정년을 법률로 정하도록 위임하고 있고, 이에 따라 법원조직법 제45조 제4항은 대법원장과 대법관의 정년은 70세, 일반 판사의 정년은 65세로 정하고 있다. 이러한 법관의 정년제는 법관의 신분보장에 기여하는 한편, 사법부의 보수화를 막는 기능도 가진다고 하겠다.[1]

마. 법관의 신분보장

법관의 직무상의 독립을 뒷받침하기 위해서는 법관의 신분보장이 전제되어야 한다. 이를 위해 헌법은 법관이 탄핵 또는 금고 이상의 형의 선고에 의하지 아니하고는 파면되지 아니하고, 징계처분에 의하지 아니하고는 정직·감봉 기타 불리한 처분을 받지 아니하도록 규정하고 있다(제106조 제1항).[1)]

(가) 파면의 제한

법관은 탄핵 또는 금고이상의 형의 선고에 의하지 아니하고는 파면되지 아니한다(헌법 제106조 제1항).

(나) 징계처분종류의 제한

헌법 제106조 제1항은 법관이 징계처분에 의하지 아니하고는 정직·감봉 기타 불리한 처분을 받지 아니하도록 규정하고 있고, 법원조직법 제48조는 대법원에 징계위원회를 두고, 법관 징계에 관한 사항을 따로 법률로 정하도록 규정하고 있다. 이에 따라 법관징계법 제3조는 법관에 대한 징계처분을 정직·감봉·

---

1) 헌재 2002. 10. 31. 2001헌마557, 판례집 14-2, 541. 542:
법관은 헌법과 법률에 의하여 그 양심에 따라 독립하여 심판하는 기관으로서, 법관 하나하나가 법을 선언·판단하는 독립된 기관이며, 그에 따라 사법권의 독립을 위하여 헌법에 의하여 그 신분을 고도로 보장받고 있다. 따라서 법관의 정년을 설정함에 있어서, 입법자는 위와 같은 헌법상 설정된 법관의 성격과 그 업무의 특수성에 합치되도록 하여야 할 것이다. 또한 법관의 정년을 설정한 것은 법관의 노령으로 인한 정신적·육체적 능력 쇠퇴로부터 사법이라는 업무를 제대로 수행함으로써 사법제도를 유지하게 하고, 한편으로는 사법인력의 신진대사를 촉진하여 사법조직에 활력을 불어넣고 업무의 효율성을 제고하고자 하는 것으로 그 입법목적이 정당하다.

1) 헌재 1992. 11. 12. 91헌가2, 판례집 4, 713, 728:
법관에 대하여 헌법이 직접적으로 그 신분보장규정을 두고 있는 이유는 사법권의 독립을 실질적으로 보장함으로써 헌법 제27조에 의하여 보장되고 있는 국민의 재판청구권이 올바로 행사될 수 있도록 하기 위한 것임은 의문의 여지가 없다. 헌법 제27조 제1항이 규정하고 있는 국민의 재판청구권의 보장내용은, 헌법과 법률이 정한 자격과 절차에 의하여 임명되고(헌법 제104조, 법원조직법 제41조 내지 제43조), 물적 독립(헌법 제103조)과 인적 독립(헌법 제106조, 법원조직법 제46조)이 보장된 법관에 의한 재판을 받을 권리를 의미하며, 사법권의 독립은 재판상의 독립 즉 법관이 재판을 함에 있어서 오직 헌법과 법률에 의하여 그 양심에 따라 할 뿐 어떠한 외부적인 압력이나 간섭도 받지 않는다는 것 뿐만 아니라 그 수단으로서 법관의 신분보장도 차질 없이 이루어져야 함을 의미하는 것이다. 특히 신분보장은 법관의 재판상의 독립을 보장하는데 있어서 필수적인 전제로서 정당한 법절차에 따르지 않은 법관의 파면이나 면직처분 내지 불이익처분의 금지를 의미하는 것이다.

견책의 세 종류로 규정하고 제한함으로써 법관의 신분보장을 뒷받침하고 있다.

(다) 강제퇴직의 제한

헌법 제106조 제2항은 "법관이 중대한 심신상의 장해로 직무를 수행할 수 없을 때에는 법률이 정하는 바에 의하여 퇴직하게 할 수 있다."고 규정함으로써 중대한 심신상의 장해로 직무를 수행할 수 없을 때에만 법관을 강제퇴직시킬 수 있도록 했다. 이로써 본인의 의사에 반하는 퇴직이나 기타 부당한 퇴직을 금지하고 있고, 이로써 법관의 신분보장을 뒷받침하고 있다. 이에 따라 법원조직법 제47조는 법관이 중대한 신체상 또는 정신상의 장해로 직무를 수행할 수 없을 때에는, 대법관인 경우에는 대법원장의 제청으로 대통령이 퇴직을 명할 수 있고, 판사인 경우에는 인사위원회의 심의를 거쳐 대법원장이 퇴직을 명할 수 있도록 규정하고 있다.

(라) 파견근무의 제한

법원조직법 제50조는 대법원장이 다른 국가기관으로부터 법관의 파견근무 요청을 받은 경우에 업무의 성질상 법관을 파견하는 것이 타당하다고 인정되고 해당 법관이 파견근무에 동의하는 경우에는 그 기간을 정하여 이를 허가할 수 있도록 규정하고 있다. 이처럼 대법원장의 법관에 대한 파견근무허가를 업무의 성질을 고려해서, 그리고 반드시 해당 법관의 동의가 있을 때에만 허용되도록 제한함으로써 법관의 신분보장을 강화하고 있다.

바. 법관의 겸직금지 등

법관의 직무상의 독립을 확보하고 신분보장의 실효성을 높이기 위해서는 법관에게 정치적 중립성을 요구하거나 영리추구를 금지하는 등 법관의 직무 및 신분과 양립할 수 없는 직과 행위를 금지하여야 할 것이다. 이에 따라 법원조직법 제49조는 법관에게 국회 또는 지방의회의 의원이 되는 일, 행정부서의 공무원이 되는 일, 정치운동에 관여하는 일, 대법원장의 허가 없이 보수를 받는 직무에 종사하는 일, 금전상의 이익을 목적으로 하는 업무에 종사하는 일, 대법원장의 허가를 받지 아니하고 보수의 유무에 상관없이 국가기관 외의 법인·단체 등의 고문, 임원, 직원 등의 직위에 취임하는 일 등을 금지하고 있다.

제 4 항 법원의 조직과 권한

법원은 최고법원인 대법원과 각급법원으로 조직된다(헌법 제101조 제2항). 대법원에 부를 둘 수 있도록 했다(헌법 제102조 제1항). 대법원에 대법관을 두고, 법률이 정하는 바에 의하여 대법관이 아닌 법관을 둘 수 있다(제102조 제2항). 대법원과 각급법원의 조직은 법률로 정하도록 했다(제102조 제3항). 이에 따라 법원조직법은 법원의 종류를 대법원, 고등법원, 특허법원, 지방법원, 가정법원, 행정법원, 회생법원의 7가지로 정했다(동법 제3조 제1항). 그리고 지방법원 및 가정법원의 사무의 일부를 처리하게 하기 위하여 그 관할구역에 지원과 가정지원, 시법원 또는 군법원(시 · 군법원) 및 등기소를 둘 수 있도록 했다. 다만 지방법원 및 가정법원의 지원은 2개를 합하여 1개의 지원으로 할 수 있도록 했다(동법 제3조 제2항).

한편 군사재판을 관할하기 위하여 특별법원으로서 군사법원을 둘 수 있고, 군사법원의 상고심은 대법원에서 관할하도록 했다(헌법 제110조 제1항, 제2항). 군사법원의 조직 · 권한 및 재판관의 자격은 법률로 정하도록 했다(헌법 제110조 제3항). 이에 따라 제정된 군사법원법은 군사법원을 국방부장관 소속으로 하고, 중앙지역군사법원 · 제1지역군사법원 · 제2지역군사법원 · 제3지역군사법원 및 제4지역군사법원으로 구분하여 설치하도록 했다(동법 제6조 제1항).

Ⅰ. 대법원의 지위와 조직 및 관할

1. 대법원의 헌법상 지위

(1) 최고법원으로서의 지위

헌법 제101조 제2항은 "법원은 최고법원인 대법원과 각급법원으로 조직된다."라고 규정함으로써 대법원이 최고법원으로서의 지위를 가짐을 분명히 하고 있다. 그러나 이는 사실심과 법률심을 주로 담당하는 협의의 사법부의 최고기관이라는 것이지 헌법심을 주로 담당하는 헌법재판소를 포함한 광의의 사법부의 최고기관이라는 의미는 아니다. 따라서 정치적 사법작용을 담당하는 헌법재판소의 관할에 속하는 사항에 대하여는 대법원의 관할이 미치지 못한다. 따라서 우리 헌법상 광의의 사법부는 대법원을 최고법원으로 하는 법원과 헌법재판소로 병렬적으로 이원화되어 있다고 하겠다. 이에 따라 원칙적으로 법원은 헌법재판소의 헌법판단에 기속되고, 헌법재판소는 법원의 사실판단 및 법률판단에 기속된다고 하겠다.

한편 특별법원인 군사법원의 상고심도 대법원에서 관할하기 때문에(헌법 제110조 제2항) 대법원은 군사법원과의 관계에서도 최고법원의 지위를 가진다.

(2) 기본권보장기관으로서의 지위

사법작용은 기본권보장을 중요한 기능으로 하고 있다. 특히 위헌·위법한 국가공권력작용에 의한 국민의 기본권침해를 구제해주는 기능을 가진다. 그런데 대법원은 사법작용을 행하는 법원내의 최고기관이므로 대법원은 당연히 기본권보장기관으로서의 지위를 가진다고 하겠다.

(3) 법치주의수호기관으로서의 지위

대법원은 위법한 국가작용을 통제하고, 법적 분쟁을 유권적으로 해결함으로써 법적 평화와 법질서의 유지에 기여함으로써 결국 법치주의를 수호하는 기능을 행한다.

(4) 최고사법행정기관으로서의 지위

대법원은 법원내에서 최고사법행정기관으로서의 지위를 가진다. 이에 따라 대법원장은 사법행정사무를 총괄하며, 사법행정사무에 관하여 관계 공무원을 지휘·감독한다(법원조직법 제9조 제1항). 사법행정사무를 관장하기 위하여 대법원에 법원행정처를 두고(동법 제19조 제1항), 법원행정처장은 대법원장의 지휘를 받아 법원행정처의 사무를 관장하고, 소속 직원을 지휘·감독하며, 법원의 사법행정사무 및 그 직원을 감독한다(동법 제67조 제2항). 또한 대법원은 법률에 저촉되지 아니하는 범위안에서 소송에 관한 절차, 법원의 내부규율과 사무처리에 관한 규칙을 제정할 수 있다(헌법 제108조). 이 규칙은 법규성이 없는, 즉 대외적 구속력이 없는 행정규칙의 성질을 가진다고 하겠다.

2. 대법원의 구성과 조직

(1) 대법원의 구성

대법원은 대법원장과 대법관으로 구성되는데, 대법원장은 국회의 동의를 얻어 대통령이 임명하고, 대법관은 대법원장의 제청으로 국회의 동의를 얻어 대통령이 임명한다(헌법 제104조 제1항, 제2항). 대법원장의 임기는 6년으로 하며, 중임할 수 없다(헌법 제105조 제1항). 대법관의 임기는 6년으로 하며, 법률이 정하는 바에 의하여 연임할 수 있다(제105조 제2항).

그런데 이러한 대법관의 임명방식과 임기 및 연임제로 인해 대법원의 민주적 정당성과 독립성 및 정부 등 타 기관에 대한 견제력이 약화될 수 있다. 대법원장과 대법관의 임명을 위한 국회동의를 출석의원 과반수가 아닌 재적의원 과반수 내지 2/3 이상의 찬성으로 하도록 하고, 대법원장과 대법관의 임기를 8년 내지 9년으로 연장하되 연임 내지 중임을 금지함으로써, 대법원의 민주적 정당성, 중립성, 독립성, 연속성 및 타 기관에 대한 견제력을 강화할 필요가 있다.

한편 대법관의 수는 대법원장을 포함하여 14인이다(법원조직법 제4조 제2항). 그런데 대법관의 수를 헌법에 명시하지 아니하고 법원조직법에서 정하고 있는데, 이를 헌법재판소의 재판관의 경우처럼 헌법에서 직접 정하는 것이 사법권의 독립을 위해서 필요하다. 왜냐하면 국회가 법률의 개정을 통해 대법관의 수를 조정함으로써 사법권의 독립을 침해할 수 있기 때문이다.

대법원에 법률이 정하는 바에 의하여 대법관이 아닌 법관을 둘 수 있도록 했는데(헌법 제102조 제2항), 법원조직법 제24조는 재판연구관제도를 두어 대법원에 소속시키고 있다. 재판연구관은 대법원장의 명을 받아 대법원에서 사건의 심리 및 재판에 관한 조사·연구업무를 담당한다.

(2) 대법원의 조직

대법원의 조직으로는 대법관회의, 대법관전원합의체, 부 및 각종 부설기관이 있다.

1) 대법관회의

대법관회의는 법관의 인사를 비롯한 법원의 중요한 사법행정에 관한 사항을 결정하는 기관이다(법원조직법 제17조). 대법관회의는 대법관으로 구성되며, 대법원장이 그 의장이 된다. 대법관회의는 대법관 전원의 3분의 2 이상의 출석과 출석인원 과반수의 찬성으로 의결한다. 의장은 의결에 있어서 표결권을 가지며, 가부동수인 때에는 결정권을 가진다(동법 제16조).

2) 대법관전원합의체

대법관전원합의체는 사법행정을 담당하는 대법관회의와는 달리 순수한 재판작용을 담당하는 기관이다. 대법관전원합의체는 대법관 전원의 3분의 2 이상으로 구성되며, 대법원장이 재판장이 된다. 명령 또는 규칙이 헌법 또는 법률에 위반된다고 인정하는 경우, 종전에 대법원에서 판시한 헌법 · 법률 · 명령 또는 규칙의 해석 적용에 관한 의견을 변경할 필요가 있다고 인정하는 경우, 부에서 재판하는 것이 적당하지 아니하다고 인정하는 경우에는 대법관전원합의체에서 심판하여야 한다(동법 제7조 제1항). 심판은 과반수로 결정한다(동법 제66조).

3) 부

대법원에 부를 둘 수 있다(헌법 제102조 제1항). 이에 따라 대법관 3명 이상으로 구성된 부를 두고, 부에서 먼저 사건을 심리하여 의견이 일치한 경우에는 위에서 적시한 대법관전원합의체의 필수적인 심판사항의 경우를 제외하고 그 부에서 재판할 수 있다(법원조직법 제7조 제1항). 대법원장은 필요하다고 인정하는 경우에 특정한 부로 하여금 행정 · 조세 · 노동 · 군사 · 특허 등의 사건을 전담하여 심판하게 할 수 있다(동법 제7조 제2항). 따라서 부는 민사부· 형사부로 구성된 일반부와 행정 · 조세 · 노동 · 군사 · 특허 등의 사건을 담당하는 특정부로 나뉜다.

4) 대법원의 부설기관

대법원에는 대법원의 재판업무와 사법행정 등을 지원하는 다양한 부설기관이 있다. 사법행정사무를 관장하기 위한 법원행정처(동법 제19조), 판사의 연수와 사법연수생의 수습에 관한 사무를 관장하기 위한 사법연수원(동법 제20조), 사법제도 및 재판제도의 개선에 관한 연구를 하기 위한 사법정책연구원(제20조의2),

법원직원·집행관 등의 연수 및 양성에 관한 사무를 관장하기 위한 법원공무원교육원(동법 제21조), 재판사무의 지원 및 법률문화의 창달을 위한 판례·법령·문헌·사료 등 정보를 조사·수집·편찬하고 이를 관리·제공하기 위한 법원도서관(동법 제22조), 대법원장비서실(동법 제23조), 대법원장의 임의적인 자문기관인 사법정책자문위원회(동법 제25조), 법관의 인사에 관한 중요 사항을 심의하기 위한 법관인사위원회(동법 제25조의 2), 대법원장이 제청할 대법관 후보자의 추천을 위한 대법관후보추천위원회(동법 제41조의2), 양형기준을 설정·변경하고, 이와 관련된 양형정책을 연구·심의하는 양형위원회(동법 제81조의2) 등이 그것이다.

3. 대법원장의 권한

대법원장은 사법권의 수장으로서 법원을 대표한다. 대법원장은 대법관의 임명제청권을 가지고(헌법 제104조 제2항), 대법원장과 대법관이 아닌 법관의 임명권을 가진다(헌법 제104조 제3항). 또한 대법원장은 대법관전원합의체의 재판장이 되고(법원조직법 제7조 제1항), 대법관회의의 의장이 된다(동법 제16조 제1항). 아울러 대법원장은 헌법재판관 3인(헌법 제111조 제3항)과 중앙선거관리위원회위원 3인(헌법 제114조 제2항)의 지명권을 가지고, 법관의 보직권을 가진다(법원조직법 제44조). 한편 대법원장은 대법원의 일반사무를 관장하며, 대법원의 직원과 각급법원 및 그 소속 기관의 사법행정사무에 관하여 직원을 지휘·감독한다. 대법원장이 궐위되거나 부득이한 사유로 직무를 수행할 수 없을 때에는 선임대법관이 그 권한을 대행한다(동법 제13조).

4. 대법원의 관할

(1) 헌법상의 관할

대법원은 명령·규칙 또는 처분이 헌법이나 법률에 위반되는 여부가 재판의 전제가 된 경우에 이를 최종적으로 심사할 권한을 가지고(제107조 제2항), 군사법원의 상고심을 관할한다(제110조 제2항).

(2) 법률상의 관할

법원조직법 제14조에 따라 대법원은 ① 고등법원 또는 항소법원·특허법원의 판결에 대한 상고사건, ② 항고법원·고등법원 또는 항소법원·특허법원의 결정·명령에 대한 재항고사건, ③ 다른 법률에 의하여 대법원의 권한에 속하는 사건에 대한 종심관할권을 가진다. 여기서 다른 법률에 의하여 대법원의 권한에 속하는 사건으로는 공직선거법(제222조 제1항 및 제2항, 제223조 제1항 및 제2항)에 의한 대통령, 국회의원, 비례대표시·도의원 및 시·도지사선거에서의 선거소송과 당선소송사건, 지방자치법(제188조 제6항, 제189조 제6항, 제192조 제4항, 제5항, 제8항)에 의한 기관소송사건, 국민투표법(제92조)에 의한 국민투표무효의 소송사건, 주민투표법(제25조 제2항)에 의한 특별시·광역시 및 도에 있어서의 주민투표소송사건, 「주민소환에 관한 법률」(제24조 제2항)에 따라 시·도지사를 대상으로 한 주민소환투표소송사건 등이 있다.

Ⅱ. 각급법원의 조직과 관할

1. 고등법원의 조직과 관할

(1) 고등법원의 조직

고등법원에 고등법원장을 둔다. 고등법원장은 판사로 보한다. 고등법원장은 그 법원의 사법행정사무를 관장하며, 소속 공무원을 지휘·감독한다. 고등법원장이 궐위되거나 부득이한 사유로 직무를 수행할 수 없을 때에는 수석판사, 선임판사의 순서로 그 권한을 대행한다(법원조직법 제26조). 고등법원에 부를 둔다. 부의 구성원 중 1인은 그 부의 재판에서 재판장이 되며, 고등법원장의 지휘에 따라 그 부의 사무를 감독한다. 재판업무 수행상 필요한 경우 대법원규칙으로 정하는 바에 따라 고등법원의 부로 하여금 그 관할구역의 지방법원 소재지에서 사무를 처리하게 할 수 있다. 이 경우 대법원장은 지방법원 소재지에서 사무를 처리하는 고등법원의 부가 2개 이상인 경우 그 부와 관련된 사법행정사무를 관장하는 법관을 지정할 수 있다(동법 제27조). 고등법원장은 15년 이상의 법조경력을 가져야 한다(동법 제44조 제2항). 고등법원의 심판권은 판사 3명으로 구성된 합의부에서 행사한다(동법 제7조 제3항).

(2) 고등법원의 관할

고등법원은 ① 지방법원 합의부, 가정법원 합의부, 회생법원 합의부 또는 행정법원의 제1심 판결 · 심판 · 결정 · 명령에 대한 항소 또는 항고사건, ② 지방법원단독판사, 가정법원단독판사의 제1심 판결 · 심판 · 결정 · 명령에 대한 항소 또는 항고사건으로서 형사사건을 제외한 사건 중 대법원규칙으로 정하는 사건, ③ 다른 법률에 따라 고등법원의 권한에 속하는 사건을 심판한다(동법 제28조). 여기서 다른 법률에 따라 고등법원의 권한에 속하는 사건으로는 공직선거법(제222조 제2항, 제223조 제2항)에 의한 지역구시 · 도의원선거, 자치구 · 시 · 군의원선거 및 자치구 · 시 · 군의 장 선거에 있어서의 선거소송과 당선소송사건, 주민투표법(제25조 제2항)에 의한 시 · 군 및 자치구에 있어서의 주민투표소송사건, 「주민소환에 관한 법률」(제24조 제2항)에 의한 지역구시 · 도의원, 지역구자치구 · 시 · 군의원 또는 시장 · 군수 · 자치구의 구청장을 대상으로 한 주민소환투표소송사건 등이 있다.

2. 특허법원의 조직과 관할

(1) 특허법원의 조직

특허법원에 특허법원장을 둔다. 특허법원장은 판사로 보한다. 특허법원장은 그 법원의 사법행정사무를 관장하며, 소속 공무원을 지휘 · 감독한다. 특허법원장이 궐위되거나 부득이한 사유로 직무를 수행할 수 없을 때에는 수석판사, 선임판사의 순서로 그 권한을 대행한다(법원조직법 제28조의2). 특허법원에 부를 둔다. 부의 구성원 중 1인은 그 부의 재판에서 재판장이 되며, 특허법원장의 지휘에 따라 그 부의 사무를 감독한다(동법 제28조의3). 특허법원장은 15년 이상의 법조경력을 가져야 한다(동법 제44조 제2항). 특허법원의 심판권은 판사 3명으로 구성된 합의부에서 행사한다(동법 제7조 제3항).

특허법원에 기술심리관을 둔다. 법원은 필요하다고 인정하는 경우 결정으로 기술심리관을 소송의 심리에 참여하게 할 수 있다. 이에 따라 소송의 심리에 참여하는 기술심리관은 재판장의 허가를 받아 기술적인 사항에 관하여 소송관계인에게 질문을 할 수 있고, 재판의 합의에서 의견을 진술할 수 있다(동법 제54조의2). 특허법원이 심판권을 가지는 사건을 담당하는 법원은 당사자의 동의를 받아 당사자가 법정에서 외국어로 변론하는 것을 허가할 수 있다. 이 경우 특허법원장은 사건을 특정한 재판부(국제재판부)로 하여금 전담하게 할 수 있다(동법 제62조의2).

(2) 특허법원의 관할

특허법원은 ① 특허법 제186조 제1항, 실용신안법 제33조, 디자인보호법 제166조 제1항 및 상표법 제162조에서 정하는 제1심사건, ② 민사소송법 제24조 제2항 및 제3항에 따른 사건의 항소사건, ③ 다른 법률에 따라 특허법원의 권한에 속하는 사건을 심판한다(동법 제28조의4).

3. 지방법원의 조직과 관할

(1) 지방법원본원의 조직과 관할

1) 지방법원본원의 조직

지방법원에 지방법원장을 둔다. 지방법원장은 판사로 보한다. 지방법원장은 그 법원과 소속 지원, 시·군법원 및 등기소의 사법행정사무를 관장하며, 소속 공무원을 지휘·감독한다. 지방법원장이 궐위되거나 부득이한 사유로 직무를 수행할 수 없을 때에는 수석부장판사, 선임부장판사의 순서로 그 권한을 대행한다(동법 제29조). 지방법원장은 15년 이상의 법조경력을 가져야 한다(동법 제44조 제2항). 지방법원에 부를 둔다. 부에 부장판사를 둘 수 있다. 부의 구성원 중 1인은 그 부의 재판에서 재판장이 되며, 지방법원장의 지휘에 따라 그 부의 사무를 감독한다(동법 제30조).

2) 지방법원본원의 관할

지방법원의 심판권은 단독판사가 행사한다(동법 제7조 제4항). 그러나 지방법원에서 합의심판을 하여야 하는 경우에는 판사 3명으로 구성된 합의부에서 심판권을 행사한다(동법 제7조 제5항). 지방법원본원합의부는 ① 합의부에서 심판할 것으로 합의부가 결정한 사건, ② 민사사건에 관하여는 대법원규칙으로 정하는 사건, ③ 법원조직법 제32조 제1항 제3호 단서에서 정한 사건을 제외하고 사형, 무기 또는 단기 1년 이상의 징역 또는 금고에 해당하는 사건, ④ 위 ③의 사건과 동시에 심판할 공범사건, ⑤ 지방법원판사에 대한 제척 · 기피사건, ⑥ 다른 법률에 따라 지방법원 합의부의 권한에 속하는 사건을 제1심으로 심판한다(동법 제32조 제1항). 여기서 다른 법률에 따라 지방법원합의부의 권한에 속하는 사건으로는 「국민의 형사재판 참여에 관한 법률」에 따라 지방법원지원의 합의부가 심판권을 가지는 사건 중 지방법원지원합의부가 국민참여재판절차 회부결정을 한 사건에 대하여 지방법원본원합의부가 관할권을 가지는 경우를 들 수 있다(제10조 제2항).

지방법원본원합의부는 지방법원단독판사의 판결 · 결정 · 명령에 대한 항소 또는 항고사건 중 법원조직법 제28조 제2호에 해당하지 아니하는 사건을 제2심으로 심판한다(법원조직법 제32조 제2항).

지방법원단독판사는 ① 대법원규칙으로 정하는 민사사건, ② 합의부의 심판관할에 속하지 않는 형사사건에 관한 심판권을 가진다(동법 제32조 제1항 제3호 단서).

(2) 지방법원지원 및 시 · 군법원 등의 조직과 관할

1) 지방법원지원과 시 · 군법원 등의 조직

지방법원의 사무의 일부를 처리하게 하기 위하여 그 관할구역에 지원과 가정지원, 시법원 또는 군법원(시 · 군법원) 및 등기소를 둘 수 있다. 다만 지방법원 및 가정법원의 지원은 2개를 합하여 1개의 지원으로 할 수 있다(동법 제3조 제2항). 지방법원의 지원과 가정지원에 지원장을 둔다. 지원장은 판사로 보한다. 지원장은 소속 지방법원장의 지휘를 받아 그 지원과 관할구역에 있는 시 · 군법원의 사법행정사무를 관장하며, 소속 공무원을 지휘 · 감독한다. 사무국을 둔 지원의 지원장은 소속 지방법원장의 지휘를 받아 관할구역에 있는 등기소의 사무를 관장하며, 소속 공무원을 지휘 · 감독한다. 지방법원의 지원과 가정지원에 부를 둘 수 있다. 부를 두는 경우 부에 부장판사를 둘 수 있다. 부의 구성원 중 1인은 그 부의 재판에서 재판장이 되며, 지원장의 지휘에 따라 그 부의 사무를 감독한다(동법 제31조).

대법원장은 지방법원 또는 그 지원 소속 판사 중에서 그 관할구역에 있는 시·군법원의 판사를 지명하여 시·군법원의 관할사건을 심판하게 한다. 이 경우 1명의 판사를 둘 이상의 시·군법원의 판사로 지명할 수 있다. 시·군법원의 판사는 소속 지방법원장 또는 지원장의 지휘를 받아 시·군법원의 사법행정사무를 관장하며, 그 소속 직원을 지휘·감독한다. 그러나 가사사건에 관하여는 그 지역을 관할하는 가정법원장 또는 그 지원장의 지휘를 받는다(동법 제33조).

한편 등기소에 소장을 둔다. 소장은 법원서기관·법원사무관 또는 등기사무관으로 보한다. 소장은 소속 지방법원장 또는 사무국을 둔 지원의 지원장의 지휘를 받아 등기소의 사무를 관장하고, 그 소속 직원을 지휘·감독한다(동법 제36조). 등기소의 설치·폐지 및 관할구역은 대법원규칙으로 정한다(동법 제3조 제3항).

2) 지방법원지원과 시·군법원 등의 관할

가. 지방법원지원의 관할

지방법원지원의 합의부는 지방법원본원합의부가 제1심법원으로서 가지는 심판권과 동일한 심판권을 가진다(동법 제32조 제1항). 춘천지방법원 강릉지원 합의부는 지방법원단독판사의 판결·결정·명령에 대한 항소 또는 항고사건 중 법 제28조 제2호에 해당하지 아니하는 사건을 제2심으로 심판한다(동법 제32조 제2항). 지방법원지원의 단독판사는 지방법원본원단독판사와 같은 심판권을 가진다(동법 제32조 제1항).

나. 가정지원의 관할

가정지원은 가정법원이 설치되지 아니한 지역에서 가정법원의 권한에 속하는 사항을 관할한다. 그러나 가정법원단독판사의 판결·심판·결정·명령에 대한 항소 또는 항고사건에 관한 심판에 해당하는 사항은 제외한다(동법 제31조의2).

다. 시·군법원의 관할

시·군법원은 ① 소액사건심판법의 적용을 받는 민사사건, ② 화해·독촉 및 조정에 관한 사건, ③ 20만원 이하의 벌금 또는 구류나 과료에 처할 범죄사건, ④ 가족관계의 등록 등에 관한 법률 제75조에 의한 협의상 이혼의 확인사건에 대한 심판권을 가진다(동법 제34조 제1항). 위 ②와 ③의 사건이 불복신청으로 제1심법원에 계속하게 된 경우에는 그 지역을 관할하는 지방법원 또는 그 지원이 관할한다. 그러나 소액사건심판법의 적용을 받는 사건은 그 시·군법원에서 관할한다(동법 제34조 제2항). 한편 위 ③에 해당하는 범죄사건에 대하여는 즉결심판을 한다(동법 제34조 제3항). 즉결심판에 대하여 피고인은 고지를 받은 날로부터 7일 이내에 정식재판을 청구할 수 있다(동법 제35조).

4. 가정법원의 조직과 관할

(1) 가정법원의 조직

가정법원에 가정법원장을 둔다. 가정법원장은 판사로 보한다. 가정법원장은 그 법원과 소속 지원의 사법행정사무를 관장하며, 소속 공무원을 지휘·감독한다. 가정법원장이 궐위되거나 부득이한 사유로 직무를 수행할 수 없을 때에는 수석부장판사, 선임부장판사의 순서로 그 권한을 대행한다(동법 제37조). 가정법원장은 15년 이상의 법조경력을 가져야 한다(동법 제44조 제2항). 가정법원에 부를 둔다. 부에 부장판사를 둘 수 있다. 부의 구성원 중 1인은 그 부의 재판에서 재판장이 되며, 가정법원장의 지휘에 따라 그 부의 사무를 감독한다(동법 제38조).

가정법원의 사무의 일부를 처리하게 하기 위하여 그 관할구역에 지원을 둘 수 있다(동법 제3조 제2항). 가정법원 지원에 지원장을 둔다. 지원장은 판사로 보한다. 지원장은 소속 가정법원장의 지휘를 받아 지원의 사법행정사무를 관장하며, 소속 공무원을 지휘·감독한다. 가정지원에 부를 둘 수 있다. 부에 부장판사를 둘 수 있다. 부의 구성원 중 1인은 그 부의 재판에서 재판장이 되며, 지원장의 지휘에 따라 그 부의 사무를 감독한다(동법 제39조).

(2) 가정법원의 관할

가정법원 및 가정법원지원의 합의부는 제1심법원으로서 ① 가사소송법에서 정한 가사소송과 마류 가사비송사건중 대법원규칙으로 정하는 사건, ② 가정법원판사에 대한 제척·기피사건, ③ 다른 법률에 따라 가정법원합의부의 권한에 속하는 사건을 제1심으로 심판한다(동법 제40조 제1항). 가정법원본원합의부 및 춘천가정법원 강릉지원합의부는 가정법원단독판사의 판결·심판·결정·명령에 대한 항소 또는 항고사건 중 법 제28조 제2호에 해당하지 아니하는 사건을 제2심으로 심판한다(동법 제40조 제2항).

가정법원 및 가정법원지원의 단독판사는 가사소송법 제2조에서 정하는 가사비송사건 중 라류사건과 마류사건 중 가정법원 및 가정법원 지원의 합의부의 심판권에 속하지 아니하는 사건을 관할한다(동법 제40조 제1항 제1호).

5. 행정법원의 조직과 관할

(1) 행정법원의 조직

행정법원에 행정법원장을 둔다. 행정법원장은 판사로 보한다. 행정법원장은 그 법원의 사법행정사무를 관장하며, 소속 공무원을 지휘·감독한다. 행정법원장이 궐위되거나 부득이한 사유로 직무를 수행할 수 없을 때에는 수석부장판사, 선임부장판사의 순서로 그 권한을 대행한다(동법 제40조의2). 행정법원장은 15년 이상의 법조경력을 가져야 한다(동법 제44조 제2항). 행정법원에 부를 두고, 부에 부장판사를 둘 수 있다. 부의 구성원 중 1인은 그 부의 재판에서 재판장이 되며, 행정법원장의 지휘에 따라 그 부의 사무를 감독한다(동법 제40조의3).

(2) 행정법원의 관할

행정법원의 심판권은 판사 3명으로 구성된 합의부에서 행사한다. 그러나 단독판사가 심판할 것으로 행정법원 합의부가 결정한 사건의 심판권은 단독판사가 행사한다(동법 제7조 제3항). 행정법원은 행정소송법에서 정한 행정사건과 다른 법률에 따라 행정법원의 권한에 속하는 사건을 제1심으로 심판한다(법원조직법 제40조의4).

6. 회생법원의 조직과 관할

(1) 회생법원의 조직

회생법원에 회생법원장을 둔다. 회생법원장은 판사로 보한다. 회생법원장은 그 법원의 사법행정사무를 관장하며, 소속 공무원을 지휘·감독한다. 회생법원장이 궐위되거나 부득이한 사유로 직무를 수행할 수 없을 때에는 수석부장판사, 선임부장판사의 순서로 그 권한을 대행한다(동법 제40조의5). 회생법원장은 15년 이상의 법조경력을 가져야 한다(동법 제44조 제2항). 회생법원에 부를 두고, 부에 부장판사를 둘 수 있다. 부의 구성원 중 1인은 그 부의 재판에서 재판장이 되며, 회생법원장의 지휘에 따라 그 부의 사무를 감독한다(동법 제40조의6).

(2) 회생법원의 관할

회생법원의 심판권은 단독판사가 행사한다(동법 제7조 제4항). 회생법원에서 합의심판을 하여야 하는 경우에는 판사 3명으로 구성된 합의부에서 심판권을 행사한다(동법 제7조 제5항). 회생법원의 합의부는 ① 「채무자 회생 및 파산에 관한 법률」에 따라 회생법원 합의부의 권한에 속하는 사건, ② 합의부에서 심판할 것으로 합의부가 결정한 사건, ③ 회생법원판사에 대한 제척 · 기피사건 및 「채무자 회생 및 파산에 관한 법률」 제16조에 따른 관리위원에 대한 기피사건, ④ 다른 법률에 따라 회생법원 합의부의 권한에 속하는 사건을 제1심으로 심판한다. 회생법원 합의부는 회생법원단독판사의 판결 · 결정 · 명령에 대한 항소 또는 항고사건을 제2심으로 심판한다(동법 제40조의7).

7. 군사법원의 조직과 관할

(1) 특별법원으로서의 군사법원

군사재판을 관할하기 위하여 특별법원으로서 군사법원을 둘 수 있다(헌법 제110조 제1항). 특별법원은 일반법원에 대한 대칭개념으로서 일반법원과는 달리 헌법과 법률이 정한 법관의 자격을 갖추지 못한 재판관이 심판하거나 재판의 심급상 최고법원 내지 대법원에의 상고로 연결되지 아니하는 법원을 말한다. 이처럼 특별법원은 헌법이 정한 법원과 법관의 구성, 자격, 심급, 사법절차 등에 대한 예외에 해당된다는 점에서 일종의 예외법원이라고 할 수 있다. 따라서 이러한 특별법원의 설치는 헌법이 명시적으로 그 근거를 규정할 때에만 허용될 수 있다고 하겠다. 이러한 특별법원과 구별되어야 하는 것이 특수법원이다. 특수법원은 헌법과 법률이 정한 법관의 자격을 갖춘 재판관이 심판하고 재판의 심급상 최고법원 내지 대법원에의 상고로 연결되는 법원으로서 일반법원의 일종이다. 다만 특수법원은 그 관할대상이 특수사건에 한정될 뿐이다. 이는 사안의 특성상 그 심판의 전문성강화를 위한 것으로 헌법의 특별한 근거 없이 법률로써 설치가 가능하다. 법원조직법상의 특허법원, 가정법원, 행정법원, 회생법원이 이에 해당한다.

(2) 군사법원의 조직과 관할

군사법원에 관한 헌법규정은 다음과 같다. 군사재판을 관할하기 위하여 특별법원으로서 군사법원을 둘 수 있도록 그 헌법적 근거를 마련하고 있고(헌법 제110조 제1항), 군사법원의 상고심은 대법원에서 관할하도록 했다(헌법 제110조 제2항). 그러나 비상계엄하의 군사재판은 군인·군무원의 범죄나 군사에 관한 간첩죄의 경우와 초병·초소·유독음식물공급·포로에 관한 죄 중 법률이 정한 경우에 한하여 단심으로 할 수 있도록 했고, 다만 사형을 선고한 경우에는 예외로 했다(헌법 제110조 제4항). 또한 군인 또는 군무원이 아닌 국민은 대한민국의 영역안에서는 중대한 군사상 기밀·초병·초소·유독음식물공급·포로·군용물에 관한 죄 중 법률이 정한 경우와 비상계엄이 선포된 경우를 제외하고는 군사법원의 재판을 받지 아니하도록 규정하여 민간인은 원칙적으로 군사법원의 재판을 받지 않도록 했다(헌법 제27조 제2항). 한편 군사법원의 조직·권한 및 재판관의 자격은 법률로 정하도록 했는데(헌법 제110조 제3항), 이에 따라 군사법원법이 제정·시행되고 있다.

군사법원의 조직과 구성은 일반적인 평시의 경우와 전시·사변 등 비상 시의 경우에 있어서 차이가 있다.

1) 평시 군사법원의 조직과 관할

가. 군사법원의 조직과 구성 등

군사법원은 국방부장관 소속으로 하며, 중앙지역군사법원·제1지역군사법원·제2지역군사법원·제3지역군사법원 및 제4지역군사법원으로 구분하여 설치한다(군사법원법 제6조).[1] 군사법원에 군사법원장을 둔다. 군사법원장은 군판사로 한다. 중앙지역군사법원장은 국방부장관의 명을 받아 군사법원의 사법행정사무를

---

1) 각 지역군사법원의 소재지와 관할구역은 군사법원법 별표 1과 별표 2 참조.

총괄하고, 각 군사법원의 사법행정사무에 관하여 직원을 지휘·감독한다. 군사법원장은 그 군사법원의 사법행정사무를 관장하며, 소속 직원을 지휘·감독한다. 군사법원장이 궐위되거나 부득이한 사유로 직무를 수행할 수 없을 때에는 그 군사법원의 선임 군판사의 순서로 그 권한을 대행한다(동법 제7조).

군사법원에 부를 둔다. 부에 부장군판사를 둔다. 이 경우 군사법원장은 부장군판사를 겸할 수 있다. 부장군판사는 그 부의 재판에서 재판장이 되며, 군사법원장의 지휘에 따라 그 부의 사무를 감독한다(동법 제8조). 군사법원에서는 군판사 3명을 재판관으로 한다. 그러나 약식절차에서는 군판사 1명을 재판관으로 한다(동법 제22조). 대법원은 국방부에 설치된 군사법원운영위원회(동법 제4조의2)의 의결을 거쳐 군사법원의 재판에 관한 내부규율과 사무처리에 관한 사항을 군사법원규칙으로 정한다(동법 제4조).

군사법원의 재판관은 헌법과 법률에 의하여 그 양심에 따라 독립하여 심판한다. 재판관은 재판에 관한 직무상의 행위로 인하여 징계나 그 밖의 어떠한 불리한 처분도 받지 아니한다(동법 제21조).

군판사는 국방부에 설치된 군판사인사위원회(동법 제22조의2)의 심의를 거치고 군사법원운영위원회의 동의를 받아 국방부장관이 임명한다. 군판사의 소속은 국방부로 한다(동법 제23조). 군사법원장은 군법무관으로서 15년 이상 복무한 영관급 이상의 장교 중에서 임명한다. 군판사는 군법무관으로서 10년 이상 복무한 영관급 이상의 장교 중에서 임명한다(동법 제24조).

군사법원장의 임기는 2년으로 하며, 연임할 수 있다. 군사법원장이 아닌 군판사의 임기는 5년으로 하며, 연임할 수 있다. 군사법원장의 정년은 58세, 군사법원장이 아닌 군판사의 정년은 56세이다. 군판사는 군검사 등 군사법원 외의 다른 부대의 직위로 보직되지 아니한다(동법 제26조). 국방부장관은 임기가 끝난 군판사를 군판사인사위원회의 심의를 거치고 군사법원운영위원회의 동의를 받아 연임발령한다(동법 제27조 제1항).

나. 군사법원의 관할

군사법원은 ① 군인·군무원 등이 범한 죄(동법 제2조 제1항 제1호), ② 국군부대가 관리하고 있는 포로가 범한 죄(동법 제2조 제1항 제2호), ③ 군사기밀보호법 제13조의 죄와 그 미수범(동법 제3조 제2항), ④ 그 밖에 다른 법률에 따라 군사법원의 권한에 속하는 사건에 대하여 재판권을 가진다(동법 제11조). 또한 계엄법에 따른 재판권도 가진다(동법 제3조 제2항). 그러나 ① 군인 · 군무원 등이 범한 「성폭력범죄의 처벌 등에 관한 특례법」 제2조의 성폭력범죄 및 같은 법 제15조의2의 죄, 「아동 · 청소년의 성보호에 관한 법률」 제2조 제2호의 죄, ② 군인 · 군무원 등이 사망하거나 사망에 이른 경우 그 원인이 되는 범죄, ③ 군인 · 군무원 등이 그 신분취득 전에 범한 죄 및 이 들 범죄와 경합범 관계에 있는 죄에 대하여는 일반법원이 재판권을 가진다. 다만 전시 · 사변 또는 이에 준하는 국가비상사태 시에는 그러하지 아니하다(동법 제2조 제2항).

한편 국방부장관은 군사법원법 제2조 제2항에 따라 일반법원이 재판권을 가지는 죄의 경우에도 국가안전보장, 군사기밀보호, 그 밖에 이에 준하는 사정이 있는 때에는 해당 사건을 군사법원에 기소하도록 결정할 수 있다. 다만 해당 사건이 법원에 기소된 이후에는 그러하지 아니하다(동법 제2조 제4항). 검찰총장 및 고소권자는 국방부장관의 결정에 대하여 7일 이내에 대법원에 그 취소를 구하는 신청을 할 수 있다(동법 제2조 제5항).

법원과 군사법원 사이에서 재판권에 대한 쟁의가 발생한 때에는 해당 사건이 계속되어 있는 법원 또는 군사법원이나 해당 사건의 상소권자가 대법원에 재판권의 유무에 대한 재정을 신청할 수 있다. 재판권 쟁의에 대한 재정의 신청이 있을 때에는 해당 사건에 대한 소송절차는 그 신청에 대한 대법원의 재정이 있을 때까지 정지된다(동법 제3조의2).

군사법원의 재판에 대한 항소사건, 항고사건 등은 서울고등법원이 관할한다(동법 제10조).

2) 전시 군사법원의 조직과 관할

가. 전시 군사법원의 조직과 구성 등

전시 · 사변 또는 이에 준하는 국가비상사태 시에는 전시 군사법원을 설치하는데, 고등군사법원과 보통군사법원의 두 종류로 한다(동법 제534조의2). 고등군사법원은 국방부에 설치한다. 국방부장관은 편제상 장성급 장교가 지휘하는 부대 또는 기관에 보통군사법원을 설치할 수 있다(동법 제534조의3).

전시 군사법원의 행정사무를 관장하는 관할관을 둔다. 고등군사법원의 관할관은 국방부장관으로 한다. 보통군사법원의 관할관은 그 설치되는 부대와 지역의 사령관, 장 또는 책임지휘관으로 한다. 다만 국방부 보통군사법원의 관할관은 고등군사법원의 관할관이 겸임한다. 고등군사법원의 관할관은 국방부와 각 군 본부 보통군사법원의 행정사무를 지휘·감독하고, 각 군 본부 보통군사법원의 관할관은 예하부대 보통군사법원의 행정사무를 지휘·감독한다(동법 제534조의4).

보통군사법원은 재판관 1명 또는 3명으로 구성한다. 고등군사법원은 재판관 3명 또는 5명으로 구성한다. 재판관은 군판사와 심판관으로 하고, 재판장은 선임 군판사가 된다(동법 제534조의8).

각 군의 군판사는 각 군 참모총장이 영관급 이상의 소속 군법무관 중에서 임명하고, 국방부의 군판사는 국방부장관이 영관급 이상의 소속 군법무관 중에서 임명한다. 이 경우 군판사인사위원회의 심의 또는 군사법원운영위원회의 동의 등의 절차를 거치지 아니할 수 있다. 군판사의 소속은 국방부 또는 각 군 본부로 하고, 군판사의 파견·겸임·순회재판 등의 기준은 재판의 공정성 확보 및 군판사의 인력수급 사정 등을 고려하여 대통령령으로 정한다(동법 제534조의9).

심판관은 법에 관한 소양이 있거나 재판관으로서의 인격과 학식이 충분한 영관급 이상의 장교 중에서 관할관이 임명한다. 관할관의 부하가 아닌 장교를 심판관으로 할 때에는 해당 군 참모총장이 임명한다(동법 제534조의10). 재판관은 관할관이 지정한다. 국방부장관, 각 군 참모총장 이외의 관할관이 심판관인 재판관을 지정하는 경우에는 각 군 참모총장의 승인을 받아야 하고, 각 군 참모총장인 관할관이 심판관인 재판관을 지정하는 경우에는 국방부장관의 승인을 받아야 한다(동법 제534조의11).

보통군사법원에서는 군판사 3명을 재판관으로 한다(그러나 약식절차에서는 군판사 1명을 재판관으로 한다). 다만 관할관이 지정한 사건(동법 제534조의13 참조)에서는 군판사 2명과 심판관 1명을 재판관으로 한다. 고등군사법원에서는 군판사 3명을 재판관으로 한다. 다만 관할관이 지정한 사건(동법 제534조의13 참조)의 경우 군판사 3명과 심판관 2명을 재판관으로 한다. 관할관은 군판사인 재판관 중 1명을 주심군판사로 지정한다(동법 제534조의12). 재판관은 피고인보다 동급 이상인 사람이어야 한다. 다만 군판사인 재판관은 그러하지 아니하다. 항소 또는 재심의 심판에서 재판장은 원심군사법원의 재판장보다 동급 이상인 사람이어야 한다. 다만 재판관이 군판사만으로 구성되는 경우에는 그러하지 아니하다(동법 제534조의14).

나. 전시 군사법원의 관할

보통군사법원은 ① 전시 군사법원이 설치되는 부대의 장의 직속부하와 직접 감독을 받는 사람이 피고인인 사건(그 예하부대에 군사법원이 설치된 경우에는 그러하지 아니하다), ② 전시 군사법원이 설치되는 부대의 작전지역·관할지역 또는 경비지역에 있는 자군부대에 속하는 사람과 그 부대의 장의 감독을 받는 사람이 피고인인 사건(그 부대에 군사법원이 설치된 경우에는 그러하지 아니하다), ③ 전시 군사법원이 설치되는 부대의 작전지역·관할지역 또는 경비지역에 현존하는 사람과 그 지역에서 죄를 범한 군형법 제1조에 해당하는 사람이 피고인인 사건(피고인의 소속 부대의 군사법원이 그 지역에 있거나 그 사건에 대한 관할권이 타군 군사법원에 있는 경우에는 그러하지 아니하다)을 제1심으로 심판한다(동법 제534조의5 제1항). 고등군사법원은 보통군사법원의 재판에 대한 항소사건, 항고사건 및 그 밖에 법률에 따라 고등군사법원의 권한에 속하는 사건에 대하여 심판한다(동법 제534조의5 제3항).

관할관은 무죄, 면소, 공소기각, 형의 면제, 형의 선고유예, 형의 집행유예의 판결을 제외한 보통군사법원의 판결을 확인하여야 하며, 형이 과중하다고 인정할 만한 사유가 있을 때에는 그 형을 감경할 수 있다(동법 제534조의7 제1항).[1)]

---

1) 헌재 1996. 10. 31. 93헌바25, 판례집 8-2, 443, 444:
구 군사법원법 제6조가 군사법원을 군부대 등에 설치하도록 하고, 같은 법 제7조가 군사법원에 군 지휘관을 관할관으로 두도록 하고, 같은 법 제23조, 제24조, 제25조가 국방부장관, 각군 참모총장 및 관할관이 군판사 및 심판관의 임명권과 재판관의 지정권을 갖고 심판관은 일반장교 중에서 임명할 수 있도록 규정한 것은 헌법 제110조 제1항, 제3항의 위임에 따라 군사법원을 특별법원으로 설치함에 있어서 군대조직 및 군사재판의 특수성을 고려하고 군사재판을 신속, 적정하게 하여 군기를 유지하고 군지휘권을 확립하기 위한 것으로서 필요하고 합리적인 이유가 있다고 할 것이다.
헌법이 군사법원을 특별법원으로 설치하도록 허용하되 대법원을 군사재판의 최종심으로 하고 있고, 구 군사법원법 제21조 제1항은 재판관의 재판상의 독립을, 같은 조 제2항은 재판관의 신분을 보장하고 있으며, 또한 같은 법 제22조 제3항, 제23조 제1항에 의하면 군사법원의 재판관은 반드시 일반법원의 법관과 동등한 자격을 가진 군판사를 포함시켜 구성하도록 하고 있는바, 이러한 사정을 감안하면 구 군사법원법 제6조가 일반법원과 따로 군사법원을 군부대 등에 설치하도록 하였다는 사유만으로 헌법이 허용한 특별법원으로서 군사법원의 한계를 일탈하여 사법권의 독립을 침해하고 위임입법의 한계를 일탈하거나 헌법 제27조 제1항의 재판청구권, 헌법 제11조의 평등권을 본질적으로 침해한 것이라고 할 수 없고, 또한 같은 법 제7조, 제23조, 제24조, 제25조가 일반법원의 조직이나 재판부구성 및 법관의 자격과 달리 군사법원에 관할관을 두고 군검찰관에 대한 임명, 지휘, 감독권을 가지고 있는

제 5 항 사법의 절차와 운영

헌법 및 관련법은 사법권이 제대로 기능하여 소기의 목적을 달성하고 법치주의실현과 국민의 기본권보장에 이바지하도록 하기 위하여 위에서 언급한 사법권의 독립성 이외에도 사법의 절차와 운영에 관한 다양한 제도를 마련하고 있다. 재판의 심급제도, 재판의 공개제도, 국민참여재판제도 등이 그것이다.

Ⅰ. 재판의 심급제도

1. 의의

법원의 재판에 불복하는 경우 또 다시 심판을 받을 기회를 부여하는 제도가 심급제도이다. 이는 재판당사자에게 법원의 사실판단과 법률판단의 오류를 시정할 기회를 부여함으로써 재판청구권과 관련 기본권의 효율적이고 두터운 보장을 위한 것이다. 우리 헌법은 심급제도에 대한 명문의 규정을 두고 있지 않다. 그러나 헌법 제101조 제2항에 "법원은 최고법원인 대법원과 각급법원으로 조직된다."라고 규정하여 대법원을 최고심으로 하여 그 아래로 심급을 달리한 각급법원을 둔다고 한 것, 헌법 제110조 제2항이 "군사법원의 상고심은 대법원에서 관할한다."라고 규정하여 군사법원의 상고심을 대법원으로 정한 것, 그리고 헌법 제110조 제4항이 "비상계엄하의 군사재판은 군인·군무원의 범죄나 군사에 관한 간첩죄의 경우와 초병, 초소, 유독음식물공급, 포로에 관한 죄 중 법률이 정한 경우에 한하여 단심으로 할 수 있다. 다만 사형을 선고한 경우에는 그러하지 아니하다."라고 규정하여 비상계엄하의 단심군사재판을 어디까지나 예외적인

관할관이 심판관의 임명권 및 재판관의 지정권을 가지며 심판관은 일반장교 중에서 임명할 수 있도록 규정하였다고 하여 바로 위 조항들 자체가 군사법원의 헌법적 한계를 일탈하여 사법권의 독립과 재판의 독립을 침해하고 죄형법정주의에 반하거나 인간의 존엄과 가치, 행복추구권, 평등권, 신체의 자유, 정당한 재판을 받을 권리 및 정신적 자유를 본질적으로 침해하는 것이라고 할 수 없다.

것으로 규정한 것 등으로 볼 때 우리의 사법절차는 심급제도를 바탕으로 하고 있다고 하겠다.

2. 3심제의 원칙

이처럼 헌법은 사법절차상 심급제도를 전제로 하고 있지만, 그 구체적 내용에 대하여는 규정하고 있지 아니하고, 법원조직법에 자세히 규정되어 있다.[1] 이에 따르면 심급제의 기본원칙은 3심제이다. 즉 항소·상고제도와 항고·재항고제도가 그것이다. 군사법원법도 3심제의 원칙을 채택하고 있다.

그런데 소액사건심판법은 소액사건에 관하여는 일정한 예외적인 경우에 한해서 대법원에의 상고를 허용하고 있다. 즉 소액사건에 대한 지방법원 본원 합의부의 제2심판결이나 결정·명령에 대하여는 첫째, 법률·명령·규칙 또는 처분의 헌법위반여부와 명령·규칙 또는 처분의 법률위반여부에 대한 판단이 부당한 때, 둘째, 대법원의 판례에 상반되는 판단을 한 때 중 어느 하나에 해당하는 경우에 한하여 대법원에 상고 또는 재항고를 할 수 있다(동법 제3조). 따라서 이 법은 위 두 가지 중 어느 하나에 해당하지 아니하는 경우에는 대법원에 상고 또는 재항고를 할 수 없도록 함으로써 사실상 3심제의 원칙에 대한 제한을 가하고 있다.[2]

---

1) 헌재 2007. 7. 26. 2006헌마551 등, 판례집 19-2, 164, 179:
심급제도는 사법에 의한 권리보호에 관하여 한정된 법발견 차원의 합리적인 분배의 문제인 동시에 재판의 적정과 신속이라는 서로 상반되는 두 가지의 요청을 어떻게 조화시키느냐의 문제로 돌아가므로 원칙적으로 입법자의 형성의 자유에 속하는 사항이다.

2) 헌재 1992. 6. 26. 90헌바25, 판례집 4, 343, 344):
재판이란 사실확정과 법률의 해석적용을 본질로 함에 비추어 법관에 의하여 사실적 측면과 법률적 측면의 한 차례의 심리검토의 기회는 적어도 보장되어야 할 것은 물론, 또 그와 같은 기회에 접근하기 어렵도록 제약이나 장벽을 쌓아서는 안된다 할 것인바, 만일 그러한 보장이 제대로 안되면 헌법상 재판을 받을 권리의 본질적 침해의 문제가 생길 수 있다 할 것이다.
상소심에서 재판을 받을 권리를 헌법상 명문화한 규정이 없고 상고문제가 일반법률에 맡겨진 우리의 법제에서는 헌법 제27조에서 규정한 재판을 받을 권리에 모든 사건에 대해 상고법원의 구성법관에 의한, 상고심절차에 의한 재판을 받을 권리까지도 포함된다고 단정할 수 없을 것이고, 모든 사건에 대해 획일적으로 상고할 수 있게 하느냐 않느냐는 특단의 사정이 없는 한 입법정책의 문제라고 할 것이다.
소액사건에 관하여 일반사건에 비하여 상고 및 재항고를 제한하고 있는 소액사건심판법 제3조는 헌법 제27조의 재판을 받을 권리를 침해하는 것이 아니고, 상고제도라고 한다면 산만하게 이용되기보다 좀 더 크고 국민의 법률생활의 중요한 영역의 문제를 해결하는데 집중적으로 투입 활용되어야 할 공익상의 요청과 신속·간편·저렴하게 처리되어야 할 소액 또한 「상고심절차에 관한 특례법」은 대법원 상고심절차에 있어서 일정한 사건에 대하여는 심리불속행제도를 채택함으로써 그 상고를 심리를 하지 않고 기각하도록 하고 있다. 이 법은 상고심절차에 관한 특례를 규정함으로써 대법원이 법률심으로서의 기능을 효율적으로 수행하고, 법률관계를 신속하게 확정함을 목적으로 제정되었는데, 민사소송, 가사소송, 행정소송 등의 상고사건에 적용된다(「상고심절차에 관한 특례법」 제1조, 제2조). 이 법에 따르면 대법원은 상고이유에 관한 주장이 ① 원심판결이 헌법에 위반되거나, 헌법을 부당하게 해석한 경우, ② 원심판결이 명령·규칙 또는 처분의 법률위반 여부에 대하여 부당하게 판단한 경우, ③ 원심판결이 법률·명령·규칙 또는 처분에 대하여 대법원 판례와 상반되게 해석한 경우, ④ 법률·명령·규칙 또는 처분에 대한 해석에 관하여 대법원 판례가 없거나 대법원 판례를 변경할 필요가 있는 경우, ⑤ 기타 중대한 법령위반에 관한 사항이 있는 경우 등의 어느 하나의 사유를 포함하지 아니한다고 인정하면 더 나아가 심리를 하지 아니하고 판결로 상고를 기각한다(동법 제4조 제1항). 따라서 이 심리불속행제도는 대법원에의 상고권을 제한한다는 점에서 3심제에 대한 제한으로 볼 수 있다.[1)]

사건절차 특유의 요청 등을 고려할 때 현행 소액사건상고제한 제도가 결코 위헌적인 차별대우라 할 수 없으며, 소액사건심판법 제3조는 대법원에 상고할 수 있는 기회를 제한하는 것이지 근본적으로 박탈하고 있는 것이 아니므로, 결국 위 법률조항은 헌법에 위반되지 아니한다.

[재판관 변정수의 반대의견]

대법원의 재판을 받을 권리, 즉 상고권은 헌법 제27조 제1항에서 도출되는 기본권으로서 일종의 헌법상 보장된 절차적 기본권이다.

소액사건심판법 제3조는 헌법 제27조 제1항에서 도출되는 기본권인 대법원의 재판을 받을 권리의 본질적 내용을 침해하는 것이고 또한 단순히 소송가액만을 기준으로 하여 획일적으로 상고권을 제한하는 것이어서 헌법 제11조 제1항의 평등의 원칙에도 위배되는 위헌의 법률이고, 위 법률조항과 불가분의 관계에 있는 소액사건심판법 제2조 제1항도 헌법상 법치주의의 원리, 특히 그 중에서도 법률유보의 원칙에 정면으로 위배되는 위헌의 법률이다.

1) 헌재 1997. 10. 30. 97헌바37 등, 판례집 9-2, 502, 503:

헌법이 대법원을 최고법원으로 규정하였다고 하여 대법원이 곧바로 모든 사건을 상고심으로서 관할하여야 한다는 결론이 당연히 도출되는 것은 아니며, '헌법과 법률이 정하는 법관에 의하여 법률에 의한 재판을 받을 권리'가 사건의 경중을 가리지 않고 모든 사건에 대하여 대법원을 구성하는 법관에 의한 균등한 재판을 받을 권리를 의미한다거나 또는 상고심 재판을 받을 권리를 의미하는 것이라고 할 수는 없다. 또한 심급제도는 사법에 의한 권리보호에 관한 한정된 법 발견 자원의 합리적인 분배의 문제인 동시에 재판의 적정과 신속이라는 서로 상반되는 두 가지의 요청을 어떻게 조화시키느냐의 문제로 돌아가므로 원칙적

3. 3심제에 대한 예외

(1) 단심제

1) 비상계엄하의 군사재판

비상계엄하의 군사재판은 군인 · 군무원의 범죄나 군사에 관한 간첩죄의 경우와 초병 · 초소 · 유독음식물공급 · 포로에 관한 죄 중 법률이 정한 경우에 한하여 단심으로 할 수 있다. 다만 사형을 선고한 경우에는 그러하지 아니하다(헌법 제110조 제4항).

2) 대통령 · 국회의원 및 시 · 도지사선거소송

대통령선거와 국회의원선거, 비례대표시 · 도의원선거 및 시 · 도지사선거에 있어서 선거의 효력 및 당선의 효력에 관한 소송은 대법원의 전속관할로 단심이다(공직선거법 제222조 제1항 및 제2항, 제223조 제1항 및 제2항).

3) 지방자치법상의 기관소송

지방자치법상(제188조 제6항, 제192조 제4항)의 기관소송은 대법원의 전속관할로 단심이다.

4) 주민투표법상의 주민투표소송

주민투표법상의 주민투표소송은 시 · 도의 경우에는 대법원에 소를 제기한다(제25조 제2항).

5) 「주민소환에 관한 법률」 상의 주민소환투표소송

「주민소환에 관한 법률」상의 주민소환투표소송은 시 · 도지사를 대상으로 한 주민소환투표에 있어서는 대법원에 소를 제기한다(제24조 제2항).

으로 입법자의 형성의 자유에 속하는 사항이다. 그러므로 상고심절차에관한특례법 제4조 제1항 및 제3항과 제5조 제1항 및 제2항은 비록 국민의 재판청구권을 제약하고 있기는 하지만 위 심급제도와 대법원의 기능에 비추어 볼 때 헌법이 요구하는 대법원의 최고법원성을 존중하면서 민사, 가사, 행정 등 소송사건에 있어서 상고심 재판을 받을 수 있는 객관적인 기준을 정함에 있어 개별적 사건에서의 권리구제보다 법령해석의 통일을 더 우위에 둔 규정으로서 그 합리성이 있다고 할 것이므로 헌법에 위반되지 아니한다.

(2) 2심제

1) 특허소송

법원조직법(제28조의4)은 특허소송의 제1심 관할법원을 특허법원으로 하고, 특허법원의 재판에 대해서는 대법원에 상고 및 재항고할 수 있도록 함으로써(제14조) 2심제를 채택하고 있다.

2) 지역구시 · 도의원선거, 자치구 · 시 · 군의원선거 및 자치구 · 시 · 군의 장 선거소송

지역구시 · 도의원선거, 자치구 · 시 · 군의원선거 및 자치구 · 시 · 군의 장 선거에 있어서 그 선거의 효력 및 당선의 효력에 관한 소송은 그 선거구를 관할하는 고등법원에 소를 제기할 수 있다(공직선거법 제222조 제2항, 제223조 제2항).

3) 주민투표법상의 주민투표소송

주민투표법상의 주민투표소송은 시 · 군 · 구의 경우에는 관할 고등법원에 소를 제기한다(제25조 제2항).

4) 「주민소환에 관한 법률」상의 주민소환투표소송

「주민소환에 관한 법률」상의 주민소환투표소송은 지역구시 · 도의원, 지역구자치구 · 시 · 군의원 또는 시장 · 군수 · 자치구의 구청장을 대상으로 한 주민소환투표에 있어서는 그 선거구를 관할하는 고등법원에 소를 제기할 수 있다(제24조 제2항).

Ⅱ. 재판의 공개제도

공개재판은 사법절차의 정당성과 공정성을 확보하기 위한 불가결한 전제조건이다. 헌법은 공개재판을 받을 권리를 국민의 사법절차적 기본권으로 보장하고 있다(헌법 제27조 제3항). 아울러 재판의 공개제도를 채택해서 재판의 심리와 판결을 원칙적으로 공개하도록 하고 있다(헌법 제109조).

1. 의의

재판공개제도란 재판의 심리와 판결을 일반에게 공개하는 것을 말한다. 이는 재판의 공정성과 투명성 및 객관성을 담보하고, 이로써 재판에 대한 국민의 신뢰를 강화하며, 결국 효율적 권리구제를 목적으로 하는 것이다.

2. 재판공개제도의 내용

헌법 제109조 본문은 "재판의 심리와 판결은 공개한다."라고 규정함으로써 재판공개의 원칙을 채택하고 있다. 아울러 헌법 제27조 제2문은 "형사피고인은 상당한 이유가 없는 한 지체 없이 공개재판을 받을 권리를 가진다."라고 규정하여 공개재판을 받을 권리를 형사피고인의 사법절차적 기본권으로 보장하고 있다.

재판공개의 내용은 재판의 심리와 판결을 공개하는 것이다. 심리는 원고와 피고의 심문과 변론을 말한다. 민사소송에서의 구술변론절차, 형사소송에서의 공판절차 등이 이에 해당한다. 판결은 사건의 실체에 대한 법원의 판단을 말한다. 따라서 심리와 판결이 아닌 공판준비절차, 결정이나 명령은 공개대상이 아니다. 또한 비송사건절차는 재판이 아니므로 공개대상이 아니다. 공개는 일반에게 방청을 허용하는 것을 말한다. 그러나 원하는 모든 사람에게 방청을 허용해야 한다는 것을 의미하는 것은 아니고, 법정의 규모 등을 이유로 방청을 제한하는 것은 재판공개제도의 위반은 아니다.[1)]

3. 재판공개제도의 예외

헌법 제109조 단서는 "다만, 심리는 국가의 안전보장 또는 안녕질서를 방해하거나 선량한 풍속을 해할 염려가 있을 때에는 법원의 결정으로 공개하지 아니할 수 있다."라고 규정하여 재판공개제도의 예외를 인정하고 있다. 이에 따라

---

1) 대판 1990. 6. 8. 90도646:
법원이 법정의 규모·질서의 유지·심리의 원활한 진행 등을 고려하여 방청을 희망하는 피고인들의 가족·친지 기타 일반 국민에게 미리 방청권을 발행하게 하고 그 소지자에 한하여 방청을 허용하는 등의 방법으로 방청인의 수를 제한하는 조치를 취하는 것이 공개재판주의의 취지에 반하는 것은 아니다.

공익적 이유에서, 즉 국가의 안전보장 또는 안녕질서를 방해하거나 선량한 풍속을 해할 염려가 있을 때에 심리에 한해서 법원의 결정으로 공개하지 않을 수 있다. 심리비공개결정은 이유를 밝혀 선고한다. 심리비공개결정을 한 경우에도 재판장은 적당하다고 인정되는 사람에 대해서는 법정 안에 있는 것을 허가할 수 있다(법원조직법 제57조 제2항, 제3항). 재판비공개의 대상은 재판의 심리에 한한다. 따라서 판결은 반드시 공개되어야 한다. 재판공개의 원칙에 대한 규정에 위반한 비공개재판의 경우에는 절대적 상고이유가 된다고 하겠다(민사소송법 제424조 제1항 제5호).

Ⅲ. 법정의 질서유지

1. 의의

법정의 질서유지는 법원의 심리와 판결 등 재판절차와 진행을 방해하는 행위 등을 금지·제재하는 것을 말한다. 법정의 질서유지는 재판의 원활한 진행과 재판의 공정성을 확보하기 위한 조건이라고 하겠다.

2. 내용

법정의 질서유지는 재판장이 담당한다. 재판장은 법정의 존엄과 질서를 해칠 우려가 있는 사람의 입정금지 또는 퇴정을 명할 수 있고, 그 밖에 법정의 질서유지에 필요한 명령을 할 수 있다(법원조직법 제58조). 누구든지 법정 안에서는 재판장의 허가 없이 녹화, 촬영, 중계방송 등의 행위를 하지 못한다(동법 제59조). 재판장은 법정에서의 질서유지를 위하여 필요하다고 인정할 때에는 개정 전후에 상관없이 관할 경찰서장에게 경찰공무원의 파견을 요구할 수 있고, 위 요구에 따라 파견된 경찰공무원은 법정 내외의 질서유지에 관하여 재판장의 지휘를 받는다(동법 제60조).

법원은 직권으로 법정 내외에서 재판장의 명령 등을 위반하는 행위를 하거나 폭언, 소란 등의 행위로 법원의 심리를 방해하거나 재판의 위신을 현저하게 훼손한 사람에 대하여 결정으로 20일 이내의 감치에 처하거나 100만원 이하의 과태료를 부과할 수 있다. 이 경우 감치와 과태료는 병과할 수 있다. 법원은 감치를 위하여 법원직원, 교도관 또는 국가경찰공무원으로 하여금 즉시 행위자를 구속하게 할 수 있으며, 구속한 때부터 24시간 이내에 감치에 처하는 재판을 하여야 하고, 이를 하지 아니하면 즉시 석방을 명하여야 한다. 감치는 경찰서유치장, 교도소 또는 구치소에 유치함으로써 집행한다. 감치는 감치대상자에 대한 다른 사건으로 인한 구속 및 형에 우선하여 집행하며, 감치의 집행 중에는 감치대상자에 대한 다른 사건으로 인한 구속 및 형의 집행이 정지되고, 감치대상자가 당사자로 되어 있는 본래의 심판사건의 소송절차는 정지된다. 다만 법원은 상당한 이유가 있는 경우에는 소송절차를 계속하여 진행하도록 명할 수 있다. 법원의 감치결정에 대해서는 항고 또는 특별항고를 할 수 있다(동법 제61조).

Ⅳ. 국민의 형사재판참여

1. 의의와 기능

국민의 형사재판참여란 일반국민이 배심원으로서 일정한 형사재판에 참여하는 제도를 말한다. 이 제도는 사법의 민주적 정당성과 신뢰를 높이기 위하여 마련된 것으로 이를 위해 2007년에 「국민의 형사재판 참여에 관한 법률」이 제정되어 2008년부터 시행에 들어갔다. 이처럼 국민의 형사재판참여제도는 일정한 형사재판에 국민들이 참여함으로써 재판에 민주적 정당성을 부여하고, 이로써 재판의 공정성, 객관성, 투명성, 신뢰성을 제고하는 기능을 가진다. 또한 직업법관만의 재판이 자칫 폐쇄적이고 시대의 흐름에 뒤떨어져 관료화·보수화될 수 있고, 이념적·정치적으로 편향될 가능성도 배제할 수 없는 데, 국민의 형사재판참여를 통해 이러한 위험성을 다소나마 해소할 수 있는 역할도 할 수 있다고 하겠다.

2. 내용

(1) 대상사건

사형, 무기 또는 단기 1년 이상의 징역 또는 금고에 해당하는 합의부 관할

사건을 비롯해 「국민의 형사재판 참여에 관한 법률」 제5조 제1항에서 정한 형사사건이 국민참여재판(배심원이 참여하는 형사재판)의 대상사건이다. 그러나 피고인이 국민참여재판을 원하지 아니하거나 동법 제9조 제1항에 따른 배제결정이 있는 경우는 국민참여재판을 하지 아니한다(동법 제5조 제2항).

(2) 절차

법원은 대상사건의 피고인에 대하여 국민참여재판을 원하는지 여부에 관한 의사를 서면 등의 방법으로 반드시 확인하여야 한다. 피고인은 공소장 부본을 송달받은 날부터 7일 이내에 국민참여재판을 원하는지 여부에 관한 의사가 기재된 서면을 제출하여야 한다. 피고인이 서면을 제출하지 아니한 때에는 국민참여재판을 원하지 아니하는 것으로 본다(동법 제8조). 국민참여재판에 관하여 변호인이 없는 때에는 법원은 직권으로 변호인을 선정하여야 한다(동법 제7조).

법원은 공소제기 후부터 공판준비기일이 종결된 다음날까지 ① 배심원·예비배심원·배심원후보자 또는 그 친족의 생명·신체·재산에 대한 침해 또는 침해의 우려가 있어서 출석의 어려움이 있거나 이 법에 따른 직무를 공정하게 수행하지 못할 염려가 있다고 인정되는 경우, ② 공범 관계에 있는 피고인들 중 일부가 국민참여재판을 원하지 아니하여 국민참여재판의 진행에 어려움이 있다고 인정되는 경우, ③ 그 밖에 국민참여재판으로 진행하는 것이 적절하지 아니하다고 인정되는 경우의 어느 하나에 해당하는 경우 국민참여재판을 하지 아니하기로 하는 결정을 할 수 있다. 법원은 국민참여재판의 배제결정을 하기 전에 검사·피고인 또는 변호인의 의견을 들어야 한다. 국민참여재판의 배제결정에 대하여는 즉시항고를 할 수 있다(동법 제9조).

법원은 피고인의 질병 등으로 공판절차가 장기간 정지되거나 피고인에 대한 구속기간의 만료, 그 밖에 심리의 제반 상황에 비추어 국민참여재판을 계속 진행하는 것이 부적절하다고 인정하는 경우에는 직권 또는 검사·피고인 또는 변호인의 신청에 따라 결정으로 사건을 지방법원 본원 합의부가 국민참여재판에 의하지 아니하고 심판하게 할 수 있다. 법원은 통상절차에 회부하는 결정을 하기 전에 검사·피고인 또는 변호인의 의견을 들어야 한다. 통상절차에 회부하는 결정에 대하여는 불복할 수 없다(동법 제11조).

(3) 배심원

1) 배심원의 권한과 의무

배심원이란 형사재판에 참여하도록 선정된 사람을 말한다. 배심원은 국민참여재판을 하는 사건에 관하여 사실의 인정, 법령의 적용 및 형의 양정에 관한 의견을 제시할 권한이 있다. 배심원은 법령을 준수하고 독립하여 성실히 직무를 수행하여야 한다. 배심원은 직무상 알게 된 비밀을 누설하거나 재판의 공정을 해하는 행위를 하여서는 아니 된다(동법 제12조). 또한 피고인·증인에 대하여 필요한 사항을 신문하여 줄 것을 재판장에게 요청할 수 있고, 필요하다고 인정되는 경우 재판장의 허가를 받아 각자 필기를 하여 이를 평의에 사용할 수 있다. 그러나 심리 도중에 법정을 떠나거나 평의·평결 또는 토의가 완결되기 전에 재판장의 허락 없이 평의·평결 또는 토의 장소를 떠나서는 안되고, 평의가 시작되기 전에 당해 사건에 관한 자신의 견해를 밝히거나 의논해서는 안되며, 재판절차 외에서 당해 사건에 관한 정보를 수집하거나 조사해서는 안되고, 평의·평결 또는 토의에 관한 비밀을 누설해서는 안된다(동법 제41조). 아울러 법률에 따라 공정하게 그 직무를 수행할 것을 다짐하는 취지의 선서를 하여야 한다(동법 제42조). 한편 대법원규칙으로 정하는 바에 따라 배심원·예비배심원 및 배심원 후보자에게 여비·일당 등을 지급한다(동법 제15조).

2) 배심원의 수

법정형이 사형·무기징역 또는 무기금고에 해당하는 대상사건에 대한 국민참여재판에는 9인의 배심원이 참여하고, 그 외의 대상사건에 대한 국민참여재판에는 7인의 배심원이 참여한다. 다만 법원은 피고인 또는 변호인이 공판준비절차에서 공소사실의 주요내용을 인정한 때에는 5인의 배심원이 참여하게 할 수 있다. 법원은 사건의 내용에 비추어 특별한 사정이 있다고 인정되고 검사·피고인 또는 변호인의 동의가 있는 경우에 한하여 결정으로 배심원의 수를 7인과 9인 중에서 위와는 달리 정할 수 있다(동법 제13조).

법원은 배심원의 결원 등에 대비하여 5인 이내의 예비배심원을 둘 수 있다. 이 법에서 정하는 배심원에 대한 사항은 그 성질에 반하지 아니하는 한 예비배심원에 대하여 준용한다(동법 제14조).

3) 배심원의 자격

배심원은 만 20세 이상의 대한민국 국민 중에서 이 법으로 정하는 바에 따라 선정된다. 그러나 금치산자 또는 한정치산자에 해당되는 등의 결격사유(동법 제17조)가 있거나, 공무원에 해당되는 등 직업 등에 따른 제외사유(동법 제18조)가 있거나, 피해자이거나 피고인의 친족에 해당되는 등의 제척사유(동법 제19조)가 있을 때에는 배심원으로 선정될 수 없다. 또한 만 70세 이상인 사람이거나 장애가 있는 사람 등 기타 일정한 사유에 해당하는 사람에 대하여는 배심원 직무의 수행을 면제할 수 있다(동법 제20조).

4) 배심원의 선정

지방법원장은 매년 주민등록자료를 활용하여 배심원후보예정자명부를 작성한다(동법 제22조 제3항). 법원은 배심원후보예정자명부 중에서 필요한 수의 배심원후보자를 무작위 추출 방식으로 정하여 배심원과 예비배심원의 선정기일을 통지하여야 한다. 통지를 받은 배심원후보자는 선정기일에 출석하여야 한다(동법 제23조 제1항, 제2항). 법원은 검사·피고인 또는 변호인에게 선정기일을 통지하여야 한다. 검사와 변호인은 선정기일에 출석하여야 하며, 피고인은 법원의 허가를 받아 출석할 수 있다(동법 제27조 제1항, 제2항). 법원은 배심원후보자가 결격사유나 제외사유 또는 제척사유를 가지고 있는지의 여부 또는 불공평한 판단을 할 우려가 있는지 여부 등을 판단하기 위하여 배심원후보자에게 질문을 할 수 있다. 검사·피고인 또는 변호인은 법원으로 하여금 필요한 질문을 하도록 요청할 수 있고, 법원은 검사 또는 변호인으로 하여금 직접 질문하게 할 수 있다. 배심원후보자는 질문에 대하여 정당한 사유 없이 진술을 거부하거나 거짓 진술을 하여서는 아니 된다. 법원은 배심원후보자가 결격사유나 제외사유 또는 제척사유에 해당하거나 불공평한 판단을 할 우려가 있다고 인정되는 때에는 직권 또는 검사·피고인·변호인의 기피신청에 따라 당해 배심원후보자에 대하여 불선정결정을 하여야 한다. 검사·피고인 또는 변호인의 기피신청을 기각하는 경우에는 이유를 고지하여야 한다(동법 제28조). 검사와 변호인은 각자 배심원이 9인인 경우는 5인, 배심원이 7인인 경우는 4인, 배심원이 5인인 경우는 3인의 범위 내에서 배심원후보자에 대하여 이유를 제시하지 아니하는 기피신청(무이유부기피신청)을 할 수 있다. 무이유부기피신청이 있는 때에는 법원은 당해 배심원후보자를 배심원으로 선정할 수 없다. 법원은 검사 · 피고인 또는 변호인에게 순서를 바꿔가며 무이유부기피신청을 할 수 있는 기회를 주어야 한다(동법 제30조). 법원은 출석한 배심원후보자 중에서 당해 재판에서 필요한 배심원과 예비배심원의 수에 해당하는 배심원후보자를 무작위로 뽑고 이들을 대상으로 직권, 기피신청 또는 무이유부기피신청에 따른 불선정결정을 한다. 필요한 수의 배심원과 예비배심원 후보자가 확정되면 법원은 무작위의 방법으로 배심원과 예비배심원을 선정한다. 예비배심원이 2인 이상인 경우에는 그 순번을 정하여야 한다. 법원은 배심원과 예비배심원에게 누가 배심원으로 선정되었는지 여부를 알리지 아니할 수 있다(동법 제31조).

법원은 배심원 또는 예비배심원이 직무를 행하는 것이 적당하지 아니한 때에 해당하는 등 일정한 사유가 있는 때에는 직권 또는 검사 · 피고인 · 변호인의 신청에 따라 배심원 또는 예비배심원을 해임하는 결정을 할 수 있다(동법 제32조 제1항). 배심원과 예비배심원은 직무를 계속 수행하기 어려운 사정이 있는 때에는 법원에 사임을 신청할 수 있고, 법원은 신청에 이유가 있다고 인정하는 때에는 당해 배심원 또는 예비배심원을 해임하는 결정을 할 수 있다(동법 제33조 제1항, 제2항).

배심원이 부족하게 된 경우 예비배심원은 미리 정한 순서에 따라 배심원이 된다. 이 때 배심원이 될 예비배심원이 없는 경우 배심원을 추가로 선정한다. 국민참여재판 도중 심리의 진행 정도에 비추어 배심원을 추가선정하여 재판에 관여하게 하는 것이 부적절하다고 판단되는 경우 배심원이 5인 미만이 되는 경우를 제외하고는 1인의 배심원이 부족한 때에는 검사 · 피고인 또는 변호인의 의견을 듣고, 2인 이상의 배심원이 부족한 때에는 검사 · 피고인 또는 변호인의 동의를 받아 법원은 남은 배심원만으로 계속하여 국민참여재판을 진행하는 결정을 할 수 있다(동법 제34조).

5) 배심원의 평의 · 평결

재판장은 변론이 종결된 후 법정에서 배심원에게 공소사실의 요지와 적용법조, 피고인과 변호인 주장의 요지, 증거능력, 그 밖에 유의할 사항에 관하여 설명하여야 한다. 이 경우 필요한 때에는 증거의 요지에 관하여 설명할 수 있다.

심리에 관여한 배심원은 설명을 들은 후 유·무죄에 관하여 평의하고, 전원의 의견이 일치하면 그에 따라 평결한다. 다만 배심원 과반수의 요청이 있으면 심리에 관여한 판사의 의견을 들을 수 있다. 배심원은 유·무죄에 관하여 전원의 의견이 일치하지 아니하는 때에는 평결을 하기 전에 심리에 관여한 판사의 의견을 들어야 한다. 이 경우 유·무죄의 평결은 다수결의 방법으로 한다. 심리에 관여한 판사는 평의에 참석하여 의견을 진술한 경우에도 평결에는 참여할 수 없다. 평결이 유죄인 경우 배심원은 심리에 관여한 판사와 함께 양형에 관하여 토의하고 그에 관한 의견을 개진한다. 재판장은 양형에 관한 토의 전에 처벌의 범위와 양형의 조건 등을 설명하여야 한다. 평결과 의견은 법원을 기속하지 아니한다. 의견을 집계한 서면은 소송기록에 편철한다(동법 제46조). 배심원은 평의·평결 및 토의 과정에서 알게 된 판사 및 배심원 각자의 의견과 그 분포 등을 누설하여서는 아니 된다(동법 제47조).

판결의 선고는 변론을 종결한 기일에 하여야 한다. 그러나 특별한 사정이 있는 때에는 따로 선고기일을 지정할 수 있다. 재판장은 판결선고 시 피고인에게 배심원의 평결결과를 고지하여야 하며, 배심원의 평결결과와 다른 판결을 선고하는 때에는 피고인에게 그 이유를 설명하여야 한다(동법 제48조 제1항, 제4항). 판결서에는 배심원이 재판에 참여하였다는 취지를 기재하여야 하고, 배심원의 의견을 기재할 수 있다. 배심원의 평결결과와 다른 판결을 선고하는 때에는 판결서에 그 이유를 기재하여야 한다(동법 제49조).

6) 배심원 등의 보호를 위한 조치

누구든지 배심원·예비배심원 또는 배심원후보자인 사실을 이유로 해고하거나 그 밖의 불이익한 처우를 하여서는 아니 된다(동법 제50조). 누구든지 당해 재판에 영향을 미치거나 배심원 또는 예비배심원이 직무상 취득한 비밀을 알아낼 목적으로 배심원 또는 예비배심원과 접촉하여서는 아니 된다. 누구든지 배심원 또는 예비배심원이 직무상 취득한 비밀을 알아낼 목적으로 배심원 또는 예비배심원의 직무에 종사하였던 사람과 접촉하여서는 아니 된다. 다만 연구에 필요한 경우는 그러하지 아니하다(동법 제51조). 또한 법령으로 정하는 경우를 제외하고는 누구든지 배심원·예비배심원 또는 배심원후보자의 성명·주소와 그 밖의 개인정보를 공개하여서는 아니 된다. 배심원·예비배심원 또는 배심원후보자의 직무를 수행하였던 사람들의 개인정보에 대하여는 본인이 동의하는 경우에 한하여 공개할 수 있다(동법 第52조).

한편 재판장은 배심원 또는 예비배심원이 피고인이나 그 밖의 사람으로부터 위해를 받거나 받을 염려가 있다고 인정하는 때 또는 공정한 심리나 평의에 지장을 초래하거나 초래할 염려가 있다고 인정하는 때에는 배심원 또는 예비배심원의 신변안전을 위하여 보호, 격리, 숙박, 그 밖에 필요한 조치를 취할 수 있다. 검사, 피고인, 변호인, 배심원 또는 예비배심원은 재판장에게 위 신변보호조치를 취하도록 요청할 수 있다(동법 第53조).

제4절 헌법재판소

제1항 헌법재판 총론

Ⅰ. 개설

1. 헌법재판의 의의

헌법은 국가의 조직과 작용 및 기본권에 관한 정치적 근본규범이다. 헌법재판은 이러한 헌법의 분쟁을 해결하는 국가작용이다. 즉 헌법적 분쟁이 발생했을 때 이를 유권적으로 해결함으로써 헌법의 규범력을 지키는 헌법의 인식작용이다.

2. 헌법재판의 법적 성격

헌법이 일반규범과는 다른 정치적 규범으로서의 특성을 가지고, 따라서 헌법재판의 본질이 이러한 정치적 규범인 헌법상의 분쟁을 해결하는 국가작용이기 때문에 헌법재판은 다른 일반 재판작용과 구별되는 특성을 가질 수밖에 없는데, 여기서 헌법재판의 법적 성격이 문제된다.

(1) 사법작용설

헌법재판의 법적 성격을 사법작용이라고 이해하는 입장에 따르면 헌법재판도 헌법이라는 법규범에 대한 법인식작용이기 때문에 다른 일반재판의 경우와 다르지 않다는 것이다. 즉 일반재판이 법적 분쟁을 법규범의 해석을 통하여 유권적으로 해결하는 법인식작용인 것처럼 헌법재판도 헌법적 분쟁을 헌법규범의 해석을 통하여 유권적으로 해결하는 법인식작용이라는 점에서 본질적으로 동일하기 때문에 헌법재판의 법적 성격을 사법작용이라고 보는 것이다. 이 견해에 따르면 헌법과 일반법률은 해석방법에 있어서 아무런 차이가 없게 된다.

그러나 이 사법작용설에 대하여는 헌법이 일반법률과는 다른 정치성을 비롯한 다양한 특성을 가지고 있고, 따라서 일반법률의 해석방법 이외에 헌법에 특유한 다양한 해석방법이 적용되는 등 일반사법작용에서는 볼 수 없는 특성이 헌법재판에 존재한다는 사실을 간과하고 있다는 비판이 제기된다.

(2) 입법작용설

헌법재판을 입법작용이라고 이해하는 입장에 따르면 헌법재판은 헌법해석을 통한 헌법인식작용인데, 헌법의 해석은 헌법의 구체화이고 헌법의 구체화는 일종의 입법의 성격을 가지기 때문에 헌법의 해석을 주 내용으로 하는 헌법재판의 본질은 입법작용에 해당한다고 보는 것이다. 즉 일반적으로 헌법은 법률을 통해서 구체화되고 실현되며, 따라서 헌법의 구체화는 일종의 입법작용이라고 볼 수 있는데, 헌법해석도 헌법의 구체화를 통한 헌법실현작용이기 때문에, 결국 헌법해석을 수단으로 하는 헌법재판은 입법작용의 성격을 가진다는 것이다. 또한 가장 대표적이고 전통적인 헌법재판인 규범통제의 경우에서 보듯이 규범통제를 통한 법률에 대한 위헌·무효화는 바로 법률의 폐지나 삭제 등 사실상 입법작용에 해당한다고 한다. 따라서 헌법재판의 성격을 일종의 입법작용이라고 보는 것이다.

그러나 일반법률의 해석도 정도의 차이는 있지만 법률의 구체화를 통한 법률의 보충적·형성적 기능을 크건 작건 가진다는 점에서 일종의 입법작용으로서의 성격을 가지고 있으며, 다른 한편 설령 헌법의 해석이 입법작용의 성격을 가진다고 해도 이는 어디까지나 헌법재판의 부수적·결과적 효과에 해당하는 것이지 헌법재판의 본질적 기능이자 목적은 아니라는 비판이 제기된다.

(3) 정치작용설

헌법재판의 법적 성격이나 본질을 정치작용으로 이해하는 입장이다. Carl Schmitt가 이를 주장하는 대표적 학자이다. 이 견해에 따르면 헌법은 정치적 결단의 산물인 정치적 규범이기 때문에 헌법적 분쟁은 정치적 분쟁이고, 따라서 정치적 분쟁을 해결하는 헌법재판은 그 본질상 정치작용일 수밖에 없다는 것이다. 따라서 이 정치작용설은 헌법을 정치적 결단이라고 보는 입장에 서기 때문에 헌법재판이 비록 사법적 형태로 이루어진다고 하더라도 그것은 사법작용이 아니고 사법적 형태의 정치적 결단에 불과하다고 한다.

그러나 헌법이 가지는 정치적 결단으로의 성격만을 강조하고 헌법의 규범적 성격을 소홀히 하는 정치작용설은 헌법재판이 본질적으로는 헌법해석을 통한 법인식작용 내지 법선언작용이라는 점을 간과하고 있다는 비판이 제기된다. 헌법재판은 본질상 헌법해석을 통해 헌법의 규범적 의미와 내용을 밝히는 법적인 인식작용이지 정치적 형성작용은 아니라는 것이다.

(4) 제4의 국가작용설

헌법재판을 제4의 국가작용이라고 이해하는 입장에 따르면 헌법재판은 국가권력행사가 언제나 헌법정신에 따라 행해질 수 있도록 입법·행정·사법 등의 국가작용을 통제하는 기능을 가지기기 때문에 사법작용일수 없고, 입법작용일 수도 없으며, 그렇다고 행정작용일 수도 없는 독특한 성격을 가진 제4의 국가작용이라고 한다.[1)]

(5) 결어(정치적 사법작용)

헌법재판의 본질은 사법작용이라고 하겠다. 다만 정치적 규범으로서의 헌법적 분쟁을 해결하는 헌법재판의 특성에 비추어 볼 때 헌법재판의 법적 성격은 다른 일반 사법작용의 경우와는 달리 정치적 사법작용이라고 보아야 할 것이다. 즉 정치적 규범으로서의 헌법의 특성, 헌법재판이 가지는 정치적 평화보장기능,

---

1) 예컨대 허영, 전게서, 897쪽.

입법권·행정권·사법권에 대한 총체적 통제기능 등을 고려할 때 헌법재판은 일반 사법작용과 구별되는 정치적 사법작용이라고 볼 수 있다는 것이다. 물론 입법·행정·사법을 통제하는 기능을 갖기 때문에 입법·행정·사법의 어느 작용에도 속하지 않는 제4의 국가작용으로서의 성격도 갖는다고 볼 수는 있으나, 아무래도 헌법재판은 그 본질과 기능 및 형식과 절차 등이 넓은 의미의 사법작용에 속한다고 보아야 할 것이며, 다만 헌법의 정치규범성, 헌법재판의 권력통제 및 정치적 평화보장기능 등의 헌법재판의 특성에 비추어 정치적 사법작용으로 보는 것이다.

헌법재판을 본질상 넓은 의미의 사법작용에 속한다고 보는 이유는 다음과 같은 사실에 기인한다.

첫째, 헌법재판과 일반 사법작용은 공히 마찬가지로 법규범의 해석·적용·선언이라고 하는 법인식작용을 본질로 하고, 또한 구체적인 분쟁해결을 그 목적으로 하고 있다.

둘째, 양자가 기본권보호(권리보호)를 그 목적 또는 목적의 하나로 하고 있다.

셋째, 양자가 권력통제를 그 기능 또는 기능의 하나로 하고 있다.

넷째, 법률은 헌법의 구체화이기 때문에 법률해석(법률심)을 주 임무로 하는 일반재판과 헌법해석(헌법심)을 주 임무로 하는 헌법재판은 본질에 있어서 공통점을 가지고 있다.

다섯째, 헌법재판을 특별한 독립적 헌법재판기관에 맡기는 경우도 있지만 일반 사법기관에 맡기는 경우도 있는데, 이는 양자의 본질과 기능에서의 원칙적 동질성을 전제로 한다.

여섯째, 우리 헌법상 헌법재판소가 아닌 대법원이 명령·규칙 등에 대한 위헌·위법심사(규범통제)와 기관소송(권한쟁의의 일종), 선거소송(특별한 헌법재판의 일종) 등을 담당하고 있는데, 이는 대법원이 담당하는 일반 사법작용과 헌법재판작용의 본질과 기능상의 동질성을 전제로 한다.

결국 상기 언급한 이유로 헌법재판은 본질상 넓은 의미의 사법작용에 속하나, 다만 헌법이 가지는 정치적 규범으로서의 특성 및 이러한 헌법의 정치규범성에서 유래하는 헌법재판이 가지는 일반 사법작용과 구별되는 정치적 특성과 기능을 감안하여 정치적 사법작용으로 보는 것이다.

3. 헌법재판의 기능

헌법재판의 기능은 헌법을 수호하는 것이다. 헌법이 국가권력의 범위와 한계를 설정하고 정당화시키며 국민의 기본권을 보장하는 규범이라는 점에서 결국 헌법재판은 이러한 헌법의 이념을 실현하는 기능을 가진다고 볼 수 있다.

(1) 헌법보호

헌법재판은 헌법을 보호하는 기능을 가진다. 즉 헌법재판은 헌법에 대한 다양한 침해로부터 헌법을 보호함으로써 국가의 최고규범으로서의 헌법의 규범력을 지키고 헌법을 수호하는 기능을 가진다. 헌법을 위협하는 세력으로서는 일반적으로 국가권력을 거론할 수 있겠으나, 개인이나 단체 또는 정당 등 비국가권력도 이에 해당할 수가 있다. 위헌법률심판제도, 권한쟁의심판제도, 탄핵심판제도, 헌법소원심판제도 등이 전자로부터 헌법을 보호하기 위한 제도라면, 위헌정당해산제도와 기본권실효제도는 후자로부터 헌법을 보호하기 위한 제도라고 하겠다.

(2) 권력통제

헌법이 국가권력의 범위와 한계를 형성하고 정당화시키는 규범이라는 점에서 헌법재판은 국가권력이 이러한 한계를 일탈하지 않도록 통제하는 기능을 가진다. 즉 헌법재판은 국가공권력을 헌법의 테두리안에 두고 이를 일탈하는 공권력을 위헌·무효화시킴으로써 국가공권력을 통제하는 기능을 가지는 것이다. 이처럼 헌법재판은 입법권·행정권·사법권을 다양한 관할권을 통해 통제하는 강력한 권력통제기능을 가진다. 따라서 헌법재판은 권력분립제도의 중요한 수단이다. 특히 사회구조의 변화와 정당제도의 발달로 인해 고전적 3권분립이론이 제 기능을 발휘하기 어려운 오늘날의 통치질서에서는 헌법재판이야말로 국가권력을 통제하고 국가권력으로부터의 헌법침해를 방지할 수 있는 매우 효율적인 제도적 장치라고 할 수 있다.

(3) 기본권보호

헌법은 기본권보장을 그 이념으로 하고 있다. 따라서 헌법을 보호하고 실현하는 기능을 가지는 헌법재판은 당연히 기본권보호기능을 가진다. 앞서 언급한 바와 같이 헌법재판은 헌법보호와 권력통제기능을 가지는데, 이러한 기능은 결국 기본권보장을 목적으로 하는 것이다. 위헌법률의 제정과 위헌·위법한 행정작용에 의한 기본권 침해를 비롯해서 법원의 위헌적 재판작용을 통해 기본권을 침해하는 경우 헌법이 보장하는 기본권의 직접적 효력을 담보하는 마지막 제도적인 장치가 헌법재판이다. 따라서 헌법재판은 법리상 입법·행정·사법 등 모든 국가작용에 의한 기본권 침해를 구제하는 기능을 가진다. 모든 헌법재판이 궁극적으로 기본권보장기능을 가지지만, 특히 규범통제제도와 헌법소원심판제도가 가장 직접적이고 핵심적인 기본권보호를 위한 제도라고 할 수 있다.

(4) 소수보호

오늘날의 민주주의는 다원적 민주주의를 핵심내용으로 하고 있다. 또한 이러한 다원적 민주주의는 소수보호를 전제로 한다. 헌법 제8조 제1항이 복수정당제를 보장하는 것도 바로 다양한 소수의사의 국정에의 반영을 염두에 둔 것이다. 따라서 국민의 의사를 대표하는 의회의 대의활동과 정책결정은 이러한 소수의 의사도 대변하고 반영하여야 한다. 그런데 의회의 다수파가 이러한 소수의 의사를 무시하고 다수결원리에 따라 위헌적인 입법행위를 할 경우 이를 통제하는 대표적 국가작용이 바로 규범통제제도, 헌법소원심판제도, 권한쟁의심판제도 등을 내용으로 하는 헌법재판이다. 따라서 헌법재판은 결과적으로 소수보호의 기능을 가지게 된다.

(5) 정치적 평화보장

헌법은 정치적 규범이다. 따라서 헌법적 분쟁을 유권적으로 해결하는 헌법재판은 결국 정치적 분쟁을 해결하는 것이다. 따라서 헌법재판은 한 국가의 정치적 평화를 유지 내지 보장하는 기능을 가진다고 볼 수 있다. 이에 따라 헌법재판은 국가기관들 상호간의 권력남용과 악용을 억제하여 정치적 분쟁을 해결하는 한편, 기본권의 남용과 악용에 의한 헌법침해가 발생하지 않도록 사회적 분쟁을 조정함으로써 민주적 기본질서를 지키고 헌정질서의 평화를 보장하면서 사회통합을 촉진시키는 기능을 가진다. 연방국가적 쟁의와 권한쟁의심판제도 및 위헌정당해산제도와 기본권 실효제도 등이 이러한 기능을 담당한다고 볼 수 있다.

Ⅱ. 헌법재판의 기관

헌법재판기관은 크게 일반법원형과 독립한 헌법기관형의 두 가지로 나눌 수 있다.

1. 일반법원형

헌법재판을 일반법원이 담당하는 유형이다. 헌법재판을 사법작용이라고 보는 입장에서는 헌법재판도 일반법원이 담당해야 한다고 보는 것이 논리적일 것이다. 미국을 비롯한 많은 영미법계 국가와 일본 등에서 채택하고 있는 유형이다.

2. 독립한 헌법기관형

헌법재판을 일반사법기관이 아닌 헌법재판소와 같은 독립한 헌법기관에서 담당하는 유형이다. 헌법재판을 정치적 사법작용 또는 제4의 국가작용이라고 이해하는 입장에서는 헌법재판의 특성상 헌법재판을 일반법원의 관할사항으로 할 것이 아니라, 독립기관에 맡기는 것이 바람직하다고 보는 것이 논리적일 것이다. 독일과 우리나라를 비롯한 많은 대륙법계 국가에서 채택하고 있는 유형이다.

3. 결어

일반법원형을 채택한 국가 중 미국처럼 헌법재판을 성공적으로 수행하고 있다고 평가되는 국가도 있지만, 우리 제3공화국에서처럼 헌법재판이 유명무실했다고 평가되는 경우도 있다. 또한 독일처럼 독립한 헌법재판소를 채택하여 매우 성공적으로 헌법재판을 운용하는 경우도 있다. 결국 일반법원과 독립한 헌법기관 중 어느 기관이 헌법재판을 담당하는 것이 바람직한지는 해당 국가의 사법제도, 정치적 상황, 사법부의 독립, 정부형태, 권력분립의 실현형태 등 다양한 사안을 고려해서 판단할 수 있는 문제이다.

다만 정치적 사법작용으로서의 헌법재판이 가지는 다양한 특성을 감안할 때 일반법원이 아닌 독립한 기관에 맡기는 것이 보다 바람직하다고 생각된다. 특히 입법권 · 행정권 뿐 아니라 사법권에 대한 통제(재판에 대한 헌법소원 등)기능을 담당하는 헌법재판제도의 특성(다양한 권력통제기능)을 고려할 때 이를 일반법원에 맡기는 것은 헌법이론상 적절치 않다고 본다. 다만 이를 위해 독립한 헌법기관의 경우 다른 헌법기관에 못지않은 강력한 민주적 정당성과 절차적 정당성에 바탕을 두고 구성되는 것이 필요하다고 하겠다.

우리나라의 경우 제3공화국에서만 대법원을 중심으로 한 일반법원에 헌법재판기능을 맡겼었고, 나머지의 경우에는 독립한 기관을 설치해서 헌법재판기능을 맡겨 왔는데, 제2공화국과 현행 헌법은 헌법재판소를, 기타의 경우에는 헌법위원회를 설치했었다. 현행 헌법은 헌법재판소의 구성에 있어서 입법부 · 행정부 · 사법부가 같은 비율로 재판관을 선출 내지 지명하도록 하고 있는데, 이는 앞서 언급한 민주적 정당성의 요청과 입법권 · 행정권 · 사법권에 대한 통제기능을 가지는 헌법재판의 취지에 부합된다고 보기 어렵다. 따라서 가장 민주적 정당성이 강한 대의기관인 국회에서 교섭단체비율에 따라 추천된 후보자를 재적의원 과반수 또는 2/3 이상의 찬성으로 모든 헌법재판관을 선출하도록 하는 것이 바람직하다고 할 것이다. 또한 이것이 국민의 다양한 의사의 반영과 재판관 구성의 다양성 및 이념적 균형성, 그리고 야당 등 소수보호의 취지에도 부합된다고 하겠다.

Ⅲ. 헌법재판의 종류

1. 규범통제제도

규범통제제도는 위헌적인 법규범을 통제 · 무효화시킴으로써 헌법의 최고규범성과 규범력을 지키는 헌법재판의 가장 전통적이고 핵심적인 제도이다. 이는 구체적 규범통제와 추상적 규범통제로 나뉠 수 있다.

(1) 구체적 규범통제

구체적 규범통제는 법률의 위헌 여부가 구체적 재판의 전제가 된 경우에 소송당사자의 신청 또는 해당 법원의 직권에 의해서 해당 법원 스스로 또는 별도의 헌법재판기관이 법률의 위헌 여부를 심사·결정하는 제도이다. 이는 1803년 미국 연방대법원의 Marbury vs. Madison사건의 판례를 통해 처음으로 확립된 제도라고 할 수 있다.[1)] 우리나라는 제헌 이래 이 제도를 채택해 왔고, 독일을 비롯한 다른 많은 나라에서도 운용되고 있다.

(2) 추상적 규범통제

이는 구체적 사건 내지 재판과 관계없이 법률의 위헌 여부에 대한 분쟁이 발생한 경우에 일정한 국가기관의 신청에 의해서 헌법재판소 등 독립한 헌법재판기관이 법률의 위헌여부를 심사·결정하는 제도이다. 이러한 추상적 규범통제의 신청권을 법률제정에 관여하는 헌법기관들에게 부여하는 것이 일반적이라고 할 수 있다. 예컨대 추상적 규범통제를 성공적으로 운용하고 있다고 평가되는 독일의 경우 연방정부, 주정부 또는 연방의회의 재적의원 1/3의 신청으로 이루어진다. 이처럼 의회의 야당 내지 소수에게 추상적 규범통제의 신청권을 부여하는 것은 여당 내지 다수의 횡포와 전제를 견제한다는 의미도 갖게 되어 현대 정당민주주의에서는 매우 바람직한 제도로 평가된다. 우리 헌법은 이 제도를 채택하지 않고 있는데, 입법론적으로 도입하는 것이 바람직하다고 생각한다.

2. 탄핵심판제도

탄핵심판제도는 국가의 고위공직자의 직무집행에 있어서 헌법이나 법률을 위배한 때에 그 공직자에 대하여 법적 책임을 추궁함으로써 권력을 통제하고 법치주의를 실현하고자 하는 헌법재판이다. 우리 헌법 제65조와 제111조 제1항 제2호가 대통령을 비롯한 고위공직자에 대한 탄핵심판권을 헌법재판소에 부여하고 있다.

3. 정당해산심판제도

정당해산심판제도는 정당의 목적이나 활동이 헌법의 민주적 기본질서에 위

---

1) 5 U.S. (1 Cranch) 137(1803). Marbury v. Madison 판결의 내용과 의의에 대하여 자세한 것은 정연주, Marbury v. Madison 판결의 재조명, 공법연구 제32집 제3호, 2004. 2, 199쪽 이하 참조.

배될 때에 정부의 제소에 따라 그 정당의 강령이나 활동 등의 위헌성 여부를 심판해서 위헌으로 판단될 경우 그 정당을 해산함으로써 헌법을 수호하는 헌법재판이다. 이는 위헌정당에 의한 헌법적 가치질서의 침해로부터 헌법을 보호하는 방어적·투쟁적 민주주의의 실현수단의 하나이다. 우리 헌법과 독일 기본법 등이 이 제도를 채택하고 있다.

4. 권한쟁의심판제도

권한쟁의심판은 국가기관이나 지방자치단체들 상호간에 그 헌법 내지 법률적 권한과 의무에 관해서 다툼이 생긴 경우에 이를 조정·해결하는 헌법재판을 말한다. 권한쟁의심판은 국가기관이나 지방자치단체들 상호간의 권한과 의무의 한계를 명백히 함으로써 국가기능의 수행을 원활히 하고 권력 상호간의 견제와 균형을 이루게 함으로써 정치적 평화를 유지시키며 헌법적 가치질서를 보호하는 의의와 목적을 가진다.

권한쟁의심판의 소송당사자능력과 관련해서 권한쟁의의 소송당사자 상호간에는 독자적인 권한과 의무가 전제되어야 하고, 또한 구체적인 권한보호의 이익이 있을 때에만 허용되는 것이기 때문에 어떤 헌법기관의 일정한 작위 또는 부작위에 의해서 타 헌법기관의 헌법 내지 법률상 권한과 의무가 침해되었거나 직접적이고 현실적인 침해의 위협을 받는 경우에만 그 소를 제기할 수 있다. 우리 헌법에서 이 제도를 채택하고 있고, 독일 기본법도 이 제도를 채택하고 있다.

5. 헌법소원심판제도

헌법소원심판제도는 국가의 공권력(입법·행정·사법권)에 의해서 헌법상 보장된 기본권이 위헌적으로 침해되었다고 주장하는 국민이 헌법재판기관에 직접 권리구제를 소청하는 제도이다. 가장 소송제기 빈도수가 높은 헌법재판유형으로서 우리 헌법에서 이 제도를 채택하고 있고, 독일 기본법도 이 제도를 채택하고 있다.

6. 기타

(1) 선거소송제도

선거나 당선의 위헌 · 무효 여부를 다루는 소송이다. 선거소송은 매우 정치적인 사법작용으로서 본질상 헌법재판에 속한다. 독일의 경우 연방의회의원선거에 대한 분쟁에 있어서 일차적으로 그 선거의 효력에 대하여 연방의회가 심사하지만, 연방의회의 결정에 대해서 이의가 있을 때에는 연방헌법재판소가 최종결정을 내린다.

우리나라의 경우에 선거소송은 헌법재판소의 관할이 아니라 일반법원이 담당하고 있다. 현행 공직선거법에 따르면 대통령선거와 국회의원선거, 시 · 도지사선거 및 비례대표시 · 도의원선거 등에 있어서 선거의 효력 및 당선의 효력에 관한 소송은 대법원의 전속관할로 단심이고, 지역구시 · 도의원선거, 자치구 · 시 · 군의원선거 및 자치구 · 시 · 군의 장 선거 등에 있어서 그 선거의 효력 및 당선의 효력에 관한 소송은 그 선거구를 관할하는 고등법원에 소를 제기할 수 있다.

(2) 기본권실효제도

기본권실효제도는 기본권을 남용 또는 악용해서 헌법적 가치질서를 파괴하는 사람을 대상으로 그의 기본권행사의 위헌 여부를 심사해서 위헌이라고 판단되는 경우 그 당사자의 해당 기본권의 효력을 일정기간 상실시키는 헌법재판이다. 이는 민주주의의 이름으로 민주주의를 파괴하려는 개인 등에 대항해서 민주주의와 헌법적 가치를 지키기 위한 방어적 내지 투쟁적 민주주의의 실현을 위한 수단의 하나라고 볼 수 있다. 독일 기본법 제18조가 채택하고 있으나 우리나라는 채택하고 있지 않다.

(3) 연방국가적 쟁의

연방국가적 쟁의란 연방국가 내에서 연방과 주, 또는 주 상호간의 권한과 의무에 관한 분쟁을 해결하는 헌법재판을 말한다. 연방정부와 주정부가 소송당사자가 된다. 따라서 이는 연방국가에만 적용되는 제도로서 단일국가인 우리나라의 경우에는 적용되지 않는다.

Ⅳ. 우리 헌법재판제도의 역사

1. 제헌헌법(제1공화국헌법)

1948년 제헌헌법은 헌법재판기관으로서 헌법위원회를 설치하여 위헌법률심판권을 부여하였다. 이에 따라 국회는 1950. 2. 21. 법률 제100호로써 헌법위원회법을 제정하였다. 헌법편제상 헌법위원회는 제5장 법원편에 규정되어 있었는데, 헌법위원회는 그 권한이 위헌법률심사에만 한정되어 있었다. 한편 탄핵심판제도를 도입하면서 헌법위원회와는 별도의 탄핵재판소를 설치하였다.

2. 1960년헌법(제2공화국헌법)

1960년헌법은 독립된 헌법재판소를 설치했다. 헌법재판소의 구성은 심판관 9인으로 하고, 대통령 · 대법원 · 참의원이 각각 3명씩 선출하며, 임기는 6년으로 2년마다 개임하도록 했다(헌법 제83조의4). 헌법재판소장은 심판관 중에서 호선하여 대통령이 이를 확인하도록 했는데, 소장선거에서는 재적심판관 과반수의 투표를 얻도록 했다(헌법재판소법 제5조 제2항, 제3항). 구 헌법위원회와는 달리 헌법재판소는 상설적인 기구로 하였다. 헌법재판소는 법률의 위헌여부 심사, 헌법에 관한 최종적인 해석, 국가기관간의 권한쟁의, 정당의 해산, 탄핵재판, 대통령 · 대법원장 · 대법관의 선거에 관한 소송 등을 관할하고 있었다(헌법 제83조의3). 그러나 1961. 4. 17. 헌법재판소법이 제정된 지 1개월 만에 5·16 군사쿠데타가 발생하여 헌법재판소는 구성되지 못했다.

3. 1962년헌법(제3공화국헌법)

1962년헌법은 일반법원에 위헌법률심판권을 부여함으로써 미국식의 사법심사제도를 도입하였다. 이러한 위헌법률심사권과 더불어 헌법재판에 속하는 사항 중 정당해산심판(헌법 제7조 제3항, 제103조)과 선거소송 등을 대법원이 관장하도록 했다.

한편 탄핵심판을 위해 별도의 탄핵심판위원회를 설치했는데, 탄핵심판위원회를 헌법상 국회편에서 규정하면서, 대법원장을 위원장으로 하고 대법원판사 3인과 국회의원 5인 등 9인의 위원으로 구성하되, 대법원장을 심판할 경우에는 국회의장이 위원장이 되도록 했다(헌법 제62조 제2항). 한편 권한쟁의심판제도는 채택하지 않았다.

4. 1972년헌법(제4공화국헌법)

1972년헌법은 미국식의 일반법원에 의한 사법심사제도를 폐지하고 헌법재판을 담당하는 기관으로 다시 헌법위원회를 설치하였다(제8장). 헌법위원회는 위헌법률심판 이외에도 탄핵심판, 정당해산심판을 관할했다(헌법 제109조 제1항). 헌법위원회는 9인의 위원으로 구성하고 대통령이 임명하는데, 3인은 국회에서 선출하는 자를, 3인은 대법원장이 지명하는 자를 임명하도록 하였다(헌법 제109조). 헌법위원회 위원 중에서 대통령이 임명하는 위원장과 상임위원 1인을 두고, 나머지 위원은 비상임 명예직으로 하였다(헌법위원회법 제6조, 제7조, 제10조).

5. 1980년헌법(제5공화국헌법)

1980년헌법은 1972년헌법상의 헌법재판제도를 거의 그대로 답습하였다. 즉 1972년헌법의 헌법위원회제도를 그대로 계승하여 구체적 규범통제권, 탄핵심판권, 정당해산심판권을 관장하도록 하였다.

6. 1987년헌법(현행 헌법)

현행 헌법은 헌법재판제도를 채택하면서(제111조 제1항) 헌법재판을 전담할 기관으로 대륙형의 헌법재판소를 설치하고 있다. 현행 헌법상의 헌법재판소와 헌법재판제도는 1960년헌법(제2공화국헌법)의 그것과 유사하다. 헌법재판소는 구체적 규범통제제도(제107조 제1항), 탄핵심판제도(제65조), 정당해산심판제도(제8조 제4항, 제111조 제1항 제3호), 권한쟁의심판제도(제111조 제1항 제4호), 헌법소원심판제도(제111조 제1항 제5호)를 관장사항으로 하고 있다. 1960년헌법과 다른 것은 선거소송이 헌법재판소가 아닌 대법원 등 일반법원의 관할에 속한다는 점과 새롭게 헌법소원제도가 도입되었다는 것이다. 한마디로 현행 헌법상의 헌법재판은 과거의 경우와는 달리 헌법보호와 권력통제 및 자유와 정치적 평화보장의 장치로 기능할 수 있도록 제도화되었다고 볼 수 있다.

제 2 항 헌법재판소의 지위와 구성

I. 헌법재판소의 지위

헌법재판소는 헌법재판을 전담하기 위해서 헌법 제6장에 의하여 설치된 헌법기관이다. 그런데 헌법재판은 헌법보호, 기본권보호, 권력통제, 정치적 평화보장 기능을 가지기 때문에 헌법재판소는 이에 상응하는 헌법상의 지위를 가진다. 즉 헌법보호기관, 기본권보호기관, 권력통제기관, 정치적 평화보장기관으로서의 지위를 가진다.

1. 헌법보호기관

헌법재판은 헌법적 분쟁을 유권적으로 해결함으로써 헌법의 규범력을 지키는 헌법실현작용이다. 즉 헌법재판은 헌법적 가치를 수호하는 기능을 가진다. 이 점에서 헌법재판을 담당하는 헌법재판소는 바로 헌법보호기관으로서의 지위를 가진다고 하겠다. 이에 따라 현행 헌법상 헌법재판소의 관장사항에 속하는 헌법재판제도들은 모두 국가권력 등 다양한 세력에 의한 헌법침해로부터 헌법을 수호하는 기능을 가지는 것이다.

2. 기본권보호기관

주지하는 바와 같이 헌법은 기본권보장의 마그나카르타다. 따라서 헌법을 보호하는 기능을 가지는 헌법재판은 바로 이러한 헌법의 가장 핵심적 가치인 기본권을 보호하는 것이다. 그러므로 가장 중요한 헌법재판소의 지위는 바로 기본권보호기관으로서의 지위라고 하겠다. 이에 따라 헌법재판소는 위헌법률심판이나 헌법소원심판제도 등을 통해서 국민의 기본권을 보장하는 최후의 보루로서의 역할을 담당한다.

3. 권력통제기관

위에서 언급한 바와 같이 헌법이 국가권력의 범위와 한계를 설정하고 정당화시키는 규범이라는 점에서 이러한 헌법의 이념을 실현시키는 헌법재판은 국가권력이 이러한 한계를 일탈하지 않도록 통제하는 기능을 가진다. 이 점에서 헌법재판을 담당하는 헌법재판소는 바로 권력통제기관으로서의 지위를 가진다. 특히 오늘날 사회구조의 변화와 정당제도의 발달로 인해 고전적 3권분립이론이 제 기능을 발휘하기 어려운 정치현실을 감안할 때 헌법재판소야말로 가장 효율적인 권력통제기관이라고 할 수 있다.

4. 정치적 평화보장기관

헌법재판은 국가기관 상호간의 분쟁을 유권적으로 해결함으로써 헌정생활의 안정과 정치적 평화를 보장하는 기능을 한다. 헌법재판은 국가기관들 상호간의 권력남용과 악용을 억제하여 정치적 분쟁을 해결하는 한편, 민주적 기본질서를 지키고 헌정질서의 평화를 보장하면서 사회통합을 촉진시키는 기능을 가진다. 권한쟁의심판제도 및 위헌정당해산제도 등이 이러한 기능을 담당한다고 볼 수 있다. 이에 따라 헌법재판을 담당하는 헌법재판소는 바로 정치적 평화보장기관으로서의 지위를 가진다고 하겠다.

Ⅱ. 헌법재판소의 구성과 조직

1. 헌법재판소의 구성

(1) 구성방식

헌법재판소는 대통령이 임명하는 법관의 자격을 가진 9인의 재판관으로 구성되는바, 그 중 3인은 국회에서 선출하는 자를, 3인은 대법원장이 지명하는 자를 임명한다(헌법 제111조 제2항, 제3항). 따라서 대통령이 고유의 권한으로 직접 임명하는 재판관은 3인이며, 국회에서 선출하는 자나 대법원장이 지명하는 자에 대한 대통령의 임명은 형식적인 것에 불과하고 대통령이 임명을 거부할 수는 없다고 할 것이다. 헌법재판소장은 국회의 동의를 얻어 재판관 중에서 대통령이 임명한다(헌법 제111조 제4항). 헌법재판소장은 재판부의 재판장이 된다(헌법재판소법 - 이하 '법'이라 함 - 제22조 제2항).

(2) 재판관의 임기와 정년

재판관의 임기는 6년이며 연임할 수 있다(헌법 제112조 제1항). 연임횟수의 제한은 없다. 헌법은 헌법재판소장의 임기를 따로 규정하고 있지 않지만(대법원장의 경우에는 헌법 제105조 제1항에서 규정하고 있다), 헌법재판소장도 재판관이므로 재판관의 임기에 관한 규정이 적용되어 헌법재판소장의 임기는 6년이다.

재판관의 정년은 70세이다(법 제7조 제2항). 이러한 정년규정 때문에 재판관은 임기 전이라도 정년에 도달하면 퇴임한다. 재판관의 임기가 만료되거나 정년이 도래하는 때에는 임기만료일 또는 정년도래일까지 후임자를 임명하여야 한다(법 제6조 제3항). 임기 중 재판관이 결원된 때에는 결원된 날부터 30일 이내에 후임자를 임명하여야 한다(법 제6조 제4항). 그런데 국회에서 선출한 재판관이 국회의 폐회 또는 휴회 중에 그 임기가 만료되거나 정년이 도래한 때 또는 결원된 때에는 국회는 다음 집회가 개시된 후 30일 이내에 후임자를 선출하여야 한다(법 제6조 제5항).

재판관의 임기를 정하는 문제는 헌법정책적으로 결정할 사항이다. 그런데 우리의 경우 6년의 임기는 전문적인 헌법재판의 업무를 효율적이고 지속적으로 수행하기에는 짧다고 생각된다. 참고로 미국 연방대법관의 경우에는 종신직이고, 독일 연방헌법재판관의 경우에는 12년으로 하고 있는데, 우리의 경우에는 약 8년에서 9년의 경우가 적절하다고 본다. 또한 재판관의 연임을 허용하고 있는데, 아마도 이는 재판관 업무의 연속성을 감안한 것으로 보이나 재판관의 연임은 재판의 독립성이라는 측면에서 문제가 있다. 따라서 재판관의 임기를 늘리고 연임을 불허하는 것이 바람직하다고 하겠다.

(3) 재판관의 자격과 겸직금지

1) 재판관의 자격

재판관으로 임명되기 위해서는 40세 이상이어야 하고, 15년 이상 ① 판사·검사·변호사의 직에 있었거나, ② 변호사 자격이 있는 사람으로서 국가기관, 국영·공영 기업체, 「공공기관의 운영에 관한 법률」 제4조에 따른 공공기관 또는 그 밖의 법인에서 법률에 관한 사무에 종사한 사람, ③ 변호사의 자격이 있는 자로서 공인된 대학의 법률학 조교수 이상의 직에 있어야 한다. 이들 중 둘 이상의 직에 있던 자의 재직기간은 합산한다(법 제5조 제1항). 이러한 자격요건을 갖추었어도 ① 다른 법령에 의하여 공무원으로 임용하지 못하는 사람, ② 금고 이상의 형을 선고받은 사람, ③ 탄핵에 의하여 파면된 후 5년을 경과하지 아니한 사람은 재판관으로 임용될 수 없다(법 제5조 제2항).

2) 재판관의 겸직금지

헌법재판소의 독립성을 위해 재판관은 정당에 가입하거나 정치에 관여할 수 없다(헌법 제112조 제2항, 법 제9조). 아울러 법 제14조는 재판관이 ① 국회 또는 지방의회의 의원의 직, ② 국회·정부 또는 법원의 공무원의 직, ③ 법인·단체 등의 고문·임원 또는 직원의 직에 해당하는 직을 겸하거나 영리를 목적으로 하는 사업을 영위할 수 없도록 규정하고 있다.

(4) 재판관과 헌법재판소장의 선임절차

재판관은 모두 대통령이 임명하지만, 3인은 국회에서 선출한 자를, 3인은 대법원장이 지명한 자를 임명하기 때문에 대통령이 고유의 권한에서 직접 임명할 수 있는 재판관은 3인이다(헌법 제111조 제2항 및 제3항, 법 제6조 제1항). 재판관은 국회의 인사청문을 거쳐 임명·선출 또는 지명된다. 이 경우 대통령은 재판관(국회에서 선출하거나 대법원장이 지명하는 자를 제외한다)을 임명하기 전에, 대법원장은 재판관을 지명하기 전에 인사청문을 요청한다(법 제6조 제2항). 이 경우 대통령이 임명하는 재판관과 대법원장이 지명하는 재판관은 국회의 상임위원회, 즉 법제사법위원회의 인사청문을 거치고(국회법 제65조의2 제2항), 국회에서 선출하는 재판관은 국회의 인사청문특별위원회의 청문절차를 거친다(국회법 제46조의3 제1항).

그런데 이처럼 대통령과 국회 및 대법원장에게 재판관의 선임권을 부여한 것은 3권분립의 원칙에 따른 것으로 보이지만, 대통령제하에서의 정치적 역학구도나 헌법재판소의 독립성, 재판관의 지위와 신분상의 동질성 및 체계정당성의 요청에 비추어 볼 때 타당하지 못하다. 특히 이론상 대법원 등 사법부를 통제해야 할 기능을 포함한 3권에 대한 다원적 권력통제의 역할을 담당하는 헌법재판의 특성을 감안할 때 대법원장에게 재판관 3인의 지명권을 부여한 것은 대단히 잘못된 것이라고 하겠다. 따라서 독일처럼 9인의 재판관을 모두 국회에서 선출하되, 교섭단체비율로 추천된 후보자 중 재적의원 과반수 또는 2/3 이상의 찬성을 얻은 사람을 재판관으로 선임하는 것이 보다 큰 민주적 정당성의 요청에 부합되는 한편, 여·야가 함께 찬성할 수 있는 보다 적절한 인물을 선임할 수 있다는 점에서 바람직하다고 하겠다.

헌법재판소의 장은 국회의 동의를 얻어 재판관 중에서 대통령이 임명한다(헌법 제111조 제4항). 이 경우 처음부터 헌법재판소장인 재판관으로 지명해서 국회의 동의를 얻어 임명할 수도 있고, 이미 재임중인 재판관 중에서 국회의 동의를 얻어 헌법재판소장으로 임명할 수도 있을 것이다. 후자의 경우 해당 재판관의 잔여임기 동안만 헌법재판소장으로 재임한다고 보아야 할 것이다. 왜냐하면 헌법에 재판관의 경우와는 달리 헌법재판소장의 임기를 따로 정하지 않고 있기 때문이다. 반면 대법원장의 경우에는 대법관과 같이 임기를 6년으로 정하고 있다(헌법 제105조 제1항). 헌법재판소장은 국회의 인사청문특별위원회의 청문절차를 거친다(국회법 제46조의3 제1항).

(5) 재판관의 신분보장과 대우

재판관은 탄핵 또는 금고 이상의 형의 선고에 의하지 아니하고는 파면되지 아니한다(헌법 제112조 제3항). 그러나 자발적인 의사에 의한 재판관의 사임은 허용된다고 하겠다. 특히 재판관의 중대한 심신상의 장애로 직무를 수행할 수 없을 때에는 법관의 예에 준해서 헌법재판소장의 제청으로 대통령이 퇴직을 명할 수 있다고 할 것이다(법원조직법 제47조 참조).

헌법재판소장의 대우와 보수는 대법원장의 예에 따르며, 재판관은 정무직으로 하고 그 대우와 보수는 대법관의 예에 따른다(법 제15조).

2. 헌법재판소의 조직

(1) 헌법재판소장

헌법재판소장은 헌법재판소를 대표하고 헌법재판소의 사무를 총괄하며, 소속 공무원을 지휘·감독하는 헌법재판소 행정업무의 최고책임자이다(법 제12조 제3항). 헌법재판소장이 궐위되거나 사고로 인하여 직무를 수행할 수 없을 때에는 다른 재판관이 헌법재판소규칙이 정하는 순서에 의하여 그 권한을 대행한다(법 제12조 제4항). 「헌법재판소장의 권한대행에 관한 규칙」에 따르면 헌법재판소장이 일시적인 사고로 인하여 직무를 수행할 수 없을 때에는 헌법재판소 재판관 중 임명일자 순으로 그 권한을 대행한다. 임명일자가 같을 때에는 연장자순으로 대행한다(동 규칙 제2조). 그러나 헌법재판소장이 궐위되거나 1개월 이상 사고로 인하여 직무를 수행할 수 없을 때에는 헌법재판소 재판관 중 재판관회의에서 선출된 사람이 그 권한을 대행한다(동 규칙 제3조 제1항).

(2) 재판관회의

헌법재판소의 중요 행정사항을 심의·의결하기 위하여 재판관 전원으로 구성되는 재판관회의를 두는데, 헌법재판소장이 의장이 된다(법 제16조 제1항). 헌법재판소장은 회의를 주재하고 의결된 사항을 집행한다(「헌법재판소 재판관회의 규칙」 제3조). 재판관회의는 헌법재판소장이 필요하다고 인정하거나 재판관 3명 이상의 요청이 있는 때에 헌법재판소장이 소집한다(동 규칙 제2조). 재판관회의는 재판관 7인 이상의 출석과 출석인원 과반수의 찬성으로 의결한다(법 제16조 제2항). 의장은 의결에 있어 표결권을 가진다(법 제16조 제3항).

한편 ① 헌법재판소규칙의 제정과 개정, 법 제10조의2에 따른 입법 의견의 제출에 관한 사항, ② 예산 요구, 예비금 지출과 결산에 관한 사항, ③ 사무처장, 사무차장, 헌법재판연구원장, 헌법연구관 및 3급 이상 공무원의 임면에 관한 사항, ④ 특히 중요하다고 인정되는 사항으로서 헌법재판소장이 재판관회의에 부치는 사항에 관해서는 재판관회의의 의결을 거쳐야 한다(법 제16조 제4항).

(3) 보조기관

헌법재판소에는 재판을 보조하는 다양한 기관이 있다. 헌법재판소의 행정업무를 처리하기 위하여 헌법재판소장의 지휘를 받는 사무처를 둔다(법 제17조). 그리고 재판업무를 보조하는 헌법연구관(법 제19조)과 헌법연구관보(법 제19조의2)를 두고 있다. 헌법연구관 등은 헌법재판소장의 명을 받아 사건의 심리 및 심판에 관한 조사 · 연구에 종사한다. 또한 사건의 심리 및 심판에 관한 전문적인 조사 · 연구에 종사하는 헌법연구위원을 둘 수 있도록 했다(법 제19조의3). 한편 헌법 및 헌법재판 연구와 헌법연구관, 사무처 공무원 등의 교육을 위하여 헌법재판소에 헌법재판연구원을 둔다(법 제19조의4). 헌법재판소장과 재판관들은 각각 비서실장과 비서관들에 의한 사무지원을 받는다(법 제20조).

제3항 일반심판절차

Ⅰ. 개설

헌법재판소법은 심판절차를 일반심판절차(제3장)와 특별심판절차(제4장)의 둘로 나누어 규정하고 있다. 전자는 각종의 관장사항에 공통적으로 적용되는 심판절차이고, 후자는 헌법재판소의 5가지 관장사항, 즉 위헌법률심판, 탄핵심판, 정당해산심판, 권한쟁의심판, 헌법소원심판에 각각 적용되는 개별적 심판절차를 말한다.

그런데 헌법재판의 심판절차는 헌법과 헌법재판소법에서 불완전하게 규정되어 있다. 그래서 헌법재판의 심판절차에는 헌법재판소법에서 특별히 정한 사항 이외에는 헌법재판의 성질에 반하지 않는 범위내에서 민사소송에 관한 절차를 준용한다(법 제40조 제1항 전단). 그리고 탄핵심판의 경우에는 형사소송에 관한 법령을, 권한쟁의심판 및 헌법소원심판의 경우에는 행정소송법을 준용하는데(법 제40조 제1항 후단), 이 경우 민사소송에 관한 법령은 형사소송에 관한 법령 또는 행정소송법과 저촉되지 않는 범위내에서만 준용한다(법 제40조 제2항).

심판절차의 보다 세부적이고 구체적인 사항은 「헌법재판소 심판규칙」(이하 '심판규칙'이라 함)에서 정하고 있다. 그런데 심판규칙에 특별한 규정이 없으면 다시 법 제40조의 규정에 따라 관련 법령이 준용된다고 하겠다.

Ⅱ. 재판부

1. 재판부의 구성

(1) 전원재판부

헌법재판소법에 특별한 규정이 있는 경우를 제외하고는 헌법재판소의 심판은 재판관 전원으로 구성되는 재판부에서 관장한다(법 제22조 제1항). 재판부의 재판장은 헌법재판소장이 된다(법 제22조 제2항).

(2) 지정재판부

헌법재판소장은 헌법재판소에 재판관 3인으로 구성되는 지정재판부를 두어 헌법소원심판의 사전심사를 담당하게 할 수 있다(법 제72조 제1항). 지정재판부는 헌법재판소장이 필요에 따라 구성할 수 있으며, 지정재판부의 구성과 운영에 관하여 필요한 사항은 헌법재판소규칙으로 정한다(법 제72조 제6항).

지정재판부는 다음의 어느 하나에 해당되는 경우에는 지정재판부 재판관 전원의 일치된 의견에 의한 결정으로 헌법소원의 심판청구를 각하한다. 즉 ① 다른 법률에 의한 구제절차가 있는 경우 그 절차를 모두 거치지 아니하거나 또는 법원의 재판에 대하여 헌법소원의 심판이 청구된 경우, ② 법 제69조의 청구기간이 지난 후 헌법소원심판이 청구된 경우, ③ 법 제25조에 따른 대리인의 선임 없이 청구된 경우, ④ 그밖에 헌법소원심판의 청구가 부적법하고 그 흠결을 보정할 수 없는 경우 등이다(법 제72조 제3항).

지정재판부는 전원의 일치된 의견으로 법 제72조 제3항의 각하결정을 하지 아니하는 경우에는 결정으로 헌법소원을 재판부의 심판에 회부하여야 한다. 헌법소원심판의 청구 후 30일이 지날 때까지 각하결정이 없는 때에는 심판에 회부하는 결정이 있는 것으로 본다(법 제72조 제4항).

2. 심판정족수

헌법재판의 심판정족수에는 심리정족수와 결정정족수가 있다.

(1) 심리정족수

헌법재판사건을 심리하기 위해서 필요한 정족수를 심리정족수라고 한다. 재판부는 재판관 7명 이상의 출석으로 사건을 심리한다(법 제23조 제1항).

(2) 결정정족수

헌법재판사건을 결정하기 위해서 필요한 정족수를 결정정족수라고 한다. 헌법재판사건을 결정하기 위해서는 종국심리에 관여한 재판관의 과반수의 찬성이 있어야 한다. 다만 법률의 위헌결정, 탄핵의 결정, 정당해산의 결정, 헌법소원에 관한 인용결정, 종전에 헌법재판소가 판시한 헌법 또는 법률의 해석적용에 관한 의견을 변경하는 경우에는 재판관 6명 이상의 찬성이 있어야 한다(헌법 제113조 제1항, 법 제23조 제2항). 이들 경우에 다른 일반정족수보다 가중하여 재판관 6인 이상의 찬성을 요구하도록 규정한 것은 법적 안정성, 법률의 합헌성 추정 및 헌법재판의 인용결정이 국가와 사회에 미치는 영향력 등을 고려한 것이라고 볼 수 있다. 따라서 재판관 과반수의 찬성으로 결정할 수 있는 사항은 권한쟁의심판결정, 헌법재판의 적법성 요건의 구비 여부에 관한 결정, 가처분결정, 재판관의 제척·기피신청의 결정 등이다.

외국의 입법례를 보면, 독일의 경우 결정정족수는 재판관 과반수를 원칙으로 하되(가부동수인 경우 기본법 또는 기타 연방법에 위반하는 것으로 확인할 수 없다) 기본권의 실효, 정당의 위헌 여부, 대통령과 법관의 탄핵결정에 있어서는 재판부 소속 재판관 3분의 2 이상으로 규정하고 있다(연방헌법재판소법 제15조 제3항). 오스트리아, 스페인의 경우에는 과반수로 규정하고 있다. 미국 연방대법원의 경우에는 9인의 대법관 중 6인 이상의 출석으로 사건을 심리하고, 그 중 과반수로 결정한다.

3. 재판관의 제척 · 기피 · 회피

재판관이 자신과 밀접한 관련이 있는 사건의 심판에 직접 관여하면 재판의 공정성에 문제가 발생될 수 있다. 따라서 재판관이 자신이 담당하는 사건과 특수한 관계에 있을 때 그 재판관을 해당 사건에서 배제시킬 필요가 있다. 이처럼 헌법재판의 공정성을 담보하기 위한 제도가 재판관의 제척 · 기피 · 회피제도이다(법 제24조).

(1) 제척

제척은 재판관이 구체적인 사건에 관하여 법률이 정하는 특수한 관계에 있는 경우 법률상 당연히 그 사건에 관한 직무집행으로부터 제외되는 것을 말한다(법 제24조 제1항). 제척사유는 ① 재판관이 당사자이거나 당사자의 배우자 또는 배우자이었던 경우, ② 재판관과 당사자가 친족관계이거나 친족관계였던 경우, ③ 재판관이 사건에 관하여 증언이나 감정을 하는 경우, ④ 재판관이 사건에 관하여 당사자의 대리인이 되거나 되었던 경우, ⑤ 기타 재판관이 헌법재판소 외에서 직무상 또는 직업상의 이유로 사건에 관여하였던 경우 등이다(법 제24조 제1항).

제척의 원인이 있는 때에는 재판부는 직권 또는 당사자의 신청에 의하여 제척의 결정을 한다(법 제24조 제2항). 재판관에 대한 제척사유가 있는 경우에는 그 재판관은 해당 사건의 심판업무에서 제외된다. 제척사유의 유무가 객관적으로 분명하지 않은 경우 그대로 심판업무를 개시한 뒤에 당사자의 신청이나 직권으로 제척의 심판을 한다. 제척사유가 있는 것이 분명한 경우에는 당해 재판관 스스로 재판장의 허가를 얻어 해당 심판업무를 회피할 수 있다(법 제24조 제5항).

(2) 기피

기피는 특정한 재판관에게 제척사유 이외에 재판관에게 심판의 공정을 기대하기 어려운 사정이 있는 경우에 당사자의 신청에 따라 해당 재판관을 재판부의 구성에서 배제하는 것을 말 한다(법 제24조 제3항). 제척제도에서는 제척사유가 유형적으로 법률에 특정되지만, 기피사유는 비유형적인 것으로 제척제도를 보충하는 의미를 갖는다. 제척원인을 제외한 다른 사유로 심판의 공정을 기대하기 어려운 사정이 기피의 사유가 된다.

당사자가 기피신청을 한다(법 제24조 제3항). 제척은 직권으로도 할 수 있지만, 기피는 반드시 당사자의 신청이 있어야 한다. 재판관의 기피는 기피사유의 존재에 의해 당연히 효력을 발생하는 것이 아니고, 기피신청에 대한 심판의 확정으로 비로소 해당 재판관은 심판업무로부터 배제된다.

(3) 회피

회피는 재판관 스스로 제척·기피사유가 있다는 것을 인정하고 자발적으로 특정 사건의 심판에 관여하지 않으려고 피하는 제도를 말한다(법 제24조 제5항). 소송당사자에게 알려지지 않은 기피사유가 있거나 기피신청을 할 수 있는 당사자가 없는 헌법소송의 경우 회피는 중요한 의미를 갖는다고 하겠다. 이 경우 별도의 심판을 요하지 않으나 재판장의 허가를 받아야 한다(법 제24조 제5항).

Ⅲ. 소송당사자와 대표자 및 대리인

1. 소송당사자

(1) 의의

당사자라 함은 헌법재판에 있어서 자신의 이름으로 심판을 청구하는 자와 그 상대방을 말한다. 자신의 이름으로 심판청구를 하는 사람이 청구인이고, 그 상대방이 피청구인이므로 소송당사자는 청구인과 피청구인이다. 소송당사자에게는 심판절차에 참여해서 변론과 진술을 하는 등 적극적으로 소송을 수행할 수 있는 절차상의 권리와 의무가 주어진다. 그런데 헌법재판은 심판유형별로 목적과 기능이 다르므로 구체적인 사건에서 누가 당사자가 되는지는 헌법소송 유형별로 다르다.

(2) 소송유형별 당사자

1) 위헌법률심판

위헌법률심판의 경우 당사자를 특정하기가 어렵다. 즉 법원의 제청에 의해서 법률의 위헌 여부를 심판하는 절차에서 제청법원을 청구인, 심판대상인 법률규정의 입법기관을 피청구인으로 보기가 어려운 것이다. 법원은 재판의 전제가 된 법률이 위헌이라고 볼 경우 재판을 중지하고 헌법재판소에 위헌여부심판을 제청하는 것일 뿐, 비록 그 심판절차가 법원의 제청에 의하여 개시되지만 실무상 법원이 위헌제청결정서 제출 이외에 적극적인 당사자로서 심판절차에 참여하는 것은 아니다. 또한 법상(제24조, 제25조 제1항, 제30조, 제31조) 당사자에게 부여된 권리 내지 지위를 제청법원에게 적용하기 어렵다. 아울러 위헌법률심판에서 당해 사건의 당사자도 위헌제청신청권만 있을 뿐 이 심판절차에서 직접 사건을 청구한 주체가 아니므로 당사자로 볼 수 없다.

한편 위헌법률심판절차에서 피청구인은 존재하지 않는다고 할 것이다. 이론상 법률의 제정권자인 입법부가 피청구인이 된다고 할 수도 있겠으나 실무상 그렇게 보지 않고 있다.

2) 탄핵심판

탄핵심판의 경우 그 심판절차는 소추인 대 피소추인이라는 대립적 소송구조로 되어 있고, 따라서 청구인과 피청구인이 비교적 분명하게 표시되기 때문에 소송당사자가 명백히 정해진다. 탄핵소추를 의결한 국회가 청구인이 된다. 한편 탄핵소추 대상자가 피청구인이 된다(법 제49조).

3) 정당해산심판

정당해산심판의 경우에도 탄핵심판의 경우와 마찬가지로 그 심판절차는 대립적 소송절차구조로 되어있는데, 청구인은 정부이고(법 제55조), 피청구인은 해당 정당이다.

4) 권한쟁의심판

권한쟁의심판도 대립적 소송구조로 되어 있는데, 피해기관 대 가해기관의 대립구조라고 할 수 있다. 따라서 청구인은 자신의 권한을 침해받았다고 주장하는 기관이고, 피청구인은 청구인의 권한을 침해한 것으로 지목된 기관이다.

5) 헌법소원심판

가. 권리구제형 헌법소원심판(법 제68조 제1항)

청구인은 공권력의 행사 또는 불행사로 인하여 헌법상 보장된 '기본권을 침해받은 자'가 될 것이다. 피청구인의 경우에는 침해의 원인이 된 공권력작용의 내용에 따라 달라진다고 하겠다. 즉 공권력작용이 행정작용일 경우에는 당해 작용을 한 공권력 주체 또는 불행사의 경우 당해 작용의 의무가 있는 공권력 주체가 피청구인이 된다. 그러나 법령에 대한 헌법소원의 경우처럼 침해의 원인이 된 공권력작용이 입법작용인 경우에는 피청구인을 상정하기가 위헌법률심판의 경우와 마찬가지로 어렵다.

나. 위헌법률심사형 헌법소원심판(법 제68조 제2항)

이 심판절차의 청구인은 위헌제청신청을 했던 신청인이다. 이 절차는 위헌법률심판절차와 유사하므로 피청구인은 따로 없다.

(3) 소송당사자의 권리

소송당사자는 심판절차에 참여하고, 자기의 이익을 위하여 필요한 소송법상의 권리를 가지는데, 예컨대 재판관의 제척·기피신청을 하고(법 제24조), 대리인을 선임하고(법 제25조), 청구서를 제출하고(법 제26조), 청구서를 송달받고(법 제27조), 심판청구를 보정하고(법 제28조), 답변서를 제출하고(동법 제29조), 변론기일의 소환에 응해서 변론 및 진술을 하고(법 제30조), 증거조사를 신청하고 증거조사에 참여하며(법 제31조), 종국결정서를 송달받고(법 제36조 제4항), 심판청구를 취하할 권리를 갖는다.

(4) 이해관계인 및 참가인

헌법재판은 개인의 권리구제 뿐 아니라 객관적 헌법질서의 수호기능도 가지므로 헌법재판의 결과는 당사자 뿐 아니라 여러 기관이나 단체 및 개인에게 광범위한 영향을 미친다. 따라서 헌법재판소법은 다양한 이해관계인의 심판절차참여를 보장하고 있다. 예컨대 위헌법률심판과 헌법소원심판에서 재판부의 필요에 따라 열리는 변론절차에 참여해서 진술하게 되는 이해관계인 기타 참고인(법 제30조 제2항), 위헌법률심판에서 법률의 위헌 여부에 대한 의견서를 제출할 수 있는 법무부장관(법 제44조), 헌법소원심판에서 그 심판에 관한 의견서를 제출할 수 있는 이해관계 있는 국가기관 또는 공공단체와 법무부장관(법 제74조 제1항) 등이 그것이다.

2. 대표자 및 대리인

(1) 대표자

각종 심판절차에 있어서 정부가 당사자(참가인을 포함한다)인 때에는 법무부장관이 이를 대표한다(법 제25조 제1항). 따라서 법무부장관은 정부의 이름으로 소송행위를 하고, 그 행위의 효과는 정부에 귀속된다. 법무부장관은 소속 검사 등을 소송수행자로 지정하거나 소송대리인을 선임하여 소송을 수행하게 할 수 있다.

(2) 대리인

1) 국가기관 또는 지방자치단체가 당사자인 경우

각종 심판절차에 있어서 당사자인 국가기관 또는 지방자치단체는 변호사 또는 변호사의 자격이 있는 소속직원을 대리인으로 선임하여 심판을 수행하게 할 수 있다(법 제25조 제2항).

2) 사인이 당사자인 경우

가. 변호사강제주의

각종 심판절차에 있어서 당사자인 사인은 변호사를 대리인으로 선임하지 아니하면 심판청구를 하거나 심판수행을 하지 못한다. 다만 그가 변호사의 자격이 있는 때에는 그러하지 아니하다(법 제25조 제3항). 이를 변호사강제주의라고 하며, 주로 헌법소원심판에서 문제된다. 변호사강제주의에 따라 변호사의 자격이 없는 사인인 청구인은 독자적으로 심판청구를 하거나 심판수행을 하지 못한다. 이를 위반한 심판청구는 원칙적으로 부적법하여 각하된다.

나. 국선대리인제도

법상 국선대리인제도는 헌법소원심판에서만 인정되고 있다. 헌법소원심판을 청구하고자 하는 자가 변호사를 대리인으로 선임할 자력이 없는 경우에는 헌법재판소에 국선대리인을 선임하여 줄 것을 신청할 수 있다(법 제70조 제1항). 이 신청을 받은 헌법재판소는 헌법재판소규칙이 정하는 바에 따라 변호사 중에서 국선대리인을 선정한다. 다만 그 심판청구가 명백히 부적법하거나 이유 없는 경우 또는 권리의 남용이라고 인정되는 경우에는 국선대리인을 선정하지 아니할 수 있다(법 제70조 제3항). 헌법재판소는 신청인의 자력과 관계없이 공익상 필요하다고 인정할 때에는 국선대리인을 선임할 수 있다(법 제70조 제2항).

다. 변호사강제주의의 문제점

그런데 이러한 변호사강제주의에 대하여는 다른 소송절차에는 없고 유독 헌법재판, 특히 헌법소원심판에서 채택된 것으로 이 경우 변호사강제주의로 제소요건을 더욱 엄격하게 해서 개인의 기본권 구제를 어렵게 할 정당한 사유를 발견하기 어렵고, 외국의 경우에도 쉽게 그 예를 찾아보기 어려운 매우 잘못된 제도이며, 변호사를 선임할 자력이 없는 국민의 재판청구권을 부당하게 제약하고 있다는 비판이 제기되어 왔다. 이에 대하여 헌법재판소는 "변호사강제주의는 재판업무에 분업화 원리의 도입이라는 긍정적 측면 외에도, 재판을 통한 기본권의 실질적 보장, 사법의 원활한 운영과 헌법재판의 질적 개선, 재판심리의 부담경감 및 효율화, 사법운영의 민주화 등 공공복리에 그 기여도가 크다 하겠고, 그 이익은 변호사선임 비용지출을 하지 않는 이익보다는 크다고 할 것이며, 더욱이 무자력자에 대한 국선대리인제도라는 대상조치가 별도로 마련되어 있는 이상 헌법에 위배된다고 할 수 없다."라고 판시하면서 변호사강제주의를 정당화시키고 있고,[1] 이러한 입장은 그 이후의 판례에서도 유지되고 있다.[2]

그러나 이러한 헌법재판소의 견해는 설득력이 없다. 왜냐하면 다른 소송절차에서는 채택되지 않고 있는 변호사강제주의가 왜 헌법소송에서만 채택되어야 하는지를 논증하지 못하고 있으며, 대안으로서의 국선대리인제도도 그 자체의

1) 헌재 1990. 9. 3. 89헌마120등.

2) 헌재 1996. 10. 4. 95헌마70; 헌재 2001. 9. 27. 2001헌마152.

실효성에 대한 의문과 더불어 오로지 헌법소원심판절차에서만 인정되고 다른 심판절차에서는 인정되지 않고 있다는 점에서 문제가 있기 때문이다.

Ⅳ. 심판의 청구

1. 심판청구의 방식

헌법재판절차는 심판청구로 개시된다. 심판청구가 있으면 헌법재판소의 심판의무가 발생한다. 심판청구는 심판사항별로 정하여진 청구서를 헌법재판소에 제출함으로써 이루어진다. 헌법재판소에 청구서를 제출하는 사람은 9통의 심판용 부본을 함께 제출하여야 하고, 송달하여야 하는 심판서류를 제출할 때에는 송달에 필요한 수만큼의 부본을 따로 제출하여야 한다(심판규칙 제9조, 제23조). 다만 위헌법률심판에 있어서는 법원의 제청서, 탄핵심판에 있어서는 국회의 소추의결서의 정본으로 이에 갈음한다(법 제26조 제1항). 청구서에는 필요한 증거서류 또는 참고자료를 첨부할 수 있다(법 제26조 제2항). 심판청구를 구두로 하는 것은 허용되지 않는다. 그러나 청구서 등의 서면을 전자문서로 제출하는 것은 가능하다(법 제76조, 제77조). 심판청구는 원칙적으로 청구서가 헌법재판소에 도달함으로써 효력을 발생한다. 헌법재판소도 도달주의의 입장을 취하고 있다.[1)]

2. 심판서류의 접수

심판청구서가 제출되면 헌법재판소는 이를 접수해야 한다(「헌법재판소사건의 접수에 관한 규칙」 제4조 제1항). 접수공무원은 당사자가 제출하는 사건에 대하여 정당한 이유 없이 그 접수를 거부하지 못한다. 다만 접수된 사건서류의 흠결을 보완하기 위하여 필요한 안내를 할 수 있다. 접수된 사건을 특정하고 이를 간략히 호칭하기 위하여 사건을 접수하는 때에는 사건마다 사건번호와 사건명을 부여한다(「헌법재판소사건의 접수에 관한 규칙」 제7조 제1항).

---

1) 헌재 1990. 5. 21. 90헌마78, 판례집 2, 129, 130.

3. 청구서의 송달

헌법재판소가 청구서를 접수한 후에는 지체 없이 그 등본을 피청구기관 또는 피청구인에게 송달하여야 한다(법 제27조 제1항). 위헌법률심판의 제청이 있은 때에는 법무부장관 및 당해 소송사건의 당사자에게 그 제청서의 등본을 송달한다(법 제27조 제2항). 헌법재판소법 제68조 제2항의 규정에 의한 헌법소원이 지정재판부의 사전심사를 거쳐 재판부에 심판회부된 때에는 당해 소송사건의 당사자 및 법무부장관에게 그 청구서의 등본을 송달해야 한다(법 제74조 제2항, 제27조 제2항). 이들은 위헌법률심판에서 헌법재판소에 법률의 위헌여부에 대한 의견서를 제출할 수 있는 지위에 있기 때문이다(법 제44조).

4. 심판청구의 보정

재판장은 심판청구가 부적법하나 보정할 수 있다고 인정하는 경우에는 상당한 기간을 정하여 보정을 요구하여야 한다(법 제28조 제1항). 재판장은 필요하다고 인정하는 경우에는 재판관 중 1명에게 제1항의 보정요구를 할 수 있는 권한을 부여할 수 있다(법 제28조 제5항). 헌법재판소는 청구서의 필수 기재사항이 누락되거나 명확하지 아니한 경우에 적당한 기간을 정하여 이를 보정하도록 명할 수 있으며, 이 보정기간까지 보정하지 아니한 경우에는 심판청구를 각하할 수 있다(심판규칙 제70조).

5. 답변서의 제출

청구서 또는 보정서면의 송달을 받은 피청구인은 헌법재판소에 답변서를 제출할 수 있다. 답변서에는 심판청구의 취지와 이유에 대응하는 답변을 기재한다(법 제29조).

V. 일사부재리

법 제39조는 "헌법재판소는 이미 심판을 거친 동일한 사건에 대하여는 다시 심판할 수 없다."고 규정하고 있다. 이러한 일사부재리의 원칙은 법적 분쟁을 조기에 종결시켜 법적 안정 상태를 조속히 회복하고, 동일 분쟁에 대해 반복적으로 소송이 제기되는 것을 미연에 방지하여 소송경제를 이루기 위하여 요구되는 것이다. 왜냐하면 헌법재판은 일반법원의 재판과는 달리, 사실판단이나 그에 대한 법령 적용을 주된 임무로 하는 것이 아니라 헌법의 해석을 주된 임무로 하고 있고, 그 결정의 효력은 당사자만이 아니라 국가기관은 물론, 일반국민들에 대해서도 미치기 때문이다.[1] 이에 따라 헌법재판소가 이미 행한 결정에 대해서는 자기기속력 때문에 이를 취소·변경할 수 없고, 헌법재판소의 결정에 대해서는 상급심이 존재하지 않기 때문에 불복신청도 허용되지 아니하며, 불복신청이 허용되지 아니하므로 당사자는 확정된 당해 심판은 물론이고, 후행 심판에서 동일한 사항에 대하여 다시 심판을 청구할 수 없다. 따라서 이미 헌법재판소가 심판한 사건에 대해서 다시 헌법소송을 제기하거나 헌법재판소 결정에 대해 불복을 하는 헌법소송을 제기하게 되면 이는 헌법소송의 요건을 갖추지 못한 것으로서 부적법 각하 결정을 면하지 못하게 될 것이다.[2]

그러나 헌법재판소는 심판대상 법률조항이 종전에 헌법재판소가 결정을 선고한 사건의 심판대상 법률조항과 중복되더라도, 종전의 사건에서 당해 법률조항에 대하여 위헌선언을 한 바 없고, 두 사건들의 청구인들이 동일하지 않다면 두 사건이 동일한 사건이라고 할 수 없어 일사부재리의 원칙에 위반되지 않는다고 판시하고 있다.[3]

1) 헌재 2007. 6. 28. 2006헌마1482, 공보 제129호, 793, 794-795.
2) 헌재 2005. 12. 22. 2005헌마330.
3) 헌재 1997. 8. 21. 96헌마48, 판례집 9-2, 295, 303.

Ⅵ. 심판대상의 확정

1. 의의

헌법재판에 있어서 심판의 대상은 헌법재판소 결정의 효력이 미치는 범위를 정하는 기준이 된다는 점에서 매우 중요하다. 심판청구는 심판대상을 특정한다. 따라서 위헌법률심판의 경우에는 원칙적으로 제청법원에 의하여 제청된 법률 또는 법률조항만을 심판의 대상으로 삼을 수 있다. 이는 위헌법률심사형 헌법소원의 경우에도 마찬가지라고 하겠다. 권리구제형 헌법소원의 경우에도 심판의 대상은 원칙적으로 청구인의 청구취지에 의해서 정해진다.

그러나 다른 한편 객관적 소송으로서의 성격과 기능을 가지고 직권심리주의가 강하게 투영되는 헌법재판의 특성상 예외적으로 헌법재판소는 심판대상을 축소·제한하거나 확장할 수 있고, 심판대상을 변경할 수도 있다고 하겠다. 이는 주로 규범통제의 경우에 행해지지만, 권리구제형 헌법소원심판의 경우에도 마찬가지이다. 따라서 헌법소원심판이 청구되면 헌법재판소는 심판청구서에 기재된 청구취지에 구애됨이 없이 청구인의 주장요지를 종합적으로 판단하여 심판대상을 확정한다.[1)]

2. 심판대상의 제한

제청법원이나 헌법소원심판청구인이 심판대상을 적절하게 제한하지 않고 당해 법률조항 전부 또는 법률 전부에 대하여, 또는 재판의 전제성이 없거나 자기관련성이 인정되지 않는 부분을 심판대상에 포함시키는 경우가 있다. 이 경우 헌법재판소는 불필요한 제청부분에 대해서는 심판대상에서 직권으로 제외할 수 있다.

---

1) 헌재 1993. 5. 13. 91헌마190, 판례집 5-1, 312, 320; 헌재 1998. 10. 15. 98헌마168, 판례집 10-2, 586, 589; 헌재 2003. 5. 15. 2002헌마90, 판례집 15-1, 581, 591 등.

3. 심판대상의 확장

헌법재판 과정에서 법질서의 통일성, 법적 안정성, 법적 명확성, 소송경제 등의 측면에서 심판대상을 위헌이라고 제청되거나 청구된 법령에만 국한시키지 않고 다른 법령들에까지 확장할 필요가 있는 경우가 있다. 예컨대 재판의 전제가 되는 법률조항과 체계적으로 밀접불가분의 관련성이 있는 부분에 대하여, 심판대상조항과 동일한 심사척도가 적용되는 부분에 대하여, 위헌제청된 심판대상조항의 적용의 전제가 되는 부분에 대하여 심판대상을 확장하는 경우 등이 그것이다.

4. 심판대상의 변경

헌법재판소는 직권으로 심판대상을 변경할 수도 있다. 이러한 경우는 위헌법률심사형 헌법소원심판사건에서 종종 발생하고 있다. 이 경우 헌법재판소는 심판청구서에 기재된 피청구인이나 청구취지에 구애됨이 없이 청구인의 주장요지를 종합적으로 판단해서 청구인이 주장하는 침해된 기본권과 침해의 원인이 되는 공권력을 직권으로 조사하여 피청구인과 심판대상을 확정하여 판단하여야 하고, 따라서 청구인들의 심판청구이유, 심판제청신청사건의 경과, 당해 사건재판과의 관련성의 정도, 이해관계기관의 의견 등 여러 가지 사정을 종합하여 직권으로 심판의 대상을 변경할 수 있는 것이다.

Ⅶ 사건의 심리

1. 심리의 방식

헌법재판사건의 심리는 구두변론이나 서면심리에 의한다.

(1) 구두변론

구두변론은 변론기일에 공개된 심판정에서 소송당사자 등의 진술로 심리를 진행하는 방식이다. 탄핵심판, 정당해산의 심판 및 권한쟁의의 심판은 구두변론에 의한다(법 제30조 제1항). 위헌법률의 심판과 헌법소원에 관한 심판은 원칙적으로 서면심리에 의하지만, 재판부가 필요하다고 인정하는 경우에는 변론을 열어 당사자, 이해관계인, 그 밖의 참고인의 진술을 들을 수 있으므로 이 경우에는 구두변론이 가능하다(법 제30조 제2항).

(2) 서면심리

서면심리는 소송당사자 등의 진술 없이 그들이 제출하는 소송기록과 증거자료 등 서면자료를 토대로 심리를 진행하는 방식이다. 앞서 언급한 바와 같이 대립적 소송구조를 갖지 않는 위헌법률심판과 헌법소원심판은 원칙적으로 서면심리에 의하지만, 이들 경우에도 재판부는 필요하다고 인정하는 경우에는 변론을 열어 당사자·이해관계인 기타 참고인의 진술을 들을 수 있기 때문에 이 경우에는 구두변론이 인정된다고 하겠다.

2. 의견서의 제출

위헌법률심판절차에서 당해 소송사건의 당사자 및 법무부장관은 헌법재판소에 법률의 위헌 여부에 대한 의견서를 제출할 수 있다(법 제44조). 또한 헌법소원심판절차에서도 헌법소원의 심판에 이해관계가 있는 국가기관 또는 공공단체와 법무부장관은 헌법재판소에 그 심판에 관한 의견서를 제출할 수 있다(법 제74조 제1항).

3. 증거조사, 사실조회, 자료제출요구

(1) 증거조사

헌법재판은 개인의 주관적 권리구제 뿐 아니라 헌법수호, 권력통제, 정치적 평화유지, 중요한 헌법적 해명 등 객관적 헌법질서의 보장 기능을 가진다. 이에 따라 헌법재판에는 일반재판의 경우와는 달리 당사자주의에 입각한 처분권주의와 변론주의 대신에 직권심리주의가 강하게 투영된다. 따라서 헌법재판소는 당사자가 주장하지 않는 사실과 증거도 직권으로 탐지하고 수집할 수 있다. 이에 따라 법 제31조 제1항이 당사자의 신청에 의한 증거조사와 더불어 직권에 의한 증거조사를 함께 규정하고 있다.

(2) 사실조회 및 자료제출요구

재판부는 결정으로 다른 국가기관 또는 공공단체의 기관에 대하여 심판에 필요한 사실을 조회하거나, 기록의 송부나 자료의 제출을 요구할 수 있다. 다만 재판·소추 또는 범죄수사가 진행중인 사건의 기록에 대하여는 송부를 요구할 수 없다(법 제32조).

Ⅷ. 평의

1. 평의의 절차

사건을 평의에 회부하고자 하는 주심재판관은 담당 사건의 검토보고서를 첨부한 평의요청서를 작성하여 각 재판관들에게 배포한다. 배포는 평의 전에 재판관들이 충분히 검토할 수 있도록 상당한 기간을 두고 행해진다. 재판장은 재판관들과 협의하여 평의일정을 확정한 후 평의일자와 평의안건목록을 각 재판관들에게 통지한다. 평의에서는 먼저 주심재판관이 사건에 대한 검토내용을 요약하여 발표하고 재판관들이 검토한 내용에 따라 의견교환을 한 후 최종적으로 결정을 하기 위한 표결을 하는데, 이 표결을 평결이라고 한다.

2. 평결의 방식

평결방식에는 쟁점별 합의제와 주문합의제의 두 가지 방식이 있다. 전자는 적법요건이나 본안에 해당하는 문제들을 개개 쟁점별로 표결하여 결론을 도출하는 방식이고, 후자는 적법요건이나 본안에 해당하는 문제들을 개개 쟁점별로 표결하지 않고 결론에 초점을 맞추어 전체적으로 표결해서 주문을 결정하는 방식이다. 우리 헌법재판소는 주문합의제 방식을 따르고 있다.[1)]

---

1) 헌재 1994. 6. 30. 92헌바23, 판례집 6-1, 592, 617-618.

Ⅸ. 가처분

1. 가처분제도의 의의와 필요성

가처분제도는 헌법재판에 있어서 본안사건에 대한 종국결정의 실효성을 확보하기 위하여 잠정적으로 임시의 지위를 정하는 가구제제도이다. 이는 본안결정 이전에 회복할 수 없는 심각한 손해의 발생을 예방하거나 불가피한 공익목적을 달성하기 위하여 종국결정 전에 잠정적으로 행하는 조치이다. 통상적으로 종국결정에 이르기까지 상당히 긴 기간이 소요되는 헌법재판의 경우에 종국결정이 있기 전에 사실관계가 완결되어 종국결정이 선고되어도 그 실효성을 기대할 수 없을 뿐 아니라 청구인이 승소하더라도 소기의 목적을 달성할 수 없는 경우가 발생될 수 있다. 따라서 그러한 위험성을 사전에 예방하기 위해서 종국결정이 있기까지 잠정적으로 임시의 법적 관계를 정하는 긴급조치가 필요한 것이다.

2. 가처분 관련 규정

헌법재판소법은 모든 헌법재판절차에 적용되는 가처분에 관한 규정을 두고 있지 않고 정당해산심판과 권한쟁의심판의 두 경우에만 가처분에 관해서 별도의 규정을 두고 있다. 즉 "헌법재판소는 정당해산심판의 청구를 받은 때에는 청구인의 신청 또는 직권으로 종국결정의 선고시까지 피청구인의 활동을 정지하는 결정을 할 수 있다."는 규정(법 제57조)과 "헌법재판소가 권한쟁의심판의 청구를 받은 때에는 직권 또는 청구인의 신청에 의하여 종국결정의 선고시까지 심판대상이 된 피청구인의 처분의 효력을 정지하는 결정을 할 수 있다."는 규정(법 제65조)이 그것이다. 나머지 헌법재판에서 가처분이 허용되는지에 대해서는 아무런 규정이 없다. 따라서 헌법소원 등 다른 심판절차에서의 가처분의 허용 여부가 문제될 수 있다.

결론적으로 정당해산심판이나 권한쟁의심판 이외의 다른 심판절차에서도 가처분의 필요성은 인정되고, 달리 이를 금지할 정당한 이유를 찾기 어렵다. 이와 관련하여 헌법재판소도 사법시험령 제4조 제3항 효력정지 가처분신청사건에서 "헌법재판소법은 정당해산심판과 권한쟁의심판에 관해서만 가처분에 관한 규정(같은 법 제57조 및 제65조)을 두고 있을 뿐, 다른 헌법재판절차에 있어서도 가처분이 허용되는가에 관하여는 명문의 규정을 두고 있지 않다. 그러나 위 두 심판절차 이외에 같은 법 제68조 제1항 헌법소원심판절차에 있어서도 가처분의 필요성은 있을 수 있고, 달리 가처분을 허용하지 아니할 상당한 이유를 찾아볼 수 없으므로 위 헌법소원심판청구사건에서도 가처분이 허용된다고 할 것이다."라고 판시한바 있다.[1)]

3. 가처분의 요건

(1) 적법요건

1) 당사자

본안사건의 당사자적격이 있는 자만이 가처분신청을 할 수 있다. 가처분 신청권자에게는 본안재판의 소송참가인은 포함되지만 이해관계인이나 참고인은 해당되지 않는다.

2) 본안소송과의 관계

가처분은 원칙적으로 적법한 본안소송을 전제로 한다. 즉 가처분은 본안소송에 대하여 종속적이다. 따라서 먼저 가처분신청을 위해서는 본안사건이 헌법재판소의 관할에 속하여야 한다.

3) 권리보호이익

가처분의 신청은 가처분의 필요성이 인정되는 경우, 즉 가처분에 의해서 보호받아야 할 잠정적 이익이 있는 경우에만 할 수 있다고 할 것이다. 따라서 본안결정이 적시에 선고될 수 있는 경우에는 권리보호이익 내지 권한보호이익이 인정되지 않아 가처분을 신청할 수 없다고 하겠다.

---

1) 헌재 2000. 12. 8. 2000헌사471, 판례집 12-2, 381, 384-385. 이 판례에 대한 평석은 정연주, 헌법소원과 가처분, 고시계, 2001. 3, 4쪽 이하 참조.

(2) 실체적 요건

가처분의 적법요건이 갖추어져 있더라도 가처분의 실체적 요건이 구비되어 있어야만 가처분의 인용결정을 내릴 수 있음은 물론이다. 가처분의 실체적 요건은 본안소송에서 다투어지는 공권력의 행사 또는 불행사의 현상을 그대로 유지시킴으로 인하여 생길 회복하기 어려운 손해를 예방할 필요가 있어야 한다는 것과 그 효력을 정지시켜야 할 긴급한 필요가 있어야 한다는 것 등이 될 것이다.

1) 본안소송의 승소가능성

가처분은 오로지 가처분의 필요성 유무에 따라서만 이루어지는 결정이기 때문에 본안결정과는 내용상 완전히 별개의 것이라는 점에서 본안소송에서의 승패와는 무관한 독자성을 갖는다. 따라서 본안소송에서의 승소가능성은 가처분의 실체적 요건으로 고려되지 않는다. 그러나 본안소송이 명백히 부적법하거나 명백히 이유가 없는 경우, 따라서 객관적으로 본안소송의 승소가능성이 거의 없는 경우에는 가처분의 필요성 요건도 사실상 충족되기 어려워 가처분을 명할 수 없다고 할 것이다.[1)]

2) 중대한 손해의 방지

회복하기 어려운 손해를 예방할 필요가 있어야 한다. 즉 본안소송의 대상이 된 소송물이 위헌으로 결정될 경우 신청인이나 공익에 발생하게 될 회복할 수 없는 현저한 손해를 피할 수 없거나 또는 회복이 가능하다고 하더라도 중대한 불이익을 피할 수 없는 경우에 해당해야 한다.

3) 긴급성의 존재

적절한 조치를 취해야 할 긴급한 필요가 있어야 한다. 회복할 수 없는 현저한 손해 또는 회복 가능하지만 피할 수 없는 중대한 손해를 방지할 수 있는 적절한 시간 내에 본안소송의 종국결정이 선고되는 것을 도저히 기대할 수 없고, 예상되는 손해나 피해를 막기 위해서는 당장 적절한 조치를 취할 긴급한 필요

---

1) 헌재 1999. 3. 25. 98헌사98, 판례집 11-1, 264; 헌재 2000. 12. 8. 2000헌사471, 판례집 12-2, 381.

가 있어야 한다.

4) 이익형량

가처분을 인용한 뒤 종국결정에서 청구가 기각되었을 때 발생하게 될 불이익과 가처분을 기각한 뒤 청구가 인용되었을 때 발생하게 될 불이익을 비교형량할 때 후자가 전자보다 커야 한다. 헌법재판소는 이러한 이익형량의 요건을 기준으로 가처분의 인용 여부를 결정하고 있다. 예컨대 헌법재판소는 2000헌사471 사법시험령 제4조 제3항 효력정지 가처분신청사건에서 "… 이 사건 규정의 효력이 그대로 유지되어 신청인들에 적용되면, 신청인들은 2001년부터 4년간 제1차시험에 응시할 수 없게 되므로 사법시험의 합격가능성이 원천적으로 봉쇄되는 회복하기 어려운 손해를 입게 될 것임이 명백할 뿐만 아니라, 사법시험 제1차시험은 매년 초에 시행되어 그 적용의 시기도 매우 근접하였으므로 긴급성도 인정된다고 할 것이다. 이 사건 가처분신청을 기각하였다가 본안심판을 인용하는 경우 2001년도 사법시험 제1차시험은 그대로 시행되어 버리고 신청인들은 이에 응시하여 합격할 기회를 상실하는 돌이킬 수 없는 손해를 입게 된다."라고 판시하여 가처분신청을 인용한 바 있다.[1)]

4. 가처분의 결정

(1) 가처분결정의 종류와 형식

가처분신청에 대한 심리를 마치면 각하, 기각 또는 인용결정을 한다. 가처분신청이 형식요건상의 하자로 인해서 부적법한 것인 때에는 각하결정을 한다. 청구인적격이 없거나, 본안소송과 관련성이 없는 경우, 권리보호이익이 없는 경우, 본안소송이 부적법하거나 명백히 이유 없다고 판단되는 경우 등이 이에 해당한다고 하겠다. 가처분신청이 이유가 없는 경우에는 기각한다. 이는 가처분신청이 실체적 요건을 구비하지 못한 경우이다. 가처분신청이 실체적 요건을 구비하여 이유 있는 것으로 판단되면 인용결정을 한다.

1) 헌재 2000. 12. 8. 2000헌사471, 판례집 12-2, 381, 385-386.

(2) 가처분결정의 내용

헌법재판소는 가처분신청의 목적을 달성함에 필요한 처분을 할 수 있다(법 제40조, 민사집행법 제305조). 법 제40조에 따라 처분의 효력이나 집행정지를 내용으로 하는 행정소송법 제23조 제2항의 집행정지에 관한 규정과 임시의 지위를 정하는 등의 적극적인 내용의 가처분을 가능케 하는 민사집행법 제300조 제2항의 가처분에 관한 규정이 준용된다고 하겠다.

(3) 가처분결정의 효력

가처분결정은 당해 사건에서 당사자인 피청구인을 기속한다. 그리고 가처분결정은 형성력을 가지므로 피청구인에 의한 별도의 행위를 필요로 하지 아니하고도 본안소송의 종국결정이 있을 때까지 가처분결정의 내용대로 법률관계가 형성된다. 가처분결정은 특별한 사정이 없는 한 원칙적으로 본안소송의 종국결정의 선고시까지만 효력을 갖는다고 할 것이다.

X. 종국결정

1. 종국결정의 의의와 종류

재판부가 심리를 마친 때에는 종국결정을 한다(법 제36조 제1항). 종국결정은 재판부가 심판사건을 종결하는 종국적 판단이다. 종국결정의 유형은 헌법재판의 심판종류에 따라 다르지만, 헌법소원심판청구사건을 기준으로 볼 때 심판청구가 형식요건상의 하자로 인해서 부적법한 경우에 행하는 각하결정, 심판청구가 형식요건상 적법하지만 심판청구의 이유가 없을 때 행하는 기각결정, 청구이유가 있을 때 행하는 인용결정의 세 가지로 나눌 수 있다.

2. 결정서의 작성

종국결정을 할 때에는 결정서를 작성하고 심판에 관여한 재판관 전원이 이에 서명·날인하여야 한다. 그리고 결정서에는 ① 사건번호와 사건명, ② 당사자와 심판수행자 또는 대리인의 표시, ③ 주문, ④ 이유, ⑤ 결정일자를 반드시 기재해야 한다(법 제36조 제2항). 심판에 관여한 재판관은 결정서에 의견을 표시하여야 한다(법 제36조 제3항). 재판관의 의견표시는 다수 재판관의 합의로 이끌어낸 법정의견과 법정의견에 반대하는 반대의견, 법정의견과 결론은 같지만 논증방법 등을 달리하는 별개의견과 보충의견을 표시하는 의견표시가 포함된다. 재판관의 의견표시는 의무사항이다. 의견표시는 헌법재판의 투명성과 민주성 및 정당성과 권위를 강화하는 제도로 이로 인해 법정의견의 내용과 논리가 보다 정치해지고 결과적으로 헌법재판의 이론적 발전에 크게 이바지한다고 하겠다.

3. 종국결정의 선고

종국결정의 선고는 심판정에서 한다. 다만 헌법재판소장이 필요하다고 인정하는 경우에는 심판정 외의 장소에서 종국결정의 선고를 할 수 있다(법 제33조). 결정의 선고는 공개한다(법 제34조 제1항).

4. 종국결정의 공시

종국결정은 관보에 게재함으로써 이를 공시한다(법 제36조 제5항). 이는 객관적 소송의 성격이 강한 헌법재판의 특성상 종국결정의 내용을 소송당사자 및 이해관계인 이외에 일반인에게도 알릴 필요가 있기 때문이라고 하겠다.

5. 종국결정의 효력

종국결정의 효력에 관하여 법은 일반심판절차를 정한 제3장에서는 제39조에서 일사부재리의 원칙만을 규정하고 있고, 특별심판절차를 정한 제4장에서는 기속력 등에 대하여 규정하고 있다. 헌법재판은 각 심판절차별로 상이한 기능과 특성을 가지므로 종국결정의 효력도 구체적으로는 각 심판절차별로 상이한 것이 원칙일 것이다.

한편 헌법재판절차에는 법 제40조에 따라 민사소송법 등 일반법원에 적용되는 소송법이 준용되므로 일반법원의 재판에 인정되는 효력이 헌법재판의 종국결정에도 인정될 수 있다. 이에 따라 헌법재판에 있어서 종국결정의 효력으로는 일반법원의 소송에서 인정되는 효력과 헌법재판의 경우에만 인정되는 효력이 있는데, 일반적으로 거론되는 종국결정의 효력으로는 불가변력, 불가쟁력, 기판력 등의 확정력과 기속력 및 법규적 효력 등을 들 수 있다.

(1) 확정력

종국결정의 효력 중 확정력에 대한 명문의 규정은 없으나, "헌법재판소는 이미 심판을 거친 동일한 사건에 대하여는 다시 심판할 수 없다."는 법 제39조상의 일사부재리의 원칙과 헌법재판소의 심판절차에 일반적으로 준용되는 민사소송에 관한 법리에 따르면 헌법재판소의 종국결정에 확정력이 인정된다고 하겠다.

1) 불가변력

헌법재판소는 일단 종국결정을 선고하면 동일한 심판에서 자신의 종국결정을 더 이상 취소하거나 변경할 수 없다.[1] 이를 종국결정의 불가변력 또는 자기구속력이라고 한다.

2) 불가쟁력

헌법재판소의 결정에 대하여는 더 이상의 상급심이 존재하지 아니하므로 종국결정에 대하여 당사자는 절차상 더 이상 다툴 수 없다. 이를 불가쟁력 또는 형식적 확정력이라고 한다.

3) 기판력

기판력이란 종국결정이 선고되면 당사자는 후행 심판에서 동일한 사항에 대하여 다시 심판을 청구할 수 없고, 헌법재판소도 확정재판의 판단내용에 구속되는 것을 말한다. 실체적 확정력이라고도 한다. 이에 따라 기판력이 미치는 사항에 대하여는 기판력의 영향을 받는 사람이 나중에 다른 심판절차에서 다시 청구하는 것이 허용되지 않고, 헌법재판소로서도 그 처음의 판단에 구속된다.

---

1) 헌재 1989. 7. 24. 89헌마141, 판례집 1, 155, 156; 헌재 1993. 2. 23. 93헌마32, 판례집 5-1, 15, 16.

(2) 기속력

1) 의의와 법적 근거

기속력은 종국결정이 국가권력에 대하여 가지는 효력으로서 모든 종국결정에서 발생하는 것은 아니고 헌법재판소법에서 정하는 경우에만 인정되는 효력이다. 법 제47조 제1항은 법률의 위헌결정에 대하여 "법률의 위헌결정은 법원과 그 밖의 국가기관 및 지방자치단체를 기속한다."라고 규정하고 있고, 법 제75조 제6항은 법 제68조 제2항의 위헌법률심사형 헌법소원에 대하여 "제68조 제2항에 따른 헌법소원을 인용하는 경우에는 제45조 및 제47조를 준용한다."라고 규정하고 있으며, 법 제67조 제1항은 권한쟁의심판의 결정에 대하여 "헌법재판소의 권한쟁의심판의 결정은 모든 국가기관과 지방자치단체를 기속한다."라고 규정하고 있고, 법 제75조 제1항은 헌법소원의 인용결정에 대하여 "헌법소원의 인용결정은 모든 국가기관과 지방자치단체를 기속한다."라고 규정하고 있어 규범통제와 헌법소원심판의 인용결정 및 권한쟁의심판의 결정에 있어서의 기속력을 인정하고 있다.

2) 내용

기속력에 따라 모든 국가기관은 헌법재판소의 구체적인 결정에 따라야 하고, 따라서 기속력은 모든 국가기관이 향후 공력력작용을 하는 경우 헌법재판소의 결정을 존중해야 하는 결정준수의무를 발생시킨다. 이에 따라 공권력의 불행사에 대한 헌법소원심판청구를 인용하거나 부작위에 대한 권한쟁의심판청구를 인용하는 결정을 한 때에는 피청구인은 결정취지에 따른 처분을 하여야 한다(법 제66조 제2항, 제75조 제4항). 또한 헌법재판소가 위헌으로 판단한 공권력작용을 반복하지 않도록 하는 반복금지의무도 발생시킨다.

3) 기속력의 주관적 범위

기속력이 미치는 대상의 범위를 기속력의 주관적 범위라고 한다. 법 제47조 제1항, 제67조 제1항, 제75조 제1항이 규정하고 있듯이 기속력은 '법원 기타 국가기관과 지방자치단체'에 미친다. 이는 원칙적으로 모든 공권력 주체, 즉 입법·행정·사법기관과 지방자치단체 기타 공공단체를 모두 포함하며, 국가적 공권을 부여받은 사인(공무수탁사인)도 해당된다고 할 것이다. 다만 헌법재판소의 경우는 예외라고 하겠다. 왜냐하면 헌법재판소는 변화된 헌법이론과 상황에 따라, 또는 과거 내린 결정이 잘못된 헌법적 논증에 바탕을 두었다는 이유 등으로 판례변경을 할 수 있어야 하는데 기속력이 헌법재판소에까지 미친다면 이러한 판례변경이나 새로운 헌법이론과 발전의 수용이 불가능하기 때문이다.

기속력의 주관적 범위와 관련하여 문제가 되는 것은 앞서 반복금지의무와 관련하여 언급한 바와 같이 기속력이 입법자에게도 미치는가의 여부이다. 즉 입법자가 위헌결정된 이전의 법률조항과 동일한 내용의 반복입법을 할 수 있느냐의 문제이다. 이에 대한 견해는 갈린다.[1]

가. 기속설

헌법재판소 위헌결정의 기속력이 국회에도 미친다는 입장이다. 이에 따라 국회에 미치는 위헌결정의 기속력의 내용은 위헌결정된 법률조항의 반복입법금지를 의미한다.

나. 비기속설

헌법재판소 위헌결정의 기속력이 국회를 기속하지 못한다는 입장이다. 따라서 입법자가 위헌결정된 법률이나 법률조항과 동일하거나 본질적으로 유사한 내용의 입법을 할 수 있고, 이 경우 만일 이러한 반복입법에 대하여 헌법소송이 제기되면 헌법재판소는 새롭게 본안판단을 해야 한다는 것이다.

다. 제한적 기속설

이는 입법자에게도 원칙적으로 위헌결정의 기속력이 미치나, 정당한 특별한 사유가 있는 경우에는 기속력이 미치지 않는다는 입장이다. 즉 국회도 원칙적으로 위헌결정에 기속되고, 따라서 위헌결정된 법률조항의 반복입법은 금지되나, 국회는 다른 국가기관과는 달리 넓은 입법형성권을 가지지 때문에 정당한 특별한 사유가 있는 경우 위헌결정된 법률조항과 동일하거나 본질적으로 유사한 내용의 입법을 다시 할 수 있다고 보는 견해이다.

1) 이에 대하여 자세한 것은 정연주, 위헌결정의 기속력, 헌법논총 17집, 헌법재판소, 2006. 12, 403쪽 이하 참조.

라. 결어(기관상호존중설)

먼저 기속설에는 동의할 수 없다. 왜냐하면 입법자는 헌법재판소의 결정에 기속되는 것이 아니라 헌법에만 기속되기 때문이다. 헌법재판소의 결정에 입법자를 기속하는 헌법적 차원의 효력이 주어지는 것은 아니고, 헌법에 대한 독점적 해석권이 헌법재판소에게 부여되어 있는 것도 아니다. 또한 입법자의 입법형성권, 시대상황과 생활감각의 변화를 반영할 필요성, 헌법과 헌법이론의 발전과 판례의 발전 등을 감안할 때 법률조항에 대한 위헌결정의 기속력은 원칙적으로 입법자에게 미친다고 볼 수 없다. 입법자는 법률을 통해 헌법을 구체화시키는 헌법의 일차적 해석자로서 원칙적으로 반복입법의 자유를 가지는 것이다. 따라서 위헌결정의 기속력이 입법자에게 미친다고 볼 수 없다. 이처럼 위헌결정의 기속력이 입법자에게 미치지 않는다는 점에서 위헌결정의 기속력이 제한적이지만 원칙적으로 입법자에게 미친다고 보는 제한적 기속설도 타당하다고 보기 어렵다.

그러나 다른 한편 위헌결정의 기속력이 입법자에게 미치지 않는다고 보는 견해는 이른바 '기관상호간 존중(Organtreue)의 원칙'에 의하여 보완되어야 할 것이다. 이 원칙은 모든 국가기관 내지 헌법기관은 그 기능과 활동에 있어서 상호 협력해야 하며, 어떠한 국가기관도 다른 국가기관을 경시해서는 안되고 상호 존중할 것을 요구한다. 이 원칙을 이 사안에 적용하면 입법자는 원칙적으로 반복입법을 할 수는 있으나, 이는 어디까지나 또 다른 국가기관이자 헌법해석기관인 헌법재판소의 결정취지와 권위를 존중하는 한도에서만 허용될 수 있다고 하겠다. 위헌결정의 기속력이 입법자에게 미치지 않고 반복입법이 허용된다는 것이 입법자의 자의를 허용한다는 것을 의미하는 것은 아니기 때문이다. 다시 말해 헌법재판소의 위헌결정의 기속력이 입법자에게 미치지 않기 때문에 원칙적으로 입법자는 헌법재판소의 위헌결정을 받은 법률조항과 동일하거나 유사한 내용의 법률조항을 또 다시 제정할 수는 있으나 이 경우 입법자는 무제한으로 반복입법을 할 수는 없고, 그러한 반복입법을 정당화시키는 사유가 존재할 때에만 행할 수 있다는 것이며, 그럴 경우에만 헌법재판소의 결정취지와 최후의 헌법수호기관으로서의 헌법재판소의 권위가 존중되고, 입법권의 자의와 남용이 억제되며, 결국 권력분립의 정신과 법적 안정성 및 법적·정치적 평화가 유지되고 사회적 통합이 실현될 수 있기 때문이다. 여기서 이러한 입장을 '기관상호존중설'이라고 명명하기로 한다.

결론적으로 입법자는 형식적으로는 헌법재판소의 선행결정에 기속되지는 않는다. 그러나 특별한 정당화 사유가 존재할 때에만 반복입법을 할 수 있으며, 이 경우 이러한 입법자의 태도는 기관상호간 존중의 원칙을 준수한 것으로 보아야 할 것이다.

4) 기속력의 객관적 범위

기속력이 주문에만 인정되는지 아니면 결정주문을 직접적으로 뒷받침하는 핵심적인 주된 이유에도 인정되는지의 문제가 바로 기속력의 객관적 범위의 문제이다. 법률의 위헌결정이나 헌법소원의 인용결정 등의 주문에 기속력이 미친다는 사실에는 의문이 없다. 아울러 결정내용에 본질적인 의미를 갖지 않는 단순한 부수적 이유(obiter dicta)에까지 기속력이 미친다고 보는 입장도 없다. 따라서 문제는 결정주문을 직접적으로 뒷받침하는 핵심적인 결정이유(tragende Gründe)에도 기속력이 미치는가이다.

결론적으로 기속력의 객관적 범위에는 주된 이유까지도 포함된다고 보아야 할 것이다. 왜냐하면 헌법재판의 기능은 단순히 하나의 사건을 해결하는데 그치는 것이 아니라 헌법수호, 중요한 헌법적 해명, 유사한 사건 반복방지 등 거시적이고 일반적인 기능을 가져서 객관적 소송화되고 있다는 점과 위헌결정의 대세효, 직권심리주의 등 헌법재판의 특성을 감안할 때 기속력이 인정되는 범위에 단지 주문만이 포함되는 것이 아니라 그 위헌의 중요한 논거 내지 이유까지도 포함된다고 보아할 것이고, 따라서 그러한 논거가 다음의 유사한 다른 사건에도 효력을 미칠 때 헌법재판의 위에서 언급한 기능들이 제대로 실현될 수 있을 것이기 때문이다. 또한 그럴 때 비로소 관련 판례의 축적이 의미 있는 기능을 가지게 될 것이다. 왜냐하면 헌법을 구체화하고 헌법을 해석하는 것이 헌법재판소의 기본적 기능인데 이는 일반적으로 결정의 주문이 아닌 그 결정이유에서 이루어지며, 그러한 결정이유의 축적이 바로 헌법판례의 축적이라고 할 수 있기 때문이다. 그렇지 않다면 헌법재판소 판례의 의미와 기속력이 퇴색될 것이다. 아울러 위헌결정의 주문만으로 구체적인 내용을 알 수 없을 경우 이를 뒷받침하는 결정의 주된 이유에 대하여도 기속력을 인정해야 비로소 그 주문의 기속력이 구체적으로 실효성을 가질 것이고, 만일 그렇지 않다면 입법부 등 국가기관의 헌법재판소 결정 준수의무를 기대할 수 없어, 결과적으로 주문 자체의 기속력과 헌법재판소의 위헌결정의 의미를 반감시킬 것이다. 예컨대 헌법재판소가 입법촉구를 내용으로 하는 헌법불합치결정을 내릴 경우 입법부가 해당 법률이 위헌이라는 사실 뿐 아니라 그 위헌의 주된 이유에 기속될 때 향후 헌법재판소의 결정취지에 따른 합헌적인 입법을 행할 수 있을 것이다.[1)]

(3) 법규적 효력

종국결정의 법규적 효력이란 종국결정이 일반국민에게 하나의 법규처럼 효력을 미친다는 것을 말한다. 즉 헌법재판소의 위헌결정에 대하여 소송당사자를 수범인으로 하는 기판력의 주관적 범위와 국가기관 등을 수범인으로 하는 기속력의 주관적 범위를 넘어서 일반사인에게도 그 효력이 법규처럼 미치는 일반적 구속성을 의미한다. 일반적 구속력이라고도 한다. 따라서 법률 또는 법률조항에 대한 위헌결정의 효력은 이처럼 소송당사자 뿐만 아니라 국가기관을 비롯한 국민 모두에게 일반적으로 효력을 미침으로써 국가기관과 마찬가지로 일반국민은 위헌선언된 법규범에 대하여 더 이상 구속을 받지 않는다.

XI. 재심

1. 의의와 필요성

일반적으로 재심이란 확정된 종국판결에 중대한 흠이 있는 경우에 그 판결의 취소와 사건의 재심판을 구하는 비상의 불복신청방법이다. 일단 판결이 확정되면 이를 존중하는 것이 원칙이나, 그 흠이 너무나 중대한 경우에는 예외적으로 그 판결을 취소할 수 있도록 하는 것이 재심의 취지로서 이는 법적 안정성과 구체적 정의실현이라는 상반된 가치의 타협이라고 하겠다. 그런데 헌법재판의 경우에는 법상 재심에 관한 규정이 없다.[2)] 따라서 헌법재판소의 결정에 대

1) 자세한 것은 정연주, 안마사결정의 재검토, 홍익법학 제10권 2호, 홍익대학교 법학연구소, 2009. 6, 317쪽 이하 참조.

2) 법 제75조 제7항은 "제68조 제2항에 따른 헌법소원이 인용된 경우에 해당 헌법소원과 관련된 소송사건이 이미 확정된 때에는 당사자는 재심을 청구할 수 있다."라고 규정하고 있으나 이는 헌법재판의 종국결정에 대한 재심규정이 아니고 일반법원에서 이루어진 재판에 대

하여 재심을 허용할 수 있는가 하는 점에 관하여 논란이 있을 수 있다.

헌법재판은 일반법원의 재판과는 달리, 사실 판단이나 그에 대한 법령 적용을 주된 임무로 하는 것이 아니라 헌법의 해석을 주된 임무로 하고 있고, 그 결정의 효력은 당사자만이 아니라 국가기관은 물론, 일반 국민들에 대해서도 미치기 때문에 헌법재판에 있어서 재심은 신중해야 한다. 그러나 이미 심판을 거친 동일한 사건이라고 하더라도 다시 심판청구 하는 것을 예외 없이 금지하게 되면, 당사자에게 심히 불합리한 결과를 야기하고 정의에 반하는 경우도 있을 수 있다. 따라서 재심의 불허가 극히 부당한 경우에는 예외적으로 다시 심판을 받을 수 있는 기회가 주어지는 것이 바람직하다고 볼 수 있다.[1]

2. 재심이 허용되는 심판의 종류

헌법재판은 심판의 종류에 따라 그 절차의 내용과 결정의 효과가 한결같지 아니하기 때문에 재심의 허용 여부 내지 허용 정도 등은 심판절차의 종류에 따라서 개별적으로 판단될 수밖에 없다고 할 것이다.[2] 이에 대하여 헌법재판소는 "위헌법률심판을 구하는 헌법소원에 대한 헌법재판소의 결정에 대하여는 재심을 허용하지 아니함으로써 얻을 수 있는 법적 안정성의 이익이 재심을 허용함으로써 얻을 수 있는 구체적 타당성의 이익보다 훨씬 높을 것으로 쉽사리 예상할 수 있고, 따라서 헌법재판소의 이러한 결정에는 재심에 의한 불복방법이 그 성질상 허용될 수 없다고 보는 것이 상당하다고 할 것이다."라고 판시하는 한편,[3] "헌법재판소법 제68조 제1항에 의한 헌법소원 중 행정작용에 속하는 공권력 작용을 대상으로 하는 권리구제형 헌법소원절차에 있어서는, 사안의 성질상 헌법재판소의 결정에 대한 재심은 재판부의 구성이 위법한 경우 등 절차상 중대하고도 명백한 위법이 있어서 재심을 허용하지 아니하면 현저히 정의에 반하는 경우에 한하여 제한적으로 허용될 수 있을 뿐이라고 해석함이 상당할 것이다."[4]라고 판시하고 있는데, 이러한 재심절차의 허용 여부에 관한 헌법재판소

한 재심에 관한 것이다.

1) 헌재 2005. 12. 22. 2005헌마330.

2) 헌재 1995. 1. 20. 93헌아1, 판례집 7-1, 113, 119-120.

3) 헌재 1992. 6. 26. 90헌아1, 판례집 4, 378, 384-385.

4) 헌재 1995. 1. 20. 93헌아1, 판례집 7-1, 113, 121.

의 견해를 종합하면, 헌법수호, 권력통제, 정치적 평화보장 등 객관적 헌법질서 유지의 기능을 가지는 위헌법률심판이나 탄핵심판, 권한쟁의심판 및 위헌법률심사형 헌법소원심판과 법령에 헌법소원심판의 경우에는 재심이 허용되기 어렵고, 권리구제형 헌법소원 중 행정작용에 대한 헌법소원심판의 경우에는 제한적으로 재심이 허용될 수 있다고 하겠다.

그 후 헌법재판소는 통합진보당 해산(재심) 사건에서 "정당해산심판은 일반적 기속력과 대세적·법규적 효력을 가지는 법령에 대한 헌법재판소의 결정과 달리 원칙적으로 해당 정당에게만 그 효력이 미친다. 또 정당해산결정은 해당 정당의 해산에 그치지 않고 대체정당이나 유사정당의 설립까지 금지하는 효력을 가지므로, 오류가 드러난 결정을 바로잡지 못한다면 현 시점의 민주주의가 훼손되는 것에 그치지 않고 장래 세대의 정치적 의사결정에까지 부당한 제약을 초래할 수 있다. 따라서 정당해산심판절차에서는 재심을 허용하지 아니함으로써 얻을 수 있는 법적 안정성의 이익보다 재심을 허용함으로써 얻을 수 있는 구체적 타당성의 이익이 더 크므로 재심을 허용하여야 한다."라고 판시함으로써 정당해산결정에 대한 재심을 원칙적으로 허용했다.[1)]

결국 위에서 언급했듯이 헌법재판에 있어서 재심의 허용여부 내지 허용정도 등은 심판절차의 종류에 따라서 개별적으로 판단될 수밖에 없을 것이다. 따라서 재심의 허용여부는 재심대상인 헌법재판소의 결정이 소송당사자에게만 한정하여 그 효력이 미치는지의 여부 등 다양한 사안을 고려하여 결정해야 할 것이고, 결국 재심을 허용하지 아니함으로써 얻을 수 있는 법적 안정성의 이익과 재심을 허용함으로써 얻을 수 있는 구체적 타당성의 이익을 상호 형량하여 결정할 수밖에 없을 것이다.

3. 재심사유

재판부 구성의 위법과 중대사항에 관한 판단유탈이 재심사유에 해당한다. 먼저 헌법재판소는 재심은 재판부의 구성이 위법한 경우 등 절차상 중대하고도 명백한 위법이 있어서 재심을 허용하지 아니하면 현저히 정의에 반하는 경우에 한하여 제한적으로 허용될 수 있다고 하여 '재판부의 구성이 위법한 경우 등 절

1) 헌재 2016. 5. 26. 2015헌아20, 판례집 28-1하, 163, 166-167.

차상 중대하고도 명백한 위법이 있는 경우'를 재심사유로 들고 있다.[1] 또한 헌법재판소는 '중대사항에 관한 판단유탈의 경우'도 재심사유로 들고 있다.[2]

제 4 항 특별심판절차

Ⅰ. 위헌법률심판

1. 개설

(1) 의의

위헌법률심판은 헌법재판소가 법률의 위헌 여부를 심사해서 위헌인 법률의 효력을 상실시키는 제도이다. 헌법 제107조 제1항은 "법률이 헌법에 위반되는 여부가 재판의 전제가 된 경우에는 법원은 헌법재판소에 제청하여 그 심판에 의하여 재판한다."고 규정하고 있고, 헌법 제111조 제1항 제1호는 '법원의 제청에 의한 법률의 위헌여부심판'이라고 규정함으로써 위헌법률심판제도로서 구체적 규범통제를 인정하고 있다. 구체적 규범통제는 형식적 의미의 법률을 대상으로 하는 사후적인 규범통제로서 해당 법률의 위헌 여부가 일반재판의 전제가 된 경우에만 이루어지는 재판부수적인 규범통제이다. 위헌법률심판은 국가의 최고법인 헌법의 규범력을 지킴으로써 헌법수호, 권력통제, 법질서의 통일성, 기본권보장 등 객관적 헌법질서의 보장을 일차적 기능으로 하는 제도이다.

(2) 위헌법률심사형 헌법소원제도의 채택

헌법재판소법상 위헌법률심판제도 이외에 추가로 규정되어 있는 규범통제제도가 제68조 제2항의 헌법소원제도이다. 법 제68조 제2항은 "제41조 제1항에 따

---

1) 헌재 1995. 1. 20. 93헌아1, 판례집 7-1, 113, 121; 헌재 1998. 3. 26. 98헌아2, 판례집 10-1, 320, 325.

2) 헌재 2009. 6. 25. 2008헌아23, 판례집 21-1 하, 948, 950; 헌재 2011. 2. 24. 2008헌아4, 공보 제173호, 441, 442.

른 법률의 위헌 여부 심판의 제청신청이 기각된 때에는 그 신청을 한 당사자는 헌법재판소에 헌법소원심판을 청구할 수 있다."라고 규정하고 있는데, 이에 따라 헌법재판소는 당해 법률의 위헌 여부를 판단한다. 이는 형식상 헌법소원심판절차에 속하지만 실질적으로는 당해 재판의 전제가 된 법률의 위헌 여부를 심판하는 것이므로 위헌법률심사형 헌법소원 또는 규범통제형 헌법소원이라고 부르며, 본래의 전형적인 헌법소원심판인 권리구제형 헌법소원제도(법 제68조 제1항)와 본질적으로 구별된다. 심판유형적으로도 위헌법률심사형 헌법소원사건에는 '헌바'의 사건부호를 붙여 '헌마'의 사건부호를 붙이는 권리구제형 헌법소원사건과 구별하고 있다.

2. 법원의 제청

법률이 헌법에 위반되는지 여부가 재판의 전제가 된 경우에는 당해 사건을 담당하는 법원(군사법원을 포함한다)은 직권 또는 당사자의 신청에 의한 결정으로 헌법재판소에 위헌 여부 심판을 제청한다(법 제41조 제1항).

(1) 제청절차

법원은 직권 또는 당사자의 신청에 의한 결정으로 헌법재판소에 법률의 위헌 여부의 심판을 제청한다(법 제41조 제1항).

1) 직권제청

법원이 재판을 하는데 적용해야 할 법률의 위헌 여부가 재판의 전제가 된 때에는 법원은 직권으로 제청을 할 수 있다. 법원이 해당 법률을 위헌으로 판단한 경우에 직권으로 제청하는데, 이 경우 법원은 위헌의 확신 뿐 아니라 위헌의 합리적 의심만으로도 제청이 가능하다.[1)]

2) 신청에 의한 제청

가. 소송당사자의 제청신청

법원에 계속중인 소송사건의 당사자는 재판의 전제가 된 법률의 위헌 여부가

1) 헌재 1993. 12. 23. 93헌가2, 판례집 5-2, 578, 592.

재판의 전제가 된다고 판단한 경우에는 당해 법원에 재판의 전제가 된 법률의 위헌 여부의 심판을 헌법재판소에 제청할 것을 신청할 수 있다(법 제41조 제1항).

나. 제청신청기각과 위헌법률심사형 헌법소원심판청구

법원이 제청신청을 수용하지 않고 기각하면 항고할 수 없으므로 법원의 소송절차에서 더 이상 다툴 방법이 없다(법 제41조 제4항). 그러나 제청신청을 한 당사자는 헌법재판소에 그 해당 법률에 대한 위헌법률심사형 헌법소원심판을 청구할 수 있다(법 제68조 제2항 제1문). 위헌법률심사형 헌법소원심판은 위헌 여부 심판의 제청신청을 기각하는 결정을 통지받은 날부터 30일 이내에 청구하여야 한다(법 제69조 제2항).

(2) 재판의 정지

법원이 법률의 위헌 여부의 심판을 헌법재판소에 제청한 때에는 당해 소송사건의 재판은 헌법재판소의 위헌 여부의 결정이 있을 때까지 정지된다. 다만 법원이 긴급하다고 인정하는 경우에는 종국재판 외의 소송절차를 진행할 수 있다(법 제42조 제1항).

(3) 제청의 대상

1) 법률

위헌심판제청의 대상은 원칙적으로 국회가 제정한 형식적 의미의 법률이다. 여기서의 법률은 대한민국 국회가 제정한 법률만을 의미한다. 따라서 외국의 법률은 대상이 아니다. 위헌법률심판은 최고규범인 헌법의 해석을 통하여 헌법에 위반되는 법률의 효력을 상실시키는 것이므로 특별한 사정이 없는 한 현재 시행중이거나 과거에 시행되었던 것이어야 하고 제청 당시에 공포는 되었으나 시행되지 않은 법률은 상실될 효력 자체가 없으므로 대상에서 제외된다.[1]

2) 입법부작위

위헌법률심판은 법률이나 법률조항이 헌법에 위반되는지 여부를 적극적으로 다투는 제도이므로 원칙적으로 법률의 부존재, 즉 진정입법부작위를 그 심판의

1) 헌재 1997. 9. 25. 97헌가4, 판례집 9-2, 332, 337-338.

대상으로 하는 것은 허용될 수 없다.[1] 그러나 국회의 입법행위가 불완전하거나 불충분해서 결함이 있는 부진정입법부작위의 경우에는 입법부작위로 다툴 것이 아니라 그 불완전한 법률조항 자체를 대상으로 위헌제청해야 한다는 것이 헌법재판소의 입장이고,[2] 따라서 그의 위헌 여부가 재판의 전제가 되는 경우에는 제청의 대상이 된다고 하겠다.

3) 긴급재정 · 경제명령과 긴급명령

대통령이 헌법(제76조)에 의하여 발하는 긴급재정 · 경제명령과 긴급명령은 형식적 의미의 법률과 같은 효력을 가지므로 그 위헌 여부가 재판의 전제가 되는 경우에는 제청의 대상이 된다.

4) 조약과 국제법규

헌법에 의하여 체결 · 공포된 조약과 일반적으로 승인된 국제법규는 국내법과 같은 효력을 가진다(헌법 제6조 제1항). 따라서 이러한 조건을 충족한 조약과 국제법규는 비록 국제법이지만 국내법과 같은 효력을 가지고, 따라서 국회가 제정한 형식적 의미의 법률과 동일한 효력을 가질 경우 위헌제청의 대상이 될 수 있다고 하겠다.

5) 관습법

관습법이 위헌제청의 대상이 될 수 있는지에 대하여는 견해가 갈린다. 이와 관련하여 헌법재판소는 관습법은 비록 형식적 의미의 법률은 아니지만 실질적으로는 법률과 같은 효력을 갖기 때문에 관습법의 위헌법률심판의 대상적격을 인정하고 있다.[3] 반면 대법원은 위헌심사의 대상이 되는 법률은 국회의 의결을 거친 형식적 의미의 법률만을 의미한다는 이유로 관습법의 제청대상적격을 부인하고 있다.[4] 헌법을 최고규범으로 하는 법질서의 통일성 및 법적 안정성의 확

---

1) 헌재 2000. 1. 27. 98헌바12, 공보 제42호, 136, 140; 헌재 2007. 12. 27. 2005헌가9, 판례집 19-2, 676, 684.

2) 헌재 1996. 3. 28. 93헌바27, 판례집 8-1, 179, 185; 헌재 2006. 7. 27. 2004헌바20, 판례집 18-2, 52, 60.

3) 헌재 2013. 2. 28. 2009헌바129, 판례집 25-1, 15, 18-19.

4) 대판 2009. 5. 28. 2007카기134.

보와 국민의 기본권 보장을 위하여, 그리고 불문의 국제관습법도 제청의 대상으로 인정하는 취지에 비추어 관습법도 위헌제청의 대상이 될 수 있다고 하겠다.

6) 헌법규정

법률보다 상위규범인 헌법규정 자체가 위헌제청의 대상이 될 수 있는지도 문제가 된다. 즉 위헌법률심판의 기준인 헌법규정이 위헌법률심판의 대상도 될 수 있는지의 여부이다. 헌법재판소는 헌법규정의 위헌제청의 대상적격을 일관되게 부인하고 있다.[1] 반면 국가배상법 제2조 제1항 단서 등 위헌소원사건에서 재판관 하경철은 반대의견을 통해 "헌법에는 보다 상위의 근본규정에 해당하는 헌법규정이 있는가 하면 그러한 근본규정에는 해당하지 않는 보다 하위의 헌법규정이 있을 수 있다. 이때 하위의 헌법규정이 상위의 헌법규정과 합치하지 않는다고 해서 모든 경우에 다 그 효력을 부인할 수 있는 것은 아니나, 더 이상 감내할 수 없을 정도로 일반인의 정의감정에 합치되지 아니하는 경우에는 헌법의 개별조항도 헌법 제111조 제1항 제1호 및 제5호, 헌법재판소법 제41조 제1항 및 헌법재판소법 제68조 제2항 소정의 법률의 개념에 포함되는 것으로 해석하여 헌법재판소가 그 위헌성을 확인할 수 있어야 할 것이다."라고 헌법규정의 위헌심판대상적격을 인정하고 있다.[2][3]

3. 심판

(1) 사건의 접수, 위헌제청서의 송달과 의견서의 제출

위헌심판제청서가 헌법재판소에 송달되면 접수공무원은 이를 접수하고, 접수서류에 표지를 붙여 사건기록을 편성하며, 사건번호(사건부호는 '헌가')와 사건명을 부여하고, 이를 위헌법률심판사건부에 기장하여 사건을 등록한다. 위헌법률심판의 제청이 있은 때에는 법무부장관 및 당해 소송사건의 당사자에게 그 제청서의 등본을 송달한다(법 제27조 제2항). 송달받은 당해 소송사건의 당사자 및 법무부장

1) 헌재 1995. 12. 28. 95헌바3, 판례집 7-2, 841, 846; 헌재 2001. 2. 22. 2000헌바38, 판례집 13-1, 289, 294-295; 헌재 2007. 11. 29. 2007헌바30, 공보 제134호, 1335, 1338.

2) 헌재 2001. 2. 22. 2000헌바38, 판례집 13-1, 289, 299-300.

3) 헌법규정이 위헌심사의 대상이 될 수 있는지의 여부에 대한 자세한 논의는 정연주, 헌법 제29조 제2항에 대한 헌법소원, 헌법학연구 제5권 2호, 1999. 10, 472쪽 이하 참조.

관은 헌법재판소에 법률의 위헌 여부에 대한 의견서를 제출할 수 있다(법 제44조).

(2) 재판의 전제성

1) 의의

위헌법률심판에서는 제청된 법률의 위헌 여부가 재판의 전제가 되어야 한다. 따라서 이러한 재판의 전제성은 위헌법률심판의 적법요건의 하나이다. 재판의 전제성이라 함은 원칙적으로 ① 구체적인 사건이 법원에 계속중이어야 하고, ② 위헌 여부가 문제되는 법률이 당해 소송사건의 재판에 적용되는 것이어야 하며, ③ 그 법률이 헌법에 위반되는지의 여부에 따라 당해 사건을 담당하는 법원이 다른 내용의 재판을 하게 되는 경우를 말한다.

2) 재판의 의미

여기서 재판이란 인적·물적으로 독립된 제3자인 법원이 법률이 정한 절차에 따라 구체적인 분쟁이나 법 위반의 여부를 법규범을 기준으로 유권적으로 판단하는 작용이다. 따라서 법원이 행하는 사법행정은 재판이 아니다. 법 제41조 제1항에서 말하는 재판이란 원칙적으로 그 형식 여하와, 본안에 관한 재판이거나 소송비용, 가집행, 소송절차에 관한 것이거나를 불문하며, 판결과 결정 그리고 명령이 여기에 포함된다.[1] 또한 심급을 종국적으로 종결시키는 종국재판 뿐 아니라 중간재판(예컨대 보정명령, 증거채부결정, 구속기간갱신결정)도 포함된다.[2] 또한 체포·구속·압수·수색영장, 구속적부심사청구, 보석허가에 관한 재판도 여기서 말하는 재판에 포함된다.

3) 재판의 전제성의 요건

가. 구체적인 사건이 법원에 계속중일 것

먼저 재판의 전제성이 인정되려면 구체적인 사건이 법원에 계속중이어야 한다. 이러한 요건은 법원의 위헌제청결정 당시 뿐 아니라 헌법재판소의 심판 시에도 충족되어야 한다. 따라서 헌법재판소의 결정 시까지 구체적 사건이 법원에

---

1) 헌재 1994. 2. 24. 91헌가3, 판례집 6-1, 21, 30.

2) 헌재 1994. 2. 24. 91헌가3, 판례집 6-1, 21, 30; 헌재 1996. 12. 26. 94헌바1, 판례집 8-2, 808, 818; 헌재 2001. 6. 28. 99헌가14, 판례집 13-1, 1188, 1196.

계속중이어야 한다.[1]

그러나 법 제68조 제2항에 의한 위헌법률심사형 헌법소원심판의 경우에는 최소한 위헌제청신청 시에 구체적 사건이 법원에 계속중이면 되고 헌법재판소의 심판 시에는 당해 사건이 법원에서 이미 종결된 경우라도 재판의 전제성이 인정될 수 있다고 하겠다. 왜냐하면 위헌법률심사형 헌법소원심판의 경우에는 위헌법률심판의 경우와는 달리 재판정지의 효과가 없어 이런 경우 헌법재판소의 심판 시까지 소송사건이 법원에 계속중일 것을 요구하는 것은 적절치 못하기 때문이다. 또한 위헌법률심사형 헌법소원이 인용된 경우에 당해 헌법소원과 관련된 소송사건이 이미 확정된 때에는 당사자는 재심을 청구할 수 있으므로(법 제75조 제7항), 원심판결이 확정되었더라도 재판의 전제성이 소멸된다고 볼 수는 없다고 할 것이다.[2]

나. 위헌 여부가 문제되는 법률이 당해 재판에 적용되는 것일 것

재판의 전제성이 인정되기 위해서는 위헌 여부가 문제되는 법률이 당해 소송사건의 재판에 적용되는 것이어야 한다. 심판의 대상이 되는 법률은 당해 소송사건의 재판에 직접 적용되는 경우가 대부분이다. 그러나 당해 재판에 적용되는 법률이라면 반드시 직접 적용되는 법률만이 재판의 전제성을 갖는 것은 아니다. 직접 적용되는 법률규정과 간접 적용되는 법률규정 사이에 내적인 관련성이 있는 경우라면 간접 적용되는 법률규정에 대하여도 재판의 전제성을 인정할 수 있다는 것이 헌법재판소의 입장이다. 여기서 내적 관련성이란 당해 사건에 직접 적용되는 법령조항의 위헌 여부가 간접 적용되는 법령조항의 위헌 여부에 의존하고 있어 그 결과에 따라 사건을 담당하는 법원이 다른 내용의 재판을 하게 될 정도의 밀접한 관련성을 말한다.[3]

다. 법률의 위헌 여부에 따라 당해 재판의 내용이 달라질 것

재판의 전제성이 인정되기 위해서는 제청된 법률의 위헌 여부에 따라 당해 사건을 담당한 법원이 다른 내용의 재판을 하게 되는 경우라야 한다. 여기서 다른 내용의 재판을 하게 되는 경우라 함은 원칙적으로 법원이 심리 중인 당해

---

1) 헌재 1993. 12. 23. 93헌가2, 판례집 5-2, 578, 588.

2) 헌재 1998. 7. 16. 96헌바33등, 판례집 10-2, 116, 142.

3) 헌재 2006. 2. 23. 2003헌바84, 판례집 18-1 상, 110, 118.

사건의 재판의 결론이나 주문에 어떤 영향을 주는 경우이거나, 문제된 법률의 위헌 여부가 비록 재판의 주문 자체에는 아무런 영향을 주지 않는다고 하더라도 재판의 결론을 이끌어 내는 이유를 달리하는 데 관련되어 있거나 또는 재판의 내용과 효력에 관한 법률적 의미가 달라지는 경우를 의미한다.

(가) 재판의 결론이나 주문에 영향을 미치는 경우

재판의 결론이나 주문에 영향을 미치는 경우란 법률이 위헌일 때는 합헌일 때와 다른 판단을 할 수밖에 없는 경우, 즉 판결의 주문이 달라지는 경우를 말한다.[1] 대표적인 예가 당해 형사재판의 처벌근거인 형벌규정의 위헌 여부가 당해 형사재판의 판결주문에 영향을 미치는 경우이다. 또 당해 소송의 승소 여부가 제청된 법률규정의 위헌 여부에 따라 좌우되는 경우도 주문에 영향을 미치는 경우이다.

(나) 재판의 내용과 효력에 관한 법률적 의미가 달라지는 경우 등

비록 재판의 결론이나 주문 자체에는 아무런 영향을 주지 않더라도 재판의 결론을 이끌어내는 이유를 달리 하는데 관련되어 있거나 또는 재판의 내용과 효력에 관한 법률적 의미가 달라지는 경우에도 재판의 전제성이 인정된다.

헌법재판소는 구 형사소송법 제331조 단서 규정의 위헌 여부가 재판의 내용이나 효력에 관한 법률적 의미가 전혀 달라지는 경우에 해당하는 예로서 들었다. 헌법재판소는 형사소송법 제331조 단서 규정에 대한 위헌심판사건에서 제청법률조항인 형사소송법 제331조의 본문 규정은, "무죄, 면소, 형의 면제, 형의 선고유예, 형의 집행유예, 공소기각 또는 벌금이나 과료를 과하는 판결이 선고된 때에는 구속영장은 효력을 잃는다."라고 하고 있어 종국재판으로서의 무죄 등 판결의 선고가 있으면 이에 따라 피고인의 구속이 해제되는 부수적 재판의 효력이 있음을 규정하고 있어 실질적으로는 법원이 선고하는 무죄 등의 판결에는 동시에 구속취소의 결정이 당연히 포함되어 있는 것으로 되어 있다. 그런데 이 법 제331조 단서는 "단 검사로부터 사형, 무기 또는 10년 이상의 징역이나 금고의 형에 해당한다는 취지의 의견진술이 있는 사건에 대하여는 예외로 한다."라고 본문에 대한 예외규정을 두어 법원의 무죄 등의 판결선고에도 불구하

---

1) 헌재 1989. 12. 18. 89헌마32 등, 판례집 1, 343, 348.

고 구속영장의 효력이 상실되지 않는 예외를 설정함으로써 구속취소의 법적 효과를 배제하는 또 다른 이중적 특별규정을 두고 있다. 이러한 경우 법 제331조 단서 규정의 위헌 여부에 따라 형사판결의 주문 성립과 내용 자체가 직접 달라지는 것은 아니지만 만약 위 규정이 위헌으로 법적 효력이 상실된다면 이 법 제331조 본문의 규정이 적용되어 제청법원이 무죄 등의 판결을 선고하게 될 경우에 그 판결의 선고와 동시에 구속영장의 효력을 상실시키는 재판의 효력을 가지게 되며, 이와는 달리 이 단서 규정이 합헌으로 선언되면 검사로부터 피고인들에 대하여 징역 장기 10년의 구형이 있는 위 피고사건에 있어서 당해 사건을 담당하는 법원의 판결만으로는 구속영장의 효력을 상실시키는 효력을 갖지 못하게 되는 결과로 인하여 그 재판의 효력과 관련하여 전혀 다른 효과를 가져오는 재판이 될 것이다. 따라서 법 제331조 단서 규정의 위헌 여부는 제청법원이 검사로부터 장기 10년의 징역형 등에 해당한다는 취지의 의견진술이 있느냐 없느냐 여하에 따라 관련 사건의 그 재판주문 자체에 직접 영향을 주는 것은 아니라 할지라도 그 재판의 밀접 불가결한 실질적 효력이 달라지는 구속영장의 효력에 관계되는 것이어서 재판의 내용이나 효력 중에 어느 하나라도 그에 관한 법률적 의미가 전혀 달라지는 경우에 해당하는 것이므로 재판의 전제성이 있다고 판시했다.[1]

4) 재판의 전제성의 소멸과 헌법적 해명의 필요성

재판의 전제성의 요건은 원칙적으로 법원에 의한 위헌제청 당시 뿐 아니라 헌법재판소의 심판 당시에도 충족되어야 한다. 그러나 예외적으로 제청 당시 전제성이 인정되는 한 심판 당시에는 전제성이 소멸되더라도 중요한 헌법적 해명이나 반복적인 기본권침해의 방지 등 객관적인 헌법질서의 수호·유지를 위해 필요성이 있는 경우에는 예외적으로 본안판단을 해야 한다는 것이 헌법재판소의 입장이다. 예컨대 헌법재판소는 출입국관리법 제4조 제1항 제4호 위헌제청사건에서 "이 사건 제청신청인은 추징금 미납을 이유로 2003. 7. 1. 출국금지처분을 받아 2004. 6. 30.까지 출국금지가 되었으나 그 이후 출국금지기간만료로 해제되었다. 따라서 당해소송에서 출국금지처분의 취소를 구하는 청구는 그 권리보호이익을 상실하여 심판대상 법조항에 대한 위헌여부를 판단할 소의 이익은

1) 헌재 1992. 12. 24. 92헌가8, 판례집 4, 853, 865-866.

소멸되었다. 그러나 설사 심리기간중 소의 이익이 소멸되었더라도 헌법재판소로서는 제청당시 전제성이 인정되는 한 예외적으로 객관적인 헌법질서의 수호·유지를 위하여 그 위헌 여부에 대한 판단을 할 수 있다는 것이 우리 재판소의 확립된 판례이다. 이 사건 심판대상 법조항의 위헌여부는 거주이전의 자유 중 출국의 자유와 관계되는 중요한 헌법문제라고 볼 수 있고, 이 문제에 대하여 아직 우리 재판소에서 해명이 이루어진 바도 없다. 이 사건과 관련하여 또는 이 사건과 무관하게 심판대상 법조항에 의거한 출국금지처분이 재차 이루어져 출국의 자유에 대한 기본권침해의 논란이 반복될 것도 명백하므로 이에 대한 위헌여부의 심판이익이 있다."라고 판시한 바 있다.[1)]

이러한 헌법재판소의 입장은 헌법수호·공권력통제·기본권보장의 기능을 가지고, 객관적 소송으로서의 성질을 가지며, 직권심리주의가 강하게 적용되는 헌법재판의 특성을 감안할 때 지극히 타당하다고 하겠다.

4. 위헌법률심판의 심사기준

(1) 헌법규정

먼저 위헌법률심판의 심사기준은 대한민국 헌법이다. 위헌법률심판절차는 제청법률의 위헌 여부를 가리는 객관적 소송이므로 모든 규정들이 위헌심사의 기준이 될 수 있다. 따라서 당해 소송의 당사자들에게 주관적 공권으로서의 기본권을 보장하는 헌법규정에 그 심사기준이 국한되지 않는다. 아울러 헌법본문의 규정들 뿐 아니라, 헌법전문도 당연히 심사기준이 된다.

한편 심사기준으로서의 헌법은 현행 헌법이다. 헌법해석은 헌법이 내포하고 있는 특정한 가치를 탐색·확인하고 이를 규범적으로 관철하는 작업이므로, 헌법재판소가 행하는 규범통제의 심사기준은 헌법재판을 할 당시에 규범적 효력을 가지는 현행 헌법이라고 보아야하기 때문이다.[2)] 따라서 현행 헌법하에서 제정·시행된 법률 뿐 아니라 구 헌법하에서 제정·시행된 법률의 위헌 여부 심사의 기준도 현행 헌법이다. 한편 현행 헌법 이외에 구 헌법도 심사기준이 될 수 있다면 상호 모순이 될 수도 있는 복수의 헌법 간에 충돌이 생겨 심사기준이 되는

---

1) 헌재 2004. 10. 28. 2003헌가18, 판례집 16-2 하, 86, 94-95.

2) 헌재 2013. 3. 21. 2010헌바132 등, 공보 제198호, 472, 477.

헌법규범을 헌법재판소가 선택하게 되는 문제가 발생될 수 있는데, 이는 법적 안정성과 예측가능성 및 헌법재판의 일관성 측면에서 문제를 야기할 수 있다.

(2) 헌법원칙 등

위헌심사기준으로서의 헌법에는 위에서 언급한 명문의 헌법규정들 뿐 아니라 헌법에 내포되어 있는 기본원칙들, 각 헌법규정들의 기초가 되는 헌법의 근본이념과 기본원리(예컨대 법치주의원리, 민주주의원리, 사회국가원리 등)가 포함됨은 물론이다.

(3) 헌법관습법

성문헌법의 테두리 내에서 성문헌법의 흠결을 보충하는 기능을 담당하는 헌법관습법이 예외적으로 성립할 수 있을 것이다. 이 경우 헌법관습법도 하나의 심사기준이 될 수 있다고 하겠다.

(4) 위헌심사의 관점

헌법재판소는 법률에 대한 위헌심판에서 위헌 여부를 판단할 때 제청법원이나 청구인 등이 주장하는 헌법해석과 법적 관점에 구애받지 않고 모든 헌법적 관점을 종합적으로 검토해서 독자적으로 판단한다.[1)]

5. 종국결정 및 그 효과

종국결정은 원칙적으로 각하결정, 합헌결정, 위헌결정의 세 가지로 나눌 수 있지만, 단순합헌결정과 단순위헌결정유형에 포함되지 않는 다양한 변형결정유형이 판례로써 확립되어 있다. 한정합헌결정, 한정위헌결정, 헌법불합치결정 등이 그것이다.

(1) 각하결정

법원의 제청이 형식적 요건을 갖추지 못했거나 제청된 법률이 재판의 전제

---

1) 헌재 1996. 12. 26. 96헌가18, 판례집 8-2, 680, 690-691.

성이 없는 경우 등 위헌제청이 적법요건을 충족시키지 못했을 경우에는 헌법재판소는 각하결정을 내린다.

(2) 합헌결정

법원의 위헌제청이 적법요건을 충족시킨 경우 본안심리를 거치게 되는데, 제청된 법률이 헌법에 위반되지 않는다는 결론에 도달하면 합헌결정을 내린다. 제청법원은 제청된 법률에 대한 헌법재판소의 합헌결정에 따라 제청된 법률을 계속중인 당해 소송사건에 적용해서 재판하게 된다. 그리고 동일한 법률조항에 대한 위헌제청을 다시 하는 것은 일사부재리의 원칙에 따라 허용되지 않는다(법 제39조).

(3) 위헌결정

헌법재판소는 제청된 법률조항이 헌법에 위반된다고 판단할 경우 위헌결정을 내린다. 위헌결정에는 단순위헌결정 이외에 이른바 변형결정으로서 한정합헌, 한정위헌, 헌법불합치결정 등이 포함된다. 여기서는 단순위헌결정을 다루고 변형결정은 항목을 달리해서 언급하기로 한다.

1) 위헌결정의 범위

헌법재판소가 위헌으로 결정하는 범위와 관련하여 법 제45조 본문은 "헌법재판소는 제청된 법률 또는 법률조항의 위헌 여부만을 결정한다."라고 규정하고 있어, 마치 헌법재판소는 법원에 의하여 제청된 법률 또는 법률조항에 대해서만 위헌결정을 할 수 있는 것처럼 보인다. 그러나 헌법재판소는 제청법원의 의견을 존중하되 그에 구속되지는 않는다. 그 결과 헌법재판소의 심판대상의 범위와 위헌결정의 범위는 법원에 의하여 제청된 것과 반드시 일치하는 것은 아니다. 이에 따라 헌법재판소가 심판대상의 범위를 제한·확장·변경하는 경우 위헌결정의 범위도 달라지게 된다. 결국 헌법재판소의 위헌결정의 범위는 위헌심판의 대상과 일치하는 것이 일반적이다. 그런데 이처럼 제한·확장·변경된 심판대상에 대한 심사결과 상황에 따라서는 최종적인 위헌결정의 범위가 제한·확장·변경을 통해 확정된 심판대상의 범위와 또 다시 달라질 수 있다.

2) 위헌결정의 효력(위헌결정의 시간적 효력)

헌법재판소의 위헌결정은 위 제3항 일반심판절차에서 언급한 바와 같이 종국결정의 효력으로 일반적으로 거론되는 불가변력, 불가쟁력, 기판력 등의 확정력과 기속력 및 법규적 효력을 가진다. 이 점에 대하여든 이미 설명하였으므로 여기서는 위헌결정의 효력발생시기의 문제에 대하여만 언급하고자 한다.

위헌결정된 법률은 무효로서 효력을 상실한다. 그런데 언제부터 효력을 상실하는지 위헌결정의 효력의 시간적 범위가 문제될 수 있다. 이에는 크게 효력상실시점이 위헌결정 이전 시점까지 거슬러 올라가는 소급효와 위헌결정 이후 장래를 향해 효력이 상실되는 장래효의 두 가지가 있다. 위헌법률의 효력상실시기를 언제로 정할 것인가의 문제는 원칙적으로 헌법정책적인 문제라고 하겠다. 법치주의와 과거회고적인 합헌성확보 및 기본권보장에 중점을 둘 경우에는 소급효를 인정해야 할 것이고, 법적 안정성 내지 법적 평화를 고려한다면 장래효를 채택해야 할 것이다.[1)]

가. 원칙(장래효)

위헌법률의 효력상실시기와 관련하여 법 제47조 제2항은 “위헌으로 결정된 법률 또는 법률의 조항은 그 결정이 있는 날로부터 효력을 상실한다.”라고 규정하여 장래효를 원칙으로 하고 있다. 즉 우리의 경우 개별적 사건에 있어서의 구체적 타당성이나 정의 내지 평등의 원칙 보다는 헌법상 법치주의원리의 파생원칙인 법적안정성 내지는 신뢰보호의 원칙을 우선시 한 것으로 볼 수 있다.[2)] 이는 소급효를 원칙으로 하고 장래효를 예외로 하고 있는 독일의 경우와는 다르다.

나. 예외(소급효)

(가) 법 제47조 제3항에 의한 소급효

법 제47조 제3항 본문은 “제2항에도 불구하고 형벌에 관한 법률 또는 법률의 조항은 소급하여 그 효력을 상실한다.”라고 규정하여 형벌에 관한 사항에서는 예외적인 소급효를 인정하고 있다. 이는 형벌사항의 경우에는 실체적 정의와

---

1) 헌재 2016. 4. 28. 2015헌바216, 판례집 28-1하, 30, 34.
2) 헌재 1993. 5. 13. 92헌가10 등, 판례집 5-1, 226, 250.

기본권의 실현이 중요하다고 보아 소급효를 인정하고 있는 것이다.[1] 이에 따라 위헌으로 결정된 법률 또는 법률의 조항에 근거한 유죄의 확정판결에 대하여는 재심을 청구할 수 있도록 했다(법 제47조 제4항). 재심에 대하여는 형사소송법의 규정이 준용된다(법 제47조 제5항).

그런데 2014. 5. 20. 신설된 법 제47조 제3항 단서는 "다만, 해당 법률 또는 법률의 조항에 대하여 종전에 합헌으로 결정한 사건이 있는 경우에는 그 결정이 있는 날의 다음 날로 소급하여 효력을 상실한다."라고 규정함으로써 소급효의 시간적 범위를 제한하고 있다. 이는 법적 안정성을 고려한 제한이라고 볼 수 있다. 즉 형벌사항의 경우에는 원칙적으로 법적 안정성 보다는 실체적 정의와 기본권의 실현이 중요하다고 보아 소급효를 인정하고는 있지만, 그 소급효를 무한대로 인정함으로 해서 발생되는 법적 혼란과 부작용도 고려하여 한편에서의 법적 안정성, 다른 한편에서의 실체적 정의 및 기본권의 실현이라는 두 가지 대립되는 가치의 조화를 이루고자 하는 일종의 타협책이라고 하겠다. 다시 말해 위헌결정의 소급효를 무한대로 인정할 경우 예상되는 수많은 재심청구로 인한 소송폭주와 그에 따른 무죄 판결, 그리고 무죄를 근거로 한 수많은 형사보상신청 등으로 인한 천문학적 예산과 비용 및 시간소요 등의 대혼란이 발생할 수 있다는 것을 고려한 정책적 제한이라고 하겠다. 그리고 다른 한편 해당 형벌에 관한 법률 또는 법률의 조항에 대하여 종전에 합헌으로 결정한 사건이 있는 경우에는 그 결정이 있는 날의 다음 날까지만 소급하도록 한 법 제47조 제3항 단서에 의한 소급효 제한은 그 해당 법조항이 적어도 합헌으로 결정된 날까지는 -유효할 뿐 아니라- 그 합헌결정으로 인해 헌법상 정당한 것으로 간주된다는 것을 전제하고 있다고 볼 수 있다.[2]

---

1) 헌재 1993. 5. 13. 92헌가10 등, 판례집 5-1, 226, 250; 헌재 2002. 5. 30. 2001헌바65 등, 판례집 14-1, 508, 527.

2) 헌법재판소도 헌법재판소법 제47조 제3항 단서 위헌소원 사건에서 "헌법재판소의 합헌결정을 통해 과거의 어느 시점에서는 합헌이었음이 인정된 형벌조항에 대하여는 위헌결정의 소급효를 제한함으로써 그동안 쌓아 온 규범에 대한 사회적인 신뢰와 법적 안정성을 확보할 수 있도록 한 것이다. 법률의 합헌성에 관한 최종 판단권이 있는 헌법재판소가 당대의 법감정과 시대상황을 고려하여 합헌이라는 유권적 확인을 하였다면, 그러한 사실 자체에 법적 의미를 부여하고 존중할 필요가 있다. 헌법재판소가 특정 형벌법규에 대하여 과거에 합헌결정을 하였다는 것은, 적어도 그 당시에는 당해 행위를 처벌할 필요성에 대한 사회구성원의 합의가 유효하다는 것을 확인한 것이므로, 합헌결정이 있었던 시점 이전까지로 위헌

법 제47조 제4항의 재심규정은 법원에 의하여 이미 선고된 유죄판결을 무효로 만들거나 유죄확정판결의 집행을 정지시키거나 진행중인 형의 집행을 금지시키는 것은 아니고, 다만 유죄판결을 받은 자가 재심청구를 통하여 유죄의 확정판결을 다툴 수 있다는 것을 의미할 뿐이다. 이미 형의 집행이 종료된 후에도 재심을 청구할 수 있음은 물론이다. 위헌결정된 형벌법규에 근거해서 공소가 제기되어 재판중인 모든 형사사건은 더 이상 범죄가 되지 않으므로 무죄를 선고해야 할 것이다.[1]

(나) 판례에 의한 소급효

앞서 언급한 바와 같이 소급효를 인정하느냐의 여부는 입법정책의 문제인데, 헌법재판의 기능이 헌법질서유지, 기본권보장, 권력통제 등에 있기 때문에 원칙적으로 소급효를 인정하는 것이 바람직하다고 본다. 이 경우 소급효를 인정함으로 해서 보다 더 큰 헌법적 가치가 침해된다면(예컨대 법적 혼란, 기본권침해, 헌법질서유린상태) 법적 안정성과 공익적 견지에서 예외적으로 소급효를 제한할 수 있을 것이다. 즉 독일의 경우처럼 소급효를 원칙으로 하고 장래효를 예외로 하는 것이 입법정책적으로 보다 바람직하다는 것이다.

그런데 만일 소급효를 형벌법규에 대한 경우를 제외하고 원칙적으로 부정한다면 헌법재판의 실효성 확보차원에서 문제가 발생된다. 따라서 소급효를 원칙적으로 부정하는 우리 법제에서는 해석상 또는 실제 운영상 당사자의 권리구제를 위한 구체적 타당성의 요청이 현저한 경우 위헌결정의 실효성 확보차원에서 소급효를 일정한 범위내에서 인정할 필요가 있다. 이러한 요청에 부응하여 대법원은 법률에 대한 위헌결정의 소급효를 서서히 확대시켜 왔다. 즉 대법원은 ① 위헌제청을 한 당해 사건,[2] ② 위헌결정이 있기 전에 이와 동종의 위헌 여부에 관하여 헌법재판소에 위헌여부심판제청이 되어 있거나, 법원에 위헌여부심판제청신청이 되어 있는 경우의 당해 사건, 그리고 별도의 위헌제청신청 등은 하지 아니하였으나 당해 법률 또는 법조항이 재판의 전제가 되어 법원에 계속된 모든 일반사건,[3] ③ 위헌결정 이후에 제소된 일반사건[4] 등으로 위헌결정의 효력

결정의 소급효를 인정할 근거가 사라지기 때문이다."라고 판시함으로써 유사한 입장을 취하고 있다. 헌재 2016. 4. 28. 2015헌바216, 판례집 28-1하, 30, 35.

1) 대판 1992. 5. 8. 91도2825.

2) 대판 1991. 6. 11. 90다5450; 대판 1991. 6. 28. 90누9346.

을 확대해 왔다.

헌법재판소도 "형벌법규 이외의 일반 법규에 관하여 위헌결정에 불소급의 원칙을 채택한 법 제47조 제2항 본문의 규정 자체에 대해 기본적으로 그 합헌성에 의문을 갖지 않지만 … 위헌결정의 특수성 때문에 예외적으로 그 적용을 배제시켜 부분적인 소급효의 인정을 부인해서는 안 될 것이다. 우선 생각할 수 있는 것은, 구체적 규범통제의 실효성의 보장의 견지에서 법원의 제청·헌법소원의 청구 등을 통하여 헌법재판소에 법률의 위헌결정을 위한 계기를 부여한 당해 사건, 위헌결정이 있기 전에 이와 동종의 위헌 여부에 관하여 헌법재판소에 위헌제청을 하였거나 법원에 위헌제청신청을 한 경우의 당해 사건, 그리고 따로 위헌제청신청을 아니하였지만 당해 법률 또는 법률의 조항이 재판의 전제가 되어 법원에 계속 중인 사건에 대하여는 소급효를 인정하여야 할 것이다. 또 다른 한가지의 불소급의 원칙의 예외로 볼 것은, 당사자의 권리구제를 위한 구체적 타당성의 요청이 현저한 반면에 소급효를 인정하여도 법적 안정성을 침해할 우려가 없고 나아가 구법에 의하여 형성된 기득권자의 이익이 해쳐질 사안이 아닌 경우로서 소급효의 부인이 오히려 정의와 형평 등 헌법적 이념에 심히 배치되는 때라고 할 것으로, 이때에 소급효의 인정은 법 제47조 제2항 본문의 근본취지에 반하지 않을 것으로 생각한다. … 일률적인 소급효의 인정이 부당한 결과를 발생시키듯이 일률적인 소급효의 완전부인도 부당한 결과를 발생할 수 있다고 할 것이다."라고 판시하여[1] 대체로 대법원과 같은 입장을 취하고 있다.

(4) 변형결정

앞서 소개한 단순합헌과 단순위헌의 기본유형만으로는 규범통제에서 나타나는 여러 문제를 해결할 수가 없다. 즉 기본유형만으로는 실제의 재판과정에서 법적 안정성, 법률의 공백상태방지, 입법자의 존중, 효율적인 기본권 구제 등의 다양한 문제점을 해결하기가 어려운 경우가 발생한다는 것이다. 따라서 헌법재판소는 그동안 판례를 통해 위헌결정과 관련하여 위에서 소개한 단순위헌결정 이외에 다양한 변형결정유형을 발전시켰다. 한정합헌결정, 한정위헌결정, 헌법불

3) 대판 1991. 12. 24. 90다8176; 대판 1992. 2. 14. 91누1462; 대판 1993. 1. 15. 92다12377.

4) 대판 1993. 1. 15. 92다12377; 대판 1994. 10. 25. 93다42740.

1) 헌재 1993. 5. 13. 92헌가10 등, 판례집 5-1, 226, 250-251.

합치결정 등이 그것이다.

1) 한정합헌결정

가. 내용과 결정례

한정합헌결정은 심판의 대상이 된 법률 또는 법률조항의 문언이 다의적으로 해석가능한 경우 위헌적인 해석의 가능성을 배제하고 특정한 내용으로 해석·적용되는 한 합헌이라는 주문을 내는 결정유형이다. 이는 문제되는 법조문 자체를 제거하는 방법을 통해서가 아니라 그 법조문의 위헌적인 해석방법 또는 범위를 배제함으로써 위헌성을 제거하되 법조문 자체의 효력은 유지시키는 결정유형이다.

한정합헌결정의 예로 대표적인 것으로는 "국가보안법 제7조 제1항 및 제5항은 각 그 소정 행위가 국가의 존립·안전을 위태롭게 하거나 자유민주적 기본질서에 위해를 줄 경우에 적용된다고 할 것이므로 이러한 해석하에 헌법에 위반되지 아니한다."[1]라는 결정례를 들 수 있다.

나. 한정합헌결정의 근거와 한계

한정합헌결정은 아래에서 언급할 한정위헌결정과 함께 어떤 법률의 개념이 다의적이고 그 어의의 테두리안에서 여러 가지 해석이 가능할 때 헌법을 그 최고 법규로 하는 통일적인 법질서의 유지를 위하여 헌법에 합치되는 해석, 즉 합헌적인 해석을 선택하여야 하며, 이에 의하여 위헌적인 결과가 될 해석을 배제하면서 합헌적이고 긍정적인 면은 살려야 한다는 합헌적 법률해석 내지 법률의 헌법합치적 해석의 법리를 그 근거로 하고 있다. 이처럼 헌법의 최고규범성에서 나오는 법질서의 통일성, 권력분립원칙의 관점에서 민주적 정당성을 가지는 입법자의 입법형성권의 존중, 법률의 추정적 효력 등에 의하여 정당화되는 합헌적 법률해석의 법리와 이에 근거한 한정합헌결정유형은 헌법재판제도가 정착된 여러 나라에 있어서 널리 활용되는 통례인 것으로 법률에 일부 합헌적 요소가 있음에도 불구하고 위헌적 요소 때문에 전면위헌을 선언할 때 생길 수 있는 법적 공백과 충격을 완화하고 법적 안정성을 추구하기 위한 방안이기도 하다.[2]

1) 헌재 1990. 4. 2. 89헌가113, 판례집 2, 49, 52.
2) 헌재 1990. 4. 2. 89헌가113, 판례집 2, 49, 62.

그런데 입법권의 존중 등 합헌적 법률해석의 정당화 근거는 동시에 합헌적 법률해석의 한계이기도 하다. 헌법재판소는 합헌적 법률해석을 통하여 입법자의 본래의 의도를 왜곡시키거나 대체해서는 안된다. 따라서 헌법재판소는 합헌적 법률해석을 통해 법조문의 문의적 한계와 법목적적 한계를 일탈해서는 안된다. 헌법재판소가 입법권존중이라는 미명아래 무리한 법률해석을 통해 문제되는 법조문의 효력을 유지시킨다면, 이는 오히려 입법자의 입법권을 침해하는 것이 될 것이다. 이러한 경우에는 차라리 법률을 단순위헌으로 선언하여 그 규율대상을 입법자로 하여금 새로이 입법하도록 해주는 것이 타당할 것이다.[1)]

2) 한정위헌결정

가. 내용과 결정례

한정위헌결정은 심판대상 법률조문의 다의적인 해석의 가능성 중에서 헌법에 합치될 수 없는 내용을 특정하여 해당 법조문이 그러한 특정한 내용으로 해석·적용되는 것을 위헌으로 선언하는 결정유형이다. 이는 한정합헌결정과 마찬가지로 심판대상 법률조항을 합헌적으로 축소·제한 해석하는 것이므로 심판대상 법률조항 자체의 존속에는 영향이 없지만, 일정한 한정된 해석과 적용 및 조건하에서 해당 법조문을 위헌이라고 결정함으로써 그러한 해석이나 적용 또는 조건하의 법집행을 배제하려는 결정유형이다.

한정위헌결정의 예로서 "국유재산법 제5조 제2항을 동법의 국유재산 중 잡종재산에 대하여 적용하는 것은 헌법에 위반된다.",[2)] "민법 제764조의 '명예회복에 적당한 처분'에 사죄광고를 포함시키는 것은 헌법에 위반된다.",[3)] 등의 결정례를 들 수 있다.

나. 한정위헌결정의 근거와 한정합헌결정과의 관계

한정위헌결정도 위헌결정의 일종으로 한정합헌결정과 마찬가지로 합헌적 법률해석의 법리를 근거로 하고 있다. 이에 따라 한정위헌결정과 한정합헌결정을 본질적으로 동일한 것으로 간주하는 것이 헌법재판소의 입장이다. 즉 "헌법재판

1) 헌재 1989. 7. 14. 88헌가5 등, 판례집 1, 69, 86-87.
2) 헌재 1991. 5. 13. 89헌가97, 판례집 3, 202, 203.
3) 헌재 1991. 4. 1. 89헌마160, 판례집 3, 149, 150.

소는 법률의 위헌여부가 심판의 대상이 되었을 경우, 재판의 전제가 된 사건과의 관계에서 법률의 문언, 의미, 목적 등을 살펴 한편으로 보면 합헌으로, 다른 한편으로 보면 위헌으로 판단될 수 있는 등 다의적인 해석가능성이 있을 때 일반적인 해석작용이 용인되는 범위내에서 종국적으로 어느 쪽이 가장 헌법에 합치되는가를 가려, 한정축소적 해석을 통하여 합헌적인 일정한 범위내의 의미내용을 확정하여 이것이 그 법률의 본래적인 의미이며 그 의미 범위내에 있어서는 합헌이라고 결정할 수도 있고, 또 하나의 방법으로는 위와 같은 합헌적인 한정축소 해석의 타당영역밖에 있는 경우에까지 법률의 적용범위를 넓히는 것은 위헌이라는 취지로 법률의 문언자체는 그대로 둔 채 위헌의 범위를 정하여 한정위헌의 결정을 선고할 수도 있다. 위 두 가지 방법은 서로 표리관계에 있는 것이어서 실제적으로는 차이가 있는 것이 아니다. 합헌적인 한정축소해석은 위헌적인 해석 가능성과 그에 따른 법적용을 소극적으로 배제한 것이고, 적용범위의 축소에 의한 한정적 위헌선언은 위헌적인 법적용 영역과 그에 상응하는 해석 가능성을 적극적으로 배제한다는 뜻에서 차이가 있을 뿐, 본질적으로는 다 같은 부분위헌결정이다."라고 판시하여 양자는 서로 표리관계에 있는 것이어서 실제적으로는 차이가 있는 것이 아니고, 본질적으로는 다 같은 부분위헌결정이라는 입장이다.[1] 결국 이에 따르면 한정합헌결정이 당해 사건과 관련되는 범위내에서 합헌적인 해석의 내용을 밝히는 것이라면 한정위헌결정은 당해 사건에서의 해당 법률의 적용과 관련해서 위헌으로 해석되기 때문에 적용에서 배제해야 하는 내용을 밝히는 것이라고 하겠다.

3) 헌법불합치결정

가. 내용

헌법불합치결정은 심판대상이 된 법률이 위헌이라 할지라도 그 법률에 대하여 단순위헌선언을 하지 아니하고 헌법에 합치하지 아니한다는 선언을 하여 그 법률의 형식적 존속을 유지시키는 결정유형이다. 이는 원칙적으로 일정한 법조문에 대하여 단순위헌결정을 내려야 하지만, 만일 그 법조문을 단순위헌결정을 해서 효력을 상실시킬 경우 법률의 공백상태가 발생하고 더 큰 법적 혼란과 위헌 및 기본권침해상태가 야기될 수 있을 경우 심판의 대상이 된 법조문에 대해

1) 헌재 1997. 12. 24. 96헌마172 등, 판례집 9-2, 842, 860-861.

위헌결정을 하는 대신 단순히 헌법에 합치되지 아니함을 선언함으로써 법적 안정성과 기본권보장 및 권력분립의 원칙에서 오는 입법권의 존중을 실현하고자 하는 결정유형이다. 헌법불합치결정은 법률의 위헌성은 확인하되 그 형식적 존속을 유지시키면서 입법자에게 법률의 위헌성을 제거할 의무를 부과한다. 따라서 헌법불합치결정이 선언된 경우 입법자는 그 헌법불합치상태를 하루빨리 법개정을 통하여 제거해야 하며, 불합치상태를 제거하기 위한 여러 가지 가능한 방법 중 어느 것을 선택할 것인가는 입법권자의 재량에 속한다.[1)]

나. 결정례

헌법불합치결정의 주문형식은 다소 복잡하다. 예컨대 해당 법조문의 형식적인 지속의 시한을 정하는 경우도 있지만 정하지 않는 경우도 있고, 일정시점까지 그 법조문의 적용·집행을 중지하는 경우도 있지만 중지하지 않고 법조문의 효력을 지속시키는 경우도 있다. 따라서 헌법불합치결정의 형식과 내용은 매우 다양하다. 그동안의 헌법재판소의 결정례는 대체로 다음의 세 가지로 나눌 수 있을 것이다.

첫째, 해당 법조문의 효력을 시한부로 유지시키고 그 기간 동안 해당 법조문의 적용·집행이 중지되지 않는 경우이다. 예컨대 "1. 국회의원선거법 제33조 및 제34조는 헌법에 합치되지 아니한다. 2. 위 법률조항은 1991년 5월 말을 시한으로 입법자가 개정할 때까지 그 효력을 지속한다."는 결정례[2)]가 그것이다.

둘째, 해당 법조문의 형식적인 존속이 시한부로 유지되면서 그 기간 동안 해당 법조문의 집행·적용이 중지되는 형식이다. 예컨대 "1. 민법 제809조 제1항은 헌법에 합치되지 아니한다. 2. 위 법률조항은 입법자가 1998. 12. 31.까지 개정하지 아니하면 1999. 1. 1. 그 효력을 상실한다. 법원 기타 국가기관 및 지방자치단체는 입법자가 개정할 때까지 위 법률조항의 적용을 중지하여야 한다."는 결정례[3)]가 그것이다.

셋째, 해당 법조문의 형식적인 존속이 시한의 정함이 없이 유지되면서 주문이나 결정이유에서 그 적용·시행의 중지를 명하는 형식이다. 예컨대 "1. 구 법

---

1) 헌재 1997. 3. 27. 95헌가14 등, 판례집 9-1, 193, 206.

2) 헌재 1989. 9. 8. 88헌가6, 판례집 1, 199, 201.

3) 헌재 1997. 7. 16. 95헌가6 등, 판례집 9-2, 1, 6.

인세법 제59조의2 제1항과 구 법인세법 제59조의2 제1항은 모두 헌법에 합치되지 아니한다. 법원 기타 국가기관 및 지방자치단체는 위 법률조항들의 적용을 중지하여야 한다."는 결정례[1]가 주문에서 당해 법조문의 적용이나 시행의 중지를 명한 경우이고, 토지초과이득세법 제10조 등 위헌소원사건에서는 주문에서는 단지 "토지초과이득세법은 헌법에 합치되지 아니한다."라고만 결정하고,[2] 법조문의 적용이나 시행의 중지는 결정이유에서 명하고 있다.[3]

Ⅱ. 탄핵심판

1. 개설

(1) 의의

탄핵심판은 고위공직자가 위헌·위법행위를 한 경우 그 공직자를 파면시킴으로써 헌법을 보호하는 헌법재판제도이다. 탄핵의 근거조항인 헌법 제65조 제1항은 "대통령·국무총리·국무위원·행정각부의 장·헌법재판소 재판관·법관·중앙선거관리위원회 위원·감사원장·감사위원 기타 법률이 정한 공무원이 그 직무집행에 있어서 헌법이나 법률을 위배한 때에는 국회는 탄핵의 소추를 의결할 수 있다."라고 규정하고 있고, 헌법 제111조 제1항 제2호는 '탄핵의 심판'을 헌법재판소의 관장사항의 하나로 규정하고 있다. 그리고 탄핵심판에 대하여 자세한 것은 법 제4장 제2절 제48조부터 제54조에서 규정하고 있는데, 탄핵소추와 심판절차 및 결정의 효력 등에 대하여 정하고 있으며, 국회에서의 탄핵소추절차 등에 대하여는 국회법 제11장 제130조부터 제134조에서 정하고 있다.

이들 규정에 따르면 결국 탄핵심판은 일반사법절차에 따라 책임을 추궁하기 어렵거나 징계절차에 따라 징계하기도 곤란한 대통령을 비롯한 고위공직자나 헌법상 독립된 기관의 신분이 보장된 공직자가 직무집행과정에서 헌법과 법률을 위반할 때 헌법이 정하는 국회에 의한 특별한 소추절차에 따라 법적인 책임을

1) 헌재 2000. 1. 27. 96헌바95 등, 판례집 12-1, 16, 23-24.
2) 헌재 1994. 7. 29. 92헌바49 등, 판례집 6-2, 64, 86.
3) 헌재 1994. 7. 29. 92헌바49 등, 판례집 6-2, 64, 120.

추궁함으로써 헌법을 보호하는 제도라고 할 수 있다. 특히 헌법상 탄핵심판의 대상이 되는 공직자 중 국무총리 · 국무위원 · 행정각부의 장의 경우에는 국회에 의한 구속력 있는 해임의결의 대상이 아니라 구속력 없는 해임건의의 대상이 되는 것에 불과하다는 점을 고려할 때 이들을 탄핵심판에 의하여 법적 책임을 추궁할 수 있는 탄핵심판제도는 우리의 경우 나름대로의 의미가 있다고 하겠다.

(2) 성질 및 기능

헌법은 헌법수호절차로서의 탄핵심판의 기능을 이행하도록 하기 위하여, 제65조에서 탄핵소추의 사유를 '헌법이나 법률에 대한 위배'로 명시하고 헌법재판소가 탄핵심판을 관장하게 함으로써 탄핵절차를 정치적 심판절차가 아니라 규범적 심판절차로 규정하였고, 이에 따라 탄핵제도의 목적이 '정치적 이유가 아니라 법위반을 이유로 하는' 고위공직자의 파면임을 밝히고 있다.[1] 따라서 탄핵심판제도는 법위반을 이유로 고위공직자를 파면하는 것으로 형사처벌적 성질의 것이 아니라 국회에 의한 대의적 책임추궁을 통한 징계적 제재의 성질을 가진다고 볼 수 있다.

위에서 언급한 바와 같이 우리 헌법은 국회가 탄핵의 소추를 의결하고, 헌법재판소가 탄핵심판을 하는 탄핵심판제도를 규정하고 있다. 따라서 탄핵심판에 관해서 소추기관과 심판기관을 나누어서 국회에는 소추권을, 헌법재판소에는 심판권을 맡기고 있다. 탄핵심판제도는 고위공직자에 의한 헌법침해로부터 헌법을 보호하는 제도로서 공권력통제(권력분립의 원칙)와 헌법수호(법치주의원리)를 그 이념으로 하고 있다. 결국 탄핵심판제도의 기능은 권력통제와 헌법수호라고 하겠다.

2. 탄핵의 대상과 사유

(1) 탄핵의 대상

헌법 제65조 제1항과 법 제48조는 탄핵의 대상이 되는 공직자를 대통령, 국무총리, 국무위원, 행정각부의 장, 헌법재판소 재판관, 법관, 중앙선거관리위원회 위원, 감사원장, 감사위원 기타 법률이 정한 공무원으로 하고 있다. 헌법과 법에서 열거한 탄핵의 대상자들은 일반사법절차에 따라 책임을 추궁하기 어렵거나

---

1) 헌재 2004. 5. 14. 2004헌나1, 판례집 16-1, 609, 632.

징계절차에 따라 징계하기도 곤란한 한편, 일부 대상자들을 제외하면 대체로 헌법상 독립된 기관의 신분이 보장된 고위공직자에 해당한다. 따라서 별다른 법적 · 정치적 제재수단이 없거나 그러한 제재수단의 실효성을 기대하기 어려운 이들을 탄핵대상으로 삼은 것은 권력통제와 헌법수호를 위해 적절하다고 하겠다.

여기서 '기타 법률이 정한 공무원'으로서는 헌법에 열거된 공직자와 그 직위나 직무성격이 유사하고 일반사법절차에 의한 소추나 징계절차에 의한 징계가 곤란한 고위공직자를 상정할 수 있는데, 현행법상 실제로 탄핵대상으로 삼고 있는 경우는 「국가경찰과 자치경찰의 조직 및 운영에 관한 법률」 제14조 제5항에 따른 경찰청장, 검찰청법 제37조에 따른 검사, 선거관리위원회법 제9조 제2호에 따른 각급선거관리위원회 위원, 「방송통신위원회의 설치 및 운영에 관한 법률」 제6조 제5항에 따른 방송통신위원회 위원장, 「고위공직자범죄수사처 설치 및 운영에 관한 법률」 제14조에 따른 고위공직자범죄수사처의 처장, 차장, 수사처검사를 들 수 있다.

(2) 탄핵의 사유

헌법 제65조 제1항 및 법 제48조에 따라 탄핵의 사유는 대상자가 '그 직무집행에 있어서 헌법이나 법률을 위배한 때'로 한정된다.

1) 직무집행관련성

탄핵사유는 직무집행과정에서 발생한 것이어야 한다. '직무집행에 있어서'의 '직무'란, 법제상 소관 직무에 속하는 고유 업무 및 통념상 이와 관련된 업무를 말한다. 따라서 직무상의 행위란, 법령 · 조례 또는 행정관행 · 관례에 의하여 그 지위의 성질상 필요로 하거나 수반되는 모든 행위나 활동을 의미한다.[1] 즉 직무집행이란 소관직무 내지 관련직무에 관한 법령에 근거해서 행해지는 의사 내지 정책결정 · 정책집행 · 정책통제 등 구체적으로 외부에 표출되는 공적인 행위를 말한다. 따라서 순수한 직무행위 그 자체만을 의미하는 것은 아니고, 직무행위의 외형을 갖춘 행위까지도 포함한다고 할 것이다.

2) 직무집행의 위헌 · 위법성

헌법 제65조 제1항 및 법 제48조에 따라 탄핵의 사유는 대상자가 '그 직무

---

1) 헌재 2004. 5. 14. 2004헌나1, 판례집 16-1, 609, 633; 헌재 2017. 3. 10. 2016헌나1, 판례집 29-1, 1, 20.

집행에 있어서 헌법이나 법률을 위배한 때'로 한정된다. 따라서 단순한 잘못된 정책결정, 정치적 무능에서 야기된 행위 등은 탄핵사유가 되지 아니한다.[1] 그러나 직무집행에 있어서의 위헌이나 위법행위가 존재하는 이상 반드시 고의나 과실에 의해서 발생한 경우만이 탄핵사유에 포함되는 것은 아니다. 헌법과 법률을 위배하였다 함은 주로 직무집행에 있어서 헌법과 법률상의 권한을 유월하거나 작위·부작위의무를 이행하지 않는 것을 의미한다.

3) 위헌 · 위법성의 정도

직무집행이 위헌·위법하더라도 탄핵결정, 즉 파면결정을 하기 위해서는 그 위헌·위법성이 피소추인의 파면을 정당화할 정도로 중대해야 한다. 이는 일반 사법절차나 징계절차와 다른 탄핵제도의 기능과 특성을 감안할 때 당연하다고 하겠다. 따라서 위헌·위법성이 인정되더라도 헌법재판소는 추가로 '법위반이 어느 정도로 헌법질서에 부정적 영향이나 해악을 미치는지의 관점'과 '피청구인을 파면하는 경우 초래되는 효과'를 서로 형량하여 탄핵심판청구가 이유 있는지의 여부, 즉 파면 여부를 결정해야 할 것이다.[2]

3. 탄핵의 소추

(1) 탄핵소추의 발의

탄핵의 소추는 국회가 하는데, 국회재적의원 3분의 1이상의 발의가 있어야 한다. 대통령에 대한 탄핵소추는 국회재적의원 과반수의 발의가 있어야 한다(헌법 제65조 제2항).

(2) 탄핵소추의 의결

탄핵소추의결에는 국회재적의원 과반수의 찬성이 있어야 한다. 다만 대통령에 대한 탄핵소추의결에는 국회재적의원 3분의 2이상의 찬성이 있어야 한다(헌법 제65조 제2항). 본회의가 법제사법위원회에 회부하기로 의결하지 아니한 때에

---

1) 헌재 2004. 5. 14. 2004헌나1, 판례집 16-1, 609, 654.

2) 헌재 2004. 5. 14. 2004헌나1, 판례집 16-1, 609, 654-657; 헌재 2017. 3. 10. 2016헌나1, 판례집 29-1, 1, 21.

는 본회의에 보고된 때로부터 24시간 이후 72시간 이내에 탄핵소추의 여부를 무기명투표로 표결한다. 이 기간내에 표결하지 아니한 때에는 그 탄핵소추안은 폐기된 것으로 본다(국회법 제130조 제2항).

(3) 탄핵소추의 효과

1) 권한행사의 정지

탄핵소추의 의결을 받은 자는 탄핵심판이 있을 때까지 그 권한행사가 정지된다(헌법 제65조 제3항, 법 제50조).

2) 사직원의 접수나 해임의 금지

소추의결서가 피소추자와 그 소속기관의 장에게 송달되어 피소추자의 권한행사가 정지되면 임명권자는 피소추자의 사직원을 접수하거나 해임할 수 없다(국회법 제134조 제2항). 이를 어기는 임명권자의 행위는 위법한 것으로 무효라고 하겠다. 탄핵결정으로 인한 파면의 법적 효과를 회피하려는 시도를 막기 위한 것이라고 볼 수 있다.

4. 탄핵심판

(1) 탄핵심판의 개시

탄핵의 심판절차는 국회의 소추위원인 국회 법제사법위원장이 소추의결서의 정본을 헌법재판소에 제출하여 심판을 청구함으로써 개시된다(법 제49조). 탄핵심판에 있어서는 국회의 소추의결서의 정본으로 심판청구서에 갈음한다(법 제26조 제1항 단서).

(2) 탄핵심판의 심리

1) 본안전 판단(탄핵소추의 적법요건 심사)

탄핵심판은 적법한 탄핵소추를 전제로 한다. 따라서 법이 정한 소추대상자에 대하여 적법한 국회의 탄핵소추의 의결이 있고, 소추위원인 법제사법위원장의 적법한 소추의결서의 정본 제출이 있어야 한다. 그런데 헌법재판소의 적법성 심사 중 탄핵소추의 의결절차에 대한 심사는 피청구인이 문제를 제기하거나 객관적으로 심사의 필요성이 인정되는 예외적인 경우에만 허용된다고 보아야 할 것이다. 이는 민주적 정당성에 바탕을 둔 대의기관인 국회의 자율권에 대한 존중 때문이라고 하겠다.

2) 본안판단(탄핵사유에 대한 심사)

탄핵사유는 직무집행에 있어서 헌법이나 법률을 위반한 것이다. 헌법재판소는 소추의결서에 표시된 탄핵사유에 대한 실체적인 심사를 한다. 이 과정에서 헌법재판소는 피청구인이 직무집행에 있어서 헌법이나 법률에 위반했는지의 여부, 즉 직무집행관련성과 직무집행의 위헌·위법성 여부를 심사하고, 이러한 요건이 충족된 경우 피청구인을 파면할 것인지의 여부를 심사하게 된다. 이는 위헌·위법성의 정도에 좌우될 것이다.

(3) 탄핵심판의 절차

1) 구두변론

탄핵심판은 구두변론에 의한다(법 제30조 제1항). 국회를 대리하여 소추위원인 법제사법위원장이 청구인이고 피소추인이 피청구인이 되는 대심적 구조로 진행된다.

2) 증거조사

재판부는 사건의 심리를 위하여 필요하다고 인정하는 경우에는 당사자의 신청 또는 직권에 의하여 증거조사를 할 수 있다(법 제31조 제1항).

(4) 종국결정의 유형과 효과

1) 각하결정

재판부가 탄핵소추의 적법요건 심사에서 탄핵소추가 부적법하다고 판단하면 탄핵심판청구를 각하한다.

2) 기각결정

탄핵심판청구가 적법하나 이유가 없을 때에는 기각결정을 한다. 즉 탄핵사유에 대한 실체적인 요건심사결과 위헌·위법 사실을 인정할 수 없거나, 위헌·위법의 정도가 경미해서 파면결정이 법익형량의 원칙에 위반된다고 판단하면 기각결정을 한다. 또한 피청구인이 그 심판전에 파면된 경우에도 심판청구를 기각한다(법 제53조 제2항).

3) 탄핵결정

가. 내용

헌법재판소는 심판청구가 이유 있을 때 재판관 6인 이상의 찬성으로 탄핵의 결정을 할 수 있는데, 피청구인을 당해 공직에서 파면하는 결정을 선고한다(법 제53조 제1항).

나. 효력

(가) 공직파면

피청구인은 해당 공직에서 자동으로 파면된다(헌법 제65조 제4항 제1문).

(나) 민·형사상 책임

탄핵결정은 피청구인의 민사상 또는 형사상의 책임을 면제하지 아니한다(헌법 제65조 제4항 제2문 및 법 제54조 제1항). 따라서 민·형사상의 소추가 가능하다.

(다) 공직취임의 제한 등

탄핵결정에 의하여 파면된 자는 결정선고가 있은 날로부터 5년을 경과하지 아니하면 공무원이 될 수 없다(법 제54조 제2항). 이러한 공직자취임제한은 탄핵제도의 실효성을 확보하기 위하여, 그리고 탄핵된 자가 곧 바로 공직에 취임하는 것이 합법적이고 공정한 직무집행의 관점에서 적절치 않다는 점에서 정당화된다고 하겠다. 또한 파면된 자는 특정 전문직의 보유에 있어 일정기간 제한을 받는다(변호사법 제5조, 변리사법 4조, 세무사법 제4조, 공인회계사법 제4조, 공증인법 제13조 등).

(라) 사면·감형·복권

법에 명문의 규정은 없지만 탄핵결정으로 파면된 사람에 대해서는 대통령의 사면·감형·복권권의 행사가 제한된다고 보아야 할 것이다. 왜냐하면 파면된 자에 대한 사면·감형·복권권의 행사는 위헌·위법한 행위를 이유로 탄핵당한 자에 대한 민사상 또는 형사상의 책임을 면제하지 아니하거나 일정기간 공직취임에서 제외시키는 등의 탄핵제도의 효과와 취지에 비추어 타당하다고 보기 어렵기 때문이다. 참고로 미국헌법은 탄핵을 형의 집행유예나 사면의 대상에서 제외시키고 있다(연방헌법 제2조 제2항 제1문).

Ⅲ. 정당해산심판

1. 정당해산심판의 의의와 기능

(1) 의의

정당해산심판이란 정당의 목적이나 활동이 민주적 기본질서에 위배될 때 그 정당을 헌법재판절차를 통해서 해산시키는 제도이다. 헌법 제8조 제4항은 "정당의 목적이나 활동이 민주적 기본질서에 위배될 때에는 정부는 헌법재판소에 그 해산을 제소할 수 있고, 정당은 헌법재판소의 심판에 의하여 해산된다."라고 규정하고 있고, 헌법 제111조 제1항 제3호는 정당해산심판을 헌법재판소의 관장사항으로 규정함으로써 방어적 민주주의 내지 투쟁적 민주주의의 실현수단의 하나인 정당해산심판제도를 규정하고 있다.

(2) 기능

1) 투쟁적 · 방어적 민주주의의 실현

정당해산심판은 민주주의를 파괴하는 정당을 제거하는 기능을 가진다. 따라서 정당해산심판제도는 민주주의의 이름으로 민주주의를 파괴하려는 위헌정당으로부터 민주주의를 보호하고 헌법을 보호하는 투쟁적·방어적 민주주의의 실현수단으로서의 기능을 가진다고 하겠다.

2) 정당의 보호

정당해산심판은 정당보호의 기능도 가진다. 일반 결사와는 달리 정당의 경우에는 엄격한 요건과 절차에 따라서 헌법재판소에 의해서만 해산되고 정부 내지 행정기관에 의해서는 절대로 해산될 수 없도록 함으로써 정부 내지 여당에 의한 야당 내지 소수정당에 대한 탄압을 막고, 이로써 헌법이 지향하는 정당설립과 활동의 자유 및 복수정당제를 실효성 있게 보장하는 정당보호의 기능도 가지는 것이다.[1)]

2. 정당해산의 사유

정당해산의 사유는 정당의 목적이나 활동이 민주적 기본질서에 위배되는 것이다.

(1) 정당의 목적이나 활동

1) 정당의 목적

정당의 목적이란 정당이 추구하는 정치적 방향이나 지향점 혹은 현실 속에서 구현하고자 하는 정치적 계획 등을 통칭한다.[2)] 이러한 정당의 목적은 정당의 공식적인 강령이나 당헌, 당규의 내용, 당의 선전자료나 교육자료, 당기관지, 당출판물, 당대표나 당 간부 및 정당관계자의 연설이나 공식적 발언 등을 통해 종합적으로 파악해야 할 것이다.

2) 정당의 활동

정당의 활동이란 정당명의의 활동, 그 구성원, 즉 당대표나 당간부 및 평당원의 활동, 그리고 당의 기관과 하부조직의 활동을 포함한다고 하겠다. 그러나 당원의 활동은 당의 이름으로 당의 공식적인 지시에 의한 경우에만 그 효과가 당에 귀속되고 당 자체의 활동으로 간주된다고 하겠다. 따라서 당원의 개인적인 동기에 의한 활동의 경우에는 정당에 책임을 돌릴 수 있는 정당 자체의 활동이라고는 볼 수 없고, 따라서 여기서 말하는 정당해산사유가 되는 정당활동은 아니라고 하겠다.

(2) 민주적 기본질서에 위배

정당해산은 그 정당의 목적이나 활동이 민주적 기본질서에 위배되어야 한다.

1) 정당민주주의와 복수정당제에 대하여 정연주, 정당등록취소와 정당설립의 자유, 헌법학연구, 20권 1호, 2014. 3, 68쪽 이하 참조.

2) 헌재 2014. 12. 19. 2013헌다1, 공보 제219호, 95, 104.

그런데 민주적 기본질서에의 위배라고 하는 정당해산사유는 엄격하게 해석되어야 할 것이다. 그렇지 않을 경우에는 정당해산심판제도가 소수정당탄압의 수단으로 악용될 위험이 있고, 민주주의를 지키기 위한 제도가 오히려 민주주의를 파괴하는 제도로 전락할 가능성이 있기 때문이다.[1] 민주적 기본질서의 의미와 관련하여 헌법재판소는 통합진보당 해산결정에서 "우리 헌법 제8조 제4항이 의미하는 민주적 기본질서는, 개인의 자율적 이성을 신뢰하고 모든 정치적 견해들이 각각 상대적 진리성과 합리성을 지닌다고 전제하는 다원적 세계관에 입각한 것으로서, 모든 폭력적·자의적 지배를 배제하고, 다수를 존중하면서도 소수를 배려하는 민주적 의사결정과 자유·평등을 기본원리로 하여 구성되고 운영되는 정치적 질서를 말하며, 구체적으로는 국민주권의 원리, 기본적 인권의 존중, 권력분립제도, 복수정당제도 등이 현행 헌법상 주요한 요소라고 볼 수 있다."라고 판시하고 있다.[2]

(3) 비례의 원칙

정당해산은 비례의 원칙을 준수해야 한다. 정당해산이 국가권력에 의해 한 정당의 설립 및 활동의 자유를 박탈하는 것이고, 그 정당을 지지한 유권자 내지 국민의 의사 및 선택권을 침해하는 것이므로 당연히 비례의 원칙을 지켜야 한다. 따라서 정당해산은 정당해산의 방법을 제외하고는 그 어떤 수단으로도 민주적 기본질서에 대한 위험을 제거할 수 없는 경우에만 최후의 수단으로서 고려되어야 하고, 그 경우에도 정당해산을 통해 달성되는 민주주의의 회복이라는 이익이 정당해산을 통해 상실되는 다양한 이익, 예컨대 정당의 자유 등의 다양한 기본권, 정당민주주의와 다원적 민주주의의 실현, 소수보호, 야당 및 소수정당에 의한 정부·여당에 대한 견제 내지 권력통제의 기능, 표현의 자유 등의 다양한 이익 보다 월등하게 우월해야 한다.

---

1) 헌법재판소도 "민주 사회에서 정당의 자유가 지니는 중대한 함의나 정당해산심판제도의 남용가능성 등을 감안한다면, 헌법 제8조 제4항의 민주적 기본질서는 최대한 엄격하고 협소한 의미로 이해해야 한다."라고 판시하여 이 점을 강조하고 있다. 헌재 2014. 12. 19. 2013헌다1, 공보 제219호, 95, 105.

2) 헌재 2014. 12. 19. 2013헌다1, 공보 제219호, 95, 105.

3. 정당해산심판의 청구

(1) 청구인

헌법 제8조 제4항 및 법 제55조에 따라 정당해산은 정부만이 제소할 수 있다. 따라서 정부만이 청구인이 될 수 있다.

(2) 청구절차

정부가 정당해산심판을 청구하기 위해서는 반드시 국무회의의 심의를 거쳐야 한다(헌법 제89조 제14호, 법 제55조). 정당해산심판은 정부가 당사자인 심판절차이기 때문에 법무부장관이 정부를 대표해서 심판청구서를 헌법재판소에 제출한다(법 제25조 제1항).

4. 심판절차

(1) 사건의 접수 및 통지

법무부장관이 정당해산심판의 청구서를 제출하면 헌법재판소는 이를 사건으로 접수하고 사건기록을 편성하며, 사건번호(사건부호는 '헌다')와 사건명을 부여한다.

(2) 가처분

헌법재판소는 정당해산심판의 청구를 받은 때에는 청구인의 신청 또는 직권으로 종국결정의 선고 시까지 피청구인의 활동을 정지하는 가처분결정을 할 수 있다(법 제57조). 피청구인 정당이 헌법재판소의 종국결정이 있을 때까지 위헌적인 정당활동을 계속할 경우 이는 민주적 기본질서 내지 헌법질서에 중대한 위험을 초래할 수 있다. 따라서 피청구인 정당의 활동을 즉시 정지시킴으로써 회복하기 어려운 헌법침해를 방지할 필요성이 있다. 가처분절차는 청구인의 신청이나 직권으로 개시한다. 정부가 민주적 기본질서에 대한 구체적이고 급박한 침해를 방지하고 긴절한 헌법보호를 위하여 여러 가지 고려 끝에 불가피하게 정당해산심판을 청구할 수밖에 없었던 경우라면 사실상 가처분의 요건도 충족되는 경우가 대부분이라고 볼 수 있고, 따라서 청구인이 가처분신청도 함께 하는 것이 타당하다고 하겠다. 가처분결정은 일반심판정족수로 하기 때문에 재판부는 재판관 7인 이상의 출석으로 사건을 심리하고 종국심리에 관여한 재판관의 과반수의 찬성으로 결정을 한다(법 제23조).

(3) 정당해산심판의 심리

정당해산심판은 구두변론에 의한 심리를 한다(법 제30조 제1항). 당사자는 정부가 청구인이 되고, 제소된 정당이 피청구인이 된다. 재판부가 변론을 열 때에는 기일을 정하여 당사자와 관계인을 소환하여야 한다(법 제30조 제3항). 변론은 공개한다(법 제34조 제1항).

5. 종국결정

(1) 종국결정의 유형

헌법재판소는 정당해산심판의 심리를 마치면 종국결정을 한다(법 제36조 제1항). 종국결정에는 각하결정, 기각결정, 해산결정의 세 가지 유형이 있다. 정부의 정당해산심판의 청구가 부적법할 경우 각하결정을 한다. 정부의 정당해산심판의 청구가 적법하더라도 이유가 없는 것으로 판단되면 기각결정을 한다. 정부의 정당해산심판의 청구가 이유 있는 것으로 판단되면 헌법재판소는 피청구인 정당의 해산을 명하는 결정을 한다. 해산결정에는 재판관 6인 이상의 찬성을 요한다(법 제23조 제2항 제1호).

(2) 해산결정의 효력

1) 정당의 해산

헌법재판소가 정당의 해산을 명하는 결정이 선고된 때에는 그 정당은 해산된다(법 제59조). 헌법재판소의 해산결정은 창설적 효력을 가진다. 즉 정당해산의 효과는 헌법재판소 결정에 의하여 바로 발생한다.

2) 대체정당의 금지

정당이 헌법재판소의 결정으로 해산된 때에는 해산된 정당의 강령(또는 기본정책)과 동일하거나 유사한 것으로 정당을 창당하지 못한다(정당법 제40조). 또한 해산된 정당의 명칭과 같은 명칭은 정당의 명칭으로 다시 사용하지 못한다(정당법 제41조 제2항).

3) 잔여재산의 국고귀속

해산결정에 의하여 해산된 정당의 잔여재산은 국고에 귀속한다(정당법 제48조 제2항). 잔여재산의 국고귀속에 관하여 필요한 사항은 중앙선거관리위원회규칙으로 정한다(정당법 제48조 제3항).

4) 소속 국회의원의 자격상실 여부

해산정당에 소속된 의원의 자격상실 여부에 관해서는 현행 관련 법률에 명문의 규정이 없고 학설이 나뉜다. 참고로 1962년헌법에서는 제38조가 국회의원은 소속정당이 해산된 때에는 그 자격이 상실된다고 규정하고 있었다.

가. 의원자격상실설

이는 정당해산심판제도가 방어적 내지 투쟁적 민주주의의 수단이라는 점을 감안할 때 해산된 정당의 활동을 한 소속 국회의원의 자격을 상실시키는 것이 해산결정의 실효성과 민주적 기본질서의 보호를 위해 당연하다고 보는 견해이다. 헌법재판소의 입장이다.[1)]

나. 의원자격유지설

이는 국회의원은 국민의 대표이고 정당과는 별개의 헌법기관이기 때문에 해산으로 인해 자동적으로 의원직을 상실하는 것은 아니며, 의원직 상실은 대의제도의 한 요소인 자유위임의 정신에도 반한다는 입장이다.

다. 중간설

이는 지역구국회의원의 경우에는 정당기속과 정당대표성 보다는 자유위임의 요청이 우선하고, 지역대표성도 중시되며, 무소속 국회의원이 허용된다는 점에

1) 헌재 2014. 12. 19. 2013헌다1, 공보 제219호, 95, 151-152.

서 소속 정당이 해산되더라도 의원직을 유지하며, 비례대표국회의원의 경우에는 자유위임의 요청 보다는 정당기속과 정당대표성이 우선하기 때문에 소속 정당의 해산시 의원직을 상실한다고 보는 입장이다.

라. 결어

당위적으로 정당해산심판제도가 방어적 내지 투쟁적 민주주의의 수단이라는 점을 감안할 때 그리고 해산결정의 실효성 확보와 헌법보호를 위해 해산된 정당에서 활동을 한 소속 국회의원의 신분을 상실시키는 것이 타당하다. 그러나 실제로 소속 의원의 자격을 상실시키기 위해서는 관련 법률에 이에 대한 근거규정이 마련되어야 한다고 본다. 즉 국회의원의 자격상실 문제는 국민의 기본권의 형성과 행사 및 제한 - 여기서는 해당 의원의 공무담임권이 문제될 것이다 - 에 관한, 그리고 통치기관의 구성과 작용에 관한 기본적이고 본질적인 사항이므로 법치주의원리, 특히 법률유보의 원칙상 당연히 법률에 규정되어 있어야 할 것이다. 참고로 독일의 경우 연방선거법 제46조 제1항 제5호 및 동조 제4항에 해산된 정당 소속 국회의원의 의원직 상실에 관한 명문의 근거규정을 마련하고 있다.[1]

Ⅳ. 권한쟁의심판

1. 권한쟁의심판의 의의와 기능

(1) 의의

헌법 제111조 제1항 제4호와 법 제2조 제4호는 '국가기관 상호간, 국가기관과 지방자치단체간 및 지방자치단체 상호간의 권한쟁의에 관한 심판'을 헌법재판소의 관장사항으로 채택하고 있다. 권한쟁의심판제도는 국가기관 상호간, 국가기관과 지방자치단체간 및 지방자치단체 상호간에 그 권한과 의무의 범위와 내용에 관해서 다툼이 생긴 경우에 헌법재판소가 이를 유권적으로 해결함으로써 각 기

1) 국회의원의 자격상실 여부를 비롯한 정당해산심판 및 헌법재판소의 통합진보당 해산결정에 대하여 자세한 것은 정연주, 통합진보당 해산결정에 대한 검토, 입법과 정책 7권 1호, 국회입법조사처, 2015. 6, 219쪽 이하 참조.

관에게 주어진 권한을 보호함과 동시에 객관적 권한질서의 유지를 통해서 국가기능의 수행을 원활히 하고, 수평적 · 수직적 권력 상호간의 견제와 균형을 유지시켜 정치적 평화를 유지하고 헌법의 규범력을 지키는 것을 그 목적으로 한다.

(2) 기능

1) 국가작용의 원활한 수행촉진

권한쟁의심판은 국가나 지방자치단체 등 공법인 또는 그 기관의 헌법 또는 법률에 의하여 부여된 권한의 존부나 범위에 대한 다툼을 해결함으로써 국가기관 등이 자신들의 임무를 원활히 수행할 수 있도록 도와주는 기능을 가진다.

2) 권력분립의 실현

권한쟁의심판은 국가기관 상호간, 국가기관과 지방자치단체간 및 지방자치단체 상호간에 그 헌법적 권한과 의무의 범위와 내용에 관해서 다툼이 생긴 경우에 이를 유권적으로 심판함으로써 각 기관에게 주어진 권한을 보호함과 동시에 객관적 권한질서의 유지를 통해서 기관들 상호간의 견제와 균형을 유지시켜 수평적 · 수직적 권력분립을 실현하는 기능을 가진다.

3) 정치적 평화유지와 사회통합

권한쟁의심판은 각 기관에게 부여된 권한을 보호함과 동시에 객관적 권한질서의 유지와 기관들 상호간의 견제와 균형을 유지시켜 결국 권력을 순화시키고 정치적 평화를 유지시키며, 이를 통해 사회통합을 실현하는 기능을 가진다.

4) 소수보호

권력의 견제 및 통제의 구도가 여당과 야당의 대립으로 변모된 현대 정당국가에서 권한쟁의심판제도는 정치과정에서 소수파가 다수파의 월권적 행위를 헌법적 원리에 의해 통제할 수 있는 장치로서의 기능도 갖게 되었다. 즉 소수의 헌법과 법률상의 권한을 보호하는 헌법소송적 수단으로서 기능하게 된 것이다.

2. 권한쟁의심판의 종류와 당사자

(1) 국가기관 상호간의 권한쟁의

국가기관 상호간의 권한쟁의심판에 관해서 법 제62조 제1항 제1호는 '국회, 정부, 법원 및 중앙선거관리위원회 상호간의 권한쟁의심판'이라고 규정하고 있다. 그런데 국가기관 상호간의 권한쟁의의 당사자와 관련하여 법이 규정하고 있는 '국회, 정부, 법원 및 중앙선거관리위원회' 등 4개의 국가기관 이외의 국가기관도 권한쟁의의 당사자가 될 수 있는가에 대하여 논란이 있었다. 즉 이 규정이 제한적 열거규정이냐 예시적 규정이냐의 문제이다.[1]

이에 대하여 헌법재판소는 처음에 "헌법 제111조 제1항 제4호 및 헌법재판소법 제62조 제1항 제1호가 헌법재판소가 관장하는 국가기관 상호간의 권한쟁의심판을 국회, 정부, 법원 및 중앙선거관리위원회 상호간의 권한쟁의심판으로 한정하고 있으므로, 그에 열거되지 아니한 기관이나 또는 열거된 국가기관 내의 각급기관은 비록 그들이 공권적 처분을 할 수 있는 지위에 있을지라도 권한쟁의심판의 당사자가 될 수 없으며 또 위에 열거된 국가기관 내부의 권한에 관한 다툼은 권한쟁의심판의 대상이 되지 않는다고 볼 수밖에 없다."라고 판시함으로써 이 법률조항을 제한적 열거규정으로 엄격하게 해석했다.[2]

그러나 그 후 헌법재판소는 법 제62조 제1항 제1호를 예시적 조항으로 해석하는 것이 헌법에 합치된다고 판시함으로써 종전의 입장을 변경하고 당사자의 범위를 확대하였다. 즉 헌법 제111조 제1항 제4호에서 말하는 국가기관의 의미와 권한쟁의심판의 당사자가 될 수 있는 국가기관의 범위는 결국 헌법해석을 통하여 확정하여야 할 문제이며, 헌법 제111조 제1항 제4호 소정의 '국가기관'에 해당하는지 아닌지를 판별함에 있어서는 그 국가기관이 헌법에 의하여 설치되고 헌법과 법률에 의하여 독자적인 권한을 부여받고 있는지 여부, 헌법에 의하여 설치된 국가기관 상호간의 권한쟁의를 해결할 수 있는 적당한 기관이나 방법이 있는지 여부 등을 종합적으로 고려하여야 한다는 것이다.[3] 따라서 국회

---

1) 국가기관 상호간의 권한쟁의심판의 당사자자격에 대하여는 정연주, 무명항고소송, 공법연구 26집 3호, 한국공법학회, 1998. 6, 205쪽 이하 참조.

2) 헌재 1995. 2. 23, 90헌라1, 판례집 7-1, 140, 149.

나 정부와 같은 전체기관 뿐 아니라 국회의원이나 위원회 등과 같은 그 부분기관이라도 상대 당사자와의 관계에서 독자적인 지위를 인정해줄 필요가 있는 경우에는 당사자능력을 인정하도록 했다.[1]

반면 국회의 소위원회의 경우에는 헌법 제62조가 '국회의 위원회'를 명시하고 있으나 '국회의 소위원회'는 명시하지 않고 있는 점, 국회법 제57조는 위원회로 하여금 소위원회를 둘 수 있도록 하고, 소위원회의 활동을 위원회가 의결로 정하는 범위로 한정하고 있으므로, 소위원회는 위원회의 의결에 따라 그 설치·폐지 및 권한이 결정될 뿐인 위원회의 부분기관에 불과한 점 등을 종합하면, 소위원회 및 그 위원장은 헌법에 의하여 설치된 국가기관에 해당한다고 볼 수 없고, 소위원회 위원장이 그 소위원회를 설치한 위원회의 위원장과의 관계에서 어떠한 법률상 권한을 가진다고 보기도 어려우며, 또한 위원회와 그 부분기관인 소위원회 사이의 쟁의 또는 위원회 위원장과 소속 소위원회 위원장과의 쟁의가 발생하더라도 이는 위원회에서 해결될 수 있으므로, 이러한 쟁의를 해결할 적당한 기관이나 방법이 없다고 할 수 없기 때문에 소위원회 위원장은 헌법 제111조 제1항 제4호 및 헌법재판소법 제62조 제1항 제1호의 '국가기관'에 해당한다고 볼 수 없으므로, 권한쟁의심판에서의 당사자능력이 인정되지 않는다.[2]

이는 정당이나 원내교섭단체의 경우에도 마찬가지이다. 즉 정당은 국민의 자발적 조직으로, 그 법적 성격은 일반적으로 사적·정치적 결사 내지는 법인격 없는 사단으로서 공권력의 행사 주체로서 국가기관의 지위를 갖는다고 볼 수 없다. 또한 정당이 국회 내에서 교섭단체를 구성하고 있다고 하더라도, 헌법은 권한쟁의심판청구의 당사자로서 국회의원들의 모임인 교섭단체에 대해서 규정하고 있지 않고, 교섭단체의 권한 침해는 교섭단체에 속한 국회의원 개개인의 심의·표결권 등 권한 침해로 이어질 가능성이 높아 그 분쟁을 해결할 적당한 기관이나 방법이 없다고 할 수 없다. 따라서 정당이나 교섭단체는 헌법 제111조 제1항 제4호 및 헌법재판소법 제62조 제1항 제1호의 '국가기관'에 해당한다고

3) 헌재 1997. 7. 16. 96헌라2, 판례집 9-2, 154, 163-165; 헌재 2010. 10. 28. 2009헌라6, 판례집 22-2하, 1, 5.

1) 헌법재판소법 제62조 제1항 제1호를 예시적 규정으로 이해하는 논거에 대하여는 정연주, 무명항고소송, 209쪽 이하 참조.

2) 헌재 2020. 5. 27. 2019헌라4, 판례집 32-1하, 189, 190.

볼 수 없으므로, 권한쟁의심판의 당사자능력이 인정되지 아니한다.[1)]

(2) 국가기관과 지방자치단체간의 권한쟁의

법 제62조 제1항 제2호는 국가기관과 지방자치단체간의 권한쟁의심판의 당사자에 관해서 '정부와 특별시 · 광역시 · 특별자치시 · 도 또는 특별자치도 간의 권한쟁의심판' 및 '정부와 시 · 군 또는 지방자치단체인 구 간의 권한쟁의심판'을 규정하고 있다. 이는 정부와 지방자치단체간의 권한의 분배에 관한 다툼을 해결함으로써 헌법이 보장하는 지방자치의 실효성을 확보하고 정부와 지방자치단체간의 수직적 권력분립을 실현하는 기능을 가진다. 여기서 권한쟁의의 당사자로서의 '정부'는 행정부만을 의미하는 것이 아니라 여타의 국가기관, 즉 국회, 법원, 중앙선거관리위원회 등 다른 국가기관과 그 구성부분도 포함한다고 보아야 할 것이다.

(3) 지방자치단체 상호간의 권한쟁의

법 제62조 제1항 제3호는 지방자치단체 상호간의 권한쟁의심판에 관해서 ① 특별시 · 광역시 · 특별자치시 · 도 또는 특별자치도 상호간의 권한쟁의심판, ② 시 · 군 또는 자치구 상호간의 권한쟁의심판, ③ 특별시 · 광역시 · 특별자치시 · 도 또는 특별자치도와 시 · 군 또는 자치구 간의 권한쟁의심판의 세 가지 종류를 규정하고 있다. 지방자치의 활성화는 지방자치단체 상호간의 갈등과 분쟁의 증가를 야기한다. 따라서 이러한 분쟁을 해결함으로서 각 지방자치단체의 기능을 정상화하고 지방자치단체 상호간의 수직적 · 수평적 권력분립을 실현하는 것이다. 지방자치단체 상호간의 권한쟁의의 당사자는 특별시 · 광역시 · 특별자치시 · 도 또는 특별자치도 등 광역단체와 시 · 군 · 자치구 등 기초단체이다.

(4) 교육 · 학예에 관한 지방자치단체의 사무에 관한 권한쟁의

한편 법 제62조 제2항은 "권한쟁의가 「지방교육자치에 관한 법률」 제2조에 따른 교육 · 학예에 관한 지방자치단체의 사무에 관한 것인 경우에는 교육감이 제1항 제2호 및 제3호의 당사자가 된다."라고 규정하고 있어, 교육 · 학예에 관한

1) 헌재 2020. 5. 27. 2019헌라6 등, 판례집 32-1하, 214, 231-232.

지방자치단체의 사무에 관한 것인 경우 국가기관과 지방자치단체간의 권한쟁의심판 및 지방자치단체 상호간의 권한쟁의심판에서는 교육감이 당사자가 된다. 이는 교육·학예에 관한 지방자치단체의 사무에 관하여는 교육감이 지방자치단체(광역단체)를 대표한다는 취지라고 하겠다.

3. 심판의 청구

(1) 심판청구서의 제출

권한쟁의심판의 청구는 심판청구서를 헌법재판소에 제출함으로써 하는데(법 제26조 제1항), 법 제63조가 정하는 청구기간의 계산에는 도달주의가 적용되므로 청구기간 내에 청구서가 헌법재판소에 도달해야 한다.

(2) 심판청구의 적법요건

1) 당사자

적법한 심판청구를 위해서는 청구인과 피청구인, 즉 당사자가 당사자능력과 당사자적격을 가져야 한다. 당사자능력에 관해서는 앞서 권한쟁의심판의 종류 및 당사자에서 설명한 바와 같다. 여기서는 당사자적격, 즉 청구인적격과 피청구인적격에 대하여 언급한다.

가. 청구인적격

권한쟁의심판은 청구인적격을 가진 자만이 청구할 수 있다. 청구인적격을 가진 자는 헌법 또는 법률에 의하여 부여받은 권한을 피청구인의 처분 또는 부작위로 인하여 침해를 받았거나 침해받을 현저한 위험에 처해 있는 자이다(법 제61조 제2항).

나. 피청구인적격

자신의 처분 또는 부작위로 인하여 청구인의 권한을 침해했거나 침해할 현저한 위험을 발생시킨 기관이 피청구인적격을 가진다(법 제61조 제2항). 피청구인의 부작위에 의하여 청구인의 권한이 침해당하였다고 주장하는 권한쟁의심판은 피청구인에게 헌법상 또는 법률상 유래하는 작위의무가 있음에도 불구하고 피

청구인이 그러한 의무를 다하지 아니한 경우에 허용된다.[1)]

2) 청구기간

권한쟁의의 심판은 그 사유가 있음을 안 날로부터 60일 이내에, 그 사유가 있은 날로부터 180일 이내에 청구하여야 한다(법 제63조 제1항). 이 기간은 불변기간이다(법 제63조 제2항).

3) 권한보호이익과 심판의 이익

가. 권한보호이익

권한쟁의심판은 국가기관들 상호간의 객관적인 권한질서의 유지와 헌법보호를 목적으로 하는 객관적 소송의 성질을 가진다. 여기서의 권한은 개인의 주관적 권리가 아니라 국가권력에 속하는 객관적 권한을 말한다. 따라서 청구인에게 청구인적격을 심사하는 과정에서 청구인의 권한보호이익, 즉 청구인에게 심판을 통해 회복되는 권한 내지 이익이 있을 때에만 원칙적으로 심판청구의 적법성요건이 충족된다고 볼 수 있을 것이고, 이러한 권한보호이익을 흠결했을 경우에는 원칙적으로 심판청구는 각하될 것이다.

나. 심판의 이익

한편 심판의 이익은 권한쟁의심판이 청구된 사건에서 헌법재판소가 심판의 대상에 대하여 본안판단을 하여야 할 필요를 의미한다. 앞서 기술한 권한보호이익이 존재하는 경우에는 통상 심판의 이익도 존재한다고 볼 수 있고, 반대로 권한보호이익이 흠결된 경우에는 원칙적으로 심판의 이익도 존재하지 않을 것이다. 그러나 공익적 성격, 특히 객관적인 권한질서와 헌법질서의 보장기능을 가지는 권한쟁의심판의 객관적 소송으로서의 특성과 기능을 감안할 때 권한보호이익이 존재하지 않는 경우, 예컨대 청구인에 대한 권한침해상태가 이미 종료하여 이를 취소할 여지가 없는 경우라 하더라도, 같은 유형의 침해행위가 앞으로도 반복될 위험이 있고 헌법질서의 수호·유지를 위한 헌법적 해명이 긴요하다고 판단되는 사항 등 공익적 필요성이 있는 경우에는 심판청구의 이익을 인정할 수 있다. 따라서 이런 경우에는 본안판단을 하여야 할 것이다.[2)]

---

1) 헌재 1998. 7. 14. 98헌라3, 판례집 10-2, 74, 81.

4. 심판의 절차

(1) 사건의 접수

권한쟁의심판청구서가 제출되면 헌법재판소는 이를 사건으로 접수하여 사건기록을 편성하고, 사건번호와 사건명을 부여한다(사건부호는 '헌라').

(2) 심리

1) 심리의 방식

권한쟁의심판의 심리는 구두변론에 의한다(법 제30조 제1항). 재판부가 변론을 열 때에는 기일을 정하고 당사자와 관계인을 소환하여야 한다(법 제30조 제3항).

2) 소송참가

권한쟁의심판은 국가기관들의 권한분쟁을 해결하는 객관적 소송으로서 헌법상의 권한질서에 광범위한 영향을 미칠 수 있고, 또한 권한쟁의심판의 결정은 모든 국가기관과 지방자치단체를 기속하기 때문에(법 제67조 제1항) 당사자 이외의 다른 이해관계 있는 국가기관이나 지방자치단체가 그 권한쟁의심판절차에 참여할 필요가 있다. 법에 소송참가에 관한 규정이 없으므로 행정소송법과 민사소송법의 관련규정이 준용된다고 하겠다(법 제40조 제1항, 행정소송법 제17조).

3) 가처분

법 제65조에 따라 헌법재판소가 권한쟁의심판의 청구를 받은 때에는 직권 또는 청구인의 신청에 의하여 종국결정의 선고 시까지 심판대상이 된 피청구인의 처분의 효력을 정지하는 가처분결정을 할 수 있다. 가처분결정이 이루어지기 위해서는 법 제65조에 따라 먼저 권한쟁의심판이 헌법재판소에 계속중이어야 하고, 종국결정의 선고가 있기 전이어야 한다. 또한 계속중인 본안사건이 부적법하거나 이유 없음이 명백하지 않아야 한다.[1] 또한 가처분을 인용한 뒤 종국결정에서 청구가 기각되었을 때 발생하게 될 불이익과 가처분을 기각한 뒤 청구가 인

---

2) 헌재 2003. 10. 30. 2002헌라1, 판례집 15-2 하, 17, 28-29.

1) 헌재 1999. 3. 25. 98헌사98, 판례집 11-1, 264, 270 참조.

용되었을 때 발생하게 될 불이익을 비교형량하여 그 결과 후자의 불이익이 전자의 불이익보다 큰 때에 한하여 가처분결정을 허용할 수 있을 것이다.[1]

4) 심판의 대상

권한쟁의심판의 대상은 권한의 유무 또는 범위에 관한 다툼이다(법 제61조 제1항). 즉 피청구인의 처분 또는 부작위가 헌법 또는 법률에 의하여 부여받은 청구인의 권한을 침해하였거나 침해할 현저한 위험이 있는지의 여부이다(법 제61조 제2항).

가. 피청구인의 처분 또는 부작위

(가) 처분

청구인의 권한을 침해하였거나 침해할 현저한 위험이 있는 피청구인의 '처분'은 포괄적인 개념으로서 개별적인 행정작용 뿐 아니라, 입법작용, 사법작용을 모두 포함한다. 헌법재판소도 "여기서의 처분은 입법행위와 같은 법률의 제정과 관련된 권한의 존부 및 행사상의 다툼, 행정처분은 물론 행정입법과 같은 모든 행정작용 그리고 법원의 재판 및 사법행정작용 등을 포함하는 넓은 의미의 공권력처분을 의미하는 것으로 보아야 할 것이다."라고 판시하여 처분을 매우 포괄적인 개념으로 파악하고 있다.[2]

(나) 부작위

청구인의 권한을 침해하는 피청구인의 부작위는 단순한 사실상의 부작위가 아니고, 헌법상 또는 법률상의 구체적인 작위의무가 있음에도 불구하고 이를 이행하지 아니하는 것을 의미한다.[3]

나. 권한의 침해 또는 침해할 현저한 위험

'권한의 침해'란 피청구인의 처분 또는 부작위로 인한 청구인의 권한침해가 과거에 발생하였거나 현재까지 지속되는 경우를 의미하고, '권한을 침해할 현저한 위험'이란 아직 침해라고는 할 수 없으나 조만간 권한침해에 이르게 될 개연

---

1) 헌재 1999. 3. 25. 98헌사98, 판례집 11-1, 264, 270-271.

2) 헌재 2006. 5. 25. 2005헌라4, 판례집 18-1 하, 28, 35.

3) 헌재 1998. 7. 14. 98헌라3, 판례집 10-2, 74, 81; 헌재 2006. 8. 31. 2004헌라2, 판례집 18-2, 356, 364.

성이 상당히 높은 상황, 즉 현재와 같은 상황의 발전이 중단되지 않는다면 조만간에 권한침해가 발생할 것이 거의 확실하게 예상되며, 이미 구체적인 법적 분쟁의 존재를 인정할 수 있을 정도로 권한침해가 그 내용에 있어서나 시간적으로 충분히 구체화된 경우를 말한다.[1)]

5. 종국결정

(1) 심판정족수

헌법재판소는 권한쟁의심판사건을 9인의 재판관으로 구성되는 재판부(법 제22조 제1항)에서 재판관 7인 이상의 출석으로 심리하며(법 제23조 제1항), 재판부는 종국심리에 관여한 재판관의 과반수의 찬성으로 권한쟁의심판사건에 관한 결정을 한다(법 제23조 제2항).

(2) 종국결정의 유형

종국결정의 유형에는 각하결정, 기각결정, 인용결정 및 심판절차종료선언이 있다.

1) 각하결정

권한쟁의심판청구가 형식적 요건을 구비하지 않아 부적법한 경우에는 각하결정을 한다.

2) 기각결정

권한쟁의심판청구가 적법하지만 심리결과 청구인의 주장이 이유 없는 경우, 즉 권한침해 또는 권한침해의 현저한 위험을 인정할 수 없는 경우에는 기각결정을 한다.

3) 인용결정

청구인의 주장이 이유 있는 경우에는 인용결정을 한다.

---

1) 헌재 2019. 4. 11. 2016헌라3, 판례집 31-1, 306, 311.

가. 권한의 유무 또는 범위 확인

법 제66조 제1항에 따라 헌법재판소는 심판의 대상이 된 국가기관 또는 지방자치단체의 권한의 유무 또는 범위에 관하여 판단한다. 여기서 헌법재판소는 관련된 헌법 또는 법률을 해석하여 관련 기관에 권한이 존재하는지 여부와 그 권한의 범위를 확정한다. 이 부분은 권한쟁의심판에서 핵심을 이루는 소송물인 동시에 결정의 필수적인 주문 부분을 이루게 된다. 이 부분에 대하여 헌법재판소는 객관적 소송의 특성을 감안하여 청구인의 청구취지에 구애되지 않고 직권으로 판단한다고 하겠다.

나. 처분의 취소 또는 무효 확인

헌법재판소는 권한침해의 원인이 된 피청구인의 처분을 취소하는 결정 또는 처분의 무효를 확인하는 결정을 내릴 수 있다(법 제66조 제2항). '권한의 유무 또는 범위'에 관하여는 법 제66조 제1항에 의하여 헌법재판소가 필요적으로 판단해야 하지만, 동조 제2항은 헌법재판소에게 재량을 부여하고 있으므로, 재판부의 재량에 따라 부가적으로 처분의 취소나 무효 확인을 할 수 있다. 그리고 이러한 취소 또는 무효확인결정은 청구인의 청구 또는 헌법재판소의 직권으로 내릴 수 있다. 처분의 취소결정과 무효확인결정의 차이에 대해서 헌법재판소는 행정행위의 하자이론에 따라 처분이 중대하고 명백한 흠이 있으면 무효확인결정을 하고, 그렇지 않은 경우에는 취소결정을 내린다는 입장이다.[1)]

다. 부작위위법확인

헌법재판소가 부작위로 인하여 청구인의 권한이 침해된 것을 확인한 때에는 부작위위법확인결정을 한다(법 제66조 제2항). 피청구인의 부작위가 청구인의 권한을 침해하기 위해서는 헌법과 법률에 의한 일정한 작위의무가 피청구인에게 있음에도 불구하고 피청구인이 그 작위의무를 이행하지 않아야 한다.

라. 심판절차종료선언

청구인은 심판청구를 취하할 수 있다. 그런데 심판청구의 취하가 있을 때에는 소의 취하에 관한 민사소송법의 규정(제266조 및 제267조)이 준용되어 심판절차가 종료되며, 이러한 경우 "이 사건 권한쟁의심판절차는 청구인들의 심판청구

---

1) 헌재 1999. 7. 22. 98헌라4, 판례집 11-2, 51, 69.

의 취하로 …년 …월 …일 종료되었다"는 주문표시의 결정을 한다는 것이 헌법재판소의 입장이다.[1] 그러나 이에 대해서는 권한쟁의심판사건에 대한 실체적 심리가 이미 종결되어 더 이상의 심리가 필요하지 아니한 단계에 이르고, 그 때까지 심리한 내용을 토대로 당해 사건이 헌법질서의 수호·유지를 위하여 긴요한 사항으로서 그 해명이 헌법적으로 특히 중대한 의미를 가지고 있는 경우에 해당한다고 판단되는 경우라면, 헌법재판소는 소의 취하에 관한 규정의 준용을 배제하여 심판청구의 취하에도 불구하고 심판절차가 종료되지 않은 것으로 보아야 한다는 반대의견이 있다.[2] 권한쟁의심판제도의 객관적 소송으로서의 성격과 강한 직권심리주의 및 권한질서유지 등을 통한 헌법보호와 공익실현이라는 권한쟁의심판제도의 기능을 감안할 때 반대의견이 타당하다고 하겠다.[3]

(3) 종국결정의 효력

권한쟁의심판의 종국결정도 헌법재판소 결정이 갖는 불가변력, 불가쟁력, 기판력을 갖는다. 그밖에 다음과 같은 효력이 있다.

1) 기속력

헌법재판소의 권한쟁의심판의 결정은 모든 국가기관과 지방자치단체를 기속한다(법 제67조 제1항). 따라서 인용결정을 비롯한 헌법재판소의 모든 유형의 종국결정이 기속력을 가진다. 그러나 권한에 관한 아무런 실체적 판단을 하지 않은 각하결정에는 기속력이 인정되지 않는다. 기속력으로 인하여 모든 국가기관과 지방자치단체는 헌법재판소의 판단에 저촉되는 다른 판단이나 행위를 할 수 없고, 헌법재판소 결정의 내용을 자신의 판단 및 행위의 기초로 삼아야 한다.

2) 피청구인에 대한 효력

피청구인은 위헌·위법성이 확인된 행위를 반복해서는 아니 될 뿐만 아니라, 자신이 야기한 기존의 위헌·위법상태를 제거하여 합헌·합법적 상태를 회복해

---

1) 헌재 2001. 5. 8. 2000헌라1, 판례집 13-1, 1218, 1221.

2) 헌재 2001. 5. 8. 2000헌라1, 판례집 13-1, 1218, 1230-1231.

3) 헌법재판의 객관적 소송으로서의 성격과 강한 직권심리주의에서 비롯된 심판청구취하효과의 제한에 대하여 자세한 것은 정연주, 헌법소원심판청구취하의 효과, 공법연구 제28집 제4호 제2집, 2000. 6, 191쪽 이하 참조.

야 할 의무를 진다. 부작위에 대한 인용결정의 경우 피청구인은 결정취지에 따른 처분을 하여야 한다(법 제66조 제2항).

3) 처분취소결정의 효력 제한

피청구인의 처분을 취소하는 결정은 그 처분의 상대방에 대하여 이미 생긴 효력에 영향을 미치지 아니한다(법 제67조 제2항). 이는 처분의 유효성을 믿은 제3자의 법적 안정성 내지 법적 지위를 보호하기 위하여 처분의 상대방에 대한 관계에서는 취소결정의 소급효를 제한하기 위한 것이라고 할 것이다. 따라서 청구인이 바로 처분의 상대방이기 때문에 제3자의 법적 지위에 영향을 미칠 가능성이 없는 경우에는 이 조항이 적용되지 않는다. 만일 그렇지 않다면 이 경우 청구인에게 이미 생긴 효력, 즉 청구인에게 이미 발생한 권한침해상태를 구제하지 않는 결과가 될 것이고, 이는 권한쟁의심판제도의 의의나 실효성을 약화시키는 것이기 때문이다.

Ⅴ. 헌법소원심판

1. 개설

(1) 의의

헌법 제111조 제1항 제5호는 '법률이 정하는 헌법소원에 관한 심판'을 헌법재판소에 맡김으로써 우리 헌정사상 처음으로 헌법소원심판제도를 채택하였다. 헌법소원심판은 공권력에 의한 기본권침해를 헌법소송절차를 통해 구제함으로써 기본권을 보장하고 이를 통해 헌법을 실현하는 헌법재판제도이다. 즉 이는 공권력의 남용·악용으로부터 헌법상 보장된 국민의 자유와 권리를 보호하는 헌법재판제도이기 때문에 통치권의 기본권 기속성을 실현할 수 있는 매우 실효성 있는 권력통제장치이다. 주지하는 바와 같이 헌법의 궁극적인 목적이 국민의 기본권보장에 있기 때문에 기본권보장을 목적으로 하는 헌법소원이야말로 권력통제와 헌법실현을 위한 매우 효과적인 제도라고 할 수 있다. 한편 위헌법률심판, 탄핵심판, 정당해산심판, 권한쟁의심판이 객관적 소송으로서의 성격을 가지는 제도라고 한다면, 헌법소원심판은 다른 심판제도와는 달리 주관적 권리의 보장을 내용으로 하는 주관적 소송으로서의 성격을 가지는 제도라고 하겠다.

(2) 기능

1) 기본권의 구제

헌법소원심판은 공권력에 의한 기본권침해를 헌법소송절차를 통해 구제함으로써 기본권을 구제하는 것을 목적으로 한다. 따라서 헌법소원심판은 일차적으로 기본권 구제기능을 가진다.

2) 공권력의 통제

헌법소원심판은 공권력에 의한 기본권침해를 헌법소송절차를 통해 구제하는 제도로서 공권력에 대한 통제기능을 가진다. 즉 국민의 기본권을 침해한 위헌적인 공권력의 행사를 취소하거나 그 불행사가 위헌임을 확인함으로써 결과적으로 공권력을 통제하여 공권력의 합헌적 행사와 공권력의 기본권 존중을 촉진시키는 기능을 가지는 것이다.

3) 헌법의 수호

이처럼 헌법소원심판은 위헌적인 공권력작용을 통제하고 기본권을 구제하는 기능을 가짐으로써 결국 헌법을 수호하는 기능을 가진다. 즉 헌법의 핵심적 가치인 기본권보장과 법치주의를 실현하는 것은 결국 헌법을 실현하는 것이기 때문에 헌법소원심판은 헌법의 수호기능을 가지는 것이다. 이에 따라 헌법소원심판이 개인의 주관적인 권리구제 뿐 아니라 객관적인 헌법질서의 수호·유지의 기능도 가지기 때문에 주관적 소송으로서의 성격 뿐 아니라 객관적 소송으로서의 성격도 함께 갖는다.

(3) 종류

헌법재판소법은 권리구제형 헌법소원(제68조 제1항)과 위헌법률심사형 헌법소원(제68조 제2항)의 두 가지를 규정하고 있다. 전자는 주관적 권리구제를 목적으로 하는 본래의 전형적인 헌법소원제도로서 공권력의 행사 또는 불행사로 인하여 헌법상 보장된 기본권을 침해받은 자가 제기하는 소송절차이고, 후자는 헌법재판소법 제41조 제1항의 규정에 따른 법률의 위헌심판의 제청신청이 법원에 의하여 기각된 경우에 그 신청을 한 당사자가 제청신청이 기각된 법률의 위헌 여부를 가리는 심판을 청구하는 소송절차로서 양자는 그 본질과 심판청구의 요건 및 대상이 각기 다르다.[1] 후자는 그 본질상 위헌법률심판에 속한다고 하겠다.

2. 헌법소원의 요건

(1) 청구인

1) 의의

헌법소원심판을 청구할 수 있는 자는 공권력작용으로 인하여 자신의 헌법상 보장된 기본권이 침해된 자이다.

2) 청구인의 종류

가. 자연인

대한민국 국적을 가진 모든 자연인은 기본권의 주체가 될 수 있다.[2] 반면 외국국적 또는 무국적의 자연인은 헌법상 기본권주체로 인정될 수 있는 한도내에서만, 즉 - 국민의 권리가 아닌 - 인간의 권리로서의 성질을 갖는 기본권들(예컨대 행복추구권, 평등권, 직장선택의 자유 등)과 관련해서만 헌법소원을 제기할 수 있다고 보아야 할 것이다.[3] 자연인은 원칙적으로 살아있는 동안에만 기본권의 주체이다. 그러나 민법상 제한된 권리를 갖는 태아도 생명권 또는 상속권 등의 제한된 범위 내에서 기본권주체로 인정될 수 있을 것이다.[4] 그러나 초기배아의 경우에는 기본권주체성을 부인하고 있는 것이 헌법재판소의 입장이다.[5] 사망으로 기본권능력도 소멸하는 것이 원칙이다. 따라서 청구인이 사망한 경우 기본권은 일반적으로 일신전속적이기 때문에 헌법재판소에 계속된 헌법소원은 종료된

---

1) 헌재 1994. 4. 28. 89헌마221, 판례집 6-1, 239, 257.

2) 헌재 1994. 12. 29. 93헌마120, 판례집 6-2, 477, 480.

3) 헌재 2001. 11. 29. 99헌마494, 판례집 13-2, 714, 723-724; 헌재 2011. 9. 29. 2007헌마1083 등, 공보 제180호, 1453, 1460.

4) 헌재 2008. 7. 31. 2004헌바81, 판례집 20-2 상, 91, 101.

5) 헌재 2010. 5. 27. 2005헌마346, 판례집 22-1 하, 275, 292.

다고 보아야 할 것이다.[1] 그러나 재산권과 같이 일신전속적인 성격이 약한 기본권의 경우에는 청구인이 사망한 이후에도 그 상속인에 의한 헌법소원절차의 수계가 가능하다고 할 것이다.[2]

나. 권리능력 없는 사단

권리능력 없는 사단도 향유할 수 있는 기본권(예컨대 결사의 자유, 평등권 등)의 침해가 문제된 경우에는 헌법소원을 청구할 수 있다. 즉 법인 아닌 사단·재단이라고 하더라도 대표자의 정함이 있고 독립된 사회적 조직체로서 활동하는 때에는 성질상 법인이 누릴 수 있는 기본권을 침해당하게 되면 그의 이름으로 헌법소원심판을 청구할 수 있다.[3]

다. 법인

(가) 사법인

법인격 있는 사단이나 재단 등 사법인은 성질상 기본권의 주체가 될 수 있는 범위내에서 청구인능력을 가진다.[4]

(나) 공법인

공법인은 원칙적으로 기본권의 주체가 아니므로 헌법소원심판의 청구인능력을 갖지 않는다. 그러나 공법인(공법상의 영조물 포함)도 예외적으로 국가와의 관계에서 기본권의 주체로서의 지위를 가질 수 있고, 따라서 헌법소원심판의 청구인능력을 가질 수 있다. 즉 국가에 대하여 독립성을 가지고 있는 독자적 기구로서 해당 기본권영역에서 국가에 대하여 기본권을 주장할 필요가 있는 경우에는 예외적으로 그 해당 기본권의 주체성을 인정할 수 있고, 따라서 헌법소원의 청구인능력을 인정할 수 있는 것이다. 예컨대 헌법재판소는 과거-현재처럼 독립된 공법인이 아닌-공법상의 영조물이었던 서울대학교가 공권력행사의 주체인 동시에 학문의 자유와 대학의 자율권이라고 하는 기본권의 주체가 된다고 판시

1) 헌재 1992. 11. 12. 90헌마33, 판례집 4, 782, 785.

2) 헌재 1994. 12. 29. 90헌바13, 판례집 6-2, 351, 353-354; 헌재 1997. 1. 16. 89헌마240, 판례집 9-1, 45, 70.

3) 헌재 1991. 6. 3. 90헌마56, 판례집 3, 289, 296.

4) 헌재 1991. 6. 3. 90헌마56, 판례집 3, 289, 295; 헌재 1996. 3. 28. 94헌바42, 판례집 8-1, 199, 206.

했다.[1)] 아울러 같은 논리에서 공법인인 한국방송공사도 보도의 자유의 주체로서 국가를 상대로 할 경우에는 역시 헌법소원 청구인능력을 가진다고 하겠다.

(2) 공권력의 행사 또는 불행사

헌법소원심판청구의 중요한 요건 중 하나가 공권력의 행사 또는 불행사의 존재이다. 공권력의 불행사에 대한 헌법소원은 공권력의 주체에게 헌법에서 유래하는 작위의무가 특별히 구체적으로 규정되어 이에 의거하여 기본권의 주체가 그 공권력의 행사를 청구할 수 있음에도 공권력의 주체가 그 의무를 해태하는 경우에 한하여 허용된다. 따라서 이러한 작위의무가 없는 공권력의 불행사에 대한 헌법소원은 부적법한 것이 된다.[2)]

여기서는 헌법소원심판의 대상이 되는 공권력작용을 입법작용, 행정작용, 사법작용으로 나누어 살펴보기로 한다.

1) 입법작용

가. 법률

입법작용 중 대표적인 것은 국회가 제정한 형식적 의미의 법률이다. 그런데 법률은 대부분 추상성과 일반성을 갖기 때문에 그 자체로서 구체적·최종적으로 국민의 기본권을 직접 침해하지는 아니한다. 따라서 일반적으로는 법률이 직접 헌법소원의 대상이 되는 것은 아니다. 그러나 법률이 별도의 구체적 집행행위를 기다리지 아니하고 직접·현재 헌법상 보장된 기본권을 침해하는 예외적인 경우에는 헌법소원의 대상이 될 수 있다. 법 제68조 제1항 단서는 다른 법률에 구제절차가 있는 경우에는 그 절차를 모두 거친 후가 아니면 헌법소원 심판을 청구할 수 없도록 규정하고 있으나, 법률이 직접 기본권을 침해하는 경우에는 법률 자체의 효력을 직접 다투는 것을 소송물로 하여 일반 법원에 소송을 제기하는 방법이 없어 다른 법률에 구제절차가 있는 경우에 해당하지 아니하므로 곧 바로 헌법소원을 제기할 수 있는 것이다.[3)]

---

1) 헌재 1992. 10. 1. 92헌마68 등, 판례집 4, 659, 670. 이 결정의 문제점에 대하여 자세한 것은 정연주, 서울대 입시요강사건, 헌법실무연구 제2권, 헌법실무연구회편, 2001. 12, 411쪽 이하 참조.

2) 헌재 1994. 6. 30. 93헌마161, 판례집 6-1, 700, 704-705.

나. 조약과 국제법규

헌법에 의하여 체결·공포된 조약과 일반적으로 승인된 국제법규는 국내법과 같은 효력을 가지므로(헌법 제6조 제1항) 헌법소원의 대상이 될 수 있다. 따라서 조약 등 국제법이 국내법 중 법률의 효력을 가지는 경우에는 위에서 언급한 법률의 경우처럼 헌법소원의 대상이 된다. 물론 이 경우에도 법률의 경우에서 언급한 것처럼 조약 등이 별도의 구체적 집행행위를 기다리지 아니하고 직접·현재 헌법상 보장된 기본권을 침해하는 예외적인 경우에만 헌법소원의 대상이 된다.

다. 긴급재정·경제명령과 긴급명령

헌법 제76조 제1항과 제2항에 따라 대통령은 법률의 효력을 가지는 긴급재정·경제명령과 긴급명령을 발할 수 있다. 따라서 대통령의 긴급재정·경제명령과 긴급명령은 법률과 마찬가지로 별도의 구체적 집행행위를 기다리지 아니하고 직접·현재 헌법상 보장된 기본권을 침해하는 경우에는 헌법소원의 대상이 될 수 있다.

라. 입법부작위

입법부작위에는 진정입법부작위와 부진정입법부작위의 두 가지 유형이 있다. 전자는 입법자가 헌법상 입법의무가 있는 사항에 관하여 전혀 입법을 하지 아니함으로써 처음부터 법률이 존재하지 않는 경우이고, 후자는 입법자가 헌법상의 입법의무가 있는 사항에 관하여 불완전하고 결함이 있는 입법을 해서 법률이 불완전하고 결함이 있는 상태로 존재하는 경우이다.[1]

헌법재판소는 헌법에서 기본권보장을 위해 법령에 명시적인 입법위임을 하였음에도 입법자가 이를 이행하지 않을 때, 또는 헌법 해석상 특정인에게 구체적인 기본권이 생겨 이를 보장하기 위한 국가의 행위의무 내지 보호의무가 발생하였음이 명백함에도 불구하고 입법자가 전혀 아무런 입법조치를 취하고 있지 않은 경우 등 두 가지의 경우에만 입법부작위가 헌법소원의 대상이 된다고 보고 있다.[2] 한편 부진정입법부작위를 대상으로 헌법소원을 제기하려면 결함이 있는 당해 입법규정 그 자체를 대상으로 하여 그것의 평등원칙 위반 등의 헌법

3) 헌재 1990. 6. 25. 89헌마220, 판례집 2, 200, 203-204.

1) 헌재 1996. 10. 31. 94헌마108, 판례집 8-2, 480, 489.

2) 헌재 1989. 3. 17. 88헌마1, 판례집 1, 9, 16-17.

위반을 내세워 적극적인 헌법소원을 제기해야 한다는 것이 헌법재판소의 일관된 입장이다.1)

마. 헌법규정

헌법의 개별조항은 위헌심사의 대상이 될 수 없으므로 이를 대상으로 한 헌법소원심판청구는 부적법하다는 것이 헌법재판소의 입장이다.2) 그러나 개별헌법조항 내지 개정된 헌법규정의 내용이 헌법상의 본질적이고 근본적인 상위규정이나 원칙에 위배되어 헌법상 보장된 기본권을 직접·현재 침해한다면, 그리고 다른 여타의 헌법소원심판청구의 요건을 충족한다면 그 위헌적인 개별헌법조항이나 헌법개정조항 등은 헌법소원의 대상이 될 수 있다고 본다. 참고로 독일의 경우에는 개별헌법조항 등이 헌법소원은 물론 구체적 규범통제와 추상적 규범통제의 대상이 된다고 보고 있다.3)

2) 행정작용

행정작용은 행정부에 의한 공권력의 행사 또는 불행사를 말하는 것으로 행정행위, 행정입법, 사실행위, 행정계획, 행정지도, 공법상 계약 등이 이에 속한다. 그런데 행정작용에 대한 구제는 일반적으로 행정소송을 통해 이루어진다. 따라서 다른 법률에 구제절차가 있는 경우에는 그 절차를 모두 거친 후가 아니면 청구할 수 없다는 보충성의 원칙(법 제68조 제1항 단서)과 법원의 재판을 헌법소원의 대상에서 제외시키고 있는 헌법재판소법의 규정(법 제68조 제1항 본문) 때문에 이러한 행정작용이 헌법소원의 대상이 되는 경우는 매우 제한되어 있다. 결국 행정작용이 헌법소원의 대상이 되는 경우는 행정소송의 대상이 되지 아니하기 때문에 행정소송에 의하여 권리구제를 받을 수 없거나, 행정소송의 대상이 되지만 권리구제의 기대가능성이 없는 등 보충성원칙의 예외가 인정되는 경우로 제한된다고 하겠다. 따라서 실제로 헌법소원의 대상이 되는 행정작용은 통치

1) 헌재 1989. 7. 28. 89헌마1, 판례집 1, 157, 163-164; 헌재 1993. 9. 27. 89헌마248, 판례집 5-2, 284, 294; 헌재 1996. 10. 31. 94헌마108, 판례집 8-2, 480. 489.

2) 헌재 1996. 6. 13. 94헌바20, 판례집 8-1, 475; 헌재 1998. 3. 26. 93헌마204; 헌재 1998. 6. 25. 96헌마47; 헌재 2001. 2. 22. 2000헌바38, 판례집 13-1, 289.

3) 헌법규정에 대한 헌법소원 내지 위헌심사의 문제 및 그에 대한 독일의 이론과 실제에 대하여 자세한 것은 정연주, 헌법규범에 대한 위헌심사, 공법연구 제19집, 한국공법학회, 1991, 127쪽 이하 참조.

행위, 행정입법, 행정입법부작위, 자치입법, 권력적 사실행위, 검사의 불기소처분 등이다.

가. 통치행위

통치행위는 대통령의 비상계엄선포행위나 긴급명령권발동, 사면행위 또는 외교에 관한 행위 등 고도의 정치성을 띤 국가작용을 말한다.[1] 통치행위를 비롯한 모든 국가작용은 헌법과 기본권에 기속되므로 통치행위도 국민의 기본권을 위헌적으로 침해하는 경우에는 당연히 헌법소원의 대상이 된다고 하겠다.[2]

나. 행정입법

행정입법은 행정기관이 제정하는 법률의 하위규범으로서 법규명령과 행정규칙을 말한다. 법규명령이 별도의 집행작용을 매개하지 않고 직접 기본권을 침해했을 경우 그 행정입법은 헌법소원의 대상이 된다.[3] 행정규칙은 원칙적으로 국민의 기본권과 직접 관련이 없기 때문에 결국 헌법소원의 대상이 될 수 없다. 그러나 행정규칙이 예외적으로 법규명령처럼 대외적 구속력을 갖게 되는 경우에는 국민의 기본권을 침해할 수 있고 따라서 헌법소원의 대상이 될 수 있다. 이러한 경우로서 헌법재판소는 다음의 세 가지 경우를 들고 있다. 즉 ① 법령의 규정에 의하여 행정관청에 법령의 구체적 내용을 보충할 권한을 부여한 경우에 제정된 행정규칙,[4] ② 재량권행사의 준칙인 규칙이 그 정한 바에 따라 되풀이 시행되어 행정관행이 성립되면 평등의 원칙이나 신뢰보호의 원칙에 따라 행정기관은 그 상대방에 대한 관계에서 그 규칙에 따라야 할 자기구속을 당하게 되는 경우의 행정규칙,[5] ③ 법령의 직접적인 위임에 따라 수임행정기관이 그 법령을 시행하는데 필요한 구체적 사항을 정한 행정규칙(그 제정형식은 비록 법규명령이 아닌 고시, 훈령, 예규 등과 같은 행정규칙이더라도, 그것이 상위법령의 위임한계를 벗어나지 아니하는 한, 상위법령과 결합하여 대외적인 구속력을 갖는 법규명령으로서 기

---

1) 통치행위에 대한 사법심사와에 대하여 자세한 것은 정연주, 통치행위에 대한 사법심사, 저스티스 95호, 한국법학원, 2006. 12, 29쪽 이하 참조.

2) 헌재 1996. 2. 29. 93헌마186, 판례집 8-1, 111, 116.

3) 헌재 1990. 10. 15. 89헌마178, 판례집 2, 365, 369-370; 헌재 1997. 6. 26. 94헌마52, 판례집 9-1, 659, 667-668.

4) 헌재 1990. 9. 3. 90헌마13, 판례집 2, 298, 303.

5) 헌재 1990. 9. 3. 90헌마13, 판례집 2, 298, 303.

능하게 된다)[1] 등의 경우에는 대외적 구속력을 가지며, 따라서 이러한 행정규칙이 직접 기본권을 침해했다면 헌법소원의 대상이 된다고 하겠다.

다. 행정입법부작위

행정입법부작위란 행정기관이 헌법상 또는 법률상 입법의무가 있는 사항에 관하여 전혀 입법을 하지 아니하거나(진정행정입법부작위) 불완전한 입법을 하는 부작위(부진정행정입법부작위)를 말한다. 이 중 진정행정입법부작위가 기본권을 침해할 경우에는 헌법소원의 대상이 될 수 있다고 하겠다.

라. 자치입법

자치입법은 지방자치단체가 그 자치입법권에 근거하여 자주적으로 제정하는 법령의 하위규범으로서 지방의회가 제정하는 조례와 단체장이 제정하는 규칙이 있다. 자치입법이 직접 기본권을 침해하는 경우에는 헌법소원의 대상이 된다. 헌법재판소도 조례가 별도의 구체적인 집행행위를 기다리지 아니하고 조례 자체로 인하여 직접 그리고 현재 기본권을 침해하는 경우에는 헌법소원의 대상이 된다고 판시하고 있다.[2]

마. 권력적 사실행위

행정상의 사실행위란 직접적으로 일정한 사실상의 결과의 발생만을 목적으로 하는 행정주체의 행위를 말한다. 이 중 행정청이 우월적 지위에서 일방적으로 강제하는 권력적 사실행위는 헌법소원의 대상이 되는 공권력의 행사에 해당한다.[3]

바. 검사의 처분

검사의 불기소처분 등 검사의 처분도 성질상 행정작용에 속하지만 준사법작용으로서의 특성을 가지는 독특한 행정작용으로서 일반 행정처분과는 달리 그에 대한 사법적 통제가 제한적이다. 검사의 처분에 대한 통제방법에는 크게 재정신청제도와 헌법소원의 두 가지를 들 수 있다. 그동안 헌법재판소는 검사의 불기소처분이 자의적으로 행해진 경우에는 형사피해자는 헌법 제27조 제5항의

---

1) 헌재 1992. 6. 26. 91헌마25, 판례집 4, 444, 449.

2) 헌재 1995. 4. 20. 92헌마264, 판례집 7-1, 564, 571.

3) 헌재 2012. 7. 26. 2011헌마332, 판례집 24-2 상, 324, 328.

공판절차에서의 진술권과 제11조의 평등권을 침해당했다고 주장할 수 있다고 하면서[1] 검사의 불기소처분이 헌법소원의 대상이 된다고 판시해왔다.[2]

그런데 2008. 1. 1부터 시행된 형사소송법의 개정으로 재정신청의 대상범죄가 모든 범죄로 확대되었다. 현행 형사소송법 제260조 제1항은 "고소권자로서 고소를 한 자(형법 제123조부터 제126조까지의 죄에 대하여는 고발을 한 자를 포함한다)는 검사로부터 공소를 제기하지 아니한다는 통지를 받은 때에는 그 검사 소속의 지방검찰청 소재지를 관할하는 고등법원에 그 당부에 관한 재정을 신청할 수 있다."라고 규정하고 있다. 이에 따라 재정신청의 대상범죄를 모든 범죄로 확대하되 원칙적으로 재정신청의 신청권자를 고소권자로 제한하면서도 형법 제123조부터 제126조까지의 죄에 대하여는 고발자도 포함되도록 하고 있다. 이에 따라 모든 범죄에 대하여 고소권자로서 고소를 한 자와, 형법상 공무원의 직무에 관한 죄 중 직권남용(형법 제123조), 불법체포 · 감금(형법 제124조), 폭행 · 가혹행위(형법 제125조), 피의사실공표(형법 제126조)에 대하여 고발을 한 자는 불기소처분을 한 검사 소속의 지방검찰청 소재지를 관할하는 고등법원에 불기소처분의 당부에 관한 재정을 신청할 수 있게 되었고, 따라서 이에 해당하는 불기소처분은 헌법소원의 대상에서 제외된다.

결국 피의자가 청구하는 불기소처분에 대한 헌법소원의 경우를 제외하고는 대부분의 불기소처분이 헌법소원의 대상에서 제외되게 되었다.[3] 다만 재정신청 대상에서 제외된 고발사건의 경우 고발인이 헌법이 보장하는 재판절차진술권을 침해받은 형사피해자라면 고발인은 항고 · 재항고를 거쳐 헌법소원을 제기할 수 있다고 할 것이다.

3) 사법작용

사법작용에는 재판작용과 사법입법작용 및 사법행정작용이 포함된다. 이들 사법작용도 기본권을 침해하면 원칙적 · 이론적으로 헌법소원의 대상이 된다고 하겠다.

1) 헌재 1989. 4. 17. 88헌마3, 판례집 1, 31, 36.

2) 불기소처분을 대상으로 한 헌법소원에 관한 헌법재판소 판례에 대하여는 헌법재판실무제요, 헌법재판소, 2008, 216쪽 이하 참조.

3) 피의자가 청구인으로 제기한 검사의 기소유예처분에 대한 헌법소원을 인용한 사례는 헌재 2013. 3. 21. 2012헌마110, 공보 제198호, 500, 503.

가. 재판작용

(가) 재판에 대한 헌법소원의 원칙적 금지

법원의 재판도 공권력의 행사의 일종으로 헌법과 법률을 위반하여 기본권을 침해하는 경우에는 당연히 헌법소원의 대상이 되어야 할 것이다. 그러나 법 제68조 제1항은 "공권력의 행사 또는 불행사로 인하여 헌법상 보장된 기본권을 침해받은 자는 '법원의 재판을 제외하고는' 헌법재판소에 헌법소원심판을 청구할 수 있다."라고 규정하여 법원의 재판을 헌법소원의 대상에서 제외하고 있다. 따라서 법원의 재판인 판결 · 결정 · 명령 자체를 대상으로 헌법소원을 제기하면 이는 부적법한 것으로 각하된다(법 제72조 제3항 제1호).

(나) 재판이 헌법소원의 대상이 될 수 있는 경우

그런데 헌법재판소는 재판소원을 금지하고 있는 법 제68조 제1항에 대해 한정위헌결정을 내림으로써 제한적으로 재판소원을 허용하고 있다. 즉 법 제68조 제1항은 법원이 헌법재판소의 기속력 있는 위헌결정에[1] 반하여 그 효력을 상실한 법률을 적용함으로써 국민의 기본권을 침해하는 경우에는 예외적으로 그 재판도 헌법소원심판의 대상이 된다고 해석하여야 하며, 따라서 법 제68조 제1항의 '법원의 재판'에 헌법재판소가 위헌으로 결정하여 그 효력을 상실한 법률을 적용함으로써 국민의 기본권을 침해하는 재판도 포함되는 것으로 해석하는 한도 내에서 법 제68조 제1항은 헌법에 위반된다고 판시했다.[2] 이에 따라 헌법재판소는 문제된 대법원판결이 청구인의 헌법상 보장된 기본권을 침해했다고 하면서 동 대법원판결을 법 제75조 제3항에 따라 취소하였다.[3]

나. 사법입법작용

사법부의 자율적 입법권에 기해 제정되는 대법원규칙이 기본권을 직접 침해하는 등 헌법소원의 요건을 갖추었다면 헌법소원의 대상이 된다.[4] 또한 대법원

---

1) 위헌결정에는 단순위헌결정은 물론, 한정합헌, 한정위헌결정과 헌법불합치결정도 포함되고, 이들은 모두 당연히 기속력을 가진다. 헌재 1997. 12. 24. 96헌마172, 판례집 9-2, 842, 860.

2) 헌재 1997. 12. 24. 96헌마172, 판례집 9-2, 842, 861-862.

3) 이 결정의 문제점에 대하여는 정연주, 헌법재판소법 제68조 제1항에 대한 한정위헌결정의 문제점, 고시계 1998. 2, 113쪽 이하 참조.

4) 헌재 1990. 10. 15. 89헌마178, 판례집 2, 365, 373.

규칙을 제정하도록 위임하고 있는 명시적 헌법이나 법률규정이 있거나, 헌법이나 법률의 해석상으로 그와 같은 규칙을 제정하여야 할 의무가 발생한 경우라면 사법입법부작위도 헌법소원의 대상이 된다는 것이 헌법재판소의 입장이다.[1)]

(3) 기본권의 침해

법 제68조 제1항 본문은 공권력의 행사 또는 불행사로 인하여 '헌법상 보장된 기본권을 침해받은 자'가 헌법소원심판을 청구할 수 있다고 규정하고 있다. 따라서 '헌법상 보장된 기본권'에 대한 '침해'가 헌법소원심판청구의 중요한 요건의 하나이다.

1) 헌법상 보장된 기본권

헌법상 보장된 기본권들은 주로 국민의 권리와 의무에 관한 헌법 제2장에 포함되어 있을 것이지만, 거기에만 국한된 것은 아니라고 하겠다. 그밖에도 헌법 제10조에서 정한 모든 기본권의 기초이자 목표라고 할 수 있는 인간의 존엄과 가치 및 행복추구권을 실현하기 위하여 필요한 자유와 권리는 원칙적으로 기본권의 범위에 포함된다고 하겠다.[2)] 헌법 제37조 제1항이 "국민의 자유와 권리는 헌법에 열거되지 아니한 이유로 경시되지 아니한다."라고 규정하고 있는 것도 이를 뒷받침한다고 하겠다. 예컨대 헌법 제8조의 정당조항에서 보장하는 정당설립 및 활동의 자유,[3)] 헌법 제41조 제1항과 헌법 제67조 제1항의 선거의 기본원칙조항에서 도출될 수 있는 보통(피)선거권 · 평등(피)선거권 · 직접(피)선거권 · 비밀(피)선거권 · 자유(피)선거권,[4)] 헌법 제116조의 선거관리조항에서 도출될 수 있는 선거운동에서 균등한 기회를 보장받을 권리 등이 그것이다. 한편 헌법재판소는 헌법 제3조의 영토조항을 근거로 하여 영토에 관한 권리, 즉 영토권을

---

1) 헌재 1997. 5. 29. 96헌마4, 공보 제22호, 445, 446.

2) 헌재 2001. 3. 21. 99헌마139 등, 판례집 13-1, 676, 692-693.

3) 헌재 2014. 1. 28. 2012헌마431 등, 공보 제208호, 345, 348. 헌법 제8조의 정당조항에 근거한 정당설립과 활동의 자유에 대하여는 정연주, 정당등록취소와 정당설립의 자유, 헌법학연구, 20권 1호, 2014. 3, 57쪽 이하 참조.

4) 선거권 및 피선거권을 규정한 헌법 제24조 및 헌법 제25조와 연계하여 헌법 제41조 제1항과 헌법 제67조 제1항의 선거의 기본원칙조항에서 직접 도출되는 다양한 선거에 관한 기본권에 대하여 정연주, 1인 1표 국회의원선거제도의 위헌성, 헌법논총 제13집, 헌법재판소, 2002. 12. 513쪽 이하 참조.

헌법소원의 대상인 기본권의 하나로 간주하고 있다.[1)]

2) 기본권의 침해

기본권의 침해란 공권력주체가 헌법상 보장된 기본권의 내용 내지 보호영역에 대해 가하는 제한을 말한다. 즉 공권력의 행사 또는 불행사로 인한 자유의 제한, 의무의 부과, 권리 또는 법적 지위의 박탈 등을 의미한다.[2)]

(4) 법적 관련성

공권력작용으로 인한 기본권침해가 심판청구의 요건을 충족시키기 위하여는 공권력작용과 청구인 사이에 법적인 관련성이 있어야 한다. 즉 청구인은 공권력작용에 의해서 원칙적으로 자신의 기본권이, 현재 그리고 직접 침해당한 경우에만 헌법소원을 제기 할 수 있다.[3)]

1) 자기관련성

자기관련성이란 청구인 스스로가 자신의 기본권을 침해받아야 한다는 것이다. 즉 청구인은 공권력작용에 자신이 스스로 법적으로 관련되어야 한다. 이처럼 헌법소원의 요건으로서 청구인의 자기관련성이 요구되는 것은 헌법소원제도상 민중소송이 허용되지 않는다는 의미이고,[4)] 이는 헌법소원제도의 본질이 객관적 소송이 아닌 개인의 권리구제를 목적으로 하는 주관적 소송이기 때문이다. 따라서 원칙적으로 공권력작용의 직접적인 상대방에게만 자기관련성이 인정되고, 공권력작용에 단순히 간접적, 사실적 또는 경제적인 이해관계에 있을 뿐인 제3자, 나아가 반사적으로 불이익을 받은 자에게는 인정될 수 없다고 하겠다.[5)]

2) 현재성

기본권침해의 현재성이란 청구인의 기본권이 '현재' 침해당하고 있어야 한다

---

1) 헌재 2001. 3. 21. 99헌마139 등, 판례집 13-1, 676, 695.

2) 헌재 1992. 11. 12. 91헌마192, 판례집 4, 813, 823.

3) 헌재 1989. 7. 21. 89헌마12, 판례집 1, 128, 129-130.

4) 헌재 1989. 12. 22. 89헌마145, 판례집 1, 413, 415.

5) 헌재 1993. 3. 11. 91헌마233, 판례집 5-1, 104, 111; 헌재 1995. 5. 25. 94헌마100, 판례집 7-1, 806, 808; 헌재 1996. 6. 30. 92헌마61, 판례집 6-1, 680, 684; 헌재 1997. 3. 27. 94헌마277, 판례집 9-1, 404, 409; 헌재 1997. 9. 25. 96헌마133, 판례집 9-2, 410, 416.

는 원칙이다. 즉 청구인이 자신의 기본권침해의 원인이 된 공권력작용과 '현재' 관련성을 가져야 하며, 장래 어느 때인가 관련이 될 수 있을 것이라는 사실만으로는 헌법소원을 제기할 수 없다.[1] 그러나 기본권침해가 장래에 발생하더라도 그 침해가 틀림없을 것으로 현재 확실히 예측된다면 기본권구제의 실효성을 확보하기 위하여 예외적으로 침해의 현재성을 인정할 수 있다.[2]

3) 직접성

직접성의 요건은 청구인이 공권력작용에 '직접적인' 법적 관련성을 가져야 한다는 것이다. 즉 침해의 원인이 되는 해당 공권력작용과 기본권침해 사이에 별도의 중간 매개물로서의 또 다른 공권력작용이 존재해서는 안된다는 것이다. 이러한 직접성의 요건은 주로 법령에 대한 헌법소원에서 문제된다. 법령 자체가 헌법소원의 대상이 될 수 있으려면 그 법령에 의하여 구체적인 집행행위를 기다리지 아니하고 직접, 현재, 자기의 기본권을 침해받아야 하는 것을 요건으로 하고, 여기서 말하는 기본권침해의 직접성이란 집행행위에 의하지 아니하고 법령 그 자체에 의하여 자유의 제한, 의무의 부과, 권리 또는 법적 지위의 박탈이 생긴 경우를 뜻한다.[3]

법령에 대한 헌법소원에 있어서 기본권침해의 직접성을 요구하는 이유는, 법령은 일반적으로 구체적인 집행행위를 매개로 하여 비로소 기본권을 침해하게 되므로 기본권의 침해를 받은 개인은 먼저 일반 쟁송의 방법으로 집행행위를 대상으로 하여 기본권침해에 대한 구제절차를 밟는 것이 헌법소원의 성격상 요청되기 때문이다. 따라서 법령에 근거한 집행행위가 존재한다면 국민은 우선 그 집행행위를 기다렸다가 집행행위를 대상으로 한 소송을 제기하여 구제절차를 밟는 것이 순서이고, 법령을 집행하는 행위가 존재하지 아니하고 바로 법령으로 말미암아 직접 기본권이 침해되는 예외적인 경우에만 직접 법령에 대하여 헌법소원을 제기할 수 있다.[4]

---

1) 헌재 1989. 7. 21. 89헌마12, 판례집 1, 128, 130; 헌재 2009. 11. 26. 2008헌마691, 판례집 21-2 하, 668, 671.
2) 헌재 1992. 10. 1. 92헌마68 등, 판례집 4, 659, 669; 헌재 1996. 8. 29. 95헌마108, 판례집 8-2, 167, 175; 헌재 2021. 1. 28. 2020헌마264.
3) 헌재 1992. 11. 12. 91헌마192, 판례집 4, 813, 823.
4) 헌재 1998. 4. 30. 97헌마141, 판례집 10-1, 496, 503-504.

그러나 구체적 집행행위가 존재하는 경우라고 하여 언제나 반드시 법령 자체에 대한 헌법소원심판청구의 적법성이 부정되는 것은 아니다. 집행행위가 존재하는 경우라도 그 집행행위를 대상으로 하는 구제절차가 없거나 구제절차가 있다고 하더라도 권리구제의 기대가능성이 없고 다만 기본권침해를 당한 청구인에게 불필요한 우회절차를 강요하는 것밖에 되지 않는 경우 등으로서 당해 법령에 대한 전제관련성이 확실하다고 인정되는 때에는 예외적으로 당해 법령을 헌법소원의 직접 대상으로 삼을 수 있다.[1] 또한 법규범이 집행행위를 예정하고 있더라도 법규범의 내용이 집행행위 이전에 이미 국민의 권리관계를 직접 변동시키거나 국민의 법적 지위를 결정적으로 정하는 것이어서 국민의 권리관계가 집행행위의 유무나 내용에 의하여 좌우될 수 없을 정도로 확정된 상태라면 그 법규범의 권리침해의 직접성이 인정된다.[2]

(5) 보충성

1) 의의

헌법소원은 다른 법률에 구제절차가 있는 경우에는 그 절차를 모두 거친 후에 심판청구를 하여야 한다(법 제68조 제1항 단서). 이를 헌법소원의 보충성 내지 보충성의 원칙이라고 한다. 이는 헌법소원이 그 본질상 기본권침해에 대한 예비적이고 보충적인 최후의 구제수단이므로 공권력작용으로 말미암아 기본권의 침해가 있는 경우에는 먼저 다른 법률이 정한 절차에 따라 침해된 기본권의 구제를 받기 위한 모든 수단을 강구해야 하고, 그러한 수단에 의한 구제절차를 밟았음에도 불구하고 그 구제를 받지 못한 경우에 비로소 헌법소원심판을 청구할 수 있다는 것을 의미한다.[3] 따라서 보충성의 원칙을 준수하지 아니하고 청구한 헌법소원은 원칙적으로 적법하지 않으므로 각하된다.

1) 헌재 1992. 4. 14. 90헌마82, 판례집 4, 194, 202; 헌재 1997. 8. 21. 96헌마48, 판례집 9-2, 295, 303; 헌재 2012. 7. 26. 2010헌마7등, 판례집 24-2 상, 191, 209.

2) 헌재 1997. 7. 16. 97헌마38, 판례집 9-2, 94, 104; 헌재 2008. 6. 26. 2005헌마173, 판례집 20-1하, 378, 385; 헌재 2008. 12. 26. 2007헌마1387, 판례집 20-2 하, 882, 894.

3) 헌재 1993. 12. 23. 92헌마247, 판례집 5-2, 682, 696.

2) 보충성원칙의 기능

보충성의 원칙은 공권력에 의한 기본권침해가 발생했을 때 일반법원 등 본래 그 해당 권리구제를 목적으로 하는 기관이 일차적으로 그 구제절차를 담당하게 함으로써 권리구제의 전문성과 효율성을 증대시키고 헌법재판소의 부담을 경감시키는 기능을 가진다. 왜냐하면 일반법원 등 일차적인 권리구제기관은 바로 그 해당 권리구제를 본래의 업무대상으로 하는 전문기관이고, 헌법적인 판단뿐 아니라 사실판단과 법률판단 등 다양하고 폭넓은 내용의 심사를 담당하며, 인적 · 물적 자원의 측면에서도 헌법재판소 보다 풍부하기 때문이다.

3) 재판소원금지와 보충성의 원칙

보충성의 원칙은 재판에 대한 헌법소원을 금지하는 법 제68조 제1항의 규정과 함께 행정작용에 대한 헌법소원을 크게 제한하는 결과를 초래하여 헌법소원제도를 새로 도입한 의의를 퇴색시키고 있다. 왜냐하면 행정소송의 대상에 관하여 개괄주의를 취하는 현행 행정소송법의 체제에 의하면 행정처분에 대하여 이의가 있는 경우에는 거의 대부분 행정소송을 제기할 수 있어 다른 법률에 구제절차가 있는 경우에 해당하므로 이 보충성의 원칙 때문에 바로 헌법소원을 제기할 수 없으며, 이에 따라 행정소송을 제기하였다면 재판소원금지규정 때문에 그 행정재판 및 결과적으로 원행정처분에 대한 헌법소원이 허용되지 않기 때문이다. 따라서 행정작용에 의한 기본권침해를 이유로 헌법소원이 허용되는 경우는 검사의 불기소처분이나 행정입법이 구체적 집행행위를 거치지 않고 기본권을 직접 침해하는 경우, 헌법상 유래하는 작위의무위반의 행정입법부작위 등 원칙적으로 행정소송의 제기가 불가능하거나 판례상 행정소송의 대상이 되지 아니한다고 하여 일반적 구제수단이 없는 경우로 매우 제한될 수밖에 없다.

이처럼 법 제68조 제1항 단서규정이 헌법소원제기를 위하여 다른 법률의 구제절차를 거칠 것을 요구하면서 본문규정에서는 법원의 재판을 헌법소원의 대상에서 제외시키고 있는 것은 헌법소원제도를 형해화시키는 결과를 초래할 뿐 아니라, 상호 모순된 내용의 규정을 하나의 법조문에서 결합시킨 것으로서 동 조항은 규범조화적 해석의 한계를 넘어선 규범상의 체계정당성에 반하는 규정이다. 왜냐하면 동 조항의 단서규정에서의 '다른 법률의 구제절차'라고 하는 것은 일반적으로 법원의 재판절차를 의미하는데, 이 보충성의 원칙에 따라 막상 다른 법률의 구체절차인 법원의 재판을 거친 후에는 동 조항의 본문규정 - 재판소원금지 - 에 따라 그 법원의 재판 및 기본권침해의 원인인 공권력행사로서의 원행정처분 등에 대하여 헌법소원을 제기할 수 없게 되어, 결국 이 재판소원금지조항은 동 조항 단서규정의 보충성원칙의 이념과 정면으로 충돌하는 것이기 때문이다. 따라서 하루속히 재판소원이 인정되도록 법 제68조 제1항의 본문규정을 개정하든가 이 조항에 대하여 헌법재판소가 과감하게 단순 위헌결정을 내려야 할 것이다.[1)]

4) 법령에 대한 헌법소원과 보충성의 원칙

법령 자체에 의하여 어떠한 집행행위가 매개됨이 없이 직접 기본권침해가 이루어진 경우에는 그 법령 자체의 효력을 직접 다투는 것을 소송물로 하여 일반법원에 소송을 제기하는 길이 없어 구제절차가 있는 경우가 아니므로 보충성의 원칙이 적용될 여지가 없고, 따라서 바로 헌법소원심판을 청구할 수 있다.[2)]

5) 다른 법률의 구제절차

가. 행정작용에 의한 기본권침해의 경우

행정소송법은 소송대상의 개괄주의를 채택하고 있어 대부분의 행정작용이 행정소송의 대상에 포함된다. 따라서 행정소송의 대상이 되는 행정작용으로 인한 기본권침해의 경우에는 행정소송을 먼저 거쳐야 하는데, 행정소송을 거친 후에는 재판소원금지규정 때문에 그에 대한 헌법소원제기는 원칙적으로 불가능하다. 그 결과 행정소송의 대상이 아니거나 행정소송의 제기가 불가능하거나 행정소송의 대상 여부가 불명확하거나 행정소송이 효과적인 구제방법이라고 보기 어려운 행정작용의 경우에만 헌법소원청구가 가능하다고 하겠다.

나. 사법작용에 의한 기본권침해의 경우

사법작용 중 재판작용에 대해서는 다른 법률의 구제절차가 없기 때문에 보

---

1) 재판소원금지의 위헌성에 대하여는 정연주, 헌법재판소 직무상의 문제, 헌법학연구 11권 2호, 2005. 6, 49쪽 이하 참조.

2) 헌재 1989. 3. 17. 88헌마1, 판례집 1, 9, 20; 헌재 1990. 10. 15. 89헌마178, 판례집 2, 365, 371; 헌재 1996. 10. 4. 94헌마68등, 공보 제18호, 590, 593.

충성의 원칙이 적용될 여지가 없고, 또한 재판소원금지규정 때문에 헌법소원의 대상이 될 수도 없다. 재판작용 이외의 기타 사법작용이 기본권을 침해하는 경우에는 법률이 정하는 권리구제절차를 먼저 거친 후에 헌법소원을 제기해야 할 것이다.

6) 보충성원칙의 예외

보충성의 원칙은 다른 법률의 구제절차를 거칠 수 있는 정상적인 경우를 전제로 하기 때문에 모든 헌법소원심판청구에 획일적으로 적용할 수는 없다. 그 결과 보충성의 원칙은 공권력에 의한 기본권침해가 있는 경우 가능하거나 기대할 수만 있다면 헌법소원심판을 청구하기 전에 먼저 법원의 재판 등 다른 권리구제수단으로 방어해야 한다는 원칙을 의미한다고 하겠다. 그렇기 때문에 그러한 전제조건이 충족될 수 없는 경우에는 보충성의 원칙에도 불구하고 바로 헌법소원을 제기할 수 있도록 해야 할 필요성이 있다. 보충성의 원칙의 예외를 인정해야 하는 이유이다. 보충성원칙의 예외에 대하여는 법에 명문의 규정이 없고, 헌법재판소가 판례를 통해 사전에 구제절차를 거칠 것을 기대하기가 어려운 경우 보충성원칙의 예외를 인정하고 있다. 즉 헌법재판소는 헌법소원심판청구인이 그의 불이익으로 돌릴 수 없는 정당한 이유 있는 착오로 전심절차를 밟지 않은 경우, 전심절차로 권리가 구제될 가능성이 거의 없거나 권리구제절차가 허용되는지 여부가 객관적으로 불확실하여 전심절차 이행의 기대가능성이 없을 때에는 보충성의 예외로 바로 헌법소원을 제기할 수 있다고 판시하고 있다.[1)]

(6) 청구기간

헌법소원심판은 법이 정한 청구기간 내에 제기하여야 한다. 청구기간에 관하여 법 제69조는 "① 제68조 제1항에 따른 헌법소원의 심판은 그 사유가 있음을 안 날부터 90일 이내에, 그 사유가 있는 날부터 1년 이내에 청구하여야 한다. 다만, 다른 법률에 따른 구제절차를 거친 헌법소원의 심판은 그 최종결정을 통지받은 날부터 30일 이내에 청구하여야 한다. ② 제68조 제2항에 따른 헌법소원심판은 위헌 여부 심판의 제청신청을 기각하는 결정을 통지받은 날부터 30일 이내에 청구하여야 한다."라고 규정하여 권리구제형 헌법소원(법 제68조 제1항)과

1) 헌재 1995. 12. 28. 91헌마80, 판례집 7-2, 851, 865.

위헌법률심사형 헌법소원(법 제68조 제2항)의 청구기간을 다르게 정하고 있다. 이처럼 법 제69조가 공권력의 작용에 대한 헌법소원심판청구에 관한 청구기간을 정하고 있는 것은 공권력의 행사로 인하여 기본권을 침해받은 경우에 제기하는 헌법소원의 심판에서는, 공권력의 행사로 인한 법률관계가 직접 공익과 밀접하게 관련되어 있어서 이를 오랫동안 불확정상태에 둘 수 없고, 따라서 이로 인한 법률관계를 신속하게 확정함으로써 공익의 실현을 확보하고 법적 안정성을 도모하기 위한 것이다.[1]

공권력의 불행사로 인한 기본권침해는 그 불행사가 계속되는 한 기본권침해의 부작위가 계속되므로 공권력의 불행사에 대한 헌법소원심판은 그 불행사가 계속되는 한 기간의 제약 없이 적법하게 청구할 수 있다.[2] 따라서 입법권의 불행사, 즉 진정입법부작위에 대한 헌법소원심판은 그 불행사가 계속되는 한 기간의 제약 없이 적법하게 청구할 수 있고, 이는 진정행정입법부작위의 경우에도 마찬가지이다.[3]

(7) 권리보호이익과 심판이익

1) 권리보호이익

헌법소원심판은 본래 개인의 권리구제를 목적으로 하는 주관적 소송을 본질로 하므로 권리보호이익은 헌법소원의 중요한 요건의 하나이다. 즉 헌법소원은 청구인의 침해된 기본권의 구제를 목적으로 하는 제도이므로 이 제도의 목적상 침해된 권리의 보호이익이 없는 경우에는 그 헌법소원은 원칙적으로 부적법하다.[4] 권리보호이익 내지 소의 이익은, 국가적·공익적 입장에서는 무익한 소송제도의 이용을 통제하는 원리이고, 당사자의 입장에서는 소송제도를 이용할 정당한 이익 또는 필요성을 말하는 것으로, '이익 없으면 소 없다'라는 법언이 지적하듯이 소송제도에 필연적으로 내재하는 요청이다.[5]

---

1) 헌재 2001. 9. 27. 2001헌마152, 판례집 13-2, 447, 455; 헌재 2007. 10. 25. 2006헌마904, 판례집 19-2, 507, 511.
2) 헌재 1994. 12. 29. 89헌마2, 판례집 6-2, 395, 408.
3) 헌재 1998. 7. 16. 96헌마246, 판례집 10-2, 283, 298-300.
4) 헌재 1997. 1. 16. 90헌마110, 판례집 9-1, 90, 107.
5) 헌재 2001. 9. 27. 2001헌마152, 판례집 13-2, 447, 454.

2) 심판이익

헌법소원제도는 본래 주관적 소송으로서의 성질을 가지고 있으므로 헌법소원의 적법요건으로서 권리보호이익이 요구되며, 권리보호이익이 없으면 일반적으로 심판이익도 없고, 따라서 권리보호이익이 없는 경우의 헌법소원심판청구는 부적법 각하된다. 그러나 다른 한편 헌법소원제도는 주관적 권리구제와 객관적 헌법수호의 이중적 기능을 가지고, 따라서 주관적 소송과 객관적 소송의 이중적 성격을 가진다. 이에 따라 주관적 소송의 측면에서는 권리보호이익의 유무가 본안전판단의 기준이 되지만, 객관적 소송의 측면에서는 심판이익의 유무가 본안전판단의 중요한 기준이 된다. 따라서 양자는 별도로 검토 되어야 한다. 일반적으로 권리보호이익이 인정되면 심판이익도 인정되지만, 권리보호이익이 없더라도 예외적으로 심판이익이 인정될 수 있기 때문이다. 즉 헌법소원심판이 청구인의 주관적 권리구제에는 도움이 되지 않아도, 헌법질서의 수호·유지를 위해서 필요할 경우 심판이익이 있기 때문에 본안판단을 해야 하는 것이다.[1)]

예컨대 헌법재판소는 직사살수행위 위헌확인 등 사건에서 "이 사건 직사살수행위는 이미 종료되었고, 청구인 백남기는 2016. 9. 25. 사망하였으므로, 청구인의 이 사건 직사살수행위에 대한 심판청구가 인용된다고 하더라도 청구인의 권리구제에는 도움이 되지 않는다. 그러나 기본권 침해행위가 장차 반복될 위험이 있거나 그 심판대상에 대한 위헌 여부의 해명이 헌법질서의 수호·유지를 위하여 긴요한 사항이어서 헌법적으로 중요한 의미를 가지고 있는 경우에는 예외적으로 심판의 이익을 인정할 수 있다. 이 사건 근거조항들은 살수차를 경찰장비의 하나로 규정하고 있고, 직사살수행위는 사람의 생명이나 신체에 중대한 위험을 초래할 수 있는 공권력 행사에 해당하며, 헌법재판소는 직사살수행위가 헌법에 합치하는지 여부에 대한 해명을 한 바 없다. 그렇다면 청구인의 이 사건 직사살수행위에 대한 심판청구는 주관적 권리보호이익은 소멸하였으나, 기본권 침해행위의 반복가능성과 헌법적 해명의 필요성이 있으므로 심판의 이익을 인정할 수 있다. 청구인은 이 사건 심판절차가 계속 중이던 2016. 9. 25. 사망하였

1) 헌재 1992. 1. 28. 91헌마111, 판례집 4, 51, 56-57; 헌재 1997. 11. 27. 94헌마60, 판례집 9-2, 675, 688; 헌재 2008. 7. 31. 2004헌마1010, 판례집 20-2상, 236, 247-248; 헌재 2011. 12. 29. 2010헌마285, 판례집 23-2하, 862, 867 등 참조.

다. 청구인이 침해받았다고 주장하는 기본권인 생명권, 신체의 자유, 표현의 자유, 인격권, 행복추구권, 인간으로서의 존엄과 가치, 집회의 자유 등은 일신전속적인 성질을 가지므로 기본권의 주체가 사망한 경우 승계되거나 상속될 수 있는 것이 아니다. 이처럼 청구인의 이 사건 직사살수행위에 대한 심판청구는 청구인의 상속인들이 수계할 성질의 것이 아니므로, 청구인의 사망으로 그 심판절차가 종료되는 것이 원칙이다. 그러나 헌법소원제도는 개인의 권리구제뿐만 아니라 객관적인 헌법질서의 보장기능도 가지므로, 기본권 침해행위가 장차 반복될 위험이 있거나 그 심판대상에 대한 위헌 여부의 해명이 헌법적으로 중요한 의미를 가지고 있고, 헌법소원심판청구인이 심판대상인 기본권 침해행위로 인하여 사망한 경우에는 예외적으로 심판의 이익이 인정되어 심판절차가 종료되지 않는다고 봄이 타당하다. 앞서 본 바와 같이 직사살수행위의 반복가능성과 그 위헌 여부에 대한 헌법적 해명의 필요성이 인정되고, 청구인은 이 사건 직사살수행위로 인하여 이 사건 심판절차의 계속 중 사망에 이르렀으므로, 청구인의 이 사건 직사살수행위에 대한 심판청구는 예외적으로 심판의 이익이 인정되어 종료된 것으로 볼 수 없다."고 판시하면서 직사살수행위가 청구인의 생명권 및 집회의 자유를 침해한 것으로서 헌법에 위반됨을 확인한다고 결정하였다.[1]

3. 심판절차

(1) 심판청구서의 접수와 배당

심판청구서가 제출되면 헌법재판소는 심판청구서를 접수하고, 사건번호와 사건명을 부여하여 사건을 특정하며, 이를 헌법재판정보시스템에 입력한다. 이 경우 권리구제형 헌법소원은 '헌마', 위헌법률심사형 헌법소원은 '헌바'의 사건부호를 부여한다. 사건이 접수되면 그 사건의 주심재판관을 정하기 위한 사건배당절차가 진행되는데, 사건배당의 공정성과 형평성을 보장하기 위하여 추첨의 방법으로 실시한다. 헌법소원심판사건에 대하여 주심재판관이 정해지면 그 사건은 그 주심재판관이 소속된 지정재판부에 배당된 것으로 보며, 헌법재판심판사건이 법 제72조 제4항에 의하여 전원재판부에 회부된 경우에는 지정재판부의 주심재

---

1) 헌재 2020. 4. 23. 2015헌마1149, 판례집 32-1상, 376, 388-389.

판관이 전원재판부에서도 계속하여 주심재판관이 된다.

(2) 사전심사

1) 의의

법 제72조 제1항은 "헌법재판소장은 헌법재판소에 재판관 3인으로 구성되는 지정재판부를 두어 헌법소원심판의 사전심사를 담당하게 할 수 있다."라고 규정하고 있다. 이에 따라 헌법소원은 권리구제형 헌법소원과 위헌법률심사형 헌법소원 모두 재판관 3인으로 구성되는 지정재판부의 사전심사를 받아야 한다. 사전심사제도는 헌법소원제도의 효율성과 신속성을 확보하고 헌법재판소의 부담을 경감시키는 기능을 가진다.

2) 심리

지정재판부의 사전심사는 심판청구의 본안사안에 대해서 심리하는 것이 아니라 심판청구의 적법성 심사에 한정된다.

3) 결정

지정재판부는 헌법소원심판청구의 적법성만을 심사하기 때문에 각하 또는 심판회부결정만을 할 수 있다. 법 제72조 제3항에 의해서 지정재판부는 다음의 어느 하나에 해당되는 경우에는 지정재판부 재판관 전원의 일치된 의견에 의한 결정으로 헌법소원의 심판청구를 각하한다. 즉 ① 다른 법률에 의한 구제절차가 있는 경우 그 절차를 모두 거치지 아니하거나 또는 법원의 재판에 대하여 헌법소원의 심판이 청구된 경우, ② 법 제69조의 청구기간이 지난 후 헌법소원심판이 청구된 경우, ③ 법 제25조에 따른 대리인의 선임 없이 청구된 경우, ④ 그밖에 헌법소원심판의 청구가 부적법하고 그 흠결을 보정할 수 없는 경우 등이다.

그런데 각하는 지정재판부 재판관 전원의 일치된 의견에 의한 결정으로 이루어지기 때문에 지정재판부는 전원의 일치된 의견으로 각하결정을 하지 아니하는 경우에는 결정으로 헌법소원을 재판부의 심판에 회부하여야 한다. 헌법소원심판의 청구 후 30일이 지날 때까지 각하결정이 없는 때에는 심판에 회부하는 결정이 있는 것으로 본다(법 제72조 제4항).

(3) 심리

1) 의의

헌법소원심판이 전원재판부에 회부되면 전원재판부가 심리하며, 전원재판부는 재판관 7인 이상의 출석으로 사건을 심리한다(법 제23조 제1항). 전원재판부는 지정재판부와는 달리 적법요건에 대한 심리와 본안에 대한 심리를 모두 한다. 따라서 지정재판부가 적법성요건에 대한 심리를 한 결과 이를 충족했다고 판단하여 전원재판부에 심판회부결정을 했더라도 전원재판부는 다시 적법성에 대한 심리를 한다.

2) 직권심리주의

헌법소원은 개인의 권리구제의 기능 뿐 아니라 중요한 헌법적 해명, 헌법질서유지, 권력통제 등 객관적·공적 이익추구의 기능도 가지고 있다. 따라서 오늘날 헌법소원제도는 주관적 소송의 성격 뿐 아니라 사실상 객관적 소송의 성격도 아울러 가지게 되었고, 이에 따라 소의 이익과 청구인적격의 범위가 그만큼 확대되고 있다고 볼 수 있다. 따라서 헌법소원심판절차에는 직권심리주의가 강하게 지배한다. 그러므로 헌법재판소는 헌법소원심판절차에 있어서 당사자의 청구취지나 주장과 논거 등에 구속됨이 없이 직권으로 당사자가 주장하지 아니한 제반사항에 대하여 판단할 수 있고, 또한 판단하여야 할 의무를 가진다. 이러한 강력한 직권심리주의는 "재판부는 사건의 심리를 위하여 필요하다고 인정하는 경우에는 당사자의 신청 또는 '직권에 의하여' … 증거조사를 할 수 있다. …"라고 규정하고 있는 법 제31조 및 앞서 언급한 헌법소원제도의 공적 기능과 목적 등으로부터 도출된다고 볼 수 있다.[1)]

3) 심리방식

헌법소원에 관한 심판은 서면심리에 의한다. 다만 재판부는 필요하다고 인정하는 경우에는 변론을 열어 당사자·이해관계인 기타 참고인의 진술을 들을 수 있다(법 제30조 제2항). 재판부가 변론을 열 때에는 기일을 정하고 당사자와 관계

---

1) 헌법소원제도의 특성과 직권심리주의에 대하여 자세한 것은 정연주, 헌법소원심판청구취하의 효과, 공법연구 제28집 제4호 제2권, 2000. 6, 191쪽 이하 참조.

인을 소환하여야 한다(법 제30조 제3항). 심판의 변론과 결정의 선고는 공개한다. 다만 서면심리와 평의는 공개하지 아니한다(법 제34조 제1항).

4) 심판기간

헌법재판소는 헌법소원심판사건을 접수한 날로부터 180일 이내에 종국결정의 선고를 하여야 한다. 다만 재판관의 궐위로 7인의 출석이 불가능한 때에는 그 궐위된 기간은 심판기간에 이를 산입하지 아니한다(법 제38조). 또한 재판장이 보정명령을 한 경우 그 보정기간도 심판기간에 산입하지 아니한다(법 제72조 제5항, 법 제28조 제4항).

4. 가처분

가처분은 헌법재판에 있어서 본안사건에 대한 종국결정의 실효성을 확보하기 위하여 잠정적으로 임시의 지위를 정하는 가구제제도이다. 그런데 법은 모든 헌법재판에서 가처분에 관한 규정을 두고 있지 않고 정당해산심판과 권한쟁의심판의 두 경우에만 가처분에 관한 명문규정을 두고 있다. 그러나 정당해산심판이나 권한쟁의심판의 경우 뿐 아니라 헌법소원심판에 있어서도 종국결정 전에 기본권침해의 원인인 공권력행사의 효력을 임시로 정지시킬 필요성이 존재하고, 따라서 헌법소원심판에서도 가처분의 필요성은 인정된다. 결국 준용규정인 법 제40조에 따라 민사소송법상의 가처분규정인 민사집행법규정(제300조 이하)과 행정소송법상의 집행정지에 관한 규정(제23조와 제24조)은 그 성질에 반하지 않는 한 헌법소원심판에도 준용된다고 보아야 할 것이다. 헌법재판소도 행정소송법과 민사집행법을 준용해 헌법소원심판절차에서 가처분결정을 하고 있다.[1)]

5. 종국결정

(1) 종국결정의 방법과 정족수

종국결정은 종국심리에 관여한 재판관 과반수의 찬성으로 성립되는데, 다만

1) 예컨대 헌재 2000. 12. 8. 2000헌사471, 판례집 12-2, 381, 384-385. 이 결정에 대한 평석은 정연주, 헌법소원과 가처분, 고시계, 2001. 3, 4쪽 이하 참조.

헌법소원에 대한 인용결정을 하는 경우와 종전에 헌법재판소가 판시한 헌법 또는 법률의 해석적용에 관한 의견을 변경하는 경우에는 재판관 6인 이상의 찬성이 있어야 한다(법 제23조 제2항).

(2) 종국결정의 유형

종국결정에는 각하결정, 기각결정, 인용결정, 심판절차종료선언의 4가지가 있다.

1) 각하결정

헌법소원심판청구가 형식적인 적법요건의 흠결로 부적법한 경우 각하결정을 한다.

2) 기각결정

헌법소원심판청구가 형식요건을 충족하여 적법하지만 이유가 없는 경우에는 기각결정을 한다. 그런데 이 경우 결정주문과 관련하여 법 제68조 제1항에 따른 권리구제형 헌법소원에서 법령에 대한 헌법소원이 이유 없는 경우에는 헌법재판소는 "심판청구를 기각한다."라는 주문을 내고 있는데 반하여, 법 제68조 제2항에 따른 위헌법률심사형 헌법소원이 이유 없는 경우 헌법재판소는 당해 법률(조항)에 대하여 "헌법에 위반되지 아니한다."는 합헌임을 선언하는 주문을 내고 있다.[1)]

3) 인용결정

가. 인용결정의 내용

헌법소원심판청구가 적법하고 청구의 이유가 있다고 판단되는 경우에는 인용결정을 한다. 이 경우 재판관 6인 이상의 찬성이 있어야 한다. 법 제68조 제1항의 권리구제형 헌법소원에 대하여 헌법재판소가 인용결정을 하는 때에는 인용결정서의 주문에서 침해된 기본권과 침해의 원인이 된 공권력의 행사 또는 불행사를 특정하여야 한다(법 제75조 제2항). 이 경우 헌법재판소는 기본권침해의 원인이 된 공권력의 행사를 취소하거나 그 불행사가 위헌임을 확인할 수 있다

---

1) 예컨대 헌재 1997. 12. 24. 95헌바29 등, 판례집 9-2, 780, 782.

(법 제75조 제3항). 헌법소원을 인용하는 경우에 공권력의 행사 또는 불행사가 위헌인 법률(조항)에 기인한 것이라고 인정될 때에는 인용결정에서 당해 법률(조항)이 위헌임을 선고할 수 있다(법 제75조 제5항).

나. 인용결정의 유형

(가) 법령에 대한 헌법소원의 경우

여기서 법령이라 함은 법률 뿐 아니라 행정입법, 자치입법 등 하위규범을 모두 포함한다. 법 제68조 제1항에 의한 헌법소원 중 법령에 대한 헌법소원 및 법 제68조 제2항에 의한 위헌법률심사형 헌법소원을 인용하는 경우, 그리고 법 제75조 제5항의 규정에 따른 부수적 위헌선고의 경우에는 단순위헌결정 뿐만 아니라 헌법불합치결정, 한정위헌결정, 한정합헌결정 등 다양한 결정유형이 있다.

(나) 기타의 공권력작용에 대한 헌법소원의 경우

법령 이외의 공권력작용에 대한 헌법소원의 경우에 그 결정유형으로는 공권력행사 취소결정, 공권력행사 위헌확인결정, 공권력불행사 위헌확인결정 등이 있다.

다. 인용결정의 효력

헌법소원의 인용결정은 헌법재판의 종국결정이 가지는 일반적 효력인 불가변력, 불가쟁력, 기판력, 기속력 등을 가진다. 법 제75조 제1항도 "헌법소원의 인용결정은 모든 국가기관과 지방자치단체를 기속한다."고 규정하여 인용결정의 기속력을 확인하고 있다. 이에 따라 헌법재판소가 공권력의 불행사에 대한 헌법소원을 인용하는 결정을 한 때에는 피청구인은 결정취지에 따라 새로운 처분을 하여야 한다(법 제75조 제4항).

한편 법 제68조 제1항에 의한 권리구제형 헌법소원 중 법령에 대한 헌법소원 및 법 제68조 제2항에 의한 위헌법률심사형 헌법소원을 인용하는 경우, 그리고 법 제75조 제5항에 따른 부수적 위헌선고의 경우 당사자는 위헌으로 결정된 법령에 근거한 유죄의 확정판결에 대하여 또는 당해 헌법소원과 관련된 소송사건이 이미 확정된 때에는 재심을 청구할 수 있다(법 제75조 제6항, 제7항). 이 재심절차에서는 형사사건에 대하여는 형사소송법을 준용하고, 그 외의 사건에 대하여는 민사소송법을 준용한다(법 제75조 제8항).

4) 심판절차종료선언

각하결정, 기각결정, 인용결정 이외에 특별한 결정유형으로 심판절차종료선언이 있다. 이는 본안판단에 들어가지 않는 점에서는 각하결정과 같지만 심판절차종료선언은 청구인의 사망 또는 심판청구의 취하 등으로 심판절차의 종료 여부가 불분명하게 된 경우에 심판절차의 종료를 명백히 확인하는 의미에서 하는 결정유형이다.

6. 재심

이미 심판을 거친 동일한 사건이라 하더라도 예외 없이 다시 심판청구 하는 것을 금지하게 되면 당사자에게 심히 불합리한 결과를 야기할 가능성이 있다. 헌법재판소가 절차상 중대한 위법을 범하거나 그 주문에 영향을 미칠만한 중요부분에 대해 판단을 유탈하는 경우와 같이 그 심판에 있어 현저히 잘못을 범한 경우가 이에 해당할 것이다. 이러한 경우에 이를 시정할 수 있는 기회가 완전히 봉쇄된다면 헌법재판에 대한 국민의 신뢰가 무너져 법치주의의 근간을 흔들게 될 것이다. 따라서 재심의 불허가 극히 부당한 경우에는 예외적으로 다시 심판을 받을 수 있는 기회가 주어지는 것이 필요하다.[1]

헌법재판소 결정에 따르면 재심은 권리구제형 헌법소원 중 행정작용에 대한 헌법소원의 경우에만 제한적으로 허용될 수 있는데,[2] 그 경우 재심의 허용여부는 재심대상인 헌법재판소의 결정이 소송당사자에게만 한정하여 그 효력이 미치는지의 여부 등 다양한 사안을 고려하여 결정해야 할 것이고, 결국 재심을 허용하지 아니함으로써 얻을 수 있는 법적 안정성의 이익과 재심을 허용함으로써 얻을 수 있는 구체적 타당성의 이익을 상호 형량하여 결정할 수밖에 없을 것이다.

한편 재심을 허용하는 사유로서 헌법재판소는 첫째, 재판부의 구성이 위법한 경우 등 절차상 중대하고도 명백한 위법이 있어 재심을 허용하지 아니하면 현저히 정의에 반하는 경우,[3] 둘째, 헌법재판소의 결정에 영향을 미칠 중대한 사항에 관하여 판단을 유탈한 경우를 들고 있다.[4]

---

1) 헌재 2005. 12. 22. 2005헌마330.

2) 헌재 2006. 9. 26. 2006헌아37, 공보 제120호, 1297, 1298.

3) 헌재 1995. 1. 20. 93헌아1, 판례집 7-1, 113, 121.

제 5 절 선거관리위원회

Ⅰ. 의의

헌법은 선거와 국민투표의 관리 및 정당에 관한 사무를 처리하기 위하여 선거관리위원회를 두고 있다. 이를 위해 헌법 제7장에서 선거관리위원회의 구성, 운영, 선거운동의 자유와 기회균등, 선거공영제 등에 대하여 규정하고 있다. 또한 각급 선거관리위원회의 조직·직무범위 기타 필요한 사항은 법률로 정하도록 규정하고 있는데, 이에 따라 선거관리위원회법이 제정·시행되고 있다.

사실 선거와 국민투표의 관리 및 정당에 관한 사무의 처리는 그 업무의 성질상 행정작용에 속한다고 볼 수 있어 이를 일반 행정기관이 담당할 수도 있지만, 선거와 국민투표의 관리 및 정당에 관한 사무의 특성상 그 업무를 담당하는 기관의 정치적 중립성과 공정성 및 독립성이 요구되기 때문에 정치적 중립성과 독립성을 갖춘 별도의 헌법기관인 선거관리위원회가 담당하고 있다고 하겠다.

Ⅱ. 선거관리위원회의 헌법상 지위

1. 필수적 헌법기관으로서의 지위

선거관리위원회는 그 설치가 필수적인 헌법기관이다. 즉 선거관리위원회는 그 설치와 구성에 관한 사항이 헌법에 의하여 정해진 필수적인 헌법기관이다(헌법 제114조-제116조).

4) 헌재 2001. 9. 27. 2001헌아3, 판례집 13-2, 457, 460.

2. 독립기관으로서의 지위

선거관리위원회는 구성과 조직 및 기능면에서 다른 헌법기관으로부터 완전히 독립한 기관으로서의 지위를 가진다. 앞서 언급한 바와 같이 선거관리위원회가 담당하는 직무의 성격이 행정작용에 속하지만, 그 직무의 특성상 엄격한 정치적 중립성과 공정성 및 독립성이 요구되기 때문이다. 예컨대 중앙선거관리위원회는 대통령이 임명하는 3인, 국회에서 선출하는 3인과 대법원장이 지명하는 3인의 위원으로 구성하고, 위원장은 대통령이 임명하는 것이 아니라 위원중에서 호선하도록 한 것(헌법 제114조 제2항), 위원의 임기를 6년으로 보장한 것(헌법 제114조 제3항), 위원이 정당에 가입하거나 정치에 관여할 수 없도록 하여 그 정치적 중립성을 확립한 것(헌법 제114조 제4항), 위원은 탄핵 또는 금고 이상의 형의 선고에 의하지 아니하고는 파면되지 않도록 신분보장을 한 것(헌법 제114조 제5항), 각급 선거관리위원회가 선거인명부의 작성 등 선거사무와 국민투표사무에 관하여 관계 행정기관에 필요한 지시를 할 수 있고, 그 지시를 받은 당해 행정기관이 이에 응하도록 한 것(헌법 제115조) 등은 모두 이러한 선거관리위원회의 독립성을 보장하기 위한 제도적 장치라고 하겠다.

3. 합의제기관으로서의 지위

선거관리위원회는 9인(읍 · 면 · 동선거관리위원회의 경우 7인)의 선거관리위원으로 구성되는 합의제기관이다. 또한 각급선거관리위원회는 위원과반수의 출석으로 개의하고 출석위원 과반수의 찬성으로 의결하는 의결기관이다(선거관리위원회법 제10조 제1항). 이 경우 위원장은 표결권을 가지며 가부동수인 때에는 결정권을 가진다(동법 제10조 제2항). 위원장은 위원 중에서 호선하며(헌법 제114조 제2항), 각급선거관리위원회의 회의는 당해 위원장이 소집한다. 다만 위원 3분의 1 이상의 요구가 있을 때에는 위원장은 회의를 소집하여야 하며 위원장이 회의소집을 거부할 때에는 회의소집을 요구한 3분의 1이상의 위원이 직접 회의를 소집할 수 있다(선거관리위원회법 제11조 제1항).

Ⅲ. 선거관리위원회의 종류와 구성

1. 선거관리위원회의 종류

선거관리위원회법 제2조 제1항에 따르면 각각 9인의 위원으로 구성되는 중앙선거관리위원회, 서울특별시 · 광역시 · 도선거관리위원회, 구 · 시 · 군선거관리위원회 및 7인의 위원으로 구성되는 읍 · 면 · 동선거관리위원회의 네 종류의 선거관리위원회가 있다.

2. 선거관리위원회의 구성과 위원의 신분보장 등

중앙선거관리위원회는 대통령이 임명하는 3인, 국회에서 선출하는 3인, 대법원장이 지명하는 3인의 위원으로 구성되고, 위원장은 위원 중에서 호선한다(헌법 제114조 제2항). 각급선거관리위원의 임기는 6년으로 하되 연임제한규정이 없다(헌법 제114조 제3항). 다만 구 · 시 · 군선거관리위원회 위원의 임기는 3년으로 하되, 한 차례만 연임할 수 있다(선거관리위원회법 제8조). 위원은 탄핵 또는 금고 이상의 형의 선고에 의하지 아니하고는 파면되지 아니하는 강력한 신분보장을 받는다(헌법 제114조 제5항). 기관의 정치적 중립성과 공정성 및 독립성을 위해서 위원의 정당가입이나 정치관여를 금지하고 있다(헌법 제114조 제4항).

Ⅳ. 선거관리위원회의 권한

1. 선거와 국민투표의 관리

선거관리위원회는 선거와 국민투표의 공정한 관리에 관한 권한을 가진다(헌법 제114조 제1항). 이에 따라 선거관리위원회의 구체적인 직무는 ① 국가 및 지방자치단체의 선거에 관한 사무, ② 국민투표에 관한 사무, ③「공공단체 등 위탁선거에 관한 법률」에 따른 위탁선거에 관한 사무를 그 대상으로 한다(선거관리위원회법 제3조 제1항 제1호, 제2호, 제4호). 이를 위해 각급 선거관리위원회는 선거인명부의 작성 등 선거사무와 국민투표사무에 관하여 관계 행정기관에 필요한 지시를 할 수 있고, 지시를 받은 당해 행정기관은 이에 응하여야 한다(헌법 제115조).

2. 정당사무관리

선거관리위원회는 정당에 관한 사무를 처리한다(헌법 제114조 제1항). 선거관리위원회가 처리하는 업무에 관하여 자세한 것은 정당법이 규정하고 있다. 이에 따르면 선거관리위원회는 정당의 성립(제4조), 정당의 신고(제7조), 창당준비위원회의 활동범위(제8조), 등록신청(제11조), 등록신청의 심사(제15조), 등록·등록증의 교부 및 공고(제16조), 정당의 당원수 및 활동개황의 정기보고(제35조), 보고 또는 자료 등의 제출의 요구(제36조), 정당등록의 취소(제44조) 등을 관리한다.

3. 정치자금의 관리와 배분

한편 선거관리위원회는 정당과 관련한 정치자금의 관리와 배분에 관한 권한도 가진다. 이에 대하여는 정치자금법에 자세히 규정되어 있는데, 기탁금의 기탁(제22조), 기탁금의 배분과 지급(제23조), 기탁금의 국고귀속 등(제24조), 보조금의 계상(제25조), 보조금의 배분과 지급(제27조), 보조금의 감액과 반환(제29조, 제30조), 회계보고(제40조), 자료제출요구 등(제43조)이 그것이다.

4. 규칙제정권

선거관리위원회는 규칙제정권을 가진다. 이에 따라 중앙선거관리위원회는 법령의 범위안에서 선거관리·국민투표관리 또는 정당사무에 관한 규칙을 제정할 수 있으며, 법률에 저촉되지 아니하는 범위안에서 내부규율에 관한 규칙을 제정할 수 있다(제114조 제6항). 이에 따라 중앙선거관리위원회는 두 종류의 규칙을 제정할 수 있다. 첫째, 법령의 범위안에서의 선거관리·국민투표관리 또는 정당사무에 관한 규칙이다. 이는 그 성립에 법령의 수권이 있는 것으로 선거관리 등 국민의 기본권에 영향을 미치는 대외적인 구속력을 가지는 규율이기 때문에 법규명령의 성격을 가진다고 볼 수 있다. 둘째, 법률에 저촉되지 아니하는 범위안에서의 내부규율에 관한 규칙이다. 이는 그 성립에 법령의 수권을 요하지 아니하는 것으로 단지 내부규율에 관한 사항만을 정하는 규율이기 때문에 대외적 구속력이 없다. 따라서 이러한 규칙은 행정규칙의 성질을 가진다고 하겠다.[1)]

V. 선거공영제

헌법은 대의제도의 실현, 통치기구의 구성, 통치권에 대한 견제와 비판 및 감시, 민주주의의 실현 등 선거가 가지는 다양한 공적 기능을 감안하여 선거가 공정하게 관리·운영되도록 선거공영제의 원칙을 채택하고, 그 운영을 선거관리위원회의 관리하에 두고 있다. 그 내용은 선거운동의 공적 관리와 선거경비의 공적 부담이다.

1. 선거운동의 공적 관리

선거운동은 각급 선거관리위원회의 관리하에 법률이 정하는 범위안에서 하

---

1) ① 대판 1996. 7. 12. 96우16:
공직선거관리규칙은 중앙선거관리위원회가 헌법 제114조 제6항 소정의 규칙제정권에 의하여 공직선거및선거부정방지법에서 위임된 사항과 대통령·국회의원·지방의회의원 및 지방자치단체의 장의 선거의 관리에 필요한 세부사항을 규정함을 목적으로 하여 제정된 법규명령이라고 할 것이나, 1995. 6. 27. 실시한 제1회 전국동시지방선거를 위하여 중앙선거관리위원회가 각급 선거관리위원회에 배포한 '개표관리요령'은 개표관리 및 투표용지의 유·무효를 가리는 업무에 종사하는 각급 선거관리위원회 직원 등에 대한 업무처리지침 내지 사무처리준칙에 불과할 뿐 국민이나 법원을 구속하는 효력은 없다.
② 헌재 2000. 6. 29. 2000헌마325, 판례집 12-1, 963, 970-971:
공직선거관리규칙은 중앙선거관리위원회가 헌법 제114조 제6항 소정의 규칙제정권에 의하여 공선법에서 위임된 사항과 대통령·국회의원·지방의회의원 및 지방자치단체의 장의 선거의 관리에 필요한 세부사항을 규정함을 목적으로 하여 제정된 법규명령이라고 할 것이다. 그러나 이 사건에서 쟁점이 된 예규는, 각급선거관리위원회와 그 위원 및 직원이 공직선거에 관한 사무를 표준화·정형화하고, 관련법규의 구체적인 운용기준을 마련하는 등 선거사무의 처리에 관한 통일적 기준과 지침을 제공함으로써 공정하고 원활한 선거관리를 기함을 목적으로 하는 것(공직선거에관한사무처리예규집 1면 참조)이므로 개표관리 및 투표용지의 유·무효를 가리는 업무에 종사하는 각급 선거관리위원회 직원 등에 대한 업무처리지침 내지 사무처리준칙에 불과할 뿐 국민이나 법원을 구속하는 효력이 없는 행정규칙이라고 할 것이다. 따라서 이 예규부분은 헌법소원 심판대상이 되지 아니하는 행정규칙에 불과한 것이다.

되, 균등한 기회가 보장되어야 한다(헌법 제116조 제1항). 따라서 선거운동은 원칙적으로 각급 선거관리위원회가 관리하도록 하여 선거운동의 자유를 제한하고 있고, 선거관리위원회의 관리하에 선거운동의 기회균등을 보장하고 있다. 이는 앞서 언급한 바와 같이 선거의 공적 기능을 감안하여 대정당과 소수정당, 정당소속후보자와 무소속후보자, 경제력이나 정치력이 앞선 후보자와 그렇지 못한 후보자, 지명도가 높은 후보자와 낮은 후보자 등 다양한 선거당사자 상호간의 실질적 기회균등과 공정성을 확보하기 위한 것으로 볼 수 있다.[1] 따라서 이처럼 선거운동에 있어서 기회균등의 실현이나 그 밖에 정치적 중립성의 확보 등 중요한 헌법적 가치 내지 공익의 실현을 위하여 선거운동에 대한 규제가 이루어 질 수 있다.[2] 그러나 다른 한편 지나친 선거운동의 규제는 선거운동의 자유와 정치적 표현의 자유를 침해할 수 있다. 따라서 선거운동의 관리와 규제는 불

---

1) ① 헌재 1994. 7. 29. 93헌가4 등, 판례집 6-2, 15, 35:
기간의 제한 없이 선거운동을 무한정 허용할 경우에는 후보자간의 오랜 기간 동안의 지나친 경쟁으로 선거관리의 곤란으로 이어져 부정행위의 발생을 막기 어렵게 된다. 또한 후보자간의 무리한 경쟁의 장기화는 경비와 노력이 지나치게 들어 사회경제적으로 많은 손실을 가져올 뿐만 아니라 후보자간의 경제력 차이에 따른 불공평이 생기게 되고 아울러 막대한 선거비용을 마련할 수 없는 젊고 유능한 신참 후보자의 입후보의 기회를 빼앗는 결과를 가져올 수 있다. 선거운동의 기간제한은 각 나라의 정치적 수준과 선거행태, 국민들의 선거의식과도 함수관계에 있다. 미국·독일과 같은 나라에서는 선거운동의 기간에 대한 제한이 없는 반면, 프랑스·일본에서는 우리와 같이 선거운동기간을 제한하고 있다. 그런데 우리나라는 반세기 가까이 수많은 선거를 치러 왔으면서도 아직껏 우리가 바라는 이상적인 선거풍토를 이룩하지 못하고 금권, 관권 및 폭력에 의한 부정, 과열선거가 항상 문제되어 왔다. 이러한 상황 아래 위와 같은 폐해를 방지하고 공정한 선거를 실현하기 위하여 선거운동의 기간에 일정한 제한을 두는 것만으로 위헌으로 단정할 수는 없다.
② 헌재 2016. 12. 29. 2015헌마509 등, 판례집 28-2하, 684, 686:
호별방문금지조항은 선거의 공정 및 유권자의 사생활의 평온 등을 보장하기 위한 것으로서, 불법선거, 금권선거 등이 잔존하는 선거역사 및 정치현실, 호별방문 방법 자체에 내재된 선거 공정을 깨뜨릴 우려, 선거 특성에 적합한 다른 선거운동방법의 존재 등을 고려할 때 이를 지나친 제한이라 할 수 없고, 선거의 공정과 사생활의 평온이라는 공익보다 선거운동의 자유 등 제한되는 사익이 크다고 할 수 없다. 따라서 호별방문금지조항은 선거운동의 자유 등을 침해하지 아니한다.

2) 헌재 2019. 11. 28. 2018헌마222, 공보 제278호, 1389:
지방교육자치가 실현하고자 하는 헌법적 가치에는 공직선거와 마찬가지로 '교육의 자주성·전문성·정치적 중립성'이 포함되고, 선거의 과열·혼탁에 따른 교원 사회의 반목과 갈등, 교수·학습의 부실화를 막기 위하여 공직선거와 마찬가지로 교육감선거에 있어서도 선거운동을 금지할 필요성은 여전히 인정되므로 교육공무원 선거운동 금지조항은 과잉금지원칙에 반하여 청구인들의 선거운동의 자유를 침해한다고 볼 수 없다.

가피한 최소한으로 그쳐야 하는 등 기본권의 본질적 내용침해금지의 원칙과 비례의 원칙을 준수해야 할 것이다.[1)]

2. 선거경비의 공적 부담

선거에 관한 경비는 법률이 정하는 경우를 제외하고는 정당 또는 후보자에게 부담시킬 수 없다(헌법 제116조 제2항). 따라서 선거경비는 원칙적으로 국고부담으로 한다. 이 역시 선거의 공적 기능을 감안하여 경제적 약자를 보호하고, 후보자 등 선거당사자 상호간의 기회균등과 공정성을 확보하기 위한 것이라 하겠다.[2)] 이를 위해 국가는 정당에 대한 보조금의 계상에 있어서 각 선거마다 보조금 계상단가를 추가한 금액을 예산에 계상하여야 한다(정치자금법 제25조 제2항). 또한 국가는 임기만료에 의한 지역구국회의원선거, 지역구시·도의회의원선거 및 지역구자치구·시·군의회의원선거에서 공직후보자 여성추천보조금(동법

1) 헌재 2018. 2. 22. 2015헌바124, 판례집 30-1상, 216, 217:
한국철도공사에서 상근직원으로 근무하는 자가 선거에 직·간접적으로 영향력을 행사하는 행위를 금지하여 선거의 형평성과 공정성을 확보하기 위한 것이므로 입법목적의 정당성을 인정할 수 있고, 한국철도공사의 상근직원에 대하여 선거운동을 금지하고 이를 위반한 경우 처벌하는 것은 위와 같은 목적의 달성에 적합한 수단으로 인정된다. 그러나 한국철도공사 상근직원의 지위와 권한에 비추어볼 때, 특정 개인이나 정당을 위한 선거운동을 한다고 하여 그로 인한 부작용과 폐해가 일반 사기업 직원의 경우보다 크다고 보기 어려우므로, 직급이나 직무의 성격에 대한 검토 없이 일률적으로 모든 상근직원에게 선거운동을 전면적으로 금지하고 이에 위반한 경우 처벌하는 것은 선거운동의 자유를 지나치게 제한하는 것이다. 또한, 한국철도공사의 상근직원은 공직선거법의 다른 조항에 의하여 직무상 행위를 이용하여 선거운동을 하거나 하도록 하는 행위를 할 수 없고, 선거에 영향을 미치는 전형적인 행위도 할 수 없다. 더욱이 그 직을 유지한 채 공직선거에 입후보할 수 없는 상근임원과 달리, 한국철도공사의 상근직원은 그 직을 유지한 채 공직선거에 입후보하여 자신을 위한 선거운동을 할 수 있음에도 타인을 위한 선거운동을 전면적으로 금지하는 것은 과도한 제한이다. 따라서 심판대상조항은 선거운동의 자유를 침해한다.

2) 헌재 2011. 4. 28. 2010헌바232, 판례집 23-1하, 62, 75:
선거공영제는 선거 자체가 국가의 공적 업무를 수행할 국민의 대표자를 선출하는 행위이므로 이에 소요되는 비용은 원칙적으로 국가가 부담하는 것이 바람직하다는 점과 선거경비를 개인에게 모두 부담시키는 것은 경제적으로 넉넉하지 못한 자의 입후보를 어렵거나 불가능하게 하여 국민의 공무담임권을 부당하게 제한하는 결과를 초래할 수 있다는 점을 고려하여, 선거의 관리·운영에 필요한 비용을 후보자 개인에게 부담시키지 않고 국민 모두의 공평부담으로 하고자 하는 원칙이다. 한편 선거공영제의 내용은 우리의 선거문화와 풍토, 정치문화 및 국가의 재정상황과 국민의 법감정 등 여러 가지 요소를 종합적으로 고려하여 입법자가 정책적으로 결정할 사항으로서 넓은 입법형성권이 인정되는 영역이라고 할 것이다.

제26조)과 공직후보자 장애인추천보조금(동법 제26조의2) 및 공직후보자 청년추천보조금(동법 제26조3)을 법이 정한 일정한 해당 공직후보자 추천 비율 요건을 충족한 정당에게 각각의 추천 비율에 따라 지급한다.

제 6 절 지방자치

I. 의의

지방자치란 일정한 지역을 단위로 그 지역의 주민이 그 지역의 고유한 사무를 자신들의 책임하에 자신들이 선출한 기구를 통하여 직접 처리하는 것을 말한다. 지방자치의 실시로 인해 지역사무에 대한 주민의 관심이 커지고, 지역주민의 '주민접촉행정' 내지 '주민근거리행정'이 가능해진다. 따라서 지방자치제도는 이른바 풀뿌리민주주의, 즉 지방민주주의를 실현하기 위한 통치기구의 조직원리이다. 더욱이 오늘날 지방자치제도는 헌법상의 기본원칙인 다원적 민주주의와 권력분립의 원칙을 실현시키는 제도적 장치로 발전됨으로써 통치기구의 목적적 정당성, 민주적 정당성, 절차적 정당성을 확보하기 위한 제도적 장치로서의 기능도 가지게 되었다.[1] 이처럼 오늘날 지방자치가 가지는 중요한 기능 때문에 우리 헌법도 제8장에서 지방자치에 관한 규정을 마련함으로써 지방자치를 헌법상의 기본제도의 하나로 보장하고 있다.

---

1) 헌재 2009. 3. 26. 2007헌마843, 판례집 21-1상, 651, 667:
전통적으로 지방자치는 주민의 의사에 따라 지방행정을 처리하는 '주민자치'와 지방분권주의를 기초로 하여 국가내의 일정한 지역을 토대로 독립된 단체가 존재하는 것을 전제로 하여 그 단체의 의회와 기관이 그 사무를 처리하는 '단체자치'를 포함하고, 이러한 지방자치는 국민의 기본권이 아닌 헌법상의 제도적 보장으로 이해되고 있다.
이러한 지방자치는 민주주의의 요체이고, 현대의 복합사회가 요구하는 정치적 다원주의를 실현시키기 위한 제도적 장치로서 지방의 공동 관심사를 자율적으로 처결함과 동시에 주민의 자치역량을 배양하여 국민주권주의와 자유민주주의의 이념구현에 이바지함을 목적으로 하는 제도이며, 이러한 지방자치제의 헌법적 보장은 국민주권의 기본원리에서 출발하여 주권의 지역적 주체인 주민에 의하여 자기통치를 실현하는 것으로 요약될 수 있고, 이러한 지방자치의 본질적이고 핵심적인 내용은 입법 기타 중앙정부의 침해로부터 보호되어야 한다는 것이 헌법상의 요청이기도 하다.

Ⅱ. 지방자치의 유형

종래 지방자치를 주민자치와 단체자치의 두 가지 유형으로 구분하는 것이 일반적이었다.

1. 주민자치

주민자치는 일정한 지역의 주민이 그 지역의 자치사무를 자신의 책임하에 스스로 처리하는 유형으로 자치사무의 처리를 그 지역주민의 고유권한이라고 본다. 주민자치는 영국에서 발달한 유형으로 단체자치의 경우와는 달리 별도의 자치기구를 설치함이 없이 국가의 지방행정관청이 지방주민의 참여하에 주민의 의사에 따라 자치사무를 처리하기 때문에 주민자치에서는 국가의 지방행정관청이 단체의 자치기구로 기능한다. 따라서 주민자치의 경우 지방행정관청이 의결기관과 집행기관으로 이원화되지 않고, 위임사무와 자치사무의 구별이 없다.

2. 단체자치

이에 반해 단체자치는 그 지역의 자치사무를 그 지역의 단체가 자주적으로 처리하는 유형으로 자치사무의 처리를 그 지역단체의 고유권한으로 본다. 단체자치는 독일과 프랑스 등에서 발달한 유형으로 자치사무의 처리를 위하여 국가로부터 독립한 단체의 자치기구를 따로 두고, 단체의 자치기구가 의결기관과 집행기관으로 이원화되어 있으며, 단체의 고유한 자치사무와 더불어 국가의 위임사무도 처리한다.

3. 결어

이러한 유형적 구별은 지방자치의 연혁이나 발달과정을 고찰하는 측면에서 나름대로의 의미를 가질 수 있다. 그러나 오늘날 헌법상 그 구별의 실익과 의미는 별로 없다고 하겠다. 왜냐하면 현대국가에서의 지방자치는 모두 헌법상 민주주의의 이념과 권력분립의 이념의 실현수단으로 기능하고, 따라서 민주주의원리를 실현하는 주민자치적 요소와 국가와 지방자치단체 상호간의 권력분립을 실현하는 단체자치적 요소가 결합되어 있기 때문이다. 따라서 오늘날의 지방자치는 모두 주민자치와 단체자치가 혼합되어 있으며, 본질적으로 통치기구의 조직원리이자 통치기구의 목적적 정당성, 민주적 정당성, 절차적 정당성을 확보하기 위한 제도적 장치로서의 기능을 가진다는 점에서 동일하다고 하겠다.

Ⅲ. 지방자치의 기능

1. 행정의 극대화

지방자치는 전통적으로 행정의 극대화 기능을 가진다. 즉 행정의 효율성을 극대화시키기 위해서는 주민근거리행정을 실시해야 하고, 이를 위해서는 지방자치를 실시해야 한다는 것이다.

2. 지역발전의 촉진

지방자치는 전통적으로 지역발전을 촉진시키기 위한 수단으로 이해되어 왔다. 즉 지방자치와 지방분권화를 통해 주민의 지역사무에 대한 관심과 참여를 촉진시키고, 지역적 특성과 차별성을 강화하여 지역발전을 촉진시킨다는 것이다.

3. 기본권의 강화

통치기구의 궁극적 목적과 기능이 기본권실현에 있듯이 통치기구의 조직원리의 하나인 지방자치제도도 기본권의 실현 내지 촉진기능을 가진다. 예컨대 주민참여를 통해 지역주민이 자신이 태어난 지역에 대한 애착을 가지고 해당 지역을 발전시키고 전통문화를 지키면서 삶을 영위하는 권리를 실현시키고, 행복추구권에서 파생되는 인간다운 생활공간에서 살 권리를 실현시키며, 지역환경을 보호하여 환경권을 실현시키고, 지역발전을 통해 거주·이전의 자유를 신장시키며, 지방자치단체장과 지방의회의원선거를 통해 선거권과 피선거권의 확대를 실현시키는 등 관련 기본권의 강화 내지 촉진기능을 가지는 것이다.[1)]

4. 다원적 민주주의의 실현

지방자치는 지역주민의 지역문제에 대한 자치능력을 길러줌으로써 민주정치에 필요한 민주시민을 양성하는데 기여하고, 이로써 민주정치의 실현기능을 가지게 된다. 더욱이 지방자치단체에서는 국가차원에서와는 다른 정치세력과 정치견해가 형성될 수 있고, 국가차원에서와는 다른 정치집단이 정치적인 영향력을 행사할 수 있기 때문에 서로 상이한 다양한 정치적 견해를 지방자치제도를 통해 반영할 수 있다는 점에서 현대사회가 요구하는 정치적 다원주의 내지 다원적 민주주의를 실현시키는 기능을 가진다. 이처럼 지방자치제도는 앞서 언급한 전통적인 기능으로서의 행정의 극대화기능 및 지역발전촉진기능과 더불어 오늘날 정치형성적 기능으로서 다원적 민주주의의 실현기능을 가진다.[1)]

---

1) 헌재 1994. 12. 29. 94헌마201, 판례집 6-2, 510, 522-523:
헌법 제117조 및 제118조가 제도적으로 보장하고 있는 것은 어디까지나 지방자치단체의 자치권인 것이다. 그러나 지방자치단체의 폐치·분합에 관한 것은 지방자치단체의 자치행정권 중 지역고권의 보장문제임과 동시에, 다른 한편으로는 그로 인하여 다음과 같은 기본권의 침해문제가 발생하게 된다. 즉, 이 사건 법률제정으로 인하여 청구인들의 고향인 중원군이 충주시에 편입됨으로써 청구인들은 헌법 제10조의 인간의 존엄과 가치 및 행복추구권에서 파생되는 인간다운 생활공간에서 살 권리(자신이 태어난 고장에 대한 애착을 가지고 전통문화를 기리면서 삶을 영위하는 권리), 헌법 제11조의 평등권(중원군 주민으로서 지방자치단체통합에 있어서 다른 시·군의 주민과 비교하여 균등한 대우를 받을 권리), 헌법 제12조의 적법절차보장에서 파생되는 정당한 청문권(모든 국민은 자신의 이해관계에 관하여 불이익한 결과를 초래할 수 있는 공권력행사에 있어서 의견을 개진할 권리), 헌법 제14조의 거주이전의 자유(지역개발이나 국가시책 등에 의하여 고향을 떠나 이주하거나 강요하거나 고향이 상실된다), 헌법 제24조의 선거권, 헌법 제25조의 공무담임권(중원군이 충주시에 편입됨으로써 상대적으로 참정의 기회가 제한된다), 헌법 제34조의 인간다운 생활을 할 권리, 사회보장·사회복지 수급권(도시위주의 통합으로 농촌지역인 중원군은 상대적으로 행정급부에서 소외된다) 및 헌법 제35조의 환경권(분뇨처리장·쓰레기매립장 등 혐오시설이 설치되고 지역개발의 낙후로 인하여 침해되는 건강하고 쾌적한 환경에서 살아갈 권리)을 침해받게 될 수도 있다.

1) 헌재 2003. 1. 30. 2001헌가4, 판례집 15-1, 7, 18:
지방자치는 단순히 주민 근거리 행정의 실현이라는 행정적 기능만 있는 것이 아니라, 지역내의 가치분배에 관한 갖가지 정책을 지방에서 자율적으로 수립해 나가는 정치형성적 기능도 아울러 가진다.

5. 권력분립과 통제의 강화

지방자치는 오늘날 권력분립 및 통제를 위한 제도적 장치로 기능한다. 고전적 3권분립이론은 사회구조와 사회기능의 변화, 다양한 정치·사회세력의 출현, 다양한 국가기관의 등장, 정당제도의 발전 때문에 본래의 권력통제기능을 효율적으로 발휘하기 어렵게 되었다. 따라서 오늘날 고전적 3권분립이론은 그 골격은 유지하되 다양한 수정과 보완을 겪게 되었다. 그 중 하나가 바로 지방자치를 통한 권력통제라고 할 수 있다. 이는 정책개발과 정책결정 및 정책집행권을 국가와 지방자치단체에 분산시킴으로써 국가와 지방자치단체 및 지방자치단체 상호간의 수직적·수평적인 권력분립 및 통제를 실현하는 것이다. 따라서 오늘날 지방자치의 중요한 기능 중 하나는 바로 이러한 입체적 권력통제의 실현인 것이다.[1)]

Ⅳ. 지방자치와 보충성의 원칙

국가와 지방자치와의 관계에는 이른바 보충성의 원칙이 적용되어야 한다. 즉

1) ① 헌재 1998. 4. 30. 96헌바62, 판례집 10-1, 380, 385-386:
지방자치제도의 헌법적 보장의 구체적인 내용을 확정하려면 위의 헌법규정의 규범적 의미내용을 검토하고 그것에 따라서 지방자치의 이념과 이의를 분명하게 밝혀내는 것이 중요하다고 하겠다. 이 헌법적 보장은 한마디로 국민주권의 기본원리에서 출발하여 주권의 지역적 주체로서의 주민에 의한 자기통치의 실현으로 요약할 수 있고, 이러한 지방자치의 본질적 내용인 핵심영역은 어떠한 경우라도 입법 기타 중앙정부의 침해로부터 보호되어야 한다는 것을 의미한다. 다시 말하면 중앙정부의 권력과 지방자치단체간의 권력의 수직적 분배는 서로 조화가 요청되고 그 조화과정에서 지방자치의 핵심영역은 침해되어서는 안되는 것이므로, 이와 같은 권력분립적·지방분권적인 기능을 통하여 지역주민의 기본권 보장에도 이바지하는 것이다.
② 헌재 1999. 11. 25. 99헌바28, 판례집 11-2, 543, 550-551:
현대 입헌민주국가의 통치원리인 권력분립 및 통제·법치주의·기본권보장 등의 제원리를 주민의 직접적인 관심과 참여 속에서 구현시킬 수 있어 자유와 책임을 중시하는 자유민주주의 이념에 부합되므로 국민(주민)의 자치의식과 참여의식만 제고된다면 권력분립원리의 지방차원에서의 실현(지방분권)을 가져다 줄 수 있을 뿐 아니라 지방의 개성 및 특징과 다양성을 국가전체의 발전으로 승화시킬 수 있고, 나아가 헌법상 보장되고 있는 선거권·공무담임권(피선거권) 등 국민의 기본권 신장에도 기여할 수 있게 된다.

국가의 작용은 지방자치와의 관계에서 보충적이어야 한다는 것이다. 따라서 공적 과제는 가능한 한 일차적으로 지방자치단체가 담당하여야 하고, 지방자치단체가 그 과제를 담당할 수 없거나 성격상 국가의 통일적 수행이 불가피할 경우 등에 한해서 비로소 이차적으로 국가가 담당하도록 되어야 하는 것이다. 그러므로 지방자치단체가 공적 사무를 담당할 수 있음에도 불구하고 국가가 이를 일차적·전면적으로 담당하는 것은 보충성의 원칙에 반하면서 지방자치를 무력화시키는 것이다. 결국 보충성의 원리에 따라서 공적 사무는 원칙적으로 지방자치단체가 그것도 주민에게 가장 근접한 하위의 지방단체(기초단체)가 맡고, 그것이 적합하지 않거나 어려울 때에만 상위의 지방단체(광역단체)가, 그리고 그것도 가능하지 않을 경우에는 최후로 국가가 담당해야 하는 것이다.[1)]

국가와 지방사무의 배분원칙에 관하여 규정하고 있는 「지방자치분권 및 지방행정체제개편에 관한 특별법」 제9조도 "① 국가는 지방자치단체가 행정을 종합적·자율적으로 수행할 수 있도록 국가와 지방자치단체 간 또는 지방자치단체 상호간의 사무를 주민의 편익증진, 집행의 효과 등을 고려하여 서로 중복되지 아니하도록 배분하여야 한다. ② 국가는 제1항에 따라 사무를 배분하는 경우 지역주민생활과 밀접한 관련이 있는 사무는 원칙적으로 시·군 및 자치구의 사무로, 시·군·구가 처리하기 어려운 사무는 특별시·광역시·특별자치시·도 및 특별자치도의 사무로, 시·도가 처리하기 어려운 사무는 국가의 사무로 각각 배분하여야 한다."라고 규정하고 있고, 지방자치법 제11조 역시 사무배분의 기본원칙으로 같은 내용을 규정함으로써 이러한 보충성의 원칙의 적용을 분명히 하고 있다.

Ⅴ. 지방자치의 제도적 보장

앞서 언급한 바와 같이 오늘날 지방자치가 가지는 중요한 기능 때문에 우리 헌법은 지방자치를 헌법상의 기본제도의 하나로 보장하고 있다. 지방자치의 제도적 보장의 본질적 내용은 자치단체의 보장, 자치기능의 보장 및 자치사무의

1) 지방자치와 보충성의 원리에 대하여는 정연주, 지방행정계층구조와 지방자치제도, 미국헌법연구, 19권 2호, 사단법인 미국헌법학회, 2008. 9, 21쪽 이하 참조.

보장이다.[1)] 따라서 이러한 지방자치의 본질적 내용인 자치단체, 자치기능 및 자치사무의 핵심영역은 어떠한 경우라도 입법이나 기타 중앙정부의 침해로부터 보호되어야 한다.[2)]

1. 자치단체의 보장

자치단체의 보장은 지방자치단체에 의한 자치행정을 보장한다. 따라서 모든 지방자치단체를 폐지하는 것은 금지된다. 그러나 자치단체의 보장이 특정자치단체의 존속을 보장한다는 것은 아니기 때문에 지방자치단체의 폐치·분합 등은 가능하다.[3)]

---

1) 헌재 1994. 12. 29. 94헌마201, 판례집 6-2, 510, 522:
헌법 제117조는 지방자치단체의 자치를 제도적으로 보장하고 있다. 그 보장의 본질적 내용은 자치단체의 보장, 자치기능의 보장 및 자치사무의 보장이다.

2) 헌재 1998. 4. 30. 96헌바62, 판례집 10-1, 380, 385:
지방자치제도의 헌법적 보장은 한마디로 국민주권의 기본원리에서 출발하여 주권의 지역적 주체로서의 주민에 의한 자기통치의 실현으로 요약할 수 있고, 이러한 지방자치의 본질적 내용인 핵심영역은 어떠한 경우라도 입법 기타 중앙정부의 침해로부터 보호되어야 한다는 것을 의미한다.

3) ① 헌재 1995. 3. 23. 94헌마175, 판례집 7-1, 438, 452-453:
자치제도의 보장은 지방자치단체에 의한 자치행정을 일반적으로 보장한다는 것뿐이고 특정자치단체의 존속을 보장한다는 것은 아니며 지방자치단체의 폐치·분합에 있어 지방자치권의 존중은 위에서 본 법정절차의 준수로 족한 것이다. 그러므로 군 및 도의회의 결의에 반하여 법률로 군을 폐지하고 타시에 병합하여 시를 설치한다 하여 주민들의 자치권을 침해하는 결과가 된다거나 헌법 제8장에서 보장하는 지방자치제도의 본질을 침해하는 것이라고 할 수 없다. 더구나 이 사건의 경우는 주민의견조사 결과 주민의 압도적 다수가 영일군의 폐지와 포항시와의 통합에 찬성하였으므로 지방자치단체의 의회(군·도)의 의견에 반하여 영일군을 폐지하고 폐지된 영일군 일원과 포항시를 통합하여 포항시를 설치하였다 하여 적법절차에 흠이 있거나 지방자치제도의 본질을 침해한 것이라고 할 수 없다.
② 헌재 2006. 4. 27. 2005헌마1190, 판례집 18-1상, 652, 658-659:
헌법 제117조 제2항은 지방자치단체의 종류를 법률로 정하도록 규정하고 있을 뿐 지방자치단체의 종류 및 구조를 명시하고 있지 않으므로 이에 관한 사항은 기본적으로 입법자에게 위임된 것으로 볼 수 있다. 따라서 헌법상 지방자치제도의 보장은 특정 지방자치단체의 존속을 보장하는 것이 아니며 지방자치단체의 폐치·분합은 헌법적으로 허용될 수 있다.
이와 같이 헌법상 지방자치제도보장의 핵심영역 내지 본질적 부분이 지방자치단체에 의한 자치행정을 일반적으로 보장하는 것이라면, 현행법에 따른 지방자치단체의 중층구조 또는 지방자치단체로서 특별시·광역시 및 도와 함께 시·군 및 구를 계속하여 존속하도록 할지 여부는 결국 입법자의 입법형성권의 범위에 들어가는 것으로 보아야 한다. 같은 이유로 일정구역에 한하여 모든 자치단체를 전면적으로 폐지하거나 지방자치단체인 시·군이 수행해

2. 자치기능의 보장

자치기능의 본질적 내용으로는 지방자치단체가 가지는 다양한 자치고권을 들 수 있다. 자치조직권, 자치입법권, 자치행정권, 자치재정권 등이 그것이다. 이러한 자치고권이 침해되고, 국가에 의해서 직접 행사된다면 이는 지방자치제도의 본질적 내용을 침해하는 것이다.

3. 자치사무의 보장

지방자치는 지방의 공동 관심사를 자율적으로 처리·결정함과 동시에 주민의 자치역량을 배양하여 국민주권주의와 다원적 민주주의의 실현에 이바지함을 목적으로 하는 제도이며, 이러한 지방자치제도의 헌법적 보장은 국민주권의 기본원리에서 출발하여 주권의 지역적 주체인 주민에 의하여 자기통치를 실현하는 것으로 요약될 수 있고, 이러한 지방자치의 본질적이고 핵심적인 내용은 입법이나 중앙정부의 침해로부터 보호되어야 한다는 것이 헌법상의 요청이다. 따라서 지역의 고유사무는 당연히 그 지역의 자치에 맡겨져야 하며, 국가가 이를 떠맡고 지방자치단체가 국가의 위임사무만을 처리하도록 하는 것은 이러한 자치사무의 보장이라는 지방자치의 제도적 보장의 본질적 내용을 침해하는 것이고, 보충성의 원리에도 반하는 것이다.

Ⅵ. 우리나라의 지방자치

1. 개설

헌법 제117조는 "① 지방자치단체는 주민의 복리에 관한 사무를 처리하고 재산을 관리하며, 법령의 범위안에서 자치에 관한 규정을 제정할 수 있다. ② 지방자치단체의 종류는 법률로 정한다."라고 규정하고, 제118조는 "① 지방자치

온 자치사무를 국가의 사무로 이관하는 것이 아니라 당해 지역 내의 지방자치단체인 시·군을 모두 폐지하여 중층구조를 단층화하는 것 역시 입법자의 선택범위에 들어가는 것이다.

단체에 의회를 둔다. ② 지방의회의 조직·권한·의원선거와 지방자치단체의 장의 선임방법 기타 지방자치단체의 조직과 운영에 관한 사항은 법률로 정한다." 라고 규정함으로써, 지방자치제도 그 자체를 보장함과 동시에 제도적 보장내용으로서의 자치단체의 보장, 자치기능의 보장, 자치사무의 보장을 확인하고 있다.[1] 또한 자치단체에 의결기관인 의회와 집행기관인 단체장의 2원적 자치기구를 두고, 자치단체의 보장은 단체자치와 주민자치를 포괄하는 단체자치와 주민자치의 혼합형이라고 할 수 있다.[2] 그리고 그 구체적인 제도적 보장내용은 법률에 위임하고 있는데, 이에 관한 법률로는 지방자치법, 지방재정법, 지방세법, 지방교부세법, 「지방교육자치에 관한 법률」, 공직선거법, 주민투표법, 「주민소환에 관한 법률」 등이 있다.

2. 지방자치단체의 종류

지방자치법 제2조 및 제3조에 따르면 지방자치단체는 광역단체인 특별시·광역시·특별자치시·도·특별자치도와 기초단체인 시·군·구의 두 종류로 구분된다. 지방자치단체는 법인으로 한다. 특별시·광역시·특별자치시·도·특별자치도는 정부의 직할로 두고, 시는 도의 관할 구역 안에, 군은 광역시, 특별자치시나 도의 관할 구역 안에 두며, 자치구는 특별시와 광역시, 특별자치시의 관할 구역 안에 두도록 했다. 그리고 특별시·광역시 및 특별자치시가 아닌 인구 50만 이상의 시에는 자치구가 아닌 구를 둘 수 있고, 군에는 읍·면을 두며, 시와 구(자치구를 포함한다)에는 동을, 읍·면에는 리를 둔다.

3. 지방자치단체의 기관

지방자치단체는 의결기관인 지방의회와 집행기관인 지방자치단체의 장으로 구성된다. 또한 지방교육자치를 위한 교육감을 둔다.

---

1) 헌재 1994. 12. 29. 94헌마201, 판례집 6-2, 510, 521-522:
헌법 제117조는 … 지방자치단체의 자치를 제도적으로 보장하고 있다. 그 보장의 본질적 내용은 자치단체의 보장, 자치기능의 보장 및 자치사무의 보장이다.

2) 헌재 2006. 2. 23. 2005헌마403, 판례집 18-1상, 320, 334:
지방자치의 본질적 내용은 자치단체의 보장, 자치기능의 보장 및 자치사무의 보장이고, 우리 헌법상 자치단체의 보장은 단체자치와 주민자치를 포괄하는 것이다.

(1) 지방의회

1) 지방의회의 구성

지방자치단체에 주민의 대의기관인 의회를 둔다(지방자치법 제37조). 지방의회의원은 주민의 보통 · 평등 · 직접 · 비밀선거에 의해서 선출되고(동법 제38조), 임기는 4년이다(동법 제39조). 선거일 현재 18세 이상으로서 선거인명부작성기준일 현재 ① 해당 지방자치단체의 관할 구역에 주민등록이 되어 있는 사람, ② 재외국민으로서 주민등록표에 3개월 이상 계속하여 올라 있고 해당 지방자치단체의 관할구역에 주민등록이 되어 있는 사람, ③ 영주의 체류자격 취득일 후 3년이 경과한 외국인으로서 해당 지방자치단체의 외국인등록대장에 올라 있는 사람은 지방의회의원의 선거권이 있다(공직선거법 제15조 제2항). 선거일 현재 계속하여 60일 이상 해당 지방자치단체의 관할구역에 주민등록이 되어 있는 주민으로서 18세 이상의 국민은 그 지방의회의원의 피선거권이 있다(동법 제16조 제3항). 지방의회의원의 선거는 지역구상대다수대표제와 비례대표제의 혼합형이다. 지역구 후보자와 정당명부에 각각 1표씩 투표하는 1인 2표제이다(동법 제146조 제2항). 비례대표시 · 도의원정수는 지역구시 · 도의원정수의 100분의 10으로 하고(동법 제22조 제4항), 비례대표자치구 · 시 · 군의원정수는 자치구 · 시 · 군의원 정수의 100분의 10으로 한다(동법 제23조 제3항). 지역구광역의회의원선거는 선거구에서 1인의 의원을 선출하는 소선거구제이고(동법 제26조 제1항), 지역구기초의회의원선거는 선거구마다 2인 이상 4인 이하의 의원을 선출하는 중선거구제이다(동법 제26조 제2항).

2) 지방의회의 조직

가. 의장과 부의장

지방의회는 의원 중에서 시 · 도의 경우 의장 1명과 부의장 2명을, 시 · 군 및 자치구의 경우 의장과 부의장 각 1명을 무기명투표로 선거하여야 하고, 지방의회의원 총선거 후 처음으로 선출하는 의장 · 부의장 선거는 최초집회일에 실시하며, 의장과 부의장의 임기는 2년으로 한다(지방자치법 제57조). 지방의회의 부의장은 의장이 사고가 있을 때에는 그 직무를 대리한다(동법 제59조). 지방의회의 의장과 부의장이 모두 사고가 있을 때에는 임시의장을 선출하여 의장의 직무를 대행하게 한다(동법 제60조). 지방의회의 의장이나 부의장이 궐위된 경우에는 보궐선거를 실시한다. 보궐선거로 당선된 의장이나 부의장의 임기는 전임자의 남은 임기로 한다(동법 제61조). 지방의회의 의장은 의회를 대표하고 의사를 정리하며, 회의장 내의 질서를 유지하고 의회의 사무를 감독한다(동법 제58조).

지방의회의 의장이나 부의장이 법령을 위반하거나 정당한 사유 없이 직무를 수행하지 아니하면 지방의회는 불신임을 의결할 수 있다. 불신임의결은 재적의원 4분의 1 이상의 발의와 재적의원 과반수의 찬성으로 행한다. 불신임의결이 있으면 의장이나 부의장은 그 직에서 해임된다(동법 제62조).

나. 위원회

지방의회는 조례로 정하는 바에 따라 위원회를 둘 수 있다. 위원회의 종류는 소관 의안과 청원 등을 심사·처리하는 상임위원회와 특정한 안건을 일시적으로 심사·처리하기 위한 특별위원회 두 가지로 한다. 위원회의 위원은 본회의에서 선임한다(동법 제64조). 위원회는 그 소관에 속하는 의안과 청원 등 또는 지방의회가 위임한 특정한 안건을 심사한다(동법 제67조). 위원회는 본회의의 의결이 있거나 의장 또는 위원장이 필요하다고 인정할 때, 재적위원 3분의 1 이상의 요구가 있는 때에 개회한다. 폐회 중에는 지방자치단체의 장도 의장 또는 위원장에게 이유서를 붙여 위원회의 개회를 요구할 수 있다(동법 제70조).

3) 지방의회의 회기와 회의

가. 지방의회의 회기

지방의회의 회의에는 정례회와 임시회가 있다. 지방의회는 매년 2회 정례회를 개최한다. 정례회의 집회일, 그 밖에 정례회의 운영에 관하여 필요한 사항은 해당 지방자치단체의 조례로 정한다(동법 제53조). 총선거 후 최초로 집회되는 임시회는 지방의회 사무처장·사무국장·사무과장이 지방의회의원 임기 개시일부터 25일 이내에 소집한다. 지방의회의장은 지방자치단체의 장이나 조례로 정하는 수 이상의 지방의회의원이 요구하면 15일 이내에 임시회를 소집하여야 한다. 다만 지방의회의 의장과 부의장이 부득이한 사유로 임시회를 소집할 수 없을 때에는 지방의회의원 중 최다선의원이, 최다선의원이 2명 이상인 경우에는 그 중 연장자의 순으로 소집할 수 있다. 임시회 소집은 집회일 3일 전에 공고하여야 한다. 다만, 긴급할 때에는 그러하지 아니하다(동법 제54조). 지방의회의 개회·휴회·폐회와 회기는 지방의회가 의결로 정한다. 연간 회의 총일수와 정례회 및 임시회의 회기는 해당 지방자치단체의 조례로 정한다(동법 제56조).

나. 지방의회의 회의

지방의회는 재적의원 3분의 1 이상의 출석으로 개의한다(동법 제72조 제1항). 회의는 법에 특별히 규정된 경우 외에는 재적의원 과반수의 출석과 출석의원 과반수의 찬성으로 의결한다. 의장은 의결에서 표결권을 가지며, 찬성과 반대가 같으면 부결된 것으로 본다(동법 제73조). 지방의회에서 의결할 의안은 지방자치단체의 장이나 조례로 정하는 수 이상의 지방의회의원의 찬성으로 발의한다. 위원회는 그 직무에 속하는 사항에 관하여 의안을 제출할 수 있다(동법 제76조 제1항, 제2항). 지방의회에 제출된 의안은 회기 중에 의결되지 못한 것 때문에 폐기되지 아니한다. 다만 지방의회의원의 임기가 끝나는 경우에는 그러하지 아니하다(동법 제79조). 지방의회에서 부결된 의안은 같은 회기 중에 다시 발의하거나 제출할 수 없다(동법 제80조).

4) 지방의회의 권한과 의무

가. 지방의회의 권한

(가) 의결권

지방의회는 조례의 제정·개정 및 폐지, 예산의 심의·확정, 결산의 승인, 법령에 규정된 것을 제외한 사용료·수수료·분담금·지방세 또는 가입금의 부과와 징수, 기금의 설치·운용 등에 대한 의결권을 가진다(동법 제47조 제1항). 본회의나 위원회는 그 의결로 안건의 심의와 직접 관련된 서류의 제출을 해당 지방자치단체의 장에게 요구할 수 있다(동법 제48조 제1항).

(나) 행정사무 감사권 및 조사권

지방의회는 매년 1회 그 지방자치단체의 사무에 대하여 시·도에서는 14일의 범위에서, 시·군 및 자치구에서는 9일의 범위에서 감사를 실시하고, 지방자치단체의 사무 중 특정 사안에 관하여 본회의 의결로 본회의나 위원회에서 조사하게 할 수 있다(동법 제49조 제1항). 지방자치단체 및 그 장이 위임받아 처리하는 국가사무와 시 · 도의 사무에 대하여 국회와 시 · 도의회가 직접 감사하기로 한 사무 외에는 그 감사를 각각 해당 시 · 도의회와 시 · 군 및 자치구의회가 할 수 있다(동법 제49조 제3항). 지방의회는 본회의의 의결로 감사 또는 조사 결과를 처리한다. 지방의회는 감사 또는 조사 결과 해당 지방자치단체나 기관의 시정이 필요한 사유가 있을 때에는 시정을 요구하고, 지방자치단체나 기관에서 처리함이 타당하다고 인정되는 사항은 그 지방자치단체나 기관으로 이송한다. 지방자치단체나 기관은 시정 요구를 받거나 이송받은 사항을 지체 없이 처리하고 그 결과를 지방의회에 보고하여야 한다(동법 제50조).

(다) 행정사무처리상황의 보고와 질의응답

지방자치단체의 장이나 관계 공무원은 지방의회나 그 위원회에 출석하여 행정사무의 처리상황을 보고하거나 의견을 진술하고 질문에 응답할 수 있다. 지방자치단체의 장이나 관계 공무원은 지방의회나 그 위원회가 요구하면 출석 · 답변하여야 한다. 다만 특별한 이유가 있으면 지방자치단체의 장은 관계 공무원에게 출석 · 답변하게 할 수 있다(동법 제51조 제1항, 제2항).

(라) 주민투표실시청구권

지방의회는 지방자치단체의 장에게 주민투표의 실시를 청구할 수 있다(주민투표법 제9조 제1항). 이 경우 지방의회는 재적의원 과반수의 출석과 출석의원 3분의 2 이상의 찬성으로 그 지방자치단체의 장에게 주민투표의 실시를 청구할 수 있다(동법 제9조 제5항).

(마) 규칙제정권

지방의회는 내부운영에 관하여 법에서 정한 것 외에 필요한 사항을 규칙으로 정할 수 있다(지방자치법 제52조).

나. 지방의회의 의무

지방의회는 지방의회의원이 준수하여야 할 지방의회의원의 윤리강령과 윤리실천규범을 조례로 정하여야 한다. 지방의회는 소속 의원들이 의정활동에 필요한 전문성을 확보하도록 노력하여야 한다(동법 제46조).

5) 지방의회의원의 권한과 겸직금지 및 의무

지방의회의원에게 의정 자료를 수집하고 연구하거나 이를 위한 보조 활동에 사용되는 비용을 보전하기 위하여 매월 지급하는 의정활동비, 지방의회의원의 직무활동에 대하여 지급하는 월정수당, 본회의 의결·위원회의 의결 또는 의장의 명에 따라 공무로 여행할 때 지급하는 여비를 지급한다(동법 제40조 제1항). 지방의회의원이 직무로 인하여 신체에 상해를 입거나 사망한 경우와 그 상해나 직무로 인한 질병으로 사망한 경우에는 보상금을 지급할 수 있다(동법 제42조 제1항).

지방의회의원은 국회의원이나 다른 지방의회의 의원, 헌법재판소 재판관이나 각급 선거관리위원회 위원, 일정 범위의 국가공무원, 지방공무원, 지방공사와 지방공단의 임직원을 비롯하여 법률이 정하는 직을 겸할 수 없다(동법 제43조 제1항).[1)]

지방의회의원은 공공의 이익을 우선하여 양심에 따라 그 직무를 성실히 수행하여야 한다. 지방의회의원은 청렴의 의무를 지며, 의원으로서의 품위를 유지하여야 한다. 지방의회의원은 지위를 남용하여 재산상의 권리·이익 또는 직위를 취득하거나 다른 사람을 위하여 그 취득을 알선해서는 아니 된다. 지방의회의원은 해당 지방자치단체, 해당 지방자치단체가 출자·출연(재출자·재출연을 포함한다)한 기관·단체 등 일정 범위에 해당하는 기관·단체 및 그 기관·단체가 설립·운영하는 시설과 영리를 목적으로 하는 거래를 하여서는 아니 된다. 지방의회의원은 소관 상임위원회의 직무와 관련된 영리행위를 할 수 없으며, 그 범위는 해당 지방자치단체의 조례로 정한다(동법 제44조).

---

1) 헌재 2004. 12. 16. 2002헌마333 등, 판례집 16-2하, 515, 516:
지방공사는 그 사업내용이나 목적에 있어 사기업에 비하여 공공적 성격이 강하고, 그 조직·운영·이용관계 등에 있어서도 강한 공법적 특수성이 인정된다. 또한 지방공사의 임원뿐만 아니라 직원들도 지방공사의 소유와 이익의 귀속주체인 지방자치단체의 이익을 대변할 지위에 있는 자들로서 국고업무를 담당하는 공무원과 별다른 차이가 없다. 따라서 지방자치단체의 영향력하에 있는 지방공사의 직원이 지방의회에 진출할 수 있도록 하는 것은 권력분립 내지는 정치적 중립성 보장의 원칙에 위배되고, 결과적으로 주민의 이익과 지역의 균형된 발전을 목적으로 하는 지방자치의 제도적 취지에도 어긋난다. 이러한 위험성을 배제하기 위해서 입법자가 지방공사의 직원직과 지방의회 의원직의 겸직을 금지하는 규정을 마련하여 청구인들과 같은 지방공사 직원의 공무담임권을 제한한 것은 공공복리를 위하여 필요한 불가피한 것으로서 헌법적으로 정당화될 수 있다.

6) 의원의 사직 · 퇴직과 자격심사

지방의회는 그 의결로 소속 의원의 사직을 허가할 수 있다. 다만 폐회 중에는 의장이 허가할 수 있다(동법 제89조). 지방의회의 의원이 겸할 수 없는 직에 취임할 때, 피선거권이 없게 될 때, 또는 징계에 따라 제명될 때에는 의원의 직에서 퇴직된다(동법 제90조). 지방의회의 의원은 다른 의원의 자격에 대하여 이의가 있으면 재적의원 4분의 1 이상의 찬성으로 의장에게 자격심사를 청구할 수 있다. 심사 대상인 지방의회의원은 자기의 자격심사에 관한 회의에 출석하여 의견을 진술할 수 있으나, 의결에는 참가할 수 없다(동법 제91조). 심사 대상인 지방의회의원에 대한 자격상실 의결은 재적의원 3분의 2 이상의 찬성이 있어야 한다. 심사 대상인 지방의회의원은 자격상실이 확정될 때까지는 그 직을 상실하지 아니한다(동법 제92조).

(2) 지방자치단체의 장

1) 지방자치단체장의 구성과 겸직금지 등

지방자치단체의 장으로 특별시에 특별시장, 광역시에 광역시장, 특별자치시에 특별자치시장, 도와 특별자치도에 도지사를 두고, 시에 시장, 군에 군수, 자치구에 구청장을 둔다(동법 제106조). 지방자치단체의 장은 주민이 보통 · 평등 · 직접 · 비밀선거에 따라 선출한다(동법 제107조). 지방자치단체의 장의 임기는 4년으로 하며, 3기 내에서만 계속 재임할 수 있다(동법 제108조).[1] 선거일 현재 18세 이상으로서 선거인명부작성기준일 현재 ① 해당 지방자치단체의 관할 구역에 주민등록이 되어 있는 사람, ② 재외국민으로서 주민등록표에 3개월 이상 계속하여 올라 있고 해당 지방자치단체의 관할구역에 주민등록이 되어 있는 사람,

---

1) 헌재 2006. 2. 23. 2005헌마403, 판례집 18-1상, 320, 321:
지방자치단체 장의 계속 재임을 3기로 제한한 규정의 입법취지는 장기집권으로 인한 지역발전저해 방지와 유능한 인사의 자치단체 장 진출확대로 대별할 수 있는바, 그 목적의 정당성, 방법의 적절성, 피해의 최소성, 법익의 균형성이 충족되므로 헌법에 위반되지 아니한다. 같은 선출직공무원인 지방의회의원 등과 비교해볼 때, 지방자치의 민주성과 능률성, 지방의 균형적 발전의 저해요인이 될 가능성이 상대적으로 큰 지방자치단체 장의 장기 재임만을 규제대상으로 삼아 달리 취급하는 데에는 합리적인 이유가 있다고 할 것이므로, 평등권을 침해하지 않는다.

③ 영주의 체류자격 취득일 후 3년이 경과한 외국인으로서 해당 지방자치단체의 외국인등록대장에 올라 있는 사람은 지방자치단체의 장의 선거권이 있다(공직선거법 제15조 제2항). 선거일 현재 계속하여 60일 이상 당해 지방자치단체의 관할구역 안에 주민등록이 되어 있는 주민으로서 18세 이상인 자는 피선거권을 가진다(동법 제16조 제3항).

공무원 등 법령이 정한 일정한 신분을 가진 사람으로서 지방자치단체의 장의 후보자가 되려는 사람은 선거일 전 90일까지 그 직을 그만두어야 한다. 다만 지방자치단체의 장의 선거에 있어서 당해 지방자치단체의 의회의원이나 장이 그 직을 가지고 입후보하는 경우에는 그러하지 아니하다(동법 제53조 제1항). 국회의원이 지방자치단체의 장의 선거에 입후보하는 경우 선거일 전 30일까지 그 직을 그만두어야 한다(동법 제53조 제2항 제3호). 한편 지방자치단체의 장은 선거구역이 당해 지방자치단체의 관할구역과 같거나 겹치는 지역구국회의원선거에 입후보하고자 하는 때에는 당해 선거의 선거일전 120일까지 그 직을 그만두어야 한다.[1] 다만 그 지방자치단체의 장이 임기가 만료된 후에 그 임기만료일부터 90일 후에 실시되는 지역구국회의원선거에 입후보하려는 경우에는 그러하지 아니하다(동법 제53조 제5항). 지방자치단체의 장은 그 직을 사임하려면 지방의회의 의장에게 미리 사임일을 적은 서면으로 알려야 한다. 지방자치단체의 장은 사임통지서에 적힌 사임일에 사임된다. 다만 사임통지서에 적힌 사임일까지 지방의회의 의장에게 사임통지가 되지 아니하면 지방의회의 의장에게 사임통지가

1) 헌재 2006. 7. 27. 2003헌마758 등, 판례집 18-2, 190:
지방자치단체의 장이 당해 지방자치단체의 관할구역과 같거나 겹치는 선거구역에서 실시되는 지역구 국회의원선거에 입후보하고자 하는 경우 당해 선거의 '선거일 전 120일까지' 그 직을 사퇴하도록 규정한 공직선거및선거부정방지법 제53조 제3항은 일반 공무원이 공직선거에 출마하려는 경우 '선거일 전 60일까지' 사퇴하도록 하는 것과 달리 단체장을 '120일 전까지' 사퇴하도록 하고 있으나, 단체장은 지방자치단체의 행정기능을 총괄하며, 직원의 인사권과 주민의 복리에 관한 각종 사업의 기획·시행, 예산의 집행 등 지방자치단체의 운영에 있어서 막중한 지위와 권한을 가지므로 자신의 관할구역 국회의원선거에 입후보할 것에 대비하여 전시성 사업으로 예산을 낭비하거나 불공정한 선심행정을 행할 개연성이 다른 공무원에 비하여 상대적으로 더 높다. 단체장의 그러한 지위와 권한의 특수성을 감안할 때 이 사건 조항은 합리성을 벗어난 것이라 볼 수 없다. 또한 이 사건 조항이 국회의원과 달리 단체장에게 그러한 공직사퇴시한을 두고 있는 것은 국회의원직의 사퇴로 인한 심각한 국정공백을 우려한 것이므로 합리적 이유가 있다. 그러므로 이 사건 조항은 단체장의 평등권을 침해하지 않는다.

된 날에 사임된다(지방자치법 제111조). 지방자치단체의 장이 겸임할 수 없는 직에 취임할 때, 피선거권이 없게 될 때, 지방자치단체의 폐치 · 분합으로 지방자치단체의 장의 직을 상실할 때에는 그 직에서 퇴직된다(동법 제112조).

지방자치단체의 장은 대통령, 국회의원, 지방의회의원 등을 비롯해 기타 법률이 정하는 직을 겸임할 수 없다(동법 제109조 제1항). 또한 재임 중 그 지방자치단체와 영리를 목적으로 하는 거래를 하거나 그 지방자치단체와 관계있는 영리사업에 종사할 수 없다(동법 동조 제2항).

2) 지방자치단체장의 권한

지방자치단체의 장은 지방자치단체를 대표하고, 그 사무를 총괄한다(동법 제114조). 지방자치단체의 장은 그 지방자치단체의 사무와 법령에 따라 그 지방자치단체의 장에게 위임된 사무를 관리하고 집행한다(동법 제116조). 지방자치단체의 장은 소속 직원을 지휘 · 감독하고 법령과 조례 · 규칙으로 정하는 바에 따라 그 임면 · 교육훈련 · 복무 · 징계 등에 관한 사항을 처리한다(동법 제118조).

지방자치단체의 장은 주민에게 과도한 부담을 주거나 중대한 영향을 미치는 지방자치단체의 주요 결정사항 등에 대하여 주민투표에 부칠 수 있다(동법 제18조 제1항). 이 경우 지방자치단체의 장은 주민 또는 지방의회의 청구에 의하거나 직권에 의하여 주민투표를 실시할 수 있다(주민투표법 제9조 제1항). 지방자치단체의 장은 직권에 의하여 주민투표를 실시하고자 하는 때에는 그 지방의회 재적의원 과반수의 출석과 출석의원 과반수의 동의를 얻어야 한다(동법 동조 제6항).

지방자치단체의 장은 지방의회의 의결이 월권이거나 법령에 위반되거나 공익을 현저히 해친다고 인정되면 그 의결사항을 이송받은 날부터 20일 이내에 이유를 붙여 재의를 요구할 수 있다. 요구에 대하여 재의한 결과 재적의원 과반수의 출석과 출석의원 3분의 2 이상의 찬성으로 전과 같은 의결을 하면 그 의결사항은 확정된다. 지방자치단체의 장은 재의결된 사항이 법령에 위반된다고 인정되면 대법원에 소를 제기할 수 있다(지방자치법 제120조). 지방자치단체의 장은 지방의회의 의결이 예산상 집행할 수 없는 경비를 포함하고 있다고 인정되면 그 의결사항을 이송받은 날부터 20일 이내에 이유를 붙여 재의를 요구할 수 있다. 요구에 대하여 재의한 결과 재적의원 과반수의 출석과 출석의원 3분의 2 이상의 찬성으로 전과 같은 의결을 하면 그 의결사항은 확정된다(동법 제121조).

지방자치단체의 장은 지방의회가 지방의회의원이 구속되는 등의 사유로 제73조에 따른 의결정족수에 미달될 때와 지방의회의 의결사항 중 주민의 생명과 재산 보호를 위하여 긴급하게 필요한 사항으로서 지방의회를 소집할 시간적 여유가 없거나 지방의회에서 의결이 지체되어 의결되지 아니할 때에는 선결처분을 할 수 있다. 선결처분은 지체 없이 지방의회에 보고하여 승인을 받아야 한다. 지방의회에서 승인을 받지 못하면 그 선결처분은 그때부터 효력을 상실한다(동법 제122조).

3) 부단체장의 구성과 권한

특별시·광역시 및 특별자치시에 부시장, 도와 특별자치도에 부지사, 시에 부시장, 군에 부군수, 자치구에 부구청장을 두며, 그 정수는 특별시의 부시장의 경우 3명을 넘지 아니하는 범위에서 대통령령으로 정하고, 광역시와 특별자치시의 부시장 및 도와 특별자치도의 부지사의 경우 2명(인구 800만 이상의 광역시나 도는 3명)을 초과하지 아니하는 범위에서 대통령령으로 정하며, 시의 부시장, 군의 부군수 및 자치구의 부구청장의 경우 1명으로 한다(동법 제123조 제1항). 이에 따라 제정된 지방자치법 시행령 제71조 제1항은 특별시의 부시장은 3명, 광역시·특별자치시의 부시장과 도 및 특별자치도의 부지사는 2명(인구 800만 이상의 광역시 및 도는 3명)으로 정하고 있다. 특별시·광역시 및 특별자치시의 부시장, 도와 특별자치도의 부지사는 대통령령으로 정하는 바에 따라 정무직 또는 일반직 국가공무원으로 보한다. 다만 특별시·광역시 및 특별자치시의 부시장, 도와 특별자치도의 부지사를 2명이나 3명 두는 경우에 1명은 대통령령으로 정하는 바에 따라 정무직·일반직 또는 별정직 지방공무원으로 보하되, 정무직과 별정직 지방공무원으로 보할 때의 자격기준은 해당 지방자치단체의 조례로 정한다(동법 동조 제2항). 정무직 또는 일반직 국가공무원으로 보하는 부시장·부지사는 시·도지사의 제청으로 행정안전부장관을 거쳐 대통령이 임명한다. 이 경우 제청된 자에게 법적 결격사유가 없으면 시·도지사가 제청한 날부터 30일 이내에 그 임명절차를 마쳐야 한다(동법 동조 제3항). 시의 부시장, 군의 부군수, 자치구의 부구청장은 일반직 지방공무원으로 보하되, 그 직급은 대통령령으로 정하며 시장·군수·구청장이 임명한다(동법 동조 제4항).

지방자치단체의 부단체장은 당해 단체장을 보좌하여 사무를 총괄하고, 소속

직원을 지휘 · 감독한다(동법 동조 제5항). 시 · 도의 부시장과 부지사를 2명이나 3명 두는 경우에 그 사무 분장은 대통령령으로 정한다. 이 경우 부시장 · 부지사를 3명 두는 시 · 도에서는 그 중 1명에게 특정지역의 사무를 담당하게 할 수 있다(동법 동조 제6항).

지방자치단체의 장이 궐위된 경우, 공소 제기된 후 구금상태에 있는 경우, 또는 의료기관에 60일 이상 계속하여 입원한 경우에는 부단체장이 그 권한을 대행한다(동법 제124조 제1항).[1] 또한 지방자치단체의 장이 그 직을 가지고 그 지

---

1) 헌재 2010. 9. 2. 2010헌마418, 판례집 22-2상, 526, 527-528:
헌법 제27조 제4항은 "형사피고인은 유죄의 판결이 확정될 때까지는 무죄로 추정된다."고 선언함으로써, 공소가 제기된 피고인이 비록 1심이나 2심에서 유죄판결을 선고받았더라도 그 유죄판결이 확정되기 전까지는 원칙적으로 죄가 없는 자에 준하여 취급해야 함은 물론, 유죄임을 전제로 하여 해당 피고인에 대하여 유형 · 무형의 일체의 불이익을 가하지 못하도록 하고 있다. 그런데 지방자치단체의 장이 금고 이상의 형을 선고받고 그 형이 확정되지 아니한 경우 부단체장이 그 권한을 대행하도록 규정한 지방자치법(2007. 5. 11. 법률 제8423호로 전부 개정된 것) 제111조 제1항 제3호는 '금고 이상의 형이 선고되었다.'는 사실 자체에 주민의 신뢰가 훼손되고 자치단체장으로서 직무의 전념성이 해쳐질 것이라는 부정적 의미를 부여한 후, 그러한 판결이 선고되었다는 사실만을 유일한 요건으로 하여, 형이 확정될 때까지의 불확정한 기간동안 자치단체장으로서의 직무를 정지시키는 불이익을 가하고 있으며, 그와 같이 불이익을 가함에 있어 필요최소한에 그치도록 엄격한 요건을 설정하지도 않았으므로, 무죄추정의 원칙에 위배된다.
자치단체장직에 대한 공직기강을 확립하고 주민의 복리와 자치단체행정의 원활한 운영에 초래될 수 있는 위험을 예방하기 위한 입법목적을 달성하기 위하여 자치단체장을 직무에서 배제하는 수단을 택하였다 하더라도, 금고 이상의 형을 선고받은 자치단체장을 다른 추가적 요건 없이 직무에서 배제하는 것이 위 입법목적을 달성하기 위한 최선의 방안이라고 단정하기는 어렵고, 특히 이 사건 청구인의 경우처럼, 금고 이상의 형의 선고를 받은 이후 선거에 의하여 자치단체장으로 선출된 경우에는 '자치단체행정에 대한 주민의 신뢰유지'라는 입법목적은 자치단체장의 공무담임권을 제한할 적정한 논거가 되기 어렵다. 또한 금고 이상의 형을 선고받았더라도 불구속상태에 있는 이상 자치단체장이 직무를 수행하는 데는 아무런 지장이 없으므로 부단체장으로 하여금 그 권한을 대행시킬 직접적 필요가 없다는 점, 혹시 그러한 직무정지의 필요성이 인정된다 하더라도, 형이 확정될 때까지 기다리게 되면 자치단체행정의 원활한 운영에 상당한 위험이 초래될 것으로 명백히 예상된다거나 회복할 수 없는 공익이 침해될 우려가 있는 제한적인 경우로 한정되어야 한다는 점, 금고 이상의 형을 선고받은 범죄가 해당 자치단체장에 선출되는 과정에서 또는 선출된 이후 자치단체장의 직무에 관련하여 발생하였는지 여부, 고의범인지 과실범인지 여부 등 해당 범죄의 유형과 죄질에 비추어 형이 확정되기 전이라도 미리 직무를 정지시켜야 할 이유가 명백한 범죄를 저질렀을 경우로만 한정할 필요도 있는 점 등에 비추어 볼 때, 이 사건 법률조항은 필요최소한의 범위를 넘어선 기본권제한에 해당할 뿐 아니라, 이 사건 법률조항으로 인하여 해당 자치단체장은 불확정한 기간 동안 직무를 정지당함은 물론 주민들에게 유죄가 확정된 범죄자라는 선입견까지 주게 되고, 더욱이 장차 무죄판결을 선고받게 되면 이미 침해된 공무담임

방자치단체의 장 선거에 입후보하면 예비후보자 또는 후보자로 등록한 날부터 선거일까지 부단체장이 그 지방자치단체의 장의 권한을 대행한다(동법 동조 제2항). 지방자치단체의 장이 출장·휴가 등 일시적 사유로 직무를 수행할 수 없으면 부단체장이 그 직무를 대리한다(동법 동조 제3항).

(3) 교육감

1) 교육감의 구성과 겸직금지 등

지방자치단체의 교육·과학·기술·체육 그 밖의 학예에 관한 사무는 특별시·광역시 및 도의 사무로 하고(「지방교육자치에 관한 법률」 제2조), 시·도의 교육·학예에 관한 사무의 집행기관으로 시·도에 교육감을 둔다(동법 제18조 제1항). 교육감은 주민의 보통·평등·직접·비밀선거에 따라 선출하며(동법 제43조), 시·도를 단위로 하여 선출한다(동법 제45조). 정당은 교육감선거에 후보자를 추천할 수 없다(동법 제46조 제1항). 이는 헌법(헌법 제31조 제4항)이 요구하는 교육의 정치적 중립성 때문이라고 하겠다. 교육감의 임기는 4년으로 하며, 교육감의 계속 재임은 3기에 한정한다(동법 제21조). 교육감선거에 있어서 선거권과 피선거권은 공직선거법이 준용되므로 시·도지사의 선거에 있어서와 동일하다(동법 제49조 참조).

교육감후보자가 되려는 사람은 당해 시·도지사의 피선거권이 있는 사람으로서 후보자등록신청개시일부터 과거 1년 동안 정당의 당원이 아닌 사람이어야 하고, 후보자등록신청개시일을 기준으로 교육경력 또는 교육행정경력이 3년 이상 있거나 두 경력을 합한 경력이 3년 이상 있는 사람이어야 한다(동법 제24조). 공무원 등 일정한 신분을 가진 사람 중 후보자가 되려는 사람은 선거일 전 90일까지 그 직을 그만두어야 한다. 다만 해당 지방자치단체의 교육감이 그 직을 가지고 입후보하는 경우에는 그러하지 아니하다(동법 제47조 제1항).

교육감은 국회의원·지방의회의원·사립학교교원 등 법률이 정하는 일정한

권은 회복될 수도 없는 등의 심대한 불이익을 입게 되므로, 법익균형성 요건 또한 갖추지 못하였다. 따라서 이 사건 법률조항은 자치단체장인 청구인의 공무담임권을 침해한다.
선거직 공무원으로서 선거과정이나 그 직무수행의 과정에서 요구되는 공직의 윤리성이나 신뢰성 측면에서는 국회의원의 경우도 자치단체장의 경우와 본질적으로 동일한 지위에 있다고 할 수 있는데, 국회의원에게는 금고 이상의 형을 선고받은 후 그 형이 확정되기도 전에 직무를 정지시키는 제도가 없으므로, 자치단체장인 청구인의 평등권을 침해한다.

직을 겸할 수 없다(동법 제23조). 주민은 교육감을 소환할 권리를 가진다. 교육감에 대한 주민소환투표사무는 시·도선거관리위원회가 관리한다(동법 제24조의2).

2) 교육감의 권한

교육감은 교육·학예에 관한 소관 사무로 인한 소송이나 재산의 등기 등에 대하여 당해 시·도를 대표한다(동법 제18조 제2항). 국가행정사무 중 시·도에 위임하여 시행하는 사무로서 교육·학예에 관한 사무는 교육감에게 위임하여 행한다(동법 제19조). 교육감은 조례안이나 예산안의 작성 및 제출에 관한 사항 등 교육·학예에 관한 다양한 사무를 관장한다(동법 제20조). 교육감은 법령 또는 조례의 범위 안에서 그 권한에 속하는 사무에 관하여 교육규칙을 제정할 수 있다(동법 제25조). 교육감은 소속 공무원을 지휘·감독하고 법령과 조례·교육규칙이 정하는 바에 따라 그 임용·교육훈련·복무·징계 등에 관한 사항을 처리한다(동법 제27조).

교육감은 교육·학예에 관한 시·도의회의 의결이 법령에 위반되거나 공익을 현저히 저해한다고 판단될 때에는 그 의결사항을 이송받은 날부터 20일 이내에 이유를 붙여 재의를 요구할 수 있다. 교육감이 교육부장관으로부터 재의요구를 하도록 요청받은 경우에는 시·도의회에 재의를 요구하여야 한다. 재의요구가 있을 때에는 재의요구를 받은 시·도의회는 재의에 붙이고 시·도의회 재적의원 과반수의 출석과 시·도의회 출석의원 3분의 2이상의 찬성으로 전과 같은 의결을 하면 그 의결사항은 확정된다. 재의결된 사항이 법령에 위반된다고 판단될 때에는 교육감은 재의결된 날부터 20일 이내에 대법원에 제소할 수 있다(동법 제28조 제1항, 제2항, 제3항).

교육감은 소관 사무 중 시·도의회의 의결을 요하는 사항에 대하여 시·도의회가 성립되지 아니한 때, 또는 학생의 안전과 교육기관 등의 재산보호를 위하여 긴급하게 필요한 사항으로서 시·도의회가 소집될 시간적 여유가 없거나 시·도의회에서 의결이 지체되어 의결되지 아니한 때에 해당하는 경우에는 선결처분을 할 수 있다. 선결처분은 지체 없이 시·도의회에 보고하여 승인을 얻어야 한다. 승인을 얻지 못한 때에는 그 선결처분은 그 때부터 효력을 상실한다(동법 제29조).

지방자치단체의 교육·학예에 관한 사무를 효율적으로 처리하기 위하여 교육감과 시 · 도지사의 지방교육행정협의회를 둔다(동법 제41조 제1항). 교육감은 상호 간의 교류와 협력을 증진하고, 공동의 문제를 협의하기 위하여 전국적인 협의체를 설립할 수 있다(동법 제42조 제1항).

3) 부교육감 및 하급교육행정기관

교육감 소속하에 국가공무원으로 보하는 부교육감 1인(인구 800만명 이상이고 학생 170만명 이상인 시 · 도는 2인)을 두되, 고위공무원단에 속하는 일반직공무원 또는 장학관으로 보한다. 부교육감은 당해 시 · 도의 교육감이 추천한 자를 교육부장관의 제청으로 국무총리를 거쳐 대통령이 임명한다. 부교육감은 교육감을 보좌하여 사무를 처리한다(동법 제30조). 부교육감은 교육감의 권한대행 및 직무대리권을 가진다(동법 제31조).

시 · 도의 교육 · 학예에 관한 사무를 분장하기 위하여 1개 또는 2개 이상의 시 · 군 및 자치구를 관할구역으로 하는 하급교육행정기관으로서 교육지원청을 두며, 교육지원청에 교육장을 두되 장학관으로 보한다(동법 제34조).

4. 지방자치단체의 권한

지방자치단체는 주민의 복리에 관한 사무를 처리하고 재산을 관리하며, 법령의 범위안에서 자치에 관한 규정을 제정할 수 있다(헌법 제117조 제1항). 이에 따라 지방자치단체는 자치행정권, 자치재정권, 자치입법권을 가진다. 이는 대표적인 지방자치단체의 자치고권이다.

(1) 자치행정권

지방자치단체는 주민의 복리에 관한 사무를 처리한다(헌법 제117조 제1항). 주민의 복리에 관한 사무는 자치사무(고유사무)이다. 따라서 지방자치단체는 자치사무(고유사무)를 처리하는 자치행정권을 가진다. 이에 따라 지방자치법 제13조 제1항도 "지방자치단체는 관할 구역의 자치사무와 법령에 따라 지방자치단체에 속하는 사무를 처리한다."고 규정함으로써 이를 확인하고 있다. 지방자치단체는 그 사무를 처리할 때 주민의 편의와 복리증진을 위하여 노력하여야 한다. 지방자치단체는 법령이나 상급 지방자치단체의 조례를 위반하여 그 사무를 처리할 수 없다(지방자치법 제12조 제1항, 제3항). 지방자치단체의 관할구역 자치사무에 필요한 경비는 그 지방자치단체가 전액을 부담한다(지방재정법 제20조).

한편 지방자치단체는 자치사무 이외에 '법령에 따라 지방자치단체에 속하는 사무'(단체위임사무)도 처리한다(지방자치법 제13조 제1항). 또한 국가 또는 광역자치단체가 지방자치단체의 장에게 위임한 사무(기관위임사무)도 처리한다. 이러한 위임사무는 해당 지방자치단체의 자치사무가 아니기 때문에 국가가 사무처리경비의 일부 또는 전부를 부담하여야 한다. 이에 따라 지방자치단체나 그 기관이 법령에 따라 처리하여야 할 사무로서 국가와 지방자치단체 간에 이해관계가 있는 경우에는 원활한 사무처리를 위하여 국가에서 부담하지 아니하면 아니 되는 경비는 국가가 그 전부 또는 일부를 부담한다. 또한 국가가 스스로 하여야 할 사무를 지방자치단체나 그 기관에 위임하여 수행하는 경우 그 경비는 국가가 전부를 그 지방자치단체에 교부하여야 한다(지방재정법 제21조). 따라서 위임사무 및 그에 대한 사무처리경비 등에 대한 국가의 지도와 감독 및 통제도 자치사무의 경우보다 강화된다(지방자치법 제185조 등 참조).[1)]

(2) 자치재정권

지방자치단체는 재산을 관리하고 공과금을 부과하는 등 자치재정권을 가진다. 지방자치단체는 법률로 정하는 바에 따라 지방세를 부과·징수할 수 있고(지방자치법 제152조), 공공시설의 이용 또는 재산의 사용에 대하여 사용료를 징수할 수 있다(동법 제153조). 또한 자치사무 또는 위임사무가 특정인을 위한 것이면 그 사무에 대하여 수수료를 징수할 수 있고(동법 제154조), 그 재산 또는 공공시설의

---

1) 헌재 2008. 5. 29. 2005헌라3, 판례집 20-1하, 41:
헌법이 감사원을 독립된 외부감사기관으로 정하고 있는 취지, 중앙정부와 지방자치단체는 서로 행정기능과 행정책임을 분담하면서 중앙행정의 효율성과 지방행정의 자주성을 조화시켜 국민과 주민의 복리증진이라는 공동목표를 추구하는 협력관계에 있다는 점을 고려하면 지방자치단체의 자치사무에 대한 합목적성 감사의 근거가 되는 감사원법 제24조 제1항 제2호 등 관련규정은 그 목적의 정당성과 합리성을 인정할 수 있다. 또한 감사원법에서 지방자치단체의 자치권을 존중할 수 있는 장치를 마련해두고 있는 점, 국가재정지원에 상당부분 의존하고 있는 우리 지방재정의 현실, 독립성이나 전문성이 보장되지 않은 지방자치단체 자체감사의 한계 등으로 인한 외부감사의 필요성까지 감안하면, 이 사건 관련규정이 지방자치단체의 고유한 권한을 유명무실하게 할 정도로 지나친 제한을 함으로써 지방자치권의 본질적 내용을 침해하였다고는 볼 수 없다.

설치로 주민의 일부가 특히 이익을 받으면 이익을 받는 자로부터 그 이익의 범위에서 분담금을 징수할 수 있다(동법 제155조). 사용료·수수료 또는 분담금의 징수에 관한 사항은 조례로 정한다. 다만 국가가 지방자치단체나 그 기관에 위임한 사무와 자치사무의 수수료 중 전국적으로 통일할 필요가 있는 수수료에 관한 사항은 다른 법령의 규정에도 불구하고 대통령령으로 정하는 표준금액으로 징수하되, 지방자치단체가 다른 금액으로 징수하고자 하는 경우에는 표준금액의 100분의 50의 범위에서 조례로 가감 조정하여 징수할 수 있다. 사기나 그 밖의 부정한 방법으로 사용료·수수료 또는 분담금의 징수를 면한 자에 대하여는 그 징수를 면한 금액의 5배 이내의 과태료를, 공공시설을 부정사용한 자에 대하여는 50만원 이하의 과태료를 부과하는 규정을 조례로 정할 수 있다(동법 제156조).

한편 지방자치단체는 행정목적을 달성하기 위한 경우나 공익상 필요한 경우에는 재산을 보유하거나 특정한 자금을 운용하기 위한 기금을 설치할 수 있고(동법 제159조), 주민의 복지를 증진하기 위하여 공공시설을 설치할 수 있다(동법 제161조).

지방자치단체는 그 자치사무의 수행에 필요한 경비와 위임된 사무에 관하여 필요한 경비를 지출할 의무를 진다. 다만 국가사무나 지방자치단체사무를 위임할 때에는 이를 위임한 국가나 지방자치단체에서 그 경비를 부담하여야 한다(동법 제158조).

(3) 자치입법권

헌법 제117조 제1항에 따라 지방자치단체는 법령의 범위안에서 자치에 관한 규정을 제정할 수 있다. 이러한 지방자치단체의 자치입법권에는 지방의회의 조례제정권과 지방자치단체장의 규칙제정권이 있다.

1) 조례제정권

가. 조례제정권의 내용

지방자치단체는 법령의 범위 안에서 그 사무에 관하여 조례를 제정할 수 있다. 다만 주민의 권리 제한 또는 의무 부과에 관한 사항이나 벌칙을 정할 때에는 법률의 위임이 있어야 한다. 법령에서 조례로 정하도록 위임한 사항은 그 법령의 하위 법령에서 그 위임의 내용과 범위를 제한하거나 직접 규정할 수 없다(동법 제28조). 이처럼 지방자치단체의 자치입법권의 핵심은 조례제정권인데, 이는 어디까지나 '법령의 범위 안에서' 이루어지는 것이고, 특히 주민의 권리 제한 또는 의무 부과에 관한 사항이나 벌칙을 정할 때에는 법률의 위임이 있어야 한다. 여기서 '법령'이라 함은 법률과 법규명령은 물론 대외적 구속력을 가지는 행정규칙, 즉 법규명령의 성질을 가지는 행정규칙도 포함된다고 하겠다.[1)]

한편 주민의 권리 제한 또는 의무 부과에 관한 사항이나 벌칙을 정하는 조례의 경우에는 '법률의 위임'이 있어야 하는데, 여기서 조례에 대한 법률의 위임과 관련하여 그 위임의 구체성 정도가 문제될 수 있다. 왜냐하면 대통령령 등 법규명령에 대한 위임의 경우에는 헌법 제75조가 "대통령은 법률에서 구체적으로 범위를 정하여 위임받은 사항과 법률을 집행하기 위하여 필요한 사항에 관하여 대통령령을 발할 수 있다."라고 하여 법률에서 '구체적으로 범위를 정하여' 위임하도록 규정하고 있기 때문이다. 그러나 조례의 제정권자인 지방의회는 지역적인 민주적 정당성을 지니고 있다는 점을 감안할 때, 그리고 헌법이 지방자치단체에 대해 포괄적인 자치권을 보장하고 있는 취지에 비추어 볼 때, 법규명령의 경우와는 달리 조례에 대한 법률의 위임은 반드시 구체적으로 범위를 정하여 할 필요가 없으며 포괄적인 것으로 족하다고 하겠다.[2)]

---

1) 헌재 2002. 10. 31. 2001헌라1, 판례집 14-2, 362, 363:
헌법 제117조 제1항에서 규정하고 있는 '법령'에 법률 이외에 헌법 제75조 및 제95조 등에 의거한 '대통령령', '총리령' 및 '부령'과 같은 법규명령이 포함되는 것은 물론이지만, 헌법재판소의 "법령의 직접적인 위임에 따라 수임행정기관이 그 법령을 시행하는데 필요한 구체적 사항을 정한 것이면, 그 제정형식은 비록 법규명령이 아닌 고시, 훈령, 예규 등과 같은 행정규칙이더라도, 그것이 상위법령의 위임한계를 벗어나지 아니하는 한, 상위법령과 결합하여 대외적인 구속력을 갖는 법규명령으로서 기능하게 된다고 보아야 한다"고 판시 한 바에 따라, 헌법 제117조 제1항에서 규정하는 '법령'에는 법규명령으로서 기능하는 행정규칙이 포함된다.

2) 헌재 1995. 4. 20. 92헌마264 등, 판례집 7-1, 564, 572:
자판기의 설치를 제한하고 설치된 자판기를 철거하도록 한 이 사건 조례들은 담배소매업을 영위하는 주민들에게 자판기 설치를 제한하는 것을 내용으로 하고 있으므로 주민의 직업선택의 자유 특히 직업수행의 자유를 제한하는 것이 되어 지방자치법 제15조 단서 소정의 주민의 권리의무에 관한 사항을 규율하는 조례라고 할 수 있으므로 지방자치단체가 이러한 조례를 제정함에 있어서는 법률의 위임을 필요로 한다. 그런데 조례의 제정권자인 지방의회는 선거를 통해서 그 지역적인 민주적 정당성을 지니고 있는 주민의 대표기관이고, 헌법이 지방자치단체에 대해 포괄적인 자치권을 보장하고 있는 취지로 볼 때 조례제정권에 대

지방자치단체가 조례로써 규정할 수 있는 사항은 원칙적으로 자치사무와 단체위임사무에 한하고 기관위임사무는 제외된다.[1] 다만 기관위임사무에 있어서도 그에 관한 개별법령에서 일정한 사항을 조례로 정하도록 위임하고 있는 경우에는 위와 같은 지방자치단체의 자치조례 제정권과 무관하게 이른바 위임조례를 제정할 수 있다. 여기서 법령상 지방자치단체의 장이 처리하도록 규정하고 있는 사무가 기관위임사무에 해당하는지 여부를 판단함에 있어서는 그에 관한 법령의 규정 형식과 취지를 우선 고려하여야 할 것이지만 그 외에도 그 사무의 성질이 전국적으로 통일적인 처리가 요구되는 사무인지 여부나 그에 관한 경비부담과 최종적인 책임귀속의 주체 등도 아울러 고려하여 판단하여야 할 것이다. 그리고 위임조례를 제정할 경우 그 내용은 개별 법령이 위임하고 있는 사항에 관한 것으로서 개별 법령의 취지에 부합하는 것이라야만 하고, 그 범위를 벗어난 경우에는 위임조례로서의 효력을 인정할 수 없다.[2]

시 · 군 및 자치구의 조례는 시 · 도의 조례나 규칙을 위반하여서는 안된다(동법 제30조). 지방자치단체는 조례를 위반한 행위에 대하여 조례로써 1천만원 이하의 과태료를 정할 수 있다(동법 제34조 제1항).

조례를 제정하거나 개정하거나 폐지할 경우 지방의회에서 이송된 날부터 5일 이내에 시 · 도지사는 행정안전부장관에게, 시장 · 군수 및 자치구의 구청장은 시 · 도지사에게 그 전문을 첨부하여 각각 보고하여야 하며, 보고를 받은 행정안전부장관은 이를 관계 중앙행정기관의 장에게 통보하여야 한다(동법 제35조).

한 지나친 제약은 바람직하지 않으므로 조례에 대한 법률의 위임은 법규명령에 대한 법률의 위임과 같이 반드시 구체적으로 범위를 정하여 할 필요가 없으며 포괄적인 것으로 족하다고 할 것이다. 같은 견해의 결정 헌재 2019. 11. 28. 2017헌마1356.

1) 대판 1992. 7. 28. 92추31:
지방자치법 제15조는 지방자치단체는 법령의 범위 안에서 그 사무에 관하여 조례를 제정할 수 있다고 규정하고, 지방자치단체의 사무범위에 관하여 동법 제9조는 지방자치단체는 그 관할구역의 자치사무와 법령에 의하여 지방자치단체에 속하는 사무를 처리한다고 규정하고 있으므로, 지방자치단체가 조례를 제정할 수 있는 사항은 지방자치단체의 고유사무인 자치사무와 개별법령에 의하여 자치단체에 위임된 이른바 단체위임사무에 한하고, 국가사무로서 지방자치단체의 장에 위임된 이른바 기관위임사무에 관한 사항은 조례제정의 범위 밖이라고 할 것이다.

2) 대판 1999. 9. 17. 99추30.

나. 조례의 제정절차

조례안이 지방의회에서 의결되면 의장은 의결된 날부터 5일 이내에 그 지방자치단체의 장에게 이를 이송하여야 한다. 지방자치단체의 장은 조례안을 이송받으면 20일 이내에 공포하여야 한다. 지방자치단체의 장은 이송받은 조례안에 대하여 이의가 있으면 20일 이내의 기간에 이유를 붙여 지방의회로 환부하고, 재의를 요구할 수 있다. 이 경우 지방자치단체의 장은 조례안의 일부에 대하여 또는 조례안을 수정하여 재의를 요구할 수 없다. 재의요구를 받은 지방의회가 재의에 부쳐 재적의원 과반수의 출석과 출석의원 3분의 2 이상의 찬성으로 전과 같은 의결을 하면 그 조례안은 조례로서 확정된다. 지방자치단체의 장이 조례안을 이송받고 20일 이내의 기간에 공포하지 아니하거나 재의요구를 하지 아니할 때에도 그 조례안은 조례로서 확정된다. 지방자치단체의 장은 확정된 조례를 지체 없이 공포하여야 한다. 조례가 확정된 후 또는 재의결된 확정조례가 지방자치단체의 장에게 이송된 후 5일 이내에 지방자치단체의 장이 공포하지 아니하면 지방의회의 의장이 이를 공포한다. 지방자치단체의 장이 조례를 공포한 때에는 즉시 해당 지방의회의 의장에게 통지하여야 하며, 지방의회의 의장이 조례를 공포한 때에는 이를 즉시 해당 지방자치단체의 장에게 통지하여야 한다. 조례는 특별한 규정이 없으면 공포한 날부터 20일이 지나면 효력을 발생한다(동법 제32조).

다. 조례에 대한 재의요구와 제소

지방의회의 의결이 법령에 위반되거나 공익을 현저히 해친다고 판단되면 시·도에 대하여는 주무부장관이, 시·군 및 자치구에 대하여는 시·도지사가 재의를 요구하게 할 수 있고, 재의요구를 받은 지방자치단체의 장은 의결사항을 이송받은 날부터 20일 이내에 지방의회에 이유를 붙여 재의를 요구하여야 한다. 재의의 결과 재적의원 과반수의 출석과 출석의원 3분의 2 이상의 찬성으로 전과 같은 의결을 하면 그 의결사항은 확정된다. 지방자치단체의 장은 재의결된 사항이 법령에 위반된다고 판단되면 재의결된 날부터 20일 이내에 대법원에 소를 제기할 수 있다. 이 경우 필요하다고 인정되면 그 의결의 집행을 정지하게 하는 집행정지결정을 신청할 수 있다. 주무부장관이나 시·도지사는 재의결된 사항이 법령에 위반된다고 판단됨에도 불구하고 해당 지방자치단체의 장이 소를 제기하지 아니하면 시·도에 대해서는 주무부장관이, 시·군 및 자치구에 대해서는 시·도지사가 그 지방자치단체의 장에게 제소를 지시하거나 직접 제소 및 집행정지결정을 신청할 수 있다. 해당 지방자치단체의 장은 제소지시를 받은 날부터 7일 이내에 제소하여야 한다. 주무부장관이나 시·도지사는 위의 기간이 지난 날부터 7일 이내에 직접 제소 및 집행정지결정을 신청할 수 있다. 지방의회의 의결이 법령에 위반된다고 판단되어 주무부장관이나 시·도지사로부터 재의요구지시를 받은 지방자치단체의 장이 재의를 요구하지 아니하는 경우(법령에 위반되는 지방의회의 의결사항이 조례안인 경우로서 재의요구지시를 받기 전에 그 조례안을 공포한 경우를 포함한다)에는 주무부장관이나 시·도지사는 대법원에 직접 제소 및 집행정지결정을 신청할 수 있다. 지방의회의 의결이나 재의결된 사항이 둘 이상의 부처와 관련되거나 주무부장관이 불분명하면 행정안전부장관이 재의요구 또는 제소를 지시하거나 직접 제소 및 집행정지결정을 신청할 수 있다(동법 제192조).

2) 규칙제정권

지방자치단체의 장은 법령 또는 조례의 범위에서 그 권한에 속하는 사무에 관하여 규칙을 제정할 수 있다(동법 제29조). 시·군 및 자치구의 규칙은 시·도의 조례나 규칙을 위반하여서는 아니 된다(동법 제30조). 규칙은 특별한 규정이 없으면 공포한 날부터 20일이 지나면 효력을 발생한다(동법 제32조 제8항). 규칙을 제정하거나 개정하거나 폐지할 경우 공포예정 15일 전에 시·도지사는 행정안전부장관에게, 시장·군수 및 자치구의 구청장은 시·도지사에게 그 전문을 첨부하여 각각 보고하여야 하며, 보고를 받은 행정안전부장관은 이를 관계 중앙행정기관의 장에게 통보하여야 한다(동법 제35조).

3) 조례·규칙에 대한 사법적 통제

가. 일반법원에 의한 통제

조례·규칙의 위헌·위법 여부가 재판의 전제가 된 경우에는 그에 대한 심사는 일반적인 재판절차에 따라 일반법원에 의한 구체적 규범통제의 방법에 의하여야 할 것이다. 왜냐하면 헌법 제107조 제2항은 "명령·규칙 또는 처분이 헌법이나 법률에 위반되는 여부가 재판의 전제가 된 경우에는 대법원은 이를 최종적으로 심사할 권한을 가진다."라고 규정하고 있는데, 여기서의 '명령 · 규칙'은 법률 보다 하위의 규범을 모두 포함하는 포괄적 개념으로서 당연히 조례 · 규칙도 이에 해당되기 때문이다.

이러한 일반법원에 의한 조례 · 규칙에 대한 심사는 본래의 재판에 부수적인 것으로 직접적인 소송대상은 조례 · 규칙의 위헌 · 위법 여부가 아니므로 심사 결과 조례 · 규칙을 무효로 하는 것은 아니고 단순히 당해 사건에서 해당 조례 · 규칙의 적용을 배제시킬 수 있을 뿐이다. 따라서 이는 일반법원에 의한 조례 · 규칙에 대한 간접적 통제라고 할 수 있다.

나. 헌법소원에 의한 통제

조례 · 규칙이 직접 기본권을 침해하는 경우에는 헌법재판소법 제68조 제1항에 따른 헌법소원심판의 대상이 된다. 헌법재판소도 조례가 별도의 구체적인 집행행위를 기다리지 아니하고 조례 자체로 인하여 직접 그리고 현재 기본권을 침해하는 경우에는 헌법소원의 대상이 된다고 판시하고 있다.[1] 따라서 이는 헌법재판소에 의한 조례 · 규칙에 대한 직접적 통제라고 할 수 있다.

5. 주민의 권리와 의무

(1) 주민의 자격

지방자치단체의 구역 안에 주소를 가진 자는 그 지방자치단체의 주민이 된다(동법 제16조).

(2) 주민의 권리

1) 정책의 결정 및 집행 과정에 참여할 권리

주민은 법령으로 정하는 바에 따라 주민생활에 영향을 미치는 지방자치단체의 정책의 결정 및 집행 과정에 참여할 권리를 가진다(동법 제17조 제1항).

2) 공공시설이용권 등

주민은 법령으로 정하는 바에 따라 소속 지방자치단체의 재산과 공공시설을

---

1) 헌재 1995. 4. 20. 92헌마264, 판례집 7-1, 564, 571.

이용할 권리와 그 지방자치단체로부터 균등하게 행정의 혜택을 받을 권리를 가진다(동법 동조 제2항).

3) 지방선거참여권

국민인 주민은 법령으로 정하는 바에 따라 그 지방자치단체에서 실시하는 지방의회의원과 지방자치단체의 장의 선거에 참여할 권리를 가진다(동법 동조 제3항).

4) 주민투표에 관한 권리

주민은 주민투표의 실시를 청구할 수 있는 권리와 주민투표권을 가진다(주민투표법 제5조, 제9조). 주민에게 과도한 부담을 주거나 중대한 영향을 미치는 지방자치단체의 주요결정사항으로서 그 지방자치단체의 조례로 정하는 사항은 주민투표에 부칠 수 있다(주민투표법 제7조 제1항). 또한 중앙행정기관의 장은 지방자치단체를 폐지하거나 설치하거나 나누거나 합치는 경우 또는 지방자치단체의 구역을 변경하거나 주요시설을 설치하는 등 국가정책의 수립에 관하여 주민의 의견을 듣기 위하여 필요하다고 인정하는 때에는 주민투표의 실시구역을 정하여 관계 지방자치단체의 장에게 주민투표의 실시를 요구할 수 있다(동법 제8조 제1항). 한편 지방자치단체의 장은 주민 또는 지방의회의 청구에 의하거나(이 경우에는 주민투표를 실시하여야 한다), 직권에 의하여 주민투표를 실시할 수 있다(동법 제9조 제1항). 이에 따라 18세 이상의 주민 중 투표인명부 작성기준일 현재 그 지방자치단체의 관할 구역에 주민등록이 되어 있는 사람, 또는 출입국관리 관계 법령에 따라 대한민국에 계속 거주할 수 있는 자격을 갖춘 외국인으로서 지방자치단체의 조례로 정한 사람은 주민투표청구권자 총수의 20분의 1 이상 5분의 1 이하의 범위안에서 지방자치단체의 조례로 정하는 수 이상의 서명으로 그 지방자치단체의 장에게 주민투표의 실시를 청구할 수 있다(동법 동조 제2항).[1)]

---

1) 헌재 2005. 12. 22. 2004헌마530, 공보 제111호, 154, 155:

우리 헌법은 간접적인 참정권으로 선거권(헌법 제24조), 공무담임권(헌법 제25조)을, 직접적인 참정권으로 국민투표권(헌법 제72조, 제130조)을 규정하고 있을 뿐 주민투표권을 기본권으로 규정한 바가 없다. 또한 우리 헌법은 제117조, 제118조에서 지방자치단체의 자치를 제도적으로 보장하고 있으나 이에 따라 보장되는 내용은 자치단체의 설치와 존속 그리고 그 자치기능 및 자치사무로서 이는 어디까지나 지방자치단체의 자치권의 본질적 사항에 관한 것이다. 그러므로 자치사무의 처리에 주민들이 직접 참여하는 것을 의미하는 주민투표권을 헌법상 보장되는 기본권이라고 하거나 헌법 제37조 제1항의 '헌법에 열거되지 아니한 주민투표에 부쳐진 사항은 주민투표권자 총수의 4분의 1 이상의 투표와 유효투표수 과반수의 득표로 확정된다. 다만 전체 투표수가 주민투표권자 총수의 4분의 1에 미달되는 경우, 또는 주민투표에 부쳐진 사항에 관한 유효득표수가 동수인 경우에는 찬성과 반대 양자를 모두 수용하지 아니하거나, 양자택일의 대상이 되는 사항 모두를 선택하지 아니하기로 확정된 것으로 본다. 지방자치단체의 장 및 지방의회는 주민투표결과 확정된 내용대로 행정·재정상의 필요한 조치를 하여야 한다. 지방자치단체의 장 및 지방의회는 주민투표결과 확정된 사항에 대하여 2년 이내에는 이를 변경하거나 새로운 결정을 할 수 없다(동법 제24조). 주민투표의 효력에 관하여 이의가 있는 주민투표권자는 주민투표권자 총수의 100분의 1 이상의 서명으로 주민투표결과가 공표된 날부터 14일 이내에 관할선거관리위원회 위원장을 피소청인으로 하여 시·군·구의 경우에는 시·도선거관리위원회에, 시·도의 경우에는 중앙선거관리위원회에 소청할 수 있다. 소청에 대한 결정에 관하여 불복이 있는 소청인은 관할선거관리위원회위원장을 피고로 하여 그 결정서를 받은 날(결정서를 받지 못한 때에는 결정기간이 종료된 날을 말한다)부터 10일 이내에 시·도의 경우에는 대법원에, 시·군·구의 경우에는 관할 고등법원에 소를 제기할 수 있다(동법 제25조).

5) 조례의 제정과 개폐청구권

주민은 지방자치단체의 조례를 제정하거나 개정하거나 폐지할 것을 청구할 수 있다(지방자치법 제19조 제1항). 이에 따라 18세 이상의 주민으로서, 해당 지방자치단체의 관할 구역에 주민등록이 되어 있는 사람 또는 「출입국관리법」 제10조에 따른 영주할 수 있는 체류자격 취득일 후 3년이 지난 외국인으로서 같은 법 제34조에 따라 해당 지방자치단체의 외국인등록대장에 올라 있는 사람은 해당 지방자치단체의 의회에 조례를 제정하거나 개정 또는 폐지할 것을 청구할 수 있다(「주민조례발안에 관한 법률」 제2조).[1] 그러나 법령을 위반하는 사항, 지방

권리'의 하나로 보기는 어렵다. 지방자치법은 주민에게 주민투표권(제13조의2), 조례의 제정 및 개폐청구권(제13조의3), 감사청구권(제13조의4) 등을 부여함으로써 주민이 지방자치사무에 직접 참여할 수 있는 길을 일부 열어 놓고 있지만 이러한 제도는 어디까지나 입법에 의하여 채택된 것일 뿐 헌법에 의하여 이러한 제도의 도입이 보장되고 있는 것은 아니다. 그렇다면 주민투표권은 법률이 보장하는 권리일 뿐이지 헌법이 보장하는 기본권 또는 헌법상 제도적으로 보장되는 주관적 공권으로 볼 수 없다.

세 · 사용료 · 수수료 · 부담금의 부과 · 징수 또는 감면에 관한 사항, 행정기구를 설치하거나 변경하는 것에 관한 사항이나 공공시설의 설치를 반대하는 사항은 주민조례청구대상에서 제외된다(동법 제4조). 지방의회의 의장은 주민조례청구를 수리한 날부터 30일 이내에 지방의회의 의장 명의로 주민청구조례안을 발의하여야 한다(동법 제12조 제3항). 지방의회는 주민청구조례안이 수리된 날부터 1년 이내에 주민청구조례안을 의결하여야 한다. 다만 필요한 경우에는 본회의 의결로 1년 이내의 범위에서 한 차례만 그 기간을 연장할 수 있다(동법 제13조 제1항).

6) 주민의 감사청구권

지방자치단체의 18세 이상의 주민으로서, 해당 지방자치단체의 관할 구역에 주민등록이 되어 있는 사람 또는 「출입국관리법」 제10조에 따른 영주할 수 있는 체류자격 취득일 후 3년이 경과한 외국인으로서 해당 지방자치단체의 외국인등록대장에 올라 있는 사람은 시 · 도는 300명, 인구 50만 이상 대도시는 200명, 그 밖의 시 · 군 및 자치구는 150명 이내에서 그 지방자치단체의 조례로 정하는 수 이상의 18세 이상의 주민이 연대 서명하여 그 지방자치단체와 그 장의 권한에 속하는 사무의 처리가 법령에 위반되거나 공익을 현저히 해친다고 인정되면 시 · 도의 경우에는 주무부장관에게, 시 · 군 및 자치구의 경우에는 시 · 도지사에게 감사를 청구할 수 있다. 그러나 수사나 재판에 관여하게 되는 사항, 개인의 사생활을 침해할 우려가 있는 사항, 다른 기관에서 감사하였거나 감사 중인 사항, 동일한 사항에 대하여 소송이 진행 중이거나 그 판결이 확정된 사항은 감사청구의 대상에서 제외한다. 청구는 사무처리가 있었던 날이나 끝난 날부터 3년이 지나면 제기할 수 없다. 주무부장관이나 시 · 도지사는 감사청구를 수리한 날부터 60일 이내에 감사청구된 사항에 대하여 감사를 끝내야 하며, 감사결과를 청구인의 대표자와 해당 지방자치단체의 장에게 서면으로 알리고, 공표하여야 한다. 주무부장관이나 시 · 도지사는 주민이 감사를 청구한 사항이 다른 기관에서 이미 감사한 사항이거나 감사 중인 사항이면 그 기관에서 실시한 감사결과 또는 감사 중인 사실과 감사가 끝난 후 그 결과를 알리겠다는 사실을 청구인의 대표자와 해당 기관에 지체 없이 알려야 한다. 주무부장관이나 시 · 도지사는 주민 감사청구를 처리(각하를 포함한다)할 때 청구인의 대표자에게 반드시 증거 제

1) 주민조례청구 요건에 대하여 자세한 내용은 「주민조례발안에 관한 법률」 제5조 참조.

출 및 의견 진술의 기회를 주어야 한다. 주무부장관이나 시·도지사는 감사결과에 따라 기간을 정하여 해당 지방자치단체의 장에게 필요한 조치를 요구할 수 있다. 이 경우 그 지방자치단체의 장은 이를 성실히 이행하여야 하고 그 조치결과를 지방의회와 주무부장관 또는 시·도지사에게 보고하여야 한다. 주무부장관이나 시·도지사는 조치요구내용과 지방자치단체의 장의 조치결과를 청구인의 대표자에게 서면으로 알리고, 공표하여야 한다(지방자치법 제21조).

7) 주민소송제기권

공금의 지출에 관한 사항, 재산의 취득·관리·처분에 관한 사항, 해당 지방자치단체를 당사자로 하는 매매·임차·도급 계약이나 그 밖의 계약의 체결·이행에 관한 사항 또는 지방세·사용료·수수료·과태료 등 공금의 부과·징수를 게을리 한 사항을 감사청구한 주민은 그 감사청구한 사항과 관련이 있는 위법한 행위나 업무를 게을리 한 사실에 대하여 해당 지방자치단체의 장(해당 사항의 사무처리에 관한 권한을 소속 기관의 장에게 위임한 경우에는 그 소속 기관의 장을 말한다)을 상대방으로 하여 소송을 제기할 수 있다(동법 제22조 제1항). 지방자치단체의 장은 손해배상청구 또는 부당이득반환청구를 할 것을 요구하는 주민소송에 대하여 손해배상청구나 부당이득반환청구를 명하는 판결이 확정되면 그 판결이 확정된 날부터 60일 이내를 기한으로 하여 당사자에게 그 판결에 따라 결정된 손해배상금이나 부당이득반환금의 지불을 청구하여야 한다. 다만 손해배상금이나 부당이득반환금을 지급하여야 할 당사자가 지방자치단체의 장이면 지방의회의 의장이 지급을 청구하여야 한다(동법 제23조 제1항). 지방자치단체의 장은 변상명령을 할 것을 요구하는 주민소송에 대하여 변상할 것을 명하는 판결이 확정되면 그 판결이 확정된 날부터 60일 이내를 기한으로 하여 당사자에게 그 판결에 따라 결정된 금액을 변상할 것을 명령하여야 한다(동법 제24조 제1항).

8) 주민소환에 관한 권리

주민은 그 지방자치단체의 장 및 지방의회의원(비례대표 지방의회의원은 제외한다)을 소환할 권리를 가진다. 주민소환의 투표 청구권자·청구요건·절차 및 효력 등에 관하여는 따로 법률로 정한다(동법 제25조).[1] 이에 따라 지방자치에 관

1) 헌재 2009. 3. 26. 2007헌마843, 판례집 21-1상, 651, 652, 667:

한 주민의 직접참여를 확대하고 지방행정의 민주성과 책임성을 제고함을 목적으로 「주민소환에 관한 법률」이 제정·시행되고 있다. 이 법에 따르면 전년도 12월 31일 현재 주민등록표 및 외국인등록표에 등록된 19세 이상의 주민으로서 당해 지방자치단체 관할구역에 주민등록이 되어 있는 자 및 19세 이상의 외국인으로서 「출입국관리법」 제10조의 규정에 따른 영주의 체류자격 취득일 후 3년이 경과한 자 중 같은 법 제34조의 규정에 따라 당해 지방자치단체 관할구역

헌법은 지방자치단체장에 대한 선거권을 직접 규정하지 않고 그 선임 방법을 법률에 위임하여(제118조 제2항) 지방자치법이 이를 정하고 있으므로, 지방자치단체장에 대한 선거권이 헌법상의 권리인지 법률상의 권리인지 분명하지 아니하다. 그런데 대의제는 선거를 전제로 한 개념으로서, 지방자치단체장에 대한 선거권을 헌법상의 권리로 이해하면 이에 대하여도 헌법상의 대의제의 원리가 적용될 것이나, 단순한 법률상의 권리로 보면 이를 헌법에서 명문으로 선거권을 인정하는 대통령이나 국회의원, 지방의회의원과 같은 수준의 대의제의 원리가 당연히 작용된다고 볼 수는 없어, 지방자치단체장의 주민들에 대한 무기속 위임성은 좀 더 약해진다 할 것이므로, 이로써 주민들의 지방자치단체장에 대한 통제는 더욱 강화될 수 있다고 보아야 할 것이다. 지방자치단체장에 대한 선거권의 성격이 어떻다 하더라도, 현행 지방자치제에 있어 대의제는 원칙적인 요소이고, 직접민주제로서의 주민소환은 예외적으로 대의제의 결함을 보완하는 것으로 볼 수 있을 것이다.

주민소환에 관한 법률 제7조 제1항 제2호 중 시장에 대한 부분이 주민소환의 청구사유에 제한을 두지 않은 것은 주민소환제를 기본적으로 정치적인 절차로 설계함으로써 위법행위를 한 공직자뿐만 아니라 정책적으로 실패하거나 무능하고 부패한 공직자까지도 그 대상으로 삼아 공직에서의 해임이 가능하도록 하여 책임정치 혹은 책임행정의 실현을 기하려는데 그 입법목적이 있다. 입법자는 주민소환제의 형성에 광범위한 입법재량을 가지고, 주민소환제는 대표자에 대한 신임을 묻는 것으로 그 속성이 재선거와 같아 그 사유를 묻지 않는 것이 제도의 취지에도 부합하며, 비민주적, 독선적인 정책추진 등을 광범위하게 통제한다는 주민소환제의 필요성에 비추어 청구사유에 제한을 둘 필요가 없고, 업무의 광범위성이나 입법기술적인 측면에서 소환사유를 구체적으로 적시하기 쉽지 않으며, 청구사유를 제한하는 경우 그 해당 여부를 사법기관에서 심사하게 될 것인데 그것이 적정한지 의문이 있고 절차가 지연될 위험성이 크므로, 법이 주민소환의 청구사유에 제한을 두지 않는 데에는 나름대로 상당한 이유가 있고, 청구사유를 제한하지 아니한 입법자의 판단이 현저하게 잘못되었다고 볼 사정 또한 찾아볼 수 없다. 또 위와 같이 청구사유를 제한하지 않음으로써 주민소환이 남용되어 공직자가 소환될 위험성과 이로 인하여 주민들이 공직자를 통제하고 직접참여를 고양시킬 수 있는 공익을 비교하여 볼 때, 법익의 형량에 있어서도 균형을 이루었으므로, 위 조항이 과잉금지의 원칙을 위반하여 청구인의 공무담임권을 침해하는 것으로 볼 수 없다.

주민소환투표의 구체적인 요건을 설정하는 데 있어 입법자의 재량이 매우 크고, 이 청구요건이 너무 낮아 남용될 위험이 클 정도로 자의적이라고 볼 수 없으며, 법 제7조 제3항과 법 시행령 제2조가 특정 지역 주민의 의사에 따라 청구가 편파적이고 부당하게 이루어질 위험성을 방지하여 주민들의 전체 의사가 어느 정도 고루 반영되도록 하고 있으므로, 이 조항이 과잉금지원칙에 위반하여 청구인의 공무담임권을 침해한다고 볼 수 없다.

의 외국인등록대장에 등재된 자는 해당 지방자치단체의 장 및 지방의회의원(비례대표선거구시 · 도의회의원 및 비례대표선거구자치구 · 시 · 군의회의원은 제외하며, 이하 '선출직 지방공직자'라 한다)에 대하여 특별시장 · 광역시장 · 도지사의 경우 당해 지방자치단체의 주민소환투표청구권자 총수의 100분의 10이상, 시장 · 군수 · 자치구의 구청장의 경우 당해 지방자치단체의 주민소환투표청구권자 총수의 100분의 15이상, 지역선거구시 · 도의회의원 및 지역선거구자치구 · 시 · 군의회의원의 경우 당해 지방의회의원의 선거구 안의 주민소환투표청구권자 총수의 100분의 20이상의 주민의 서명으로 그 소환사유를 서면에 구체적으로 명시하여 관할선거관리위원회에 주민소환투표의 실시를 청구할 수 있다(「주민소환에 관한 법률」 제7조).[1] 다만 선출직 지방공직자의 임기개시일부터 1년이 경과하지 아니한 때, 선출직 지방공직자의 임기만료일부터 1년 미만일 때, 해당선출직 지방공직자에 대한 주민소환투표를 실시한 날부터 1년 이내인 때에는 주민소환투표의 실시를 청구할 수 없다(동법 제8조). 주민소환투표대상자는 관할선거관리위원회가 주민소환투표안을 공고한 때부터 주민소환투표결과를 공표할 때까지 그 권한행사가 정지되고, 지방자치단체의 장의 권한이 정지된 경우에는 부지사 · 부시장 · 부군수 · 부구청장 그 권한을 대행한다. 권한행사가 정지된 지방의회의원은 그 정지기간 동안 의정활동보고를 할 수 없다. 다만 인터넷에 의정활동보고서를 게재할 수는 있다(동법 제21조). 주민소환은 주민소환투표권자 총수의 3분의 1이상의 투표와 유효투표 총수 과반수의 찬성으로 확정되고, 전체 주민소환투표자의 수가 주민소환투표권자 총수의 3분의 1에 미달하는 때에는 개표를 하지 아니한다(동법 제22조). 주민소환이 확정된 때에는 주민소환투표대상자는 그 결과가 공표된 시점부터 그 직을 상실하고, 그 직을 상실한 자는 그로 인하여 실시하는 해당 보궐선거에 후보자로 등록할 수 없다(동법 제23조). 주민소환투표의 효력에 관하여 이의가 있는 해당 주민소환투표대상자 또는 주민소환투표권자는 주민소환투표결과가 공표된 날부터 14일 이내에 관할선거관리위원회 위원장을 피소청인으로 하여 지역구시 · 도의원, 지역구자치구 · 시 · 군의원 또는 시장 · 군수 · 자치구의 구청장을 대상으로 한 주민소환투표에 있어서는 특별시 · 광역시 · 도선거관리

1) 공직선거법이나 지방자치법 등 관련 법률의 개정으로 선거권이나 피선거권(대통령 피선거권 제외)의 연령이 18세로 개정되었지만, 공직선거법이나 지방자치법 등의 선거연령과 연계된 「주민소환에 관한 법률」 제3조 제1항의 주민소환투표권의 행사연령은 여전히 19세로 규정되어 있다. 이는 법체계의 균형상 맞지 않는다. 이 규정 역시 18세로 개정되어야 할 것이다.

위원회에, 시·도지사를 대상으로 한 주민소환투표에 있어서는 중앙선거관리위원회에 소청할 수 있다. 소청에 대한 결정에 관하여 불복이 있는 소청인은 관할 선거관리위원회 위원장을 피고로 하여 그 결정서를 받은 날부터 10일 이내에 지역구시·도의원, 지역구자치구·시·군의원 또는 시장·군수·자치구의 구청장을 대상으로 한 주민소환투표에 있어서는 그 선거구를 관할하는 고등법원에, 시·도지사를 대상으로 한 주민소환투표에 있어서는 대법원에 소를 제기할 수 있다(동법 第24조).

(3) 주민의 의무

주민은 법령으로 정하는 바에 따라 소속 지방자치단체의 비용을 분담하여야 하는 의무를 진다(지방자치법 第27조).

6. 국가 등의 지방자치단체에 대한 지도와 감독 및 통제

(1) 지방자치단체의 사무에 대한 지도와 지원

중앙행정기관의 장이나 시·도지사는 지방자치단체의 사무에 관하여 조언 또는 권고하거나 지도할 수 있으며, 이를 위하여 필요하면 지방자치단체에 자료의 제출을 요구할 수 있다. 국가나 시·도는 지방자치단체가 그 지방자치단체의 사무를 처리하는 데에 필요하다고 인정하면 재정지원이나 기술지원을 할 수 있다(동법 第184조).

(2) 국가사무나 시·도사무 처리의 지도·감독

지방자치단체나 그 장이 위임받아 처리하는 국가사무에 관하여 시·도에서는 주무부장관의, 시·군 및 자치구에서는 1차로 시·도지사의, 2차로 주무부장관의 지도·감독을 받는다. 시·군 및 자치구나 그 장이 위임받아 처리하는 시·도의 사무에 관하여는 시·도지사의 지도·감독을 받는다(동법 第185조).

(3) 위법·부당한 명령·처분의 시정

지방자치단체의 사무에 관한 그 장의 명령이나 처분이 법령에 위반되거나 현저히 부당하여 공익을 해친다고 인정되면 시 · 도에 대하여는 주무부장관이, 시 · 군 및 자치구에 대하여는 시 · 도지사가 기간을 정하여 서면으로 시정할 것을 명하고, 그 기간에 이행하지 아니하면 이를 취소하거나 정지할 수 있다. 이 경우 자치사무에 관한 명령이나 처분에 대하여는 법령을 위반하는 것에 한한다. 지방자치단체의 장은 자치사무에 관한 명령이나 처분의 취소 또는 정지에 대하여 이의가 있으면 그 취소처분 또는 정지처분을 통보받은 날부터 15일 이내에 대법원에 소를 제기할 수 있다(동법 제188조).

(4) 지방자치단체의 장에 대한 직무이행명령

지방자치단체의 장이 법령의 규정에 따라 그 의무에 속하는 국가위임사무나 시 · 도위임사무의 관리와 집행을 명백히 게을리 하고 있다고 인정되면 시 · 도에 대하여는 주무부장관이, 시 · 군 및 자치구에 대하여는 시 · 도지사가 기간을 정하여 서면으로 이행할 사항을 명령할 수 있다. 주무부장관이나 시 · 도지사는 해당 지방자치단체의 장이 주무부장관이나 시 · 도지사가 정한 기간에 이행명령을 이행하지 아니하면 그 지방자치단체의 비용부담으로 대집행하거나 행정상 · 재정상 필요한 조치를 할 수 있다. 지방자치단체의 장은 주무부장관이나 시 · 도지사의 이행명령에 이의가 있으면 이행명령서를 접수한 날부터 15일 이내에 대법원에 소를 제기할 수 있다. 이 경우 지방자치단체의 장은 이행명령의 집행을 정지하게 하는 집행정지결정을 신청할 수 있다(동법 제189조).

(5) 지방자치단체의 자치사무에 대한 감사

행정안전부장관이나 시 · 도지사는 지방자치단체의 자치사무에 관하여 보고를 받거나 서류 · 장부 또는 회계를 감사할 수 있다. 이 경우 감사는 법령위반사항에 대하여만 실시한다.[1] 행정안전부장관 또는 시 · 도지사는 감사를 실시하기 전에

---

1) 헌재 2022. 8. 31. 2021헌라1, 공보 311, 1115:
자치사무는 지방자치단체가 주민의 복리를 위하여 법령의 범위 안에서 그 처리 여부와 방법을 자기책임 아래 결정할 수 있는 사무로서 지방자치권의 최소한의 본질적 사항이다. 지방자치단체의 자치권 보장을 위하여 자치사무에 대한 감사는 합법성 감사로 제한되어야 하는바, 포괄적 · 사전적 일반감사나 법령위반사항을 적발하기 위한 감사는 합목적성 감사에 해당하므로 구 지방자치법 제171조 제1항 후문 상 허용되지 않는다는 점은 헌법재판소가 2009. 5. 28. 2006헌라6 결정에서 확인한 바 있다. 이 사건 자료제출요구는 헌법재판소가

해당 사무의 처리가 법령에 위반되는지 여부 등을 확인하여야 한다(동법 제190조).

(6) 지방의회 의결의 재의와 제소

지방의회의 의결이 법령에 위반되거나 공익을 현저히 해친다고 판단되면 시·도에 대하여는 주무부장관이, 시·군 및 자치구에 대하여는 시·도지사가 재의를 요구하게 할 수 있고, 재의요구를 받은 지방자치단체의 장은 의결사항을 이송받은 날부터 20일 이내에 지방의회에 이유를 붙여 재의를 요구하여야 한다. 위 요구에 대하여 재의의 결과 재적의원 과반수의 출석과 출석의원 3분의 2 이상의 찬성으로 전과 같은 의결을 하면 그 의결사항은 확정된다. 지방자치단체의 장은 재의결된 사항이 법령에 위반된다고 판단되면 재의결된 날부터 20일 이내에 대법원에 소를 제기할 수 있다. 이 경우 필요하다고 인정되면 그 의결의 집행을 정지하게 하는 집행정지결정을 신청할 수 있다. 주무부장관이나 시·도지사는 재의결된 사항이 법령에 위반된다고 판단됨에도 불구하고 해당 지방자치단체의 장이 소를 제기하지 아니하면 그 지방자치단체의 장에게 제소를 지시하거나 직접 제소 및 집행정지결정을 신청할 수 있다(동법 제192조).

7. 현행 지방자치제도의 문제점

(1) 부단체장의 신분과 임명방식의 문제

위에서 언급한 바와 같이 지방자치단체의 장은 주민의 직접선거로 선출되는데 부단체장의 경우에는 임명제로 하고 있으며, 그 임명방법을 2원화하고 있다. 즉 기초단체의 부단체장은 일반직 지방공무원으로 보하고 당해 지방자치단체장이 임명하지만, 광역단체의 부단체장은 정무직 또는 일반직 국가공무원으로 보하고 당해 자치단체장의 제청으로 행정안전부장관을 거쳐 대통령이 임명하도록 하고 있다(동법 제123조). 즉 특별시·광역시 및 특별자치시의 부시장, 도와 특별

위 결정에서 허용될 수 없다고 확인한 자치사무에 대한 포괄적·사전적 감사나 법령위반사항을 적발하기 위한 감사 절차와 그 양태나 효과가 동일하고, 감사자료가 아닌 사전조사자료 명목으로 해당 자료를 요청하였다고 하여 그 성질이 달라진다고 볼 수 없다. 따라서 이 사건 자료제출요구는 합법성 감사로 제한되는 자치사무에 대한 감사의 한계를 벗어난 것으로서 헌법상 청구인에게 보장된 지방자치권을 침해한다.

자치도의 부지사를 2명이나 3명 두는 경우에 1명은 대통령령으로 정하는 바에 따라 정무직·일반직 또는 별정직 지방공무원으로 보하되, 정무직 또는 일반직 국가공무원으로 보하는 부시장·부지사는 시·도지사의 제청으로 행정자치부장관을 거쳐 대통령이 임명한다. 이 경우 제청된 자에게 법적 결격사유가 없으면 30일 이내에 그 임명절차를 마쳐야 한다.

그러나 이러한 부단체장의 신분과 임명방식은 지방자치의 본질과 기능, 지방자치제도가 가지는 수직적·수평적 다원화된 권력통제기능과 부단체장이 가지는 단체장의 직무대리 내지 권한대행권과 관련하여 확보해야 하는 민주적 정당성의 측면에서 정당화되기 어렵다. 또한 이는 당해 자치단체장이나 자치사무를 국가 내지 대통령이나 행정안전부장관이 부단체장을 통해 통제하고 간섭할 수 있는 위험성을 내포하고 있다. 따라서 부단체장의 경우에는 기초단체와 광역단체를 구별할 필요 없이 그 신분을 지방공무원으로 일원화해서 당해 지방자치단체장이 지방의회의 동의를 얻어 임명하는 것이 바람직할 것이다.

(2) 지방자치단체에 대한 중앙정부의 통제권의 문제

중앙정부의 지방자치단체의 장에 대한 시정명령 및 취소권(동법 제188조), 지방자치단체의 장에 대한 직무이행명령권 및 대집행권(동법 제189조), 지방자치단체의 자치사무에 대한 감사권(동법 제190조), 지방의회 의결사항에 대한 재의요구지시 및 직접제소권(동법 제192조) 등은 중앙정부에 의한 지방자치단체에 대한 지나친 간섭과 통제로 기능할 수 있기 때문에 지방자치제도가 가지는 수직적·수평적 다원화된 권력통제의 기능과 다원적 민주주의의 실현기능을 약화시킬 수 있다.

(3) 비례대표의원 정수의 문제

비례대표시·도의원정수는 지역구시·도의원정수의 100분의 10이고(공직선거법 제22조 제4항), 비례대표자치구·시·군의원정수는 자치구·시·군의원 정수의 100분의 10이다(동법 제23조 제3항). 이렇게 적은 의원수로는 비례대표선거제의 기능을 발휘하기가 어렵다. 따라서 광역의회와 기초의회의 경우 모두 비례대표의원수를 대폭 확대해야 할 것이다.

(4) 지역구의석과 비례대표의석의 결합방식의 문제

현행 제도는 지역구의석과 비례대표의석이 각각 별개로 고정되어 결합된 형태로서 병립형이다. 따라서 앞서 국회의원선거제도에서 언급한 바와 같이 병립형 비례대표제가 가지는 문제가 지방의회의원선거제도에서 발생한다. 한마디로 정당지지도에 비례하는 의석배분이 이루어지지 못하고 평등선거의 원칙이 실현되지 못한다. 따라서 비례대표제의 특성과 장점을 살리고, 진정한 다원적 민주주의원리의 실현을 위해서는 연동형 비례대표제를 채택해야 할 것이다.

(5) 기초의회의원선거구와 중대선거구제의 문제

자치구·시·군의원지역구는 선거구마다 2인 이상 4인 이하의 의원을 선출하는 중선거구제가 실시되고 있는데(동법 제26조 제2항), 일반적으로 중대선거구제하에서는 상대적으로 낮은 득표율로도 당선이 가능하기 때문에 범지역적인 대의기능이 가능하고, 사표가 줄어들어 비례적인 대의와 비례적인 민주적 정당성의 확보가 가능해지며, 소수세력의 당선이 용이해지고 다당제의 출현가능성이 커져 결과적으로 평등선거의 원칙과 대표의 정확성, 소수보호와 정당민주주의를 바탕으로 하는 다원적 민주주의의 실현이 용이해진다고 평가된다.

그러나 이미 선거제도를 기술할 때 다수대표제의 선거구분할문제와 관련하여 지적했듯이 이는 타당하지 아니한 평가이고, 중대선거구제는 이론과 실제에 있어서 너무나 많은 문제점을 지니고 있다. 아울러 그 주장되는 중대선거구의 장점도 비례대표제의 강화를 통해 충분히 실현될 수 있기 때문에 굳이 중대선거구제를 비례대표제와 결합시킬 필요가 전혀 없다. 따라서 비례대표제의 확대로 선거의 본질적 기능을 기본적으로 충족시키고, 소선거구 다수대표제로 안정된 다수형성과 정국안정 및 부수적 지역대표성도 도모할 수 있다.

한편 현행 중선거구제는 광역의회선거구 및 국회의원선거구가 모두 소선거구제라는 점에 비추어 상호 균형이 맞지 않고 체계정당성에도 반한다. 결국 특정지역에서 특정정당의 독식의 위험이 큰 현행 중선거구제는 소선거구제로 전환되는 것이 바람직하다.

(6) 지방의회의원선거구간의 인구편차 문제

현행 공직선거법에는 지방의회의원선거에 있어서 선거구간 인구편차의 허용기준 대한 법적 근거가 없다. 그래서 불가피하게 헌법재판소 결정에 의하여 규율되어 왔는데, 헌법재판소는 선거제도를 기술할 때 소개한 바와 같이 국회의원선거구의 경우에는 최근에 2:1까지의 허용기준을 판례로 확립한 바 있으나, 유독 지방의원선거구의 경우에는 과거에는 4:1, 최근에는 3:1이라는 다른 허용기준을 제시하고 있다.

지방의회선거와 관련하여 헌법재판소는 공직선거법 제26조 제1항에 의한 [별표 2] 위헌확인 등 사건에서 광역의회선거의 경우 "시 · 도의원 지역선거구의 획정에는 인구 외에 행정구역 · 지세 · 교통 등 여러 가지 조건을 고려하여야 하므로, 그 기준은 선거구 획정에 있어서 투표가치의 평등으로서 가장 중요한 요소인 인구비례의 원칙과 우리나라의 특수사정으로서 시 · 도의원의 지역대표성 및 인구의 도시집중으로 인한 도시와 농어촌 간의 극심한 인구편차 등 3개의 요소를 합리적으로 참작하여 결정되어야 할 것이며, 현시점에서는 상하 60%의 인구편차(상한 인구수와 하한 인구수의 비율은 4:1) 기준을 시 · 도의원 지역선거구 획정에서 헌법상 허용되는 인구편차기준으로 삼는 것이 가장 적절하다고 할 것이다."라고 결정하여 상한 인구수와 하한 인구수의 비율을 4:1까지 허용했다.[1] 또한 헌법재판소는 대구광역시 구 · 군의회의원 정수 등에 관한 조례 제3조의 [별표 2] 위헌확인 사건에서 기초의회선거의 경우에도 "자치구 · 시 · 군의회의원 선거구 획정은 인구비례의 원칙과 자치구 · 시 · 군의회의원의 지역대표성 및 인구의 도시집중으로 인한 농어촌 간의 극심한 인구편차 등 여러 요소를 합리적으로 참작하여 결정되어야 할 것인바, 해당 선거구의 의원 1인당 인구수가 해당 선거구가 속한 자치구 · 시 · 군의회의원 1인당 평균인구수 대비 상하 60%의 편차 내에 있으면 허용된다."라고 결정하여 상한 인구수와 하한 인구수의 비율을 4:1까지 허용했다.[2]

그 후 헌법재판소는 판례를 변경하여 최근에는 3:1의 인구편차를 허용기준으로 제시하고 있다. 즉 공직선거법 제26조 제1항 [별표 2] 위헌확인 사건에서

1) 헌재 2007. 3. 29. 2005헌마985 등, 판례집 19-1, 287.

2) 헌재 2012. 2. 23. 2010헌마282, 판례집 24-1상, 303.

"헌재 2007. 3. 29. 2005헌마985 등 결정은 인구편차 상하 60%의 기준을 시·도의원지역구 획정에서 허용되는 인구편차 기준으로 보았다. 그런데 위 기준에 의하면 투표가치의 불평등이 지나치고, 위 기준을 채택한지 11년이 지났으며, 이 결정에서 제시하는 기준은 2022년에 실시되는 시·도의회의원선거에 적용될 것인 점 등을 고려하면, 현시점에서 인구편차의 허용한계를 보다 엄격하게 설정할 필요가 있다. 다만 시·도의원은 주로 지역적 사안을 다루는 지방의회의 특성상 지역대표성도 겸하고 있고, 우리나라는 도시와 농어촌 간의 인구격차가 크고 각 분야에 있어서의 개발불균형이 현저하다는 특수한 사정이 존재하므로, 시·도의원지역구 획정에 있어서는 행정구역 내지 지역대표성 등 2차적 요소도 인구비례의 원칙에 못지않게 함께 고려해야 할 필요성이 크다. 인구편차 상하 50%를 기준으로 하는 방안은 투표가치의 비율이 인구비례를 기준으로 볼 때의 등가의 한계인 2:1의 비율에 그 50%를 가산한 3:1 미만이 되어야 한다는 것으로서 인구편차 상하 33⅓%를 기준으로 하는 방안보다 2차적 요소를 폭넓게 고려할 수 있고, 인구편차 상하 60%의 기준에서 곧바로 인구편차 상하 33⅓%의 기준을 채택하는 경우 시·도의원지역구를 조정함에 있어 예기치 않은 어려움에 봉착할 가능성이 매우 크므로, 현시점에서는 시·도의원지역구 획정에서 허용되는 인구편차 기준을 인구편차 상하 50%(인구비례 3:1)로 변경하는 것이 타당하다."라고 판시함으로써 인구편차의 한계를 4:1에서 3:1로 변경하였다.[1] 그 후 헌법재판소는 또 다른 공직선거법 제26조 제1항 [별표 2] 위헌확인 등 사건에서도 "헌법재판소는 2014헌마189 결정에서, 시·도의원지역구 획정에서 요구되는 인구편차의 헌법상 허용한계를 인구편차 상하 50%(인구비례 3:1)로 변경하였다. 위 2014헌마189 결정에서 제시한 인구편차의 헌법상 허용한계를 변경할 만한 사정의 변경이나 필요성을 인정할 수 없다."라고 결정함으로써 위 인구편차 3:1의 기준을 확인하고 있다.[2]

이처럼 헌법재판소는 인구편차의 허용기준과 관련하여 국회의원선거와 지방의회선거를 구별하고 있고, 그 이유로는 인구비례의 원칙과 더불어 지방의회선거의 경우 우리나라의 특수사정으로서 시·도의원 및 자치구·시·군의회의원의 지역대표성 및 인구의 도시집중으로 인한 도시와 농어촌 간의 극심한 인구편차

---

1) 헌재 2018. 6. 28. 2014헌마189, 판례집 30-1하, 627.

2) 헌재 2019. 2. 28. 2018헌마415 등, 공보 제269호, 327.

를 들고 있다.

그러나 위헌 여부를 가름하는 인구편차의 허용기준은 지역이나 선거의 종류에 관계없이 2:1 미만이 되어야 할 것이고, 따라서 우리나라의 특수사정으로서 시·도의원 및 자치구·시·군의회의원의 지역대표성 및 인구의 도시집중으로 인한 도시와 농어촌 간의 극심한 인구편차 등 인구 이외의 다양한 요소를 고려해야 할 입법자의 입법형성의 자유도 이러한 2:1 미만의 범위 내에서 인정된다고 보아야 할 것이다. 그런 점에서 국회의원선거와 지방의회선거를 구별하는 헌법재판소의 입장은 타당하지 못하다. 아울러 일부 정치권에서 주장되고 있듯이 인구편차 기준을 도시지역과 농촌지역을 분리해서 각각 적용하도록 하자는 주장 역시 타당하지 못하다. 왜냐하면 앞서 언급한 바와 같이 선거구획정의 경우 가장 중요하고 기본적인 기준은 인구수이고, 이 인구비례의 허용한도는 헌법상 2:1 미만이며, 도시와 농촌간의 차이점이나 특성 등 다른 요소는 이 범위 내에서 고려될 수 있는 것이기 때문이다.[1)]

결국 지방의회선거의 경우에도 국회의원선거의 경우처럼 선거구간 인구편차의 허용기준을 2:1 미만으로 하고, 이러한 허용기준의 구체적인 내용을 공직선거법에 규정해야 할 것이다.

(7) 비례대표 지방의회의원의 주민소환대상에서의 제외문제

앞서 언급한 바와 같이 지방자치단체의 장 및 지방의회의원을 대상으로 하

---

1) 이러한 논리는 미국 연방대법원의 Baker v. Carr 사건(1962)에서도 확인되고 있다. 이 판례에서 얼 워런(Earl Warren) 대법원장은 의원이 대표하는 것은 땅이나 나무가 아니라 주민이라고 강조한 바 있다. 이 사건은 테네시 주의회에 그 의석을 주민수에 입각하여 재배분하도록 강제한 미국 연방대법원의 판결이다. 전통적으로 특히 남부 주에서는 농촌 주민들이 도시나 도시 근교 주민들에 비해 비례적으로 더 많은 의석을 할당받았었다. 베이커 판결 이전에 대법원은 의원수 배분문제에 개입하기를 거절했다. 1946년의 콜그로브 대 그린 판결(Colegrove v. Green)에서 법원은 의원수 할당문제는 사법부가 개입해서는 안 될 '정치적으로 뒤얽힌 난제'라고 표명했다. 그러나 법원은 베이커 판결에서 각 투표권이 투표자의 거주지와 상관없이 동등하게 취급되어야 하며, 따라서 테네시 주의회는 헌법이 보장하는 법의 평등한 보호(수정헌법 제14조)를 침해한 것이라고 판시했다. 법원은 레이놀즈 대 심스 판결(Reynolds v. Sims, 1964)에서 베이커 판결을 선례로 인용하면서, 양원제 의회의 상하 양원 모두가 주민수에 따라 배분되어야 한다고 판시했다. 대법원은 이와 관련된 수많은 사건을 베이커 및 레이놀즈 판결에 입각하여 파기환송했다. 그 결과 사실상 모든 주의회의 의석이 재분배 되었고, 이는 대부분의 주의회에서 정치권력이 농촌에서 도시지역으로 이동하는 결과를 낳았다.

는 주민소환제도에 있어서 현행 지방자치법은 주민소환의 대상에서 비례대표지방의회의원을 제외하고 있다(제25조 제1항). 이에 따라 지방의회의원 중 지역구의원만 주민소환의 대상이 된다. 아마도 지역구의원은 지역주민이 직접 선출한 의원이므로 지역주민에 의하여 소환될 수 있는 반면, 비례대표의원의 경우에는 정당에 의하여 작성된 정당명부에 대한 투표, 즉 정당투표에 의하여 당선되었기 때문에 지역주민의 소환대상에서 제외시키고 있는 것으로 추정된다. 또한 특정 선거구를 선출기반으로 하는 지역구지방의회의원과는 달리 비례대표지방의회의원은 소속 지방자치단체 전체지역을 선거구로 하기 때문에 비례대표지방의회의원에 대한 주민소환투표의 청구를 위하여 요구되는 주민소환투표청구권자 총수의 일정비율 이상의 요건을 정하는데 있어서의 기술적인 어려움도 또 다른 이유가 될 수 있다고 추정된다.

그러나 자유위임의 원칙상 지역구의원이나 비례대표의원이나 마찬가지로 그 전체지역과 전체주민 모두를 대표하는 것이고, 양자 간에 의정활동 등 모든 면에서 차이가 있을 수 없다. 또한 지역구의원도 무소속의원을 제외하고는 정당에 의해 추천된 것이고, 비례대표의원도 정당에 의하여 작성된 명부에 의하여 추천된 것이라는 점에서 양자 모두 정당을 매개하여 추천되었다는 점에서 차이가 없다. 아울러 주민소환투표청구권자 총수의 일정비율 이상의 요건을 정하는데 있어서의 기술적인 어려움도 해당 지방자치단체 전체지역에서 일정수의 선거구를 최소한의 대상으로 하여 그 일정수 이상의 각각의 선거구들에서 주민소환투표청구권자 총수의 일정비율 이상의 요건을 기준으로 정한다면 해결될 수 있는 문제라고 하겠다.

따라서 지역구의원만을 주민소환의 대상으로 삼고, 비례대표의원을 제외시킨 것은 정당하지 못하고 평등의 원칙에도 반한다고 볼 수 있다.

(8) 자치입법권에 대한 사법적 통제의 문제

앞서 언급한 바와 같이 현행 법제하에서의 조례 등 자치입법권에 대한 사법적 통제는 주로 지방자치법 제192조에 따른 기관소송절차에 따라 대법원에 의하여 이루어지고 있다. 즉 조례의 법령위반을 이유로 한 주무부장관 또는 지방자치단체의 장과 지방의회간의 기관소송이 그것이다. 그런데 조례제정권에 대한 사법적 통제가 이처럼 지방자치법 제192조에 따른 기관소송으로 이루어지는 한편, 헌법 제107조 제2항에 근거한 항고소송을 통해서도 이루어질 수 있고, 또 다른 한편으로는 헌법소원심판제도를 통해서도 이루어질 수 있다. 이러한 법제 하에서는 관할권의 중복으로 동일한 조례(안)에 대한 위헌·위법 여부에 대하여 대법원과 헌법재판소가 상치되는 결정을 내릴 가능성을 배제할 수 없는데, 이는 법규범에 대한 국민의 신뢰와 법적 안정성을 해치고, 헌법재판소와 대법원간의 불필요한 갈등을 야기시킬 수 있다.[1)2)] 또한 대법원의 판결은 항고소송의 경우 위헌·위법으로 판단되는 조례의 당해 사건에서의 적용배제만을 의미하는 간접적 통제인 반면, 헌법재판소의 결정은 해당 조례 자체를 위헌·무효화시키는 직접적 통제이다. 결과적으로 헌법재판소에 의한 통제가 보다 효과적이라고 볼 수 있다.[3)] 따라서 헌법재판제도가 확립된 오늘날 헌법의 최고규범성에서 도출되는 법질서의 통일성을 실현하고, 대법원과 헌법재판소 상호간의 불필요한 갈등을 방지하며, 보다 효과적인 기본권의 구제와 공권력통제를 위하여, 그리고 다른 한편 규범통제를 본연의 임무로 하고 있는 헌법재판소의 기능과 특성을 감안할 때, 조례의 위헌·위법 여부와 관련한 기관소송을 포함한 자치입법의 통제를 헌법재판소의 관장사항으로 하는 방향으로 관련 법규를 개정하는 것이 바람직하다고 생각한다.

(9) 비례대표지방의회의원의 임의적인 당적이탈·변경 시 의원직상실의 문제

현행 공직선거법 제192조 제4항은 "… 비례대표지방의회의원이 소속정당의 합당·해산 또는 제명외의 사유로 당적을 이탈·변경하거나 2 이상의 당적을 가

1) 헌법재판소는 법무사법시행규칙에 대한 헌법소원심판청구사건(헌재 1990. 10. 15. 89헌마178)에서 법무사법 시행규칙 제3조 제1항을 위헌으로 결정했는데 이에 대하여 대법원이 명령·규칙 등에 대한 위헌심사권은 대법원의 배타적인 관할사항이라고 반박함으로써 헌법재판소와 대법원간의 갈등이 한동안 계속된 바 있었다.

2) 대법원은 조례가 집행행위의 개입 없이도 그 자체로서 직접 국민의 구체적인 권리의무나 법적 이익에 영향을 미치는 등의 법률상 효과를 발생하는 경우 그 조례는 항고소송의 대상이 되는 행정처분에 해당한다고 판시한 바 있다. 대판 1996. 9. 20. 95누8003. 따라서 조례에 대한 사법심사의 방법 및 관할과 관련하여 헌법재판소와 대법원의 견해가 상충한다고 볼 수 있다.

3) 조례에 대한 사법심사의 문제는 정연주, 조례제정권의 헌법적 한계와 통제, 공법학의 현대적 지평, 심천 계희열박사 화갑기념논문집, 1995, 153쪽 이하 참조.

지고 있는 때에는 국회법 제136조 또는 지방자치법 제78조의 규정에 불구하고 퇴직된다."라고 규정함으로써 비례대표지방의회의원의 임의적인 당적이탈·변경 시 의원직이 자동으로 상실되도록 하고 있다. 그런데 이러한 당적이탈·변경 시 자동적인 의원직상실제도는 앞서 국회의원직 소멸과 관련하여 언급한 바와 같이 자유위임의 원칙 등에 위반되어 위헌의 소지가 있다. 즉 당적이탈·변경 시 자동적인 의원직상실제도는 지방의회의원에 대한 자유위임을 본질로 하는 대의제도와 조화되기 어렵다. 왜냐하면 국회 뿐 아니라 지방의회도 주민으로부터의 직접적인 민주적 정당성과 신임 및 책임을 부여받은 대의기관이라고 할 수 있고, 따라서 지방의회의원의 경우에도 일정한 한계내에서의 자유위임의 원칙이 적용된다고 보아야하기 때문이다.[1)]

한편 이러한 논리는 "국회의원은 국가이익을 우선하여 양심에 따라 직무를 행한다."라고 규정한 헌법 제46조 제2항과 본질상 유사하다고 볼 수 있는 지방자치법 제44조 제1항에 의해서도 정당화될 수 있다고 할 것이다. 즉 이 조항은 "지방의회의원은 공공의 이익을 우선하여 양심에 따라 그 직무를 성실히 수행하여야 한다."라고 규정함으로써 헌법 제46조 제2항처럼 이러한 자유위임의 원칙을 규정하고 있다. 아울러 동조 제2항은 "지방의회의원은 청렴의 의무를 지며, 지방의회의원으로서의 품위를 유지하여야 한다." 동조 제3항은 "지방의회의원은 지위를 남용하여 재산상의 권리·이익 또는 직위를 취득하거나 다른 사람을 위하여 그 취득을 알선해서는 아니 된다."라고 규정하여 지방의회의원의 자유위임적 대의활동을 뒷받침하고 있는데, 이는 국회의원의 자유위임적 대의활동을 뒷받침하기 위한 국회의원의 겸직금지의무(헌법 제43조), 국회의원의 청렴의무

---

1) 헌재 2009. 3. 26. 2007헌마843, 판례집 21-1상, 651, 667:
헌법은 지방자치단체장에 대한 선거권을 직접 규정하지 않고 그 선임 방법을 법률에 위임하여(제118조 제2항) 지방자치법이 이를 정하고 있으므로, 지방자치단체장에 대한 선거권이 헌법상의 권리인지 법률상의 권리인지 분명하지 아니하다. 그런데 대의제는 선거를 전제로 한 개념으로서, 지방자치단체장에 대한 선거권을 헌법상의 권리로 이해하면 이에 대하여도 헌법상의 대의제의 원리가 적용될 것이나, 단순한 법률상의 권리로 보면 이를 헌법에서 명문으로 선거권을 인정하는 대통령이나 국회의원, 지방의회의원과 같은 수준의 대의제의 원리가 당연히 작용된다고 볼 수는 없어, 지방자치단체장의 주민들에 대한 무기속 위임성은 좀 더 약해진다 할 것이므로, 이로써 주민들의 지방자치단체장에 대한 통제는 더욱 강화될 수 있다고 보아야 할 것이다. 지방자치단체장에 대한 선거권의 성격이 어떻다 하더라도, 현행 지방자치제에 있어 대의제는 원칙적인 요소이고, 직접민주제로서의 주민소환은 예외적으로 대의제의 결함을 보완하는 것으로 볼 수 있을 것이다.

(헌법 제46조 제1항), 국회의원의 지위남용금지의무(헌법 제46조 제3항) 등에 해당한다고 볼 수 있다.

결국 비례대표지방의회의원의 경우 정당기속을 우선 시켜 임의적인 당적이탈·변경 시 의원직을 상실케 하는 공직선거법 제192조 제4항은 앞서 국회의원의 경우에서 언급한 논리에 따라 자유위임의 원칙, 비례의 원칙, 평등의 원칙 등을 위반한 위헌조항이라고 할 수 있다.

부 록

◆ 대한민국헌법

대한민국헌법

[시행 1988. 2. 25] [헌법 제10호, 1987. 10. 29, 전부개정]

전 문

유구한 역사와 전통에 빛나는 우리 대한국민은 3·1운동으로 건립된 대한민국임시정부의 법통과 불의에 항거한 4·19민주이념을 계승하고, 조국의 민주개혁과 평화적 통일의 사명에 입각하여 정의·인도와 동포애로써 민족의 단결을 공고히 하고, 모든 사회적 폐습과 불의를 타파하며, 자율과 조화를 바탕으로 자유민주적 기본질서를 더욱 확고히 하여 정치·경제·사회·문화의 모든 영역에 있어서 각인의 기회를 균등히 하고, 능력을 최고도로 발휘하게 하며, 자유와 권리에 따르는 책임과 의무를 완수하게 하여, 안으로는 국민생활의 균등한 향상을 기하고 밖으로는 항구적인 세계평화와 인류공영에 이바지함으로써 우리들과 우리들의 자손의 안전과 자유와 행복을 영원히 확보할 것을 다짐하면서 1948년 7월 12일에 제정되고 8차에 걸쳐 개정된 헌법을 이제 국회의 의결을 거쳐 국민투표에 의하여 개정한다.

제1장 총 강

제1조 ① 대한민국은 민주공화국이다.

② 대한민국의 주권은 국민에게 있고, 모든 권력은 국민으로부터 나온다.

제2조 ① 대한민국의 국민이 되는 요건은 법률로 정한다.

② 국가는 법률이 정하는 바에 의하여 재외국민을 보호할 의무를 진다.

제3조 대한민국의 영토는 한반도와 그 부속도서로 한다.

제4조 대한민국은 통일을 지향하며, 자유민주적 기본질서에 입각한 평화적 통일 정책을 수립하고 이를 추진한다.

제5조 ① 대한민국은 국제평화의 유지에 노력하고 침략적 전쟁을 부인한다.

② 국군은 국가의 안전보장과 국토방위의 신성한 의무를 수행함을 사명으로 하며, 그 정치적 중립성은 준수된다.

제6조 ① 헌법에 의하여 체결·공포된 조약과 일반적으로 승인된 국제법규는 국내법과 같은 효력을 가진다.

② 외국인은 국제법과 조약이 정하는 바에 의하여 그 지위가 보장된다.

제7조 ① 공무원은 국민전체에 대한 봉사자이며, 국민에 대하여 책임을 진다.

② 공무원의 신분과 정치적 중립성은 법률이 정하는 바에 의하여 보장된다.

제8조 ① 정당의 설립은 자유이며, 복수정당제는 보장된다.

② 정당은 그 목적·조직과 활동이 민주적이어야 하며, 국민의 정치적 의사형성에 참여하는데 필요한 조직을 가져야 한다.

③ 정당은 법률이 정하는 바에 의하여 국가의 보호를 받으며, 국가는 법률이 정하는 바에 의하여 정당운영에 필요한 자금을 보조할 수 있다.

④ 정당의 목적이나 활동이 민주적 기본질서에 위배될 때에는 정부는 헌법재판소에 그 해산을 제소할 수 있고, 정당은 헌법재판소의 심판에 의하여 해산된다.

第9条 국가는 전통문화의 계승·발전과 민족문화의 창달에 노력하여야 한다.

제 2 장 국민의 권리와 의무

第10条 모든 국민은 인간으로서의 존엄과 가치를 가지며, 행복을 추구할 권리를 가진다. 국가는 개인이 가지는 불가침의 기본적 인권을 확인하고 이를 보장할 의무를 진다.

第11条 ① 모든 국민은 법 앞에 평등하다. 누구든지 성별·종교 또는 사회적 신분에 의하여 정치적·경제적·사회적·문화적 생활의 모든 영역에 있어서 차별을 받지 아니한다.

② 사회적 특수계급의 제도는 인정되지 아니하며, 어떠한 형태로도 이를 창설할 수 없다.

③ 훈장등의 영전은 이를 받은 자에게만 효력이 있고, 어떠한 특권도 이에 따르지 아니한다.

第12条 ① 모든 국민은 신체의 자유를 가진다. 누구든지 법률에 의하지 아니하고는 체포·구속·압수·수색 또는 심문을 받지 아니하며, 법률과 적법한 절차에 의하지 아니하고는 처벌·보안처분 또는 강제노역을 받지 아니한다.

② 모든 국민은 고문을 받지 아니하며, 형사상 자기에게 불리한 진술을 강요당하지 아니한다.

③ 체포·구속·압수 또는 수색을 할 때에는 적법한 절차에 따라 검사의 신청에 의하여 법관이 발부한 영장을 제시하여야 한다. 다만, 현행범인인 경우와 장기 3년 이상의 형에 해당하는 죄를 범하고 도피 또는 증거인멸의 염려가 있을 때에는 사후에 영장을 청구할 수 있다.

④ 누구든지 체포 또는 구속을 당한 때에는 즉시 변호인의 조력을 받을 권리를 가진다. 다만, 형사피고인이 스스로 변호인을 구할 수 없을 때에는 법률이 정하는 바에 의하여 국가가 변호인을 붙인다.

⑤ 누구든지 체포 또는 구속의 이유와 변호인의 조력을 받을 권리가 있음을 고지받지 아니하고는 체포 또는 구속을 당하지 아니한다. 체포 또는 구속을 당한 자의 가족등 법률이 정하는 자에게는 그 이유와 일시·장소가 지체없이 통지되어야 한다.

⑥ 누구든지 체포 또는 구속을 당한 때에는 적부의 심사를 법원에 청구할 권리를 가진다.

⑦ 피고인의 자백이 고문·폭행·협박·구속의 부당한 장기화 또는 기망 기타의 방법에 의하여 자의로 진술된 것이 아니라고 인정될 때 또는 정식재판에 있어서 피고인의 자백이 그에게 불리한 유일한 증거일 때에는 이를 유죄의 증거로 삼거나 이를 이유로 처벌할 수 없다.

第13条 ① 모든 국민은 행위시의 법률에 의하여 범죄를 구성하지 아니하는 행위로 소추되지 아니하며, 동일한 범죄에 대하여 거듭 처벌받지 아니한다.

② 모든 국민은 소급입법에 의하여 참정권의 제한을 받거나 재산권을 박탈당하지 아니한다.

③ 모든 국민은 자기의 행위가 아닌 친족의 행위로 인하여 불이익한 처우를 받지 아니한다.

제14조 모든 국민은 거주·이전의 자유를 가진다.

제15조 모든 국민은 직업선택의 자유를 가진다.

제16조 모든 국민은 주거의 자유를 침해받지 아니한다. 주거에 대한 압수나 수색을 할 때에는 검사의 신청에 의하여 법관이 발부한 영장을 제시하여야 한다.

제17조 모든 국민은 사생활의 비밀과 자유를 침해받지 아니한다.

제18조 모든 국민은 통신의 비밀을 침해받지 아니한다.

제19조 모든 국민은 양심의 자유를 가진다.

제20조 ① 모든 국민은 종교의 자유를 가진다.

② 국교는 인정되지 아니하며, 종교와 정치는 분리된다.

제21조 ① 모든 국민은 언론·출판의 자유와 집회·결사의 자유를 가진다.

② 언론·출판에 대한 허가나 검열과 집회·결사에 대한 허가는 인정되지 아니한다.

③ 통신·방송의 시설기준과 신문의 기능을 보장하기 위하여 필요한 사항은 법률로 정한다.

④ 언론·출판은 타인의 명예나 권리 또는 공중도덕이나 사회윤리를 침해하여서는 아니된다. 언론·출판이 타인의 명예나 권리를 침해한 때에는 피해자는 이에 대한 피해의 배상을 청구할 수 있다.

제22조 ① 모든 국민은 학문과 예술의 자유를 가진다.

② 저작자·발명가·과학기술자와 예술가의 권리는 법률로써 보호한다.

제23조 ① 모든 국민의 재산권은 보장된다. 그 내용과 한계는 법률로 정한다.

② 재산권의 행사는 공공복리에 적합하도록 하여야 한다.

③ 공공필요에 의한 재산권의 수용·사용 또는 제한 및 그에 대한 보상은 법률로써 하되, 정당한 보상을 지급하여야 한다.

제24조 모든 국민은 법률이 정하는 바에 의하여 선거권을 가진다.

제25조 모든 국민은 법률이 정하는 바에 의하여 공무담임권을 가진다.

제26조 ① 모든 국민은 법률이 정하는 바에 의하여 국가기관에 문서로 청원할 권리를 가진다.

② 국가는 청원에 대하여 심사할 의무를 진다.

제27조 ① 모든 국민은 헌법과 법률이 정한 법관에 의하여 법률에 의한 재판을 받을 권리를 가진다.

② 군인 또는 군무원이 아닌 국민은 대한민국의 영역안에서는 중대한 군사상 기밀·초병·초소·유독음식물공급·포로·군용물에 관한 죄중 법률이 정한 경우와 비상계엄이 선포된 경우를 제외하고는 군사법원의 재판을 받지 아니한다.

③ 모든 국민은 신속한 재판을 받을 권리를 가진다. 형사피고인은 상당한 이유가 없는 한 지체없이 공개재판을 받을 권리를 가진다.

④ 형사피고인은 유죄의 판결이 확정될 때까지는 무죄로 추정된다.

⑤ 형사피해자는 법률이 정하는 바에 의하여 당해 사건의 재판절차에서 진술할 수 있다.

제28조 형사피의자 또는 형사피고인으로서

구금되었던 자가 법률이 정하는 불기소처분을 받거나 무죄판결을 받은 때에는 법률이 정하는 바에 의하여 국가에 정당한 보상을 청구할 수 있다.

제29조 ① 공무원의 직무상 불법행위로 손해를 받은 국민은 법률이 정하는 바에 의하여 국가 또는 공공단체에 정당한 배상을 청구할 수 있다. 이 경우 공무원 자신의 책임은 면제되지 아니한다.

② 군인·군무원·경찰공무원 기타 법률이 정하는 자가 전투·훈련등 직무집행과 관련하여 받은 손해에 대하여는 법률이 정하는 보상외에 국가 또는 공공단체에 공무원의 직무상 불법행위로 인한 배상은 청구할 수 없다.

제30조 타인의 범죄행위로 인하여 생명·신체에 대한 피해를 받은 국민은 법률이 정하는 바에 의하여 국가로부터 구조를 받을 수 있다.

제31조 ① 모든 국민은 능력에 따라 균등하게 교육을 받을 권리를 가진다.

② 모든 국민은 그 보호하는 자녀에게 적어도 초등교육과 법률이 정하는 교육을 받게 할 의무를 진다.

③ 의무교육은 무상으로 한다.

④ 교육의 자주성·전문성·정치적 중립성 및 대학의 자율성은 법률이 정하는 바에 의하여 보장된다.

⑤ 국가는 평생교육을 진흥하여야 한다.

⑥ 학교교육 및 평생교육을 포함한 교육제도와 그 운영, 교육재정 및 교원의 지위에 관한 기본적인 사항은 법률로 정한다.

제32조 ① 모든 국민은 근로의 권리를 가진다. 국가는 사회적·경제적 방법으로 근로자의 고용의 증진과 적정임금의 보장에 노력하여야 하며, 법률이 정하는 바에 의하여 최저임금제를 시행하여야 한다.

② 모든 국민은 근로의 의무를 진다. 국가는 근로의 의무의 내용과 조건을 민주주의원칙에 따라 법률로 정한다.

③ 근로조건의 기준은 인간의 존엄성을 보장하도록 법률로 정한다.

④ 여자의 근로는 특별한 보호를 받으며, 고용·임금 및 근로조건에 있어서 부당한 차별을 받지 아니한다.

⑤ 연소자의 근로는 특별한 보호를 받는다.

⑥ 국가유공자·상이군경 및 전몰군경의 유가족은 법률이 정하는 바에 의하여 우선적으로 근로의 기회를 부여받는다.

제33조 ① 근로자는 근로조건의 향상을 위하여 자주적인 단결권·단체교섭권 및 단체행동권을 가진다.

② 공무원인 근로자는 법률이 정하는 자에 한하여 단결권·단체교섭권 및 단체행동권을 가진다.

③ 법률이 정하는 주요방위산업체에 종사하는 근로자의 단체행동권은 법률이 정하는 바에 의하여 이를 제한하거나 인정하지 아니할 수 있다.

제34조 ① 모든 국민은 인간다운 생활을 할 권리를 가진다.

② 국가는 사회보장·사회복지의 증진에 노력할 의무를 진다.

③ 국가는 여자의 복지와 권익의 향상을 위하여 노력하여야 한다.

④ 국가는 노인과 청소년의 복지향상을 위한 정책을 실시할 의무를 진다.

⑤ 신체장애자 및 질병·노령 기타의 사유로 생활능력이 없는 국민은 법률이 정하는 바에 의하여 국가의 보호를 받는다.

⑥ 국가는 재해를 예방하고 그 위험으로부터 국민을 보호하기 위하여 노력하여야 한다.

제35조 ① 모든 국민은 건강하고 쾌적한 환

경에서 생활할 권리를 가지며, 국가와 국민은 환경보전을 위하여 노력하여야 한다.
② 환경권의 내용과 행사에 관하여는 법률로 정한다.
③ 국가는 주택개발정책등을 통하여 모든 국민이 쾌적한 주거생활을 할 수 있도록 노력하여야 한다.

제36조 ① 혼인과 가족생활은 개인의 존엄과 양성의 평등을 기초로 성립되고 유지되어야 하며, 국가는 이를 보장한다.
② 국가는 모성의 보호를 위하여 노력하여야 한다.
③ 모든 국민은 보건에 관하여 국가의 보호를 받는다.

제37조 ① 국민의 자유와 권리는 헌법에 열거되지 아니한 이유로 경시되지 아니한다.
② 국민의 모든 자유와 권리는 국가안전보장·질서유지 또는 공공복리를 위하여 필요한 경우에 한하여 법률로써 제한할 수 있으며, 제한하는 경우에도 자유와 권리의 본질적인 내용을 침해할 수 없다.

제38조 모든 국민은 법률이 정하는 바에 의하여 납세의 의무를 진다.

제39조 ① 모든 국민은 법률이 정하는 바에 의하여 국방의 의무를 진다.
② 누구든지 병역의무의 이행으로 인하여 불이익한 처우를 받지 아니한다.

제3장 국 회

제40조 입법권은 국회에 속한다.

제41조 ① 국회는 국민의 보통·평등·직접·비밀선거에 의하여 선출된 국회의원으로 구성한다.
② 국회의원의 수는 법률로 정하되, 200인 이상으로 한다.
③ 국회의원의 선거구와 비례대표제 기타 선거에 관한 사항은 법률로 정한다.

제42조 국회의원의 임기는 4년으로 한다.

제43조 국회의원은 법률이 정하는 직을 겸할 수 없다.

제44조 ① 국회의원은 현행범인인 경우를 제외하고는 회기중 국회의 동의없이 체포 또는 구금되지 아니한다.
② 국회의원이 회기전에 체포 또는 구금된 때에는 현행범인이 아닌 한 국회의 요구가 있으면 회기중 석방된다.

제45조 국회의원은 국회에서 직무상 행한 발언과 표결에 관하여 국회외에서 책임을 지지 아니한다.

제46조 ① 국회의원은 청렴의 의무가 있다.
② 국회의원은 국가이익을 우선하여 양심에 따라 직무를 행한다.
③ 국회의원은 그 지위를 남용하여 국가·공공단체 또는 기업체와의 계약이나 그 처분에 의하여 재산상의 권리·이익 또는 직위를 취득하거나 타인을 위하여 그 취득을 알선할 수 없다.

제47조 ① 국회의 정기회는 법률이 정하는 바에 의하여 매년 1회 집회되며, 국회의 임시회는 대통령 또는 국회재적의원 4분의 1 이상의 요구에 의하여 집회된다.
② 정기회의 회기는 100일을, 임시회의 회기는 30일을 초과할 수 없다.
③ 대통령이 임시회의 집회를 요구할 때에는 기간과 집회요구의 이유를 명시하여야 한다.

제48조 국회는 의장 1인과 부의장 2인을 선출한다.

제49조 국회는 헌법 또는 법률에 특별한 규정이 없는 한 재적의원 과반수의 출석과 출석의원 과반수의 찬성으로 의결한다. 가부동수인 때에는 부결된 것으로 본다.

제50조 ① 국회의 회의는 공개한다. 다만, 출석의원 과반수의 찬성이 있거나 의장이 국가의 안전보장을 위하여 필요하다고 인정할 때에는 공개하지 아니할 수 있다.

② 공개하지 아니한 회의내용의 공표에 관하여는 법률이 정하는 바에 의한다.

제51조 국회에 제출된 법률안 기타의 의안은 회기중에 의결되지 못한 이유로 폐기되지 아니한다. 다만, 국회의원의 임기가 만료된 때에는 그러하지 아니하다.

제52조 국회의원과 정부는 법률안을 제출할 수 있다.

제53조 ① 국회에서 의결된 법률안은 정부에 이송되어 15일 이내에 대통령이 공포한다.

② 법률안에 이의가 있을 때에는 대통령은 제1항의 기간내에 이의서를 붙여 국회로 환부하고, 그 재의를 요구할 수 있다. 국회의 폐회중에도 또한 같다.

③ 대통령은 법률안의 일부에 대하여 또는 법률안을 수정하여 재의를 요구할 수 없다.

④ 재의의 요구가 있을 때에는 국회는 재의에 붙이고, 재적의원과반수의 출석과 출석의원 3분의 2 이상의 찬성으로 전과 같은 의결을 하면 그 법률안은 법률로서 확정된다.

⑤ 대통령이 제1항의 기간내에 공포나 재의의 요구를 하지 아니한 때에도 그 법률안은 법률로서 확정된다.

⑥ 대통령은 제4항과 제5항의 규정에 의하여 확정된 법률을 지체없이 공포하여야 한다. 제5항에 의하여 법률이 확정된 후 또는 제4항에 의한 확정법률이 정부에 이송된 후 5일 이내에 대통령이 공포하지 아니할 때에는 국회의장이 이를 공포한다.

⑦ 법률은 특별한 규정이 없는 한 공포한 날로부터 20일을 경과함으로써 효력을 발생한다.

제54조 ① 국회는 국가의 예산안을 심의·확정한다.

② 정부는 회계연도마다 예산안을 편성하여 회계연도 개시 90일전까지 국회에 제출하고, 국회는 회계연도 개시 30일전까지 이를 의결하여야 한다.

③ 새로운 회계연도가 개시될 때까지 예산안이 의결되지 못한 때에는 정부는 국회에서 예산안이 의결될 때까지 다음의 목적을 위한 경비는 전년도 예산에 준하여 집행할 수 있다.

1. 헌법이나 법률에 의하여 설치된 기관 또는 시설의 유지·운영
2. 법률상 지출의무의 이행
3. 이미 예산으로 승인된 사업의 계속

제55조 ① 한 회계연도를 넘어 계속하여 지출할 필요가 있을 때에는 정부는 연한을 정하여 계속비로서 국회의 의결을 얻어야 한다.

② 예비비는 총액으로 국회의 의결을 얻어야 한다. 예비비의 지출은 차기국회의 승인을 얻어야 한다.

제56조 정부는 예산에 변경을 가할 필요가 있을 때에는 추가경정예산안을 편성하여 국회에 제출할 수 있다.

제57조 국회는 정부의 동의없이 정부가 제출한 지출예산 각항의 금액을 증가하거나 새 비목을 설치할 수 없다.

제58조 국채를 모집하거나 예산외에 국가의 부담이 될 계약을 체결하려 할 때에는 정부는 미리 국회의 의결을 얻어야 한다.

제59조 조세의 종목과 세율은 법률로 정한다.

제60조 ① 국회는 상호원조 또는 안전보장에 관한 조약, 중요한 국제조직에 관한 조약, 우호통상항해조약, 주권의 제약에 관한 조약, 강화조약, 국가나 국민에게 중대한 재정적 부담을 지우는 조약 또는 입법사항에 관한 조약의 체결·비준에 대한 동의권을 가진다.

② 국회는 선전포고, 국군의 외국에의 파견 또는 외국군대의 대한민국 영역안에서의 주류에 대한 동의권을 가진다.

제61조 ① 국회는 국정을 감사하거나 특정한 국정사안에 대하여 조사할 수 있으며, 이에 필요한 서류의 제출 또는 증인의 출석과 증언이나 의견의 진술을 요구할 수 있다.

② 국정감사 및 조사에 관한 절차 기타 필요한 사항은 법률로 정한다.

제62조 ① 국무총리·국무위원 또는 정부위원은 국회나 그 위원회에 출석하여 국정처리상황을 보고하거나 의견을 진술하고 질문에 응답할 수 있다.

② 국회나 그 위원회의 요구가 있을 때에는 국무총리·국무위원 또는 정부위원은 출석·답변하여야 하며, 국무총리 또는 국무위원이 출석요구를 받은 때에는 국무위원 또는 정부위원으로 하여금 출석·답변하게 할 수 있다.

제63조 ① 국회는 국무총리 또는 국무위원의 해임을 대통령에게 건의할 수 있다.

② 제1항의 해임건의는 국회재적의원 3분의 1 이상의 발의에 의하여 국회재적의원 과반수의 찬성이 있어야 한다.

제64조 ① 국회는 법률에 저촉되지 아니하는 범위안에서 의사와 내부규율에 관한 규칙을 제정할 수 있다.

② 국회는 의원의 자격을 심사하며, 의원을 징계할 수 있다.

③ 의원을 제명하려면 국회재적의원 3분의 2 이상의 찬성이 있어야 한다.

④ 제2항과 제3항의 처분에 대하여는 법원에 제소할 수 없다.

제65조 ① 대통령·국무총리·국무위원·행정각부의 장·헌법재판소 재판관·법관·중앙선거관리위원회 위원·감사원장·감사위원 기타 법률이 정한 공무원이 그 직무집행에 있어서 헌법이나 법률을 위배한 때에는 국회는 탄핵의 소추를 의결할 수 있다.

② 제1항의 탄핵소추는 국회재적의원 3분의 1 이상의 발의가 있어야 하며, 그 의결은 국회재적의원 과반수의 찬성이 있어야 한다. 다만, 대통령에 대한 탄핵소추는 국회재적의원 과반수의 발의와 국회재적의원 3분의 2 이상의 찬성이 있어야 한다.

③ 탄핵소추의 의결을 받은 자는 탄핵심판이 있을 때까지 그 권한행사가 정지된다.

④ 탄핵결정은 공직으로부터 파면함에 그친다. 그러나, 이에 의하여 민사상이나 형사상의 책임이 면제되지는 아니한다.

제4장 정 부

제1절 대통령

제66조 ① 대통령은 국가의 원수이며, 외국에 대하여 국가를 대표한다.

② 대통령은 국가의 독립·영토의 보전·국가의 계속성과 헌법을 수호할 책무를 진다.

③ 대통령은 조국의 평화적 통일을 위한 성실한 의무를 진다.

④ 행정권은 대통령을 수반으로 하는 정부에 속한다.

제67조 ① 대통령은 국민의 보통·평등·직

접·비밀선거에 의하여 선출한다.

② 제1항의 선거에 있어서 최고득표자가 2인 이상인 때에는 국회의 재적의원 과반수가 출석한 공개회의에서 다수표를 얻은 자를 당선자로 한다.

③ 대통령후보자가 1인일 때에는 그 득표수가 선거권자 총수의 3분의 1 이상이 아니면 대통령으로 당선될 수 없다.

④ 대통령으로 선거될 수 있는 자는 국회의원의 피선거권이 있고 선거일 현재 40세에 달하여야 한다.

⑤ 대통령의 선거에 관한 사항은 법률로 정한다.

제68조 ① 대통령의 임기가 만료되는 때에는 임기만료 70일 내지 40일전에 후임자를 선거한다.

② 대통령이 궐위된 때 또는 대통령 당선자가 사망하거나 판결 기타의 사유로 그 자격을 상실한 때에는 60일 이내에 후임자를 선거한다.

제69조 대통령은 취임에 즈음하여 다음의 선서를 한다.

"나는 헌법을 준수하고 국가를 보위하며 조국의 평화적 통일과 국민의 자유와 복리의 증진 및 민족문화의 창달에 노력하여 대통령으로서의 직책을 성실히 수행할 것을 국민 앞에 엄숙히 선서합니다."

제70조 대통령의 임기는 5년으로 하며, 중임할 수 없다.

제71조 대통령이 궐위되거나 사고로 인하여 직무를 수행할 수 없을 때에는 국무총리, 법률이 정한 국무위원의 순서로 그 권한을 대행한다.

제72조 대통령은 필요하다고 인정할 때에는 외교·국방·통일 기타 국가안위에 관한 중요정책을 국민투표에 붙일 수 있다.

제73조 대통령은 조약을 체결·비준하고, 외교사절을 신임·접수 또는 파견하며, 선전포고와 강화를 한다.

제74조 ① 대통령은 헌법과 법률이 정하는 바에 의하여 국군을 통수한다.

② 국군의 조직과 편성은 법률로 정한다.

제75조 대통령은 법률에서 구체적으로 범위를 정하여 위임받은 사항과 법률을 집행하기 위하여 필요한 사항에 관하여 대통령령을 발할 수 있다.

제76조 ① 대통령은 내우·외환·천재·지변 또는 중대한 재정·경제상의 위기에 있어서 국가의 안전보장 또는 공공의 안녕질서를 유지하기 위하여 긴급한 조치가 필요하고 국회의 집회를 기다릴 여유가 없을 때에 한하여 최소한으로 필요한 재정·경제상의 처분을 하거나 이에 관하여 법률의 효력을 가지는 명령을 발할 수 있다.

② 대통령은 국가의 안위에 관계되는 중대한 교전상태에 있어서 국가를 보위하기 위하여 긴급한 조치가 필요하고 국회의 집회가 불가능한 때에 한하여 법률의 효력을 가지는 명령을 발할 수 있다.

③ 대통령은 제1항과 제2항의 처분 또는 명령을 한 때에는 지체없이 국회에 보고하여 그 승인을 얻어야 한다.

④ 제3항의 승인을 얻지 못한 때에는 그 처분 또는 명령은 그때부터 효력을 상실한다. 이 경우 그 명령에 의하여 개정 또는 폐지되었던 법률은 그 명령이 승인을 얻지 못한 때부터 당연히 효력을 회복한다.

⑤ 대통령은 제3항과 제4항의 사유를 지체없이 공포하여야 한다.

제77조 ① 대통령은 전시·사변 또는 이에 준하는 국가비상사태에 있어서 병력으로써 군사상의 필요에 응하거나 공공의 안

녕질서를 유지할 필요가 있을 때에는 법률이 정하는 바에 의하여 계엄을 선포할 수 있다.

② 계엄은 비상계엄과 경비계엄으로 한다.

③ 비상계엄이 선포된 때에는 법률이 정하는 바에 의하여 영장제도, 언론·출판·집회·결사의 자유, 정부나 법원의 권한에 관하여 특별한 조치를 할 수 있다.

④ 계엄을 선포한 때에는 대통령은 지체없이 국회에 통고하여야 한다.

⑤ 국회가 재적의원 과반수의 찬성으로 계엄의 해제를 요구한 때에는 대통령은 이를 해제하여야 한다.

第78조　대통령은 헌법과 법률이 정하는 바에 의하여 공무원을 임면한다.

第79조　① 대통령은 법률이 정하는 바에 의하여 사면·감형 또는 복권을 명할 수 있다.

② 일반사면을 명하려면 국회의 동의를 얻어야 한다.

③ 사면·감형 및 복권에 관한 사항은 법률로 정한다.

第80조　대통령은 법률이 정하는 바에 의하여 훈장 기타의 영전을 수여한다.

第81조　대통령은 국회에 출석하여 발언하거나 서한으로 의견을 표시할 수 있다.

第82조　대통령의 국법상 행위는 문서로써 하며, 이 문서에는 국무총리와 관계 국무위원이 부서한다. 군사에 관한 것도 또한 같다.

第83조　대통령은 국무총리·국무위원·행정각부의 장 기타 법률이 정하는 공사의 직을 겸할 수 없다.

第84조　대통령은 내란 또는 외환의 죄를 범한 경우를 제외하고는 재직중 형사상의 소추를 받지 아니한다.

第85조　전직대통령의 신분과 예우에 관하여는 법률로 정한다.

제 2 절　행정부

제 1 관　국무총리와 국무위원

第86조　① 국무총리는 국회의 동의를 얻어 대통령이 임명한다.

② 국무총리는 대통령을 보좌하며, 행정에 관하여 대통령의 명을 받아 행정각부를 통할한다.

③ 군인은 현역을 면한 후가 아니면 국무총리로 임명될 수 없다.

第87조　① 국무위원은 국무총리의 제청으로 대통령이 임명한다.

② 국무위원은 국정에 관하여 대통령을 보좌하며, 국무회의의 구성원으로서 국정을 심의한다.

③ 국무총리는 국무위원의 해임을 대통령에게 건의할 수 있다.

④ 군인은 현역을 면한 후가 아니면 국무위원으로 임명될 수 없다.

제 2 관　국무회의

第88조　① 국무회의는 정부의 권한에 속하는 중요한 정책을 심의한다.

② 국무회의는 대통령·국무총리와 15인 이상 30인 이하의 국무위원으로 구성한다.

③ 대통령은 국무회의의 의장이 되고, 국무총리는 부의장이 된다.

第89조　다음 사항은 국무회의의 심의를 거쳐야 한다.

1. 국정의 기본계획과 정부의 일반정책
2. 선전·강화 기타 중요한 대외정책
3. 헌법개정안·국민투표안·조약안·법률안 및 대통령령안
4. 예산안·결산·국유재산처분의 기본계획·국가의 부담이 될 계약 기타 재정에 관한 중요사항

5. 대통령의 긴급명령·긴급재정경제처분 및 명령 또는 계엄과 그 해제
6. 군사에 관한 중요사항
7. 국회의 임시회 집회의 요구
8. 영전수여
9. 사면·감형과 복권
10. 행정각부간의 권한의 획정
11. 정부안의 권한의 위임 또는 배정에 관한 기본계획
12. 국정처리상황의 평가·분석
13. 행정각부의 중요한 정책의 수립과 조정
14. 정당해산의 제소
15. 정부에 제출 또는 회부된 정부의 정책에 관계되는 청원의 심사
16. 검찰총장·합동참모의장·각군참모총장·국립대학교총장·대사 기타 법률이 정한 공무원과 국영기업체관리자의 임명
17. 기타 대통령·국무총리 또는 국무위원이 제출한 사항

제90조 ① 국정의 중요한 사항에 관한 대통령의 자문에 응하기 위하여 국가원로로 구성되는 국가원로자문회의를 둘 수 있다.
② 국가원로자문회의의 의장은 직전대통령이 된다. 다만, 직전대통령이 없을 때에는 대통령이 지명한다.
③ 국가원로자문회의의 조직·직무범위 기타 필요한 사항은 법률로 정한다.

제91조 ① 국가안전보장에 관련되는 대외정책·군사정책과 국내정책의 수립에 관하여 국무회의의 심의에 앞서 대통령의 자문에 응하기 위하여 국가안전보장회의를 둔다.
② 국가안전보장회의는 대통령이 주재한다.
③ 국가안전보장회의의 조직·직무범위 기타 필요한 사항은 법률로 정한다.

제92조 ① 평화통일정책의 수립에 관한 대통령의 자문에 응하기 위하여 민주평화통일자문회의를 둘 수 있다.
② 민주평화통일자문회의의 조직·직무범위 기타 필요한 사항은 법률로 정한다.

제93조 ① 국민경제의 발전을 위한 중요정책의 수립에 관하여 대통령의 자문에 응하기 위하여 국민경제자문회의를 둘 수 있다.
② 국민경제자문회의의 조직·직무범위 기타 필요한 사항은 법률로 정한다.

제 3 관　행정각부

제94조 행정각부의 장은 국무위원 중에서 국무총리의 제청으로 대통령이 임명한다.

제95조 국무총리 또는 행정각부의 장은 소관사무에 관하여 법률이나 대통령령의 위임 또는 직권으로 총리령 또는 부령을 발할 수 있다.

제96조 행정각부의 설치·조직과 직무범위는 법률로 정한다.

제 4 관　감사원

제97조 국가의 세입·세출의 결산, 국가 및 법률이 정한 단체의 회계검사와 행정기관 및 공무원의 직무에 관한 감찰을 하기 위하여 대통령 소속하에 감사원을 둔다.

제98조 ① 감사원은 원장을 포함한 5인 이상 11인 이하의 감사위원으로 구성한다.
② 원장은 국회의 동의를 얻어 대통령이 임명하고, 그 임기는 4년으로 하며, 1차에 한하여 중임할 수 있다.
③ 감사위원은 원장의 제청으로 대통령이 임명하고, 그 임기는 4년으로 하며, 1차에 한하여 중임할 수 있다.

第99조 감사원은 세입·세출의 결산을 매년 검사하여 대통령과 차년도국회에 그 결과를 보고하여야 한다.

第100조 감사원의 조직·직무범위·감사위원의 자격·감사대상공무원의 범위 기타 필요한 사항은 법률로 정한다.

제5장 법 원

第101조 ① 사법권은 법관으로 구성된 법원에 속한다.

② 법원은 최고법원인 대법원과 각급법원으로 조직된다.

③ 법관의 자격은 법률로 정한다.

第102조 ① 대법원에 부를 둘 수 있다.

② 대법원에 대법관을 둔다. 다만, 법률이 정하는 바에 의하여 대법관이 아닌 법관을 둘 수 있다.

③ 대법원과 각급법원의 조직은 법률로 정한다.

第103조 법관은 헌법과 법률에 의하여 그 양심에 따라 독립하여 심판한다.

第104조 ① 대법원장은 국회의 동의를 얻어 대통령이 임명한다.

② 대법관은 대법원장의 제청으로 국회의 동의를 얻어 대통령이 임명한다.

③ 대법원장과 대법관이 아닌 법관은 대법관회의의 동의를 얻어 대법원장이 임명한다.

第105조 ① 대법원장의 임기는 6년으로 하며, 중임할 수 없다.

② 대법관의 임기는 6년으로 하며, 법률이 정하는 바에 의하여 연임할 수 있다.

③ 대법원장과 대법관이 아닌 법관의 임기는 10년으로 하며, 법률이 정하는 바에 의하여 연임할 수 있다.

④ 법관의 정년은 법률로 정한다.

第106조 ① 법관은 탄핵 또는 금고 이상의 형의 선고에 의하지 아니하고는 파면되지 아니하며, 징계처분에 의하지 아니하고는 정직·감봉 기타 불리한 처분을 받지 아니한다.

② 법관이 중대한 심신상의 장해로 직무를 수행할 수 없을 때에는 법률이 정하는 바에 의하여 퇴직하게 할 수 있다.

第107조 ① 법률이 헌법에 위반되는 여부가 재판의 전제가 된 경우에는 법원은 헌법재판소에 제청하여 그 심판에 의하여 재판한다.

② 명령·규칙 또는 처분이 헌법이나 법률에 위반되는 여부가 재판의 전제가 된 경우에는 대법원은 이를 최종적으로 심사할 권한을 가진다.

③ 재판의 전심절차로서 행정심판을 할 수 있다. 행정심판의 절차는 법률로 정하되, 사법절차가 준용되어야 한다.

第108조 대법원은 법률에 저촉되지 아니하는 범위안에서 소송에 관한 절차, 법원의 내부규율과 사무처리에 관한 규칙을 제정할 수 있다.

第109조 재판의 심리와 판결은 공개한다. 다만, 심리는 국가의 안전보장 또는 안녕질서를 방해하거나 선량한 풍속을 해할 염려가 있을 때에는 법원의 결정으로 공개하지 아니할 수 있다.

第110조 ① 군사재판을 관할하기 위하여 특별법원으로서 군사법원을 둘 수 있다.

② 군사법원의 상고심은 대법원에서 관할한다.

③ 군사법원의 조직·권한 및 재판관의 자격은 법률로 정한다.

④ 비상계엄하의 군사재판은 군인·군무원의 범죄나 군사에 관한 간첩죄의 경우와 초병·초소·유독음식물공급·포로에

관한 죄중 법률이 정한 경우에 한하여 단심으로 할 수 있다. 다만, 사형을 선고한 경우에는 그러하지 아니하다.

제 6 장 헌법재판소

제111조 ① 헌법재판소는 다음 사항을 관장한다.

1. 법원의 제청에 의한 법률의 위헌여부 심판
2. 탄핵의 심판
3. 정당의 해산 심판
4. 국가기관 상호간, 국가기관과 지방자치단체간 및 지방자치단체 상호간의 권한쟁의에 관한 심판
5. 법률이 정하는 헌법소원에 관한 심판

② 헌법재판소는 법관의 자격을 가진 9인의 재판관으로 구성하며, 재판관은 대통령이 임명한다.

③ 제2항의 재판관중 3인은 국회에서 선출하는 자를, 3인은 대법원장이 지명하는 자를 임명한다.

④ 헌법재판소의 장은 국회의 동의를 얻어 재판관중에서 대통령이 임명한다.

제112조 ① 헌법재판소 재판관의 임기는 6년으로 하며, 법률이 정하는 바에 의하여 연임할 수 있다.

② 헌법재판소 재판관은 정당에 가입하거나 정치에 관여할 수 없다.

③ 헌법재판소 재판관은 탄핵 또는 금고 이상의 형의 선고에 의하지 아니하고는 파면되지 아니한다.

제113조 ① 헌법재판소에서 법률의 위헌결정, 탄핵의 결정, 정당해산의 결정 또는 헌법소원에 관한 인용결정을 할 때에는 재판관 6인 이상의 찬성이 있어야 한다.

② 헌법재판소는 법률에 저촉되지 아니하는 범위안에서 심판에 관한 절차, 내부규율과 사무처리에 관한 규칙을 제정할 수 있다.

③ 헌법재판소의 조직과 운영 기타 필요한 사항은 법률로 정한다.

제 7 장 선거관리

제114조 ① 선거와 국민투표의 공정한 관리 및 정당에 관한 사무를 처리하기 위하여 선거관리위원회를 둔다.

② 중앙선거관리위원회는 대통령이 임명하는 3인, 국회에서 선출하는 3인과 대법원장이 지명하는 3인의 위원으로 구성한다. 위원장은 위원중에서 호선한다.

③ 위원의 임기는 6년으로 한다.

④ 위원은 정당에 가입하거나 정치에 관여할 수 없다.

⑤ 위원은 탄핵 또는 금고 이상의 형의 선고에 의하지 아니하고는 파면되지 아니한다.

⑥ 중앙선거관리위원회는 법령의 범위안에서 선거관리·국민투표관리 또는 정당사무에 관한 규칙을 제정할 수 있으며, 법률에 저촉되지 아니하는 범위안에서 내부규율에 관한 규칙을 제정할 수 있다.

⑦ 각급 선거관리위원회의 조직·직무범위 기타 필요한 사항은 법률로 정한다.

제115조 ① 각급 선거관리위원회는 선거인명부의 작성등 선거사무와 국민투표사무에 관하여 관계 행정기관에 필요한 지시를 할 수 있다.

② 제1항의 지시를 받은 당해 행정기관은 이에 응하여야 한다.

제116조 ① 선거운동은 각급 선거관리위원회의 관리하에 법률이 정하는 범위안에서 하되, 균등한 기회가 보장되어야 한다.

② 선거에 관한 경비는 법률이 정하는 경우를 제외하고는 정당 또는 후보자에게 부담시킬 수 없다.

제 8 장 지방자치

제117조 ① 지방자치단체는 주민의 복리에 관한 사무를 처리하고 재산을 관리하며, 법령의 범위안에서 자치에 관한 규정을 제정할 수 있다.

② 지방자치단체의 종류는 법률로 정한다.

제118조 ① 지방자치단체에 의회를 둔다.

② 지방의회의 조직·권한·의원선거와 지방자치단체의 장의 선임방법 기타 지방자치단체의 조직과 운영에 관한 사항은 법률로 정한다.

제 9 장 경 제

제119조 ① 대한민국의 경제질서는 개인과 기업의 경제상의 자유와 창의를 존중함을 기본으로 한다.

② 국가는 균형있는 국민경제의 성장 및 안정과 적정한 소득의 분배를 유지하고, 시장의 지배와 경제력의 남용을 방지하며, 경제주체간의 조화를 통한 경제의 민주화를 위하여 경제에 관한 규제와 조정을 할 수 있다.

제120조 ① 광물 기타 중요한 지하자원·수산자원·수력과 경제상 이용할 수 있는 자연력은 법률이 정하는 바에 의하여 일정한 기간 그 채취·개발 또는 이용을 특허할 수 있다.

② 국토와 자원은 국가의 보호를 받으며, 국가는 그 균형있는 개발과 이용을 위하여 필요한 계획을 수립한다.

제121조 ① 국가는 농지에 관하여 경자유전의 원칙이 달성될 수 있도록 노력하여야 하며, 농지의 소작제도는 금지된다.

② 농업생산성의 제고와 농지의 합리적인 이용을 위하거나 불가피한 사정으로 발생하는 농지의 임대차와 위탁경영은 법률이 정하는 바에 의하여 인정된다.

제122조 국가는 국민 모두의 생산 및 생활의 기반이 되는 국토의 효율적이고 균형있는 이용·개발과 보전을 위하여 법률이 정하는 바에 의하여 그에 관한 필요한 제한과 의무를 과할 수 있다.

제123조 ① 국가는 농업 및 어업을 보호·육성하기 위하여 농·어촌종합개발과 그 지원등 필요한 계획을 수립·시행하여야 한다.

② 국가는 지역간의 균형있는 발전을 위하여 지역경제를 육성할 의무를 진다.

③ 국가는 중소기업을 보호·육성하여야 한다.

④ 국가는 농수산물의 수급균형과 유통구조의 개선에 노력하여 가격안정을 도모함으로써 농·어민의 이익을 보호한다.

⑤ 국가는 농·어민과 중소기업의 자조조직을 육성하여야 하며, 그 자율적 활동과 발전을 보장한다.

제124조 국가는 건전한 소비행위를 계도하고 생산품의 품질향상을 촉구하기 위한 소비자보호운동을 법률이 정하는 바에 의하여 보장한다.

제125조 국가는 대외무역을 육성하며, 이를 규제·조정할 수 있다.

제126조 국방상 또는 국민경제상 긴절한 필요로 인하여 법률이 정하는 경우를 제외하고는, 사영기업을 국유 또는 공유로 이전하거나 그 경영을 통제 또는 관리할 수 없다.

제127조 ① 국가는 과학기술의 혁신과 정

보 및 인력의 개발을 통하여 국민경제의 발전에 노력하여야 한다.

② 국가는 국가표준제도를 확립한다.

③ 대통령은 제1항의 목적을 달성하기 위하여 필요한 자문기구를 둘 수 있다.

제10장 헌법개정

제128조 ① 헌법개정은 국회재적의원 과반수 또는 대통령의 발의로 제안된다.

② 대통령의 임기연장 또는 중임변경을 위한 헌법개정은 그 헌법개정 제안 당시의 대통령에 대하여는 효력이 없다.

제129조 제안된 헌법개정안은 대통령이 20일 이상의 기간 이를 공고하여야 한다.

제130조 ① 국회는 헌법개정안이 공고된 날로부터 60일 이내에 의결하여야 하며, 국회의 의결은 재적의원 3분의 2 이상의 찬성을 얻어야 한다.

② 헌법개정안은 국회가 의결한 후 30일 이내에 국민투표에 붙여 국회의원선거권자 과반수의 투표와 투표자 과반수의 찬성을 얻어야 한다.

③ 헌법개정안이 제2항의 찬성을 얻은 때에는 헌법개정은 확정되며, 대통령은 즉시 이를 공포하여야 한다.

부칙<제10호, 1987. 10. 29>

제1조 이 헌법은 1988년 2월 25일부터 시행한다. 다만, 이 헌법을 시행하기 위하여 필요한 법률의 제정·개정과 이 헌법에 의한 대통령 및 국회의원의 선거 기타 이 헌법시행에 관한 준비는 이 헌법시행 전에 할 수 있다.

제2조 ① 이 헌법에 의한 최초의 대통령선거는 이 헌법시행일 40일 전까지 실시한다.

② 이 헌법에 의한 최초의 대통령의 임기는 이 헌법시행일로부터 개시한다.

제3조 ① 이 헌법에 의한 최초의 국회의원선거는 이 헌법공포일로부터 6월 이내에 실시하며, 이 헌법에 의하여 선출된 최초의 국회의원의 임기는 국회의원선거후 이 헌법에 의한 국회의 최초의 집회일로부터 개시한다.

② 이 헌법공포 당시의 국회의원의 임기는 제1항에 의한 국회의 최초의 집회일 전일까지로 한다.

제4조 ① 이 헌법시행 당시의 공무원과 정부가 임명한 기업체의 임원은 이 헌법에 의하여 임명된 것으로 본다. 다만, 이 헌법에 의하여 선임방법이나 임명권자가 변경된 공무원과 대법원장 및 감사원장은 이 헌법에 의하여 후임자가 선임될 때까지 그 직무를 행하며, 이 경우 전임자인 공무원의 임기는 후임자가 선임되는 전일까지로 한다.

② 이 헌법시행 당시의 대법원장과 대법원판사가 아닌 법관은 제1항 단서의 규정에 불구하고 이 헌법에 의하여 임명된 것으로 본다.

③ 이 헌법중 공무원의 임기 또는 중임제한에 관한 규정은 이 헌법에 의하여 그 공무원이 최초로 선출 또는 임명된 때로부터 적용한다.

제5조 이 헌법시행 당시의 법령과 조약은 이 헌법에 위배되지 아니하는 한 그 효력을 지속한다.

제6조 이 헌법시행 당시에 이 헌법에 의하여 새로 설치될 기관의 권한에 속하는 직무를 행하고 있는 기관은 이 헌법에 의하여 새로운 기관이 설치될 때까지 존속하며 그 직무를 행한다.

판례색인

【헌법재판소판례】

【대법원판례】

【하급심판례】

【독일 연방헌법재판소판례】

【미국대법원판례】

사항색인

【ㄱ】

【ㅂ】

【ㅇ】

【ㅈ】

【ㅎ】

[저자 약력]

연세대학교 법대 (법학사)
연세대학교 대학원 법학과 (법학석사)
독일 뮌헨대학교 법대 (법학박사)
미국 University of Washington School of Law, Visiting Scholar
독일 한스자이델재단 초청교수
독일 뮌헨대학교 법대 연구교수
한국공법학회, 한국헌법학회 등 각종 학회 회원
한국공법학회 학술장려상 수상
중구청 규제개혁위원
법제처 법령정비위원회 위원
건설교통부 토지보상제도개선연구 검토위원회 위원
변호사시험, 사법시험, 외무고시, 행정고시, 입법고시 등 각종 국가시험 출제위원
법제처 법령해석심의위원회 위원
국방부 정책심의위원회 위원
법제처 법제자문관
청와대 경호처 외래교수
남양주시 법제자문위원
인사혁신처 중앙선발시험위원회 위원
헌법재판소 연구원
사법연수원 외래교수
전남대학교 법대 교수
동국대학교 법대 교수
성신여대 학생처장
성신여대 법대 학장

현 성신여대 법대 교수

■ 주요 논저

Das deutsche und das koreanische Enteignungsinstitut-insbesondere die Enteignung zugunsten privater Unternehmen nach dem Grundgesetz der Bundesrepublik Deutschland sowie nach der Verfassung der Republik Korea, Verlag V. Florentz, München, Germany, 1991
독일통일의 법적 조명(공저), 박영사, 1994
법치국가의 기초이론(공역), Grundtheorie des Rechtsstaates, 박영사, 1994
독일연방정부론(공저), 백산자료원, 2001
Wirtschaftlicher Wettbewerb versus Staatsintervention(공저), Klaus Stern(hrsg.), Thyssen Stiftung, Carl Heymanns Verlag, 2014
헌법판례연구[I], 박영사, 2002
헌법연구, 법영사, 2014
헌법연구(1)·(2), 법영사, 2019
헌법소송론, 개정판, 법영사, 2019
헌법학원론, 제2판, 법영사, 2021
그 외 논문 다수

제3판 헌법학원론

2023년 3월 1일 제3판 인쇄
2023년 3월 10일 제3판 발행

저 자 정 연 주
발 행 인 고 호 균
발 행 처 법 영 사

저자와의 협의하에 인지첩부를 생략함

06302 서울시 강남구 논현로 130
전화 (501)8898(대) Fax (501)8895
등록 1987. 5. 11. 제3-125호(윤)
Homepage : www.bubyoungsa.co.kr
E-mail : bys1986@hanmail.net

※ 파본은 교환해 드립니다. **정가 50,000원**

불법복사는 지식재산을 훔치는 범죄행위입니다.

ISBN 978-89-7032-333-6